KB039668

尹眞秀 會長 停年紀念號

# 民事判例研究

〔XLII〕

民事判例研究會 編

博 英 社

# Journal of Private Case Law Studies

〔XLⅡ〕

Academy of Private Case Law Studies

2020

Parkyoung Publishing & Company
Seoul, Korea

尹 眞 秀 會長 近影

# 머 리 말

현재 우리나라의 법학계와 법조는 큰 논란과 변혁의 과정에 있습니다. 그렇지만 민사판례연구회는 이전과 마찬가지로 판례연구를 계속하여 왔습니다. 그리하여 민사판례연구 제42권이 나오게 되었습니다.

이번에도 예년과 마찬가지로 10번의 월례회에서 발표된 논문들과 하계 심포지엄에서 발표된 글들을 모았습니다. 월례회에서 발표된 논문도 알찬 내용이었지만, "신탁법의 제문제"를 대주제로 한 하계 심포지엄도 뜻깊은 자리였습니다. 연구회는 지난 2007년에도 동일한 주제로 하계 심포지엄을 개최하였습니다만, 그 후 법도 전면개정되었을 뿐만 아니라 사회 환경의 변화도 커서, 다시 이 문제를 다룬 것이 시의적절하였습니다. 이 주제에 대하여 깊은 연구를 하신 분들이 수준 높은 발표를 하여 참석자들이 많이 배우게 된 귀중한 기회였습니다. 이 결과를 담은 제42권이 학계의 귀중한 공유자산이 되리라 믿습니다.

올해 하계 심포지엄의 대주제는 "의료법의 제문제"입니다. 의료법은 과거에도 꾸준히 연구되었지만, 근래 이에 관한 중요한 법률들이 제정 또는 개정되었고, 판례도 많이 나오고 있어서 흥미 있는 토론의 자리가 될 것으로 기대합니다.

이 자리를 빌려 제 신상에 관하여 언급하고자 합니다. 지난 2008년 전임회장이신 양창수 교수님이 대법관으로 자리를 옮기시면서 제가 회장직을 맡게 된 이래 10여 년이 경과하였습니다. 여러 가지 어려움도 없지 않았으나, 동료 선후배와 연구회에서 만나 토론하면서 누린 즐거움이 그보다 훨씬 컸습니다. 올해는 저도 대학에서 정년을 맞게 되어, 8월에는 회장직을 물러나려고 합니다. 그동안 성원해 주신 여러 회원님들께 충심으로 감사를 드립니다. 아울러 제42권을 제 정년기념호로 발간하도록 해 주신 운영위원님들과, 친히 '축하의 말씀'을 써 주신 송상현 제2대 회장님께도 고맙다는 말씀을 드리고자 합니다.

끝으로 발간을 위하여 힘써 주신 장지용 판사님, 최준규 교수님, 그리고 출판의 귀찮은 작업을 맡아 주신 박영사의 여러분들께도 고마움의 뜻을 전하고자 합니다.

2020년 2월

민사판례연구회 **회장 윤 진 수**

# 尹 眞 秀 會長 年譜

## Ⅰ. 인적 사항

1955. 2. 27. 광주광역시 출생
부: 윤호영(尹昊永) 모: 송금자(宋金子)

1980. 6. 결혼
처: 박유희(朴俞姬)
딸: 윤지효(尹智孝, 1981년생)
윤세효(尹世孝, 1984년생)

## Ⅱ. 학 력

1967. 2. 전주교대부속국민학교 졸업
1970. 2. 전주북중학교 졸업
1973. 2. 경기고등학교 졸업
1977. 2. 서울대학교 법과대학 졸업
1984. 8. 서울대학교 대학원 법학석사
1993. 8. 서울대학교 대학원 법학박사

## Ⅲ. 경 력

1976. 4. 제18회 사법시험 합격
1979. 8. 사법연수원 제9기 수료
1979. 9.~1982. 8. 육군 법무관
1982. 9.~1983. 8. 서울민사지방법원 판사
1983. 9.~1985. 8. 서울형사지방법원 판사
1985. 9.~1986. 8. 서울가정법원 판사
1986. 9.~1989. 2. 전주지방법원 정주지원 판사

| | |
|---|---|
| 1987. 3.～1988. 3. | 독일 함부르크 대학교, 막스 플랑크 외국사법 및 비교사법 연구소 연수 |
| 1989. 3.～1990. 8. | 광주고등법원 판사(일부 기간 헌법재판소 헌법연구관과 겸직) |
| 1990. 3.～1992. 2. | 헌법재판소 헌법연구관 |
| 1990. 9.～1993. 2. | 서울고등법원 판사(헌법연구관 및 재판연구관과 겸직) |
| 1992. 2.～1995. 6. | 대법원 재판연구관 |
| 1993. 3.～1995. 2. | 전주지방법원 부장판사(재판연구관과 겸직) |
| 1995. 6.～1997. 2. | 수원지방법원 부장판사 |
| 1997. 3.～2001. 3. | 서울대학교 법과대학 조교수 |
| 1999. 2.～2004. 6. | 법무부 민법개정자문위원회 위원 |
| 2001. 4.～2006. 3. | 서울대학교 법과대학 부교수 |
| 2003. 3.～2004. 2. | 미국 버지니아주립대학교 방문연구원 |
| 2004. 6.～2006. 7. | 법무부 가족법개정 특별위원회 위원 |
| 2006. 4.～2018. 2. | 서울대학교 법과대학 교수 |
| 2009. 2.～2014. 2. | 법무부 민법개정위원회 분과위원장, 실무위원장, 부위원장 |
| 2009. 3.～2020. 2. | 서울대학교 법학전문대학원 교수 |
| 2010. 11.～2011. 7. | 법무부 가족법개정특별위원회 위원장 |
| 2013. 2.～2015. 2. | 대법원 가사소송법 개정위원회 위원장 |
| 2013. | 법무부 친권제한·정지 도입 개정위원회 위원장 |
| 2016. | 법무부 친생자추정 규정 개정위원회 위원장 |
| 2019. 7.～현재 | 법조윤리협의회 위원장 |
| 2020. 3.～현재 | 서울대학교 명예교수 |

[보직사항]

| | |
|---|---|
| 2000. 6.～2002. 6. | 서울대학교 도서관 법학분관장 |
| 2004. 6.～2008. 6. | 서울대학교 인사위원 및 대학교원임용양성평등추진위원 |

2009. 9.~2010. 12. 서울대학교 법학연구소장

[학회 관련]

2005. 7.~2007. 5. 한국법경제학회 회장
2006. 2.~2008. 2. 한국비교사법학회 회장
2008. 1.~2009. 12. 한국가족법학회 회장
2008. 10.~ 현재 민사판례연구회 회장
2011. 1.~2011. 12. 한국민사법학회 회장
2011. 7.~2014. 8. 국제가족법학회 이사
2014. 8.~현재 국제가족법학회 부회장

## Ⅳ. 상 훈

2001. 한국법학원 제5회 법학논문상
2009. 서울대학교 법과대학 2008년 우수연구상
2013. 황조근정훈장
2017. 서울대학교 학술연구상

## Ⅴ. 저술 목록

### 1. 논 문

#### 가. 법 일 반

(1) "미국법상 판례의 소급효 : 우리법상 위헌결정의 소급효와 관련하여", 저스티스 제28권 제1호(1995. 7).
(2) "독일법상 「판례」의 의미", 법조 통권 제544호(2002. 1) = 판례실무연구 Ⅵ, 박영사(2003).
(3) "판례의 무게", 법철학연구 제21권 제3호(2018. 12).

## 나. 민 사 법

(1) “사실상 혼인관계 존부확인의 청구”, 서울대학교 Fides 제21권 제1호(1977. 2).
(2) “소멸시효의 남용에 관한 고찰”, 서울대학교 석사학위논문(1984. 8).
(3) “제삼자의 채권침해와 부동산의 이중양도”, 사법논집 제16집, 법원행정처(1985).
(4) “검사를 상대로 하는 사실상혼인관계존부확인청구”, 대한변호사협회지 제116호(1986. 4).
(5) “법정지상권 성립 후 건물을 취득한 자의 지위”(상)(중)(하), 사법행정 제27권 제5호(1986. 5), 제6호(1986. 6), 제7호(1986. 7) = 민사재판의 제문제 제5권(1989).
(6) “부동산의 이중양도와 원상회복”, 민사법학 제6호(1986).
(7) “호의동승의 경제적 분석”, 무등춘추 제2호(1989) = 『손해배상법의 제문제(성헌황적인박사화갑기념)』, 박영사(1990).
(8) “법률행위의 보충적 해석에 관한 독일의 학설과 판례”, 판례월보 제238호(1990. 7) = 재판자료 제59집, 법원행정처(1992).
(9) “가집행선고의 실효와 경락인인 가집행채권자의 부당이득반환의무”, 사법행정 제32권 제7호(1991. 7) = 민사재판의 제문제 제6권(1991).
(10) “허위의 친생자 출생신고에 의한 입양에 관한 몇 가지 문제”, 판례월보 제251호(1991. 8) = 『가족법학논총(박병호교수환갑기념)』, 박영사(1991).
(11) “채무불이행으로 인한 특별손해, 동시이행의 항변권과 권리남용”, 사법행정 통권 제379호(1992. 7) = 대법원판례해설 제17호(1992년 상반기)(1992).
(12) “실종자를 피고로 하는 판결확정 후 실종선고가 확정된 경우 판결의 효력”, 대법원판례해설 제18호(1992년 하반기)(1993) = 법조 통권437호(1993. 2).
(13) “전부명령의 요건과 효력”, 『부동산법학의 제문제(석하김기수교수화갑기념)』, 박영사(1992).
(14) “주류제조면허양도계약의 이행청구와 소의 이익”, 민사재판의 제문제 제7권(1993).
(15) “항소심의 변경판결과 제1심판결에 대한 청구이의소송의 적법 여부”, 사법행정 통권 제392호(1993. 8).
(16) “채권자가 채무자에 대하여 받은 패소판결이 채권자대위소송에 미치는 법률요건적 효력”, 판례월보 제274호(1993. 7) = 대법원판례해설 제19-1호(93년 상반기)(1993).
(17) “1. 제1심 패소부분에 불복하지 않았던 당사자의 상고와 상고범위 2. 계속적 공급계약에 있어서 기본계약의 성립과 개별계약의 성립 3. 기본계약 불이행으로 인한 손해배상의 범위”, 사법행정 통권 제392호(1993. 8).
(18) “부동산의 이중양도에 관한 연구 – 제일양수인의 원상회복청구를 중심으로 –”, 서울대학교 법학박사학위논문(1993. 8).
(19) “소멸시효”, 『민법학의 회고와 전망(민법전시행삼십주년기념논문집)』, 한국사법행정학회(1993).
(20) “프랑스에서의 부동산 이중양도에 관한 법적 규율”, 사법연구 제2집(1994).
(21) “소유권을 상실한 저당권설정자의 저당권설정등기 말소청구의 가부”, 대법원판례해설

제12호(94년 상반기)(1994) = 법조 통권 제461호(1995. 2).
(22) “건물의 합동과 저당권의 운명”(상), (하), 사법행정 통권 제403호(1994. 7), 제404호(1994. 8).
(23) “회사정리법상의 보전처분과 상계 및 부인권”, 민사재판의 제문제 제8권(1994).
(24) “대법원의 파기환송판결이 재심대상이 되는지 여부”, 인권과 정의 제226호(1995. 6)(강용현과 공동집필).
(25) “환경권 침해를 이유로 하는 유지청구의 허용 여부”, 대법원판례해설 제23호(1995년 상반기)(1995) = 판례월보 제315호(1996. 12).
(26) “독립적 은행보증과 지급금지가처분 신청금지 약관의 효력”, 『민사재판의 제문제(송천이시윤박사화갑기념)』(상), 박영사(1995).
(27) “자동차손해배상보장법 제3조의 손해배상채권과 채무가 동일인에게 귀속되는 경우 혼동에 의한 직접청구권의 소멸 여부”, 판례월보 제302호(1995. 11).
(28) “압류의 경합”, 재판자료 제71집, 법원도서관(1996).
(29) “토지임차인의 매수청구권 행사와 법원의 석명의무”, 인권과 정의 제236호(1996. 4) = 민사소송 Ⅱ Vol. 2(1999).
(30) “부동산 이중양도의 경제적 분석”, 저스티스 제29권 제1호(1996. 6).
(31) “민법시행 전에 이성양자가 허용되었는지 여부 및 민법 시행 전 입양의 요건에 대한 민법의 소급적용”, 판례월보 제314호(1996. 11).
(32) “C. I. F. 매매와 확정기매매”, 상사판례연구 [Ⅰ], 박영사(1996).
(33) “어음 배서의 위조로 인한 불법행위책임과 소구권보전절차의 관계”, 법조 통권485호(1997. 2).
(34) “위헌인 법률에 근거한 공무원 면직처분이 불법행위로 되는 경우 그로 인한 손해배상청구권 소멸시효의 기산점”, 서울대학교 법학 제38권 제1호(1997. 5).
(35) “초과특별수익이 있는 경우 구체적 상속분의 산정방법”, 서울대학교 법학 제38권 제2호(1997. 9).
(36) “악의의 무단점유와 자주점유에 대한 소견”, 판례실무연구 Ⅰ, 박영사(1997).
(37) “계약 당사자의 확정에 관한 고찰 : 특히 예금계약을 중심으로” (상), (하), 법조 통권 제494호(1997. 11), 통권 제495호(1997. 12) = 판례실무연구 Ⅱ, 박영사(1998).
(38) “상속채무를 뒤늦게 발견한 상속인의 보호”, 서울대학교 법학 제38권 제3·4호(1997. 12).
(39) “법률행위의 무효 – Pawlowski의 무효개념을 중심으로”, 『법률행위론의 사적전개와 과제(이호정교수화갑기념논문집)』, 박영사(1998).
(40) “점유를 상실한 부동산매수인의 등기청구권의 소멸시효”, 인권과 정의 제261호(1998. 5).
(41) “상속재산 분할에 있어서 초과특별수익의 취급”, 판례월보 제333호(1998. 6) = 가족법연구 제12호(1998).
(42) “계약상대방의 피용자의 사기로 인한 의사표시의 취소”, 서울대학교 법학 제39권 제2호

(1998. 8) = 민사판례연구[XXI](1999).
(43) “반사회적 이중양도에 있어서 전득자의 지위”, 법조 통권 제504호(1998. 9).
(44) “상속법 개정안의 과제와 문제점”, 인권과 정의 제265호(1998. 9).
(45) “상속회복청구권의 성질과 그 제척기간의 기산점”, 『재판의 한길(김용준헌법재판소장화갑기념)』, 박영사(1998).
(46) “혼인의 자유”, 한국 법학 50년 – 과거 · 현재 · 미래(대한민국 건국 50주년 기념 제1회 한국법학자대회 논문집)』(Ⅱ), 한국법학교수회(1998).
(47) “특별한정승인제도의 소급적용에 관한 소고”, 법률신문 제2766호(1999. 2).
(48) “예금계약”, 금융거래법강의, 법문사(1999).
(49) “삼청교육 피해자에 대한 대통령의 담화발표가 손해배상청구권의 소멸시효에 미치는 영향”, 『국민과 사법(윤관대법원장퇴임기념)』, 박영사(1999).
(50) “확정판결의 부정이용에 대한 구제의 요건과 방법”, 『이십일세기 민사소송법의 전망(하촌정동윤선생화갑기념)』, 박영사(1999).
(51) “의사의 과실에 의한 자녀의 출생으로 인한 손해배상책임” (상), (하), 법조 통권 제514호(1999. 7), 통권 제515호(1999. 8) = 판례실무연구 Ⅳ, 박영사(2000).
(52) “자기 소유의 물건을 취득하기로 하는 계약의 효력”, 고시계 통권 제511호(1999. 9).
(53) “혼인 성립에 관한 독일 민법의 개정에 관한 고찰”, 서울대학교 법학 제40권 제2호(1999. 8) = 가족법연구 제13호(1999. 12).
(54) “소멸시효 완성의 효과”, 『한국민법이론의 발전(무암이영준박사화갑기념논문집)』, 박영사(1999).
(55) “1990년대 친족상속법 판례의 동향”, 서울대학교 법학 제40권 제3호(1999. 12).
(56) “무효인 제2양수인 명의의 소유권이전등기가 확정판결에 의하여 이루어진 경우 제1양수인 내지 그 승계인의 구제방법”, 민사판례연구[XXII](2000).
(57) “90년대 친족상속법 판례 회고”, 민사판례연구[XXII], 2000.
(58) “점유를 상실한 부동산 매수인의 등기청구권의 소멸시효 · 부동산의 이중양도와 불법원인급여”, 민사재판의 제문제 제10권(2000).
(59) “금융실명제 실시 후에 예금의 출연자를 예금주로 본 사례”, 상사판례연구 [Ⅳ], 박영사(2000).
(60) “친족회의 동의를 얻지 않은 후견인의 법률행위에 대한 표현대리의 성립 여부”, 아세아여성법학 제3호(2000).
(61) “상속회복청구권의 연구 : 역사적 및 비교법적 고찰”, 서울대학교 법학 제41권 제1호(2000. 6).
(62) “상속의 단순승인 의제규정에 대한 헌법불합치 결정의 문제점 – 특히 헌법불합치 결정의 주문과 관련하여 – ”, 헌법논총 제11집(2000).
(63) “Recent Decisions of the Korean Constitutional Court on Family Law”, Journal of Korean Law, Vol. 1, No. 1 (2001. 12).

(64) "민법 중 법인, 물건 및 소멸시효, 취득시효에 관한 개정예비안", 민사법학 제19호(2001. 3).
(65) "친족회의 동의를 얻지 않은 후견인의 법률행위에 대한 표현대리의 성립 여부", 민사법학 제19호(2001. 3).
(66) "혼인 성립에 관한 민법의 개정방향", 가족법연구 제15권 제1호(2001. 6).
(67) "상속법상의 법률행위와 채권자취소권 : 상속 포기 및 상속재산 협의분할을 중심으로", 사법연구 제6집(2001).
(68) "친권자와 자녀 사이의 이해상반행위 및 친권자의 대리권 남용", 『현대민사법연구(일헌최병욱교수정년기념)』, 법문사(2002) = 민사재판의 제문제 제11권(2002).
(69) "민법상 착오규정의 입법론적 고찰 : 민법개정위원회에서의 소수의견", 『이십일세기 한국민사법학의 과제와 전망(심당송상현선생화갑기념논문집)』, 박영사(2002).
(70) "영국의 1998년 인권법(Human Rights Act 1998)이 사법관계에 미치는 영향", 서울대학교 법학 제43권 제1호(2002. 3).
(71) "영국 항소법원의 샴 쌍둥이 분리수술 사건 판결", 아세아여성법학 제5호(2002. 6).
(72) "한국의 제조물책임 : 판례와 입법", 법조 통권 제550호(2002. 7).
(73) "Wrongful Life에 관한 프랑스의 최근 판례와 입법", 한국의료법학회지 제10호 제1호(2002. 8)(정태윤과 공동집필).
(74) "약관의 내용통제", 『자유경쟁과 공정거래』, 법문사(2002).
(75) "상속의 단순승인 의제규정에 대한 헌법불합치결정의 소급효가 미치는 범위", 가족법연구 제16권 제2호(2002. 12).
(76) "손해배상의 방법으로서의 원상회복 – 민법개정안을 계기로 하여 – ", 비교사법 제10권 제1호(2003. 3).
(77) "미국 계약법상 Good Faith 원칙", 서울대학교 법학 제44권 제4호(2003. 12).
(78) "미국법상 부모의 자녀에 대한 치료 거부에 따르는 법적 문제", 가족법연구 제18권 제1호(2004. 4).
(79) "憲法が家族法の變化に及ぼした影響", 現代の韓國法:その理論と動態, 有信堂(2004).
(80) "헌법이 가족법의 변화에 미친 영향", 서울대학교 법학 제45권 제1호(2004. 3).
(81) "상속회복청구권의 소멸시효에 관한 구관습의 위헌 여부 및 판례의 소급효", 비교사법 제11권 제2호(2004. 6) = 민사재판의 제문제 제13권(2004).
(82) "특별한정승인의 규정이 소급적용되어야 하는 범위", 서울대학교 법학 제45권 제3호(2004. 9) = 민사판례연구 [XXVII](2005).
(83) "헌법 · 가족법 · 전통", 헌법논총 제15집(2004).
(84) "금융기관의 수신거래와 여신거래" Ⅰ, Ⅱ, BFL 제10호(2005. 3), 제11호(2005. 5).
(85) "변화에 직면한 가족법", 『계약법의 과제와 전망(모원김욱곤교수정년퇴임기념논문집)』, 삼지원(2005).
(86) "법인에 관한 민법개정안의 고찰", 서울대학교 법학 제46권 제1호(2005. 3).

(87) "물권행위 개념에 대한 새로운 접근", 민사법학 제28호(2005. 6).
(88) "여성차별철폐협약과 한국가족법", 서울대학교 법학 제46권 제3호(2005. 9).
(89) "고씨 문중의 송사를 통해 본 전통 상속법의 변천", 가족법연구 제19권 제2호(2005. 9).
(90) "계약 해석의 방법에 관한 국제적 동향과 한국법", 비교사법 제12권 제4호(2005. 12).
(91) "아동권리협약과 한국가족법", 국제인권법 제8호(2005. 12).
(92) "Economic Analysis of the Abuse of Right Doctrine", 법경제학연구 제2권(2005. 12).
(93) "Tradition and the Constitution in the Context of the Korean Family Law", Journal of Korean Law, Vol. 5, No. 1 (2005. 12).
(94) "공동명의의 예금채권자 중 1인의 예금채권이 압류 및 가압류된 경우의 법률관계", BFL 제15호(2006. 1).
(95) "임신중절이 허용되지 않는 태아의 장애를 발견하지 못한 의사의 손해배상책임 : 대법원 2002.6.25 선고 2001다66321 판결을 중심으로", 『민법학의 현대적 양상(나암 서민교수정년기념논문집)』, 법문사(2006).
(96) "전통적 가족제도와 헌법 : 최근 헌법재판소 판례를 중심으로", 서울대학교 법학 제47권 제2호(2006. 6).
(97) "허위표시와 제3자", 저스티스 통권 제94호(2006. 10).
(98) "차명대출을 둘러싼 법률문제" (상), (하), 법조 통권 제603호(2006. 12), 통권 제604호(2007. 1) = 민사재판의 제문제 제15권(2006).
(99) "국가 공권력의 위법행위에 대한 민사적 구제와 소멸시효 · 제척기간의 문제", 재심 · 시효 · 인권(공익과 인권 12), 서울대학교 공익인권법센터(2007).
(100) "2006년도 주요 민법 관련 판례 회고", 서울대학교 법학 제48권 제1호(2007. 3) = 민사재판의 제문제 제16권(2007).
(101) "민법개정안 중 부부재산제에 관한 연구", 가족법연구 제21권 제1호(2007. 3).
(102) "민법 제496조는 사용자책임에도 적용되는가?", 법률신문 제3544호(2007. 4).
(103) "재산법과 비교한 가족법의 특성 : 가족법의 이타성과 합리성", 민사법학 제36호(2007. 5).
(104) "개명허가의 요건", 가족법연구 제21권 제2호(2007. 7).
(105) "변화하는 사회와 종중에 대한 관습", 사법 창간호(2007. 9).
(106) "사실혼배우자 일방이 사망한 경우의 재산문제 : 해석론 및 입법론", 저스티스 통권 제100호(2007. 10).
(107) "유류분 침해액의 산정방법", 서울대학교 법학 제48권 제3호(2007. 6).
(108) "진화심리학과 가족법", 『과학기술과 법』, 박영사(2007).
(109) "2007년도 주요 민법판례 회고", 서울대학교 법학 제49권 제1호(2008. 3) = 민사재판의 제문제 제17권(2018).
(110) "보조생식기술의 가족법적 쟁점에 대한 근래의 동향", 서울대학교 법학 제49권 제2호(2008. 6).

(111) "韓國法上の消費者の撤回權", ジュリスト No. 1360 (2008 7).
(112) "韓國の民法改正", ジュリスト, No. 1360 (2008. 7).
(113) "The Role of the Courts in the Protection of Transsexuals' Human Rights", LEBENDIGES FAMILIENRECHT (Festschrift für Rainer Frank), VERLAG für STANDESWESEN (2008).
(114) "미국 가정법원의 현황과 개선논의", 가족법연구 제22권 제3호(2008. 12).
(115) "사법상의 단체와 헌법", 비교사법 제15권 제4호(2008. 12).
(114) "법의 해석과 적용에서 경제적 효율의 고려는 가능한가?" 서울대학교 법학 제50권 제1호(2009. 3).
(116) "CEDAW, CRC and the Korean Family Law", UT Soft Law Review, No. 1 (2009).
(117) "점유취득시효 완성 후 재진행의 요건", 법률신문 제3767호(2009. 8).
(118) "성별정정 허가가 있기 전의 성전환자의 법적 지위", 가족법연구 제23권 제3호 (2009. 12).
(119) "저당목적물의 담보가치를 확보하기 위한 지상권의 효력", 법률신문 제3841호(2010. 5).
(120) "유류분의 반환방법", 법률신문 제3847호(2010. 6).
(121) "韓國における最近の重要な民法判例", ジュリスト No. 1406 (2010. 9),
(122) "계약상 공통의 착오에 관한 연구", 민사법학 제51호(2010. 12).
(123) "법률해석의 한계와 위헌법률심사", 『법철학의 모색과 탐구(심헌섭 박사 75세 기념 논문집)』, 법문사(2011).
(124) "계약법의 경제학", 『법경제학 이론과 응용』, 해남(2011)(이동진과 공저).
(125) "제조물책임의 주요 쟁점", 연세대학교 법학연구 제21권 제3호(2011. 9).
(126) "이용훈 대법원의 민법 판례", 『정의로운 사법(이용훈 대법원장 재직기념)』, 사법발전재단(2011).
(127) "토지 및 임야 사정의 법적 성격", 서울대학교 법학 제53권 제1호(2012. 3).
(128) "혼인과 이혼의 법경제학", 법경제학연구 제9권 제1호(2012. 6).
(129) "The Reform of the Consensual Divorce Process and the Child Support Enforcement System in Korea", Journal of Korean Law Vol. 11 No. 2 (2012. 6).
(130) "소유물반환의무 위반 인한 손해배상책임의 법적 성질", 법률신문 제4055호(2012. 8).
(131) "저당권에 대한 침해를 방지하기 위한 담보지상권의 효력", 『한국민법의 새로운 전개(고상룡교수고희기념논문집)』, 법문사(2012).
(132) "증여계약의 해제에 관한 민법개정안", 민사재판의 제문제 제21권(2012).
(133) "한국법상 약관규제법에 의한 소비자보호", 민사법학 제62호(2013. 3).
(134) "부모의 자녀 치료거부문제 해결을 위한 입법론", 법조 통권 제680호(2013. 5) (현소혜와 공저).

(135) “유치권 및 저당권설정청구권에 관한 민법개정안”, 민사법학 제63-1호(2013. 6).
(136) “관습상 분재청구권에 대한 역사적, 민법적 및 헌법적 고찰”, 민사재판의 제문제 제22권(2013).
(137) “The Reform of Adoption Law in Korea”, THE INTERNATIONAL SURVEY OF FAMILY LAW, 2013 Edition, Family Law (2013).
(138) “채권자취소권에 관한 민법 개정안 연구”, 민사법학 제66호(2014. 4)(권영준과 공저).
(139) “공동소유에 관한 민법 개정안”, 민사법학 제68호(2014. 10).
(140) “독립적 은행보증의 경제적 합리성과 권리남용의 법리”, 법조 통권 제692호(2014. 5).
(141) “부당이득법의 경제적 분석”, 서울대학교 법학 제55권 제3호(2014. 9).
(142) “김증한 교수의 소멸시효론”, 민사법학 제69호(2014. 12).
(143) “Die Zivilrechtliche Haftung des Portalanbieters für die Ehrverletzung in Korea”, Medien und Recht, Carl Heymans Verlag (2014).
(144) “개정민법상 전자 보증 불허의 문제점”, 법률신문 제4304호(2015. 3).
(145) “형사사건 성공보수 약정 무효 판결의 장래효에 대한 의문”, 법률신문 제4340호(2015. 8).
(146) “황적인 교수의 물권행위론”, 『성헌 황적인선생님의 학문과 삶의 세계』, 화산미디어(2015).
(147) “Judicial Activism and the constitutional Reasoning of the Korean Supreme Court in the Field of Civil Law”, The Functional Transformation of Courts, National Taiwan University Press (2015).
(148) “과거사 정리와 소멸시효”, 민사재판의 제문제 제23권(2015).
(149) “유류분반환청구권의 성질과 양수인에 대한 유류분반환청구”, 전남대학교 법학논총 제36권 제2호(2016. 6).
(150) “상속포기의 사해행위 취소와 부인”, 가족법연구 제30권 제3호(2016. 11).
(151) “The Decline of Familism in the Transformation of Korean Family Law”, 21世纪家庭法与家事司法：实践与变革, 群众出版社(2016).
(152) “The Decision of the Korean Supreme Court on the Contingent Fee Agreement in Criminal Cases”, Journal of Korean Law Vol. 16, No. 1 (2016. 12).
(153) “친생추정에 관한 민법개정안”, 가족법연구 제31권 제1호(2017. 3).
(154) “한국민법학에 대한 서울대학교의 기여”, 서울대학교 법학 제58권 제1호(2017. 3).
(155) “상속관습법의 헌법적 통제”, 헌법학연구 제23권 제2호(2017. 6).
(156) “보통법 국가에서의 기본권의 수평효”, 연세대학교 법학연구 제27권 제3호(2017. 9).
(157) “위헌인 대통령의 긴급조치 발령이 불법행위를 구성하는지 여부”, 민사법학 제81호(2017. 12).

(158) "담보신탁의 도산절연론 비판", 비교사법 제25권 제2호(2018. 5).
(159) "한국민법상의 공서양속", 민사법학 제85호(2018. 12).
(160) "공서양속에 대한 총괄보고", 민사법학 제85호(2018. 12).
(161) "상속법의 변화와 앞으로의 과제", 『우리 법 70년 변화와 전망 : 사법을 중심으로』, 법문사(2018).
(162) "민법상 금혼규정의 헌법적 고찰", 저스티스 통권 제170호(2019. 2).
(163) "배우자의 상속법상 지위 개선 방안에 관한 연구", 가족법연구 제33권 제1호(2019. 3).
(164) "채권자의 채무자에 대한 승소확정판결이 채권자대위소송에 미치는 영향", 법률신문 제4765호(2020. 1).

## 다. 공 법

(1) "위헌법률의 효력 : 헌법재판소법 제47조제2항의 헌법적 검토", 헌법논총 제1집(1990) = 『헌법재판연구(I)』, 한국사법행정학회(1993).
(2) "변호사법 제15조의 위헌성", 인권과 정의 제179호(1991. 7).
(3) "동서독 통일조약에 관한 독일연방헌법재판소 1991. 4. 23. 판결", 판례월보 제253호(1991. 10).
(4) "사죄광고제도와 민법 제764조의 위헌 여부", 사법행정 제32권 제11호(1991. 11).
(5) "접견불허처분에 대한 헌법소원심판청구 후 접견이 이루어진 경우 심판청구의 적법 여부", 판례월보 제256호(1992. 1).
(6) "미결수용자의 접견권의 성질과 그 제한", 판례월보 제262호(1992. 7) = 대법원판례해설 제17호(92년 상반기)(1992).
(7) "명의신탁에 대한 증여세의 부과와 평등원칙", 『조세법의 논점(행솔이태로교수화갑기념)』, 조세통람사(1992).
(8) "행정처분 무효확인청구가 기판력에 저촉되는 경우 근거법률의 위헌결정이 무효확인청구에 미치는 영향", 대법원판례해설 제19-2호(93년 상반기)(1993) = 법조 통권 제450호(1994. 3).
(9) "공무원에 의한 강제증여와 수용유사적 침해이론의 적용 여부", 대법원판례해설 제20호(93년 하반기)(1994) = 법조 통권 제457호(1994. 10).
(10) "위헌인 법률에 근거한 행정처분의 당연무효 여부", 대법원판례해설 제22호(1994년 하반기)(1995) = 법조 통권 제469호(1995. 10).
(11) "보존음료수의 판매제한조치의 위헌 여부", 인권과 정의 제226호(1995. 1) = "보존음료수의 판매제한과 헌법", 특별법연구 제5권(1997).
(12) "학문의 자유와 반공법", 『법과 정의(경사이회창선생화갑기념)』, 박영사(1995).
(13) "헌법재판소 위헌결정의 소급효", 재판자료 제75집, 법원도서관(1997).
(14) "상속제도의 헌법적 근거", 헌법논총 제10집(1999).

(15) “구 사립학교교원연금법시행령 제66조 제2항의 무효 여부”, 『국민과 사법(윤관대법원장퇴임기념)』, 박영사(1999).
(16) “직할하천에 대한 하천법중개정법률 부칙 제2조에 의한 손실보상의무자”, 『국민과 사법(윤관대법원장퇴임기념)』, 박영사(1999).
(17) “교통사고처리특례법 제4조 제1항 및 그에 근거한 불기소처분에 대한 헌법소원의 적법성”, 판례월보 제352호(2000. 1) = 헌법실무연구 제1권(2000).

### 라. 형 사 법

(1) “1. 범죄의 증명이 없거나 공소시효가 완성된 경우에 추징을 할 수 있는지 여부 2. 원심판결 중 추징부분만을 파기자판할 수 있는지 여부”, 대법원판례해설 제18호(1992년 하반기)(1993) = 사법행정 통권 제385호(1993. 1).
(2) “장물취득죄의 기판력이 강도상해죄에 미치는지 여부”, 법조 통권 제464호(1995. 5) = 형사재판의 제문제 제1권(1997).

## 2. 단 행 본

(1) 금융거래법강의, 박영사(1999)(공저).
(2) 감사인의 손해배상책임, 한국공인회계사회(1998. 5)(김건식과 공동연구).
(3) 90년대 주요민사판례평석, 박영사(2001)(공저).
(4) 호주제 개선방안에 관한 조사연구(여성부 정책자료 2001-21)(2001)(공저).
(5) 법률가의 윤리와 책임, 박영사(2003).
(6) 민법논고 Ⅰ, 박영사(2007).
(7) 민법논고 Ⅱ, 박영사(2008).
(8) 민법논고 Ⅲ, 박영사(2008).
(9) 민법논고 Ⅳ, 박영사(2009).
(10) 민법논고 Ⅴ, 박영사(2011).
(11) 2013년 개정민법 해설, 법무부(2013)(현소혜와 공저).
(12) 민법논고 Ⅵ, 박영사(2015)
(13) 민법논고 Ⅶ, 박영사(2015)
(13) 친족상속법강의, 박영사(2016)
(14) 민법기본판례, 홍문사(2016)
(15) 법과 진화론, 법문사(2016)(공저)
(16) Relationship between the Legislature and the Judiciary, Nomos (2017)(공저).
(17) 법학에서 위험한 생각들, 법문사(2018)(공저).
(18) 친족상속법강의 제2판, 박영사(2018).

## 3. 주석서(공저)

(1) 주석 채권각칙 Ⅱ(현상광고), 한국사법행정학회(1987).
(2) 민법주해 [Ⅲ](소멸시효), 박영사(1992).
(3) 민법주해 [Ⅴ](취득시효), 박영사(1992).
(4) 주석강제집행법 Ⅱ(채권에 대한 강제집행), 한국사법행정학회(1993).
(5) 주석강제집행법 Ⅳ(금전채권이외의 채권에 관한 강제집행), 한국사법행정학회(1993).
(6) 주석 채권각칙 Ⅳ, 제3판(현상광고), 한국사법행정학회(1999).
(7) 주석민법 총칙 Ⅱ, 제3판(제103, 104조), 한국사법행정학회(2001).
(8) 민법주해 [XIX](제766조), 박영사(2005).
(9) 주석민법 총칙 Ⅰ, 제4판(제1조), 한국사법행정학회(2010).
(10) 주석민법총칙 Ⅱ, 제4판(제103, 104조), 한국사법행정학회(2010)(이동진과 공저).
(11) 주해친족법 Ⅰ, Ⅱ, 박영사(2015)(편집대표 및 공저).
(12) 주석민법 채권각칙 Ⅳ, 제4판(현상광고), 한국사법행정학회(2016).
(13) 주해상속법 Ⅰ, Ⅱ, 박영사(2019)(편집대표 및 공저).

## 4. 번 역

(1) Dagmar Coester-Waltjen, 윤진수 역, "독일 친족법의 최근의 발전", 가족법연구 제15권 제1호(2001. 4).
(2) Rainer Frank, 윤진수 역, "독일친족법에 미친 헌법의 영향", 서울대학교 법학 제45권 제1호(2004. 3).
(3) Rainer Frank, 윤진수 역, "자녀의 생부에 의한 친생부인에 관한 비교법적 고찰", 가족법연구 제20권 제1호(2006. 4).

## 5. 국제학술대회 발표

(1) "Economic Analysis of Abuse of Right Doctrine", The 1st Annual Conference of the Asian Law and Economics Association. 2005. 6, 서울.
(2) "Tradition and the Constitution in the Context of the Korean Family Law", 12th World Conference of the International Society of Family Law, 2005. 7, 미국 솔트레이크 시티.
(3) "韓國法上の消費者の撤回權", "韓國の民法改正", 일본 민법개정연구회, 民法改正國際シンポジウム, 2008. 3, 일본 도쿄.
(4) "Die zivilrechtliche Haftung des Portalanvieters für die Ehrverletzung in Korea", Fritz Thyssen Symposium, Medien und Recht (Das zweite internationale Thyssen-Symposium), 2009. 9, 일본 도쿄.

(5) “The Reform of the Consensual Divorce Process and the Child Support Enforcement System in Korea”, 14th World Conference of International Society of Family Law, 2011. 7, 프랑스 리옹.

(6) “한국법상 약관규제법에 의한 소비자보호”, 제2회 동아시아민법학술대회, 2012. 8, 중국 길림성 연길시.

(7) “The Reform of Adoption Law in Korea”, 2012 Hong Kong International Family Justice Judicial Conference, 2012. 8, 홍콩.

(8) “The New Korean Adult Guardianship Law”, Fostering Family Harmony: Principles & Harmony, Brooklyn Law School, 2013. 6.

(9) “The Decline of Familism in the Transformation of Korean Family Law”, International Symposium on Family Law and Family Justice in the 21st Century, 2015. 10, 중국 충칭 서남정법대학.

(10) “한국민법상의 공서양속”, “총괄보고”, 제8회 동아시아 민사법 국제학술대회, 2018. 9. 대만 嘉義縣 民雄鄉 中正大學(2018. 9).

# 축하의 말씀

송 상 현*

윤진수 교수의 정년을 기념하여 붓을 들고 보니 솔직히 만감이 교차한다. 나는 그가 어렵사리 모교에 전임교수로 부임했을 때 참으로 든든함을 느꼈고, 그가 학문적으로 성숙하여 국내외적 명성을 드높일 때 송무백열(松茂柏悅)의 기쁨을 맛보았으며, 민사판례연구회 회장을 맡아 이 중요한 학문연구단체를 깔끔하게 이끌어 감에 감사하고도 깊은 신뢰감을 가졌다.

유능하고 모범적인 현역 법조인이 장기간 근무하면서 인정받은 법원을 떠나 아무 뒷받침 없는 모교에 둥지를 틀기는 쉽지 않았을 것이다. 그럼에도 불구하고 척박한 학문 풍토에서도 한국가족법분야의 괄목할 만한 발전에 결정적 기여를 한 윤진수 교수의 노력과 정열을 높이 평가하고 싶다. 한국 가족법이 일부 관습법적 토대를 가지고 있음을 무시할 수 없고 양성평등이나 여성학 등의 견지에서 접근해야 할 필요가 없는 것은 아니나 법학 본래의 뚜렷한 체계와 영역을 구축하여 국내외에 확실하게 제시한 공로는 그의 학문 활동 중 압권이다. 그는 진정 서울대학교 법과대학이 품은 뛰어난 와룡(臥龍)과 봉추(鳳雛)로서 만인의 기대에 어긋나지 않게 법학분야의 수준을 한 단계 끌어올린 인재이다.

그가 유서 깊은 민사판례연구회의 4대 회장을 맡아 10여 년간 힘들게 이끌어 온 세월을 특히 주목하고자 한다. 40여 년 전 법학 발전에 판례연구의 중요성을 인식한 몇 선각적 교수와 법관들이 세상의 명리를 초

---

* 제2대 민사판례연구회 회장.

월하고 오로지 판례법학공부만을 위하여 탄생시킨 연구모임인 민사판례연구회가 전공분야를 막론하고 우리나라 학회 운영의 풍토와 분위기를 쇄신하고 법학계와 법조계에 신선한 충격을 주면서 학문 발전을 선도한 것은 불요증사실이다. 다만 중도에 학회가 외부의 오해와 왜곡과 비난을 받아 잠시 어려운 처지에 빠졌을 때 오히려 윤진수 회장의 탁월한 리더십으로 이를 극복하고 오늘날 200여 명의 회원을 포용하여 매월 활발한 발표와 토론을 하는 한국의 대표적 학회로서 흔들림이 없었던 것은 이 나라의 법학 발전에 커다란 행운이라고 아니할 수 없다. 평소에 박람강기(博覽强記)하면서도 자기주장과 지식을 가볍게 내세우지 아니하면서 항상 매사에 균형감각 있고 차분하게 발휘한 리더십에 경의를 표하고자 한다.

이제 그가 정년으로 교수직을 마감하고 민사판례연구회의 회장직을 물러감에 있어서 이를 아쉬워하면서도 그의 높은 학덕과 빛나는 공로를 기리고자 한 회원들이 금년에 발간하는 '민사판례연구'를 윤진수 회장 정년기념호로 만들어 헌정하고자 하는 것은 우리나라 학계의 참으로 아름다운 전통이라고 아니할 수 없다. 곰삭은 정과 학문에의 헌신을 토대로 아름다운 전통을 이어 가는 민사판례연구회원 여러분께 깊은 감사와 사랑을 전하고 윤진수 교수에게 심심한 축하의 말씀을 아울러 드린다.

이 작지만 아름다운 기획 행사가 평생을 두고 윤진수 선생이 구축한 학문적 역사(役事)를 더욱 공고하게 하고 학자적 성좌(星座)가 더욱 빛을 찬란하게 발하게 하기를 축원하며, 아울러 건강한 모습으로 계속 동료와 제자들을 이끌어 주시기를 바라 마지않는다.

# 目　次

# Contents

## Articles

# 성년후견에 있어서 본인 의사 존중과 임의후견우선의 원칙*

박 인 환**

## 요 지

국내 굴지의 재벌그룹 오너인 사건 본인(P)에 대하여 그 여동생이 정신적 제약을 이유로 성년후견의 개시와 P의 자녀들을 후견인으로 선임하여 줄 것을 청구하였다. 이 사건 각 심급 법원의 결정들은 법정후견 개시요건에 있어서 본인의 의사에 대한 법적 평가 및 법정후견에 대한 임의후견 우선의 원칙 적용에 있어서 유엔장애인권리협약(CRPD)의 요청에 합치하지 않는다. 유엔장애인권리협약 제12조는 모든 체약국에 대하여, 장애인에 대해서도 인류 보편적 권리인 '법 앞의 평등', '비장애인과 동등한 법적능력의 향유'를 재확인하고, 그 법적능력의 행사에 필요한 지원을 할 것을 요청하고 있다. 이러한 협약의 관점에서 보면 각 심급의 결정들에는 다음과 같은 문제점이 있다.

제1심법원은 사건본인 P의 후견개시에 반대하는 의사가 본인의 진정한 의사가 아니라거나 본인 보호의 필요성 때문에 후견을 개시할 필요가 있다고 인정하였으나, 정신적 제약에도 불구하고 본인의 의사에 반하여 후견을 개시하는 것은 본인의 권리에 대한 침해이자, 장애를 이유로 하는 차별에 해당하므로 허용되어서는 안 된다. 그리고 후견개시에 반대하는 의사가 진정한 것인지에 대한 판단에 있어서 사건본인의 의사결정에 대한 적절한 지원(가령,

---

* 이 평석은 필자가 2019. 7. 22. 민사판례연구회 제423회 월례회에 발표한 것을 수정·보완한 것으로 전북대학교 법학연구소가 발행하는 법학연구 제60집(2019. 9.) 105면 이하에 이미 게재된 것임을 밝혀 둔다. 토론을 맡아 사건 관련 정보를 수정할 기회를 주신 재판연구관 이지영 판사님께 감사드린다.

** 법학박사, 인하대학교 법학전문대학원 교수.

후견제도에 관한 쉬운 설명을 통한 이해의 촉진) 없이 쉽게 사건본인의 의사의 진정성을 부인한 것은 옳지 않다.

항고심은, 사건본인이 후견계약 체결과 임의후견감독인 선임심판청구를 근거로 한정후견개시심판절차의 중단을 주장한 데 대하여, 이를 후견계약의 남용이라거나 사건본인의 진정한 의사인지 의심스럽다는 이유에서 본인 이익을 위하여 법정후견 개시의 심판이 특별히 필요한 경우에 해당한다고 판단하였다. 그러나 원래 임의후견이 법정후견을 회피하기 위하여 마련된 제도라는 점에서 법정후견 절차를 중단시킬 목적으로 후견계약을 체결하였다는 사정만으로 후견계약제도를 남용하였다고 보는 것은 속단에 지나지 않는다.

대법원은 대상결정에서 열거하고 있는 바와 같은 후견계약과 본인을 둘러싼 제반사정 등을 종합하여, '본인의 이익을 위하여 특별히 필요한 때'를 쉽게 인정하여 법정후견의 개시를 수긍하였다. 그러나 유엔장애인권리협약의 취지에서 보면 '본인의 이익을 위하여 특별히 필요한 때'의 판단에 있어서 본인의 의사나 욕구, 선호와 같은 주관적 요소가 보다 결정적인 판단의 준거가 되어야 한다는 점에서 본인의 의사나 선호 등을 고려하지 않고 객관적 관점에서 본인 보호의 필요성을 결정하는 한에 있어서 그 판단 논거는 부적절하다.

우리나라의 법원도 동 협약의 취지를 존중하여 성년후견절차에 있어서 본인의 의사를 보다 중요하게 고려 내지 존중하여야 하고 나아가 법정후견에 대한 임의후견 우선의 원칙도 보다 엄격하게 해석 적용할 필요가 있다.

[주 제 어]
- 성년후견
- 임의후견
- 본인의사 존중
- 의사결정지원
- 장애인권리협약

## 대상판결 : 대법원 2017. 6. 1. 자 2017스515 결정(한정후견개시심판 확정 전 후견계약이 등기되고 임의후견감독인 선임청구가 이루어진 사건)

[사안의 개요]

### Ⅰ. 사실관계와 제1심 법원의 판단(한정후견개시결정)[1)]

#### 1. 사건 본인에 대하여 후견개시심판의 청구와 당사자관계

국내 굴지의 재벌그룹 오너인 사건 본인(P)에 대하여 그 여동생이 정신적 제약을 이유로 성년후견의 개시와 P의 자녀들을 후견인으로 선임하여 줄 것을 청구하였다. 이에 대하여 장남의 주도로 사건 본인의 대리인이 선임되어 후견개시심판을 다투었고, 차남 등 다른 자녀들도 대리인을 선임하여 심판절차에 참가하였다. 이 사건 신청을 전후하여 장남과 차남은 그룹경영권 승계를 둘러싸고 다툼을 벌이고 있었다.

#### 2. 사건 본인의 정신능력에 대한 1심의 인정사실

제1심법원은, 사건본인인 P에 대한 심문 결과, P에 대한 각 진료기록, 각 병원에 대한 사실조회 회신, 가사조사관의 조사보고서에 심문 전체의 취지를 종합하여 다음과 같은 사실을 인정하였다. P는 2010년, 2012년과 2013년 병원 외래 진료시에 의료진에게 기억력 장애와 장소 등에 관한 지남력(指南力) 장애를 호소하였다. 이에 따라 P는 2010년경부터 아리셉트(Aricept), 에이페질(Apezil) 등과 같은 치매 관련 치료약을 지속적으로 처방받아 복용하여 왔다. P는 2016. 2. 3. 제1회 심문기일에서 올해가 몇 년인지를 묻는 재판장의 물음에 "1955년"이라고 답하는 등 위 심문기일과 조사기일에서 시간, 장소에 대한 지남력이 부족하거나 상실된 것으로 보이는 진술을 여러 차례 하였다. P는 2016. 5. 17. 감정 병원의 병실에서 현장검증과 조사의 취지를 충분히 밝힌 법관과 조사관에게 "누구시오?", "지금 회의를 하러 가야 하니 빨리 가보시오"라고 하는 등 전혀 상황에 맞지 않는 말을 수 회 반복한 바 있다. P를 조사한 조사관들은 P가 시간 및 장소에 대한 지남력이 저하되었고, 전반적인 수준에서 단기기억력과 인지능력도 저하된 상태라는 조사 결과를 보고하였다.

---

1) 서울가정법원 2016. 8. 29.자 2015느단31667 심판(출처 : 대법원 종합법률정보).

### 3. 1심에서의 사건 본인의 주장과 법원의 판단

#### 가. 사건본인에 대한 신체감정절차 결여에 관한 주장

P의 대리인은 신체감정 결과 등 사건본인의 정신적 제약 여부를 판단할 수 있는 자료가 결여되어 있다고 주장하였다. 이에 대하여 1심 법원은 "앞서 든 자료들만으로도 사건본인의 현재 정신 상태를 판단하기에 충분하므로 사건본인에 대한 신체감정이 반드시 필요하다고 할 수 없을 뿐 아니라(가사소송법 제45조의2 제1항 단서), 사건본인 스스로 그 실시에 동의하고 참가하였던 신체감정절차에서 자의적으로 이탈함으로써 자신에게 정신적 제약이 없다는 점을 입증할 기회를 포기한 바 있"다는 이유에서(사건 본인은 본인에 대한 신체감정을 위하여 입원한 병원에서 감정의 계속을 거부하고 중도에 퇴원한 바 있다), 위 주장을 받아들이지 않았다.

#### 나. 사건본인의 의사에 반한다는 주장

사건본인의 대리인은, 사건본인이 후견개시에 반대하는 의사가 명확하므로 성년후견제도의 취지에 비추어 후견이 개시되어서는 안 된다고 주장하였다. 이에 대하여 1심 법원은 "피후견인의 자기결정권과 잔존능력의 존중, 후견의 필요성과 보충성이라는 성년후견제도의 이념에 따라, 가정법원은 후견개시 심판을 할 때 사건본인의 의사를 고려하여야 한다(민법 제9조 제2항, 제10조 제2항). 그러나 사건본인의 정신능력이나 의사표현력에 문제가 있거나, 사건본인의 의사가 사건본인을 둘러싼 친족 등 관계인들의 이해관계나 반복된 학습 등으로 왜곡되어 있다면, 법원은 사건본인의 복리를 위하여 후견적 입장에서 후견개시 여부를 판단하여야 한다."고 전제한 후, "사건본인이 형식적으로는 후견개시에 반대의사를 표시하고 있는 것으로 보이지만, 사건본인이 이 사건 심문기일과 병원에서의 입원감정절차에서 보인 여러 진술과 행동 등에 비추어 보면, 사건본인이 성년후견제도나 이 사건 재판의 의미, 정신감정의 의미나 목적 등에 관하여 명확하게 이해를 하고 있다거나, 그 이해를 바탕으로 후견개시와 정신감정 여부에 관하여 자신의 진정한 의사를 밝혔다고 보기 어려울 뿐만 아니라, 가사 사건본인의 반대의사가 그의 진의에 기한 것이라고 하더라도 앞서 본 바와 같이 사건본인이 정신적 제약 상태에 있는 점, 사건본인의 신상과 재산을 둘러싼 친족들 사이에 다툼이 계속되고 있는 점 등에 비추어 보면, 후견이 개시되어 후견인과 법원에 의한 적절한 보호와 감독이 시행되는 것이 사건본인의 보호와 복리를 위하여 상당하다고 할 것"이라는 이유에서 사건본인의 위 주장도 받아들이지 않았다.

### 4. 제1심 법원의 결정

위와 같은 인정 사실과 사건 본인의 주장에 대한 판단에 의거하여 1심 법원은 P에 대하여 한정후견개시를 결정하고, "사건본인의 자녀들 사이에 사건본인의 신상보호와 재산관리, 회사의 경영권 등을 둘러싼 갈등이 계속되고 있어 그 중 어느 한 쪽에게 후견업무를 맡긴다면 후견업무에 관한 분쟁이 계속될 가능성이 높으므로, 사건본인의 복리를 위하여 중립적이고 객관적인 입장에서 후견사무를 수행할 수 있는 전문가 후견법인"을 한정후견인으로 선임하였다. 기타 사건본인이 한정후견인의 동의를 받아야 하는 행위의 범위, 한정후견인의 대리권의 범위 및 한정후견인이 사건본인의 신상에 관하여 결정할 수 있는 권한의 범위를 별지 기재로 한정하여 열거하고, 한정후견인으로 하여금 심판 확정일로부터 2개월 이내에 이 심판 확정일을 기준으로 하는 사건본인의 재산목록[상속인(후견인) 금융거래조회서비스 조회결과 첨부]을 작성하여 법원에 제출하도록 하는 한편, 심판 확정일로부터 1년이 경과한 날을 시작으로 매년 후견사무보고서(기준일: 매년 이 심판 확정일과 같은 월, 일)를 작성하여 법원에 제출하도록 명하였다.

## Ⅱ. 항고심에서의 경과와 판단(항고기각)[2)]

### 1. 항고심에서 추가된 사실관계

제1심결정에 대하여 사건본인이 항고하였고, 항고심 계속 중인 2016년 11월 24일 후견계약을 체결하고, 2016년 12월 26일 후견계약등기가 마쳐지자, 2016년 12월 28일 가정법원에 임의후견감독인 선임심판을 청구하고, 이를 이유로 한정후견개시심판 절차의 중단을 요청하였다. 이에 대하여 항고심 법원은 직접 사건본인을 상대로 항고의사를 확인하고 한정후견 개시에 관한 의견을 듣기 위하여 법정출석을 요청하였으나, 사건본인이 정당한 이유 없이 이를 거부하였다. 그리고 위 출석요청과 관련하여 P의 대리인이 P와 나눈 대화 장면을 촬영·제출한 영상파일에 따르면, P는 이미 제1심 법정에 출석한 바 있고 한정후견을 개시하는 제1심 심판까지 받았으면서도 대리인에게 누가 재판을 청구하였는지, 어떤 내용의 재판인지, 어느 법원에서 재판을 하는지

---

2) 서울가정법원 2017. 1. 13.자 2016브30098 결정(출처 : 대법원 종합법률정보).

를 되묻기도 하고, 청구인의 남편이 누구인지를 반복하여 질문하는 등으로 대화가 제대로 이루어지지 아니하여, 대리인이 P에게 법정에 출석하여야 함을 설명하고 출석할 의사가 있는지를 확인하는 데에 10분 이상 걸린 사실을 알 수 있었다.

### 2. 후견계약의 체결·등기 및 임의후견감독인 선임청구에 따른 심리 중단 주장 및 항고심의 판단

P의 대리인은, P가 소외 2를 임의후견인으로 하는 후견계약을 체결하여 등기한 후 가정법원에 임의후견감독인 선임을 청구하였으므로, 법정후견에 대한 임의후견의 우선적 지위를 인정한 민법 제959조의20의 규정 취지에 따라 그 청구에 관한 심판이 있을 때까지 항고심의 심리는 중단되어야 한다는 취지로 주장하였다. 이에 항고심법원은 다음과 같은 사정 및 관련 민법규정의 내용 등을 종합하여 볼 때 위 주장은 받아들일 수 없다고 하였다.

"후견계약은 가정법원이 임의후견감독인을 선임한 때부터 효력이 발생하는 것으로서(민법 제959조의14 제3항), 후견계약이 등기되어 있는 경우에도 가정법원은 본인의 이익을 위하여 특별히 필요할 때에는 법정후견의 심판을 할 수 있고, 이 경우 후견계약은 법정후견 개시의 심판을 받은 때 종료되며(민법 제959조의20 제1항), 법정후견 개시 후 임의후견감독인 선임청구가 있는 경우에도 법정후견 조치의 계속이 본인의 이익을 위하여 특별히 필요하다고 인정하면 가정법원은 임의후견감독인을 선임하지 아니하는바(민법 제959조의20 제2항), 임의후견감독인 선임청구 사실이 법정후견 개시 사건의 심리 및 심판에 장애사유가 되지 않음은 위 규정들의 문언상 명백하다."

"가정법원이 법정후견인을 선임할 때에는 피후견인 본인의 의사를 존중하되, 그 밖에 본인의 건강, 생활관계, 재산상황, 후견인이 될 사람의 직업과 경험, 본인과의 이해관계 유무 등의 사정도 고려하여야 하는데(민법 제936조 제4항, 제959조의3 제2항), 법정후견 개시 사건의 심리진행 중에 비로소 후견계약을 체결·등기하고 임의후견감독인 선임청구를 하는 것은 가정법원의 적절한 법정후견인 선임을 방해하고 심리절차를 지연시키는 수단으로 남용 또는 악용될 소지가 많다."

"이 사건에서 후견계약이 체결된 시점은 사건본인에 대한 성년후견 개시 심판청구일로부터 1년 정도 지난 후로서 제1심 한정후견 개시의 심판까지 있은 후 당심 제1회 심문기일 직전인 2016. 11. 24.이고, 이 법원이 2016. 12.

19. 제2회 심문기일을 진행하면서 '만약 사건본인이 출석거부의사를 번복하여 법정에 직접 출석하겠다는 의사를 표시하지 않을 경우 2017. 1. 3. 심리를 종결하겠다'고 고지한 후인 2016. 12. 26. 후견계약이 등기되었으며, 같은 달 28. 임의후견감독인 선임청구가 제기되었는바, 이러한 진행경과를 보면 사건본인이나 위 후견계약상 임의후견인은 후견계약 제도를 남용하여 이 사건의 심리를 방해하고 절차를 지연시키려는 의도를 가진 것으로 판단하지 않을 수 없다."

"앞서 관련규정에서 본 것처럼 임의후견의 우선적 지위와 법정후견의 보충성은 절대적인 것이 아니라 '본인의 이익을 위하여 특별히 필요할 때' 제한될 수 있는 것이다. 그런데 '사건본인이 정신적 제약으로 사무를 처리할 능력이 부족한 상황에 있음'을 이유로 한 후견계약 체결 및 임의후견감독인 선임청구는, 이 사건 심판청구가 제기된 때로부터 2016. 12. 19. 심문기일에 이르기까지 사건본인 대리인의 일관된 주장, 즉 '사건본인은 정신적 제약으로 사무처리능력이 부족한 상황에 있지 않다'는 주장과 완전히 배치되는 것일 뿐만 아니라, 사건본인의 가족들인 이 사건 청구인 및 참가인들과 어떠한 의견교환도 없이 일방적·기습적으로 행해진 것이어서, 과연 사건본인의 정신적 제약이 없는 상태에서 진정한 의사에 따라 이루어진 것인지, 나아가 사건본인의 이익을 위한 것인지도 매우 의심스럽다. 따라서 그와 같은 임의후견감독인 선임청구가 있음을 이유로 법정후견 개시의 심판을 미룰 수는 없고, 오히려 이 사건은 사건본인의 이익을 위하여 법정후견 개시의 심판이 특별히 필요한 경우에 해당한다."

이와 같은 이유에서 항고심법원은 사건본인 P의 항고를 기각하였다.

## Ⅲ. 대상결정[3)]

### 1. 재항고이유 제1점에 대한 판단

민법 제959조의20 제1항은 "후견계약이 등기되어 있는 경우에는 가정법원은 본인의 이익을 위하여 특별히 필요할 때에만 임의후견인 또는 임의후견감독인의 청구에 의하여 성년후견, 한정후견 또는 특정후견의 심판을 할 수 있다. 이 경우 후견계약은 본인이 성년후견 또는 한정후견 개시의 심판을 받은 때 종료된다."라고 규정하고, 같은 조 제2항은 "본인이 피성년후견인, 피

3) 대법원 2017. 6. 1.자 2017스515 결정(공2017하, 1383).

한정후견인 또는 피특정후견인인 경우에 가정법원은 임의후견감독인을 선임함에 있어서 종전의 성년후견, 한정후견 또는 특정후견의 종료 심판을 하여야 한다. 다만 성년후견 또는 한정후견 조치의 계속이 본인의 이익을 위하여 특별히 필요하다고 인정하면 가정법원은 임의후견감독인을 선임하지 아니한다."라고 규정하고 있다. 이와 같은 민법 규정은 후견계약이 등기된 경우에는 사적자치의 원칙에 따라 본인의 의사를 존중하여 후견계약을 우선하도록 하고, 예외적으로 본인의 이익을 위하여 특별히 필요할 때에 한하여 법정후견에 의할 수 있도록 한 것으로서, 민법 제959조의20 제1항에서 후견계약의 등기 시점에 특별한 제한을 두지 않고 있고, 같은 조 제2항 본문이 본인에 대해 이미 한정후견이 개시된 경우에는 임의후견감독인을 선임하면서 종전 한정후견의 종료 심판을 하도록 한 점 등에 비추어 보면, 위 제1항은 본인에 대해 한정후견개시심판 청구가 제기된 후 그 심판이 확정되기 전에 후견계약이 등기된 경우에도 그 적용이 있다고 보아야 하므로, 그와 같은 경우 가정법원은 본인의 이익을 위하여 특별히 필요하다고 인정할 때에만 한정후견개시심판을 할 수 있다.

그리고 위 규정에서 정하는 후견계약의 등기에 불구하고 한정후견 등의 심판을 할 수 있는 '본인의 이익을 위하여 특별히 필요할 때'란 후견계약의 내용, 후견계약에서 정한 임의후견인이 그 임무에 적합하지 아니한 사유가 있는지, 본인의 정신적 제약의 정도, 기타 후견계약과 본인을 둘러싼 제반 사정 등을 종합하여, 후견계약에 따른 후견이 본인의 보호에 충분하지 아니하여 법정후견에 의한 보호가 필요하다고 인정되는 경우를 말한다.

원심이 적법하게 인정한 사실과 기록에 의하여 알 수 있는 사건본인의 정신적 제약의 정도 및 후견계약과 사건본인을 둘러싼 제반 사정 등을 종합하면, 사건본인에 대하여는 후견계약의 등기에 불구하고 한정후견에 의한 보호가 필요하다고 인정된다.

원심결정 이유에 일부 적절하지 않은 부분이 있으나, 같은 취지의 원심 판단은 결과적으로 정당하고, 거기에 임의후견 우선의 원칙에 관한 법리를 오해하여 재판에 영향을 미친 잘못이 없다.

2. 재항고이유 제2, 3점에 대한 판단

후견계약의 등기에 불구하고 사건본인의 이익을 위하여 한정후견의 개시가 특별히 필요하다고 본 원심의 판단이 정당한 이상, 원심이 즉효형 후견계약에 관한 법리를 오해하여 민법 제959조의14를 위반하였는지 또는 임의후견 제도의 남용에 관한 법리를 오해하였는지 여부는 재판의 결과에 영향이 없다.

3. 결　론

그러므로 재항고를 기각하기로 하여, 관여 대법관의 일치된 의견으로 주문과 같이 결정한다.

## 〔研　　究〕

### Ⅰ. 제1심, 항고심, 대법원 결정의 문제점과 평석의 요지

제1심결정, 항고심결정, 대법원결정에 이르기까지 법정후견 개시요건에 있어서 본인의 의사에 대한 법적평가 및 법정후견에 대한 임의후견 우선의 원칙 적용에 관한 각 심급 법원의 판단들은 유엔장애인권리협약(The Convention on the Rights of Persons with Disabilities, CRPD, 이하 협약으로도 칭한다)으로 대표되는 최근의 국제적 장애인 인권규범의 발전 동향을 고려하지 못한 것으로 찬동하기 어렵다. 유엔장애인권리협약은 2008년 발효 이래 우리나라를 비롯하여 전 세계 약 159개국이 가입 비준한 가장 중요한 국제 장애인인권규범으로서, 각 체약국은 동 협약의 국내적 이행에 관한 국제법적 의무를 지고 있다. 특히 동 협약 제12조는 모든 체약국에 대하여, 장애인에 대해서도 인류 보편적 권리인 '법 앞의 평등', '비장애인과 동등한 법적능력의 향유'를 재확인하고, 그 법적능력의 행사에 필요한 지원을 요청하고 있다. 동 협약 제12조의 취지에 따르면, 본인의 의사에 의하지 않고－특히 본인의 의사에 반하여－법정후견을 개시하고 본인의 권리를 대신 행사할 후견인을 선임하는 것은 의사결정능력에 장애가 있는 사람들(persons with impaired decision-making ability)의 법적능력(Legal Capacity)을 부정하는 것으로서 협약 제12조의 취지에 반한다. 그것은 정신능력(Mental Capacity)이 부족하다는 이유로 의사결정능력 장애인의 법적능력을 제한하는 것으로서 장애를 이유로 하는 차별에 해당한다. 이미 동 협약에 관한 전문가위원회인 유엔장애인권리위원회

(The Committee on the Rights of Persons with Disabilities, CRPD)는 각 체약국에 대한 정부보고서 심의에서 의사결정능력 장애인의 법적능력을 제한하고 후견인 등으로 하여금 그 의사결정을 대체(substitute decision-making)하도록 하고 있는 각국의 후견제도를 의사결정지원제도(supported decision-making)로 전환할 것을 지속적으로 권고하고 있다. 체약국인 우리나라의 법원도 동 협약의 취지를 존중하여 법정후견의 개시, 후견인 선임 등에 관한 현행 민법의 해석 · 적용에 있어서 본인의 의사를 보다 중요하게 고려 내지 존중하여야 하고 법정후견에 대한 임의후견 우선의 원칙도 보다 엄격하게 적용할 필요가 있다.

이러한 관점에서 본 사안에 대한 각 심급의 결정에 대하여 다음과 같은 문제점들을 지적할 수 있다.[4)]

제1심법원은 한정후견의 개시를 결정함에 있어서 사건본인 P의 후견개시에 반대하는 의사가 본인의 진정한 의사가 아니라거나 진정한 의사라 하더라도 본인 보호의 필요성 때문에 후견을 개시할 필요가 있다고 인정하였다. 먼저 정신적 제약에도 불구하고 후견에 반대하는 본인의 의사가 진정한 것이라고 인정할 수 있다면, 본인 보호를 명목으로 그 의사에 반하여 후견을 개시하는 것은 본인의 권리에 대한 명백한 침해이자, 의사결정능력에 관한 장애를 이유로 하는 차별에 해당하므로 허용되어서는 안 된다. 그리고 정신적 제약에도 불구하고 후견개시에 반대하는 의사가 진정한 것인지에 대한 판단에 있어서 사건본인의 의사결정에 대한 적절한 지원(가령, 후견제도에 관한 쉬운 설명을 통한 이해의 촉진) 없이 쉽게 사건본인의 의사의 진정성을 부인하는 것은 옳지 않다. 모든 사람들은 정신적 제약에도 불구하고 법적 권리를 행사할 능력이 있는 것으로 추정되어야 하고, 적절한 의사결정지원 없이 법적능력 행사에 필요한 능

4) 본고와 다른 관점에서 동 결정들의 취지에 찬동하는 견해로서 배인구, "한정후견과 임의후견", 법률신문 판례평석, 2017. 7. 17.자 및 이에 관한 간명한 소개로서 배광열, "법정후견신청 이후 후견계약이 등기된 경우" 대한변협신문 자유기고, 2019. 9. 9.자 참조.

력을 결여하였다고 쉽게 판단하여서는 안 되기 때문이다.

항고심 결정에 대해서도 다음과 같은 문제점을 지적할 수 있다. 항고심 계속 중에 사건본인 P는 후견계약을 체결, 등기한 후 임의후견감독인 선임심판청구를 근거로 한정후견개시심판절차의 중단을 주장하였다. 이에 대하여 항고심은 이를 후견계약의 남용이라거나 사건본인이 정신적 제약이 없는 상태에서 진정한 의사에 따라 이루어진 것인지 등이 의심스럽다는 이유에서 동 사건을 본인의 이익을 위하여 법정후견 개시의 심판이 특별히 필요한 경우에 해당한다고 판단하였다. 그러나 원래 임의후견은, 본인에 의사에 의하지 아니하고 본인의 생활관계에 강제로 개입하는 법정후견을 회피하기 위하여 마련된 제도라는 점에서 법정후견 절차를 중단시킬 목적으로 후견계약을 체결하였다는 사정만으로 후견계약제도를 남용하였다고 보는 것은 속단에 지나지 않는다. 나아가 후견계약은 정신적 제약에도 불구하고 체결될 수 있는 것이라는 점에서 주변인의 '부당한 영향(undue influence)'에 의하여 작성되었다는 등 그 진의를 부정할 만한 사정이 증명되지 않는 한 공정증서로 작성된 후견계약에서 표출된 본인의 의사가 쉽게 부정되어서는 안 된다.

재항고심에 이르러서도 대법원은 대상결정에서 열거하고 있는 바와 같은 후견계약과 본인을 둘러싼 제반사정 등을 종합하여 '본인의 이익을 위하여 특별히 필요한 때'를 쉽게 인정하여 법정후견의 개시를 수긍하였다. 그러나 유엔장애인권리협약의 취지에 따르면, '본인의 이익을 위하여 특별히 필요한 때'의 판단에 있어서 본인의 의사나 욕구, 선호와 같은 주관적 요소가 보다 결정적인 판단의 준거가 되어야 한다. 따라서 본인의 의사나 선호 등을 충분히 고려하지 않고 객관적 관점에서 본인 보호의 필요성을 인정하는 한에 있어서 대상결정의 판단은 부적절하거나 미흡하다.

이하에서 유엔장애인권리협약에 의거하여 평석의 취지와 논거를 보다 상세히 밝히고자 한다.

## Ⅱ. 유엔장애인권리협약 제12조의 취지와 의의

근대적 사법체계는 거의 모두 합리적 판단능력이 부족한 사람들을 법적으로 보호하기 위하여 행위능력을 제한하고 후견인에게 법정대리권을 부여하여 본인 대신 법률관계를 형성하도록 하고 있다. 그러나 이는 본질적으로 본인의 법적능력을 부인하고 후견인에 의한 대체의사결정(substitute decision-making)을 용인하는 것으로서 2008년 발효된 유엔장애인권리협약[5]과 정면으로 충돌함으로써 중대한 변화의 기로에 놓여 있다.[6] 즉, 협약 제12조[7]는 "장애인이 모든 영역에서 법 앞에서 인간으로

---

5) UN은 2001년 12월 19일 제56차 총회에서 장애인권리협약을 성안하기 위한 특별위원회의 설치를 결정한 이래, 2006년 8월 25일 The Convention on the Rights of Persons with Disabilities(CRPD)의 초안을 확정하였으며, 2006년 12월 13일, 미국 뉴욕 UN본부에서 개최된 제61차 총회에서 회원국 192개국의 만장일치의 결의로 장애인권리협약을 통과시켰고 2008년 5월 3일 발효되었다. 한국 역시 서명국으로 2008년 12월 11일 위 협약을 비준하였으며, 협약 본문에는 2019. 6. 21. 현재 162개국이 서명하였고 175개국이 승인하였고 선택적 의정서에는 92개 나라가 서명 승인하였다. 선택의정서는 본 협약이 정한 권리를 침해당한 개인이 직접 유엔장애인권리위원회(The Committee on The Rights of Persons with Disabilities)에 통보할 수 있고 중대한 제도적 침해에 대해서 특별위원회가 체약국의 협력하에 조사할 수 있는 규정을 포함하고 있으나 우리나라는 이 선택의정서에는 비준 서명하지 않고 있다. 박인환, "UN장애인권리협약과 성년후견 패러다임의 전환-의사결정대행에서 의사결정지원으로—", 가족법연구 제28권 제3호(2014. 11.), 171면 각주 1) 참조. 동 협약에 관한 상세한 정보는 유엔의 다음 사이트 참조. 〈https://www.un.org/development/desa/disabilities/convention-on-the-rights-of-persons-with-disabilities.html〉 박인환, "장애인권리협약과 의사결정지원 제도화를 위한 국제적 모색", 법학연구 제22집 제2호(인하대 법학연구소), 27면 각주 1). 장애인권리협약 제12조의 취지에 관한 이하의 기술은 평석의 취지에 대한 이해의 편의를 위한 것으로 필자의 선행 연구인 "장애인권리협약과 의사결정지원 제도화를 위한 국제적 모색", 26면 이하의 기술을 요약하여 수정 가필한 것임을 밝혀 둔다.

6) "장애인권리협약과 의사결정지원 제도화를 위한 국제적 모색"(주 5), 26면.

7) 제12조 1. 당사국은 장애인이 어디에서나 법 앞에 인간으로서 인정받을 권리가 있음을 재확인한다. 2. 당사국은 장애인들이 삶의 모든 영역에서 다른 사람들과 동등한 조건으로 법적능력(legal capacity)을 누려야 함을 인정한다. 3. 당사국은 장애인들이 그들의 법적능력을 행사하는 데 필요한 지원을 받을 기회를 제공받을 수 있도록 적절한 입법 및 기타 조치를 취한다. 4. 당사국은 법적능력 행사와 관련이 있는 모든 입법 또는 기타 조치들이 국제인권법에 따라 오용을 막기 위한 적절하고 효과적인 안전장치(safeguard)를 제공하도록 보장한다. 그러한 보호자는 법적능

서 인정받을 권리가 있음을 재확인"하고(제1항), "장애인들이 삶의 모든 영역에서 다른 사람들과 동등한 조건으로 법적능력(legal capacity)을 향유함을 인정"하여야 하며(제2항), 이를 전제로 "당사국은 장애인들이 그들의 법적능력을 행사하는 데 필요한 지원을 받을 기회를 제공받을 수 있도록 적절한 입법 및 기타 조치를 취할 것"을 요청하고 있다(제3항). 협약 제12조의 취지는 정신적 장애로 인하여 합리적 판단을 할 수 없는 경우에도 의사결정을 지원함으로써 자기결정을 가능하게 하여야 한다는 취지이다. 종래 행위무능력자제도가 합리적 판단능력(이성)이 부족한 사람의 의사결정을 획일적으로 법적 무가치로 판단하여 이들의 '자기결정을 배제 제한함으로써 보호'하고자 하였다면,[8] 협약은 본인의 합리적 판단을 지원하여 법적능력의 행사, 즉 '자기결정을 지원함으로써 존중'하라는 취지이다.[9]

특히 유엔장애인권리위원회는 동 협약의 국내적 이행에 관한 각국 정부보고서의 심의 후 공표하는 최종견해(concluding observation)에서 협약 제12조의 이행과 관련하여 계속 반복해서 각국의 성년후견제도를 대체의사결정제도로 규정하고, 이를 법적능력의 향유를 전제로 장애인의 권리(Right), 의사(Will), 선호(Preference)를 존중하는 의사결정지원제도로 전환할 것을 요청하였다.[10] 위원회는 한국 정부보고서[11]에 대한 최종견해

력 행사와 관련이 있는 조치들이 개인의 권리, 의지, 선호(選好)를 존중하고, 이익분쟁과 부당한 위압으로부터 자유롭고, 개인이 처한 환경에 비례하여 균형을 맞추며, 가능한 최단기간에 적용하고, 자격이 있고 독립적이며 공정한 당국 또는 법률기구에 의한 정기적 심사의 대상이 되도록 보장해야 한다. 보호제도는 그러한 조치들이 개인의 권리와 이익에 영향을 미치는 정도에 비례하여야 한다. 5. 본 조항 규정의 대상이 되는 당사국은 장애인의 재산 소유 또는 상속에 있어 평등권을 보장하고, 이들의 재정적 사항들을 관리하고, 은행대출, 담보 및 기타 재무신용에 있어 동등한 기회를 보장하기 위한 모든 적절하고 효과적인 조치를 취해야 하며, 임의적으로 장애인의 재산이 박탈당하지 않도록 보장한다. 국가인권위원회, 장애인권리협약해설집, 한학문화, 2007.

8) 제철웅, "개정 민법상의 후견계약의 특징, 문제점 그리고 개선방향", 민사법학 제66호(2014. 3.), 102쪽 이하.

9) 박인환, "장애인권리협약과 의사결정지원 제도화를 위한 국제적 모색"(주 5), 28면.

10) 거의 모든 나라의 정부보고서 심의에서 몇 가지 전형적인 레토릭을 반복하면서 이점을 강조하고 있다. 가령 대표적으로 스페인[Committee on the Rights of Persons with Disabilities, Concluding Observations on the initial report of Spain (U.N. Doc.

에 있어서도 새로운 성년후견제도에 관하여 다음과 같이 대체의사결정에서 의사결정지원으로의 전환을 권고한 바 있다.[12)]

"위원회는 2013. 7. 시행된 새로운 성년후견제도가 질병, 장애, 고령으로 인한 정신적 제약으로 사무를 처리할 능력이 지속적으로 결여되었다고 간주되는 사람들의 신상이나 재산에 관하여 후견인으로 하여금 결정하도록 허용하는 것에 대하여 우려를 표한다. 위원회는 그러한 제도는 의사결정지원 대신 대체의사결정을 계속해서 촉진하는 것으로서, 일반평석 제1호에서 상세히 설명된 바와 같이 협약 제12조의 규정에 반하는 것이라는 점에 주목한다. 위원회는 한국 정부가 대체의사결정에서 개인의 자율과 의지, 선호를 존중할 뿐 아니라, 의학적 치료에 대한 동의 여부, 사법(司法), 혼인, 직업 및 주거의 선택에 대한 그들 자신의 개인적인 권리를 존중하도록 하고 있는 일반평석 제1호와 협약 제12조에 완전히 합치하는 의사결정지원으로의 수정을 권고한다. 나아가 위원회는 한국정부가 장애인과 그들을 대표하는 조직과의 협의와 협력하에 의사결정지원 메커니즘과 장애인의 법적능력(legal capacity)의 인정에 관하여 공무원, 판사, 사회복지사들에게 교육을 제공할

CRPD/C/ESP/CO/1, 19 October 2011) para 34], 헝가리[Committee on the Rights of Persons with Disabilities, Concluding Observations on the initial report of Hungary (U.N. Doc. CRPD/C/HUN/CO/1, 27 September 2012) para 26], 중국[Committee on the Rights of Persons with Disabilities, Concluding Observations on the initial report of China(U.N. Doc. CRPD/C/CHN/CO/1, 15 October 2012) para 22]. 뿐만 아니라 독일[Committee on the Rights of Persons with Disabilities, Concluding Observations on the initial report of Germany(U.N. Doc. CRPD/C/DEU/CO/1, 17 April 2015) para 26], 영국[Committee on the Rights of Persons with Disabilities, Concluding observations on the initial report of the United Kingdom of Great Britain and Northern Ireland(CRPD/C/DEU/CO/1, 3 October 2017) para 31]. 협약 제35조에 따르면, 장애인권리협약의 당사국은 보고 의무를 준수하기 위해서 최초 보고서를 해당 협약 비준 후 2년 내에 제출하여야 하며, 이후 최소 4년마다 본 협약 이행을 위한 후속조치에 대해 정기적으로 보고서를 제출하여야 한다. 각국 정부보고서와 유엔 장애인권리위원회의 최종견해는 이하의 유엔 사이트에서 검색 다운로드 가능하다. 〈https://www.ohchr.org/EN/ HRBodies/CRPD/Pages/ CRPDIndex.aspx〉

11) 우리나라는 2014. 9. 15.부터 10. 3.에 걸쳐 최초 국가보고서에 대한 심의를 받았다. 한국정부보고서와 NGO 보고서의 제출, 심의 경과에 관하여는 박인환, "UN 장애인권리협약과 성년후견 패러다임의 전환"(주 5), 181면 이하 및 박인환, "의사결정지원을 위한 성년후견제도의 평가와 모색", 비교사법 제22권 제2호(2015. 5.), 737면 이하 참조.

12) 박인환, "장애인권리협약과 의사결정지원 제도화를 위한 국제적 모색"(주 5), 29면.

것을 권고한다."[13)]

이와 같은 위원회의 최종견해에 대하여 당사국들은 이를 이행하기 위한 후속조치를 하여야 하고, 이러한 후속조치에 대한 내용은 다음의 정부보고서에 기재가 되어야 한다. 이로써 협약상의 의무의 이행에 관하여 체약국은 지속적인 감독을 받게 된다.[14)]

---

13) Committee on the Rights of Persons with Disabilities,, Concluding observations on the initial report of the Republic of Korea(U.N. Doc. CRPD/C/KOR/CO/1, 3 October 2014), para. 21, 22. 〈http://tbinternet.ohchr.org/_layouts/treatybodyexternal/Download.aspx?symbolno=CRPD%2fC%2fKOR% 2fCO%2f1&Lang=en〉 박인환, "UN장애인권리협약과 성년후견 패러다임의 전환"(주 5), 183면 이하, 박인환, "장애인권리협약과 의사결정지원 제도화를 위한 국제적 모색"(주 5), 29면.

14) 국가인권위원회, 장애인권리협약해설집(주 7), 173면 참조. UN장애인권리위원회에서는 한국의 2014년 1차 보고서 심의 이후, 간소화절차에 따라 2019년에 2·3차 국가보고서를 병합 심사하기로 결정하고, 2018년 3월에 쟁점질의 목록을 채택하였고, 이에 대응하여 제2·3차 병합보고서가 보건복지부 주도하에 작성되어 2019. 3. 8. 유엔에 제출되었다. 동 보고서에 대한 심의는 2020. 1.로 예정되어 있다. 보건복지부 보도자료〈http://www.mohw.go.kr/react/al/sal0301vw.jsp?PAR _MENU_ID=04&MENU_ID=0403&page=1&CONT_SEQ=349275〉 제2·3차 병합보고서는 보건복지부 홈페이지에서 다운로드 가능하다.〈http://www.mohw.go.kr/react/jb/sjb030301ls.jsp?PAR_ MENU_ID=03&MENU_ID=0320#〉 제2·3차 정부보고서는 성년후견에 관한 쟁점질의에 대하여 다음과 같이 기술하고 있다. 먼저 장애인권리위원회의 조력의사결정으로의 전환 권고에 대하여 … "장애인에게 의사결정 조력이 필요한 경우, 당사자의 의사를 적극적으로 반영할 수 있도록 설계된 대안적 제도인 한정후견 또는 특정후견을 우선적으로 고려하고, 한정후견과 특정후견을 이용할 수 없는 경우에 한하여 보충적으로 성년후견을 이용하도록 하여 입법 취지에 충실한 운영이 가능하다 … 법원이 후견 개시를 결정하는 심판 절차에서도 장애인의 의사는 가능한 존중되고 있다. … 현행법상 가정법원은 성년후견 또는 한정후견 개시의 심판을 할 때 사건본인의 의사를 고려하여야 하고(민법 제9조 제2항, 제12조 제2항), 특정후견은 본인의 의사에 반하여 할 수 없다(민법 제14조의2 제2항). 절차적으로도 피후견인이 될 사람의 진술을 들어야 하므로(가사소송법 제45조의3 제1항 본문 제1호, 제2항 본문), 심문기일을 열어 사건본인을 심문하는 것이 일반적이다 … "(단락 63). "대한민국 정부는 위원회의 권고 및 시민사회의 의견을 존중하여 후견 제도의 운영상 문제점을 모니터링하고, 제도개선이 필요한 부분을 면밀하게 검토하여 장애인의 의사결정을 최대한 존중하고 조력하는 제도를 수립하고자 노력할 예정… 다만 성년후견제도를 즉각적으로 전면 폐지하면, 오히려 사무처리능력이 완전히 결여되거나 극히 미약한 장애인의 권리보호에 공백이 생길 수 있다는 점도 고려 … 현재로서 성년후견제도는 장애인의 사실상 평등을 촉진하고 달성하기 위해 필요한 현실적 조치에 해당한다는 것이 당사국의 의견이다. 오히려 즉각적 폐지 시 의사결정지원이 필요한 장애인의 권리보장을 저해할 우려가 있고, 스스로 사무처리를 할 수 없는 성년자

### 1. 법적능력의 향유에 대하여

법적능력 향유의 전제인 법 앞에 평등은 인권 보호의 기본적 일반 원칙으로서 다른 인권의 향유에 필수적인 것이다. 협약 제12조 제1항에서 명기하고 있는, 장애인이 어디에서나 법 앞에 인간으로서 인정받을 권리는, 협약은 물론 이미 세계인권선언, 시민적 정치적 권리에 관한 국제규약에 의해서도 인정되어 온 권리로서,[15] 국제인권법에 따르면 이를 제한하는 것은 어떤 상황에 있어서도 허용되지 않는다.[16] 나아가 장애를 가진 사람이 삶의 모든 영역에서 다른 사람들과 동등한 기초 위에서 법적능력(legal capacity)을 누려야 한다는 취지는, 결국 법적능력이 모든 사람의 인간성에 기초한 고유한 보편적 속성으로서 장애가 있는 사람이라도 비장애인과 동동한 기초 위에서 언제나 법적능력이 인정되어야 함을 의미한다. 법적능력은 시민적, 정치적, 경제적, 사회적 문화적 권리를 행사하는 데에 필수적이기 때문이다.[17] 그럼에도 불구하고 정신능력에 장애가 있는 사람들은 가장 빈번하게 법적능력을 부정당해 왔는데, 이에 대하여 유엔 장애인권리위원회는, 정신능력은 의사결정을 하는 능력, 일종의 스킬(Skill)로서 사람마다 다르고 같은 사람이라도 환경이나 사회적 요인등 다양한 요소들에 의하여 변동할 가능성이 있는 것으로서, 협약

---

를 위해 의사결정의 지원이 유효적절하게 이루어질 필요가 있다…"(단락 64)고 설명하고 있다.

15) 그에 관한 상세한 경위에 대해서는 박인환, "장애인권리협약과 의사결정지원 제도화를 위한 국제적 모색"(주 5), 31면 이하 참조.

16) 유엔장애인권리협약 제12조에 관한 일반평석 제1호=Committee on the Rights of Persons with Disabilities, General comment No. 1(2014) 〈http://tbinternet.ohchr.org/_layouts/ treatybodyexternal/Download.aspx?symbolno=CRPD/C/GC/1&Lang=en〉(2019. 9. 15. 최종방문, 이하 General comment No. 1(2014)으로 인용함) para. 5, 시민적 정치적 권리에 관한 국제규약 제4조 제2항[No derogation from articles 6, 7, 8 (paragraphs I and 2), 11, 15, 16 and 18 may be made under this provision]에 따르면, 국민의 생존을 위협하는 공공의 비상사태의 경우(동조 제1항)에도 이를 제한하는 것은 허용되지 않는다. 박인환, "장애인권리협약과 의사결정지원 제도화를 위한 국제적 모색"(주 5), 32면.

17) General comment No. 1(주 16) para. 8.

제12조에 의하면 의사결정능력의 부족하거나 부족하다고 인정하는 것이 법적능력을 부정하는 것을 정당화하지 못한다고 명확히 밝히고 있다.[18)]

## 2. 의사결정지원에 대하여

협약 제12조 제3항에 따르면 체약국은 장애가 있는 사람이 그 법적능력의 행사에 있어서 필요한 지원에 접근할 수 있도록 하여야 할 의무를 지고 있다. 유엔장애인권리위원회는 장애인 법적능력의 행사를 위한 지원은 장애인의 권리, 의사와 선호(preferences)를 존중하고 결코 대리인에 의한 의사결정이 허용되어서는 안 된다고 한다.[19)] 의사결정능력 장애인에게 제공되는 지원의 종류와 정도는 장애인의 다양성 때문에 사람에 따라 크게 다르며,[20)] 이 협약의 일반 원칙의 하나로서 차이(差異)의 존중, 그리고 인간의 다양성의 하나로서 인류의 일원으로서의 장애인의 수용을 정한 제3조(d)와 일치한다. 그리고 개인의 자율과 장애인의 의사결정능력은 위기상황을 포함하여 항상 존중되어야 한다고 한다.[21)]

협약 제12조의 법적능력의 행사를 위한 지원으로서 대체 의사결정(substitute decision-making)이 허용될 수 있는가[22)]에 대하여, 장애인권리위원회는 의사결정지원을 위한 상당한 노력이 이루어진 후에도 개인의 의사와 선호를 결정하는 것이 가능하지 않은 경우, “의사와 선호의 최선의 해석(best interpretation of will and preferences)”이 “최선의 이익(best interests)”에 의한 결정을 대체하여야 하며, 이것이 제12조 제4항에 합치하여 개인의 권리, 의사 및 선호를 존중하는 것이라고 한다.[23)] 요컨대 의사결정지

18) General comment No. 1(주 16), para. 13, 박인환, “장애인권리협약과 의사결정지원 제도화를 위한 국제적 모색”(주 5), 32면.

19) General Comment 1(주 16) para. 17, 박인환, “장애인권리협약과 의사결정지원 제도화를 위한 국제적 모색”(주 5), 34면.

20) 그에 관한 보다 상세한 내용은 박인환, “장애인권리협약과 의사결정지원 제도화를 위한 국제적 모색”(주 5), 35면.

21) General Comment 1(주 16) para. 18.

22) 이하의 기술에 대해서는 이미 박인환, “성년후견제도 시행 4년의 평가와 과제”, 법조 제722호, 2017, 58면 이하 참조.

23) 이에 대해서는 박인환, “장애인권리협약과 의사결정지원 제도화를 위한 국제적

원에도 불구하고 스스로 결정을 할 수 없는 경우에도 본인의 최선의 이익에 관한 객관적 판단에 기초한 대체의사결정은 허용되지 않으며 오직 본인의 권리, 의사, 선호에 대한 최선의 해석을 통하여 본인이 원하는 바를 실현하여야 한다는 것이다.

다른 한편으로 협약 제12조의 법적 능력의 향유와 의사결정 지원 요청은 그와 밀접하게 관련되어 있는 협약 제5조에 의해서도 뒷받침된다. 협약 제5조[24]는 모든 인간의 법 앞의 평등과 차별 없는 동등한 보호와 혜택을 받을 자격을 인정하고(제1항), 장애를 이유로 한 모든 차별을 금지하고 차별에 대한 동등하고 효과적인 법적보호의 보장(제2항)을 규정하는 한편, 장애를 이유로 한 차별을 금지할 뿐 아니라 사실상의 평등을 실현하기 위한 실질적인 조치들로서 '합리적 편의(reasonable accommodations)'의 제공이나 '적극적 우대조치(affirmative action)'를 취할 것을 요청하고 있다(제3항).[25] 제

---

모색"(주 5), 35면.

24) 협약 제5조 1. 당사국은 모든 사람은 법 앞에서 그리고 법 아래에서 평등하며 아무런 차별 없이 법의 동등한 보호와 혜택을 받을 자격이 있음을 인정한다. 2. 당사국은 장애로 인한 모든 차별을 금지하고, 모든 유형의 차별에 대하여 동등하고 효과적인 법적 보호를 장애인들에게 보장한다. 3. 당사국은 차별을 철폐하고 평등을 증진하기 위하여 '합리적 편의'가 제공되도록 보장하는 모든 적절한 조치를 취한다. 4. 장애인의 사실상의 평등을 촉진시키거나 성취하기 위해 필요한 구체적인 조치들은 이 협약의 조항 하에서 차별로 간주되지 않는다. 동 조항의 취지에 대해서는 박인환, "성년후견제도 시행 4년의 평가와 과제"(주 22), 52면 이하 참조.

25) '합리적 편의의 제공'과 '적극적 우대조치'는 모두 장애인의 사실상의 평등을 촉진시키거나 성취하기 위해 필요한 구체적인 조치들(specific measures which are necessary to accelerate or achieve de facto equality of persons with disabilities)로서 장애인에 대한 차별을 금지하고 평등을 실현하기 위한 실질적인 조치들이다. 이는 비장애인에 대한 역차별적인 요소가 아닌 장애인의 장애를 배려하여 비장애인과 유사하거나 동등한 환경을 형성해주는 사실상의 평등을 증진시키는 조치들을 말한다. '합리적 편의(Reasonable Accommodations)'는 장애인이 다른 사람들과 동등한 기초 위에서 모든 인권과 기본적 자유를 향유하고 행사할 수 있도록 보장하기 위해, 이를 필요로 하는 경우, 불균형하거나 과도한 부담을 부과하지 않는 필수적이고 적절한 변형 및 조정을 의미한다(협약 제2조). 장애인에게 아무런 편의를 제공하지 않고 비장애인과 같이 경쟁하는 것 자체가 차별이기 때문에 '사실상의 평등'을 위한 합리적 편의 제공은 필수적이다. 따라서 장애인이 필요로 하는 '합리적 편의의 제공'은 거의 모든 일상 또는 사회생활 영역에서 적용되며 장애인을 위한 합리적인 조정이 제공되지 않거나 거부되는 경우는 차별로 간주되며, 이는 즉각적인 조치의무가 요구되는 것으로 해석될 수 있다. 그러나 이러한 조치는

12조의 의사결정지원 요청은 제5조와의 관련하에서는 의사결정능력 장애인이 비장애인과 동등하게 사회에 참여하기 위한 합리적 편의의 제공으로서 위치지워진다.[26] 가령, 합리적 편의의 제공으로 휠체어 장애인에게 경

---

합리적 편의를 제공해야 하는 사람 또는 기관에게 '불균형적이거나 과도한 부담'을 주지 않는 선에서 합리적으로 제공되어야 한다. '적극적 우대조치(affirmative action)'는 실질적 평등을 위해 형식적 평등을 유예하는 조치로 모든 사람들에게 동일한 기준을 부여할 경우 특정 집단에게 불이익이나 차별이 가해질 수 있으므로 그러한 소수집단에게 일정 부분 혜택을 제공하여 불평등한 구조를 개선시키려는 목적을 가진 조치를 말한다. 국가인권위원회, 장애인권리협약해설집(주 7), 40-42면.

26) General comment No. 1(주 16) para. 34. 장애인에 대한 합리적 편의의 제공과 그 일환으로서의 의사결정지원의 요청은 부분적으로는 국내법으로 수용되어 있다. 가령, 2008년 장애인권리협약 비준을 위한 입법적 준비작업의 하나로서 2007년 제정하여 2008년부터 시행되고 있는 '장애인차별금지 및 권리구제에 관한 법률' 제4조 제1항 제3호에는 정당한 사유 없이 장애인에 대하여 '정당한 편의 제공'을 거부하는 경우를 차별행위의 하나로 열거하고 있다. 제2항은 "정당한 편의"라 함은 장애인이 장애가 없는 사람과 동등하게 같은 활동에 참여할 수 있도록 장애인의 성별, 장애의 유형 및 정도, 특성 등을 고려한 편의시설·설비·도구·서비스 등 인적·물적 제반 수단과 조치를 말한다고 규정하고 있다. 가령, 동법 제21조는 이러한 정당한 편의의 제공의 하나로 정보통신 의사소통에 있어서 장애인이 장애인 아닌 사람과 동등하게 접근·이용할 수 있도록 수화, 문자 등 필요한 수단을 제공할 것을 요구하고 있다. 하지만 동법은 의사결정 장애와 그로 인한 차별을 제거하기 위한 정당한 편의의 제공에 관하여는 구체적인 규정을 두고 있지는 않다. 그러나 동법 제7조 제1항에서는 "장애인은 자신의 생활 전반에 관하여 자신의 의사에 따라 스스로 선택하고 결정할 권리를 가진다."고 선언하고 있다. 나아가 2014년 제정되어 2015년 시행되고 있는 '발달장애인의 권리 보장과 지원에 관한 법률'제3조 제1항은 발달장애인은 원칙적으로 자신의 신체와 재산에 관한 사항에 대하여 스스로 판단하고 결정할 권리를 가질 뿐만 아니라(동법 제3조 제1항), 자신에게 법률적 또는 사실적인 영향을 미치는 사안에 대하여 스스로 이해하여 자신의 자유로운 의사를 표현할 수 있도록 필요한 도움을 받을 권리가 있다(제2항). 특히 발달장애인은 자신의 주거지의 결정, 의료행위에 대한 동의나 거부, 타인과의 교류, 복지서비스의 이용 여부와 서비스 종류의 선택 등을 스스로 결정하며(동법 제8조 제1항), 누구든지 발달장애인에게 의사결정이 필요한 사항과 관련하여 충분한 정보와 의사결정에 필요한 도움을 제공하지 아니하고 그의 의사결정능력을 판단하여서는 아니 된다(제2항). 만약 제1항, 제2항에도 불구하고 스스로 의사를 결정할 능력이 충분하지 아니하다고 판단할 만한 상당한 이유가 있는 경우에는 보호자가 발달장애인의 의사결정을 지원할 수 있다. 이 경우 보호자는 발달장애인 당사자에게 최선의 이익이 되도록 하여야 한다(제3항). 본법은 발달장애인의 자기결정에 관한 권리(법적능력)의 인정, 의사결정에 필요한 도움을 받을 권리, 의사결정능력의 추정, 보호자에 의한 의사결정의 지원과 의사결정지원에 있어서 최선의 이익 원칙 등을 제시하고 있다. 보다 상세히는 박인환, "의사결정지원을 위한 성년후견제도의 평가와 모색(주 11)", 739쪽 이하, 박인환, "장애인권리협약과 의사결정지원 제도화

사로가 제공되어야 하고, 시각장애인에게 점자 정보의 제공이 요청되고 청각장애인에게 수어(手語) 정보가 제공되어야 하는 것과 마찬가지로 정신적 제약이 있는 의사결정능력 장애인에게는 의사결정에 관한 지원과 조력이 제공되어야 한다는 것이다. 그러나 협약 제5조에 근거하여 법적능력의 행사에 대하여 합리적인 배려를 받을 권리는 협약 제12조 제3항의 법적능력의 행사에 대하여 지원을 받을 권리와는 다른 성질의 것이며 이를 보완하는 것이라고 한다. 특히 협약 제12조 제3항의 법적능력의 행사에 대하여 지원을 받을 권리는 협약 제5조의 합리적 배려를 받을 권리와는 달리 불균형이나 과도한 부담(a disproportionate or undue burden)[27]의 항변이 허용되지 않는다는 점에서 중요한 차이가 있다.[28] 이것은 무엇보다도 법적능력의 행사가 장애인의 법 앞의 평등을 실현하기 위한 출발점으로서 나아가 인간의 존엄과 가치를 실현하기 위한 중요한 전제가 되기 때문이다. 이는 유엔인권규약에서 보장하는 보편적 시민적 권리의 하나로서 장애인에게 있어서 어떤 유보도 없이 즉각 보장 실현되어야 할 권리라는 인식에 의하여 뒷받침되고 있다.[29]

## Ⅲ. 쟁점에 대한 검토

### 1. 본인의 의사와 법정후견의 개시

유엔장애인권리위원회는 협약의 국내적 이행에 관한 우리 정부의 보고서에 대한 최종견해에서 우리나라의 성년후견제도(특히 성년후견유형)를 대체의사결정제도로 규정하고, 이를 장애인의 권리, 의사, 선호를 존중하는 의사결정지원제도로 전환할 것을 권고하였다. 대체의사결정제도의 특

---

를 위한 국제적 모색"(주 5), 37면 각주 27).

27) 불균형하거나 과도한 부담은 민간 기업을 포함한 기업이나 기관의 전반적인 재정자원, 편의시설의 특성 및 비용 등 사업의 운영에 현저한 곤란을 야기하는 경우를 의미한다. 국가인권위원회, 장애인권리협약해설집(주 7), 27면.

28) General comment No. 1(주 16), para. 34.

29) 박인환, "장애인권리협약과 의사결정지원 제도화를 위한 국제적 모색"(주 5), 37-38면.

징은 후견의 개시, 후견인의 선임, 후견인의 권한 행사, 후견의 종료 등에 있어서 장애인 본인의 의사나 선호가 고려되지 않고, 제3자의 객관적 관점, 가령 본인의 최선의 이익(best interests)이 판단의 기준이 된다는 것이다.[30] 반대로 장애인권리협약 제12조에서 요구하는 의사결정능력 장애인을 위한 보호조치는 본인의 권리, 의사, 선호를 존중하는 것으로서 보호조치를 통하여 다른 사람과 동등한 기초 위에서 법적능력을 행사하도록 하면서 동시에 그 남용으로부터 보호받을 수 있는 안전장치(safe guard)가 제공되는 것이어야 한다.[31]

나아가 법정후견에 의한 보호 개입은 본인의 자기결정권 존중의 관점에서 본인 보호를 위하여 필요한 최소한의 한도에서만 정당화될 수 있다. 이것은 후견의 개시와 종료뿐 아니라 후견인의 활동에 있어서도 마찬가지이다.[32] 특히 자기결정 존중의 관점에서 본인에게 자기책임을 근거지울 수 있는 자유로운 자기결정능력이 결여된 경우에만 본인의 의사에 반하여 후견이 개시되고 후견인이 선임될 수 있다. 이러한 관점에서 보면 민법 제9조 제2항[33]은 보다 적극적으로 해석되어야 하고 본질적으로 특정후견에 관한 민법 제14조의2 제2항[34]과 동등하게 해석하는 것이 타당하다. 아마도 입법자의 의사는 성년후견이나 한정후견의 개시에 있어서 본인의 의사와 특정후견 개시에 있어서 본인의 의사에 대한 법적 비중에 차등을 두려고 하는 의도가 있었을 것으로 생각된다. 그러나 장애인권리협약 제12조 등의 취지에 비추어 장애인 본인의 자기결정과 법

---

30) Volker Lipp, Erwachsenenschutz in Deutschland:Grundlagen, Entwicklung, Perspektven, 서울가정법원 · 한국성년후견학회 · 한국가족법학회 공동주최, 2017년 한독 성년후견전문가대회 자료집(2017. 3. 27.), 12면.

31) 협약 제12조 제4항, General comment No. 1(주 16), para. 20.

32) Volker Lipp(주 30), 18면. 이러한 취지에 따르면 민법 제947조의2 제1항(피성년후견인은 자신의 신상에 관하여 그의 상태가 허락하는 범위에서 단독으로 결정한다)의 원칙은 신상에 관한 결정뿐만 아니라 원칙적으로 재산적 법률행위에도 유추적용되어야 하고, 이때 후견인의 일차적 임무는 합리적 판단능력의 부족 때문에 의사결정에 어려움을 겪고 있는 본인의 의사결정을 지원하는 데에 있어야 한다.

33) ② 가정법원은 성년후견개시의 심판을 할 때 본인의 의사를 고려하여야 한다.

34) ② 특정후견은 본인의 의사에 반하여 할 수 없다.

적능력의 향유의 압도적 중요성을 고려한다면, 입법자의 의사에도 불구하고 위와 같이 해석하는 것이 타당하다. 오히려 문제는 후견개시의 요건인 정신적 제약과 관련하여 본인의 의사에 대한 법적가치를 어떤 수준에서 인정할 것인가 하는 문제이다. 여기서 정신적 제약이 있다는 사실만으로 본인의 자기결정 혹은 법적능력의 향유가 부정될 수 없을 뿐 아니라 특히 본인의 의사결정에 관한 실행 가능한 조력을 다한 후가 아니면 본인의 자기결정능력이 부정되어서는 안 된다는 원칙을 상기할 필요가 있다.[35)]

이러한 관점을 가지고 대상 대법원결정에 의하여 유지된 제1심결정에서의 한정후견개시에 대한 판단을 살펴보면, 제1심법원은 사건 본인 P가 상당 기간 치매 치료를 받았다는 사실, P가 장소, 시간에 관한 지남력, 단기기억력, 인지능력의 저하 등의 정신적 제약이 있는 사실을 인정한 후에 "사건본인이 성년후견제도나 이 사건 재판의 의미, 정신감정의 의미나 목적 등에 관하여 명확하게 이해를 하고 있다거나, 그 이해를 바탕으로 후견개시와 정신감정 여부에 관하여 자신의 진정한 의사를 밝혔다고 보기 어려울 뿐만 아니라, 가사 사건본인의 반대의사가 그의 진의

35) 이러한 원칙은 장애인권리협약 이전에 이미 의사결정능력 장애인을 위한 선진적 제도에 있어서 확립된 원칙이다. 영국의 의사능력법(Mental Capacity Act) 제1조 2. 능력의 결여가 입증되기 전까지 능력이 존재하는 것으로 추정된다. 3. 본인의 의사결정을 돕기 위한 실행 가능한 조치를 다한 후가 아니면 의사능력이 없는 것으로 간주되어서는 안 된다. 4. 현명하지 않은 결정을 하였다는 이유만으로 의사결정능력이 없다고 간주되어서는 안 된다. 5. 의사결정능력이 결여된 사람을 위하여 하는 결정은 본인의 최선의 이익에 따른 것이어야 한다. 6. 어떤 행위나 의사결정이 내려지기 전에 그 목적이 본인의 권리나 행동의 자유를 보다 덜 제약하는 것인지를 고려하여야 한다. 동법에 관한 상세한 소개는 제철웅, "영국법에서 의사결정무능력 성인의 보호제도의 역사적 전개와 2005년의 정신능력법의 특징", 비교사법 제17권 제4호(2010. 12.), 215면 이하 참조. 이 원칙을 실행하기 위해서는 후견심판절차에서 사건본인의 당사자로서의 지위와 절차능력을 인정할 뿐만 아니라 의사결정능력이 부족한 사건본인의 의사결정을 지원하기 위한 적절한 조력제도가 필요하다. 이와 관련하여 후견사건에 있어서 행위능력과 관계없이 사건본인의 절차능력을 인정하고 사건본인의 절차적 권리 행사를 지원하기 위하여 절차보조인에 의한 조력을 규정하고 있는 독일 가사소송 및 비송 사건 절차법(FamFG) 제275조, 제276조가 참고가 될 수 있다.

에 기한 것이라고 하더라도 앞서 본 바와 같이 사건본인이 정신적 제약 상태에 있는 점, 사건본인의 신상과 재산을 둘러싼 친족들 사이에 다툼이 계속되고 있는 점 등에 비추어 보면, 후견이 개시되어 후견인과 법원에 의한 적절한 보호와 감독이 시행되는 것이 사건본인의 보호와 복리를 위하여 상당하다고 할 것"이라고 하여, 본인의 의사를 인정함에 있어서 후견제도의 의미나 목적 등에 관하여 명확한 이해를 요구하는 한편, 정신적 제약이 인정된 본인의 진정한 의사가 무엇인지에 대한 보다 적극적인 (가령, 의사결정지원을 통한) 탐색의 노력은 적어도 결정문의 한도 내에서는 드러나지 않는다. 하물며 사건본인의 반대의사가 그의 진의에 기한 것이라고 하더라도 법정후견개시의 필요성으로 열거하고 있는 친족들 사이의 다툼의 계속 등이 과연 본인의 이익을 위하여 필요한 사정에 해당하는지에 대해서도 의문이 없지 않다. 여기서 중시되고 있는 친족들 간의 분쟁의 종식이라는 것은 주변인들의 이익에 해당하는 것이고 본인의 권리와 이익 보호의 관점에서는 기껏해야 간접적으로만 관련된 사정에 불과한 것으로 보이기 때문이다. 엄밀하게는 객관적 관점에서의 본인의 최선의 이익에도 해당하지 않는 사정이라고 할 것이고, 만약 그러한 사정이 결정적인 것이라면 친족 간 분쟁 해결을 위하여 본인의 권리와 이익을 희생시켰다는 비판도 가능할 것이다.

요컨대 제1심에서의 한정후견개시결정을 정당화하기 위해서는 정신적 제약에도 불구하고 사건본인의 후견개시에 대한 반대 의사를 진정한 것으로 인정할 수 있는지 여부에 대한 분명한 판단(가령, 본인의 진의에 대한 적극적 탐색에도 불구하고 본인의 반대의사의 진정성을 인정할 수 없다는 사실, 혹은 본인이 반대의사를 유지하더라도 주변인의 부당한 영향에 의하여 본인의 자기결정권이 침해된 경우에는 본인 의사의 진정성이 부인될 수 있을 것이다.)[36] 그리고 본인의 권리 보호와 본인의 의사, 선호 등 주관

36) 그러한 관점에서 특히 사건본인의 정신감정절차의 거부를 들어 법적능력의 행사에 필요한 능력의 존부를 사건본인이 증명해야 하는 것처럼 설시한 것은 적절하지 못하다. 권리 행사에 관한 능력의 추정은 법적능력의 향유를 인정하는 데에 있어

적 사정을 고려한 관점에서 본인 보호를 위한 법정후견개시의 필요성을 명확히 밝혀 둘 필요가 있었다고 생각된다.

### 2. 자기결정 존중과 임의후견 우선의 원칙

후견계약의 형태로 제도화된 우리나라의 임의후견제도는 본인의 자율성을 침해한다는 비판에 직면하고 있는 법정후견에 대한 대안으로서, 오늘날 특히 유럽 여러 나라들에서 그 활용이 촉진되고 있는 제도이다.[37] 자기결정 존중과 법정후견에 있어서 필요최소개입의 원칙상 본인이 스스로 현재 또는 장래의 후견 수요에 대비하여 후견인을 선임하여 처리를 희망하는 사무와 그 처리 기준 그리고 이를 실행하는 데에 필요한 권한을 수임인에게 부여해 두고 있는 경우, 법정후견은 개시될 필요가 없다. 민법 제959조의20에서의 임의후견 우선의 원칙 또한 같은 취지라고 보아야 한다. 이에 대하여 항고심은 사건본인이나 위 후견계약상

---

서 가장 중요한 전제 가운데 하나이기 때문이다.

37) 가령 대표적으로 근래 독일의 경우, 법정후견이 약 1,300,000건에 달하는 반면 장래대리권(Vorsorgevollmacht)의 등록 건수는 3,000,000건(등록되지 않은 건수는 집계가 불가능하다)을 넘어서서 법정후견 이용건수를 압도하고 있다. Volker Lipp (주 30), 15면. 물론 그 이면에서는 본인의 자기결정 존중 관점에서의 법정후견에 대한 임의후견의 우위 이외에, 사회부조에 의하여 유지되는 법정후견이 독일정부에 막대한 재정 부담을 초래하자, 독일정부가 법정후견 증가에 따른 재정부담을 경감하기 위하여 정부 차원의 임의후견이용촉진 정책을 적극적으로 전개하였다는 사실에 기인하는 바가 크다. 반면에서 일본의 후견계약 제도를 답습한 우리나라의 임의후견제도는 제도 남용의 우려를 불식하기 위한 의도에서 후견계약 체결에 있어서 공정증서라는 엄격한 방식성을 요구하고 임의후견인의 활동 개시에 있어서도 법원에 의한 임의후견감독인의 선임을 요구하는 등 절차비용이 법정후견을 능가하고 있다. 이로 인하여 우리나라의 후견계약제도는, 가능하면 비일상적이고 낯설은 법원을 찾지 않고 손쉽게 주변인의 조력을 통하여 의사결정능력이 저하된 후에도 평소의 라이프스타일을 유지하고자 하는 임의후견제도의 Merit를 사실상 상실하였고, 이는 새 제도에 대한 홍보나 제도 시행의 인프라 부족과 어우러져 제도 이용의 부진이라는 결과로 나타나고 있다. 우리나라 후견계약의 제도적 문제점에 대해서는 제철웅, "개정 민법상의 후견계약의 특징, 문제점 그리고 개선방향－후견대체제도의 관점을 중심으로"(주 8), 99면 이하, 박인환, "개정민법상 임의후견제도의 쟁점과 과제", 가족법연구 제26권 제2호(2012. 7.), 191면 이하, 동, "실질적 자기결정존중의 관점에서의 후견계약의 평가와 의사결정지원방안의 모색", 가족법연구 제29권 제2호(2015. 7.), 105면 이하 등 참조.

임의후견인은 후견계약 제도를 남용하여 이 사건의 심리를 방해하고 절차를 지연시키려는 의도를 가진 것으로 인정한 후 임의후견의 우선적 지위와 법정후견의 보충성은 절대적인 것이 아니라 "본인의 이익을 위하여 특별히 필요할 때" 제한될 수 있고, 그 밖에 후견계약 체결 및 임의후견감독인 선임청구가 사건본인은 정신적 제약으로 사무처리능력이 부족한 상황에 있지 않다'는 주장과 완전히 배치된다는 점 등을 들어 사건본인의 주장을 배척하고 제1심결정을 유지하였다. 나아가 대상판결 역시, 민법 제959조의20 제1항 "후견계약의 등기에 불구하고 한정후견 등의 심판을 할 수 있는 '본인의 이익을 위하여 특별히 필요할 때'란, 후견계약의 내용, 후견계약에서 정한 임의후견인이 그 임무에 적합하지 아니한 사유가 있는지, 본인의 정신적 제약의 정도, 기타 후견계약과 본인을 둘러싼 제반 사정 등을 종합하여, 후견계약에 따른 후견이 본인의 보호에 충분하지 아니하여 법정후견에 의한 보호가 필요하다고 인정되는 경우를 말"한다고 전제한 후, "사건본인의 정신적 제약의 정도 및 후견계약과 사건본인을 둘러싼 제반 사정 등을 종합하면, 사건본인에 대하여는 후견계약의 등기에도 불구하고 한정후견에 의한 보호가 필요하다고 인정된다"고 하여 재항고를 기각하였다.

그러나 이에 대해서도 다음과 같은 이유에서 찬동하기 어렵다.

먼저 우리 민법 제959조의14 제1항에 따르면, "후견계약은 … 정신적 제약으로 사무를 처리할 능력이 부족한 상황에 있거나 부족하게 될 상황에 대비하여… " 체결될 수 있다는 점을 확인할 필요가 있다. 가령, 복잡한 재산관리에 필요한 정신능력을 갖추고 있지 않은 경우에도 후견계약 체결에 필요한 의사능력을 인정할 수 있다.[38] 그러나 정신적 제약이 있는 사람이 후견계약을 체결하려는 경우, 이해관계를 가진 주변인에 의하여 부당한 영향을 받을 우려가 크기 때문에 후견계약이 본인의 진의에 의

38) 후견계약 체결에 필요한 의사능력에 관하여는 우선 졸고, "실질적 자기결정존중의 관점에서의 후견계약의 평가와 의사결정지원방안의 모색"(주 37), 118면 이하 참조.

하여 체결되는 것인지를 체크할 필요가 있다. 그러한 필요에 따라 우리 민법은 후견계약의 체결을 공정증서에 의하도록 하고 있다(민법 제959조의14 제2항). 이는 본질적으로 의사결정지원제도의 하나인 후견계약의 체결에 있어서 본인의 권리, 의사, 선호를 존중하기 위한 안전장치의 하나라고 할 수 있다(safeguards, 협약 제12조 제4항). 따라서 후견계약 체결의 공정증서 작성시 공증인은 본인의 진의를 인정하기 위하여 위임인이 후견계약 체결에 필요한 의사능력이 있는지 여부는 물론 그러한 의사형성과정에 있어서 주변 이해관계인의 부당한 영향이 있지 않았는지를 확인할 필요가 있다. 우리 민법 제959조의20에서 규정하고 있는 임의후견 우선의 원칙은 그러한 안전장치를 거쳐서 드러난 본인의 의사(진의)는 법정후견개시결정에 우선하여 존중되지 않으면 안 된다는 취지로 이해된다. 반면에 후견계약이 공정증서로 작성되었음에도 불구하고 본인이 후견계약 체결에 필요한 의사능력이 없었다든가 아니면 주변 이해관계인의 부당한 영향에 하여 의사결정의 자유가 침해되었다는 사실이 인정된다면 후견계약에서 표시된 본인 의사의 자기결정으로서의 법적 가치가 부정되므로 임의후견 우선의 원칙은 유지될 수 없다. 이러한 관점에서 임의후견 우선의 원칙에 대한 예외를 인정하는 기준인 '본인의 이익을 위하여 특별히 필요하다고 인정'하기 위해서도 본인의 권리, 의사, 선호가 가장 중요한 기준으로 고려되어야 한다. 그러한 관점에서 보면, 공정증서로 작성된 후견계약이 임의후견수임인 등의 부당한 영향 등으로 인하여 본인의 진정한 의사 등에 반하여 체결되어 본인의 자기결정이 실질적으로 침해되었다는 등 후견계약 체결에 있어서 본인의 자기결정을 부정하지 않고, 다른 외부의 객관적 사정을 들어 후견계약과 그것을 통하여 표시된 본인의 의사를 배척하는 것은 적절하지 않다. 그럼에도 불구하고 이 사안의 원심결정과 대상결정에서 후견계약을 배척하고 법정후견의 개시를 인정하기 위하여 열거하고 있는 제반사정들에 본인의 권리나 의사, 선호와 같은 본인 보호의 필요성에 있어서 가장 중요하게 고려되어야 할 사정들이 충분히 고려되었는지는 알 수 없다. 오히려 사건본인을 둘러싼 여러 사정들을 고려한다는 것이 결국은 주변인들의 이

해다툼에 관한 합리적 분쟁 해결에 판단의 무게 중심을 놓기 위한 수사(修辭)에 지나지 않는다고 보는 것은 지나친 억측일까? 이러한 의심스러운 시각에서 살펴보면, 각 심급 결정 문면에서 두드러지는 것은 본인의 자기결정 내지 자율성에 대한 경시와 법원의 가부장적 관점(paternalistic approach)이다. 장애인권리협약이 본인의 자기결정과 자율성을 어떤 의미에서는 절대적으로 존중하도록 요구하고 있는 데 반하여, 우리 법원의 실무는 여전히 가부장적 관점에서의 보호주의에 머물고 있는 것은 아닌가 하는 의심을 씻어 버리기 어려운 것이다. 성년후견에 있어서 보호와 자율 존중이라는 서로 대립되는 가치는 구체적 사안에 있어서 최적화(optimization) 판단을 요청하지만, 오늘날 국제적 장애인권규범의 발전은 장애인의 자율성을 존중하는 방향으로 크게 이동하고 있다는 점을 간과해서는 안 될 것이다.[39] 물론 특히 의사결정능력 장애인은 그 취약한 의사결정능력 장애 때문에 주변인의 이해관계에 따라 부당한 영향을 받을 가능성이 매우 크다는 점에서,[40] 우리민법의 안전장치가 충분히 기능하였는지 등과 관련하여 본 사안에 대한 각 심급에서의 구체적 결론 그 자체의 당부를 단언하기는 어렵다. 그러나 결정의 판단 구조에서 장애인권리협약에서 요청하고 있는 본인의 법적능력의 향유와 의사결정지원 요청이 충분히 고려되어 있다고 보기도 어렵다. 그러한 점에서 제1심 및 원심 결정은 결정의 중요한 판단근거에 관한 심리가 미진하였다고 볼 수밖에 없으므로 이를 그대로 수긍한 대법원의 결정에도 역시 찬동할 수 없는 것이다. 헌법 제6조 제1항에도 불구하고 사법상 구체적 법령의 해석 적용에 있어서 장애인권리협약과 같이 우리나라가 가입 비준한 국제조약이 직접 재판의 준거가 되는가에 대해서는 물론 논란이

---

39) 이러한 관점에서 후견활동에 있어서 보호와 자율에 관련된 규정으로 민법 제947조 제2문 "성년후견인은 피성년후견인의 복리에 반하지 아니하면 피성년후견인의 의사를 존중하여야 한다."의 주된 취지는 본인 의사 존중에 있고, 본인의 의사에 대립하는 본인의 복리는 매우 엄격하게 해석되어야 한다.

40) 장애인권리협약 제12조 제4항에 있어서도 장애인의 의사결정지원을 위한 조치에는 부당한 영향과 주변의 이해관계로부터 벗어날 수 있는 안전장치를 요구하고 있다.

있다. 그러나 재판에 있어서 사안에 관련된 국제적으로 확립된 인권규약의 취지를 존중할 필요성에 대해서는 이론(異論)이 없을 것이다. 따라서 최근 급격히 변화하고 있는 장애인인권규범의 발전 동향에 대하여도 법원실무가 좀 더 세심한 주의를 기울일 필요가 있다.

[Abstract]

# The principle of Respect for Person's own Will and the Principle for Priority of Power of Attorney in Korean Guardianship System

Park, In Hwan*

In a case in which for a person, the owner of a nation's leading 'chaebol group', his sister filed for initiating adult guardianship and appointing P's children as guardians in a family court, the decisions of the courts do not conform to the requests of the United Nations Convention on the Rights of Persons with Disabilities(CRPD) for the respect of P's autonomy and will in the legal assessment of P's mental capacity and applying of the Principle of Priority of Power of Attorney over adult guardianship.

The article 12 of CRPD calls on all States to reaffirm the universal human rights of the persons with disabilities, the 'equality before the law', and the 'enjoyment of legal capacity in the equal base of others' and to provide support for the exercise of their legal capacity. From the perspective of this convention, the decisions of the courts have the following problems:

Although the district family court acknowledged that the P's will which is against the initiating adult guardianship is worthless legally because of undue influences and decided to initiate the limited adult guardianship for P, We can not give our assent to the decision because It should not be allowed to initiate the adult guardianship against P's Will and it be not allowed to acknowledge incapacity of P easily before sufficient supports for her/his decision-making.

* Ph. D. in Law, Professor, School of Law, INHA University.

Further, the court of appeals judged that there are the special needs to initiate adult guardianship for P's legal protection despite of P's request to stop the process for initiating the adult guardianship, for the reasons that it is a abuse of Contract of Power of Attorney and the P's will is undue influenced by concerned persons. However it cannot be agreed for the reason that Contract of Power of Attorney is originally designed to avoid the adult guardianship.

The Supreme Court accepted the decisions of appeal court that initiate the limited adult guardianship for the reason that a special need to protect P is acknowledged in the case. but it is not appropriate decision because the CRPD requests that in case of special needs to protection of P it is much important to respect the best interpretation about P's right, will, preference not P's best interest from other's objective viewpoint.

The korean courts should also respect the purpose of CRPD and concern P's will more in interpretation and application of the Korean Civil Code for adult guardianship and Principle of Priority of Contract of Power of Attorney.

[Key word]

- Adult Guardianship
- Contract of Power of Attorney
- respect for P's will
- supported Decision-making
- The United Nations Convention on the Rights of Persons with Disabilities (CRPD)

## 참고문헌


국가인권위원회, 장애인권리협약해설집, 한학문화, 2007.

박인환, "개정민법상 임의후견제도의 쟁점과 과제", 가족법연구 제26권 제2호, 2012. 7.

______, "UN장애인권리협약과 성년후견 패러다임의 전환-의사결정대행에서 의사결정지원으로-", 가족법연구 제28권 제3호, 2014. 11.

______, "의사결정지원을 위한 성년후견제도의 평가와 모색", 비교사법 제22권 제2호, 2015. 5.

______, "실질적 자기결정존중의 관점에서의 후견계약의 평가와 의사결정지원방안의 모색", 가족법연구 제29권 제2호, 2015. 7.

______, "성년후견제도 시행 4년의 평가와 과제", 법조 제722호, 2017.

______, "장애인권리협약과 의사결정지원 제도화를 위한 국제적 모색", 법학연구 제22집 제2호, 2019. 6, 인하대 법학연구소.

배인구, "한정후견과 임의후견", 법률신문 판례평석, 2017. 7. 17.

배광열, "법정후견신청 이후 후견계약이 등기된 경우" 대한변협신문 자유기고, 2019. 9. 9.

제철웅, "영국법에서 의사결정무능력 성인의 보호제도의 역사적 전개와 2005년의 정신능력법의 특징", 비교사법 제17권 제4호, 2010. 12.

______, "개정 민법상의 후견계약의 특징, 문제점 그리고 개선방향", 민사법학 제66호(2014. 3.).

Volker Lipp, Erwachsenenschutz in Deutschland:Grundlagen, Entwicklung, Perspektven, 서울가정법원 · 한국성년후견학회 · 한국가족법학회 공동주최, 2017년 한독 성년후견전문가대회 자료집, 2017. 3. 27.

보건복지부 보도자료〈http://www.mohw.go.kr/react/al/sal0301vw.jsp?PAR_MENU_ID=04&MENU_ID= 0403&page=1&CONT_SEQ=349275〉

유엔장애인권리협약 이행에 관한 대한민국 정부의 제2 · 3차 병합보고서 〈http://www.mohw.go.kr/react/jb/sjb030301ls.jsp?PAR_ MENU_ID=03&MENU_ID=0320#〉

장애인권리협약〈https://www.un.org/development/desa/disabilities/convention-on-the- rights-of-persons-with-disabilities.html〉

장애인권리협약 제12조에 관한 일반평석 제1호=Committee on the Rights of Persons with Disabilities, General comment No. 1(2014) 〈http://tbinternet.ohchr.org/_layouts/treatybodyexternal/Download.aspx?symbolno=CRPD/C/GC/1&Lang=en〉

Committee on the Rights of Persons with Disabilities, Concluding Observations on the initial report of Spain (U.N. Doc. CRPD/C/ESP/CO/1, 19 October 2011).

Committee on the Rights of Persons with Disabilities, Concluding Observations on the initial report of Hungary (U.N. Doc. CRPD/C/HUN/CO/1, 27 September 2012).

Committee on the Rights of Persons with Disabilities, Concluding Observations on the initial report of China(U.N. Doc. CRPD/C/CHN/CO/1, 15 October 2012).

Committee on the Rights of Persons with Disabilities,, Concluding observations on the initial report of the Republic of Korea(U.N. Doc. CRPD/C/KOR/CO/1, 3 Otober 2014).

Committee on the Rights of Persons with Disabilities, Concluding Observations on the initial report of Germany(U.N. Doc. CRPD/C/DEU/CO/1, 17 April 2015).

Committee on the Rights of Persons with Disabilities, Concluding observations on the initial report of the United Kingdom of Great Britain and Northern Ireland(CRPD/C/DEU/CO/1, 3 October 2017) 이상 유엔장애인권리협약 이행에 관한 각국 정부보고서 심의에 관한 최종 견해는 다음 사이트에서 다운로드 가능함. 〈https://www.ohchr.org/EN/ HRBodies/CRPD/Pages/CRPDIndex.aspx〉

# 변호사 보수청구 제한의 근거로서 신의칙과 신인관계*
## -법관의 합리적 재량 행사의 문제를 겸하여-

이 계 정**


**요 지**

소송위임약정에 기한 변호사의 보수를 예외적으로 신의칙에 기하여 감액할 수 있다고 판시한 대법원 2018. 5. 17. 선고 2016다35833 전원합의체 판결은 계약의 구속력, 신의칙, 신인관계, 법관의 합리적 재량 행사와 관련하여 매주 중요한 의의를 가지고 있다. 본 논문은 위 판결을 비판적으로 고찰하였는데 그 내용을 요약하면 다음과 같다.

첫째, 계약의 구속력의 근거에 대하여는 약속이론과 신뢰이론의 대립이 있다. 약속이론은 계약의 자율성을 강조하는 반면, 신뢰이론은 계약에 대한 후견적 개입을 정당화한다. 약속이론은 우리 계약법의 근간이 되는 핵심 법리를 제대로 설명할 수 있다는 점에서 약속이론에 따라 계약의 구속력을 이해하는 것이 원칙적으로 타당하다. 다만, 약속이론이 가지는 한계가 인정되는 경우나 특별한 법적 근거가 있는 예외적인 경우에 법원의 후견적 개입이 정당화된다.

둘째, 계약에서 신의칙은 계약의 해석 국면, 계약의 해소 국면에서 작용하며 신의칙에 기하여 계약상 의무가 확대될 수 있다. 그런데 신의칙의 적용영역을 확대하여 신의칙을 근거로 대상판결과 같이 계약을 무효로 할 수 있


---

* 이 글은 2019. 9. 23. 민사판례연구회에서 발표한 내용을 수정한 것이며, 서울대학교 법학 제60권 제4호(2019. 12.)로 이미 발간된 논문을 다소 형식을 바꾸어 게재한 것임을 밝혀 둔다.

** 서울대학교 법학전문대학원 부교수, 민법학 박사.

는지 문제가 된다. 우리 민법이 계약에 부여하는 강한 구속력과 신의칙에 기하여 계약을 무효로 하는 것을 허용하는 경우에 발생하는 폐단 등을 고려하면 신의칙에 기하여 계약을 무효로 할 수 없다고 보아야 할 것이다. 대상판결이 신의칙에 기하여 계약을 무효로 할 수 있다고 본 것은 타당하지 않다.

셋째, 변호사 보수청구의 제한의 근거는 신의칙이 아닌 신인관계에서 찾아야 한다. 위임계약상 수임인이 부담하는 선관주의의무의 내용에는 신인의무가 포함된다고 보는 것이 타당하다. 신인의무가 발생하는 신인관계가 형성된 경우에 법원은 후견적 입장에서 위임인 보호를 위해 신인관계에 개입할 수 있다. 소송위임약정에서 정한 보수에 대하여도 그 보수가 과도한 경우에 법원의 개입할 수 있는바, 법원은 선관주의의무에 근거한 신인관계의 법리에 근거하여 예외적으로 변호사의 보수청구를 제한할 수 있다.

넷째, 법관이 재량을 행사함에 있어 무엇이 원칙이고 무엇이 예외인지를 명확하게 파악하는 것이 중요하고, 신의칙과 같은 일반조항으로 도피하는 것은 자의적인 판결이 양산될 수 있으므로 피해야 한다. 대상판결과 같이 법관이 계약에 개입하는 경우에 우선적으로 당사자 사이에 체결된 변호사 보수약정을 존중하고 변호사 보수를 감액할지 여부를 판단함에 있어 '점'이 아닌 '폭'으로 접근하는 것이 요청된다. 법관이 재량을 통해 이상적 상황을 당사자에게 강요하여서는 아니 되기 때문이다. 대법원도 하급심 법원이 적정하게 재량을 행사할 수 있도록 구체적이고 명확한 판시를 하는 것이 요청된다. 이를 위해 재량 행사에 있어서 고려요소를 단순하게 나열하기보다는 어느 요소를 중점적으로 고려해야 하는지 판시하는 것이 적절하다.

[주 제 어]
- 신의칙
- 법관의 재량
- 신인관계
- 계약의 구속력
- 위임계약
- 선관주의의무
- 신인의무
- 충실의무
- 변호사 보수

## 대상판결 : 대법원 2018. 5. 17. 선고 2016다35833 전원합의체 판결[1)]

[사안의 개요][2)]

1. 전국교수공제회(이하 '공제회'라고만 한다) 간부가 560억 원 상당을 횡령한 것과 관련하여 공제회 회원들 사이에 대한민국을 상대로 그 관리·감독상 책임을 물어 손해배상청구의 소를 제기하자는 의견이 생기자, 그 회원인 피고들(피고들은 세 명이다)이 주도하여 공제회의 인터넷카페에 '소송을 변호사인 원고에게 위임하고자 하니, 참여하고자 하는 회원은 피고들에게 소송에 필요한 서류와 비용을 보내라'는 내용을 수차례 공지하였다.

2. 위 공지의 결과 공제회 회원들은 피고들에게 소송에 필요한 서류를 보냈고, 이에 피고들은 2014년 3월경 변호사인 원고와 위 손해배상청구소송의 제1심에 관한 소송위임계약을 체결하였는데, 변호사보수와 관련하여 다음과 같이 약정하였다.

「피고들은 원고에게 착수보수로 소송참여자 1인당 100,000원(부가가치세 별도)을 지급한다.」(이하 '이 사건 보수약정'이라고만 한다.)

3. 소송참여자는 공제회 회원 중 350명이었다. 원고는 위 회원들을 대리하여 2014. 4. 14. 서울중앙지방법원 2014가합19979호로 대한민국을 상대로, 청구취지를 '피고는 원고들에게 각 1,000,000원 및 이에 대한 지연손해금을 지급하라.'로 하여 금융감독원 담당 직원과 서울중앙지방검찰청 담당 검사의 직무유기를 원인으로 한 국가배상청구의 소를 제기하였다(이하 '원고 제기 소송'이라고만 한다).

4. 피고들은 2014. 4. 22. 원고에게 착수금 20,000,000원을 송금하였는데, 원고 제기 소송에 대하여 서울중앙지방법원이 2015. 9. 3. 공제회 회원들의 패소판결(원고패소판결)을 선고하였다.[3)] 그 후 원고가 나머지 착수보수금의 지급을 요구하자 피고들은 지급을 거절하였다.

1) 공 2018하, 1139.
2) 쟁점에 관한 논의에 필요한 범위 내에서 사실관계를 소개하였다.
3) 정확히는 원고들(공제회 회원들) 중 58명에 대하여는 원고가 소송대리권 없이 소를 제기하였음을 이유로 각하판결을, 나머지 원고들에 대하여는 청구를 기각하는 판결을 선고하였다.

[소송의 경과]

1. 제1심 법원의 판단(서울동부지방법원 2016. 1. 14. 선고 2014가단29538 판결) : 原告 請求 棄却

원고는 피고들에 대하여 이 사건 보수약정에 기하여 미지급 보수의 지급을 구하는 소를 제기하였다.[4)]

이에 대하여 제1심 법원은 ① 원고와 피고 갑이 초등학교 동창이고, ② 원고는 위 서울중앙지방법원 2014가합19979호 사건의 첫 변론기일 전에 피고 을로부터 원고 제기 소송의 원고들 중 324명이 원고에 대한 소송위임을 철회한다는 통보를 받았음에도, 원고가 그들의 소송대리인 지위를 사임하지 않고 소송을 수행한 끝에 결국 기각 판결을 받았으며,[5)] ③ 원고 제기 소송의 소가는 367,000,000원이고, ④ 수임 사건의 당사자가 다수이나 당사자별로 쟁점이 일치하는 것으로 인정된다는 점을 근거로 원고와 피고들 사이에 약정된 착수보수금 35,000,000원은 부당하게 과다하다고 판단하였다.

결국 제1심 법원은 피고들이 원고에게 지급하여야 할 착수보수금은 부가가치세를 합하여 20,000,000원으로 봄이 타당하다고 보아, 피고들이 이미 위 금원을 변제하였음을 이유로 원고의 청구를 기각하였다.

2. 항소심 법원의 판단(서울동부지방법원 2016. 7. 15. 선고 2016나945 판결) : 抗訴 棄却

항소심 법원은 제1심 법원의 판결의 이유를 그대로 인용하는 인용판결을 선고하면서 원고의 항소를 기각하였다.

3. 대법원의 판단 : 破棄還送

가. 다수의견

다수의견은 아래와 같이 신의칙에 기한 변호사 보수청구의 제한을 인정

---

4) 원고는 이외에도 피고들에 대하여 인지대, 비용예치금, 손해배상금을 구하였으나, 본 논문의 쟁점과 관련이 없으므로 별도로 기재하지 않았다.

5) 피고 을은 피고 갑 등 다른 피고들의 의사에 반하여 소송위임 철회를 통보한 것인바, 피고 을의 소송위임 철회는 아무런 효력이 없으므로(해지의 불가분성에 관한 민법 제547조 참조) 원고가 계속 소송을 수행한 것으로 판단된다.

하면서도, 이 사건에서는 변호사 보수가 부당하게 과하여 신의칙에 반한다고 볼 만한 사정이 있다고 보기 어렵다고 판시하면서 원심판결을 파기하였다.[6)]

> "변호사의 소송위임 사무처리 보수에 관하여 변호사와 의뢰인 사이에 약정이 있는 경우 위임사무를 완료한 변호사는 원칙적으로 약정 보수액 전부를 청구할 수 있다. 다만 의뢰인과의 평소 관계, 사건 수임 경위, 사건처리 경과와 난이도, 노력의 정도, 소송물 가액, 의뢰인이 승소로 인하여 얻게 된 구체적 이익, 그 밖에 변론에 나타난 여러 사정을 고려하여, 약정 보수액이 부당하게 과다하여 신의성실의 원칙이나 형평의 관념에 반한다고 볼 만한 특별한 사정이 있는 경우에는 예외적으로 적당하다고 인정되는 범위 내의 보수액만을 청구할 수 있다. 그런데 이러한 보수 청구의 제한은 어디까지나 계약자유의 원칙에 대한 예외를 인정하는 것이므로, 법원은 그에 관한 합리적인 근거를 명확히 밝혀야 한다. 이러한 법리는 대법원이 오랜 시간에 걸쳐 발전시켜 온 것으로서, 현재에도 여전히 그 타당성을 인정할 수 있다."

### 나. 별개의견

별개의견은 아래와 같이 신의칙에 기하여 변호사 보수청구를 제한하는 것은 사적 자치의 원칙을 침해하는 것이라고 주장하면서 신의칙에 기하여 변호사 보수를 감액한 원심판결을 파기하여야 한다고 판시하였다.

> "(1) 사적 자치의 원칙은 시장경제질서의 기초가 되는 헌법상의 원리이다. 이러한 사적 자치의 원칙이 법률행위의 영역에서 나타난 형태인 계약자유의 원칙은 계약의 체결 여부, 계약의 상대방, 계약의 방식과 내용 등을 당사자의 자유로운 의사로 결정하는 자유를 말한다. … 이러한 계약자유의 원칙에 따라 체결된 계약은 지켜져야 하고, 계약 실현에 대한 당사자들의 신뢰 역시 보호되어야 한다. 계약이 그 내용대로 준수되리라는 믿음에 대한 법적 안정성이 확보되지 않는다면 시장경제질서도 원활하게 작동할 수 없다.
> (2) 민법은 반사회질서의 법률행위(제103조), 불공정한 법률행위(제104조) 등 법률행위의 무효사유를 개별적·구체적으로 규정하고 있다. 또한 '손해배상의 예정액이 부당히 과다한 경우에는 법원은 적당히 감액할 수 있다'

---

6) 파기환송심은 '신의칙에 기하여 원고의 보수를 감액할 사유가 없다'는 이유로 나머지 보수의 지급을 구하는 원고의 청구를 인용하였고(서울동부지방법원 2019. 7. 17. 선고 2018나1836 판결), 위 판결은 그대로 확정되었다.

고 하는 민법 제398조 제2항과 같이 명시적으로 계약의 내용을 수정할 수 있다고 규정하는 법률 조항도 존재한다.

그러나 신의칙과 관련하여서는 민법 제2조 제1항에서 '권리의 행사와 의무의 이행은 신의에 좇아 성실히 하여야 한다'라고 규정하고, 제2항에서 '권리는 남용하지 못한다'라고 규정할 뿐 이를 법률행위의 무효사유로 규정하고 있지는 않다. 그러므로 민법 제2조의 신의칙 또는 민법에 규정되어 있지도 않은 형평의 관념은 당사자 사이에 체결된 계약을 무효로 선언할 수 있는 근거가 될 수 없다. 그럼에도 신의칙 또는 형평의 관념 등 일반 원칙에 의해 개별 약정의 효력을 제약하려고 시도하는 것은 앞에서 본 헌법적 가치에 정면으로 반한다."

## 〔研　　究〕

### I. 서　　론

대법원 전원합의체 판결은 쟁점에 대한 대립되는 관점과 치열한 논증을 담고 있어 법리적으로 중요한 의미를 가진다. 2018년에도 여러 전원합의체 판결이 선고되었으나, 그중 대법원 2018. 5. 17. 선고 2016다35833 전원합의체 판결은 계약의 구속력, 계약에서의 신의칙의 역할, 법관의 합리적 재량 행사와 관련하여 매우 중요한 의의를 가지고 있다.

대상판결의 쟁점은 변호사가 보수를 청구하는 경우에 신의칙에 기하여 제한을 할 수 있는지 여부에 있다. 위 쟁점과 관련하여 대상판결이 주목을 받는 이유는 '계약은 왜 준수되어야 하는가?'라는 근본적인 질문에 대하여 다수의견과 별개의견이 서로 다른 입장을 제시함으로써 계약의 구속력의 문제를 근본적으로 생각하게 하는 계기를 제공한 점에 있다.

이 사건에서 변호사와 의뢰인들은 변호사 보수약정을 체결하였고, 그 약정에는 계약을 무효로 할 만한 사유, 예를 들면 의사와 표시의 불일치, 사기나 강박, 사회질서 위반, 강행법규 위반 등의 사유가 전혀 존재하지 않는다. 이처럼 계약에 아무런 무효 사유가 없다면 '계약은 지켜져야 한다(Pacta sunt servanda)'는 공리에 따라 의뢰인들은 약정한 보수를 지급해야 한다고 보는 것이 상식에 부합할 것이다.

그런데 대상판결의 다수의견은 당사자들이 자유로운 의사에 기하여 체결한 변호사 보수약정에서 대하여 신의칙에 기하여 해당 계약이 일부 무효가 될 수 있음을 선언하였다. 경우에 따라 아무런 무효 사유가 없더라도 신의칙에 기대어 계약을 준수하지 않아도 된다고 선언하고 있는 것이다. 과연 법원이 나서서 신의칙이라는 일반조항에 기대어 계약을 무효로 하는 것은 타당한 것인가? 당사자가 자율적으로 체결한 계약에 구속력을 부여하는 근거가 신의칙에 기하여 흔들릴 정도로 약한 것인가? 최근에 대법원은 신의칙의 적용을 확장하여 결론을 도출하고 있고[7] 대상판결도 그 연장선상에서 볼 수 있는데, 이러한 '일반조항에의 의존' 내지 '일반조항으로 도피'가 과연 타당한 것인가? 이처럼 신의칙을 확대 적용하면 계약의 중요 내용을 법관의 재량에 맡기게 되는데, 과연 이러한 결과가 타당한 것인가? 대상판결을 접하면서 여러 가지 의문이 들었다.

특히 법의 불확정성으로 인하여 대륙법에서도 법관에 의한 법 형성(judicial legislation)이 불가피하고 이를 위하여 법원이 신의칙의 적용을 확대하는 경우가 많아 법관에 의한 법 형성이 의회 입법과 충돌할 소지가 많은바, '신의칙 적용의 한계'에 대한 정확한 분석이 현 시점에서 꼭 필요하지 않나 생각이 들었다.

한편, 대법원은 매매계약에 있어서 엄격한 계약준수를 요구하며 신의칙에 근거한 사정변경에 의한 계약해제를 인정하지 않아 왔는데,[8] 변

7) 대법원 2013. 12. 18. 선고 2012다89399 전원합의체 판결(공 2014상, 236)(통상임금 산정과 관련하여 신의칙 적용); 대법원 2011. 1. 20. 선고 2009두13474 전원합의체 판결(공 2011상, 454)(부가가치세 관련하여 신의칙 적용); 대법원 2013. 9. 26. 선고 2012다13637 전원합의체 판결(공 2013하, 1916)(계약준수의 예외로서 신의칙 판시); 대법원 2014. 5. 16. 선고 2012다72582 판결(공 2014상, 1188)(하자담보책임에 있어서 완전물급부청구권 제한 사유로 공평의 원칙 판시) 등.

8) 대법원 2007. 3. 29. 선고 2004다31302 판결(공 2007상, 601); 대법원 2012. 1. 27. 선고 2010다85881 판결(미간행) 등 참조. 특히 대법원 1985. 4. 23. 선고 84다카890 판결(공 1985, 780)은 "민법 제2조가 천명한 신의성실의 원칙은 사적 자치의 원칙이 지배하는 특정개인간의 거래관계에 있어서 그 권리의 행사와 의무의 이행에 관하여 사회공동체의 일원으로서 상호간 신뢰를 저버리지 않는 성실성을 요구

호사 보수약정과 관련하여서는 신의칙의 기한 감액을 인정하여 다르게 판단하는 것이 과연 정당화될 수 있는지, 그 차별화를 정당화하기 위해서는 신의칙이라는 일반조항에 의거할 것이 아니라 변호사 보수약정이 가지는 특수성에 착안하여 '신인관계(信認關係)'로 설명하는 것이 보다 타당한 것이 아닌지 검토할 필요성을 느꼈다. 대상판결에서는 변호사 보수액이 부당하게 과다한지에 대하여 여러 가지 고려 요소를 나열하고 있는데, 그러한 고려 요소만으로 법관의 합리적 재량 행사가 가능한지, 법관의 합리적 재량 행사를 위해서는 고려해야 할 사항에 대하여 보다 구체적인 판시가 필요한 것이 아닌지 생각이 들었다.

이하에서는 대상판결의 법리의 적정성을 검토하고 앞서 본 여러 의문점을 해소하고자 다음과 같은 순서로 논의를 전개하고자 한다.

(1) 우선 '계약은 왜 준수되어야 하는가?'에 대한 근본적인 물음에 대하여 검토하고, (2) 신의칙이 계약관계에 어떻게 개입될 수 있는지, 특히 대상판결처럼 계약을 일부 무효로 할 수 있는 것인지 비판적으로 검토하고, (3) 의뢰인과 변호사가 소송위임약정을 체결하는 경우에 변호사 보수 감액의 근거를 신인관계에서 찾을 수 있는지 살펴보기 위해 위임계약에서의 수임인의 선관주의의무와 신인의무에 대하여 검토하고, (4) 변호사 보수 감액이 인정되는 경우에 고려해야 하는 구체적 사정에 대하여 살펴보고자 한다. 위와 같은 논의는 기본적으로 법관이 어떻게 그 재량을 합리적으로 행사하여야 하는지의 문제와 결부되어 있으므로, 논의 중간 중간에 법관의 합리적 재량 행사를 위한 제언을 포함시키고자 한다.

## Ⅱ. 계약의 구속력에 관한 약속이론과 신뢰이론

### 1. 문 제 점

계약을 체결한 경우에 당사자가 계약에 따른 의무를 이행하여야 하

---

하는 것으로 부동산의 매매계약을 체결함에 있어서 그 매매대금이 시세에 비하여 비싸다는 것을 들어 신의칙에 반하는 것이라고 할 수는 없는 법리"라고 판시함으로써 매매계약에서 신의칙에 기한 매매대금의 감액에 부정적이다.

는 것은 자명한 법리인 것처럼 보인다. 그러나 실제에 있어서는 그렇지 않다. 계약이 체결되더라도 계약을 준수하지 않아도 되는 경우가 있기 때문이다. 예를 들면 계약이 강행규정에 위배된 경우에는 계약상 의무를 이행하지 않아도 되고, 쌍무계약에서 당사자 일방이 부담하는 채무가 당사자 쌍방의 책임 없는 사유로 이행할 수 없게 된 때에는 그 채무자는 상대방에 대하여 반대급부를 청구할 권리를 상실하므로 상대방은 채무자에게 반대급부를 이행하지 않아도 된다(민법 제537조 참조). 그리고 대상판결의 다수의견에 따르면 변호사 보수약정이 있더라도 그 약정대로 보수를 지급하지 않아도 되는 경우가 있다.

계약법의 주된 내용 중의 하나는 계약을 무효로 하는 사유가 무엇인지, 계약이 어떠한 경우에 수정될 수 있는지에 있다. 어떻게 보면 계약의 준수를 강조하는 내용보다는 계약의 부준수가 정당화되는 사유가 계약법의 상당 부분을 차지함으로써 계약 부준수가 폭넓게 용인되는 양 비춰지기도 한다. 대상판결의 다수의견과 같이 일반조항인 신의칙에 기하여 변호사 보수약정의 효력을 제한하는 것이 다른 계약에도 일반적으로 적용되는 것이라면 계약의 구속력은 약화될 수밖에 없을 것이다. 이하에서는 계약의 구속력을 어떤 관점에서 접근해야 하는지에 관하여 비교적 논의가 활발한 영미법을 중심으로 계약의 구속력의 근거를 살펴보고자 한다.

### 2. 약속으로서의 계약(Contract as Promise)과 약속이론

(1) 찰스 프리드(Charles Fried)가 주장한 '약속으로서의 계약이론'(이하 '약속이론'이라고만 한다)은 칸트의 윤리학에 기초한 고전적 계약이론을 현대적으로 강화시키고자 한 시도로, 계약을 '미래에 어떤 급부를 하겠다는 현재의 약속'으로 정의하고 계약의 구속력의 근거를 약속 준수에 대한 도덕적 의무에서 찾았다.[9)]

---

9) Charles Fried(a), *Contract as Promise*, 2nd ed., Oxford (2015), pp. 13-17. 프리드는 1981년에 위 책의 초판을 발간하였는데, 그 뒤로 위 책에 대한 다양한 서평

약속이론을 살펴보기 위해서는 고전적 계약이론을 이해할 필요가 있으므로 이에 관하여 우선 살펴보고자 한다.

칸트에게 있어서 인간은 이성을 가진 존엄한 존재로 이성의 본질은 자율성(Autonomie)에 있다고 한다.[10] 자율성이라 함은 인간이 이성을 통하여 자기입법(Selbstgesetzgebung), 자기결정(Selbstbestimmung), 자기목적설정(Selbstbezweckung) 등을 자율적으로 할 수 있는 '도덕적 자유'를 뜻한다.[11] 따라서 개개인은 스스로 자신의 의사에 기하여 자신의 법영역을 형성할 수 있는바, 사적 자치의 원칙과 계약자유의 원칙이 정당화될 수 있다. 아울러 인간의 자유 의지를 강조하는 칸트의 인간관은 '개인에게 부여되어 있는 의사의 힘'으로서의 권리라는 근대 사법(私法)의 핵심개념의 토대가 된다.[12]

칸트는 인간 각자가 자유 의지를 가지며 창조적으로 살아가지만, 인간은 사회의 한 구성원이므로 개인의 자유가 타인의 자유와 공존할 수 있는 규칙이 필요하다고 보았다. 이에 칸트는 다음에서 보는 두 가지 정언명령(Kategorischer Imperativ)을 선언하였다.

첫 번째 정언명령은 "마치 너의 행위의 준칙이 너의 의지에 의해 보편적 자연법칙이 되어야 하는 것처럼, 그렇게 행위하라"는 것이다.[13] 두 번째 정언명령은 "너 자신의 인격에서나 다른 모든 사람의 인격에서 인간(성)을 항상 동시에 목적으로 대하고, 결코 한낱 수단으로 대하지 않도

---

이 쏟아져 나올 정도로 계약법에 있어서 중요한 책으로 자리 잡았다. 위 저서에 대한 주요 서평으로는 Patrick S. Atiyah(a), "Book Reviews", 95 *Harv. L. Rev.* 509 (1981); Lewis A. Kornhauser, "The Resurrection of Contract", 82 *Colum. L. Rev.* 184 (1982); C. Turpin , "Book Reviews: Contract as Promise", 41 *Cambridge Law Journal* 190 (1982); A. Kronman(a), "A New Champion for the Will Theory", 91 *Yale L. J.* 404 (1981) 참조. 2011년도에는 위 책의 출간 30주년을 기념하는 심포지엄이 서퍽대학교(Suffolk University) 로스쿨에서 열렸다.

10) 심재우, "칸트의 법철학", **법철학연구** 제8권 제2호(2005), 10면 이하.

11) *Id.*

12) Franz Wieacker, 김형석 역, "판덱텐 법학과 산업혁명", **서울대학교 법학** 제47권 제1호(2006. 3.), 346면.

13) Immanuel Kant, 백종현 역, **윤리형이상학 정초**, 아카넷(2012), 132-133면.

록, 그렇게 행위하라"는 것이다.[14)]

위 정언명령을 통해 칸트는 자신의 행위에 있어서 보편성의 추구, 타인의 인격에 대한 존중 의무를 강조하며 근대의 인간상은 바로 이런 도덕성을 갖춘 인간이라고 주창하였다. 이러한 인간상을 전제로 하면 자신이 자유 의지에 기하여 타인과 체결한 계약상의 의무를 아무런 변명 없이 이행하는 것은 정언명령에 따른 당연한 의무로 볼 수 있다. 만약 계약상 의무를 이행하지 않으면 계약상대방이 이를 강제할 수 있도록 법제도를 만드는 것도 당연히 요청되는 것이다.[15)]

**(2)** 그러나 이러한 고전적 계약이론에 대하여 ① 경제적 약자를 보호하기 위해서 계약 자유에 대한 제한은 불가피하며,[16)] ② 계약 당사자 사이에 정보의 비대칭현상이 심화되고 있는 현대적 상황과는 맞지 않으며, ③ 당사자의 의사는 내심에 존재하는 것으로 그 의사를 정확하게 파악하는 것에 한계가 있을 수밖에 없으므로, 당사자의 의사를 정확히 반영하여 계약 내용이 정해지는 것은 아니라는 점[17)] 등의 비판이 있었다.[18)]

---

14) *Id.* 148면.

15) 독일의 판덱텐 법학은 칸트의 영향을 받아 법률행위 이론에 있어서 의사주의이론(Willenstheorie)으로 나타나게 되었다[김욱곤, "계약의 구속력에 관한 일고찰", **성균관법학** 창간호(1987), 188-189면; Franz Wieacker(주 12), 345면 이하]. 사비니는 의사표시와 관련하여 "의사는 그 자체로 유일하게 중요하고 효력 있는 것으로 상정되어야" 한다고 하였고[Savigny, *System des heutigen Römischen Rechts*, Bd. Ⅲ. (1840), § 134, S. 258], 빈트샤이트는 "법률행위란 법적 효력의 발생을 내용으로 하는 사적 의사표시이다."라고 하여 법률행위의 핵심은 의사에 있다고 보았다[Windscheid/Kipp, *Lehrbuch des Pandektenrechts*, 9. Aufl., Bd. Ⅰ. (1906), § 69]. 독일민법의 제정과정에서 의사주의가 구체적으로 어떻게 전개되었는지에 관하여는 양창수(b), "계약의 구속력의 근거 단성-의사와 신뢰 사이", **민사법학** 제77호(2016. 12.), 6면 이하.

16) 이에 따라 계약법에 대한 후견적 관여의 필요성이 강조되기도 한다. 이 점에 관하여는 Anthony Kronman(b), "Paternalism and the Law of Contract", 92 *Yale. L. J.* 763 (1983); 권영준(a), "계약법의 사상적 기초와 그 시사점-자율과 후견의 관점에서", **저스티스** 통권 제124호(2011. 6.), 175면 이하.

17) Morris R. Cohen, "The Basis of Contract", 46 *Harv. L. Rev.* 553, 575 (1933). 우리 법으로 이야기하면 규범적 해석, 보충적 해석의 원리가 적용되는 경우에 당사자의 내심의 의사에 부합하여 계약이 해석되는 것은 아니라는 것이다.

18) 심지어 Gilmore는 1974년 「계약법의 죽음(the Death of Contract)」라는 저서를 통해 계약법의 독자성을 부정하고 계약법은 불법행위법의 영역으로 흡수되고 있다고 주장하였다. Grant Gilmore, *The Death of Contract*, Ohio State University Press

이러한 비판에 직면하여 프리드는 고전적 계약이론을 보다 정교하게 전개하고자 약속이론을 주장하였다. 그는 계약을 지켜야 하는 이유에 대하여 계약은 도덕적 구속력을 지니는 약속에 해당하기 때문이라고 주장하였다. 인간은 외부세계에 존재하는 것을 마음껏 이용하여 자신의 의지를 펼칠 수 있지만, 외부세계의 일부인 타인은 존엄성을 가지므로 타인을 존중하면서도 타인의 힘을 자신의 목적 달성에 이용할 수 있도록 하기 위한 수단이 필요한데, 그것이 바로 '약속(promise)'이라고 주장하였다.[19]

계약을 통해 일방 당사자는 상대방에게 장래에 상대방이 원하는 급부를 하겠다는 약속을 하게 된다. 약속이 이루어지는 시점은 현재이나 약속의 대상은 장래의 급부라는 점이 특징적이다. 따라서 약속은 약속자의 현재의 성실성만을 요구하는 것이 아니라 장래에 그 약속이 이행되리라는 믿음(trust)을 필요로 한다.[20] 그는 약속은 언어와 같이 일정한 규칙에 관하여 사회구성원의 공통적인 인식이 존재하는 관례(convention)이며, 여기서 약속 이행에 대한 믿음이 생긴다고 설명한다.[21] 즉 언어를 사용하는 사람들 사이에서는 언어를 진실하게 사용하여야 하며 거짓말을 하여서는 안 된다는 보편적인 규칙을 공유하고 있는데, 약속은 바로 그 언어를 사용하여 이루어지므로 사회구성원들 사이에 약속을 지켜야 한다는 도덕적 규칙이 공유되고 있다는 것이다.

프리드는 '상대방은 A라는 목적을 달성하고 싶고, 나는 B라는 목적을 달성하고 싶은데, 서로의 협력 없이는 그 목적 달성이 불가능한 상황'에서 서로 동시이행을 통해 상대방의 협력을 강제할 수 있다면 약속을 할 필요가 없으나, 실제 시간적 간격을 둔 거래(a trade over time)가 대부분이기 때문에 약속이 필요하게 되었다고 설명한다.[22] 내가 상대방에게

---

(1974), pp. 3, 87. 위 책에 대한 국내 소개로는 김현수, "미국 계약법의 현대적 이론에 관한 서론적 고찰－Grant Gilmore의 "The Death of Contract"을 중심으로", **비교사법** 제21권 제2호(2014. 5.), 754면 이하.

19) Charles Fried(a)(주 9), p. 8.

20) Charles Fried(a)(주 9), p. 11.

21) Charles Fried(a)(주 9), p. 13; 고영남, "고전적 계약법이론의 한계에 관한 연구－영미법상의 신뢰이론을 중심으로", 박사학위논문, 고려대학교(2000. 12.), 178-179면.

B라는 급부를 원할 때 상대방이 나를 위해 B를 해 줄 것이라는 믿음이 있어야 상대방이 나에게 A를 원할 때 나는 상대방을 위해 A를 하겠다는 거래가 이루어질 수 있는데, 이러한 거래를 가능하게 하는 장치가 바로 약속인 것이다. 나는 상대방에게, 상대방은 나에게, 미래에(미래의 서로 다른 시점에) 서로를 위해 어떤 행위를 할 것을 현재 약속하는 것인바,[23] 미래의 교환을 현재의 교환으로 바꾸는 관습적 장치(conventional device)가 약속인 것이다. 이를 통해 사회구성원은 자신이 계획하는 바를 원활하게 달성할 수 있다.

(3) 약속을 지키지 않는 것은 왜 잘못된 것인가? 프리드는 계약을 지켜야 할 의무를 도덕적 의무와 관련지어 설명한다. 프리드에게 있어 약속이 가지는 도덕적 힘은 인간의 자율성에 있다.[24] 불법행위와 달리 계약은 인간이 스스로 자신의 선택에 기하여 그 채권채무관계를 형성한 것이다. 일방 당사자(약속자)가 약속을 한 경우에 상대방(피약속자)은 앞서 본 관례(convention)에 기하여 약속 이행에 대한 믿음을 가지게 되는바, 그 믿음은 바로 일방 당사자(약속자)가 자신의 의사에 기하여 야기한 것으로 그 믿음을 배반하지 않을 도덕적 의무가 있는 것이다.[25] 앞에서 본 바와 같이 칸트는 두 가지 정언명령의 선언을 통해 자신의 행위에 있어서 보편성의 추구, 타인의 인격에 대한 존중 의무를 강조하였는데, 프리드는 칸트의 영향을 받아 계약준수의 의무를 도덕적 관점에서 설명하고 있는 것이다. 이에 따라 프리드는 계약을 준수하지 않는 것은 타인의 믿음에 대한 배신으로 존엄성을 가진 타인을 이용하는 것이며, 진실을 말할 보편적 의무를 위반하여 거짓말을 하는 행위와 유사하다고 설명한다.[26]

---

22) Charles Fried(a)(주 9), pp. 13–14.

23) 프리드는 이를 "나의 약속이 나의 장래의 이행을 현재의 당신 손에 맡기는 것이듯이 당신의 약속은 당신의 장래의 이행을 현재의 나의 손에 맡기는 것이다."라고 표현한다(*Id*).

24) Charles Fried(a)(주 9), p. 57.

25) Charles Fried(a)(주 9), p. 16.

26) Charles Fried(a)(주 9), pp. 16–17.

이처럼 약속이 이루어진 경우 약속의 이행에 대한 기대는 당연히 수반되는 것이므로 약속자가 약속을 이행하지 않는 경우 약속이 이행된 것과 같은 상태, 즉 이행이익의 배상(expectation damages)은 약속이론의 논리적 귀결이 된다.[27)]

### 3. 계약구속력의 근거로서 신뢰와 신뢰이론

(1) 계약의 구속력에 관하여 신뢰를 중심으로 설명하는 이론은 풀러(Lon L. Fuller)에서 비롯되어 아티야(Patrick S. Atiyah)를 통해 강력하게 주장되었다. 풀러는 그의 제자인 퍼듀(William R. Perdue)와 함께 쓴 「계약상 손해배상에서의 신뢰이익(The Reliance Interest in Contract Damages)」이라는 논문을 통해 이행이익(expectation interest)과 대비되는 신뢰이익(reliance interest)을 강조하였다.[28)] 이행이익은 약속에 의해 형성된 피약속자의 기대(약속 준수의 기대)를 보호하기 위하여 피약속자를 계약이 이행된 것과 같은 지위에 놓는 것을 의미하는 반면, 신뢰이익은 피약속자가 약속자의 약속을 신뢰하여 상태를 변경한 경우 피약속자를 보호하기 위하여 피약속자를 계약체결 전의 상태로 회복시키는 것을 의미한다.[29)] 예를 들면 토지를 매수하기 위하여 매도인의 소유권 유무를 조사하기 위하여 든 비용이라든지 다른 계약을 체결할 기회를 상실한 경우에 신뢰이익의 배상을 명할 수 있는 것이다.

풀러는 위 논문을 통해 채무불이행과 관련하여 신뢰이익을 배상하는 판결이 많은 것이 현실이고, 법리적 관점에 비추어 보더라도 계약상 손해배상에 있어서 신뢰이익의 배상이 원칙이라는 점을 강조하였다. 이를

---

27) Charles Fried(a)(주 9), pp. 19–21.

28) 위 논문은 손해배상의 범위를 이익의 관점에서 이행이익, 신뢰이익, 원상회복이익으로 나누어 설명하였는데, 미국 제2차 계약법 리스테이트먼트의 계약 위반으로 인한 구제수단에도 수용될 정도로 상당한 영향을 끼쳤다. 위 논문이 제2차 계약법 리스테이트먼트에 미친 영향을 분석한 논문으로는 Robert E. Hudec, "Restating the 'Reliance Interest'", 67 *Cornell L. Rev.* 704 (1982) 참조.

29) Lon L. Fuller & William R. Perdue, "The Reliance Interest in Contract Damages: 1", 46 *Yale L. J.* 52, 53–54 (1936).

통해 풀러는 이행이익의 배상 아니면 책임의 면제라고 하는 배타적인 양자택일의 방법만을 인정하는 고전적 계약법이론의 한계를 지적하였다.[30)]

풀러는 계약상 손해배상과 관련하여 신뢰이익이 원칙이라는 점을 강조하면서 이행이익의 배상을 신뢰이익 배상의 대용(代用, surrogate)으로 설명한다.[31)] 즉 ① 신뢰로 인한 손해를 회복하고 신뢰이익 침해를 예방하기 위하여 이행이익의 배상을 명할 수 있으며(예를 들면 환자가 의사와의 진료 약속을 지키지 않은 경우에 의사는 이행이익을 구할 수 있는데, 이는 의사가 다른 환자와 진료 계약을 체결할 기회를 상실함으로 인하여 발생하는 신뢰이익 손실을 전보하기 위한 것이다), ② 계약에 대한 신뢰로 인하여 피해가 발생한 경우에 그 피해를 입증하기 어려우므로 법원이 이행이익의 배상을 통해 효율적으로 피해를 구제하고 계약 이행에 대한 신뢰를 증진시키고 있다고 설명한다. 풀러에게 있어서 이행이익의 배상은 실제는 신뢰이익 보호에 그 목적이 있는 것이다.

따라서 풀러에 따르면 '약속' 그 자체만으로 계약의 구속력이 생기는 것이 아니라 피약속자가 약속을 신뢰하여 비용을 지출하는 등 자신의 상태를 변경한 경우에 계약의 구속력이 생긴다. 풀러에게 있어서 약속에 의한 금반언의 법리(promissory estoppel), 즉 약속이 약인의 결여로 효력이 없더라도 상대방(피약속자)이 이를 신뢰한 경우에 계약을 강제할 수 있다는 법리는 매우 중요한 의의를 띠게 된다.[32)]

---

30) 고영남(주 21), 228-230면.

31) Lon L. Fuller & William R. Perdue(주 29), pp. 60-62.

32) 제2차 계약법 리스테이트먼트[The Restatement (Second) of Contracts] § 90(1)은 "약속에 의하여 피약속자 또는 제3자의 작위 또는 부작위가 야기될 것으로 기대하는 것이 합리적이고 실제로 그러한 작위 또는 부작위가 야기된 경우에는, 그 약속자의 약속은 약속의 강제를 통해서만 부정의를 피할 수 있다면 구속력이 있다. 약속위반에 대한 구제는 정의가 요구하는 바에 따라 제한될 수 있다(A promise which the promisor should reasonably expect to induce action or forbearance on the part of the promisee or a third person and which does induce such action or forbearance is binding if injustice can be avoided only by enforcement of the promise. The remedy granted for breach may be limited as justice requires)."라고 약속에 의한 금반언의 법리를 명시하고 있다.

(2) 풀러의 뒤를 이어 아티야(Patrick S. Atiyah)도 「계약 자유의 발흥과 몰락(The Rise and Fall of Freedom of Contract)」라는 저서를 통해 계약의 구속력의 근거는 신뢰에 있다는 점을 강조하였다. ① 계약의 자유를 강조하는 고전적 계약이론에 따르면 경쟁을 제한하고 독점을 용인하는 약정도 그 효력이 인정되어야 하나, 영국의 경우 제2차 세계대전 이후 실제 행정부나 법원에 의하여 효력이 부정되고 있는 점, ② 계약 주체인 소비자는 제품 정보에 관하여 무지하거나 광고에 의하여 왜곡된 정보를 가질 수 있어서 소비자를 보호하기 위한 광범위한 입법이 이루어지고 있는 점, ③ 사채업자와 차주 사이에 체결된 소비대차 계약에 관하여 이자율 등에 관한 규제가 이루어지고 있는 현실 등을 강조하며 고전적 계약이론은 실패하였다고 주장한다.[33] 나아가 고전적 계약법이론을 지배하던 약속이론은 계약상의 의무나 책임에 관한 보편적 원리가 아니고 단지 18~19세기의 역사적 배경, 그중에서도 특히 자유방임경제의 법적 표현에 지나지 않는다고 주장하였다.[34]

아티야 이론의 특징은 계약을 미이행계약(executory contract)과 기이행계약(executed contract)으로 나누어 기이행계약에 대해서만 계약의 구속력을 인정한다는 점이다. 영미법에서 계약은 미이행계약과 기이행계약으로 나뉜다. 채무가 장래 이행되어야 할 계약은 미이행계약이라고 하고, 채무가 전부 또는 일부 이미 이행된 계약을 기이행계약이라고 한다. 고전적 계약이론은 계약의 구속력을 약속을 지켜야 하는 도덕적 의무에서 찾으므로 미이행계약(executory contract)에 대하여도 당연히 구속력을 인정한다.[35] 그러나 미이행계약의 구속력을 정당화하려면 약속 그 자체만으로 책임이 발생한다고 보아야 하는데, 아티야는 위 저서를 통해 약속

33) Patrick S. Atiyah(b), *The Rise and Fall of Freedom of Contract*, Oxford (1988), pp. 693 이하.

34) Patrick S. Atiyah(b)(주 33), pp. 304-323, 649-659; 이은영(c), "계약에 관한 법철학적 고찰", **현대법철학의 흐름**, 법문사(1996), 422면.

35) 앞서 본 Fried의 약속이론도 미이행계약의 구속력을 긍정한다[Charles Fried(a)(주 9), p. 18].

이론을 조목조목 비판하여 미이행계약의 법적 구속력을 부정한다.[36] 특히 법과 도덕은 분리되어야 하므로 법을 도덕과 결부지어 설명하여서는 아니 된다는 점을 강조함으로써 계약의 구속력을 도덕적 힘에서 구하는 고전적 계약이론을 비판하고, 미이행계약의 법적 구속력을 부정하였다.[37]

그러나 아티야는 기이행계약에 대하여는 계약의 구속력을 인정한다. 아티야는 계약의 구속력은 당사자의 의사가 아닌 '이득의 수여(rendering of benefit)' 또는 '손실(출연)을 수반하는 신뢰(detrimental reliance)'와 같은 객관적 사실에서 구해야 하고, 위와 같은 사실이 인정되는 기이행계약에 대하여만 구속력을 인정하는 것이다.[38] 예를 들면, 버스에 탑승한 승객이 운임을 지불할 의무를 부담하는 것은 운임 지불에 대한 약속을 하였다기보다는 버스에 승차함으로써 운행이득을 얻었기 때문이고, 매매계약에 있어서 매도인이 의무를 부담하는 이유는 상대방이 매매계약을 신뢰하여 매매대금의 일부 또는 전부를 지급하였기 때문이라고 설명하는 것이다. 따라서 이러한 이득의 수여 혹은 손실을 수반하는 신뢰가 발생하지 않는 미이행계약에 대하여는 아티야는 구속력을 인정하지 않는다. 아티야에게 있어서 풀러와 마찬가지로 약속이 효력을 발생하지 않았으나 상대방(피약속자)이 이를 신뢰한 경우에 약속을 강제할 수 있다는 '약속에 의한 금반언의 법리(promissory estoppel)'는 이러한 맥락에서 강조된다.

계약의 구속력을 당사자의 의사가 아닌 객관적 사실에서 구하는 아티야의 이론에 따르면 계약법의 독자성이 약화되고 계약법은 부당이득, 불법행위의 법리로 통합될 수 있다. 이 때문에 아티야는 계약법과 부당이득을 구별하여 부당이득을 준계약(quasi-contract)이라고 칭하여 계약과 준별하는 것은 계약책임의 기초를 당사자의 의사에서만 구하려고 하는

36) Patrick S. Atiyah(b)(주 33), pp. 4 이하; 이에 대한 국내의 문헌으로는 이연갑(a), "아티야의 계약법이론－미실행계약의 구속력을 중심으로", 석사학위논문, 서울대학교(1993. 2.), 60면 이하 참조.

37) Patrick S. Atiyah(b)(주 33), pp. 669－671.

38) Patrick S. Atiyah(c), *Essays on Contract,* Clarendon (1990), pp. 21－23. 아티야는 거래의 현실을 보면 기이행계약이 거래의 전형이라고 주장한다.

19세기 의사이론의 산물로 코먼로 고유의 사고방식과 맞지 않는다고 주장하였다.[39)]

이처럼 아티야는 '신뢰' 또는 '이득'을 중심으로 계약의 구속력을 설명하므로, 계약에 대한 신뢰에서 생긴 손실을 전보하는 '신뢰이익의 배상(reliance damages)' 또는 계약 상대방에게 준 이득을 다시 회복시키는 '원상회복이익의 배상(restitutionary damages)'이 계약 위반에 대한 구제수단으로 강조된다.[40)] 이 점에서 앞서 본 풀러의 이론과 일맥상통한다.

(3) 아티야는 당사자의 자율적 의사를 중시해 온 고전적 계약이론의 틀에서 벗어남에 따라 계약의 절차적 공정성(procedural fairness)뿐만 아니라 내용의 공정성(substantive fairness)을 강조할 수 있게 된다. '이득의 수여'에서 계약의 구속력을 찾고 있으므로 계약 당사자 간에 수여된 이익이 상호균형성을 가지고 있는지 관심을 가지게 되는바, 비양심성의 법리(unconscionability) 등을 통해 계약 내용의 불공정성을 통제하는 것이 계약의 부당한 간섭이 아닌 당연한 논리적 귀결이라고 설명한다.[41)] 따라서 법원의 주된 역할은 계약을 통한 교환에 있어서의 합리적인 상호성을 확보하는 데 있으며, 계약법은 내용의 공정성, 결과의 공정성이 지켜지도록 작동되어야 함을 역설하고 있다.[42)]

계약자유는 자유로운 소유권 행사를 전제로 하여야 하는데 이미 토지, 주택과 같은 재산에 대하여 법적으로, 행정적으로 엄격한 제한이 가해지고 있고, 정형화된 계약서 및 약관이 광범위하게 이용되고 있으며, 계약 당사자가 체결을 거부할 수 없는 강제계약(compulsory contract)[43)]이 행해지는 것을 강조하며 아티야는 현대사회에서 계약자유가 쇠퇴하였음을 강변한다.[44)] 이러한 계약자유의 쇠퇴에 대한 강조는 계약에 대한 국

39) Patrick S. Atiyah(c)(주 38), p. 40.

40) Patrick S. Atiyah(c)(주 38), p. 123; Patrick S. Atiyah(d), *An Introduction to the Law of Contract*, 5th ed, Clarendon (1995), pp. 456 이하.

41) Patrick S. Atiyah(b)(주 33), p. 6; Patrick S. Atiyah(d)(주 40), pp. 300 이하.

42) Patrick S. Atiyah(d)(주 40), p. 292.

43) 전기공급계약이 대표적인 예이다.

44) Patrick S. Atiyah(b)(주 33), pp. 727-754 이하.

가의 개입, 즉 후견주의(paternalism)와 친화적인바, 아티야의 이론은 법원에 의한 계약의 공정성 통제를 정당화하는 논리를 제공해준다.

### 4. 검토 – 대상판결과 관련하여

(1) 계약법은 자율과 후견의 상호작용에 의해 일정한 영향을 받으면서 그 모습을 형성해 나간다.[45] 약속이론은 계약의 자율성을 강조하고, 신뢰이론은 계약에 대한 후견적 개입을 정당화한다. 계약에 있어서 계약자유를 존중해야 하지만 계약 공정을 위해서 적절한 후견적 개입이 필요하므로 두 이론 중 어느 이론이 절대적으로 타당하다고 말하기는 어렵다. 다만, 어느 것이 원칙이고 어느 것이 예외인지는 곰곰이 따질 필요가 있다.

신뢰이론의 경우 고전적 계약이론이 지니는 한계를 명확히 하고 있으며, 착오에 있어서 약속자가 계약상 책임을 부담해야 하는 이유를 제시할 수 있고,[46] 불공정한 법률행위, 반사회질서 법률행위 등을 통해 국가가 계약에 간섭할 수 있는 이론적 근거를 제시할 수 있다. 나아가 피약속자가 부담하는 손해경감의무(duty to mitigate damages)를 적절히 설명할 수 있는 장점이 있다.[47] 그러나 아티야의 이론은 개인주의적 입장의 거부를 지나치게 강조하여 약속이 채무 발생의 독자적인 근거가 될 수 없다고 성급하게 단정하는 잘못을 저질렀고,[48] 계약의 구속력의 근거로 주장하는 '손실을 수반하는 신뢰'나 '약속에 의한 금반언' 모두 약속, 즉 당사자의 의사를 전제로 한다는 점을 간과하였다는 점에서 비판을 받고

---

45) 권영준(a)(주 16), 180면.

46) 약속자가 자신의 의사와 다른 표시를 하였음에도 계약 책임을 부담하는 이유는 피약속자의 신뢰에 있다.

47) 신뢰이익은 계약의 이행을 믿음으로 인하여 다른 거래의 기회를 상실한 것에 대한 배상이므로, 다른 거래의 기회가 존재하면 피약속자는 약속자의 계약 위반에도 불구하고 그 거래 기회를 활용함으로써 손해를 경감할 의무를 부담하게 되는 것이다[Lon L. Fuller & William R. Perdue(주 29), p. 61].

48) Raz는 위와 같이 비판하며 "목욕물을 버리면서 아기까지 함께 버렸다"고 아티야의 이론을 비판한다[Joseph Raz, "Book Review: Promises in Morality and Law", 95 *Harv. L. Rev.* 916, 931–932 (1982)].

있다.[49)]

신뢰이론은 계약의 구속력의 근거를 '손실을 수반하는 신뢰'에서 찾으므로 미이행계약의 구속력을 부정하고, 신뢰이익을 계약상 손해배상책임의 원칙으로 삼고 있다. 그러나 이러한 신뢰이론은 우리 계약법 질서와 정면으로 충돌한다. 우리 계약법은 청약과 승낙에 의하여 계약이 성립하면 그 자체로 계약의 구속력을 인정하고 있으므로, 미이행계약에 있어서 상대방에게 계약상 의무를 강제할 수 있다. 또한, 우리 계약법은 채무자가 자신이 부담하는 채무를 임의로 이행하지 않는 경우에 그 채무의 내용그대로를 강제적으로 실현하는'강제이행'이 원칙적으로 허용되므로(민법 제389조 참조) 약속의 이행에 대한 기대를 강하게 보호하고 있다고 말할 수 있다. 약속이론에서 강조하는 약속 이행에 대한 믿음을 강하게 보호하고 있는 것이다. 그리고 그 연장선상에서 계약상 손해배상에 있어서도 이행이익의 배상을 명하는 것이 원칙인바,[50)] 신뢰이론은 우리 법과 맞지 않는 면이 많다.

(2) 신뢰이론에서 주장하듯이 약속이론 또한 여러 가지 한계가 있다.[51)] 규범적 해석이 행하여지는 경우에는 상대방이 합리적인 자라면 계약을 어떻게 이해했는지에 따라 계약의 내용이 정해지므로 약속자의 의사에 기하여 계약의 내용이 형성되는 것이 아니다. 약속자가 착오가 있었던 경우에도 그 계약이 유효할 수 있는바 약속자의 의사와 관계없이 계약관계가 형성되는 경우도 있다. 심지어 보충적 해석이 적용되는 경우에 보충되는 당사자의 의사는 당사자의 실제 의사 또는 주관적 의사가 아니라 계약의 목적, 거래관행, 적용법규 등에 비추어 객관적으로 추인되

---

49) Charles Fried(b), "Book Review", 93 *Harv. L. Rev.* 1858, 1863-1864 (1980).

50) 송덕수(b), **채권법총론**, 제4판, 박영사(2018), 161면; 이은영(a), **채권총론**, 제4판, 박영사(2009), 319면; 김증한・김학동(a), **채권총론**, 제6판, 박영사(2007), 128면; 대법원 1992. 4. 28. 선고 91다29972 판결(공 1992상, 1698); 대법원 2002. 6. 11. 선고 2002다2539 판결(공 2002하, 1617); 대법원 2003. 10. 23. 선고 2001다75295 판결(공 2003하, 2225).

51) 약속이론에 대한 비판으로는 Randy E. Barnett, "Contract Is Not Promise; Contract is Consent", *Philosophical Foundations of Contract Law* (edited by Gregory Klass, George Letsas & Prince Saprai), Oxford (2016), pp. 44-48.

는 정당한 이익조정 의사를 말하므로,[52] 법의 적용에 의해 계약의 내용이 결정되기도 한다.[53] 약속이론은 인간의 자율성을 강조하므로 신의칙, 불공정한 법률행위의 법리에 기한 법원의 후견적 개입을 충분히 설명하기 어려운 난점도 있다.

그러나 우리 민법은 법률행위 개념, 즉 개인이 일정한 법률효과를 의욕하는 의사표시를 한 경우에 그에 따른 법률효과를 인정하는 개념을 통해 개인의 자율성을 존중하고 있는바, 약속이론은 이러한 우리 민법의 태도에 부합한다[약속이론은 '약속'이라는 영미계약법 특유의 개념을 바탕에 두고 있으나, 그 핵심은 의사이론(will theory)이어서 대륙법상의 사적 자치라고 불리는 원리와 사상적 연원을 공유한다[54]]. 앞서 본 바와 같이 우리 민법은 강제이행을 원칙적으로 허용하며 이행이익 배상을 원칙으로 하고 있는바, 약속의 이행에 대한 기대를 강조하는 약속이론과 부합한다. 그리고 약속이론은 미이행계약이라도 그 계약을 준수해야 하는 이유를 설명함으로써 계약의 구속력을 강화하는 이론이라는 점에서 사회적으로 유용하다. 약속은 인간프로젝트를 완성하는 데 필요한 상호협력을 유지하는 유효한 수단이기 때문이다.[55]

계약의 해석의 방법은 자연적 해석, 규범적 해석, 보충적 해석으로 분류할 수 있는데,[56] 약속이론은 당사자의 의사를 중시하는 자연적 해석이 왜 가장 우선시되는 해석 방법인지를 설득력 있게 설명할 수 있다.

---

52) 대법원 2006. 11. 23. 선고 2005다13288 판결(공 2007상, 24); 대법원 2014. 4. 24. 선고 2013다218620 판결.

53) 보충적 해석을 법의 적용으로 보는 입장으로는 곽윤직 · 김재형, 민법총칙, 제9판, 박영사(2014), 299면; 엄동섭, "법률행위의 보충적 해석", **한국민법이론의 발전(Ⅰ)**, 박영사(2001), 87-89면. 계약과 법의 중간단계로 보는 입장으로는 윤진수(a), "계약 해석의 방법에 관한 국제적 동향과 한국법", **민법논고Ⅰ**, 박영사(2007), 276면.

54) 고영남(주 21), 174면; 이은영(c)(주 34), 431면 참조.

55) 심헌섭, "法律行爲論의 法哲學的 基礎-素描的 一試論", **법률행위론의 사적 전개와 과제(이호정교수 화갑기념논문집)**, 박영사(1998), 8면.

56) 양창수 · 김재형, **계약법(민법Ⅰ)**, 제2판, 박영사(2015), 110면 이하; 송덕수(a), **민법총칙**, 제4판, 박영사(2018), 142면 이하; 지원림, **민법강의**, 제16판, 홍문사(2019), 212-214면.

나아가 보충적 해석의 한계와 관련하여, 보충적 해석의 원리를 가장하여 가정적 의사를 함부로 추단함으로써 당사자가 의욕하지 아니한 법률효과를 당사자에게 강요할 수 없다는 점을 명확히 제시할 수 있다.

이처럼 약속이론은 우리 계약법의 근간의 되는 핵심 법리를 제대로 설명할 수 있다는 점에서 약속이론에 따라 계약의 구속력을 이해하는 것이 원칙적으로 타당하다. 다만, 약속이론이 가지는 한계가 인정되는 경우나 특별한 법적 근거가 있는 예외적인 경우에 법원의 후견적 개입이 정당화될 수 있다고 볼 수 있다.

(3) 약속이론은 칸트의 법철학을 전제로 한다. 앞서 본 바와 같이 칸트는 "마치 너의 행위의 준칙이 너의 의지에 의해 보편적 자연법칙이 되어야 하는 것처럼, 그렇게 행위하라"는 정언명령에 의하여 정당한 행위원칙들이 도출된다고 선언하였다. 칸트가 위 정언명령과 관련하여 들었던 으뜸가는 예는 바로 약속준수의 의무이다. 당사자의 의사에 바탕을 둔 법률행위 이론은 바로 보편주의적 도덕철학의 원리에 기초하고 있는 것이다.[57]

대상판결에서 원고와 피고들은 '피고들은 원고에게 착수보수로 소송참여자 1인당 100,000원(부가가치세 별도)을 지급하기'로 하는 이 사건 보수약정을 체결하였는바, 원고는 피고들의 약속에 대한 이행을 기대하여 변호사로서 소송을 수행하였다. 이 사건 보수약정에는 약정을 무효로 할 만한 사유, 예를 들면 반사회질서 법률행위라거나 불공정한 법률행위라고 볼 만한 사유가 존재하지 않는다.

이런 상황에서 피고들이 자발적 의사에 기하여 약속을 하고 나서 그 약속에 대한 이행을 거부하는 것은 그 거부를 정당화할 만한 특별한 사정이 없는 한 칸트의 자율적 인간상을 파괴하는 행위이고 타인의 존엄을 해하는 행위이다. 그만큼 일단 성립된 계약의 준수는 신성한 것이고 계약의 구속력은 쉽게 허물 수 있는 것이 아니라는 점은 약속이론이 강

57) 심헌섭(주 55), 8면.

조하는 바이다. 이러한 맥락에서 대상판결의 소수의견이 "약속을 지키지 않고 약정보수액의 감액을 요구하는 당사자의 주장은 약속이 지켜지리라고 믿은 상대방의 신뢰보다 우선할 수 없고, 신의칙이 그 도구가 되어서도 안 된다."라는 계약준수의 신성함을 일깨우는 판시는 중요한 의미가 있다.

대법원이 뒤에서 보는 바와 같이 신의칙의 무리한 확대 적용을 통해 계약준수에 대한 믿음을 약화시켜 왔는바, 앞서 논의한 약속이론은 계약법의 원칙을 일깨우고 있다는 점에서 중요한 의의가 있고, 계약과 관련된 분쟁에 있어서 출발점을 어디로 삼아야 하는지에 대해서 명료한 지침을 주고 있다는 점에서 중요한 의의가 있다.

목차를 바꾸어 대상판결의 사안에서 과연 피고들이 그 거부를 정당화할 만한 특별한 사정이 있는지, 특히 신의칙에 기하여 이행을 거부할 수 있는지에 관하여 검토하기로 한다.

## Ⅲ. 변호사 보수청구 제한의 근거로서 신의칙 적용의 타당성

### 1. 문제의 제기

신의칙은 경직되기 쉬운 법에 유연성과 활력을 불어넣을 수 있는 중요한 법원리(legal principle)이다. 다른 법원리를 따르거나 해당사안에 마련된 법규칙(legal rule)을 그대로 따르는 경우에 발생할 수 있는 불합리함, 가혹함을 시정함으로써 구체적 정의를 세우고 일반인의 법감정을 반영하는 중요한 역할을 한다.[58] 법이 우리 사회의 실상이나 법의식 등을

---

58) 법원리와 법규칙의 구별과 관련하여서는 R. Dworkin, *Taking Rights Seriously*, Harvard (1978), pp. 22-28. 드워킨은 법은 법원리과 법규칙으로 구성되어 있다고 설명하는데, 법원리는 공평의 원칙, 신의성실의 원칙, 부정한 수단에 의한 이익 취득 금지, 법적 안정성과 같은 법의 지도사상을 의미하고, 법규칙은 구체적인 사안에 바로 적용 가능한 실정법을 말한다. 드워킨은 하드케이스(hard case)의 해결에 있어서 법원리가 중요한 역할을 한다는 점을 설명함으로써 법실증주의를 비판한다. 대법원 판결 중에는 드워킨의 법원리와 법규칙의 준별을 원용하는 듯한 판시가 있다. "법발동의 방식은 일반적으로 '포섭'이라는 논리적 사고형식으로 적용가능한 구체적 법률요건 및 법률효과로써 구성되는 법규칙의 경우와는 현저한 대비를 이룬다. 법은 개별 법제도와 관련을 가질 수 있는 모든 사정을 남김없이 법률요건

충분히 반영하지 못하는 경우가 있을 수 있고, 실정법으로는 충분히 포섭하기 어려운 다양한 현상이 언제든지 발생할 수 있기 때문이다. 또한 신의칙을 통해 법의 해석과 집행에 있어 사회적 약자 보호와 같은 정책적 논변, 범죄를 통해 이익을 얻어서는 아니 된다는 도덕적 논변 등이 고려됨으로써 외재적 요인들이 법에 풍부하게 고려될 수 있는 계기를 마련해준다.

그러나 신의칙의 적용을 무리하게 확대하면 개별 법규칙이 무력화되고 법관의 자의에 의한 재판이 일상화되는 등 만만치 않은 폐해가 발생할 수 있는바, '일반조항으로의 도피'가 매우 위험하다는 점은 항상 상기할 필요가 있다.

이하에서는 계약에서 신의칙이 적용되는 국면에 대하여 구체적으로 살펴보고, 과연 신의칙을 적용하여 당사자 사이에 체결된 계약을 무효로 할 수 있는지 검토하고자 한다.

## 2. 계약에서 신의칙이 적용되는 국면

### 가. 계약의 해석 국면에서 신의칙

(1) 법률행위의 해석은 자연적 해석, 규범적 해석, 보충적 해석 세 가지로 나눌 수 있는데, 이 중에서 규범적 해석, 보충적 해석은 신의칙과 밀접하게 관련이 있다.[59)]

---

및 법률효과의 구성에 반영하지 아니하며, 당해 법제도에서 전형적으로 문제되는 중요한 사정만을 추출하고 그것들에 앞서 말한 바와 같은 '포섭'이 행하여질 수 있도록 일정한 언어표현을 부여함으로써 법률요건과 법률효과를 마련하는 것이 통상인 것이다. 그 법률요건 등을 보다 명확한 내용으로 해석하는 과정에서 신의칙의 내용을 이루는 다른 법공동체 구성원에 대한 성실한 배려의 정신이 그 하나의 가치지표로 작용할 수 있음은 물론이나, 이는 어디까지나 구체적인 법규칙 내부의 문제이고, 여기서 문제되는 바의, 개별 법규칙의 저편에 있는 일반적 법원칙으로서의 신의칙과는 그 논의의 차원을 달리한다."[대법원 2010. 5. 27. 선고 2009다44327 판결(공2010하, 1233, 밑줄-필자)].

59) 계약 해석에 있어서 신의칙의 역할을 명확하게 표현한 것이 독일민법 제157조이다. 독일민법 제157조는 "계약은 신의성실이 거래의 관행을 고려하여 요구하는 대로 해석하여야 한다."고 규정하고 있다. PECL(유럽계약법원칙) 제5:102조 (g)도 신의칙을 규범적 해석의 기준으로 제시하고 있다.

우선 규범적 해석은 여러 사정하에서 적절한 주의를 베푼 경우에 상대방이 이해했어야 하는 표시행위의 의미대로 계약을 해석하는 것이다.[60] 규범적 해석은 합리적 상대방의 입장에서 의사표시의 내용을 확정해야 하므로, 표시행위의 객관적 의미, 즉 문언에 따른 해석이 강조된다.

계약을 규범적으로 해석함에 있어 신의칙이 적용되는 결과 신의칙은 규범적 해석과 관련하여 다음과 같은 점을 요구한다.[61] 첫째, 계약내용은 양당사자가 인식하고 있는 계약목적의 달성에 봉사하도록 해석되어야 한다. 그 각각의 조항을 서로 모순되게 해석하거나 그러한 계약조항을 마련한 당사자들의 의도를 해치는 것은 신의칙상 허용되어서는 안 된다. 둘째, 신의칙은 어느 한편의 이익만이 관철되도록 계약을 해석하는 것을 허용하지 않으며, 상대방의 이익도 적절하게 고려하도록 요구한다.

대법원 2007. 7. 12. 선고 2007다13640 판결[62]은 신용보증기금이 채무자의 금융기관에 대한 시설자금 등의 대출금채무를 보증하였는데 신용보증서에 "채무자가 준공하여 그 소유권을 취득하기로 예정된 시설(당해시설)을 준공하는 즉시 당해시설을 담보로 취득한 후 신용보증계약을 전액 해지할 것"이라는 취지의 특약사항과 함께 "금융기관이 위 특약사항을 위반하였을 때에는 보증책임의 전부 또는 일부에 대하여 책임을 지지 아니한다"라는 면책조항이 있었던 사안이다. 위 사건에서 위 면책조항을 어떻게 해석하여야 하는지 문제가 되었는데, 금융기관이 귀책사유 없이 채무자로부터 담보물을 취득하지 못한 경우에도 신용보증기금은 면책되는지가 쟁점이 되었다. 이에 대하여 대법원은 "담보물을 전부 취득하지 못하게 된 것이 금융기관의 귀책사유에 기인하지 않는 경우에는 신용보증기금의 보증책임은 면책되지 않는 것으로 약정한 취지라고 보아야 한다."라고 판시하였다. 위 면책조항을 문언대로 해석하면 금융기관이 귀책사

60) 송덕수(a)(주 56), 144면.
61) 편집대표 곽윤직, 민법주해(1), 총칙(1), 박영사(2000), 170-171면(양창수 집필) 참조.
62) 공 2007하, 1250.

유 없이 채무자로부터 담보물을 취득하지 못한 경우에도 신용보증기금은 면책된다고 볼 수 있다. 그러나 이렇게 해석하는 경우 계약의 일방당사자인 금융기관에 지나치게 불리한 결과가 야기되므로 신의칙을 적용하여 위와 같이 합리적으로 해석을 한 것이다.

(2) 보충적 해석은 계약에 흠결이나 공백이 있는 경우에 가정적인 당사자 의사에 의하여 계약을 보충하는 것이다.[63] 보충되는 당사자의 의사란 당사자의 실제 의사 내지 주관적 의사가 아니라 계약의 목적, 거래관행, 적용법규, 신의칙 등에 비추어 객관적으로 추인되는 정당한 이익조정 의사를 말하는데, 이와 같이 가정적인 당사자 의사를 탐구하는 데 있어 신의칙이 일정한 역할을 담당하는 것이다. 가정적 당사자 의사는 성실하게 생각하는 계약당사자가 의도하는, 그 한도에서 평균적 계약정의 사상을 지향하는 규범적 의사이며, 가정적 의사의 내용은 개별적인 의사영향이 없는 한도에서는 신의성실과 형평을 지향하는 이익형량의 규범적 기준에 의하여 정해진다.[64] 이처럼 보충적 해석은 실제 당사자 의사에 기초할 수 없으므로 법원이 무엇이 정당한 것인가 하는 관점에서 결정을 내릴 수밖에 없는 것이고, 이 과정에서 신의칙이 상당한 역할을 하게 된다.[65]

예를 들어 계약당사자 사이에 어떤 우발적 상황(예를 들면 계약조항 일부가 강행법규에 위반되는 경우)을 대비한 규정을 두지 않았는데, 그 상황이 실제 발생한 경우에 신의칙을 적용하여 가급적 공평하게 위험분담이 이루어지도록 하여 한쪽이 과도한 이득을 취득하지 않도록 계약을 해석해야 한다.[66] 또한 계약 종료의 방법과 관련하여 아무런 규정을 두지

---

63) 양창수 · 김재형(주 56), 113면.

64) Larenz/Wolf, *Allgemeiner Teil der Bürgerlichen Rechts*, C.H. Beck, 9. Aufl. (2004), § 28 C. Ⅳ. 4 (S. 542 ff.).

65) 윤진수(a)(주 53), 276-277면.

66) 최근에 대법원이 "법률행위가 강행법규에 위반되어 무효가 되는 경우에 그 법률행위가 다른 법률행위의 요건을 구비하고 당사자 쌍방이 위와 같은 무효를 알았더라면 다른 법률행위를 하는 것을 의욕하였으리라고 인정될 때에는 민법 제138조에 따라 다른 법률행위로서 효력을 가진다. 이때 다른 법률행위를 하였을 것인지에 관한 당사자의 의사는 법률행위 당시에 무효임을 알았다면 의욕하였을 가정적 효과의사로서, 당사자가 법률행위 당시와 같은 구체적 사정 아래 있다고 상정하는

않은 경우에 계약 해지의 의사표시로 바로 효력이 발생하지 않고 해지 의사표시를 한 날로부터 일정기간이 경과한 후, 즉 상대방이 대체할 수 있는 거래처를 찾는 데 필요한 합리적 기간이 경과한 후 해지의 효력이 발생하는 것으로 신의칙을 적용하여 해석을 할 수 있는 것이다.[67)]

대법원은 공통된 동기의 착오 사안에서 보충적 해석의 원리를 적용하고 있고,[68)] 무효행위 전환이 문제가 된 사안에서 당사자의 가정적 의사에 기하여 무효행위를 유효행위로 전환시켰는데,[69)] 각각의 경우에도 신의칙이 계약해석의 원리로 활용된다.

### 나. 계약의 해소 국면에서 신의칙

(1) 신의칙은 계약의 해소 국면에서도 적용되는데, 사정변경의 원칙이 대표적이다.[70)] 사정변경의 원칙은 계약 성립 이후에 당사자가 예견하지 못했던 현저한 사정 변경 발생으로 당초의 계약 내용을 그대로 유지

---

경우에 거래관행을 고려하여 신의성실의 원칙에 비추어 결단하였을 바를 의미한다. 이는 그 법률행위의 경위, 목적과 내용, 무효의 사유 및 강행법규의 입법 취지 등을 두루 고려하여 판단할 것이나, 그 결과가 한쪽 당사자에게 일방적인 불이익을 주거나 거래관념과 형평에 반하는 것이어서는 안 된다."라고 판시한 것은 위와 같은 맥락으로 이해할 수 있다[대법원 2016. 11. 18. 선고 2013다42236 전원합의체 판결(공 2016하, 1901), 밑줄-필자].

67) Daniel Markovits, "Good Faith as Contract's Core Value", *Philosophical Foundations of Contract Law*(edited by Gregory Klass, George Letsas & Prince Saprai), Oxford (2016), p. 273. 미국 계약법상 Good Faith의 원칙에 대하여 다룬 국내 논문으로는 윤진수(b), "미국 계약법상 Good Faith의 원칙", **민법논고Ⅰ**, 박영사(2007), 31면 참조.

68) 대법원 2005. 5. 27. 선고 2004다60065 판결(공 2005하, 1031)(사업자 간에 매매계약을 체결하면서 양 당사자 모두 매매목적물이 부가가치세 과세대상인 것으로 착오를 일으킨 사례).

69) 대법원 2010. 7. 15. 선고 2009다50308 판결(공 2010하, 1566)(재건축사업부지에 포함된 토지에 대하여 재건축사업조합과 토지의 소유자가 체결한 매매계약이 매매대금의 과다로 말미암아 불공정한 법률행위에 해당하지만, 그 매매대금을 적정한 금액으로 감액하여 매매계약의 유효성을 인정한 사례); 대법원 2016. 11. 18. 선고 2013다42236 전원합의체 판결(공 2016하, 1901).

70) 사정변경의 원칙에 관하여는 권영준(b), "위험배분의 관점에서 본 사정변경의 원칙", **민사법학** 제51호(2010. 12), 203면 이하; 이영준, "사정변경의 원칙", **민사법학** 제82호(2018. 2.), 3면 이하; 이동진, "계약위험의 귀속과 그 한계 : 사정변경, 불능, 착오", **비교사법** 제26권 제1호(2019. 2.), 43면 이하 참조. 독일 민법 제313조는 사정변경에 의한 계약 수정을 규정하고 있다.

하고 강제하는 것이 신의성실의 원칙에 반하는 경우, 당사자가 계약을 변경하거나 소멸시킬 수 있다는 원칙이다. 이러한 사정변경의 원칙은 명문의 규정이 마련되어 있지 않은 현재의 상황에서 신의성실의 원칙에 기초하여 인정된다. 사정변경 원칙은 일단 유효하게 성립된 계약의 효력을 법원의 개입을 통해 사후적으로 제한하는 것이므로 계약법에 있어서의 자율과 후견의 긴장관계를 명확하게 보여준다.[71)]

관련하여 대법원 2007. 3. 29. 선고 2004다31302 판결[72)]은 사정변경으로 인한 계약해제의 인정 요건에 관하여 정면으로 판시하였다. 위 판결에서 대법원은 "사정변경으로 인한 계약해제는, 계약성립 당시 당사자가 예견할 수 없었던 현저한 사정의 변경이 발생하였고 그러한 사정의 변경이 해제권을 취득하는 당사자에게 책임 없는 사유로 생긴 것으로서, 계약내용대로의 구속력을 인정한다면 신의칙에 현저히 반하는 결과가 생기는 경우에 계약준수 원칙의 예외로서 인정되는 것이고, 여기에서 말하는 사정이라 함은 계약의 기초가 되었던 객관적인 사정으로서, 일방당사자의 주관적 또는 개인적인 사정을 의미하는 것은 아니다."라고 판시함으로써 사정변경의 원칙에 의한 계약해제가 가능함을 명확히 하였다. 다만, 사정변경의 원칙은 "계약의 기초가 되었던 객관적인 사정"에 관하여 적용되고 주관적 행위기초[73)]의 문제에는 사정변경의 원칙이 적용되지 않음을 밝혔다.[74)]

실제 대법원이 사정변경의 원칙에 의한 해제를 인정한 사안은 아직까지는 없다.[75)] 그러나 사정변경의 원칙에 의한 해지는 인정하고 있다.

---

71) 권영준(b)(주 70), 257-258면 이하.

72) 공 2007상, 601.

73) 주관적 행위기초는 계약당사자 쌍방이 계약 체결에 있어서 의식적으로 이끌려진 공통하는 관념 또는 기대를 의미하며, 공통의 착오의 문제가 이에 해당한다[송덕수(a)(주 56), 275면 이하].

74) 다만, 대법원 2017. 6. 8. 선고 2016다249557 판결(공 2017하, 1457)에서는 사정변경의 원칙에서 고려하는 사정이란 "당사자들에게 계약 성립의 기초가 된 사정을 가리키고, 당사자들이 계약의 기초로 삼지 않은 사정이나 어느 일방당사자가 변경에 따른 불이익이나 위험을 떠안기로 한 사정은 포함되지 않는다."라고 판시하여 '객관적인 사정'이라는 표현을 사용하지 않았다.

예를 들면 회사의 이사의 지위에서 부득이 회사와 제3자 사이의 계속적 거래로 인한 회사의 채무에 대하여 보증인이 된 자가 그 후 퇴사하여 이사의 지위를 떠난 경우에 보증계약 성립 당시의 사정에 현저한 변경이 생긴 경우에 해당하므로 이를 이유로 보증계약을 해지할 수 있다고 보고 있다.[76]

(2) 신의칙은 사정에 따라 계약해소를 제한하는 근거로서도 작용한다. 채무불이행이 있는 경우에 계약을 해제할 수 있다(민법 제544조 참조). 그러나 채무불이행이 사소한 경우에 계약해제가 양자 간의 계약관계를 종국적으로 상실시키는 효력을 가짐에 비추어 신의칙에 기하여 계약해제를 허용하지 않을 수 있다.[77] 대법원은 부동산 매매대금 14만 원 중 3천 원을 지급하지 않았다고 하여 계약을 해제하는 것은 "채권관계를 지배하는 신의성실의 원칙에 비추어" 허용되지 않는다고 하였고,[78] 부동산매매대금 2천만 원 중 미지급액이 10만 5천 원이고 그 미지급액에 대하여 월 5푼의 지연이자를 지급하기로 약정한 경우에 계약을 해제하는 것은 신의칙에 위배된다고 판시하였는바,[79] 이와 같은 맥락으로 이해할 수 있다.

한편, 임차인이 임차권을 무단양도하거나 임차목적물을 무단전대한 경우에 임대인은 임대차계약을 해지할 수 있다(민법 제629조 참조). 그러나 임차인의 무단양도, 무단전대가 있더라도 신의칙에 기하여 임대인의 해지권이 제한될 수 있다. "임차인의 무단전대행위가 있더라도 임차인의 당해 행위가 임대인에 대한 배신적 행위라고 할 수 없는 특별한 사정이 인정되는

75) 위 2004다31302 판결도 지방자치단체로부터 매수한 토지가 공공공지에 편입되어 매수인이 의도한 음식점 등의 건축이 불가능하게 되었더라도 매매계약을 해제할 만한 사정변경에 해당하지 않는다고 보았다.

76) 대법원 2002. 5. 31. 선고 2002다1673 판결(공 2002하, 1533). 같은 취지의 판시로는 대법원 1992. 5. 26. 선고 92다2332 판결(공 1992, 2011); 대법원 1992. 11. 24. 선고 92다10890 판결(공 1993상, 218); 대법원 1996. 12. 10. 선고 96다27858 판결(공 1997상, 311); 대법원 1998. 6. 26. 선고 98다11826 판결(공 1998하, 1990); 대법원 2000. 3. 10. 선고 99다61750 판결(공 2000상, 939).

77) 편집대표 곽윤직, 민법주해(1), 총칙(1), 박영사(2000), 113면(양창수 집필) 참조.

78) 대법원 1966. 5. 31. 선고 66다626 판결[집14(2)민, 49].

79) 대법원 1971. 3. 31. 선고 71다352, 353, 354 판결[집19(1)민, 304].

경우에는, 임대인은 임대차계약을 해지할 수 없다"라고 하는 판시는 이 점을 반영하고 있는 것이다.[80]

### 다. 신의칙에 기한 계약상 의무의 확대

신의칙은 계약으로부터 직접 발생하는 의무 외에도 부수적 의무 또는 보호의무를 창설하여 의무의 폭을 확장하는 모습으로도 발현되어 왔다.[81] 신의칙이 위와 같이 부수적 의무 또는 보호의무를 인정하는 이유는 계약의 목적달성에 필요하지만 법률 또는 계약으로 미처 해결하지 못한 틈을 메꾸기 위해서이다.

구체적으로 보면, 대법원은 숙박업자에게 고객의 안전을 배려하여야 할 보호의무를 신의칙에 기하여 인정하였고,[82] 근로계약에서도 사용자에게 피용자가 신체를 해치는 일이 없도록 필요한 조치를 취할 보호의무가 있다고 신의칙에 기하여 판단하였다.[83]

또한, 계약 체결시 계약의 일방 당사자가 상대방 당사자에게 정보를 제공할 부수적 의무를 신의칙에 기하여 인정할 수 있는 경우가 있다. 이와 관련하여 판례는 "재산적 거래관계에 있어서 계약의 일방 당사자가 상대방에게 계약의 효력에 영향을 미치거나 상대방의 권리 확보에 위험을 가져올 수 있는 구체적 사정을 고지하였다면 상대방이 계약을 체결하지 아니하거나 적어도 그와 같은 내용 또는 조건으로 계약을 체결하지 아니하였을 것임이 경험칙상 명백한 경우 계약 당사자는 신의성실의 원

---

80) 대법원 1993. 4. 27. 선고 92다45308 판결(공 1993하, 1553); 대법원 2007. 11. 29. 선고 2005다64255 판결(공 2007하, 1997); 대법원 2010. 6. 10. 선고 2009다101275 판결(공 2010하, 1354).

81) 이에 대한 설명은 편집대표 김용덕, 주석민법[총칙 1], 제5판, 한국사법행정학회(2019), 126-135면(권영준 집필).

82) 대법원 1994. 1. 28. 선고 93다43590 판결(공 1994상, 824); 대법원 1997. 10. 10. 선고 96다47302 판결(공 1997하, 3406); 대법원 2000. 11. 24. 선고 2000다38718,38725 판결(공 2001상, 137).

83) 대법원 1999. 2. 23. 선고 97다12082 판결(공 1999상, 538); 대법원 2000. 5. 16. 선고 99다47129 판결(공 2000하, 1422); 대법원 2001. 7. 27. 선고 99다56734 판결(공 2001하, 1929).

칙상 상대방에게 미리 그와 같은 사정을 고지할 의무가 있다"라고 판시하고 있다(밑줄-필자).[84] 이러한 법리를 기초로 아파트 분양자는 아파트단지 인근에 공동묘지가 조성되어 있는 사실이나[85] 아파트 단지 인근에 쓰레기 매립장이 건설예정인 사실을 수분양자에게 고지할 신의칙상 의무를 부담한다고 하였다.[86]

다만, 당사자의 자율을 강조하는 약속이론에 비추어 계약당사자는 자신을 위해 스스로의 노력으로 정보를 수집해야 하는 것이 원칙이라고 할 것인바, 대립당사자 사이에 정보제공의무가 일반적으로는 인정되지 않는다는 점을 주의할 필요가 있다.[87]

### 3. 신의칙에 기하여 계약을 무효로 할 수 있는지 여부

(1) 위에서 본 바와 같이 신의칙은 계약에 있어서 다양한 측면에서 작용하고 있다. 그렇다면 신의칙의 적용 영역을 확대하여 신의칙에 반한다는 이유로 계약을 무효로 할 수 있는지 문제가 된다.

대상판결의 다수의견은 기존의 대법원의 법리, 즉 변호사 보수약정의 효력을 신의칙에 기하여 예외적으로 제한할 수 있다는 법리는 계속 유지되어야 한다고 설시하였다. 구 변호사법(1982. 12. 31. 법률 제3594호로 전부개정되기 전의 것) 제17조에는 변호사가 현저히 불상당한 보수를 받는 것을 금지하는 규정이 있었다.[88] 이에 따라 대법원은 '현저히 불상당한 보수'에 해당하는 약정 부분

---

84) 대법원 2014. 7. 24. 선고 2013다97076 판결(공 2014하, 1658).

85) 대법원 2007. 6. 1. 선고 2005다5812, 5829, 5836 판결(공 2007상, 972).

86) 대법원 2006. 10. 12. 선고 2004다48515 판결(미간행).

87) "일반적으로 교환계약을 체결하려는 당사자는 서로 자기가 소유하는 교환 목적물은 고가로 평가하고 상대방이 소유하는 목적물은 염가로 평가하여 보다 유리한 조건으로 교환계약을 체결하기를 희망하는 이해 상반의 지위에 있고 각자가 자신의 지식과 경험을 이용하여 최대한으로 자신의 이익을 도모할 것이 예상되기 때문에, 당사자 일방이 알고 있는 정보를 상대방에게 사실대로 고지하여야 할 신의칙상의 주의의무가 인정된다고 볼 만한 특별한 사정이 없는 한, 어느 일방이 교환 목적물의 시가나 그 가액 결정의 기초가 되는 사항에 관하여 상대방에게 설명 내지 고지를 할 주의의무를 부담한다고 할 수 없다."는 대법원의 판시는 위와 같은 맥락에서 중요한 의의가 있다(밑줄-필자, 대법원2002. 9. 4. 선고 2000다54406, 54413 판결).

88) 구 변호사법(1982. 12. 31. 법률 제3594호로 전부개정되기 전의 것) 제17조 제2

은 무효라고 판시하였다.[89] 그 후 1982. 12. 31. 구 변호사법 제17조가 폐지되자 대법원은 신의성실의 원칙 또는 형평의 원칙에 상당하다고 인정되는 범위를 초과하는 보수약정 부분은 무효라고 판시하여 왔다.[90] 대상판결의 다수의견은 이러한 종전 판례를 유지하는 전제에서 판시한 것으로 신의칙에 반한다는 이유로 계약을 (일부) 무효로 할 수 있음을 긍정하고 있다고 볼 수 있다.[91]

**(2)** 그렇다면 일반론으로 과연 신의칙에 기하여 계약을 무효로 할 수 있는가?

필자는 다음과 같은 점에 비추어 신의칙에 기한 계약의 무효를 인정하여서는 아니 된다고 생각한다.

첫째, 앞서 본 바와 같이 우리 민법은 자율적 인간이 자신의 의사에 기하여 형성한 계약을 존중하는 입장에 있다. 우리 민법은 인간의 자율성을 존중하고자 계약의 성립이 인정되면 당사자들이 합의한 내용은 원칙적으로 유효하고, 예외적으로 그 내용이 선량한 풍속 기타 사회질서에 반하다든가 하는 등의 특정한 무효 또는 취소 사유가 있을 때에만 그 계약의 효력을 부인하는 입장이라고 볼 수 있다.[92] 약속이론에 관한 논의에서 보았듯이 우리 민법은 일단 성립된 계약에 대하여 강한 구속력을 인정하는바, 우리 민법은 특정한 무효 또는 취소 등의 사유가 있는 경우

---

항은 "변호사는 현저히 불상당한 보수를 받지 못하고 고의로 진실을 엄폐하고 허위의 진술을 하지 못한다."라고 규정하고 있었다.

89) 대법원 1967. 9. 5. 선고 67다1322 판결(집15(3)민, 40); 대법원 1968. 12. 6. 선고 67다1201 판결. 다만, 대법원 1972. 2. 29. 선고 71다2722 판결(집20(1)민, 128)은 상당한 보수금을 초과하는 보수약정은 신의성실의 원칙에 반하여 무효라고 하였다.

90) 대법원 2002. 4. 12. 선고 2000다50190 판결(공 2002상, 1085); 대법원 1993. 2. 9. 선고 92다30382 판결(공 1993상, 940); 대법원 1995. 4. 25. 선고 94다57626 판결(공 1995상, 1945) 등.

91) 이런 이유로 대상판결의 별개의견은 "다수의견은 신의칙이나 형평의 관념에 비추어 계약 내용의 일부만 유효하고 나머지 부분은 효력을 인정할 수 없다고 한다."라고 전제한 다음 다수의견을 비판하고 있다. 같은 취지로 보수 감액의 실질은 양적 일부무효라는 설명으로는 양창수 · 김재형(주 56), 753면.

92) 편집대표 곽윤직, 민법주해(1), 총칙(1), 박영사(2000), 87면(양창수 집필) 참조.

에만 그 계약의 효력이 예외적으로 제한될 수 있는 입장에 있다고 볼 수 있다.

그런데 신의칙에 계약의 효력을 무효로 할 권능을 부여한다면, 이는 원칙과 예외를 뒤바꾸는 결과를 낳을 위험이 크다. 일반조항인 신의칙을 통해 결론을 도출하는 경우 법원으로서는 탄탄한 논증을 할 필요가 없는바, 법원으로서는 법원이 생각하는 정당한 계약의 내용이 아니라고 판단되면 신의칙에 손쉽게 기대어 계약의 효력을 제한할 가능성이 증대된다. 일찍이 독일의 민법학자인 헤데만(Hedemann)은 「일반조항으로의 도피(Die Flucht in die Generalklauseln)」라는 저서를 통해 법학자나 재판관이 일반조항으로 도피하는 경우 세 가지 위험이 발생한다고 경고하였다.[93] 즉 일반적으로 도피하는 경우, ① 철두철미한 연구가 기피되어 법률가들을 유약하게 만들고(유약화, Verweichlichung), ② 일반조항이 가지는 개념의 불확정성 때문에 법률생활 전체가 불안정해지고(불안정성, Unsicherheit), ③ 재판관이 자신의 세계관을 법의 세계에서 관철하기 위한 도구로 신의칙을 사용함으로써 자의적인 판결이 이루어질 위험(자의성, Willkür)이 있다고 보았다.

일반조항으로의 도피로 인한 위와 같은 상당한 위험을 염두에 둔다면, 대표적인 일반조항인 신의칙의 확대 적용에 대하여도 마찬가지의 위험을 경계해야 한다. 신의칙에 계약을 무효로 하는 권능을 부여한다면, 자칫 계약자유의 원칙을 질식시킬 위험이 있고, 계약자유의 원칙이 예외로 전락될 위험이 크다는 점에서 신의칙에 기한 계약의 무효를 인정하기 어려운 것이다.

둘째, 신의칙에 기하여 일부무효를 인정하는 경우에 계약을 준수해야 한다는 보편적인 관례(convention)가 흔들릴 우려가 있다. 신의칙에 기하여 일부무효를 인정하게 되면, 해당 계약에 아무런 무효나 취소 사유가 없음에도 당사자는 신의칙을 이유로 채무의 이행을 거부할 우려가 있

93) J. W. Hedemann, 윤철홍 역주, 일반조항으로의 도피–법과 국가에 대한 하나의 위험, 법원사(2018), 86면 이하.

다. 그 과정에서 해당 계약내용의 효력에 대한 분쟁이 법원에 맡겨지게 되고, 법원은 계약당사자가 자율적으로 결정한 급부의 가치를 법원이 생각하는 정당한 가치로 치환하게 되며, 재판부마다 생각하는 정당한 가치의 편차가 있을 수 있어 이행하여야 할 급부의 가치가 불명확하게 될 수 있다.

관련하여 예일 대학의 마코비츠(Daniel Markovits) 교수는 계약에 신의칙을 적용하는 경우에 유토피아적인 기준에 입각하여 계약에 개입하는 것을 경계하여야 한다는 점을 강조하였다.[94] 당사자의 의사를 고려하지 않고 법원이 생각하는 이상적(理想的)인 계약의 내용을 신의칙의 논리를 이용하여 강요하여서는 아니 된다는 것이다. '불완전하게' 합리적인 당사자를 '완벽하게' 합리적인 당사자인 양 취급하여 이상을 현실화하는 것은 당사자의 의사와 맞지 않고 계약의 자유를 침해하는 것이 되기 때문이다. 그러나 실제에 있어서 신의칙을 근거로 법관이 계약에 개입하는 경우에 법관이 생각하는 이상적인 내용으로 계약을 수정할 가능성이 있고, 이로 인하여 법관이 생각하는 급부의 가치와 관련하여 결론의 타당성을 담보하기 어려운 면이 있다.

이런 과정이 반복되다보면 당사자는 명확한 내용으로 계약을 체결하고도 그 문언대로 효력이 발생하리라는 기대를 가지기 어렵게 되고, 사회적으로 계약대로 이행하지 않아도 된다는 인식이 계약준수에 대한 인식보다 우월하게 될 수 있다. 계약은 혼자서는 달성할 수 없는 프로젝트를 완성하는 데 꼭 필요한 수단으로, 상호협력을 통해 인간의 역량을 확장하는 데 매우 효과적인 장치이다. 계약을 준수해야 한다는 보편적인 관례가 흔들리면 계약의 사회적 효용이 반감될 수밖에 없다.

셋째, 대법원은 부동산매매계약에 대하여는 매매대금이 시세에 비하여 비싸다는 것을 들어 신의칙에 반하는 것이라고 할 수 없다고 하여 신의칙에 기한 대금감액을 인정하고 있지 않다.[95] 이는 대상판결과는 다른

---

94) Daniel Markovits(주 67), p. 287.

95) 대법원 1984. 4. 10. 선고 81다239 판결(공 1984, 878). 이와 같은 취지의 판결

입장이다. 어떤 계약에 대해서는 감액을 인정하고 어떤 계약에 대해서는 감액을 인정할 수 없는 것인지 신의칙이 과연 명확한 기준을 제시할 수 있을지 의심스럽다.

이에 대하여 대상판결의 다수의견은 소송위임계약에서 정보불균형, 교섭력의 차이 등을 논거로 대상판결을 정당화하려고 한다. 그러나 우리 사회에서 정보불균형, 교섭력의 차이는 소송위임계약이 아니더라도 다른 계약의 경우에도 드물지 않게 존재한다. 예를 들어 약관이 적용되는 대기업과 소비자와의 계약은 당사자 간의 비대칭상태가 구조화되어 있다. 그 경우에 소비자가 대기업으로부터 구매한 물품의 대금이 시가보다 비싸다는 이유로 감액을 허용할 수 있는가? 소비자를 보호하는 개별 입법이 없음에도 신의칙에 기한 감액을 인정할 수 있는가? 부정적으로 보아야 할 것이다. 대상판결이 제시하는 위와 같은 논거는 신의칙에 대한 감액이 인정되는 계약과 인정되지 않는 계약을 분별할 만한 논거가 되기 어려운 것이다.

한편, 판례는 신의칙에 위배된다는 이유로 그 권리의 행사를 부정하기 위해서는 상대방에게 어떠한 신뢰를 제공하였음을 요건으로 하여 왔고, 그러한 신뢰를 제공하지 않았다면 그 권리행사가 신의칙에 반한다고 보기 어렵다는 입장을 반복하여 설시하여 왔다.[96] 따라서 위 판례에 따르면, 변호사 보수약정이 신의칙에 반한다는 이유로 그 효력이 (일부) 부정되기 위해서는 '사전에 형성된 신뢰'가 있다는 점이 인정되어야 한다.[97] 그러나 소송위임계약은 대상판결의 사안에서와 같이 1회만 체결되

로는 대법원 2016. 12. 1. 선고 2016다240543 판결(공 2017상, 75)(갑 공사가 을 주식회사와 체결한 전기공급계약에 따라 전기를 공급한 후 착오로 청구하지 않았던 전기요금의 지급을 구하자 을 회사가 채무부존재 확인을 구한 사안에서, "채권자가 유효하게 성립한 계약에 따른 급부의 이행을 청구하는 때에 법원이 급부의 일부를 감축하는 것은 원칙적으로 허용되지 않는다."라고 판시하며 을 회사가 갑 공사에 지급할 추가 전기요금채무를 1/2로 감액한 원심판단에 법리오해의 잘못이 있다고 한 사례).

96) 대법원 2003. 4. 22. 선고 2003다2390, 2406 판결(공 2003상, 1192); 대법원 2011. 2. 10. 선고 2009다68941 판결(공 2011상, 554); 대법원 2017. 2. 15. 선고 2014다19776, 19783 판결(공 2017상,527) 등 참조.

는 경우가 많으므로, 선행행위에 의한 신뢰 형성을 인정하기 어려운 경우가 많다.[98] 이에 따라 대상판결에서도 신뢰 형성을 요건으로 하지 않고 변호사 보수의 감액을 인정하였다.

결국 신의칙에 기하여 계약의 무효를 허용하는 대상판결의 입장은, 감액이 인정되는 계약과 인정될 수 없는 계약을 분별할 만한 기준을 제시해 주지 못하고, 신의칙에 관한 종전의 대법원 판례를 일관하여 설명할 수 있는 틀을 제공하지 못한다는 점에서 찬성하기 어렵다.

(3) 대상판결에 대한 위와 같은 비판을 의식하여 보수 감액은 계약의 일부 무효의 결과라기보다는 신의칙의 계약 수정기능이 발현된 결과로 보아야 한다는 견해도 제기될 수 있다.[99]

신의칙의 계약 수정기능의 발현으로 드는 대표적인 예는 계속적 보증인의 보증채무 축소 사안이다. 이와 관련하여 대법원은 "계속적 보증계약에 있어서 보증인의 부담으로 돌아갈 주채무의 액수가 보증인이 보증 당시에 예상하였거나 예상할 수 있었던 범위를 훨씬 상회하고, 그 같은 주채무 과다 발생의 원인이 채권자가 주채무자의 자산상태가 현저히 악화된 사실을 익히 알거나 중대한 과실로 알지 못한 탓으로 이를 알지 못하는 보증인에게 아무런 통보나 의사타진도 없이 고의로 거래규모를 확대함에 비롯되는 등 신의칙에 반하는 사정이 인정되는 경우에 보증인의 책임을 제한할 수 있다."라고 그동안 일관하여 판시하여 왔다.[100] 계속적 보증인은 인적 관계에 이끌려 무상으로 계속적 보증계약을 하는 경우가 대부분이고, 계속적 보증계약에는 보증한도액이나 보증기간이 미리 정하

97) 이양희, "민법상 일반원칙인 '신의성실의 원칙이나 형평의 원칙'에 의한 변호사 보수의 감액 여부", **사법** 제45호(2018), 528-529면.

98) 예외적으로 소송위임계약이 한 차례 체결되는 경우에도 장기간의 교섭이나 종전에 구축된 인적 관계에 의하여 변호사와 의뢰인 간에 신뢰가 형성되는 경우가 있을 수 있으나, 대상판결은 그러한 예외에 해당하지 않는 것으로 보인다.

99) 대표적으로 권영준(c), "2018년 민법 판례 동향", **서울대학교 법학** 제60권 제1호(2019. 3.), 265-266면.

100) 대법원 1992. 4. 28. 선고 91다26348 판결(공 1992, 1692); 대법원 1995. 6. 30. 선고 94다40444 판결(공1995하, 2549); 대법원 2005. 10. 27. 선고 2005다35554, 35561 판결(공 2005하, 1844) 등 참조.

여져 있지 않은 경우가 많다. 보증인이 부담하는 채무가 채무자의 채무부담행위의 정도와 내용에 전적으로 의존하게 되는 결과 보증인은 일종의 재산적 인질(財産的 人質)이 되는 셈이다.[101] 대법원은 이러한 계속적 보증의 특수한 사정을 감안하여 계속적 보증인의 책임을 제한하여 왔다.

그러나 주의할 점은 계속적 보증과 달리 확정된 특정채무 보증에 대해서는 이러한 법리가 적용되지 않는다는 점이다. 대법원 2004. 1. 27. 선고 2003다45410 판결(공 2004상, 386)이 대표적이다. 대법원은 일단 유효하게 성립된 보증계약에 따른 책임을 신의칙과 같은 일반원칙에 의하여 제한하는 것은 사적 자치의 원칙이나 법적 안정성에 대한 중대한 위협이 될 수 있으므로 신중을 기하여 극히 예외적으로 인정하여야 할 것이라고 판시하면서 신의칙에 기하여 특정채무의 연대보증인의 책임을 일부 제한한 원심판결을 파기하였다.[102]

소송위임계약의 경우 하나의 사건에 관하여 1회 체결되는 경우가 많고, 의뢰인이 부담하는 채무액도 확정되어 있다는 점에서 계속적 계약의 성격이 약하다.[103] 대상판결에서도 원고와 피고들은 하나의 사건에 관하여 1회 소송위임계약을 체결하였고, 피고들이 부담하는 채무액도 확정되어 있었다. 사안구조적으로 보면 계속적 보증인 사안보다는 책임 제한이 부정된 특정채무 보증인 사안에 가깝다고 할 수 있다. 따라서 책임을 제한한 계속적 보증인에 대한 판결로는 대상판결을 정당화하기 어렵고, 오히려 종전에 책임 제한을 부정한 특정채무 보증에 관한 판결과 대상판결이 모순된다는 지적이 가능하다.

---

101) 양창수(a), "계속적 보증에서 보증인의 해지권과 책임제한", **민법연구 제6권**, 박영사(2001), 419면.

102) 이와 같은 취지의 판시로는 대법원 2007. 1. 25. 선고 2006다25257 판결(미간행); 대법원 2013. 7. 12. 선고 2011다66252 판결(미간행).

103) 계속적 계약이 일시적 계약과 구별되는 특징으로는 '반복적, 정기적으로 발생하는 개별적 채권 또는 지분채권과 이를 발생하게 하는 기본채권의 존재'가 대표적으로 언급된다[곽윤직, **채권각론**, 제6판, 박영사(2009), 30면 이하; 김영신, "계속적 계약관계의 해지에 관한 연구", 박사학위논문, 서울대학교(2008. 2.), 40면 이하; 장보은, "계속적 계약의 해지와 손해배상의 범위", **저스티스** 통권 제158-1호(2017. 2.), 274면].

결국 대상판결에 대하여 신의칙의 계약 수정기능이 발현된 결과로 정당화하려는 시도는 아직까지는 설득력이 높다고 보기는 어렵다. 그리고 다음에서 보는 바와 같이 대상판결에 대하여는 신인관계로 설명할 수 있으므로 굳이 신의칙의 논의를 확장하여 적용할 필요도 없다.

## Ⅳ. 변호사 보수청구 제한의 근거로서 信認關係

### 1. 문 제 점

대상판결은 신의칙을 변호사 보수청구 제한의 근거로서 삼았으나 신의칙에 기하여 계약의 일부를 무효로 하는 것은 타당하지 않다는 점은 위에서 본 바와 같다. 그렇다면 과연 변호사 보수청구는 제한할 수 없는가? 소송위임계약은 민법상 위임계약의 일종이다. 따라서 변호사는 의뢰인에 대하여 수임인으로서 선관주의의무를 부담하는바(민법 제681조 참조), 선관주의의무에는 신인의무도 포함되는지 문제가 된다. 만약 신인의무가 선관주의의무에 포함된다고 보는 경우에 변호사와 의뢰인 사이에 형성되는 신인관계에 기하여 변호사 보수청구를 제한할 수 있는 것이 아닌지 검토하고자 한다.

대상판결은 새로운 흐름이 아니라 종전의 판례의 법리가 여전히 유효함을 선언한 것이다. 이하에서는 대상판결에 이르기까지 같은 법리를 설시한 판례를 정리하고, 위 판례를 설명하기 위한 논거로서 신인관계의 법리에 대하여 살펴보기로 한다.

### 2. 보수청구 제한에 관한 판례의 흐름

앞서 본 바와 같이 구 변호사법 제17조가 폐지된 이후 대법원은 '변호사는 원칙적으로 약정 보수액 전부를 청구할 수 있으나, 다만 약정 보수액이 부당하게 과다하여 신의성실의 원칙이나 형평의 관념에 반하는 경우에는 예외적으로 적당하다고 인정되는 범위 내의 보수액만을 청구할 수 있다.'라고 판시하여 왔고 대상판결의 다수의견도 이러한 종전의 판결이 타당함을 확인하고 있다.

변호사의 보수에 관한 위와 같은 판시는 다른 영역에도 확장하여 적용되어 왔다. 우선 세무사의 보수에 관하여 대법원 2006. 6. 15. 선고 2004다59393 판결[104]은 "대리업무수임의 경위, 보수금의 액수, 세무대리 업무의 내용 및 그 업무처리과정, 난이도, 노력의 정도, 의뢰인이 세무대리의 결과 얻게 된 구체적 이익과 세무사보수규정, 기타 변론에 나타난 제반 사정을 고려하여 그 약정된 보수액이 부당하게 과다하여 신의성실의 원칙이나 형평의 원칙에 반하는 특별한 사정이 있는 경우에는 예외적으로 상당하다고 인정되는 범위 내의 보수액만을 청구할 수 있다."라고 판시하면서 세무사의 세무대리업무처리에 대한 약정 보수액이 부당히 과다함을 이유로 그 보수액을 약정 보수액의 75%로 정하고, 이를 초과하는 보수금 약정은 무효라고 판단한 원심판결을 수긍하였다.[105]

공인중개사의 보수에 관하여도 약정된 보수액이 신의성실의 원칙이나 형평의 원칙에 반한다고 볼 만한 특별한 사정이 있는 때에는 예외적으로 상당하다고 인정되는 범위 내의 보수액만을 청구할 수 있다고 보았다.[106] 공사감리자에 대하여도 같은 법리를 판시하고 약정 감리비의 감액을 인정한 바 있다.[107]

끝으로 신탁관계에서 수탁자의 보수와 관련하여서도 같은 법리를 인정하였다. 대표적으로 대법원 2018. 2. 28. 선고 2013다26425 판결[108]은 "신탁보수약정을 한 경우에 신탁사무처리의 내용 및 경과, 신탁기간, 신탁사무로 인한 위탁자의 손실 규모 및 발생 경위, 그 밖에 변론에 나타난 제반 사정을 고려하여 약정된 보수액이 부당하게 과다하여 신의성실의 원칙이나 형평의 원칙에 반한다고 볼 만한 특별한 사정이 있는 경우에는 상당하다고 인정되는 범위로 보수액을 제한할 수 있다."라고 판시하

---

104) 공 2006하, 1318.

105) 위 판결에 대하여 신의칙이 과연 세무사 보수감액의 실정법적 근거가 될 수 있는지에 대한 비판적인 견해로는 이승규, "수임인의 보수에 대한 법원의 감액", 민사판례연구(30), 박영사(2008), 248, 255면.

106) 대법원 2012. 4. 12. 선고 2011다107900 판결(미간행).

107) 대법원 2000. 7. 4. 선고 2000다16824 판결(미간행).

108) 공 2018상, 627.

면서, 약정한 신탁보수의 70%만을 수탁자가 위탁자에게 청구할 수 있다고 보았다.[109)]

### 3. 신인의무의 의의와 구체적 내용

(1) 위에서 본 변호사, 세무사, 공인중개사, 공사감리자, 수탁자 등의 보수 감액의 근거에 대하여 영미법에서는 신인의무와 관련지어 일관되게 설명할 수 있다. 이하에서는 영미법상의 신인의무(fiduciary duty)에 관하여 살펴보기로 한다.[110)]

형평법이 남긴 위대한 유산으로 평가받는 신인의무에 관한 이론은 영미법상의 신탁에서 비롯되었다.[111)] 신탁이 설정되면 수탁자는 신탁재산을 이전받음과 동시에 신탁재산 관리와 관련하여 상당한 재량을 부여 받게 되어 수탁자가 신탁의 목적에 반하여 그 권한을 행사할 위험이 증대된다. 수익자를 보호하기 위해서 수탁자의 권한남용을 억제하고자 수탁자에게 부과되었던 엄격한 의무가 '신인의무'인데, 그 의무가 신탁관계와

---

109) 위 대법원 판결은 구 신탁법(2011. 7. 25. 법률 제10924호로 전부 개정되기 전의 것)이 적용되는 사안이다. 그런데 개정 신탁법은 제47조 제3항에서 수탁자의 보수에 대하여 사정변경이 생긴 경우에 법원의 감액권한을, 제105조에서 신탁사무에 대한 법원의 일반적 감독권한을 규정하고 있으므로 개정 신탁법이 적용되는 경우에 신의칙을 논거로 사용하는 것은 적절하지 않다. 뒤에서 보는 바와 같이 신인관계의 틀에서 수탁자 보수 감액에 대한 설명이 가능하다.

110) fiduciary duty의 번역과 관련하여 이를 '충실의무'로 번역하기도 하나[이중기(b), "신의칙과 위임법리에의 접목을 통한 충실의무법리의 확대와 발전: 신뢰와 신임에 관한 법원칙의 사법상의 지위와 발전방향을 중심으로", **홍익법학** 제12권 제2호(2011), 311면], 신인의무의 내용인 duty of loyalty를 충실의무로 번역하는 것이 상당하다고 보아 fiduciary duty를 '信認義務'로 번역하기로 한다. 한편, 우리 신탁법은 '신임관계'라는 표현을 쓰고 있으므로(신탁법 제2조) '신임의무'로 번역할 수도 있으나[이러한 번역으로는 유영일, "이사의 충실의무(상법 제382조의3)의 재검토", **상사판례연구** 제23집 제1권(2010. 3.), 522-523면] 신탁관계를 넘어서서 위임계약에 넓게 인정되는 의무라는 점에서 '信認義務'로 번역하였음을 밝혀 둔다.

111) 신탁에서의 신인관계 기원에 대한 설명은 Tamar Frankel, "Fiduciary Law", 71 *Cal. L. Rev.* 795, 805 (1983); Sarah Worthington, *Equity*, 2nd ed., Oxford (2006), pp. 129 이하; 김건식, "회사법상 충실의무법리의 재검토", **회사법연구 I**, 소화(2010), 57면; 이중기(a), **충실의무법**, 삼우사(2016), 4, 17-18면; 이계정(a), **신탁의 기본 법리에 관한 연구-본질과 독립재산성**, 경인문화사(2017), 134면 이하.

유사한 다른 영역에까지 확장됨에 따라 신인의무에 관한 법리가 발전된 것이다.

신인의무는 신인관계에 기하여 受認者(the fiduciary)가 本人(principal, entrustor)에 대하여 부담하는 의무로서 본인의 이익을 위하여 사무를 처리할 의무를 말한다.[112] 어떤 경우에 신인관계가 인정되는지가 신인의무 인정에 있어서 가장 중요한 관건이 된다. 신인관계로 인정할 수 있는 전형적인 예는 신탁에서 수탁자와 수익자와의 관계, 변호사와 의뢰인과의 관계, 주식회사의 이사와 주식회사와의 관계, 대리인과 본인과의 관계, 조인트 벤처 구성원 상호 간이다.

그러한 전형적인 신인관계 외에 비전형적인 신인관계(ad hoc fiduciary relationship)을 어떻게 인정할 수 있는지 문제가 된다. 이와 관련하여 전형적인 신인관계에서 공통적으로 추출할 수 있는 다음의 세 가지 표지 즉, ① 타인의 사무를 처리함에 있어 상당한 재량이 인정되고, ② 본인의 최선의 이익을 위하여 사무처리할 것이 기대되고,[113] ③ 본인이 그 사무처리를 감독하거나 통제하는 것이 어려운 취약한 지위에 있을 것이 인정이 되면 신인관계를 인정할 수 있다고 한다.[114] 이에 따라 원래 사용자와 피용자 사이의 관계는 신인관계는 아니지만 피용자가 오로지

---

112) 신인의무에 대한 전반적인 설명으로는 Graham Virgo, *The Principles of Equity & Trusts*, 2nd ed., Oxford (2016), pp. 480 이하; Tamar Frankel(주 111), pp. 797 이하; James Edelman(b), "The Role of Status in the Law of Obligations: Common Callings, Implied Terms, and Lessons for Fiduciary Duties", *Philosophical Foundations of Fiduciary Law*(edited by Andrew S. Gold & Paul B. Miller), Oxford (2016), pp. 23-27; 이중기(a)(주 111), 16면 이하.

113) 당사자 사이의 관계가 신뢰와 신임(trust and confidence)에 기초하기 때문에 위와 같은 기대를 할 수 있는 것이다.

114) Graham Virgo(주 112), pp. 479-484; P. Finn, "Fiduciary law and the modern commercial world", *Commercial Aspects of Trusts and Fiduciary Obligations*(edited by McKendrick), Oxford (1992), p. 9; Joshua Getzler, "Ascribing and Limiting Fiduciary Obligations: Understanding the Operation of Consent", *Philosophical Foundations of Fiduciary Law*(edited by Andrew S. Gold & Paul B. Miller), Oxford (2016), p. 43; Hospital Products Ltd v United States Surgical Corporation [1984] HCA 64; (1984) 156 CLR 41, 96-97; Galambos v. Perez [2009] 3 SCR 247, 249.

사용자의 이익을 위하여 사무처리를 할 의무를 부담하는 경우에는 신인관계를 인정할 수 있다.[115] 그러나 상인 간의 계약과 같이 대등한 당사자 사이에서는 위와 같은 표지를 충족하기 어려워 신인관계를 인정하기 어렵고,[116] 매매계약 당사자 사이에서도 마찬가지이다.[117]

(2) 受認者가 부담하는 신인의무는 크게 충실의무(duty of loyalty)와 주의의무(duty of care)로 나눌 수 있다.[118] 주의의무(duty of care)는 업무처리에 있어서 신중한 사람(prudent person)이 같은 상황에서 취했을 것과 같은 동일한 방법으로 사무처리를 하여야 한다는 것인데,[119] 신인관계의 독자성을 드러내는 표지라고 보기는 어려우므로 신인의무는 통상 충실의무를 가리키는 것으로 이해되고 있다.

대표적인 신인의무인 충실의무는 이익충돌금지원칙(no conflict rule)과 이익취득금지원칙(no profit rule)을 그 내용으로 한다.

이익충돌금지원칙에 따라 受認者는 자신의 이익과 本人의 이익이 충돌하는 상황을 초래하거나 그러한 상황에 처해서는 아니 되며, 만약 자신의 이익과 本人의 이익이 충돌하는 경우에는 本人의 이익을 우선시하여야 할 충실의무를 부담한다.[120] 이에 따라 수인자는 원칙적으로 자기

---

115) Tesco Stores v Pook [2003] EWHC 823 (Ch).

116) Graham Virgo(주 112), p. 483.

117) 대법원은 부동산 매도인이 중도금을 지급받은 후 매매목적물을 제3자에게 이중으로 매도한 경우에 매도인의 행위가 신임관계를 저버리는 행위여서 매도인에 대하여 배임죄를 인정하였는데(대법원 2018. 5. 17. 선고 2017도4027 전원합의체 판결), 위 법리에 비추어 재고가 필요하다.

118) John H. Langbein, "Rise of the Management Trust", 143 *Tr. & Est.* 52, 54 (2004); 유영일(주 110), 522면 이하.

119) 통일신탁법(UTC, 이하 'UTC'라고만 한다) § 804 참조. UTC는 신탁에 관한 법을 표준화함으로써 각 주마다 신탁에 관한 법이 상이함으로 인하여 발생하는 문제점을 시정하고 유언의 대안으로서 신탁제도를 활성화하기 위하여 표준주법위원전국회의(National Conference of Commissioners on Uniform State Laws, NCCUSL)에 의하여 제정되었다. UTC가 2차적 법원으로 가지는 중요성에 관하여는 이계정(a)(주 111), 35-36면.

120) Graham Virgo(주 112), pp. 495-496; Graham Moffat, *Trusts Law*, 5th ed., Cambridge (2009), pp. 855 이하; Austin W. Scott, William F. Fratcher & Mark L. Ascher, *The Law of Trusts*, vol. 3, 5th ed., Aspen Publishers (2006), pp. 1077 이하; 이중기(a)(주 111), 21면 이하; 김건식(주 111), 67면 이하; 이연갑(c), "수탁자의

거래가 금지되고 겸직이 금지된다. 예를 들면 신탁에서 수탁자가 수탁자 개인의 이익을 위하여 체결한 신탁재산에 대한 거래는 수익자가 위 거래를 취소할 수 있으며, 수탁자가 지급한 가격이 다른 사람으로부터 받을 수 있는 가격보다 높다고 하더라도 충실의무 위반이 인정된다.[121)]

한편, 수인자는 이익취득금지원칙에 따라 신인관계상의 지위를 이용하여 이익을 얻는 것이 금지된다.[122)] 예를 들면 수인자는 신인관계상의 지위를 이용하여 얻은 기회나 지식을 이용하여 이익을 취득할 수 없다. 수인자가 정직하게 本人의 최선의 이익을 위하여 이익취득행위를 하였다거나 本人도 실제 이익을 얻었다는 주장은 유효한 항변이 되지 못한다.[123)]

(3) 신인관계에서는 수인자의 업무를 감독하는 것이 쉽지 않으므로 적절한 감독을 위하여 수인자에게 정보제공의무를 부과하고 있다.[124)] 受認者에게 정보제공의무를 부과함으로써 受認者는 장부 등 서류의 작성과정에서 스스로를 감독할 수 있고, 本人은 제공받은 정보를 가지고 업무처리 현황을 수월하게 파악하여 감독 권능을 적절하게 행사할 수 있고, 경우에 따라 받은 정보를 법원에 제공하여 법원의 적극적인 개입을 통해 수인자를 감독할 수 있게 된다. 계약관계에서는 정보제공의무가 일반적으로 인정되는 것은 아니라는 점과 구별된다.

구제수단에 있어서도 계약책임과 구별되는 점이 있다. 受認者가 이익취득금지원칙에 위배되어 이득을 취득한 경우에 本人에게 실제 손실이 발생하였는지 여부와 관계없이 그 취득한 이득을 반환해야 하는 이득토출책임(disgorgement)을 부담하게 된다.[125)] 계약 위반으로 인한 채무불이

보상청구권과 충실의무", **민사판례연구(30)**, 박영사(2008), 301면 이하.

121) UTC § 802(b); 이계정(a)(주 111), 57면 참조.

122) Graham Virgo(주 112), p. 503; Austin W. Scott, William F. Fratcher & Mark L. Ascher(주 120), pp. 1078 이하; 김건식(주 111), 67면 이하.

123) Graham Virgo(주 112), p. 503.

124) Joshua Getzler(주 114), p. 44.

125) 이득토출책임에 관한 논의로는 Lionel Smith, "Deterrence, prophylaxis and punishment in fiduciary obligations", 7 *J Equity*, 87 (2013); 이계정(b), "부당이득에 있어서 이득토출책임의 법리와 그 시사점－반환범위에 있어 손해중심에서 이득중심으로의 전환", **저스티스** 통권 제169호(2018. 12.), 50면 이하. 그 외에도 수인자가 충실의

행책임의 경우 채권자가 입은 손해가 있어야 그 배상을 명할 수 있으나, 이득토출책임은 本人의 손해를 요건으로 하지 않는다는 점에서 매우 강력한 제재가 된다. 이처럼 신인관계를 남용하여 이익을 얻는 경우에 그 이익을 반환하여야 한다는 점을 명확히 함으로써 신인의무 위반을 억제하고자 하는 것이다.[126)]

위에서 본 바와 같이 신인관계의 핵심적 표지는 본인이 수인자의 재량을 감독하는 것이 어려운 취약한 지위(special vulnerability)에 있다는 점이다. 본인이 적정하게 수인자의 사무처리를 감독하기 어려운 이상 법원이 후견적 입장에서 본인 보호를 위하여 신인관계에 개입하는 것이 절실히 요청된다. 신인관계에서는 당사자 사이의 신뢰와 신임을 보호하는 것이 중요한데, 법원의 개입을 통해 위와 같은 목적의 달성을 도모해야 할 필요성이 높기 때문이다. 신인관계는 통상의 계약관계와 같이 서로 이해관계가 대립되는 당사자 사이의 법률관계가 아니고, 본인에 대한 보호가 적극적으로 요구되는 법률관계이므로 본인 보호를 위하여 법원이 개입할 수 있는 것이다.[127)] 이 때문에 영미법에서는 수인자의 과도한 보수청구에 대하여 법원이 이를 감액할 수 있는 권한을 인정하여 왔다.[128)]

---

무 위반으로 받은 반대급부에 대하여 의제신탁(constructive trust)을 인정할 수 있다.

126) Stephen Watterson, "Gain-based remedies for civil wrongs in England and Wales", in *Disgorgement of Profits: Gain-Based Remedies throughout the World* (Ewoud Hondius·Andre Janssen ed., Springer, 2015), pp. 43 이하; James Edelman(a), *Gain-Based Damages: Contract, Tort, Equity and Intellectual Property*, Hart Publishing (2002), p. 83.

127) 신인관계가 계약관계와 구별되는 특징에 대하여는 Daniel Markovits(주 67), pp. 281–284. 연혁적으로 보면 계약관계는 보통법에 의해, 신인관계는 형평법에 의해 각 규율되었는바, 신인관계 형성에 있어서 약인(consideration)을 요구하지 않는다[James Edelman(b)(주 112), p. 24]. 그리고 영미법상 신인관계는 당사자의 합의보다는 지위(status)에 의하여 인정된다는 점에서 계약관계와 구별된다[Joshua Getzler(주 114), pp. 45 이하].

128) Graham Moffat(주 120), pp. 443 이하; UTC § 708(b)(신탁조항에서 정해진 보수액이 불합리하게 높은 경우 법원이 보수액을 감액할 수 있다는 취지로 규정하고 있다). 그 외에도 대표적인 신인관계인 신탁관계에 대하여 법원의 개입을 넓게 인정하고 있다. 즉 법원은 수탁자 해임 권한[UTC § 1001(b)(7)], 신탁조항 변경 권한(UTC § 412), 신탁 종료 권한[UTC § 414(b)] 등을 가지며, 당사자가 신탁조항을 통하여 법원의 개입을 완전히 배제하는 것은 허용되지 않는다[UTC § 105(b)(4),(6),(7),(13)].

이사의 보수가 과다한 경우에도 충실의무에 반하여 무효라고 보고 있다.[129)]

결국 신인관계의 성립은 계약에 대한 법원의 후견적 개입을 예외적으로 정당화하는 사정에 해당한다.[130)]

### 4. 위임계약상 선관주의의무에 신인의무가 포함되는지 여부

#### 가. 선관주의의무의 내용

앞서 본 바와 같이 대상판결과 같은 사안에 대하여 영미법은 신인관계에 근거하여 법원이 수인자의 보수를 감액할 수 있다. 우리 법으로도 같은 해석을 할 수 있는지 문제가 되는데, 위임계약에 기한 수임인의 선관주의의무(민법 제681조)에 신인의무가 포함될 수 있는지 검토할 필요가 있다.

민법 제681조는 "수임인은 위임의 본지에 따라 선량한 관리자의 주의로써 위임사무를 처리하여야 한다."라고 하여 선관주의의무를 규정하고 있다. 선관주의의무의 구체적 내용에 대하여 학설은 '위임계약의 신임관계에서 특히 기대되는 성실한 수임인이 갖는 주의의무'라고 설명하거나[131)] '위임계약의 목적과 그 사무의 성질에 응해서 가장 합리적으로 처리할 의무'라고 설명하나,[132)] 선관주의의무가 구체적으로 무엇을 의미하는지 여전히 명확하지 않다. 위임계약상 선관주의의무에 대하여 일본 민법 제644조도 같은 내용으로 규정하고 있는데 그 입법이유를 다음과 같이 설명하고 있다.

"구민법 취득편 제239조 제1항은 수임자는 선량한 관리자의 주의를 다함을 원칙으로 하고 제2항의 경우 그 예외를 두고 있다. 그렇지만 수

---

129) Robert W. Hamilton & Jonathan R. Macey, *Cases and Materials on Corporations Including Partnerships and Limited Liability Companies*, 8th ed., Thomson West (2003), pp. 928 이하.

130) 관련하여 이중기 교수는 "충실의무법은 어느 정도 법원의 개입 재량을 전제하고 있고, 법원으로 하여금 당사자의 기본관계에 대해 후견적 지위에서 충실의무의 이름으로 개입할 수 있게 해주는 법이다."라고 설명하고 있다[이중기(b)(주 110), 40면].

131) 편집대표 곽윤직, **민법주해(15), 채권(8)**, 박영사(1999), 536면 (이재홍 집필); 이은영(b), **채권각론**, 제5판, 박영사(2007), 567면.

132) 곽윤직(주 103), 275면; 김증한·김학동(b), **채권각론**, 제7판, 박영사(2006), 553면; 송덕수(c), **채권법각론**, 제4판, 박영사(2019), 366면 이하.

임자로서는 일단 위임을 수락한 이상은 충실하게 그 의무를 이행해야 하는 것이 계약의 본지이다. 원문에 열거한 바와 같이, 사정이 있기 때문에 위임계약으로부터 발생한 본연의 의무를 이행하는데 있어서 경중의 차별을 둔다면 심히 그 정당함을 얻기 어렵다. 뿐만 아니라 그와 같은 예외를 두는 때에는 실제 몹시 번잡을 발생하게 하여, 적용할 때마다 의무를 면할 위험이 있기 때문에 본안에서는 단적으로 이 규정을 채용하지 않았다."[133]

입법이유에 비추어 보더라도 선관주의의무는 위임이 무상인지 유상인지 여부와 상관없이 경중에 차이가 없다는 점, 수임인은 충실하게 그 의무를 이행해야 한다는 점 이외에는 구체적인 내용이 없다.[134]

이와 같이 선관주의의무의 내용은 해석에 맡겨져 있는바, 선관주의의무에 앞서 본 신인의무가 포함되는지 일본과 우리나라에서의 논의에 대하여 살펴보기로 한다.

### 나. 일본의 논의

일본의 경우 선관주의의무의 내용으로 신인의무도 포함되는지 비교적 논의가 활발하다. 선관주의의무와 신인의무를 병존적으로 보는 견해도 있으나,[135] 신인의무는 모든 수임자의 행동준칙에 해당한다고 보아 선관주의의무의 내용으로서 인정된다고 보는 견해,[136] 입법취지를 감안하면 '위임의 본지에 따라'의 의미는 '수임자는 위임자의 신뢰에 응하여 성심성의껏 충실하게 위임자를 위하여 위임사무를 처리해야 하고, 위임의 목적에 반하는 행동을 하여서는 아니된다'는 의미이므로, 충실의무는 선관주의의무에 포함된다는 견해,[137] 고도의 신뢰관계와 이에 기한 수임자의 재량권한이 인정되는 위임에 한하여 신인의무는 선관주의의무에 포함된다

133) 廣中俊雄 編著, **民法修正案(前三編)の理由書**, 有斐閣(1987), 619면. 번역에 있어서 윤태영, "신탁수탁자의 선관주의의무", **비교사법** 제22권 제2호(2015. 5.), 535면을 참조하였다.

134) 일본 민법 제644조의 입법이유에 대한 구체적 분석으로는 윤태영(주 133), 533면 이하.

135) 樋口範雄, **フィデュシャリー[信認]の時代−信託と契約**, 有斐閣(1999), 178頁 이하.

136) 道垣内弘人, **信託法理と私法体系**, 有斐閣(1996), 154, 170-171頁.

137) 潮見佳男, **債権各論 I**, 第2版, 新世社(2016), 248頁.

고 하는 견해[138] 등이 주장되고 있다.[139]

한편, 일본 최고재판소는 이사의 상법상의 충실의무는 선관주의의무를 부연하여 한층 명확하게 한 것에 불과하여 충실의무가 선관주의의무와 별개의 의무가 아니라고 판시함으로써 충실의무는 선관주의의무에 포함된다고 보았다.[140]

다. 우리나라의 논의

이사의 충실의무를 규정한 상법 제382조의3이 1998. 12. 28. 신설되었다.[141] 개정 전 상법상으로도 이사는 회사에 대하여 수임으로서 선관주의의무를 부담하는데(상법 제382조 제2항, 민법 제681조), 이사의 충실의무에 관한 규정이 신설됨에 따라 이사의 선관주의의무와 신인의무와의 관계가 문제되었다.

이에 대하여는 선관주의의무에는 충실의무가 포함된다는 전제하에 제382조의3에 별다른 의미를 부여하지 않고, ① 제382조의3에서 말하는 충실의무란 본래 이사에게 인정되던 선관주의의무를 구체화한 것에 불과하다는 동질설(同質說),[142] ② 충실의무는 선관주의의무와 별개의 의무이므로 제382조의3은 선관주의의무와 다른 의무를 규정한 것이라고 보는 이질설(異質說)[143]이 대립하고 있다.

판례는 이사의 행위가 "선량한 관리자의 주의의무 내지 충실의무"에

---

138) 大村敦志, "現代における委任契約 − 「契約と制度」をめぐる断章", **金融取引と民法法理**, 有斐閣(2003), 103頁.

139) 관련하여 대리인의 의무에는 충실의무가 포함된다고 주장하는 견해로는 四宮和夫/能見善久, **民法總則**, 第7版, 弘文堂(2005), 273-274頁.

140)日本最高裁判所 1970. 6. 24. 判決(民集 24-6, 625). 일본이 민법을 개정하면서 수임자의 충실의무를 명기할 것인지 논의가 있었으나, 위 판결과의 정합성 문제 등으로 입법에 이르지는 못했다. 이에 관한 논의로는 中間論点整理補足説明 373頁 이하. http://www. moj.go.jp/content/000074425.pdf (2019. 10. 8. 방문).

141) 상법 제382조의3은 [이사의 충실의무]라는 제목하에 "이사는 법령과 정관의 규정에 따라 회사를 위하여 그 직무를 충실하게 수행하여야 한다."라고 규정하고 있다.

142) 이철송, **회사법강의**, 제25판, 박영사(2017), 736면; 김건식 · 노혁준 · 천경훈, **회사법**, 제2판, 박영사(2016), 388면; 송옥렬, **상법강의**, 제9판, 홍문사(2019), 1034면; 정찬형, **상법강의(상)**, 박영사(2017), 1019면.

143) 정동윤, **상법(상)**, 제6판, 법문사(2012), 628면; 서헌제, **사례중심체계 상법강의(상)**, 제2판, 법문사(2007), 849면; 유영일(주 110), 520면.

위반한 것이라는 표현을 사용함으로써 충실의무를 선관주의의무와 구별되는 별개의 의무로 보지 않는 것으로 이해된다.[144] 그러나 충실의무의 독자적인 적용을 모색하는 듯한 판결도 있다. 대법원은, 경영권 상실로 퇴직을 앞둔 이사가 회사에서 최대한 많은 보수를 받기 위해 과다한 보수지급기준을 마련하고 영향력을 행사하여 주주총회결의가 성립하도록 한 사안에서, 이러한 이사의 행위는 '충실의무'에 위반한 행위라고 판시하면서 위 보수지급기준에 근거한 퇴직금청구는 인정될 수 없다고 판시하였다.[145]

민법과 관련한 논의로 위임계약상 선관주의의무에 충실의무가 포함된다고 보면서도 충실의무는 위임인의 이익과 수임인의 이익이 충돌하는 상황에서 인정될 수 있는 의무라고 주장하는 견해가 있다.[146]

### 라. 검 토

위임계약상 수임인이 부담하는 선관주의의무의 내용이 구체적으로 무엇인가 하는 것은 사실상 백지상태에 있다. 수임인이 위임의 본지에 따라 업무를 처리해야 한다는 점 이외에 구체적으로 수임인이 어떻게 업무를 처리해야 위임의 본지에 맞는지에 대해서는 민법 규정만으로 알 수 없다.

그런데 신인의무의 법리는 고도의 신뢰관계에 기하여 타인의 사무를 처리하는 자가 그 재량을 어떻게 행사하여야 하는지, 어떻게 처리하는 것이 적정한 사무처리인지 대한 구체적인 규범을 제시하고 있다. 수임인이 이익이 상충되는 상황을 초래해서도 아니 되고 초래되는 경우에 수임인의 이익을 우선시해야 한다는 점, 업무처리 과정에서 수임인이 부당한 이익을 취득하는 것을 금지한다는 점 등을 명확히 함으로써 수임인의 위임의 목적에 맞는 업무처리를 도모하고 있다. 특히 위임인과 수임인 사

---

144) 대법원 2002. 6. 14. 선고 2001다52407 판결(공 2002하, 1650); 대법원 2011. 10. 13. 선고 2009다80521 판결(공 2011하, 2306) 등 참조.

145) 대법원 2016. 1. 28. 선고 2014다11888 판결(공 2016상, 340). 같은 맥락에서 충실의무 위반이라는 이유로 이사의 행위의 효력을 부인한 판결로는 대법원 2016. 8. 24. 선고 2016다222453 판결(공 2016하, 1357).

146) 이연갑(b), "위임과 신탁: 수임인과 수탁자의 의무를 중심으로", 비교사법 제22권 제1호(2015. 2.), 40면.

이에 이해가 충돌하는 경우에 수임인의 사무처리에 관하여 유용한 기준을 제시하고 있다. 이처럼 신인의무는 위임의 본지에 따른 적정한 업무처리 방안에 관한 법리인 것이다. 따라서 비록 신인의무의 법리가 영미법의 소산이기는 하지만 선관주의의무의 내용에 신인의무가 포함된다고 보는 것이 타당하다.

그런데 민법상 위임계약에는 다양한 위임계약이 존재한다. 수임자에게 업무처리에 관하여 별다른 재량이 인정되지 않아 위임인의 지시에 따라 수임자가 업무처리를 해야 하는 위임계약이 있을 수 있고,[147] 위임자의 지위가 수임자에 비하여 강하여 위임자 보호의 필요성이 떨어지는 위임계약이 있을 수 있다.[148] 따라서 위임계약 전반에 신인의무가 인정된다고 보기는 어렵다.

앞서 본 바와 같이 신인의무를 인정할 수 있는 표지는 ① 타인의 사무를 처리함에 있어 상당한 재량이 인정되고, ② 본인의 최선의 이익을 위하여 사무처리 할 것이 기대되고, ③ 본인이 그 사무처리를 감독하거나 통제하는 것이 어려운 취약한 지위에 있을 것인바, 이러한 표지를 충족하는 위임계약에 한하여 선관주의의무에 신인의무가 포함된다고 해석하여야 할 것이다.[149] 이처럼 신인의무가 인정되는 위임계약의 경우에 수임인은 다른 위임계약의 수임인에 비하여 선관주의의무의 정도가 무겁다고 볼 수 있다.

---

147) 위임에 있어서 사무처리에 관하여 위임인의 지시가 있는 때에는 수임인은 우선적으로 위임인의 지시에 따라야 한다[편집대표 곽윤직, **민법주해**(15), **채권**(8), 박영사(1999), 537면 (이재홍 집필)].

148) 일본이 민법을 개정하면서 수임자의 충실의무를 명기할 것인지 논의가 있었는데, 충실의무를 명기하면 강한 지위에 있는 위임자가 약한 지위에 있는 수임자에 대하여 충실의무를 원용함으로써 충실의무 법리의 남용이 있을 수 있다는 점이 지적되었다. 中間論点整理補足說明 373頁 이하. http://www.moj.go.jp/content/000074425.pdf (2019. 10. 8. 방문).

149) 관련하여 이연갑 교수는 "위임에서는 위임인과 수임인의 신인관계에 기하여 수임인에게 일정한 범위의 재량권이 부여되는데, 위임사무의 내용에 따라 수임의 재량권의 범위나 위임인과 수임인 사이의 신뢰관계의 정도에 차이가 있을 수 있다. 재량권이 폭이 좁고 따라서 신뢰의 정도가 높지 않은 경우에는 이해상반의무가 요구되지 않는다고 해석될 수도 있을 것이다."라고 밝히고 있다[이연갑(b)(주 146), 41면].

5. 信認關係에 기한 변호사 보수청구 제한

전통적으로 수인자는 자발적으로 신인의무를 인수하기 때문에 보수를 받지 않고 타인의 사무를 처리하는 것으로 인식되었다.[150] 그러나 거래 현실에서는 수인자가 보수를 지급받는 것이 대부분이므로 이 점을 전제로 논의를 하는 것이 필요하게 되었다.[151]

그러나 *受認者*의 보수와 관련하여서는 신인의무와 충돌할 여지가 있다. *受認者*로서는 신인관계상의 지위를 이용하여 이익을 얻는 것이 금지되는데 본인으로부터 보수를 받는 것이 이에 저촉되는 것이 아닌지 문제가 될 수 있다. 하지만 *受認者*에게 보수 청구권을 인정하는 이상 이익취득금지원칙의 예외로 볼 수 있다.[152]

문제는 수인자가 자신의 우월적 지위를 이용하여 과도한 보수를 요구할 위험이 있다는 점이다. 자신의 이익과 본인의 이익이 충돌하는 경우에 본인의 이익을 우선시하여야 할 충실의무(duty of loyalty)를 부담하는데, 수인자가 자신의 우월한 지위를 이용하여 과도한 보수를 요구하는 것은 충실의무에 위반된다고 볼 수 있다. 예를 들어 이사가 자신의 지위를 이용하여 회사로부터 과도한 보수를 받는 것은 충실의무에 위반되는 것이다.[153]

대상판결과 같이 변호사가 의뢰인과 소송위임계약을 체결한 경우에,

---

150) Philip H. Pettit, *Equity and the Law of Trusts*, 12th ed., Oxford(2012), pp. 437-438면.

151) 영국의 수탁자법[Trustee Act (2000) § 29]이나 미국의 통일신탁법(UTC § 709)도 신탁상 보수에 정함이 없는 때에도 수탁자에 대하여 상당한 보수를 인정하고 있다.

152) 신탁의 법률관계에서 수탁자는 변호사와 마찬가지로 신인의무를 부담한다. UTC § 802는 수탁자의 충실의무를 규정하면서도, 수탁자의 합리적인 범위에서의 보수청구는 충실의무(이익취득금지원칙)의 예외로 허용된다는 점을 명확히 하고 있다 [UTC § 802(h)(1)(2), UTC § 802 cmt. 참조].

153) 앞서 본 바와 같이 대법원도 경영권 상실로 퇴직을 앞둔 이사가 회사에서 최대한 많은 보수를 받기 위해 과다한 보수지급기준을 마련하고 영향력을 행사하여 주주총회결의가 성립하도록 한 사안에서, 이러한 이사의 행위는 '충실의무'에 위반한 행위라고 판시하였다[대법원 2016. 1. 28. 선고 2014다11888 판결(공 2016상, 340)].

변호사에게는 앞서 본 신인의무를 인정할 수 있는 표지인 사무처리에 있어서 상당한 재량, 의뢰인의 최선의 이익을 위한 사무처리의 기대, 본인(의뢰인)의 취약한 지위 등을 모두 갖추었으므로, 변호사는 위임계약상의 선관주의의무에 포함되는 신인의무를 부담한다고 할 수 있다. 변호사법 제31조는 '수임하고 있는 사건의 상대방이 위임하는 다른 사건에 대한 수임 금지의무'를 규정하고 있고, 동법 제26조는 의뢰인 보호를 위해 '비밀유지의무'를 규정하고 있는바, 변호사와 의뢰인 사이의 관계가 신인관계라고 볼 만한 실정법적 근거도 있다. 신인관계에서는 本人이 受認者의 재량을 감독하는 것이 어려운 취약한 지위에 있으므로, 법원이 후견적 입장에서 본인 보호를 위하여 신인관계에 개입하는 것이 정당화된다는 점은 앞에서 본 바와 같다. 소송위임약정에서 정한 보수에 대하여도 그 보수가 과도한 경우에는 법원이 개입할 수 있는 것이다.

따라서 변호사가 과다한 보수를 구하는 경우에, 선관주의의무에 근거한 신인관계의 법리에 근거하여 법원은 변호사의 보수청구를 제한할 수 있다고 보아야 한다. 변호사와 의뢰인 사이의 신인관계를 인정할 수 있는 실정법적 근거는 위에서 논의한 바와 같이 민법상 위임계약의 선관주의의무에서 구할 수 있다.

대상판결의 경우 법원의 변호사 보수청구의 제한의 근거를 신인관계가 아니라 신의칙에서 구하였는바, 이 점에서 대상판결의 다수의견은 타당하지 않다.[154] 특히 신의칙을 적용하는 경우에 채무를 감액할 수 있는 계약과 감액할 수 없는 계약의 경계가 허물어져 약속이론이 전제로 하고 있는 '계약준수에 대한 믿음'이 흔들릴 위험이 매우 크다는 점에서 바람직하지 않다.

---

154) 참고로 대표적인 신인관계인 신탁과 관련하여 신탁법은 제47조 제3항에서 수탁자의 보수에 대하여 사정변경이 생긴 경우에 법원의 감액권한을, 제105조에서 신탁사무에 대한 법원의 일반적 감독권한을 규정하고 있으므로 위 규정에 근거하여 수탁자의 보수청구를 제한할 수 있다. 그러한 신탁법의 규정은 신인관계의 특징(법원의 후견적 개입의 정당화)을 구체적으로 표현한 규정이다.

### 6. 변호사 보수청구 제한 시 고려해야 할 사항

#### 가. 예외로서의 변호사 보수 감액

신인관계에 근거하여 변호사 보수를 감액할 수 있다고 하여 법원이 아무런 제한 없이 그 권한을 행사할 수 있는 것은 아니다. 신인관계에 관한 법리는 당사자들의 사적 자치를 보충하는 기능을 수행하는 것이므로, 당사자들이 계약에 기하여 신인관계를 맺은 경우에는 1차적으로 그 계약의 자율성을 존중해야 하는 것이다.[155] 따라서 변호사 보수청구에 대한 제한은 계약법 내지 약속이론이 상정하고 있는 당사자의 계약준수 의무를 존중하는 전제에서 행하여져야 하므로 당사자가 이미 약정한 보수가 있다면 이를 일단 그에 따르는 것이 원칙이고, 신인관계에 근거한 법원의 보수 감액은 그 사유가 인정되는 경우에 한하여 예외적으로 행해져야 한다. 계약준수의 신성함을 파괴하는 무분별한 법원의 보수 감액은 바람직하지 않다.

#### 나. 변호사 보수가 부당하게 과다한지 판단에 있어서 고려요소

(1) 그렇다면 과연 어떠한 경우에 변호사 보수가 부당하게 과다하다고 보아 변호사 보수청구를 제한할 수 있는지 검토할 필요가 있다.

미국변호사협회가 1983년에 제정한 변호사직무에 관한 모범규칙(The Model Rules of Professional Conduct) 1.5는 변호사는 적절하지 않은(not reasonable) 보수약정을 체결하여서는 아니 된다고 규정하면서 변호사 보수의 적정성을 결정하는 데 고려해야 할 요소로 8개 항목을 제시하고 있다.[156] 즉, ① 사건처리에 요구되는 시간과 노동, 사건의 신규성과 난이도, 사건 해결에 필요한 능력(skill), ② 그 일을 맡게 되었을 때 변호사가

155) 이중기(a)(주 111), 23면. 이와 관련하여 메이틀랜드(Maitland)는 "우리는 형평법을 보충적인 법으로 생각해야 한다. 실정법에 부가된 일종의 부록이거나 실정법에 첨가된 일종의 광택이다.(We ought to think of equity as supplementary law, a sort of appendix added on to our code, or a sort of gloss written round our code)."라고 표현하였다[F. W. Maitland, *Equity*, Cambridge (1916), p. 18].

156) 이에 대한 자세한 소개는 정형근, "변호사 보수에 관한 고찰", **법조** 통권 제645호(2010. 6.), 218-219면.

다른 일을 못하게 될 가능성, ③ 유사 사건에 대하여 인근의 다른 변호사가 통상 받는 보수의 금액, ④ 사건의 금액(소가)과 실제 결과, ⑤ 의뢰인에 의하여 부과되거나 처한 상황에 따른 사건처리 시한, ⑥ 의뢰인과의 업무관계의 성질과 그 관계하였던 기간, ⑦ 변호사의 경험, 평판과 능력, ⑧ 정액보수인지 성공보수인지 여부를 고려하도록 하고 있다.

캘리포니아가 채택하고 있는 변호사직무규칙(The California Rules of Professional Conduct) 4-200은 변호사는 변호사 보수를 비양심적(unconscionable)으로 청구하여서는 아니 된다고 규정하면서 비양심적인지 여부는 다음과 같은 점을 고려해야 한다고 하였다. 즉, ① 제공된 법률 서비스의 가치와 보수와의 균형성, ② 변호사와 의뢰인의 지적 능력의 차이(the relative sophistication of the member and the client), ③ 사건의 신규성과 난이도, 적정한 사건 해결에 필요한 능력(skill), ④ 그 일을 맡게 되었을 때 변호사가 다른 일을 못하게 될 가능성, ⑤ 사건의 금액(소가)과 실제 결과, ⑥ 의뢰인에 의하여 부과되거나 처한 상황에 따른 사건처리 시한, ⑦ 의뢰인과의 업무관계의 성질과 그 관계하였던 기간, ⑧ 변호사의 경험, 평판과 능력, ⑨ 정액보수인지 성공보수인지 여부, ⑩ 사건처리에 요구되는 시간과 노동, ⑪ 보수에 대한 의뢰인의 숙지를 바탕으로 한 동의(the informed consent of the client to the fee) 여부를 고려하도록 하고 있다.

'의뢰인의 숙지를 바탕으로 한 동의'가 있다고 하기 위해서는 보수와 관련된 사실이나 사정에 대하여 변호사로부터 충분히 고지를 받고, 보수 약정의 내용이나 조건에 대하여 충분히 알고 있는 상태에서 의뢰인이 동의를 하였다는 점이 입증되어야 한다.[157] 캘리포니아의 변호사직무규칙은 변호사직무에 관한 모범규칙보다 고려해야 할 요소를 보다 구체화하였다는 점에서 그 특징이 있다. 특히 보수에 대한 의뢰인의 숙지를 바탕으로 한 동의를 고려요소로 보고 있는데, 신인관계에서는 본인의 보호를 위하

---

157) Arbitration Advisiory 1998-03 Determination of a "Reasonable" Fee, p. 4. https://www.calbar.ca.gov/Portals/0/documents/mfa/arbAdvisories/1998-03_DeterminationOfA'Reasonable'Fee_r.pdf (2019. 10. 8. 방문).

여 수인자에게 정보제공의무를 부과하고 있다는 점에 착안하여 변호사에게 보수와 관련된 정보를 제공하도록 하고 있다는 점이 특징적이다.

캘리포니아의 변호사직무규칙과 관련하여 캘리포니아 주 항소법원은 위 고려요소 중 ① 제공된 법률 서비스의 가치와 보수와의 균형성, ⑧ 변호사의 경험, 평판과 능력, ⑪ 보수에 대한 의뢰인의 숙지를 바탕으로 한 동의 여부가 가장 중점적으로 고려해야 할 사항이라고 판시하였다.[158)]

**(2)** 대상판결에서는 "의뢰인과의 평소 관계, 사건 수임 경위, 사건처리 경과와 난이도, 노력의 정도, 소송물 가액, 의뢰인이 승소로 인하여 얻게 된 구체적 이익, 그 밖에 변론에 나타난 여러 사정"을 고려하여 약정 보수액이 부당하게 과다한지를 판단해야 한다고 한다.

과연 대상판결이 제시하는 고려요소가 하급심 법원에 구체적이고 명확한 지침을 줄 정도로 구체적인지에 대하여는 의문이 있다. 무엇보다 변호사와 의뢰인 사이를 규율하는 신인관계의 법리를 고려하지 않고 위와 같이 판시를 한 것으로 보이는 점에서 고려요소를 정확하게 적시하고 있다고 보기 어렵다. 그리고 고려요소를 위와 같이 병렬적으로 나열하고 있는바, 이러한 방식보다는 어느 점을 중점적으로 고려해야 하는지 판시를 하는 것이 법관의 재량에 대한 합리적 통제를 위해서 바람직하다는 점에서 대상판결에 대한 아쉬움이 남는다.[159)]

약정 보수액이 부당하게 과다한지를 판단함에 있어 우선적으로 신인관계에 비추어 의뢰인이 변호사로부터 '보수를 결정함에 있어 의뢰인이 알아야 할 사항(사건의 난이도, 사건처리에 요구되는 시간과 노동 등에 대

158) Shaffer v. Superior Court (1995) 33 Cal. App. 4th 993, 1002.

159) 이런 점은 다른 법리와 관련된 대법원의 판시와 관련하여서도 문제점으로 지적할 수 있다. 가령, 민법 제126조의 표현대리와 관련하여 "표현대리의 효과를 주장하려면 상대방이 자칭 대리인에게 대리권이 있다고 믿고 그와 같이 믿는 데 정당한 이유가 있을 것을 요건으로 하는 것인데, 여기의 정당한 이유의 존부는 자칭 대리인의 대리행위가 행하여질 때에 존재하는 제반 사정을 객관적으로 관찰하여 판단하여야 한다."라고 판시하고 있는바(대법원 1987. 7. 7. 선고 86다카2475 판결; 대법원 2008. 2. 1. 선고 2006다33418, 33425 판결 등 참조), 정당한 이유 유무의 판단과 관련하여 구체적인 기준을 제시하고 있다고 보기 어렵다.

한 정보)'에 대하여 충분한 정보제공을 받았는지를 우선적으로 검토하는 것이 요청된다. 충분하게 정보를 제공받았고 변호사가 실제로도 의뢰인이 제공받은 정보와 상당 부분 일치하여 소송 수행을 하였다면 약정 보수액이 부당하게 과다하다고 보기는 어려울 것이다.

그리고 변호사 보수가 부당하게 과다한지를 판단함에 있어서는 ① 시간당 요율(hourly rate)에 따라 변호사 보수가 산정되는 경우가 많다는 점을 고려하여 변호사가 사건처리에 투입하는 시간(사건처리의 난이도로 투입 시간을 추정할 수 있을 것이다), ② 의뢰인이 승소하게 되는 경우 얻게 될 이익,[160] ③ 실제 변호사 시장에서 변호사 보수를 결정하는 중요 요인이라고 할 수 있는 변호사의 평판 등을 중점적으로 고려하는 것이 타당하다.[161]

**(3)** 변호사 경력 없는 법관이 많은 우리나라에서 법원이 과연 적정하게 변호사 보수를 감액할 수 있는지 의문이 제기될 수 있다.

법관이 실제 변호사 보수가 어느 정도로 책정되어 지급되고 있는지 정확하게 알고 있다고 보기는 어렵고, 그에 대한 정보가 공유되고 있는 상황도 아니다.[162] 변호사의 활동과 관련하여 법관이 쉽게 파악할 수 있는 법정에서의 변론 활동에 중점을 두고 변호사 보수의 적정성을 판단하는 것은 위험하다. 변호사는 사실관계의 수집, 다양한 법률적 가능성의 탐색 및 전략 수립, 이해관계인의 설득, 의뢰인과의 지속적인 커뮤니케이션(communication) 등 법정에서의 활동만으로 평가할 수 없는 다양한 업무들을 하고 있기 때문이다. 법관으로서는 '스스로 법을 아주 잘 알고 있

160) 위임의 본질은 사무처리에 있는 것이지 의뢰인이 원하는 결과를 만들어내는 것에 있는 것은 아니므로 의뢰인이 <u>실제로 얻은</u> 이익을 우선적인 고려요소로 삼을 이유는 없다.

161) 변호사윤리장전 제31조 제2항에서는 "변호사의 보수는 사건의 난이도와 소요되는 노력의 정도와 시간, 변호사의 경험과 능력, 의뢰인이 얻게 되는 이익의 정도 등 제반 사정을 고려하여 합리적으로 결정한다."라고 규정하고 있다.

162) 같은 문제의식으로는 이승규(주 105), 256면. 재판부로서는 자신이 알고 있는 변호사에게 연락을 취하여 변호사 보수의 현실을 파악할 수도 있으나 이는 법관의 개인적인 정보나 지식이 판결의 결론을 좌지우지하게 되는 셈이 되어 문제라는 점을 지적하고 있다.

기 때문에 변호사가 제공하는 서비스가 어느 정도 수준인지 충분히 가늠할 수 있다'고 생각하여 다른 직역과 달리 변호사 직역의 보수에 대하여 주저하지 않고 감액할 가능성이 있다. 그러나 법관으로서 쉽게 접근하기 어려운 변호사의 법정 안팎의 다양한 변론활동을 고려할 때 위와 같은 생각은 위험하다고 할 것이다.[163)]

1차적으로 당사자 사이에 체결된 변호사 보수약정을 존중하여야 하므로, 변호사 보수가 단지 과다하다고 하여 감액을 하여서는 아니 되고 '부당하게 과다하다'고 판단되는 경우에 한하여 변호사 보수를 감액할 수 있다는 점에 주의를 기울여야 한다.

이와 같은 점들을 고려하면 법원으로서는 변호사 보수를 감액할지 여부를 판단함에 있어서 '점(點)'으로 접근하지 말고 '폭(幅)'으로 접근하는 것이 요청된다. 법원이 해당 사안에 대하여 생각하는 적정한 변호사 보수를 정하고 그에 해당하지 않으면 이를 감액하는 것은 타당하지 않고, 법원이 생각하는 적정한 보수와 당사자가 정한 보수 사이에 차이가 있더라도 그 차이가 용인할 수 없을 정도로 크지 않다면 당사자가 정한 보수를 인정하는 것이 타당할 것이다. 법원이 재량을 통해 이상적 상황을 당사자에게 강요하여서는 아니 되기 때문이다.

### 7. 대상판결에 대한 검토

대상판결을 보면, 소송물 가액은 1인당 100만 원이었고, 약정한 보수는 1인당 10만 원이었으며, 사건도 검찰과 금융감독기관의 직무유기 등을 다투는 것으로 쉬운 소송이 아니었으며 원고는 소송과정에서 준비서면을 7회 제출하고, 서증을 5회 제출하였으며, 9번의 사실조회신청을 하는 등 사건처리에 적지 않은 시간을 보냈다. 이와 같이 원고가 사건

163) 이에 대하여 이선희 교수는 "법관이 비교적 익숙한 분야라고 하여 합리적 근거 없이 변호사 직역을 다른 직역과 차별하여서는 아니 된다는 취지의 별개의견의 지적은 충분히 경청할 가치가 있다."라고 표현하고 있다. 이선희, "2018년 민법총칙 및 물권법 중요판례법석", **인권과 정의** 제480호(2019. 3.), 31면.

처리에 투여한 시간, 사건의 난이도, 의뢰인들이 승소하는 경우 얻게 될 이익 등을 고려하면 비록 원고가 패소판결을 받았다고 하더라도 원고가 약정한 보수가 '부당하게 과다'하다고 보기는 어려울 것이다. 이점에서 대상판결의 다수의견과 별개의견은 견해가 일치하였고 이러한 결론은 타당하다.

제1심 법원과 항소심 법원이 이와 달리 판단한 것은 변호사 보수 감액 여부를 판단함에 있어서 '폭'으로 접근하지 않고 '점'으로 접근했기 때문에 잘못된 판단을 한 것이 아닌가 추측한다.[164] 아울러 계약의 구속력에 대한 성찰의 부족, 만연히 신의칙을 적용하는 경우에 따르는 위험에 대한 인식의 결여, 신의칙의 적용 영역을 확장하여 적용하려는 대법원 판례의 흐름 등이 잘못된 판단에 영향을 미친 것이 아닌지 추측한다.

대상판결의 다수의견은 변호사 보수청구의 제한의 근거를 신의칙으로 삼았다. 앞서 본 바와 같이 종전에 대법원은 변호사 외에도 세무사, 공인중개사, 공사감리자, 수탁자와 체결한 보수약정과 관련하여 보수의 감액을 인정하는 반면, 매매계약이나 전기공급계약이 체결된 경우에는 약정한 급부의 감축을 허용하지 않았다.[165] 대상판결의 다수의견과 같이 신의칙을 보수 감액의 근거로 삼는다면, 일반조항으로서 신의칙이 가지는 확장성에 비추어 매매계약이나 전기공급계약에 대해서도 급부의 감축이 허용될 수 있다고도 볼 수 있을 것인바, 대상판결의 다수의견은 자칫 상반되는 것처럼 보이는 위 판례들을 일관되게 설명할 수 있는 틀을 제공해주지 못한다. 자칫 모순되는 것처럼 보이는 판례의 입장은 신인관계 유무를 판단기준으로 삼아 이해를 할 때 명료하게 이해될 수 있다고 생각한다.

---

164) 제1심이나 항소심은, 원고가 의뢰받은 사건의 첫 변론기일 전에 피고 을로부터 원고 제기 소송의 원고들 중 324명이 원고에 대한 소송위임을 철회한다는 통보를 받았는데 원고가 그들의 소송대리인 지위를 사임하지 않고 소송을 수행한 점도 참작한 것으로 보이는데, 위 철회는 아무런 효력이 없으므로(민법 제547조 참조) 이를 고려한 것은 잘못이다.

165) 대법원 1985. 4. 23. 선고 84다카890 판결(공 1985, 780)(매매계약 관련); 대법원 2016. 12. 1. 선고 2016다240543 판결(공 2017상, 75)(전기공급계약 관련).

무엇보다 신의칙에 기하여 계약의 일부 무효를 인정하게 되면 그 논리가 무분별하게 다른 계약에도 확장되어 적용될 수 있고, 그로 인하여 약속이론이 강조하는 계약의 구속력, 계약준수의무가 심각하게 훼손될 수 있다는 점에서 바람직하지 않다.

## Ⅴ. 마치면서

소송위임약정에 기한 변호사의 보수를 예외적으로 신의칙에 기하여 감액할 수 있다고 판시한 대법원 2018. 5. 17. 선고 2016다35833 전원합의체 판결은 계약의 구속력, 신의칙, 신인관계, 법관의 합리적 재량 행사와 관련하여 매주 중요한 의의를 가지고 있다. 본 논문은 위 판결을 비판적으로 고찰하였는데 그 내용을 요약하면 다음과 같다.

첫째, 계약의 구속력의 근거에 대하여는 약속이론과 신뢰이론의 대립이 있다. 약속이론은 계약의 자율성을 강조하는 반면, 신뢰이론은 계약에 대한 후견적 개입을 정당화한다. 약속이론은 우리 계약법의 근간이 되는 핵심 법리를 제대로 설명할 수 있다는 점에서 약속이론에 따라 계약의 구속력을 이해하는 것이 원칙적으로 타당하다. 다만, 약속이론이 가지는 한계가 인정되는 경우나 특별한 법적 근거가 있는 예외적인 경우에 법원의 후견적 개입이 정당화된다.

둘째, 계약에서 신의칙은 계약의 해석 국면, 계약의 해소 국면에서 작용하며 신의칙에 기하여 계약상 의무가 확대될 수 있다. 그런데 신의칙의 적용 영역을 확대하여 신의칙을 근거로 대상판결과 같이 계약을 무효로 할 수 있는지 문제가 된다. 우리 민법이 계약에 부여하는 강한 구속력과 신의칙에 기하여 계약을 무효로 하는 것을 허용하는 경우에 발생하는 폐단 등을 고려하면 신의칙에 기하여 계약을 무효로 할 수 없다고 보아야 할 것이다. 대상판결이 신의칙에 기하여 계약을 무효로 할 수 있다고 본 것은 타당하지 않다.

셋째, 변호사 보수청구의 제한의 근거는 신의칙이 아닌 신인관계에서 찾아야 한다. 위임계약상 수임인이 부담하는 선관주의의무의 내용에는 신인의무가 포함된다고 보는 것이 타당하다. 신인의무가 발생하는 신인관계가 형성된 경우에 법원은 후견적 입장에서 위임인 보호를 위해 신인관계에 개입할 수 있다. 소송위임약정에서 정한 보수에 대하여도 그 보수가 과도한 경우에 법원의 개입할 수 있는바, 법원은 선관주의의무에 근거한 신인관계의 법리에 근거하여 예외적으로 변호사의 보수청구를 제한할 수 있다.

넷째, 법관이 재량을 행사함에 있어 무엇이 원칙이고 무엇이 예외인지를 명확하게 파악하는 것이 중요하고, 신의칙과 같은 일반조항으로 도피하는 것은 자의적인 판결이 양산될 수 있으므로 피해야 한다. 대상판결과 같이 법관이 계약에 개입하는 경우에 우선적으로 당사자 사이에 체결된 변호사 보수약정을 존중하고 변호사 보수를 감액할지 여부를 판단함에 있어 '점(點)'이 아닌 '폭(幅)'으로 접근하는 것이 요청된다. 법관이 재량을 통해 이상적 상황을 당사자에게 강요하여서는 아니 되기 때문이다. 대법원도 하급심 법원이 적정하게 재량을 행사할 수 있도록 구체적이고 명확한 판시를 하는 것이 요청된다. 이를 위해 재량 행사에 있어서 고려요소를 단순하게 나열하기보다는 어느 요소를 중점적으로 고려해야 하는지 판시하는 것이 적절하다.

아무쪼록 본 논문이 변호사 보수청구 제한의 문제뿐만 아니라 계약의 구속력, 계약에서의 신의칙의 역할, 신인관계, 법관의 적정한 재량권 행사 등에 관한 이해와 법리 발전에 조금이라도 도움이 되었으면 하는 바람이 간절하다.

[Abstract]

# A Study on the Legal Ground for Limiting Excessive Attorney's Fee

## －Good Faith or Fiduciary Relationship?－

Lee, Kye Joung*

The Korean Supreme Court issued an en banc decision ("the Decision at Issue") affirming limitation on the excessive attorney's fee based on the principle of the good faith (Supreme Court [S. Ct.], 2016Da35833, May 17, 2018(S. Kor.)). The Decision at Issue has significant implications with regard to binding force of the contract, principle of good faith (Treu and Glauben), fiduciary relationship and the judges' discretion, which are the main issues of this article. This article dealt with the Decision at Issue with a critical eye and the conclusion can be summarized as follows:

Firstly, there are controversies concerning the ground of binding force of the contract. The promise theory suggested by Charles Fried emphasizes the autonomy of the contract parties, whereas the reliance theory suggested by Lon L. Fuller and Patrick S. Atiyah emphasizes detrimental reliance and the paternalistic approach for securing substantive fairness. This article maintained that the promise theory can be more relevant in the interpretation of the Korean Civil Code. This means that the court should show deference to the autonomy of the contract parties as much as possible and can intervene in the contract in very exceptional situations: if the legal grounds for intervention are stipulated or the promise theory approach can bring about significant substantive unfairness.

---

* Associate Professor, School of Law, Seoul National University.

Secondly, the principle of good faith can apply to the interpretation and the termination of the contract as well as stretching contractual obligations. The issue is whether principle of the good faith can invalidate the contract as the Decision at Issue proposed. This article offered the rebuttal to the argument that the principle of the good faith can invalidate the contract. Given harmful effects that can be brought about if the argument prevails and the strong binding force of the contract suggested by the Korean Civil Code, it can be submitted that the principle of the good faith cannot be a legal ground for invalidating the contract and limiting excessive attorney's fee.

Thirdly, the fiduciary relationship can provide a legal basis for the paternalistic approach in the contract instead and justify limiting excessive attorney's fee. This article proposed that the duty of care prescribed at the Korean Civil Code § 681 can be interpreted as including the fiduciary duty. In case the fiduciary relationship which creates the fiduciary duty is formed, the court can intervene in the contract for protecting the principal (entrustor) exposed to special vulnerability. Likewise, the court can limit the excessive attorney's fee based on the principle of the fiduciary relationship for protecting the client.

Fourthly, this article proposed important points that should be considered for exercising judges' discretion reasonably; Judges should distinguish the rule and the exception to the rule and should avoid escape to the general clause such as the principle of the good faith as much as possible. Judges should show deference to the autonomy of the contract and be scrupulous about limiting the amount of the fee fixed by the contract. In addition, the Supreme Court is advised to deliver the decision in a more concrete way by elucidating what factors should be considered in priority order among many factors that judges should bear in mind when exercising judges' discretion.

[Key word]

- the principle of the good faith
- judge's discretion
- fiduciary relationship
- binding force of the contract
- contract of mandate
- duty of care
- fiduciary duty
- duty of loyalty
- attorney's fee

## 참고문헌


고영남, "고전적 계약법이론의 한계에 관한 연구－영미법상의 신뢰이론을 중심으로", 박사학위논문, 고려대학교(2000. 12.).

곽윤직, **채권각론**, 제6판, 박영사(2009).

곽윤직 · 김재형, **민법총칙**, 제9판, 박영사(2014).

권영준(a), "계약법의 사상적 기초와 그 시사점－자율과 후견의 관점에서", **저스티스 통권** 제124호(2011. 6.).

______(b), "위험배분의 관점에서 본 사정변경의 원칙", **민사법학** 제51호(2010. 12.).

______(c), "2018년 민법 판례 동향", **서울대학교 법학** 제60권 제1호(2019. 3.).

김건식, "회사법상 충실의무법리의 재검토", **회사법연구 I**, 소화(2010).

김건식 · 노혁준 · 천경훈, **회사법**, 제2판, 박영사(2016).

김영신, "계속적 계약관계의 해지에 관한 연구", 박사학위논문, 서울대학교(2008. 2.).

김욱곤, "계약의 구속력에 관한 일고찰", **성균관법학** 창간호(1987).

김증한 · 김학동(a), **채권총론**, 제6판, 박영사(2007).

______(b), **채권각론**, 제7판, 박영사(2006).

김현수, "미국 계약법의 현대적 이론에 관한 서론적 고찰－Grant Gilmore의 "The Death of Contract"을 중심으로", **비교사법** 제21권 제2호(2014. 5.).

서헌제, **사례중심체계 상법강의(상)**, 제2판, 법문사(2007).

송덕수(a), **민법총칙**, 제4판, 박영사(2018).

______(b), **채권법총론**, 제4판, 박영사(2018).

______(c), **채권법각론**, 제4판, 박영사(2019).

송옥렬, **상법강의**, 제9판, 홍문사(2019).

심재우, "칸트의 법철학", **법철학연구** 제8권 제2호(2005).

심헌섭, "法律行爲論의 法哲學的 基礎－素描的 一試論", **법률행위론의 사적전개와 과제(이호정교수 화갑기념논문집)**, 박영사(1998).

양창수(a), "계속적 보증에서 보증인의 해지권과 책임제한", **민법연구 제6권**, 박영사(2001).

______(b), “계약의 구속력의 근거 단성－의사와 신뢰 사이”, 민사법학 제77호 (2016. 12.).

양창수 · 김재형, 계약법(민법 I ), 제2판, 박영사(2015).

엄동섭, “법률행위의 보충적 해석”, 한국민법이론의 발전( I ), 박영사(2001).

유영일, “이사의 충실의무(상법 제382조의3)의 재검토”, 상사판례연구 제23집 제1권(2010. 3.).

윤진수(a), “계약 해석의 방법에 관한 국제적 동향과 한국법”, 민법논고 I , 박영사(2007).

______(b), “미국 계약법상 Good Faith의 원칙”, 민법논고 I , 박영사(2007).

윤태영, “신탁수탁자의 선관주의의무”, 비교사법 제22권 제2호(2015. 5.).

이계정(a), 신탁의 기본 법리에 관한 연구－본질과 독립재산성, 경인문화사(2017).

______(b), “부당이득에 있어서 이득토출책임의 법리와 그 시사점－반환범위에 있어 손해중심에서 이득중심으로의 전환”, 저스티스 통권 제169호 (2018. 12.).

이동진, “계약위험의 귀속과 그 한계 : 사정변경, 불능, 착오”, 비교사법 제26권 제1호(2019. 2.).

이선희, “2018년 민법총칙 및 물권법 중요판례법석”, 인권과 정의 제480호(2019. 3.).

이승규, “수임인의 보수에 대한 법원의 감액”, 민사판례연구(30), 박영사(2008).

이양희, “민법상 일반원칙인 ‘신의성실의 원칙이나 형평의 원칙’에 의한 변호사 보수의 감액 여부”, 사법 제45호(2018).

이연갑(a), “아티야의 계약법이론－미실행계약의 구속력을 중심으로”, 석사학위논문, 서울대학교(1993. 2.).

______(b), “위임과 신탁: 수임인과 수탁자의 의무를 중심으로”, 비교사법 제22권 제1호(2015. 2.).

______(c), “수탁자의 보상청구권과 충실의무”, 민사판례연구(30), 박영사(2008).

이영준, “사정변경의 원칙”, 민사법학 제82호(2018. 2.).

이은영(a), 채권총론, 제4판, 박영사(2009).

______(b), 채권각론, 제5판, 박영사(2007).

______(c), “계약에 관한 법철학적 고찰”, 현대법철학의 흐름, 법문사(1996).

이중기(a), 충실의무법, 삼우사(2016).

______(b), “신의칙과 위임법리에의 접목을 통한 충실의무법리의 확대와 발

전: 신뢰와 신임에 관한 법원칙의 사법상의 지위와 발전방향을 중심으로", **홍익법학** 제12권 제2호(2011).

이철송, **회사법강의**, 제25판, 박영사(2017).

장보은, "계속적 계약의 해지와 손해배상의 범위", **저스티스** 통권 제158-1호(2017. 2.).

정동윤, **상법(상)**, 제6판, 법문사(2012).

정찬형, **상법강의(상)**, 박영사(2017).

정형근, "변호사의 보수에 관한 고찰", **법조** 제645호(2010. 6.).

지원림, **민법강의**, 제16판, 홍문사(2019).

편집대표 곽윤직, **민법주해(1), 총칙(1)**, 박영사(2000).

______, **민법주해(15), 채권(8)**, 박영사(1999).

편집대표 김용덕, **주석민법-[총칙 1]**, 제5판, 한국사법행정학회(2019).

Hedemann, J. W., 윤철홍 역주, **일반조항으로의 도피-법과 국가에 대한 하나의 위험**, 법원사(2018).

Kant, Immanuel, 백종현 역, **윤리형이상학 정초**, 아카넷(2012).

Wieacker, Franz, 김형석 역, "판덱텐 법학과 산업혁명", **서울대학교 법학** 제47권 제1호(2006. 3.).

廣中俊雄 編著, **民法修正案(前三編)の理由書**, 有斐閣(1987).

大村敦志, "現代における委任契約－「契約と制度」をめぐる断章", **金融取引と民法法理**, 有斐閣(2003).

道垣内弘人, **信託法理と私法体系**, 有斐閣(1996).

四宮和夫/能見善久, **民法總則**, 第7版, 弘文堂(2005).

潮見佳男, **債權各論Ⅰ**, 第2版, 新世社(2016).

桶口範雄, **フィデュシャリー[信認]の時代-信託と契約**, 有斐閣(1999).

Atiyah, Patrick S.(a), "Book Reviews", 95 *Harv. L. Rev.* 509 (1981).

______(b), *The Rise and Fall of Freedom of Contract*, Oxford (1988).

______(c), *Essays on Contract*, Clarendon (1990).

______(d), *An Introduction to the Law of Contract*, 5th ed., Clarendon (1995).

Barnett, Randy E., "Contract Is Not Promise; Contract is Consent", *Philosophical Foundations of Contract Law* (edited by Gregory Klass, George Letsas & Prince Saprai), Oxford (2016).

Cohen, Morris R., "The Basis of Contract", 46 *Harv. L. Rev.* 553 (1933).

Dworkin, R., *Taking Rights Seriously*, Harvard (1978).

Edelman, James(a), *Gain-Based Damages: Contract, Tort, Equity and Intellectual Property*, Hart Publishing (2002).

______(b), "The Role of Status in the Law of Obligations: Common Callings, Implied Terms, and Lessons for Fiduciary Duties", *Philosophical Foundations of Fiduciary Law*(edited by Andrew S. Gold & Paul B. Miller), Oxford (2016).

Finn, P., "Fiduciary law and the modern commercial world", *Commercial Aspects of Trusts and Fiduciary Obligations*(edited by McKendrick), Oxford (1992).

Frankel, Tamar, "Fiduciary Law", 71 *Cal. L. Rev.* 795 (1983).

Fried, Charles(a), *Contract as Promise*, 2nd ed., Oxford (2015).

______(b), "Book Review", 93 *Harv. L. Rev.* 1858 (1980).

Fuller, Lon L. & Perdue, William R., "The Reliance Interest in Contract Damages: 1", 46 *Yale L. J.* 52 (1936).

Getzler, Joshua, "Ascribing and Limiting Fiduciary Obligations: Understanding the Operation of Consent", *Philosophical Foundations of Fiduciary Law*(edited by Andrew S. Gold & Paul B. Miller), Oxford (2016).

Gilmore, Grant, *The Death of Contract*, Ohio State University Press (1974).

Hamilton, Robert W. & Macey, Jonathan R., *Cases and Materials on Corporations Including Partnerships and Limited Liability Companies*, 8th ed., Thomson West (2003).

Hudec, Robert E., "Restating the "Reliance Interest"", 67 *Cornell L. Rev.* 704 (1982).

Kornhauser, Lewis A., "The Resurrection of Contract", 82 *Colum. L. Rev.* 184 (1982).

Kronman, A., "A New Champion for the Will Theory", 91 *Yale L. J.* 404 (1981).

______, "Paternalism and the Law of Contract", 92 *Yale. L. J.* 763 (1983).

Langbein, John H., "Rise of the Management Trust", 143 *Tr. & Est.* 52 (2004).

Larenz/Wolf, *Allgemeiner Teil der Bürgerlichen Rechts*, C.H. Beck, 9. Aufl.

(2004).

Maitland, F. W., *Equity*, Cambridge (1916).

Markovits, Daniel, "Good Faith as Contract's Core Value", *Philosophical Foundations of Contract Law*(edited by Gregory Klass, George Letsas & Prince Saprai), Oxford (2016).

Moffat, Graham, *Trusts Law*, 5th ed., Cambridge (2009).

Raz, Joseph, "Book Review: Promises in Morality and Law", 95 *Harv. L. Rev.* 916 (1982).

Restatement (Second) of Contracts.

Savigny, *System des heutigen Römischen Rechts*, Bd. Ⅲ. (1840).

Scott, Austin W., William F. Fratcher & Mark L. Ascher, *The Law of Trusts*, vol. 3, 5th ed., Aspen Publishers (2006).

Smith, Lionel, "Deterrence, prophylaxis and punishment in fiduciary obligations", 7 *J Equity* 87 (2013).

Turpin, C., "Book Reviews: Contract as Promise", 41 *Cambridge Law Journal* 190 (1982).

Virgo, Graham, *The Principles of Equity & Trusts*, 2nd ed., Oxford(2016).

Watterson, Stephen, "Gain-based remedies for civil wrongs in England and Wales", in *Disgorgement of Profits: Gain-Based Remedies throughout the World* (Ewoud Hondius · Andre Janssen ed.), Springer (2015).

Windscheid/Kipp, *Lehrbuch des Pandektenrechts*, 9. Aufl., Bd. I. (1906).

Worthington, Sarah, *Equity*, 2nd ed., Oxford (2006).

[인터넷 참고자료]

中間論点整理補足說明 http://www.moj.go.jp/content/000074425.pdf (2019. 10. 8. 방문).

Arbitration Advisiory 1998-03 Determination of a "Reasonable" Fee, p. 4. https://www.calbar.ca.gov/Portals/0/documents/mfa/arbAdvisories/1998-03_DeterminationOfA'Reasonable'Fee_r.pdf (2019. 10. 8. 방문).

# 보조금 관리에 관한 법률 제35조의 처분제한 규정을 위반한 법률행위의 효력

고 은 설*

## ■요 지■

보조사업자가 보조금으로 취득하거나 효용이 증가된 중요재산을 관청의 승인 없이 처분하는 것을 금지하는 규정은 보조금관리에 관한 법률의 제정 시점부터 존재하였다. 대법원은 일찌감치 위 규정은 효력규정이고 이를 위반한 처분행위는 무효임을 선언하였다. 그럼에도 보조금법이 보조사업자, 간접보조사업자, 보조금수령자와 같은 특수한 용어들을 사용하고 있고, 중요재산의 처분제한 규정이 수차례에 걸쳐 개정된 탓에 실무에서는 처분제한 규정의 적용범위와 적용시점에 대한 해석이 나뉘어져 있었다.

최근 대법원은 "보조사업자는 보조금으로 취득한 중요한 재산을 담보에 제공할 수 없다."고 규정한 구 보조금법(2011. 7. 25. 법률 제10898호로 개정, 제명 변경되기 전의 것) 제35조는 간접보조사업자에게 적용되지 않는 반면 "보조사업자 또는 간접보조사업자는 해당 보조사업을 완료한 후에도 중앙관서의 장의 승인 없이 중요재산에 대하여 다음 각 호의 행위를 하여서는 아니 된다."고 규정한 개정 보조금법(2011. 7. 25. 법률 제10898호로 개정되어 2016. 1. 28. 법률 제113931호로 개정되기 전의 것) 제35조 제3항은 간접보조사업자에게 적용되므로 간접보조사업자가 간접보조금으로 취득한 중요재산을 중앙관서의 장의 승인 없이 담보에 제공하는 것은 무효라고 판시하였다. 나아가 개정 보조금법 제35조는 개정법 공포일로부터 3개월이 경과한 날인

* 광주지방법원 목포지원 부장판사.

2011. 10. 26.부터 적용된다고 보아 그 적용시점에 관하여도 명확히 판단하였다.

대상판결로 인해 보조금법 제35조 관련 쟁점은 상당 부분 정리될 것으로 보이지만, 아직 현행 보조금법(2016. 1. 28. 법률 제13931호로 개정된 것) 제35조의2의 부기등기를 하지 않은 상태에서 이루어진 처분행위의 효력에 관한 해석 문제가 남아 있고, 처분제한 규정에 위반한 근저당권에 기한 임의경매절차에서 파생되는 문제들에 대한 추가적인 검토도 필요할 것으로 보인다.

[주 제 어]

- 보조금 관리에 관한 법률
- 보조사업자, 간접보조사업자
- 보조금법 제35조, 중요재산에 대한 처분제한
- 법률에 위반한 법률행위의 효력
- 중요재산의 부기등기

## 대상판결 : 대법원 2019. 4. 25. 선고 2018다212993 판결

[사안의 개요]

1. 농림수산식품부는 '농어촌 자원 복합산업화 지원사업'의 일환으로 지방자치단체인 원고 ○○군의 전통발효식품 사업화 지원사업에 보조금을 지원하였고, 원고 ○○군은 2012. 3.경 소외 조합의 막걸리 제조시설 현대화사업(총사업비 5억 원, 자부담 2억 원, 이하 '이 사건 보조사업'이라 한다)에 국비 2억 5천만 원, 군비 5천만 원을 더하여 3억 원의 보조금을 교부하기로 결정하였다.

2. 소외 조합은 자신 소유의 이 사건 토지 지상에 이 사건 보조사업에 따른 막걸리 제조시설(이하, '이 사건 건물'이라 한다)을 신축하던 2012. 10. 18. 피고 은행으로부터 대출을 받으면서 이 사건 토지에 관하여 채권최고액을 9억 8,400만 원, 채무자를 소외 조합, 근저당권자를 피고 은행으로 하는 근저당권설정등기를 마쳤다.

3. 원고 ○○군은 2012. 11. 6. 소외 조합에게 보조금 1억 5,000만 원을 지급하였고, 이 사건 건물의 준공검사 이후인 2013. 2. 28. 나머지 1억 5,000만 원을 지급하였다.

4. 소외 조합은 2013. 7. 1. 피고 은행과 이 사건 건물에 관하여 근저당권 추가설정계약을 체결하고, 같은 날 이 사건 건물에 관하여 채권최고액을 9억 8,400만 원, 채무자를 소외 조합, 근저당권자를 피고 은행으로 하는 근저당권설정등기를 마쳤다.

5. 원고 ○○군은 2016. 4. 11.경 피고 조합이 보조금 관리에 관한 법률 제35조 등을 위반하여 이 사건 건물을 승인 없이 담보로 제공하였음을 이유로 소외 조합에 대한 보조금 교부결정을 취소하고, 소외 조합에게 214,821,917원을 반환할 것을 통보하였다.

6. 원고 ○○군은 무자력 상태인 소외 조합을 대위하여 피고 은행을 상대로 이 사건 토지 및 건물에 관한 각 근저당권설정계약이 보조금법 제35조 제3항을 위반하여 무효임을 이유로 위 각 근저당권설정등기의 말소를 청구하였다.

[소송의 경과]

1. 제1심 판결(광주지방법원 2018. 1. 19. 선고 2017나58549 판결) : 원고 청구 일부 인용

가. 지방자치단체인 원고가 국가로부터 교부받은 보조금을 재원으로 하여 소외 조합의 막걸리 제조시설 현대화 사업에 지원한 보조금은 보조금 관리에 관한 법률(2011. 7. 25. 법률 제10898호로 개정되어 2016. 1. 28. 법률 제113931호로 개정되기 전의 보조금 관리에 관한 법률, 이하 개정 보조금법이라 한다) 제2조 4호에서 정한 간접보조금에 해당하고, 소외 조합이 원고로부터 간접보조금을 지급받고 그 목적에 따라 이 사건 건물을 신축한 것은 간접보조사업에 해당하므로, 결국 소외 조합은 간접보조사업을 수행하는 자로서 간접보조사업자에 해당한다.

나. 소외 조합은 원고의 보조금의 교부결정이 이루어진 2012. 3.보다 앞선 2010. 1. 13. 이 사건 토지를 취득한 사실이 인정되므로, 이 사건 토지는 '보조금에 의하여 취득한 재산'이라 할 수 없고, 이 사건 토지 위에 이 사건 건물이 건축되었다고 이 사건 토지 자체의 효용이 증가된 것이라고 보기도 어려우므로, 이 사건 토지를 담보로 제공하는 데에 중앙관서의 장의 승인이라는 제한이 따른다고 할 수 없다. 따라서 이 사건 토지가 보조금법 제35조에 의하여 처분이 제한되는 '보조금에 의하여 취득한 재산'이거나 '보조금에 의하여 효용이 증가된 재산'임을 전제로 하는 원고의 청구는 이유 없다.

다. 반면, 이 사건 건물은 이 사건 보조사업의 일환으로 신축되었을 뿐만 아니라 소외 조합이 원고 ○○군에게 기성금을 청구하여 1억 5천만 원의 보조금이 지급된 이후에 준공검사가 마쳐진 점에 비추어 볼 때 이 사건 보조금에 의하여 취득한 재산에 해당한다. 그런데 소외 조합은 보조금법 제35조 제3항에 정한 중앙관서의 장의 승인 없이 피고 은행과 이 사건 건물에 관한 근저당권설정계약을 체결하였으므로, 위 근저당권설정계약은 보조금법 제35조 제3항에 반하여 무효이다.

라. 따라서 원고가 소외 조합의 채권자로서 소외 조합을 대위하여 청구하는 이 사건에서 피고 은행은 소외 조합에게 이 사건 건물에 관한 근저당권설정등기의 말소등기절차를 이행할 의무가 있다.

### 2. 원심 판결(광주지방법원 2018. 1. 19. 선고 2017나58549 판결) : 항소기각

제1심 판결에 대해 피고만 항소하여 원심의 심판대상은 이 사건 건물에 관한 근저당권설정등기의 말소등기청구에 한정되었다. 피고는 원심판결에 대하여 상고하였다.

### 3. 대상판결의 요지 : 상고기각

가. 2011. 7. 25. 법률 제10898호로 개정, 제명 변경되기 전의 보조금의 예산 및 관리에 관한 법률(이하 '구 보조금법'이라 한다) 제35조는 "보조사업자는 보조금으로 취득한 중요한 재산을 담보에 제공할 수 없다."라고만 규정하였고, 간접보조사업자에 관하여는 명시적으로 규정하지 않았다. 구 보조금법 제2조가 '보조금 · 보조사업 · 보조사업자'와 '간접보조금 · 간접보조사업 · 간접보조사업자'를 정의하고 개별 조항에서 보조사업자와 간접보조사업자를 명시적으로 구별하여 규율하는데, 구 보조금법 제35조는 '간접보조사업자'와 '간접보조금'을 적용 대상으로 명시하지 않는 등 구 보조금법의 규율 체계와 방식, 구 보조금법 제35조의 입법취지 등을 종합적으로 고려하면, 구 보조금법 제35조가 간접보조사업자 · 간접보조금에는 적용되지 않는다(대법원 2018. 11. 15. 선고 2015다247257 판결 참조). 따라서 간접보조사업자가 간접보조금으로 취득한 재산을 담보로 제공하더라도 그 효력에 영향을 받지 않는다.

나. 개정 보조금법 제35조 제3항 본문은 "보조사업자 또는 간접보조사업자는 해당 보조사업을 완료한 후에도 중앙관서의 장의 승인 없이 중요재산에 대하여 다음 각 호의 행위를 하여서는 아니 된다."라고 규정하고 제3호에서 '담보의 제공'을 규정하여, 입법적으로 위 금지내용에 간접보조사업자도 포함하고 있다. 따라서 구 보조금법과 달리 개정 보조금법이 적용되는 경우에는 간접보조사업자가 간접보조금으로 취득한 중요재산을 중앙관서의 장의 승인 없이 담보에 제공하는 것은 무효이다. 개정 보조금법은 부칙 제1조에서 이 법은 공포 후 3개월이 경과한 날부터 시행한다고 규정하고 있고, 제35조에 대한 특별한 적용례 또는 경과규정은 존재하지 아니하므로, 간접보조사업자의 담보제공제한 규정은 공포일로부터 3개월이 경과한 날인 2011. 10. 26.부터 적용된다.

다. 이 사건에서 소외 조합은 개정 보조금법에 정해진 간접보조사업자로서 원고로부터 간접보조금을 지급받고 그 목적에 따라 이 사건 건물을 신축하였으며, 이 사건 건물에 관한 근저당권설정계약은 2011. 10. 26. 이후인 2013. 7. 1.에 체결되었으므로 개정 보조금법이 적용된다.

## 〔研　　究〕

### Ⅰ. 서　　론

현대 사회복지국가에서 급부행정의 영역이 커져감에 따라 보조금 환수처분 취소소송과 같은 행정소송의 형태로 다뤄지던 보조금 관련 법률관계가 민사법의 영역에서도 문제되고 있다. 보조금을 지급받아 토지나 건물의 소유권을 취득한 사람이 해당 부동산을 보조금 교부조건이나 법령에 위반하여 매도하거나 담보로 제공하고 자신은 무자력 상태가 됨으로써 보조금 교부의 목적달성이 불가능해지는 사례들이 늘어났고, 이로 인해 보조금이 투여된 부동산에 관한 처분행위의 효력을 문제 삼아 보조금을 실효적으로 환수하려는 목적의 민사소송들이 제기되고 있다.

최근 대법원은 보조금으로 취득하거나 효용이 증가된 중요재산에 대한 처분을 제한하고 있는 보조금법 제35조의 해석에 관한 주목할 만한 판례들을 선고하였다. 보조금법 제정 시점부터 중요재산에 대한 처분제한 규정이 존재하였음에도 불구하고[1] 보조금법이 보조사업, 보조사업자, 간접보조사업자와 같은 특수한 용어들을 사용하고 있고, 처분제한 규정 자체가 수차례에 걸쳐 개정되어 온 탓에 실무에서도 중요재산 처분제한 규정의 적용을 받는 당사자의 범위, 개정된 처분제한 규정의 적용시점에 관한 해석이 나뉘어져 있었다. 이번에 선고된 판결들로 인해 그간의 혼동이 상당 부분 정리될 것으로 보인다.

---

1) 1963. 11. 1. 제정되어 같은 해 12. 2.시행된 **보조금관리법 제23조(재산처분의 제한)** 보조사업자는 보조금에 의하여 취득하거나 그 효용이 증가된 것으로서 각령으로 정한 중요한 재산을 당해 보조사업을 완료한 후에 있어서도 소관중앙관서의 장의 승인없이 보조금등의 교부목적에 위배되는 용도에 사용하거나 양도·교환 또는 대여하거나 담보에 제공하여서는 아니 된다. 다만, 각령으로 정하는 경우에는 예외로 한다.

이 글에서는 우선 보조금법 자체의 이해를 위해 보조금법의 적용범위와 보조금법에 규정된 용어들, 특히 보조사업자와 간접보조사업자의 구별기준에 관하여 살펴보고, 대상판결에서 문제된 중요재산 처분제한 규정의 개정경과와 각 개정법의 적용시점을 명확히 한 뒤에 각 개정법의 처분제한 규정을 위반한 법률행위의 효력과 무효의 범위에 관하여 순차로 살펴보고자 한다.

## Ⅱ. 보조금법의 이해

### 1. 보조금법의 적용 범위

#### 가. 보조금의 개념

보조금이란 일반적으로 행정주체가 사인에게 그 활동에 필요한 비용의 전부 또는 일부를 반대급부 없이 무상으로 교부하는 것을 말하는데, 학설은 광의의 보조금을 국가 등의 행정주체가 경제활동을 조장·촉진하기 위하여 사인·사기업 등 사경제주체에 대하여 행하는 금전의 급부 기타의 방법에 의한 수익적 조치로 파악하여, 여기에 보조금의 교부 이외에도 융자, 지급유예, 세제상 특혜조치, 공공요금의 감면 기타 실질적 지원조치를 포함시킨다. 반면, 협의의 보조금 개념에는 적극적인 급부제공을 통한 자금지원만을 의미한다고 보아 세제 또는 공과금의 감면을 통한 자금지원을 제외한다.[2)]

#### 나. 보조금법의 적용을 받는 보조금

위와 같은 강학상 보조금의 개념과는 달리 보조금법은 보조금을 "국가 외의 자가 수행하는 사무 또는 사업에 대하여 국가가[3)] 이를 조성하거나 재정상의 원조를 하기 위하여 교부하는 보조금(지방자치단체에 교부하는 것과 그 밖에 법인·단체 또는 개인의 시설자금이나 운영자금으로 교부하

---

2) 김병기, "보조금의 법적 성질과 보조금 교부결정취소사유", 토지공법연구 제43집 제1호(2009. 2.), 598면.

3) 개정 보조금법은 국가에 국가재정법 별표 2에 규정된 법률에 따라 설치된 기금을 관리·운용하는 자를 포함시켰다.

는 것만 해당한다), 부담금(국제조약에 따른 부담금은 제외한다), 그 밖에 상당한 반대급부를 받지 아니하고 교부하는 급부금으로서 대통령령으로 정하는 것"으로 정의하고 있다. 따라서 국가가 교부하는 국고보조금에 한하여 보조금법이 적용되고, 국고보조금이 아닌 지방자치단체가 자신의 예산으로 교부하는 지방보조금에는 보조금법이 적용되지 아니한다.[4] 지방보조금에는 지방재정법 및 지방재정법 시행령 그리고 지방자치단체의 조례가 근거법령이 된다.[5]

또한 보조금법은 보조금에 관한 일반법[6]이므로, 개별법에 특별한 규정이 없는 경우에는 개별법에 따른 보조금 지급의 법률관계에 대하여도 보조금법이 적용된다.

### 다. 보조금법에 따른 보조금 교부의 법적 성격

보조금법에 따른 보조금 교부와 관련한 법률구성에 관하여는 행정행위설, 공법상계약설, 사법상계약설, 2단계설 등의 견해가 제시되고 있다. 살피건대, 보조금법은 보조금 교부의 법률관계를 보조금 신청을 받아 행정청이 보조금 교부를 결정하는 방식으로 규정하고 있는 점,[7] 보조금 교

---

4) 대법원 2011. 6. 9. 선고 2011다2951 판결.

5) **지방재정법 제17조(기부 또는 보조의 제한)** ① 지방자치단체는 그 소관에 속하는 사무와 관련하여 다음 각 호의 어느 하나에 해당하는 경우와 공공기관에 지출하는 경우에만 개인 또는 법인·단체에 기부·보조, 그 밖의 공금 지출을 할 수 있다. 다만, 제4호에 따른 지출은 해당 사업에의 지출근거가 조례에 직접 규정되어 있는 경우로 한정한다.

4. 보조금을 지출하지 아니하면 사업을 수행할 수 없는 경우로서 지방자치단체가 권장하는 사업을 위하여 필요하다고 인정되는 경우

**제23조(보조금의 교부)** ② 특별시·광역시·특별자치시·도·특별자치도(이하 "시·도"라 한다)는 정책상 필요하다고 인정할 때 또는 시·군 및 자치구의 재정 사정상 특히 필요하다고 인정할 때에는 예산의 범위에서 시·군 및 자치구에 보조금을 교부할 수 있다.

**지방재정법 시행령 제29조(기부·보조의 제한)** ⑤ 법 제17조 제1항에 따른 지방자치단체의 보조금 또는 그 밖의 공금 지출에 대한 교부신청, 교부결정 및 사용 등에 관하여 필요한 사항은 행정안전부장관이 정하는 기준에 따라 해당 지방자치단체의 조례로 정한다.

6) **보조금법 제3조(다른 법률과의 관계 등)** ① 보조금 예산의 편성·집행 등 그 관리에 관하여는 다른 법률에 특별한 규정이 있는 것을 제외하고는 이 법에서 정하는 바에 따른다.

부 후 사정변경으로 필요한 경우에는 교부결정의 내용을 변경하거나 전부 또는 일부를 취소할 수 있는 점[8]에 비추어 보조금법에 따른 보조금 교부결정은 행정행위라고 보는 것이 타당하고,[9] 판례의 태도도 이와 동일하다.

이에 따라 행정청이 부정한 방법으로 보조금의 교부를 받았음을 이유로 보조금 교부결정을 취소하는 경우, 이를 다투는 소송은 행정소송에 해당한다. 나아가 취소된 부분의 보조사업에 대하여 중앙관서의 장 또는 지방자치단체의 장이 이미 교부된 보조금의 반환을 명하는 경우 관련 규정[10]에서 국세징수의 예에 따라 이를 징수할 수 있도록 규정하고 있으므로, 그 반환청구 소송 또한 민사소송의 방법으로는 행해질 수 없다.[11]

이하 본고에서는 보조금법의 적용을 받는 행정행위로서의 국고보조금 교부에 한정하여 논의를 이어 가고자 한다.

### 2. 보조사업자, 간접보조사업자, 보조금수령자의 구별

#### 가. 개념 정의

보조금법 제2조의 정의 규정에 의하면, '보조사업'이란 보조금의 교부 대상이 되는 사무 또는 사업을 말하고, '보조사업자'란 '보조사업을 수

---

7) **보조금법 제16조(보조금의 교부 신청)** ① 보조금의 교부를 받으려는 자는 대통령령으로 정하는 바에 따라 보조사업의 목적과 내용, 보조사업에 드는 경비, 그 밖에 필요한 사항을 적은 신청서에 중앙관서의 장이 정하는 서류를 첨부하여 중앙관서의 장이 지정한 기일 내에 중앙관서의 장에게 제출하여야 한다.

**제17조(보조금의 교부결정)** ① 중앙관서의 장은 제16조 에 따른 보조금의 교부신청서가 제출된 경우에는 다음 각 호의 사항을 조사하여 지체 없이 보조금의 교부 여부를 결정하여야 한다.

**제19조(보조금교부결정의 통지)** ① 중앙관서의 장은 보조금의 교부를 결정하였을 때에는 그 교부결정의 내용(그에 조건을 붙인 경우에는 그 조건을 포함한다. 이하 같다)을 지체 없이 보조금의 교부를 신청한 자에게 통지하여야 한다.

8) **보조금법 제21조(사정 변경에 의한 교부 결정의 취소 등)** ① 중앙관서의 장은 보조금의 교부를 결정한 경우 그 후에 발생한 사정의 변경으로 특히 필요하다고 인정할 때에는 보조금의 교부결정 내용을 변경하거나 그 교부결정의 전부 또는 일부를 취소할 수 있다.

9) 박균성, 행정법론(하), 박영사(2014), 632−633면.

10) 관련 규정이 수차례 개정되었는데 현재는 보조금법 제33조의3에 규정되어 있음.

11) 대법원 2012. 3. 15. 선고 2011다17328 판결.

행하는 자'를 말한다(제2호, 3). '간접보조금'이란 국가 외의 자가 보조금을 재원의 전부 또는 일부로 하여 상당한 반대급부를 받지 아니하고 그 보조금의 교부 목적에 따라 다시 교부하는 급부금을 말하고, '간접보조사업'이란 간접보조금의 교부 대상이 되는 사무 또는 사업을 말하며, '간접보조사업자'란 간접보조사업을 수행하는 자를 말한다(제4, 5, 6호).

2011. 7. 25. 개정 보조금법에서 신설된 '보조금수령자'란 보조사업자 또는 간접보조사업자로부터 보조금 또는 간접보조금을 지급받은 자를 말한다(제8호).

나. 구분의 필요성

보조금법은 위와 같이 보조사업자와 간접보조사업자, 보조금수령자를 명확히 구분하고 있으나, 현실에서는 보조금을 지급받은 사람이 위 3인 중 어디에 해당하는지 판단하기 어려운 경우가 많다.[12] 실무에서도 아직 수인의 간접보조사업자가 존재할 수 있는지, 간접보조사업자가 보조금 수령자의 지위를 겸할 수 있는지[13] 여부에 관한 논의가 정리되지 않았다.

그럼에도 보조금법이 보조사업자, 간접보조사업자, 보조금수령자를 명확히 구분할 뿐만 아니라 각자의 지위에 따라 용도 외 사용금지의무(제22조), 사업내용 변경에 관한 승인의무(제23조), 수행상황 보고의무(제25조), 보조금 반환의무(제31조) 등에 관하여 각기 다른 내용이 적용되므로, 먼저 보조금을 지급받은 사람이 어느 지위에 해당하는지 여부를 명확히 할 필요가 있다. 특히, 보조금법은 거짓 신청이나 부정한 방법으로 보조금이나 간접보

12) 대법원 2019. 4. 25. 선고 2016다249328 판결 참조. 대법원은 위 판결에서 국비 보조금의 교부 대상이 되는 사업은 알파코리아의 본점 및 공장을 원고 관내의 이 사건 산업단지로 이전하는 사업이고, 알파코리아는 위 사업을 수행하는 자로서 원고로부터 교부 목적에 따라 국비 보조금을 다시 교부받은 간접보조사업자에 해당하며, 이는 국비 보조금의 지원으로 인한 경제적 혜택이 알파코리아에게 귀속된다고 하여 달리 볼 수 없음을 이유로 알파코리아가 간접보조사업자가 아니라 보조금 수령자에 해당한다고 본 원심을 파기하였다.

13) 간접보조금의 취소 및 반환의 근거규정과 관련하여 간접보조사업자가 보조금수령자의 지위를 겸할 수 있는지 여부가 문제되는데 아직 이에 관한 대법원의 명시적 판결은 없으나 부정설이 타당하다고 생각된다(2018. 6. 15.자 2018두38512 심리불속행기각 판결 참조).

조금을 교부받거나 지급받은 자, 제22조를 위반하여 보조금이나 간접보조금을 다른 용도에 사용한 자에 대하여 구법 시절부터 징역형에 처할 수 있도록 규정해 왔고, 보조금법의 개정에 따라 형사처벌의 범위가 확대되고 있으므로 각각의 지위와 의무에 관한 엄격한 해석이 필요하다.[14)]

### 다. 구별기준

가장 간이하고 의미 있는 구별기준은 당해 보조금을 지급받은 사람이 직접 보조금 교부신청을 하고 국가 또는 지방자치단체가 신청인을 상대로 교부결정을 하였는지 여부이다. 보조금 교부신청과 보조금 교부결정을 통한 행정행위가 이루어진 경우, 그 행정행위의 상대방은 보조사업자의 지위를 갖는다. 당해 보조금이 지방자치단체를 통한 간접보조금인 경우, 보통 지방자치단체의 장이 보조금법 시행령 제17조[15)]의 위임을 받아 보조금 교부신청의 접수를 받고 보조금 교부결정을 하므로 지방자치단체의 장으로부터 보조금 교부결정을 받은 사람을 간접보조사업자로 볼 수 있다. 일반적인 간접보조금 교부의 결정과정은 아래 표와 같다.[16)]

**국 가**(소관 : 중앙관서의 장)

② 국고보조금 지급 신청 ↑ ↓ ③ 국고보조금 지급 결정

**지방자치단체**(보조사업자, 소관 : 단체장)

① 보조금 지급 신청 ↑ ↓ ④ 보조금(국고보조금+지방보조금) 지급 결정

**사 인**(간접보조사업자)

---

14) 대법원 2017. 9. 7. 선고 2016도11103 판결은 보조금법령의 내용, 체계, 취지 등에 비추어 보면, 보조금법은 보조사업자와 간접보조사업자에게 각각 보조금과 간접보조금의 용도 외 사용 금지의무를 부과하고, 이를 위반한 보조사업자와 간접보조사업자를 각각 보조금법 제41조 위반죄로 처벌하는 데 반하여, 사업내용 변경에 관하여는 '보조사업자'에게만 중앙관서의 장의 승인을 받을 의무를 부과하고 있을 뿐만 아니라, '간접보조사업'이 아닌 '보조사업'의 내용을 변경하는 행위만을 보조금법 제42조 위반죄의 처벌대상으로 하고 있다고 봄이 타당하다고 판시하였다.

15) **제17조(사무의 위임)** 중앙관서의 장은 다음 각 호에 해당하는 사무 중 해당 중앙관서의 장이 정하여 고시하는 사무를 소속 관서의 장 또는 지방자치단체의 장에게 위임한다.

1. 법 제16조 제1항에 따른 보조금 교부 신청의 접수

따라서 보조사업자 또는 간접보조사업자로부터 보조금 또는 간접보조금을 지급받은 사람이라 하더라도 보조금 교부결정의 상대방이 아닌 사람은 일응 보조금수령자로 봄이 상당하다.

## Ⅲ. 구 보조금법 제35조의 재산처분제한 규정의 해석

### 1. 재산처분제한 규정의 변천

#### 가. 구 보조금법과 개정 보조금법의 해당 규정

구 보조금법 제35조는 '보조사업자가 중앙관서의 장의 승인 없이 보조금에 의하여 취득된 중요한 재산을 담보로 제공하여서는 아니 된다'고 규정하였는데, 개정 보조금법 제35조 제3항은 '보조사업자 또는 간접보조사업자는 중앙관서의 장의 승인 없이 보조금 또는 간접보조금으로 취득한 중요한 재산을 담보로 제공할 수 없다'고 규정하고 있다.

| 구 보조금법 | 개정 보조금법[17) |
|---|---|
| **제34조(별도계정의 설정등)** ② 보조사업자 또는 간접보조사업자는 보조금 또는 간접보조금으로 취득한 것으로서 대통령령이 정하는 중요한 재산에 대하여는 그 증감과 현재액을 명백히 하여야 한다.<br>**제35조(재산처분의 제한)** 보조사업자는 보조금에 의하여 취득하거나 그 효용이 증가된 것으로서 대통령령이 정하는 중요한 재산은 당해 보조사업을 완료한 후에 있어서도 중앙관서의 장의 승인 없이 보조금의 교부목적에 위배되는 용도에 사용하거나, 양도·교환 또는 대여하거나 담보에 제공하여서는 아니된다. 다만, 대통령령으로 정하는 경우에는 예외로 한다. | **제35조(재산 처분의 제한)** ① 보조사업자 또는 간접보조사업자는 보조금 또는 간접보조금으로 취득하거나 그 효용이 증가된 것으로서 대통령령으로 정하는 중요한 재산(이하 이 조에서 "중요재산"이라 한다)에 대하여는 대통령령으로 정하는 바에 따라 그 현재액과 증감을 명백히 하여야 하고, 그 현황을 중앙관서의 장 또는 해당 지방자치단체의 장에게 보고하여야 한다.<br>② 중앙관서의 장 및 지방자치단체의 장은 제1항에 따라 보조사업자 또는 간접보조사업자로부터 보고받은 중요재산의 현황을 컴퓨터 통신 등을 이용하여 대통령령으로 정하는 바에 따라 공시하여야 한다.<br>③ 보조사업자 또는 간접보조사업자는 해당 보조사업을 완료한 후에도 중앙 |

2. 법 제17조 제1항에 따른 보조금의 교부 결정

16) 이상덕, 국가의 지방자치단체 대한 간접보조금 지원거부에 관한 항소소송에서의 대상적격과 원고적격, 사법 제24호(2013).

| | 관서의 장의 승인 없이 중요재산에 대하여 다음 각 호의 행위를 하여서는 아니 된다. 다만, 대통령령으로 정하는 경우에는 중앙관서의 장의 승인을 받지 아니하고도 다음 각 호의 행위를 할 수 있다.<br>1. 보조금의 교부 목적에 위배되는 용도에 사용<br>2. 양도, 교환, 대여<br>3. 담보의 제공 |
|---|---|

## 나. 현행 보조금법(2016. 1. 28. 법률 제13931호로 개정된 것)의 해당 규정

현행 보조금법은 개정 보조금법 제35조에 아래와 같이 제4항을 신설하여 중요재산처분 제한규정을 위반한 경우 지급된 보조금 또는 간접보조금이나 효용가치 증가액 등을 환수할 수 있도록 하였다. 또한, 보조사업자 또는 간접보조사업자는 중요재산 중 부동산에 관한 소유권 등기를 할 때 보조금 또는 간접보조금을 교부받아 취득하였거나 그 효용가치가 증가한 재산이라는 사항과 중앙관서의 장이 정한 기간이 지나지 아니하였음에도 부동산을 보조금 또는 간접보조금의 교부 목적에 위배되는 용도에 사용, 양도, 교환, 대여 및 담보로 제공하려는 경우에는 중앙관서의 장의 승인을 받아야 한다는 사항을 부기등기하도록 하고, 부기등기일 이후에 제35조 제3항을 위반하여 중요재산을 처분한 경우에는 그 효력을 무효로 한다고 명시적으로 규정하였다(제35조의 2).

나아가, 제35조 제3항 위반행위에 대하여 개정 보조금법까지는 존재하지 않던 형사처벌 조항을 신설하여 5년 이하의 징역 또는 5천만 원 이하의 벌금에 처하도록 하였다(제41조 제2호).[18]

17) 2011. 7. 25. 법률 제10898호로 개정되어 2016. 1. 28. 법률 제113931호로 개정되기 전의 보조금 관리에 관한 법률.

18) 2017. 1. 4. 법률 제 14524호로 개정되면서 제41조 제3호로 변경됨.

**제35조(재산 처분의 제한)** ④ 중앙관서의 장은 보조사업자 또는 간접보조사업자가 해당 보조사업을 완료한 후에도 중앙관서의 장의 승인 없이 중요재산에 대하여 제3항 각 호의 행위를 한 경우에는 대통령령으로 정하는 바에 따라 다음 각 호의 전부 또는 일부에 해당하는 금액의 범위에서 반환을 명할 수 있다.
1. 중요재산을 취득하기 위하여 사용된 보조금 또는 간접보조금에 해당하는 금액
2. 중요재산의 효용가치 증가액에 해당하는 금액
3. 중요재산의 양도, 교환, 대여 또는 담보 제공을 통하여 얻은 재산상의 이익에 해당하는 금액

**제35조의2(중요재산의 부기등기)** ① 보조사업자 또는 간접보조사업자는 중요재산 중 부동산에 대한 소유권 등기를 할 때 다음 각 호에서 정한 사항을 표기내용으로 하는 부기등기(附記登記)를 하여야 한다. 다만, 「국유재산법」 등에 따라 국가·지방자치단체가 취득·관리하는 부동산의 경우에는 그러하지 아니하다.
1. 해당 부동산은 보조금 또는 간접보조금을 교부받아 취득하였거나 그 효용가치가 증가한 재산이라는 사항
2. 보조금 또는 간접보조금의 교부 목적과 해당 부동산의 내용연수를 고려하여 중앙관서의 장이 정한 기간이 지나지 아니하였음에도 그 부동산을 보조금 또는 간접보조금의 교부 목적에 위배되는 용도에 사용, 양도, 교환, 대여 및 담보로 제공하려는 경우에는 중앙관서의 장의 승인을 받아야 한다는 사항

② 제1항에 따른 부기등기는 소유권보존등기, 소유권이전등기 또는 토지·건물표시변경등기와 동시에 하여야 한다. 다만, 보조금 또는 간접보조금의 교부로 부동산의 등기내용이 변경되지 아니하는 경우에는 제27조에 따른 보조사업실적보고서 제출 전까지 부기등기를 하여야 한다.

③ 제1항에 따른 부기등기일 이후에 제35조 제3항을 위반하여 중요재산을 양도·교환·대여하거나 담보물로 제공한 경우에는 그 효력을 무효로 한다.

④ 보조사업자 또는 간접보조사업자는 다음 각 호의 어느 하나에 해당하는 경우에는 제1항에 따른 부기등기 사항을 말소할 수 있다.
1. 보조사업자 또는 간접보조사업자가 제18조 제2항 또는 제31조에 따라 보조금 또는 간접보조금의 전부를 국가에 반환하고, 중앙관서의 장으로부터 이러한 사실을 확인받은 경우
2. 보조금 또는 간접보조금의 교부 목적과 부동산의 내용연수를 고려하여 중앙관서의 장이 정한 기간이 지난 경우

**제41조(벌칙)** 다음 각 호의 어느 하나에 해당하는 자는 5년 이하의 징역 또는 5천만원 이하의 벌금에 처한다.
2. 제35조 제3항을 위반하여 중앙관서의 장의 승인 없이 중요재산에 대하여 금지된 행위를 한 자

### 2. 구 보조금법 제35조의 재산처분제한 규정을 위반한 법률행위의 효력

법률에서 일정한 법률행위를 금지하고 이를 위반한 법률행위의 효력에 관하여 명시적으로 규정하고 있으면 그에 따르면 된다. 그러나 그와 같은 규정이 없는 경우에는 법률의 입법취지와 목적을 고려하여 개별 규

정에 위반한 행위를 무효로 할 경우 발생하는 손익과 유효라고 볼 경우의 손익을 비교형량하여 그 효력을 결정할 수밖에 없다.[19] 이와 관련하여 강행규정, 효력규정, 단속규정의 개념에 대한 학설이 나뉘어져 있으나,[20] 판례는 대체로 그에 위반된 법률행위의 사법상 효력이 부정되는 경우를 큰 구별 없이 '강행규정' 또는 '효력규정'으로, 그렇지 않은 경우를 '단속규정'이라고 칭하고 있다.[21]

대법원은 일찌감치 구 보조금법 제35조는 국가예산으로 교부된 보조금으로 취득한 재산이 그 교부목적과 다른 용도로 사용되거나 처분되는 것을 막음으로써 보조사업에 대한 국가의 적정한 관리와 보조금의 실효성을 지속적으로 확보하기 위한 데에 그 입법취지가 있다고 할 것이므로, 위 규정은 단속규정이 아닌 효력규정이라고 판시하였다.[22] 구 보조금법의 입법취지상 재산처분제한 규정을 위반한 행위를 무효로 볼 경우에 발생하는 거래의 안전이나 법적 안정성에 대한 위해보다는 국가예산이 그 목적에 맞게 제대로 집행되도록 관리·감독함으로써 발생하는 공익이 더 크고 중하다고 본 것이다.[23] 거래의 안전을 확보하기 위한 공시방법 등을 보완할 필요성이 있겠지만 매년 보조금에 막대한 국가 예산이 투입되는 현대 사회복지국가에서 보조금에 관한 적절한 관리· 감독이 절실하다는 측면에서 구 보조금법 제35조를 효력규정으로 본 대법원의 판단은 타당하다고 생각한다.

---

19) 김재형, 법률에 위반한 법률행위, 민사판례연구 제26권(2004), 147면.

20) 곽윤직 편집대표, 민법주해 총칙(2), 박영사, 1992, 260면; 김용담 편집대표, 주석민법 총칙(2), 한국사법행정학회(2010), 476면; 이은영, 민법총칙, 박영사, 2009, 388면, 구체적인 논의는 김지건, 국가계약법상 물가변동에 따른 계약금액 조정규정의 적용을 배제한 특약의 효력, 민사판례연구 제41권(2019), 23면 참조.

21) 대법원 2017. 12. 21. 선고 2012다74076 전원합의체 판결.

22) 대법원 2004. 10. 28. 선고 2004다5556 판결.

23) 정선재, 보조사업자가 보조금에 의하여 취득한 부동산을 중앙관서의 장의 승인 없이 처분한 경우의 효력, 대법원판례해설 제52호(2005).

### 3. 구 보조금법 제35조의 재산처분제한 대상자에 간접보조사업자가 포함되는지

#### 가. 쟁 점

구 보조금법 적용 사안에서 구 보조금법 제35조를 개정 보조금법 제35조 제3항과 마찬가지로 해석하여 구 보조금법 제35조의 ‘보조사업자’에 ‘간접보조사업자’도 포함된다고 볼 수 있는지 여부가 문제된다. 구 보조금법 제35조에 간접보조사업자가 포함되는지 여부가 중요한 이유는 국가로부터 직접 보조금을 지급받는 보조사업자보다 지방자치단체 등을 통하여 간접보조금을 지급받는 간접보조사업자가 훨씬 많아서 그 포함 여부에 따라 거래의 안전에 미치는 영향이 매우 크기 때문이다.

#### 나. 상정 가능한 견해[24)]

**(1) 긍 정 설**

보조금법은 보조금 예산의 적정한 운용과 보조사업의 투명한 집행을 목적으로 하고, 보조금법의 입법취지나 목적을 구현함에 있어 보조사업자와 간접보조사업자를 달리 규율해야 할 특별한 사정을 찾을 수 없다.

개정 보조금법 제35조 제3항에 간접보조사업자가 추가된 것은 개정 이전에 규율하지 않던 간접보조사업자의 행위를 새로운 규율대상으로 편입한 것이 아니라, 개정 이전에도 간접보조사업자에게 적용되던 제35조의 규정을 좀 더 명확히 한 것에 불과하다고 보는 것이 타당하다. 관련 국회의안정보에도 보조금법 제35조 제3항에 간접보조사업자를 추가한 이유가 특별히 명시되어 있지 아니하다.

구 보조금법 시행령 제16조 제3호[25)]는 재산처분의 제한을 받지 아

24) 박재억, 보조금 취득 재산 등의 제분제한에 관한 구 보조금법 제35조와 간접보조사업자에 대한 적용 여부, 대법원판례해설 제117호(2018년 하).

25) **제16조(재산처분의 제한을 받지 아니하는 경우)** 법 제35조 단서의 규정에 의하여 재산처분의 제한을 받지 아니하는 경우는 다음 각 호와 같다.

1. 보조사업자가 법 제18조 제2항의 규정에 의한 조건에 따라 보조금의 전부에 상당하는 금액을 국가에 반환한 경우
2. 보조금의 교부목적과 당해재산의 내용연수를 참작하여 중앙관서의 장이 정하는

니하는 예외사유 중 하나로 "지방자치단체가 보조금 또는 간접보조금으로 취득한 재산의 경우"를 들고 있는바, 구 보조금법 제35조가 간접보조사업자에게 적용되지 않는다면 구태여 처분제한의 예외사유를 규정함에 있어 간접보조금이라는 문언을 사용할 필요가 없다는 점에서, 이는 간접보조금으로 취득한 재산도 원칙적으로 구 보조금법 제35조가 규정하는 처분제한 재산에 해당함을 전제로 한 규정으로 볼 수 있다.

**(2) 부 정 설**

구 보조금법 제35조는 재산처분의 제한을 받는 주체로서 '보조사업자'만을 명시하고 있을 뿐이고 '간접보조사업자'는 포함하지 않고 있으며, 이는 착오에 의한 누락으로 보이지 않는다. 구 보조금법 제34조 제2항은 "보조사업자 또는 간접보조사업자는 보조금 또는 간접보조금으로 취득한 것으로서 대통령령이 정하는 중요한 재산에 대하여는 그 증감과 현재액을 명백히 하여야 한다."라고 정하고 있는데, 입법자가 구 보조금법 제35조에 이르러 착오 또는 실수로 '간접보조사업자'와 '간접보조금'을 빠뜨렸을 것으로는 보기 어렵다.

구 보조금법은 여러 조항을 통해 보조금과 간접보조금, 보조사업자와 간접보조사업자를 구별하여 규율하고 있으므로, 구 보조금법 제35조가 반드시 보조사업자와 간접보조사업자를 같게 규율해야 할 이유는 없다.

보조금법 제35조 제3항은 개정 이전에도 간접보조사업자에게 적용되던 구 보조금법 제35조의 규정을 좀 더 명확히 한 것에 불과한 것이 아니라, 구 보조금법 제35조와 달리 규제의 필요성에 따라 간접보조사업자에 대해서도 재산처분의 제한 대상자로 새로이 규율하기 위하여 개정되었다고 보아야 한다.

구 보조금법 시행령 제16조 제3호가 재산처분의 제한을 받지 아니하는 예외사유 중 하나로 "지방자치단체가 보조금 또는 간접보조금으로 취

---

기간을 경과한 경우

3. 지방자치단체가 보조금 또는 간접보조금으로 취득한 재산의 경우

득한 재산의 경우"를 들고 있으나, 이는 지방자치단체는 구 보조금법 제35조의 적용을 받지 않는다는 의미일 뿐, 간접보조금에 특별한 의미를 부여할 것이 아니다. 같은 조 제1호와 제2호는 간접보조사업자 또는 간접보조금에 대해서 별도로 규율하지 않고 있으므로, 유독 위 제3호만을 근거로 구 보조금법 제35조가 간접보조사업자에 대해서도 규율한다고 해석할 이유는 없다.

다. 판례의 태도(대법원 2018. 11. 15. 선고 2015다247257 판결)

구 보조금법 제35조의 성격, '보조금·보조사업자'와 '간접보조금·간접보조사업자'에 대한 구 보조금법의 규율 체계와 방식, 구 보조금법 제35조의 입법취지 등을 종합적으로 고려하면, 구 보조금법 제35조가 간접보조사업자·간접보조금에는 적용되지 않는다고 보아야 한다. 그 이유는 아래와 같다.

① 구 보조금법 제35조는 효력규정으로서 이에 위반한 처분행위는 무효이다. 구 보조금법 제35조가 간접보조사업자에도 적용된다고 보면 간접보조사업자와 거래한 상대방은 법에서 명시적으로 정하지도 아니한 사정 때문에 해당 거래행위가 무효로 될 수도 있는 불이익을 입는다. 이는 거래의 안전과 법적 안정성에 미치는 영향이 크다. 따라서 구 보조금법 제35조는 그 문언에 따라 엄격하게 해석하여야 하고 쉽사리 확장해석이나 유추해석할 수 있는 성질의 것이라고 보기는 어렵다.

② 구 보조금법 제2조는 '보조금·보조사업·보조사업자'와 '간접보조금·간접보조사업·간접보조사업자'를 정의하면서 이들 용어를 명확하게 구별하고 있다. 이에 따라 구 보조금법은 개별 조항에서 보조사업자와 간접보조사업자를 명시적으로 구별하여 규율하고 있다. 그 예로, 보조사업의 내용 변경 등에 대한 중앙관서의 장의 승인에 관한 구 보조금법 제23조에서는 보조사업자만을 적용 대상으로 명시하고, 용도 외 사용 금지에 관한 구 보조금법 제22조에서는 보조사업자와 간접보조사업자 모두를 적용 대상으로 명시하며, 법령위반 등에 의한 교부결정의 취소에 관한 구 보조금법 제30조에서는 이들 모두를 적용 대상으로 명시하면서도 절

차 측면에서 달리 규율하고 있다.

특히 구 보조금법 제34조 제2항은 구 보조금의 예산 및 관리에 관한 법률 시행령(2011. 10. 26. 대통령령 제23264호로 개정되기 전의 것) 제15조에서 정하고 있는 중요한 재산(이하 '중요재산'이라 한다)의 증감과 현재액을 명백히 하여야 하는 것과 관련하여 '보조사업자 · 보조금' 외에 '간접보조사업자 · 간접보조금'도 적용 대상으로 명시하고 있지만, 구 보조금법 제35조는 '간접보조사업자'와 '간접보조금'을 적용 대상으로 명시하지 않는다.

③ 구 보조금법 제35조는 국가 예산으로 교부된 보조금으로 취득한 재산이 그 교부 목적과 다른 용도로 사용되거나 처분되는 것을 막음으로써 보조사업에 대한 국가의 적정한 관리와 보조금의 실효성을 지속해서 확보하기 위한 데에 그 입법취지가 있다. 따라서 구 보조금법 제35조가 '보조사업자 · 보조금'만을 규율 대상으로 정하여 국가 예산과 지방자치단체의 자체 예산도 재원으로 삼는 간접보조금을 오로지 국가 예산으로만 조성되는 보조금과 달리 취급하는 것이 그 입법취지에 부합한다.

라. 검　토

구 보조금법이 법률 전반에 걸쳐 보조사업자와 간접보조사업자를 명확히 구분하면서 관련 절차와 처벌 규정을 달리 규정하고 있는 점, 중요재산에 대한 공시제도가 도입되지 않은 구 보조금법 적용 사안에서 거래의 안전을 저해하면서까지 제35조를 효력규정으로 해석하기 위해서는 명확한 법적 근거가 필요한 점, 시행령 제16조 제3호는 지방자치단체가 취득한 재산에 대하여는 재산처분제한규정이 적용되지 않는다는 취지로 이해할 수 있고 시행령의 규정을 이유로 법률 자체의 해석을 달리하기는 어렵다는 점 등을 종합해 볼 때, 구 보조금법 제35조의 재산처분제한 대상자에 간접보조사업자가 포함되지 않는다고 본 대법원의 판단은 타당하다.

## Ⅳ. 개정 보조금법 제35조의 해석과 관련된 문제점

### 1. 개정 보조금법의 적용시점

#### 가. 문제의 제기

개정 보조금법은 보조사업자 뿐만 아니라 간접보조사업자도 보조금 또는 간접보조금으로 취득하거나 그 효용이 증가된 것으로서 대통령령으로 정하는 중요한 재산(이하 '중요재산'이라 한다)에 대하여 중앙관서의 장의 승인 없이 양도, 교환, 담보제공 등 처분행위를 하여서는 아니 된다고 명시적으로 규정하면서 중앙관서의 장 및 지방자치단체의 장에게 대통령으로 정하는 바에 따라 보조사업자 또는 간접보조사업자로부터 보고받은 중요재산의 현황을 공시하도록 하였다. 이에 따라 보조금법 시행령(2011. 10. 26. 대통령령 제23264호로 개정된 것) 제15조는 보조사업자 또는 간접보조사업자에게 법 제35조 제1항에 따라 장부를 갖추어 두고 중요재산에 대하여 현재액과 수량의 증감을 기록하고, 보조사업 관련 서류를 첨부하여 반기별로 해당 중앙관서의 장 또는 지방자치단체의 장에게 보고할 의무를 부과하고(제2항), 중앙관서의 장 및 지방자치단체의 장에게 법 제35조 제2항에 따라 중요재산의 현황을 해당 기관의 인터넷 홈페이지 등을 통하여 항상 공시하도록 하였다(제3항).

구 보조금법 제35조를 효력규정으로 본 기존 판례의 입장이 개정 보조금법에서 특별이 달라질 만한 사정이 없으므로, 개정 보조금법이 적용되는 사안에서 간접보조사업자가 간접보조금으로 취득한 중요재산을 중앙관서의 장의 승인 없이 처분한 경우 그 처분행위의 효력은 무효라 할 것이다. 그렇다면, 개정 보조금법이 적용되는지 여부에 따라 처분제한 규정을 위반한 간접보조사업자의 법률행위의 효력이 완전히 달라지므로, 개정 보조금법의 적용시점과 그 기준을 명확히 할 필요가 있다.

#### 나. 관련 부칙 규정

개정 보조금법은 부칙에 공포 후 3개월 경과한 날부터 시행한다고 규정하면서 제35조에 대한 경과규정은 별도로 두지 않았다. 반면, 제25조

제3항의 보조사업의 수행 상황점검 등에 관하여는 개정법 시행 후 최초로 보조사업 또는 간접보조사업을 수행하는 보조사업자 또는 간접보조사업자부터 적용한다고 규정하고 있고(부칙 제2조), 제31조 제1항의 보조금 반환에 관한 개정규정은 개정법 시행 후 최초로 교부결정이 취소되는 보조금부터 적용한다고 규정하고 있다(부칙 제3조 제1항).

한편, 현행 보조금법은 제35조 제4항으로 중요재산 취득에 사용된 보조금 등 반환명령 조항을 신설하면서 위 개정규정은 현행법 시행 당시 보조사업 또는 간접보조사업을 수행 중인 보조사업자 또는 간접보조사업자가 현행법 시행 이후 같은 조 제3항에 위반되는 행위를 한 경우부터 적용된다고 규정하고 있다(부칙 제8조). 또한 신설된 부기등기일 이후 처분행위에 대한 명시적 무효조항(제35조의 2)은 현행법 시행 이후 교부받는 보조금 또는 간접보조금으로 취득하거나 효용가치가 증가한 재산부터 적용한다고 규정하고 있다(부칙 제9조).

다. 적용제한의 필요성 검토

법령은 일반적으로 장래 발생하는 법률관계를 규율하고자 제정되는 것이므로 그 시행 후의 현상에 대하여 적용되는 것이 원칙이고, 다만 예외적으로 법령이 그 시행 전에 생긴 현상에 대하여도 적용되는 경우, 이를 법령의 소급적용이라 한다. 이러한 소급입법은 새로운 입법으로 이미 종료된 사실관계 또는 법률관계에 적용케 하는 진정소급입법과 현재 진행 중인 사실관계 또는 법률관계에 적용케 하는 부진정소급입법으로 나눌 수 있는데, 이 중에서 기존의 법에 의하여 이미 형성된 개인의 법적 지위를 사후입법을 통하여 박탈하는 것을 내용으로 하는 진정소급입법은 개인의 신뢰보호와 법적 안정성을 내용으로 하는 법치국가 원리에 의하여 허용되지 아니하는 것이 원칙인 데 반하여, 부진정소급입법은 원칙적으로 허용되지만 소급효를 요구하는 공익상의 사유와 신뢰보호를 요구하는 개인보호의 사유 사이의 교량과정에서 그 범위에 제한이 가하여지는 것이다. 또한, 법률불소급의 원칙은 그 법률의 효력발생 전에 완성된 요건사실에 대하여 당해 법률을 적용할 수 없다는 의미일 뿐, 계속 중인

사실이나 그 이후에 발생한 요건사실에 대한 법률적용까지를 제한하는 것은 아니라고 할 것이다.[26)]

개정 보조금법은 부칙에서 공포 후 3개월 경과한 날부터 시행한다고 규정하고 있고, 제35조에 대한 특별한 적용례 또는 경과규정은 존재하지 아니하므로 간접보조사업자의 처분제한 규정은 공포 후 3개월이 경과한 2011. 10. 26.부터 적용됨이 원칙이다. 즉, 보조금법 시행 전에 간접보조금을 받은 간접보조사업자라도 개정법 시행 이후 처분제한규정을 위반하여 중요재산을 처분한 경우에는 당해 법률행위가 무효가 된다.

이러한 중요재산의 처분제한규정은 확정된 간접보조사업자의 보조금 수급권한을 소급적으로 박탈하는 것과 같이 이미 형성된 개인의 법적 지위를 사후입법을 통하여 박탈하는 내용이 아니고, 간접보조금 수령 이후 간접보조사업자의 중요재산 처분행위라는 새로운 요건사실의 발생으로 인해 개정법을 적용하는 것이므로, 개정 보조금법 제35조를 소급입법이라고 볼 수는 없다. 다만, 간접보조금을 교부받을 당시에는 중요재산에 대한 처분제한규정을 적용받지 않던 간접보조사업자에 대하여 개정 보조금법이 시행되었음을 이유로 처분제한규정을 적용하여 처분행위의 효력을 무효로 하는 것이 처분제한규정이 없던 개정 전 법령에 대한 간접보조사업자의 신뢰에 반하는 것이어서 개정 보조금법 제35조의 적용을 제한하여야 하는지 여부가 문제된다.

라. 상정 가능한 견해

**(1) 제한 불요설-중요재산 처분일 기준설**

개정법 시행일 후 처분행위가 있으면 항상 개정법이 적용된다고 보는 것이 개정 보조금법의 부칙 문언에 가장 부합하고, 국가 예산으로 취득하거나 효용이 증가된 중요재산을 적정하게 관리하려는 보조금법의 취지를 잘 살릴 수 있다. 개정법 시행일 이전에 처분행위가 있었던 경우까지 무효로 보는 것이 아닌 한 재산권의 소급적 박탈에도 해당하지 아니

26) 대법원 2007. 10. 11. 선고 2005두5390 판결.

한다.

실제 국고보조사업은 지자체 보조사업, 민간보조사업으로 나뉘는데, 아래 표[27]와 같이 지자체 보조사업이 국고보조사업의 약 80%를 차지하고, 지자체 보조사업에서 실질적으로 중요재산을 취득하는 자는 지자체가 아닌 간접보조사업자라는 점에서 간접보조사업자에 대하여 제35조를 적용하지 않는다면 위 조항은 실효성을 확보할 수 없다.

〈표〉 국고보조금 사업의 규모(결산액 기준) 및 보조사업 수 추이

| 구 분 | 2005 | 2006 | 2007 | 2008 | 2009 | 2010 | 2011 |
|---|---|---|---|---|---|---|---|
| 보조금 규모(조원) | 62.08<br>37.60% | 24.97<br>14.34% | 27.06<br>15.62% | 33.00<br>16.85% | 39.62<br>18.02% | 36.87<br>16.80% | 37.99<br>16.50% |
| - 지자체보조 | 56.55<br>91.09% | 19.79<br>79.23% | 21.17<br>78.26% | 21.92<br>66.41% | 31.98<br>80.70% | 30.02<br>81.42% | 30.93<br>81.40% |
| - 민간보조 | 5.48<br>8.84% | 5.14<br>20.59% | 5.85<br>21.61% | 10.99<br>33.30% | 7.60<br>19.17% | 6.77<br>18.37% | 7.00<br>18.42% |
| 보조사업 수(개) | 1,168 | 1,336 | 1,544 | 2,389 | 1,942 | 1,798 | 1,841 |
| 전제 세출액(조원) | 165.10 | 174.11 | 173.19 | 195.81 | 219.85 | 219.47 | 230.27 |

자료: 기획재정부(구 재정경제부)의 각 연도 회계연도 결산개요: 통계편(2005~2011년)

### (2) 제한 필요설-보조금 교부일 기준설

구 보조금법에서 간접보조사업자를 처분제한규정의 적용대상으로 보지 않았던 가장 큰 이유는 중요재산임이 공시되지 않는 상태에서 중요재산을 매수하거나 중요재산에 근저당권을 설정한 제3자를 보호하기 위함이고, 이러한 사정은 개정법에서도 다를 바 없으므로 개정법을 적용범위를 정함에 있어서도 거래의 안전을 우선할 필요가 있다. 간접보조금을 교부받을 당시에 처분제한이 없었던 간접보조사업자의 신뢰보호와 거래의 안전을 위하여 개정법 시행 이전에 보조금을 교부받은 간접보조사업자에 대하여는 개정법의 처분금지 조항이 적용되지 않는다고 보아야 한다.

27) 윤기웅 등, 민간에 대한 국고보조사업의 집행부진 원인/유형 분석, 한국행정학고보 제47권 제2호(2013 여름), 192면.

현행 보조금법의 부기등기일 이후 처분행위 무효조항도 '법 시행 후 보조금 수령'을 기준으로 신법을 적용하였으므로, 명시적 조항이 없더라도 같은 기준으로 신법을 적용하여 보조금 교부일이 개정 보조금법 시행 이전이면 적용을 제한하는 것이 타당하다.

### 마. 대상판결의 입장

대상판결은 개정 보조금법이 부칙 제1조에서 이 법은 공포 후 3개월이 경과한 날부터 시행한다고 규정하고 있고, 제35조에 대한 특별한 적용례 또는 경과규정은 존재하지 아니하므로, 간접보조사업자에 대한 처분제한 규정은 개정 보조금법 공포일로부터 3개월이 경과한 날인 2011. 10. 26.부터 적용된다고 판시하였다. 구체적으로는 간접보조사업자인 소외 조합이 이 사건 건물에 관한 근저당권설정계약을 개정 보조금법이 시행된 2011. 10. 26. 이후인 2013. 7. 1.에 체결하였으므로 개정 보조금법이 적용된다고 보아 처분일 기준설을 취하였다.

### 바. 검 토

경과규정이란 새로 법령을 제정하거나 기존 법령을 개폐하는 경우 종전의 제도에서 새로운 제도로의 이행이 순조롭게 행해지도록 법률관계의 승계 또는 중단 등에 대하여 일정한 경과조치를 규정하는 것을 말하는데,[28) 법 개정시 경과규정을 어떻게 규정할지는 기본적으로 입법재량사항이고, 이에 관한 입법자의 판단은 소급입법금지 위반, 과잉금지원칙 위반 등 위헌적 요소가 없다면 기본적으로 존중되어야 한다.

만약, 개정 보조금법에 현행 보조금법 제41조 제2호와 같은 제35조 제3항 위반행위에 대한 형사처벌 조항이 있었다면 간접보조금을 교부받을 당시 처분제한 규정의 적용을 받지 않던 간접보조사업자를 개정법의

28) 대법원 2014. 4. 30. 선고 2011두18229 판결(법령의 전부 개정은 기존 법령을 폐지하고 새로운 법령을 제정하는 것과 마찬가지여서 특별한 사정이 없는 한 새로운 법령이 효력을 발생한 이후의 행위에 대하여는 기존 법령의 본칙은 물론 부칙의 경과규정도 모두 실효되어 더는 적용할 수 없지만, 법령이 일부 개정된 경우에는 기존 법령 부칙의 경과규정을 개정 또는 삭제하거나 이를 대체하는 별도의 규정을 두는 등의 특별한 조치가 없는 한 개정 법령에 다시 경과규정을 두지 않았다고 하여 기존 법령 부칙의 경과규정이 당연히 실효되는 것은 아니다).

적용을 받는다고 보아 형사처벌까지 받게 하는 것은 위 규정의 공익적 성격을 감안하더라도 개인에 대한 과도한 침해가 되어 그 적용을 제한하여야 할 것으로 생각된다.[29] 그러나 개정 보조금법에는 제35조 제3항 위반행위에 대한 형사처벌 조항이 존재하지 아니한다.

또한 현행 보조금법이 부기등기일 이후 처분행위 무효조항과 관련하여 보조금 교부시점을 적용시점으로 삼은 것은 간접보조사업자에게 부동산 소유권등기와 동시에 부기등기를 하도록 하려면 중요재산의 취득 이전이어야 하므로, '시행일 이후 교부된 보조금으로 취득한 재산'부터 적용하도록 한 것으로 이해되고, 여기에 무효의 범위를 제한하기 위한 의도가 있었다고 보기는 어렵다. 오히려 같은 법에서 신설된 중요재산 취득에 사용된 보조금 등 반환명령규정이 현행 법 시행 이후 처분제한규정에 위반되는 행위를 한 경우부터 적용되는 점을 감안할 때, 보조금 교부만으로는 이후 보조금으로 취득한 중요재산에 관한 처분의 자유에 대한 신뢰가 부여된다고 보기도 어렵다.

최근 은행 실무에서도 보조금이 지원된 부동산을 담보로 취득할 경우에는 담보제공에 관한 행정관서의 장의 승인 문서를 받은 후 담보설정

---

29) 대법원 2011. 7. 14. 선고 2009도7777 판결(형벌법규의 해석은 엄격하여야 하고 명문규정의 의미를 피고인에게 불리한 방향으로 지나치게 확장 해석하거나 유추해석하는 것은 죄형법정주의의 원칙에 어긋나는 것으로서 허용되지 않으며, 이러한 법해석의 원리는 그 형벌법규의 적용대상이 행정법규가 규정한 사항을 내용으로 하고 있는 경우에 그 행정법규의 규정을 해석하는 데에도 마찬가지로 적용된다. 가축분뇨의 관리 및 이용에 관한 법률 제50조 제3호는 "제11조 제3항의 규정을 위반하여 신고를 하지 아니하거나 거짓 그 밖의 부정한 방법으로 신고를 하고 배출시설을 설치한 자"를 처벌하도록 규정하고 있고, 법 제11조 제3항은 " 제1항의 규정에 따른 허가대상에 해당하지 아니하는 배출시설 중 대통령령이 정하는 규모 이상의 배출시설을 설치하고자 하는 자는 환경부령이 정하는 바에 따라 시장·군수·구청장에게 신고하여야 한다. 신고한 사항을 변경하고자 하는 때에도 또한 같다."고 규정하고 있는바, 법 제50조 제3호가 정하는 "제11조 제3항의 규정에 의한 신고대상자"는 '대통령령이 정하는 규모 이상의 배출시설을 설치하고자 하는 자 또는 신고한 사항을 변경하고자 하는 자'를 말하는 것이고, 이미 배출시설을 설치한 자는 그 설치 당시에 신고대상자가 아니었다면 그 후 법령의 개정에 따라 신고대상에 해당하게 되었다고 하더라도 법 제11조 제3항에서 규정하고 있는 신고대상자인 '배출시설을 설치하고자 하는 자'에 해당한다고 볼 수는 없다).

을 하도록 여신업무방법[30]을 정하는 등 중요재산 처분제한규정의 존재와 효과에 관한 인식이 확대된 것으로 보인다.

따라서 부칙의 문언에 따라 중요재산 처분일 기준설을 취한 대상판결의 입장이 타당하다고 생각된다.

### 2. 중요재산의 판단 기준

#### 가. 관련 법령

개정 보조금법 제35조 제1항은 보조금 또는 간접보조금으로 취득하거나 그 효용이 증가된 것으로서 대통령령으로 정하는 중요한 재산을 중요재산으로 규정하고 있고, 보조금법 시행령(2011. 10. 26. 대통령령 제23264호로 개정된 것) 제15조는 법 제35조 제1항의 '대통령령으로 정하는 중요한 재산'을 부동산과 종물, 선박, 부표, 부잔교 및 부선거와 그 종물, 항공기, 그 밖에 중앙관서의 장이 보조금의 교부 목적을 달성하기 위하여 특히 필요하다고 인정하는 재산으로 규정하고 있다(제1항).

이와 같이 관련 법령은 보조금 또는 간접보조금으로 취득하거나 그 효용이 증가된 부동산 등을 중요재산이라고 정하고 있을 뿐 구체적인 판단기준에 관하여는 규정하고 있지 않다.

#### 나. 비용 중 일부만이 보조금 또는 간접보조금으로 충당된 경우

부동산의 취득비용이나 효용증가를 위해 사용된 비용 중 일부만이 보조금 또는 간접보조금으로 충당된 경우에도 그 부동산을 중요재산으로 볼 수 있을지 문제된다.

---

30) **농업협동조합 여신업무방법서 규정 제2장 제2절 담보취득 부동산**

**제1조(담보취득제한 부동산)** 다음 각 호의 부동산의 예외 취급사유가 없는 한 담보로 취득할 수 없다.

16. 기타 공·사법 및 행정조치에 의한 제한 대상 부동산 중 환가에 문제가 있어 담보취득이 부적격한 것

〈보조금 지원 대상 물건의 담보취득시 유의사항〉

담보취득 시 해당 물건이 보조금지원 대상사업에 관련된 경우에는 소유자가 제출한 담보제공 승인문서 또는 행정관서의 장(시·도지사에게 그 권한이 위임된 경우에는 시·도지사)이 발행한 담보제공 승인문서를 받은 후 취급한다.

보조금법은 보조금이 지급되는 대상사업, 경비의 종목, 국고 보조율 및 금액을 매년 예산으로 정하도록 하되(법 제9조), 지방자치단체에 대한 보조금에 대하여는 보조금법 시행령 별표 1에서 보조금 지급 대상 사업의 범위와 기준보조율(보조금의 예산계상신청 및 예산편성 시 보조사업별로 적용하는 기준이 되는 국고 보조율)[31]을 구체적으로 정하고 있다. 그런데 지방자치단체에 대한 보조금 대부분은 다시 지방자치단체가 이를 재원의 전부 또는 일부로 하여 상당한 반대급부를 받지 아니하고 다시 그 비율대로 간접보조사업자에게 지급하는 간접보조금으로 사용되고 있고, 보조사업자, 간접보조사업자에게 자기부담금의 납부를 조건으로 교부결정이 내려지는 경우 또한 많다. 그렇다면, 중요재산의 취득비용이나 효용증가를 위한 사용된 비용 중 일정 비율만이 국고보조금으로 충당되는 것은 관련 법령에 따른 자연스러운 현상이므로,[32] 부동산의 취득비용이나 효용증가를 위해 사용된 비용 중 일부만이 국고보조금으로 충당된 경우에도 당해 재산은 중요재산에 해당한다고 보아야 한다.

### 다. 보조금 또는 간접보조금으로 효용이 증가한 재산의 의미

보조금법이 규정한 중요재산 중 '보조금 또는 간접보조금으로 취득한 재산'에 해당하는지 여부는 취득비용에 보조금이 투여되었는지 여부를 살피면 비교적 획일적 기준에서의 판단이 가능하나, '보조금 또는 간접보조금으로 효용이 증가된 재산'에 해당하는지 여부는 시설개량 보조금 등과 같이 그로 인한 효용 증가가 명백한 경우를 제외하고는 사실관계에 기반한 개별적 판단이 필요할 것으로 보인다.

예를 들어 대상판결에서 소외 조합은 간접보조금을 지급받아 자신이 기존에 소유하고 있는 이 사건 토지 지상에 이 사건 건물을 신축하였는데 원고는 소외 조합이 간접보조금으로 이 사건 건물을 건축함으로써 이 사건 토지의 효용이 증가하였으므로 이 사건 토지도 보조금법 제35조의

31) 보조사업에 따라 20~100%까지 구체적으로 정해진다.

32) 대상판결의 사안에서도 총사업비 5억 원 중 국비는 2억 5천만 원이고, 나머지는 군비 5천만 원과 자기부담금 2억 원으로 구성되어 있다.

중요재산에 해당한다고 주장하였다.

그러나 이 사건 보조금은 이 사건 건물의 신축비용으로 사용되었을 뿐 이 사건 토지의 개량 등 효용증가를 위해 사용된 것이 아닌 점, 이 사건 건물의 신축으로 이 사건 토지의 시가가 상승하였을 수는 있으나 건물 신축으로 인한 반사적 시가 상승을 이 사건 토지 자체의 효용 증가로 보기는 어려운 점, 오히려 토지 지상에 신축된 이 사건 건물로 인하여 이 사건 토지의 사용, 수익이 제한되는 상태가 되었다고 볼 여지도 있는 점 등을 종합해 보면, 간접보조금으로 인해 이 사건 토지의 효용이 증가되었다고 보기는 어렵다고 판단된다. 제1심도 이와 같이 판단하여 이 사건 토지에 관한 근저당권설정등기의 말소를 구한 청구 부분을 기각하였는데 이에 대하여 원고가 항소하지 않아 대법원의 판단은 이루어지 않았다.

### 3. 무효의 범위

#### 가. 문제의 소재

보조금이 교부된 대부분의 사안에서 중요재산의 취득비용이나 효용증가를 위한 사용된 비용 중 일정 비율만이 국고보조금으로 충당되므로, 중요재산의 처분행위 전부를 무효로 보는 것은 과도하고, 가능하다면 처분행위 중 보조금의 비율에 해당하는 부분만을 무효로 보아야 하는지 문제된다.

#### 나. 검　　토

보조금법 제35조 제3항에 규정된 행위는 ① 보조금의 교부목적에 위배되는 용도에 사용, ② 양도, 교환, 대여, ③ 담보의 제공이다. 이 중 보조금이 교부된 부동산에 대한 하나의 양도, 교환, 대여계약의 경우 이를 가분적으로 보기 어려워 일부 무효이론을 적용할 수 없는 사례가 대부분일 것으로 보인다. 다만, 대상판결 사안과 같은 근저당권설정계약의 경우 국고 보조금 부분에만 취소사유가 있고, 나머지 부분이라도 이를 유지하려는 당사자의 가정적 의사가 인정된다고 보아 국고 보조금 2억 5

천만 원 부분만 무효이고 나머지 근저당권 설정계약은 여전히 유효라는 해석도 이론적으로 가능하다고 보인다.

살피건대, 법률행위의 일부가 강행법규인 효력규정에 위반되어 무효가 되는 경우 그 부분의 무효가 나머지 부분의 유효·무효에 영향을 미치는가의 여부를 판단할 때에는, 개별 법령이 일부 무효의 효력에 관한 규정을 두고 있지 않다면 원칙적으로 민법 제137조에 따라 판단하되, 당해 효력규정 및 그 효력규정을 둔 법의 입법취지를 고려하여 나머지 부분의 효력을 판단하여야 한다.[33)]

보조금법이 중요재산에 대한 처분행위에 대하여 중앙관서의 장의 승인을 얻도록 규정한 한 것은 중요재산은 보조금의 교부목적에 따라 사용되어야 하는 재산이므로 중요재산에 대한 양도, 교환, 대여, 담보제공 등 처분행위를 일정 기간 금지하여 중요재산을 보조사업자나 간접보조사업자의 직접적 소유 및 관리 하에 둠으로써 당해 보조사업이 제대로 수행되는지 여부를 효율적으로 관리·감독하고, 향후 보조사업이 제대로 수행되지 아니하여 보조금을 환수하여야 할 경우를 대비하여 중요재산을 확보하기 위한 의도라고 할 것이다. 그럼에도 하나의 법률행위로 행해진 처분행위 중 보조금 비율에 해당하는 부분만이 무효라고 해석하여 보조금법 제35조에 위반한 매매계약이나 근저당권설정계약의 일부만이 무효라고 보게 되면 보조사업의 관리·감독이 현실적으로 어려워지고 보조금을 환수할 수 있는 재산을 실질적으로 확보할 수 없게 된다. 또한 일부무효를 인정하는 경우 당사자의 의사에 따라 나머지 부분의 효력 여부가 결정된다는 점에서 오히려 법률행위의 유·무효에 관한 예측가능성이 떨어지고 거래의 안전을 해할 수 있다.

나아가 현행 보조금법에 신설된 제35조의2 제3항은 "제1항에 따른 부기등기일 이후에 제35조 제3항을 위반하여 중요재산을 양도·교환·대여하거나 담보물로 제공한 경우에는 그 효력을 무효로 한다."라고 명시적

33) 대법원 2004. 6. 11. 선고 2003다1601 판결.

으로 규정하면서 일부 무효에 관한 규정을 두고 있지 아니하다. 대상판결 또한 이 사건 건물에 관한 근저당권설정등기의 전부 말소를 명한 원심판결을 그대로 수긍하였다.

이런 여러 사정을 감안해 볼 때, 중요재산의 취득비용이나 효용증가를 위한 사용된 비용 중 일정 비율만이 국고보조금으로 충당되었다고 하더라도 처분제한 규정에 위반한 하나의 처분행위는 보조금 비율과 무관하게 전부 무효라고 봄이 타당하다.

## V. 현행 보조금법 제35조의2의 해석과 관련된 문제점

### 1. 보조금법 제35조의2의 신설

현행 보조금법에서 신설된 제35조의2는 보조사업자 또는 간접보조사업자가 중요재산 중 부동산에 대한 소유권등기를 할 때 원칙적으로 당해 부동산이 보조금 또는 간접보조금을 받아 취득하거나 효용가치가 증가한 재산이라는 사항과 처분시 중앙관서의 장의 승인을 받아야 한다는 사항을 표기하는 부기등기를 소유권보존등기, 소유권이전등기 또는 토지·건물표시변경등기와 동시에 하여야 한다고 규정하였다(제1항, 제2항). 나아가 위 부기등기일 이후에 제35조 제3항을 위반하여 중요재산을 양도·교환·대여하거나 담보물로 제공한 경우에는 그 효력을 무효로 한다고 명시적으로 규정하고(제3항) 부칙에서 제35조의2의 개정규정은 현행 보조금법 시행 이후 교부받는 보조금 또는 간접보조금으로 취득하거나 효용가치가 증가한 재산부터 적용한다고 적용례를 두었다.

부기등기란 독립한 번호를 붙여서 하는 등기가 아니고 주등기의 번호에 가지번호를 붙여서 하는 등기로서 법령에 부기로 하도록 규정된 경우에만 할 수 있다. 부동산등기법 제52조에서 규정된 부기등기 사항 외에 특별법에 의한 것으로는 주택법 제61조 제5항(구 주택법 제40조 제3항)[34]의 주택건설

34) **제61조(근저당권설정 등의 제한)** ① 사업주체는 주택건설사업에 의하여 건설된 주택 및 대지에 대하여는 입주자 모집공고 승인 신청일(주택조합의 경우에는 사업계획승인 신청일을 말한다) 이후부터 입주예정자가 그 주택 및 대지의 소유권이전

사업에 의하여 건설된 주택 및 대지에 대한 저당권설정 등의 제한, 구 임대주택법 제18조 제2항[35]의 저당권설정 등의 제한 등이 있는데 여기에 보조금법 제35조의2의 부기등기 사항이 추가된 것이다.

그런데 위와 같이 보조사업자와 간접보조사업자에게 부기등기를 하도록 하고 부기등기일 이후에 처분제한 규정을 위반한 처분행위의 효력을 무효로 하는 내용의 제35조의2가 신설됨으로 인해 ① 위 조항의 반대해석상 위 조항이 적용되기 이전의 처분행위를 유효로 보아야 하는지, ② 위 조항이 적용되는 사안에서 부기등기를 하지 않은 채 이루어진 처분행위는 유효한지에 관한 검토가 필요하게 되었다.

---

등기를 신청할 수 있는 날 이후 60일까지의 기간 동안 입주예정자의 동의 없이 다음 각 호의 어느 하나에 해당하는 행위를 하여서는 아니 된다. 다만, 그 주택의 건설을 촉진하기 위하여 대통령령으로 정하는 경우에는 그러하지 아니하다.

1. 해당 주택 및 대지에 저당권 또는 가등기담보권 등 담보물권을 설정하는 행위

③ 제1항에 따른 저당권설정 등의 제한을 할 때 사업주체는 해당 주택 또는 대지가 입주예정자의 동의 없이는 양도하거나 제한물권을 설정하거나 압류 · 가압류 · 가처분 등의 목적물이 될 수 없는 재산임을 소유권등기에 부기등기(附記登記)하여야 한다. (단서 삭제)

④ 제3항에 따른 부기등기는 주택건설대지에 대하여는 입주자 모집공고 승인 신청(주택건설대지 중 주택조합이 사업계획승인 신청일까지 소유권을 확보하지 못한 부분이 있는 경우에는 그 부분에 대한 소유권이전등기를 말한다)과 동시에 하여야 하고, 건설된 주택에 대하여는 소유권보존등기와 동시에 하여야 한다.

⑤ 제4항에 따른 부기등기일 이후에 해당 대지 또는 주택을 양수하거나 제한물권을 설정받은 경우 또는 압류 · 가압류 · 가처분 등의 목적물로 한 경우에는 그 효력을 무효로 한다.(단서 삭제)

35) **제18조(저당권 설정 등의 제한)** ① 임대사업자는 「주택법」 제16조 제1항에 따른 사업계획의 승인을 받아 시행하는 주택건설사업으로 건설된 임대주택에 대하여는 분양전환 이전까지 다음 각 호의 어느 하나에 해당하는 행위를 하여서는 아니 된다.(단서 삭제)

1. 저당권이나 가등기담보 등 담보물권을 설정하는 행위

② 임대사업자는 소유권보존등기 신청과 동시에 제1항에 따른 임대주택(토지임대부 임대주택의 경우에는 해당 주택이 건설된 토지에 대한 지상권을 포함한다)에 대하여는 분양전환 이전까지 제한물권의 설정이나 압류 · 가압류 · 가처분 등을 할 수 없는 재산임을 부기등기(附記登記) 신청하여야 한다.(단서 삭제)

④ 제2항에 따른 부기등기일 후에 해당 임대주택에 제한물권을 설정하거나 압류 · 가압류 · 가처분 등을 하면 그 효력이 없다.

### 2. 기존의 처분제한규정 위반행위가 유효가 되는지 여부

앞서 살핀 바와 같이 대법원은 2004년부터 보조금법 제35조를 효력규정으로 보았고 이러한 태도는 대상판결에서도 다시 확인할 수 있다. 현행 보조금법이 제35조의2를 신설한 취지는 보조금으로 조성한 중요재산의 처분에 대한 관리를 보다 강화하고, 부기등기를 통해서 선의의 제3자의 손해를 미연에 방지하기 위한 것으로,[36] 기존 위반행위의 효력에 관한 반성적 고려는 찾아볼 수 없다. 또한 부칙의 적용례에 제35조의2는 현행법 시행 이후 교부된 보조금으로 취득한 재산에 대해서만 적용한다고 명시되어 있으므로, 현행법 시행 전 교부된 보조금으로 취득한 재산에 대해서는 위 조문이 적용되지 않는다.

그렇다면 제35조의2 제3항의 무효조항은 창설적 규정이 아닌 보조금법 제35조를  위반한 처분행위를 무효로 본 판례의 해석을 확인하는 의미의 규정에 해당한다고 봄이 타당하다. 결국, 제35조의2가 적용되기 이전의 보조금법 제35조 위반행위는 기존 판례의 입장대로 무효라고 할 것이다.

### 3. 제35조의2가 적용되는 사안에서 부기등기를 하지 않은 처분행위의 효력

#### 가. 쟁 점

개정 보조금이 적용되는 사안에서 보조사업자 또는 간접보조사업자가 중요재산에 관하여 중앙관서의 장의 승인 없이 중요재산을 처분한 경우에는 (부기등기 없이도) 그 효력이 무효였다. 그런데 현행 보조금법 제35조의2 제3항은 "제1항에 따른 부기등기일 이후에 제35조 제3항을 위반하여 중요재산을 양도 · 교환 · 대여하거나 담보물로 제공한 경우에는 그 효력을 무효로 한다"고 규정하고 있으므로, 현행 보조금법 제35조의2가

---

36) 국회 의안시스템 홈페이지의 의안, 심사보고서, 회의록 참조.

적용되는 사안에서는 부기등기 이후에 처분행위를 한 경우에만 처분행위가 무효가 되고, 부기등기를 하지 않은 상태에서 처분행위가 이루어진 경우에는 유효로 보아야 하는지 문제된다.

나. 상정 가능한 견해

(1) 긍 정 설

제35조의2는 제1항에서 보조사업자와 간접보조사업자에게 부기등기 의무를 부과하고, 제3항에서 이를 전제로 '제1항에 따른 부기등기일 이후에' 제35조 제3항을 위반하여 처분행위를 한 경우에는 이를 무효로 한다고 규정하고 있다. 따라서 문언대로 부기등기 이후에 처분행위가 있어야 당해 처분행위가 무효가 되고, 부기등기 없이 중요재산을 처분한 경우에는 유효라고 보아야 한다.

부기등기를 하도록 한 것 자체가 거래의 안전을 위한 것이고, 부기등기 여부와 상관없이 처분행위를 무효로 하는 것은 부기등기 제도를 도입한 취지와도 부합하지 않는다.

현행 보조금법이 부기등기 불이행을 규제하는 별도의 규정을 두지는 않았지만 제35조 제3항을 위반하여 중앙관서의 장의 승인 없이 중요재산에 대하여 금지된 행위를 한 자를 5년 이하의 징역 또는 5천만 원 이하의 벌금에 처하는 벌칙 규정을 신설한 점을 감안하면 부기등기를 한 경우에 한하여 처분행위를 무효로 봄이 상당하다.

(2) 부 정 설

현행 보조금법이 제35조의2를 신설한 취지가 보조금으로 조성한 중요재산의 처분에 대한 관리를 보다 강화하고, 부기등기를 통해서 선의의 제3자의 손해를 미연에 방지하기 위한 것이며, 입법 과정을 살펴보아도 달리 기존 위반행위의 효력에 관한 반성적 고려를 찾아볼 수 없음은 앞서 본 바와 같다. 현행법이 보조사업자와 간접보조사업자에게 부기등기를 하도록 한 것은 선의의 제3자를 보호하기 위한 것이기는 하지만 그렇다고 하여 제35조 제3항을 위반한 처분행위의 무효 범위를 축소하고자 의도한 것은 아니다.

긍정설의 견해를 취하면 부기등기를 무효의 요건으로 해석함으로써 기존 판례에서 확인된 무효의 범위를 오히려 축소하는 결과가 되어 보조금으로 조성한 중요재산의 처분에 대한 관리를 보다 강화하려는 입법취지에 반하는 결과에 이르게 된다.

즉, 보조사업자나 간접보조사업자가 부기등기를 자발적으로 하지 않으면 이를 강제할 수 없으므로, 보조사업자나 간접보조사업자가 중요재산을 부기등기 없이 처분하는 경우 처분행위 자체를 무효로 하여 보조금을 실효적으로 환수하고자 했던 입법취지는 몰각된다. 제35조 제3항 위반행위에 대한 형사처벌 조항이 신설되었다고는 하나 현실적으로 위 조항 위반행위로 벌금 이상의 처벌을 받는 경우는 드물다는 점에서 부기등기 없이 중요재산을 처분하는 행위를 방지하는 효과를 기대하기도 어렵다.

따라서 부기등기가 행해진 사안에 대하여는 제35조의2 제3항을 적용하여 부기등기 이후의 처분행위를 무효로 보더라도, 부기등기가 행해지지 않는 사안에 대하여는 반대해석을 하여 유효로 볼 것이 아니라 기존의 판례를 그대로 적용되어 부기등기 없이도 처분행위가 무효라고 보아야 한다.

### 다. 검　토

양론이 모두 가능한 사안으로, 이에 대한 대법원의 판단은 아직 없는 상태이다. 살피건대, ① 법률을 해석함에 있어 입법취지에 기초한 목적론적 해석이 가능하다고 하더라도 명백한 문언을 넘어서는 해석은 허용되기 어려운 점, ② 현행법이 부기등기 불이행에 관한 특별한 제재규정을 두고 있지는 않지만 제35조 제3항 위반행위에 대한 형사처벌 조항을 신설하여 가장 강력한 방법으로 법률에 위반된 처분행위 자체를 억지하고 있는 점, ③ 부정설과 같이 해석하는 경우 유사하게 규정된 주택법이나 임대주택법의 부기등기의 효력에 관한 해석에도 영향을 미치는 점 등을 감안할 때, 제35조의2가 적용되는 사안에서는 제3항에 규정된 대로 부기등기 이후 행해진 처분행위만이 무효라고 해석하는 것이 타당할 것으로 생각된다.

다만, 입법자의 의도와 달리 제35조의2가 신설됨으로 인해 부기등기를 하지 않고 처분행위를 하는 보조사업자와 간접보조사업자, 그로부터 중요재산을 취득한 제3자는 예상치 못한 혜택을 보고, 국가가 유일하게 피해를 보는 상황이 초래될 수 있음은 부인하기 어렵다. 부기등기가 없는 경우라도 악의의 거래 상대방에 대해서는 처분행위의 무효를 주장할 수 있도록 해석하는 것이 보완책이 될 수 있다고 보인다. 보다 근원적으로는 지금까지 보조금법이 수차례 개정되면서 현실을 반영해 온 것처럼 입법자가 이에 대한 적절한 조치를 취할 것을 기대해 본다.

## Ⅵ. 결 론

법 개정이 어려운 민법과 달리 현실적 필요에 따라 개정이 빈번하게 이루어지는 특별법의 특성으로 인해 보조금법 제35조를 위반한 법률행위의 효력을 판단함에 있어서는 적용법령의 확정과 신설 조문의 해석이라는 민사법 영역에서 다소 낯선 선행작업이 요구되고 있다. 나아가 보조금에 대한 엄격한 사후관리의 필요성으로 인해 기존의 행정소송 외에 민·형사소송을 통해 문제가 발생한 보조금을 실효적으로 환수하려는 노력이 계속될 것으로 보인다.

대상판결로 인해 보조금법 제35조 관련 쟁점은 상당 부분 정리된 것으로 보이지만, 아직 현행 보조금법 제35조의2의 부기등기를 하지 않은 처분행위의 효력에 관한 문제가 남아 있고, 처분제한 규정에 위반한 근저당권에 기한 임의경매절차에서 파생되는 문제들에 대한 추가적인 검토가 필요하다. 남아 있는 쟁점들에 대한 관심이 이어지길 바란다.

[Abstract]

# Effect of juristic act infringing restrictions on disposal of important property Under「Subsidy Management Act」

Ko, Eun Seol*

Provisions that restrict the disposal of important property acquired or subsidized with subsidies existed from the time of enactment of Subsidy Management Act. The Supreme Court declared early that disposal in violation of the above provision(Article 35) became nullified because Article 35 is a mandatory provision. Nevertheless, in practice, there were separate interpretations about the scope and enforcement date of Article 35 of Subsidy Management Act. This is because Subsidy Management Act uses special legal terms such as subsidy program operator, indirect subsidy program operator, subsidy recipient and has been amended several times.

Recently, the Supreme Court held that Article 35(3) of Subsidy Management Act(Amended by Act No. 10898, Jul. 25, 2011) is applied to indirect subsidy program operator and the disposal infringing Article 35(3) of indirect subsidy program operator became nullified, while Article 35 of the former Subsidy Management Act(Amended by Act No. 10898, Jul. 25, 2011) is not applied to indirect subsidy program operator. And the Supreme Court declared that Article 35(3) entered into force three months after the date of its promulgation.

According to the subject decision, most of the issues related to Article

* Judge, Mokpo Branch of Gwangju District Court.

35 are likely to be settled. However, the issue associated with supplementary registration of Article 35-2 of current Subsidy Management Act(Amended by Act No. 13931, Jan. 28, 2016) is an area which requires further discussion.

[Key word]

- Subsidy Management Act
- Subsidy program operator, Indirect subsidy program operator
- Article 35, Restrictions on disposal of property
- Effect of juristic act infringing mandatory provisions
- Supplementary registration of important property

## 참고문헌

[단 행 본]

곽윤직 편집대표, 민법주해 총칙(2), 박영사.

곽윤직 · 김재형, 민법총칙, 박영사(2012).

김용담 편집대표, 주석민법 총칙(2), 한국사법행정학회(2010).

박균성, 행정법론(하), 박영사(2014).

이은영, 민법총칙, 박영사(2009).

[논 문]

김길량, 보조금교부결정의 취소처분에 대한 효력정지기간 중 교부된 보조금의 반환의무, 대법원판례해설 제113호(2017년 하).

김병기, 보조금의 법적성질과 보조금 교부결정취소사유, 토지공법연구 제43집 제1호(2009. 2.).

김성은, 보조금범죄의 현황과 효과적 통제방안: 형법적 규제를 중심으로, 형사정책연구 제24권 제1호(통권 제93호).

김재형, 법률에 위반한 법률행위, 민사판례연구 제26권(2004).

김지건, 국가계약법상 물가변동에 따른 계약금액 조정규정의 적용을 배제한 특약의 효력, 민사판례연구 제41권(2019).

민형기, 단속법규 위반행위의 사법상의 효력, 대법원판례해설 제12호(1990).

박재억, 보조금 취득 재산 등의 제분제한에 관한 구 보조금법 제35조와 간접보조사업자에 대한 적용 여부, 대법원판례해설 제117호(2018년 하).

박현정, 국가의 지방자치단체에 대한 보조금지원 거부에 관한 소고, 행정법연구 제32호(2012).

오영준, 임대주택법상 분양전환가격 규정의 강행규정성, 사법 제17호(2011. 9.).

윤기웅 등, 민간에 대한 국고보조사업의 집행부진 원인/유형 분석, 한국행정학고보 제47권 제2호(2013 여름).

이상덕, 국가의 지방자치단체 대한 간접보조금 지원거부에 관한 항소소송에서의 대상적격과 원고적격, 사법 제24호(2013).

이은영, 규제법령에 위반된 법률행위의 무효, 송천 이시윤 박사 화갑기념 논문(1995).

정선재, 보조사업자가 보조금에 의하여 취득한 부동산을 중앙관서의 장의 승인 없이 처분한 경우의 효력, 대법원판례해설 제52호(2005).

# 전매제한규정에 위반된 이주자택지 수분양권 매매계약의 효력

김 기 홍*

■요 지■

계약법의 기본 원리인 사적 자치의 원칙과 그로부터 파생되는 계약 자유의 원칙은 경제정책적, 사회정책적 입법에 따른 수정을 받게 되는데 광범위한 제한이 가해지는 대표적인 영역이 토지거래분야이다.

택지개발촉진법은 공급받은 이주자택지의 전매행위가 원칙적으로 금지되고 일정한 요건 하에 사업시행자의 동의를 받으면 예외적으로 허용된다고 규정한다. 그럼에도 불구하고 특히 분양계약 체결 전에 사업시행자의 동의 없이 이주자택지 수분양권을 전매하는 거래가 횡행하고 있는바, 그 위반행위의 효력에 대하여 원심은 유동적 무효로 보아 매수인이 매도인을 상대로 협력의무의 이행을 청구할 수 있다고 하였다. 반면 대상판결은 분양계약 체결 전에는 사업시행자의 동의 자체가 불가능하다는 이유로 확정적 무효로 보아 매수인이 매도인을 상대로 협력의무의 이행도 청구할 수 없다고 하였다.

우리나라에서 유동적 무효론은 부동산 투기를 근절하기 위해 시행된 토지거래허가제에 대하여 위헌성 논란이 계속되는 가운데 입법취지와 사적 자치의 원칙을 조화시키려는 특수한 배경 하에서 도입 및 발전하였으며 이에 유동적 무효는 '유효'를 지향하는 과도기적 법 상태로 자리매김하였다. 따라서 유동적 무효론을 예외가 아닌 원칙으로까지 지나치게 확장하는 것은 경계할 필요가 있는데, 문언해석이나 입법자의 의사에 부합하지 않고, 거래관계

---

* 의정부지방법원 고양지원 판사.

의 불확실성을 증대시키며, 규제의 실효성을 반감시켜 법률(특히 효력규정)의 규범력을 약화시키는 문제가 있기 때문이다. 더구나 전매제한규정에 위반된 이주자택지 수분양권 매매계약은 토지거래허가제 사안과는 거래구조가 상이하고, 사업시행자의 '동의'의 의미 역시 달리 해석되므로, 예외적 법리인 유동적 무효론을 이러한 경우에도 적용하는 것은 타당하지 않다. 즉 전매제한규정에 위반된 이주자택지 수분양권 매매계약의 효력은 분양계약 체결 전후를 불문하고 효력규정에 위반되므로 확정적으로 무효라고 보아야 한다.

대상판결은 전매제한규정 위반행위의 효력을 확정적 무효로 보는 결론에 있어서는 타당하나, 그 논거에 있어 효력규정 자체로부터 확정적 무효라는 점을 바로 도출하지 않고 원시적 불가능 법리를 끌어들였다는 점에서 다소 아쉬움이 있다.

[주 제 어]

- 택지개발촉진법
- 수분양권 전매계약
- 전매제한규정
- 계약인수
- 유동적 무효
- 확정적 무효
- 원시적 불가능

대상판결 : 대법원 2017. 10. 12. 선고 2016다229393(본소) 이주자택지분양권 매매계약무효확인, 2016다229409(반소) 분양자명의변경절차 이행청구 등 판결

[사안의 개요]

1. 원고(반소피고, 이하 '원고'라 한다)는 2010. 10. 26. 피고(반소원고, 이하 '피고'라 한다)와 사이에 원고 소유의 A 부동산이 부산·진해경제자유구역 명지지구개발사업(이하 '이 사건 개발사업'이라 한다)에 편입됨에 따라 원고가 장차 위 사업의 시행자인 한국토지주택공사로부터 공급받게 될 이주자택지의 분양권(이하 '이 사건 수분양권'이라 한다)을 피고에게 매매대금 7,200만 원에 매도하기로 하는 내용의 매매계약(이하 '이 사건 매매계약'이라 한다)을 체결하고, 피고로부터 같은 날 계약금 1,500만 원, 2010. 11. 1. 잔금 5,700만 원을 지급받았다.

2. 원고는 2013. 9. 6. 위 개발사업의 이주대책 적격예정대상자로 선정되었다.

3. 원고는 2015. 3. 4. 한국토지주택공사와 사이에 X 이주자택지(이하 '이 사건 이주자택지'라 한다)를 207,726,000원에 공급받기로 하는 분양계약(이하 '이 사건 분양계약'이라 한다)을 체결하고, 한국토지주택공사에게 같은 날 계약금 20,772,600원을 지급하였다.

[소송의 경과]

1. 당사자의 주장

가. 원　고

이 사건 매매계약은 원고에게 이 사건 수분양권이 발생하기 전이자 전매가능시기 이전에 체결된 것이고, 사업시행자인 한국토지주택공사의 동의 없이 체결된 것으로서 택지개발촉진법 제19조의2 제1항을 위반하였으므로 무효이다.

나. 피　고

**1) 주위적 반소**

이 사건 매매계약은 유효이고, 한국토지주택공사의 동의를 받았으므로

원고는 피고에게 이 사건 분양계약의 매수인 명의변경절차를 이행할 의무가 있다. 설령 동의가 없었더라도 택지전매에 시행자의 동의를 얻도록 하는 택지개발촉진법 시행령 제13조의3 본문은 모법의 위임범위를 벗어난 것으로서 무효이다.

**2) 제1 예비적 반소**

① 이 사건 매매계약에 관하여 한국토지주택공사의 동의가 없었다고 하더라도 위 매매계약은 유동적 무효 상태에 있으므로 원고는 한국토지주택공사에게 전매동의 신청절차를 이행할 의무가 있다.

② 한국토지주택공사의 동의를 조건으로 원고는 피고에게 이 사건 이주자택지에 관하여 이 사건 분양계약의 매수인 명의변경절차를 이행할 의무가 있다.

**3) 제2 예비적 반소**

이 사건 매매계약에는 원고가 계약을 해지 또는 불이행시 매매대금의 3배에 해당하는 금액을 배상하는 규정이 있는데, 원고는 피고로부터 매매대금 7,200만 원을 지급받았음에도 수분양권 명의변경절차를 이행하지 않고 이행거절의사를 명확히 표시하였으므로, 원고는 피고에게 위약금 2억 1,600만 원 및 지연손해금을 지급할 의무가 있다.

## 2. 제1심[1] 및 원심[2] : 제1 예비적 반소청구 중 전매동의 신청절차 이행청구 부분 인용 / 본소청구, 주위적 반소청구, 제1 예비적 반소청구 중 조건부 명의변경절차 이행청구 부분 각 기각(제2 예비적 반소청구 판단 생략)

가. 이 사건 매매계약 당시 피고에게 장차 공급될 택지를 특정할 기준이 마련되어 있었고, 원고가 이 사건 이주자택지를 공급받음으로써 수분양권의 대상이 확정되었으므로 비록 이 사건 매매계약 체결 당시 구체적인 수분양권이 발생하지 않았다고 하더라도 장래에 발생할 권리에 대한 매매계약으로서는 가능하고 위와 같은 사유만으로 무효라고 볼 수는 없다. 이 사건 이주자택지는 택지개발촉진법 제19조의2 제1항의 적용을 받지 않을 뿐 아니라 특

---

1) 부산지방법원 2015. 12. 16. 선고 2015가합43595(본소), 2015가합43601(반소) 판결.

2) 부산고등법원 2016. 5. 25. 선고 2016나50108(본소), 2016나50115(반소) 판결. 원심판결은 제1심판결을 그대로 인용하여 원고의 본소 및 반소에 관한 항소를 기각하였다.

례로서 전매를 허용하는 이상 '공급받을 택지'에 관한 구체적인 기준이 마련된 상태 하에서의 수분양권 전매를 금지할 필요성을 인정하기 어려우므로, 이 사건 매매계약이 무효라고 볼 수 없다.

나. 택지개발촉진법 시행령 제13조의3에서 예외적으로 이주자택지의 전매가 허용되는 경우를 정하면서 시행자의 동의를 요구한 것이 모법의 위임범위를 벗어난 것이라고 보기 어렵다. 이주자택지 공급의 원래 목적, 택지공급 전 전매행위에 전매제한규정의 적용이 배제되어 아무런 제한이 없게 된다면 택지공급 전 전매행위가 악용되어 부동산투기 방지와 이주대책대상자 보호라는 택지개발촉진법의 입법취지가 몰각되는 결과가 초래되는 점 등에 비추어 이주대책대상자가 택지를 공급받은 후에 행하는 전매행위뿐만 아니라 택지를 공급받기 전에 행하는 전매행위에 대하여도 전매제한규정이 적용된다. 한편 이 사건 매매계약에 관하여 한국토지주택공사의 유효한 동의가 있었다고 볼 증거가 부족하다.

다. 이 사건 매매계약은 유동적 무효 상태에 있다. 따라서 계약당사자 사이에서는 계약이 효력 있는 것으로 완성될 수 있도록 협력할 의무가 있으므로 쌍방 당사자는 공동으로 시행자의 동의를 신청할 의무가 있고, 이러한 의무에 위배하여 동의신청절차에 협력하지 않는 당사자에 대하여 상대방은 협력의무의 이행을 소송으로써 구할 이익이 있다.

[대상판결의 요지 : 파기환송]

구 택지개발촉진법(2010. 5. 17. 법률 제10303호로 개정되기 전의 것, 이하 '택지개발촉진법'이라 한다) 제19조의2, 제31조의2에 의하면, 택지개발촉진법에 따라 조성된 택지를 공급받은 자는 소유권이전등기 시까지 해당 택지를 공급받은 용도대로 사용하지 않은 채 그대로 전매할 수 없고, 다만 대통령령이 정하는 경우에는 이러한 제한을 적용하지 아니할 수 있으며, 이러한 제한을 위반하여 택지를 전매한 경우에 해당 법률행위는 무효로 되고 형사처벌의 대상이 된다. 한편 구 택지개발촉진법 시행령(2011. 8. 30. 대통령령 제23113호로 개정되기 전의 것) 제13조의3(이하 '이 사건 시행령 규정'이라 한다)에 의하면, 택지개발촉진법 제19조의2 제1항 단서에서 "대통령령이 정하는 경우"란 제1 내지 제9호의 어느 하나에 해당되어 시행자의 동의를 받은 경우를 말하며, 다만 제1호 · 제2호 · 제5호 · 제7호의 경우에는 시행자로부터 최초로 택지를 공급받은 자의 경우에만 해당하는데, 제1 내지 제9호는 공익사업을 위한 토지 등의 취득 및 보상에 관한 법률에 따른 이주대책의 실시에 따라 주택건설용지를 공급받거나(제1호), 학교시설용지 · 의료시설용지 등 특정시설용지를 공급받은 경우(제2호), 조성된 택지를 공급받은 자 또는 매수인이 국가, 지방자치단체, 공공기관 또는 지방공사인 경우(제3호, 제4호), 공익사업법에 따른 협의에 응하여 택지개발지구 내에 소유하는 토지 전부를 일정 면적 이상으로 시행자에게 양도함에 따라 일정 규모의 택지를 수의계약의 방법으로 공급받은 경우(제5호), 주택건설사업자의 부도 등으로 분양보증을 한 자에게 소유권이 이전되는 경우(제6호), 매수인이 회사분할로 설립된 회사이거나(제7호) 택지개발 또는 분양관리를 목적으로 하는 신탁계약을 체결한 신탁회사인 경우(제8호), 시행자로부터 공급받은 가격 이하로 전매하는 경우(제9호)를 전매행위의 제한이 적용되지 아니하는 특례로 규정하고 있다.

이러한 택지개발촉진법 규정과 이 사건 시행령 규정 및 도시지역의 주택난을 해소하기 위하여 주택건설에 필요한 택지의 취득 · 개발 · 공급 및 관리 등에 관하여 특례를 규정함으로써 국민 주거생활의 안정과 복지 향상에 이바지함을 목적으로 하는 택지개발촉진법의 입법 취지 등을 종합해 보면, 택지개발촉진법이 소유권이전등기 시까지 법에 따라 조성된 택지의 전매행위를 원칙적으로 금지하고, 다만 택지를 공급받은 경위에 비추어 소유권이전등기 전에 택지분양권을 매도할 기회를 부여할 필요가 있거나 해당 택지의 용도, 전매계약의 당사자, 체결원인, 전매가격 등에 비추어 투기거래의 염려가 없는 경우에 한하여 전매행위를 예외적으로 허용하되 시행자의 동의를 받을 것을 요건으로 규정한 취지는, 택지를 그 용도대로 사용하려는 실수요자에게 택지가 공급될 수 있도록 전매차익의 취득을 목적으로 하는 택지공급신청을 억제할 필요가 있고, 이에 따라 택지의 전매행위에 시행자가 직접 관여하여 전매가 허용되는 요건을 충족하는지 여부를 직접 확인 · 검토한 다음 동의를 하게 함으로써 이러한 동의 없이는 당사자를 구속하는 계약의 효력이 발생하는 것을 금지하려는 데에 있다고 해석된다.

따라서 이 사건 시행령 규정이 전매제한에 대한 특례 요건으로 규정한 '시행자의 동의'는 택지개발촉진법에 따라 조성된 택지에 관하여 택지공급계약이 체결되었음을 전제로 하는 것으로서, 위 택지공급계약을 체결하기 전에 장차 공급받을 택지를 그대로 전매하기로 하는 내용의 택지분양권 매매계약이 체결되었다 하더라도 그 택지분양권 매매계약에 대한 시행자의 동의 자체가 불가능하므로 이는 무효이고 매도인이 장차 공급받을 택지에 관하여 '시행자의 동의' 절차에 협력할 의무도 지지 아니한다고 해석함이 타당하다.

☞ 이 사건 매매계약은 분양계약을 체결하기도 전에 한국토지주택공사의 동의 없이 체결되었으므로 그 효력은 무효이고, 원고는 한국토지주택공사로부터 공급받을 이주자택지에 관한 전매동의 신청절차에 협력할 의무도 부담하지 아니한다.

## 〔研　究〕

### Ⅰ. 서　론

우리의 사법질서는 개인이 자신의 법률관계를 그의 자유로운 의사에 의하여 형성할 수 있다는 '사적 자치의 원칙'을 근간으로 한다.[3] 이러한 사적 자치의 원칙에서 파생되는 계약자유의 원칙은 계약체결, 상대방 선택, 내용, 방식 등을 당사자가 자유롭게 정하고, 그 결정을 존중함으로써 인격 존엄의 가치를 실현하는 계약법의 기본원리이다.[4]

그러나 계약자유의 원칙은 어느 경우에나 반드시 관철되어야 하는 절대적 명제는 아니고,[5] 자유주의적 경제사상이 가져온 폐단을 시정하기 위하여 경제정책적, 사회정책적 입법을 통한 수정을 받고 있다.[6] 계약자유의 원칙에 대하여 광범위한 제한이 가해지는 대표적인 영역이 토지거래분야이다. 토지는 국민들의 삶과 밀접한 관련이 있을 뿐 아니라 투기적 거래가 빈번하게 일어나는 대표적인 재화이기 때문이다.

한편 공공사업 시행에 따른 생활보상으로 주어지는 이주자택지 수분양권은 본래의 취지와는 다르게 불법전매를 통한 투기거래의 온상으로 지목되었고, 이에 택지개발촉진법은 택지전매를 제한하는 규정을 두었다.

3) 대법원 2014. 8. 21. 선고 2010다92438 전원합의체 판결.
4) 양창수 · 김재형, 계약법, 박영사, 2015, 13-15면.
5) 양창수 · 김재형(주 4), 15면.
6) 장수길, "인 · 허가를 요하는 법률행위의 실체법적 고찰", 민사재판의 제문제 제8권, 한국사법행정학회, 1994, 14면.

그럼에도 이에 위반된 불법 전매계약은 여전히 성행하고 있으며 이에 따라 실무상 택지개발촉진법상 전매제한규정에 위반된 이주자택지 수분양권 매매계약에 관한 소송이 많이 제기되고 있다. 택지전매제한규정 위반행위의 사법상 효력 문제는 민사법의 여러 쟁점과 다층적으로 연관되나 궁극적으로는 사적 자치의 원칙에서 비롯된 계약자유의 원칙 및 그 한계 문제와 맞닿아 있다.

이하에서는 먼저 이주자택지 수분양권의 법적 성격에 대하여 개관하고, 이주자택지 수분양권 양도가 어떠한 법적 의미를 가지는지를 분석하고자 한다. 나아가 이를 규제하는 택지개발촉진법상 전매제한규정 및 예외적 허용요건인 사업시행자의 '동의'의 법적 성격에 관하여 토지거래규제라는 측면과 계약인수의 제한이라는 측면에서 각각 고찰한 후, 이를 바탕으로 택지전매제한규정에 위반된 이주자택지 수분양권 매매계약의 효력에 대하여 살펴본다. 이어서 이주자택지 수분양권 매매계약이 확정적 무효가 됨에 따른 당사자들 사이의 법률관계를 간략히 정리하고자 한다.

## Ⅱ. 이주자택지 수분양권의 법적 성격

### 1. 수분양권의 의의

'수분양권'[7]의 구체적인 개념에 대하여는 견해가 일치되어 있지 아니하다. '대상 목적물을 분양받을 수 있는 지위, 즉 수분양권에 기하여 개별적인 분양계약을 체결할 수 있는 지위'라고 보는 견해[8]가 있는 반면

---

7) 분양권이라는 용어가 종종 사용되기도 하나, 분양의 사전적 의미는 '땅이나 건물 따위를 나누어 팖'이므로, 분양권은 분양사업자가 가지는 권리(공동주택의 사업주체 또는 건물주 등이 건축하는 건출물의 전부 또는 일부를 2인 이상에게 판매하거나 판매할 수 있는 권리)와 혼동될 수 있다. 따라서 분양을 받을 수 있는 권리는 '수분양권' 또는 '피분양권'이라고 명명함이 더 적합하다. 홍용석, "공동주택 피분양권의 양도에 관한 사법적 고찰", 집합건물법학 제1권, 한국집합건물법학회, 2008, 179면.

8) 최복규, "택지개발예정지구 내의 이주자택지 공급대상자 확정에 의하여 발생한 구체적인 수분양권에 기하여 이주자택지에 관한 공급계약을 체결할 수 있는 청약권을 공동상속한 경우 그 행사방법", 대법원판례해설 제47호, 법원도서관, 2004, 299면; 서기석, "이주대책에 의한 수분양권의 법적 성질", 행정판례평선, 박영사,

'분양계약이 체결된 후의 권리 또는 분양계약상의 당사자 지위'라고 이해하는 견해[9]도 있다. 대법원은 '이주자택지 수분양권'의 의미를 '이주자가 이주대책을 수립, 실시하는 사업시행자로부터 이주대책대상자로 확인 · 결정을 받음으로써 (분양계약을 체결하기 전에 이미) 취득하게 되는 택지나 아파트 등을 분양받을 수 있는 공법상의 권리'라고 정의한다.[10]

'부동산을 공급받을 수 있는 권리나 지위'를 의미하는 수분양권의 일반적 용례에 비추어 볼 때, 분양계약 체결 전후를 불문하고 그것이 구체적인 법적 권리로 발생하였다면 (광의의) '수분양권'으로 정의할 수 있고, 판례도 기본적으로 그런 입장에 있는 것으로 보인다.[11] 그런데 뒤에서 보는 바와 같이 분양계약 체결을 전후하여 수분양자가 가지는 법적 지위 및 그 지위의 양도를 둘러싼 법률관계는 다소 다르게 전개되므로[12] 이를 개념적으로 구별할 필요가 있다. 따라서 이하에서는 분양계약 체결 전의 수분양권을 '분양계약체결권'으로, 분양계약 체결 후의 수분양권(즉 분양계약상의 당사자 지위)을 '(협의의) 수분양권'으로 구분하여 논의하고자 한다.[13]

---

2011, 594면도 이주자택지 수분양권을 '일종의 공급계약체결권'이라고 한다.

9) 홍대식, "보존등기를 할 수 없는 미등기부동산의 소유권이전등기청구권에 대한 보전처분", 재판실무연구 제2권, 수원지방법원, 1997, 408면은 주택 수분양권에 관하여 주택공급방법을 막론하고 분양계약 청약권자로 선정됨으로써 사업주체에 대하여 분양을 청구하여 우선적으로 분양을 받을 수 있는 권리, 즉 분양을 받기 전 단계의 권리를 '분양청구권'으로, 분양계약의 체결에 의하여 분양을 받은 경우 분양을 받은 뒤의 권리를 '수분양권'으로 정의한다. 홍용석(주 7), 181면 이하도 수분양권을 분양계약이 체결된 후의 계약상 지위를 의미하는 것으로 보고 있다.

10) 대법원 1994. 5. 24. 선고 92다35783 전원합의체 판결.

11) 대법원 1996. 2. 13. 선고 95다36671 판결. 대법원 2010. 6. 10. 선고 2010다2084 판결 등.

12) 가령 이주대책대상자가 분양계약을 체결한 후의 지위는 분양계약상의 당사자 지위이고, 이를 양도하는 계약의 법적 성격은 계약인수에 해당하며, 이는 뒤에서 보는 택지개발촉진법 제19조의2에 따른 전매제한규정의 적용을 받는데 별다른 의문이 없는 반면, 이 사건을 포함하여 실무에서 주로 문제되는 분양계약 체결 전의 수분양권 거래에 대하여는 위 규정의 적용 여부에 관하여 다툼이 있을 수 있다.

13) 권성 · 조해현 · 장성원 · 박순성 · 김상준, 사례해설 가처분의 연구(개정판), 박영사, 2002, 370면은 같은 취지에서 분양을 받기 이전의 권리를 '분양청구권'으로, 분양을 받은 이후의 권리를 '수분양권'이라고 정의한다.

### 2. 이주자택지 수분양권의 법적 성격

#### 가. 이주대책의 의의 및 내용

'이주대책'은 '주거를 상실하게 된 자에 대한 아파트, 택지, 임대주택 등의 특별공급'을 의미한다.[14] 그 제도적 취지는 '이주자들에 대하여 종전의 생활상태를 원상으로 회복시키면서 동시에 인간다운 생활을 보장하여 주기 위한 이른바 생활보상의 일환으로 국가의 적극적이고 정책적인 배려'에 있으며,[15] 헌법 제34조와 제28조에 헌법적 근거를, 손실보상의 기본법령인 공익사업을 위한 토지 등의 취득 및 보상에 관한 법률(이하 '토지보상법'이라 한다) 등[16]에 법률적 근거를 두고 있다.[17] 한편 사업시행자가 택지개발촉진법 또는 주택법 등 관계 법령에 따라 이주대책대상자에게 택지 또는 주택을 공급한 경우에는 이주대책을 수립·실시한 것으로 보게 된다(토지보상법 시행령 제40조 제2항).[18]

그런데 토지보상법은 공익사업을 시행하는 사업시행자의 이주대책의

---

14) 박성준, "이주대책에 대한 쟁송", 행정재판실무연구Ⅲ(재판자료 제120권), 2010, 410면. 이와 비교하여 영업의 근거를 상실한 자에 대한 상업용지, 상가분양권 등의 특별공급을 '생활대책'이라고 부르고, 생활대책도 이주대책과 마찬가지로 생활보상의 일종으로, 이주대책과 달리 근거 법령을 두고 있지는 아니하나, 실무상 일반적으로 이주대책에 준하여 처리된다. 박성준, 위의 글, 410, 447면.

15) 대법원 1994. 5. 24. 선고 92다35783 전원합의체 판결.

16) 그 밖에 개별 법령에서 이주대책을 정하고 있는 경우로는 도시개발법 제24조, 산업입지 및 개발에 관한 법률 제36조, 도시철도법 제16조, 관광진흥법 제66조, 전원개발촉진법 제10조, 폐기물처리시설 설치촉진 및 주변지역지원 등에 관한 법률 제18조 등이 있다.

17) 박평준, "공공용자취득시의 이주대책", 토지공법연구 제8권, 한국토지공법학회, 1999, 170-174면.

18) 토지보상법상 이주대책의 개념요소로는 ① 사업지구 외부의 이주정착지, ② 집단적 이주, ③ 도시계획사업(일단의 주택지조성사업)을 들 수 있다. 택지개발촉진법상 택지 또는 주택 특별공급은 '집단적 이주'와 이를 위한 '이주정착지 조성'을 본질적 요소로 하는 전통적인 의미의 이주대책과 엄밀하게는 구별되는 것이지만, 이주정착지를 마련하기보다 사업대상지에서 발생하는 택지를 공급하는 것이 사업시행자에게도 더 간이하고, 이주대상자 입장에서도 일정한 개발이익을 향유할 수 있다는 장점이 있어 오늘날에는 이렇게 변형된 이주대책이 원칙적인 형태로 자리잡게 되었다. 김종보, "이주대책의 개념과 특별공급의 적용법조", 행정법연구 제28호, 2010, 173면.

수립 · 실시의무를 규정하면서도[19] 그 절차나 내용에 관하여는 구체적인 규정을 두고 있지 않다. 이에 따라 그 실시를 위한 요건이나 절차, 대책의 내용 내지 그 실시의 효과 등에 대하여는 대부분 사업시행자의 개개의 처분에 맡겨지게 되는데, 특히 그 구체적인 내용은 사업시행자가 당해 공공사업의 성질, 사업시행자의 사업상황이나 여건, 그 대상자의 규모 등 제반 사정을 고려하여 재량으로 결정하게 되며, 실제에 있어서도 사업에 따라 택지의 분양, 아파트 입주권의 부여, 개발제한구역 내 주택건축허가 등과 같이 다양한 급부형태를 취하게 된다.[20]

나. 이주대책의 시행단계별 이주자의 법적 지위의 성격

**(1) 이주대책의 시행절차**

이주대책에 따른 이주자택지 공급절차의 진행과정은 개별사업마다 사업시행자의 재량에 따라 달라질 것이나, 일반적으로는 아래의 과정을 거친다.[21]

〈이주대책시행절차〉

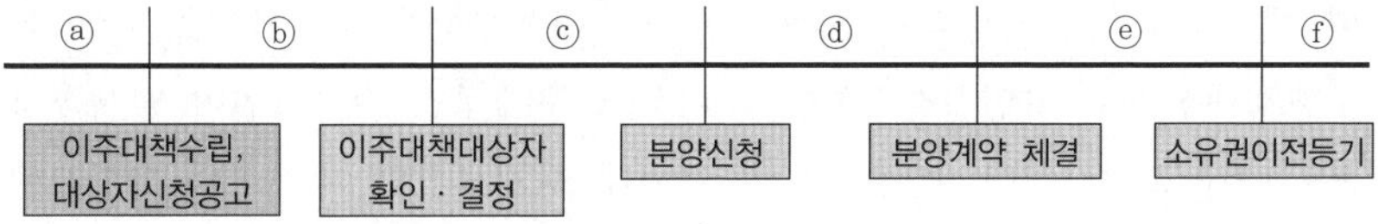

| ⓐ | ⓑ | ⓒ | ⓓ | ⓔ | ⓕ |
|---|---|---|---|---|---|
| 이주대책수립, 대상자신청공고 | 이주대책대상자 확인 · 결정 | 분양신청 | 분양계약 체결 | 소유권이전등기 | |

먼저 사업시행자는 사업지구 내의 일정한 가옥소유자 또는 세입자에 대하여 이주대책을 수립하고, 대상자로 하여금 필요한 서류를 구비하여 제출, 신청하도록 하는 내용의 이주대책대상자신청공고를 한다. 사업시행자는 가옥 및 소유관계와 거주사실 등에 대하여 신청자들이 제출한 서류 및 현장확인을 통하여 조사 · 확인하여 이주자택지 공급대상 여부(대상자

---

19) 토지보상법 제78조(이주대책의 수립 등)
① 사업시행자는 공익사업의 시행으로 인하여 주거용 건축물을 제공함에 따라 생활의 근거를 상실하게 되는 자(이하 “이주대책대상자”라 한다)를 위하여 대통령령으로 정하는 바에 따라 이주대책을 수립 · 실시하거나 이주정착금을 지급하여야 한다.

20) 대법원 1994. 5. 24. 선고 92다35783 전원합의체 판결.

21) 이하는 조용호, “공공용지의 취득 및 손실보상에 관한 특례법상 이주자의 지위”, 국민과 사법(윤관대법원장 퇴임기념), 1999, 618면.

확인 또는 거부)를 신청자에게 개별 통지하고 이를 공고한 후 이의신청절차를 거쳐 최종적으로 대상자를 결정한다. 이주자택지가 조성되면 확정된 이주자들에 대하여 통지 또는 공고를 통하여 일정 기간 내에 분양신청을 하도록 한다. 이주대책대상자가 분양신청을 하면 사업시행자들은 이주대책대상자와 분양계약을 체결한다. 이주대책대상자는 분양대금을 완납하고 자기 앞으로 소유권이전등기를 경료한다.

(2) 이주자의 법적 지위 변화

광의의 이주자택지 수분양권의 발생시기에 관하여, ① 공익사업의 사업시행자에게 이주대책 수립·실시의무를 부과하는 토지보상법 제78조 제1항의 규정만으로 이주자에게 택지 또는 주택을 공급받을 실체적 권리가 발생한다는 법률에 의한 취득설,[22] ② 사업시행자가 실제로 이주대책을 수립하기 전에는 이주자는 추상적인 권리나 법률상 지위만 가지지만 이주대책을 수립한 이후에는 구체적 권리로 바뀌게 된다는 이주대책계획수립시설,[23] ③ 사업시행자가 이주대책에 관한 구체적인 계획을 수립하여 해당자에게 통지 내지 공고한 후 이주대책대상자 선정신청을 받아 이주대책대상자로 확인·결정하여야 비로소 구체적인 수분양권이 발생한다는 확인·결정시설이 대립한다.[24] 그런데 토지보상법 제78조는 사업시행자의 이주대책 수립·실시의무를 규정할 뿐 그 자체로 이주자들에게 구체적인 분양권을 부여하는 규정은 아니며, 이주대책 실시를 위한 요건이나 절차는 사업시행자의 재량에 맡겨져 있기 때문에 ⓑ 단계까지는 사업지구 내 가옥소유자 등이 가지는 이주자택지를 공급받을 수 있을지 여부는 불확실하다. 따라서 ⓑ 단계에서는 이주대책대상자신청권이라는 일종의 특별공급신청권[25]을 가질 뿐, 사업시행자를 상대로 이주자택지라는

22) 대법원 1994. 5. 24. 선고 92다35783 전원합의체 판결의 대법관 김상원, 박만호, 천경송, 박준서의 반대의견.

23) 위 전원합의체 판결의 대법관 배만운의 반대의견.

24) 위 전원합의체 판결의 다수의견. 각 학설의 명칭은 전광식, "공익사업의 시행에 따른 이주대책 및 생활대책", 사법논집 제49권, 법원도서관, 2009, 442-443면에 따른 것이다.

25) 특별공급신청권은 특별공급을 받을 권리와는 다른 개념이다. 대법원 1994. 10.

급부를 요구할 수 있는 구체적이고 직접적인 권리를 가진다고 볼 수 없고,[26] 사업시행자가 이주대책대상자로 확인·결정하는 ⓒ 단계에 이르렀을 때 비로소 구체적인 수분양권이 발생하게 되므로, 확인·결정시설이 타당하고, 판례의 입장도 같다.

따라서 이주대책대상자로 확인·결정하기 전인 ⓐ, ⓑ 단계에서는 이주자에게 법적 보호를 받을 수 있는 구체적인 권리 내지 법률적 지위가 발생하였다고 보기 어렵다(대상판결의 이 사건 매매계약은 ⓐ 또는 ⓑ단계에서 이루어진 것이다). 이주대책대상자로 확인·결정받은 때로부터 분양계약을 체결하기 전인 ⓒ, ⓓ 단계에서는 사업시행자가 구체적으로 정한 분양계약의 내용과 조건에 따라 청약을 할 수 있고 사업시행자는 그 대상자에게 결격사유가 있는 등의 특별한 사정이 없는 한 이를 승낙할 의무가 있으므로,[27] 실체적 권리인 분양계약체결권을 가진다.[28] 분양계약이 체결된 후인 ⓔ 단계에서는 분양계약의 계약당사자로서의 지위를 가지고, 소유권이전등기를 경료한 ⓕ 단계에서는 택지의 소유권자로서의 지위를 가진다.

## Ⅲ. 이주자택지 수분양권 양도의 법적 의미

### 1. 계약인수 일반론

#### 가. 의의 및 요건

계약인수[29]란 '계약당사자인 지위의 승계를 목적으로 하는 계약'을

---

7. 선고 94누11279 판결, 대법원 1992. 1. 21. 선고 91누2649 판결.

26) 따라서 이 단계에서 곧바로 분양의무의 주체를 상대방으로 하여 민사소송이나 공법상 당사자소송으로 이주대책상의 수분양권의 확인 등을 구하는 것은 허용될 수 없다. 대법원 1994. 5. 24. 선고 92다35783 전원합의체 판결.

27) 최복규(주 8), 300면. 이주자택지 공급대상자의 선정기준에 따라 이주자택지 공급대상자를 확정하면 그 공급대상자에게 구체적인 수분양권이 발생하고, 그 후 공급대상자에게 분양신청 기간을 정하여 분양신청을 하도록 통지하면, 공급대상자는 그 통지에 따라 이주자택지에 관한 공급계약을 체결할 수 있는 청약권이 발생하게 된다(대법원 2003. 12. 26. 선고 2003다11738 판결).

28) 권성 등(주 13), 383-384면은 이때 이주자는 특정된 장래의 목적물에 관하여 소정기일에 이르러 본계약의 체결을 요구할 수 있는 매매예약자의 지위와 동일하되, 다만 청약권을 일방(이주자)만이 가진다는 점에서 편무예약과 동일한 법률관계에 있다고 한다.

의미한다.[30] 이를 규정하는 법률규정은 없으나 계약자유의 원칙상 계약인수가 허용된다는 데에는 이론이 없다. 계약인수에는 임대인 또는 임차인 지위의 양도, 영업양도 등에 수반한 고용계약상의 지위승계, 보험목적물의 양도에 수반한 보험계약상의 지위승계 등 다양한 형태가 있으며, 수분양권의 양도 역시 계약인수에 해당한다.[31]

계약인수의 법적 성질에 관하여는 종래 비통일설(계약인수를 그 계약내용을 이루는 개개의 채권양도와 개개의 채무인수로 분해하여 이해하는 견해)과 통일설(채권과 채무를 합한 하나의 계약상의 지위가 양도되는 것으로 보는 견해)의 대립이 있었으나, 우리나라에서는 대부분 학설이 통일설을 취하고 있다.[32]

계약인수의 방식은, ① 삼면계약(3인의 동시적인 합의에 의한 '동시적 삼면계약'과 2인이 먼저 합의하고 나중에 1인이 합의에 가담함으로써 이루어지는 '이시적 삼면계약'이 있다[33])에 의하여 이루어질 수 있을 뿐 아니라, ② 계약양도인과 계약양수인 사이의 이면계약에 의하여 이루어질 수도 있다. 후자의 경우 계약양도인과 양수인 사이의 합의 뿐 아니라 잔류당사자의 동의가 있어야 하며 잔류당사자의 동의는 삼면계약의 성립요건이 아니라 유효요건으로 보는 것이 다수설이며,[34] 대법원도 '양도인과 양수인 및 잔류당사자의 합의에 의한 삼면계약으로 이루어지는 것이 통상적이며 관계당사자 3인 중 2인의 합의가 선행된 경우에는 나머지 당사자가

---

29) 그 밖에 계약양도, 계약당사자 지위의 양도, 채권채무관계의 인수, 계약이전 등의 용어가 사용되기도 한다.

30) 구체적으로는, '계약관계의 동일성을 유지한 채 계약당사자 1인이 계약관계에서 발생한 권리·의무를 포괄한 당사자지위를 계약당사자 이외의 제3자에게 이전하면서 계약관계로부터 탈퇴하고, 제3자가 그 지위를 승계하면서 계약관계의 당사자로 들어가는 것을 목적으로 하는 계약'으로 정의된다. 서민, "계약인수", 민법학논총 제1권, 국가고시학회, 1985, 395면.

31) 양창수 · 권영준, 권리의 변동과 구제, 박영사, 2017, 222면.

32) 김용담, "계약인수의 요건", 민사판례연구 제4권, 박영사, 1982, 86면; 곽윤직 편집대표, 민법주해[Ⅹ] 채권(3), 박영사, 2002, 627면(민형기 집필 부분).

33) 서민(주 30), 408면.

34) 서민(주 30), 411면; 곽윤직, 채권총론, 박영사, 2003, 234면.

이를 동의 내지 승낙하여야 그 효력이 생긴다'고 한다.[35]

잔류당사자의 동의는 인수계약의 당사자 한쪽에 대한 의사표시로 이루어지는데, 묵시적 의사표시에 의하여도 할 수 있으며, 동의의 시기에는 아무런 제한이 없다.[36] 특히 상대방의 사전 동의(계약을 이전할지 여부와 누가 양수인이 될지를 모두 양도인에게 맡기는 사전 동의) 역시 허용된다고 보는 것이 일반적이다.[37] 계약양도인과 양수인 사이에 인수계약을 체결한 후 잔류당사자의 동의가 흠결되면 인수계약이 효력을 발생할 수 없다. 반면 추후 잔류당사자의 동의가 있을 경우에는 계약인수의 효력이 인수계약시로 소급된다는 견해[38]와 원칙적으로 소급하지 않는다는 견해[39]가 대립한다. 생각건대, 채무인수와 같이 별도의 소급효 규정이 없는 이상 법률행위의 효력발생을 위한 요건이 모두 갖춰진 때 법률행위의 효력이 발생한다고 보는 것이 원칙이므로,[40] 소급하지 않는다고 보는 것이 타당하다.

### 나. 잔류당사자의 '동의'의 기능적 의미

한편 최근 계약인수의 법리를 일률적으로 보지 않고, 계약유형 및 계약인수사유별로 독자적인 법리가 전개되는 이상 잔류당사자의 '동의'의 기능과 위치를 구체적으로 세분하여 파악하는 견해가 있다.[41] 가령 임대차계

35) 대법원 2012. 5. 24. 선고 2009다88303 판결.

36) 서민(주 30), 411-412면.

37) 이동진, "계약이전의 연구", 서울대학교 법학 제53권 제1호, 서울대학교 법학연구소, 2012, 701면.

38) 서민(주 30), 411-412면. 위 견해는 소급효의 근거로 민법 제131조의 유추적용을 든다.

39) 양창수 · 권영준(주 31), 222면은 계약인수는 채무인수와 달리 원칙적으로 소급효가 인정되지 않는다고 한다. 이은영, 채권총론, 박영사, 2009, 661면은 계약관계의 이전시기는 다른 약정이 없으면 3인의 의사가 모두 갖추어진 때라고 한다.

40) 오수원, "대항요건을 갖춘 지명채권양도의 효력의 소급성과 유동적무효론", 법조통권 662호, 법조협회, 2011, 4-5면.

41) 이동진(주 37), 677면. 이는 다른 입법례에서도 어느 정도 보편적인 현상이라고 한다. 가령 ① 임대차 목적 부동산이 양도되는 경우 프랑스, 이탈리아, 독일, 오스트리아, 스위스 등 대다수의 입법례가 이른바 대항력을 인정하여 부동산 양도만으로 임대인지위 승계를 인정하고 있고, ② 프랑스, 오스트리아, 스위스 등에서는 임차인에 의한 일방적인 임차권 양도를 허용하며, ③ 프랑스, 영국, 스위스, 오스트리아 등에서는 영업양도 등이 있을 때 근로관계(사용자지위)의 승계를 허용하되 근로자에 의한 해지를 허용하고 있다. 이동진(주 37), 689면. 한편 판례도 '계약상

약에서 대항력이 있는 임대차의 경우 임대차목적물이 양도되면 임대차계약은 (임차인의 동의가 없어도) 신 소유자에게 승계되며(주택임대차보호법 제3조 제4항, 상가건물임대차보호법 제3조 제2항), 대항력이 없는 임대차에서도 임대인과 신 소유자 사이의 임대인 지위양도만으로 (임차인의 동의 없이) 임대차계약이 승계된다.[42] 임차인은 다만 임대차계약 승계를 원하지 않는 경우 해지권을 행사할 수 있을 뿐이다.[43] 또한 영업양도가 이루어지면 반대의 특약이 없는 한 양도인과 근로자 간의 근로관계도 원칙적으로 양수인에게 포괄적으로 승계된다.[44] 즉 개별적인 계약인수마다 당사자들의 이익상황,[45] 계약인수의 제한 여부 등에 따라 잔류당사자의 동의의 요부나 범위가 탄력적으로 적용될 수 있다.

이러한 견지에서 위 견해는 계약인수에서 원칙적으로 요구되는 잔류당사자의 동의의 기능적 의미를 ① 양도제한을 해제하는 동의,[46] ② 양

---

의 지위의 양도·양수, 계약인수 또는 계약가입 등은 민법상 명문의 규정이 없다고 하더라도 그 같은 계약이 인정되어야 할 것임은 계약 자유, 사법자치의 원칙에 비추어 당연한 귀결이나, 그 태양에 따라서 요건과 그 효과가 각기 다를 수 있어 이는 구체적 약관의 내용에 따라 해석하여야 한다'고 하여(대법원 1996. 9. 24. 선고 96다25548 판결) 이러한 가능성을 열어 두고 있는 것으로 보인다.

42) 대법원 1998. 9. 2.자 98마100 결정. 위 결정은 임대인의 의무는 임대인이 누구인가에 의하여 이행방법이 특별히 달라지는 것은 아니고, 목적물의 소유자의 지위에서 거의 완전히 이행할 수 있으며 임차인의 입장에서 보아도 신 소유자에게 그 의무의 승계를 인정하는 것이 오히려 임차인에게 훨씬 유리할 수 있다는 점을 논거로 든다. 이에 대하여 이준현, "임대인의 지위의 양도와 임차인의 동의 또는 승낙", 인권과 정의 제392호, 대한변호사협회, 2004, 156면은 건물 소유를 목적으로 하는 토지임대차의 경우에는 위 판결 논거가 설득력이 있을지 모르나, 건물의 임대차에서는 임차인 입장에서는 임대차 종료 시에 보증금 또는 전세금을 반환받을 수 있을지 여부가 초미의 관심사인데 임대인의 재산적 능력에 따라 좌우될 수 있다는 면에서 의문을 제기한다.

43) 이동진(주 37), 678면.

44) 대법원 1994. 6. 28. 선고 93다33173 판결.

45) 주택이나 상가건물 임대차 실무상 임차목적물의 소유권을 제3자에게 양도 시 임대인 지위도 함께 이전하는 것이 일반적인데, 이때 임대인 지위의 양도를 임차인의 동의나 승낙에 좌우되도록 한다면 임대인은 임대차기간 동안 임대목적물의 처분에 사실상 제한을 받게 되고, 이는 타인의 소유물에 대한 이용권 취득을 주내용으로 하는 임대차계약의 목적을 넘어선 소유권에 대한 중대한 제한이 되어 소유자는 임대차를 꺼리게 되고, 임차인은 임차목적물의 확보에 곤란을 겪게 되어 결과적으로 그 피해가 임차인에게 돌아가게 된다. 이준현(주 42), 164면.

46) 계약상 지위 역시 성질상 또는 특약에 따른 양도제한이 가능하고, 이때 잔류당

도인을 면책시키는 동의,[47] ③ 채권양도의 대항요건(제450조)을 갖추는 동의[48]로 세분한다.[49]

다. 계약인수의 효과

계약인수가 이루어지면, 양도인은 계약관계에서 탈퇴하므로 원계약 당사자 사이에는 계약관계가 없어져 그에 따른 채권·채무관계는 소멸하고, 그 계약관계는 양수인과 원계약의 상대방 사이에 존속한다.[50] 계약에서 이미 발생하고 있는 채권·채무는 물론, 계약에 의하여 장차 발생할 채권·채무도 양수인을 주체로 하여 발생하고, 계약에 따르는 취소권이나 해제권도 이전하게 된다.[51]

2. 수분양권 매매계약의 법적 성격

가. 분양계약 체결 후 수분양권 매매계약

분양받은 이주자택지를 양도하는 계약에는 다양한 유형이 있을 수

---

사자의 동의는 이러한 양도금지를 해제시키는 기능을 한다. 이동진(주 37), 699면.

47) 채무인수의 관점에서는 계약양도인(채무자)과 계약양수인(채무인수인)의 계약에 따른 면책적 채무인수가 효력이 생기려면 원칙적으로 채권자의 승낙(동의)이 필요하고, 이때 동의는 면책에 대한 동의이고, 채권자의 입장에서는 양도인을 면책시키는 것은 자신의 채권에 대한 처분행위이므로, 무권리자의 처분행위에 대한 사후추인의 의미를 가진다. 이동진(주 37), 699면.

48) 이동진(주 37), 699−700면은 계약이전에는 채권양도가 포함되고, 채권양도 · 채무인수와 계약이전이 이론적으로 전혀 별개의 것이 아니라면 그 귀속에 관한 핵심법리가 계약이전에 적용되지 않는 것은 평가모순을 초래할 우려가 있으므로 계약인수에도 민법 제450조의 채권양도 대항요건이 적용되는데, 잔류당사자의 동의는 자신에 대한 대항요건으로서의 의미를 가진다고 하고, 대법원도 채권양도의 대항요건이 임대차계약상의 지위를 양도하는 경우에도 마찬가지로 적용된다고 한다(대법원 2017. 1. 25. 선고 2014다52933 판결). 그러나 채권양도의 대항요건은 채권양수인과 채무자 사이에 서로 의사관여가 없으면서 양도인이 양도합의 및 통지·승낙을 통해 매개되는 상황을 전제로 한 것이서 당사자 전원의 의사관여를 전제로 하는 계약인수의 이익상황에 잘 들어맞지 않고, 민법 제450조는 개별채권을 염두에 두고 있는 반면 계약인수는 계약상 권리·의무 전체의 이전을 내용으로 하고 있다는 점에서 민법 제450조를 계약인수에 그대로 유추하는 것은 다소 의문이 있다. 김형석, "계약인수와 대항요건", 민사법학 제83호, 한국사법행정학회, 2018, 141−149면.

49) 이동진(주 37), 697−700면.

50) 김용담 편집대표, 주석민법[채권총칙(3)], 2014, 429면(전원열 집필 부분).

51) 곽윤직(주 34), 234면.

있으나, 그중 수분양권 매매계약, 즉 '이주대책대상자가 소유권이전등기를 마치기 전까지[52] 공급받은 (협의의) 수분양권을 매매하는 계약'이 전형적인 유형이고, 그에 따른 수분양권 양도가 계약인수에 해당함은 앞서 본 바와 같다.[53]

나. 분양계약 체결 전의 수분양권 매매계약

(1) 법적 성격

한편 실무상 문제되는 '이주자택지 수분양권 매매계약'은 대부분 대상판결 사안과 같이 이주대책대상자가 사업시행자와 분양계약을 체결하기 전에 체결되는 경우가 많다. 이 경우 매매계약의 목적물이 분양계약 체결권(사업시행자로부터 이주대책대상자로 확인·결정을 받은 공법상의 자격 내지 권리)인 것처럼 보이기도 하지만, 그와 같은 공법상의 지위 내지 자격은 특정인의 특정자격(이주대책대상자 : 공익사업의 시행으로 인하여 생활근거를 상실하게 되는 자)에 의하여 주어지는 것이므로 법률에서 양도를 허용하고 있는 경우가 아닌 이상 당연히 양도성이 인정된다고 볼 수 없고,[54] 양도하더라도 사업시행자에게 대항할 수 없다. 오히려 택지 공급 전 수분양권 매매계약을 체결함으로써 달성하려는 당사자들의 주목적은 매수인으로 하여금 수분양권에 기하여 공급받을 이주자택지의 소유권을 취득하게 하는 데 있다.[55] 따라서 수분양권 매매계약을 체결한 당사자들의 진정한 의사, 즉 위 계약의 실제적 의미는 '(이주자가 자신 명의로 분양계약을 체결한 이후) 장래 발생할 분양계약상의 지위 또는 그 이행으로 취득할 부동산의 소유권을 포함하는 수분양자로서의 포괄적인 지위'를 양도하기로 한 것으로 보아야 한다. 대상판결 사안을 포함하여 일반적인

52) 이주대책대상자가 분양대금을 완납하고 자기 앞으로 소유권이전등기를 마친 후에는 더 이상 '수분양권'이 존재하지 않고 일반적인 부동산 매매가 될 뿐이다.

53) 양창수·권영준(주 31), 222면; 이동진(주 37), 670면; 이원석, "아파트 허위·과장광고로 인한 표시광고법상 손해배상책임에 있어 수분양자 지위가 양도된 경우와 분양계약이 해제된 경우의 법률관계", 대법원판례해설 제105호, 법원도서관, 2016, 509면. 대법원 1996. 2. 13. 선고 95다36671 판결.

54) 서정우, "주택분양권의 변칙적 양도", 민사판례연구 제11권, 박영사, 1989, 476면.

55) 대법원 1996. 2. 13. 선고 95다36671 판결.

수분양권 매매계약서에도 매매목적물이 '장차 이주대책대상자가 공급받을 수분양권'으로 기재되어 있다. 따라서 이는 일종의 '장래 발생할 계약상의 지위'를 양도하는 계약에 해당한다.

**(2) 유 효 성**

먼저 의무부담행위로서 장래 발생할 권리 내지 지위에 대한 매매계약이 유효하게 이루어질 수 있음에는 의문이 없다(다만 뒤에서 보듯 효력규정에 의하여 매매계약의 효력 자체가 제한될 수 있음은 별개의 문제이다).[56] 나아가 처분행위로서 '장래계약의 인수'는 유효한가? 이에 대하여 별도로 언급하는 문헌은 없으나, 일응 장래채권의 양도에 관한 논의를 참고할 수 있을 것이다. 대법원은 장래채권의 양도에 관하여 '장래 발생할 채권이라도 ① 현재 그 권리의 특정이 가능하고(특정가능성), ② 가까운 장래에 발생할 것임이 상당한 정도로 기대되는(발생개연성) 경우에는 채권양도의 대상이 될 수 있다'고 하여 그 양도가능성을 긍정하고 있다.[57] 생각건대, 이주자택지 수분양권와 같은 장래의 계약상 지위는 그 자체로 거래가 가능한 재산권적 성격을 가지는 점에 비추어 볼 때, 장래계약의 인수 역시 인수대상계약이 그 상대방과 계약내용이 명확하게 특정될 수 있는 특정가능성이 있다면 양도가능성을 부정할 이유는 없을 것이다. 나아가 계약인수는 반드시 3인의 합의에 의한 삼면계약으로 이루어질 것을 요하지 아니하고 계약양도인과 양수인 사이의 합의와 잔류당사자의 동의 내지 승낙하는 방법으로 할 수도 있는 것이므로 처분행위로서 계약양도인과 계약양수인 사이의 인수계약도 유효하게 할 수 있다.[58] 따라서 이주대책 수립이 수반되는 공공사업이 시행되는 이상 이주자가 장래 취득할 수분양권을 양도하는 거래 역시 법률상 제한 등 특별한 사정이 없는 한 유효하다.[59]

---

56) 양창수, "장래채권의 양도", 민법연구 제7권, 박영사, 2005, 245면.

57) 대법원 2019. 1. 31. 선고 2016다215127 판결 등. 다만 이에 대하여는 장래 권리의 처분에 관한 일반법리상 대상의 현존 없이도 처분은 이루어질 수 있는 것이고, 발생개연성 요건을 요하는 것은 자산유동화의 수요에 부합하지 못하며, 애매한 기준을 요구함으로써 당사자들의 법률관계를 불명확하게 하므로 대상의 특정가능성(Bestimmbarkeit)만 있으면 족하다는 비판이 유력하다. 양창수(주 56), 245-264면.

58) 서민(주 30), 410면.

### 3. 수분양권 매도인(이주대책대상자)의 이행의무의 내용

수분양권 매매계약이 유효함을 전제로 이주대책대상자의 의무의 내용을 보면, 우선 분양계약 체결 전 수분양권 매매계약을 체결한 경우 이주대책대상자는 자기 명의로 사업시행자와 사이에 분양계약을 체결해야 하고, 분약계약상 의무 이행이 어느 정도(가령 중도금 납부) 이상 되어야 전매를 허용하는 경우에는 이를 이행해야 한다.[60)]

다음으로 수분양권 매수인 앞으로 수분양자 명의변경절차를 이행해야 하는데, 이주대책대상자가 단독으로 이를 이행할 수 없고 사업시행자의 동의가 필요하므로 그 실질은 '사업시행자의 동의를 받아줄 의무'라 볼 수 있다.[61)] 따라서 이주대책대상자를 상대로 명의변경절차의 이행을 구하는 청구는 단지 물리적인 대장상의 기재를 변경하는 사실적 행위를 소구하는 취지라기보다 계약당사자 지위의 변동을 인정해줄 것을 요구하는 신청 내지 신고를 사업시행자에게 해달라는 취지의 청구, 즉 계약상의 협력의무의 이행을 구하는 것이 된다.[62)]

---

59) 서울고등법원 2009. 1. 16. 선고 2007나110659 판결(심리불속행 기각)은 "장래채권양도의 허용요건에 관한 판례법리가 장래 계약상 지위의 양도에도 마찬가지로 적용된다"고 하면서, 수분양권 대물변제약정 체결 당시 채무자가 이주대책대상자로 선정되기 전이었다고 하더라도, 이주대책 단독주택 공급대상자 선정기준에 해당하는 자였고, 사업시행자는 이주대책 수립·실시의무를 부담하며, 사업지구 규모로 보아 이주대책의 수립이 충분히 예상되었고, 당사자들도 그러한 점을 고려하여 대물변제약정을 체결한 점 등을 종합할 때 수분양권을 부여받을 법률관계의 기초는 확정되어 있었고, 수분양권이 가까운 장래에 발생할 것도 상당한 정도로 기대되었다는 이유로 위 대물변제약정이 유효하다고 판시하였다.

60) 다만 매매계약 체결 이후에는 수분양권 매수인이 자력이 부족한 이주대책대상자에게 돈을 주어 분양대금을 납부하게 하거나, 자신이 직접 이주대책대상자 명의로 대금을 납부하는 경우가 많다. 이때 수분양권 매수인으로부터 이주대책대상자에게 수분양권 취득이 위임되어 있으므로 이주대책대상자는 매수인의 간접대리인으로 볼 수 있다. 송덕수, "타인의 명의를 빌려 체결한 토지분양계약의 효력", 민사판례연구 제14권, 박영사, 1992, 104면 참조.

61) 임대인의 동의를 받지 아니하고 임차권을 양도한 계약도 이로써 임대인에게 대항할 수 없을 뿐 임차인과 양수인 사이에는 유효한 것이고 이 경우 임차인은 양수인을 위하여 임대인의 동의를 받아 줄 의무가 있다(대법원 1986. 2. 25. 선고 85다카1812 판결).

나아가 대법원 2006. 11. 23. 선고 2006다44401 판결은 수분양권 매매계약에 따른 매도인의 급부의무의 내용을 '수분양권에 근거한 목적물의 소유권을 취득할 수 있도록 하여줄 의무'로 넓게 해석하여 '① 분양자측에서 수분양권자 명의변경을 허용하여 매수인 앞으로 수분양권자 명의변경을 함으로써 매매계약의 목적을 달성할 수 있는 경우에 매도인으로서는 수분양권자의 명의변경 절차를 이행하면 그 의무를 다한 것이지만,[63] ② 매수인 앞으로 수분양권자 명의변경이 이루어지지 않고 있는 사이에 매도인이 스스로 분양권을 행사하여 목적물에 관한 소유권을 취득한 경우에는 매수인 앞으로 목적물에 관한 소유권이전등기를 넘겨주는 방법 외에는 매매 목적을 달성하는 방법이 없으므로, 그 분양대금의 청산관계가 남아 있음은 별론으로 하고 매수인에게 목적물에 관한 소유권이전등기절차를 이행할 의무가 있다'고 한다. 즉 판례는 수분양권 매매계약의 성격을 기본적으로 계약인수로 보면서도, 보충적으로는 부동산의 미등기 전매계약의 성격[64]도 가지는 것으로 보는데,[65] 수분양권 매매계약을 체

62) 윤진수, "주류제조면허양도계약의 이행청구와 소의 이익", 민사재판의 제문제 제7권, 한국사법행정학회, 1993, 660면; 진성규, "의사의 진술을 구하는 청구와 소의 이익", 민사판례연구 제12권, 박영사, 1990, 319면; 안정호, "온천발견신고자 명의변경을 구하는 이행의 소 및 확인의 소에 있어서의 소의 이익", 민사판례연구 제28권, 박영사, 2006, 666, 675면. 따라서 이주대책대상자가 당사자간의 약정에 의하여 사업시행자에게 일정한 의사표시를 하여줄 의무를 원고(수분양권 매수인)에 대하여 부담하고 있는 경우에는 판결에 의하여 실제로 명의변경이 되는지 여부를 따질 필요 없이 명의변경절차 이행청구를 인용하여야 한다. 진성규, 위의 글, 320면.

63) 이와 같이 매매목적물의 소유권을 취득할 수 있는 법적 지위를 마련해 줄 의무는 있으나, 소유권이전등기를 마쳐줄 의무까지는 없는 경우에 특히 명의변경절차 이행청구소송의 소의 이익이 인정된다. 양석완, "의사표시를 구하는 소송과 보전처분의 한계", 비교사법 제14권 제3호, 한국비교사법학회, 2007, 684-685면. 판례도 '한국토지개발공사에 비치된 토지피공급자명부가 물권의 득실변경을 가져오는 공부는 아니라 하더라도 이에 등재됨으로써 위 공사와의 관계에서 수분양자로서의 지위가 확인되고 또한 이에 등재됨으로써 장차 대금을 완납할 경우에 토지에 관하여 공사로부터 직접 그 소유권이전등기를 넘겨받을 수 있는 지위를 가지게 되는 것이므로 그 명의변경을 구하는 소송은 소의 이익이 있다'고 한다(대법원 1991. 10. 8. 선고 91다20913 판결).

64) 부동산의 미등기 전매는 사실상·법률상 처분권원에 의하여 매도한 것이므로 타인권리의 매매에 해당하지 않는다는 일부 판례(가령 대법원 1996. 4. 12. 선고 95다55245 판결)가 있으나, 등기주의 원칙상 미등기 전매는 타인권리 매매에 해당한

결하는 당사자들의 의사는 궁극적으로 수분양권에 기한 목적물을 취득하게 하려는 데 있으므로 이와 같은 해석은 당사자들의 합리적인 의사에 부합한다.

그런데 위 대법원 2006다44401 판결을 비롯한 이상의 논의는 택지전매제한규정이 입법되기 이전, 즉 수분양권 매매계약이 유효한 경우의 논의이다. 이하에서는 택지개발촉진법상 택지전매제한규정이 입법됨에 따라 법률관계가 어떻게 달라지는지를 살펴본다.

## Ⅳ. 택지개발촉진법상 전매제한규정[66]에 대한 고찰

### 1. 택지개발촉진법상 전매제한규정(☞별지 「관계 법령」 참조)

택지개발촉진법은 분양받은 택지의 전매행위를 원칙적으로 금지하고 있다. 위 법에 따라 조성된 택지를 공급받은 자는 소유권이전등기를 하기 전까지는 그 택지를 공급받은 용도대로 사용하지 아니한 채 그대로 전매(專賣)(명의변경, 매매 또는 그 밖에 권리의 변동을 수반하는 모든 행위를 포함하되, 상속의 경우는 제외한다)할 수 없다(택지개발촉진법 제19조의2 제1항 본문. 이하에서는 택지개발촉진법 제19조의2를 '택지전매제한규정'이라고 한다). 위 조항은 상속을 제외한 모든 형태의 이주자택지 전매행위를 금지하는 포괄적인 규

다고 보아야 하며, 이는 원칙적으로 유효하다. 김재형, "부동산의 미등기전매가 타인의 권리매매에 해당하는지 여부", 인권과 정의 제260호, 대한변호사협회, 1998, 75-87면 참조.

65) 따라서 이주자택지에 관하여 이주대책대상자 명의로 소유권이전등기를 마쳤다는 사정만으로는 이주대책대상자의 수분양권 매매계약상의 의무가 이행불능이 되지 않는다.

66) 대상판결의 사안은 원고 소유 부동산이 경제자유구역으로 지정됨으로써 구 경제자유구역의 지정 및 운영에 관한 특별법(2011. 4. 4. 법률 제10529호로 개정되기 전의 것) 제8조 제2호에 따라 경제자유구역의 지정이 있은 때에는 택지개발촉진법 제3조에 따른 예정지구의 지정, 같은 법 제8조에 따른 택지개발계획의 수립의 효과가 발생함에 따라 택지개발촉진법이 적용되었다. 한편 대상판결 사안에 적용된 법령은 정확하게는 구 택지개발촉진법(2010. 5. 17. 법률 제10303호로 개정되기 전의 것)과 구 택지개발촉진법 시행령(2011. 8. 30. 대통령령 제23113호로 개정되기 전의 것)이나, 현행 법령과 표현이 일부 수정된 외에는 이주자택지 전매에 관련하여서는 내용상 별다른 차이가 없다.

정이지만, 주된 취지는 투기적 거래로 연결되는 수분양권 전매행위를 차단하려는 것이다.

한편 택지개발촉진법은 예외적인 경우에 한하여 전매를 허용하는데, i) 택지개발촉진법 시행령 제13조의3 단서 각 호에 해당되어, ii) 최초로 택지를 공급받은 자가(위 시행령 제13조의3 단서 제1호 · 제2호 · 제5호 및 제7호의 경우—이주자택지도 이에 해당한다), iii) 사업시행자의 동의를 받은 경우 공급받은 택지를 전매할 수 있다(택지개발촉진법 제19조의2 제1항 단서, 같은 법 시행령 제13조의3).[67]

택지개발촉진법은 위 전매행위 제한의 실효성을 확보하기 위하여, ① 이를 위반하여 택지를 전매한 자를 3년 이하의 징역 또는 1억 원 이하의 벌금에 처하도록 하고(택지개발촉진법 제31조의2), ② 사업시행자로 하여금 위반행위자에게 택지 공급 당시 가액 및 은행의 1년 만기 정기예금 평균이자율을 합산한 금액을 지급하고 해당 택지를 환매할 수 있는 환매권을 부여하는 규정(택지개발촉진법 제19조의2 제2항)을 두고 있다. 그런데 택지개발촉진법은 이에 그치지 않고 강력한 규제수단으로 ③ 택지를 전매한 해당 법률행위를 '무효'로 하는 규정(택지개발촉진법 제19조의2 제2항)을 두고 있다. 여타 토지거래규제 관련 법령의 전매제한규정이 위반행위의 사법상 효력을 무효로 보는 규정을 두지 않음에 따라 강행규정인지 단속규정인지에 대하여 다툼이 있는 것과 달리[68] 택지

---

67) [주위적 반소청구 관련] 시행령에서 택지전매에 시행자의 동의를 얻도록 한 것이 상위법률인 택지개발촉진법의 위임범위를 벗어나 무효인지 여부가 문제될 수 있으나, 위임된 규정은 수익적 · 시혜적 규정으로서 택지개발촉진법 제19조의2의 기본권 제한을 강화하거나 별도의 내용으로 기본권을 제한하는 규정이라 볼 수 없는 점, 시행령에서 정한 '시행자의 동의'의 부가적인 조건은 택지개발촉진법의 입법취지 및 전매차익의 취득을 목적으로 하는 택지공급신청 억제 등을 달성하기 위한 수단으로 공공적 성격을 띠고 사실관계를 가장 정확하게 파악할 수 있는 사업시행자의 관여를 허용하는 것으로 보이는 점 등에 비추어 상위법률의 위임범위를 벗어난 것으로 보기 어렵다[부산고등법원 2018. 5. 24. 선고 2017나858(본소), 2017나865(반소) 판결].

68) 가령 주택법상 전매제한기간 내 전매행위의 효력에 대하여는 대법원 판례(대법원 2014. 6. 12. 선고 2012다40295 판결 등)가 단속규정으로 보고 있는 반면, 이를 강행규정으로 본 하급심 판결례(대전지방법원 2018. 5. 9. 선고 2017가합104228 판결)도 있다. 한편 어떤 규정을 강행규정으로 볼 것인지, 단속규정으로 볼 것인지는 규정의 취지, 윤리적 비난가능성의 정도, 거래의 안전 및 당사자의 신의·공평을 실질적으로 평가하여 개별적으로 판단할 문제이다. 장수길(주 6), 17–18면.

개발촉진법은 위 전매제한규정이 효력규정[69]임을 분명히 하였다.

### 2. 토지거래규제[70]로서의 택지전매제한규정

#### 가. 토지의 특성 및 거래규제

토지는 모든 인간생활의 불가결한 기초일 뿐 아니라 사회경제적으로 극히 중요한 생산수단으로서 부 또는 권력의 주요 원천이었기에 법의 역사에서 특별한 취급을 받아 왔다.[71] 토지 역시 소유권의 객체인 물건에 해당하지만, 자유로운 소유권 행사의 대상이 되는 다른 물건들과 구별되는 몇 가지 특수성[72] 때문에 토지의 소유권의 성립, 변동 및 행사에 있어서는 상당한 제한이 가해진다.[73]

특히 인구에 비하여 국토가 좁은 우리나라는 1970년대 경제개발 이

---

69) 강행규정, 효력규정, 단속규정의 개념 및 상호간의 관계에 대하여는 견해가 일치하지는 아니하나, 대체로 법률행위를 무효로 하는 규정을 강행규정 또는 효력규정이라 하고, 그렇지 않은 규정을 단속규정 또는 단순한 단속규정이라 한다. 김재형, "법률에 위반한 법률행위", 민사판례연구 제26권, 박영사, 2004, 10면.

70) 토지공법은 규제대상에 따라 ① 토지소유제도, ② 토지이용제도, ③ 토지개발제도, ④ 개발이익환수와 개발손실보상제도, ⑤ 토지거래규제제도, ⑥ 공적 토지취득제도, ⑦ 토지정보 및 시장관리제도 등으로 분류할 수 있고, 택지개발촉진법상 전매제한규정은 그중 토지거래규제제도의 한 내용이다.

71) 양창수 · 권영준(주 31), 39면.

72) 권오승, "토지소유권의 법적 성질", 현대민법학의 제문제 : 청헌 김증한 박사 화갑기념 논문집, 1981, 263-264면은, ① 토지는 인간에게 부여된 자연적 조건으로 다른 물건과 같이 인간의 노동으로 생산될 수 있는 것이 아닌 점, ② 토지는 유한하며 토지에 대한 인간의 지배는 한정된 지표의 일부에 대한 독점으로 나타나는 점, ③ 토지는 움직일 수 없어 위치가 그 본질적 속성을 이루며 지표의 특성에 따라 개성이 강하기 때문에 대체성이 없는 점, ④ 토지는 공간적으로 연속되어 있어 어떤 토지를 특정한 용도로 사용하게 되면 연접한 토지는 반드시 그의 영향을 받게 되며, 다른 사람에게도 다면적인 사용가치를 가지는 점을 든다.

73) 역사적으로 보면, 고대사회에서는 부락 주민의 총유라는 관념에 불과하였던 토지의 소유권개념이 중세를 거쳐 근대시민사회에 이르면서 타의 제약을 받지 않는 절대적 사권으로서 존중받게 되었다가, 토지를 소유한 자가 토지를 소유하지 못한 자를 지배하게 되면서 많은 사회적 문제들이 야기되었다. 김상용, "우리나라에서의 토지거래에 대한 제한", 사법연구 제3권, 청림출판, 1995, 124면. 이에 공공의 이기 내지 공공복리 증진의 관념이 강조되는 현대국가에서는 토지소유권도 신성불가침의 것이 아니고 실정법상의 여러 의무와 제약을 받는다는 이른바 '토지공개념' 이론이 주장되기에 이르렀다(헌법재판소 1989. 12. 22. 선고 88헌가13 전원재판부 결정).

후 부동산 가격의 급격한 상승현상이 발생하였고, 양도차익을 노리는 투기세력이 이를 이용하면서 부동산가격이 대폭 상승하는 사회문제가 심화되었다.[74] 부동산 투기는 사행심을 조장하여 근로의욕을 저하시킬 뿐 아니라 계층 간, 지역 간의 빈부 격차를 심화시킨다.[75] 이에 우리 헌법은 재산권의 행사가 공공복리에 적합해야 함을 선언(헌법 제23조 제2항)하는 데 그치지 않고 나아가 국가는 국민 모두의 생산 및 생활의 기반이 되는 국토의 효율적이고 균형 있는 이용·개발과 보전을 위하여 법률이 정하는 바에 의하여 그에 관한 필요한 제한과 의무를 과할 수 있다고 규정하고 있다(헌법 제122조). 토지거래규제의 구체적인 방법에 관하여는 개별 법령에서 정하고 있는데, 크게 '허가(신고)규정이나 처벌규정만 두고 규제위반 시의 사법적 효력에 대한 명문규정을 두지 아니한 경우'[76]와 택지전매제한규정과 같이 '규제위반 시의 사법적 효력에 관한 명문규정을 둔 경우'[77]로 나눌 수 있다.

---

74) 1989년 발표된 토지공개념연구위원회 연구보고서에 의하면, 1988년 당시 전국의 민유지 소유자 중 상위 5% 계층이 민유지의 65.2%를, 상위 25% 계층이 90.8%를 소유하였고, 하위 50% 계층이 보유한 토지는 전체의 2%에 불과한 것으로 조사되는 등 당시 우리나라의 토지소유 편중현상은 매우 심각한 수준이었다. 성소미, "부동산 법제의 새로운 체계구성과 최근의 입법동향", 토지공법연구 제38권, 한국토지공법학회, 2008, 14면.

75) 박민, "주택시장 안정화 정책과 세제", 공법연구 제32권 제4호, 한국공법학회, 2004, 391면.

76) 여러 규정이 있으나, 전매행위 제한규정 중에서는 ① 주택법상 투기과열지구 등에서 건설·공급되는 주택의 전매제한기간 내의 전매행위(주택법 제64조), ② 투기과열지구 등에서의 분양 건축물의 전매행위(건축물의 분양에 관한 법률 제6조의3)가 있다.

77) 택지전매제한규정 외에 ① 신고관청의 토지거래계약 허가를 받지 아니한 외국인 등의 토지취득계약(부동산 거래신고 등에 관한 법률 제9조), ② 토지거래허가를 받지 아니하고 체결한 허가구역 내 토지거래계약(부동산 거래신고 등에 관한 법률 제11조), ③ 토지은행사업(한국토지주택공사가 공공토지의 비축 및 공급을 위하여 설치한 토지은행계정으로 운영하는 사업)으로 토지를 공급받은 자의 전매행위(공공토지의 비축에 관한 법률 제23조), ④ 공공주택지구로 조성된 토지의 전매행위(공공주택특별법 제32조의3), ⑤ 생활환경정비사업 시행에 따른 조성용지의 전매행위(농어촌정비법 제70조), ⑥ 농어촌주택 정비사업에 의하여 조성된 토지의 전매행위(농어촌마을 주거환경 개선 및 리모델링 촉진을 위한 특별법 제30조), ⑦ 허가를 받지 아니한 전통사찰의 양도, 대여 또는 담보제공(전통사찰의 보존 및 지원에 관한 법률 제9조) 등이 있다.

명문규정이 없더라도 효력규정으로 해석될 수 있으므로 위와 같은 구분에 결정적 차이가 있는 것은 아니지만, 명문규정이 있다는 것은 해당 위반행위를 근절하려는 입법자의 의사가 더욱 분명하게 투영된 것으로 볼 수 있다.

나. 택지전매제한규정 및 사업시행자의 '동의'의 의미

택지전매제한규정은 2007. 4. 20. 법률 제8384호로 개정된 택지개발촉진법에서 최초로 규정되었는데, 그 입법취지는 택지를 분양받아 전매차익을 취하려는 투기행태를 차단하고 분양가격을 안정화하면서 공공택지가 실수요자에게 공급되도록 하려는 것이다.[78] 그중 이주자택지 전매제한규정은 생활보상이 필요한 이주대책대상자에게 택지가 공급되도록 하려는 것으로서, 이처럼 기본적인 생활의 유지를 도모하고자 하는 내용의 사회보장적 권리에 관하여는 법률상 양도제한규정을 두는 경우가 많다.[79]

그런데 이주대책대상자가 사업시행자로부터 받는 이주자택지 수분양권은 상당한 가치를 지닌 재산권이고, 매매가 원칙적으로 금지됨에도 실제로는 수분양권 매매(및 그에 따른 전전매)가 매우 빈번하게 일어난다. 물론 이주자가 다른 지역으로 주거를 이전하는 등 다른 이유도 있을 수 있으나, 수분양권을 부여받더라도 실제로 분양계약을 체결하고 택지나 주택을 구입할 자력이 없는 경우가 많기 때문이다. 결국 이들에게 수분양권을 부여하는 것은 실질적으로는 '부동산'이 아니라 분양권의 '전매이익'을 주는 것이 된다.[80] 따라서 전매제한의 예외적 허용규정 역시 실질적으로는 이주대책대상자를 보호하려는 취지에서 마련되었다고 볼 수 있다.

---

78) 건설교통위원회, "택지개발촉진법 일부개정법률안 검토보고서(2007. 2.)", 16-17면.
79) 채권양도와 관련하여, 임차권(민법 제629조 제1항), 약혼해제·이혼·파양으로 인한 각 위자료청구권(민법 제806조 제3항 본문, 제843조, 제908조), 법률상의 부양청구권(민법 제979조), 근로재해로 인한 보상청구권(근로기준법 제86조), 생명·신체의 침해로 인한 국가배상법청구권(국가배상법 제4조), 형사보상청구권(형사보상법 제23조), 연금을 받을 권리(국민연금법 제58조, 공무원연금법 제39조, 군인연금법 제7조, 사립학교교직원 연금법 제40조) 등을 들 수 있다. 양창수 · 권영준(주 31), 181면.
80) 서정우(주 54), 475면.

위와 같은 이주대책제도 및 택지전매제한규정의 취지나 내용 등을 고려하면, 이주자택지 수분양권의 전매를 제한하는 것은 이주자택지 수분양권의 전매를 원칙적으로 금지하여 이주대책대상자 외의 자가 수분양권(또는 전매이익)을 취득하는 것을 방지하고 투기를 목적으로 한 계약이 구속력을 발생하는 것 자체를 차단하려는 목적에서 입법된 것이고, 여기서 예외적으로 전매가 허용될 수 있는 사업시행자의 '동의'는 거래의 자유를 일반적으로 인정하는 가운데 법률행위를 보충 및 완성해주는 '인가'의 성격보다는 일반적으로 금지된 행위를 개별적으로 해제함으로써 일정한 행위를 할 수 있는 자유를 회복해 주는 의미의 강학상 '허가'의 성격에 가깝다고 봄이 상당하다.

### 3. 계약인수의 법률상 제한으로서의 택지전매제한규정

#### 가. 계약인수의 제한가능성

채권이 성질, 당사자의 의사표시, 법률에 의하여 제한될 수 있는 것과 마찬가지로 계약 역시 양도가 제한될 수 있다.[81] 판례는 '공동수급체의 구성원 지위'는 귀속상의 일신전속적인 권리의무에 해당하여 성질상 양도가 허용되지 않는다고 보고,[82] 양도금지의 특약에 따라 계약인수가 제한될 수 있음을 인정한다.[83] 또한 계약이전시 보험계약 전부를 포괄하여 이전하도록 규정한 보험업법 제140조와 같이 계약인수를 법률상 제한하는 것도 물론 가능하다.[84]

#### 나. 택지전매제한규정 및 사업시행자의 '동의'의 의미

택지전매제한규정은 이주대책대상자가 소유권이전등기 전에 이주자택지를 전매하는 모든 유형의 거래를 원칙적으로 금지하고 있는바, 이는 계약인수의 성격을 가지는 수분양권 매매계약에 관하여는 계약인수에 대

---

81) 김용담(주 32), 90면; 이동진(주 37), 698면.
82) 대법원 2011. 8. 25. 선고 2010다44002 판결.
83) 대법원 1992. 3. 13. 선고 91다32534 판결.
84) 이동진(주 37), 682면 각주 37).

한 법률상 제한에 해당한다.

나아가 택지전매제한규정은 위와 같은 법률상 제한을 위반하는 인수계약의 사법상 효력을 무효로 하는 효력규정을 두고 있다. 원칙적으로 계약인수는 잔류당사자의 동의 없이 계약양도인과 계약양수인 사이의 인수계약 체결만으로는 완전한 효력이 발생하지 아니하므로, 잔류당사자의 동의의 요건을 제한하는 방식(아래에서 보는 바와 같이 택지개발촉진법은 이러한 방식도 취하고 있다)을 통해 법률상 제한에 위반되는 계약인수의 효력발생을 어느 정도 규제할 수 있다. 그럼에도 해당 인수계약 자체를 무효로 하는 규정을 둔 것은 계약인수의 대상이 되는 계약의 양도가능성 자체를 제한함으로써 일상생활 속에서 그와 같은 인수계약이 체결되는 것과 그에 따른 계약인수의 효과 발생 여지를 원천적으로 차단하려는 데 그 취지가 있다고 보아야 한다.[85]

택지전매제한규정은 일정한 요건(① 택지개발촉진법 시행령 제13조의3 단서 각호, ② 최초로 택지를 공급받은 자, ③ 사업시행자의 동의)을 갖춘 경우 예외적으로 전매가 허용된다고 정한다(택지개발촉진법 시행령 제13조의3). 위 허용요건 중 시행자의 '동의'를 요구하는 것 자체는 원칙적으로 잔류당사자의 동의를 요하는 계약인수에 있어서 특별한 요건은 아니다. 그러나 이주대책으로 공급하는 건설주택용지일 것(① 요건), 최초로 택지를 공급받은 자일 것(② 요건) 등의 예외사유에 해당됨을 전제로 시행자의 동의를 요구한 것은, 국민 주거생활의 안정과 복지 향상에 이바지하려는 택지개발촉진법의 입법취지, 투기거래 발생을 방지하고 택지개발사업을 관련 법령에 맞게 시행할 의무가 있는 사업시행자의 지위 등에 비추어 동의의 허용요건을 법적으로 제한하고, 시행자로 하여금 허용요건 충족 여부에 대한 일종의 확인 · 검토의무를 부과한 것으로 볼 수 있다. 즉, 일반적인 계약인수에서의 잔류당사자의 동의보다 '양도제한의 해제'라는 기능면에 있어 더욱 요

85) 계약인수에서도 채권양도나 채무인수와 마찬가지로 원인행위가 효력을 잃으면 처분행위도 효력을 잃게 되는, 이른바 유인성이 인정된다. 서민(주 30), 406면; 이동진(주 37), 711면.

건이 강화된 형태의 동의로 이해할 수 있다. 나아가 잔류당사자인 사업시행자의 동의가 없는 상태에서의 계약양도인(이주대책대상자)과 계약인수인(수분양권 매수인) 사이의 매매계약의 효력을 무효로 함으로써 사실상 계약인수를 하려는 당사자들로 하여금 '삼면계약에 의한 계약인수'를 취하도록 강제하는 결과가 된다.

### 4. 택지전매제한규정이 분양계약 체결 전의 수분양권 매매계약에 적용되는지 여부

#### 가. 문제의 소재

택지개발촉진법 제19조의2 제1항을 보면, 문언상으로는 '택지를 공급받은 자'가 해당 택지를 전매하는 행위를 금지하고 있다. 이에 대상판결 사안과 같이 이주자택지를 공급받기 전(특히 이주대책대상자로 선정되기도 전)에 이를 전매하는 행위는 위 규정의 적용을 받지 아니하므로 전매행위가 허용되는 것인지 문제된다.

#### 나. 견해의 대립

① 적용긍정설은 전매제한규정이 택지 공급 전의 수분양권 매매계약에도 적용된다고 하면서, 근거로 택지공급 전 전매행위에 전매제한규정의 적용이 배제되어 아무런 제한이 없게 된다면 전매제한규정의 적용을 잠탈하기 위한 방편으로 택지공급전 전매행위가 악용되어 부동산투기방지와 이주대책대상자 보호라는 택지개발촉진법의 입법취지가 몰각되는 결과가 초래될 수 있다는 점을 든다.[86)]

② 적용부정설은 이주자택지 수분양권이 구체적인 권리로 발생하기 전의 장래의 기대권을 거래하는 행위는 사적 자치의 원칙상 그 자체로 무효라고 할 수 없고, 택지전매제한규정이 문언상 "택지를 공급받은 자"의 전매행위를 금지하고 있으므로, 위 규정은 이주자택지 수분양권을 취득한 후에 이루어진 매매행위에만 적용된다고 본다.[87)]

---

86) 부산고등법원 2016. 7. 21. 선고 2015나56895 판결.
87) 인천지방법원 부천지원 2012. 5. 3. 선고 2011가합275 판결.

### 다. 대상판결의 입장

대상판결은 이에 대하여 구체적으로 명시하지는 않았지만 “택지개발촉진법이 소유권이전등기 시까지 법에 따라 조성된 택지의 전매행위를 원칙적으로 금지하고 있다”고 판시함으로써 전매제한규정이 공급계약 체결 전후를 불문하고 적용됨을 전제하고 있는 것으로 보인다.

### 라. 검 토

앞서 본 바와 같이 택지 공급 전의 수분양권 매매계약은 당사자의 의사에 따라 장래의 계약인수계약에 해당한다고 보아야 하고, 그 내용이 불분명한 장래의 기대권만을 양도하는 계약이라고 볼 수는 없다. 그런데 계약인수를 제한하는 규정은 장래의 계약인수계약에도 적용된다고 보아야 한다. 장래의 계약인수계약은 계약의 성립요건이 갖춰지기 전에 인수계약이 체결된 것일 뿐 계약인수계약과 그 목적이 동일하기 때문이다. 또한 계약인수가 법률상 금지된 계약에 대하여 장래의 계약인수계약 형태로 계약을 체결하는 것이 허용된다면 이는 계약인수를 제한하는 법의 취지를 쉽게 잠탈하는 것이 되어 허용될 수 없다.[88] 따라서 적용긍정설이 타당하다.

## Ⅴ. 택지전매제한규정 위반의 효과

### 1. 대상판결에 대한 비판적 검토

대상판결의 논거는 간명하다. ① 택지개발촉진법상 예외적인 전매허용요건인 ‘시행자의 동의’는 분양계약이 체결되었음을 전제로 하는 것인데, ② 분양계약 체결 전에는 시행자의 동의 자체가 불가능하므로, ③ 분양계약 체결 전의 수분양권 매매계약은 무효라는 것이다. 요컨대 대상판결은 이 사건 매매계약이 무효가 되는 근거를 계약의 일반적 효력발생요건의 하나로서 ‘급부의 실현가능성’이 없다는 점, 이른바 원시적 불가능[89]

---

88) 적용부정설에 따르면 계약인수를 제한하는 규정을 둘 때에는 항상 장래의 계약인수를 제한하는 규정까지 두어야 하는 부당한 결과가 된다.

89) ‘불능’이라는 표현이 관용적으로 사용되나, 정확한 표현은 ‘불가능’이다. 곽윤직 ·

이라는 점에서 찾고 있다.[90] 한편 대상판결은 사안에서 문제된 분양계약 체결 전의 수분양권 매매계약의 효력에 대하여만 판단하였을 뿐 분양계약 체결 후 수분양권 매매계약의 효력에 대하여는 직접 다루지 아니하였다.

이는 일견 논리적으로 타당한 것으로 보이지만, 몇 가지 생각해볼 문제가 있다.

먼저 원시적 불가능 법리 자체의 타당성에 대한 비판이 제기된다. 즉 후발적 불가능과 달리 원시적 불가능의 경우에만 그 계약을 무효로 하는가를 충분히 설명할 수 없고, 낙성계약이 기본적인 형태로 인정되는 우리 계약법에서는 급부의 실현가능성 여부를 불문하고 계약의 성립을 인정하듯 계약의 유효를 인정하여야 하며, 이는 내용의 적법성이나 사회적 타당성 문제와 동일하게 취급될 수 없다는 것이다.[91] 더구나 이 사건과 같이 계약의 사법적 효력을 무효로 하는 효력규정이 존재하는 경우 강행법규 위반에 따른 적법성의 관점에서 접근하지 않고 굳이 실현 가능성의 관점으로 접근해야 할 필요가 있는지 의문이 든다.[92]

다음으로 원시적 불가능 법리에 따른다고 하더라도 분양계약 체결 전의 수분양권 매매계약에서 시행자의 동의가 과연 '불가능'한 것인지도

---

김재형, 민법총칙 제9판, 2013, 273면.

90) '불가능'의 개념에는 법률적 불가능, 즉 불가능의 이유가 법률상 허용되지 않는 데에 있는 경우도 포함되며, 이는 목적의 불가능과 경합하는 경우가 많다. 곽윤직 · 김재형(주 89), 274면.

91) 양창수, "원시적 불능론", 민법연구 제3권, 박영사, 2006, 162-164면 참조. 그 밖에 이충훈, "원시적 불능론의 재검토", 법조 제56권 제12호, 법조협회, 2007, 184-189면은 '법률행위 성립시를 기준으로 원시적 불능과 후발적 불능을 구별하는 것이 쉽지 않다는 점, 우연한 목적불능의 시점에 의하여 계약당사자에게 부여되는 법적 효과에 큰 차이가 생기는 것은 납득하기 어려운 점'을 지적하고, 김동훈, "원시적 불능으로 인한 손해배상의 범위", 채권법연구Ⅱ, 동방문화사, 2014, 202-203면은 '어느 급부가 원시적 불가능인지 여부와 그러한 급부를 목적으로 하는 계약이 유효인지 문제는 논리적으로 당연히 결합되는 것은 아니고, 어느 급부가 계약체결시에 이미 불가능하였는지 그 후에 불가능하게 되었는지는 사후적인 정보에 기한 판단을 계약체결시로 소급하였을 때 비로소 판정되는 경우가 적지 않다는 점'을 든다.

92) 대상판결은 실현 가능성의 관점에 따라 논리를 전개함으로써 적법성의 관점에서 발생하는 문제(뒤에서 검토할 유동적 무효 법리의 적용 여부)에 대한 판단을 사실상 피할 수 있었던 것으로 보인다.

의문이 남는다. 택지전매제한규정 및 시행령 규정이 사업시행자의 동의의 요건을 제한하는 데서 나아가 동의의 시기까지 제한을 한 것인지는 (물론 대상판결과 같이 해석할 여지가 없는 것은 아니지만) 문언상 반드시 분명하지는 않다.[93] 가령 이주자택지 수분양권의 경우 사업시행자가 i) 토지보상법상 이주대책의 실시에 따라 공급하는 주택건설용지이고, ii) 최초로 택지를 공급받은 자인지(택지개발촉진법 시행령 제13조의3 제1호)를 확인하여 동의를 하면 되는 것인데, 사업시행자가 스스로 이주대책을 수립·실시하고 이주대책대상자를 확인·결정하는 이상 설령 분양계약이 체결되기 전이라 하더라도 수분양권 매매계약을 체결한 이주대책대상자가 위와 같은 전매허용요건을 충족할지 여부를 사전에 파악하여 동의하는 것이 과연 '불가능'한 것일까?[94] 사업시행자의 예외적 전매허용요건 검토 및 동의권한을 지나치게 제약하는 것은 아닐까? 이와 비교하여 대법원이 법률적 불가능을 원시적 불가능으로 인정한 판례로 대법원 2008. 4. 24. 선고 2007다65665 판결(구 농지개혁법에서 말하는 농가라 함은 자연인에 한하므로, 주식회사와 같은 법인이 농지매매계약을 체결하였다고 하더라도, 특별한 사정이 없는 한 그 주식회사는 구 농지개혁법상 농지매매증명을 발급받을 수가 없어 결과적으로 농지의 소유권을 취득할 수 없고, 이 경우 농지의 매도인이 그 매매계약에 따라 그 매수인에 대하여 부담하는 소유권이전등기의무는 원시적 불가능이라고 본 사안)을 들 수 있는데, 법인은 어떠한 경우에도 자연인이 될 수 없으므

---

93) 대상판결의 논리에 따르는 경우 또 한 가지 부담은 앞서 본 바와 같이 전매의 '금지'와 관련하여서는 '택지를 공급받은 자'라는 문언에도 불구하고 그 이전에도 적용되는 것으로 적용범위를 확장하면서도, 전매의 '예외적 허용'과 관련하여서는 위 문언을 근거로 하여 동의의 허용시기를 제한하는 것이 균형에 맞는지에 대한 의문이다.

94) 아마도 판례는 분양계약이 체결되기 이전에는 사업시행자가 수분양권 매매계약에 관하여 사실상 동의 여부에 대한 검토를 하기 어려워 불법적 전매가 무제한적으로 확산되는 것을 방지하기 어렵다는 현실적인 사정을 고려한 것이 아닌가 추측된다.

한편 장래에 생길 물건이나 권리의 급부와 같이 현재 곧 이행하는 것이 불가능하더라도, 이행기까지에는 채권자가 물건이나 권리를 취득할 수 있는 가능성이 있으면 이들 급부를 목적으로 하는 것은 불가능을 목적으로 할 수 없다고 한다. 곽윤직(주 34), 85면.

로 위 판결상의 급부는 객관적으로 불가능함이 비교적 명백한 경우이다.

더구나 수분양권 매매계약의 법적 성격과도 쉽게 조화되지 않는 면이 있다. 계약인수의 관점에서, 장래계약의 인수도 원칙적으로 허용될 수 있고, 계약인수의 유효요건으로서 잔류당사자의 동의의 시기에는 제한이 없으며 사전 동의도 얼마든지 가능하다.[95] 또한 타인권리의 매매에서는 원시적 불가능 법리를 가급적 제한적으로 해석함이 타당하다고 한다.[96]

생각건대, 택지개발촉진법 제19조의2 제2항은 전매제한규정을 위반한 법률행위의 효력에 대하여 '해당 법률행위는 무효로 한다'고 명시하고 있고, 이와 같이 효력규정을 별도로 두고 있는 경우 그 위반행위의 효력은 효력규정 자체에서 찾는 것이 우선일 것이다. 다만 오늘날 무효의 효과는 '전부' 또는 '전무'로 일률적으로 보는 것이 아니라 규범의 목적을 고려하여 탄력적으로 정해지고 있고,[97] 어떠한 법률행위가 일정한 효력요건을 결여한 경우 무효사유로 볼 것인지, 취소사유로 볼 것인지, 나아가 무효로 보는 경우에도 효력 주장의 인적범위, 효력의 확정성, 효력 주장의 방법, 무효원인의 존재 양태 등의 관점에서 어떤 효력을 부여할 것인지는 기본적으로 입법정책 내지 법률해석의 문제이다.[98] 이러한 견지에서 대상판결의 원심은 위 규정에 위반된 법률행위의 효력을 기본적으로 유동적 무효로 파악하고 있는바, 이러한 견해가 타당한 것인지를 검토할 필요가 있다.[99]

---

95) 민법주해[Ⅹ] (주 32), 627-628면(민형기).

96) 우리 민법이 타인권리의 매매를 유효하다고 정하는 중요한 취지는 원시적 불가능 법리를 배제한다는 것이다. 물론 원시적·객관적 불가능의 경우에는 타인권리 매매 역시 무효가 될 수밖에 없지만, 타인권리 매매의 특성상 그와 같은 원시적 불가능은 제한적으로 해석하는 것이 민법 제569조의 취지에 부합된다. 곽윤직 편집대표, 민법주해[ⅩⅣ] 채권(7), 박영사, 2003, 301면(남효순 집필 부분). 가령 매매계약의 목적이 된 권리가 그 매매계약 이전에 법령에 의하여 국유로 귀속되었다는 것만을 가지고 동 매매계약이 원시적 불능에 속하는 내용을 목적으로 한 것이라고 단정할 수 없다(대법원 1979. 4. 24. 선고 77다2290 판결).

97) 윤진수, "법률행위의 무효", 법률행위론의 사적 전개와 과제 : 이호정교수화갑기념 논문집, 2002, 296면.

98) 김용덕 편집대표, 주석민법[총칙(3)], 한국사법행정학회, 2019, 363-375면(권순민 집필 부분).

### 2. 택지전매제한규정 위반의 효력

#### 가. 원심의 입장

원심이 이 사건 매매계약을 유동적 무효로 보는 논거는 다음과 같다.[100)]

① 시행자의 동의를 전제로 한 계약까지도 절대무효이고 당사자는 어느 경우에나 동의를 받은 후에 전매계약을 체결하여야 한다고 해석하는 것은 거래의 현실에 비추어 매우 불합리하다. 매매의사의 합치가 있기도 전에 동의부터 받고 매매의 의사가 합치될 상대방을 물색하라고 요구하는 것은 현실적으로 불가능한 일을 강요하는 것이다.

② 동의 전의 전매계약 체결은 인정하되 그 계약의 효력을 동의 받을 때까지는 발생하지 않게 함으로써 투기적 거래방지의 목적을 이룰 수 있다면, 동의 후에 다시 계약을 체결하라고 요구하는 것은 거래당사자에게 쓸데없이 복잡하게 2중의 절차를 밟게 하는 것일 아니라, 당사자 일방이 동의 후에 계약체결을 거절하더라도 당초의 합의의 이행을 구할 수 없어 거래질서와 신뢰관계를 저해하는 역기능을 가져올 수 있다.

③ 이 사건 매매계약은 "매도인과 매수인은 권리를 이행함에 있어 모든 절차에 적극 협력할 것이고…"라고 하여 원고와 피고가 한국토지주택공사의 전매동의 신청절차에 협력할 것을 예정하고 있다.

④ 택지개발촉진법 제19조의2 및 같은 법 시행령 제13조의3 제1호는 공공사업의 시행에 필요한 토지 등을 제공함으로 인하여 생활의 근거를 상실하게 되는 이주자들에게 생활보상의 일환으로 대체 택지를 공급하여 주되 일반적으로 대체 택지 개발까지 상당한 시간이 소요되는 점을 고려하여 소유권이전등기전이라도 공급받게 될 택지를 전매할 수 있게

---

99) 대상판결뿐 아니라 전국적으로 이와 유사한 소송이 많이 제기되었는데, 대법원이 대상판결을 선고하기 전까지 하급심에서도 결론이 많이 나뉘었다.

100) 원심판결의 논거는 토지거래허가제 위반행위에 대하여 유동적 무효로 설시한 대법원 1991. 12. 24. 선고 90다12243 전원합의체 판결의 논거를 대부분 차용한 것으로 보인다. 그 밖에 비슷한 시기에 선고되었던 부산고등법원 2016. 7. 21. 선고 2015나56895 판결 등도 대체적으로 이와 같은 논거를 제시하고 있다.

함으로써 생활의 빠른 안정을 기할 수 있게 하고, 실수요자들로 하여금 택지를 공급받을 수 있게 하고자 하는 것으로 해석되는바, 시행자의 동의를 받기 전의 전매에 대하여 확정적 무효로 보게 되면, 이주자들은 수분양권을 전매할 수 없게 되어 상당한 기간 동안 불안정한 지위에 놓이게 되고, 특례로서 전매를 허용하는 법의 취지를 몰각시킨다.

나. 유동적 무효 일반론

**(1) 독일에서의 유동적 무효론**

원심이 취하고 있는 이른바 유동적 무효론은 독일의 유동적 무효(schwebende Unwirksamkeit) 법리에서 비롯된 것이다. 즉 독일에서는 법률행위의 무효를 당연히 계속적으로 의욕된 효과가 발생하지 아니하는 의미의 무효인 'Nichtigkeit'와 사후적, 예외적 사유에 따라 법률효과가 발생하지 않는 경우의 무효인 'Unwirksamkeit'로 구별하고 있는데, 유동적 무효는 Unwirksamkeit의 한 유형으로서, '사인간의 법률행위에 그 법률행위를 유효하게 할 또 하나의 요건으로서 제3자 또는 관청의 인가(Genehmigung)를 필요로 할 때 그 인가가 있기까지의 법률행위의 효력이 유동적인 상태'를 의미한다.[101] 독일법상 유동적 무효가 되는 경우로는 크게 사인의 동의·추인이 필요한 경우(제한적 행위능력자의 계약, 무권대리인의 행위, 무권리자가 한 처분의 추인 등)와 관청의 허가를 요하는 경우(후견법원의 허가, 토지거래법 등)가 있다.[102]

**(2) 우리 법상 유동적 무효론의 수용-토지거래허가제 위반행위**

주지하다시피 우리 대법원은 구 국토이용관리법상 규제구역 내에서

---

101) 김상용, "토지거래허가의 법리구성", 민사판례연구 제15권, 박영사, 1993, 275면. 이는 취소할 수 있는 법률행위에서 아직 취소나 추인 등 확정적인 의사표시가 이루어지지 않고 있는 동안의 유동적 상태(Schwebendzustand)와는 구분되는 것이다. 이주흥, "토지거래허가에 있어서 이른바 유동적 무효에 기한 법률관계", 민사재판의 제문제 제8권, 한국사법행정학회, 1994, 47면.

102) 정옥태, "부동적 결효", 사법행정 제33권 제7호, 한국사법행정학회, 1992., 18-21면. 정옥태 교수는 unwirksam은 nichtig와 구별되는 의미이고, schweben은 의미상 액체 자체의 '유동'이라기보다 액체 위에 떠다니는 것(부동)에 가깝다는 이유로 '유동적 무효' 대신 '부동적 결효'라는 표현을 사용한다.

토지거래허가를 받지 아니하고 토지를 거래한 계약의 효력에 관한 대법원 1991. 12. 24. 선고 90다12243 전원합의체 판결에서 유동적 무효 법리를 최초로 채택하였다.[103] 다수의견은 ① 국토이용관리법상 규제구역 내의 토지거래계약은 관할관청의 허가를 받기 전에는 물권적 효력은 물론 채권적 효력도 발생하지 아니하여 무효이고, ② 다만 허가를 받기 전의 거래계약이 처음부터 허가를 배제하거나 잠탈하는 내용의 계약일 경우 확정적으로 무효로서 유효화될 여지가 없으나, ③ 허가받을 것을 전제로 한 거래계약은 확정적 무효와 다를 바 없지만 일단 허가를 받으면 소급하여 유효한 계약이 되고 불허가가 된 때에는 무효로 확정된다는 것이다.[104]

우리 법상 유동적 무효를 규율하는 일반적인 법규정이 없음에도 위 법리가 도입된 배경은 당시 시행 중이던 토지거래허가제에 대한 논란과 연관된다. 토지거래허가제는 1970년대 후반 이후 횡행하던 부동산 투기를 억제할 목적으로 일본의 국토이용계획법상의 토지거래허가제를 참고하여 1978. 12. 25. 개정된 국토이용관리법[105]에서 신설된 것으로,[106] 규

103) 국내에서 유동적 무효론의 도입가능성을 최초로 주장한 문헌은 곽윤직, 채권각론(상), 법문사, 1967, 36-39면에서 찾아볼 수 있다. 곽윤직 교수는 국가의 증명을 요하는 계약으로서 구 농지개혁법(1949. 6. 21. 법률 제31호로 제정된 것) 제19조 제3호의 '소재지 관서의 증명'이 없는 매매의 효력에 관하여 유동적 무효론을 인정한 독일의 판례이론을 유추적용할 것을 주장하였다. 한편 이시윤, "토지거래에 관한 규제를 어긴 경우의 효력과 장래의 이행의 소", 사법연구 제3권, 청림출판, 1995, 622면은 본인의 추인을 얻지 못한 무권대리행위의 경우에 뒤에 추인을 얻으면 소급적으로 유효하되, 이를 얻지 못하면 확정적으로 무효가 되는 것으로 추인을 얻지 못한 중간기간 중에는 유동적 무효와 같은 법률효과가 생긴다는 것은 종전부터 인정되어 온 것으로, 위 대법원 판례는 '용어의 새로운 도입'일 뿐 '법리의 새로운 창안'은 아니라고 한다,

104) 대법원 1991. 12. 24. 선고 90다12243 전원합의체 판결. 이에 대하여 국토이용관리법상의 허가 전의 토지등의 거래계약은 성립을 용인할 수 없고 이에 위반한 거래계약은 절대적 무효라는 대법관 윤관의 반대의견이 있었다.

105) 토지거래허가제는 이후 국토이용관리법이 2002. 2. 24. 폐지되면서 같은 날 제정된 국토의 계획 및 이용에 관한 법률(법률 제6655호)에 이식되었다가, 현재는 부동산 거래신고제, 외국인의 토지취득 신고·허가제, 토지거래허가제 등 부동산거래 관련 인·허가제도의 근거 법률을 일원화하기 위하여 2016. 1. 19. 제정된 부동산 거래신고 등에 관한 법률(법률 제13797호)에서 규율하고 있다.

106) 김상용(주 73), 127면.

제구역 내에 있는 토지를 처분하기 위하여는 매매가격, 토지이용목적, 계약면적 등에 관한 허가기준을 충족하여 토지거래허가를 얻어야 하는 매우 강력한 제한이 이루어졌다. 그런데 자유로운 소유권의 행사대상인 토지거래를 직접적·전면적으로 제한한다는 측면에서 제도 자체에 대하여 위헌 논란이 제기되었고,[107)] 비록 헌법재판소는 1989. 12. 22. 선고 88헌가13 전원합의체 결정에서 토지거래허가제를 규정한 구 국토이용관리법 제21조의3 제1항에 대하여는 5 : 4로,[108)] 그 위반에 따른 벌칙규정인 구 국토이용관리법 제31조의2에 대하여는 4:5로 의결정족수 미달로 합헌결정을 하였지만, 합헌의견 수와 위헌의견 수가 거의 비슷했다는 것에서 위 법률에 위헌의 소지가 전혀 없다고 보기 어렵다는 것을 알 수 있고, 이후로도 논란이 계속되었다.[109)] 그럼에도 투기억제를 방지한다는 명분 아

---

107) 대표적으로 허영, “토지거래허가제의 헌법상 문제점”, 인권과 정의 통권 제160호, 대한변호사협회, 1989, 44면은 토지거래허가제는 계약자유의 원칙과 소유권처분의 자유를 제한할 가능성이 있고, 특히 재산권에 대한 과잉제한으로서 헌법 제37조 제2항의 과잉금지원칙에 반하며, 사유재산권제한의 한계인 비례원칙, 즉 처분권제한의 적합성과 필요성 및 상당성의 원칙에도 위배되기 때문에 헌법이 추구하는 자본주의 경제질서조차 위태롭게 하는 위헌적 제도라고 하였다.

108) 재판관 한병채, 최광률, 김문희, 김문우의 위헌의견의 요지는, 토지거래허가제에 의하여 토지거래계약에 있어 가격 및 이용목적의 제한을 받게 되는데 이는 토지에 대한 권리를 임의의 상대방에게 약정된 가격으로 자유롭게 처분할 수 있는 권리를 강력하게 규제하는 제도임에도, 국토이용관리법 제21조의15가 규정한 매수청구권은 재산권의 보장 및 정당한 보상의 원리에 어긋나는 구제수단에 불과하므로 국토이용관리법 제21조의3 제1항 및 제21조의15가 모두 위헌이라는 것이다. 한편 재판관 이시윤은 토지거래허가제를 규정한 국토이용관리법 제21조의3 제1항은 위헌이 아니지만, 국토이용관리법 제21조의3 제7항에서 토지거래허가를 얻지 아니한 토지거래계약을 무효화하는 효력규정을 두었음에도 그 이외에 무거운 자유형과 벌금형을 과하는 벌칙규정은 비례의 원칙 및 과잉금지의 원칙에 위반되어 위헌이라고 보았다.

109) 가령 정연주, “토지거래허가제에 대한 헌법적 검토”, 헌법판례연구 제1권, 박영사, 2002, 10-13면은 토지거래허가제에 따른 토지재산권의 처분권과 수익권의 침해는 이미 단순한 재산권의 사회적 기속의 범주를 넘어선, 그 침해의 내용과 강도면에서 재산권자의 수인의 기대가능성이 없는 특별희생을 야기시키는 재산권에 대한 공익적 침해이므로, 헌법 제23조에서 규정한 재산권의 사회적 기속의 범주를 넘어선다고 본다. 아울러 헌법재판소 88헌가13 전원합의체 결정 다수의견이 토지의 투기 및 지가상승의 억제라는 공익달성을 위한 불가피한 수단이라고 주장하나, 토지거래허가제의 실시 이후에도 토지투기와 지가의 현저한 상승이 효율적으로 억

래 규제구역이 점차 확대되어 1992. 6.경에는 전국토의 43.87%가 토지거래허가 대상구역으로 지정되기에 이르면서 국민들의 삶에 실로 막대한 영향을 미쳤다.[110)]

위 대법원 90다12243 전원합의체 판결은 이러한 사회적 배경 하에서 토지거래허가 없이 체결된 계약의 채권적 효력 자체를 부인함으로써 토지의 투기적 거래를 방지하려는 국토이용관리법의 입법취지를 살리면서도, 토지거래허가를 받기 전에 매도인과 매수인의 의사합치만으로 계약이 성립되는 거래현실 및 사유재산권 보장, 사적 자치의 원칙과의 조화를 이루었다는 점에서 긍정적인 평가를 받았다.[111)] 그러나 1997년 이후

---

제되지 못하고 있는 현실은 다수의견의 설득력을 약화시키며, 중요한 것은 토지거래허가제보다 재산권자의 기본권을 적게 그리고 간접적으로 침해하는 기존의 관련 토지규제제도의 개선과 보완이라고 지적한다. 백승주, "현행 토지공개념제도의 시장 친화적 제도로의 변화가능성 고찰", 토지공법연구 제38권, 한국토지공법학회, 2008, 669면은 토지거래의 투기과열현상이 일반적으로 받아들여지고 있는 현실상황에 비추어 단지 투기억제라는 특정토지행정의 목적만을 실현하기 위하여 국민의 재산권에 개입하는 것은 반드시 정당하다고 볼 수 없고, 정부의 정치적·행정적 판단에 따라 개인이나 기업의 경제상의 자유나 창의가 한시적으로 제한될 수 있다는 것은 시장원칙에 반할 수 있다고 한다. 이우도 · 이진수 · 김성갑, "토지거래 허가제도의 폐지에 관한 연구", 법학논총 제37권 제2호, 전남대학교 법학연구소, 2017, 252-259면은 토지거래허가의 문제점으로 ① 허가제도의 탈법행위 성행, ② 복잡한 규정과 해석 및 집행에 따른 행정적 낭비, ③ 토지거래허가제도 자체의 필요성 감소 등을 들면서 토지거래허가제를 폐지하고 투기 문제 등은 조세제도 등으로 해결해야 한다고 한다.

110) 김상용(주 101), 260면. 양창수, "국토이용관리법상의 거래허가 대상토지에 대한 허가 없는 거래계약의 효력", 고시연구 제28권 제7호, 2001, 119면.

111) 김상용, "토지거래허가제에 관한 유동적 무효의 법리", 법과 정의 : 경사 이회창 선생 화갑기념 논문집, 1995, 584면. 이러한 법제사적 중요성 때문에 위 대법원 전원합의체 판결은 1994년 서울 정도 600년을 기념하여 400년 후인 2394년에 개봉하게 될 타임캡슐에 그 판결문이 보관되어 있다. 김상용, 위의 글, 578면. 한편 김상용 교수는 위 판결이 규제의 정도가 심하고 내재적 모순내용을 담고 있는 토지거래허가제를 유동적 무효의 법리를 적용함으로써 지나치게 법실증주의적 사고에 터잡은 법률만능주의적 법규정을 합리적으로 변경하였다고 평가한다. 김상용, 위의 글, 593면. 한편 사유재산권의 보장과 사적 자치의 원칙 및 거래의 실정을 어느 정도 반영하고 인정할 것인가에 관한 정책적 판단이 선행되고, 이를 이론상 뒷받침하기 위한 법리의 전개가 이루어진 것이라는 평가도 있었다. 이승한, "토지거래허가를 받지 아니한 거래계약의 효력", 사법연수생논문집 제22호, 사법연수원, 1993, 194면.

허가구역 지정이 대부분 해제되고, 대법원이 허가 없는 토지거래계약이 허가구역지정이 해제된 후에는 유효하게 된다고 판시함에 따라 유동적 무효에 관한 판례법리는 실제적 중요성을 거의 잃은 것으로 보였다.[112)]

**(3) 토지거래허가제 위반행위 외에 유동적 무효론을 인정한 판례**

한편 대법원은 90다12243 전원합의체 판결 이후 토지거래허가제 위반행위 외에도 거래규제에 관한 효력규정 위반행위 중 일부에 관하여 유동적 무효론을 적용하였는데, 이를 살펴보면 아래와 같다.

① **대법원 1995. 5. 9. 선고 93다62478 판결** : 학교법인에게 부동산을 명의신탁한 명의신탁자는 사립학교법 제28조 제1항(학교법인의 기본재산 매도, 증여, 교환 또는 용도변경 등에 관할청의 허가를 받게 한 규정)에 따라 관할청의 허가 없이는 학교법인을 상대로 명의신탁 해지를 원인으로 한 소유권이전등기를 청구할 수 없으나, 학교법인으로서는 관할청에 대하여 명의신탁 부동산 반환에 관하여 관할청의 허가를 신청할 의무를 부담하므로, 명의신탁자는 명의수탁자에게 허가신청의 의사표시에 갈음하는 재판을 청구할 수 있다고 본 사안

② **대법원 1996. 1. 26. 선고 95누8966 판결** : 법인의 경우 원칙적으로 택지의 소유가 금지되고 다만 예외적으로 법률이 정하는 바에 따라 택지를 취득할 수 있다고 구 택지소유 상한에 관한 법률(1994. 12. 23. 대통령령 제14447호로 개정되기 전의 것) 제12조 제1항 제4호 등 제반 규정에 위반되어 거래를 한 경우 당사자간에 체결된 택지의 매매·교환·증여 등 계약이 허가기준에 어긋나 객관적으로 허가가 날 수 없는 것으로 판명된 경우는 물론 허가기준에 맞더라도 관할 관청으로부터 허가를 받지 못한 이상 그 계약은 확정적으로 무효로 된다고 본 사안

③ **대법원 2001. 2. 9. 선고 99다26979 판결** : 사찰 소유의 일정한 재산을 대여, 양도 또는 담보에 제공하는 때에는 관할청의 허가를 받아야 한다는 구 불교재산관리법(1962. 5. 31. 법률 제1087호, 전통사찰보존법

112) 양창수(주 110), 120면.

부칙 제2조에 의하여 폐지) 제11조 제1항 제2호 및 전통사찰보존법 제6조의 규정은 강행법규로서 이에 위반한 양도계약은 무효이고, 사찰재산의 양도에 필요한 위와 같은 허가는 반드시 그 양도 전에 미리 받아야 하는 것은 아니고 양도 후에라도 허가를 받으면 그 양도계약은 소급하여 유효한 것으로 된다고 할 것이지만, 양도계약이 처음부터 허가를 배제·잠탈하는 내용의 것이거나 또는 양도계약 후 당사자 쌍방이 허가받지 않기로 하는 의사표시를 명백히 한 때에는 그 양도계약은 확정적으로 무효로 된다고 본 사안

④ **대법원 2004. 10. 28. 선고 2004다5556 판결** : 구 보조금의 예산 및 관리에 관한 법률(2011. 7. 25. 보조금 관리에 관한 법률 제10898호로 개정되기 전의 것) 제35조(보조사업자는 보조금에 의하여 취득하거나 그 효용이 증가된 것으로서 대통령령이 정하는 중요한 재산은 당해 보조사업을 완료한 후에 있어서도 중앙관서의 장의 승인 없이 보조금의 교부목적에 위배되는 용도에 사용하거나, 양도·교환 또는 대여하거나 담보에 제공하여서는 아니 된다)는 단속규정이 아닌 효력규정이라고 보아야 하는바 보조금으로 취득한 토지를 양도하는 특약은 농림부장관이 이를 승인하기까지는 효력이 없는 이른바 부동적 무효 상태에 있다고 본 사안

위 사안들은 관련 법령의 입법취지는 상이하지만, 모두 동산 또는 부동산의 소유권을 이전하는 거래를 하면서 행정청의 허가를 받지 아니하여 효력규정을 위반한 경우로서, 행정청은 당해 거래와 전혀 무관한 제3자임에도 행정 목적의 수행을 위해 거래에 개입하게 되는 구조라는 공통점이 있다.

### 다. 유동적 무효론과 확정적 무효론의 구별실익[113)]

#### (1) 이행청구

확정적 무효설이나 유동적 무효설이나 채권적 효력도 발생하지 않는 이상 계약에 따른 이행청구나 허가(동의)를 조건으로 한 조건부 이행청구

113) 토지거래허가제 위반행위를 기준으로 한 구별로서, 아래의 유동적 무효설의 입장은 대법원 판례가 취하는 입장을 기준으로 정리한 것이다.

를 할 수 없다.[114] 그러나 확정적 무효설과 달리 유동적 무효설에 따르면, 협력의무의 이행청구를 할 수 있게 된다.[115] 그에 따라 협력의무의 이행청구권을 피보전권리로 매도인을 대위하여 제3자 명의의 소유권이전등기의 말소등기절차이행을 구하는 채권자대위권을 행사할 수 있다.[116]

**(2) 채무불이행 책임**

확정적 무효설이나 유동적 무효설이나 계약이 유효함을 전제로 하는 계약상의 채무불이행에 따른 손해배상청구를 할 수 없음은 동일하다.[117] 그러나 확정적 무효설과 달리 유동적 무효설의 경우 협력의무 불이행에 따른 손해배상청구를 할 수 있다.[118]

**(3) 위약금 약정**

확정적 무효설이나 유동적 무효설이나 계약이 유효함을 전제로 하는 위약금 약정이 무효임은 동일하다. 그러나 확정적 무효설과 달리 유동적 무효설의 경우 (불법행위로 인한 손해배상액의 예정도 가능하므로[119]) 협력

---

114) 다만 유동적 무효설에서 토지거래허가 전 단계에서도 관할관청의 허가처분이라는 공법상 조건이 성취되면 현실화될 조건부 소유권이전등기청구권이 생기고, 이러한 조건부 청구권에 대하여 장래 이행의 소를 제기할 수 있다는 견해가 있다. 이시윤(주 103), 623-624면.

115) 대법원은 '규제지역 내의 토지에 대하여 거래계약이 체결된 경우에 계약을 체결한 당사자 사이에 있어서는 그 계약이 효력 있는 것으로 완성될 수 있도록 서로 협력할 의무가 있음이 당연하므로, 계약의 쌍방 당사자는 공동으로 관할 관청의 허가를 신청할 의무가 있고, 이러한 의무에 위배하여 허가신청절차에 협력하지 않는 당사자에 대하여 상대방은 협력의무의 이행을 소송으로써 구할 이익이 있다'고 한다(대법원 1991. 12. 24. 선고 90다12243 전원합의체 판결). 협력의무의 근거에 대하여는 견해의 대립이 있으나 다수설은 신의칙에서 근거를 찾는다. 김상용(주 101), 267면. 장수길(주 6), 28면. 이광범, "국토이용관리법상의 토지거래허가를 받지 않아 유동적 무효인 계약의 법률관계", 대법원판례해설 제29호, 법원도서관, 1998, 278면. 한편 김상용(주 101), 277면은 더 구체적으로 그와 같은 협력의무의 근거를 계약당사자간 '계약의 완전한 효력의 발생을 방해하지 않을 신의칙상 충실의무'에서부터 발생한다고 한다.

116) 대법원 1994. 12. 27. 선고 94다4806 판결.

117) 대법원 1994. 1. 11. 선고 93다22043 판결.

118) 손해배상책임의 성질은 불법행위책임이라 할 것인바, 대법원 1995. 4. 28. 선고 93다26397 판결은 협력의무불이행과 손해 사이에 (상당)인과관계가 있을 것을 요한다.

119) 곽윤직 편집대표, 민법주해[IX] 채권(2), 박영사, 2004, 641면.

의무 불이행이나 허가 전 매매계약 철회에 대한 위약금 약정은 유효하다.[120)]

(4) 부당이득반환청구

확정적 무효설에 따르면 채권적 효력이 무효인 이상 매수인은 매도인을 상대로 이미 지급된 매매대금에 대한 부당이득반환을 구할 수 있다. 그러나 유동적 무효설에 따르면 계약이 유동적 무효상태로 있는 한 부당이득의 반환을 구할 수 없고 유동적 무효상태가 확정적으로 무효가 되었을 때 비로소 부당이득으로 반환을 구할 수 있다.[121)]

라. 검 토

만일 '금지되는 거래의 예외적 허용요건으로 제3자의 동의가 필요한 법률행위'에 대하여 모두 유동적 무효론이 적용되는 것으로 '일반화'할 수 있다면 대상판결의 원심이 설시한 대로 사업시행자의 동의가 없는 수분양권 매매계약에도 유동적 무효 법리가 적용된다고 볼 여지가 있다.[122)] 또한 유동적 무효 법리가 적용되는 대표적인 사례인 토지거래허가제 위반행위나 택지전매제한규정 위반행위나 모두 투기거래를 방지하기 위한

120) 대법원 1994. 4. 15. 선고 93다39782 판결. 대법원 1998. 3. 27. 선고 97다36996 판결.

121) 대법원 1993. 7. 27. 선고 91다33766 판결. 다만 이에 대하여는 비판이 적지 않다. 먼저 양창수, "1993년 민법 판례 개관", 민법연구 제3권, 박영사, 2006, 500면은 부당이득반환청구를 부인하는 것이 유동적 무효 법리를 안으로부터 공동화시킬 뿐만 아니라, 국토이용관리법의 입법취지를 잠식하는 결과가 된다고 한다. 이주흥(주 101), 46-47면은 아무런 채권채무가 존재하지 않는 상태에서 이루어진 변제는 유효한 변제가 될 수 없고, 매수인이 법률의 오해로 채무부존재를 알지 못한 채 변제한 과실이 있다고 하여도 부당이득반환청구권의 성립에 영향이 없으며, 이행행위가 바람직하지 않다면 그 이행의 원상회복이 바람직하다고 하면서도, 구체적인 경우 개별적 사정에 따라 부당이득반환청구권의 행사가 신의칙에 반하여 배척될 수 있다고 한다.

한편 일본 최고재판소와 독일 판례는 이 경우 부당이득반환청구권의 성립을 긍정하고 있다. 이주흥(주 101), 44면.

122) 그러나 일반화하여 서술한 문헌을 찾아보기는 어려운 듯하다. 가령 양창수·김재형(주 4), 747면은 '관청의 허가를 요하나 허가 없이 한 법률행위 중 일정한 경우'에 유동적 무효가 된다고 하고, 김용덕(주 98), 377-378면(권순민)은 유동적 무효의 예로 무권대리 행위, 무권리자의 처분행위, 토지거래허가 사안, 관할청의 허가를 받지 아니한 사찰재산 양도계약을 들고 있다. 한편 김재형(주 69), 15면은 판례가 토지거래허가규정에 위반한 토지거래계약에 관하여 유동적 무효의 이론을 전개한 것은 '매우 예외적인 경우'라 한다.

효력규정과 그 예외적 허용요건을 갖추지 못하였다는 점에서 구조상 유사한 것처럼 보이기도 한다.

그런데 확정적 무효이냐, 유동적 무효이냐의 문제는 결국 사적 자치의 원칙, 사유재산권의 보장, 규제하는 법령의 입법취지 등을 종합적으로 고려하여 판단해야 할 평가의 문제인바, 택지전매제한규정에 위반된 수분양권 매매계약은 토지거래허가제 위반행위와는 다소 상이한 측면이 있어 유동적 무효론을 그대로 적용하기는 어렵다고 생각된다. 그 이유는 다음과 같다.

**(1) 문언해석과 입법자의 의사**

먼저 확정적 무효로 보는 것이 택지개발촉진법 제19조의2의 문언해석과 입법자의 의사에 부합된다. 법률의 해석은 법률에 사용된 문언의 통상적인 의미에 충실하게 해석하는 것을 원칙으로 하면서, 법률의 입법취지와 목적, 그 제·개정 연혁, 법질서 전체와의 조화, 다른 법령과의 관계 등을 고려하는 체계적·논리적 해석방법을 추가적으로 동원하여야 한다.[123] 택지개발촉진법 제19조의2 제2항은 택지전매행위제한규정을 위반한 전매행위의 효력에 대하여 명시적으로 "무효"라고 규정하고 있다.[124] 택지개발전매행위제한규정이 최초로 규정되었던 2007년에는 유동적 무효 법리에 대한 대법원 판례가 이미 확립되었던 시기였음에도 입법자료(건설교통위원회 검토보고서, 소위원회·본회의 회의록 등) 어디에도 위

123) 대법원 2013. 1. 17. 선고 2011다83431 전원합의체 판결.

124) 한편 국토이용관리법이 "효력을 발생하지 아니한다"라고 규정한 것과 표현상의 차이가 있다. 오시영, "토지거래허가와 그 효력에 대한 연구", 민사법학 제35호, 한국사법행정학회, 2007, 436-437면은 토지거래허가제를 규정하였던 구 국토계획법(2009. 2. 6. 법률 제9442호로 개정되기 전의 것) 제118조 제6항이 허가를 받지 아니한 토지거래계약의 효력에 대하여 "무효"라고 규정하지 않고 "효력을 발생하지 아니한다"고 하고 있음은 위반된 계약을 곧바로 무효로 하는 취지라기보다 그 성립을 인정하되 그 효력 발생을 허가받을 때까지 유보한 것이라고 해석할 수 있고, 결국 유동적 무효가 아니라 불허가가 확정될 때까지 잠정적 유효로 보는 것이 타당하다고 주장한다. 위와 같은 견해에 따르다면 택지개발촉진법상 전매제한규정 위반의 효과는 문언에서부터 토지거래허가제 위반의 효과와 달리 해석할 여지가 생긴다.

조항의 효력을 두고 '유동적 무효'를 염두에 두고 입법하였다고 엿볼 만한 자료를 전혀 찾아볼 수 없다. 또한 입법기술적으로 유동적 무효인 법률관계를 규정하는 것이 불가능한 것도 아니다.[125] 이와 같이 전매행위 제한규정을 위반한 전매행위의 효력을 무효로 하여 금지하겠다는 것이 입법자의 의사라면, (설령 해당 입법이 잘못되었더라도 위헌법률심판으로 이를 다투는 것이 아닌 이상) 가급적 문언과 입법취지에 맞게 해석하는 것이 입법권에 대한 존중이라는 관점에도 부합한다.[126] 물론 대법원 90다12243 전원합의체 판결에서 시작된 유동적 무효 법리는 불합리한 규범과 현실 사이에 조화를 이루었다는 점에 매우 중요한 의의가 있다.[127] 그러나 이는 특수한 사회적 배경에서 기인한 측면이 있고, 법률에서 일정한 행위를 금지하고 사법적 효력을 무효로 하는 규정까지 두었음에도 해당 법률행위의 효력을 살리는 길을 열어두는 것은 그 자체로 법질서의 자기모순을 초래할 우려가 있으며, 유동적 무효 영역의 지나친 확대는 불합리한 규범이 많다는 반증이 되어 법질서 전체적인 관점에서도 결코 바람직한 현상으로 보기 어렵다. 나아가 판례와 입법이 서로 충돌하게 되면 결국 국민들은 이중적인 법생활을 하고, 탈법행위가 일어날 우려도 커진다(실제 횡행하고 있다).[128]

**(2) 사적 자치의 제한 정도 및 방향성**

토지거래허가제와 택지전매제한규정은 사적 자치의 제한 정도에서

---

125) 일단 무권대리의 추인에 관한 민법 규정(제130조 내지 133조)과 같이 소급효가 전제된 추인규정을 두는 방법을 생각해 볼 수 있다.

126) 한편 실무에서는 (법률에서 위반한 법률행위의 효력을 정하지 않은 경우) 법규에 위반된 법률행위라고 하더라도 가급적 유효라고 보는 경향이 있었는데, 그 이유 중의 하나는 사법상의 거래를 규제하는 법규가 충분한 검토 없이 입법된다는 입법과정에 대한 불신에서 초래된 것이다. 그러나 법률에서 일정한 행위를 금지하면서 이를 위반한 계약을 유효하다고 하는 것은 법질서의 자기모순이므로 사법상의 거래를 규제하는 법령에 위반한 법률행위는 원칙적으로 무효라고 보아야 한다. 김재형(주 69), 16-17면.

127) 김상용(주 111), 592면은 '잘못되고 지나친 입법'을 판례에 의하여 합리적으로 변경시킬 수 있다는 가능성을 제공한 중요한 선례라고 한다.

128) 김상용(주 73), 149면.

크게 차이를 보인다. 이는 규제대상의 차이에서 비롯된다고 볼 수 있는데, 토지거래허가제는 토지에 대한 완전한 소유권을 가진 소유권자가 토지를 처분하는 것을 제한하는 것으로 물권인 소유권 행사를 직접 규제하는 제도인 반면(판례가 토지거래허가제 외에 효력규정 위반행위의 효력을 유동적 무효로 본 사안들 역시 마찬가지이다), 택지전매제한규정은 기본적으로 채권관계에 해당하는 수분양자 지위를 양도하는 것을 제한하는 제도이다. 물권은 모든 자에게 그 물권을 존중하여 침해하지 않을 의무를 발생시키고[129] 성질상 당연히 양도성을 가지므로[130] 그에 대한 제한은 매우 신중하게 이루어질 필요가 있는 반면,[131] 상대권인 채권은 (오늘날 재산권으로서 원칙적으로 양도성이 인정되기는 하지만) 재산성의 정도가 다르게 인정되고, 양도성에 대하여도 제한이 가해지는 경우가 많은데다가[132] 계약당사자 지위는 기본적으로 잔류당사자의 동의 없이 유효하게 이전될 수 있는 성질의 것이 아니다.

유동적 무효론의 기본적인 방향성은 (유동적 '무효'라는 명칭과는 달리) '확정적 무효'와 '유효' 가운데 '유효'가 되는 것을 지향하고 있다.[133] 즉 토지거래허가제는 위반한 계약이 정상적인 계약으로 돌아가게 하려는데 최종적인 목적이 있다.[134] 대법원도 '(허가를 전제로 한) 토지거래계약

129) 양창수 · 권영준(주 31), 21면.

130) 곽윤직(주 34), 16면.

131) 소유권보장의 원칙은 자유민주주의적 기본질서의 최고 이념인 개인의 존엄과 가치를 보장하는 가장 중요한 수단으로 기능하는 것으로, 소유자가 소유물을 임의로 사용 · 수익 · 처분할 수 있다고 하는 '자유'는 대전제로서 존재하는 것이고 어떠한 소유권에 대하여 어떠한 제한을 하려 하는 경우에는 반드시 이를 정당화할 수 있는 이유가 존재하여야 한다. 이영준, 물권법, 박영사, 2009, 417, 422면. 토지거래허가제도는 자유롭게 행하여져야 할 토지거래를 행정목적의 달성을 위하여 일시적으로 규제하는 것으로 그 규모 등에 비추어 보면 실제로 토지소유권에 대한 중대한 제한이었다. 양창수(주 110), 120면.

132) 곽윤직(주 34), 16면.

133) 김정도, "토지거래허가를 받지 아니한 토지매매계약의 법률관계", 재판과 판례 제4권, 대구판례연구회, 1995, 355면은 법질서의 근간을 이루는 계약의 구속성과 계약이행의 신뢰성에 비추어 허가 전의 계약을 유동적 무효라고 보더라도 "무효"라는 측면보다 "유동적"이라는 측면을 보다 고려하는 법적용이 필요하다고 한다.

134) 고상용, "거래허가구역내 토지매매계약과 사후허가시 유효여부", 법률신문, 1992, 15면.

이라면 당사자 사이에 있어서는 그 계약이 효력 있는 것으로 완성될 수 있도록 서로 협력할 의무가 있다'고 판시하였을 뿐 아니라,[135] 허가구역 지정을 해제하거나 허가구역 지정기간이 만료되었음에도 허가구역 재지정을 하지 아니한 경우 토지거래허가를 받지 아니하고 체결한 토지거래계약은 확정적으로 유효가 된다고 판시하였다.[136] 그러나 전매행위제한규정에 위반된 이주자택지 수분양권 양도의 효과는 방향성이 '확정적 무효'에 있다고 보아야 한다. 먼저 이주자택지 수분양권은 '공익사업의 시행으로 생활의 근거를 상실하게 되는 이주자'들에게 생활보상적 차원에서 제공되는 권리 내지 지위로서 실수요자에게 공급되어야 필요성이 커 법률상 양도가 제한되므로, 완전한 사적 자치의 영역 내에 있는 권리로 볼 수 없다. 예외적으로 전매를 허용하는 것 역시 그러한 거래를 바람직한 것으로 보아 조장하려는 데 있다기보다는[137] 실제 택지 구입자력이 없는 이주대책대상자를 보호하기 위한 취지에서 제공되는 부수적인 보호수단에 불과하다. 나아가 수분양권 전매는 이른바 전매 프리미엄을 얻으려는 투기적 수요자를 유인하게 되고, 전매가 이루어질수록 부동산 가격 상승에 상당한 영향을 미친다는 것은 실증연구로도 증명되며,[138] 특히 이주자택지의 경우 분양가가 원가에 미치지 못하여 시세차익이 크게 나기 때문에 투기거래의 온상으로 지적되고 있어[139] 금지의 필요성이 매우 크다.

---

135) 대법원 1991. 12. 24. 선고 90다12243 전원합의체 판결.

136) 대법원 1999. 6. 17. 선고 98다40459 전원합의체 판결. 오시영(주 124), 457면은 '이는 결국 허가구역 내에서의 허가 없는 토지거래계약도 언젠가는 유효로 보겠다는 것'이라고 한다.

137) 생활보상 대상이 아님에도 수분양권을 취득한 매수인에게 반사적으로 불법적인 전매이익 실현가능성을 부여한다는 점에서는 바람직하지 않은 측면이 있다.

138) 송선미 · 신종칠, "아파트 분양권의 전매 프리미엄 형성 요인 연구", 도시행정학보 제30권 제4호, 한국도시행정학회, 2017, 157-163면은 2003년부터 2016년까지 아파트 분양이 이루어진 전국 192개의 분양아파트 중 분양권 거래가 이루어진 4,734건의 사례에 대한 실증분석 결과, 전매가 이루어진 경우에 그렇지 않은 경우보다 2.5배 정도 더 큰 분양권 프리미엄이 발생하였다고 한다.

139) 이주자택지를 분양하는 경우 이주자가 부담하여야할 비용은 이주정착지에 설치한 분양받을 택지에 대한 용지매입비와 택지조성비의 합계액으로, 이처럼 조성원가 이하인 직접비로 분양하므로 조성원가나 일반분양가와 비교할 때 많은 이득이

### (3) 거래구조 및 동의의 법적 성격 차이

토지거래허가의 경우 본래 토지매도인과 토지매수인 둘 사이의 매매계약 체결과 등기이전만으로 소유권이 완전하게 이전되는 효과가 발생하는 거래에 대하여 계약과 무관한 제3자(행정청)가 개입하여 계약의 효력을 좌우하는 구조인 반면, 수분양권 매매계약은 사업시행자가 계약인수의 대상이 되는 분양계약의 당사자이기 때문에 원칙적으로 사업시행자의 동의가 없는 이상 둘 사이의 인수계약만으로는 의도한 법률효과(계약인수)가 유효하게 발생할 수 없다는 점에서 애당초 효과 발생이 제한되어 있는 거래구조이다. 즉 효력규정이 없는 상태를 가정하면, 계약이행과 관련하여 토지거래허가 사안에서는 계약상대방을 상대로 소유권이전등기청구가 가능하지만, 수분양권 매매계약에서는 수분양권 명의변경절차 이행청구, 즉 협력의무의 이행을 구하는 청구만 가능할 뿐이다.[140] 그럼에도 택지전매제한규정 위반행위를 유동적 무효로만 보게 되면 입법자가 굳이 원인행위인 계약까지 무력화시키는 효력규정을 두어 계약인수의 효과 발생 여지를 원천적으로 차단하려고 한 취지가 무색해질 우려가 있고, 효력규정이 사실상 무의미해지는 결과가 된다.

또한 토지거래허가와 택지전매제한규정에서의 사업시행자의 '동의'의 취지와 성격은 전혀 다르다. 토지거래허가의 법적 성격에 대하여는 허가설, 인가설, 특허설이 대립하나,[141] 토지거래허가제도의 입법취지가 토지의 투기적인 거래를 방지하는데 목적이 있을 뿐 당사자들 사이의 토지거래 자체를 전면 금지하는 것이 아니므로 규제지역 내에서도 토지거래의 자유를 인정하되 거래계약의 효력을 완성시켜주는 강학상 인가의 성격을

---

이주자에게 귀속되게 되고, 이렇게 시세차익이 크게 나기 때문에 다들 이주자택지 분양받기에 혈안이 되어 있다. 박평준(주 17), 188면.

140) 각주 62) 참조. 대상판결 사안에서 피고는 제1 예비적 반소의 청구취지를 '전매동의 신청절차 이행청구'로 하였지만, 이는 실질적으로 수분양권 명의변경절차 이행청구와 동일한 것이다.

141) 각 견해에 대한 자세한 내용은 김민중, "허가를 받지 아니한 토지매매계약의 효력: 유동적 무효", 민사법의 실천적 과제: 한도 정환담 교수 화갑기념 논문집, 2000, 102면 참조.

가진다고 보는 것이 통설 및 판례의 입장이다.[142] 반면 택지개발촉진법에 따라 조성된 택지는 그 용도대로 사용하려는 실수요자에게 공급되는 것이 중요하고, 특히 이주자택지의 경우 이주대상자에게 생활보상적 성격으로 주어지는 것이므로 이주자택지 수분양권은 자유로운 거래대상이라고 볼 수 없다. 즉 전매행위가 금지되어 있던 토지에 관하여 엄격한 요건 충족 여부를 확인한 시행자의 동의 아래 예외적으로 전매가 허용될 뿐이므로,[143] 여기서의 사업시행자의 동의의 법적 성격은 앞서 본 바와 같이 허가적 성격을 가진다고 보아야 한다.

같은 맥락에서 원심판결이 드는 '매매의사의 합치가 있기도 전에 동의부터 받고 매매의 의사가 합치될 상대방을 물색하라고 요구하는 것은 현실적으로 불가능한 일을 강요하는 것이고, 동의 후에 다시 계약을 체결할 것을 요구하는 것은 쓸데없이 2중의 절차를 밟게 한다'는 논거가 타당한지 다소 의문이다. 일단 계약인수는 삼면계약이 원칙적인 모습이므로 '불가능'한 일을 강요한다고 보기 어려울 뿐 아니라,[144] 택지개발촉진법은 잔류당사자인 사업시행자에게 '확인 · 검토의무'를 부과하여 계약에 개입할 것을 요구하고 있는 점, 그 밖에 입법취지 및 규제의 필요성 등을 고려하면 이러한 경우까지 효력규정을 제한적으로 해석함으로써 규정

142) 다만 행정법 학계에서는 이를 인가로 보는 것에 대한 비판이 있다. 가령 박균성, "행정법 판례형성에 있어서의 행정법학의 기여", 공법연구 제44권 제4호, 사단법인 한국공법학회, 2016, 60면은 인가는 타인의 법률행위의 효력발생요건으로서 무인가행위는 원칙적으로 무효이지만 행정강제나 행정벌의 대상이 되지는 않는데, 무허가 토지거래허가계약의 경우에는 의무불이행에 따른 제재조치가 부과되거나 징역형 또는 벌금형과 같은 행정벌에 처해질 수 있다는 점을 고려하면 토지거래계약허가는 강학상 허가로 보는 것이 타당하다고 한다.

143) 이주자택지의 최초 공급자에게는 1회에 한하여 예외적으로 전매를 허용하고 있는 것은 분양계약 체결 후 분양대금을 납부할 자력이 없거나 다른 곳으로 이주를 하려는 이주자를 보호하려는 취지에서 전매 금지라는 원칙에 대하여 유일한 예외를 허여한 것에 불과하다.

144) 이면계약 방식에 의하더라도, 택지전매제한규정에 위반된 수분양권 매매계약의 효력이 무효가 된다고 하여 계약의 성립 자체를 부정하는 것은 아니므로 사업시행자의 동의를 얻은 이후에 다시 계약을 체결할 필요 없이 당초 계약을 추인하는 것도 가능할 것이다.

을 사실상 무력화시키는 것이 타당하다고 볼 수 있을까?

**(4) 법률관계의 불확실성 증대**

유동적 무효설에 따르면 법률관계의 불확실성이 증대된다. 유동적 무효 상태는 명칭 그대로 '유동적'인 상태이다. 판례에 의하면 계약당사자 사이에 계약이 유효한 것이 되도록 협력할 의무가 있다고 하면서도, 불허가(부동의)로 결정되었을 때뿐만 아니라 당사자 쌍방이 허가신청(동의신청)을 하지 아니하기로 의사표시를 명백히 한 경우는 물론,[145] 일방이 이행거절의사를 명백히 표시한 경우에도 확정적 무효가 된다.[146] 반면 규제구역이 지정해제되었을 때에는 허가를 받지 아니하여도 계약이 확정적으로 유효가 된다. 또한 유동적 무효인 동안에는 이행청구 뿐만 아니라 이미 지급된 매매대금의 부당이득반환청구도 허용되지 않는다.[147] 즉, 유동적 무효 상태인 동안 당사자를 둘러싼 법률관계는 그 종국적인 효력이 당사자 일방의 의사 또는 계약 외적인 요인에 따라 달라질 수 있는 대단히 불확실한 상태에 놓이게 되며, 그 기간 동안 계약에 따른 이행은 물론 계약관계를 청산하는 것도 불가능하게 된다.

이러한 불확실한 상태를 만드는 것은 당사자들이 과연 그러한 결과를 의욕하였을지도 의문을 남길 뿐 아니라,[148] 당사자들에게 법률행위의 효력에 대한 예측가능성을 낮추고 거래비용을 증가시키면서 동시에 추가적인 분쟁의 빌미를 제공하므로 예외적인 경우에만 허용되어야 한다.[149]

---

145) 대법원 1993. 7. 27. 선고 91다33766 판결.

146) 대법원 1993. 6. 22. 선고 91다21435 판결. 다만, 쌍방당사자에게 유동적 무효 상태에 있는 매매계약을 효력이 있는 것으로 완성될 수 있도록 서로 협력할 의무가 있고 이에 위배하여 허가신청절차에 협력하지 않는 당사자에 대하여 상대방은 협력의무의 이행을 소송으로써 구할 이익이 있으므로 당사자 일방의 이행거절만으로 확정적으로 무효가 되는지는 의문이 없지 않다. 전우진, "토지거래허가를 받지 아니한 거래당사자간의 법률관계", 서울지법 판례연구, 1997, 255면.

147) 그러나 유동적 무효라도 계약의 채권적 효력을 인정하지 않으면서 부당이득반환을 구할 수 없다는 것은 일반적인 부당이득법리나 국토이용관리법의 입법취지에 비추어 의문이 있다. 양창수(주 121), 500-501면.

148) 법률행위의 무효를 효과상의 일부무효로 구성하는 것은 과연 당사자들이 이러한 결과를 의욕하였을지, 당사자의 사적 자치의 원칙과 조화될 수 있는지가 문제될 수 있다. 윤진수(주 97), 295면.

금지규정에 위반된 법률행위의 효력을 무효로 보는 효력규정이 사적 자치의 원칙을 지나치게 제한하여 그 효과에 대한 실질적 의미의 교정(校正)이 필요할 정도로 불합리한 것이 아니라면 유동적인 법률관계를 만드는 것은 가급적 지양하여야 한다.[150] 입법기술적인 관점에서도 유동적 무효의 법률관계를 규정해야 할 불가피한 사정이 있는 경우에는 법률관계를 명확히 하기 위하여 그러한 취지가 명확히 드러나게 입법하는 것이 바람직하다.[151]

**(5) 규제의 실효성**

무엇보다 유동적 무효론에 의하면 투기거래를 방지하려는 규제의 실효성을 확보하기 어렵다. 현실에서 이주자택지 수분양권의 양도는 브로커가 이주대책대상자에게 접근하여 그로부터 매수인란이 공란으로 되어 있는 수분양권 매매계약서, 인감증명서, 위임장, 양도각서, 권리포기각서 등을 받아 이를 전전매도하는 형태로 이루어지는 경우가 많다.[152] 이러한 수분양권의 전전양도는 모두 위법하여 무효이지만, 이주대책대상자 및 중간자들이 문제 삼지 않는 이상 사업시행자로서는 최후에 매수인란을 보충한 사람이 최초 매수인인지 여부를 파악하기 쉽지 않다. 그럼에도

149) 김재형(주 69), 15면은 판례가 토지거래허가규정에 위반한 토지거래계약에 관하여 유동적 무효의 이론을 전개하고 있으나, 이는 매우 예외적인 경우라고 한다. 고상용(주 134), 15면은 토지거래허가제 위반의 법률행위에 대하여 판례가 애매한 법률개념(미완성 법률행위 또는 유동적 무효 등)을 쓰는 것은 과도기적 성격의 판결이고, 언젠가는 이러한 규정은 입법으로 수정되어야 한다고 하였다.

150) 실제로 토지거래허가제 위반의 효력에 관한 대법원 90다12243 전원합의체 판결 이후 위 판결이 다른 분야의 토지거래규제법의 법리해석에 큰 파장을 일으킬 것이라는 견해[이시윤(주 103), 623면]나 공법적 규제에 대한 효력을 유동적 무효의 법리에 의하여 하나의 법리로 통합될 수 있다는 견해[김상용(주 111), 591면] 등이 있었으나, 앞서 살펴본 바와 같이 토지거래허가제 위반행위 외에 거래규제법령 위반행위의 효력을 유동적 무효로 인정한 사례는 드문 것을 보면, 판례도 유동적 무효론을 확대적용하는 것에는 신중한 입장이 아닌가 생각된다.

151) 장수길(주 6), 27면은 유동적 무효 법리에 반대하고 토지거래허가를 민법상 조건으로 보아야 한다고 주장하면서, 독일의 경우처럼 취소와 대비되는 의미의 무효와 효력부동 상태의 무효를 서로 다른 용어로 부르고 있는 체계와 달리 한결같이 '무효'라고 부르는 우리나라에서는 위 용어를 쓰는 것이 논란을 가중한다고 한다.

152) 이런 점을 고려하면 유동적 무효설에서 유동적 무효로 보는 '사업시행자의 동의를 전제로 하는 계약'에 해당될지도 의문이다.

동의 없는 이주자택지 수분양권 양도행위를 '확정적 유효'를 지향하는 불확실한 상태인 유동적 무효로 보게 되면 당사자들로 하여금 투기적 전매 역시 허용될 여지가 있다는 잘못된 기대를 심어 줄 우려가 크고, 사업시행자의 동의의 중요성을 도외시한 채 일단 당사자들끼리 전매 또는 전전매계약을 체결하고 보는 잘못된 거래관행을 개선하기가 어렵게 된다. 유동적 무효인 동안에는 청산이 불가능하므로 부당이득반환책임을 지지 않는 이주대책대상자로서는 위법한 전매행위를 하더라도 경제적으로 크게 손해볼 것이 없다고 생각할 수 있다(반면 확정적 무효가 되면 바로 부당이득반환책임을 지게 되므로 위법한 전매행위를 할 유인이 줄어든다). 또한 토지거래허가를 받지 아니한 토지거래계약도 동의를 받지 않은 동안 허가구역 지정해제가 되면 확정적으로 유효가 된다는 판례[153]의 논리를 일관하면, 수분양권 매매계약에 대하여 사업시행자의 동의를 받지 않는 동안 매도인이 분양계약에 따라 자기 앞으로 소유권이전등기를 마치면 매매계약이 확정적 유효로 된다고 볼 여지가 생기는데, 이는 사업시행자의 동의를 배제하는 탈법행위를 용인하는 결과가 되어 부당하다.[154] 물론 유동적 무효론에 따르더라도 전매차익을 얻을 목적으로 전전매도하는 등 허가를 배제하거나 잠탈하는 내용의 계약의 경우 각 매매계약을 확정적 무효가 된다고 보기는 하나,[155] 확정적 무효임을 주장하는 측이 그러한 사정을 입증해야 하는 부담을 안게 되는 문제가 있다.

위와 같은 사정들을 고려하면 택지전매제한규정에 위반된 이주자택지 수분양권 매매계약은 굳이 원시적 불가능 법리에 따라 사업시행자의 동의가 가능한지 여부를 검토할 필요 없이 분양계약 체결 전후를 불문하고 사업시행자의 동의가 없는 이상 효력규정에 위반되므로 확정적으로 무효라고 보아야 한다(다만 사업시행자의 동의 등 요건이 사후적으로 갖추

153) 대법원 1999. 6. 17. 선고 98다40459 전원합의체 판결.

154) 이러한 의미에서 수분양권 매매계약의 성격 중 사업시행자의 동의를 못 받았을 때를 대비한 미등기 전매계약으로서의 성격은 택지전매제한규정이 있는 이상 무효가 될 수밖에 없다.

155) 대법원 1996. 6. 28. 선고 96다3982 판결.

어지면 무효행위의 추인 여부가 문제될 뿐이다).

### 3. 확정적 무효설에 따른 당사자들의 법률관계

#### 가. 수분양권 매매계약 당사자 사이의 법률관계

**(1) 계약이행 관련**

택지전매제한규정에 위반된 택지 공급 전 이주자택지 수분양권 매매계약은 확정적으로 무효이고(이후 이주대책대상자가 분양계약에 의하여 택지를 공급받았다고 하더라도 달리 볼 것이 아니다), 매수인이 이를 다투는 이상 확인의 이익도 있으므로, 이주대책대상자는 매수인을 상대로 매매계약의 무효확인을 구할 수 있다[본소청구 인용].

반면 매수인은 이주대책대상자에게 수분양권 매매계약이 유효함을 전제로 한 수분양자 명의변경절차 이행청구를 할 수 없고[주위적 반소청구 기각], 위 매매계약이 유동적 무효 상태에 있음을 전제로 하는 전매동의 신청절차 이행청구도 할 수 없으며[제1 예비적 반소청구 ① 기각], 유효한 채권관계 자체가 존재하지 아니하는 이상 사업시행자의 동의를 조건으로 하는 조건부 수분양자 명의변경절차 이행청구를 할 수도 없다[제1 예비적 반소청구 ② 기각].

이에 대하여 수분양권 매매계약을 체결한 이주대책대상자 스스로 그 무효를 주장하는 것이 신의칙에 반하는지 문제될 수 있으나, 강행법규인 택지전매제한규정을 위반하였을 경우에 위반한 자 스스로 무효를 주장함이 신의칙에 위배되는 권리의 행사라는 이유로서 배척한다면 투기행태를 차단하고 공공택지가 실수요자에게 공급되도록 하려는 택지개발촉진법의 입법취지를 완전히 몰각시키는 결과가 되므로 신의칙에 위반된다고 볼 수 없다.

**(2) 채무불이행에 기한 손해배상청구**

이주자택지 수분양권 매매계약이 무효이므로, 매수인은 이주대책대상자의 채무가 유효함을 전제로 하는 채무불이행에 따른 손해배상청구를 할 수 없다.

한편 이주자택지 수분양권 매매계약시에 채무불이행에 대한 위약금 약정[156]을 하였더라도, 원채권관계인 수분양권 매매계약 자체가 무효인 이상 원채권관계에 종된 약정인 위약금 약정도 그 목적을 상실하여 효력이 없으므로,[157] 매수인은 위약금 약정에 따른 위약금 청구도 할 수 없다.

### (3) 부당이득반환청구

#### (가) 부당이득반환의무의 성립

결국 무효인 수분양권 매매계약의 청산관계에 있어 매수인이 생각할 수 있는 구제수단은 계약법의 보충규범인 부당이득법에 의하는 것이다.[158] 매수인은 이주대책대상자에 대하여 매매계약에 따라 지급한 매매대금의 반환을 구할 수 있다. 또한, 분양계약이 체결된 이후 매수인이 이주대책대상자를 대신하여 이주대책대상자 명의로 분양계약상의 매매대금을 지급하는 경우가 있는데, 그러한 매매대금 지급도 이주대책대상자와 사업시행자 사이에서는 유효한 변제가 되므로, 이주대책대상자를 상대로 그 부당이득 반환을 구할 수 있다.

#### (나) 비채변제 해당 여부

혹시 매수인이 지급한 매매대금이 악의의 비채변제에 해당하는 것이 아닌가? 그러나 어떤 법률행위가 객관적으로 무효라고 하여도 변제자가 그 행위가 무효인지 여부에 대하여 주관적으로 의심하거나 적어도 불명확한 점이 있었다고 한다면 '채무 없음을 알았다'고 하기 어렵고,[159] 특히 강행규정 위반의 경우 비채변제를 쉽게 인정하면 강행규정을 둔 취지를 몰각하여 급부수령자의 부당한 이익을 정당화하는 결과가 될 수 있으므로 엄격하게 볼 필요가 있다.[160] 뿐만 아니라 계약이 일정한 하자로 인

156) 수분양권 매매계약 시 가령 '이주대책대상자는 (목적물의 소유권이전의무의) 위약 시 수령한 매매대금 전액, 분양권과 관련하여 지출된 제반비용을 합한 금액의 배액을 배상하기로 한다'는 취지의 위약금 약정을 하는 것이 일반적이다.

157) 양창수 · 김재형(주 4), 493면.

158) 최수정, "쌍무계약을 청산하는 법리", 심당 송상현 선생 화갑기념 논문집, 2002, 142면.

159) 양창수, 민법연구 제7권, 박영사, 2003, 320면.

160) 양창수(주 159), 321면.

하여 효력이 없음에도 불구하고 계약이 원래의 내용대로 실행되리라고 믿고 이를 이행한 경우에는 (반환청구를 인정하지 않으면 자신의 급부를 실행하지 아니한 당사자로 하여금 상대방의 급부를 그대로 보유하게 하는 부당한 결과가 되므로) 변제 당시 채무 없음을 알았다는 이유로 반환청구를 배제할 수 없다.[161] 따라서 악의의 비채변제에 해당한다고 볼 수 없다.

(다) 불법원인급여 해당 여부

그러면 매수인이 지급한 매매대금이 불법원인급여에 해당하는 것은 아닌가? 통설 및 판례는 강행법규 위반의 경우 원칙적으로 불법원인급여에 해당하지 않는다고 한다.[162] 나아가 최근의 판례는 "'불법'이 있다고 하려면, 급부의 원인이 된 행위가 그 내용이나 성격 또는 목적이나 연유 등으로 볼 때 선량한 풍속 기타 사회질서에 위반될 뿐 아니라 반사회성·반윤리성·반도덕성이 현저하거나, 급부가 강행법규를 위반하여 이루어졌지만 이를 반환하게 하는 것이 오히려 규범 목적에 부합하지 아니하는 경우 등에 해당하여야 한다"[163]고 하여 불법원인급여의 성립을 매우 엄격하게 보고 있다.[164] 이에 따르면 설령 투기적 목적에 따른 법률행위라 하더라도 그것이 반사회적 행위에 이를 정도가 아니라면 불법원인급여에 해당하지 않는다.[165]

---

161) 양창수(주 159), 326-327면.

162) 김재형(주 69), 12-14면은 전통적으로 법률행위의 유효요건에서 적법성과 사회적 타당성을 별개의 요건으로 보았을 뿐 아니라, 민법 제103조의 사회질서는 공서라는 좁은 의미로 파악되었는데 끊임없이 변동하는 강행규정을 모두 포섭하는 것은 무리이고 사회질서의 의미를 넓게 파악하여 강행법규 위반을 포함하는 것으로 이해할 경우 강행법규 위반을 독립적으로 다룰 필요성이 없거나 그 의미가 크지 않을 것이라 한다.

163) 대법원 2017. 3. 15. 선고 2013다79887, 79894 판결.

164) 일본 최고재판소는 불법원인급여에 해당하기 위하여는 강행법규에 위반하여 부적법할 뿐 아니라 그 사회에 있어서 요구되는 윤리도덕을 무시한 추악한 것이어야 한다고 판시하였다[일최판 소 37. 3. 8. (민집 16-3-500)]. 이주흥(주 101), 48면에서 재인용.

165) 이와 같은 취지에서 불법원인급여에 해당하지 않는다고 본 판례는 다음과 같다. ① 양도소득세 회피 및 투기 목적으로 자신 앞으로 소유권이전등기를 하지 아니하고 미등기인 채로 매매계약을 체결하였다 하여 그것만으로 그 매매계약이 사회질서에 반하는 법률행위로서 무효로 된다고 할 수 없다(대법원 1993. 5. 25. 선고

생각건대, 택지개발촉진법은 강행규정에 위반된 법률행위의 효과를 무효라고 명시하고 있는 점, 이주대책제도의 제도적 취지와 투기거래의 사회적 폐해를 고려하면 일반적인 강행규정들보다는 반사회성이 한층 더 짙은 것으로 볼 여지는 있다. 그럼에도 불구하고 택지전매제한규정에 위반된 급부를 불법원인급여로 보아 이주대책대상자에게 귀속시킬 경우 이주대책대상자는 매매계약이 무효가 됨에 따라 수분양권을 그대로 유지함은 물론 매매대금까지 보유하는 이중의 이득을 얻게 된다. 이러한 결과는 오히려 이주자택지 수분양권 전매를 부추길 우려가 있으므로 부당이득 반환을 인정하는 것이 택지개발촉진법의 규범 목적에 부합한다.[166] 따라서 불법원인급여에 해당한다고 볼 수 없다.

(라) 부당이득반환범위

부당이득금에 대한 법정이자의 기산점과 관련하여, 이주대책대상자를 악의수익자로 보면 매매대금을 받은 날부터 법정이자를 청구할 수 있는 반면, 선의수익자로 보면 원칙적으로 법정이자를 구할 수 없고, 다만

---

93다296 판결).

② 농지임대차가 구 농지법에 위반되어 계약의 효력을 인정받을 수 없다고 하더라도, 임대 목적이 농지로 보전되기 어려운 용도에 제공하기 위한 것으로서 농지로서의 기능을 상실하게 하는 경우라거나 임대인이 자경할 의사가 전혀 없이 오로지 투기의 대상으로 취득한 농지를 투하자본 회수의 일환으로 임대하는 경우 등 사회통념으로 볼 때 헌법 제121조 제2항이 농지 임대의 정당한 목적으로 규정한 농업생산성의 제고 및 농지의 합리적 이용과 전혀 관련성이 없고 구 농지법의 이념에 정면으로 배치되어 반사회성이 현저하다고 볼 수 있는 특별한 사정이 있는 경우가 아니라면, 농지 임대인이 임대차기간 동안 임차인의 권원 없는 점용을 이유로 손해배상을 청구한 데 대하여 임차인이 불법원인급여의 법리를 이유로 반환을 거부할 수는 없다(대법원 2017. 3. 15. 선고 2013다79887, 79894 판결).

③ 부동산 실권리자명의 등기에 관한 법률이 비록 부동산등기제도를 악용한 투기·탈세·탈법행위 등 반사회적 행위를 방지하는 것 등을 목적으로 제정되었다고 하더라도, 무효인 명의신탁약정에 기하여 타인 명의 등기가 마쳐졌다는 이유만으로 그것이 당연히 불법원인급여에 해당한다고 볼 수 없다(대법원 2003. 11. 27. 선고 2003다41722 판결).

166) 다만, 투기 목적으로 애당초 수분양권을 전매할 의사가 없었던 이주대책대상자들을 기망하는 등으로 이주자택지 수분양권을 대량으로 매수하여 전매차익을 노리는 기업형 브로커들의 경우에는 반사회성이 현저할 뿐 아니라 급여자의 불법성이 수익자의 불법성보다 현저히 크므로 불법원인급여에 해당할 여지가 있다고 생각된다.

승소 시 소를 제기한 때부터 법정이자를 구할 수 있을 뿐인바(민법 제749조 제2항), 견해가 대립된다.

1) 선의수익자설

선의수익자로 보는 하급심 판결례들[167]은 대부분 이주대책대상자를 악의의 수익자로 볼 증거가 부족하다는 것 외에 별다른 이유 설시를 하지 아니하고 있는데, 입증책임 문제를 제외한 상정 가능한 논거를 생각해보면 다음과 같다. ① 대상판결이 선고되기 전까지 상당수의 하급심 판결들[168]이 택지 공급 전 수분양권 매매계약의 효력을 유동적 무효로 보고 있었는데(매매계약의 효력이 유동적 무효인 경우 확정적 무효가 되었음을 알았을 때 비로소 악의의 수익자가 된다[169]) 법원 내에서도 견해가 나뉘었던 사안에 대하여 일반인들에게 알고 있을 것을 요구하는 것은 무리이다. ② 수분양권을 매수한 사람은 투기적 목적으로 취득했을 가능성이 높은데 (매수인보다 상대적으로 열악한 경제적 지위에 있을 개연성이 높은) 이주대책대상자를 악의의 수익자로 보아 매매대금 원금에다가 받은 날부터의 법정이자까지 반환하게 하는 것은 형평에 어긋난다. ③ 이주대책 제도는 공익사업의 시행으로 이주하게 되는 이주대책대상자를 보호하려는 데 그 입법취지가 있는데 악의수익자설을 취하면 오히려 이주대책대상자의 보호에 취약하게 되는 문제가 있다.

2) 악의수익자설

악의의 수익자로 보는 하급심 판결례[170]들은 아래와 같은 논거를 든

167) 서울고등법원 2018. 8. 30. 선고 2018나2022938 판결; 부산고법 2018. 5. 24. 선고 2017나858(본소), 2017나865(반소) 판결; 부산지법 2018. 6. 1. 선고 2017나43319 판결; 수원지법 안양지원 2017. 11. 24. 선고 2016가합10084(본소), 101636(반소) 판결 등.

168) 부산고법 2016. 7. 21. 선고 2015나56895 판결; 수원지법 2017. 4. 14. 선고 2016나52293 판결; 부산지법 2015. 12. 16. 선고 2015가합43595(본소), 2015가합43601(반소) 판결 등 다수.

169) 대법원 2015. 5. 28. 선고 2013다1587 판결.

170) 서울고등법원 2019. 1. 10. 선고 2018나2042888 판결; 서울고등법원 2019. 1. 10. 선고 2018나2044365 판결; 서울고등법원 2018. 12. 14. 선고 2018나2046231 판결; 부산고등법원 2018. 6. 7. 선고 2017나56608 판결(대상판결의 파기환송심 판결임) 등.

다. ① 택지개발촉진법은 소유권이전등기 전의 택지전매를 원칙적으로 금지하되 이주대책대상자가 공급계약을 체결한 후 사업시행자의 동의가 있는 경우 등에만 예외적으로 허용하는 것으로 규정하고 있는바 예외에 해당하지 않는 전매행위는 무효이고 형사처벌 대상이 된다는 점은 당사자들이 알고 있다고 보는 것이 경험칙에 부합한다. ② 이주자택지 신청 시 "관계법령에서 정한 전매, 전대금지 기간 내에 공급받은 주택등(공급받을 수 있는 권리 포함)을 전매, 전대한 때에는 공급대상자에서 제외되는 등 공사의 어떠한 처분에도 일체 이의를 제기하지 않을 것임"을 확약하고 있다.[171] ③ 수분양권 매매계약은 분양계약이 체결되기도 전에 체결된 것으로 사업시행자의 동의 자체가 불가능하여 당초부터 무효이다. ④ 이주대책대상자는 수분양권을 매도할 당시 수분양권이 전전매매될 것이란 사정을 짐작하고 매도한 것으로 보일 뿐 아니라 사업시행자로부터 사후 동의도 받은 바 없다.

3) 검　토

'악의'란 자신의 이익 보유가 법률상 원인 없는 것임을 인식하는 것을 말하는데,[172] 이를 직접 증명하기는 대단히 어려우므로 객관적인 사실관계에 비추어 경험칙에 따라 그 심리상태를 추단하는 방식으로 판단하는 것이 일반적이다.[173] 그런데 택지전매제한규정은 사업시행자 동의 없는 수분양권 매매계약에 대하여 무효라고 규정하고 있고, 이는 당사자들이 알고 있다고 보는 것이 경험칙은 물론 '법률의 부지는 용서받지 못한다'는 법언에도 부합하며, 사업시행자가 별도로 주의까지 주고 있다. 통상 수분양권 매매계약은 이주대책대상자가 브로커에게 매수인란이 공란으로 되어 있는 수분양권 매매계약서, 인감증명서, 위임장, 양도각서,[174]

171) 한국토지주택공사의 이주대책 신청서에는 일반적으로 위와 같은 확약사항이 부동문자로 기재되어 있다.

172) 대법원 2018. 10. 25. 선고 2016다42800, 42817, 42824, 42831 판결.

173) 양창수 · 권영준(주 31), 541면.

174) '매매목적물에 대한 소유권이전이 가능하게 될 경우 양수인 또는 양수인이 지정한 자에게 소유권이전절차를 이행할 것을 약속한다'는 내용이 일반적이다.

권리포기각서 등을 교부하면서 체결되는데, 이는 이미 택지전매제한규정을 잠탈할 목적으로 이루어지는 매수인의 불법적인 전전매매에 대한 협조가 전제된 것이다. 한편, 수분양권 매매계약이 무효이더라도 이주대책대상자는 여전히 이주자택지를 취득할 수 있는데 일반적으로 이주자택지의 가치는 이주대책대상자가 당초 매도한 수분양권 매매가격보다 상승하기 마련이므로, 악의의 수익자로 보더라도 특별한 사정이 없는 한 이익형량의 관점에서 이주대책대상자에게 크게 불리하지도 않을 것으로 보인다. 따라서 악의수익자설이 타당하다.

나. 이주대책대상자와 사업시행자 사이

수분양권 매매계약이 무효인 이상 이주대책대상자는 여전히 사업시행자와 사이에 수분양자의 지위에 있다. 따라서 분양대금을 납부하고 사업시행자를 상대로 분양계약상 소유권이전등기청구를 할 수 있다.

한편 사업시행자는 이주대책대상자의 전매제한규정 위반행위를 들어 이주대책대상자에게 택지공급 당시의 가액 및 은행법에 따른 은행의 1년 만기 정기예금 평균이자율을 합산한 금액을 지급하고 해당 택지를 환매할 수 있다(택지개발촉진법 제19조의2 제2항).

다. 매수인과 사업시행자 사이

수분양권 매매계약이 무효인 이상 매수인과 사업시행자 사이에서는 아무런 계약관계가 존재하지 않는다. 따라서 매수인은 사업시행자를 상대로 수분양자 명의변경절차 이행청구 등 분양계약에 따른 이행청구를 할 수 없고, 이주대책대상자를 대위하는 것도 불가능하다.

설령 매수인이 이주대책대상자를 대신하여 분양계약상의 대금을 납입한 것이 있다고 하더라도, 이는 매수인이 이주대책대상자에게 급부를 한 것일 뿐만 아니라 이주대책대상자가 사업시행자에게 급부를 한 것이므로, 사업시행자를 상대로 이를 부당이득으로 구할 수 없다.

라. (전전매매된 경우) 이주대책대상자와 전전매수인 사이

이주대책대상자와 전전매수인 사이에서는 아무런 계약관계가 없으므로, 전전매수인은 이주대책대상자에게 어떠한 이행청구도 할 수 없다.

전전매수인이 지급한 수분양권 전매대금의 반환은 계약당사자인 매수인을 상대로 구할 수 있을 뿐, 이주대책대상자를 상대로 구할 수는 없다(물론 전전매수인이 매수인으로부터 매수인의 이주대책대상자에 대한 부당이득반환채권을 양수받아 청구할 수는 있을 것이다).[175] 반면 전전매수인이 이주대책대상자와 사업시행자 사이에 체결된 분양계약에 따라 이주대책대상자가 지급해야 할 매매대금을 이주대책대상자 명의로 대신 납부한 경우, 이에 대하여는 이주대책대상자를 상대로 매매대금의 반환을 구할 수 있다.

## Ⅵ. 결 론

우리 계약법의 기본 원리인 사적 자치의 원칙과 그로부터 파생되는 계약 자유의 원칙은 경제정책적, 사회정책적 입법에 따른 수정을 받기도 한다. 그러나 그 제한이 지나치게 과도하여 사유 재산권과 사적 자치의 원칙의 본질을 훼손하는 정도에 이르는 것은 허용되어서는 아니 된다.

토지거래허가제는 부동산 투기 광풍을 잡겠다는 일념 하에 소유권 행사를 광범위하게 직접 제한하는 제도로서 헌법재판소의 합헌결정에도 불구하고 위헌성 논란이 끊이지 아니하였다. 우리나라에서의 유동적 무효론은 그러한 특수한 배경에서 도입 및 발전해 온 이론이기에 유동적 무효란 기존 민사법체계(가령 부당이득법)와의 부정합을 일부 감수하면서도 확고히 '유효'를 지향하는 과도기적 법 상태로 자리매김하였다.

그러나 유동적 무효론이 예외가 아닌 원칙으로 지나치게 확장되는 것은 경계할 필요가 있다. 우선 문언해석이나 입법자의 의사에 부합하지 않는 문제가 있고, 거래관계의 불확실성을 증대시키며, 규제의 실효성을 반감시켜 법률(특히 효력규정)의 규범력을 약화시킨다. 또한 입법이 아닌 해석을 통하여 유동적 무효의 법률관계를 넓히는 것은 그만큼 불합리한

175) 이러한 이유로 실무에서는 전전매수인이 자신이 이주대책대상자와 직접 매매계약을 체결한 계약당사자라고 주장하는 경우가 많고, 이때는 계약당사자 확정이 문제된다.

입법이 많다는 반증이 되어 전체적인 법 질서의 관점에서도 그리 바람직한 모습이라 할 수 없다.

더구나 대상판결과 같은 전매제한규정에 위반된 이주자택지 수분양권 매매계약은 '투기거래의 근절'이라는 목적 외에 '이주대책대상자 보호'라는 생활보장적 목적이 있고, 계약인수라는 관점에서 토지거래허가제 사안과는 기본적인 거래구조가 상이하며, 사업시행자의 '동의'의 의미 역시 달리 해석되므로, 위와 같은 예외적인 법리를 이러한 경우에도 적용할 것인지에 있어서는 더욱 신중한 접근과 검토가 필요하다고 생각된다. 수많은 거래규제법령이 존재함에도 판례가 토지거래허가제와 같이 소유권 행사를 직접 제한하는 일부 효력규정 위반행위에 대해서만 유동적 무효 법리를 명시적으로 적용하였던 것도 같은 맥락에서 이해할 수 있다.

택지전매제한규정에 위반된 이주자택지 수분양권 매매계약의 효력을 확정적 무효로 본 대상판결의 결론은 타당하다. 다만 그 논거에 있어서 효력규정 자체로부터 확정적 무효라는 점을 바로 도출하지 않고 원시적 불가능 법리를 끌어들인 것에는 다소 아쉬움이 있다.

## [관계 법령]

■ 구 택지개발촉진법(2010. 5. 17. 법률 제10303호로 개정되기 전의 것)

제19조의2(택지의 전매행위 제한 등)

① 이 법에 따라 조성된 택지를 공급받은 자는 소유권이전등기 시까지 해당 택지를 공급받은 용도대로 사용하지 않은 채 그대로 전매(명의변경·매매 그 밖에 권리의 변동을 수반하는 일체의 행위를 포함하되, 상속의 경우를 제외한다. 이하 같다)할 수 없다. 다만, 이주대책용으로 공급하는 주택건설용지 등 대통령령이 정하는 경우에는 본문의 규정을 적용하지 아니할 수 있다.

② 택지를 공급받은 자가 제1항을 위반하여 택지를 전매한 경우 해당 법률행위는 무효로 하며, 택지개발사업의 시행자(당초의 택지공급자를 말한다)는 택지공급 당시의 가액 및 「은행법」에 따른 금융기관의 1년 만기 정기예금 평균이자율을 합산한 금액을 지급하고 해당 택지를 환매할 수 있다.

제31조의2(벌칙)

제19조의2를 위반하여 택지를 전매한 자는 3년 이하의 징역 또는 1억원 이하의 벌금에 처한다.

■ 구 택지개발촉진법 시행령(2011. 8. 30. 대통령령 제23113호로 개정되기 전의 것)

제13조의3(택지의 전매행위 제한의 특례)

법 제19조의2 제1항 단서에서 "대통령령이 정하는 경우"란 다음 각 호의 어느 하나에 해당되어 시행자의 동의를 받은 경우를 말한다. 다만, 제1호·제2호·제5호 및 제7호의 경우에는 시행자로부터 최초로 택지를 공급받은 자의 경우에만 해당한다.

1. 「공익사업을 위한 토지 등의 취득 및 보상에 관한 법률」에 따른 이주대책의 실시에 따라 공급하는 주택건설용지의 경우

2. 제13조의2 제3항에 따라 공급하는 특정시설용지로서 국토해양부령으로 정하는 용지의 경우

3. 국가, 지방자치단체, 「공공기관의 운영에 관한 법률」에 따른 공공기관 또는 「지방공기업법」에 따른 지방공사에 공급하는 택지의 경우

4. 택지를 공급받은 자가 국가, 지방자치단체, 「공공기관의 운영에 관한 법률」에 따른 공공기관 또는 「지방공기업법」에 따른 지방공사에 소유권을 이전하는 경우

5. 제13조의2 제5항 제4호에 따라 공급하는 택지의 경우(2005년 12월 31일 이전에 최초의 개발계획승인이 신청된 예정지구에서 공급하는 택지로 한정한다)

6. 「주택법」 제9조에 따른 주택건설사업자의 부도 등으로 분양보증을 한 자에게 보증내용에 따른 시공을 이행하게 하기 위하여 소유권을 이전하는 경우

7. 「상법」 제530조의2부터 제530조의12까지의 규정에 따른 회사분할(분할합병의 경우는 제외한다)로 설립되는 회사가 분할되는 회사로부터 해당 택지를 최초 택지공급가액으로 승계받은 경우(설립되는 회사가 제13조의2 제2항에 따라 공급받을 당시에 분할되는 회사가 가지고 있던 공공택지의 공급대상자 자격요건을 충족하는 경우로 한정한다)

8. 제13조의2 제2항 제1호에 따른 판매시설용지 등 영리를 목적으로 사용될 택지를 공급받은 자가 「신탁업법」에 따라 설립된 신탁회사와 해당 택지의 개발 또는 분양관리를 목적으로 신탁계약을 체결하는 경우

9. 택지를 공급받은 자가 시행자로부터 공급받은 가격 이하로 전매하는 경우

[Abstract]

# Effect of Resale Contract of Right to Buy a Housing Site for Resettlement in Violation of Resale Restriction Clause

Kim, Ki Hong*

The principle of private autonomy and its derived principle, which is the freedom of contract, are subject to the revision due to economic policy and social policy legislation, and one of the typical areas that are subject to a wide range of restriction is a land trade area.

The Housing Site Development Promotion Act specifies that the resale of housing site provided as a resettlement measure is prohibited in principle and allowed exceptionally if consent is obtained from the project operator under certain requirements. Nonetheless, trades of reselling the right to buy a housing site for resettlement without consent of project operator have been rampant before signing the parceling-out contract. The original trial judged the effect of these violations as pending invalidity so that a purchaser had the right to request the fulfillment of cooperation obligation toward the seller. In contrast, the court ruling this time regarded the effect of these violations as invalidity on the ground that the consent of the project operator itself is impossible before the parceling-out contract is concluded, so that the purchaser has no right to claim the fulfillment of cooperation obligation toward the seller.

The pending invalidity in Korea has been introduced and developed under the unique background to harmonize the principle of private autonomy and the legislative intent amid the continuous controversy over uncon-

* Judge, Goyang Branch of Uijeongbu District Court.

stitutionality of the regulation system for land transaction enforced to eradicate the speculative investment in real estates. Accordingly, pending invalidity has been positioned as a transitive legal state, which aims for the "validity." Thus, the excessive expansion of the pending invalidity into the principle rather than exception is needed to be precautious because it is not conformed to the legislator's intent or interpretation of legal texts, could increase the uncertainty of trade relationship, and weakens the normative power of law (in particular, mandatory provisions) by halving the effectiveness of the regulation. Moreover, since the transaction structure in the sales contract of right to buy a housing site for resettlement, which violates the restriction clause on resale of a housing site, is different from the matters in land transaction permission system, and the meaning of "consent" of the project operator is interpreted differently, it is not valid to apply the pending invalidity in such case, which is an exceptional legal principle. That is, the effect of the sales contract of right to buy a housing site for resettlement, which violates the restriction clause on resale of a housing site, violates mandatory provisions regardless of whether the sales contract occurred before or after the parceling-out contract, it shall be deemed as invalidity.

The court ruling this time is valid in the conclusion that the effect of the violation to the restriction clause on resale of a housing site is seen as invalidity, but it is somewhat disappointed that the ground of the argument of invalidity was not derived directly from mandatory provisions but based on the legal principle of initial impossibility.

[Key word]

- Housing Site Development Promotion Act
- resale contract of right to buy a housing site
- restriction clause on resale of a housing site
- transfer of contract, pending invalidity
- invalidity, initial impossibility

## 참고문헌


### 1. 단 행 본

곽윤직 편집대표, 민법주해[Ⅸ] 채권(2), 박영사, 2004.

______, 민법주해[Ⅹ] 채권(3), 박영사, 2002.

______, 민법주해[ⅩⅣ] 채권(7), 박영사, 2003.

곽윤직, 채권총론, 박영사, 2003.

______, 채권각론(상), 법문사, 1967.

곽윤직 · 김재형, 민법총칙(민법강의Ⅰ) 제9판, 2013.

권성 · 조해현 · 장성원 · 박순성 · 김상준, 사례해설 가처분의 연구(개정판), 박영사, 2002.

김용덕 편집대표, 주석민법[총칙(3)], 한국사법행정학회, 2019.

김용담 편집대표, 주석민법[채권총칙(3)], 한국사법행정학회, 2014.

양창수, 민법연구 제7권, 박영사, 2003.

양창수 · 권영준, 권리의 변동과 구제, 박영사, 2017.

양창수 · 김재형, 계약법, 박영사, 2015.

이은영, 채권총론, 박영사, 2009.

이영준, 물권법, 박영사, 2009.

### 2. 논 문

고상용, "거래허가구역내 토지매매계약과 사후허가시 유효여부", 법률신문, 1992.

권오승, "토지소유권의 법적 성질", 현대민법학의 제문제 : 청헌 김증한 박사 화갑기념 논문집, 1981.

김동훈, "원시적 불능으로 인한 손해배상의 범위", 채권법연구Ⅱ, 동방문화사, 2014.

김민중, "허가를 받지 아니한 토지매매계약의 효력: 유동적 무효", 민사법의 실천적 과제 : 한도 정환담 교수 화갑기념 논문집, 2000.

김상용, "토지거래허가의 법리구성", 민사판례연구 제15권, 박영사, 1993.

______, “우리나라에서의 토지거래에 대한 제한”, 사법연구 제3권, 청림출판, 1995.

______, “토지거래허가제에 관한 유동적 무효의 법리”, 법과 정의 : 경사 이회창 선생 화갑기념 논문집, 1995.

김용담, “계약인수의 요건”, 민사판례연구 제4권, 박영사, 1982.

김재형, “부동산의 미등기전매가 타인의 권리매매에 해당하는지 여부”, 인권과 정의 제260호, 대한변호사협회, 1998.

______, “법률에 위반한 법률행위”, 민사판례연구 제26권, 박영사, 2004.

김정도, “토지거래허가를 받지 아니한 토지매매계약의 법률관계”, 재판과 판례 제4권, 대구판례연구회, 1995.

김종보, “이주대책의 개념과 특별공급의 적용법조”, 행정법연구 제28호, 2010.

김형석, “계약인수와 대항요건”, 민사법학 제83호, 한국사법행정학회, 2018.

박균성, “행정법 판례형성에 있어서의 행정법학의 기여”, 공법연구 제44권 제4호, 사단법인 한국공법학회, 2016.

박 민, “주택시장 안정화 정책과 세제”, 공법연구 제32권 제4호, 한국공법학회, 2004.

박성준, “이주대책에 대한 쟁송”, 행정재판실무연구Ⅲ(재판자료 제120권), 2010.

박평준, “공공용자취득시의 이주대책”, 토지공법연구 제8권, 한국토지공법학회, 1999.

백승주, “현행 토지공개념제도의 시장 친화적 제도로의 변화가능성 고찰”, 토지공법연구 제38권, 한국토지공법학회, 2008.

서기석, “이주대책에 의한 수분양권의 법적 성질”, 행정판례평선, 박영사, 2011.

서 민, “계약인수”, 민법학논총 제1권, 국가고시학회, 1985.

서정우, “주택분양권의 변칙적 양도”, 민사판례연구 제11권, 박영사, 1989.

송덕수, “타인의 명의를 빌려 체결한 토지분양계약의 효력”, 민사판례연구 제14권, 박영사, 1992.

성소미, “부동산 법제의 새로운 체계구성과 최근의 입법동향”, 토지공법연구 제38권, 한국토지공법학회, 2008.

송선미 · 신종칠, “아파트 분양권의 전매 프리미엄 형성 요인 연구”, 도시행정학보 제30권 제4호, 한국도시행정학회, 2017.

안정호, “온천발견신고자 명의변경을 구하는 이행의 소 및 확인의 소에 있어서의 소의 이익", 민사판례연구 제28권, 박영사, 2006.
양석완, "의사표시를 구하는 소송과 보전처분의 한계", 비교사법 제14권 제3호, 한국비교사법학회, 2007.
양창수, "국토이용관리법상의 거래허가 대상토지에 대한 허가 없는 거래계약의 효력", 고시연구 제28권 제7호, 2001.
______, "장래채권의 양도", 민법연구 제7권, 박영사, 2005.
______, "원시적 불능론", 민법연구 제3권, 박영사, 2006.
______, "1993년 민법 판례 개관", 민법연구 제3권, 박영사, 2006.
오수원, "대항요건을 갖춘 지명채권양도의 효력의 소급성과 유동적무효론", 법조 통권 제662호, 법조협회, 2011.
오시영, "토지거래허가와 그 효력에 대한 연구", 민사법학 제35호, 한국사법행정학회, 2007.
윤진수, "주류제조면허양도계약의 이행청구와 소의 이익", 민사재판의 제문제 제7권, 한국사법행정학회, 1993.
______, "법률행위의 무효", 법률행위론의 사적 전개와 과제 : 이호정교수화갑기념 논문집, 2002.
이광범, "국토이용관리법상의 토지거래허가를 받지 않아 유동적 무효인 계약의 법률관계", 대법원판례해설 제29호, 법원도서관, 1998.
이동진, "계약이전의 연구", 서울대학교 법학 제53권 제1호, 서울대학교 법학연구소, 2012.
이승한, "토지거래허가를 받지 아니한 거래계약의 효력", 사법연수생논문집 제22호, 사법연수원, 1993.
이시윤, "토지거래에 관한 규제를 어긴 경우의 효력과 장래의 이행의 소", 사법연구 제3권, 청림출판, 1995.
이원석, "아파트 허위 · 과장광고로 인한 표시광고법상 손해배상책임에 있어 수분양자 지위가 양도된 경우와 분양계약이 해제된 경우의 법률관계", 대법원판례해설 제105호, 법원도서관, 2016.
이우도 · 이진수 · 김성갑, "토지거래 허가제도의 폐지에 관한 연구", 법학논총 제37권 제2호, 전남대학교 법학연구소, 2017.
이주홍, "토지거래허가에 있어서 이른바 유동적 무효에 기한 법률관계", 민사재판의 제문제 제8권, 한국사법행정학회, 1994.
이준현, "임대인의 지위의 양도와 임차인의 동의 또는 승낙", 인권과 정의 제

392호, 대한변호사협회, 2004.
이충훈, "원시적 불능론의 재검토", 법조 제56권 제12호, 법조협회, 2007.
장수길, "인 · 허가를 요하는 법률행위의 실체법적 고찰", 민사재판의 제문제 제8권, 한국사법행정학회, 1994.
전광식, "공익사업의 시행에 따른 이주대책 및 생활대책", 사법논집 제49권, 법원도서관, 2009.
전우진, "토지거래허가를 받지 아니한 거래당사자간의 법률관계", 서울지법 판례연구, 1997.
정연주, "토지거래허가제에 대한 헌법적 검토", 헌법판례연구 제1권, 박영사, 2002.
정옥태, "부동적 결효", 사법행정 제33권 제7호, 한국사법행정학회, 1992.
조용호, "공공용지의 취득 및 손실보상에 관한 특례법상 이주자의 지위", 국민과 사법(윤관 대법원장 퇴임기념), 1999.
진성규, "의사의 진술을 구하는 청구와 소의 이익", 민사판례연구 제12권, 박영사, 1990.
최복규, "택지개발예정지구 내의 이주자택지 공급대상자 확정에 의하여 발생한 구체적인 수분양권에 기하여 이주자택지에 관한 공급계약을 체결할 수 있는 청약권을 공동상속한 경우 그 행사방법", 대법원판례해설 제47호, 법원도서관, 2004.
최수정, "쌍무계약을 청산하는 법리", 심당 송상현 선생 화갑기념 논문집, 2002.
허 영, "토지거래허가제의 헌법상 문제점", 인권과 정의 통권 제160호, 대한변호사협회, 1989.
홍대식, "보존등기를 할 수 없는 미등기부동산의 소유권이전등기청구권에 대한 보전처분", 재판실무연구 제2권, 수원지방법원, 1997.
홍용석, "공동주택 피분양권의 양도에 관한 사법적 고찰", 집합건물법학 제1권, 한국집합건물법학회, 2008.

### 3. 입법자료

건설교통위원회, "택지개발촉진법 일부개정법률안 검토보고서"(2007. 2.).

# 연예인 관련 엔터테인먼트계약의 이해*
## -출연계약과 전속매니지먼트계약을 중심으로-

장 보 은**

■요 지■

엔터테인먼트 산업이 전문화, 다각화되면서 다양한 계약이 활용되고 있다. 특히 연예인과 관련된 계약들은 엔터테인먼트 업계에서 가장 중요한 주체인 연예인들을 어떻게 활용할 것인지, 또 어떻게 보호할 것인지에 대한 고민을 담고 있다.

이러한 연예인 관련 계약들은 민법이 정한 전형계약이 아니므로, 기존에는 이들 계약을 해석하기 위하여 가장 유사한 전형계약이 무엇인지를 규명하는 데에 학설의 초점이 맞추어져 있었다. 그러나 연예인 관련 계약을 제대로 이해하려면, 전형계약의 틀에 무리하게 끼워 맞추기보다는 관련 산업의 특징과 현황을 파악하는 노력이 선행되어야 한다.

대상판결은 연예인 출연계약을 해석하고 관련 분쟁을 해결함에 있어서 민법상 전형계약의 틀에 얽매이거나 도식적인 법리 구성에 안주하지 않고, 출연계약의 내용, 출연계약 체결의 동기와 경위, 출연계약에 의해 달성하려는 목적, 당사자의 진정한 의사 등을 종합적으로 고찰하여 합리적이고 유연한 해석 방안을 마련하였다는 데에 의의가 있다. 현대 사회에서 새롭게 등장한 다양한 유형의 비전형계약과 관련된 분쟁을 해결함에 있어서도, 계약이 체결되는 산업과 업계의 관행, 계약 당사자들이 계약을 체결하는 동기와 계약의 목적 등을 고려하여 그 실질에 다가서는 노력이 필요할 것이다.

---

* 이 논문은 2019. 4. 22. 민사판례연구회에서 발표한 원고로, 법조 제69권 제3호(2019)에 게재되었다. 유익한 토론을 해 주신 이재찬 판사님께 감사드린다.

** 한국외국어대학교 법학전문대학원 부교수.

[주 제 어]
- 출연계약
- 전속계약
- 매니지먼트계약
- 전속매니지먼트계약
- 엔터테인먼트계약
- 연예인계약
- 엔터테인먼트법
- 비전형계약의 해석

## 대상판결 : 대법원 2019. 1. 17. 선고 2016다256999 판결

[사실관계 및 판결의 요지]

1. 사실관계

가. 원고들과 기획사 사이의 전속계약 및 원고들의 TV프로그램 출연

연예인인 원고들은 각각 2005. 3.경 연예기획사인 S사와의 사이에 2006. 3. 1.부터 2011. 2. 28.까지 5년간 원고들이 연예활동을 함에 있어 그 교섭 및 계약 체결 등에 관한 권리를 S사에 위임하는 내용의 전속계약을 체결하였다.

이후 원고들은 MBC, KBS, SBS 등 각 방송사가 제작하는 프로그램들에 출연하였고, 이로 인하여 각각 합계 609,070,000원, 96,780,000원의 출연료채권이 발생하였다.

나. 출연료채권에 관한 양도와 압류 등

S사는 2010. 6. 24. 피고 에스케이엠에게 위 각 출연료채권을 포함하여 각 방송사에 대한 일체의 채권을 양도하였고, 각 방송사에 확정일자 있는 내용증명우편으로 양도통지를 하여 2010. 7. 7. 그 통지가 각 방송사에 도달하였다. 그 외에도 S사의 채권자들은 S사의 각 방송사에 대한 위 각 출연료채권에 대하여 각 채권압류 및 추심명령 또는 채권가압류결정을 받았고, 위 각 결정은 각 방송사에 각 도달하였으며, 피고 대한민국(소관 강남세무서)이 S사에 대한 국세채권에 기하여 S사의 각 방송사에 대한 각 출연료채권을 압류하였고, 그 압류통지가 각 방송사에 도달하였다.

다. 원고들의 출연료 지급 요청과 각 방송사의 공탁

원고들은 각각 2010. 10.경. 각 방송사에게, S사와의 전속계약 해지 등을 알리면서 S사가 아닌 자신에게 출연료채권을 지급할 것을 요청하였다. 이에 각 방송사는 2010. 12. 9.부터 2011. 11. 15.까지 사이에, '프로그램에 출연한 연예인, 연예기획사, 채권양수인와 압류 및 추심채권자, 가압류채권자 등이 각 출연료채권에 관한 권리를 주장하고 있고, 각 방송사로서는 전속계약의 효력, 채권양도의 효력의 유무를 알 수 없어 진정한 채권자가 누구인지 불확실하며, 각 출연료채권에 대한 압류·가압류의 경합이 있음'을 공탁원인으로, 민법 제487조 및 민사집행법 제248조 제1항에 따라 서울중앙지방법원에 각 미지급 출연료를 혼합공탁하였다.

## 2. 원심[1]의 판단

원고들은 각 출연료채권에 대한 공탁금출급청구권이 각 원고들에게 있다는 확인을 구하였으나, 원심은 다음과 같은 이유로 원고들의 각 청구를 기각 또는 각하하였다.

### 가. 주위적 청구에 관한 판단

원고들은 먼저 자신들이 각 방송사와의 출연계약을 체결한 당사자에 해당하므로, 출연료채권은 원고들에게 각 귀속되고, S사가 각 방송사로부터 출연료를 지급받아 왔더라도 이는 원고들의 대리인 내지 보관자의 지위에서 지급받은 것에 불과하다고 주장하였다.

이에 대하여 원심은 계약의 당사자가 누구인지는 계약에 관여한 당사자의 의사해석의 문제에 해당하고, 그들 가운데 누구를 계약의 당사자로 볼 것인가에 관하여는, 우선 행위자와 상대방의 의사가 일치한 경우에는 그 일치한 의사대로 계약의 당사자로 확정해야 하고, 행위자와 상대방의 의사가 일치하지 않는 경우에는 그 계약의 성질, 내용, 목적, 체결 경위 등 그 계약 체결 전후의 구체적인 여러 사정을 토대로 상대방이 합리적인 사람이라면 누구를 계약 당사자로 이해할 것인가에 의하여 당사자를 결정하여야 한다는 점을 전제한 다음, 원고들의 주장을 배척하였다.

원심이 이러한 판단을 한 데에는 각 방송사와 원고들 사이에 원고들을 당사자로 하는 방송출연계약서와 같은 처분문서가 없다는 점, 각 원고와 S사 간의 전속계약의 내용에 따라 S사가 원고들의 방송출연에 관한 계약교섭, 체결 및 출연료 수령 업무 등을 수행하였고 각 방송사도 이러한 전속계약의 내용을 인식하였던 것으로 보인다는 점, 각 방송사가 출연료를 모두 원고들이 아닌 S사에게 지급하였고 원고들은 전속계약에서 정한 바에 따라 S사가 정산한 금액을 지급받아 온 점 등의 사정이 고려되었다.

### 나. 제1예비적 청구에 관한 판단

원고들은 설령 원고들이 이 사건 각 출연계약의 당사자가 아니더라도, 연예인의 방송출연계약은 도급계약의 일종으로서 방송사가 발주자, S사가 원사업자, 원고들은 수급사업자에 해당한다고 주장하였다. 즉, 원고들은 원사업자인 S사로부터 지급받아야 할 출연료의 2회분 이상을 지급받지 못하였으므

---

1) 서울고판 2016. 9. 29, 2015나2062041.

로, 각 방송사는 하도급거래 공정화에 관한 법률(이하 "하도급법"이라 한다) 제14조 제1항 제3호에 따라 원고들에게 그 출연료를 지급하여야 한다는 것이다.

이에 대하여 원심은 원고들이 S사와의 전속계약에 따라 이행하여야 할 방송프로그램 '출연'의무는 다른 사람이 대체할 수 없는 작위의무로서 재위탁이 불가능한 성질을 띠고 있다. 따라서 방송프로그램 출연과 같은 급부는 하도급법 제2조 제11항, 제13항이 정의하고 있는 '용역' 내지 '역무'에 해당한다고 볼 수 없다고 하였다.

다. 제2, 3예비적 청구에 관한 판단

만일 주위적 청구 및 제1예비적 청구가 받아들여지지 않는다면, 원고들은 기획사인 S사에 대하여 근로자의 지위에 있었으므로 S사에 대하여 출연료의 80%에 해당하는 금액의 임금채권을 가지거나, 전속계약에 따라 출연료의 80%에 해당하는 약정금 채권 내지 S사의 계약불이행으로 인한 손해배상채권을 가진다고 주장하였으나,[2] 원심은 이러한 청구는 분쟁을 근본적으로 해결하는 가장 유효·적절한 수단이라고 볼 수 없어 확인의 이익이 없다고 하였다.[3]

### 3. 대법원 판결

대법원은 원고의 상고를 파기·환송하면서, 특히 원고들의 주위적 청구와 관련하여 다음과 같이 방송사와의 출연계약의 당사자는 원고들이고 그 출연료채권은 원고들에게 귀속된다고 판단하였다.

---

2) 그 외에도 원고는 제3예비적 청구로 피고 에스케이엠의 채권양수는 효력이 없고, 피고 성도물산의 채권압류 및 추심명령, 피고 김양현의 가압류는 각 집행채권이 존재하지 않는다는 점도 주장하였다.

3) 이 사건에서 각 방송사가 한 공탁은 채권자불확지를 원인으로 한 변제공탁과 피고들의 채권압류 내지 가압류 등을 원인으로 하는 집행공탁을 하나의 공탁절차에 의하여 한 혼합공탁에 해당하는데, S사의 책임재산인 S사의 각 방송사에 대한 출연료채권에 대한 집행을 통하여 원고들의 S사에 대한 채권의 만족을 확보하고자 하는 경우에는 공탁금이 집행채무자인 S사에게 귀속하는 것을 증명하는 문서를 집행법원에 제출하여야 한다. 그런데 원고들의 주장은 S사가 아닌 원고들 자신이 이 사건 공탁금 중 일부에 대하여 출급청구권을 가진다는 점의 확인을 구하는 것에 불과하므로, 이러한 확인판결을 받아 이를 집행법원에 제출한다 한들 집행법원이 이 사건 공탁금의 배당절차를 개시할 수는 없다는 것을 이유로 하였다.

"원고들이 방송 3사의 각 프로그램에 출연한 데 대하여 방송 3사는 출연료를 지급할 의무가 발생하였다. 이때 그 출연료지급채무의 상대방, 즉 출연료채권의 귀속 주체는 방송 3사와 사이에 체결된 방송프로그램 출연계약의 내용에 따라 정해질 것이다. (…) 방송프로그램 출연계약의 당사자가 누구인지를 확정하기 위해서는 출연계약의 내용, 출연계약 체결의 동기와 경위, 출연계약에 의해 달성하려는 목적, 당사자의 진정한 의사 등을 종합적으로 고찰하여 합리적으로 해석해야 한다.

방송프로그램 출연행위는 일신전속적인 급부를 제공하는 행위이고, 특히 원고들과 같이 인지도가 매우 높고 그 재능이나 인지도에 비추어 타인이 대신 출연하는 것으로는 계약 체결 당시 의도하였던 것과 동일한 효과를 거둘 수 없는 연예인인 경우, 원고들이 부담하는 출연의무는 부대체적 작위채무라 할 것이다. 이와 같이 적어도 교섭력에 있어 우위를 확보한 원고들과 같은 연예인의 경우에는 어떠한 프로그램에 어떠한 조건으로 출연할 것인지를 전속기획사가 아니라 연예인 스스로 결정하는 것이 통상적인 출연계약의 모습이다. 또한 방송프로그램에 원고들과 같이 인지도가 있는 특정 연예인을 출연시키고자 하는 출연계약의 목적에 비추어 방송사로서도 전속기획사가 아니라 그 연예인을 출연계약의 당사자로 하는 것이 연예인의 출연을 가장 확실하게 담보할 수 있는 방법이다.

이러한 출연계약의 특성, 이 사건 출연계약 체결 당시 연예인으로서 원고들이 갖고 있었던 영향력과 인지도, 연예기획사와의 전속의 정도 및 출연계약서가 작성되지 아니한 사정 등을 고려하면, 방송 3사는 연예인인 원고들을 출연계약의 상대방으로 하여 직접 프로그램 출연계약을 체결한다는 의사로서 행위하였다고 봄이 타당하다. 원고들은 업무처리의 편의를 위해 전속기획사인 S사에게 계약의 체결을 대행하게 하거나 출연금을 수령하게 하였을지라도, 어디까지나 출연계약의 당사자는 원고들 본인인 것으로 인식하였고, S사는 방송 3사와 사이에 원고들을 위하여 출연계약의 체결 및 출연금의 수령 행위를 대리 또는 대행한 것으로 볼 수 있다."

〔研　　究〕

## Ⅰ. 문제의 제기

엔터테인먼트 산업에서는 전통적으로 정식의 서면계약보다는 대체적인 상호 구두 합의로써 거래가 이루어지는 경우가 많았다. 초기에는 엔터테인먼트 업계가 비교적 좁았고 자율적으로 규율이 되고 있었기 때문에 복잡한 서면계약은 맞지 않거나 불필요하다는 생각이 있었다.[4] 그러나 관련 산업이 발전하고 미디어가 다양해짐에 따라, 현재에는 제작, 유통, 소비의 각 단계마다 특수성을 반영한 계약들이 체결되고 있다. 그 중에서도 연예인을 둘러싼 계약은 매우 중요한 비중을 차지한다. 엔터테인먼트 산업의 특성상 성공에 대한 불확실성은 불가피한 것인데, 이러한 불확실성을 조금이라도 줄이기 위하여 흥행 실패의 위험이 적은 스타를 중심으로 콘텐츠 제작이 이루어지기 때문이다.[5] 연예인과 관련된 계약들은 이러한 연예인들을 산업적으로 어떻게 활용할 것인지, 또 다른 한 편으로 이들을 어떻게 보호할 것인지에 대한 고민을 담고 있다.

이러한 연예인 관련 계약들은 민법이 정한 전형계약이 아니므로, 그 해석에는 유사한 전형계약의 규정들을 유추적용하는 방식이 가장 손쉽게 활용되었다. 그러나 이들 계약을 제대로 이해하려면, 기존의 전형계약의 틀에 무리하게 끼워 맞추기보다는 관련 산업의 특징과 현황을 파악하는 노력이 선행되어야 한다. 대상판결은 엔터테인먼트 산업에서 빈번하게 문제가 되는 방송 출연계약이나 연예인 전속계약에 대한 해석의 기준을 마련하였다는 데에 의미가 있다. 이번 판결이 해당 업계에 대한 이해를 바탕으로 계약을 해석하고 분쟁을 해결하는 계기가 되었으면 한다.

---

4) Epstein, Adam, Entertainment Law, Person Prentice Hall (2005), pp. 50-51.

5) 이러한 소위 스타시스템에 관한 분석은 하윤금, "한류의 안정적 기반 구축을 위한 방송 연예 매니지먼트 산업의 개선을 위한 해외 사례 연구", 방송위원회 편(2006), 45면 이하; 전휴재, "엔터테인먼트 분쟁과 가처분-영화, 음반 산업을 중심으로-", 민사판례연구 제32권(2010), 1134면 이하 등 참조.

# Ⅱ. 연예인 출연계약

## 1. 연예인 출연계약의 의의와 성질

### 가. 의의 및 유형

연예인 출연계약이란 배우, 탤런트, 가수 등의 연예인이 예술적 활동으로서 노무를 제공할 것을 약정하고 이에 대하여 영화제작사, 방송국, 극단주 등의 사업자가 보수를 지급할 것을 약정함으로써 성립하는 계약을 말한다.[6] 이러한 면에서 연예인 출연계약은 쌍무, 유상, 낙성, 불요식의 계약이다.

종전에는 연예인 출연계약의 범위와 관련하여 그 사업자로 방송국, 음반제작회사, 모델회사, 출판판매업자, 영화사는 물론 에이전시나 매니지먼트사와 같은 연예기획사도 포함하기도 하였다.[7] 또한 이러한 연예인 출연계약들은 연예인의 비대체적 노무의 제공을 특성으로 하므로, 전속계약의 형태로 체결되는 경우가 대부분이라고 하여 전속출연계약을 전제로 하는 논의가 일반적이었다.[8] 그런데 엔터테인먼트 산업이 세부 영역으로 분화되고 전문성을 갖추게 되면서, 전속출연계약이라고 통칭되었던 계약들을 단일한 영역으로 이해하기보다는 분야별로 나누어 검토하는 것이 필요하게 되었다.

예를 들어 배우[9]가 방송국이나 영화사, 기타 콘텐츠 제작사와 출연

---

6) 한상호, “전속출연계약”, 편집대표 곽윤직, 민법주해[XVI], 박영사(2000), 486면.

7) 한상호(주 6), 490면.

8) 전휴재(주 5), 1134면.

9) 대중음악 분야에서 가수나 싱어송라이터 등의 연예인과 여러 사업자간의 계약은 배우나 탤런트와의 계약과는 또 다른 양상으로 나타난다. 음반을 제작하고 유통하는 데에는 큰 비용이 든다는 점에서 이들 연예인과 음반제작회사(뮤직퍼블리셔)와의 계약은 전속계약의 형태로 이루어지는 것이 보통이다. 우리나라에서는 연예기획사가 연습생을 선발하여 가수나 싱어송라이터를 양성하고, 이들의 음반 제작과 판매 및 매니지먼트까지 담당하는 경우가 많으므로, 이때의 연예인 전속계약의 성격은 한층 더 복잡해진다. 대중음악 업계에서의 연예인 전속계약에 관한 내용은 Biederman, Donald E.[et al.], Law and Business of the Entertainment Industries (5th Ed.), Praeger (2007), pp. 635ff.; Burr, Sherri L., Entertainment Law in a Nutshell (4th Ed.), West Academic Publishing (2017), pp. 73ff.; 장보은, “연예인

계약을 하는 경우에는 매 콘텐츠마다 계약을 하거나, 기간이나 출연횟수, 편수 등을 정하여 장기로 계약을 체결하기도 한다. 이 경우 연예인이 전속계약을 체결하고 타 방송국이나 타 영화사 등에 출연하지 않기로 하는 것은 오히려 예외적이다. 반면, 배우가 연예기획사와 계약을 체결하는 경우에는 통상 전속계약의 형태가 되고, 상호 신뢰관계를 바탕으로 하여 수년간의 장기계약이 체결되는 것이 보통이다. 이때에는 배우가 방송국이나 영화사와 같은 콘텐츠 제작사에 출연하는 것과 달리 연예인이 연예기획사에 직접 노무를 제공하는 것은 아니다.

이처럼 서로 전혀 다른 계약을 단일한 계약으로 분류하는 것은 그 내용을 이해하기에 적합하지 않다. 따라서 연예인 출연계약을 전자와 같이 연예인과 방송국, 영화사 또는 기타 콘텐츠 제작사 등의 사업자간의 연예인 출연을 목적으로 하는 계약으로 제한하여 이를 먼저 검토하고, 후자의 전속매니지먼트계약은 이하 Ⅲ.에서 별도로 살펴보기로 한다.

### 나. 법적 성질

지금까지 연예인 출연계약의 법적인 성질에 대한 논의는, 출연계약이 연예인의 노무를 제공하는 것을 내용으로 한다는 전제 하에, 이것이 고용인가 도급인가 위임인가 아니면 이 세 가지 요소를 결합시킨 혼합계약인가 하는 측면에서 이루어졌다. 이러한 분석 방식은 전형계약에 관한 민법의 규정들을 어디까지 유추적용할 수 있는지를 정하는 데에 실익이 있다고 하였다.[10)]

대부분의 학설은 출연계약은 연예인이 통상 해당 사업자에게 전속적으로 노무를 제공한다는 측면에서 고용계약의 성질을 가지고, 출연이라는 무형의 일의 완성을 목적으로 하는 측면에서 도급계약의 성질을 가지며, 연예인의 개인적인 능력과 기예 등에 의하여 노무를 제공하고 연예인의 자유재량의 여지가 인정되는 사무처리라는 점에서 위임계약의 성질을 가진다고 하면서, 이 세 가지 전형계약의 특질을 모두 혼합한 비전형계약

---

전속계약에 관한 연구", 민사법학 제84호(2018), 82면 이하 참조.

10) 한상호(주 6), 486-487면; 전휴재(주 5), 1140면 등.

이라고 설명하였다.[11] 그러나 이러한 분석은 결국 출연계약에 어떠한 민법상 규정을 적용하여야 하는지에 대하여는 적절한 답변을 주지 못한다.

예를 들어 일부 학설은 출연계약이 전속계약의 성질을 가지는 한 고용계약적 요소가 강하게 인정되므로 민법의 고용계약의 관한 규정이 유추적용되어야 한다고 하면서, 민법 제657조에 따라 연예인이 사업자의 동의없이 제3자로 하여금 자기에 갈음하여 출연하도록 할 수 없다고 설명하기도 한다.[12] 그러면 출연계약이 전속계약이 아닌 경우에는 이 논의를 그대로 적용할 수 없다고 할 것인가? 출연계약이 전속성을 가지지 않아 도급계약과 더 유사한 성격을 가진다고 하면, 일반적인 도급계약에서처럼 채무자인 연예인이 자기에 갈음하여 제3자를 사용하는 것이 가능하다고 볼 수 있는가?[13] 나아가 연예인의 출연의무가 비대체적인 전속성을 가진다고 할 때, 그 전속성을 일반적인 고용계약에서의 전속성과 동일한 정도로 이해할 수 있는지도 의문이다. 연예인 출연계약에서는 일반적인 노무자에 비하여 개별 연예인의 개성과 기예가 중요한 요소가 되기 때문이다.

오히려 대부분의 연예인 출연계약은 연예인이 상대 사업자에게만 전속적으로 노무를 제공한다는 내용이 포함되지 않게 되었으므로 고용계약의 성질을 가진다고 단정할 수는 없다.[14] 사업자가 연예인이 출연할 콘텐츠의 내용 등을 정하고 연예인은 이를 따라야 하므로 양자 간에는 어느 정도 사용종속관계가 존재한다고도 할 수 있지만, 연예인이 스스로 상당한 독립성을 가지고 자신의 연예활동을 위하여 출연을 한다는 점에서 연예인을 사업자의 피용자로 보기는 어렵다.[15] 또한 연예인이 개인적

---

11) 한상호(주 6), 493면; 전휴재(주 5), 1141면 등.

12) 남기연, "방송출연계약의 법리 분석", 스포츠엔터테인먼트와 법 제15권 제1호(2012), 198면.

13) 곽윤직, 채권각론 제6판, 박영사(2003), 250면 참조.

14) 참고로 대판 1997. 12. 26, 86다17575은 방송사와 전속계약을 체결하고 방송사에 소속되어 그 구체적인 출연 지시에 따라 방송 출연을 하고, 출퇴근 등의 복무에 회사의 직접적인 지휘감독을 받았으며, 노무 제공의 대가로 월 급여를 받았던 악단원에 대하여 근로자성을 인정하였다.

인 기예에 의하여 노무를 제공하고, 자유재량의 여지가 인정된다고 하더라도 연예인 출연계약을 위임계약과 유사하다는 것도 무리가 있다. 위임계약은 본질적으로 타인의 사무를 처리하는 것을 내용으로 하는 것인데, 연예인의 출연이 사업자의 위탁에 따라 그의 사무를 대신 처리해 주는 것이라고 할 수는 없기 때문이다. 계약의 본질이 전혀 다른데 몇 가지 특징을 공유한다고 하여 양 계약을 같이 취급할 수는 없는 노릇이다.

그렇다면 연예인 출연계약은 민법의 전형계약 가운데에는 도급계약과 가장 유사한 것으로 이해할 수도 있을 것이다.[16] 그런데 콘텐츠 가운데에는 연예인의 출연 자체를 일의 완성이라고 볼 수 있는 것도 있겠으나, 통상 여러 주체들의 노력이 합쳐져서 콘텐츠가 제작되는 경우가 많다. 특히 사업자는 연예인이 출연에 대한 보수를 지급하는 외에도 연예인과 출연 내용을 협의하고, 연예인의 출연분을 이용하여 콘텐츠를 제작하고, 이를 소비자에게 공급하는 것 등을 담당하게 된다. 즉, 출연계약관계는 연예인의 일방적 급여로써 완료되는 것이 아니라 당사자 상호간에 긴밀한 협조가 필요한 것이다.[17]

이처럼 연예인 전속계약이 민법상 전형계약 중 어느 유형에 해당하는지를 기계적으로 분석하는 것은 계약의 성질을 이해하는 데에 충분하지도 않고 실제로 실익이 없는 논의에 그칠 수 있다. 연예인 출연계약에서 당사자들의 의사를 추론하기 위해서는 엔터테인먼트 콘텐츠 제작 환경에서 연예인의 출연이 어떠한 의미를 가지는지, 사업자와 연예인의 관계는 어떠한지, 출연계약은 어떤 방식으로 이루어지는지 등 관련 산업과 계약 현실을 이해하는 것이 훨씬 중요하다고 할 것이다.

---

15) 남기연(주 12), 200-201면.

16) 대결 1994. 4. 29, 93누16680은 유흥업소 출연가수가 출연계약을 맺고 카바레에 가수로서 출연한 경우, 캬바레측이 공연시간과 보수만을 결정하고 곡목과 노래는 캬바레측의 관여 없이 가수가 악단과 상의하여 결정하였다면, 이때의 출연계약은 그 성질상 근로계약이 아니라 도급계약의 일종으로 보아야 한다고 판단한 바 있다. 곽윤직(주 13), 250면에서는 예술인의 출연계약을 도급계약의 일례로 들기도 한다.

17) 서울고판 1994. 9. 27, 92나35846 참조.

## 2. 연예인 출연계약의 내용

연예인 출연계약은 서면계약서의 형태로 체결되어 주요 사항에 대하여 비교적 명확하게 규정하는 경우도 있지만, 구두 계약으로 이루어지는 경우도 많다. 특히 다수의 출연계약을 통상적으로 체결하여야 하는 방송국의 경우에는 연예인들과 일일이 서면계약을 체결하지 않고, 출연료지급기준표에 따라 각 연예인의 출연료를 산정하여 지급하기도 한다.[18)]

연예인 출연계약에서 가장 중요한 사항은 물론 특정 콘텐츠에 대한 연예인의 출연의무와 그에 대한 사업자의 출연료 지급의무에 관한 것이다. 그런데 콘텐츠를 제작하기 위해서는 이에 참여하는 당사자들의 상호 긴밀한 협조가 필요하므로, 출연 이전에 콘텐츠 제작의 기획 및 준비 단계에서부터 연예인의 출연 내용에 대하여 서로 상의를 하고 관련 준비를 하는 것이 출연계약의 전제나 내용이 되기도 한다.

### 가. 연예인의 출연의무

#### (1) 출연의무의 내용

연예인은 사업자와 협의한 바에 따라 특정 콘텐츠에 출연할 의무를 부담한다. 출연은 1회성에 그치기도 하지만 수회 또는 계속적으로 행하여질 수도 있는데, 출연기간, 프로그램의 수 등으로 출연의무가 구체화되기도 한다.[19)] 출연의무에는 통상 출연을 위하여 의상, 소품, 분장 등을 준비하고 연습을 하는 것,[20)] 출연 전에 대기하는 것 등이 포함된다. 연예인이 모든 내용을 임의로 정하는 경우도 있겠지만, 출연과 관련하여 사업자가 그 내용이나 절차 등에서 일정한 지시를 하는 경우 연예인은 그러한 지시에 따라 출연의무를 다하여야 할 것이다. 다만 이 경우에도 연

18) 서울고법 2015. 1. 22, 2013누50946(대판 2018. 10. 12, 2015두38092의 원심)의 사실관계 참조.

19) 남기연(주 12), 198면.

20) 다만 사극과 같이 연예인이 의상 등을 직접 준비하기 어려운 경우에는 사업자측이 준비하기도 하며, 연예인이 준비한 의상이나 소품 등이 작품과 맞지 않거나 부적절한 경우에는 사업자측이 이를 제지할 수 있다고 한다. 서울고법 2015. 1. 22, 2013누50946의 사실관계 참조.

예인의 출연이라는 특수성을 감안하여 그 개성과 재능에 따른 자율성은 존중되어야 한다.

연예인의 출연의무는 그 성격상 해당 연예인이 출연을 하여야만 하는 비대체적인 일신전속성을 가진다. 이는 통상의 도급계약과는 다른 점으로, 고용계약에 대한 민법 규정을 유추적용한다고 설명하는 것보다는 연예인의 예술적 활동으로서 노무를 제공하는 것을 내용으로 하는 계약의 본질에서 그 근거를 찾는 것이 자연스럽다. 연예인은 임의로 다른 연예인이나 제3자에게 자신의 출연을 대행하도록 할 수는 없고, 자신이 출연할 수 없는 부득이한 사정이 있는 경우에는 사업자 측과 협의를 하여야 할 것이다.

그 외에도 연예인 출연계약에서는 출연의무에 대한 부수적인 의무로서 연예인에게 제작되는 콘텐츠의 이미지가 손상되지 않도록 품위를 유지할 의무, 콘텐츠의 홍보에 협력할 의무 등을 부가하기도 한다.[21)]

**(2) 다른 콘텐츠에 출연하지 않을 소극적 의무를 부담하는지 여부**

연예인이 사업자와 출연계약을 체결하는 경우, 그것이 전속계약이 아닌 이상 다른 사업자의 콘텐츠에 출연하지 않을 소극적 의무를 부담한다고 보기는 어렵다.[22)] 연예인 출연계약을 완전전속계약, 준전속계약, 우선출연계약 등으로 나누어 다른 콘텐츠의 출연이 원천적으로 금지되는지, 사업자의 허가를 받으면 가능하게 되는지 등은 출연계약의 전속성을 전제로 하는 논의일 뿐이다.[23)]

전속성이 전제되어 있지 않다면 연예인이 출연계약상 해당 콘텐츠에만 전념할 의무가 있다거나 이해관계가 상충될 수 있는 콘텐츠에 출연할 수 없다고 하려면 이에 대한 추가적인 약정이 필요하다. 이러한 약정이

---

21) 한상호(주 6), 491면.

22) 이와는 달리 연예인 출연계약이 전속성을 가지는 경우에는 연예인은 다른 사업자의 콘텐츠에 출연하지 않을 소극적 의무를 부담한다고 할 것이다. 특정 방송사의 신인배우로서 전속계약을 체결한 전속연예인이 타 방송사의 프로그램에 출연하는 경우 기존 방송사가 이에 대한 손해배상을 청구할 수 있다고 판단한 것으로는 서울고판 1999. 11. 16, 99나14831 참조.

23) 한상호(주 6), 487면 참조.

없다면 연예인이 일반적으로 경업금지 의무를 진다고는 할 수 없고, 다만 출연계약에 따른 콘텐츠에 대한 출연의무를 성실하게 이행하여야 하므로 다른 사업자의 콘텐츠에 출연함으로써 기존 출연계약을 위반한 경우에는 계약불이행을 이유로 책임을 물을 수 있을 것이다.

### 나. 사업자의 협력 및 안전배려의무

연예인 출연계약에서는 연예인이 일방적으로 출연의무를 이행할 수 있는 것이 아니고 사업자 측의 협력이 필요하다. 사업자는 연예인 출연의 시간, 장소 및 그 출연의무의 구체적인 내용을 정하거나 이를 연예인과 협의하여야 한다. 이 과정에서 사업자는 연예인의 출연과 관련하여 생명, 신체, 건강에 위험을 초래하지 않도록 안전배려의무를 부담한다.[24)]

그 외에도 사업자는 연예인의 출연의무를 이행한 것을 토대로 콘텐츠를 제작하여 이를 공급하는 과정에서도 연예인이 출연 당시 전혀 예상하지 못한 취급을 함으로써 연예인의 명예를 손상시키거나 연예인을 기만하지 않을 신의칙상 의무를 부담한다.[25)]

### 다. 사업자의 출연료 지급의무

#### (1) 보수지급의무

사업자는 연예인의 출연의무 이행에 대하여 보수로서 출연료를 지급하여야 한다. 보수의 내용은 출연계약에 따라 다양하게 정해질 수 있는데, 정액의 출연료를 지급하기도 하고, 출연일이나 출연회수에 따라 출연

---

24) 이은영, "엔터테인먼트계약의 다양한 모습", 외법논집 제13집(2002), 69면 참조.

25) 서울고판 1994. 9. 27, 92나35846에서는 연예인이 아닌 대학교수가 강연자로서 방송사와 출연계약을 체결하였는데, 법원은 "방송출연계약의 당사자 쌍방은 계약의 원만한 이행을 위해 상호협력의무를 부담하게 되는데, 제작자인 방송법인은 제작하게 될 프로그램의 편성의도와 제작목적 및 주제, 출연계약의 상대방이 제작출연에 기여하게 될 형태(인터뷰 또는 토론)와 내용, 생방송되는가 또는 녹화방송되는가의 여부, 녹화방송시에는 프로그램의 편집 여부와 삭제와 수정이 필요한 경우에는 그 취지 및 정도, 프로그램 내에서 출연자의 순번, 비중, 주어질 질문의 내용, 범위 등을 소상히 설명하고 출연자로 하여금 예상하지 못한 취급으로 기만당하였다고 느끼게 하여서는 아니 될 신의칙상의 의무를 부담하며, 출연자로서는 제작자측으로부터 방송내용에 관해 법적 책임이 발생할 부분이 있어 방송에 부적합한 내용의 삭제 또는 수정을 요청하는 경우에는 그에 응하여 수정편집에 협력하거나 의견을 제시할 신의칙상의 의무가 있다"고 하였다.

료를 정하기도 하며, 콘텐츠의 흥행실적이나 수익에 따라 출연료가 달라지는 경우도 있고, 장기 출연계약에서는 출연료와는 별도로 혹은 출연료의 선(先)지급으로 계약금이 지급되기도 한다.[26]

출연료 지급기일에 대하여 다른 정함이 없다면 연예인이 출연의무를 이행하면 사업자는 지체 없이 연예인에게 출연료를 지급하여야 할 것이다.[27] 고정적으로 지급되는 출연료는 근로기준법상의 임금으로 보아 연예인이 질병 기타 출연자의 부득이한 사유로 인하여 출연할 수 없었던 경우에도 고정액부분은 지급받을 수 있다는 견해가 있는데,[28] 연예인이 사업자에 고용되어 그에 따라 출연의무를 부담하는 경우가 아니라면 일반적인 출연계약에서 연예인이 출연할 수 없게 된 문제는 그 고의·과실 여부에 따라 채무불이행 또는 위험부담[29]의 문제로 해결하는 것이 타당하다.[30]

연예인이 출연의무를 제공하다가 중도에 중단한 경우에 사업자가 보수를 지급할 의무가 있는지가 문제될 수 있다. 도급계약에서는 일의 완성을 목적으로 하므로 수급인이 노무를 제공하였더라도 약속한 결과가 발생하지 않으면 보수를 청구하지 못하는 것이 원칙이다.[31] 그러나 1회성 출연이 아닌, 매기 출연료가 정해져 있는 계속적이거나 장기의 출연

---

26) 서울고법 2015. 1. 22, 2013누50946(대판 2018. 10. 12, 2015두38092의 원심)에서는 특정 방송사가 드라마에 출연하는 연기자들에게 등급을 부여하여 출연료지급기준표에 따라 출연료를 지급하는 경우의 예를 확인할 수 있다. 이에 따르면 연기자들이 해당 방송국의 방송프로그램에 출연할 경우 출연계약서를 작성하지 않고 출연료지급기준표에 따라 출연료가 지급될 수 있다. 출연료지급기준표는 성인 방송연기자를 등급으로 구분하여 각 등급별 10분당 기본료에 회당 편성시간을 곱하고, 여기에 드라마의 종류와 회당 편성시간별로 정해진 할증률을 곱한 할증금액을 합산하여 출연료를 산정하는데, 해당 방송 회차에 출연 장면이 방송된 연기자에게는 그 출연시간과 관계없이 해당 회의 출연료가 지급되는 한편, 출연하지 않더라도 해당 회에 전회의 회상장면이나 사진 등으로 방송연기자가 방송된 경우 장면 재사용료나 사진 출연 명목으로 출연료의 일정비율이 지급된다.

27) 민법 제665조 제1항 참조.

28) 한상호(주 6), 497면.

29) 이은영(주 24), 68-69면.

30) 곽윤직(주 13), 264면 참조.

31) 곽윤직(주 13), 250면 참조.

계약에서는 이미 이행한 부분의 출연료를 지급하는 것이 타당할 수 있다.[32] 연예인이 출연의무를 중단한 데에 유책사유가 있다면 출연료 지급과는 별도로 손해배상이 문제될 수 있음은 물론이다.

**(2) 지급의 상대방**

출연료는 연예인의 출연의무의 대가로 지급하는 것이므로, 출연의무를 이행한 연예인이 지급받는 것이다. 다만, 연예인은 매니지먼트사, 오디션, 외주제작사, 공채 등 다양한 경로를 통하여 출연계약을 체결할 수 있는데, 출연계약에 따라서는 출연료를 연예인이 아니라 제3자가 지급받는 것으로 정할 수도 있다.

특히 출연계약을 연예기획사를 통하여 체결하는 경우에는 출연료를 연예기획사로 지급할 것을 정하는 것이 일반적이다. 이는 연예기획사가 연예인의 연예활동을 알선하고 계약을 체결하고 수입을 관리하여 정산하는 업무를 담당하는 것과 연관이 된다. 따라서 연예기획사가 출연료를 직접 지급받더라도, 특별한 사정이 없는 한 이는 연예인이 지급받을 출연료를 대신 지급받는 것으로 해석되어야 한다.

### 3. 연예인 출연의무에 대한 이행강제 방안

기존에는 연예인 출연의무를 강제하는 문제는 전속출연계약의 효력과 관련하여 연예인의 타사출연을 어떻게 제한할 수 있는지의 관점에서 논의되었다. 그러나 최근에는 연예인 출연계약이 전속성을 전제로 하지 않는 것이 오히려 일반적이므로, 연예인의 전속의무를 강제하는 것은 연예인 출연계약보다는 연예인과 연예기획사간의 전속매니지먼트계약과 관련하여 쟁점이 되는 경우가 많다.

연예인 출연계약에 의한 출연의무는 이른바 '하는 채무'로서 채무의 성질이 강제이행을 하지 못할 것인 때에 해당하여 직접강제가 허용되지

---

32) 공사도급계약의 해제와 관련하여 해제될 당시 공사물의 완성도나 기성고 등을 참작하여 이에 상응하는 보수를 지급하도록 한 대판 2017. 12. 28, 2014다83890; 대판 1992. 3. 31, 91다42630 등 참조.

않는다. 일반적으로 부대체적 작위의무는 집행권원에 기하여 간접강제를 할 수 있고, 이때의 배상금은 법정제재금의 성격을 가진다.[33] 그런데 연예인의 출연의무는 대부분 특정한 날짜나 기간이 정해져 있으므로, 사업자가 집행권원을 받아서 상당한 이행기간을 정하고 그 기간 내에 이행을 하지 않으면 늦어진 기간에 따라 일정한 배상을 하도록 하거나 즉시 손해배상을 명하는 간접강제의 방법으로[34] 출연의무를 강제하는 것이 실질적인 구제수단이 되기는 쉽지 않고, 급여의 특성상 연예인의 자율성과 예술성이 필수적이라는 점에서 이행을 강제하기가 부적절한 측면이 크므로, 결국 사후적인 손해배상의 문제로 해결되는 경우가 많을 것이다.[35]

미국법[36]에서도 연예인 출연계약과 같은 인적 서비스 계약(personal service contracts)에서의 의무 위반에 대하여는 특정이행(specific performance)이 인정되지 않고 금전 손해배상만 가능한 것이 원칙이다.[37] 예를 들어 Pingley v. Brunson 사안[38]에서는 피신청인이 3년간 신청인의 식당에서 오르간을 연주하는 내용의 계약을 체결하고 상호 분쟁이 생겨서 9일간 연주를 한 뒤에 더 이상 연주하기를 거절하였다. 신청인은 이에 대하여 계약상 의무를 이행할 것을 청구하는 한편, 계약기간 동안 다른 곳에서 악기를 연주하지 못하도록 하는 금지명령을 구하였다. 우선 법원은 형평법상 인적 서비스 계약에서는 일반적으로 특정이행을 명하지 않는데, 다만 서비스가

---

33) 대판 2013. 2. 14, 2012다26398 참조.

34) 민사집행법 제261조 참조.

35) 실제로 연예인 출연계약에서의 출연의무에 대한 강제이행이 문제가 된 판례는 찾아보기 어렵다.

36) 미국에서는 엔터테인먼트 산업이 일찍부터 발전하여 엔터테인먼트법이 학문의 한 분야로 자리 잡았고, 산업이 국제적인 성격을 가지게 되면서 할리우드는 전 세계 엔터테인먼트 산업의 중심지가 되고 있으므로, 미국에서의 논의를 살펴보는 것은 의미가 있다. 미국의 엔터테인먼트 법에 관한 이론서로는 Biederman (주 9), Epstein (주 4), Burr (주 9), Weiler, Paul C., Entertainment Media and the Law: Text, Cases, Problems (3rd Ed.), Thomson/West (2006); Smartt, Ursula, Media & Entertainment Law, Routledge, Taylor & Francis Group (2017); LaFrance/Scott/Sobel, Entertainment Law on a Global Stage, West Academic Publishing (2015) 등이 있다.

37) LaFrance/Scott/Sobel (주 39), p. 638.

38) Pingley v. Brunson, 272 S.C. 421, 252 S.E.2d 560 (1979).

고유하고 특별한 가치가 있는 경우에는 예외적인 상황에서 특정이행이 인정될 수 있다는 점을 밝혔다. 특히 계약기간이 장기라는 점에 주목하여 당사자 간에 상호 신뢰가 없어진 후에 오랜 기간을 긴밀한 인적관계에 놓이도록 강제하는 것은 적절하지 않으며, 해당 지역에서 피신청인을 대체할 연주자가 있다면 특정이행은 적절하지 않다고 판단하였다.[39] 그 외에도 인적 서비스에 대하여는 법원이 이행을 감독하기 어렵다거나,[40] 예술적 노무의 제공을 강제하는 것은 비자발적인 노역을 금지하는 헌법 정신에 부합하지 않는다는 점을 지적하기도 한다.[41]

## Ⅲ. 연예인 전속매니지먼트계약

### 1. 연예인 전속매니지먼트계약의 의의와 특성

#### 가. 의의 및 유형

연예인 매니지먼트계약은 에이전시나 매니지먼트사 등의 연예기획사가 연예인의 연예활동의 기회를 알선하고 관련 계약을 협상하고 체결하며 연예인의 연예활동을 지원하고 보좌하는 등 연예업무의 처리에 관한 서비스를 제공하고, 연예인은 연예기획사에 이와 같은 자신의 연예업무의 처리를 위탁하고 그 대가로 통상 자신의 연예활동으로 인하여 생긴 수익을 배분할 것을 내용으로 하는 계약을 말한다.[42] 통상 이러한 계약은 연

---

39) 나아가 1심은 금지청구를 인정하기도 하였으나, 신청인과 피신청인의 계약에는 경업을 금지하거나 다른 곳에서 연주할 수 없다는 조항을 두고 있지 않다고 하면서, 계약상 이에 대한 명시적인 규정이 없는 이상 금지명령을 할 수 없음이 원칙이라는 점도 분명히 하였다. 다만 이후 법원은 점차로 계약상 명시적인 경쟁금지(non-compete) 조항이 없더라도, 인적서비스가 고유한 가치가 있는 경우에는 계약기간 동안 사업자의 경쟁자를 위하여 용역을 제공할 수 없다는 금지명령이 가능할 수 있다는 입장을 취하였다. LaFrance/Scott/Sobel (주 36), p. 640.

40) 예를 들어 성악가가 이탈리아 가곡을 부르는 의무를 제대로 이행하였는지를 판단하려면, 언어나 청각적 능력, 심미적인 감각 등을 가지고 있어야 하는데 이러한 능력이 있는지 의문이라는 것이다. De Revafinoli v. Corsetti 4 Paige Ch 264 (1833) 참조.

41) American Broadcasting Companies v. Wolf, 52 N.Y.2d 394, 402 (1981).

42) 공정거래위원회가 마련한 대중문화예술인(연기자중심) 표준전속계약서(공정거래위원회 표준약관 제10063호) 제1조에서는 “이 계약은 을(연예인)이 대중문화예술

예인이 특정 연예기획사에 전속되어 활동할 것을 전제로 하므로, 전속매니지먼트계약의 형태로 체결된다.

일찍이 엔터테인먼트 산업이 발달한 미국에서는 에이전시 계약과 매니지먼트 계약이 엄격하게 구별되어 운영된다.[43] 에이전트 계약은 에이전시가 연예인의 연예활동 기회를 알선하고, 경우에 따라서는 계약 내용에 관하여 협상하고 계약을 대리하는 것을 주요 내용으로 하고, 매니지먼트 계약은 매니저 또는 매니지먼트사가 연예인의 자신의 연예활동을 보좌하고 지원하는 것을 내용으로 한다.[44] 연예인은 자신의 필요에 따라 에이전시와 매니저를 모두 두기도 하고, 어느 한 쪽을 선택하기도 한다.[45]

이에 비하여 우리나라의 전속매니지먼트계약은 에이전시 계약과 매니지먼트 계약이 구별되지 않고, 연예기획사가 연예인의 연예활동 기회의 획득, 대외적 교섭이나 계약 체결, 보수의 수령과 관리, 일정 관리, 저작권 등의 관리 등 소속 연예인의 전반적인 연예 업무를 수행하는 것은 물론, 연예인이 되기 이전부터 소위 연습생을 모집하여 교육을 통하여 이들을 스타로 양성하는 종합적인 서비스를 제공하기도 한다.[46]

---

인으로서의 활동(이하 "연예활동"이라 한다)에 대한 매니지먼트 권한을 갑에게 위임하고, 이에 따라 갑이 그 권한을 행사하는 데에 있어서 필요한 제반 사항을 정함으로써, 연예활동에 있어서의 갑과 을의 상호의 이익과 발전을 도모함에 그 목적이 있다."고 규정하였다. 이하 대중문화예술인(연기자중심) 표준전속계약서(공정거래위원회 표준약관 제10063호)는 '공정거래위원회 표준전속계약서'로 인용한다. 그 문제점과 개선방향을 분석한 글로는 이충훈, "대중문화예술인표준전속계약서의 문제점 및 개선방향", 문화 · 미디어 · 엔터테인먼트 법 제7권 제1호(2013) 참조.

43) 미국의 엔터테인먼트 산업이 발전함에 따라 연예인 매니지먼트와 관련된 계약의 형태는 점차 다양해지고 각 직역 간 경계도 모호해지고 있으나, 개별 주법들과 노동조합의 규정에서는 에이전시와 매니저를 엄격히 구별하여 취급하고 있다. Epstein (주 4), p. 20 참조.

44) 에이전시가 다수의 연예인을 비롯한 다양한 엔터테인먼트 산업의 고객들에게 연예활동 기회를 알선하고 그 조건을 협의하며 때로는 연예사업을 구상하고 기획하는 업무를 담당한다면, 매니저는 상대적으로 소수의 연예인들을 대상으로 소속 연예인의 경력 관리를 위한 자문, 일정 관리, 재산 관리 등을 담당한다. Raden v. Lauri, 20 Cal.App.2d 778, 262 P.2d 61, 64 (Cal. Ct. App. 1953) 참조.

45) 다만 1990년 후반 이후 엔터테인먼트 업계에서 막강하던 에이전시의 권력이 점차 줄어들면서 매니지먼트 계약이 보다 확대되는 추세라고 한다. Burr (주 9), p. 199, p. 244 등.

### 나. 법적 성격

#### (1) 비전형계약으로서의 연예인 전속매니지먼트계약

연예인 전속매니지먼트계약은 쌍무, 유상, 낙성, 불요식의 계약이라고 할 수 있다. 또한 민법이 정하는 전형계약이 아니므로, 연예인 출연계약의 경우와 같은 맥락에서 그 법적인 성격을 규명하려는 노력이 있다. 즉, 전속매니지먼트계약에서 매니저가 부담하는 급부는 연예인을 위한 사무의 처리라는 서비스이므로 '위임' 내지 '위임 유사의 무명계약'의 성질을 가진다는 견해,[47] 연예인이 대형기획사에 전속되는 경우에는 고용계약의 일종으로 보거나[48] 고용계약에 관한 규정이 유추적용된다는 견해,[49] 노무제공 자체나 일의 처리를 목적으로 하기보다는 일의 완성을 강조한다는 점에서 도급에 가까운 것이라는 견해도 있다.[50] 그 외에도 전속매니지먼트계약을 고용, 도급, 위임 중 어느 하나로 보기보다는 이들 계약들의 성격이 다양한 형태와 비율로 나타나는 비전형의 혼합계약으로 보아야 한다고 하거나[51] 연예인과 매니저는 공동사업을 영위하는 동업자 관계에 가깝다고 보는 견해도 있다.[52]

그러나 이러한 분석이 연예인 전속매니지먼트계약을 이해하는 데에

---

46) 이러한 연예기획사의 모습은 미국을 비롯한 구미 국가들에서는 찾아보기 어렵고, 우리나라 외에는 일본에서 유사한 양상을 확인할 수 있다. 이규호/카토 키미히토/카타오카 토모유키/허중혁, 엔터테인먼트법의 최신 쟁점-한국과 일본의 이론과 실무를 중심으로-, 진원사(2011), 115면 이하; 하윤금(주 5), 104면; 주재원, 영국의 연예 매니지먼트 산업, Global content 동향과 분석 통권 제301호(2009. 10.); 김영신, "연예인 매니지먼트 계약의 법적 성질-독일의 현황 및 논의를 중심으로-", 대법원 비교법실무연구회 발표자료(2018. 3. 7.) 등.

47) 서울고법 2004. 5. 11.자 2004라143 결정.

48) 조성흠, 특수형태 근로종사자의 근로자성에 관한 연구-연예인을 중심으로, 동국대학교 석사학위논문(2005), 70면 이하. 이에 따르면 연예인은 기획사가 지정하는 바에 따라 노동력을 제공하여야 하므로 자신의 노동력을 자유롭게 처리할 수 없으며, 보수는 연예 자체에 대한 평가라기보다는 노무 제공에 대한 대가라고 설명한다.

49) 이범수, "전속계약 성격에 관한 연구(엔터테이너의 근로자로서의 성격을 중심으로)", 경성법학 제19집 제2호(2010), 52-53면.

50) 장재현, 채권법 각론, 경북대학교 출판부(2006), 371-373면.

51) 권기덕, "전속계약의 특질", 민사법의 이론과 실무 제10권 제1호(2006. 12.), 159면 이하; 한상호(주 6), 492-493면.

52) 이은영(주 24), 75면; 조성흠(주 48), 73면.

실천적인 의미를 가지는지는 의문이다. 전속매니지먼트계약이 위임의 성격을 가진다는 입장에서도, 통상적인 위임계약에서처럼 당사자들이 계약을 언제든지 자유롭게 해지할 수 있다고 하지는 않는다.[53] 공동 사업을 위하여 연예인은 자신의 능력을, 기획사는 자본을 투자하는 관계라고 하는 견해는, 당사자들이 특별히 동업을 약정하지 않는 이상 조합계약에 관한 법률의 규정이 적용되는 것은 아니라고 설명한다.[54] 연예인 전속계약은 엔터테인먼트 산업의 고유한 특성을 전제로, 구체적인 사안에서 연예인과 기획사 간에 발생할 수 있는 여러 법적인 문제들을 포섭하기 위하여 체결되는 것으로, 이들 계약을 민법상 단일한 전형계약의 일종으로 평가하기는 사실상 불가능하다. 그렇다고 하여 전속계약이 여러 전형계약의 성격을 고루 가진다고만 하면 각 전형계약들의 규정을 실제로 어떻게 적용할 것인지를 알기 어렵다.

참고로 미국법상 에이전트 계약은 그 명칭(agent)에서도 알 수 있다시피 일종의 위임계약이다. 에이전시는 연예인의 활동 기회를 중개·알선하는 역할을 하고 그에 따른 보수를 받는 것을 기본으로 한다. 따라서 에이전시가 연예인으로부터 계약 체결에 관한 대리권을 부여받기도 하지만, 계약 체결에 관한 최종 권한은 어디까지나 연예인에게 있는 것으로 이해된다.[55] 에이전시는 대리인으로서 본인인 연예인에 대하여 신인의무(fiduciary duty)를 부담한다고 하여,[56] 주법으로 연예인들을 에이전시의 부도덕한 행위, 이중적인 계약체결, 이해충돌, 착취 등으로부터 보호하기 위한 법규를 두기도 한다.[57]

---

53) 전휴재(주 5), 1152면.

54) 이은영(주 24), 75면; 조성흠(주 48), 73면.

55) Epstein (주 4), p. 21. 다만 대부분의 경우 출연 계약 등은 과거 스튜디오 계약과 같이 장기적인 전속관계가 아니라 단기 계약이므로 연예인들이 특별히 계약 체결에 반대하지는 않는다고 한다.

56) 일반적인 대리인의 신인의무에 대하여는 Allen/Kraakman/Subramanian, Commentaries and Cases on the Law of Business Organization (3rd ed.), Wolters Kluwer (2009), pp. 34–40 참조.

57) Epstein (주 4), pp. 22–23 참조. 에이전시와 마찬가지로 매니지먼트사도 연예인에 대하여 신인의무를 부담한다는 것이 일반적인 견해이다. Epstein (주 4), pp.

우리의 전속매니지먼트계약도 연예인이 자신의 연예 사무의 처리를 특정 연예기획사에 위탁한다는 측면에서는 위임계약의 성격을 가진다고 볼 수 있을 것이다. 그런데 그 의미를 전속매니지먼트계약에 대하여 민법상 위임에 대한 규정을 적용하여야 하는 것으로 정형화시키는 것은 바람직하지 않다. 그보다는 엔터테인먼트 산업에서의 연예인의 위치와 연예기획사와의 관계 등 업계에 대한 충분한 이해에 바탕을 두고 계약의 성격을 이해하려는 노력이 중요하다는 점은 위의 연예인 출연계약에 관하여 언급한 바와 같다.

**(2) 계속적 계약으로서의 연예인 전속매니지먼트계약**

연예인 전속매니지먼트계약을 이해하기 위한 또 하나의 기준으로서 계속적 계약이라는 점을 들 수 있다. 계속적 계약 또는 계속적 채권관계는 당사자가 일정한 계속적인 기간 동안 계속적인 급부의 의무를 부담하는 것을 말하는바,[58] 전속매니지먼트계약은 당사자의 급부가 한 번으로 끝나는 것이 아니고 통상 수년의 기간에 걸쳐서 상호 계속적인 급부의무를 발생시킨다는 점에서 계속적 계약에 해당한다.

계속적 계약의 특징으로는 (ⅰ) 기본계약과 개별계약으로 나누어진다는 점, (ⅱ) 계약이 해소되는 경우 장래를 향하여 그 효력을 상실하고 기존의 계약을 청산할 의무가 발생한다는 점, (ⅲ) 당사자 간의 신뢰관계가 계약의 유지·발전에 중요한 역할을 한다는 점, (ⅳ) 계약 당사자 간의 계약상 지위 등으로 불공정한 계약이 체결될 우려가 크다는 점 등이 거론된다.[59] 여기에 (ⅴ) 장기간의 계약관계가 예정되므로 당사자들이 이를 신뢰하고 계약에 특유한 투자를 할 가능성이 있고 경우에 따라서는 계약의 성립과 유지를 위하여 이러한 투자를 할 것이 요구될 수

---

34-35; Biederman(주 9), p. 69 참조.

58) 곽윤직, "계속적채권관계·계속적계약", 사법행정(1965), 14면 이하; 황적인, "계속적 계약관계", 고시연구(1976), 42면 이하; 송덕수, 신민법강의 제8판, 박영사(2015), 1270면; 지원림, 민법강의 제14판, 홍문사(2016), 1262면 등.

59) 장보은, 계속적 공급계약과 그 종료에 관한 계약법적 고찰-유통계약을 중심으로-, 서울대학교 법학박사학위논문(2017), 11면 이하.

있다는 점을 계속적 계약의 특징으로 추가할 수 있다. 이러한 투자가 있는 경우에는, 계약이 해소될 때 당사자들의 정당한 신뢰를 보호하고 사회경제적인 손실을 방지하기 위하여 투하자본의 회수 여부를 고려할 필요가 있다.[60)]

계속적 계약으로서 연예인 전속매니지먼트계약은 기본계약에 따라 연예인의 출연의무나 연예기획사의 연예활동 지원의무 등이 개별적으로 발생하고 계약금 이외의 정산금이 매기마다 지급되는 것으로 이해할 수 있다. 또한 계약이 중도에 해소되어야 하는 경우에는 계약의 해지가 문제가 되는데, 특히 당사자 간의 신뢰관계가 계약 유지에 절대적인 요소이므로 명시적인 규정이 없더라도 당사자들의 신뢰관계가 깨어진 사정은 계약의 해지사유가 된다.[61)] 한편, 연예인 전속매니지먼트계약의 불공정성은 사회적으로 큰 문제가 되기도 하였는데, 신인 연예인이 연예계 진출을 위하여 일방적으로 불리한 내용의 계약을 작성하기도 하고, 연예계의 생태상 미성년자나 여성 연예인의 보호가 특히 요청되는 측면도 있다.[62)] 나아가 연예기획사는 해당 연예인과의 전속매니지먼트계약에 따라 소속 연예인에게 상당한 투자를 하는데, 이와 관련하여 연예인의 계약 위반 또는 계약 해지에 대하여 위약금 규정을 두는 것이 일반적이다.[63)]

---

60) 사업에 특유한 신뢰투자가 있었던 경우 계속적 계약의 종료시 이를 고려하여야 한다는 점은 장보은(주 59), 209면 이하; 최준규, "계약해석의 방법에 관한 연구−문언해석과 보충적 해석을 중심으로−", 서울대학교 법학박사학위논문(2012), 166−169면 등 참조.

61) 연예인 전속매니지먼트계약의 해지에 대하여는 장보은(주 9), 92-95면 참조.

62) 미성년자인 연예인과의 불공정한 전속계약 체결의 문제를 검토한 것으로는 이재목, "연예전속매니지먼트계약의 법적 문제점에 관한 소고−미성년 아이돌 가수의 계약 실태를 중심으로−", 스포츠와 법 제14권 제4호(2011), 3면 이하 참조.

63) 공정거래위원회 표준전속계약서 제17조 제2항 참조. 다만, 성공가능성 여부에 대하여 불확실성이 높다는 업계의 본질적인 특성상 연예기획사의 투자비용을 모두 연예인에게서 회수할 수 있다고 하는 것은 불합리할 것이므로, 정당한 신뢰투자에 따른 이익을 어느 정도까지 보호하여야 할 것인지에 대한 논의가 필요하다.

## 2. 연예인 전속매니지먼트계약의 내용

### 가. 전 속 성

#### (1) 전속성의 의의

연예인 매니지먼트계약은 일반적으로 연예인이 특정 연예기획사에 독점적인 매니지먼트 권한을 위임할 것을 내용으로 한다.[64] 연예인이 여러 분야에서 또는 여러 지역에서 활동하는 경우, 전속성이 미치는 범위를 명시하기도 한다. 이처럼 연예인이 해당 연예기획사와 전속적으로 거래할 것을 요구하는 것은 연예기획사가 연예인에 대하여 충분히 투자하고 그에 따른 보수나 수익을 확보하도록 하는 것이다.[65] 연예인으로서도 자신의 연예관련 업무를 특정 연예기획사에 일임함으로써 자신의 재능계발에 집중하고 역량을 발휘할 수 있다는 장점이 있다.[66]

반면 연예기획사는 해당 연예인을 위해서만 전속적으로 활동하지 않는다. 연예기획사가 다수의 유력 연예인들을 보유함으로써 협상력을 가지게 되고 이는 계약 당사자인 연예인에게도 유리하게 작용하므로, 연예인도 연예기획사가 자신만을 위하여 활동할 것을 요구하지 않는 것이 보통이다.[67]

#### (2) 연예기획사의 전속료 지급의무

전속매니지먼트계약에서 계약금 등의 명목으로 전속료가 연예인에게 지급되는 경우가 있다. 미국의 에이전트 계약이나 매니지먼트 계약에서는 연예인에게 전속료가 지급되지 않는 것이 일반적이나,[68] 우리의 경우

64) 공정거래위원회 표준전속계약서 제2조 제1항 본문 참조.

65) Epstein (주 4), p. 23.

66) 김명훈, 전속계약상 연예인의 법적 보호에 관한 연구, 숭실대학교 석사학위논문(2013), 22면 참조.

67) 이러한 점을 분명하게 하기 위하여 미국에서의 에이전트 계약이나 매니지먼트 계약에서는 에이전시나 매니지먼트사가 해당 연예인만을 위하여 모든 시간과 주의를 기울여야 하는 것은 아니며 다른 사람이나 회사를 대리할 수 있다는 점을 명시하기도 한다. 장보은(주 9), 75면 및 79-80면 참조.

68) 장보은(주 9), 75면 및 79-80면 참조. 그런데 미국법상 대표적인 연예인 전속계약 중 하나인 가수나 싱어송라이터의 레코딩 계약에서는 음반제작사가 연예인에게

에는 일반적으로 전속료가 지급된다.

이러한 전속료의 성격은 구체적인 사실관계에 따라 달라지겠으나, 계약체결을 유도하기 위한 증여, 위약금 내지 계약 해지를 유보하기 위한 약정금, 해당 연예기획사와 배타적으로 거래하는 것에 대한 대가 등이 될 수 있다고 한다.[69)]

그런데 유명 연예인과 전속매니지먼트계약을 체결하기 위하여 상당한 액수의 전속료가 지급되는 경우도 있는데, 향후 분쟁을 방지하기 위해서라도 그 성격을 분명히 해 두는 것이 바람직하다.[70)] 만일 전속료를 전속성을 담보하기 위하여 교부되는 금원으로 이해한다면, 연예인의 전속계약 위반시 손해배상을 구함에 있어 전속료를 지급할 것을 청구할 수 있을 것이다.[71)] 그러나 전속매니지먼트계약에서 위약금을 규정하면서 연예인의 계약 위반시 전속료에 대한 처분에 대하여 별도로 정해두지 않았다면, 계약 위반시 위약금 외에 전속료의 반환을 구하기는 어렵게 될 수 있다.

나. 계약기간

연예기획사는 계약기간을 장기로 하거나, 계약 갱신에 대한 선택권[72)]을 가지는 등으로 자신이 투자한 연예인으로부터 수익을 얻을 수 있

---

선급금을 지급하는 것이 일반적이다. 이는 신인 연예인에게 음반이 발매되기 전에 생활을 영위할 수 있도록 하는 의미가 있고, 이후 음반 판매 등으로 인한 수익이 발생하면 음반제작사가 제작비를 먼저 회수하는데 연예인에게 지급한 선급금도 회수하여야 하는 제작비로 계산한다. 다만, 일단 연예인에게 선지급된 금액은 추후에 충분한 수익이 나지 않았다고 하더라도 음반제작사에 다시 반환하여야 하는 것은 아니다. 미국법상 레코딩 계약의 내용에 대하여는 장보은(주 9), 82면 이하 참조.

69) 전휴재(주 5), 1139면. 이러한 점을 인정하면서도 기본적으로는 전속계약으로 인해 다른 회사에 출연하지 않는다는 부작위 채무의 대가적 성격으로 보아야 한다는 견해로는 장재옥, "전속계약에 관한 소고", 중앙법학 제7집 제4호(2005), 206면 및 이범수(주 49), 30면 참조.

70) 참고로 법원은 만화잡지 제작과 관련한 전속계약을 위반한 사안에서, 사업자가 만화가에게 전속료를 지급하면서 사업자가 계약을 위반하였을 때에는 만화가에게 전속료의 반환을 청구할 수 없고 만화가가 계약을 위반하였을 때에는 전속료의 배액을 사업자에게 지급하여야 한다고 약정하였다면, 이는 특별한 사정이 없는 한 손해배상액 예정의 성질을 갖는다고 판단한 바 있다. 대판 1993. 2. 9, 92다33176.

71) 서울고판 1999. 11. 16, 99나14831 등 참조.

는 기회를 확보하고자 한다. 특히 신인을 발탁하여 많은 노력과 비용을 투자하더라도 이들이 시장에서 인기를 얻을 수 있을지, 상당한 수익을 내기까지 얼마나 기간이 걸릴지 등이 불확실하므로, 이러한 위험을 감수한 투자를 회수하기 위해서는 장기간 계약을 유지할 필요가 있다. 그러나 한편으로는 연예인을 지나치게 오랜 기간 동안 전속계약으로 묶어두는 것은 연예인의 경제활동의 자유 등을 부당하게 제한할 우려가 있다.

계약기간은 연예인의 자유를 지나치게 제한하지 않는 범위에서 연예기획사가 연예인에 대하여 투자한 금원과 수익 배분 구조, 연예계에서의 해당 연예인의 지위 등을 고려하여 정하여야 한다.[73] 법원은 전속기간이 10년 이상 되는 전속계약은 연예인에게 지나치게 불이익한 것으로 무효라고 판단한 바 있고,[74] 이후 공정거래위원회 표준전속계약은 계약기간을 7년을 초과하지 않는 범위 내에서 정하도록 하였다.[75]

### 다. 연예기획사의 의무

#### (1) 연예인의 연예활동 관련 업무수행의무

연예기획사는 전속매니지먼트계약에 따라 연예인의 연예활동의 기회를 알선하고 관련 계약을 협상하고 체결하며 연예인의 연예활동을 지원하고 보좌하는 등 연예업무의 처리에 관한 서비스를 제공한다. 그 외에도 연예기획사는 연예인에게 연예활동에 필요한 능력의 습득 또는 향상을 위한 일체의 교육을 실시하거나 위탁하고, 연예인의 연예활동을 홍보

72) 연예기획사에게 선택권(옵션)이 있는 경우, 해당 연예기획사는 연예인이 성공할 가능성이 낮다고 판단되면 선택권을 행사하지 않음으로써 계약을 종료시킬 수 있다. Gale Encyclopedia of American Law (3rd Ed.), Gale Cengage Learning (2011), p. 181.

73) 서울남부지법 2007. 10. 25. 선고 2007가합2351(본소), 13405(반소) 판결에서는 계약기간이 6년으로 되어 있는 전속계약에 대하여, 전속계약에서 정한 계약기간이 원고의 경제적 활동에 관한 자유를 침해할 정도로 장기간이라고 보기 어렵다고 판단하였다.

74) 대판 2010. 7. 29, 2010다29584.

75) 공정거래위원회 표준전속계약 제13조 제1항. 참고로 그 직접적인 근거가 되었는지는 분명하지 않으나, 미국 캘리포니아 주법(§ 2855 of the California Labor Code)에서는 인적서비스와 관련된 계약은 그 기간을 7년 이내로 정하여야 한다고 규정하고 있어, 에이전트 계약이나 매니지먼트 계약의 기간은 7년을 초과할 수 없다.

하고 광고하며, 연예인의 일정관리와 콘텐츠의 제작·판매, 출연료의 수령 및 관리를 담당하기도 한다.[76)]

이처럼 연예기획사가 연예인으로부터 포괄적인 권한을 위임받아 그의 사무를 처리함에는 선량한 관리자의 주의로 필요한 설비를 갖추고 연예인의 이익이 극대화되는 방향으로 업무를 처리하여야 한다.[77)] 특히 연예기획사가 출연계약 등을 체결할 권한을 가지는 경우에도 그에 따라 출연의무를 부담하는 것은 어디까지나 연예인이므로, 연예인의 사정을 충분히 고려하고 계약의 주요 조건을 미리 알려주는 것이 바람직하며, 연예인의 명시적인 의사에 반하는 계약을 체결하여서는 안 된다.[78)]

**(2) 연예인에 대한 보호의무**

연예인이 전속매니지먼트계약에 따라 포괄적인 권한을 연예기획사에게 위임하는 경우, 당사자 간의 상호 신뢰가 무엇보다 중요한 요소가 된다. 당사자들이 단순히 급부를 교환하는 것에 그치는 것이 아니라 장기간 계속적인 관계를 형성하므로, 이러한 인적 관계에 근거하여 서로 신의칙상의 성실의무를 부담하게 된다.[79)]

연예기획사는 이러한 성실의무의 일환으로 전속 연예인을 보호할 의무가 있다. 특히 연예기획사는 자신과 전속계약을 맺은 연예인들이 부당한 처우를 받지 않으면서 연예활동을 하도록 보호하고 도와줄 의무가 있다.[80)] 연예기획사가 신인 연예인이나 연습생들을 발굴하여 교육과 투자를 하는 경우에는 이들의 연예기획사에 대한 의존도가 더욱 높아질 것이므로, 연예기획사의 보호의무가 더욱 강조될 것이다.

---

76) 공정거래위원회 표준전속계약서 제4조 제1항.

77) 공정거래위원회 표준전속계약서 제14조 제1항 참조. 미국법상 에이전트의 신인의무에 대하여는 Epstein (주 4), p. 23 참조. 미국의 주요 주에서는 에이전시 면허를 취득하도록 하여 연예인을 포함한 대중을 보호하고자 한다. 에이전트 계약에 대한 캘리포니아와 뉴욕주의 규제에 대하여는 장보은(주 9), 71면 이하 참조.

78) 공정거래위원회 표준전속계약 제2조 제2항 및 제4조 참조.

79) 고용계약상 사용자의 보호의무에 관하여는 곽윤직(주 13), 245-246면 참조.

80) 공정거래위원회 표준전속계약서도 2014. 9. 19. 개정을 통하여 아동·청소년의 보호에 관한 규정을 추가하였다.

라. 연예인의 의무

**(1) 연예활동에 관한 성실의무**

연예인은 연예기획사의 권한 행사에 따라 자신의 재능과 실력을 최대한 발휘하여 연예활동을 하여야 한다.[81] 이는 연예기획사가 계속적 계약관계에 기초한 신의칙상의 성실의무를 부담하는 것에 대응하여 연예인이 부담하는 성실의무의 내용이라고 할 수 있다. 다만, 그 내용이 연예기획사의 권한에 무조건적으로 복종할 것을 의미한다고 볼 수는 없다. 연예기획사가 연예인을 위한 출연계약을 체결할 포괄적인 권한이 있다고 하더라도, 출연의무를 부담하는 것은 어디까지나 연예인 자신이므로 연예인의 개성과 자율성은 존중되어야 하는 것이다.[82] 이와 관련하여 전속매니지먼트계약에서 연예인의 승인 없이 또는 연예인에게 주요 조건을 먼저 알려주지 않고 계약을 체결하여서는 안 된다는 점을 명시하기도 한다.[83]

연예인은 성실의무의 일환으로 일정한 수준의 품위유지 의무를 부담한다.[84] 따라서 연예활동에 지장을 초래할 정도로 연예인으로서의 품위를 손상시키는 행위를 하거나, 연예기획사의 명예나 신용을 훼손하는 행위를 하지 말아야 한다.[85]

**(2) 연예기획사와의 전속의무**

연예인은 전속매니지먼트계약의 체결로 계약 상대방인 연예기획사와 전속적인 관계가 되므로, 연예기획사의 사전 승인 없이 자기 스스로 또는 제3자를 통하여 출연교섭을 하거나 연예활동을 하여서는 안 된다.[86] 또한 전속의무에 따라 연예인은 계약기간 중 제3자와 전속매니지먼트계약의 내용과 동일하거나 유사한 전속계약을 체결할 수 없다.[87] 이는 그

---

81) 공정거래위원회 표준전속계약 제5조 제2항 참조.

82) 서울고판 2006. 2. 8, 2004나78765,78761; 공정거래위원회 표준전속계약 제5조 제4항 참조.

83) 장보은(주 9), 76면.

84) 전휴재(주 5), 1137-1138면.

85) 공정거래위원회 표준전속계약 제5조 제3항 참조.

86) 공정거래위원회 표준전속계약 제2조 제3항 참조.

87) 공정거래위원회 표준전속계약 제5조 제5항 참조.

자체로 전속매니지먼트계약의 파기 또는 침해 행위가 될 것이다.

### 마. 당사자 간의 정산

연예기획사는 전속매니지먼트계약에 따라 연예인의 연예활동과 관련한 각종 업무를 수행하고 이에 대한 보수를 지급받는데, 통상 이는 계약기간 동안 연예인이 연예활동으로 얻은 수익을 일정한 비율로 배분하는 형태가 된다.[88] 많은 경우 연예기획사가 연예인을 대신하여 출연료 등의 대가를 수령하고 관리하는 업무도 담당하므로,[89] 실제로는 출연료 등의 수입에서 비용을 공제하고, 이를 정산 비율로 나누어 연예인의 몫을 연예인에게 지급하는 것이 일반적이다.

연예인의 수익구조가 다각화될수록 연예인의 주된 활동 및 연예기획사의 주된 역할에 따라 예상되는 비용과 그 처리 방식, 수입의 내용 및 범위에 대하여 보다 구체적으로 명확하게 규정할 필요가 있다. 정산의 대상이 되는 출연료 등의 범위를 명시하고, 공제되는 비용과 공제되지 않는 비용을 구분할 필요가 있다.[90] 특히 연습생의 경우처럼 연예기획사의 상당한 투자가 예정된 경우에는 대강의 투자 항목과 그 비용을 미리 합의하고, 추후에 수익이 나면 이러한 투자분을 어느 범위에서 어떻게 회수하는지에 대하여도 사전에 협의하는 것이 바람직할 것이다.[91]

수익의 배분비율은 연예기획사의 초기 투자비용, 전속금의 지급 여부, 연예인의 지명도, 연예기획사가 부담하는 활동 지원비 등을 고려하여 당사자 간의 합의를 통하여 결정되는데,[92] 유명 연예인의 경우는 연예인

88) 공정거래위원회 표준전속계약 제7조 참조.

89) 미국에서는 연예인의 수익이 상당하고 복잡한 경우에는 회계사 등의 비즈니스 매니저를 두고 수익 징수와 정산 업무를 맡기기도 한다. Kinney, Christiane Cargill, “Manager, Agents & Attorney”, Lexis Practice Advisor Research Path (2015).

90) 미국법상 에이전트 계약에서는 에이전시가 연예인에게 연예활동을 알선하기 위하여 지출한 비용을 연예인이 상환하지는 않으나, 매니지먼트 계약에서는 연예인의 활동을 위하여 매니지먼트사가 지출한 비용을 상환하도록 하는 것이 일반적이다. 다만, 매니저의 비용 중 간접비는 반환하지 않는다거나 일정 금액 이상을 지출하는 경우 사전 승인을 받도록 하는 등 제한을 둘 수는 있다고 한다. Biederman(주 9), pp. 69-72.

91) 다만, 공정거래위원회 표준전속계약 제7조 제2항에서는 연예인의 교육(훈련)에 소요되는 제반비용은 연예기획사가 원칙적으로 부담하는 것으로 정하고 있다.

이 총 수입에서 비용을 공제한 순 수익을 기준으로 90% 이상의 비율로 정산을 받기도 하지만, 신인 연예인의 경우에는 그보다 훨씬 낮은 비율이 정해진다.[93)]

바. 계약 해지

계약 상대방의 계약 위반이 있으면, 채무불이행의 효과로서 계약 해지를 구할 수 있다.[94)] 우리 판례가 해지를 인정한 것으로는 매니저가 출연교섭 등 대외적인 매니지먼트 업무나 차량 제공, 교육, 매니저 고용 등 연예인에 대한 지원업무를 태만히 한 경우,[95)] 출연료를 제대로 정산하지 않거나 수익배분의 의무를 제때 이행하지 아니한 경우[96)] 등이 있다. 연예인이 계약상 의무를 위반하는 경우에는 연예기획사가 계약을 해지할 수 있는데, 연예인의 계약 위반에 대하여는 위약금 규정을 두는 경우가 일반적이다.[97)] 연예기획사가 계약해지에 따른 일실수익 손해를 입증하는 것이 사실상 불가능하기 때문이다.[98)] 위약금 규정을 두는 것은 민법상 허용되지만, 그 금액이 과다하면 감액이 될 수 있다.[99)]

그 외에도 전속매니지먼트계약에서 신뢰관계가 깨어진 경우에는 당사자들에게 더 이상 계약을 유지하도록 강요할 수 없을 것이다.[100)] 통상

92) 전휴재(주 5), 1139−1140면.

93) 참고로 미국법상으로 뉴욕주법과 노동조합의 규정에서는 에이전시에게 지급되는 보수의 상한을 비용을 공제하지 않은 연예인 총 수입의 10%로 규제하고 있고, 이러한 규정이 없는 매니지먼트 계약의 경우 비용을 공제하지 않은 연예인 총 수입의 10~25%를 보수로 정하는 것이 일반적이라고 한다. Kinney (주 89). 다만, 미국은 보수를 산정할 때 각종 비용을 공제하지 않은 연예인 수입을 기준으로 하고, 전속금이나 계약금을 지급하지 않으므로, 우리의 경우와 일대일로 비교하기는 어렵다.

94) 공정거래위원회 표준전속계약 제17조 제1항.

95) 서울고판 2004. 5. 11, 2004라143.

96) 서울중앙지판 2006. 6. 9, 2004가합69845(본소), 76232(반소).

97) 공정거래위원회 표준전속계약 제17조 제2항 참조.

98) 손경한 편, 엔터테인먼트법(상), 진원사(2008), 272면. 위약금에는 위약벌의 성질을 가지는 것과 손해배상액의 예정의 성질을 가지는 것이 있는데, 특별한 사정이 없으면 위약금은 후자로 추정된다. 민법 제398조 제4항 참조.

99) 위약금의 성질이 손해배상액의 예정인 경우에는 민법 제398조 제2항에 따라 법원이 그 금액을 감액할 수 있다. 서울고법 2001. 10. 23, 2001나7126; 서울고법 2004. 11. 10, 2003가합18172(본소), 18189(반소); 서울고법 2005. 6. 3, 2003나84813 등 참조.

당사자 사이의 고도의 신뢰관계를 기초로 하는 계속적 계약관계에서는 이러한 신뢰관계가 파탄에 이르게 되었다면 계약이나 법률의 규정이 없더라도 신의칙에 따라 계약이 해지될 수 있다.[101] 이러한 당사자 간의 신뢰관계가 파괴되었는지 여부를 판단하기 위해서는 구체적인 사실관계가 중요하다.[102]

### 3. 전속매니지먼트계약에 대한 이행강제 방안

일방 당사자가 전속매니지먼트계약을 이행하지 않는 경우, 상대방으로서는 계약을 해지하고 손해배상을 청구하는 것 이외에 전속매니지먼트계약의 이행을 강제할 수 있는지가 문제될 수 있다. 연예기획사의 구제수단으로 계속하는 권리관계에 현저한 손해를 피하거나 급박한 위험을 방지하기 위하여 가처분이 가능하다고 하거나,[103] 연예기획사의 독점적 지위에서 다른 연예기획사와의 계약체결 또는 업무위임을 금지하는 가처분이 가능하다고 설명하는 견해[104]가 있으나, 실무상 이러한 가처분이 인

---

100) 서울고결 2004. 5. 11, 2004라143은 "전속매니지먼트계약에 의하여 연예인이 부담하는 전속의무는 일신전속적으로 대체불가능한 것으로서 그 성질상 계약 당사자 상호간의 고도의 신뢰관계의 유지가 계약 목적의 달성을 위하여 필수적인 요소라고 할 것이어서, 그러한 신뢰관계가 깨어진 경우에까지 연예인에게 그 자유의사에 반하는 전속활동의무를 강제하는 것은 연예인의 인격권을 지나치게 강압하는 것으로서 현대의 문화관념과 인격존중이념에 배치되는 것이므로, 그러한 신뢰관계가 깨어지면 연예인은 전속매니지먼트계약을 해지할 수 있다고 보아야 한다."고 하였다.

101) 편집대표 곽윤직, 민법주해[ I ], 박영사(2010), 156-157면(양창수 집필부분); 양창수 · 김재형, 민법 I 계약법(제2판), 박영사(2015), 582면.

102) 예를 들어 연예기획사가 연예인을 위하여 출연계약 등을 체결하면서 다른 소속 연예인을 위하여 해당 연예인에게는 불리한 조건으로 계약을 체결하였거나, 부당하게 성 접대를 강요하거나, 미성년자인 연예인에게 적절하지 않은 연예활동을 주선하는 경우 등에는 연예인으로서는 연예기획사를 신뢰하기 어렵다고 볼 수 있다. 반대로 연예인이 연예활동에 부적절한 행동을 하여 사회적으로 물의를 일으키거나, 적절한 연예활동의 기회를 알선하였음에도 불구하고 무단으로 활동을 하지 않는 경우 등에는 연예인이 신뢰를 깨뜨리는 것이라고 볼 수 있다.

103) 한상호(주 6), 500면.

104) 최정환, "한국의 배우 매니지먼트 계약 구조의 문제점", 부산국제영화제 '영화산업의 활성화를 위한 법률적 과제' 세미나 발표자료(2006. 10. 18.), 39면(정경석, "전속계약위반에 대한 출연금지가처분의 허용 여부", 법조 611호(2007), 26면에서 재인용).

용된 사례를 찾아보기는 어렵다.[105)]

미국법상 전속계약 위반을 이유로 금지명령(negative injunction)을 할 수 있는지 여부는 해당 인적서비스의 내용이 고유하고 특별한 가치를 가지는지를 중심으로 판단한다. 이에 따라 전속계약에서 "연예인의 서비스는 고유하고 특별한 가치를 가지는 것으로, 전속계약을 위반하는 경우에는 사업자가 금전적 손해배상으로 보상되지 않는 회복할 수 없는 손해를 입는 것이므로, 금지명령의 대상이 된다"는 내용의 문구를 삽입하는 경우가 많다. 법원은 이러한 규정을 명시적인 경쟁금지(non-compete) 조항으로 인정하면서도, 법원이 연예인의 인적서비스가 고유하고 특별한 가치를 가지는지 여부는 별도로 심사할 수 있다는 태도를 취한다.[106)]

이러한 관점에서 본다면, 일반적인 경우는 아니더라도 장기간 전속매니지먼트계약을 전제로 연예인의 연예활동에 대한 종합적인 서비스를 제공하고 나아가 신인을 발탁하여 교육과 훈련을 제공하고 상당한 투자를 한 경우라면 그 연예인이 연예기획사와의 관계에서 단순히 여러 명의 연예인 중 하나가 아니라 고유하고 특별한 가치를 가진다고 판단될 가능성이 있다.[107)] 따라서 일률적으로 가처분신청을 배척할 것이 아니라, 개별 사안의 구체적인 사정들을 고려하여 피보전권리의 존부와 보전의 필요성을 따져 볼 필요가 있다.

---

105) 가처분 관련 법원의 실무례는 전휴재(주 5), 1143면 이하 참조.

106) LaFrance/Scott/Sobel (주 36), pp. 640-641. 가수에 대한 사안이기는 하지만, 명시적인 문구에도 불구하고 가수의 인적 서비스를 고유한 것으로 볼 수 없다고 판단하여 금지명령을 기각한 사안도 있고[In re: Mitchell, 249 B.R. 55 (Bankr. S.D.N.Y. 2000)], 다른 사실들을 추가로 고려하여 레코딩사의 서비스가 고유한 것이라고 인정하여 금지명령을 받아들인 예도 있다[Zomba Rec. LLC v Williams, 2007 NY Slip Op 50752(U), 15 Misc 3d 1118(A)].

107) 참고로 모델과 모델에이전시 사이의 전속계약 위반이 문제된 사안에서는 모든 모델에게 해당 문구가 포함된 동일한 계약서를 사용하였고, 해당 모델은 모델에이전시가 관리하는 여러 명의 모델 중 하나로, 해당 모델이 모델에이전시에게 서비스를 제공하는 것이 아니라 제3자에게 서비스를 제공하고 에이전시는 이에 따른 수수료를 지급받을 뿐이므로 모델이 제공하는 인적서비스가 고유하다고 볼 수는 없다고 판단하였다. Wilhelmina Models, Inc. v. Iman Abdulmajid et al., 67 A.D.2d 853; 413 N.Y.S.2d 21 (Sup. Ct. NY 1979).

## Ⅳ. 대상판결의 검토-결론에 갈음하여

### 1. 연예인 출연계약의 당사자 확정문제

#### 가. 기존 학설의 태도

종래에 연예인 출연계약의 당사자가 누구인지를 확정하는 문제에 대한 논의는 많지 않으나, 연예인이 방송사와 직접 출연계약을 체결하는 경우와 연예기획사가 방송사와 출연계약을 체결하는 경우를 나누어 전자는 연예인이 계약 당사자가 되지만 후자는 반드시 그렇지 않다는 견해가 있었다.[108] 이에 따르면 연예기획사가 출연계약을 체결하는 경우는 다시 전속계약에 기초한 것과 출연계약대리권에 기초한 것으로 나눌 수 있는데, 먼저 연예기획사가 연예인과의 전속계약에 기초하여 출연계약을 체결하였다면 연예기획사가 출연계약의 당사자로서 방송사와의 합의 내용에 따라 불특정 또는 특정 연예인을 출연시켜야 할 의무를 가지고 이에 따라 방송사는 연예인을 방송프로그램에 출연시키도록 한 대가로 기획사에 출연료를 지급할 의무를 부담한다고 한다.[109] 연예기획사가 출연계약대리권에 기초하여 출연계약을 체결하는 경우에는 기본계약으로서 전속계약에 근거하여 연예기획사가 방송사와 출연에 관한 합의를 거친 후 방송사의 요청에 의하여 연예인이 이에 동의함으로써 프로그램의 출연에 관한 합의에 이르는 것이고, 이때 출연계약의 당사자는 연예인이 된다고 설명한다.[110]

그런데 이는 연예인 출연계약을 일률적인 기준에 따라 분석할 뿐이어서 다양한 계약을 모두 담아내기 어렵고, 무엇보다 실제 연예인 출연계약이 일어나는 엔터테인먼트 업계의 사정이나 당사자들의 이해를 반영하지 못하는 논의였다.

#### 나. 계약 해석의 원칙에 따른 당사자 확정

이에 반하여 대상판결은 원고들이 방송 3사의 각 프로그램에 출연하

108) 남기연(주 12), 195면 이하.
109) 남기연(주 12), 202면 이하.
110) 남기연(주 12), 205면 이하.

여 발생한 출연료채권의 귀속 주체는 방송프로그램 출연계약의 내용에 따라 정해질 것이라고 전제하고, 처분문서로서 출연계약서가 존재하지 않는 상황에서 계약의 당사자를 확정하는 것을 계약 해석의 원칙에서 접근한다. 즉, 출연계약을 연예인이 직접 체결하였는지, 전속계약에 근거하여 연예기획사가 체결하였는지를 도식적으로 나누는 것이 아니라, 출연계약의 내용, 출연계약 체결의 동기와 경위, 출연계약에 의해 달성하려는 목적, 당사자의 진정한 의사 등을 종합적으로 고찰하여 계약의 당사자를 합리적으로 정하여야 한다는 것이다.

계약 해석이 문제되는 경우 법원은 1차적으로 계약의 문언에서 출발하지만, 당사자가 표시한 문언에 의하여 그 객관적인 의미가 명확하게 드러나지 않는다면, 그 문언의 내용과 그 법률행위가 이루어진 동기 및 경위, 거래의 관행 등을 종합적으로 고찰하여 사회정의와 형평의 이념에 맞도록 합리적으로 해석하여야 한다는 입장이다.[111] 나아가 계약 문언이 비교적 명백함에도 불구하고, 상거래 현실에 비추어 당사자들의 진의를 왜곡할 우려가 있거나 계약서상 다른 조항과의 관계를 고려할 필요가 있는 경우 등에는 여러 사정을 종합적으로 고려하여 문언의 사전적 의미와는 다른 해석을 하기도 한다.[112]

### 다. 대상판결의 경우

대상판결에서는 서면으로 작성된 출연계약서가 없는 경우이므로, 계약의 내용을 이해하고 당사자들의 의사를 도출해 내기 위해서는 계약 체결에 이르게 된 경위, 확립된 관행, 계약 체결 이후의 당사자들의 행동, 계약의 성격과 목적, 관습 등을 살펴야 할 것이다.[113]

---

111) 법률행위 해석에 관하여는 윤진수, “계약 해석의 방법에 관한 국제적 동향과 한국법”, 비교사법 제12권 제4호(2015. 12.), 27면 이하; 김재형, “황금들녘의 아름다움: 법해석의 한 단면–임대주택법상의 임차인에 관한 해석 문제”, 서울대학교 법학평론 제1권(2010. 9.), 200면 이하; 이동형, “법률행위 해석방법으로서 자연적 해석과 규범적 해석 검토”, 저스티스 제132호(2012. 10.), 5면 이하 등 참조.

112) 최준규, “계약해석에 있어 형식주의의 정당성 및 한계”, 민사법학 제60권(2012. 9.), 41면 이하 참조.

113) 윤진수(주 111), 54면 이하.

우선 이 사건 계약의 체결 경위를 살펴보면, 대상판결의 원고들은 유명 연예인들로 전속매니지먼트계약을 통하여 자신의 연예업무 수행을 포괄적으로 연예기획사인 S사에 위탁하였다. 전속매니지먼트계약에 따르면 S사는 방송 출연계약에 관한 교섭, 체결, 유지, 종료에 관한 일체의 권한을 행사할 수 있었고,[114] 각 원고들의 연예활동으로 인한 모든 수익금은 원칙적으로 S사가 수수한 후 사후정산을 거쳐서 각 원고들에게 지급되도록 되어 있었다.[115] 이에 따라 S사는 방송 3사와 원고들의 프로그램 출연계약을 교섭하고 체결하였으며, 그 출연료를 수수하였다.

방송국에서는 매니지먼트사, 오디션, 외주제작사, 공채 등 여러 경로를 통하여 연예인들과 출연계약을 체결하는데, 다수의 연예인들과 일상적인 출연계약을 매번 서면으로 체결하지 않고 출연할 프로그램과 시간 등을 협의한 다음 합의된 출연료를 지급하는 것이 일반적인 관행으로 이해할 수 있다. 서면계약을 체결하지 않더라도 협의된 연예인 아닌 다른 연예인이 출연하도록 하는 것은 생각하기 어렵다.[116] 방송 출연계약상 연예인의 출연의무는 비대체적인 일신전속성을 가지므로, 연예인이 임의로 다른 연예인이나 제3자에게 자신의 출연을 대행하도록 할 수는 없는 것이다. 이는 연예인이 직접 출연계약을 체결한 경우뿐만 아니라, 연예기획사가 전속계약에 따라 연예인을 대신하여 출연계약을 체결한 경우에도 동일하다. 대상판결은 특히 원고들과 같이 인지도가 매우 높고 그 재능이나 인지도에 비추어 타인이 대신 출연하는 것으로는 계약 체결 당시 의도하였던 것과 동일한 효과를 거둘 수 없는 연예인의 경우, 원고들이 부담하는 출연의무는 부대체적 작위채무라고 하였는데, 이를 원고들과 같은 유명 연예인으로만 한정하여 해석할 것은 아니다. 연예인 출연계약에서는 개별 연예인의 개성과 기예가 중시되고, 실제로 출연계약상 연예인이 출연하지 않고 임의로 제3자가 급부를 하지 않는다는 점에 비추어 보

114) 이 사건 전속계약서 제3조 제2항.
115) 이 사건 전속계약서 제7조 제2항.
116) 서울고법 2015. 1. 22, 2013누50946의 사실관계 참조.

면, 연예인의 출연의무는 부대체적 작위채무가 되는 것이 원칙이라고 이해하여도 좋을 것이다.[117)]

이러한 부대체적 출연의무를 부담하는 주체가 연예인이 아니라 연예기획사가 된다면, 연예기획사가 사업자에 대하여 연예인을 출연시킬 의무를 부담한다는 취지인데, 출연의무의 특성상 연예인의 자율과 개성이 존중되어야 한다는 점에서 그 자체로 부자연스럽다. 연예인 측의 채무불이행 책임과 그 구제 수단을 어떻게 이해할 것인지, 연예인의 강제노동을 인정하는 것은 아닌지 등 불필요한 문제를 야기할 수도 있다.

따라서 연예인 출연계약의 당사자는 연예인으로 보는 것이 타당하고, 연예기획사는 전속매니지먼트계약에 따른 포괄적인 위임에 따라 계약에 대한 협상 및 체결 권한을 가지는 것이 된다.

### 2. 연예인 출연계약에 따른 출연료 지급채권의 귀속

연예인 출연계약의 당사자를 연예기획사가 아니라 연예인이라고 하면, 출연의무 이행에 따른 출연료 지급채권은 연예인에게 귀속되는 것으로 보아야 한다. 연예기획사가 사업자로부터 연예인의 출연에 대한 출연료를 직접 수수하는 것도 일반적인 연예인 전속매니지먼트계약의 내용에 따른 것으로, 연예인의 출연료 등을 수령하고 관리할 연예기획사의 의무의 일환으로 이해할 수 있다. 따라서 연예기획사가 사업자로부터 연예인의 출연료를 수령한다고 하여 연예기획사가 출연료채권을 가진다고 보는 것은 타당하지 않다.[118)]

연예기획사가 출연료채권을 가진다고 하려면, 연예인으로부터 채권을 양도받았거나 사업자와 연예인간에 출연계약이 연예기획사를 수익자

117) 소위 엑스트라라고 불리는 보조출연자의 경우 대체적인 출연의무를 부담한다고도 볼 수 있는데, 이들은 연예기획사에 소속된 연예인이 아니라 보조출연 전문대행업체의 인력공급계약을 통하여 방송에 출연하는 것이다.

118) 대법원은 전속계약을 체결한 매니저가 출연수익금을 수령한 후 이를 연예인에게 지급하지 않고 임의로 소비한 경우 업무상횡령죄의 성립을 인정하기도 하였다. 서울고판 2016. 9. 29, 2015나2062041 참조.

로 하는 제3자를 위한 계약의 형태로 체결되었고 연예기획사가 그에 따른 수익의 의사표시를 하였다는 등의 추가적인 사정이 필요하다.[119] 이러한 사정이 있었는지 여부는 의사표시 해석의 문제로 환원될 것이지만, 특별한 정함이 없다면, 일반적으로 전속매니지먼트계약을 체결한 당사자들의 의사는 개별 출연계약을 연예기획사에 위임함으로써 연예인의 출연료채권을 연예기획사에 귀속시키려는 것이 아니라, 출연료의 수령, 정산 등의 관리 업무도 연예기획사에 위임하려는 것으로 보아야 할 것이다.[120]

### 3. 연예인 출연계약에 대한 하도급법 적용 여부

대상판결에서는 원고들의 주위적 청구를 인용하여 예비적 청구들에 대하여는 별도로 판단하지 않았으나, 원고들은 제1예비적 청구로서 연예인의 방송출연계약이 도급계약의 일종이라는 것을 전제로, 원고들이 수급사업자로서 발주자인 방송사에 대하여 하도급법에 따라 직접 출연료를 청구할 수 있다고 주장한 바 있다. 원심은 이러한 원고들의 청구를 배척하였으나, 하급심 판례 가운데에는 원고들의 주장과 같이 출연계약을 방송사를 발주자, 기획사를 원사업자, 연예인을 수급사업자로 하는 도급계

119) 나아가 특별한 사정이 인정되어 연예기획사에 출연료채권이 인정되는 경우라도, 계속적 출연계약에 따라 지분적인 출연료채권이 향후에도 계속하여 발생한다면, 연예인은 자신과 연예기획사간의 전속매니지먼트계약이 해지되었다는 사정 등을 근거로 하여 장래에 발생하는 출연료채권의 양도나 연예기획사에 직접 지급하도록 하는 제3자 약관을 철회하는 것이 가능하다고 보아야 할 것이다.

120) 예를 들어 연예기획사가 해당 연예인에게 거액의 전속료를 지급하였다는 사실만으로는 출연료채권을 인정하기에 불충분할 것인데, 물론 이 경우 연예기획사가 연예인에 대하여 상당한 신뢰투자를 한 것은 사실이나, 그에 대한 투자 수익은 해당 연예인과 장기간 전속매니지먼트계약 관계를 유지하여 그에 따른 수익을 배분받음으로써 회수할 것이지, 개별 출연료채권을 연예기획사에 귀속시킬 사유가 되는 것은 아니라고 생각된다. 다만, 배우나 탤런트가 아니라 가수와의 전속매니지먼트계약에서 연예기획사가 단순히 매니지먼트 업무만 하는 것이 아니라 연습생을 선발하여 연예인을 양성하고 이들의 음반 제작과 판매 업무까지도 담당하는 경우라면, 적어도 일정한 수익을 거둘 때까지는 출연료채권이 연예기획사에 귀속되는 것으로 계약을 체결할 수 있을 것이다. 이 경우 전속계약은 매니지먼트계약의 성격보다는 음반제작(뮤직퍼블리싱)계약의 성격을 가진다고 할 것이다. 이에 관한 구체적인 내용은 장보은(주 9), 82면 이하 참조.

약의 일종으로 보아, 하도급법 제14조 제1항 제3호를 근거로 연예인이 방송사를 상대로 직접 출연료 지급을 청구할 수 있다고 인정한 예도 있다.[121)]

그러나 연예인 출연계약을 전형계약으로서 도급계약으로 이해하기 어려운 점은 위 Ⅱ.1.(2)에서 살펴본 바와 같고, 출연계약이 도급계약과 유사한 성격이 있다는 점을 인정하더라도 이 계약을 연예기획사가 원사업자로서 연예인에게 출연계약에 따른 용역을 위탁하는 하도급관계로 보는 것은 계약 구조에도 맞지 않는다.[122)] 나아가 원심 판결은 방송 출연계약에 따른 출연의무는 다른 사람이 대체할 수 없는 작위의무로서 재위탁이 불가능하다는 점을 지적하였다. 하도급거래는 그 자체로 역무의 대체가능성이 반드시 전제되어야 하는데, 출연의무[123)]는 부대체적 작위의무로서 하도급거래의 대상이 될 수 없다는 것이다. 기존에 하급심 판결이 하도급법을 적용하여 방송사로 하여금 연예인에게 직접 출연료를 지급하도록 한 것은 구체적 사안에서 타당한 결론에 이르게 되었을지는 몰라도, 거래의 본질에 맞지 않는 다소 무리한 법리 구성이었다고 생각된다.

### 4. 소 결

대상판결은 연예인 출연계약을 해석하고 관련 분쟁을 해결함에 있어서 민법상 전형계약의 틀에 얽매이거나 도식적인 법리 구성에 안주하지 않고, 출연계약의 내용, 출연계약 체결의 동기와 경위, 출연계약에 의해 달성하려는 목적, 당사자의 진정한 의사 등을 종합적으로 고찰하여 합리

121) 서울중앙지판 2011. 8. 16, 2010가합126657.

122) 하도급법 제2조 제1항에 따르면, "하도급거래"란 원사업자가 수급사업자에게 제조위탁·수리위탁·건설위탁 또는 용역위탁을 하거나 원사업자가 다른 사업자로부터 제조위탁·수리위탁·건설위탁 또는 용역위탁을 받은 것을 수급사업자에게 다시 위탁한 경우, 그 위탁을 받은 수급사업자가 위탁받은 것을 제조·수리·시공하거나 용역수행하여 원사업자에게 납품·인도 또는 제공하고 그 대가를 받는 행위를 말한다.

123) 이와 관련하여 원고들은 공정거래위원회고시(제2009-50호)에서는 용역위탁의 역무범위로서 '보조출연'을 들고 있으므로 출연의무도 하도급법의 적용 대상이 된다고 주장하였으나, 원심은 '보조출연'은 다른 사람으로 대체가 가능한 것으로 봄이 타당하고, 부대체적 작위의무에 해당하는 '출연'의무와는 그 성격을 달리한다고 하였다.

적이고 유연한 해석 방안을 마련하였다는 데에 의의가 있다. 연예기획사가 개입된 연예인 출연계약을 이해하기 위해서는 연예인과 연예기획사간의 전속매니지먼트계약의 실질도 파악하여야 한다.

이러한 법원의 태도는 향후 비전형계약을 해결하는 데에도 영향을 줄 수 있을 것이다. 급변하는 현대 사회에서는 과거에 예상하지 못하였던 새로운 유형의 다양한 계약들이 등장하고 있다. 이들 계약들을 분석하기 위하여 기존의 계약법에서의 전형계약들을 꺼내어 그 유사성을 따져 보는 것은 유용성과 적정성 면에서 한계가 있다. 이들 계약을 제대로 이해하기 위해서는 계약이 체결되는 산업과 업계의 관행, 계약 당사자들이 계약을 체결하는 동기와 계약의 목적 등을 고려하여 그 실질에 다가서는 노력이 필요할 것이다.

[Abstract]

## Entertainment Contracts with Entertainers
### -focusing on Performance Agreements and Exclusive Management Agreements-


Chang, Bo Eun*

As the entertainment industry becomes specialized and diversified, various contracts are being used. In particular, the contracts related to entertainers are concerned about how to utilize and protect the entertainers who are one of the most important subjects in the industry.

Since these contracts are not typical ones prescribed by the civil law, the theory has been focused on identifying what is the most similar typical contract to interpret these contracts. However, in order to properly understand the entertainment contracts, it is more important to grasp the characteristics and current status of related industries, rather than fitting them to existing typical contracts.

The object court decision suggested to interpret entertainment contracts and resolve related disputes, by examining the contents of the contract, the motive and the purpose of the contract, and the true intentions of the parties, etc. not by the provisions for the typical contracts in the civil law or other dogmatic legal framework. It would be also a meaningful approach to the various kinds of non-typical contracts emerging in modern society.

---

* Professor, Hankook University of Foreign Studies Law School.

[Key word]

- Performance agreements
- Personal service agreements
- Exclusive agreements
- Agent agreements
- Management agreements
- Exclusive management agreements
- Entertainment agreements
- Entertainment law
- Interpretation of non-typical contracts

## 참고문헌

[국내문헌]

1. 단 행 본

곽윤직, 『채권각론(제6판)』, 박영사(2003).

편집대표 곽윤직, 『민법주해[ I ]』, 박영사(2010).

손경한 편, 『엔터테인먼트법(상)』, 진원사(2008).

송덕수, 『신민법강의(제8판)』, 박영사(2015).

이규호/카토 키미히토/카타오카 토모유키/허중혁, 『엔터테인먼트법의 최신 쟁점-한국과 일본의 이론과 실무를 중심으로-』, 진원사(2011).

양창수/김재형, 『민법 I 계약법(제2판)』, 박영사(2015).

장재현, 『채권법 각론』, 경북대학교 출판부(2006).

지원림, 『민법강의(제14판)』, 홍문사(2016).

2. 논 문

곽윤직, "계속적채권관계 · 계속적계약", 사법행정(1965. 7.).

권기덕, "전속계약의 특질", 민사법의 이론과 실무(제10권 제1호), (2006).

김명훈, "전속계약상 연예인의 법적 보호에 관한 연구", 숭실대학교 석사학위논문(2013).

김영신, "연예인 매니지먼트 계약의 법적 성질-독일의 현황 및 논의를 중심으로-", 대법원 비교법실무연구회 발표자료(2018. 3. 7.).

김재형, "황금들녘의 아름다움: 법해석의 한 단면-임대주택법상의 임차인에 관한 해석 문제", 서울대학교 법학평론(제1권), (2010).

남기연, "방송출연계약의 법리 분석", 스포츠엔터테인먼트와 법(제15권 제1호), (2012).

윤진수, "계약 해석의 방법에 관한 국제적 동향과 한국법", 비교사법(제12권 제4호), (2015).

이동형, "법률행위 해석방법으로서 자연적 해석과 규범적 해석 검토", 저스티스(제132호), (2012).

이범수, "전속계약 성격에 관한 연구(엔터테이너의 근로자로서의 성격을 중심으로)", 경성법학(제19집 제2호), (2010).

이은영, "엔터테인먼트계약의 다양한 모습", 외법논집(제13집), (2002).

이재목, "연예전속매니지먼트계약의 법적 문제점에 관한 소고-미성년 아이돌 가수의 계약 실태를 중심으로-", 스포츠와 법(제14권 제4호), (2011).

이충훈, "대중문화예술인표준전속계약서의 문제점 및 개선방향", 문화·미디어·엔터테인먼트 법(제7권 제1호), (2013).

장보은, "계속적 공급계약과 그 종료에 관한 계약법적 고찰-유통계약을 중심으로-", 법학박사학위논문, 서울대학교(2017).

______, "연예인 전속계약에 관한 연구", 민사법학(제84호), (2018).

장재옥, "전속계약에 관한 소고", 중앙법학(제7집 제4호), (2005).

전휴재, "엔터테인먼트 분쟁과 가처분-영화, 음반 산업을 중심으로-", 민사판례연구(제32권), (2010).

정경석, "전속계약위반에 대한 출연금지가처분의 허용 여부", 법조(제611호), (2007).

조성흠, "특수형태 근로종사자의 근로자성에 관한 연구-연예인을 중심으로", 석사학위논문, 동국대학교(2005).

주재원, "영국의 연예 매니지먼트 산업", Global content 동향과 분석(통권 제301호), (2009. 10.).

최준규, "계약해석에 있어 형식주의의 정당성 및 한계", 민사법학(제60권), (2012).

______, "계약해석의 방법에 관한 연구-문언해석과 보충적 해석을 중심으로-", 법학박사학위논문, 서울대학교(2012).

하윤금, "한류의 안정적 기반 구축을 위한 방송 연예 매니지먼트 산업의 개선을 위한 해외 사례 연구", 방송위원회 편(2006).

한상호, "전속출연계약", 편집대표 곽윤직, 민법주해[XVI], 박영사(2000).

황적인, "계속적 계약관계", 고시연구(1976. 10.).

[외국문헌]

Allen/Kraakman/Subramanian, Commentaries and Cases on the Law of Business Organization (3rd Ed.), Wolters Kluwer (2009).

Biederman, Donald E.[et al.], Law and Business of the Entertainment

Industries (5th Ed.), Praeger (2007).

Burr, Sherri L., Entertainment Law in a Nutshell (4th Ed.), West Academic Publishing (2017).

Epstein, Adam, Entertainment Law, Person Prentice Hall (2005).

Gale Encyclopedia of American Law (3rd Ed.), Gale Cengage Learning (2011).

Kinney, Christiane Cargill, "Manager, Agents & Attorney", Lexis Practice Advisor Research Path (2015).

LaFrance/Scott/Sobel, Entertainment Law on a Global Stage, West Academic Publishing (2015).

Smartt, Ursula, Media & Entertainment Law, Routledge, Taylor & Francis Group (2017).

Weiler, Paul C., Entertainment Media and the Law: Text, Cases, Problems (3rd Ed.), Thomson/West (2006).

# 장기계속공사계약에서 총공사기간이 연장된 경우 총괄계약을 근거로 한 계약금액 조정의 인정 여부

전 재 현*

## 요 지

국가를 당사자로 하는 계약에 관한 법률에 따라 체결되는 장기계속공사계약은 총괄계약과 차수별 계약의 이원적 구조로 되어 있다. 장기계속공사계약에서 예정했던 총공사기간보다 공사기간이 길어지는 경우 이를 이유로 계약내용의 변경으로 인한 계약금액의 조정을 주장하며 연장된 공사기간에 대한 간접공사비를 청구할 수 있는지 논란이 있었다.

대상판결의 다수의견은 총괄계약의 총공사금액 및 총공사기간은 각 차수별 계약을 체결하는 잠정적 기준에 불과하여 확정적인 구속력을 인정할 수 없으므로, 총공사기간이 연장되었더라도 계약금액의 조정을 인정할 수 없다고 한다. 대상판결의 반대의견은 장기계속공사계약에서 총공사기간의 구속력을 인정할 수 있으므로, 총공사기간의 연장으로 인한 계약금액의 조정을 인정할 수 있다고 한다.

당사자의 의사 합치에 의하여 총괄계약이 성립하므로, 총공사금액 및 총공사기간의 구속력이 발생한다고 볼 수 있다. 그러나 공사계약 일반조건의 해석상 총공사기간의 연장으로 인한 계약금액 조정은 부정하는 것이 타당하다.

대상판결의 다수의견이 총괄계약의 성립을 인정하면서도, 총공사금액과 총공사기간의 구속력을 부정하고 잠정적인 효력만 있다고 판시한 것은 아쉬

---

* 전주지방법원 정읍지원 판사.

운 측면이 있다. 그러나 계약 해석상 총괄계약에 근거한 계약금액 조정은 인정될 수 없으므로, 대상판결이 총공사기간의 연장을 이유로 계약금액을 조정할 수 없다고 판단한 것은 정당하다고 생각한다.

대상판결은 총괄계약을 근거로 한 계약금액 조정의 인정 여부에 관하여 하급심이 일치되지 않았던 상황에서 이에 관한 법리를 정리한 것으로서 그 의의가 있고, 법적 안정성을 제고하고 발주자의 신뢰와 계약상대자 이익의 조화를 시도한 판결이라 평가할 수 있다.

[주 제 어]

- 장기계속계약
- 장기계속공사계약
- 총괄계약
- 연차별(차수별) 계약
- 총공사기간의 연장
- 계약금액의 조정
- 간접공사비

대상판결 : 대법원 2018. 10. 30. 선고 2014다235189 전원합의체 판결 [공2018하, 2370]

[사안의 개요]

1. 사실관계

가. 이 사건 공사계약 체결 경위

(1) 피고 서울특별시(이하 '피고 서울시'라 한다)는 서울 지하철 7호선 온수역에서 인천 지하철 1호선 부평구청역까지 연결하는 내용의 9개 정거장, 총연장 10.2km 규모의 지하철 7호선 연장공사(이하 '이 사건 공사'라 한다)를 추진하였고, 2003. 3.경 위 연장구간을 통과하는 지방자치단체인 인천광역시 및 피고들[1)] 보조참가인 부천시와 사업시행 및 사업비 부담에 관하여 업무협약을 체결하였다.

(2) 피고 서울시 산하 서울시도시기반시설본부는 조달사업에 관한 법률 및 그 시행령에 따라 피고 대한민국 산하 조달청장에게 이 사건 공사계약의 체결을 요청하였고, 조달청장은 이 사건 공사를 701공구 내지 704공구로 구분한 다음 2004. 8. 16. 공사입찰공고를 하였다.

(3) 원고들은 각 공구별로 공동이행방식의 공동수급체를 구성하여[2)] 입찰에 참여하였고, 2004. 12. 30. 피고 대한민국과 사이에, 각 공구별로 총공사준공일을 2011. 3. 31.로 부기하여 1차분 계약(이하 '이 사건 제1차 계약'이라 한다)을 체결하였다.

나. 총공사기간의 변경

(1) 국토해양부 장관은 2010. 9. 27. '서울 도시철도 7호선(온수역-부평역) 기본계획 변경'을 고시하여 사업 기간을 당초 '2004~2010년'에서 '2004~2012년'으로 변경하였다.

(2) 원고들은 해당 책임감리원에게 각각 다음 표와 같이 총괄계약 및 차수별 계약의 준공기한을 변경 요청하면서 총괄계약의 공사기간 연장으로 인한 추가 간접공사비를 청구할 예정임을 밝혔다.

---

1) 대한민국이 주위적 피고이고, 서울시가 예비적 피고이다.

2) 701공구 공동수급체의 대표자는 원고 A이고, 702공구 공동수급체의 대표자는 원고 B이며, 703공구 공동수급체의 대표자는 원고 C이고, 704공구 공동수급체의 대표자는 원고 D이다.

<table>
<tr><th rowspan="2">구 분</th><th rowspan="2">요청일시</th><th colspan="2">총괄계약</th><th colspan="3">차수별 계약</th><th colspan="2">간접비 청구</th></tr>
<tr><th>변경 전 준공기한</th><th>변경 후 준공기한</th><th>해당 차수</th><th>변경 전 준공기한</th><th>변경 후 준공기한</th><th>차수별 계약</th><th>총괄계약</th></tr>
<tr><td>701공구 (대표사 원고 A)</td><td>2011. 2. 18.</td><td rowspan="4">2011. 3. 31.</td><td rowspan="4">2012. 12. 31.</td><td>12차</td><td>2011. 2. 28.</td><td>2011. 9. 30.</td><td>청구하지 않겠다는 의사를 표시함</td><td rowspan="4">계약금액을 조정하고 추가 간접공사비를 청구할 예정이라고 밝힘</td></tr>
<tr><td>702공구 (대표사 원고 B)</td><td>2011. 2. 17.</td><td>8차</td><td>2011. 3. 31.[3]</td><td>2011. 9. 30.</td><td>언급 없음</td></tr>
<tr><td>703공구 (대표사 원고 C)</td><td>2011. 2. 7.</td><td>8차</td><td>2011. 2. 28.</td><td>2011. 6. 30.</td><td>청구하지 않겠다는 의사를 표시함</td></tr>
<tr><td>704공구 (대표사 원고 D)</td><td>2011. 1. 13.</td><td>9차</td><td>2011. 3. 31.</td><td>2011. 6. 30.</td><td>언급 없음</td></tr>
</table>

(3) 원고들과 피고 서울시는 701공구의 경우 2011. 2. 28.에, 702공구의 경우 2011. 3. 4.에, 703공구의 경우 2011. 2. 28.에, 704공구의 경우 2011. 3. 11.에 각 준공기한을 당초 2011. 3. 31.에서 2012. 12. 31.로 변경하였다.

다. 공사기간 연장에 따른 계약금액 조정신청

(1) 이후 원고들은 서울시도시기반시설본부에게, 701공구의 경우 2011. 2. 28.에, 702공구의 경우 2011. 3. 3.에, 703공구의 경우 2011. 2. 28.에, 704공구의 경우 2011. 3. 9.에 각 준공기한 연장에 따른 계약금액의 조정을 요청하였다. 서울시도시기반시설본부는 2011. 6. 9. 원고들에게 이 사건 공사가 장기계속공사계약으로 연차별로 계약을 체결하여 중단 없이 추진된 공사이므로 계약내용의 변경으로 인한 계약금액조정사유에 해당하지 않는다고 회신하였다.

(2) 원고들은 2011. 7. 5. 서울시도시기반시설본부에게 재차 원고들의 귀책사유 없이 공사기간이 연장되었음을 이유로 공사기간 연장에 따른 계약금액의 조정을 신청하였으나, 서울시도시기반시설본부는 2011. 7. 22. 원고들에게 이 사건 공사가 장기계속공사로서 원고들과의 합의에 의하여 연차별 도급계약을 체결하여 추진되었고, 공기연장비용이 이미 연차별 계약금액에 포함

3) 대상판결 등에는 '2011. 3. 3.'으로 기재되어 있으나, 제1심판결 별지에 의하면 '2011. 3. 31.'을 잘못 기재한 것으로 보인다.

되어 있음을 이유로 계약금액조정 요청에 응할 수 없다고 회신하였다.

라. 연차별 계약 및 총괄계약의 변경

원고들과 피고 서울시는 이 사건 공사에 관하여 별지 기재와 같이 각 공구별로 설계변동, 물가변동, 공사구역 변경 등의 사유로 수회에 걸쳐 연차별 계약을 체결하였고, 이에 따라 부기사항인 총공사기간과 총공사금액을 변경하였다.[4)]

## 2. 소송의 경과

### 가. 제1심판결

원고들은 주위적 피고 대한민국 및 예비적 피고 서울시를 상대로 총괄계약의 준공기한이 2011. 3. 31.에서 2012. 12. 31.로 변경되었음을 근거로 연장된 공사기간에 관한 간접공사비를 청구하였다.

제1심(서울중앙지방법원 2013. 8. 23. 선고 2012가합22179 판결)은 피고 대한민국은 피고 서울시를 위하여 원고들과 총괄계약 및 이 사건 제1차 계약을 체결하면서 도급계약상 권리·의무는 피고 서울시가 가지도록 합의하였고, 그 외의 차수별 계약 및 총괄계약의 변경계약은 피고 서울시와 원고들이 체결하였음을 이유로, 원고들의 주위적 피고 대한민국에 대한 청구는 기각하였다.

제1심은 총공사기간 및 총공사대금에 관하여 체결된 총괄계약은 계약당사자 사이에 구속력이 있으므로, 원고들은 총공사기간의 연장에 따라 계약금액 조정신청을 할 수 있고, 피고 서울시는 원고들에게 원고들이 위와 같이 연장된 기간에 대하여 추가로 지출한 간접공사비를 지급할 의무가 있다고 보아, 원고들의 예비적 피고 서울시에 대한 청구를 인용하였다.

### 나. 원심판결

제1심판결에 대하여 원고들(주위적 피고 대한민국에 대한 패소 부분에 관하여 항소하였다) 및 피고 서울시가 각 항소하였다. 원심(서울고등법원 2014. 11. 5. 선고 2013나2020067 판결)은 701공구에 관한 간접공사비가 잘못 계산되었음을 이유로 피고 서울시의 항소를 일부 받아들이고, 피고 서울시의 나머지 항소 및 원고들의 항소를 모두 기각하였다.

---

4) 제1심판결 별지에 기재된 각 공구별 계약 체결 및 변경내역을 정리하고 일부 잘못 기재된 듯한 계약일을 수정하여(별지 도표 중 밑줄 부분) 별지로 첨부하였다.

### 3. 대상판결의 요지

대상판결의 다수의견은 장기계속공사계약의 총괄계약에서 정한 총공사금액 및 총공사기간에 법적 구속력이 없다는 이유로 원심판결을 파기하였다. 이에 대하여 총공사금액 및 총공사기간에 구속력이 있음을 전제로 원심판결이 정당하다고 본 반대의견이 있다. 다수의견과 반대의견의 요지는 다음과 같다.

#### 가. 다수의견[5)]

장기계속공사계약은 총공사금액 및 총공사기간에 관하여 별도의 계약을 체결하고 다시 개개의 사업연도별로 계약을 체결하는 형태가 아니라, 우선 1차 연도의 제1차 공사에 관한 계약을 체결하면서 총공사금액과 총공사기간을 부기하는 형태로 이루어진다. 제1차 공사에 관한 계약 체결 당시 부기된 총공사금액 및 총공사기간에 관한 합의를 통상 '총괄계약'이라 칭하고 있는데, 이러한 총괄계약에서 정한 총공사금액 및 총공사기간은 국가 등이 입찰 당시 예정하였던 사업의 규모에 따른 것이다. 사업연도가 경과함에 따라 총공사기간이 연장되는 경우 추가로 연차별 계약을 체결하면서 그에 부기하는 총공사금액과 총공사기간이 같이 변경되는 것일 뿐 연차별 계약과 별도로 총괄계약(총공사금액과 총공사기간)의 내용을 변경하는 계약이 따로 체결되는 것은 아니다.

따라서 위와 같은 총괄계약은 그 자체로 총공사금액이나 총공사기간에 대한 확정적인 의사의 합치에 따른 것이 아니라 각 연차별 계약의 체결에 따라 연동되는 것이다. 일반적으로 장기계속공사계약의 당사자들은 총괄계약의 총공사금액 및 총공사기간을 각 연차별 계약을 체결하는 데 잠정적 기준으로 활용할 의사를 가지고 있을 뿐이라고 보이고, 각 연차별 계약에 부기된 총공사금액 및 총공사기간 그 자체를 근거로 하여 공사금액과 공사기간에 관하여 확정적인 권리의무를 발생시키거나 구속력을 갖게 하려는 의사를 갖고 있다고 보기 어렵다.

즉, 장기계속공사계약에서 이른바 총괄계약은 전체적인 사업의 규모나

5) 대법원장 김명수, 대법관 권순일, 대법관 박상옥, 대법관 이기택, 대법관 조재연, 대법관 박정화, 대법관 민유숙, 대법관 김선수, 대법관 이동원, 이하 '다수의견'이라 한다. 다수의견에 대한 대법관 조재연, 대법관 박정화의 보충의견(이하 '다수의견에 대한 보충의견'이라 한다)이 있다.

공사금액, 공사기간 등에 관하여 잠정적으로 활용하는 기준으로서 구체적으로는 계약상대방이 각 연차별 계약을 체결할 지위에 있다는 점과 계약의 전체 규모는 총괄계약을 기준으로 한다는 점에 관한 합의라고 보아야 한다. 따라서 총괄계약의 효력은 계약상대방의 결정(연차별 계약마다 경쟁입찰 등 계약상대방 결정 절차를 다시 밟을 필요가 없다), 계약이행의사의 확정(정당한 사유 없이 연차별 계약의 체결을 거절할 수 없고, 총공사내역에 포함된 것을 별도로 분리발주할 수 없다), 계약단가(연차별 계약금액을 정할 때 총공사의 계약단가에 의해 결정한다) 등에만 미칠 뿐이고, 계약상대방이 이행할 급부의 구체적인 내용, 계약상대방에게 지급할 공사대금의 범위, 계약의 이행기간 등은 모두 연차별 계약을 통하여 구체적으로 확정된다고 보아야 한다.

나. 반대의견[6]

다수의견은 '총괄계약이 연차별 계약에 연동된다'고 표현하면서 연차별 계약에 중점을 두고 있다. 그러나 장기계속공사계약 이행의 실제 모습은 총괄계약에서 정한 총공사기간이 연장되면 연장된 기간 내에 연차별 계약이 추가로 체결되는 것이다. 다수의견은 현실의 모습과는 정반대의 상황을 전제로 논의하고 있다.

법률행위가 성립하면 효력이 발생하는 것이 원칙이고 다만 그 법률행위의 목적이 불가능하거나 위법하거나 사회적 타당성이 없는 경우에만 효력이 제한된다. 민법의 기본 이념인 사적 자치의 원칙에 비추어 의사의 합치가 있는 경우에는 그 효력을 임의로 제한할 수 없고, 제한하려면 그에 합당한 이유와 근거가 있어야만 한다.

다수의견은 총괄계약의 성립을 인정하면서도 그 효력이나 구속력을 제한하는 근거를 제시하지 못하고 있다. 더구나 효력을 전부 제한하는 것이 아니라 일부만을 제한하고 있고, 그것도 공사계약에서 가장 중요한 사항이라고 할 수 있는 공사대금과 공사기간이다.

다수의견은 관련 법령의 해석상 그 효력을 제한한다는 취지인 듯하나, 이는 명시적인 규정이 없는데도 원칙에 대한 예외를 해석에 의하여 쉽게 인정하는 것으로 법률해석의 방법으로 타당하지 않다.

따라서 다수의견은 법률행위의 성립은 인정하면서도 아무런 근거 없이

6) 대법관 김소영, 대법관 조희대, 대법관 김재형, 대법관 노정희. 이하 '반대의견'이라 한다.

그 효력을 제한하는 것으로서 법률행위의 성립과 효력에 관한 법리를 위반한 것이다.

다수의견은 국가계약법 등이 추구하는 이념인 신의성실의 원칙에도 반하고, 구체적 관련 규정에도 반한다.

다수의견은 총공사기간에 대하여 구속력을 인정하는 것이 계속비계약이 아니면서도 1년 이상 진행되는 계약의 효력을 인정하는 것으로 예산일년주의에 반하거나 국회의 예산심의 확정권 또는 의결권을 침해한다고 주장한다. 그러나 장기계속공사계약은 국회가 스스로 입법한 국가계약법에 따라 인정되는 것이다. 이러한 경우까지 예산일년주의에 반한다거나 국회의 예산심의 확정권 또는 의결권을 침해한다고 볼 수 있는지 의문이다.

장기계속공사계약에 적용되는 관련 법령이나 계약조건의 해석이 불분명하다면 이러한 법령과 계약조건을 정한 국가가 이로 인한 불이익을 받는 것이 타당하다. 따라서 부기한 총공사기간에 구속력이 있는지 여부가 관련 법령과 계약조건에 명확하지 않다면 계약상대방인 공사업체들에게 유리하게 해석하여 구속력을 인정하여야 한다.

[관련 법령]

구 국가를 당사자로 하는 계약에 관한 법률(2012. 3. 21. 법률 제11377호로 개정되기 전의 것)

**제19조(물가변동등에 의한 계약금액조정)**
각 중앙관서의 장 또는 계약담당공무원은 공사·제조·용역 기타 국고의 부담이 되는 계약을 체결한 다음 물가의 변동, 설계변경 기타 계약내용의 변경으로 인하여 계약금액을 조정할 필요가 있을 때에는 대통령령이 정하는 바에 의하여 그 계약금액을 조정한다.

**제21조(장기계속계약)**
각 중앙관서의 장 또는 계약담당공무원은 임차·운송·보관·전기·가스·수도의 공급 기타 그 성질상 수년간 계속하여 존속할 필요가 있거나 이행에 수년을 요하는 계약에 있어서는 대통령령이 정하는 바에 의하여 장기계속계약을 체결할 수 있다. 이 경우에는 각 회계연도 예산의 범위안에서 당해 계약을 이행하게 하여야 한다.

구 국가를 당사자로 하는 계약에 관한 법률 시행령(2014. 11. 4. 대통령령 제25679호로 개정되기 전의 것)

**제66조(기타 계약내용의 변경으로 인한 계약금액의 조정)**
① 각 중앙관서의 장 또는 계약담당공무원은 법 제19조의 규정에 의하여 공사·제

조등의 계약에 있어서 제64조 및 제65조의 규정에 의한 경우외에 공사기간·운반거리의 변경등 계약내용의 변경으로 계약금액을 조정하여야 할 필요가 있는 경우에는 그 변경된 내용에 따라 실비를 초과하지 아니하는 범위안에서 이를 조정한다.

**제69조(장기계속계약 및 계속비계약)**

① 다음 각호의 1에 해당하는 계약으로서 법 제21조의 규정에 의하여 장기계속계약을 체결하고자 하는 경우에는 각 소속중앙관서의 장의 승인을 얻어 단가에 대한 계약으로 체결할 수 있다.

1. 운송·보관·시험·조사·연구·측량·시설관리등의 용역계약 또는 임차계약
2. 전기·가스·수도등의 공급계약
3. 장비의 유지보수계약

② 장기계속공사는 낙찰등에 의하여 결정된 총공사금액을 부기하고 당해 연도의 예산의 범위안에서 제1차공사를 이행하도록 계약을 체결하여야 한다. 이 경우 제2차공사 이후의 계약은 부기된 총공사금액(제64조 내지 제66조의 규정에 의한 계약금액의 조정이 있는 경우에는 조정된 총공사금액을 말한다)에서 이미 계약된 금액을 공제한 금액의 범위안에서 계약을 체결할 것을 부관으로 약정하여야 한다.

공사계약일반조건(기획재정부 회계예규 2004. 4. 6. 2200.04-104-12호)

**제23조(기타 계약내용의 변경으로 인한 계약금액의 조정)**

① 계약담당공무원은 공사계약에 있어서 제20조 및 제22조의 규정에 의한 경우외에 공사기간、운반거리의 변경등 계약내용의 변경으로 계약금액을 조정하여야 할 필요가 있는 경우에는 그 변경된 내용에 따라 실비를 초과하지 아니하는 범위안에서 이를 조정한다.

② 제1항의 규정에 의한 계약내용의 변경은 변경되는 부분의 이행에 착수하기 전에 완료하여야 한다. 다만, 계약담당공무원은 계약이행의 지연으로 품질저하가 우려되는 등 긴급하게 계약을 이행하게 할 필요가 있는 때에는 계약상대자와 협의하여 계약내용 변경의 시기 등을 명확히 정하고, 계약내용을 변경하기 전에 계약을 이행하게 할 수 있다.

③ 제1항의 경우에는 제20조 제4항을 준용한다.

④ 제1항의 경우 계약금액이 증액될 때에는 계약상대자의 신청에 의거 조정하여야 한다.

⑤ 제1항 내지 제4항의 규정에 의한 계약금액조정의 경우에는 제20조 제7항、제8항의 규정을 준용한다.

**제26조(계약기간의 연장)**

① 계약상대자는 제25조 제3항 각호의 1의 사유가 계약기간내에 발생한 경우에는 지체없이 제17조 제1항 제2호에 대한 수정공정표를 첨부하여 공사감독관을 경유하여 계약담당공무원에게 서면으로 계약기간의 연장을 청구하여야 한다.

② 계약담당공무원은 제1항의 규정에 의한 계약기간연장 신청이 접수된 때에는 즉시 그 사실을 조사 확인하고 공사가 적절히 이행될 수 있도록 계약기간의 연장등 필요한 조치를 하여야 한다.

③ 계약담당공무원은 제1항에서 규정한 연장청구를 승인하였을 경우 동 연장기

간에 대하여는 제25조의 규정에 의한 지체상금을 부과하여서는 아니된다.
④ 제2항의 규정에 의하여 계약기간을 연장한 경우에는 제23조의 규정에 의하여 그 변경된 내용에 따라 실비를 초과하지 아니하는 범위안에서 계약금액을 조정한다. 다만, 제25조 제3항 제4호 및 제5호의 사유에 의한 경우에는 그러하지 아니하다.

## 〔硏　　究〕

### Ⅰ. 서　　론

국가를 당사자로 하는 계약에 관한 법률(이하 '국가계약법'이라 한다) 제21조 제2항은 임차, 운송, 보관, 전기 · 가스 · 수도의 공급, 그 밖에 그 성질상 수년간 계속하여 존속할 필요가 있거나 이행에 수년을 요하는 계약에 있어서는 대통령령으로 정하는 바에 따라 장기계속계약[7)]을 체결할 수 있다고 정하고 있고, 국가계약법 시행령은 장기계속계약의 한 종류로 장기계속공사계약에 관한 조항을 두고 있다.[8)]

장기계속공사계약은 1차수 계약의 예산을 확보하면 체결할 수 있으므로, 국가가 발주자가 되는 관급공사에서 매년 예산사정을 고려한 신축적인 예산편성과 집행을 할 수 있는 장기계속공사계약이 널리 활용되고 있다.[9)] 장기계속공사계약은 제1차 공사에 관한 계약을 체결하면서 총공사금액과 총공사기간을 부기하는 형태로 이루어지는데, 위와 같은 총공사금액 및 총공사기간에 관한 합의를 '총괄계약'[10)]이라 하고, 총공사금액 및 총공사기간의 범위 내에서 연차별로 체결되는 계약을 '연차별 계약' 또는

7) 국가재정법상 계속비 예산을 확보한 채 체결되는 계속비계약과 구별된다.
8) 지방자치단체를 당사자로 하는 계약에 관한 법률 제24조도 장기계속계약에 관한 조항을 두고 있다.
9) 법무법인(유) 율촌, "장기계속공사계약의 헌법 합치 여부 및 개선방안" [연구보고서], 기획재정부(2013), 46면.
10) 국가계약법에서 정한 명칭은 아니고 강학상 개념이다. '총체계약'이라고도 한다 [법무법인(유한) 태평양 건설부동산팀, 주석국가계약법, 박영사(2017), 357면(이형석 · 백호석 집필 부분)].

'차수별 계약'이라 한다.[11)]

장기계속공사계약에서 예정했던 총공사기간보다 공사기간이 길어지는 경우가 있는데, 아래 도표와 같이 ⓐ 총공사기간과 차수별 공사기간이 함께 연장되는 경우, ⓑ 총공사기간이 연장된 기간 중 차수별 계약이 없는 공백기가 있는 경우, ⓒ 총공사기간이 연장된 기간에 차수별 계약이 추가로 체결되는 경우 등이 있다.

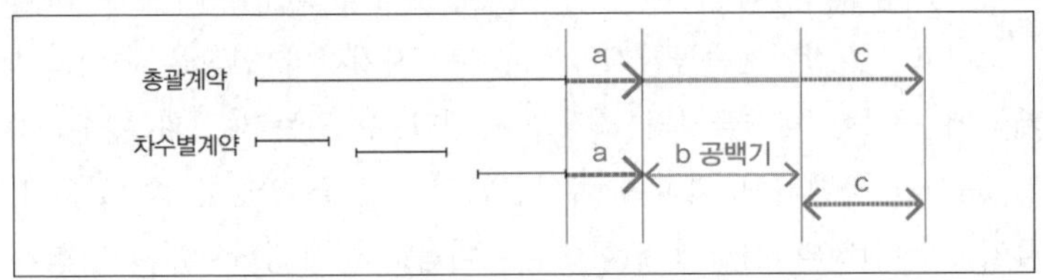


이러한 경우 계약상대자[12)]가 총공사기간이 연장되었음을 이유로 기타 계약내용의 변경으로 인한 계약금액의 조정(국가계약법 제19조, 국가계약법 시행령 제66조)을 주장하며 연장된 공사기간에 대한 간접공사비[13)]를 청구할 수 있는지 논란이 있었다.[14)] 차수별 계약의 독립성을 강조하는 전제에서 이를 부정하는 견해

11) 국가계약법 시행령은 '연차별 계약'이라는 명칭을 사용하고 있고(제50조 제3항, 제74조 제1항 등), 공사계약 일반조건은 '차수별 계약'이라는 명칭을 사용하고 있다(제44조, 제47조 등). 그런데 계약이 실제로 체결되고 이행되는 현실에서는 반드시 매년 하나의 계약만이 체결되는 것이 아니고, 연차별 계약이 한 해에 둘 이상 체결되거나, 각 연차별 계약의 계약기간이 중첩되는 경우도 종종 있으므로(대상판결의 사안도 연차별 계약이 기간이 중첩되어 체결된 부분이 있다), '차수별 계약'이라는 명칭이 현실에 부합하는 측면이 있다. 아래에서는 주로 '차수별 계약'으로 지칭하되, 국가계약법 시행령 등의 조문을 직접 인용하거나, 대상판결의 요지를 그대로 인용할 경우에 '연차별 계약'으로 지칭하기로 한다.

12) 국가와 계약을 체결하는 상대방을 의미한다(국가계약법 제2조).

13) '간접비'라고도 한다. 일반적으로 공사비는 재료비, 직접노무비, 간접노무비, 경비, 일반관리비, 이윤 등으로 구성되는데, 공사기간 연장이 일어나는 경우 건설자재비나 노무비 등 공사현장에서 계약목적물을 완성하기 위해 직접 작업에 투입되는 비용인 '직접비'가 아니라 공사현장을 운영하고 관리·감독하는 보조작업에 투입되는 비용인 간접노무비나 임차료 등 제 경비, 즉 '간접비'가 주로 증가하게 된다[윤재윤, 건설분쟁관계법(제7판), 박영사(2018), 201면; 법무법인(유한) 태평양 건설부동산팀, 앞의 책, 343면(이형석·백호석 집필 부분)].

14) 특히 차수별 계약기간의 연장이 없는 ⓑ와 ⓒ의 경우에 견해대립이 크다.

와 총괄계약의 구속력을 전제로 이를 긍정하는 견해 등이 대립하여 왔고, 하급심 판결은 일치되지 않았는데, 대상판결은 대법원이 이에 관하여 최초로 판단한 판결이다.

아래에서는 ① 장기계속공사계약에 관한 국가계약법, 국가계약법 시행령, 공사계약 일반조건[15]의 조항들을 통하여 장기계속공사계약의 구조에 관하여 살펴보고, ② 장기계속공사계약에서 총괄계약의 성립 여부, 총괄계약 중 총공사금액 및 총공사기간의 구속력 인정 여부에 관하여 본다. 그리고 ③ 장기계속공사계약에서 총공사기간의 연장을 원인으로 총괄계약에 근거한 계약금액의 조정을 인정할 수 있는지 살펴본 후, ④ 관련된 문제인 공백기에 관하여 계약금액의 조정을 인정할 수 있는지, 계약금액 조정신청의 시점에 관하여 본 다음, ⑤ 대상판결이 타당한지 검토하겠다.

## Ⅱ. 장기계속공사계약의 구조

### 1. 문제의 소재

장기계속공사계약에서 총괄계약의 성립 및 구속력을 논의하기 위한 전제로 국가계약법, 국가계약법 시행령, 국가계약법 시행규칙 및 공사계약 일반조건의 조항들을 통하여 장기계속공사계약의 구조에 관하여 살펴본다. 아래에서는 대상판결의 사안에서 계약금액 조정신청이 있었던 무렵에 적용되던 구 국가계약법(2012. 3. 21. 법률 제11377호로 개정되기 전의 것, 이하 같다), 구 국가계약법 시행령(2014. 11. 4. 대통령령 제25679호로 개정되기 전의 것, 이하 같다)을 기준으로 설명하고,[16] 공사계약 일반조건은 이 사건 제1차 계약이 체결되던 당시에 적용되던 공사계약 일반조건(22004. 4. 6. 기획재정부 계약예규 2200.04-104-12호)을 기준으로 설명하되,[17] 그 후 개정된 조항이 있는 경우에는 따로 언급하겠다.

15) 통상 국가가 체결하는 공사계약에서 공사도급표준계약서 등과 함께 계약문서가 되어 계약의 내용이 되는 기획재정부 계약예규이다.

16) 대상판결에서도 위와 같은 구 국가계약법 및 구 국가계약법 시행령을 전제로 논의하고 있다.

17) 1심 및 원심판결은 기초사실에서 공사계약 일반조건 제23조, 제25조, 제26조만

2. 계약의 체결 및 계약서의 작성 등

가. 장기계속계약의 의의

구 국가계약법 제21조는 '임차 · 운송 · 보관 · 전기 · 가스 · 수도의 공급 기타 그 성질상 수년간 계속하여 존속할 필요가 있거나 이행에 수년을 요하는 계약'을 장기계속계약으로 체결할 수 있다고 하면서, '각 회계연도 예산의 범위 안에서 당해 계약을 이행하게 하여야 한다'라고 정하였다.[18] 국가계약법은 장기계속계약 중 장기계속공사계약을 명시적으로 정하고 있지는 않다.[19]

나. 입찰 및 계약체결절차

장기계속공사는 예산상의 **총공사금액**의 범위 안에서 예정가격을 결정하고(구 국가계약법 시행령 제8조 제2항), **총공사**를 대상으로 하여 입찰하게 하여야 한다(구 국가계약법 시행령 제14조 제8항). 하도급에 관한 사항을 기재하여 제출하는 부대입찰의 경우에도 장기계속공사의 **총공사 입찰금액**에 대하여 하도급에 관한 사항을 기재하여야 한다(구 국가계약법 시행령 제19조 제2항).

구 국가계약법 시행령 제69조 제2항은 '장기계속공사는 낙찰등에 의하여 결정된 총공사금액을 부기하고 당해 연도의 예산의 범위 안에서 제1차 공사를 이행하도록 계약을 체결하여야 한다. 이 경우 제2차 공사 이

---

을 기재하고 있어 2004. 4. 6. 시행된 공사계약 일반조건이 계약의 내용이 된 것인지 명확하지는 않다.

18) 그 후, 국가재정법 제23조에 따른 계속비사업에 관하여 계속비계약을 체결할 수 있다는 조항이 국가계약법 제21조 제1항에 신설되면서, 장기계속계약에 관한 조항은 제21조 제2항으로 이동되었다.

19) 송권, "장기계속공사계약의 도입 목적에 대한 고찰", 박사학위 논문, 우송대학교(2018), 78-85면에 의하면, 1971. 12. 31. 개정된 예산회계법 시행령에 공사계약에 있어서 그 완성에 수 년도를 요하는 계속공사(계속비공사 포함)의 제1차 공사를 입찰에 붙일 때에는 입찰자로 하여금 당해 계속공사의 총공사금액을 부기하도록 하는 이른바 '총가계약제도'라고 하는 현재의 장기계속공사와 유사한 제도가 도입되었고, 1975. 12. 31. 개정된 예산회계법에서 공식적으로 최초로 장기계속계약 제도가 도입되었으며, 1977. 4. 1. 예산회계법 시행령이 개정되면서 장기계속공사계약에 관한 조항이 신설되었다고 한다. 장기계속계약의 연혁에 관한 자세한 내용은 위 논문 참조.

후의 계약은 부기된 **총공사금액**(제64조 내지 제66조의 규정에 의한 계약금액의 조정이 있는 경우에는 조정된 **총공사금액**을 말한다)에서 이미 계약된 금액을 공제한 금액의 범위 안에서 계약을 체결할 것을 부관으로 약정하여야 한다'라고 하여, 장기계속공사는 낙찰등에 의하여 결정된 총공사금액을 부기하고 제1차 공사를 이행하도록 계약을 체결하게 정하고 있다.

다. 계약서의 작성

국가를 당사자로 하는 계약은 ① 계약의 목적, ② 계약금액, ③ 이행기간, ④ 계약보증금, ⑤ 위험부담, ⑥ 지체상금 및 그 밖에 필요한 사항을 명백히 기재한 계약서를 작성하여야 한다(구 국가계약법 제11조 제1항). 이에 따라 공사계약에 관하여 작성되는 표준계약서 서식(구 국가계약법 시행령 제48조 제1항, 국가계약법 시행규칙 제49조 제1항, 별지 제7호) 중 계약 내용에 다음과 같이 '계약금액'과 '**총공사부기금액**'을 기재하게 되어 있다.[20)]

| 공 사 명 | | |
|---|---|---|
| **계약금액** | 금 | 원정(₩ ) |
| **총공사부기금액** | 금 | 원정(₩ ) |
| 계약보증금 | 금 | 원정(₩ ) |
| 현 장 | | |
| 지체상금률 | % | |
| 물가변동계약<br>금액조정방법 | . . . | |
| 착공연월일 | . . . | |
| 준공연월일 | | |
| 기타사항 | | |

이처럼 장기계속공사계약은 통상 제1차 계약을 체결하면서 총공사금액을 부기하는 형태로 체결되고, 총괄계약에 대한 별도의 계약서가 작성되는 경우는 많지 않은 것으로 보인다.[21)]

20) 계약에 따라서는 대상판결의 사안과 같이 '총공사준공일' 또는 '총공사기간'을 부기하는 경우도 있는 것으로 보인다.

21) 권영준, "2018년 민법 판례 동향", 서울대학교 법학 제60권 제1호(2019. 3.), 318면; 김태관, "공사계약일반조건상 공기연장에 따른 비용청구권에 관한 소고-채권

대법원은 '국가가 사인과 계약을 체결할 때에는 국가계약법령에 따른 계약서를 따로 작성하는 등 요건과 절차를 이행하여야 할 것이고, 설령 국가와 사인 사이에 계약이 체결되었더라도 이러한 법령상 요건과 절차를 거치지 아니한 계약은 효력이 없다'라고 판시하여,[22] 계약서의 작성을 효력 요건으로 보고 있다.

#### 라. 계약 관련 정보의 공개

계약담당공무원은 전자조달시스템 등에 분기별 발주계획, 계약체결 및 계약변경에 관한 사항을 공개하여야 하는데, 그중 계약금액에 관하여 장기계속공사의 경우에는 **총공사금액**을 공개하여야 한다(구 국가계약법 시행령 제92조의2 제1항, 국가계약법 시행규칙 제82조 제3호 (사)목).

### 3. 계약보증금 및 하자담보책임

#### 가. 계약보증금

장기계속계약에서는 **총공사금액**의 100분의 10 이상을 계약보증금으로 납부하여 이를 총공사의 계약보증금으로 보고, 연차별 계약이 완료된 때에는 당초의 계약보증금 중 이행이 완료된 **연차별 계약금액**에 해당하는 분을 반환하여야 한다(구 국가계약법 시행령 제50조 제3항).

계약상대자가 계약상의 의무를 이행하지 아니한 때에는 계약보증금을 국고에 귀속하고(구 국가계약법 시행령 제51조 제1항, 공사계약 일반조건 제8조 제1항), 장기계속계약에서 계약상대자가 2차 이후의 계약을 체결하지 아니한 경우에도 계약보증금을 국고에 귀속하며, 계약을 해제 또는 해지할 수 있다(구 국가계약법 시행령 제51조 제2항, 공사계약 일반조건 제8조 제2항, 제44조 제1항 제4호).

#### 나. 하자담보책임

공사의 도급계약을 체결할 때에는 목적물을 인수한 날과 준공검사를 완료한 날 중에서 먼저 도래한 날부터 하자보수를 보증하기 위한 하자담보책임기간을 정하는데(구 국가계약법 시행령 제60조 제1항), 장기계속공사에 있어서는 **연차계**

자지체와의 비교검토를 중심으로–", 동아법학 제78호(2018. 2.), 291면; 박성완, "장기계속공사계약의 공기연장과 추가간접공사비에 대한 소고: 추가간접공사비 청구에 대한 하급심 판결을 중심으로", 고려법학 제89호(2018. 6.), 157면.

22) 대법원 2015. 1. 15. 선고 2013다215133 판결.

**약별로** 위 하자담보책임기간을 정하고(구 국가계약법 시행령 제60조 제2항 본문), **연차계약별로** 하자보수보증금을 납부하게 하여야 한다(구 국가계약법 시행령 제62조 제3항 본문).[23)]

4. 계약금액의 조정제도

구 국가계약법 제19조는 '물가의 변동, 설계변경 기타 계약내용의 변경으로 인하여 계약금액을 조정할 필요가 있을 때에는 대통령령이 정하는 바에 의하여 그 계약금액을 조정한다'라고 정하였고, 구 국가계약법 시행령은 제64조에서 물가변동으로 인한 계약금액의 조정을, 제65조에서 설계변경으로 인한 계약금액의 조정을, 제66조에서 기타 계약내용의 변경, 즉 물가변동 및 설계변경 외에 공사기간·운반거리의 변경 등 계약내용의 변경으로 인한 계약금액의 조정을 각각 정하였다.

구 국가계약법 시행령 제64조 제1항은 물가변동으로 인하여 조정하는 계약금액은 장기계속공사의 경우에는 '제1차 계약체결시 부기한 **총공사 및 총제조등의 금액**'을 말한다고 하면서, '이하 이 장[24)]에서 같다'라고 정하였다. 따라서 장기계속공사에서 기타 계약내용의 변경으로 인한 계약금액의 조정의 경우에도 조정되는 계약금액은 총공사금액을 의미한다.

공사계약 일반조건은 제23조에서 기타 계약내용의 변경으로 인한 계약금액의 조정에 관한 조항을 두었고, 제26조에서 계약기간을 연장하는 경우 제23조에 따라 계약금액을 조정한다는 조항을 두었다.

공사계약 일반조건은 2006. 5. 25. 개정되면서(기획재정부 계약예규 2200. 04-104-14호) 설계변경으로 인한 계약금액의 조정에 대한 제20조 제9항을 개정하여, 계약상대자의 계약금액 조정청구는 장기계속계약의 각 **차수별 준공대가** 수령전까지 하여야 한다는 내용을 추가하였고, 위 조항은 제23조 제5항에 따라 기타 계약내용의 변경으로 인한 계약금액 조정에도 준용된다. 그 후, 공

23) 다만, 연차계약별로 하자담보책임을 구분할 수 없는 공사인 경우에는 제1차 계약을 체결할 때에 총공사에 대하여 하자담보책임기간을 정하여야 하고(구 국가계약법 시행령 제60조 제2항 단서), 총공사의 준공검사 후 하자보수보증금을 납부하게 하여야 한다(구 국가계약법 시행령 제62조 제3항 단서).

24) 제5장 계약의 체결 및 이행(제48조~제77조) 부분을 의미한다.

사계약 일반조건은 2010. 11. 30. 개정되면서(기획재정부 계약예규 2200.04-104-23호), 제26조 제5항에 계약기간의 연장에 의한 계약금액조정도 준공대가(장기계속계약의 경우에는 각 **차수별 준공대가**) 수령 전까지 하여야 한다는 조항을 신설하였다.

### 5. 지체상금 및 공사의 일시정지 등

#### 가. 지체상금과 해제 · 해지

구 국가계약법 시행령 제74조 제1항에 의하면, 장기계속계약의 경우에는 **연차별 계약금액**을 기준으로 지체상금을 산정한다.[25)]

지체상금이 계약보증금 상당액에 달하고 계약상대자의 귀책사유로 계약을 수행할 가능성이 없음이 명백하다고 인정되는 경우, 국가는 계약을 해제 또는 해지할 수 있다(구 국가계약법 시행령 제75조 제2항 제1호). 공사계약 일반조건 제44조 제1항 제3호는 위 조항을 구체화하여, 장기계속공사계약의 경우에 지체상금이 **차수별 계약**의 계약보증금 상당액에 달한 경우로서 계약기간을 연장하여도 공사를 완공할 가능성이 없다고 판단되는 경우에 계약의 전부 또는 일부를 해제 또는 해지하여야 한다고 정하였다.

#### 나. 공사의 일시정지

공사감독관은 일정한 사유가 있는 경우 공사의 전부 또는 일부의 이행을 정지시킬 수 있고(공사계약 일반조건 제47조 제1항), 계약상대자는 계약기간의 연장 또는 추가금액을 청구할 수 없으나(제47조 제3항 본문), 계약상대자의 책임 있는 사유로 인한 정지가 아닌 때에는 그러하지 아니하다(제47조 제3항 단서). 발주기관에 책임 있는 사유에 의한 공사정지기간이 60일을 초과한 경우 발주기관은 그

25) 김홍준, 건설재판실무(제2판), 도서출판 유로(2017), 131면은, 지체상금을 총계약금액에 따라 부과한다고 정하는 것은 국가계약법 시행령 제4조를 위반하여 원칙적으로 무효라면서 서울고등법원 2007. 1. 30. 선고 2005나88543 판결을 근거로 들고 있다. 그런데 위 판결은 가정적 판단으로 총계약금액을 기준으로 지체상금을 부과하는 약정의 무효 여부를 판단한 것이다(상고심인 대법원 2007. 6. 28. 선고 2007다14919 판결은 상고를 기각하면서도 위와 같은 가정적 판단에 대하여는 판단하지 않았다). 한편, 대법원 2011. 2. 10. 선고 2009다81906 판결은 장기계속계약이 성질상 분할할 수 없는 용역계약이어서 총계약금액을 기준으로 지체상금을 산정하기로 합의한 경우 국가계약법 시행령 제4조에 위배되어 무효라고 할 수 없다고 판시하였다.

초과된 기간에 대하여 잔여 계약금액에 초과일수 매 1일마다 시중은행 일반자금대출금리를 곱하여 산출한 금액을 준공대가 지급시 계약상대자에게 지급하여야 하는데(제47조 제4항), 장기계속계약의 경우에는 공사정지기간은 **당해 차수 내의 정지기간**을, 잔여 계약금액은 **차수별 계약금액**을 각각 의미한다.

다. 인수한 목적물의 유지관리비용 지급

발주기관은 계약상대자에게 인수한 목적물의 유지관리를 요구하는 경우에는 이에 필요한 비용을 지급하여야 한다(공사계약 일반조건 제28조 제5항).

### 6. 부정당업자의 입찰참가자격제한

구 국가계약법 시행령은 장기계속계약을 체결한 계약상대자가 계약이행 중 입찰참가자격제한을 받은 경우에 관하여 특별한 조항을 두고 있지 않았다. 이에 관하여 법제처는 차수별 계약은 각 계약마다 독립된 별건의 계약이므로, 계약당사자가 제1차 계약 체결 이후 제2차 계약 체결 전에 부정당업자로서 입찰참가자격제한을 받게 된 경우 제2차 계약을 체결할 수 없다고 하였다.[26)]

그 후, 구 국가계약법 시행령은 2008. 12. 31. 개정되면서 제76조 제10항에 '장기계속계약을 체결한 계약상대자가 계약이행 중 입찰참가자격제한을 받은 경우에, 해당 장기계속계약을 이행하기 위하여 연차별 계약을 체결하는 경우'에는 입찰참가자격제한을 받은 계약상대자와 계약을 체결할 수 있다는 내용을 추가하여[27)] 장기계속계약 이행 도중에 입찰참가자격제한을 받은 계약상대자와 다음 차수별 계약을 체결할 수 없는 문제를 입법적으로 해결하였다.

---

26) 법제처 유권해석 2008. 5. 22. 08-0066호 참조, 김성근, 정부계약법 해설Ⅰ, 건설경제(2013), 510면에서 재인용.

27) 국가계약법 시행령이 개정되면서 조문의 위치가 일부 변경되어, 현행 국가계약법 시행령은 제76조 제7항에 위와 같은 내용의 조항을 두고 있다.

### 7. 소결: 장기계속공사계약의 이원적 구조

① 장기계속공사계약의 입찰은 총공사를 대상으로 하고, ② 계약보증금을 총공사금액을 기준으로 산정하며, 제2차 계약을 체결하지 않을 경우 계약보증금을 국고에 귀속하도록 하고, ③ 계약금액의 조정은 총공사금액을 대상으로 하며, ④ 입찰참가자격제한을 받은 계약상대자와도 다음 차수별 계약을 체결할 수 있게 하는 등의 조항들은 전체로서 총괄계약을 중시한 조항들이다. 그 밖에 ⑤ 장기계속공사 1건의 공사실적은 총공사의 실적으로 하는 점,[28] ⑥ 장기계속공사계약의 총공사금액 중 일부를 별도로 분리하여 발주할 수 없는 점[29]도 장기계속공사계약에서 총괄계약의 포괄성에 주목한 것이다.[30]

반면, ① 별도의 총괄계약서 없이 계약서에 총공사금액을 부기하는 형태로 계약서가 작성되고, ② 차수별 계약이 완료될 때마다 계약보증금 중 이행이 완료된 차수별 계약금액에 해당하는 분을 반환하며, ③ 하자담보책임기간과 하자보수보증금을 차수계약별로 정하고, ④ 차수별 준공대가의 수령 전까지 계약금액조정청구를 하여야 하며, ⑤ 지체상금은 차수별 계약금액을 기준으로 정하면서 계약을 해제 또는 해지할 수 있는 지체상금액의 기준을 차수별 계약의 계약보증금 상당액으로 정하고, ⑥ 공사를 일시정지하는 경우 차수별 정지기간과 차수별 계약금액을 기준으로 정하는 등의 조항들은 차수별 계약의 개별성을 중시한 조항들이다. 그 밖에 ⑦ 착공신고서는 차수계약별로 제출하는 점,[31] ⑧ 준공처리 및 준공검사

---

28) 김성근, 앞의 책, 512면.

29) 기획재정부 유권해석 1997. 4. 30. 회계 41301-1124호 참조, 김기풍, "장기계속공사계약과 계약금액조정제도–광주지방법원 2009. 8. 28. 선고 2008가합9084 판결을 중심으로–", 광주지방법원 재판실무연구(2011), 103면에서 재인용.

30) 장기계속공사계약의 연대보증인은 총공사부기금액에 대하여 보증의무가 있다는 기획재정부 유권해석[1997. 8. 8. 회계 41301-2245호, 김기풍, 앞의 글, 104면에서 재인용]이 있으나, 김기풍, 위의 글, 104면에 의하면, 위 유권해석은 계약의 내용 및 당사자의 의사해석상 총공사계약에 대하여 연대보증한 경우의 책임 범위에 대한 것이고, 특정한 차수별 계약에 한정하여 연대보증한 경우라면 해당 차수계약에 한하여 보증책임을 부담한다고 한다.

는 각 차수계약별로 시행하는 점,[32] ⑨ 장기계속공사계약 중 당해 연도에 이행할 부분에 대하여는 당해 연도별로 1건 계약이 완료된 것으로 처리하는 점,[33] ⑩ 발주자가 계약상대자에 지급하는 선금은 총공사금액이 아니라 각 차수별 계약금액을 기준으로 산정하는 점(기획재정부 계약예규 정부 입찰 · 계약 집행기준 제34조 제6항)[34]도 장기계속공사계약에서 차수별 계약의 개별성을 중시한 것이다.

이처럼 장기계속공사계약은 총괄계약과 차수별 계약의 이원적 구조로 되어 있다.[35] 아래에서는 장기계속계약의 이원적 구조와 이에 관한 법령 및 공사계약 일반조건의 규정들을 염두에 두고 논의하겠다.

## Ⅲ. 총괄계약 성립 및 총공사금액과 총공사기간의 구속력 인정 여부

### 1. 총괄계약의 성립 여부

#### 가. 부 정 설

총괄계약은 제1차 계약서에 총공사부기금액을 덧붙여 작성하는 형식을 취하고 있어서, 국가계약의 요식성을 강조하는 입장에서 총괄계약에 대한 독립된 계약서가 따로 작성되지 않으므로 총괄계약이 성립하지 않는다는 견해이다.[36]

#### 나. 긍 정 설

발주자가 입찰공고시 공사 전체에 대하여 공고를 하고, 제1차 계약

---

31) 김성근, 앞의 책, 512면.

32) 기획재정부 유권해석 1996. 8. 26. 회계 45107-1929호 참조, 최재건, 국가계약법, 청림출판(2006), 387면에서 재인용.

33) 기획재정부 유권해석 1984. 10. 6. 회계 125-3211호 참조, 윤재윤, 앞의 책, 97면에서 재인용.

34) 김기풍, 앞의 글, 107면; 법무법인(유한) 태평양 건설부동산팀, 앞의 책, 379면(범현 집필 부분)은 해당 조항이 제33조 제4항이라 기재하였는데, 정부 입찰 · 계약 집행기준이 2011. 5. 13. 개정되면서 해당 조항이 제34조 제6항으로 이동하였다.

35) 김홍준, 앞의 책, 129면; 법무법인(유한) 태평양 건설부동산팀, 앞의 책, 379면(범현 집필 부분). 박성완, 앞의 글, 155면은 '계약성립 단계에서는 총괄계약으로서의 성격이 강조되는 반면 계약성립 후 계약관리에 있어서는 차수계약의 성격이 보다 강조되는 것으로 보인다'라고 서술하고 있다.

36) 김태관, 앞의 글, 291면 및 박성완, 앞의 글, 155-157면은 부정설을 위와 같이 설명하고 있다.

을 체결할 때에 총공사기간, 총계약금액, 총공사대상 등에 대한 당사자 사이의 합의가 있으므로, 제1차 계약이 성립할 때 총괄계약도 함께 성립한다는 견해이다.[37] 대상판결의 다수의견도 총괄계약의 성립 자체는 인정하고 있다.

### 다. 검 토

실제로 부정설과 같이 총괄계약의 성립 여부를 전적으로 부인하는 견해는 찾기 어렵다.[38] 앞서 Ⅱ항에서 본 바와 같이 장기계속공사계약의 입찰은 총공사를 대상으로 하는 점, 제1차 계약을 체결하면서 총공사부기금액을 기재하므로 총괄계약의 공사금액에 대한 합의가 있다고 볼 수 있는 점, 계약보증금을 총공사금액을 기준으로 산정하는 점 등을 종합하면, 총괄계약의 구속력 인정 여부는 별론으로 하고, 총괄계약이 성립한다는 점 자체를 부정하기는 어렵다고 생각한다.

## 2. 총공사금액 및 총공사기간에 관한 총괄계약의 구속력 인정 여부

### 가. 논의의 전제

총괄계약 중 총공사기간의 구속력 인정 여부와 총공사기간의 연장으로 인한 계약금액 조정의 인정 여부를 구별하지 않고 설명하는 견해들이 있다.[39] 그러나 총괄계약의 구속력 인정 여부와 총공사기간의 연장으로

---

37) 김홍준, 앞의 책, 130면; 윤재윤, 앞의 책, 97면; 김태형, "간접비 소송의 주요 쟁점", 변호사 제49집(2017. 1.), 서울지방변호사회, 117-119면; 김대규 · 유선봉, "공공계약 금액 조정에 따른 법적 쟁점 연구", 공공사회연구 6(4), 한국공공사회학회(2016. 11.), 183면; 서울고등법원 2008. 2. 19. 선고 2006나78277 판결(심리불속행 기각으로 확정).

38) 박성완, 앞의 글, 158면; 이진관, "구 국가를 당사자로 하는 계약에 관한 법률 제21조에 따른 장기계속공사계약에서 총공사기간이 최초로 부기한 공사기간보다 연장된 경우, 공사기간이 변경된 것으로 보아 계약금액 조정을 인정할 수 있는지 여부(소극)", 대법원 판례해설 제117호(2018년 하), 법원도서관, 323면.

39) 법무법인(유한) 태평양 건설부동산팀, 앞의 책, 358면(이형석 · 백호석 집필 부분); 김태형, 앞의 글, 117-119면; 김태관, 앞의 글, 290-292면; 성기강, "공공공사 계약에서 간접비 등 청구 사건의 법적 쟁점에 관한 연구-서울도시철도 7호선 사건을 중심으로-", 석사학위 논문, 광운대학교(2013), 71-72면; 이상우, "공공공사에서의 공사기간연장에 관한 법적연구", 석사학위 논문, 광운대학교(2012), 72면.

인한 계약금액 조정의 인정 여부가 필연적으로 연결되는 것은 아니다.[40) ] 총괄계약의 구속력을 부정할 경우에는 총공사기간의 연장으로 인한 계약금액의 조정을 부정하는 것이 자연스러운 결론이나, 총괄계약의 구속력을 인정하는 전제에서도 총공사기간의 연장으로 인한 계약금액의 조정을 부정하는 결론에 도달할 수도 있다.

따라서 총괄계약의 구속력 인정 여부와 총공사기간의 연장으로 인한 계약금액 조정의 인정 여부를 나누어 볼 필요가 있다. 아래에서는 총괄계약 중 쟁점이 되는 총공사금액 및 총공사기간에 관한 구속력 인정 여부를 먼저 논의하고, 계약금액의 조정의 인정 여부는 Ⅳ항에서 살펴보기로 한다.

### 나. 총공사금액 및 총공사기간에 확정적인 구속력을 부정하고 잠정적인 효력만을 인정하는 견해

총괄계약의 효력은 계약상대방의 결정, 계약이행 의사의 확정, 계약단가 등에만 미칠 뿐이고, 계약상대방이 이행할 급부의 구체적인 내용, 계약상대방에게 지급할 공사대금의 범위, 계약의 이행기간 등은 모두 연차별 계약을 통하여 구체적으로 확정되므로, 총괄계약의 총공사금액 및 총공사기간은 각 연차별 계약을 체결하는 잠정적 기준에 불과하여 확정적인 구속력을 인정할 수 없다는 견해이다.[41)] 대상판결 다수의견의 입장이고, 다수의견이 제시하는 논거는 다음과 같다.

① 사업연도가 경과함에 따라 총공사기간이 연장되는 경우 추가로 연차별 계약을 체결하면서 그에 부기하는 총공사금액과 총공사기간이 같

40) 아래 Ⅳ의 2.항에서 보듯이 병용설(차수별 계약 우선설)은 총괄계약 중 총공사기간의 구속력을 인정하면서도 차수별 계약금액의 조정절차를 우선 거쳐야 된다고 한다.

41) 서울고등법원 2016. 10. 25. 선고 2015나2074952 판결(상고기각으로 확정); 광주고등법원 2014. 7. 18. 선고 2012나3301 판결(확정). “장기계속공사계약의 경우 당해 연도의 예산의 범위 안에서 연차별 계약이 체결되어야 비로소 구체적인 권리와 의무가 발생한다”라고 판단한 부산고등법원 1998. 6. 19. 선고 97나9246 판결(심리불속행 기각으로 확정), 대전고등법원 2006. 7. 6. 선고 2005나4268 판결(심리불속행 기각으로 확정), 대전지방법원 2005. 4. 21. 선고 2003가합8460 판결(항소기각, 심리불속행 기각으로 확정)도 위와 같은 입장이라 평가할 수 있다.

이 변경되는 것일 뿐 연차별 계약과 별도로 총괄계약(총공사금액과 총공사기간)의 내용을 변경하는 계약이 따로 체결되는 것은 아니므로, 총괄계약은 그 자체로 총공사금액이나 총공사기간에 대한 확정적인 의사의 합치에 따른 것이 아니라 각 연차별 계약의 체결에 따라 연동되는 것이다.

② 일반적으로 장기계속공사계약의 당사자들은 총괄계약의 총공사금액 및 총공사기간을 각 연차별 계약을 체결하는 데 잠정적 기준으로 활용할 의사를 가지고 있을 뿐이라고 보이고, 각 연차별 계약에 부기된 총공사금액 및 총공사기간 그 자체를 근거로 하여 공사금액과 공사기간에 관하여 확정적인 권리의무를 발생시키거나 구속력을 갖게 하려는 의사를 갖고 있다고 보기 어려우므로, 총괄계약은 전체적인 사업의 규모나 공사금액, 공사기간 등에 관하여 잠정적으로 활용하는 기준으로서 구체적으로는 계약상대방이 각 연차별 계약을 체결할 지위에 있다는 점과 계약의 전체 규모는 총괄계약을 기준으로 한다는 점에 관한 합의라고 보아야 한다.

③ 장기계속공사계약의 총괄계약에서 정한 총공사기간의 구속력을 인정하는 것은 1년 이상 진행되는 계약의 효력을 인정하는 것이 되어 예산일년주의에 반하거나 국회의 예산심의·확정권 내지 의결권을 침해할 여지가 있다. 1년 이상 진행되는 계약에서 총공사기간의 구속력은 계속비 계약에 한하여 인정될 수 있을 뿐이다.

④ 국가계약법 시행령은 연차별 계약 완료 시 계약보증금 중 이행이 완료된 부분에 해당하는 부분을 반환하도록 하고 있고(제50조 제3항), 하자담보책임기간이나 하자보수보증금 및 지체상금 등도 모두 연차별 계약을 기준으로 산정하고 있는 점(제60조, 62조, 제74조)에 비추어 보면, 연차별 계약을 기준으로 장기계속공사계약이 실행된다.

### 다. 총공사금액 및 총공사기간에 구속력을 인정하는 견해

장기계속공사계약의 총공사금액 및 총공사기간에 대하여 당사자 의사의 합치가 있어 총괄계약이 성립하고, 법률행위가 성립하면 효력이 발생하므로, 총공사기간에 대하여 구속력을 인정할 수 있다는 견해이다.[42] 대상판결 반대의견의 입장이고, 반대의견이 제시하는 논거는 다음과 같다.

① 장기계속공사계약 이행의 실제 모습은 총괄계약이 연차별 계약에 연동되는 것이 아니라, 총괄계약에서 정한 총공사기간이 연장되면 연장된 기간 내에 연차별 계약이 추가로 체결되는 것이다.

② ㉮ 총공사기간이 부기의 방법으로 기재되어 있더라도 그 시기가 특정되어 있으므로 당사자 사이에 총공사기간에 관한 의사의 합치가 있다.

㉯ 법률행위가 성립하면 효력이 발생하는 것이 원칙이고 다만 그 법률행위의 목적이 불가능하거나 위법하거나 사회적 타당성이 없는 경우에만 효력이 제한된다. 민법의 기본 이념인 사적 자치의 원칙에 비추어 의사의 합치가 있는 경우에는 그 효력을 임의로 제한할 수 없고, 제한하려면 그에 합당한 이유와 근거가 있어야만 한다.

㉰ 계약당사자는 총공사기간 내에 공사가 완료될 것을 신뢰하고 장기계속공사계약을 체결하고, 최초 계약 시 간접공사비를 포함한 입찰가격 역시 이를 전제로 결정된다. 공사업체가 공사계약에서 가장 중요한 사항이라고 할 수 있는 공사대금과 공사기간에 관한 총괄계약의 효력이나 구속력을 제한하려는 의사를 가질 리 없고, 관련 법령에서 효력을 제한하는 규정을 두고 있지도 않다.

③ 장기계속공사계약은 국회가 스스로 입법한 국가계약법에 따라 인정되는 것이므로, 총공사기간에 대하여 구속력을 인정하더라도 예산일년주의에 반하거나 국회의 예산심의 확정권 또는 의결권을 침해한다고 볼 수 없다.

④ 총괄계약에서 정한 총공사기간이나 총공사대금이 장기계속공사계약의 집행기준이 된다. 국가계약법 시행령은 장기계속공사의 경우 예산상의 총공사금액의 범위 안에서 예정가격을 결정하고(제8조 제2항), 총공사를 대상으로 하여 입찰하게 하며(제14조 제8항), 계약을 체결할 때 낙찰 등에 의하여

---

42) 서울고등법원 2015. 11. 27. 선고 2014나2033107 판결(대상판결의 취지에 따라 파기환송됨, 파기환송심판결 확정); 대전지방법원 2014. 7. 10. 선고 2012가합100658 판결(항소심에서 대상판결의 취지에 따라 변경됨, 항소심판결 확정, 이하 병합된 사건번호는 생략한다); 서울중앙지방법원 2015. 12. 16. 선고 2014가합546143 판결(확정); 서울중앙지방법원 2015. 9. 9. 선고 2013가합565635 판결(항소심에서 대상판결의 취지에 따라 파기됨. 항소심은 심리불속행 기각으로 확정).

결정된 총공사금액을 부기하고, 아울러 연차별 계약금액을 정할 때 총공사의 계약단가에 의해 결정하며(제69조 제2항, 제4항), 총공사금액의 10/100 이상을 계약보증금으로 납부하도록 하고, 계약상대자가 2차 이후의 공사계약을 체결하지 아니한 경우 계약보증금을 국고에 귀속시키도록 정하고 있다(제50조, 제51조). 특히 국가계약법 시행령 제64조 제1항, 제66조 제1항 등은 장기계속공사에서 총공사기간의 연장으로 인해 조정되는 계약금액은 '부기된 총공사금액'이라고 정하고 있다.

### 라. 검 토

당사자의 의사 합치에 의하여 계약이 성립하면, 당사자가 원하는 바의 효과, 즉 효력이 발생하여 당사자들을 구속한다.[43] 앞서 본 바와 같이 총공사를 대상으로 입찰하고, 계약을 체결할 때 총공사금액을 부기하는 점을 근거로 총괄계약의 성립을 인정하는 이상, 총괄계약의 효력이 발생하여 총공사금액 및 총공사기간에 관하여도 당사자들을 구속한다고 보는 것이 자연스럽다.

대상판결의 다수의견은 총괄계약의 총공사금액 및 총공사기간은 잠정적 기준으로 활용될 뿐이어서 확정적인 구속력을 인정할 수 없다고 한다. 그러나 장기계속공사계약도 하나의 공사에 관한 계약이므로 실질에 있어서는 하나의 도급계약이고, 차수별 계약은 그 도급계약을 구성하는 부속품이라고 할 수 있으므로,[44] 도급계약의 핵심적 요소인 '일'과 '보수'에 상응하는 총공사의 범위, 총공사기간 및 총공사금액에 대하여 당사자 사이에 잠정적인 합의만 있다고 볼 근거가 부족하다. 총공사금액을 기준으로 계약보증금이 산정되는 점에 비추어 보면, 총공사금액은 최소한 계약상대자에 대한 구속력이 있다.[45]

대상판결의 다수의견에 대한 보충의견은 발주자와 수급인이 예상할

43) 지원림, 민법강의(제5판), 홍문사(2007), 1127-1128면; 곽윤직, 채권각론[민법강의 Ⅳ](제5판), 박영사(2005), 59면.
44) 권영준, 앞의 글, 320면; 김성근, 앞의 책, 509-510면.
45) 이진관, 앞의 글, 331면.

수 있는 장기계속공사의 변동가능성을 근거로 총공사기간의 구속력을 인정할 수 없다고 주장한다. 그러나 총괄계약의 확정성과 사후적 변경가능성은 충분히 양립할 수 있는 개념이다.[46] 일단 총괄계약이 성립한 이상, 총공사기간과 총공사대금에 관하여도 당사자들을 확정적으로 구속한다. 즉, 당사자들이 개별 차수별 계약을 체결하면서 사후적으로 총공사기간과 총공사대금을 변경하지 않는 한, 계약상대자는 총공사기간까지 총공사를 완성할 의무를 부담하고(이행의 구체적인 모습은 최종 차수별 계약의 준공기한이 총공사기간의 마지막 날과 같거나 근접하게 설정되고, 최종 차수별 계약의 공사를 그 준공기한까지 완성할 의무를 부담하게 되는 모습이다), 발주자는 총공사대금을 지급할 의무를 부담한다(이행의 구체적인 모습은 차수별 준공에 따라 준공대금을 지급하므로, 차수별 준공대금의 합계가 총공사대금이 될 것이다). 따라서 총괄계약의 사후적 변동가능성을 근거로 총공사대금과 총공사기간의 구속력을 부정하기 어렵다고 생각한다.

다만, 계약에서 생기는 구체적 법률효과는 계약의 종류와 내용 등에 따라 개별적으로 결정된다.[47] 일반적인 도급계약이라면, 공사대금은 도급인의 수급인에 대한 금전지급의무의 범위로서, 공사기간은 수급인이 공사를 완성하여야 할 의무의 이행기로서 각각 구속력이 있는데, 장기계속공사계약을 포함한 국가를 당사자로 하는 계약은 계약금액 조정청구권이라는 일반적인 도급계약에 없는 특별한 권리를 두고 있다. 이처럼 장기계속공사계약에 특별히 정한 권리·의무를 해석할 때, 장기계속공사계약의 이원적 구조로 인하여 총괄계약과 차수별 계약 중 어느 계약을 우선하는 것이 반드시 어느 일방에 유리하다고 단정할 수 없는 점[48]을 고려하여야 한다. 따라서 총괄계약의 총공사금액과 총공사기간에 구속력을 인정하더

46) 권영준, 앞의 글, 322면.

47) 곽윤직, 앞의 책, 59면; 곽윤직 편집대표, 민법주해[XIII]-채권(6), 박영사(1997), 1면(유원규 집필 부분).

48) 계약상 권리 · 의무를 총괄계약을 기준으로 하면 계약상대자에게 불리한 경우(하자보수책임, 지체상금, 보증책임 등)와 계약상대자에게 유리한 경우(공사대금의 소멸시효 등)가 모두 존재한다. 김기풍, 앞의 글, 107-108면; 박성완, 앞의 글, 160면.

라도, 당사자들이 장기계속공사계약에서 특별히 정한 권리인 계약금액 조정청구권에 관하여도 총괄계약을 기준으로 효력을 부여한다는 의사의 합치가 있었다고 단정할 수는 없다.

그러므로 총괄계약의 총공사금액 및 총공사기간에 구속력을 인정한다고 하여, 바로 총공사기간의 연장으로 인한 계약금액의 조정을 인정하는 결론을 도출하는 것은 타당하지 않다. 당사자들은 계약금액 조정청구권에 대하여 차수별 계약만을 기준으로 한다고 얼마든지 약정할 수 있으므로, 총공사기간의 연장으로 인한 계약금액의 조정을 인정할지 여부는 장기계속공사계약의 이원적 구조를 전제로 당사자 사이에 계약금액 조정을 어떠한 경우에 인정하기로 합의하였는지를 밝히는 계약해석의 문제라고 생각한다.[49)]

다음 항에서는 우선 계약금액 조정제도의 의의와 성질에 관하여 검토한 후, 총공사기간의 연장으로 인한 계약금액 조정의 인정 여부에 관하여 검토하겠다.

## Ⅳ. 총공사기간의 연장으로 인한 계약금액의 조정 인정 여부

### 1. 계약금액 조정제도의 의의와 성질

#### 가. 의 의

구 국가계약법 제19조는 물가변동, 설계변경, 기타 계약내용의 변경의 사유로 인하여 계약금액을 조정할 필요가 있을 때에는 계약금액을 조정한다고 정하고 있고, 구 국가계약법 시행령은 제64조 내지 제66조에서 이를 구체적으로 정하고 있다. 공사계약 일반조건은 제20조 내지 제23조, 제26조에서 계약금액의 조정에 대한 조항을 두고 있다.

계약금액의 조정사유는 ① 물가변동, ② 설계변경, ③ 그 밖에 계약

---

49) 한편, 대상판결의 다수의견에 대한 보충의견도 계약의 범위 및 효력을 어떻게 인정할 것인지는 계약의 성립 여부와 별개의 문제로서 당사자의 의사해석 및 계약의 해석 문제라고 하고 있으나, 다수의견과 마찬가지로 총공사기간의 구속력을 부정하고 있다.

내용의 변경 3가지이고, 대상판결에서 문제되는 것은 ③번이다.

### 나. 성　　질

#### (1) 이론적 배경

계약금액 조정제도의 이론적 배경에 관하여, ① 신의성실의 원칙에 바탕을 두고 있다는 견해,[50] ② 사정변경의 원칙에 바탕을 두고 있다고 하는 견해,[51] ③ 공평의 원칙상 인정된다는 견해,[52] ④ 형평성 내지 계약 일방이 정부이기 때문에 구현하여야 할 공정성을 위하여 국가계약법이 정책적으로 도입한 제도라는 견해,[53] ⑤ 손해배상의 예정과 합리적인 위험배분의 성격이라는 견해,[54] ⑥ 물가변동은 사정변경의 원칙에 따른 제도이고, 설계변경 및 그 밖에 계약내용 변경은 계약 내용 자체가 변경된 것이라는 견해[55] 등 다양한 견해가 있다.

우선, 설계변경은 ① 설계서의 불분명 등 오류가 있는 경우(공사계약 일반조건 제19조의2), ② 현장상태와 설계서가 다른 경우(제19조의3), ③ 신기술 및 신공법을 사용할 수 있는 경우(제19조의4), ④ 발주기관의 필요에 의한 경우(제19조의5), ⑤ 소유 자재의 수급방법이 변경되는 경우(제19조의6) 인정되는데, ③의 사유는 사정변경의 원칙에 부합할 여지가 있다. 그러나 ①, ②의 사유로 인한 설계변경은 당사자가 계약을 완벽하게 체결하지 못하여 계약내용을 변경하거나 보충하는 성질을 띠고 있다고 보이고, ④, ⑤의 사유는 '발주기관의 사정 또는 필요'라는 비교적 폭넓은 사유이므로, 모두 사정변경의 원칙에 이론적인 바탕을 둔다고 보기에 어려운 측면이 있다.

---

50) 대상판결의 반대의견.

51) 김성근, 정부계약법 해설Ⅱ, 건설경제(2013), 128-129면; 최재건, 앞의 책, 388-389면; 이진관, 앞의 글, 323면. 사정변경의 원칙이 신의성실의 원칙에서 파생된 점(곽윤직 편집대표, 앞의 책, 9면)에 비추어 보면, 위 ①의 견해와 같은 맥락이라고 볼 여지도 있다.

52) 윤재윤, 앞의 책, 193면.

53) 계승균, "정부계약법상 계약금액조정제도", 경영법률 제16집 제2호(2006. 4.), 한국경영법률학회, 22면. 사정변경이론과는 구별된다고 한다.

54) 이동훈, "민간투자사업에서의 공기연장으로 인한 간접비 문제에 관한 소고", 법학논총 제33집 제3호(2016), 한양대학교 법학연구소, 51-53면.

55) 법무법인(유한) 태평양 건설부동산팀, 앞의 책, 302면(이형석·백호석 집필 부분).

다음으로, 물가변동의 경우에는 사정변경의 원칙에 부합하는 측면도 있으나, 사정변경의 원칙의 요건이 되는 "계약의 기초가 되었던 사정이 '현저히' 변경되고, 당사자가 이를 예측할 수 없었던 경우"에 해당하는지는 의문이 있다. 계약상대자는 원가계산시 거래 관행이나 앞으로의 물가변동 등을 예상하여 입찰 시 가격을 작성할 수 있고, 물가변동이 현저하지 않은 경우에도 계약금액 조정이 인정될 여지가 있기 때문이다.[56] 따라서 물가변동의 경우에도 사정변경의 원칙에 이론적인 바탕을 둔다고 단정하기 어렵다.

마지막으로, 그 밖의 계약내용 변경의 경우에도 '공사기간 · 운반거리의 변경 등 계약내용의 변경'이라는 굉장히 폭넓은 사유를 요건으로 하고 있는바, 반드시 계약의 기초가 되었던 사정이 변경되었다는 점을 요건으로 하지 않고 있다.

결국, 계약금액 조정제도가 사정변경의 원칙이나 신의성실의 원칙 또는 공평의 원칙 등 하나의 이론적 토대를 바탕으로 한 제도라고 보기는 어렵다.[57] 계약금액 조정제도는 사정변경, 위험배분, 계약의 불충분 또는 흠결, 사후적인 계약의 변동가능성[58] 등을 예상하여 당사자 사이에 계약을 변경할 권리를 유보하고, 계약이 변경될 경우 공사와 상응하는 계약금액의 등가성을 확보하기 위한 제도이고, 계약금액조정금의 성질은 일종의 약정 공사대금이라 보아야 한다.

한편, 계약금액 조정제도가 계약상대자를 보호하기 위한 제도라는 견해도 있으나,[59] 계약금액의 조정은 증액뿐만 아니라 감액도 가능하므

---

56) 계승균, 앞의 글, 21면.

57) 대법원도 "'기타 계약 내용의 변경'에 의한 계약금액조정에 관한 국가계약법 제19조, 같은 법 시행령 제66조는 신의칙 또는 사정변경의 원칙에 의한 계약금액조정을 일반화한 규정이라고 할 수 없다"라고 판시하였다. 대법원 2014. 11. 13. 선고 2009다91811 판결 참조.

58) 특히, 당사자의 귀책사유를 묻지 않고 발주자의 필요에 의한 설계변경과 그로 인한 계약금액 조정을 인정하는 점은 국가가 체결하는 계약의 변동가능성을 넓게 반영한 것으로 보인다.

59) 권영준, 앞의 글, 325-326면.

로,[60] 계약금액 조정제도가 계약상대자만의 이익을 보호하기 위한 제도라고 단정할 수는 없고, 계약의 등가성을 전제로 국가와 계약상대자의 이익을 모두 보호하기 위한 제도라고 보는 것이 타당하다.[61]

**(2) 계약상 인정되는 권리인지 여부**

계약금액의 조정에 관하여 공사계약 일반조건 등 계약에서 정하지 않은 경우에도 국가계약법 등 법령을 근거로 계약금액의 조정을 신청할 수 있는지에 관하여 견해대립이 있다. ① 당사자 사이의 별도 합의가 없어도 국가계약법 등 법령에 따라 계약금액의 조정을 신청할 수 있다는 견해[62]와 ② 법령에 근거하여 곧바로 계약금액의 조정을 요구할 수는 없고, 계약금액 조정청구권은 당사자의 계약 내용에 편입됨으로써 발생하는 계약상의 권리라는 견해[63]가 있다. 계약금액 조정제도는 위 (1)항에서 본 바와 같이 당사자 사이에 계약을 변경할 권리를 유보한 것이라고 봄이 타당한 점, 국가계약법령상 계약금액 조정규정은 국가 등이 사인과의 계약관계를 공정하고 합리적·효율적으로 처리할 수 있도록 계약담당자 등이 지켜야 할 사항을 규정한 것인 점[64]을 종합하면 계약상의 권리라는 ②설이 타당하다고 생각한다.

다만, 계약금액 조정제도를 포함한 공사계약 일반조건이 계약 내용

60) 물가변동에 관한 국가계약법 시행령 제64조 제1항 제1호에서는 '(전략) 품목조정률이 100분의 13 이상 증감된 때'라고 하여 감소한 경우도 언급하고 있고, 공사계약 일반조건 제20조 제5항, 제22조 제3항, 제23조 제4항 등에서 '증액하고자 하는 경우', '증액하고자 할 때' 등 증감 중 증액에 관하여만 별도로 규정하고 있으며, 정부 입찰·계약 집행기준 제70조의5도 계약금액의 감액조정에 관하여 정하고 있으므로, 이와 같은 조항들은 계약금액이 감액될 수도 있음을 전제하고 있다.

61) 대상판결의 반대의견도 총공사기간과 총공사대금에 대한 구속력을 인정하는 것이 국가에도 필요할 수 있다고 한다.

62) 김기풍, 앞의 글, 111면; 성기강, 앞의 글, 50면.

63) 길기관, 건설분쟁의 쟁점과 해법(제2판), 진원사(2016), 159면; 이동훈, 앞의 글, 51면.

64) 대법원 2017. 12. 21. 선고 2012다74076 전원합의체 판결. 위 판결은 국가계약법에서 정한 물가변동으로 인한 계약금액 조정 규정이 국가 등이 계약상대자와의 합의에 기초하여 계약당사자 사이에만 효력이 있는 특수조건 등을 부가하는 것을 금지하거나 제한하는 규정이 아니라고 하였다.

으로 편입되고, 간접공사비를 청구하는 대부분의 사안에서 공사계약 일반조건을 근거로 주장하고 있으므로, 견해대립의 실익은 크지 않으나, 계약상의 권리로 볼 경우에는 계약해석의 문제가 되고, 계약뿐만 아니라 법령을 근거로 청구할 수 있다고 볼 경우에는 법령해석의 문제가 될 수 있다는 점이 두 견해가 달라질 수 있는 부분이다.

### 2. 총공사기간의 연장으로 인한 계약금액의 조정 인정 여부

#### 가. 문제의 소재

장기계속공사계약에서 공사기간이 연장되는 양상은, 아래와 같이 ① 총공사기간의 변동 없이 차수별 공사기간만 연장되는 경우, ② 총공사기간과 차수별 공사기간이 함께 연장되는 경우, ③ 총공사기간이 연장되나 차수별 공사기간이 연장되지 않고, 연장된 총공사기간에 대하여 차수별 계약이 추가로 체결되는 경우 등이 있다.

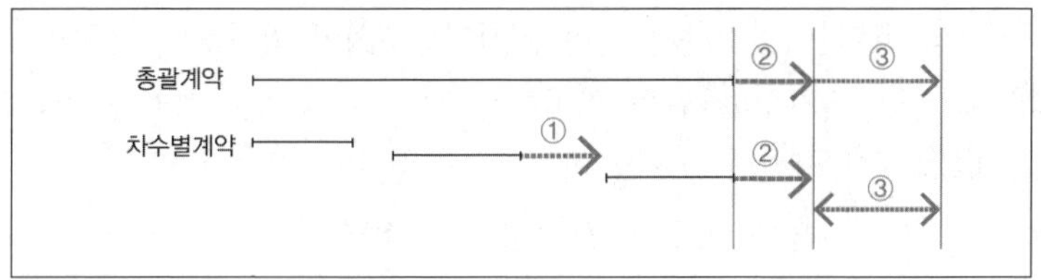


②, ③의 경우가 총공사기간이 연장되는 경우인데, 아래에서 하게 되는 논의는 그 경우에 총공사기간의 연장을 이유로 총괄계약에 근거한 계약금액의 조정을 인정할 수 있는지 여부에 관한 것이다.[65] 공사계약 일반조건 제23조 제1항은 '공사기간 · 운반거리의 변경 등 계약내용의 변경'의 경우에, 제26조 제4항은 '계약기간을 연장'한 경우에 계약금액의 조정을 인정하고 있으므로, 총공사기간이 '공사기간' 또는 '계약기간'에 해당한다고 보아 총괄계약에 근거한 계약금액의 조정을 인정하는 것이 타당

65) 한편, ②의 경우에 차수별 공사기간의 연장으로 인한 차수별 계약금액을 조정할 수 있다는 점에는 특별히 이견이 없는 듯하다.

한지 문제된다. 다음과 같은 견해의 대립이 있다.

나. 부정설(차수별 계약 기준설[66])

계약금액의 조정은 차수별 계약에 근거하여서만 인정될 수 있으므로, 총공사기간이 연장되었더라도 총괄계약에 근거한 계약금액의 조정을 인정할 수 없다는 견해이다.[67] III의 2.항에서 총괄계약의 총공사기간에 확정적인 구속력을 부정하는 견해를 취하게 될 경우 총괄계약에 근거한 계약금액 조정을 부정하게 된다. 이 견해는 위 도표의 ①, ②의 경우 차수별 계약에 근거한 계약금액의 조정을 인정하고, ③의 경우 계약금액의 조정을 인정하지 않는다. 대상판결의 다수의견의 태도이고, 그 논거는 다음과 같다.

① 앞서 보았던 총괄계약 중 총공사금액 및 총공사기간의 구속력을 부정하는 논거인 ㉮ 총괄계약이 차수별 계약의 체결에 연동되는 점, ㉯ 총괄계약은 총공사금액 및 총공사기간에 확정적인 권리의무를 발생하게 하는 것이 아니라 잠정적으로 활용되는 기준인 점, ㉰ 1년 이상 진행되는 계약의 효력을 인정하게 되어 예산일년주의에 반하거나 국회의 예산 심의·확정권 내지 의결권을 침해하는 점, ㉱ 차수별 계약을 기준으로 장기계속계약이 실행되는 점을 마찬가지로 논거로 삼고 있다.

② 계약상대방이 아무런 이의 없이 차수별 계약을 체결하고 공사를 수행하여 공사대금까지 모두 수령한 후 최초 준공예정기한으로부터 상당한 기간이 지나서 그 기간동안의 추가 공사비를 한꺼번에 청구하는 것을 허용할 경우, 예산의 편성 및 집행에 큰 부담을 주게 되고, 각 회계연도 예산의 범위 내에서 장기계속공사계약의 집행을 하도록 규정하고 있는 법의 취지에도 반한다.

③ 장기계속공사에서는 차수별 공사가 완료될 때마다 공사대금의

66) 이진관, 앞의 글, 324-325면에서 사용하는 명칭이다.

67) 김기풍, 앞의 글, 118면; 서울고등법원 2016. 10. 25. 선고 2015나2074952 판결; 광주고등법원 2010. 6. 23. 선고 2009나5420 판결(심리불속행 기각으로 확정); 대전고등법원 2015. 2. 4. 선고 2013나11261 판결(확정); 광주고등법원 2014. 7. 18. 선고 2012나3301 판결.

정산을 하며, 계약금액의 조정이 필요한 경우에도 차수별 준공대가 수령 전까지 실비를 초과하지 않는 범위 안에서 산출근거를 첨부한 신청서를 제출해야만 한다. 그런데도 전체 공사가 완료된 후 한꺼번에 공기연장에 따른 추가 공사비의 청구를 허용하게 되면 이는 차수별 공사대금 정산 원칙에 반할 뿐 아니라, 기간의 경과에 따라 정확한 실비 산정도 쉽지 않게 되어 불필요한 법적 분쟁을 야기하게 되는 등의 문제가 생긴다.

④ 2006. 5. 25. 개정된 공사계약 일반조건 제20조 제9항은 장기계속공사계약의 경우에 계약상대자의 계약금액조정 청구는 각 차수별 준공대가 수령 전까지 하여야 조정금액을 지급받을 수 있다고 정하고 있다. 이러한 규정은 연차별 계약을 기준으로 공사대금 조정을 인정하는 것으로 총괄계약에서 정한 총공사기간의 구속력을 인정하지 아니하는 취지로 보아야 한다. 위 개정된 일반조건은 새로운 내용을 정한 것이 아니라 해석상 적용되어야 할 내용을 확인적으로 명시한 것에 불과하다. 따라서 설령 그 이전의 장기계속공사계약에 위 개정된 일반조건이 직접 적용되지는 않는다 하더라도 그와 동일하게 해석하는 것이 타당하다.[68]

### 다. 긍정설(총괄계약 기준설[69])

총공사기간의 구속력을 인정하는 전제에서, 총공사기간이 연장된 경우 총괄계약에 근거한 계약금액의 조정을 인정할 수 있다는 견해이다.[70] 이 견해는 위 도표에서 ②의 경우 총괄계약에 근거한 계약금액의 조정 및 차수별 계약에 근거한 계약금액의 조정을 인정하고, ③의 경우 총괄계약에 근거한 계약금액의 조정을 인정한다.[71] 대상판결 반대의견의 태

68) 위 ① 내지 ④항은 대상판결의 다수의견에서 설시한 것이다.

69) 이진관, 앞의 글, 324면에서 사용하는 명칭이다.

70) 법무법인(유한) 태평양 건설부동산팀, 앞의 책, 363면(이형석 · 백호석 집필 부분); 김태형, 앞의 글, 120-121면; 권영준, 앞의 글, 322-323면; 서울고등법원 2015. 11. 27. 선고 2014나2033107 판결; 대전지방법원 2014. 7. 10. 선고 2012가합100658 판결; 서울중앙지방법원 2015. 12. 16. 선고 2014가합546143 판결; 서울중앙지방법원 2015. 9. 9. 선고 2013가합565635 판결.

71) 긍정설이 ①의 경우 차수별 계약에 근거한 계약금액의 조정을 인정하는지는 일률적으로 말하기 어렵다. 대상판결 반대의견은 부정하는 입장인 것으로 보이고, 이진관, 앞의 글, 327-329면도 부정설이 ①의 경우에 불필요한 계약금액의 조정을

도이고, 그 논거는 다음과 같다.

① 앞서 보았던 총괄계약 중 총공사금액 및 총공사기간의 구속력을 인정하는 논거인 ㉮ 장기계속공사계약 이행의 실제 모습은 총괄계약에서 정한 총공사기간이 연장되면 연장된 기간 내에 차수별 계약이 추가로 체결되는 것인 점, ㉯ 총공사기간에 관한 의사의 합치가 있고, 그 효력을 임의로 제한할 수 없는 점, ㉰ 총공사기간에 대한 구속력을 인정하더라도 예산일년주의에 반하거나 국회의 예산심의 확정권 또는 의결권을 침해한다고 볼 수 없는 점, ㉱ 총공사기간이나 총공사대금이 장기계속계약의 집행기준이 되는 점을 마찬가지로 논거로 삼고 있다.

② 계약당사자는 총공사기간 내에 공사가 완료될 것을 신뢰하고 장기계속공사계약을 체결하므로, 총공사기간에 변동이 없는 한, 총공사기간 중에 공백기가 발생하거나 공백기 없이 공사가 계속 진행되거나 각 차수별 계약의 공사기간에 증감이 있다고 하더라도, 그로 인해 증감되는 간접공사비는 모두 최초 총공사금액에 포함되어 있다고 볼 수 있으므로, 특별한 사정이 없는 한 계약금액을 조정할 필요성은 없다. 현실적으로 공사기간 연장에 따른 계약금액 조정이 문제 되는 상황은 연차별 계약이 연장되는 경우가 아니라 총공사기간이 연장되는 경우이다.

③ 총공사기간에 대하여 법적 구속력을 인정하는 견해가 공사계약 일반조건 제20조 제9항이나 국가계약법 시행령 규정들과 배치된다고 볼 수 없다. 공사계약 일반조건 제20조 제9항은 국가가 총공사기간 연장에 대한 계약금액 조정을 인정하지 않던 관행 아래에서 다른 사유들에 의한 계약금액 조정업무를 처리하기 위한 것이고, 국가계약법 시행령 규정들은 공백기가 현실적으로 발생하는 점을 고려하여 공정한 업무처리를 위해 둔 것으로 볼 수 있기 때문이다.

④ 부정설(차수별 계약 기준설)에 의할 경우, 발주자는 차수별 계약

---

인정한다고 비판하고 있으므로 긍정설이 ①의 경우에 계약금액의 조정을 인정하지 않는다고 전제한 듯하다. 그러나 긍정설의 입장인 하급심 판결이나 학설이 모두 ①의 경우 차수별 계약에 근거한 계약금액의 조정을 부정하는지는 명확하지 않다.

의 공사기간을 연장할 필요 없이 차수별 계약을 추가하는 방법으로 간접공사비를 추가로 부담하지 않은 채 실질적으로 총공사기간을 연장할 수 있고, 공사업체는 총공사기간이 연장됨에 따라 발생하는 간접공사비를 일방적으로 부담하면서도 발주자가 차수별 계약 체결을 요구하면 이에 응해야 하는 지위에 있게 된다. 이는 장기계속공사계약이 예산 집행의 경직성 및 국회의 예산심사권 침해 등 계속비계약이 지닌 단점을 보완하는 제도로 활용되는 것을 넘어 국가의 예산 부족으로 인한 공사지연의 위험을 공사업체에 전가하고 정당한 대가 지급을 회피하는 수단으로 활용되는 것을 허용하는 결과가 되어 불합리하고 신의성실의 원칙에 반한다.

⑤ 장기계속공사계약에 적용되는 관련 법령이나 계약조건의 해석이 불분명하다면 이러한 법령과 계약조건을 정한 국가가 이로 인한 불이익을 받는 것이 타당하다. 따라서 부기한 총공사기간에 구속력이 있는지 여부가 관련 법령과 계약조건에 명확하지 않다면 계약상대자에게 유리하게 해석하여 구속력을 인정하여야 한다.

⑥ 총괄계약에 정한 총공사기간에 아무런 구속력이 없다면, 계약상대자에게 준공기한 연장신청을 하도록 하고, 이를 승인하는 등의 절차를 거치도록 하였을 이유도 없다.

⑦ 총공사기간과 총공사대금에 관한 총괄계약의 구속력을 인정하는 것이 계약상대자뿐만 아니라 국가 등을 위해서도 필요하다. 예를 들어 공사업체가 필요한 장비와 인력을 투입하지 않고 최초 약정된 총공사기간의 두 배가 넘는 기간에 걸쳐 연차별 계약 체결을 요구하며 공사를 지연하는 것을 용인할 수는 없다. 또한 국가 등으로서는 국회 등의 예산 승인을 얻지 못해 부득이 공사를 계속할 수 없게 된 경우에는 공사계약일반조건 제45조에 따라 장기계속공사계약을 해지하고 계약관계에서 벗어날 수 있기 때문에 불합리한 상황도 발생하지 않는다.[72]

⑧ 위험배분의 측면에서 보면 발주자 측에서 사업기간을 연장함으

72) 위 ① 내지 ⑦항은 대상판결의 반대의견에서 설시한 것이다.

로 인하여 총공사기간이 연장되어 실현된 위험은 계약상대자보다는 발주자가 부담하는 것이 타당하다. 채권자지체로 인한 목적물의 보관 또는 변제비용의 증가분을 채권자의 부담으로 한다(민법 제403조)는 채권자지체의 법리에 비추어 보더라도 발주자 측 사정으로 공사기간이 연장된 간접공사비는 발주자가 부담해야 한다.[73]

**라. 병용설(차수별 계약 우선설)[74]**

총괄계약 중 총공사금액 및 총공사기간의 구속력을 인정하면서도, 차수별 계약의 공사기간 연장과 총괄계약의 총공사기간의 연장이 중첩되는 경우 공사기간의 연장이 이중으로 산정되는 것을 방지하기 위하여, 차수별 계약이 연장된 기간과 총공사기간이 연장된 기간을 구별하여, 차수별 계약이 연장된 기간은 차수별 계약금액의 조정을 통하여야 하고, 차수별 계약의 공사기간 연장 없이 총공사기간이 연장된 경우에 총괄계약과 관련하여 계약금액 조정을 하여야 한다는 견해이다.[75] 이 견해는 위 도표에서 ②의 경우에는 차수별 계약에 근거한 계약금액의 조정을 통하여야 한다고 하고, ③의 경우에 총괄계약에 근거한 계약금액의 조정을 인정한다.[76]

차수별 계약을 통해 기간연장에 따른 계약금액 조정을 할 수 있었음에도 조정신청 없이 해당 차수의 준공대가를 지급받은 후 총괄계약의 연장을 이유로 조정신청을 하는 것을 허용하게 되면, 권리행사를 할 수 있음에도 하지 않은 자에게 사실상 총괄계약 또는 차수별 계약에 따른 간접공사비를 유불리에 따라 선택할 수 있게 되어 발주자에게 불측의 피해로 이어질 수 있다는 점을 근거로 한다.[77]

---

73) ⑧항은 권영준, 앞의 글, 323-324면을 요약한 것이다.

74) 이진관, 앞의 글, 325-326면은 라.항의 견해를 '병용설(차수별 계약 우선설)'이라 지칭하고 있으므로, 이에 따른다.

75) 박성완, 앞의 글, 163-165면; 서울고등법원 2016. 6. 16. 선고 2015나2005994 판결(파기환송심 계속중); 서울고등법원 2016. 7. 15. 선고 2015나2006713 판결(파기환송심 계속 중).

76) ①의 경우에 병용설이 어떤 입장인지는 긍정설과 마찬가지로 일률적으로 말하기 어렵다.

마. 검 토

다음 사정을 종합하면, 부정설(차수별 계약 기준설)이 타당하다고 생각한다.

**(1) 장기계속공사계약의 이원적 구조**

**(가) 총괄계약에 중점을 둔 조항들에 대하여**

앞서 보았듯이 장기계속공사계약에 관하여 차수별 계약이 아니라 총괄계약에 중점을 두고 규율하고 있는 측면이 있다. 그런데 총공사를 대상으로 입찰을 하고 총공사금액 중 일부를 분리하여 발주할 수 없는 점, 입찰참가자격제한을 받은 계약상대자와 다음 차수별 계약을 체결할 수 있는 점 등은 장기계속공사계약에서 계약의 대상이 총공사를 대상으로 한 것이므로 국가와 계약상대자 사이에 총공사를 대상으로 하는 총괄계약이 체결된다는 점을 의미한 것이고, 그 자체로 총공사기간이나 총공사금액을 바탕으로 구체적인 청구권 등 권리·의무를 부여한 것이라고 보기는 어렵다. 국가계약법령과 공사계약 일반조건은 총공사대금을 기준으로 계약보증금을 정하고 있으나, '총공사기간'을 명시하고 있는 조항은 없다.

**(나) 물가변동으로 인한 계약금액 조정에 관한 구 국가계약법 시행령 규정**

구 국가계약법 시행령 제64조 제1항에서 물가변동으로 인한 계약금액의 조정의 경우 총공사금액을 대상으로 한다고 하면서 '이하 이 장에서 같다'라고 정한 점이 긍정설(총괄계약 기준설)의 주요한 논거이다. 그런데 위와 같은 조항이 입법된 연혁에 대하여 살펴보면, 예산회계법 시행령이 1986. 4. 1. 개정되면서 제95조의2 제1항에서 물가변동으로 인한 계약금액 조정을 총공사금액을 대상으로 하도록 하였고, 예산회계법 시행령이 1989. 12. 29. 다시 개정되면서 계약금액 조정의 대상을 총공사금액을 대상으로 한다는 제111조 제1항에 '이하 이 절에서 같다'라는 내용을 추가하여 설계변경과 기타 계약내용의 변경에도 적용되게 하였다.[78] 이처럼 물가변동으로 인한 계약금액 조정에 최초로 총공사금액을 대상으로 한다

77) 박성완, 앞의 글, 163-165면.
78) 송권, 앞의 글, 87-88면.

는 조항이 신설되었는데, 이는 물가변동의 사유가 있는 경우에는 물가변동이 해당 차수별 계약의 단가뿐만 아니라 이후 체결될 차수별 계약에도 반영될 필요가 있기 때문에 이러한 조항을 둔 것으로 보인다.[79)]

그리고 차수별 계약금액을 조정할 사유가 있어 차수별 계약금액이 변경될 경우에는 필연적으로 부기한 총공사금액도 변경될 수밖에 없으므로, 이러한 점에서는 대상판결의 다수의견이 지적한 것처럼 차수별 계약의 체결에 총괄계약이 연동되는 측면이 있다.

결국, 구 국가계약법 시행령에서 '총공사금액'을 조정한다는 것의 의미는 계약금액을 조정할 사유가 있을 경우(법률요건의 측면), 총공사금액을 조정한다(법률효과의 측면)는 의미에서 법률효과를 규율한 것이지, 이를 근거로 '총공사기간이 변경된 경우'가 계약금액을 조정할 사유에 해당된다는 결론을 바로 도출할 수는 없다고 생각한다. 구 국가계약법 시행령 조항이 총괄계약의 성립을 전제로 차수별 계약에 계약금액 조정 사유가 있으면 총괄계약 전체의 계약금액을 조정하라는 취지라고 볼 수도 있기 때문이다.

(다) 장기계속공사계약의 이행 형태

총괄계약이 성립하면서 총공사기간과 총공사대금에 관하여도 당사자들을 확정적으로 구속한다는 점은 앞서 본 바와 같다. 그런데 장기계속공사계약의 구체적인 이행에 관한 조항들을 보면, 장기계속공사계약의 이행은 총괄계약이 아니라 차수별 계약을 중심으로 이루어진다. 구 국가계약법 제21조 후문은 각 회계연도 예산의 범위 안에서 계약을 이행하도록 정하고 있다. 국가계약법 시행령은 하자담보책임기간과 하자보수보증금 및 지체상금을 차수별 계약을 기준으로 정하고, 착공과 준공을 차수별 계약을 기준으로 시행하며, 발주자가 지급하는 선금도 차수별 계약금액을 기준으로 한다.

즉, 일반적인 공사계약과 같이 계약상대자도 총공사기간 내에 총공

79) 송권, 앞의 글, 87면도 같은 취지이다.

사를 완료해야 할 의무를 부담하기는 하나, 이는 후속 차수별 계약이 계속하여 체결되어 최종 차수별 계약까지 체결되는 것을 전제로 한다. 계약상대자는 후속 차수별 계약이 체결되기 전에는 총공사가 아니라 해당 차수별 계약에 대하여 공사를 이행할 의무만 부담하고, 지체상금도 각 차수별 계약기간을 기준으로 차수별 계약금액에 대하여 부담할 뿐이다.[80] 따라서 계약상대자가 계약체결시에 총괄계약을 기준으로 확정적으로 부담하는 의무는, 총공사를 대상으로 계약보증금을 납부하여야 하고,[81] 계속하여 차수별 계약을 체결하여야 한다는 점 정도이고, 나머지 의무는 모두 차수별 계약을 체결함에 따라 차수별 계약을 기준으로 의무를 부담하게 되는 것이다.

대상판결의 반대의견은 총공사기간에 아무런 구속력이 없다면, 계약상대자에게 준공기한 연장신청을 하도록 하고, 승인하는 등의 절차를 거칠 이유가 없으므로, 총공사기간의 연장을 이유로 한 계약금액의 조정을 인정하여야 한다고 주장한다. 그러나 통상 마지막 차수별 계약의 준공기한은 총괄계약의 준공기한과 일치하거나 근접한 일시로 정해지고, 계약상대자는 지체상금의 부담을 면하기 위해 차수별 계약과 총괄계약의 각 준공기한 연장신청을 하기도 하므로,[82] 총공사 준공기한의 연장신청을 하도록 한 것이 총공사금액의 조정만을 위한 것이라 단정할 수는 없다.

#### (2) 장기계속공사계약에 대한 당사자들의 의사

##### (가) 총괄계약을 근거로 한 계약금액 조정에 대한 발주자의 의사

예외적이기는 하지만 수급인이 다음 차수의 공사를 포기하여 공사계약이 해지되거나, 수급인의 부도로 인하여 보증인이 시공을 하는 경우 등 장기계속공사계약에서 차수별 계약별로 공사수급인이 다른 경우가 충

---

80) 계속비계약의 지체상금은 총계약금액을 기준으로 하고 있어(구 국가계약법 시행령 제74조 제1항), 장기계속계약과 다르다.

81) 총공사금액을 대상으로 계약보증금을 정하는 점에 관하여는 비판이 있다. 법무법인(유) 율촌, 앞의 글, 98면; 이상호, “장기계속계약제도의 문제점과 개선방안”, 건설산업동향 제7호(1996. 10. 28.), 한국건설산업연구원, 5면 참조.

82) 대상판결의 사안에서도 원고들은 총괄계약의 준공기한과 차수별 계약의 준공기한을 함께 연장 신청하였다.

분히 있을 수 있고,[83] 각 차수별 계약별로 계약의 내용이 되는 공사계약 일반조건이 달라지는 경우도 있다.[84] 이러한 경우 각 차수별 계약별로 권리 · 의무를 규율하는 계약조건이 달라질 수 있다.

이처럼 ① 총괄계약과 함께 제1차 계약을 체결하더라도, 그 후 차수별 계약을 그 계약상대자와 체결하지 않을 가능성을 완전히 배제할 수는 없는 점, ② 차수별 계약별로 권리 · 의무를 다르게 정하게 될 여지도 있는 점, ③ 계약상대자는 최초 총괄계약체결시 계약보증금의 납부 외에 구체적인 의무는 모두 차수별 계약을 기준으로 부담하는 점, ④ 계약상대자는 총공사대금과 총공사기간을 기준으로 지체상금을 부담하지도 않는 점, ⑤ 장기계속공사계약을 이행하는 현실에서는 공사기간 부족의 원인이 발주자의 책임 있는 사유로 인한 것인지 수급인의 책임 있는 사유로 인한 것인지 분명하게 가려내기 어려우면 공사기간 연장을 인정해주어 수급인의 지체상금 부담을 완화해주기도 하였는데,[85] 이러한 경우 국가에게 공사기간 연장으로 인한 계약금액의 조정을 할 의사까지 있었다고 보기는 어려운 점을 고려하면, 계약상대자의 의사는 별론으로 하고, 발주자인 국가에게 총괄계약의 총공사기간을 기준으로 계약금액을 조정하려는 의사가 있다고 단정하기 어렵다. 계약상대자도 총공사기간과 총공사금액을 기준으로 계약상 구속을 받기는 하지만, 그 구속력의 내용, 즉 구체적 의무는 각 차수별 계약에 따라 부담하는 상황에서 발주자인 국가는 총공사기간에 대하여 계약금액을 조정하여야 한다는 것은 발주자에게 불합리한 결과가 되기 때문이다.

---

83) 대법원 2004. 1. 16. 선고 2003다19275 판결의 사안은 1차 공사와 2, 3차공사의 수급인이 다르고(애초부터 분리하여 발주한 것인지, 사후적인 사정으로 수급인이 달라진 것인지는 판결문에 드러나지 않는다), 3차공사 중 수급인이 부도를 내어 연대보증인이 대신 시공한 사안이다.

84) 서울고등법원 2013. 11. 8. 선고 2013나11869 판결(심리불속행 기각으로 확정)은 각 차수별 계약이 별개의 도급계약으로 구체적인 내용은 각 차수별 계약에 따라 별도로 정해지고, 각 차수별 계약에서는 당시 시행되던 각 공사계약 일반조건이 계약 일부로 포함되었다고 판단하였다.

85) 이동훈, 앞의 글, 49면.

#### (나) 총괄계약의 변동가능성에 대한 당사자들의 의사

장기계속공사의 변동가능성은 발주자나 수급인 모두 익히 잘 알고 있거나 예상할 수 있는 일이다.[86] 대상판결의 반대의견도 계약당사자가 차수별 계약체결 사이에 통상 공백기가 있는 점을 어느 정도 양해를 하고 장기계속공사계약을 체결한다는 점을 인정하고 있다.

장기계속계약에 있어서 차수별 계약은 각 회계연도의 예산 범위 내에서 체결될 것이 처음부터 예정되어 있어서 발주자는 물론이고 계약상대자도 계약체결의 전제로서 예산 배정이 필요하다는 점을 인식할 수 있으므로,[87] 계약상대자도 제1차수 계약의 예산만을 확보한 채 체결하는 장기계속공사계약의 특성상 예산 배정이 되지 않는다면 장기계속공사계약의 총공사기간이 길어질 수 있다는 점을 어느 정도 예상을 하고, 총공사기간이 다소 길어지더라도 어느 정도는 추가비용의 지급 없이 이를 용인할 의사가 있었다고 볼 여지도 있다. 이처럼 당사자가 계약체결시 계약의 사후적 변동가능성을 인식하고 있었다는 점을 계약의 해석에서 고려하여야 한다.[88]

### (3) 공사계약 일반조건의 조항들에 대한 검토

#### (가) 불가항력의 경우에도 계약금액 조정을 인정하던 조항

공사계약 일반조건 제26조 제4항, 제1항, 제25조 제3항 제1호를 종합하면, 공사계약 일반조건은 불가항력[89]의 사유가 있는 경우, 계약기간의 연장을 인정할 뿐만 아니라 계약금액의 조정까지 인정하였다. 즉, 발주자에게 책임이 없는 불가항력의 사유로 공사기간이 연장되는 경우에 발주자가 그 위험을 모두 부담하도록 한 것인데, 이러한 공사계약 일반

---

86) 대상판결의 다수의견에 대한 보충의견.

87) 이상우, 앞의 글, 73면.

88) 사후적 변동가능성이 계약상대자의 이익을 보호하기 위한 것인데 이를 이유로 총괄계약의 확정성을 부정하여 계약상대자의 법적 지위를 약화하는 것은 이율배반적이라는 견해도 있으나(권영준, 앞의 글, 322면), 계약금액 조정제도가 계약상대자의 이익만을 보호하는 제도라고 볼 수 없다[위 1. 나. (1)항 참조].

89) 태풍·홍수 기타 악천후, 전쟁 또는 사변, 지진, 화재, 전염병, 폭동 기타 계약당사자의 통제범위를 초월하는 사태의 발생 등의 사유로 인하여 계약당사자 누구의 책임에도 속하지 아니하는 경우(공사계약 일반조건 제32조 제1항).

조건의 조항에 대하여 불가항력의 경우에도 발주자가 일방적으로 모든 책임을 부담하는 것은 타당하지 않고, 위험을 배분하도록 정하는 것이 합리적이라는 비판이 있었다.[90]

공사계약 일반조건의 위와 같은 조항은 2016. 12. 30. 개정되어 불가항력에 의한 경우에는 계약금액의 조정을 부인하게 되었다.[91] 현재는 공사계약 일반조건 제26조 제4항에서 불가항력에 의한 경우에 해당하는 제25조 제3항 제1호의 사유가 있는 경우는 계약금액 조정에서 제외하고 있다. 따라서 발주자가 불가항력에 의한 위험을 전부 부담하는 일은 없어졌다.

이처럼 과거 공사계약 일반조건에서 불가항력으로 인한 계약기간 연장의 경우에도 계약금액 조정을 인정하였던 점은 계약금액 조정에 관한 조항을 해석할 때 고려하여야 한다. 엄격해석의 원칙에 의하면 계약 내용이 한쪽 당사자에게 중대한 책임을 부과하게 하는 경우에는 내용과 문구를 더욱 엄격하게 해석하여야 한다.[92] 불가항력에 의한 위험을 발주자가 전부 부담하게 하는 것은 발주자에게 중대한 책임을 부과하는 것인데, 총공사기간의 연장으로 인한 계약금액 조정을 인정할 경우, 불가항력으로 총공사기간이 연장된 경우에도 그 위험을 발주자가 모두 부담하게 되는 결과가 발생하게 되어, 공사계약 일반조건에서 부과한 발주자의 중대한 책임을 더 확대하게 된다. 따라서 개정 전 공사계약 일반조건에 따라 불가항력으로 인한 계약금액의 조정을 인정하는 경우, 그 범위에서 총괄계약의 연장으로 인한 것은 제외하고 차수별 계약의 연장으로 인한 것으로 제한함이 타당한 측면이 있다.

**(나) 차수별 준공대가의 수령 전까지 계약금액 조정청구를 하도록 한 조항**

앞서 보았듯이 공사계약 일반조건이 2006. 5. 25. 개정되면서 제20

---

90) 이동훈, 앞의 글, 56-57면.

91) 박성완, 앞의 글, 121면.

92) 곽윤직 편집대표, 민법주해[Ⅱ]-총칙(2), 박영사(1992), 194면(송덕수 집필 부분); 윤진수, "계약 해석의 방법에 관한 국제적 동향과 한국법", 민법논고Ⅰ, 박영사(2007), 271-272면; 대법원 1962. 4. 18. 선고 4294민상1236 판결; 대법원 1993. 10. 26. 선고 93다3103 판결.

조 제9항에 장기계속계약의 경우 계약금액 조정청구는 각 차수별 준공대가의 수령 전까지 하여야 한다는 조항을 신설하였고, 제23조 제5항에 의하여 위 조항이 기타 계약내용의 변경으로 인한 계약금액의 조정에도 준용된다. 또한 공사계약 일반조건이 2010. 11. 30. 개정되면서 계약기간 연장으로 인한 계약금액의 조정의 경우에도 제26조 제5항에 장기계속계약의 경우에는 계약금액 조정청구는 각 차수별 준공대가의 수령 전까지 하여야 한다는 조항을 신설하였다.

위와 같이 공사계약 일반조건에서 차수별 준공대가의 수령 전까지 조정청구를 하여야 한다는 조항을 둔 점은 부정설(차수별 계약 기준설)의 유력한 논거이다. 즉, 당사자들이 장기계속공사계약의 경우에는 차수별 계약에 근거한 계약금액 조정만이 가능함을 전제로, 계약금액 조정청구를 차수별 준공대가의 수령 전까지 하도록 정하였다는 것이다. 총괄계약을 기준으로 조정신청을 인정할 경우 그 조정신청의 시기에 대한 견해대립(Ⅴ의 2.항에서 본다)은 2006. 5. 25. 개정된 공사계약 일반조건이 적용되지 않거나, 제20조 제9항을 배제하기로 약정한 경우에만 문제된다고 설명하는 견해도 있고,[93] 병용설(차수별 계약 우선설)은 위 조항을 근거로 차수별 계약기간이 연장된 부분은 차수별 계약금액의 조정을 통하여야 한다고 주장한다.

그런데 긍정설의 입장인 대상판결 반대의견은, "공사계약 일반조건 제20조 제9항은 국가가 총공사기간 연장에 대한 계약금액 조정을 인정하지 않던 관행 아래에서 다른 사유들에 의한 계약금액 조정업무를 처리하기 위한 것이[다]… 총괄계약에서 정한 총공사기간의 연장에 따라 총공사대금을 조정하는 것이므로, 그 신청은 총공사대금의 최종 수령 전에만 하면 된다고 보는 것이 논리적이다. 총괄계약에 따른 공사대금과 연차별 계약에 따른 공사대금은 구별되는 것이므로, …다시 연차별 최종기성대가 수령 시마다 계약금액 조정신청을 하라는 것은 논리 모순이다."라고

93) 이진관, 앞의 글, 335면.

하여, 총공사기간의 연장에 대한 계약금액 조정은 공사계약 일반조건 제20조 제9항의 적용을 받지 않는다고 한다.

우선, 공사계약 일반조건 제20조 제9항이 "총공사기간 연장에 대한 계약금액 조정을 인정하지 않던 관행 아래에서 다른 사유들에 의한 계약금액 조정업무를 처리하기 위한 것"이라는 전제가 적절한지 의문이다. 즉, 제20조 제9항은 제23조 제5항에 따라 기타 계약내용의 변경으로 인한 계약금액의 조정에도 준용되고, 기타 계약내용의 변경은 '공사기간·운반거리의 변경 등 계약내용의 변경'을 의미하므로(제23조 제1항), 제23조를 근거로 총괄계약에 근거한 총공사기간의 연장으로 인한 계약금액의 조정이 가능하다고 주장하는 경우라면, 제20조 제9항도 이러한 경우 적용된다고 볼 수 있다.

대상판결 반대의견의 주장대로 총괄계약에 근거한 계약금액의 조정과 차수별 계약에 근거한 계약금액의 조정은 이론적으로 구별되는 개념이기는 하다. 그러나 병용설처럼 차수별 계약에 근거한 계약금액의 조정을 우선적으로 하고, 차수별 계약의 연장 없이 총괄계약만 연장된 부분에 대하여 보충적으로 총괄계약에 근거한 계약금액의 조정을 하는 것이 아니라, 긍정설처럼 총괄계약에 근거한 계약금액의 조정과 차수별 계약에 근거한 계약금액 조정을 선택하여 할 수 있다면, 계약상대자의 입장에서는 총괄계약과 차수별 계약이 함께 연장된 경우 차수별 계약금액의 조정을 선택할 유인이 거의 없다. 차수별 계약과 총괄계약이 함께 연장되었다면, 당사자로서는 공사계약 일반조건 제20조 제9항에 따라 차수별 준공대가의 수령 전까지 계약금액 조정청구를 하여야 하는 제한을 받는 차수별 계약금액의 조정을 선택하기보다는 차수별 준공대가의 수령 후에도 총공사대금을 최종적으로 수령하기 전까지 할 수 있는 총공사기간의 연장에 따른 계약금액의 조정을 선택하는 것이 훨씬 유리하기 때문이다.[94] 따라서 긍정설에 의할 때 제20조 제9항이 주로 적용되는 경우는 총괄계

94) 특히 긍정설의 일부 견해의 주장처럼 발주자의 우월적 지위로 인하여 차수별 계약금액을 조정하기 힘든 실정이라면, 계약상대자로서는 차수별 계약금액을 조정할 유인이 더욱 적을 것이다.

약의 연장 없이 차수별 계약만 연장된 경우일 것인데, 대상판결 반대의견은 이러한 경우에는 차수별 계약기간의 연장을 부정하고 있다.[95)·96)]

결국 긍정설에 의할 경우, 공사계약 일반조건 제20조 제9항 및 제26조 제5항은 장기계속공사계약에서 실질적으로 적용되는 경우가 없는 무용한 조항이 된다. 차수별 계약만 연장된 경우 긍정설은 계약금액의 조정을 인정하지 않으니 위 조항들이 적용될 여지가 없고, 총괄계약까지 함께 연장된 경우에는 계약상대자가 차수별 계약금액의 조정이 아니라 총괄계약금액의 조정을 통하여 위 조항들의 적용을 회피할 수 있기 때문이다.

그러나 계약해석은 가능한 한 당사자들의 의도를 달성하도록 해석하여야 하고, 법률행위 가운데 모순되는 부분은 되도록 통일적으로 해석하여야 하며, 행위의 내용 또는 목적은 될 수 있는 대로 가능·유효하도록 해석하여야 하고,[97)] 계약이 유효하게 되는 해석과 무효로 되는 해석이 있다면 유효한 해석이 우선되어야 하는 유효해석의 원칙[98)]에 비추어 보면, 공사계약 일반조건 제20조 제9항 및 제26조 제5항이 무용한 조항이 되도록 하는 긍정설의 해석이 타당한지 의문이다. 오히려 위 조항을 둔 당사자들의 의사는 장기계속공사계약의 경우에는 차수별 계약만을 기준으로 계약금액의 조정을 인정하면서 차수별 준공대가의 수령 전까지 청구하도록 제한을 두었다고 보는 것이 적절한 해석이라 생각한다.

#### (다) 공사의 일시정지에 관한 조항

공사계약 일반조건 제47조에서는 발주자가 공사의 전부 또는 일부의

---

95) "총공사기간에 변동이 없는 한, 총공사기간 중에 공백기가 발생하였다거나 그 반대로 공백기 없이 공사가 계속 진행되었다거나 아니면 각 연차별 계약의 공사기간에 증감이 있다고 하더라도, 그로 인해 증감되는 간접공사비는 모두 최초 총공사금액에 포함되어 있다고 볼 수 있으므로, 특별한 사정이 없는 한 계약금액을 조정할 필요성은 없다."

96) 이진관, 앞의 글, 328–329면은 부정설을 비판하는 논거로 부정설은 총공사기간이 변경되지 않는 범위 내에서 차수별 계약만이 연장된 경우에 불필요한 계약금액 조정을 인정하게 된다는 점을 언급하고 있다. 이러한 견해가 타당한지는 (5)의 (가)항에서 서술한다.

97) 곽윤직·김재형, 민법총칙[민법강의 I](제9판), 박영사(2013), 300면.

98) 윤진수, 앞의 글, 269면.

이행을 정지시킬 수 있도록 하면서(제1항), 계약상대자의 책임 있는 사유로 인한 정지가 아닐 때에는 계약기간의 연장 또는 추가금액을 청구할 수 있고(제3항), 발주자는 발주자의 책임 있는 사유에 의한 공사정지기간이 60일을 초과할 경우에는 초과된 기간에 대하여 잔여 계약금액에 초과일수 매 1일마다 시중은행 일반자금대출금리를 곱하여 산출한 금액을 준공대가 지급시 계약상대자에게 지급하여야 하는데, 장기계속계약의 경우 '공사정지기간'은 '당해 차수 내의 정지기간'을 의미하고, '잔여 계약금액'은 '차수별 계약금액'을 기준으로 한다(제4항)고 정하고 있다.

즉, ① 계약상대자의 책임 있는 사유로 인한 정지인 경우에는 계약기간의 연장 또는 추가금액을 청구할 수 없고(제47조 제3항 본문; 계약상대자는 원래 정한 기한까지 이행해야 하고, 기한을 넘기는 경우에는 지체상금을 부담하게 될 것이다), ② 계약상대자의 책임 없는 사유로 인한 정지인 경우(발주기관의 책임 있는 사유 여부를 불문한다)에는 계약기간의 연장 또는 추가금액[99]을 청구할 수 있으며(제47조 제3항 단서; 제26조에 의해 계약기간을 연장하는 경우 계약금액의 조정도 할 수 있을 것이다), ③ 발주기관의 책임 있는 사유로 인한 정지의 경우에는 위 ②항에 더하여 제47조 제4항에서 정한 금액을 청구할 수 있는 3단계의 구조이다. 그런데 위 ③항에 관하여 장기계속공사계약의 경우에 차수별 계약을 기준으로 하도록 정하였으므로, 공사의 정지에 관한 나머지 ①, ②항의 경우에도 차수별 계약을 기준으로 한다고 보는 것이 체계적인 해석이라고 생각한다.

계약기간을 연장하는 사유에는 공사의 정지 외에도 다양한 사유가 있지만, 공사를 정지하여 계약기간을 연장하게 되는 경우가 주된 사유 중 하나이고, 공사의 정지에 대하여 장기계속공사계약에서 차수별 계약을 기준으로 하고 있다는 점은, 계약금액의 조정 조항의 해석에도 참고할

99) 서울고등법원 2011. 6. 8. 선고 2010나47355 판결(심리불속행 기각으로 확정)은 공사계약 일반조건 제47조 제3항의 추가금액청구권은 공평의 원칙상 인정되는 실비보상청구권의 일종이라고 한다. 명시적으로 판단하지는 않았으나, 계약금액 조정으로 인한 증액청구권과는 별개의 권리라고 보고 있는 듯하다.

지침이 될 수 있다. 차수별 준공대가 수령 전까지 계약금액 조정을 하도록 개정하기 전의 공사계약 일반조건을 해석하는 경우에도, 위와 같은 공사의 정지에 관한 조항에 비추어 보아 계약금액의 조정은 차수별 계약을 기준으로 한다고 해석할 수 있다.

#### (4) 부정설(차수별 계약 기준설)에 의할 경우 현저하게 불합리한 결과가 발생하는지

##### (가) 긍정설(총괄계약 기준설)의 논거

긍정설의 가장 강력한 논거는, 부정설을 따를 경우 수급인에게 불리한 결과가 구조적으로 발생하게 된다는 것이다. 차수별 계약에 근거한 계약금액 조정만을 인정할 경우, 발주자는 총공사기간을 연장하면서도 그 기간에 대한 추가 공사비를 지급하지 않아도 되는 편법이 가능하고,[100) 수급인은 총공사기간 연장에 따른 계약금액의 조정을 받을 기회 자체를 박탈당하게 되는 결과가 발생하며,[101) 차수별 계약의 기간 사이에 공백이 발생하는 경우 발주자의 책임이 없다는 다소 상식에서 벗어난 결론이 발생한다는 것이다.[102)

부정설(차수별 계약 기준설)에 의할 경우 긍정설의 주장과 같이 불합리한 결과가 발생하는지 총공사기간이 연장되는 개별적인 양상에 따라 살펴본다.

##### (나) 총공사기간이 연장되는 경우에 대한 개별적 검토

1) 총공사기간과 차수별 공사기간이 함께 연장되는 경우

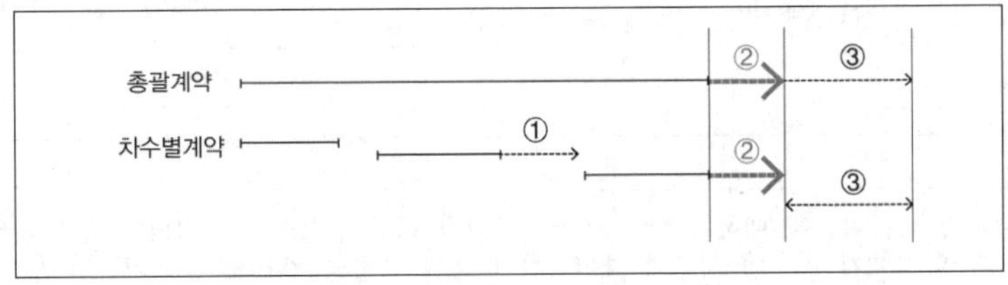


---

100) 김태형, 앞의 글, 120면.
101) 서울고등법원 2015. 11. 27. 선고 2014나2033107 판결.
102) 박성완, 앞의 글, 159면.

앞서 본 도표의 ②에 해당하는 경우이다. 이러한 경우에는 총괄계약이 늘어난 기간만큼 차수별 계약기간도 함께 늘어났으므로, 차수별 계약에 근거하여 계약금액의 조정을 청구할 수 있어서, 수급인에게 총괄계약에 근거한 계약금액의 조정을 인정할 필요성이 적다. 병용설도 이러한 경우에는 차수별 계약에 근거한 계약금액의 조정을 통하여야 한다고 주장하고 있어, 부정설과 입장이 같다.

긍정설은 차수별 계약에 근거한 계약금액의 조정과 총괄계약에 근거한 계약금액의 조정이 구별되므로, 이러한 경우에도 총괄계약에 근거한 계약금액의 조정을 인정해야 하고, 조정신청의 시점도 차수별 준공대가 수령 전으로 제한되지 않는다고 한다. 그러나 통상 총괄계약이 늘어난 기간에 해당하는 차수별 계약은 하나가 있을 것이므로,[103] 총괄계약에 근거한 계약금액의 조정이든 차수별 계약에 근거한 계약금액의 조정이든 증가된 비용은 같을 것으로 보인다. 이러한 경우에 차수별 준공대가 수령 전까지 차수별 계약금액의 조정을 하지 않은 수급인을 보호할 필요성보다는, 차수별 준공대가의 수령 전까지 차수별 계약금액의 조정신청이 없어서 이를 신뢰하고 차수별 준공대가를 지급한 발주자를 보호할 필요성이 더 크다고 생각한다.[104]

2) 총공사기간이 연장된 기간에 차수별 계약이 추가로 체결되는 경우

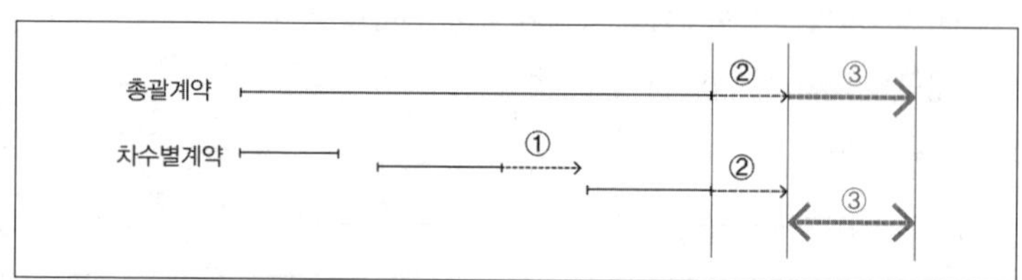


103) 특정한 기간에 대하여 차수별 계약이 2개 이상 중첩하여 체결되었고, 총괄계약과 함께 2개 이상의 차수별 계약기간이 함께 연장된 경우에는, 기간을 나누어서, 하나의 차수별 계약기간만이 연장된 기간은 본문의 경우와 마찬가지로 해결하고, 둘 이상의 차수별 계약기간이 연장된 기간은 두 계약 중 어느 것에 근거한 계약금액의 조정이든 이를 인정하되, 중복하여 청구하는 경우에는 중복되는 부분은 제외하여야 할 것이다.

104) 박성완, 앞의 글, 164-165면도 같은 취지이다.

앞서 본 도표의 ③에 해당하는 경우이다. 이러한 경우에는 연장되는 차수별 계약이 없으므로, 부정설에 의할 경우에는 계약금액의 조정으로는 해결할 수 없다. 그러나 부정설이 이러한 경우에 수급인이 모든 비용을 감수하여야 한다는 의견인 것은 아니다.

계약금액은 계약내용의 중요한 부분이므로 계약내용을 변경하면 그에 부수하여 계약금액도 함께 변경될 필요가 있고 통상 그렇게 하는 것이 일반적이다.[105] 총괄계약 체결 당시 예정된 차수별 계약의 숫자보다 더 많은 차수별 계약이 체결되는 경우라면 그 증가된 차수별 계약대금에 수급업체들의 간접공사비 등을 반영할 수 있다.[106] 총공사기간 연장으로 인한 추가 간접공사비가 차수별 계약이나 그 변경계약 및 설계변경[107] 등을 사유로 한 계약금액 조정에 반영되었을 수도 있다.[108]

결국, 최초의 총공사기간을 넘어 차수별 계약이 추가로 체결되는 경우에는 수급인은 차수별 계약을 체결할 때 발주자와 추가되는 간접공사비를 반영하여 차수별 계약금액을 정하는 방법으로 간접공사비를 보전받을 수 있다. 특히, 총공사기간이 연장된 부분에 대하여 차수별 계약이 여러 번 체결되는 경우에는 수급인은 간접공사비를 반영할 기회도 여러 번 있었다. 그럼에도 수급인이 아무런 이의 없이 차수별 계약을 체결하고 그 이행을 마치고 차수별 준공대가까지 수령한 뒤에, 뒤늦게 총괄계약을 근거로 계약금액을 조정하겠다는 주장이 타당한지 의문이다.

---

105) 광주고등법원 2010. 6. 23. 선고 2009나5420 판결.

106) 서울중앙지방법원 2014. 11. 28 선고 2012가합80465 판결(항소심에서 총괄계약 기준설의 입장에 따라 파기되었으나 항소심판결은 대법원에서 대상판결의 취지에 따라 다시 파기됨. 파기환송심 계속 중).

107) 설계변경으로 인하여 계약금액을 조정하면서 계약기간을 연장하는 경우, 연장된 기간에 대한 간접공사비는 설계변경으로 인한 계약금액 조정에 반영되어 있다고 볼 여지가 있다[박성완, 앞의 글, 146면; 법무법인(유한) 태평양 건설부동산팀, 앞의 책, 355면(이형석 · 백호석 집필 부분)].

108) 이진관, 앞의 글, 326면.

3) 공사를 정지한 경우

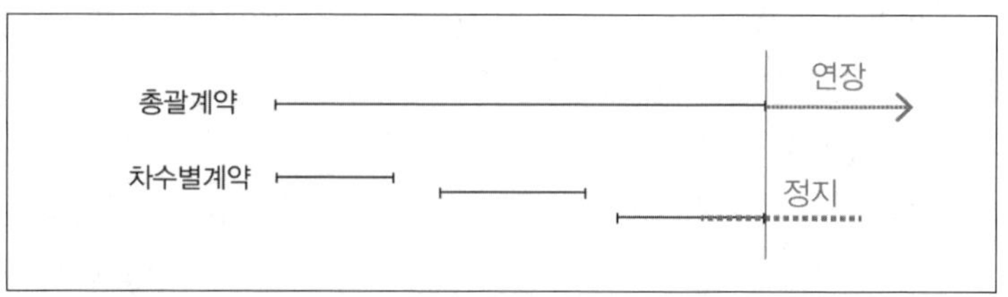


총공사기간이 연장된 기간에 상응하는 기간에 차수별 계약의 공사가 정지된 기간이 있는 경우이다(차수별 계약이 완료된 후 새로운 차수별 계약의 기간이 시작되지 않은 경우는 공백기의 문제라고 보아야 하므로, 차수별 계약의 정지가 없는 '총괄계약만의 정지'라는 개념은 생각하기 어렵다). 앞서 보았듯이, 계약상대자의 책임 없는 사유로 인한 정지인 경우에는 차수별 계약기간의 연장과 계약금액의 조정을 구할 수 있고(공사계약 일반조건 제47조 제3항 단서), 발주자의 책임 있는 사유로 인한 정지기간이 차수별 계약기간에서 60일을 초과하는 경우에는 잔여 차수별 계약금액에 초과일수 1일마다 시중은행 일반자금대출금리를 곱하여 산출한 금액을 지급받을 수 있다(제47조 제4항). 따라서 발주자가 공사를 정지한 경우에는 계약상대자는 위와 같은 권리를 행사할 수 있다.

4) 공백기의 경우

총공사기간이 연장된 기간에 중 차수별 계약이 체결되지 않은 기간, 이른바 공백기(휴지기)가 있는 경우이다(이에 관하여 V항에서 서술하므로 여기에서는 간단히 본다).[109] 장기계속공사계약에서는 공백기가 어느 정도 있음을 예상하고 계약을 체결하므로, 일반적으로 공백기를 이유로 총괄계약에 근거한 계약금액의 조정을 인정할 필요는 없고, 예외적으로 공백기

109) 대상판결의 사안은 공백기가 701공구의 경우 2012. 2. 29.부터 2012. 3. 6.까지 7일, 702공구의 경우 2012. 2. 29.부터 2012. 3. 8.까지 9일, 703공구의 경우 2007. 2. 3.부터 2007. 2. 5.까지, 2008. 2. 2.부터 2008. 2. 3.까지, 2012. 2. 29.부터 2012. 3. 5.까지 합계 11일, 704공구의 경우 2012. 2. 27.부터 2012. 3. 6.까지 9일에 불과하여 공백기가 쟁점이 된 경우는 아니다.

가 지나치게 길어서 수급인이 공백기에 해당하는 간접공사비를 모두 부담하는 것이 부당한 경우에는 다음과 같은 방법으로 해결할 수 있다고 생각한다.

공백기가 끝난 후 새로운 차수별 계약을 체결할 때 간접공사비를 반영하여 차수별 계약을 체결할 수 있다[위 2)항과 마찬가지]. 또한, 애초에 공백기 이후 이행할 차수별 계약을 체결하였는데, 발주자의 요청에 따라 다음 차수별 계약의 착공일을 변경하는 내용으로 변경계약을 체결하는 경우 등 당초 예상보다 공백기가 증가하는 경우(아래 도표)에는 해당 차수별 계약의 공사기간이 변경되는 경우라고 보아 해당 차수별 계약의 계약금액 조정절차를 통하여 계약금액의 증액을 청구할 수 있으리라 보인다.[110] 기획재정부도 "차수공사 준공 후 다음 차수별 계약이 지연됨으로 인한 계약금액 조정분은 동 지연기간이 공사공정예정표상 다음 차수에 이행되어야 할 기간이므로 다음 차수에 포함되어야 [한다]."[111]라고 하여 같은 취지이다.

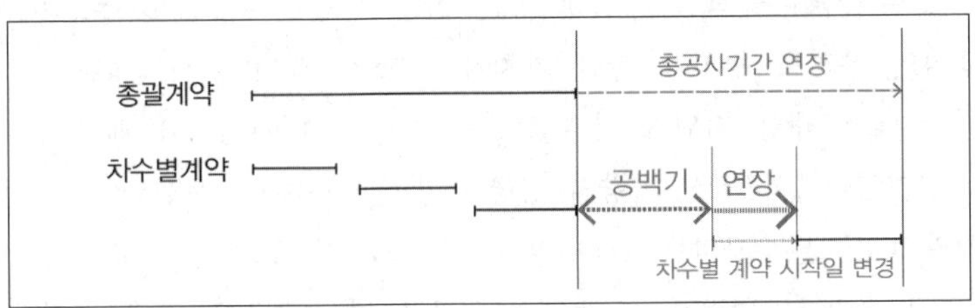


그리고 발주자가 인수한 목적물에 대하여 공사계약 일반조건 제28조 제5항에 따라 계약상대자에게 유지 · 관리를 요구한 경우에는 이에 필요한 비용을 계약상대자에게 지급하여야 한다.[112] 따라서 차수별 계약의

110) 서울중앙지방법원 2015. 10. 30. 선고 2014가합506725 판결(항소심에서 총괄계약 기준설의 입장에 따라 파기되고, 항소심판결은 대상판결의 취지에 따라 파기되었으며, 파기환송심판결 확정됨. 필자가 주심이었던 판결이다).

111) 기획재정부 유권해석 2007. 2. 21. 회계제도과-320호 참조, 정원, 공공조달계약법 I (제4판), 법률문화원(2016), 529면에서 재인용.

112) 기획재정부 유권해석 2010. 5. 14. 회계제도과-777호 참조, 박성동 · 박창규 · 류

준공이 완료되어 발주자가 인수한 목적물을 공백기 동안 계약상대자가 유지·관리하는 경우라면 공사계약 일반조건 제28조 제5항에 따라 비용을 청구할 수 있다고 보인다.

(다) 발주자의 우월적 지위에 관하여

총괄계약에 근거한 계약금액의 조정을 인정하는 견해들은 국가계약에 있어 발주자가 우월적 지위에 있다는 점을 우려한다. 공공계약에서 국가 등이 우월적 지위에 있고,[113] 공사기간이 상당히 남은 시점에서 계약상대자가 우월적 지위를 행사할 수 있는 발주자를 상대로 이의를 제기한다는 것은 현실적으로 매우 어려워서,[114] 계약상대자의 추가비용이 상당한데도 대부분 계약금액 조정청구권을 제대로 행사하지 못하고 있다[115]고 한다.

또한, 현실적으로 공백기의 간접공사비를 차수별 계약에 반영하거나 차수별 공사대금을 조정하기도 쉽지 않으며,[116] 국가가 차수별 공사시간을 연장하지 않은 채 차수별 계약의 차수만 늘림으로써 간접공사비를 지급하지 않을 가능성이 다분하다[117]고 한다.

발주자가 우월적인 지위에 있는 점을 부인할 수 없으므로, 이러한 긍정설의 우려도 경청할 만한 가치가 있다. 그러나 협상력이나 정보력 등에 있어 거래상 지위가 낮다고 보기 어려운 대기업이나 해당 분야의 독·과점기업이 공공입찰 물량의 상당 부분을 차지하는 현실과 국가 등은 오히려 다른 발주자와는 달리 계약상대자와 계약조건을 자유롭게 정할 수 없고 국가계약법령 등을 통해서 규율을 받는 입장인 점을 고려할 때 거래상 불균형을 해소하기 위하여 계약상대자를 보호할 필요성을 일반화하기 어렵다는 견해[118]도 상당히 설득력이 있다.

---

남욱, 국가계약법령 해설 및 유권해석, 건설경제(2011), 610면에서 재인용.

113) 성기강, 앞의 글, 78면.

114) 김대규, "공공계약에서 발주자의 지시로 인한 공기연장에 따른 법률관계에 관한 연구", 석사학위 논문, 광운대학교(2013), 17면.

115) 신영철, "공기연장으로 인한 추가비용 산정방법 개선방안", 박사학위 논문, 동국대학교(2012), 83면.

116) 권영준, 앞의 글, 319면.

117) 권영준, 앞의 글, 325면.

국토교통부의 용역에 따라 78개 건설회사를 상대로 실시한 설문조사 결과에 의하면, 공사기간 연장비용을 신청한 건설회사 중 절반이 넘는 회사가 이를 지급받았다고 응답하였다.[119] 따라서 개개의 사안에서 발주자가 우월적인 지위를 행사하였는지 개별적·구체적으로 검토하지 않고, 일반적으로 발주자가 우월적 지위를 행사한다는 점을 당연한 전제로 국가계약법령 및 공사계약 일반조건을 해석하는 것은 경계하여야 할 필요가 있다고 생각한다.

부정설의 입장인 하급심 판결 중에는 "'발주자가 우월적 지위를 이용하여 상대방의 조정신청을 방해하는 등의 특별한 사정이 없는 한' 차수별 계약을 기준으로 공사기간의 연장으로 인한 간접비 청구를 판단해야 한다"[120]라고 하여, 발주자가 우월적 지위를 이용한 예외적인 경우에는 총괄계약에 근거한 계약금액의 조정의 가능성을 열어둔 판결이 있다.[121] 설령 발주자의 우월적 지위를 고려할 필요가 있다고 하더라도, 위와 같은 하급심 판결처럼 개별적인 사안에서 계약의 해석 또는 사실인정을 통하여 이를 고려하는 것을 별론으로 하고,[122] 이를 이유로 일반적으로 총괄계약에 근거한 계약금액 조정을 인정할 필요까지 있는지 의문이다.

---

118) 김지건, "국가계약법상 물가변동에 따른 계약금액 조정규정의 적용을 배제한 특약의 효력", 민사판례연구[XLI], 박영사(2019), 43면. 위 견해는 이에 더하여 국가계약에서 계약상대자의 지위는 다른 법령에서 보호하는 상호신용금고를 이용하는 서민거래자, 노임으로 쓰일 돈이 압류될 위기에 처한 근로자, 임대주택에 사는 무주택 임차인과는 전혀 다르다고 한다.

119) 사단법인 건설경제연구원, "건설공사 공기연장에 따른 간접비용 관련 연구" [용역보고서], 국토교통부(2014. 9.), 112-114면. 위 글에 의하면, 건설사 중 공사기간 연장에 따른 추가비용을 신청한 적이 있다고 응답한 업체가 43.9%, 신청한 적이 없다고 응답한 업체가 43.9%이었고(공사기간이 연장된 적이 없다고 응답한 업체가 11.8%), 신청한 연장비용을 지급받은 적이 있다고 응답한 업체가 54.3%, 지급받은 적이 없다고 응답한 업체가 40.4%이었다.

120) 광주고등법원 2010. 6. 23. 선고 2009나5420 판결; 서울중앙지방법원 2014. 11. 28 선고 2012가합80465 판결.

121) 대상판결 다수의견은 위와 같은 법리를 채택하지는 않았다.

122) 다만, 위와 같은 견해는 총괄계약의 구속력을 부정하면서도 예외적으로 총괄계약에 근거한 계약금액의 조정을 인정하는 법적 근거가 무엇인지 설명하기 어렵다는 문제가 있다.

#### (5) 긍정설(총괄계약 기준설)에 의할 경우 불합리한 점

##### (가) 부정설이 불필요한 경우에도 계약금액 조정을 인정하는지

대상판결 반대의견은 총공사기간에 변동이 없는 한, 각 차수별 계약의 공사기간에 증감이 있다고 하더라도, 그로 인해 증감되는 간접공사비는 모두 최초 총공사금액에 포함되어 있다고 볼 수 있으므로, 계약금액을 조정할 필요성이 없다고 한다. 긍정설 중 일부 견해는 부정설이 총공사기간이 변경되지 않는 범위에서 차수별 계약만이 연장된 경우, 애초부터 차수별 계약기간을 12개월로 정한 경우와 차수별 계약기간을 9개월로 정하였다가 3개월로 연장하는 경우를 합리적 이유 없이 달리 취급하여 불필요한 계약금액 조정을 인정하게 된다고 한다.[123)]

이러한 견해는 총괄계약을 지나치게 중시한 나머지 차수별 계약의 독립성을 무시한 것이다. 위 견해는 차수별 계약을 9개월로 정하든, 12개월로 정하든 총공사기간이 같다면, 차수별 공사의 내용과 소요되는 비용이 같다는 것을 전제하고 있다. 그러나 총공사기간이 동일한 경우라고 하더라도, 차수별 계약을 9개월로 정하든 12개월로 정하든 당사자들이 차수별 공사금액을 같은 금액으로 합의하였을지 의문이거니와, 차수별 공사를 9개월 하고, 공백기를 3개월 두는 것으로 정하였다가 공백기 없이 12개월을 공사하는 것으로 변경하게 되는 경우에 소요되는 비용이 달라지지 않는다는 것도 납득하기 어렵다. 그리고 위의 견해는 공사계약 일반조건이 장기계속공사에서 예정한 차수별 계약에 근거한 계약금액의 조정을 인정하지 않는 것이다. 따라서 부정설이 불필요한 경우에도 계약금액을 조정하는 것이 아니라 오히려 위의 견해가 필요한 경우에도 계약금액 조정을 인정하지 않는 것이어서 부당하다.[124)]

##### (나) 긍정설이 국가에게 유리하다는 주장에 관하여

대상판결 반대의견은 공사업체가 필요한 장비와 인력을 투입하지 않

---

123) 이진관, 앞의 글, 327-329면.

124) 박성완, 앞의 글, 162면도 총괄계약의 연장이 없더라도 차수별 계약 연장에 따른 간접공사비의 조정신청을 인정할 수 있다고 한다.

고 최초 약정된 총공사기간의 두 배가 넘는 기간에 걸쳐 차수별 계약 체결을 요구하며 공사를 지연하는 것을 용인할 수는 없으므로, 총공사기간과 총공사대금에 관한 총괄계약의 구속력을 인정하는 것이 계약상대자뿐만 아니라 국가 등을 위해서도 필요하다고 한다. 그러나 국가가 위의 경우에는 지체상금을 부과하거나, 계약을 해지할 수 있으므로, 총공사기간에 근거한 계약금액의 조정을 인정하는 것이 국가에게 유리한 측면이 있는지 의문이다.

(다) 차수별 공사 완료에 대한 발주자의 신뢰

발주자는 예산을 별도로 확보할 수 있다는 보장이 없기 때문에 차수별 공사대금 정산이 끝난 후 뒤늦게 총공사대금 증액을 요구하는 사태를 두려워한다.[125] 발주자는 차수별 계약 완료에 따라 기성금을 지속적으로 지급하면서 그때까지 진행된 공사와 관련된 계약관계는 모두 종료된 것으로 신뢰하였는데, 일시에 수년간에 걸쳐 발생한 다액의 간접공사비를 증액하여야 한다면, 발주자의 신뢰가 침해된다.[126] 개별 차수별 계약을 통해 조정신청을 할 수 있었음에도 권리행사를 하지 않은 사업시행자의 뒤늦은 비용청구의 권리가 발주자의 신뢰에 우선한다고 해석하기는 어렵고, 최종 준공대가의 지급과 계약기간 연장 사유 발생 시점 사이에 상당한 시간적 간격이 발생할 수 있어 입증책임에서도 상당한 문제점을 야기할 수 있다.[127]

앞서 (4)의 (나)항에서 언급한 바와 같이, 계약상대자는 차수별 계약을 체결하면서 비용에 관한 합의를 하거나, 차수별 계약금액의 조정절차 혹은 공사계약 일반조건상 다른 권리를 통하여 구제받을 수 있음에도, 이러한 권리를 행사하지 않고 뒤늦게 총공사대금의 증액을 요구하는 경우, 발주자의 신뢰를 희생하면서 총공사대금의 증액을 인정하는 것은 타당하지 않다.

---

125) 권영준, 앞의 글, 320면.
126) 이진관, 앞의 글, 326면.
127) 박성완, 앞의 글, 163-165면.

(라) 긍정설이 인정하는 연장된 기간에 대한 비용이 적절한 금액인지

긍정설에 따라 총공사기간의 연장에 근거한 계약금액의 조정을 인정할 경우, 공사기간이 연장된 부분에 대한 간접공사비를 전부 인정하게 된다. 즉, 대상판결의 사안의 경우, 최초 총괄계약의 준공기한 다음날인 2011. 4. 1.부터 총괄계약의 연장된 준공기한인 2012. 12. 31.까지 기간에 대한 간접공사비를 인정하게 된다.

그런데, 공사의 지연원인이 전체 공정의 어느 단계에서 발생하는지에 따라 '실제 지연기간'과 '연장된 공사기간'에서 간접공사비 금액이 서로 크게 차이가 날 수 있는데, 착공 자체가 지연되는 경우에는 실제 지연기간 동안 발생하는 간접공사비 금액이 많지 않을 수 있음에도, 공사기간의 연장은 후반부에서 발생하기 때문에 간접공사비 금액이 훨씬 커질 수 있다.[128] 그리고 공사가 진행중인 기간에 공사기간 연장요인이 발생하는 경우와 예산편성이 장기간 되지 않아 휴지기가 발생한 경우에 계약 연장기간은 같더라도 추가 공사비의 규모에 차이가 발생한다.[129] 수급인은 장기적인 휴지기가 발생하면 현장관리 인원을 최소로 하여 간접공사비의 발생을 억제하게 되는데, 추가되는 공사비는 휴지기에 상응하는 비용인데도 당초 준공일로부터 변경된 준공일까지 '계약연장기간'에 발생된 비용을 공사기간 연장에 따른 간접공사비로 산정하여야 하는 문제가 발생하게 된다.[130]

이처럼 연장된 공사기간에 상응하는 공사비를 기준으로 추가되는 비용을 인정함에 따라 추가되는 비용을 과다하게 산정하는 문제는 긍정설에 의할 경우 더 크게 나타난다. 긍정설에 의할 때 총공사기간이 연장된 부분에 대한 금액을 모두 인정하게 되면, 그 기간에 차수별 계약이 체결되어 공사가 진행된 부분에 대한 간접공사비가 전부 포함되는 문제가 생

128) 이동훈, 앞의 글, 60-61면.

129) 정기창 · 이재섭, "장기계속계약공사의 공기연장 추가간접비 산정 개선방안", 한국건설관리학회 논문집 제18권 제2호(2017. 3.), 31면.

130) 정기창 · 이재섭, 앞의 글, 32면.

길 수 있다. 실제로 늘어난 비용은 공백기나 공사정지기간 또는 공사가 느리게 진행된 초반 부분에 상응하는 것인데도, 수급인이 차수별 공사가 진행된 기간에 대한 공사비까지도 과다하게 지급받게 될 염려가 있다. 부정설과 같이 차수별 계약이 연장된 기간에 대한 공사비만을 인정할 경우, 위와 같이 공사비를 과다하게 지급할 위험은 줄어든다.

(마) 거래비용의 측면 등

계약상대자는 다음 차수별 계약을 체결하면서 협상하는 방법으로 증가되는 비용에 대하여 합의를 할 수 있었고, 차수별 준공대가 수령 전에 차수별 계약의 조정신청을 할 수도 있었다. 당사자 사이에 합의가 이루어졌다면, 준공대가 수령 후 계약금액을 조정하는 사후적인 거래비용은 들지 않게 된다. 또한, 당사자 사이에 합의가 이루어지지 않아 차수별 준공대가 수령 전에 차수별 계약의 조정신청을 하게 되는 경우, 발주자는 비용이 지출된 때로부터 근접한 시점에서 실제로 소요된 비용을 확인하여 계약금액을 조정하고, 다음 차수별 계약을 체결할 때 이를 고려할 수도 있다. 그러나 차수별 계약이 모두 완료된 후 총괄계약에 근거한 계약금액 조정신청을 하는 경우에는 발주자는 이미 이행이 완료된 부분에 대하여 비용이 지출된 때로부터 상당한 기간이 지난 후에 이를 확인하여야 하므로, 사후적인 거래비용이 증가하게 된다.

총괄계약을 근거로 한 계약금액 조정을 널리 인정하게 될 경우, 발주자는 최초 입찰 시에 가능한 총공사기간을 길게 잡으려고 하고, 어차피 증액될 것이 분명한 총공사금액은 가능한 적은 금액으로 정하려고 할 것이다. 또한 발주자에게 명백히 필요한 경우가 아닌 한, 공사기간의 연장을 쉽게 인정하지 않으려 하게 될 것이다. 이러한 결과는 오히려 계약상대자에게 불리한 결과이다.

**(6) 소결: 부정설(차수별 계약 기준설)이 타당**

장기계속공사계약의 구체적인 이행은 차수별 계약을 기준으로 하는 점, 공사계약 일반조건도 계약금액의 조정, 공사의 정지에 관하여 차수별 계약을 기준으로 규율하는 점, 부정설에 의하더라도 계약상대자는 증가되는 비용을 보전받을 수 있는 점, 긍정설에 의할 경우 발주자의 신뢰를 침해하고 과다한 간접공사비를 인정하게 될 위험이 있는 점을 종합하면, 당사자들이 공사계약 일반조건을 통하여 합의한 의사는 장기계속공사계약에서 계약금액의 조정은 차수별 계약만을 기준으로 하려는 것이라고 보아야 하므로, 공사계약 일반조건 제23조의 '공사기간'은 '차수별 공사기간'을, 제26조의 '계약기간'은 '차수별 계약기간'을 의미한다고 해석하는 것이 타당하다. 따라서 총공사기간의 연장으로 인한 계약금액 조정을 부정하는 부정설(차수별 계약 기준설)이 타당하다.

부정설은, 긍정설이 지적하는 바와 같이 발주자의 책임 있는 사유로 인하여 공사기간이 연장된 경우, 그 비용을 계약상대자가 모두 부담하라는 취지는 아니다. 공사계약 일반조건에 합의한 당사자들의 의사는 차수별 계약에 근거한 계약금액의 조정만을 인정할 의사였고, 계약상대자는 비용을 보전받을 수 있는 다른 구제수단이 충분히 있으므로, 총괄계약에 근거한 계약금액의 조정을 인정하는 것은 타당하지 않다는 것이다.

이러한 결론에 대하여, 총공사기간의 연장을 원인으로 한 계약금액의 조정을 인정하지 않는다면, 총공사기간에 구속력을 인정할 실익이 무엇인지, 잠정적인 효력만을 인정하는 다수의견과 무엇이 다른 것인지 반문할 수 있다. 그러나 앞서 서술하였듯이 개별 차수별 계약을 체결하면서 변경하지 않는 한, 당사자들은 최종적으로 총공사기간과 총공사대금을 기준으로 대금지급의무 및 공사완성의무를 확정적으로 부담하는 것을 인정하는 점에서 잠정적인 효력만을 인정하는 다수의견과는 다르다.[131] 또한, 당사자들은 장기계속공사계약에서 특별히 정한 계약상 권리인 계약금액 조정청구권에 대하여 차수별 계약을 기준으로 한다고 얼마든지 약정할 수 있으므로, 총공사기간의 구속력을 인정하는 것과 총공사기간의 연장을 원인으로 한 계약금액의 조정을 부정하는 것은 양립할 수 있다고 생각한다.

131) 결과에 있어서 대상판결의 다수의견과 큰 차이가 없다고 하더라도, 이는 장기계속공사계약의 이원적 구조 및 차수별 계약을 기준으로 권리관계를 합의한 당사자의 의사 때문이다.

## Ⅴ. 관련 문제[132)]

### 1. 공백기에 대한 계약금액 조정의 인정 여부

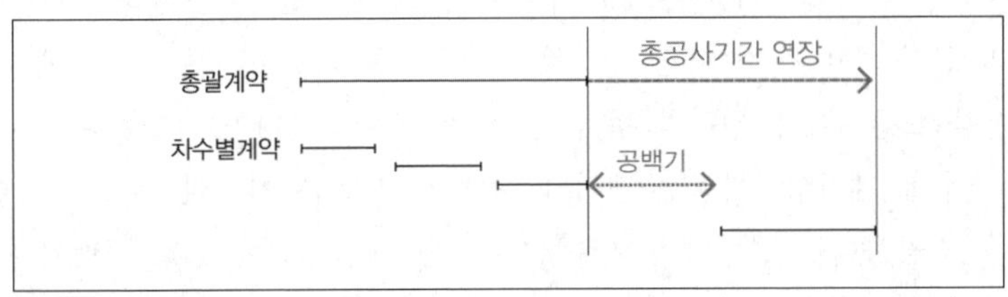


장기계속공사계약에서 차수별 계약의 공사가 끝난 후, 다음 차수별 계약의 공사가 시작될 때까지 기간인 공백기가 총공사기간이 연장되는 기간에 포함되는 경우가 있다. 이러한 경우에 공백기에 대하여 발생하는 비용을 공사기간 연장으로 인한 계약금액 조정의 대상에 포함할지 문제된다.

총괄계약에 근거한 계약금액의 조정을 인정하는 입장은 당초 정해진 계약기간을 초과한 기간에 발생한 비용이므로, 계약금액의 조정 대상에 포함된다고 한다.[133)] 반면, 총괄계약에 근거한 계약금액의 조정을 부정하는 입장은 계약상대자가 공백기간이 있을 수 있다는 점을 충분히 예견할 수 있고, 공백기는 차수별 계약기간에 포함되지 않으므로 공백기는 계약금액의 조정 대상에서 제외된다고 한다.[134)]

앞서 본 바와 같이 총괄계약에 근거한 계약금액의 조정을 부정하는

---

132) 장기계속공사계약에 관한 채권의 소멸시효도 문제되나 자세히 다루지는 않는다. 대법원 2018. 12. 27. 선고 2016다43872 판결은 대상판결에서 설시한 법리를 전제로, 수급인들의 경쟁제한행위로 인한 불법행위 손해배상채권의 소멸시효 기산일은 각 연차별 계약별로 판단하여야 한다고 설시하였다.

133) 김태형, 앞의 글, 124－125면; 김성근, 앞의 책, 306면; 서울고등법원 2008. 11. 26. 선고 2008나35748 판결(확정); 서울중앙지방법원 2015. 12. 16. 선고 2014가합546143 판결.

134) 서울고등법원 2009. 3. 11. 선고 2008나32756 판결(확정); 대전지방법원 2005. 4. 21. 선고 2003가합8460 판결; 서울중앙지방법원 2014. 11. 28 선고 2012가합80465 판결.

것이 타당하므로, 공백기에 대한 비용을 총괄계약에 근거한 계약금액 조정을 통하여 청구할 수는 없다. 차수별 계약의 공사가 끝나면, 다음 차수별 계약을 위한 현장관리와 준비만 남게 되는 점, 장기계속계약 이외의 일반적인 공사계약의 경우에도 수급인이 그 착공일 이전에 공사현장에서 미리 공사 준비를 하는 경우가 있는데 특별한 약정이 없는 한 이에 대한 비용을 도급인에게 청구할 수 없는 점[135]을 고려하더라도 그렇다.

다만, 계약상대자는 공백기가 끝난 후 새로운 차수별 계약을 체결할 때 간접공사비를 반영하여 차수별 계약을 체결할 수 있고, 공백기가 연장되도록 다음 차수별 계약이 변경되는 경우에는 공백기 다음에 체결된 차수별 계약의 계약금액 조정절차를 통하여 계약금액의 증액을 청구할 수 있을 것이다.

### 2. 계약금액 조정신청의 시점

공사기간 연장에 따른 계약금액 조정신청을 언제까지 해야 되는지에 관하여, 차수별 계약을 근거로 한 계약금액 조정만을 인정할 경우에는 공사계약 일반조건에 따라 각 차수별 준공대가의 수령 전까지 계약금액 조정신청을 하여야 한다.

총괄계약을 근거로 한 계약금액 조정을 인정하는 견해는 이에 관하여 견해가 나뉜다. ① 총괄계약에서 정한 총공사기간의 연장에 따라 총공사대금을 조정하는 것이므로, 그 신청은 총공사대금의 최종 수령 전에만 하면 된다고 보는 것이 논리적이라는 견해,[136] ② 총공사기간이 연장된 기간 중 차수별 계약의 연장기간에 대해서는 당해 차수별 계약의 준공대가 수령 전에 계약금액 조정신청이 이루어져야 한다는 견해[137]가 있다.

부정설(차수별 계약 기준설)이 타당하므로, 계약금액 조정신청도 차수별 준공대가의 수령 전까지 하여야 한다. 만약, 총괄계약을 근거로 한 계

---

135) 서울중앙지방법원 2015. 10. 30. 선고 2014가합506725 판결.
136) 대상판결의 반대의견.
137) 이진관, 앞의 글, 335-338면.

약금액의 조정을 인정하더라도, 계약상대방의 신뢰 보호의 견지에서 계약금액 조정신청 시점에 관해 추가적인 제한을 부과하는 것이 반드시 총괄계약 기준설과 모순된다고 보기는 어렵고,[138] 총공사대금 최종 수령 전까지 하면 된다고 해석할 경우 앞서 보았듯이 공사계약 일반조건에서 차수별 준공대가 수령 전까지 조정신청을 하도록 정한 조항이 무용한 조항이 되기 때문에, 차수별 계약의 준공대가 수령 전까지 조정신청을 해야 한다는 ②설이 타당하다.

## Ⅵ. 대상판결의 검토

1. 대상판결의 사안을 살펴보면, 이 사건 공사에 관한 총괄계약의 준공기한은 2011. 3. 31.에서 2012. 12. 31.으로 641일 연장되었고, 701공구의 12차 계약이 214일, 702공구의 8차 계약이 183일, 703공구의 8차 계약이 122일, 704공구의 9차 계약이 91일씩 각각 연장되었다. 그리고 총공사금액은 701공구의 경우 114,000,000,000원에서 130,834,000,000원으로 16,834,000,000원이 증가하였고, 702공구의 경우 157,000,000,000원에서 174,181,000,000원으로 17,181,000,000원이 증가하였으며, 703공구의 경우 163,000,000,000원에서 185,407,000,000원으로 22,407,000,000원이 증가하였고, 704공구의 경우 183,124,000,000원에서 208,049,000,000원으로 24,925,000,000원이 증가하였다.

위와 같이 총괄계약과 차수별 계약이 함께 연장되었으므로, 원고들은 차수별 계약의 연장으로 인한 계약금액 조정절차를 거칠 수 있었고, 총공사기간이 위와 같이 연장된 후에도 차수별 계약을 체결하거나 계약내용을 변경한 것이 701공구의 경우 7회, 702공구의 경우 6회, 703공구의 경우 5회, 704공구의 경우 6회 있었으므로(별지 도표 중 음영으로 표시한 부분이다), 추가 간접공사비를 반영하여 차수별 계약을 체결하거나, 변경계약을 체결할 기회도 있었다.

그럼에도 원고들은 차수별 계약의 연장으로 인한 계약금액 조정절차

138) 이진관, 앞의 글, 335면.

는 거치지 않고, 총괄계약의 공사기간 연장으로 인한 간접공사비를 청구할 예정임을 밝혔다. 심지어 원고 A와 원고 C는 차수별 계약의 연장으로 인한 간접공사비를 청구하지 않겠다는 의사를 명시하였다.

2. 위에서 살펴본 바와 같이 공사계약 일반조건상 공사기간의 연장으로 인한 계약금액의 조정은 차수별 계약을 기준으로 하여야 하므로, 총괄계약에 근거한 원고들의 계약금액 조정청구는 인정될 수 없다.

대상판결이 총괄계약의 성립을 인정하면서도, 총공사금액과 총공사기간의 구속력을 부정하고 잠정적인 효력만 있다고 판시한 것은 아쉬운 측면이 있으나, 공사계약 일반조건의 해석상 총괄계약에 근거한 계약금액 조정은 인정될 수 없으므로, 대상판결이 총공사기간의 연장을 이유로 계약금액을 조정할 수 없다고 판단한 것은 정당하다고 생각한다.

대상판결은 총괄계약을 근거로 한 계약금액 조정의 인정 여부에 관하여 하급심이 일치되지 않았던 상황에서 이에 관한 법리를 정리한 것으로서 그 의의가 있고, 법적 안정성을 제고하고 발주자의 신뢰와 계약상대자 이익의 조화를 시도한 판결이라 평가할 수 있다.

3. 국가계약법령의 계약금액 조정제도에 관하여는 공사계약 일반조건이 아니라 시행령으로 규율해야 한다거나,[139] 조정신청의 시점을 최종차수의 준공대가 수령 전까지로 개정해야 한다는 주장[140]도 제기되어 왔다. 대상판결이 선고된 후, 국회에 장기계속공사에서 총공사기간의 변경을 계약금액 조정사유로 인정하는 국가계약법 개정안이 제출되었다.[141] 이원욱 의원 대표발의안은 계약금액 조정에 관한 국가계약법 제19조 제1항에 장기계속계약에서 계약금액 조정사유로 계약기간의 변경을 명시하면서, 연차별 계약 사이의 공백기간 등을 합산한 총계약기간을 포함한다는 내용을 추가하고, 조정신청의 시점에 관한 제2항을 신설하면서 장기

139) 김기풍, 앞의 글, 121면.
140) 김대규, 앞의 글, 70면.
141) 윤재윤, "[2018년 분야별 중요판례분석] 23. 건설법", 법률신문(2019. 7. 4.).

계속계약의 경우에는 최종 연차별 계약의 대가를 지급받기 전까지 조정 신청을 하면 된다는 내용을 두었다.[142] 윤영석 의원 대표발의안은 국가계약법 제19조에 계약금액 조정사유로서 계약기간의 변경을 명시하면서 장기계속계약에 있어서 총계약기간을 포함한다는 내용을 추가하였다.[143] 대상판결 반대의견의 입장에 따른 위와 같은 법률안이 통과된다면, 국가가 우월적 지위를 행사하여 계약상대자가 정당한 대가를 지급받지 못하게 될 위험이 있다는 대상판결 반대의견의 우려는 입법적으로 해결될 것으로 보인다.

4. 대상판결로 총괄계약에 근거한 계약금액 조정청구가 차단된 이상, 앞으로는 계약기간 연장의 귀책사유의 존부, 계약금액 조정절차의 준수 여부, 계약금액 조정금액의 범위 등을 중심으로 다툼이 있을 것으로 보인다. 또한 계약금액 조정청구의 대안으로 채권자지체에 따른 비용청구가 가능하다는 주장이 있고,[144] 대상판결로 인하여 간접비 청구가 봉쇄됨으로써 부당이득반환청구, 사무관리비용상환청구 등의 대안을 검토할 필요가 있다는 주장도 제기된다.[145] 간접비 사건이 급증하기 시작하면서 하급심 판결이 축적되고 법리 다툼이 활발해졌듯이, 위와 같은 대안적인 청구가 널리 시도된다면, 이에 관한 후속 연구도 필요할 것으로 보인다.

142) 이원욱 의원 발의, "국가를 당사자로 하는 계약에 관한 법률 일부개정법률안", 2018331, (2019. 1. 25.) [계류 중], 5-6면.
143) 윤영석 의원 발의, "국가를 당사자로 하는 계약에 관한 법률 일부개정법률안", 2020221, (2019. 5. 7.) [계류 중], 3면.
144) 김태관, 앞의 글, 298면.
145) 윤재윤, 앞의 글.

## 701공구 계약 체결 및 변경내역

| 구 분 | 변경 횟수 | 계약일 | 변경내용 | 차수 계약금액 | 총공사 계약금액 | 착공일 | 준공일 | 증감액 | 연장 일수 |
|---|---|---|---|---|---|---|---|---|---|
| 총괄 | 최초 | 2004. 12. 30. | | | 114,000,000,000 | 2004. 12. 31. | 2011. 3. 31. | | |
| | 1회 | 2007. 3. 6. | 1회 E/S(물가변동) | | 116,857,000,000 | | | 2,857,000,000 | |
| | 2회 | 2008. 5. 2. | 2회 E/S | | 119,386,000,000 | | | 2,529,000,000 | |
| | 3회 | 2008. 8. 7. | 3회 E/S | | 121,693,000,000 | | | 2,307,000,000 | |
| | 4회 | 2008. 11. 28. | 4회 E/S, CIP삭제, 계남큰길 확장 추가공사, 751정거장 오수집수조 설계변경 | | 127,144,000,000 | | | 5,451,000,000 | |
| | 5회 | 2009. 6. 12. | 5회 E/S | | 129,532,000,000 | | | 2,388,000,000 | |
| | 6회 | 2010. 5. 27. | 경제성 설계심의에 의한 본선터널 라이닝콘크리트 설계변경 | | 129,443,000,000 | | | -89,000,000 | |
| | **7회** | **2011. 2. 28.** | **사업기간 조정에 의한 공사기간 연장** | | **129,443,000,000** | | **2012. 12. 31.** | | **641** |
| | 8회 | 2012. 1. 26. | 6회 E/S 반영 + 설계변경 반영 (추가EV설치취소공사) | | 130,086,000,000 | | | 643,000,000 | |
| | 9회 | 2012. 10. 18. | 7회 E/S 반영 | | 130,360,000,000 | | | 274,000,000 | |
| | 10회 | 2012. 12. 31. | 정산변경으로 인한 설계변경 | | 130,834,000,000 | | | 474,000,000 | |
| | | | | | | | | | |
| 1차 | 최초 | 2004. 12. 30. | | 3,800,000,000 | 114,000,000,000 | 2004. 12. 31. | 2005. 12. 26. | | |
| | 1회 | 2005. 9. 29. | 계약물량조정 (공사구간 변경에 따른 설계변경) | | | | | | |
| | 2회 | 2005. 12. 23. | 계약물량조정 (공사구간 변경에 따른 설계변경) | | | | | | |
| 2차 | 최초 | 2005. 9. 29. | | 4,800,000,000 | 114,000,000,000 | 2005. 10. 4. | 2006. 8. 18. | | |
| | 1회 | 2006. 8. 11. | 계약물량조정 (공사구간 변경에 따른 설계변경) | | | | | | |
| 3차 | 최초 | 2006. 2. 7. | | 10,000,000,000 | 114,000,000,000 | 2006. 2. 9. | 2007. 4. 5. | | |
| | 1회 | 2006. 8. 11. | 계약물량조정 (공사구간 변경에 따른 설계변경) | | | | | | |
| | **2회** | **2007. 1. 30.** | **계약물량조정 (공사구간 변경, 준공기간 단축에 따른설계변경)** | | | | **2007. 2. 28.** | | **-36** |
| 4차 | 최초 | 2006. 11. 13. | | 2,482,000,000 | 114,000,000,000 | 2006. 11. 16. | 2007. 2. 12. | | |
| 5차 | 최초 | 2007. 2. 6. | | 12,000,000,000 | 114,000,000,000 | 2007. 2. 7. | 2008. 2. 2. | | |
| | 1회 | 2007. 3. 6. | 1회 물가변동에 따른 계약금액 조정 공사비: 내역변경 437백만원 감액 물가변동: 437백만원 증액 | | | | | | |
| 6차 | 최초 | 2007. 9. 3. | | 1,000,000,000 | 116,857,000,000 | 2007. 9. 4. | 2007. 11. 3. | | |

| 7차 | 최초 | 2007. 12. 18. | | 538,000,000 | 116,857,000,000 | 2007. 12. 18. | 2008. 2. 6. | | |
|---|---|---|---|---|---|---|---|---|---|
| 8차 | 최초 | 2008. 1. 30. | | 21,000,000,000 | 116,857,000,000 | 2008. 1. 30. | 2009. 1. 29. | | |
| | 1회 | 2008. 5. 2. | 2회 물가변동으로 인한 설계변경 | | | | | | |
| | 2회 | 2008. 8. 7. | 3회 물가변동에 따른 계약금액 조정 및 8차 내역변경 | | | | | | |
| | 3회 | 2008. 11. 28. | 4회 물가변동에 따른 계약금액 조정 및 계남큰길 확장에따른 추가공사 | 22,160,000,000 | | | | 1,160,000,000 | |
| 9차 | 최초 | 2008. 12. 12. | | 5,685,000,000 | 127,144,000,000 | 2008. 12. 12. | 2009. 12. 12. | | |
| | 1회 | 2009. 6. 12. | 5회 물가변동에 따른 계약금액 조정 및 9, 10, 11차 내역변경 | | | | | | |
| 10차 | 최초 | 2008. 12. 31. | | 확인 불가 | 127,144,000,000 | 2008. 12. 30. | 2009. 8. 27. | | |
| | 1회 | 2009. 6. 12. | 5회 물가변동에 따른 계약금액 조정 및 9, 10, 11차 내역변경 | | | | | | |
| 11차 | 최초 | 2009. 2. 27. | | 28,312,000,000 | 127,144,000,000 | 2009. 3. 2. | 2010. 5. 31. | | |
| | 1회 | 2009. 6. 12. | 5회 물가변동에 따른 계약금액 조정 및 9, 10, 11차 내역변경 | | | | | | |
| | 2회 | 2010. 5. 27. | 경제성설계심의에 의한 본선터널 라이닝콘크리트 설계변경, 11, 12차 내역변경 | | | | | | |
| 12차 | 최초 | 2010. 2. 9. | | 20,000,000,000 | 129,532,000,000 | 2010. 2. 19. | 2011. 2. 28. | | |
| | 1회 | 2010. 5. 27. | 경제성설계심의에 의한 본선터널 라이닝콘크리트 설계변경, 11, 12차 내역변경 | | | | | | |
| | **2회** | **2011. 2. 28.** | **사업기간 조정에 의한 공사기간 연장** | | | | **2011. 9. 30.** | | **214** |
| | 3회 | 2011. 9. 26. | 계약물량조정 (공사구간 조정으로 인한 설계변경) | | | | | | |
| 13차 | 최초 | 2011. 4. 30. | | 12,965,000,000 | 129,443,000,000 | 2011. 4. 30. | 2012. 2. 28. | | |
| | 1회 | 2011. 9. 26. | 공정 진행에 의한 세부공정 조정 | | | | | | |
| | 2회 | 2012. 1. 26. | 6회 E/S, 반영, 물량조절, 설계변경반영 (추가EV설치취소공사) | 13,072,000,000 | | | | 107,000,000 | |
| 14차 | 최초 | 2012. 3. 6. | | 3,838,000,000 | 130,086,000,000 | 2012. 3. 7. | 2012. 12. 31. | | |
| | 1회 | 2012. 10. 18. | 7회 물가변동으로 인한 설계변경 | | | | | | |
| | 2회 | 2012. 12. 31. | 정산변경으로 인한 설계변경 계약금액: 4,586백만원 | 4,586,000,000 | | | | 748,000,000 | |

## 702공구 계약 체결 및 변경내역

| 구 분 | 변경 횟수 | 계약일 | 변경내용 | 차수 계약금액 | 총공사 계약금액 | 착공일 | 준공일 | 증감액 | 연장 일수 |
|---|---|---|---|---|---|---|---|---|---|
| 총괄 | 최초 | 2004. 12. 30. | | | 157,000,000,000 | 2004. 12. 31. | 2011. 3. 31. | | |
| | 1회 | 2007. 3. 16. | 1회 E/S | | 161,410,000,000 | | | 4,410,000,000 | |
| | 2회 | 2008. 2. 19. | 2회 E/S | | 165,420,000,000 | | | 4,010,000,000 | |
| | 3회 | 2008. 8. 20. | 3회 E/S | | 169,794,900,000 | | | 4,374,900,000 | |
| | 4회 | 2008. 12. 4. | 4회 E/S | | 175,049,300,000 | | | 5,254,400,000 | |
| | 5회 | 2009. 7. 20. | 5회 E/S + 공사손해보험료 추가 | | 178,754,000,000 | | | 3,704,700,000 | |
| | **6회** | **2011. 3. 4.** | **사업기간 조정에 의한 공사기간 연장** | | **178,754,000,000** | | **2012. 12. 31.** | | **641** |
| | 7회 | 2011. 9. 28. | 6회 E/S + 고가차도 삭제 | | 173,954,000,000 | | | -4,800,000,000 | |
| | 8회 | 2012. 2. 27. | 7회, 8회 E/S | | 175,618,000,000 | | | 1,664,000,000 | |
| | 9회 | 2012. 12. 31. | 설계정산 | | 174,181,000,000 | | | -1,437,000,000 | |
| | | | | | | | | | |
| 1차 | 최초 | 2004. 12. 30. | | 4,000,000,000 | 157,000,000,000 | 2004. 12. 31. | 2005. 12. 26. | | |
| | 1회 | 2005. 9. 4. | 계약물량 조정 | | | | | | |
| 2차 | 최초 | 2005. 9. 29. | | 4,900,000,000 | 157,000,000,000 | 2005. 9. 29. | 2006. 7. 31. | | |
| | **1회** | **2006. 7. 2.** | **공사기간 연장** | | | | **2006. 12. 31.** | | **153** |
| | 2회 | 2006. 12. 13. | 계약물량 조정 | | | | | | |
| 3차 | 최초 | 2006. 4. 6. | | 15,493,000,000 | 157,000,000,000 | 2006. 4. 7. | 2007. 6. 1. | | |
| | 1회 | 2007. 3. 16. | 계약물량 조정 | | | | | | |
| 4차 | 최초 | 2007. 3. 29. | | 17,300,000,000 | 161,410,000,000 | 2007. 3. 30. | 2008. 3. 29. | | |
| | 1회 | 2008. 2. 19. | 2회 E/S 물량조정 | | | | | | |
| 5차 | 최초 | 2008. 2. 28. | | 28,000,000,000 | 165,420,000,000 | 2008. 2. 29. | 2009. 2. 28. | | |
| | 1회 | 2008. 8. 20. | 물량조정 | | | | | | |
| | 2회 | 2008. 12. 4. | 물량조정 | | | | | | |
| 6차 | 최초 | 2008. 12. 31. | | 3,000,000,000 | 165,420,000,000 | 2009. 1. 5. | 2009. 9. 2. | | |
| 7차 | 최초 | 2009. 3. 5. | | 39,600,000,000 | 175,049,300,000 | 2009. 3. 6. | 2010. 4. 30. | | |
| | 1회 | 2009. 7. 20. | 물량조정 | | | | | | |
| | 2회 | 2010. 4. 28. | 물량조정 | | | | | | |
| 8차 | 최초 | 2010. 2. 16. | | 35,030,000,000 | 178,754,000,000 | 2010. 2. 19. | 2011. 3. 31. | | |
| | 1회 | 2010. 4. 28. | 물량조정 | | | | | | |
| | **2회** | **2011. 3. 4.** | **공사기간 연장** | | | | **2011. 9. 30.** | | **183** |
| | 3회 | 2011. 9. 28. | 6회 E/S + 고가차도 삭제 | 30,457,000,000 | | | | -4,573,000,000 | |
| 9차 | 최초 | 2011. 5. 3. | | 19,789,000,000 | 178,754,000,000 | 2011. 5. 3. | 2012. 2. 28. | | |
| | 1회 | 2011. 9. 28. | 6회 E/S + 부대시설 이설 | 19,174,000,000 | | | | -615,000,000 | |
| | 2회 | 2012. 2. 27. | 7, 8회 E/S + 지장물 이설지연 | 18,770,000,000 | | | | -404,000,000 | |
| 10차 | 최초 | 2012. 3. 8. | | 12,868,000,000 | 175,618,000,000 | 2012. 3. 9. | 2012. 12. 31. | | |
| | 1회 | 2012. 12. 31. | 설계정산 | 11,431,000,000 | | | | -1,437,000,000 | |

## 703공구 계약 체결 및 변경내역

| 구 분 | 변경 횟수 | 계약일 | 변경내용 | 차수 계약금액 | 총공사 계약금액 | 착공일 | 준공일 | 증감액 | 연장 일수 |
|---|---|---|---|---|---|---|---|---|---|
| 총괄 | 최초 | 2004. 12. 30. | | | 163,000,000,000 | 2004. 12. 31. | 2011. 3. 31. | | |
| | 1회 | 2007. 2. 1. | 1회 E/S | | 167,667,000,000 | | | 4,667,000,000 | |
| | 2회 | 2008. 6. 3. | 2회 E/S | | 171,653,000,000 | | | 3,986,000,000 | |
| | 3회 | 2008. 7. 29. | 3회 E/S | | 175,655,000,000 | | | 4,002,000,000 | |
| | 4회 | 2008. 10. 31. | 4회 E/S | | 180,654,000,000 | | | 4,999,000,000 | |
| | 5회 | 2009. 4. 13. | 5회 E/S | | 184,777,000,000 | | | 4,123,000,000 | |
| | **6회** | **2011. 2. 28.** | **계약기간 연장** | | **184,777,000,000** | | **2012. 12. 31.** | | **641** |
| | 7회 | 2011. 5. 6. | 6회 E/S | | 185,751,000,000 | | | 974,000,000 | |
| | 8회 | 2011. 12. 22. | 7회 E/S | | 186,765,000,000 | | | 1,014,000,000 | |
| | 9회 | 2012. 12. 31. | 8회 E/S 및 정산설계변경 | | 185,407,000,000 | | | -1,358,000,000 | |
| | | | | | | | | | |
| 1차 | 최초 | 2004. 12. 30. | | 4,000,000,000 | 163,000,000,000 | 2004. 12. 31. | 2005. 12. 26. | | |
| | **1회** | **2005. 11. 30.** | **공사기한 연기 및 설계변경** | | | | **2006. 3. 31.** | | **95** |
| 2차 | 최초 | 2005. 12. 14. | | 5,252,000,000 | 163,000,000,000 | 2005. 12. 14. | 2006. 6. 12. | | |
| 3차 | 최초 | 2006. 2. 7. | | 16,000,000,000 | 163,000,000,000 | 2006. 2. 7. | 2007. 2. 2. | | |
| | 1회 | 2006. 12. 21. | 내역변경 | | | | | | |
| 4차 | 최초 | 2007. 2. 6. | | 17,300,000,000 | 167,667,000,000 | 2007. 2. 6. | 2008. 2. 1. | | |
| | 1회 | 2007. 6. 13. | 내역변경 | | | | | | |
| | 2회 | 2008. 1. 18. | 설계변경으로 인한 물량조정 | | | | | | |
| 5차 | 최초 | 2007. 10. 1. | | 1,100,000,000 | 167,667,000,000 | 2007. 10. 2. | 2007. 12. 31. | | |
| 6차 | 최초 | 2008. 2. 4. | | 30,000,000,000 | 167,667,000,000 | 2008. 2. 4. | 2009. 2. 3. | | |
| | 1회 | 2008. 6. 3. | 물가변동으로 인한 계약물량 조정 | | | | | | |
| | 2회 | 2008. 7. 29. | 물가변동으로 인한 계약물량 조정 | | | | | | |
| | 3회 | 2008. 10. 31. | 물가변동으로 인한 계약물량 조정 | | | | | | |
| | **4회** | **2009. 1. 7.** | **설계변경으로 인한 공기연장 등** | | | | **2009. 5. 3.** | | **89** |
| | 5회 | 2009. 4. 13. | 물가변동으로 인한 계약물량 조정 | | | | | | |
| 7차 | 최초 | 2009. 3. 5. | | 45,990,000,000 | 180,654,000,000 | 2009. 3. 5. | 2010. 5. 31. | | |
| | 1회 | 2009. 4. 13. | 물가변동으로 인한 계약물량 조정 | | | | | | |
| | 2회 | 2010. 2. 2. | 공사구간변경으로 인한 물량 조정 | | | | | | |
| 8차 | 최초 | 2010. 2. 10. | | 35,000,000,000 | 184,777,000,000 | 2010. 2. 19. | 2011. 2. 28. | | |
| | **1회** | **2011. 2. 28.** | **현장상태와 설계서의 상이로 인한 설계변경, 공사기간 연장 등** | | | | **2011. 6. 30.** | | **122** |
| | 2회 | 2011. 5. 6. | 물가변동으로 인한 계약물량 조정 | | | | | | |
| 9차 | 최초 | 2011. 5. 23. | | 21,050,000,000 | 185,751,000,000 | 2011. 5. 25. | 2012. 2. 28. | | |
| | 1회 | 2011. 12. 22. | 물가변동으로 인한 계약물량 조정 | | | | | | |
| 10차 | 최초 | 2012. 3. 5. | | 11,073,000,000 | 186,765,000,000 | 2012. 3. 6. | 2012. 12. 31. | | |
| | 1회 | 2012. 12. 31. | 8회 ESC 반영 및 정산설계변경 | 9,715,000,000 | | | | -1,358,000,000 | |

## 704공구 계약 체결 및 변경내역

| 구 분 | 변경 횟수 | 계약일 | 변경내용 | 차수 계약금액 | 총공사 계약금액 | 착공일 | 준공일 | 증감액 | 연장 일수 |
|---|---|---|---|---|---|---|---|---|---|
| 총괄 | 최초 | 2004. 12. 30. | | | 183,124,000,000 | 2004. 12. 31. | 2011. 3. 31. | | |
| | 1회 | 2007. 1. 31. | 1회 E/S | | 188,473,000,000 | | | 5,349,000,000 | |
| | 2회 | 2008. 6. 19. | 2회 E/S | | 193,234,000,000 | | | 4,761,000,000 | |
| | 3회 | 2008. 8. 4. | 3회 E/S | | 197,648,000,000 | | | 4,414,000,000 | |
| | 4회 | 2008. 10. 31. | 4회 E/S | | 203,204,000,000 | | | 5,556,000,000 | |
| | 5회 | 2009. 4. 24. | 5회 E/S | | 207,475,000,000 | | | 4,271,000,000 | |
| | 6회 | 2009. 9. 16. | 6회 E/S | | 203,687,000,000 | | | -3,788,000,000 | |
| | 7회 | 2010. 6. 29. | 7회 E/S | | 205,491,000,000 | | | 1,804,000,000 | |
| | **8회** | **2011. 3. 11.** | **계약기간 변경** | | **205,491,000,000** | | **2012. 12. 31.** | | **641** |
| | 9회 | 2011. 6. 24. | 8회 E/S | | 206,614,000,000 | | | 1,123,000,000 | |
| | 10회 | 2012. 11. 11. | 9회 E/S | | 207,489,000,000 | | | 875,000,000 | |
| | 11회 | 2012. 12. 30. | 10회 E/S | | 208,049,000,000 | | | 560,000,000 | |
| | | | | | | | | | |
| 1차 | 최초 | 2004. 12. 30. | | 4,000,000,000 | 183,124,000,000 | 2004. 12. 31. | 2005. 12. 26. | | |
| | 1회 | 2005. 11. 21. | 공사구간 변경으로 인한 내역 변경 | | | | | | |
| 2차 | 최초 | 2005. 12. 6. | | 4,850,000,000 | 183,124,000,000 | 2005. 12. 7. | 2006. 6. 5. | | |
| 3차 | 최초 | 2006. 2. 9. | | 18,420,000,000 | 183,124,000,000 | 2006. 2. 10. | 2007. 2. 5. | | |
| | 1회 | 2007. 1. 31. | 1회 물가변동 반영으로 인한 공사물량 조정 | | | | | | |
| 4차 | 최초 | 2007. 2. 5. | | 20,019,000,000 | 188,473,000,000 | 2007. 2. 5. | 2008. 1. 31. | | |
| | 1회 | 2008. 1. 28. | 설계변경으로 인한 물량 조정 | | | | | | |
| 5차 | 최초 | 2007. 11. 1. | | 1,701,796,000 | 188,473,000,000 | 2007. 11. 2. | 2008. 1. 31. | | |
| 6차 | 최초 | 2008. 1. 31. | | 33,110,000,000 | 188,473,000,000 | 2008. 1. 31. | 2009. 1. 30. | | |
| | 1회 | 2008. 6. 19. | 2회 물가변동 반영으로 인한 공사물량 조정 | | | | | | |
| | 2회 | 2008. 8. 4. | 3회 물가변동 반영으로 인한 공사물량 조정 | | | | | | |
| | 3회 | 2008. 10. 31. | 4회 물가변동 반영으로 인한 공사물량 조정 | | | | | | |
| 7차 | 최초 | 2008. 11. 25. | | 4,250,000,000 | 203,204,000,000 | 2008. 11. 25. | 2009. 6. 22. | | |
| | 1회 | 2009. 4. 24. | 5회 물가변동 반영으로 인한 공사물량 조정 | | | | | | |

| | | | | | | | | | |
|---|---|---|---|---|---|---|---|---|---|
| 8차 | 최초 | 2009. 3. 3. | | 61,150,000,000 | 203,204,000,000 | 2009. 3. 3. | 2010. 6. 30. | | |
| | 1회 | 2009. 4. 24. | 5회 물가변동 반영으로 인한 공사물량 조정 | | | | | | |
| | 2회 | 2009. 9. 16. | 6회 물가변동 반영으로 인한 공사물량 조정 | | | | | | |
| | 3회 | 2010. 6. 29. | 7회 물가변동 반영으로 인한 공사물량 조정 | | | | | | |
| 9차 | 최초 | 2010. 2. 10. | | 24,797,000,000 | 203,687,000,000 | 2010. 2. 19. | 2011. 3. 31. | | |
| | 1회 | 2010. 6. 29. | 7회 물가변동 반영으로 인한 공사물량 조정 | | | | | | |
| | **2회** | **2011. 3. 11.** | **사어빅간 조정에 따른 공기연장(절대공기 514일 반영)** | | | | **2011. 6. 30.** | | **91** |
| | 3회 | 2011. 6. 24. | 8회 물가변동 반영으로 인한 공사물량 조정 | | | | | | |
| 10차 | 최초 | 2011. 4. 13. | | 23,389,000,000 | 205,491,000,000 | 2011. 4. 13. | 2012. 2. 26. | | |
| | 1회 | 2011. 6. 24. | 8회 물가변동 반영으로 인한 공사물량 조정 | | | | | | |
| | 2회 | 2012. 1. 11. | 9회 물가변동 반영으로 인한 공사물량 조정 | | | | | | |
| 11차 | 최초 | 2012. 3. 5. | | 11,802,000,000 | | 2012. 3. 7. | 2012. 12. 31. | | |
| | 1회 | 2012. 12. 30. | 10회 물가변동 및 공사물량 변경으로 인한 계약금액 조정 | 12,362,000,000 | | | | 560,000,000 | |

[Abstract]

# If the total construction period in the long-term continuing construction contract is extended, whether adjustment of contract price based on the overall contract is acceptable

Jun, Jae Hyun*

Long-term continuing construction contracts made under 'Act on Contracts to which the State is a Party' have a dual structure of overall contract and annual contracts. If the total construction period planned in the long-term continuing construction contract is extended, there was a controversy over whether it is possible to claim overhead cost for the extended construction period by insisting adjustment of contract price due to changes in the terms of contract.

The Majority Opinion of Supreme Court of Korea, Decision of 30 October 2018, 2014Da235189 states that the adjustment of the contract price cannot be accepted even if the total construction period has been extended, since the total construction price and the total construction period of the overall contract are provisional standard for concluding each annual contracts and they do not have conclusive binding force. The Dissenting Opinion states that the adjustment of the contract price due to extension of the total construction period can be recognized since the total construction period of the long-term continuing construction contract has binding force.

Since the overall contract is established by agreement of the parties, it can be considered that the total construction price and the total construction

* Judge, Jeongeup Branch Court of Jeonju District Court.

period are binding. But it is reasonable to deny the adjustment of the contract price due to extension of the total construction period by interpreting the terms of General Conditions of Construction Contract.

While the Majority Opinion acknowledged the conclusion of the overall contract, it is regrettable that the Majority Opinion ruled the total construction price and the total construction period have only provisional effect which is not binding. However, the adjustment of the contract price based on overall contract cannot be recognized by the interpretation of the terms of contract, it is fair that the Majority Opinion denied the adjustment of the contract price due to extension of the total construction period.

The decision can be evaluated as a judgment that cleared the inconsistency among the decisions on Trial and Appellate Courts whether to acknowledge the adjustment of the contract price based on overall contract, and attempted to improve the legal stability and harmonize the trust of the owner of the construction project with the interest of the counterparty to a contract.

[Key word]

- long-term continuing contract
- long-term continuing construction contract
- overall contract
- annual contract
- extension of the total construction period
- adjustment of contract price
- overhead cost

## 참고문헌

[단 행 본]

건설재판실무편람 집필위원회, 건설재판실무편람, 법원행정처(2014).

곽윤직, 채권각론[민법강의 Ⅳ](제5판), 박영사(2005).

곽윤직 편집대표, 민법주해[Ⅱ]—총칙(2), 박영사(1992).

______, 민법주해[XIII]—채권(6), 박영사(1997).

곽윤직 · 김재형, 민법총칙[민법강의 Ⅰ](제9판), 박영사(2013).

길기관, 건설분쟁의 쟁점과 해법(제2판), 진원사(2016).

김성근, 정부계약법 해설Ⅰ, 건설경제(2013).

______, 정부계약법 해설Ⅱ, 건설경제(2013).

김홍준, 건설재판실무(제2판), 도서출판 유로(2017).

박성동 · 박창규 · 류남욱, 국가계약법령 해설 및 유권해석, 건설경제(2011).

배태민, 건설분쟁실무, 진원사(2011).

법무법인(유한) 태평양 건설부동산팀, 주석국가계약법, 박영사(2017).

법무법인(유) 화우, 건설소송실무(제3판), 법무법인(유) 화우(2017).

양창수 · 김재형, 민법Ⅰ 계약법(제2판), 박영사(2015).

윤재윤, 건설분쟁관계법(제7판), 박영사(2018).

이범상, 건설관련소송(제3판), 법률문화원(2010).

정 원, 공공조달계약법Ⅰ(제4판), 법률문화원(2016).

______, 공공조달계약법Ⅱ(제4판), 법률문화원(2016).

지원림, 민법강의(제5판), 홍문사(2007).

최재건, 국가계약법, 청림출판(2006).

[논 문]

계승균, "정부계약법상 계약금액조정제도", 경영법률 제16집 제2호(2006. 4.), 한국경영법률학회.

권영준, "2017년 민법 판례 동향", 서울대학교 법학 제59권 제1호(2018. 3.).

______, "2018년 민법 판례 동향", 서울대학교 법학 제60권 제1호(2019. 3.).

김기풍, "장기계속공사계약과 계약금액조정제도-광주지방법원 2009. 8. 28. 선고 2008가합9084 판결을 중심으로-", 광주지방법원 재판실무연구(2011).
김대규 · 유선봉, "공공계약 금액 조정에 따른 법적 쟁점 연구", 공공사회연구 6(4), 한국공공사회학회(2016. 11.).
김재형, "법률행위 내용의 확정과 그 기준", 민법론 I, 박영사(2004).
김지건, "국가계약법상 물가변동에 따른 계약금액 조정규정의 적용을 배제한 특약의 효력", 민사판례연구[XLI], 박영사(2019).
김태관, "공사계약일반조건상 공기연장에 따른 비용청구권에 관한 소고 -채권자지체와의 비교검토를 중심으로-", 동아법학 제78호(2018. 2.).
김태형, "간접비 소송의 주요 쟁점", 변호사 제49집(2017. 1.), 서울지방변호사회.
박성완, "장기계속공사계약의 공기연장과 추가간접공사비에 대한 소고: 추가간접공사비 청구에 대한 하급심 판결을 중심으로", 고려법학 제89호(2018. 6.).
박양호, "공사기간 연장에 따른 추가간접비 실무적 쟁점과 제언", 중재 제340호(2013 가을/겨울), 대한상사중재원.
송권 · 방이엽 · 정찬묵, "철도건설사업 공사기간 연장에 따른 간접비 소송의 쟁점 고찰", 한국철도학회 논문집 21(5)(2018. 6.).
윤진수, "계약 해석의 방법에 관한 국제적 동향과 한국법", 민법논고 I, 박영사(2007).
______, "법의 해석과 적용에서 경제적 효율의 고려는 가능한가?", 서울대학교 법학 제50권 제1호(2009. 3.).
윤진수 · 이동진, "계약법의 법경제학", 민법논고 VI, 박영사(2015).
이동훈, "민간투자사업에서의 공기연장으로 인한 간접비 문제에 관한 소고", 법학논총 제33집 제3호(2016).
이상호, "장기계속계약제도의 문제점과 개선방안", 건설산업동향 제7호(1996. 10. 28.), 한국건설산업연구원.
이진관, "구 국가를 당사자로 하는 계약에 관한 법률 제21조에 따른 장기계속공사계약에서 총공사기간이 최초로 부기한 공사기간보다 연장된 경우, 공사기간이 변경된 것으로 보아 계약금액 조정을 인정할 수 있는지 여부(소극)", 대법원 판례해설 제117호(2018년 하), 법원도서관.
정기창 · 이재섭, "장기계속계약공사의 공기연장 추가간접비 산정 개선방안", 한국건설관리학회 논문집 제18권 제2호(2017. 3.).

[학위논문]

구정택, "정부조달계약 상 장기공사계약-장기계약 개념을 기초로-", 석사학위 논문, 고려대학교(2011).

김대규, "공공계약에서 발주자의 지시로 인한 공기연장에 따른 법률관계에 관한 연구", 석사학위 논문, 광운대학교(2013).

김 춘, "공공건설공사 공사기간 연장에 따른 계약금액변경에 관한 연구", 석사학위 논문, 광운대학교(2017).

성기강, "공공공사계약에서 간접비 등 청구 사건의 법적 쟁점에 관한 연구-서울도시철도 7호선 사건을 중심으로-", 석사학위 논문, 광운대학교(2013).

송 권, "장기계속공사계약의 도입 목적에 대한 고찰", 박사학위 논문, 우송대학교(2018).

신영철, "공기연장으로 인한 추가비용 산정방법 개선방안", 박사학위 논문, 동국대학교(2012).

이상우, "공공공사에서의 공사기간연장에 관한 법적연구", 석사학위 논문, 광운대학교(2012).

이장원, "건설공사 공기연장시 설계변경에 의한 계약금액 조정 가능성 연구", 석사학위 논문, 한양대학교(2017).

[법 률 안]

윤영석 의원 발의, "국가를 당사자로 하는 계약에 관한 법률 일부개정법률안", 2020221, (2019. 5. 7.) [계류 중].

이원욱 의원 발의, "국가를 당사자로 하는 계약에 관한 법률 일부개정법률안", 2018331, (2019. 1. 25.) [계류 중].

[보 고 서]

사단법인 건설경제연구원, "건설공사 공기연장에 따른 간접비용 관련 연구" [용역보고서], 국토교통부(2014. 9.).

법무법인(유) 율촌, "장기계속공사계약의 헌법 합치 여부 및 개선방안" [연구보고서], 기획재정부(2013).

[신문기사]

권영준, "[2018년 분야별 중요판례분석] 4. 민법(下)", 법률신문(2019. 2. 7.).

윤재윤, "[2018년 분야별 중요판례분석] 23. 건설법", 법률신문(2019. 7. 4.).

이계정, "[2017년 분야별 중요판례분석] 3. 민법(上)", 법률신문(2018. 3. 15.).

# 시효중단을 위한 재소(再訴) 및 새로운 방식의 확인소송에 대한 고찰

강 동 훈*

## 요 지

대법원은 2018년 하반기에 시효중단을 위한 재판상 청구에 관하여 2차례에 걸쳐 전원합의체 판결을 내렸다. 먼저 시효중단을 위한 재소(再訴)가 허용된다는 기존 법리를 재확인하는 제1 대상판결을 내렸는데, 이에 대해서는 기판력에 저촉된다거나 채권의 한시성, 시효제도의 취지에 반한다면서 권리보호이익의 이익이 부정되어야 한다는 반대의견이 있었다. 그러나 기판력의 본질에 관하여 판례가 따르는 모순금지설을 일관되게 적용하면 시효중단을 위한 재소가 기판력에 저촉되거나, 기판력에 예외에 해당한다고 볼 수 없다. 나아가 한시성을 채권의 본질로 볼 수 없고, 시효중단을 위한 재소가 시효제도의 취지에 반한다고도 볼 수 없다. 이에 시효중단을 위한 재소는 적법하다.

흥미롭게도 얼마 지나지 않아 대법원은 시효중단을 위한 재소에 문제가 많다면서 시효중단을 위한 재소 이외에 시효중단을 위한 재판상 청구가 있다는 점에 대해서만 확인을 구하는 '새로운 방식의 확인소송'도 허용된다는 제2 대상판결을 내렸다. 그러나 새로운 방식의 확인소송은 그 개념, 소송물, 청구원인이 명확하지 아니하고, 확인의 소의 대상이 될 수 없는 사실을 그 대상으로 한다는 문제가 있다. 나아가 새로운 방식의 확인소송은 확인의 이익이 없으며, 시효중단 사유 중 하나인 재판상 청구로도 볼 수 없다.

제2 대상판결의 다수의견은 시효중단을 위한 재소에 문제가 많다고 하나

* 제주지방법원 판사.

이에 대해서도 수긍할 수 없다. 그리고 채권자가 새로운 방식의 확인소송을 시효중단을 위한 재소와 선택적으로 제기할 수 있는 이상, 새로운 방식의 확인소송 도입이 시효중단을 위한 재소에 존재하는 문제를 해결할 수 있는 방안이 되기도 부족하다.

어쨌든 새로운 방식의 확인소송이 도입되었고 실무상 활용이 예상된다는 점에서, 본 글에서는 새로운 방식의 확인소송의 주문 형태, 사물·토지 관할, 새로운 방식의 확인소송이 판결과 같은 효력이 있는 것에 의해 확정된 채권의 시효중단을 위해서도 제기될 수 있는지, 시효기간이 경과한 뒤에 제기된 경우의 처리 등 예상되는 실무상 문제에 대해서도 검토해 보았다.

[주 제 어]
- 시효중단을 위한 재소
- 새로운 방식의 확인소송
- 소멸시효
- 소멸시효중단
- 재판상 청구
- 기판력
- 모순금지설
- 소의 이익
- 권리보호이익
- 확인의 이익
- 확인의 대상

## 제1 대상판결 : 대법원 2018. 7. 19. 선고 2018다22008 전원합의체 판결
## 제2 대상판결 : 대법원 2018. 10. 18. 선고 2015다232316 전원합의체 판결

[대상판결의 요지]

1. 대법원 2018. 7. 19. 선고 2018다22008 전원합의체 판결

–쟁점: 확정판결에 의한 채권의 소멸시효기간인 10년의 경과가 임박한 경우, 시효중단을 위한 재소(再訴)에 소의 이익이 있는지 여부

가. 다수의견

확정된 승소판결에는 기판력이 있으므로, 승소확정판결을 받은 당사자가 그 상대방을 상대로 다시 승소확정판결의 전소(前訴)와 동일한 청구의 소를 제기하는 경우 그 후소(後訴)는 권리보호의 이익이 없어 부적법하다. 하지만 예외적으로 확정판결에 의한 채권의 소멸시효기간인 10년의 경과가 임박한 경우에는 그 시효중단을 위한 소는 소의 이익이 있다.[1)]

대법원은 종래 확정판결에 의한 채권의 소멸시효기간인 10년의 경과가 임박한 경우에는 그 시효중단을 위한 재소는 소의 이익이 있다는 법리를 유지하여 왔다. 이러한 법리는 현재에도 여전히 타당하다. 다른 시효중단사유인 압류 · 가압류나 승인 등의 경우 이를 1회로 제한하고 있지 않음에도 유독 재판상 청구의 경우만 1회로 제한되어야 한다고 보아야 할 합리적인 근거가 없다. 또한 확정판결에 의한 채무라 하더라도 채무자가 파산이나 회생제도를 통해 이로부터 전부 또는 일부 벗어날 수 있는 이상, 채권자에게는 시효중단을 위한 재소를 허용하는 것이 균형에 맞다.

나. 반대의견

다수의견은 판결로 확정된 채권이 변제 등으로 만족되지 않는 한 시효로 소멸되는 것은 막아야 한다는 것을 당연한 전제로 하고 있는데, 이는 채권의 소멸과 소멸시효제도를 두고 있는 민법의 기본 원칙과 확정판결의 기판력을 인정하는 민사소송의 원칙에 반하므로 동의할 수 없고, 다수의견이 따르고 있는 종전 대법원판례는 변경되어야 한다.

① 소멸시효가 완성하면 채권은 소멸한다. 채권은 '소멸'을 전제로 하는 한시성을 기본적 성질로 하고 있고, 민법은 만족되지 않은 채권의 소멸도 인

1) 대법원이 상당 기간 유지해 온 법리를 재차 확인하는 판시이다.

정하고 있으므로, 소멸시효제도를 해석하고 적용함에 있어 만족되지 않은 채권이 소멸되는 것은 막아야 하고 이를 위해 채권이 만족될 때까지 존속기간을 연장해야 한다는 당위성이 인정되는 것은 아니다. 오히려 채권이 만족될 때까지 시효소멸을 방지해야 한다는 다수의견은 채권의 본질과 민법 규정에 어긋난다.

② 민법이 소멸시효와 시효중단 제도를 두고 있는 취지에 비추어 보면, 판결이 확정된 채권의 시효기간을 10년으로 정하고 있는 제165조 제1항과 '청구'를 시효중단사유로 규정하고 있는 제168조 제1호의 두 규정을 무한히 반복, 순환하면서 영원히 소멸하지 않는 채권을 상정하고 있다고 볼 수 없다. 그러나 다수의견에 따르면 1년의 단기소멸시효에 해당하는 채권도 10년마다 주기적으로 소송을 제기하여 판결을 받으면 영구적으로 존속하는 채권이 될 수 있다. 이러한 결론은 소멸시효제도를 두고 있는 우리 민법이 의도한 결과라고 할 수 없다.

③ 민사소송법상 이미 이행판결을 선고받아 유효한 집행권원을 가지고 있는 원고에게 다시 동일한 소송을 제기할 법적 이익은 인정되지 않는다. 민법이 제170조를 둠으로써 이러한 민사소송법의 원칙을 전제로 하여 적법한 재판상 청구만 시효중단사유로 삼은 이상, 승소의 확정판결이 이미 존재한다면 그 기판력 때문에 재판상 청구는 다시 주장할 수 없는 시효중단사유라고 보는 것이 논리적으로도 일관성이 있다.

④ 시효중단사유 중 승인은 채무자가 자신의 채무를 이행하겠다는 의사이므로 이를 제한할 이유는 없다. 이와 달리 이미 유효한 압류, 가압류, 가처분이 있다면 이와 동일한 신청을 중복하여 제기하는 것은 부적법하므로 허용되지 않는다. 또한 민법은 제174조에서 최고를 아무리 여러 번 하더라도 시효중단의 효력을 반복적으로 인정하지 않겠다고 단호히 선언하고 있다. 이러한 점에서 시효중단을 위한 재소를 허용하지 않는 것이 민법 제168조에서 정한 다른 시효중단사유와 재판상 청구를 달리 취급하는 것이 아니다.

⑤ 시효중단을 위한 재소를 허용하여 영구적으로 소멸하지 않는 채권의 존재를 인정하게 되면, 각종 채권추심기관의 난립과 횡행을 부추겨 충분한 변제능력이 없는 경제적 약자가 견뎌야 할 채무의 무게가 더욱 무거워지는 사회적 문제도 따른다.

2. 대법원 2018. 10. 18. 선고 2015다232316 전원합의체 판결

–쟁점: 시효중단을 위한 후소로서 전소 판결로 확정된 채권의 시효를 중단시키기 위한 재판상의 청구가 있다는 점에 대하여만 확인을 구하는 형태의 '새로운 방식의 확인소송'이 허용되는지 여부

가. 다수의견

종래 대법원은 시효중단사유로서 재판상의 청구에 관하여 반드시 권리 자체의 이행청구나 확인청구로 제한하지 않을 뿐만 아니라, 권리자가 재판상 그 권리를 주장하여 권리 위에 잠자는 것이 아님을 표명한 것으로 볼 수 있는 때에는 널리 시효중단사유로서 재판상의 청구에 해당하는 것으로 해석하여 왔다. 이와 같은 법리는 이미 승소확정판결을 받은 채권자가 그 판결상 채권의 시효중단을 위해 후소를 제기하는 경우에도 동일하게 적용되므로, 채권자가 전소로 이행청구를 하여 승소확정판결을 받은 후 그 채권의 시효중단을 위한 후소를 제기하는 경우, 후소의 형태로서 항상 전소와 동일한 이행청구만이 시효중단사유인 '재판상의 청구'에 해당한다고 볼 수는 없다.

시효중단을 위한 이행소송은 다양한 문제를 야기한다. 그와 같은 문제들의 근본적인 원인은 시효중단을 위한 후소의 형태로 전소와 소송물이 동일한 이행소송이 제기되면서 채권자가 실제로 의도하지도 않은 청구권의 존부에 관한 실체 심리를 진행하는 데에 있다. 채무자는 그와 같은 후소에서 전소 판결에 대한 청구이의사유를 조기에 제출하도록 강요되고 법원은 불필요한 심리를 해야 한다. 채무자는 이중집행의 위험에 노출되고, 실질적인 채권의 관리·보전비용을 추가로 부담하게 되며 그 금액도 매우 많은 편이다. 채권자 또한 자신이 제기한 후소의 적법성이 10년의 경과가 임박하였는지 여부라는 불명확한 기준에 의해 좌우되는 불안정한 지위에 놓이게 된다.

위와 같은 종래 실무의 문제점을 해결하기 위해서, 시효중단을 위한 후소로서 이행소송 외에 전소 판결로 확정된 채권의 시효를 중단시키기 위한 조치, 즉 '재판상의 청구'가 있다는 점에 대하여만 확인을 구하는 형태의 '새로운 방식의 확인소송'이 허용되고, 채권자는 두 가지 형태의 소송 중 자신의 상황과 필요에 보다 적합한 것을 선택하여 제기할 수 있다고 보아야 한다.

나. 반대의견

시효중단을 위한 재소로서 이행소송 외에 '새로운 방식의 확인소송'도 허

용되어야 한다는 입장은 받아들일 수 없다.

다수의견이 지적하는 것처럼 이행소송을 허용하는 현재 실무의 폐해가 크다고 보기 어렵다. 또한 새로운 방식의 확인소송에는 법리적으로 적지 않은 문제점이 있고, 이행소송 외에 굳이 이를 허용할 실익이나 필요도 크지 않아 보인다.

시효중단을 위한 재소로서의 이행소송은 대법원판결을 통해 허용된 이래 30년 이상 실무로 정착되었고 그동안 큰 문제점이나 혼란도 없었다. 최근 대법원판결에서도 이러한 인식에 기초하여 이행소송이 허용됨을 재확인하였다. 이러한 상황에서 새삼스레 이행소송에 여러 문제가 있다고 주장하면서 굳이 새로운 방식의 확인소송이라는 낯설고 설익은 소송형태를 추가하여, 법적 안정성을 해치고 당사자의 편리보다는 혼란만 가중시키는 결과를 초래하지 않을까 염려된다.

다. 대법관 김재형의 반대의견에 대한 보충의견

시효중단을 위한 재소로서 이행소송과 함께 해석을 통하여 다른 형태의 소송을 허용하고자 한다면, '청구권 확인소송'으로 충분하다. 새로운 방식의 확인소송은 입법을 통하여 받아들여야 할 사항이지 법률의 해석을 통하여 받아들일 수는 없다.

청구권 확인소송은 전소 판결의 소송물이자 전소 판결에 의하여 확정된 채권 그 자체를 대상으로 확인을 구하는 소송이다.

## 〔研　　究〕

### Ⅰ. 서　론

이행의 소를 제기하여 승소확정판결을 받았는데 재차 소멸시효 중단을 위한 후소(後訴)로서의 이행의 소, 즉 재소(再訴)를 제기하는 것에 관하여 2018. 7.부터 2018. 10. 사이에 대법원 전원합의체 판결이 2개나 선고되었다. 제1 대상판결은 기존 법리를 재확인한 판결임에도 전원합의체로 선고되었고 기존 판례를 변경해야 한다는 반대의견을 대법관 4명이나 제시하였다는 점이 시선을 끈다. 최근 채권의 일반소멸시효기간을 단축하는 세계 각국의 경향을 고려할 때,[2] 반대의견은 경청할 가치가 있다.

제2 대상판결은 소멸시효 중단을 위한 후소의 형태로 '새로운 방식의 확인소송'을 인정하였다는 점 그 자체로 학계와 실무가들의 이목을 끌기에 충분하다.[3] 새로운 방식의 확인소송으로 간편하게 시효중단효를 얻을 수 있으므로 장차 시효중단을 위한 재소(이행의 소)보다 많이 활용되리라 생각한다. 한편 해당 사건에서 원고는 소멸시효 연장을 위한 후소로 이행의 소를 제기하였음에도 대법원은 직권으로 '새로운 방식의 확인소송'이 소멸시효 중단을 위한 후소가 될 수 있음을 선언하였는데 이 역시 특이하다.

또 하나 재밌는 것은 제2 대상판결에서 다수의견은 새로운 방식의 확인소송을 지칭하면서 소멸시효 중단을 위한 '재소(再訴)'라는 표현 대신 '후소(後訴)'라는 표현을 썼다. 다수의견의 관점에서 보면 '새로운 방식의 확인소송'은 이행소송인 전소와 비교할 때 소의 형태, 소송물 등이 달라 전소와 동일한 소송으로 볼 수 없으므로 '후소(後訴)'라는 표현을 쓰지 않았나 짐작하여 본다.[4] 이러한 관점에서 이하 '시효중단을 위한 재소(再訴)'라는 표현은 전소와 소송물이 동일한 후소로서의 이행의 소를 의미하는 개념으로 사용한다.

이하 다음과 같은 순서로 논의를 전개한다. ① 우선, 제1 · 2 대상판결 모두 시효중단을 위한 재소 관련하여 기판력을 중요한 논점으로 삼고 있는데, 기판력의 본질을 중심으로 시효중단을 위한 재소가 기판력과의

---

2) 권영준, 2014년 법무부 민법 개정 시안 해설-민법총칙 · 물권편, 법무부(2017), 242-245면 참조.

3) 한편 법무부의 민법개정 작업에서 소멸시효 중단사유를 규정한 민법 제168조에 제4호를 신설하여 판결 등으로 확정된 채권의 소멸시효 중단을 위해 10년 후 다시 소송절차를 밟게 하지 말고 간편한 확인절차로 가능하도록 하는 방안에 대해서 논의가 있었던 것으로 보인다[윤진수, "민법 중 법인, 물건 및 소멸시효, 취득시효에 관한 개정예비안", 민법논고(Ⅰ), 박영사(2007), 166면 참조].

4) 종국판결이 있은 후에 소를 취하한 자는 다시 동일한 소를 제기할 수 없다는 재소금지원칙(再訴禁止原則)의 경우 원칙적으로 전 · 후소 사이의 소송물이 동일할 것을 요구한다. 이점을 고려하면 '재소(再訴)'라는 표현에 전소와 소송물이 동일한 소송이라는 어감이 느껴지기도 한다.

관계에서 문제가 있는지, 어떠한 논증 과정을 거쳐 적법하게 되는지 살펴본다. ② 다음으로, 채권의 본질, 시효제도의 존재 이유와 관련하여 시효중단을 위한 재소가 가능함을 다룬다. ③ 세 번째로, 새로운 방식의 확인소송이 갖고 있는 문제점을 지적하고, 반대로 시효중단을 위한 재소의 문제점이 크지 않다는 점과 새로운 방식의 확인소송으로 그러한 문제점을 해결하기 어렵다는 점을 살핀다. ④ 마지막으로, 일단 새로운 방식의 확인소송이 도입되었으므로 운영 과정에서 발생할 수 있는 실무상 문제를 예상한 다음 그에 대한 방안을 검토한다.

## Ⅱ. 시효중단을 위한 재소(再訴)가 기판력에 저촉되거나 기판력의 예외에 해당하는지, 그리고 전소 판결의 기판력에도 불구하고 적법한 이유에 대해

### 1. 서 론

제1 대상판결의 반대의견은 기판력에 대해 전소 판결의 소송물과 동일한 후소를 허용하지 않는 것이라고 정의하면서, 시효중단을 위한 재소는 확정판결의 기판력을 인정하는 민사소송의 원칙에 반하고, 기판력과 관련해서 해결할 수 없는 문제를 내포하고 있다고 한다.

제2 대상판결의 다수의견은 종래 시효중단을 위한 후소로 이행소송만이 제기되어 온 것은 기판력에 관한 깊이 있는 고찰 없이 단지 기판력 저촉을 우회하는 수단으로 인정되어왔다고 설시하였다. 한편 제2 대상판결 다수의견에 대한 보충의견 중에는 시효중단을 위한 재소가 기판력에 저촉되며 입법적 근거 없이 기판력의 예외를 인정한 것이라는 부분도 있다.

그러나 시효중단을 위한 재소가 기판력을 인정하는 민사소송 원칙에 반한다거나, 기판력의 저촉을 우회하는 것이라거나, 근거 없는 기판력의 예외라는 지적에는 동의하기 어렵다. 이는 기판력의 본질에 관하여 반복금지설을 택하였을 때는 타당할 수는 있으나 모순금지설을 취하였을 때는 타당한 반론이라 생각하지 않는다. 따라서 기판력 때문에 시효중단을 위한 재소가 금지되어야 한다거나, 새로운 방식의 확인소송이 도입되어야 한다고 볼 수 없다. 이하 구체적으로 살펴본다.

## 2. 기판력의 본질에 관하여

### 가. 기판력의 의의

민사소송법은 제216조와 제218조에서 기판력의 객관적 범위와 주관적 범위를 정하고 있지만, 기판력의 구체적 의미에 관해서는 달리 규정을 두지 않았다. 이에 기판력의 구체적 의미, 존재 이유, 본질에 관해서는 해석에 맡겨져 있다. 그런데 기판력의 본질에 관하여 취하는 견해에 따라 기판력의 구체적 의미가 달라지고 그 결과 기판력의 예외에 해당하는지, 기판력에 저촉되는지가 달라진다. 따라서 기판력의 본질에 대한 진지한 고민 없이 기판력의 의미를 정의해버린 다음, 이를 토대로 기판력의 예외 여부, 기판력에 저촉 여부를 논하는 것은 타당하지 않다.

### 나. 기판력의 본질 및 구체적 의미[5)]

기판력의 본질에 관하여는 견해가 대립하는데, 이 부분 논의는 기판력이 갖는 구속력이 무엇인지, 어떠한 성질의 것인지에 대한 논의이다. 이 부분에 관하여는 잘 정리된 문언이 많이 있기 때문에 여기에서는 간략히 정리하되, 기판력의 본질에 관하여 취하는 견해에 따라 기판력의 의의가 달라짐을 강조하고자 한다.

#### (1) 학 설

기판력의 본질에 관하여 실체법설, 모순금지설, 반복금지설, 구체법적 법규설(권리실재설)이 있고, 대표적으로 모순금지설과 반복금지설이 지지를 받고 있다.

모순금지설은 기판력에 대해 후소 법원이 확정판결의 내용과 모순되는 재판을 할 수 없도록 하는 소송법적 효력이라 설명한다. 주석 민사소송법(Ⅲ)[6)]은 기판력의 의미에 관하여 다음과 같이 서술하는데, 모순금지

5) 이 부분에 관하여는 편집대표 민일영, 주석 민사소송법(Ⅲ)(제8판), 한국사법행정학회(2018), 408–411면(김현석 집필 부분); 이시윤, 신민사소송법(제12판), 박영사(2018), 628–629면; 호문혁, 민사소송법(제13판), 법문사(2016), 698–700면을 주로 참조하였다.

6) 주석 민사소송법(Ⅲ)(주 5), 406면.

설에 따른 것으로 보인다. "확정된 종국판결의 내용인 판단의 통용성을 의미하며, 판결의 내용인 구체적 권리관계의 존부를 확정함에 있어 인정되는 구속력으로서, 법원은 동일 사항이 같은 당사자 사이에 다시 소송의 대상이 되면 전의 확정판결 내용에 배치되는 판단을 할 수 없다는 소송법상의 효력을 의미한다."

반복금지설은 기판력을 일사부재리(ne bis in idem)의 원칙을 실현하는 것으로 보아 후소법원에 대하여 재차 변론이나 재판을 금지하는 구속력으로 파악한다. 기판력을 독자적인 소극적 소송요건으로 보면서 전소와 소송물이 동일한 후소는 전소의 판결 결과에 관계없이 부적법하다고 한다. 반복금지설을 취하는 대표적인 학자로 이시윤 교수는 기판력의 의미에 관하여 다음과 같이 서술하고 있다.[7] "확정된 종국판결에 있어서 청구에 대한 판결내용은, 당사자와 법원을 규율하는 새로운 규준(規準)으로서의 구속력을 가지며, 뒤에 동일사항이 문제 되면 당사자는 그에 반하여 되풀이하여 다투는 소송이 허용되지 아니하며[불가쟁(不可爭)], 어느 법원도 다시 재심사하여 그와 모순·저촉되는 판단을 하여서는 안된다[불가반(不可反)]. 이러한 확정판결의 판단에 부여되는 구속력을 기판력 또는 실체(질)적 확정력(materielle Rechtskraft, res judicata)이라 한다."[8]

**(2) 판 례**

판례는 확정된 승소판결에는 기판력이 있으므로, 승소확정판결을 받은 당사자가 그 상대방을 상대로 다시 승소확정판결의 전소(前訴)와 동일한 청구의 소를 제기하는 경우 그 후소(後訴)는 권리보호의 이익이 없어 부적법하고, 반대로 전소에서 패소한 당사자가 다시 소를 제기한 경우에는 청구를 기각하여야 한다는 입장이다.[9] 관련하여 판례는 모순금지설을

---

7) 이시윤(주 5), 627면.

8) 그런데 동일사항이 문제 되면 당사자는 전소 판결내용에 반하여 되풀이하여 다투는 소송이 허용되지 아니하고 법원도 그와 모순·저촉되는 판단을 하여서는 안된다는 부분은 오히려 모순금지설에 가까운 정의로 보인다.

9) 대법원 1976. 12. 14. 선고 76다1488 판결, 대법원 1979. 9. 11. 선고 79다1275 판결, 대법원 1983. 2. 28. 선고 83사14 판결, 대법원 1987. 6. 9. 선고 86다카2756 판결, 대법원 1989. 10. 10. 선고 89누1308 판결, 대법원 1992. 5. 22. 선고 92다

취하고 있다고 평가하는 것이 일반적인 견해이다.

그런데 막상 대법원이 기판력의 의의에 관해서 서술한 것을 보면 반복금지설로 보이는 것과 모순금지설로 보이는 것으로 양분된다. ① 먼저 반복금지설을 취한 것으로 보이는 판례는 기판력의 의의에 대해 다음과 같이 서술한다. '기판력이란 기판력 있는 전소 판결의 소송물과 동일한 후소를 허용하지 않음과 동시에, 후소의 소송물이 전소의 소송물과 동일하지는 않다고 하더라도 전소의 소송물에 관한 판단이 후소의 선결문제가 되거나 모순관계에 있을 때에는 후소에서 전소 판결의 판단과 다른 주장을 하는 것을 허용하지 않는 작용을 하는 것이다.'[10] 기판력에 따라 전소 판결의 소송물과 동일한 후소가 허용되지 않는다는 판시는 반복금지설에 따른 것이지 모순금지설로 볼 수 없다. 모순금지설을 일관한다면 이와 같은 판시는 변경되어야 한다. ② 반면, '확정판결의 주문에 포함된 법률적 판단의 내용은 이후 그 소송당사자의 관계를 규율하는 새로운 기준이 되는 것이므로 확정판결의 기판력이란 동일한 사항이 소송상 문제가 되었을 때 당사자는 이에 저촉되는 주장을 할 수 없고 법원도 이에 저촉되는 판단을 할 수 없는 기속력을 의미한다'거나 비슷한 취지로 판시한 판례가 대표적으로 모순금지설에 따른 것으로 판단된다.[11] 한편 헌법재판소 역시 같은 취지로 '전소의 확정판결에서 판단된 권리나 법률관계가 후소에서 다시 문제 된 때 기판력 있는 판단에 위배되는 당사자의 주장이나 항변이 허용되지 않고, 후소 법원도 기판력 있는 판단에 구

---

3892 판결, 대법원 2006. 10. 13. 선고 2004두10227 판결, 대법원 2008. 6. 26. 선고 2008다24791, 24807 판결, 대법원 2009. 12. 24. 선고 2009다64215 판결 등.

10) 대법원 1995. 3. 24. 선고 94다46114 판결, 대법원 2001. 1. 16. 선고 2000다41349 판결, 대법원 2002. 12. 27. 선고 2000다47361 판결, 대법원 2013. 11. 28. 선고 2013다19083 판결, 대법원 2015. 10. 15. 선고 2013다6469(본소), 2013다6476(병합), 2013다6483(반소), 2013다6490(반소), 2013다6506(참가) 판결, 대법원 2016. 3. 24. 선고 2015두48235 판결 등.

11) 대법원 1961. 11. 9. 선고 4293민상612 판결, 대법원 1983. 12. 28. 자 83사14 결정, 대법원 1987. 6. 9. 선고 86다카2756 판결, 대법원 1989. 10. 10. 선고 89누1308 판결, 대법원 1992. 5. 22. 선고 92다3892 판결, 대법원 2006. 10. 13. 선고 2004두10227 판결, 대법원 2015. 12. 23. 자 2015카기226 결정 등.

속되어 이를 전제로 후소의 심판을 하여야 한다'고 설시한바 있다.[12)]

이처럼 대법원이 기판력의 정의에 대해 일관된 설시를 하지는 아니하고 있으나, 반복금지설에 기초한 정의를 내리는 경우에도 막상 동일한 후소에 대해 기판력에 저촉된다고 바로 각하하지 않고, 즉 기판력 자체를 소극적 소송요건으로 파악하지 않고, 권리보호이익이 없다고 보아 각하한다는 점에서[13)] 기본적으로 모순금지설을 따른다고 생각한다.

(3) 검토-모순금지설에 대한 지지

우리나라에서 지지를 받고 있는 학설은 주로 모순금지설 또는 반복금지설이므로 양설을 비교한다. 기판력은 사회질서의 유지 및 분쟁의 반복을 금지할 소송 경제적 필요에 따라 인정된다(법적안정설). 따라서 그와 같은 목적에 반하지 않는 후소 자체를 부적법하다고 볼 필요가 있는지 의문이고, 경우에 따라서는 전소 확정판결과 동일한 내용의 판결을 재차 선고할 필요도 있다. 판례는 시효중단의 필요가 있는 경우뿐만 아니라 판결의 원본이 멸실되어 집행권원을 다시 얻을 필요가 있는 경우[14)], 전소 판결 내용이 특정되지 아니하여 집행을 할 수 없는 경우[15)] 후소를 적법하다고 보고 있다. 그와 같은 후소를 허용하지 않을 이유는 없다고 생각하는데, 반복금지설을 취할 경우 후소가 적법하게 되는 이유를 설명하기 힘들다. 나아가 반복금지설은 전·후소 소송물이 모순되거나 선결관계에 있는 경우에 기판력이 어떻게 작용하며 그에 따라 후소에서 어떠한 판단을 해야 하는지에 관하여 명확한 설명을 하기 어려운 문제가 있다. 이점은 앞서 대법원이 기판력에 대해 소송물이 동일한 후소

12) 헌법재판소 2010. 11. 25. 선고 2009헌바250 결정.

13) 대법원 1995. 4. 25. 선고 94다17956 전원합의체 판결, 대법원 2008. 10. 9. 선고 2008다34903 판결, 대법원 2017. 11. 14. 선고 2017다23066 판결, 대법원 2017. 12. 22. 선고 2015다73753 판결 등 다수. 다만 가끔 대법원 판결 중에서도 기판력에 저촉된다는 이유로 바로 부적법하다고 결론을 내리는 경우가 발견된다. 대표적으로 대법원 1993. 6. 25. 선고 92다33008 판결.

14) 대법원 1981, 3, 24. 선고 80다1888, 1889 판결.

15) 대법원 1965. 2. 3. 선고 64다1387 판결, 대법원 1995. 5. 12. 선고 94다25216 판결, 대법원 1998. 5. 15. 선고 97다57658 판결.

를 허용하지 않는 것이라 하여 반복금지설을 취한 것처럼 설명하면서도, 소송물이 선결·모순관계에 있는 경우에 전소 판결의 판단과 다른 주장을 허용하지 않는 것이라 하여 마치 모순금지설에 따라 설명하는 것을 보면 잘 알 수 있다. 그뿐만 아니라 채무부존재확인소송에서 일부 채무가 존재하는 것으로 판단된 이후[16] 채권자가 채무자를 상대로 그와 같은 채무의 이행을 구하는 소송을 제기하는 경우에 채권자로서는 집행권원을 확보할 필요성이 있으므로 그와 같은 소송은 당연히 허용되어야 할 것인데 반복금지설에 따르면 기판력에 반하여 부적법하다고 볼 것인지 의문이 든다.[17] 결국, 모순금지설이 타당하다고 생각한다.

### 3. 모순금지설을 따를 때 시효중단을 위한 재소가 기판력에 저촉되거나 기판력의 예외에 해당하는지

기판력의 본질에 관하여 어떠한 견해를 취하는 가에 따라 기판력에 대한 정의가 달라지고 그로 인하여 같은 사안에 대해서 '기판력의 예외'에 해당 여부, '기판력 저촉' 여부가 달라진다.[18] 예를 들어 승소확정판결을 받은 자가 동일한 소송을 제기하였을 때(시효중단을 위한 재소가 단적인 사례이다) 반복금지설에 따르면 기판력에 따라 재차 재판을 구하는 것 자체가 금지되므로 그와 같은 소제기는 기판력에 저촉되고 법원이 본안판단을 하는 것은 기판력에 저촉되거나 기판력의 예외에 해당한다. 그러나 모순금지설에 따르면 소제기 자체가 기판력에 저촉될 이유가 없고 법

16) 채무부존재확인소송에서 일정금액을 초과하는 채무가 존재하지 않는다는 판결이 내려져 확정되었다면, 일정금액 상당의 채무 존재 및 이를 초과하는 채무의 부존재라는 판단에 기판력이 발생한다.

17) 모순금지설을 취하였을 때 후소 법원은 전소 판결의 내용과 모순되지 않는 재판을 하면 되므로 기판력 때문에 후소가 부적법할 수는 없다.

18) 기판력의 본질에 관하여 결론에 있어서 큰 차이가 없으므로 논의의 실익이 없다는 지적이 있으나[이시윤(주 5), 629면; 양경승, "기판력이론의 논리적 구조", 청년논총(제9집) 사법연수원 교수논문집, 사법연수원(2012), 13면], 기판력의 본질에 관하여 취하는 견해에 따라 기판력의 의의 및 기판력 예외 해당 여부, 기판력 저촉 여부가 달라지고 결국 시효중단을 위한 재소의 허용 여부에 관한 이론구성에까지 영향을 미치게 된다.

원이 본안판단을 하면서 전소 확정판결과 모순되는 판단을 하여야만 기판력에 저촉되거나 기판력의 예외에 해당할 것이다. 확정판결이 있다고 하여 기판력만으로는 소송물이 동일한 후소 자체를 막을 수는 없다. 그렇기 때문에 반복금지설과 달리 모순금지설은 기판력 자체를 독자적인 소극적 소송요건으로 파악하지 않는다고 설명되는 것이다.

모순금지설에 따를 때 승소확정판결을 받은 당사자가 전소와 동일한 후소를 제기한 경우 법원은 기판력 그 자체만 생각한다면 전소와 동일한 판결을 하면 된다. 후소 법원이 청구를 배척하는 판결을 하였을 때 기판력에 저촉되는 것이지, 본안판단을 하는 것 자체가 기판력에 저촉되는 것이 아니다. 후소 법원이 동일한 내용의 원고 승소판결을 내린다면 이는 기판력에 따른 것으로 오히려 기판력의 본질에 부합하는 것이다.[19] 전소 판결과 후소 판결의 내용에 아무런 모순이 없기 때문이다. 결국, 모순금지설을 따랐을 때 시효중단을 위한 재소를 허용하는 것 자체가 기판력에 저촉된다거나, 기판력의 본질에 반한다거나, 기판력의 예외에 해당한다고 볼 수 없다. 반복금지설을 따랐을 때 기판력에 저촉될 뿐이다.[20]

참고로 제1 대상판결의 반대의견은 기판력에 대해 전소 판결의 소송물과 동일한 후소를 허용하지 않는 것이라고 판시한 대법원 판결에 기초

19) 그런데 모순금지설을 취하면서도 승소한 당사자가 동일한 소를 제기한 경우에 대해 '기판력에 저촉된다'고 서술하는 문언과 판례가 종종 발견되는데, 타당하지 않다고 생각한다. 예를 들어 대법원 1993. 6. 25. 선고 92다33008 판결은 일부청구를 하여 승소판결을 받은 당사자가 후소로 잔부청구를 하였을 때 전소에서 일부청구임을 명시하지 아니하였다는 이유로 후소 중 잔부청구 부분은 기판력에 저촉되어 부적법하다고 판시하였다.

20) ① 오정후, "확정판결의 기판력이 후소에 미치는 영향", 민사소송: 한국민사소송법학회지 제18권 제2호, 한국사법행정학회(2015), 240면은, 모순금지설에 따를 때 기판력 자체만으로 후소를 각하하여야 한다는 결론이 나오지는 않고, 후소 법원은 전소에 대한 판결과 똑같은 판결을 하여야 할 뿐이라고 한다. ② 양경승(주 18), 14-15면은, 후소 법원은 기판력에 따라 전소 확정판결의 판단 내용에 모순·저촉되어서는 아니 될 의무만을 부담하는 것이므로 그 결론을 같이하면 충분하고, 이로부터 소 각하의 문제는 생기지 않는다고 한다. ③ 백춘기, "판결의 효력", 사법논집 제36집(2003), 481-482면 역시 모순금지설에 따를 때 후소 법관은 전소 판결의 확정에 구속되어 동일사항에 대하여 동일의미로 판결할 의무를 부담한다고 설명한다.

하여 논리를 펼치고 있는데, 그와 같은 대법원 판결은 반복금지설에 따른 것이지 모순금지설에 따른 판결이라 볼 수 없다. 다만 반대의견도 결론에 이르러 시효중단을 위한 재소가 기판력에 반하여 부적법하다고 하지는 아니하고 권리보호이익이 없어서 부적법하다고 하는데 이는 다음에서 보듯 모순금지설에 따른 결론으로 보아야 한다.

### 4. 승소판결을 받은 자가 제기한 동일한 후소가 부적법한 이유 및 예외적으로 시효중단을 위한 재소가 적법한 이유

#### 가. 모순금지설에 따를 때 논의의 필요성

우리나라에서 모순금지설과 반복금지설 중 어느 것을 따르든 승소확정판결을 받은 당사자가 다시 제기한 후소가 부적법하다는 결론에는 대체로 일치한다. 판례도 마찬가지이다. 그런데 기판력을 독자적인 소극적 소송요건으로 파악하는 반복금지설과 달리 기판력을 독자적인 소송요건으로 파악하지 아니하는 모순금지설에 따를 때 후소가 부적법한 이유는 무엇인가?

#### 나. 동일한 후소가 부적법한 이유–권리보호이익의 부재

대법원은 대체로 후소가 부적법한 이유를 권리보호이익의 부존재에서 찾고 있는데, 권리보호이익이 없어 부적법하다고 할 뿐 구체적인 이유에 대해서는 설시한 적이 없다.

권리보호이익은 기본적으로 '국가적 · 공익적 견지'에서 무익한 소송제도를 통제하는 원리이다. 모순금지설에 따를 때 승소확정판결을 받은 자가 동일한 후소를 제기하였을 때, 법원은 전소의 기판력에 따라 동일한 내용의 판결을 선고할 수밖에 없다. 동일한 내용의 판결을 선고할 수밖에 없는데 법원이 시간 · 노력 · 비용을 들일 이유가 없다. 이는 법원으로서 무익한 절차를 반복하는 것에 불과하다.

권리보호이익은 '당사자의 견지'에서 소송물에 관하여 본안판단을 구할 현실적인 이익 내지 필요성을 의미한다.[21] 이미 승소확정판결을 받은 자가 동일한 후소를 제기하는 경우 기판력에 따라 전소와 동일한 판결을 받게 될 뿐이다. '특별한 사정이 없는 이상' 당사자가 동일한 판결을 두 번이나 받을 이유가 없다. 원고가 청구에 대하여 본안판단을 구할 구체적, 현실적인 이익이 없는 것이다.[22)]

이와 같은 이유로 국가적 · 공익적 견지에서나, 당사자의 견지에서나 승소확정판결을 받은 당사자가 동일한 후소를 제기하였을 경우 기판력 때문에 후소의 권리보호이익이 부정된다고 보아야 한다. 제1 대상판결의 다수의견에 대한 보충의견(대법관 김재형, 조재연)은 '전소 판결과 소송물이 동일한 후소는 전소 판결의 기판력에 따라 동일한 내용으로 선고될 수밖에 없어 굳이 이를 인정할 실익이 없으므로 원칙적으로 허용되지 않는다'라고 판시하였는데 같은 견해라 생각된다.[23)]

### 다. 동일한 후소임에도 시효중단을 위한 재소에 권리보호이익이 인정되는 이유

앞서 당사자의 견지에서 '특별한 사정이 없는 이상' 동일한 판결을 두 번이나 받을 이유가 없다고 하였다. 따라서 당사자에게 동일한 소송물에 관하여 재차 본안판단을 구할 구체적인 이익이 인정되는 특별한 사정이 있다면 후소의 권리보호이익은 인정된다고 보아야 한다.

대표적인 것이 바로 판결로 확정된 채권의 소멸시효를 중단하기 위

---

21) 대체로 우리나라 교과서는 권리보호이익에 대해 원고가 청구에 대하여 판결을 구할 만한 현실의 필요성 또는 이익이라 서술한다[이시윤(주 5), 222면; 정동윤 · 김경욱 · 유병현, 민사소송법(제6판), 법문사(2017), 400면 참조].

22) 정동윤, "소의 이익에 관하여", 현대경제법학의 과제: 소산 문인구 박사 화갑기념논문집, 삼지원(1987), 1047면은 소의 목적으로 되어 있는 이익과 같은 이익을 당사자가 이미 가지고 있는 경우 권리보호이익이 없기 때문에, 승소확정판결을 받아 놓은 원고가 동일한 청구에 관하여 다시 소를 제기하는 것은 원칙적으로 권리보호이익이 없다고 한다.

23) 한편 승소판결을 받은 이상 즉시 강제집행을 할 수 있으므로 후소를 제기할 권리보호이익이 없다고 설명하는 경우도 있는데[서성, "기판력과 판결주문", 사법행정 제21권 제1호, 한국사법행정학회(1980), 47-48면, 이와 같은 논리는 전소 판결이 이행판결임을 전제로 한다], 이는 기판력과 무관하게 전소 판결의 집행력에 기초하여 후소의 권리보호이익을 판단한 것이다. 그런데 집행증서를 가지고 있더라도 이행의 소를 제기할 수 있다는 데 판례 및 학설상 이설이 없으므로, 집행권원을 확보하였다고 하여 무조건 후소의 권리보호이익이 없다고 볼 수 있는지도 의문이다.

한 것이다. 채권자로서는 소멸시효의 완성이 임박한 경우 후소를 제기하는 것 이외에는 시효 중단을 위하여 선택할 수 있는 방법이 없는 경우가 많다. 채무자에게 재산이 없어서 압류를 할 수 없을 것이고, 채무자에게 채무의 승인을 강제할 수도 없다. 채권자가 선택할 수 있는 길은 채무자를 상대로 재차 재판상 청구를 하는 것밖에 없다. 입법론적으로 시효중단을 위한 재소를 금지할 것인지는 별론으로 하고, 권리보호이익의 관점에서 접근하였을 때 후소 자체에 권리보호이익을 부정하기는 쉽지 않다.

한편 소멸시효 중단을 위한 경우 이외에도 판결원본이 멸실된 때, 판결내용이 특정되지 아니하여 집행할 수 없는 경우에도 전소와 동일한 내용의 판결이라도 재차 선고받아야 할 필요성이 있으므로 권리보호이익이 인정된다.

### 5. 결 론

기판력의 본질에 관하여 모순금지설을 취하였을 때 시효중단을 위한 재소를 허용한다고 하여 기판력에 저촉된다거나 근거 없이 기판력의 예외를 인정하는 것이라는 비판은 수긍하기 어렵다. 후소 법원은 기판력에 따라 본안을 심리함에 있어 전소 판결에 따라 확정된 권리를 주장할 수 있는 모든 요건이 갖춰져 있는지를 다시 심리할 수 없을 뿐이지, 본안 판단 자체를 할 수 없는 것이 아니다. 시효중단을 위한 재소를 허용한다 하더라도 전소 판결의 내용에 모순되는 판단을 하지 않는 이상 기판력에 '저촉'되는 문제는 발생하지 않는다.

승소판결을 받은 자가 제기한 동일한 후소가 부적법한 이유는 권리보호이익이 없기 때문이지 기판력 그 자체 때문이 아니다. 따라서 시효중단을 위한 재소를 허용할지 여부도 권리보호이익 관점에서 접근해야지 기판력의 관점에서 접근하는 것은 타당하지 않다.[24)·25)]

---

24) 관련하여 김홍준, "기판력저촉주장에 대한 소송상 취급과 그 설시방법", 사법연수원 논문집 제4집, 사법연수원(2007), 114면은 승소확정판결을 받은 자가 동일한 소를 제기한 사안에 관하여 하급심 판결례 중에는 "기판력에 저촉되어 부적법하

## Ⅲ. 시효중단을 위한 재소(再訴)의 허용 여부(채권의 성질, 시효제도 의의 관련)

### 1. 서 론

제1 대상판결의 반대의견은 기판력 이외 채권의 기본적 성실·민법의 규정체계·다른 시효중단사유와의 비교 등을 통하여 재소가 허용되지 않는다고 주장한다. 이에 대해서 필자는 반대의 입장이다. 이에 대해서는 간략히 검토한다.

### 2. 소멸을 전제로 하는 한시성이 채권의 기본적 성질인가

제1 대상판결의 반대의견은 '소멸시효가 완성하면 채권은 소멸한다. 채권은 소멸을 전제로 하는 한시성을 기본적 성질로 하고 있다. 시효중

---

다", "기판력에 저촉되는 청구로서 권리보호이익이 없어 부적법하다" 등과 같이 소각하를 하면서 전소 확정판결의 기판력에 저촉된다는 표현을 쓴 경우가 있는데, 이는 반복금지설에 따를 경우는 타당할 수 있으나, 모순금지설을 따를 경우에는 부적절하다고 지적한다. 모순금지설에 따를 때 전소 판결의 판단과 모순되지 않는 판단을 하여야 한다는 기판력의 작용이 있기 전에 본안전 단계에서 소의 이익을 부정하는 것이기 때문이라 한다. 결론적으로 타당하다고 생각하나, 기판력이 작용하여 권리보호이익이 없게 되는 것이므로 기판력의 작용이 있기 전에 소의 이익을 부정하는 것이라는 지적에는 동의하기 어렵다.

25) 한편 제1 대상판결 반대의견은 결론에서, 원고가 이미 이행권고결정을 확정받았고 시효를 중단하기 위하여 이 사건 소송(시효중단을 위한 재소)을 제기하였는데, 이 사건 소송은 이행권고결정이 확정된 전소와 동일한 소송이므로 권리보호의 이익이 없어 부적법하다고 설시하였다. 여기서 2가지 문제가 발견된다. ① 하나는, 확정된 이행권고결정에는 기판력이 없으므로 어떠한 이유로 후소의 권리보호이익이 없는지 논증을 해야 하는데, 이에 대해 아무런 검토가 없다는 점이다. 참고로 제1 대상판결의 사실관계를 살펴보면 원고는 확정된 이행권고결정을 받기 이전에 피고를 상대로 이행소송을 제기하여 확정판결을 받았다. 즉 이행권고결정 역시 시효중단을 위한 목적에서 받은 것이고 이 사건 소송은 피고를 상대로 제기된 3번째 소송이다. 따라서 제일 처음 받은 확정판결의 기판력이 문제 될 수는 있으나 반대의견은 결론에서 확정된 이행권고결정만을 언급한 문제가 있다. ② 둘째는, 제1 대상판결 반대의견 역시 결론에 있어서 권리보호의 이익이 없다는 이유로 후소를 부적법하다고 판단하고 있으므로 반복금지설이 아니라 모순금지설을 취했다고 보아야 하는데, 모순금지설에 따르면 시효중단을 위한 재소 자체가 기판력에 저촉된다거나 예외에 해당한다고 볼 수 없다는 점이다. 반대의견은 마치 반복금지설을 따르는 것처럼 논리를 펼치다가 결론에 이르러서는 모순금지설을 따르는 듯한 느낌도 준다.

단을 위한 재소를 허용하여 사실상 영구적인 채권을 인정하게 된다면 민법 규정의 취지에 반한다'고 하면서 채권은 한시적으로 존재해야 함을 당위 명제처럼 생각하고 있다는 느낌까지 받게 한다.

반대의견은 한시성이 채권의 기본적 성실이라 주장하면서 논거 중 하나로 채권은 절대적 권리인 물권과 달리 상대방에게 의무 이행을 주장하여 권리 실현에 협력을 구하는 상대적 권리인 점을 든다. 나아서 상대방의 협력이 실행되어 만족을 얻게 된 경우는 물론 더는 협력을 기대할 수 없게 된 경우에도 권리를 소멸시켜 상대방을 의무에서 벗어나게 해 줄 필요가 있다고 한다.

그런데 의무자의 범위를 기준으로 권리를 절대권과 상대권으로 분류할 때 절대권은 항구적으로 존재하고 상대권은 한시적으로 존재한다고 서술한 문언을 찾아보기는 힘들고, 상대권이라고 하여 한시적으로 존재하여야 한다는 당위가 도출되어야 할 이유도 선뜻 생각나지 않는다.[26)]

그리고 채권이 상대적 권리라고 하여 상대방의 협력을 기대할 수 없게 된 경우 권리를 소멸시켜 상대방을 의무에서 벗어나게 해 줄 필요가 있다는 반대의견의 논리도 선뜻 이해되지 않는다. 채무자의 협력을 기대할 수 없는 경우는 다양하다. 채무를 이행할 수 없게 된 경우도 있고(이행불능), 채무자가 적극적으로 채무를 이행하지 아니할 의사를 명백히 표현하는 경우(이행거절)도 있다. 이행거절이 있다고 하여 채무를 소멸시키는 것은 상상할 수 없는 일이고, 채무자의 귀책사유로 후발적 이행불능이 발생한 경우 채무자는 본래 채무가 변경된 손해배상채무를 질 뿐이다.[27)] 상대방의 협력을 기대할 수 없는 경우 일률적으로 채권을 소

---

26) 김미경, "시효중단을 위한 재소의 허용 여부", 김신 대법관 재임기념 논문집, 사법발전재단(2018), 218면은, 이은영, 채권총론(제4판), 박영사(2009), 29면에서 채권은 채무자로부터 이행을 받을 때까지 한시적으로 존재의의를 갖는 권리라 서술한 것을 두고 채권의 한시적 성질을 의미한다는 취지로 서술한다. 그러나 채권이 만족을 얻어 소멸하는 것과 만족을 얻지 못했음에도 일정 시간이 경과하였다고 소멸하는 것은 다른 문제이다. 기본적으로 제1 대상판결 반대의견이 말하는 한시성은 후자에 가깝다.

27) 송덕수, 신민법강의(제10판), 박영사(2017), 983면은 '설령 채무 전부의 이행이 불

멸시킬 필요가 있다는 식의 일반론은 동의할 수 없다.

우리 민법은 제162조에서 "채권, 재산권의 소멸시효"라는 제목으로 제1항에서 채권의 소멸시효를, 제2항에서 채권 및 소유권 이외 재산권의 소멸시효에 관해 규정하고 있다. 이와 같은 민법의 내용만을 놓고 보았을 때, 재산권 중 소유권을 제외한 나머지 모든 권리가 소멸시효에 걸린다고 볼 수밖에 없고, 물권과 비교하였을 때 채권이 한시성을 기본적 성질로 갖고 있다고 말하기도 쉽지 않다.

민법 제162조 제1항은 채권은 10년간 '행사하지 아니하면' 소멸시효가 완성한다고 규정하고 있을 뿐, 채권은 발생 후 10년 뒤에 무조건 소멸한다고 규정하고 있지 않다. 소멸시효는 권리불행사의 상태가 계속된 경우 그와 같은 사실상태를 존중하여 권리를 소멸시키는 제도이지, 권리를 행사하지 않는 상태가 계속되지 아니하였음에도 일정 기간 경과라는 사실에 착안하여 권리를 소멸시키는 제도가 아니다. 이에 채권의 한시성이 민법 또는 소멸시효제도의 기본 취지라 볼 수도 없다.

### 3. 소멸시효제도의 존재 이유와 관련하여[28]

일반적으로 소멸시효제도의 존재 이유로, 일정한 기간 계속된 사실상태를 권리관계로 인정함으로써 사회질서를 안정시키고 사실관계에 대한 사회일반 또는 제3자의 신뢰를 보호하기 위함(법적 안정성의 제고 · 사회질서 유지), 권리자가 더는 권리를 행사하지 않을 것으로 믿은 의무자의 신뢰를 보호하기 위함(의무자 신뢰 보호),[29] 이미 채무소멸행위를 한 의무자의 입증 부담이나 곤란을 덜어주기 위함(입증 곤란의 구제), 이른바 '권리 위에 잠자는 자'를 보호할 필요가 없음(권리행사의 태만에 대한 제

능으로 되었을지라도 채무 자체가 소멸하는 것은 아니고 본래의 채무가 동일성을 유지한 채 손해배상채무로 내용적으로 변경되는 것에 불과하다'고 하면서 이에 대해서 이설이 없다고 한다.

28) 소멸시효제도의 존재 이유에 관하여 상세한 논의는 장두영, "채무자의 소멸시효 이익 포기 후 법률관계를 형성한 제3취득자의 지위", 민사판례연구 제39권, 박영사(2017), 127-133면을 참조.

29) 편집대표 곽윤직, 민법주해(Ⅲ) 총칙(3), 박영사(1992), 391면(윤진수 집필 부분) 참조.

재)이 언급된다.

그런데 채권자가 소멸시효 중단을 위하여 후소를 제기하는 상황을 놓고 보면, 채권자가 적극적으로 재판상 청구를 하고 있는 것이므로 채권자의 권리불행사 상태가 계속된다고 볼 수 없다. 오히려 후소 제기를 막는다면 법원이 권리를 행사할 수 없도록 하는 사실상태를 강제로 만든 다음 이에 대하여 소멸시효완성이라는 법률효과를 부여하는 것과 다르지 않다고 생각한다. 이미 채무자는 패소확정판결을 받았고 자신에게 책임재산이 없어 채권자가 채권의 만족을 얻지 못하는 상태에 있음을 누구보다 잘 알고 있을 것이므로 보호해야 할 채무자의 신뢰가 크다고 볼 수 없다. 기판력 때문에 후소에서 채무자는 전소 변론종결 이후부터 발생한 채무소멸 등의 사유에 대해서만 입증하면 되기에 특별히 채무자의 입증곤란이 심하다고 볼 수도 없다. 적극적으로 채무자를 상대로 후소를 제기하고자 하는 채권자를 권리 위에 잠자는 자로 볼 수도 없다. 그렇다면 소멸시효제도의 존재 이유와 관련하여서도 시효중단을 위한 재소를 막아야 할 필요성이 크다고 볼 수 없다.

## Ⅳ. '새로운 방식의 확인소송'에 대한 비판적 검토

### 1. 서 론

제2 대상판결의 다수의견은 시효중단을 위한 후소로서 전소 판결로 확정된 채권의 시효를 중단시키기 위한 조치, 즉 '재판상의 청구'가 있다는 점에 대하여만 확인을 구하는 형태의 '새로운 방식의 확인소송'이 허용된다고 하였다. 주된 논거는 시효중단을 위한 재소의 문제점을 해결하기 위한 필요성에 있다.

필자는 새로운 방식의 확인소송은 크게 개념의 불명확성, 대상적격, 확인의 이익, 시효중단 사유인 재판상 청구 해당 여부 등과 관련하여 문제가 있으며, 시효중단을 위한 재소에 문제가 크다고 보기 어렵고, 새로운 방식의 확인소송을 도입한다고 하여 기존에 존재하는 문제를 해결하기에는 부족하다는 입장이다.

### 2. 다수의견이 말하는 새로운 방식의 확인소송의 내용

제2 대상판결의 다수의견은, 새로운 방식의 확인소송의 내용, 운영하고자 하는 방향에 대하여 다음과 같이 설명하였다.

#### 가. 의 의

새로운 방식의 확인소송은 시효중단을 위한 후소로서 전소 판결로 확정된 채권의 시효를 중단시키기 위한 재판상의 청구가 있다는 점에 대하여만 확인을 구하는 형태의 소송이다.

#### 나. 소 송 물

새로운 방식의 확인소송의 소송물은 청구권의 실체적 존부 및 범위는 배제된 채 판결이 확정된 구체적 청구권에 관하여 시효중단을 위한 재판상의 청구를 통한 시효중단의 법률관계에 한정된다고 한다. 전소의 소송물인 실체법상 구체적 청구권의 존부와 다르므로, 전소 확정판결의 기판력이 새로운 방식의 확인소송에 미치지 아니한다.

#### 다. 심리내용 및 방법(청구원인 및 증명방법)

청구원인은 ① 전소 판결이 확정되었다는 점과 ② 그 청구권의 시효중단을 위해 후소가 제기되었다는 점이다. 채권자는 전소 판결의 사본과 확정증명서 등으로 이를 증명하면 되며 법원도 이 점만 심리하면 된다. 새로운 방식의 확인소송은 전소 판결로 확정된 청구권의 시효중단 외에 다른 실체법상 효력을 가지지 않으므로 소멸시효 완성 등을 포함한 청구권의 존부 및 범위와 같은 실체적 법률관계에 관한 심리를 할 필요가 없다. 전소 변론종결 후의 사정, 즉 청구이의사유 역시 심리대상이 아니므로 채무자가 주장할 필요가 없고, 주장이 있다 하더라도 법원이 심리할 필요가 없다.

채무자 입장에서 굳이 시효중단을 위한 소제기가 있다는 점을 다툴 필요나 실익이 없으므로 후소 판결은 제1심에서 자백간주 등에 의한 무변론판결 등으로 종결되고 그대로 확정되는 경우가 대부분일 것이다.

라. 시효중단의 효력

새로운 방식의 확인소송 제기는 시효중단사유인 재판상 청구에 해당한다. 전소 판결에 의해 확정된 청구권의 소멸시효는 후소의 제기로 중단되었다가 후소 판결이 확정된 때로부터 새로이 진행한다.

마. 집행권원이 될 수 없음

새로운 방식의 확인소송은 별도의 집행권원이 되지 않는다. 채권자는 확정된 전소 판결을 기초로 강제집행에 나아가면 된다.

바. 제소 가능 시기

전소 판결이 확정되고 적당한 시점에 이와 같은 후소를 제기할 수 있고, 그 시기에 관하여 판결이 확정된 청구권의 소멸시효기간인 10년의 경과가 임박할 것을 요구하지 않는다. 단지 불필요하게 단기간 내에 소 제기를 반복하는 경우 소권 남용의 일반론에 따라 허용되지 않는 경우가 있을 것이다.

한편 제2 대상판결의 반대의견은, 다수의견이 말하는 새로운 방식의 확인소송과 관련하여 전소 판결 확정일로부터 10년이 지난 후에 제기되더라도 원고 승소판결이 선고되어야 한다는 취지로 이해된다고 설시하였다. 그런데 이에 대하여 다수의견은 별다른 언급을 하지 아니하였는바, 다수의견이 어떠한 생각을 하고 있었는지 명확하지 않다. 이점에 관하여는 뒤에서 자세히 살펴보겠으나, 그 경우에도 원고 승소판결을 해야 하는 것으로 보인다.

사. 시효중단을 위한 재소와의 선택 가능성

채권자는 자신의 상황과 필요에 따라 시효중단을 위한 후소로서 전소와 동일한 이행소송 또는 새로운 방식의 확인소송을 선택하여 제기할 수 있다

아. 소송비용 부담의 문제

채권자가 자신의 채권 보전을 위하여 소를 제기한 것이므로 그 소송비용은 원칙적으로 채권자가 부담하도록 실무를 운용함이 타당하다. 다만 채무자의 무익한 주장·증명과 불복이 있는 경우에는 채무자로 하

여금 그에 해당하는 비용을 부담시킬 여지는 있다.

자. 소송목적의 값(소가) 산정 문제

제2 대상판결의 다수의견은, 새로운 방식의 확인소송은 단지 시효중단을 위한 재판상의 청구가 있었다는 확인을 구하는 극히 단순한 형태의 소송으로서, 별다른 다툼의 여지가 없는 소송의 실질을 고려하여, 소송목적의 값을 특히 낮게 책정함으로써 그 비용을 최소화할 필요도 있다고 밝혔다.

참고로 이후 대법원은 민사소송 등 인지규칙을 개정하여(2019. 1. 29. 대법원규칙 제2827호로 개정) 다음과 같은 조문을 신설하였다.

> **제18조의3(시효중단을 위한 재판상 청구 확인소송)**
> 판결로 확정된 채권의 소멸시효 중단을 위한 재판상의 청구가 있다는 점에 대하여만 확인을 구하는 소송을 제기한 경우 그 소가는 그 대상인 전소 판결에서 인정된 권리의 가액(이행소송으로 제기할 경우에 해당하는 소가)의 10분의 1로 한다. 다만, 그 권리의 가액이 3억 원을 초과하는 경우에는 이를 3억 원으로 본다.

이에 따르면 새로운 방식의 확인소송의 소송목적의 값은 전소 판결에서 인정된 권리의 가액의 10분의 1로 한다. 다만 그 권리의 가액이 3억 원을 초과하는 경우 이를 3억 원으로 보기 때문에 소송목적의 값은 최대 3,000만 원(=3억 원×1/10)이다.

3. 새로운 방식의 확인소송의 문제점

가. 새로운 방식의 확인소송의 불명확성

**(1) 개념의 불명확성**

제2 대상판결의 다수의견은, 새로운 방식의 확인소송은 전소 판결로 확정된 채권의 시효를 중단시키기 위한 재판상 청구가 있다는 점에 대하여만 확인을 구하는 형태의 소송이라 설명한다. 그리고 새로운 방식의 확인소송 제기가 재판상 청구에 해당하여 소제기 시부터 그 소송의 확정시까지 시효가 중단된다는 것이다. 그런데 이상의 논리를 종합하면 결국 '새로운 방식의 확인소송의 제기는 시효중단을 위한 재판상 청구가 있다는 점에 대한 확인을 구하는 것인데 그 자체가 재판상 청구로서 시효중단효가 발생한다'는 것인바, 결국 재판상 청구가 있다는 점에 대한 확인을 구하는 것이 재판상 청구라는 것이다. 이는 순환론적 모순이다.[30)]

### (2) 소송물 · 청구원인의 불명확성－시효중단을 위하여 제기되었는지 여부 관련

새로운 방식의 확인소송의 소송물은 '청구권의 실체적 존부 및 범위는 배제된 채 판결이 확정된 구체적 청구권에 관하여 시효중단을 위한 재판상의 청구를 통한 시효중단의 법률관계 존부'[31)]에 한정된다고 한다. 그런데 '시효중단을 위한 재판상의 청구를 통한 시효중단의 법률관계'라는 것이 무엇을 말하는 것인지 선뜻 이해가 되지 않는다. 시효중단은 재판상 청구에 따른 법률효과이다. 그리고 그로 인하여 새로이 형성된 법률관계가 다수의견이 말하는 새로운 방식의 확인소송의 소송물은 아닐 것이다. 나아가 새로운 방식의 확인소송의 청구원인은 ① 전소 판결이 확정되었다는 점과 ② 그 청구권의 시효중단을 위해 후소가 제기되었다는 점, 2개의 사실로 구성된다고 하는데 그 소송물이 청구원인과 어떻게 연결되는 것인지 이해하기 어렵다.

특히 후소가 '시효중단을 위해 제기되었다는 점'은 심리의 대상인지, 소송물[32)]과 청구원인을 구성하는 요소라 볼 수 있는지 강한 의문이 든다. 시효중단은 시효기간이 경과하기 전에 문제 될 뿐, 시효기간이 경과한 뒤에는 시효이익의 포기만이 문제 될 뿐이다. 따라서 후소가 시효중단을 위해 제기되었다고 보기 위해서는 후소 제기 당시 시효기간이 경과하지 아니하였음이 전제되어야 한다. 이에 후소가 시효중단을 위해 제기

---

30) 제2 대상판결 반대의견 역시 시효중단은 재판상의 청구의 효과 중 하나일 뿐이므로, 시효중단만을 위한 재판상의 청구가 따로 존재한다고 보고, 그러한 소송을 거치면 재판상의 청구가 있는 것으로 본다는 것은 순환론적 모순이라 지적한다.

31) '존부'라는 표현은 필자가 추가하였다.

32) 소송물은 소송의 객체, 즉 분쟁의 대상으로서 법원의 심판(심리와 판단) 대상이다[호문혁(주 5), 108면; 정동윤 · 김경욱 · 유병현(주 21), 256면 참조]. 이시윤(주 5), 244면은 소송물은 당사자가 정하는 소송의 객체로 소송상의 청구 혹은 심판의 대상이라 서술한다.

되었는지가 소송물, 심리대상이라면 법원은 후소가 소멸시효가 완성되기 전에 제기되었다는 점, 즉 소멸시효 완성 여부에 대한 심리(결국, 채권의 존부에 대한 심리)가 이루어져야 한다. 그리고 소멸시효가 완성되었다고 판단될 경우 새로운 방식의 확인소송이 시효중단을 위하여 제기되었다고 볼 수 없기 때문에 청구를 기각하여야 한다는 결론에 이르게 된다.[33)]

관련하여 제2 대상판결의 다수의견은 새로운 방식의 확인소송에서 법원은 소멸시효 완성 등을 포함한 청구권의 존부 및 범위와 같은 실체적 법률관계에 관한 심리를 할 필요가 없다고 한다. 간이하게 시효중단효를 부여하기 위하여 새로운 방식의 확인소송을 인정한 취지에 비추어 볼 때 후소 법원이 채권의 소멸시효 완성 여부를 심리하도록 하는 것은 그 취지에 반함은 당연하다.

결국, 새로운 방식의 확인소송이 시효중단을 위하여 제기되었는지 여부는 법원의 심리대상, 즉 소송물 또는 청구원인이 될 수 없다. 나아가 새로운 방식의 확인소송이 시효중단효를 발생시키는지 여부, 법률관계를 변동시키는지 여부도 법원이 관여할 바가 되지 아니한다. 소멸시효가 완성된 이후 시효중단효를 발생시킬 수 없는 새로운 방식의 확인소송이 제기되더라도 법원은 기계적으로 청구인용판결을 해야 하기 때문이다.[34)]

---

33) 참고로 시효중단을 위한 재소와 관련하여 대법원 2019. 1. 17. 선고 2018다24349 판결은, 후소(재소)가 전소 판결이 확정된 후 10년이 지나 제기되었다 하더라도 곧바로 소의 이익이 없다고 하여 소를 각하해서는 아니 되고, 채무자인 피고의 소멸시효완성 항변이 이유 있다면 청구기각의 본안판결을 해야 한다는 취지로 판시하면서 소를 각하한 원심판결을 파기하였다. 그러나 시효중단을 위한 재소가 기판력에도 불구하고 예외적으로 소의 이익이 있는 것은 시효중단을 위해서 필요하기 때문이다. 위 판결 역시 소멸시효기간인 10년의 경과가 임박한 경우 '시효중단을 위한 필요성이 있으므로' 후소(재소)의 소의 이익이 인정된다고 설명하고 있다. 그렇다면 이미 시효가 완성된 경우 시효중단 자체가 불가능하여 소의 이익을 인정할 수 없다. 그런데도 위 판결은 어떠한 이유로 시효중단을 위한 재소에 소의 이익이 있는지에 대해서는 설명하지 아니한 채 청구기각의 본안판결을 해야 한다고 하는바, 수긍할 수 없다. 통설·판례는 소송요건을 갖추지 못한 경우 소를 각하하여야지 청구기각의 본안판결을 할 수 없다는 입장인바[소송요건 선순위성 긍정설, 이시윤(주 5), 217쪽 참조], 위 판결의 이유를 자세히 보면 이와 같은 입장을 배척한 것으로 보이지도 않는다.

34) 이에 전소 확정판결 이후 50년, 100년, 수천 년이 지난 뒤에 새로운 방식의 확

이상을 종합하면, 다수의견이 말하는 소송물인 '시효중단을 위한 재판상의 청구를 통한 시효중단의 법률관계'의 실체가 무엇인지 이해하기도 어렵지만, '시효중단을 위한 재판상의 청구', '시효중단의 법률관계'라는 것이 새로운 방식의 확인소송물의 소송물을 구성하는 요소가 될 수 없다. 나아가 '청구권의 시효중단을 위해 후소가 제기되었다는 점' 역시 새로운 방식의 확인소송의 청구원인이라 볼 수도 없다. 엄밀히 말하면, 채권자가 시효중단을 위하여 후소를 제기하였다고 '주장'하는 점 정도가 심리대상이 될 뿐이다. 이러한 관점에서 새로운 방식의 확인소송의 청구원인을 재구성하자면, ① 전소 판결이 확정되었다는 점과 ② 그 청구권의 시효중단을 '위한다고 주장하면서' 후소가 제기되었다는 점, 2개의 사실 정도로 구성된다고 볼 수 있을 뿐이다.

나. 확인의 대상 관련(대상적격의 문제)[35]

**(1) 새로운 방식의 확인소송에서 확인의 대상이 무엇인지**

새로운 방식의 확인소송의 소송물에 대해 추가로 검토한다. 앞서 검토하였듯 새로운 방식의 확인소송에서 소가 시효중단을 위하여 제기되었는지 여부, 채권이 시효로 소멸하였는지 여부, 새로운 방식의 확인소송 제기로 시효가 중단되는지 여부는 심리대상, 즉 확인의 대상이 아니다. 제2 대상판결 다수의견도 새로운 방식의 확인소송은 단지 시효중단을 위한 재판상의 청구가 있었다는 확인을 구하는 극히 단순한 형태의 소송이라 한다. 그렇다면 새로운 방식의 확인소송의 소송물은 '채권자가 전소 판결로 확정된 채권의 소멸시효중단을 위한 목적이라 주장하면서[36] 새로운 방식의 확인소송을 제기하였는지 여부' 정도로 볼 수밖에 없다.[37]

---

인소송이 제기되더라도 법원은 청구인용판결을 할 수밖에 없다.

35) 확인소송의 소송물에 대하여 학설의 대립이 있으나, 이하 다수설과 판례의 견해인 '구체적인 권리 또는 법률관계의 존부'가 확인소송의 소송물이라는 입장에 따라 살핀다.

36) 앞서 보았듯 시효중단을 위해 후소가 제기되었는지는 법원의 심리대상으로 볼 수 없다.

37) 이 점은 새로운 방식의 확인소송의 주문과 관련하여, 다수의견에 대한 보충의견(대법관 이기택)으로 "원고와 피고 사이의 수원지방법원 2004. 11. 11. 선고 2003

### (2) 소제기 여부가 확인의 소의 대상이 될 수 있는지

확인의 소에서 확인의 대상은 '현재의 권리 또는 법률관계'이어야지, 단순한 '사실'의 존재에 관한 다툼은 증서의 진정 여부를 확인하는 소(민사소송법 제250조) 정도를 제외하고는 원칙적으로 소의 이익(권리보호요건)이 없어 허용되지 않는다. 여기서 권리 또는 법률관계의 개념은 민법의 개념에 의하여야 할 것인데,[38] 법률관계란 법에 의하여 규율되는 생활관계를 의미하고, 통상 권리 · 의무관계로 나타난다.[39]

필자는 다음과 같은 5가지 이유로 소제기 여부가 확인의 소의 대상이 되기는 어렵다고 생각한다.[40]

① '소제기의 존부' 자체가 단순한 사실의 문제인지, 아니면 권리 또는 법률관계의 문제에 해당하는지에 관하여 의견이 다양할 수 있다고 생각한다. 권리 또는 법률관계와 단순한 사실관계는 명확하게 구분되지 않는다.[41] 조심스럽게 개인적 의견을 밝히자면 소제기만 놓고 보았을 때 소제기는 법원에 대한 일방적인 '소송행위'에 해당하기 때문에 권리자와 의무자 사이의 '관계' 문제라고 보기는 어렵고, 따라서 원칙적으로 '관계'를 소송물로 삼는 확인의 소의 대상이 되기는 어렵지 않나 생각한다.[42]

---

가합15269 대여금 사건의 판결에 기한 채권의 소멸시효 중단을 위하여 이 사건 소의 제기가 있었음을 확인한다"는 방식이 예시로 제시되었다는 점을 보더라도 알 수 있다.

38) 편집대표 민일영, 주석 민사소송법(Ⅳ)(제8판), 한국사법행정학회(2018), 118면(강영수 집필 부분) 참조.

39) 곽윤직 · 김재형, 민법총칙(제9판), 박영사(2013), 55-56, 243면; 양창수 · 권영준, 권리의 변동과 구제(제3판), 박영사(2017), 5면; 송덕수, 민법총칙(제4판), 박영사(2018), 47면 참조.

40) 이계정, "[2018년 분야별 중요판례분석] 3. 민법(上)", 법률신문(2019. 1. 31.), 12면은 새로운 방식의 확인소송의 대상은 시효중단을 위한 재판상 청구가 있었다는 그 사실 자체로, 명문규정 없이 사실관계 확인을 구하는 확인소송을 해석론으로 인정할 수 있는지 의문이 있다고 한다. 제2 대상판결의 반대의견은, 새로운 방식의 확인소송의 확인대상은 '후소를 제기하였다는 사실'이고, 이는 확인의 소의 확인대상이 될 수 없는 '사실'이라는 입장이다.

41) 호문혁(주 5), 303면은 본래 법률관계와 사실관계는 밀접하게 연결되어 있고 그 사이의 한계도 분명치 않은 경우가 많다고 한다.

42) 법률관계와 법률행위는 구분된다. 다만 실제 용어사용에 있어서 양자가 혼동될 수 있는 경우가 있다. 예를 들면 매매가 그렇다. 그러나 법률행위로서 매매와 법

② 과거의 권리 · 법률관계는 원칙적으로 확인의 대상이 될 수 없는데, 소제기는 후소 법원 변론종결시 기준 과거에 있었던 것으로 '현재'의 문제라 볼 수 없다.

③ 과거의 기본적 또는 포괄적 법률관계에 대한 확인은 예외적으로 과거의 법률관계로부터 현재의 법률관계에 영향을 미치는 여러 법률관계가 계속 발생하여 현재의 권리 · 법률관계를 개별적으로 확정하는 것으로는 분쟁의 근본적 해결이 어렵고, 오히려 과거의 법률관계를 확정하는 것이 분쟁의 근본적 해결을 가져오는 경우에 허용된다.[43] 대표적인 사례로 사실혼 배우자 일방이 사망한 경우 생존하는 당사자가 사실혼관계 존재확인을 구하는 경우가 있다.[44] 그런데 앞서 언급하였듯 소제기를 법률관계라 보기 어렵고, 설령 법률관계라고 하더라도 소제기를 전제로 수많은 법률관계가 발생한다거나 현재의 법률관계의 개별적 확인을 구하는 것이 번잡하다고 보기도 어려운 이상, 소제기를 예외적으로 확인의 대상이 될 수 있는 '기본적 또는 포괄적 법률관계'로 볼 수는 없다고 생각한다.

④ 예외적으로 '관계'가 아닌 '행위'의 관점에서 접근하여, '과거 법률행위의 존부 · 효력'에 대한 확인의 소가 허용되는 경우가 있다. 대표적으로 해고무효확인,[45] 혼인 · 입양무효확인, 단체의 결의무효확인 등의 소송이 있다(현재의 법률행위에 대한 확인소송은 관념상 쉽게 상정하기 어렵다).[46] 이는 현재의 권리 · 법률관계에 대한 확인을 직접 구하는 것보다 법률행위

---

률관계로서 매매는 관념상 구분된다.

43) 이시윤(주 5), 236면; 정동윤 · 김경욱 · 유병현(주 21), 416면 참조.

44) 대법원 1995. 11. 14. 선고 95므694 판결 참조.

45) 대법원 1993. 1. 15. 선고 92다20149 판결은 해고무효확인소송에서 소송물은 청구취지에 표시된 해고의 무효 여부 그 자체로 보아야 한다고 판시하였다,

46) 정동윤 · 김경욱 · 유병현(주 21), 416~417면은 과거의 기본적 법률관계와 과거의 법률행위는 예외적으로 확인의 대상이 된다고 하면서, 과거의 법률행위는 현재의 권리 · 법률관계를 성립시키는 전제로 되어 있는 경우에 그 예외에 해당한다고 설명한다. 한편 이시윤(주 5), 236면; 주석 민사소송법(Ⅳ)(주 38), 122-125면 역시 과거의 권리관계에 대한 확인은 원칙적으로 불허되지만, 과거의 법률행위 효력확인과 과거의 포괄적 법률관계에 대한 확인은 예외에 해당한다고 설명한다.

로부터 발생되는 법률효과 즉, 법률관계의 발생·변경·소멸을 확정 또는 제거하는 것이 분쟁을 근본적으로 해결하여 현재의 법률관계를 명쾌하게 하는 의미가 있는 경우에 인정된다고 생각한다.[47] 결국, 과거의 기본적 또는 포괄적 법률관계에 대한 확인이 가능한 예외적 경우와 마찬가지 경우이어야 할 것이다. 그러나 소제기가 그와 같은 예외에 해당하지 아니함은 앞서 보았다. 심지어 새로운 방식의 확인소송은 소제기의 유·무효가 아닌, 소제기의 존부만을 확인의 대상으로 한다. 그리고 소제기는 법률행위가 아니라 소송행위이다.[48] 우리 판례가 소송행위의 존부 또는 효력 자체에 대한 확인의 소송을 인정한 예가 있는지 의문이다.[49]

⑤ 재판상 청구라는 법률요건이 충족되면 시효중단이라는 법률효과가 발생한다. 소제기는 재판상 청구라는 법률요건을 구성하는 개개의 사실로 법률사실에 해당한다. 문언 중에는 사실 가운데 현재의 권리관계를 발생케 하는 법률요건사실은 그 자체로는 하나의 법률사실에 지나지 아

47) 이를 그림으로 표시하면 다음과 같다.

| A | | B | | C |
|---|---|---|---|---|
| 법률행위<br>(법률요건) | ⇨ | 법률효과<br>[법률관계의 변동<br>(발생, 변경, 소멸)] | ⇨ | 법률효과에 따라<br>존재하는(변동된)<br>현재의 권리·법률관계 |

원칙적으로 확인의 소에서 확인의 대상은 현재의 권리·법률관계(C)이다. 다만 특정한 법률행위(A)의 존부 또는 유·무효가 현재의 권리·법률관계(C) 판단에 결정적인 영향을 미치고, 전자를 판단함이 분쟁을 근본적으로 해결하는 경우, 예외적으로 과거의 법률행위(A)가 확인의 대상이 될 수 있다. 이러한 경우 현재의 권리·법률관계(C)에 대한 소송이 제기되더라도 그 소송에서 주된 심리대상은 과거의 법률행위(A)가 될 것이다. 그렇기 때문에 과거의 법률행위(A)의 존부, 유·무효 자체를 직접적인 확인소송의 소송물로 인정해버리는 것이 당사자들의 주장·입증뿐만 아니라 법원의 심리를 간편하게 하는 소송경제상 장점도 있다.

48) 편집대표 곽윤직, 민법주해(Ⅱ) 총칙(2), 박영사(1992), 170면(송덕수 집필 부분)은 소송행위는 법률행위의 개념을 모방한 것이나 결코 법률행위가 아니며 해당 분야에서 독자적으로 형성된 것이라 설명한다.

49) 이시윤(주 5), 240면; 정동윤·김경욱·유병현(주 21), 421면; 주석 민사소송법(Ⅳ)(주 38), 136면은 소송대리권과 같은 소송요건의 존부, 소송중단이나 소송승계 존부, 소취하의 유·무효와 같이 당해 소송절차 내에서 재판을 받는 것이 예정되어 있는 경우 별소로 확인을 구하는 것은 소송경제에 반하여 확인의 이익이 없다고 설명한다.

니하기 때문에 확인의 대상이 될 수 없다고 서술하는 경우도 있다.[50)] 이에 따르면 소제기는 법률사실에 불과하여 확인의 대상이 되기는 어려울 것이다.

다. 확인의 이익(즉시확정의 이익)의 존부에 관하여

확인의 이익은 ① 권리 또는 법률상의 지위에 현존하는 불안·위험이 있고, ② 그 불안·위험을 제거함에는 확인판결을 받는 것이 가장 유효·적절한 수단일 때 인정된다.[51)] 따라서 당사자 사이에 권리관계에 관하여 아무런 다툼이 없으면 원칙적으로 확인의 이익이 없다.

앞서 보았듯 새로운 방식의 확인소송에서 확인의 대상은 '채권자가 전소 판결로 확정된 채권의 소멸시효중단이 목적이라 주장하면서 새로운 방식의 확인소송을 제기한 사실'이라 본다는 필자의 견해를 일관되게 나아간다면, 이에 대하여 확인을 구할 확인의 이익이 있다고도 보기 어렵다. 소제기가 되었다는 사실을 채무자가 다툴 수도, 다툴 이유도 없다.[52)] 소제기 사실은 통상 법원에 소제기증명원을 발급받아 증명하는 사항으로 굳이 판결로 확인해야 할 사실이 아니다.

확인의 대상을 다수의견이 소송물이라 하는 '판결이 확정된 구체적 청구권에 관하여 시효중단을 위한 재판상의 청구를 통한 시효중단의 법률관계 존부'라 보더라도, 시효중단의 법률관계에 현존하는 불안·위험이 존재한다고 보기도 어렵다. 시효중단의 법률관계라는 것이 무엇인지 명확하지는 않으나 상상해본다면 크게 시효중단효가 시작되는 소제기와 시효중단효가 끝나는 판결 확정을 통하여 형성된다고 볼 수 있을 것이다.

---

50) 이시윤(주 5), 234면; 주석 민사소송법(Ⅳ)(주 38); 이승원, "제사주재자 지위 확인의 소의 이익", 대법원판례해설 제93호, 법원도서관(2013), 253면 참고.

51) 대법원 1999. 9. 17. 선고 97다54024 판결, 대법원 2002. 6. 28. 선고 2001다25078 판결, 대법원 2017. 6. 29. 선고 2014다30803 판결 등 참조. 소의 이익 중 확인소송에서 요구되는 권리보호이익을 확인의 이익 또는 즉시확정의 이익이라 한다[정동윤(주 22), 1053면 참조].

52) 민사소송법 제256조 제2항, 제1항에 따라 법원은 소장이 접수되면 피고에게 원고의 청구를 다툴 경우 답변서를 제출하여야 한다는 취지를 소장 부본과 함께 통지하여야 한다. 법원이 다툴 필요도 없는 소송이 제기되었음을 통지하면서, 다툴 경우 답변서를 제출하라는 취지의 통지도 함께한다는 것이 모순된다.

그런데 소제기 사실을 채무자가 다툴 리 없음은 앞서 언급하였고, 판결 확정도 마찬가지이다. 나아가 판결 확정 여부는 후소의 변론종결시 기준으로 장래의 문제이기 때문에 확인소송의 대상이 될 수도 없다. 판결 확정 여부는 판결을 내리는 법원이 심리할 수도 없다.

얼핏 보면 새로운 방식의 확인소송에 따라 소멸시효중단이라는 효과가 발생하기 때문에 넓게 생각하여 소의 이익이 인정된다고 생각할 수 있다.[53] 그러나 시효중단효는 소제기에 따른 법률효과일 뿐 법원의 '심리 · 판단'에 따른 효과 또는 결과가 아니다. 시효중단효가 발생하는 것은 제2 대상판결이 새로운 방식의 확인소송 제기를 재판상 청구로 인정한 결과에 따른 것이지 후소 법원이 어떠한 권리 · 법률관계를 심리하여 이를 확인해주었기 때문이 아니다. 시효중단효는 당사자가 소송을 제기할 동기는 될 수 있어도 법원이 소제기 사실을 판단해줄 필요가 있다는 확인의 이익을 인정할 논거가 되기에는 어렵다.

한편 재판상의 청구는 소송의 각하, 기각 또는 취하의 경우 시효중단효력이 없기 때문에(민법 제170조 제1항) 확실한 시효중단효력을 얻기 위해서는 확인판결, 즉 원고 승소판결이 필요하다고 주장할 수도 있다. 그러나 그러한 이유로도 확인의 이익이 인정된다고 볼 수 없다. 그러한 이유로는 단순히 '원고 승소판결'이 필요하다고 설명할 수 있을 뿐, 법원이 불안 · 위험이 있는 어떤 권리 · 법률관계를 확인해줄 필요가 있다고 설명할 수는 없기 때문이다.[54] 간단히 이야기해서 원고 승소판결이 확정되어 시효중단효가 확정적으로 되는 것은 소송이 각하, 기각 또는 취하로 끝나지 않았기 때문이지 법원이 권리 · 법률관계를 확인해주었기 때문이 아니다. 새로운 방식의 확인소송에서 판결은 소제기로 발생한 시효중단효를 판결 확정으로 끝내기 위하여[55] 또는 확정적인 시효중단효를 주기 위하여 필

53) 확인의 대상인 권리 · 법률관계 자체에 대해서는 다툼이 없더라도, 권리 · 법률관계에 대한 확인판결을 통하여 관련된 채권자의 권리 또는 법률상 지위에 존재하는 불안 · 위험이 제거될 수 있다는 취지로 주장될 수 있다.

54) 그리고 엄밀히 원고 승소판결이 반드시 필요한 것도 아니다. 어떤 형태로든 새로운 방식의 확인소송이 각하, 기각 또는 취하로만 끝나지 않으면 되기 때문이다.

요한 중간 단계 이상의 의미를 갖기는 어렵다고 생각한다.

국민의 재판받을 권리를 보장하고 분쟁의 예방 및 조기 해소를 위해 확인의 이익을 넓게 인정하는 대법원 판례의 경향이 발견된다.[56] 확인소송 이외에 권리자의 권리구제를 위한 별다른 수단이 존재하지 아니하는 경우에는 확인의 이익을 넓게 인정할 필요가 있다고 생각한다. 그러나 이미 권리구제를 위한 소송형태가 있는데, 그 소송형태가 권리자가 바라는 목적을 달성함에 다소 불편한 부분이 있다고 하여 권리자가 바라는 목적에 부합하도록 소송형태를 설계하기 위하여 확인의 이익을 널리 인정하는 것은 다른 국면의 문제로 신중하게 판단할 필요가 있다.

### 라. 새로운 방식의 확인의 소를 채무자에 대한 재판상 청구로 볼 수 있는지

#### (1) 제2 대상판결의 다수의견

제2 대상판결의 다수의견은 응소행위, 기본적 법률관계에 관한 확인청구와 마찬가지로 새로운 방식의 확인소송 역시 권리자가 재판상 그 권리를 주장하여 권리 위에 잠자는 것이 아님을 표명한 것으로 볼 수 있다면서 시효중단 사유인 재판상 청구에 해당한다고 한다. 그러나 이에 동의할 수 없다.

#### (2) 새로운 방식의 확인소송이 권리자의 의무자에 대한 권리행사인가

재판상 청구에 시효중단효를 인정하는 이유는 권리자가 소송의 형식으로 의무자를 상대로 권리를 행사하여 권리불행사의 상태가 중단된다는 데 있다[권리행사설(權利行使設)].[57] 그런데 새로운 방식의 확인소송을 제기한 것을 두고 채무자에 대한 권리행사로 볼 수 있는지 의문이 든다.

---

55) 소제기로 발생한 시효중단효를 무한정 내버려 둘 수는 없다.

56) 현소혜, "제사주재자의 지위와 확인의 이익", 민사판례연구 제39권, 박영사(2017), 810면 참조.

57) 황은규, "청구의 교환적 변경과 소멸시효의 중단", 민사판례연구 제35권, 박영사(2013), 803면 참조. 재판상 청구에 시효중단효를 인정하는 이유 및 범위와 관련하여 종래 일본에서 권리확정설(權利確定設)과 권리행사설(權利行使設)의 대립이 있었으나 우리나라 판례와 학설은 권리행사설(權利行使設)을 따르고 있다. 관련하여 자세한 논의는 민법주해(Ⅲ)(주 29), 494-495면 참조.

소제기 사실에 대한 확인만을 구하는 것을 두고 바로 채권자의 채무자에 대한 권리행사로 보기에는 부족하다고 생각한다.[58)]

**(3) 응소 및 기본적 법률관계에 대한 확인청구와의 비교**

제2 대상판결의 다수의견은 재판상 청구로 인정되는 응소와 기본적 법률관계에 대한 확인청구와 비교하여 새로운 방식의 확인소송 역시 재판상 청구로 볼 수 있다고 하나, 서로 본질적으로 달라 그와 같이 볼 수는 없다.

(가) 응소의 경우

대법원은 응소에 무조건 시효중단효를 인정하는 것이 아니라 시효를 주장하는 자가 원고가 되어 소를 제기한 데 대하여 피고로서 응소하여 그 소송에서 적극적으로 권리를 주장하고 그것이 받아들여진 경우에 시효중단효를 인정한다.[59)] 즉, 소멸시효의 대상인 권리 자체가 소송에서 주장되어야 하고, 법원의 심리대상이 되어야 하며, 그 존재 자체가 인정되어야 한다.[60)]

(나) 기본적 법률관계에 대한 확인청구의 경우

판례는 기본적 법률관계에 대한 확인의 소는 그 법률관계로부터 파생된 권리의 소멸시효를 중단시킨다는 입장으로 해석된다.[61)] 그런데 실체적 법률관계에 관한 심리를 하고, 기본적 법률관계가 존재함이 확인되었을 때, 그로부터 파생되는 채권의 시효가 중단되는 것이지 실체적 법률관계에 대한 심리도 없음에도 그로부터 파생되는 채권의 시효가 중단

---

58) 양창수, "흠 있는 소제기와 시효중단", 민법연구 제4권, 박영사(2007), 94면은 '재판상 청구에 시효중단효를 인정하는 근거는 권리자의 의무자에 대한 권리행사가 있어서 시효진행의 기초가 되는 권리불행사의 상태가 중단된다는 데 있으므로, 소제기가 그와 같은 권리행사로 평가될 수 없는 경우에는 시효중단효를 부정함이 타당하다'고 한다.

59) 대법원 1993. 12. 21. 선고 92다47861 전원합의체 판결.

60) 이는 재심의 경우에도 마찬가지다. 대법원은 재심청구를 하여 권리를 주장하고 그것이 받아들여진 경우에 시효중단사유인 재판상 청구에 해당한다고 한다(대법원 1997. 11. 11. 선고 96다28196 판결).

61) 민법주해(Ⅲ)(주 29), 503면; 편집대표 김용담, 주석민법 총칙(3)(제4판), 한국사법행정학회(2010), 613면(김홍엽 집필 부분); 송덕수(주 39), 482면 참조.

된다고 볼 수 없다. 대표적인 판례들을 검토해 본다.

① 대법원 2004. 2. 13. 선고 2002다7213 판결은 근저당권설정등기청구의 소제기가 그 피담보채권이 될 채권에 대한 소멸시효 중단사유가 된다고 판시하였다.[62] 그런데 이유를 살펴보면 '근저당권설정등기청구의 소에는 그 피담보채권이 될 채권의 존재에 관한 주장이 당연히 포함되어 있는 것이고, …(중략)… 그 채권의 존부에 관한 실질적 심리가 이루어져 그 존부가 확인된 이상, 그 피담보채권이 될 채권으로 주장되고 심리된 채권에 관하여는 근저당권설정등기청구의 소의 제기에 의하여 그 행사가 있은 것으로 볼 수 있기 때문'이라 하여 시효로 소멸할 채권의 존부에 대한 심리·판단이 소송에서 이루어졌음을 주된 논거로 하고 있다.

② 대법원 1978. 4. 11. 선고 77다2509 판결은 파면처분무효확인의 소가 보수금채권에 대한 시효중단사유가 된다고 하였고, 대법원 1994. 5. 10. 선고 93다21606 판결은 교직원의 학교법인을 상대로 한 의원면직처분무효확인청구의 소가 교직원의 학교법인에 대한 급여청구권에 대한 시효중단사유가 된다고 하였다. 이 경우 파면처분 이후의 보수금채권과 면직처분 이후의 급여채권이 발생한다고 보기 위해서는 기본적으로 파면처분과 면직처분이 무효로 판단되어, 결국 고용관계가 존재하는 것으로 판단되어야 한다. 따라서 소송에서 채권의 발생 요건에 대한 심리·판단이 이루어졌다고 볼 수 있다.

③ 대법원 1992. 3. 31. 선고 91다32053 전원합의체 판결은 과세처분의 취소 또는 무효확인청구의 소가 조세환급을 구하는 부당이득반환청구권의 소멸시효중단사유인 재판상 청구에 해당한다고 하였다.[63] 과세처분의 취소 또는 무효는 부당이득반환청구권 발생의 요건사실인 '법률상 원인 없음'을 구성하는 사실이다. 따라서 마찬가지로 소송에서 채권의 발

---

62) 해당 판례에 대해 기본적 법률관계에 대한 확인청구가 파생적 청구권의 시효를 중단시키는 사례로 소개하는 문언이 있다[송덕수(주 39), 482면; 주석민법 총칙(3)(주 61), 613면].

63) 대법원 2010. 9. 30. 선고 2010다49540 판결도 같은 취지이다.

생 요건에 대한 심리·판단이 이루어졌다고 볼 수 있다.

이상과 같이 기본적 법률관계에 대한 확인청구가 파생적 청구권의 시효를 중단시킨다고 판단된 사례들을 검토하면[64], 시효가 문제 되는 채권의 존부 또는 발생요건에 대한 심리 즉, 실체적 법률관계에 대한 심리가 이루어졌고, 판결 주문 또는 이유에서 그것들이 존재한다고 판단이 된 사례임을 알 수 있다.

(다) 새로운 방식의 확인소송과의 비교

새로운 방식의 확인소송에서는 채권의 존부, 범위, 발생을 위한 요건사실과 같은 실체적 법률관계에 관한 심리가 전혀 이루어지지 않는다. 법원은 단순히 소가 제기된 사실만을 확인해 줄 뿐이다. 이러한 점에서 응소 및 기본적 법률관계에 대한 확인청구와 새로운 방식의 확인소송은 확연한 차이가 있다. 제2 대상판결 다수의견과 달리 오히려 응소 및 기본적 법률관계에 대한 확인청구와 비교해 보았을 때, 새로운 방식의 확인소송을 재판상 청구에 해당한다고 보기는 어렵다. 나아가 실체적 법률관계에 대한 아무런 심리가 이루어지지 않는 소송의 제기를 두고 재판상 청구에 해당한다고 본 판례 사안은 없는 것으로 보인다.

**(4) 새로운 방식의 확인소송과 재산명시절차와의 비교**

대법원은 채권자가 확정판결에 기한 채권의 실현을 위하여 채무자에 대하여 민사집행법상 재산명시신청을 하고 그 결정이 채무자에게 송달되었다면 거기에 소멸시효 중단사유인 '최고'로서의 효력만을 인정한다.[65]

재산명시절차와 새로운 방식의 확인소송을 비교하여 보자. 재산명시절차에서 법원은 새로운 방식의 확인소송의 청구원인 그 이상의 것(집행문 부여와 같은 강제집행개시요건 충족 여부, 채무자의 재산을 쉽게 찾을 수 없음 등)을 심리한다. 나아가 채무자에게 기일에 출석하여 재산목록을 제

64) 사실 엄밀히 말하면 파면처분, 의원면직처분은 과거의 법률행위이고 과세처분은 과거의 행정행위이다.

65) 대법원 2001. 5. 29. 선고 2000다32161 판결, 대법원 2012. 1. 12. 선고 2011다78606 판결.

출하게 하고 재산목록이 진실하다는 선서까지 하게 한다(민사집행법 제64조, 제65조). 만일 채무자가 정당한 이유 없이 이를 불이행할 경우 채무자를 감치에 처할 수도 있고, 거짓의 재산목록을 낸 경우 형사처벌까지 될 수 있다(민사집행법 제68조). 그런데도 소제기 사실만을 확인하는 새로운 방식의 확인소송을 재판상 청구로 보아 더 강력한 시효중단효를 인정하는 것은 균형에 어긋난다는 생각이 든다. 새로운 방식의 확인소송을 인정할 것이라면 차라리 재산명시절차를 재판상 청구 또는 압류에 준한다고 보아 강력한 시효중단효를 인정하는 편이 낫지 않았을까 싶다.[66)]

### 마. 기한의 제한 없이 언제든지 무한정으로 소송을 제기할 수 있는 문제

새로운 방식의 확인소송은 시기 · 횟수에 제한 없이 무한정으로 제기할 수 있는 소송으로 채무자를 불안한 지위에 놓이게 한다. 새로운 방식의 확인소송의 피고가 될 채무자들의 자력을 고려할 때 법률 전문가로부터 도움을 받기도 쉽지 아니하여 새로운 방식의 확인소송이 무엇인지, 다툴 필요가 있는 소송인지, 법정에 출석할 필요성이 있는지 제대로 알지 못한 채 불안감만 느낄 것이다. 일반인들은 법원에서 소장이 송달된 것 그 자체만으로도 부담과 정신적 피로를 느낀다.

이에 대해 제2 대상판결의 다수의견은 불필요하게 단기간 내에 소제기를 반복하는 경우 소권 남용의 일반론에 따라 허용되지 않는 경우가 있을 것이라고 할 뿐이다. 소권 남용의 일반론에 기대어 허용되는 소송

---

66) 민법 해석상 재산명시절차를 재판상 청구에 포함하는 것도 가능하다고 생각한다. 재판상 청구는 법원에 소를 제기하는 것을 말하는데, 통상 소송이란 소의 제기로부터 종국판결에 이르기까지의 판결절차를 의미하지만, 판결절차 이외에 강제집행절차도 포함되기 때문이다[편집대표 민일영, 주석 민사소송법(Ⅰ)(제8판), 한국사법행정학회(2018), 4면(황진구 집필 부분) 참조]. 그리고 재산명시절차 역시 엄연한 법원의 재판절차이다. 참고로 법무부 민법개정위원회는 재산명시절차에 압류와 유사하게 소멸시효중단(개정시안에 따르면 '정지' 및 '재개시')효력을 부여하는 것으로 개정시안을 작성하였다[권영준(주 2), 322-328면 참조].

참고로 최근 항소심에서 기존 대법원 판례와 달리 상세한 이유를 들어 재산명시신청을 시효중단사유인 압류에 준하는 것으로 판단한 사례가 있었으나(부산지방법원 2018. 8. 22. 선고 2018나40461 판결), 대법원은 기존 판례를 따라 원심판결을 파기하였다(대법원 2018. 12. 13. 선고 2018다266198 판결).

과 아닌 소송을 구별하자는 것은 너무나 모호한 이야기이며, 다수의견이 말하는 '단기간'이 어느 정도의 기간을 말하는 것인지 전혀 예측되지 아니한다.

물론 소송비용을 채권자에게 부담시키는 방법으로 이를 억제할 수는 있으나, 뒤에서 보듯 그렇게 할 수 있는 법률상 근거가 없다. 설령 가능하다고 하더라도 새로운 방식의 확인소송의 소송목적의 값은 앞서 보았듯 최대 3,000만 원으로, 인지액의 최대한도는 14만 원이다.[67] 액수를 고려할 때 소송비용이 채권자의 남소를 억제할 충분한 요인이 될지 의문이다. 오히려 채권자는 저렴한 비용으로 법원을 통하여 사실상 채무의 이행을 독촉하고, 소장부본이 송달되지 아니하면 채무자의 주민등록표등본을 발급받는 등으로[68] 채권을 관리하기 위해 새로운 방식의 확인소송을 악용할 수도 있다.[69]

### 바. 소송비용 부담에 관한 문제

제2 대상판결의 다수의견은 새로운 방식의 확인소송에서 소송비용은 원칙적으로 채권자가 부담하도록 실무를 운용하고 채무자가 무익한 주장 등을 하는 경우에 채무자로 하여금 그에 해당하는 비용을 부담시킬 여지가 있다고 하였다. 새로운 방식의 확인소송은 시기의 제한 없이 언제든지 제기할 수 있고 채무자가 다툴 여지도 없이 패소하게 되는 소송이라

---

67) 14만 원=3,000만 원×45/10,000+5,000원(민사소송 등 인지법 제2조 제1항 제2호에 따라 계산).

68) 주민등록법상 주민등록표의 열람 또는 등·초본 교부는 본인 또는 세대원에 한정되어 있으나, 법원의 주소보정명령서를 제시하여 소송수행상 필요한 경우임이 증명되면 피고의 주민등록표등본의 신청이 가능하다(주민등록법 제29조 제2항 제2호, 주민등록법 시행령 제47조 제5항, 주민등록법 시행규칙 제13조 제1항 별표 참조).

69) 제1 대상판결 반대의견은, 시효중단을 위한 재소를 허용하여 영구적으로 소멸하지 않는 채권의 존재를 인정하게 되면, 각종 채권추심기관의 난립과 횡행을 부추겨 충분한 변제능력이 없는 경제적 약자가 견뎌야 할 채무의 무게가 더욱 무거워지는 사회적 문제도 따른다고 지적하는데, 그와 같은 지적을 가벼이 여길 것은 아니다. 새로운 방식의 확인소송에서 법원은 채권자로부터 일정한 수수료(인지)를 받고 소장부본 송달, 형식적인 판결문 작성 및 송달을 수행하는 기관에 불과하여 채권추심기관과 유사하다는 느낌까지 든다.

는 점에서 소송비용을 채무자에게 모두 부담토록 하는 것은 적절하지 않으므로, 다수의견이 일리가 있다.

그러나 소송비용은 패소한 당사자가 부담함이 원칙이고(민사소송법 제98조), 예외적으로 승소한 당사자의 불필요한 행위로 생긴 비용(민사소송법 제99조 전단), 패소한 상대방의 권리를 늘리거나 지키는 데 필요한 행위로 생긴 비용[70](민사소송법 제99조 후단), 승소 당사자의 소송지연으로 생긴 비용(민사소송법 제100조)을 전부 또는 일부를 승소한 당사자에게 부담시킬 수 있을 뿐이다. 새로운 방식의 확인소송에서 발생하는 소송비용이 위와 같은 예외에 해당한다고 보기는 어려운 이상, 그 소송비용을 원칙적으로 채권자에게 부담시킬 법률상 근거가 없다.

한편 하급심에서 소송비용의 부담에 관한 판단이 통일되지 않을 경우 상급심에서 통일적인 방향을 제시하는 것이 곤란하다. 새로운 방식의 확인소송은 1심에서 채권자 승소로 확정되는 경우가 대부분일 것이다. 그런데 민사소송법 제391조에 따라 소송비용에 관한 재판에 대하여는 독립하여 항소하지 못하므로 채권자로서는 1심의 소송비용 재판에 대해 다툴 수가 없다. 패소한 채무자가 항소하더라도 항소가 기각될 것이고 대법원 판례에 따르면 상소가 이유 없는 경우 소송비용의 재판에 대한 불복은 허용되지 않기 때문에[71] 항소심은 항소기각 및 항소비용 피고 부담의 판결만을 할 수밖에 없다.[72]

70) 예를 들어 피고가 소송 중 임의 변제하여 원고가 패소한 경우에 원고의 행위로 생긴 비용.

71) 대법원 1996. 1. 23. 선고 95다38233 판결, 대법원 1998. 11. 10. 선고 98다42141 판결, 대법원 2016. 5. 24. 선고 2014도6428 판결 등. 다만 이에 대해서는 상소가 전부 기각되는 경우에도 소송비용의 재판 당부에 대해서 심판하고 이를 변경할 수 있다는 유력한 학설이 제기되고 있다고 한다[편집대표 민일영, 주석 민사소송법(Ⅵ)(제8판), 한국사법행정학회(2018), 70면(김형두 집필 부분) 참조].

72) 참고로 법원 내부 판결문 검색시스템을 통하여 검색한 결과 대부분 사안에서 법원은 소송비용을 피고에게 부담하도록 판결하고 있고, 간혹 소송비용 각자 부담을 명하는 판결이 있을 뿐이다. 소송비용 전부를 원고에게 부담시키는 판결은 1건만 검색된다(2020. 1. 1. 기준).

### 4. 시효중단을 위한 재소에 문제가 있는지, 그렇다면 새로운 방식의 확인소송이 대안이 될 수 있는지

#### 가. 서 론

제2 대상판결의 다수의견은 주로 시효중단을 위한 재소에 실무상 문제가 많음을 지적하면서, 새로운 방식의 확인소송을 시효중단을 위한 후소의 형태로 '추가로' 인정하였다. 여기서는 과연 시효중단을 위한 재소에 실무상 문제가 많았는지, 그렇다면 새로운 방식의 확인소송을 '추가로' 인정하는 것이 문제 해결 방안이 될 수 있는지, 다른 대안은 없는지 검토한다.

#### 나. 시효중단을 위한 재소가 채권자가 전혀 의도하지 않은 사항을 심리·판단하여 사적자치를 대원칙으로 하는 민사법체계에 반하는지

제2 대상판결의 다수의견은, 시효중단을 위해 후소를 제기하는 채권자의 진정한 의사는 단지 청구권의 시효소멸을 방지하고자 하는 것인데, 후소 법원이 변론종결시를 기준으로 청구권의 존부와 범위를 새로이 심사하여 판단하는 것은 채권자가 전혀 의도하지 않은 사항을 심리·판단하는 것으로서, 당사자의 사적자치를 대원칙으로 하는 민사법체계와도 부합하지 않으며, 시효중단을 위한 후소의 구조도 채권자의 의도와 목적에 맞게 설계되면 충분하다고 한다.

그런데 채권자가 시효중단만을 원한다고 하여 오로지 시효중단효만 있는 형태의 소송을 추가로 만들어주어야 하는지 의문이 든다. 그리고 제2 대상판결의 다수의견은 채권자가 의도한 사항만 심리·판단해야 한다는 취지로 비추어질 수 있는데 수긍하기 어렵다. 민사소송은 대립되는 당사자 사이에서 분쟁의 해결을 해결하기 위한 제도로서 상대방이 주장하는 사항에 대해서도 당연히 심리·판단을 해야 한다.

마찬가지 관점에서 채권자가 의도하지 않은 사항을 심리·판단하는 것이 사적자치에 반하는지도 의문이다. 사적자치 원칙은 개인이 자유로운 의사에 따라 법률관계를 형성할 수 있다는 원칙이나,[73] 상대방과의 관계 속에서 제한된다. 그리고 사적자치 원칙의 소송법적 측면으로 볼 수 있는 처분권주의[74]에 따라 심판의 대상과 범위를 당사자가 자유로이 결정할 수 있다고 하여 소의 이익, 소송물 이론과 무관하게 무엇이든 심판의 대상으로 삼을 수 있다고 볼 수는 없다.

결과론이기는 하지만 채무자가 청구이의사유를 주장하더라도 배척된다면 후소 판결의 기판력에 따라 후소 변론종결 이전의 사유는 더는 청구이의사유로 주장할 수 없어 채권자에게 불리하지도 않다. 반대로 채무자의 청구이의사유가 받아들여진다면 채권자의 소제기가 마냥 타당했다고 보기도 어렵다.

### 다. 채무자에게 전소 판결에 대한 청구이의사유를 조기에 제출하도록 하여 부당하고 법원에 불필요한 심리를 강요하는지

제2 대상판결의 다수의견은, 시효중단을 위한 재소에서 채무자가 전소 판결에 대한 청구이의사유를 주장하지 아니하면 전소 판결과 동일한 후소 판결이 선고될 것이기에 채무자로서는 후소가 제기되었다는 이유만으로 청구이의사유를 조기에 제출하도록 강요받게 되고, 이는 청구이의의 소를 제기할지 여부와 그 시기를 자율적으로 결정할 수 있는 원고적격자로서의 법률적 지위를 침해하며, 법원으로 하여금 무익한 절차를 반복하게 만든다고 지적하면서 이러한 문제를 해결하기 위해 새로운 방식의 확인소송을 인정해야 한다고 한다.

그런데 그와 같은 사유가 새로운 방식의 확인소송을 '추가로' 인정하기 위한 근거가 될 수는 없다. 새로운 방식의 확인소송이 도입되었지만 채권자는 여전히 본인의 선택에 따라 시효중단을 위한 재소를 제기하여 채무자로 하여금 청구이의사유를 조기에 제출하도록 강요할 수 있다. 채무자는 새로운 방식의 확인소송과 시효중단을 위한 재소 중 소송의 형태

---

73) 곽윤직 · 김재형(주 39), 38면; 송덕수(주 39), 35면 참조.

74) 이시윤(주 5), 317면; 정동윤 · 김경욱 · 유병현(주 21), 341면은 처분권주의는 사적자치의 소송법적 측면이라 한다. 호문혁(주 5), 374면은 우리 민사소송법이 처분권주의를 취한 것은 실체사법에서 대원칙으로 삼고 있는 사적자치 원칙이 반영된 결과라 한다.

를 결정할 수 있는 아무런 권한이 없다. 새로운 방식의 확인소송에서 채무자가 청구이의사유를 주장할 필요가 없는 것은, 채권자가 시효중단을 위한 후소로 새로운 방식의 확인소송을 제기하였기에 받게 되는 반사적 이익에 불과하다. 결국 시효중단을 위한 재소의 위와 같은 문제를 해결하기 위해 새로운 방식의 확인소송을 추가로 인정해야 한다는 다수의견은 논리적으로 타당하지 않다.

나아가 채무자에게 청구이의사유를 조기에 제출하도록 하는 결과가 초래된다고 하여 과연 채무자에게 가혹한지도 의문이다. 주장한 청구이의사유가 받아진다면 사실상 전소 확정판결에 기한 집행이 이루어질 가능성은 소멸하게 된다. 시효중단을 위한 재소에서 패소한 채권자가 불필요한 비용을 들여가면서 전소 확정판결을 집행권원으로 하여 집행에 나가는 경우는 상상하기 어렵다.[75] 따라서 채무자로서는 적극적으로 비용과 노력을 들여 청구이의의 소를 제기하는 경우보다 유리한 결론에 이르게 된다. 반대로 주장한 청구이의사유가 받아들여지지 않을 경우 채무자가 결론적으로 인정되지 않을 청구이의사유를 주장했다는 점, 만일 채무자가 원하는 시기에 청구이의의 소를 제기한다고 하더라도 마찬가지로 기각될 가능성이 높다고 생각되는 점에서 채무자의 보호가치가 큰지 의

75) 한편, 제2 대상판결 다수의견에 대한 보충의견은(대법관 이기택) 시효중단을 위한 재소에서 패소한 채권자가 전소 판결에 기해 강제집행을 시도할 경우 그 집행행위가 소송사기로 평가될 수 있음은 별론으로 하고, 집행 자체는 유효하여 집행에 따른 결과를 부인하지 못하게 된다고 설시하였다. 이에 따르면 채권자는 형사상 책임까지 무릅쓰고 집행행위에 나가야 하는데, 다음과 같은 이유로 채권자가 집행행위에 나갈 유인은 매우 적다. ① 채무자가 간단하게 청구이의의 소를 제기하여 집행을 저지할 수 있으므로 집행이 완료(재산상 이익의 취득)될 가능성은 낮다. ② 집행이 채무자에 의하여 저지되더라도 소송사기미수에 해당하여 형사상 책임을 부담한다. ③ 만에 하나 집행이 완료된다고 하더라도 채권자는 채무자에게 손해배상책임을 부담한다. ④ 소송사기가 유죄로 판명됨에 큰 어려움이 없을 것이다. ⑤ 소송사기가 유죄로 판명될 경우 양형이 적을 것으로 생각되지 않는다. 소송사기는 양형기준상 사기죄에서 특별가중인자에 해당한다. 집행권원을 받아내는 통상의 소송사기와 달리 이러한 경우 채권자는 집행을 완료하여 현실적인 재산상 이익을 취득하고자 하는 것이라는 점, 이미 패소판결을 받았음에도 법원을 속이는 범죄행위에 착수한 점을 고려하면 비난가능성이 매우 높다.

문이다. 시효중단을 위한 재소에서 받아들여지지 않은 청구이의사유가 청구이의의 소를 제기하였다면 받아들여졌으리라 생각하기는 어렵다.

채권자의 선택에 따라 채무자가 청구이의사유를 조기에 주장해야 하는 문제는 채권자가 집행증서를 확보해둔 상태에서 집행증서상 채권의 이행을 구하는 소를 제기한 경우에도 마찬가지로 존재한다.[76] 그런데 이에 대해 채무자가 자율적으로 청구이의의 소를 제기할지 여부와 그 시기를 결정할 수 있는 원고적격자로서의 법률적 지위를 침해하여 문제가 있다는 견해는 찾을 수 없다. 오히려 확정된 지급명령 또는 이행권고결정이 있는 경우에도 기판력을 얻기 위하여 재차 소송을 제기할 수 있다는 견해가 존재할 뿐이다.[77]

제2 대상판결 반대의견은 시효중단을 위한 재소를 통하여 채권자는 채무자가 청구이의의 소를 제기하려는 것을 사전에 차단하는 효과도 거둘 수 있다고 하고, 심지어 제2 대상판결 다수의견 역시 실체관계에 관한 다툼이 있어 채권자가 특별히 이행소송을 제기하고자 하는 경우가 있음을 인정하고 있다.[78] 이러한 사정을 종합하면 시효중단을 위한 재소가

76) 이 경우 집행증서의 집행력에도 불구하고 후소가 부적법하다고 보는 학설 또는 판례는 찾기 힘들다. 편집대표 민일영, 주석 민사집행법(Ⅱ)(제8판), 한국사법행정학회(2018), 402면(홍동기 집필 부분)은 집행증서가 있더라도 채권자는 채무자를 상대로 청구의 이행을 구하는 소를 제기할 수 있다고 서술하고 있고, 정동윤 · 김경욱 · 유병현(주 21), 409면은 집행증서에 기판력이 없으므로 기판력을 얻기 위하여 이행의 소를 제기할 이익이 있다고 한다.

77) '확정된 지급명령 또는 이행권고결정에는 집행력이 있음에도 불구하고, 확정판결을 받으면 변론종결 이전에 생긴 사유에 관하여는 더는 다툴 수 없는 효력, 즉 기판력이 생기므로 재차 제기된 이행소송의 소의 이익을 가볍게 부정할 것이 아니'라는 견해[문정일, "확정된 이행권고결정에 대한 준재심의 소", 대법원판례해설 제79호, 법원도서관(2009), 385면; 문정일, "확정된 지급명령에 대한 청구이의의 소", 21세기 민사집행의 현황과 과제: 김능환 대법관 화갑기념, 사법발전재단(2011), 427면], 채권자가 기판력을 얻기 위하여 채무자를 상대로 채권의 존재에 대한 확인을 구하는 소송을 제기할 수 있다는 견해[강현중, 민사소송법(제7판), 박영사(2018), 1044면]가 있다.

78) 제2 대상판결 다수의견의 판시를 그대로 옮기면, "채권자와 채무자 사이에 실체관계에 관한 다툼이 있어 채권자가 특별히 이행소송을 제기하고자 하는 등 특별한 사정이 있는 경우가 아니라면, 채권자 입장에서 굳이 시효중단을 위한 후소로서 이행소송을 제기하기보다는 새로운 방식의 확인소송을 제기함으로써 보다 손쉽게

문제 되는 경우에 청구이의의 소를 제기할지 여부와 그 시기를 결정할 수 있는 채무자의 원고적격자로서의 법률적 지위라는 것이 과연 보호가치가 크다고 볼 수 있는지도 의문이다.

라. 집행권원 추가 생성에 따른 이중집행의 위험성 관련하여

제2 대상판결 다수의견은, 시효중단을 위한 재소가 허용됨에 따라 동일한 청구권에 관하여 집행권원이 추가로 생성되어 이중집행의 위험성이 증가한다고 지적한다.

수긍할 수 있는 지적이나 확정판결이 있음에도 시효기간이 경과할 때까지 채무를 변제하지 못하는 채무자가 집행을 이중으로 당하는 경우가 얼마나 있을지 의문이다. 정말 예외적으로 그러한 경우가 있다고 하더라도 채무자는 청구이의의 소로 확정판결의 집행력을 배제할 수도 있다.

그리고 동일한 청구권에 관하여 여러 개의 집행권원이 존재하는 경우(집행권원의 경합)는 채권자가 집행증서를 확보해둔 상태에서 추가로 이행판결을 얻은 경우, 집행권원이 있는 채권이 회생·파산절차의 채권자표에 기재되고 여기에 이의가 없는 경우 등에도 존재한다.[79] 특히 전자의 경우는 현실에 많이 존재하는데 집행권원 경합에 따른 이중집행의 문제가 흔하다면 이미 이를 해소하기 위한 노력이 많았을 것임에도, 그러한 노력이 별로 없었다는 점에서 이중집행의 위험이 현실화되는 경우는 흔치 않아 보인다.

마. 소멸시효기간 경과가 임박한 시점의 불명확성 관련하여

제2 대상판결의 다수의견은, 시효중단을 위한 재소는 예외적으로 소멸시효기간인 10년의 경과가 임박한 경우에만 소의 이익이 인정되는데, 10년의 경과가 임박하였는지 여부가 명확하지 않고 법관의 재량에 따라 좌우되는 것은 절차의 예측가능성 측면에서 큰 문제라고 지적한다.

충분히 타당한 지적이다. 하급심 판례를 찾아보면 상이한 판단이 다수 발견된다. 나아가 1심에서 10년의 경과가 임박하지 아니하였음을 이

---

시효중단의 효과를 얻을 수 있을 것이다"라고 하였다.

79) 주석 민사집행법(Ⅱ)(주 76), 52면(이원 집필 부분).

유로 각하하더라도 항소심 변론종결 당시 임박하게 되었을 경우 항소심에서 청구를 인용하는 판결을 하게 될 것이므로 사실상 불필요한 항소가 제기되는 문제도 있다.

그러나 이는 대법원에서 소멸시효기간의 경과가 임박한 시점이 언제인지 명확히 판단을 해주면 간단하게 해결될 문제이다. 예를 들어 시효기간 만료 1년 전 또는 2년 전 등으로 특정하면 된다. 그렇게 판시함에 문제가 될 것은 없다. 그리고 임박한 시점이 불명확한 문제가 존재한다고 하더라도 그것이 심각하여 법리상 허용되기 어려운 새로운 방식의 확인소송을 도입하면 아니 될 수준이라 생각하지는 않는다.[80)]

#### 바. 채무자의 소송비용 부담 문제 관련하여

제2 대상판결의 다수의견은, 채권의 관리 · 보전비용(예컨대 채권자가 채무자의 재산상태를 파악하기 위해 지출한 비용)은 채권자가 부담하는 것이 옳다는 전제하에, 시효중단을 위한 재소는 채권의 관리 · 보전행위에 해당하여 그로 인한 소송비용을 채무자가 부담하는 것은 타당하지 않고, 그 소송비용이 적지도 않기 때문에 채무자가 상당한 정도의 비용을 추가로 부담하는 불합리가 발생한다고 한다.

생각건대, 채권자가 시효중단을 위해 소송을 제기하게 되는 이유는 민법에서 판결로 확정된 채권이라도 소멸시효에 걸리도록 규정하고, 채무

80) 참고로 시효중단을 위한 재소의 경우 전소 판결 확정일로부터 10년의 경과가 임박한 시점에 제기되었는지를 기준으로 권리보호이익 존부를 단정해서는 아니 된다고 생각한다. 전소 판결 확정일로부터 10년의 경과가 임박하였다고 하여 시효중단을 위하여 소제기를 하였다는 점이 곧바로 증명되지는 않기 때문이다. 구체적으로 보면, ① 민법 제165조 제3항에 따라 판결 확정 당시에 변제기가 도래하지 아니하였고 단기 소멸시효에 걸리는 채권은 판결이 확정되더라도 그 소멸시효기간이 10년으로 연장되지 아니한다. 이 경우 후소가 전소 판결 확정일로부터 10년 이내에 제기되었다고 하더라도 이미 소멸시효가 완성된 뒤 제기된 것일 수 있다. ② 그리고 재소가 전소 판결 확정 후 10년이 지난 뒤에 제기되었더라도 중간에 채무자의 승인과 같은 시효중단사유가 발생되었다면 재소를 제기할 권리보호이익을 인정할 수 있다. 따라서 시효중단을 위한 재소의 권리보호이익 관련하여, 전소 판결 확정일로부터 10년의 경과가 임박한 시점에 제기되면 권리보호이익이 있다는 취지의 대법원 판례는 '전소 판결로 확정된 채권의 시효소멸이 임박한 시점에 제기되면 권리보호이익이 있다'는 취지로 변경되어야 한다고 생각한다.

자가 그 기간 내에 변제하지 아니하였고, 현실적으로 소송을 제기하는 것 이외에 다른 시효중단의 방법이 없기 때문이므로 그 소송의 비용을 채무자가 부담하도록 하는 것이 과연 부당한지 의문이다(채무자가 다툴 수도 없이 무조건 패소하게 되는 새로운 방식의 확인소송의 소송비용을 전부 채무자가 부담하도록 하는 것이 부당하다는 것과는 다른 문제이다).

그리고 새로운 방식의 확인소송에서 승소한 채권자에게 소송비용을 부담시키도록 하는 것이 가능하다면 마찬가지 논리로 시효중단을 위한 재소에서도 채권자에게 소송비용을 부담시키도록 하면 될 것이다. 그리고 시효중단을 위한 재소에 필요한 소송비용의 액수가 큰 문제는 청구권 확인소송을 원칙적인 시효중단을 위한 후소로 보고, 민사소송 등 인지규칙을 개정하여 시효중단을 위한 청구권 확인소송의 소송목적 값을 낮게 책정하여 해결할 수 있다고 생각한다.

#### 사. 소　　결

시효중단을 위한 재소에 아무런 문제가 없다는 것은 아니다. 분명 문제가 존재한다. 그러나 법리상 넘어야 할 산이 많은 새로운 방식의 확인소송을 도입할 만큼 문제가 심각하다고 보기는 어렵고, 설령 문제가 크다고 하더라도 이를 도입한다고 하여 문제가 완전히 해결된다고 볼 수는 없으며, 다른 방법(재산명시신청에 재판상 청구와 같은 시효중단효를 인정하는 방법, 청구권 확인의 소)으로도 해결할 수 있다는 것이 필자의 견해이다.

## Ⅴ. 새로운 방식의 확인소송 운영 과정에서 발생할 수 있는 문제

### 1. 서　　설

어쨌든 새로운 방식의 확인소송은 도입되었고, 채권자의 입장에서는 효용가치가 매우 높은 소송이다. 실무가들 중에서는 이론의 타당성을 떠나 새로운 방식의 확인소송 도입을 환영하는 분들이 적지 않으리라고 생각한다. 일단 도입된 이상 어떻게 하면 새로운 방식의 확인소송을 잘 운영할 수 있을지 고민해야 한다. 이에 운영 과정에서 발생할 수 있는 문제를 예측해보고, 이를 어떻게 해결하면 좋을지 필자의 견해를 간략하게 밝히고자 한다.

### 2. 주된 주문

제2 대상판결의 다수의견은 새로운 방식의 확인소송의 청구인용 주문이 어떻게 되어야 하는지에 대해서는 의견을 밝히지 않았다. 다만 다수의견에 대한 보충의견은 '새로운 방식의 확인소송의 소송물이 청구권의 실체적 존부 및 범위와는 무관하게 판결이 확정된 청구권의 시효중단을 위하여 후소를 제기하였다는 시효중단의 법률관계라는 점을 고려하여, 주문에서는 당사자와 법원, 선고일자, 사건번호 등으로 이미 확정된 전소 판결을 적절히 특정한 후 그 시효중단을 위한 후소의 제기가 있었음을 확인하는 내용이 담기면 된다'고 한다. 이에 주문의 예시로 "원고와 피고 사이의 수원지방법원 2004. 11. 11. 선고 2003가합15269 대여금 사건의 판결[81]에 기한 채권의 소멸시효 중단을 위하여 이 사건 소의 제기가 있었음을 확인한다"는 방식을 제안하였다.

보충의견이 제안한 방식에는 다음과 같은 문제 또는 보완할 사항이 있다. ① 판결의 주문은 명확하여야 하며 주문 자체로 내용이 특정될 수 있어야 하고,[82] 특히 확인의 소에서 주문은 법률관계의 동일성을 식별할 수준은 되어야 한다.[83] 단순히 '이 사건 소의 제기가 있었음을 확인한다 '라고 하면 주문만으로 '이 사건 소'가 무엇인지 알 수 없는 문제가 있다. ② 반복해서 제기되는 새로운 방식의 확인소송의 주문이 모두 동일하게 되는 문제가 있다. 예를 들어 위 수원지방법원 2004. 11. 11. 선고 2003가합15269 대여금 사건의 판결로 확정된 채권의 시효중단을 위하여 새로운 방식의 확인소송을 1년 뒤, 2년 뒤, 5년 뒤 계속해서 제기하는 경우에 모든 소송에서 주문이 같게 된다. ③ 다수의견이 말하는 새로운 방식의

81) 제2 대상판결의 전소 확정판결이다.

82) 대법원 2006. 3. 9. 선고 2005다60239 판결 참조

83) 대법원 1960. 6. 9. 선고 4292민상446 판결 참조.

확인소송의 소송물인 시효중단의 법률관계를 드러내기 위해서는 주문에 시효중단효가 발생하는 소장접수일(민사소송법 제265조 참조)을 기재하여 시효중단으로 인한 법률관계를 드러낼 필요가 있다.

이에 보충의견이 제시한 방식을 기초로 다음과 같은 예시를 제안해 본다.

| 원고와 피고 사이의 수원지방법원 2004. 11. 11. 선고 2003가합15269호 대여금 사건의 판결로 확정된 채권[84]의 소멸시효 중단을 위하여[85] 2014. 11. 4. 수원지방법원 2014가합71548호로[86] 이 사건 소가 제기되었음을 확인한다. |
|---|

### 3. 소송비용 부담의 문제

앞서 언급하였지만, 채무자가 승소할 수 없도록 설계된 소송, 그런데도 시기와 횟수에 제한 없이 반복하여 제기될 수 있는 소송에서 채무자에게 소송비용을 부담하도록 하는 것은 타당하지 않다.[87] 그러나 새로운 방식의 확인소송에서 승소한 채권자에게 소송비용을 부담시킬 수 있는 법적인 근거가 없다. 다수의견은 원칙적으로 채권자에게 소송비용을 부담하도록 하는 것이 타당하다고 하나 민사소송법을 개정하지 아니하고 가능한지 의문이다. 앞서 보았듯 하급심에서는 대부분 채무자에게 소송

84) 보충의견은 "판결에 기한 채권"이라고 표현하였으나, 새로운 방식의 확인소송의 의의를 부각하여 "판결로 확정된 채권"이라 표현하였다.

85) 다만, 앞서 보았듯 새로운 방식의 확인소송에서 '소송이 소멸시효 중단을 위하여 제기되었는지'는 법원의 심리대상으로 볼 수 없다. 법원이 이 점에 대하여 심리도 하지 아니한 채 이 사건 소가 소멸시효 중단을 위하여 제기되었다는 점을 명시하여 주문을 낼 수 있는지 의문이다. 그러나 이는 새로운 방식의 확인소송을 비판하는 필자의 견해에 따른 것이고, 새로운 방식의 확인소송을 인정한다면 그 의미를 존중하여 주문에 소멸시효 중단을 위하여 이 사건 소가 제기되었다는 취지를 명시하는 것이 타당하다.

86) 새로운 방식의 확인소송의 소제기 날짜, 소제기 당시 부여된 사건번호(이후 재배당, 이송과 상관없이 소제기시 기준)로 시효중단의 법률관계를 특정함이 좋다고 생각한다.

87) 물론 다수의견이 언급하는 바와 같이 채무자가 무익한 주장을 하는 경우 등의 사유로 소송비용이 추가로 지출된 경우 그로 인한 부분은 채무자가 부담하도록 하는 것이 타당하다.

비용을 부담시키고 있다(각주 72 참조).

### 4. 소송목적의 값

민사소송 등 인지규칙이 2019. 1. 29. 개정됨에 따라 새로운 방식의 확인소송의 소송목적 값은 전소 판결에서 인정된 권리의 가액(이행소송으로 제기할 경우에 해당하는 소가)의 10분의 1로 하되, 그 권리의 가액이 3억 원을 초과하는 경우에는 이를 3억 원으로 본다. 따라서 소송목적의 값은 최대 3,000만 원을 초과할 수 없고, 새로운 방식의 확인소송에서 인지액의 최대한도는 14만 원이다(각주 67 참조).

### 5. 관할의 문제

#### 가. 사물관할

새로운 방식의 확인소송에서 소송목적의 값은 최대가 3,000만 원이기 때문에, 새로운 방식의 확인소송은 모두 단독판사의 심판사건에 해당한다.[88] 전소 판결을 합의부에서 내렸다고 하더라도 후소인 새로운 방식의 확인소송은 단독판사가 심판해야 함을 유의해야 한다.

#### 나. 토지관할

시효중단을 위한 재소는 재산권에 관한 소에 해당하기 때문에 통상 의무이행지에 해당하는 채권자의 주소지를 관할하는 법원에 이를 제기할 수 있다(민사소송법 제8조). 그런데 새로운 방식의 확인소송도 재산권에 관한 소에 해당하여 채권자의 주소지를 관할하는 법원에 제기할 수 있는지 문제 될 수 있다.[89] 생각건대, 제2 대상판결 다수의견의 견해를 확대해석하자면,

---

88) 법원조직법 제32조 제1항 제2호, 민사 및 가사소송의 사물관할에 관한 규칙 제2조에 따라 소송목적의 값이 2억 원을 초과하는 민사사건이 합의부의 심판사건에 해당한다.

89) 민사소송법 제8조에서 말하는 재산권에 관한 소는 성질상 금전적 가치나 경제적 이익을 목적으로 하는 권리나 법률관계에 관한 소를 말하나, 의무를 전제로 하는 것에 한정된다. 소의 유형은 이행의 소이든, 확인의 소이든 불문한다[주석 민사소송법(Ⅰ)(주 66), 141-142면; 법원행정처, 법원실무제요 민사소송(Ⅰ)(2017), 55면 참조].

새로운 방식의 확인소송의 소송물은 채권자의 경제적 이익과 관련된 시효중단의 법률관계에 해당하고, 소멸시효는 기본적으로 권리와 의무를 전제로 하기에 재산권에 관한 소에 해당한다고 볼 수는 있을 것이다. 실무도 채권자인 원고 주소지 법원에 관할권이 있음을 전제로 판결이 이루어지고 있는 것으로 보인다.

### 6. 판결과 동일한 효력이 있는 것에 의하여 확정된 채권의 시효를 중단하기 위해서도 제기할 수 있는지

전소 판결로 확정된 채권뿐만 아니라 재판상 화해와 같이 '판결과 같은 효력이 있는 것에 의해 확정된 채권'의 시효중단을 위해서도 새로운 방식의 확인소송을 제기할 수 있는지 문제 될 수 있다.

충분히 가능하다고 생각하고, 여기서 '판결과 같은 효력'에는 기판력 없이 집행력만 있는 경우까지 포함한다고 보아야 한다.[90] 이유는 다음과 같다.

① 판결과 동일한 효력(특히 집행력)이 있는 것에 의하여 확정된 채권의 시효중단을 위하여 제기된 소송의 경우에도 제2 대상판결 다수의견이 지적했던 시효중단을 위한 재소에 존재하는 문제가 마찬가지로 존재한다. 그러한 소송은 시효중단을 위하여 제기되었을 뿐임에도 법원은 채권자가 의도하지 않은 청구권의 존부에 관한 심리를 해야 하고, 채무자는 청구이의사유를 조기에 제출해야 한다. 나아가 채무자는 이중집행의 위험에 노출된다. 기판력과 무관하게 집행력이 있는 집행권원이 있음에도 이행의 소를 제기하게 되면 이와 같은 문제가 발생한다.

② 새로운 방식의 확인소송은 집행권원인 확정판결이 있음에도 시효중단을 위한 재소 이외에 별다른 시효중단 수단이 없는 상황에서 대안

---

90) 우리 법에서 사용하는 '확정판결과 같은 효력을 가진다'는 표현은 각 제도의 취지나 본질에 맞게 해석되어야 하고, 반드시 기판력까지 인정한다는 의미로 해석할 수 없다[정선주, "확정된 이행권고결정의 효력과 준재심의 대상 여부", 판례실무연구(Ⅹ), 박영사(2011), 474면 참조].

으로 인정되었다. 그와 같은 상황은 집행권원이 재판상의 화해, 조정 기타 판결과 동일한 효력이 있는 것인 경우에도 마찬가지로 발생한다. 기본적으로 간편한 방법으로 시효중단효를 부여하겠다는 새로운 방식의 확인소송의 도입 취지를 고려한다면, 이처럼 시효중단을 위한 재소 이외에 별다른 시효중단 방법이 없는 채권자에게 새로운 방식의 확인소송을 통하여 간단하게 시효중단효를 얻을 수 있도록 하는 것이 바람직하다.

③ 판결과 동일한 효력이 있는 것에 의하여 확정된 채권의 시효중단을 위한 재소(이행의 소)가 제기된 경우, 실무는 소멸시효기간 만료가 임박한 경우에 예외적으로 권리보호이익을 인정하는 대법원 판례(제1 대상판결)의 법리에 따라 처리하고 있다. 특히 기판력 없이 집행력만 있는 지급명령 및 이행권고결정에서 확정된 채권의 이행을 구하는 소가 다시 제기된 경우에도 하급심의 압도적인 실무례는 위 법리를 그대로 차용하여 소멸시효기간 만료가 임박하지 않은 경우에는 그 소를 각하하고 있다.[91] 새로운 방식의 확인소송은 시효중단을 위한 재소의 위와 같은 법리에 문제를 지적하며 도입된 것이므로 위와 같은 경우에도 활용될 필요가 있다.

### 7. 새로운 방식의 확인소송이 소멸시효기간을 경과하여 제기된 경우의 처리

소멸시효기간이 지난 뒤 새로운 방식의 확인소송이 제기된 경우 소

91) 그런데 지급명령 및 이행권고결정에는 기판력이 없으므로, 기판력을 전제로 논의하는 제1 대상판결의 법리를 그대로 차용할 수 없다. 관련하여 확정된 지급명령 및 이행권고결정에는 집행력이 있으므로 재차 집행권원을 얻을 법률상 이익이 없으나 예외적으로 시효중단을 위한 경우에는 권리보호이익이 있다고 주장할 수도 있다(일부 하급심 판결문에서는 이와 같은 표현이 발견된다). 그러나 이 역시 기판력과 무관하여 제1 대상판결의 법리가 적용된 것이 아니다. 그리고 집행력이 있는 집행증서를 가지고 있음에도 집행증서상 채권의 이행을 구하는 소를 제기한 경우에 이를 부적법하다고 보는 판례나 견해를 발견할 수 없는데, 집행증서와 확정된 지급명령, 이행권고결정을 달리 보는 이유를 설명하는 문언을 찾아보기도 힘들다. 이에 대해서는 추가 논의가 필요함을 지적해 둔다. 참고로 오정후(주 20), 241면은 확정된 지급명령과 같은 기판력이 없는 집행권원의 경우 강제집행이 실패할 수도 있으므로 기판력 있는 판결을 받을 필요를 인정할 수도 있다고 한다.

멸시효중단을 위하여 제기되었다고 볼 수 없으므로 청구를 기각함이 논리적이라 생각한다. 그러나 법원은 소멸시효 완성 등을 포함한 청구권의 존부 및 범위와 같은 실체적 법률관계에 관한 심리를 할 필요가 없다는 것이 제2 대상판결의 다수의견이기에 법원은 소장에 기재된 내용 그 자체로 소멸시효기간 경과가 명백하다고 하더라도 청구인용판결을 해야 할 것이다.

## Ⅵ. 결 론

이상의 논의를 요약하면 다음과 같다. 모순금지설에 따를 때 승소판결을 받은 원고가 동일한 소송을 제기하였을 경우 후소 법원은 기판력에 따라 전소와 동일하게 원고승소판결을 하면 되고, 여기에 기판력에 저촉되는 등의 문제는 전혀 발생하지 않는다. 따라서 시효중단을 위한 재소를 인정한다고 하여 기판력의 예외에 해당한다거나 기판력을 인정한 민사소송법의 원칙에 반한다고 볼 수 없다. 시효중단을 위한 재소가 가능한지 여부는 권리보호이익을 기준으로 판단해야 한다. 그리고 채권의 본질, 소멸시효제도의 취지와 관련하여 시효중단을 위한 재소가 허용될 수 없다고 보기는 어렵다. 한편 시효중단을 위한 후소의 형태로 인정된 새로운 방식의 확인소송은 그 개념·소송물·청구원인의 모호성, 대상적격의 문제, 확인의 이익 문제, 시효중단 사유인 재판상 청구에 해당하는지 문제 등 여러 문제를 가지고 있다. 그러한 문제에도 불구하고 시효중단을 위한 재소의 대안으로 인정하기에는 시효중단을 위한 재소에 문제가 많다고 보기도 어렵다.

내용을 요약한 것만 보아도 나타나지만 본 글은 민법과 민사소송법 영역을 넘나들면서 논의를 진행하였다. 그리고 수많은 세부 쟁점을 다루었다. 따라서 양 영역에서 이해가 부족하다는 지적이 있지 않을까 걱정도 된다. 한편 이처럼 다룰 부분이 많았다는 것은 시효중단을 위한 재소와 새로운 방식의 확인소송 자체가 복잡하고 고민할 부분이 많다는 것을 의미한다. 관련된 논의가 이어지기를 기대하여 본다. 그리고 어찌 되었든 새로운 방식의 확인소송이라는 새로운 소송형태를 도입한 이상, 이를 어떻게 문제없이 잘 운영할 수 있을지에 대한 고민도 계속되어야 한다.

제1 대상판결과 제2 대상판결을 보다 보면, 채권자가 채권을 추심할 의사를 포기하지 않고 있음에도 장기간 채권이 만족되지 않고 있는 경우에 채권을 소멸시키는 것이 바람직한지에 대한 관점의 차이가 느껴지고, 그에 따라 쟁점에 대한 결론이 달라졌다고 생각한다. 개별적인 법리에 대한 논의도 중요하지만, 채권과 소멸시효제도를 바라보는 기본적인 관점에 대한 철학적인 논의 역시 중요하다. 특히 시효제도와 관련하여, 세계 각국에서 법 개정이 진행되었고, 유럽계약법원칙(Principle of European Contract Law, PECL), 유럽민사법의 공통참조기준초안(Draft Common Frame of Reference, DCFR)이 만들어졌으며, 우리나라에서도 법률개정시안이 만들어졌는바, 그 과정에서 진행된 논의를 보다 보면 결국 채권과 소멸시효제도를 바라보는 기본적인 관점에 따라 결론이 달라진다는 생각이 든다.[92] 아직 우리나라에서는 그러한 철학적 관점에서 논의를 전개한 문언을 많이 찾아보기는 힘들다. 필자 역시 본 글에서 철학적 관점을 담아서 논의를 전개하지는 못하였다. 앞으로는 학자, 실무가, 나아가 일반인들 사이에서 이 부분에 대한 진지한 고민과 토론이 이어지기를 소망하면서 글을 마친다.

92) 법무부 민법 개정 과정에서도 판결로 확정된 채권의 소멸시효기간을 현재 규정한 10년보다 연장할지 여부, 시효중단을 위한 재소의 허용 횟수를 제한할지 여부 등에 관하여 의견이 대립되었는데 그 논거를 보면 이와 같은 가치관의 차이가 느껴진다[권영준(주 2), 262-263면 참조].

[Abstract]

# A study on the re-instigation of a suit for interrupting prescription and "new form of litigation seeking confirmation"

Kang, Dong Hoon*

In the second half of 2018, the Supreme Court handed down two en banc decisions in connection with the judicial claim for interrupting extinctive prescription. In the first ruling, while majority opinion reaffirmed the existing legal doctrine that there exists benefit in the re-instigation of a suit for interrupting prescription, dissenting opinion pointed out it should be proscribed because it is against res judicata effect, a temporary nature of a claim and the purpose of extinctive prescription system. But as far as based on the theory that a nature of res judicata effect is prohibition against inconsistency, the re-instigation of a suit for interrupting prescription is not against res judicata effect. Furthermore, as it does not conflict with the purpose of extinctive prescription system and no rationale exists to deem temporariness as a claim's trait, there exists benefit in the re-instigation of a suit for interrupting prescription.

Interestingly after that decision, the Supreme Court ruled that other than the re-instigation of a suit full of problems, a "new form of litigation seeking confirmation" as to only a judicial claim ought to be permissible as a subsequent suit for interrupting prescription—namely, a measure to interrupt extinctive prescription of a claim that was established by judgment in a prior suit—and an obligee should have the option to select one of the two forms of litigation that best fits the obligee's situation and needs. Yet the

* Judge, Jeju District Court.

concepts of subject matter of a lawsuit and cause of the claim in "new form of litigation seeking confirmation" are ambiguous and whether a judicial claim(instigation of a subsequent suit) exists is a just matter of 'fact' that couldn't be subject to a lawsuit seeking confirmation. Moreover, there's no benefit of confirmation and it can not be deemed as a judicial claim for interruption of extinctive prescription.

Contrary to the Supreme Court decision there are not many problems in the re-instigation of a suit for interrupting prescription and as long as obligee can choose between two forms of litigation, "new form of litigation seeking confirmation" couldn't be enough option to solve those problems.

Anyway "new form of litigation seeking confirmation" is introduced and expected to be used widely. So in this paper, I reviewed a practical issues such as form of disposition, jurisdiction, whether it can be raised to interrupt extinctive prescription of a claim that was established by something having the same effect as judgment, how to judge when it is raised where extinctive prescription of a claim is expired, and everything.

[Key word]

- the re-instigation of a suit for interrupting prescription
- new form of litigation seeking confirmation
- extinctive prescription
- interruption of extinctive prescription
- judicial claim
- res judicata effect
- theory of prohibition against inconsistency
- benefit of a lawsuit.
- benefit in the protection of rights
- benefit of confirmation
- subject matter in a lawsuit seeking confirmation

## 참고문헌


### 1. 단 행 본

강현중, 민사소송법(제7판), 박영사(2018).

곽윤직 · 김재형, 민법총칙(제9판), 박영사(2013).

권영준, 2014년 법무부 민법 개정 시안 해설-민법총칙 · 물권편, 법무부(2017).

법원행정처, 법원실무제요 민사소송(Ⅰ)(2017).

송덕수, 신민법강의(제10판), 박영사(2017).

______, 민법총칙(제4판), 박영사(2018).

양창수 · 권영준, 권리의 변동과 구제(제3판), 박영사(2017).

이시윤, 신민사소송법(제12판), 박영사(2018).

이은영, 채권총론(제4판), 박영사(2009).

정동윤 · 김경욱 · 유병현, 민사소송법(제6판), 법문사(2017).

편집대표 곽윤직, 민법주해(Ⅱ) 총칙(2), 박영사(1992).

______, 민법주해(Ⅲ) 총칙(3), 박영사(1992).

편집대표 김용담, 주석민법 총칙(3)(제4판), 한국사법행정학회(2010).

편집대표 민일영, 주석 민사소송법(Ⅰ)(제8판), 한국사법행정학회(2018).

______, 주석 민사소송법(Ⅲ)(제8판), 한국사법행정학회(2018).

______, 주석 민사소송법(Ⅳ)(제8판), 한국사법행정학회(2018).

______, 주석 민사소송법(Ⅵ)(제8판), 한국사법행정학회(2018).

______, 주석 민사집행법(Ⅱ)(제8판), 한국사법행정학회(2018).

호문혁, 민사소송법(제13판), 법문사(2016).

### 2. 논 문

김미경, "시효중단을 위한 재소의 허용 여부", 김신 대법관 재임기념 논문집, 사법발전재단(2018).

김홍준, "기판력저촉주장에 대한 소송상 취급과 그 설시방법", 사법연수원 논문집 제4집, 사법연수원(2007).

문정일, "확정된 이행권고결정에 대한 준재심의 소", 대법원판례해설 제79호, 법원도서관(2009).

______, “확정된 지급명령에 대한 청구이의의 소”, 21세기 민사집행의 현황과 과제: 김능환 대법관 화갑기념, 사법발전재단(2011).

백춘기, “판결의 효력”, 사법논집 제36집(2003).

서 성, “기판력과 판결주문”, 사법행정 제21권 제1호, 한국사법행정학회(1980).

양경승, “기판력이론의 논리적 구조”, 사법연수원 교수논문집: 청연논총(제9집), 사법연수원(2012).

양창수, “흠 있는 소제기와 시효중단”, 민법연구 제4권, 박영사(2007).

오정후, “확정판결의 기판력이 후소에 미치는 영향”, 민사소송: 한국민사소송법학회지 제18권 제2호, 한국사법행정학회(2015).

윤진수, “민법 중 법인, 물건 및 소멸시효, 취득시효에 관한 개정예비안”, 민법논고(Ⅰ), 박영사(2007).

이승원, “제사주재자 지위 확인의 소의 이익”, 대법원판례해설 제93호, 법원도서관(2013).

장두영, “채무자의 소멸시효이익 포기 후 법률관계를 형성한 제3취득자의 지위”, 민사판례연구 제39권, 박영사(2017).

정동윤, “소의 이익에 관하여”, 현대경제법학의 과제: 소산 문인구 박사 화갑기념논문집, 삼지원(1987).

정선주, “확정된 이행권고결정의 효력과 준재심의 대상 여부”, 판례실무연구(Ⅹ), 박영사(2011).

현소혜, “제사주재자의 지위와 확인의 이익”, 민사판례연구 제39권, 박영사(2017).

황은규, “청구의 교환적 변경과 소멸시효의 중단”, 민사판례연구 제35권, 박영사(2013).

### 3. 언론 기고문

이계정, “[2018년 분야별 중요판례분석] 3. 민법(上)”, 법률신문(2019. 1. 31.).

# 담보지상권의 효력

김 재 남*

## 요 지

금융기관에서는 나대지를 담보로 대출을 할 때, 저당권의 담보가치를 확보하기 위하여 지상권을 함께 설정하는 관행이 있어 왔고, 이러한 지상권을 이른바 '담보지상권'이라 한다.

대법원은 그동안 담보지상권의 유효성을 인정하면서도 일반적인 지상권과는 다른 효력을 인정하여 왔다. 즉, 대법원은 담보지상권자의 불법점유자에 대한 손해배상청구를 부정하거나, 피담보채권이 소멸하는 경우 담보지상권도 그에 부종하여 소멸한다고 보았다. 더욱이 대상판결은 담보지상권이 설정된 토지에 대하여도 특별한 사정이 없는 한 원칙적으로 토지소유자가 토지를 사용·수익할 수 있고, 토지소유자로부터 사용·수익권을 취득한 자 역시 적법하게 토지를 사용·수익할 수 있다고 판단하였다.

그러나 대법원 판례가 인정하는 담보지상권은 민법이 예정한 지상권과는 전혀 다른 효력을 가지고 있어 물권법정주의에 위반되고 거래 안정성을 현저히 해친다. 또한 담보지상권 설정계약은 통정허위표시에 해당하여 무효라고 할 것이다. 담보지상권을 설정하여 달성하고자 하는 목적은 저당권에 기한 방해배제청구권으로 충분히 달성할 수 있으므로, 담보지상권의 유효성을 인정할 실익은 적은 데 반해 그로 인한 사회적 비용은 그 실익보다 훨씬 크다.

결국 담보지상권의 효력은 부정하고, 저당권자의 환가권과 저당권설정자의 사용·수익권을 적절하게 조화시키는 방향으로 저당권에 기한 방해배제청구권의 인정범위를 정하는 것이 타당하다.

---

* 대전지방법원 천안지원 판사.

[주 제 어]

- 담보지상권
- 저당권
- 지상권
- 물권법정주의
- 저당권에 기한 방해배제청구권

## 대상판결 : 대법원 2018. 3. 15. 선고 2015다69907 판결

[사안의 개요]

1. 사실관계

가. 소외 1은 1997. 6. 24. 고양시 일산동구 장항동 603-2 전 2,763㎡(이하 '이 사건 토지'라 한다) 중 1,008/2,763 지분에 관하여, 소외 2는 같은 날 이 사건 토지 중 1,755/2,763 지분에 관하여 각 소유권이전등기를 마쳤다.

나. 금촌농업협동조합(이하 '금촌농협'이라고 한다)은 2005. 8. 11. 소외 2와 사이에 이 사건 토지 중 소외 2의 지분에 관하여 채권최고액 5억 원의 근저당권 설정계약을 체결하고 그 등기를 마치면서, 같은 날 소외 2, 소외 1(이하 '소외 2 등'이라고 한다)과 사이에 이 사건 토지 전부에 관하여 지료는 없이 존속기간을 30년으로 하는 내용의 지상권 설정계약을 체결하고 2005. 8. 18. 이 사건 토지에 관하여 지상권 설정등기를 마쳤다(이하 '이 사건 지상권'이라고 한다).

다. 원고는 소외 2 등과 사이에 이 사건 토지에 관하여 수목의 소유를 위한 사용·대차계약을 체결한 다음 2007. 10.경부터 같은 해 11월경까지 이 사건 토지 지상에 약 300주의 단풍나무(이하 '이 사건 단풍나무'라고 한다)를 식재하였다.

라. 이후 2010. 12. 8. 이 사건 토지 중 소외 2의 지분에 관하여 의정부지방법원 고양지원 2010타경34414호로 부동산임의경매 절차가 개시되었고, 위 경매절차에서 피고가 소외 2의 위 지분을 매수하고 2011. 7. 15. 그 매각대금을 납부하였다.

2. 소송의 경과

가. 청구의 요지

원고가 이 사건 토지의 공유자인 소외 2 등과 체결한 사용·대차계약에 기하여 이 사건 토지 지상에 식재한 이 사건 단풍나무는 이 사건 토지에 부합하지 아니한 원고의 소유이다. 피고는 이 사건 단풍나무 중 일부를 임의로 수거하여 제3자에게 매도하여 원고의 소유권을 상실하게 하였는바, 피고는 원고에게 불법행위에 기하여 손해를 배상할 의무가 있다.

나. 제1심[의정부지방법원 고양지원 2013가합5374(본소), 2014가합53684(반소) 판결]

금촌농협은 소외 2 등과 사이에 이 사건 토지 전부에 관하여 지상권 설정등기를 마쳤으므로 소외 2 등은 2005. 8. 18. 이후에는 이 사건 토지의 사용·수익권을 가지고 있지 않았다. 원고가 이 사건 토지의 사용·수익권을 가지고 있지 않았던 소외 2 등과 사이에 체결한 사용대차계약으로서는 지상권자로서 이 사건 토지의 사용·수익권을 가지고 있던 금촌농협에 대항할 수 없으므로, 위 사용대차계약은 이 사건 토지에 수목을 식재하여 이 사건 토지를 이용할 수 있는 권리에 해당하지 않는다. 따라서 원고가 식재한 이 사건 단풍나무는 식재와 동시에 이 사건 토지에 부합되어 이 사건 토지의 공유자였던 소외 2 등의 소유가 되었으므로, 이 사건 단풍나무가 원고의 소유임을 전제로 한 원고의 주장은 이유 없다.[1)]

다. 원심의 판단[서울고등법원 2015나8362(본소), 2015나25015(반소) 판결]

금촌농협은 소외 2 등과 사이에 이 사건 토지 전부에 관하여 지상권 설정등기를 마침으로써 지상권자로서 이 사건 토지를 사용할 수 있는 권리를 취득하고, 동시에 이 사건 토지의 소유자인 소외 2 등은 이 사건 토지를 사용할 수 있는 권리를 상실하였다. 그 후 원고가 소외 2 등과 사용대차계약을 체결하여 이 사건 단풍나무를 식재하였다고 하더라도, 소외 2 등이 수목의 소유를 위하여 이 사건 토지를 사용할 수 있는 권리가 없었던 이상, 원고도 그와 같은 적법한 권리를 취득하지 못하였다. 따라서 위 사용대차계약은 민법 제256조 단서에서 정한 '권원'에 해당하지 않고, 이 사건 단풍나무는 원고가 이를 식재함과 동시에 이 사건 토지에 부합하여 이 사건 토지의 소유자인 소외 2 등의 소유로 되었다. 그러므로 이 사건 단풍나무가 원고의 소유임을 전제로 하는 원고의 주장은 더 나아가 살필 필요 없이 이유 없다.[2)]

라. 대상판결의 요지

(1) 민법 제256조는 "부동산의 소유자는 그 부동산에 부합한 물건의 소유권을 취득한다. 그러나 타인의 권원에 의하여 부속된 것은 그러하지 아니하다."라고 규정하고 있다. 위 조항 단서에서 말하는 '권원'이라 함은 지상권, 전세권, 임차권 등과 같이 타인의 부동산에 자기의 동산을 부속시켜서 부동

1) 피고는 반소로 원고에 대하여 이 사건 단풍나무의 수거를 청구하였으나, 위와 같은 이유로 이 사건 단풍나무가 식재와 동시에 이 사건 토지에 부합되어 소외 2 등의 소유가 되었다고 할 것이므로, 이 사건 단풍나무가 원고의 소유임을 전제로 하는 피고의 반소 청구는 기각되었다.

2) 제1심 판결 중 반소 청구 기각 부분에 대하여는 피고가 항소하지 아니하여 원심의 심판대상이 되지 아니하였다.

산을 이용할 수 있는 권리를 뜻하므로, 그와 같은 권원이 없는 자가 타인의 토지 위에 나무를 심었다면 특별한 사정이 없는 한 토지소유자에 대하여 나무의 소유권을 주장할 수 없다.

지상권자는 타인의 토지에 건물 기타 공작물이나 수목을 소유하기 위하여 그 토지를 사용하는 권리가 있으므로(민법 제279조), 지상권 설정등기가 경료되면 토지의 사용·수익권은 지상권자에게 있고, 지상권을 설정한 토지소유자는 지상권이 존속하는 한 토지를 사용·수익할 수 없다. 따라서 지상권을 설정한 토지소유자로부터 토지를 이용할 수 있는 권리를 취득하였다고 하더라도 지상권이 존속하는 한 이와 같은 권리는 원칙적으로 민법 제256조 단서가 정한 '권원'에 해당하지 아니한다.

(2) 금융기관이 대출금 채권의 담보를 위하여 토지에 저당권과 함께 지료 없는 지상권을 설정하면서 채무자 등의 사용·수익권을 배제하지 않은 경우, 지상권은 저당권이 실행될 때까지 제3자가 용익권을 취득하거나 목적 토지의 담보가치를 하락시키는 침해행위를 하는 것을 배제함으로써 저당 부동산의 담보가치를 확보하는 데에 목적이 있으므로, 토지소유자는 저당 부동산의 담보가치를 하락시킬 우려가 있는 등의 특별한 사정이 없는 한 토지를 사용·수익할 수 있다고 보아야 한다. 따라서 그러한 토지소유자로부터 토지를 사용·수익할 수 있는 권리를 취득하였다면 이러한 권리는 민법 제256조 단서가 정한 '권원'에 해당한다고 볼 수 있다.

(3) 금촌농협은 소외 2에 대한 대출금 채권의 담보를 위하여 이 사건 토지 중 소외 2의 지분에 관하여 근저당권을 취득함과 아울러 목적 토지의 담보가치가 줄어드는 것을 막기 위하여 이 사건 토지 전부에 관하여 지료를 지급하지 아니하는 지상권을 취득하였으므로 이 사건 지상권은 금촌농협의 근저당권이 실행될 때까지 저당 부동산인 이 사건 토지의 담보가치를 확보하는 데에 그 목적이 있음을 알 수 있다. 이러한 경우 지상권자인 금촌농협은 이 사건 토지소유자 등에게 이 사건 토지를 계속 사용·수익할 수 있는 권리를 부여한 것으로 볼 여지가 있다. 사정이 이와 같다면 원고가 이 사건 토지의 소유자와 사이에 수목의 소유를 위하여 체결한 사용대차계약은 민법 제256조 단서가 정하는 '권원'에 해당한다고 봄이 상당하므로, 이 사건 단풍나무는 이 사건 토지에 부합하지 않는다고 보아야 한다.[3)]

---

3) 이 사건은 파기환송심(서울고등법원 2018나9069호)에서 강제조정결정으로 종결되었다.

## 〔硏　　究〕

### Ⅰ. 서　　론

금융실무에서는 나대지에 저당권을 설정하면서 저당권의 담보가치를 확보하기 위하여 지상권을 함께 설정하고 있다.[4] 그런데 건물 기타 공작물이나 수목을 소유하기 위하여 토지를 사용하는 물권인 일반적인 지상권과 달리 이러한 유형의 지상권은 건물 등의 소유를 목적으로 하지 않고 지상권 설정자가 통상적인 사용·수익을 하는 것을 전제로 설정된다. 이러한 지상권은 당사자들의 의사와 민법상 정해진 지상권의 내용(효력)이 일치하지 않으므로 그 효력을 인정하여야 하는지, 인정한다면 어떠한 효력을 인정하여야 하는 것인지 문제될 수밖에 없다. 대법원 판례는 대상판결과 같이 그 유효성을 인정하면서도 일반적인 지상권과 다른 효력을 인정하고 있다. 반면 이러한 지상권은 물권법정주의에 반하고 통정허위표시에 해당하여 그 효력을 부정하여야 한다는 견해도 유력하다.[5] 이하에서는 이에 대하여 자세히 살펴본다.

### Ⅱ. 담보지상권의 개념과 요건

#### 1. 의　　의

이른바 '담보지상권'[6]은 법에 정해진 개념이 아니고 대법원 판례도

4) 금융기관에서는 내부적인 담보관리지침 내지 여신업무지침 등에서 나대지나 이에 준하는 토지에 담보를 취득하는 경우 반드시 지상권을 함께 취득하도록 한다고 한다. [최수정, "담보를 위한 지상권의 효력", 민사법학 제56호(2011. 12.), 89면; 이진기, "물권법정주의, 소유권과 제한물권의 범위와 한계", 비교사법 제19권 제4호(통권 제59호)(2012), 1189면]. 다만 최근에는 금융기관에서 실익이 없다는 이유로 지상권 설정을 생략하는 실무관행이 일반화되는 추세라고도 하나(이진기, 위의 글, 1189, 1210면), 필자가 시중은행에 문의한 바로는 나대지에 저당권을 설정할 때 여전히 지상권을 설정하도록 한다고 하므로, 지상권 설정을 생략하는 관행이 정착되었는지는 의문이다.

5) 윤진수, "저당권에 대한 침해를 배제하기 위한 담보지상권의 효력", 한국민법의 새로운 전개 : 고상룡교수 고희기념 논문집, 법문사(2012), 289면 이하.

6) 담보지상권 외에 병존지상권, 병용지상권, 담보목적의 약정지상권이라고도 부른

이를 일반 지상권과 구분하여 별도의 명칭으로 부르거나 명확하게 정의내리고 있지 아니하므로, 지상권 중에 어떠한 지상권이 담보지상권인지가 분명하지는 않다.

학설은 담보지상권을 "저당권에 대한 침해를 배제하기 위하여 설정되는 지상권"[7]이라고 하거나, "담보권을 담보하기 위한 담보지상권"[8], "금융시장에서의 부동산담보거래에 있어서 토지에 대하여 저당권을 설정하면서 용익권의 설정으로 인한 담보가치의 하락을 막기 위하여 저당권자를 지상권자로 하여 설정된 지상권을 보통 담보지상권"[9], "나대지 담보대출에 대한 저당권과 지상권의 동시 설정이라는 실무관행은 1970년대 이전부터 오랫동안 이루어져 왔고, 이 경우 지상권"[10]이라고 하거나, "종래 나대지에 저당권을 설정하면서 그 실효성을 확보하기 위하여 지상권을 설정하는 관행이 있었고, 이를 흔히 담보지상권"[11]이라 한다고 설명한다.

대법원 판례는 법정지상권 내지 관습법상 법정지상권과 같이 일반적인 지상권과 구별되는 별도의 명칭을 사용하지는 않으면서도 "토지에 관하여 저당권을 취득함과 아울러 그 저당권의 담보가치를 확보하기 위하여 지상권을 취득하는 경우"[12]라고 하거나 "금융기관이 대출금 채권의 담보를 위하여 토지에 저당권과 함께 지료 없는 지상권을 설정하면서 채무자 등의 사용·수익권을 배제하지 않은 경우"[13]에 대해서는 아래에서 설명하는 담보지상권의 법리를 적용하고 있다.

담보지상권에 대하여 일반적인 지상권과 다른 효력을 인정하거나 효

---

다. 이 글에서는 '담보지상권'이라 한다.

7) 윤진수(주 5), 289면.

8) 이진기(주 4), 1185면.

9) 최승록, "임의경매절차에 있어서 이른바 '제시외 건물'", 사법논집 제29집(1998), 439면.

10) 배병일, "담보지상권", 경북대학교 법학연구원 법학논고 제43집(2013. 8.), 204면.

11) 지원림, 민법강의(제15판), 홍문사(2017), 659면.

12) 대법원 2004. 3. 29.자 2003마1753 결정, 대법원 2008. 2. 15. 선고 2005다47205 판결(미간행).

13) 대법원 2008. 1. 17. 선고 2006다586 판결(미간행), 대법원 2018. 3. 15. 선고 2015다69907 판결(대상판결).

력 자체를 부정하여야 한다고 보는 주된 요인은 담보물의 가치저하를 막아서 담보권의 효력을 보장하기 위하여 설정하면서 일반적인 사용·수익권한을 지상권 설정자에게 부여하기로 하는 당사자들의 의사에서 찾을 수 있을 것이다. 따라서 담보지상권은 담보권(내지 담보목적물)의 담보가치를 확보하기 위하여 취득한 지상권 정도로 정의할 수 있다.

### 2. 구별 기준

담보지상권의 효력을 어떻게 볼 것인지에 관한 논의에 앞서, 이러한 논의의 대상이 되는 담보지상권을 일반 지상권과 어떻게 구별할 수 있는지에 관하여 살펴본다. 앞서 살펴본 것처럼 담보지상권에 대하여 일반 지상권과 다르게 보는 주된 이유가 담보부동산의 담보가치 확보를 목적으로 지상권을 설정한다는 데에 당사자들의 의사가 합치되어 있다는 점이므로, 이를 명확히 드러내는 전형적인 거래의 징표들이 일반적인 지상권과 담보지상권을 구별하는 기준이 될 수 있다.

대법원 판례는 명시적으로 담보지상권으로 인정하기 위한 사정 내지 간접사실을 열거하고 있지는 아니하나, 담보지상권으로 인정하여 그 법리를 적용하는 대법원 판례에서 나타나는 징표들은 다음과 같은 것들이 있다. 즉, ① 지상권자가 금융기관인 경우, ② 대출금 채무의 담보를 위한 저당권과 함께(동시에) 설정된 경우, ③ 지료가 없는 경우, ④ 지상권 설정자로 하여금 그 토지를 계속하여 점유, 사용하도록 하는 경우(지상권 설정자의 사용·수익을 배제하지 아니한 경우)가 그 징표들이다.[14)·15)]

---

14) 대법원 2018. 3. 15. 선고 2015다69907 판결, 대법원 2008. 1. 17. 선고 2006다586 판결, 대법원 2004. 3. 29.자 2003마1753 결정, 대법원 2008. 2. 15. 선고 2005다47205 판결, 대법원 2011. 4. 14. 선고 2011다6342 판결, 대법원 2014. 7. 24. 선고 2012다97871,97888 판결, 대법원 2013. 10. 17. 선고 2013다51100 판결 참조.

15) 김주상, "저당권자가 동시에 용익권자인 경우에 저당권에 기한 경매와 용익권의 운명", 민사재판의 제문제 제2권, 한국사법행정학회(1980), 86면과 최승록(주 9), 439면에서는 저당권과 함께 설정된 지상권이 이러한 담보지상권인지 여부는 등기의 접수번호, 등기원인의 기재, 그 밖에 경매기록에 나타난 모든 자료 및 당사자의 의사를 종합하여 판단하여야 한다고 한다.

다만 이러한 사정은 어디까지나 담보지상권인지 여부를 판단하는 간접사실들에 불과하므로, 이를 기초로 당사자들의 일치된 의사가 무엇인지를 추론하여야 하고, 이들 전부가 필수적으로 요구된다거나 이들 중 하나만 인정되어도 담보지상권이라고 단정할 수는 없다.[16)·17)]

한편, 지상권 설정등기를 할 때는 지상권 설정의 목적을 기재하도록 되어 있고(부동산등기법 제69조), 담보지상권의 경우에도 담보가치 확보목적이라고 기재하지 않고 일반적인 지상권과 마찬가지로 건물 또는 공작물 소유 목적으로 기재하게 되는데(민법 제280조 참조), 이러한 지상권 설정등기에 기재된 대로의 실체적 권리관계가 존재하는 것으로 추정되므로(등기의 추정력),[18)] 이에 반하여 담보지상권에 해당한다는 점은 이를 주장하는 사람이 입증하여야 할 것이다.[19)]

---

16) 일반적으로 금융기관에서 나대지를 담보로 대출을 해줄 때 담보지상권을 설정하는 것이 금융실무관행이고, 금융기관이 통상적으로는 토지를 사용·수익할 목적으로 토지에 지상권을 설정하지는 않기 때문에, 금융기관이 지상권자인 경우에는 통상 담보지상권으로 볼 여지가 크다.

다만 금융기관이 아니더라도 사인이 채권을 담보로 저당권을 설정하면서 그 담보가치 확보를 위하여 지상권을 설정하는 경우에도 당연히 담보지상권으로 인정될 수 있다. 대법원 2011. 4. 14. 선고 2011다6342 판결 사안은 지상권자가 금융기관이 아닌 일반인이지만, 담보지상권을 인정하였다.

17) 저당권과 지상권이 동시에 설정되었다가 공동담보 추가를 위하여 저당권을 말소하고 곧바로 다른 토지와 함께 저당권이 설정된 사안에서, 지상권을 담보지상권이라고 보아 판단한 사례가 있다[대법원 2014. 7. 24. 선고 2012다97871, 97888 판결(미간행)].

18) 법원행정처, 부동산등기실무 I (2015), 30면 참조.

19) 담보지상권과 관련하여 등기의 추정력을 언급한 대법원 판례는 찾아볼 수 없다.

대법원 1991. 3. 12. 선고 90다카27570 판결의 원심인 광주지방법원 1990. 7. 13. 선고 88나3549 판결에서는 지상권 설정등기의 추정력에 의하여 지상권이 임목소유를 목적으로 한 것으로 추정되고 이를 뒤집을 증거가 없다고 하여 지상권의 부종성을 부인하였으나, 위 대법원 판결은 토지에 소유권이전등기청구권보전을 위한 가등기를 경료하고 그 지상에 타인이 건물 등을 축조하여 점유·사용하는 것을 방지하기 위하여 지상권을 설정한 경우에는 부동산의 실질적인 이용가치를 유지·확보할 목적으로 전소유자에 의한 이용을 제한하기 위한 것이라고 봄이 상당하고 그 가등기에 기한 본등기청구권이 시효의 완성으로 소멸하면 지상권 또한 목적을 잃어 소멸한다고 판시하면서, 지상권을 설정한 목적을 더 살펴보아야 한다는 취지로 파기환송하였다.

## Ⅲ. 담보지상권의 유효성 및 그 효력에 대한 학설 및 판례의 태도

### 1. 유효성에 관한 학설[20]

#### 가. 유 효 설

담보지상권이 유효하다고 보는 학설은 다음과 같은 논거들을 제시하고 있다. ① 우리 민법상 공작물의 소유가 지상권의 본질적인 요소는 아니므로, 담보지상권은 저당권자가 지상권을 통하여 저당토지의 사용가능성을 대세적으로 확보한 것으로 유효하다.[21] 즉, 담보지상권에서 지상권자의 토지 사용·수익권능이 대세적으로 배제된 것은 아니어서 물권법정주의에도 위반되지 않는다. ② 법률행위에서 목적은 얼마든지 다양할 수

20) 아래와 같은 유효설, 무효설 외에, 저당권에 기한 방해배제청구권에 관하여 논의하면서, 저당권에 기한 방해배제청구권으로서 저당토지 위에 건물을 신축하는 것을 막을 수 있다고 한다면 별도로 담보지상권을 설정할 필요성이 없거나 줄어들 것이라는 견해도 있다. 김재형, "저당권에 기한 방해배제청구권의 인정범위-독일 민법과의 비교를 중심으로-", 저스티스 제85호(2005. 6.), 120-121면(이하 이 글을 김재형, "저당권에 기한 방해배제청구권의 인정범위"라 인용한다); 김재형, "부동산 이용권과 저당권의 관계-민법개정위원회의 민법개정안을 중심으로-", 민사법학 제75호(2016. 6.), 56면(이하 이 글을 김재형, "부동산이용권과 저당권의 관계"라 인용한다); 민유숙, "저당권에 기한 방해배제청구로서 저당목적토지상의 건물건축 행위를 중지시킬 수 있는지 여부", 판례실무연구Ⅷ(2006. 7.), 341면 참조.

21) 최수정(주 4), 107-108면; 양창수·김형석, 권리의 보전과 담보(제2판), 박영사(2015), 675면에서는 토지 가치의 이용에 관한 당사자들의 자율적인 처리방안을 부인할 이유는 없고, 지상권의 설정에서 건물 등의 소유를 위한다는 목적은 가능한 한 유연하게 파악되어도 좋다고 하면서 담보지상권 설정계약의 효력을 인정하고 있다. 양창수, 민법연구 제9권, 박영사(2007), 369-372면에서는 저당권자가 지상권을 설정함으로써 나대지의 용익에 법적 영향력을 행사할 방도를 손에 넣어 나대지의 담보가치를 지킬 수 있다고 설명하고 있고, 이는 담보지상권을 유효라고 보는 견해를 전제로 한다고 보인다. 이은영, 물권법(제4판), 박영사(2006), 603-604면에서는 담보지상권도 지상권자가 그 토지 위에 건물을 지을 수 있는 권리를 확보해 둠으로써 잠재적인 토지사용을 목적으로 한다는 점에서 유효하다고 해석된다고 하여 위와 유사한 견해라고 보인다. 김주상(주 15), 88면에서는 지상권 설정등기가 허위표시가 아닌가 하는 의문도 제기될 여지가 있다고 하면서도 현실로 토지사용이 예정되어 있지 않다고 하더라도 경솔히 허위표시라고 볼 것은 아니라고 한다. 최승록(주 9), 440면에서는 민법에 정해진 내용에 따른 지상권을 설정하고 있으므로 물권법정주의에 반하지 않고 단지 당사자의 숨은 의도가 용익권으로 인한 저당권의 침해를 막자는 것에 있다고 볼 것이므로 무효는 아니라고 한다.

있고 법률행위의 형식과 경제적 목적이 상이하다고 하여 곧 그 법률행위가 통정허위표시로 무효라고 볼 수 없는바, 당사자 사이에서는 분명히 지상권을 설정하고자 하는 진의와 표시의 합치가 있는 이상 지상권을 설정하는 경제적 목적과 법률적 수단이 일치하지 않는다고 하여 곧 통정허위표시라고 할 수는 없다.[22] ③ 저당권에 기한 방해배제청구보다 담보지상권에 기한 방해배제청구가 더 손쉽게 행사될 수 있기 때문에 담보지상권의 존재가치가 있다.[23] ④ 담보지상권을 설정하는 관행이 형성되었고 이러한 지상권의 효력을 인정하는 일반 국민의 법적 확신이 형성되었으므로, 관습법에 의하여 창설된 물권으로 유효하다.[24]

### 나. 무 효 설

담보지상권이 무효라고 보는 견해는 다음과 같은 논거를 제시한다. ① 담보지상권은 지상물의 소유를 전혀 예정하지 아니하고, 담보지상권에 대한 판례와 학설은 담보지상권의 내용으로 다른 권리는 인정하지 아니하면서 방해배제청구권만을 인정하고 있으며, 담보물권에 특유한 것으로 용익물권인 지상권에 인정되지 아니하는 부종성을 인정하고 있다.[25]·[26]

---

22) 최수정(주 4), 108-109면; 최승록(주 9), 440면.

23) 배병일(주 10), 212-213면.

24) 김현, "지상권 침해에 대한 손해배상의 판단기준", 대한토목학회지 제58권 제11호(2010. 11.), 100면; 배병일(주 10), 213면. 김현 변호사는 담보지상권이 본래의 형태를 벗어나서 목적 토지를 점유, 사용하지 않는 특수한 형태의 지상권이라는 점을 전제로 하면서 다만 관습법에 의하여 유효하다는 견해라고 보이는 반면에, 최수정 교수는 지상권자의 사용·수익권능이 완전히 배제된 경우에는 이러한 법률관계를 더 이상 지상권이라고 부를 수 없는데 담보지상권의 경우에는 사용·수익권능이 배제된 것은 아니라는 입장을 취하고 있다. 또한, 최수정(주 4), 106-107면에서는 지상권이라는 동일한 물권에 민법이 예정하는 것과 다른 내용의 관습법이 성립할 수 없고, 단순한 관행을 넘어 그에 관한 법적 확신이 존재하는지도 의문이라고 하여 담보지상권이 관습법에 의하여 인정된다는 견해에는 부정적인 입장이다.

25) 윤진수(주 5), 295-298면; 배성호, "저당권의 교환가치의 보호를 위한 담보지상권의 유효성 여부", 토지법학 제32권 제2호(2016. 12.), 5-11면도 동일한 견해이다.

26) 김현선, "나대지에 저당권을 설정한 후 저당목적물의 담보가치를 확보하기 위한 지상권의 효력-담보지상권의 유효여부와 토지저당권자의 보호방안을 중심으로-", 중앙법학 제14집 제3호(2012. 9.), 187-188면에서는 '지상물의 소유'는 지상권의 본질적인 내용이라고 할 수 없다고 하면서도, 담보지상권은 지상권의 본체적 효력인

또한, 판례에 의하면 담보지상권은 목적토지의 사용·수익가능성을 고려하지 않고 저당부동산의 담보가치 확보만을 목적으로 하는 저당권에 종된 권리가 되어야 하는데 이는 용익권을 본질적 내용으로 하는 지상권 개념과 합치하지 않는다.[27] 따라서 담보지상권은 물권법정주의에 어긋나는 것으로 현행법상 인정될 수 없다. ② 담보지상권 설정계약은 실제로 저당목적물의 담보가치 확보만을 목적으로 하고 공작물이나 수목을 소유할 생각이 없음에도 신청서에만 등기를 위하여 공작물 또는 수목의 소유를 목적으로 하는 것이라고 기재하므로 전형적인 허위표시에 해당하여 무효이다.[28] ③ 저당목적 토지의 담보가치를 하락시키는 침해를 배제하기 위해서는 저당권에 기한 방해배제청구권을 행사하면 충분하므로 별도로 담보지상권에 기한 방해배제를 인정할 현실적인 필요성도 없다.[29] ④ 담보지상권 설정자는 목적부동산에 대한 사용·수익이 제한되므로 이는 점유를 빼앗긴 것과 같아서 사실상 부동산 질권을 설정하는 것과 동일한 결과가 되는데, 이는 부동산 질권을 허용하지 않는 우리 법제(민법 제345조)와 모순된다.[30]

---

토지사용권과 그 내용을 실현하기 위한 토지점유도 없어 지상권으로서의 요소가 갖추어지지 않았음에도 물권의 내용을 임의로 변경하여 유효로 하고자 하는 것이므로 물권법정주의에 위반하여 무효라고 주장한다.

27) 이진기(주 4), 1196면.

28) 윤진수(주 5), 299-300면. 반면, 이진기(주 4), 1195면에서는 무효설을 취하면서도, 고유한 지상권을 설정하려는 내심의 의사까지는 아니더라도 소위 담보지상권을 설정하려는 당사자의 의사가 합치하므로 내부관계에서 이 합의의 채권적 효력까지 부정할 필요는 없고 이러한 구성이 민법 제138조의 입법취지와도 부합한다고 하면서 담보지상권 설정행위가 민법 제108조 제1항의 통정허위표시에 해당하지는 않는다고 한다. 배성호(주 25), 11-12면에서도 무효설을 취하면서도 담보지상권 설정계약이 통정허위표시에는 해당하지 않는다고 한다.

29) 윤진수(주 5), 300-307면; 이진기(주 4), 1203-1210면; 배성호(주 25), 22면. 김현선(주 26), 188면에서는 채권자가 담보지상권을 설정하지 않아도 저당권 침해에 대한 방해배제청구권이나 일괄경매청구권 등으로 구제받을 수 있는 반면, 저당권 설정자는 채권자의 일방적인 요구에 의해 지료도 받지 못하고 저당권 설정비용 이외 추가 지상권 설정비용까지 부담하는 등 경제적 합리성을 결한 비정상적인 거래를 하게 되므로, 저당권 설정자의 경제적 이익이 침해되는 손해가 더 크다고 주장한다.

30) 김현선(주 26), 187-188면.

### 2. 유효하다고 할 경우, 담보지상권의 효력에 관한 학설

담보지상권의 유효성을 인정하는 경우, 담보지상권이 구체적으로 어떠한 효력을 가지는지가 문제된다. 이에 대해서는 크게 두 가지 견해를 생각해 볼 수 있다.

우선 비록 당사자들이 부동산의 담보가치 확보를 위한 의사로 지상권을 설정하였더라도 지상권을 설정하려는 의사의 합치가 있는 이상 일반적인 민법상 지상권과 동일한 효력을 인정하자는 견해가 있을 수 있다. 이는 물권법정주의에 부합하고 등기부 공시 내용에 대한 당사자 및 제3자의 신뢰를 보호하고 법적 안정성을 확보할 수 있다.

두 번째로는 담보부동산의 담보가치 확보라는 당사자들의 의사에 따라 담보지상권에 대하여 일반적인 지상권과 다른 법적 효력을 인정하자는 견해가 있을 수 있다.

유효설을 취하는 우리나라의 논문 중에서 이 부분을 중점적으로 다루거나 이에 대하여 명확한 주장을 하는 글은 많지 않다. 이하에서는 국내 문헌에서 나타난 이에 관한 주장을 정리하였다.[31)]

#### 가. 김주상 판사의 견해

김주상 판사는 일본에서의 이른바 '병존용익권'의 효력에 관한 2가지 학설, 즉 ① 부동산의 담보가치를 확보함과 동시에 저당권자가 지상권

---

31) 아래의 글 외에, 배병일(주 10), 221-224면에서 담보지상권의 효력에 대하여 논하고 있는데, 배병일 교수의 견해는 담보지상권에 대하여 일반적인 지상권과 같은 효력을 인정해야 한다는 것인지 여부가 분명하지 않다. 담보지상권이 설정된 경우 지상권 설정자는 저당토지를 사용·수익할 수 없고, 담보지상권자인 저당권자의 승낙을 얻어 토지를 사용·수익할 수 있다고 하고, 담보지상권의 부종성이 없다고 보아야 한다고 하면서도 판례의 입장을 소개하면서 저당권이 양도되면 부종성에 따라 함께 양도되고 저당권이 소멸하면 함께 소멸한다고 설명하고 있다. 판례의 태도에 찬성하는 것인지 반대하는 것인지 분명하지는 않다고 보인다.

지원림(주 11), 671면에서는 "지상권이 다른 권리의 실현 확보라는 종된 목적을 가지는 경우(가령 담보지상권)에 다른 권리가 소멸하면 지상권도 소멸한다"고만 언급하면서 관련 판례를 인용하고 있고, 그 논리적 근거에 대해서는 별도로 설명하고 있지 아니하다.

내지 임차권에 기하여 목적부동산을 스스로 이용하거나 지상권 또는 임차권을 제3자에게 처분하여 그 대가를 채무변제에 충당하는 등 실질적 담보기능을 할 수 있다는 견해와 ② 저당권자가 지상권 내지 임차권 등기를 함께 갖는 것은 제3자의 용익권 설정을 저지하여 목적부동산의 담보가치를 확보하는 것을 목적으로 할 뿐이라는 견해를 소개하면서, ①설은 병존용익권이 물적 담보로서 기능하게 되어 부동산 질권을 인정하는 결과가 되므로 물권법정주의에 따라 허용되지 않는다고 한다.[32)]

김주상 판사는 ②설이 타당하다고 보면서, 병존용익권은 저당권이 실행될 때까지 제3자가 용익권을 취득하는 것을 배제함으로써 저당부동산의 담보가치를 확보하고자 하는 당사자의 합리적 의사에 비추어 저당권보전의 효력밖에 인정되지 않는 것이고, 성질상 저당권에 부종하는 성격을 가진다고 한다. 따라서 저당권이 양도되면 병존용익권도 부종성 때문에 함께 양도되어야 하고, 저당권의 피담보채권이 변제 등 사유로 소멸되면 병존용익권도 소멸하며, 경매절차에서 매수인이 대금을 완납하여 경매부동산의 소유권을 취득하면 병존지상권도 함께 소멸한다고 한다.[33)]

또한, 병존용익권은 오로지 저당권이 파악한 부동산의 담보가치의 유지·확보에만 있다고 보므로, 저당권자가 용익권에 기하여 스스로 저당부동산을 사용하거나 타에 양도하여 그 대가를 채권의 변제에 충당한다는 용익적 이익의 취득은 할 수 없고,[34)] 저당권 설정자의 건물신축행위를 병존용익권에 기한 물권적 청구권으로 금지하는 것은 어렵다고 한다.[35)] 다만 제3자가 불법으로 목적대지를 점유·사용한다면 병존용

32) 김주상(주 15), 73-75면. 위 ①설이 담보지상권에 대하여 일반적인 지상권과 동일한 효력을 부여하자는 견해와 유사하고, 위 ②설이 담보지상권에 대하여 담보가치 확보를 위한 범위 내에서 일반적인 지상권과 다른 효력을 인정하자는 견해와 유사하다.

33) 김주상(주 15), 78-80면.

34) 김주상(주 15), 81-82면.

35) 김주상(주 15), 83-84면. 이 견해는 저당권의 경우에도 용익적 이익의 취득은 저당권 설정자에게 남아 있음을 전제로, 저당권의 보전을 위한 병존용익권이 설정

익권자는 제3자를 상대로 물권적 청구권을 행사할 수는 있다는 입장이다.[36)]

나. 최수정 교수의 견해

최수정 교수는 담보지상권의 경우에도 그 효과는 민법상 지상권과 다르지 않다고 하면서, 물권은 법률 또는 관습법에 의하는 외에는 임의로 창설하지 못하므로 지상권 설정등기가 경료되면 그 지상권의 내용과 범위는 등기된 바에 따라서 대세적인 효력이 발생한다고 한다.[37)] 다만 이 견해는 지상권 설정자의 사용·수익권한과 부종성의 문제를 다른 논리구성을 통해 해결하고자 한다.

이 견해는 담보지상권에서 일반적으로 지상권 설정자가 토지를 사용·수익하는 것은 담보지상권자와 사이에 사용대차 약정이 있었기 때문이라고 해석한다. 즉, 담보지상권을 설정할 때 토지소유자는 지상권자로부터 토지의 사용에 대한 허락을 받아 건물을 축조하게 되는데 이러한 합의는 사용대차에 해당한다고 한다. 사용차주(지상권 설정자)는 계약에서 정해진 용법으로 사용·수익하여야 하고 대주(지상권자)의 승낙이 없으면 제3자에게 차용물을 사용·수익하게 할 수 없다(민법 제610조 제1항, 제2항)고 한다.[38)]

또한, 담보지상권에 대하여 부종성을 인정하는 것은 새로운 유형의 담보물권을 창설하는 것으로 법해석의 한계를 넘는다고 하면서도, 담보지상권이 저당권보다 선순위라면 저당권이 소멸하여도 담보지상권이 소멸되지 않고 매수인에게 인수되거나, 담보지상권만 양도하는 경우 양수인이 유효하게 지상권을 취득하게 되는 의욕하지 않았던 불편한 결과가 초래된다고 하면서, 이를 방지하기 위해서는 토지소유자가 지상권 설정계약시에 해제권 또는 해지권을 유보하거나 저당권의 소멸을 해제조건으로

---

되어 있더라도 물권적 청구권을 행사할 수 없다는 입장이다. 즉, 저당권이 설정된 나대지 지상에 건축물을 신축하는 행위를 저당권에 기한 방해배제로 배제할 수 없다는 것을 전제로, 병존용익권도 저당권의 보전을 위한 목적이므로 병존용익권에 기한 방해배제도 불가능하다는 견해라고 보인다.

36) 김주상(주 15), 84면.

37) 최수정(주 4), 114-115면.

38) 최수정(주 4), 111면.

할 필요가 있다고 한다. 저당권이 소멸하면 이러한 명시적·묵시적 합의에 의하여 지상권계약을 해제 또는 해지할 수 있고 그에 따라 지상권등기의 말소를 구할 수 있다고 한다.[39)]

### 3. 판 례

대법원은 담보지상권의 유효성을 인정하면서도 담보지상권에 대하여 제3자가 용익권을 취득하거나 목적 토지의 담보가치를 하락시키는 침해행위를 하는 것을 배제함으로써 저당 부동산의 담보가치를 확보하는 데에 그 목적이 있다고 하면서 그 목적을 고려하여 일반 지상권과 다른 효력을 인정하고 있다. 구체적으로 관련 판례들을 살펴보면 다음과 같다.

#### 가. 담보지상권에 기한 방해배제청구권에 의하여 건물 축조 중지를 인정한 판결(대법원 2004. 3. 29.자 2003마1753 결정)

재항고인(P은행)이 토지의 소유자인 소외인(A)에게 대출을 하면서 토지에 대하여 근저당권과 지상권을 설정 받았고, 그 설정 당시 이미 토지 지상에 8층 건물이 신축 중으로서 2층 골조공사가 진행 중이었으며, P은행은 '위 근저당권과 지상권 설정 당시 A로부터 향후 건물이 완공되면 추가로 담보제공을 할 것이고, 건물을 제3자 명의로 보존등기 하게 되거나 토지 또는 건물 소유권을 제3자에게 이전하는 등 P은행의 채권보전에 지장이 있다고 판단되어 담보권이 실행되는 경우에는 어떠한 불이익도 감수하겠다'는 각서를 작성하고 A의 건물 신축을 허용한 사건이다. 이후 A는 건축주 명의를 상대방(D)으로 변경하였고, P은행이 건축주 명의를 다시 A 앞으로 환원하도록 독촉하였음에도 이에 응하지 못한 채 D가 건축주로서 공사를 진행하자, P은행이 그 공사의 중지를 구하는 가처분을 신청하였다.

---

39) 최수정(주 4), 115면. 다만 더 나아가 담보지상권이 설정되어 있는 경우 당사자들 사이에 이러한 해제권 또는 해지권 유보 내지 해제조건에 관한 묵시적 합의가 있었다고 보아서 부종성을 인정하는 것과 동일한 결과를 도출하여야 한다는 것인지는 분명하지 않다.

1심[40]과 원심[41]은 P은행이 자신의 근저당권 및 지상권이 신축건물에 의하여 제한을 받을 수도 있다는 것을 예상하였거나 예상할 수 있었음에도 토지에 근저당권 및 지상권을 설정한 것이므로, 위와 같은 제한을 용인하고서 이 사건 토지에 대한 근저당권 및 지상권을 취득한 것이고, 따라서 A로부터 건축주 명의를 변경받은 D에 대하여 공사 중지를 구할 수 없다고 판단하였다.

이에 대하여 대법원은 "토지에 관하여 저당권을 취득함과 아울러 그 저당권의 담보가치를 확보하기 위하여 지상권을 취득하는 경우, 특별한 사정이 없는 한 당해 지상권은 저당권이 실행될 때까지 제3자가 용익권을 취득하거나 목적 토지의 담보가치를 하락시키는 침해행위를 하는 것을 배제함으로써 저당 부동산의 담보가치를 확보하는 데에 그 목적이 있다고 할 것이므로, 그와 같은 경우 제3자가 비록 토지소유자로부터 신축중인 지상 건물에 관한 건축주 명의를 변경 받았다 하더라도, 그 지상권자에게 대항할 수 있는 권원이 없는 한 지상권자로서는 제3자에 대하여 목적 토지 위에 건물을 축조하는 것을 중지하도록 구할 수 있다"고 판시하면서, P은행이 토지소유자인 A가 건물을 신축하는 것을 알고서 이로 인한 제한을 용인하였다고 하더라도 제3자인 D가 건축주 명의를 변경 받아 건물을 축조하는 데에 대하여도 용인한 것으로 볼 수는 없으므로, D가 지상권자에게 대항할 수 있는 권원이 없는 한 지상권자인 P은행은 상대방에 대하여 건물의 축조를 중지할 것을 구할 수 있다고 판단하였다.

### 나. 담보지상권에 기한 방해배제청구권에 의하여 건물 철거 및 토지 인도를 인정한 판결(대법원 2008. 2. 15. 선고 2005다47205 판결)

이 사건은 위 2003마1753 사건의 본안소송으로, 위 사건에서 일부 사실관계가 추가되어 있다(이하 P은행, A, D는 위 2003마1753의 사실관계와 동일인이다). 즉, B는 장모인 토지의 소유자 A로부터 사용승낙을 받은 다음 피고(D)에게 도급을 주어 신축공사를 진행하였고, 그 후 D가 B와

---

40) 인천지방법원 2003. 8. 1.자 2003카합1304 결정.
41) 서울고등법원 2003. 10. 31.자 2003라530 결정.

합의에 따라 공사대금채권 담보목적으로 건축허가를 D명의로 변경하였다. 이후 위 건축허가를 A 명의로 변경하되, 만일 B가 약정기일까지 공사대금을 지급하지 아니하면 B의 D에 대한 채무의 대물변제조로 위 건축허가를 D명의로 변경하여 주기로 하는 내용이 포함된 임의조정이 성립되었다. 이에 따라 건축허가 명의를 받은 A는 원고(P은행)에게 이 사건 토지에 관하여 근저당권 및 지상권을 설정하여 주었고, 당시에는 지상 2층 골조공사가 진행 중이었으며, P은행은 근저당권 및 지상권을 설정 받으면서 A로부터 신축건물이 완공되면 즉시 P은행에게 추가로 담보제공하겠다는 취지의 각서를 받고 신축공사의 계속을 승낙하였다. 그런데 B가 D에게 공사대금을 지급하지 아니하자, A는 임의조정에 따라 건축허가 명의를 다시 D명의로 변경하여 주었고, 이후 D가 신축공사를 계속하여 현재 지상 3층의 골조공사까지 마친 사안이다.

P은행은 D를 상대로, 위 신축공사는 P은행의 지상권 및 근저당권을 침해하는 것이므로 지상권과 근저당권의 방해배제청구권에 기하여 A에게 위 건물을 철거하고 토지를 인도하라는 청구를 하였다.

1심 법원은 이 사건 지상권이 저당권의 보전에만 목적이 있고, P은행이 저당권을 설정할 당시 건물의 신축공사를 하고 있음을 알았으므로 근저당권 및 지상권이 신축건물에 의하여 제한을 받을 수 있다는 것을 예견하였거나 예견할 수 있었다 할 것이므로 건물의 신축을 용인해야 한다고 보아 P은행의 청구를 기각하였다.[42]

원심 법원은 ① 근저당권에 기한 방해배제청구에 대하여는 저당권설정자의 저당부동산에 대한 통상의 경제적 용법에 따른 부동산의 사용이 그 교환가치의 감소를 수반하더라도 저당권침해행위를 구성하지 않는다고 하면서, A의 D를 통한 건물신축행위가 통상의 경제적 용법에 따른 이용행위이므로 근저당권이 침해되었다고 볼 수 없다고 판단하여 배척하였다. ② 지상권에 기한 방해배제청구에 대하여는, D가 조정합의로 A에

42) 인천지방법원 2003. 11. 12. 선고 2003가합7186 판결.

대하여 대지를 점유, 사용할 권원이 있다고 하더라도 물권자인 P은행의 지상권에 대항할 수 없고, P은행이 A로부터 신축건물을 추가로 담보로 제공하겠다는 각서를 받고 공사계속을 승낙하는 등의 사정에 비추어 보면 P은행이 제3자인 D의 건물신축까지 용인한 것이라고 볼 수 없으며, 지상권은 물권으로 당해 부동산을 배타적으로 점유할 수 있는 권리로서 지상권 성립 전후를 불문하고 당해 부동산의 점유와 양립할 수 없는 침해행위의 제거 및 그 반환을 구할 수 있으므로, 원고가 지상권을 취득할 당시에 신축건물 중 일부가 현존하고 있다고 하더라도 방해배제청구가 그 부분을 초과하여 축조된 부분에 한정된다고 볼 수 없다고 판단하였다.[43]

대법원은 위 2003마1753 결정과 마찬가지로 담보지상권자가 방해배제청구로서 신축 중인 건물의 철거와 대지의 인도 등을 구할 수 있다고 하면서, "물권은 법률 또는 관습법에 의하는 외에는 임의로 창설하지 못하는 것이므로(민법 제185조), 지상권 설정등기가 경료되면 그 지상권의 내용과 범위는 등기된 바에 따라서 대세적인 효력이 발생하고, 제3자가 지상권 설정자에 대하여 해당 토지를 사용·수익할 수 있는 채권적 권리를 가지고 있다고 하더라도 이러한 사정만으로 지상권자에 대항할 수는 없다고 할 것"이라고 판시하면서 원심의 판단을 그대로 수긍하였다.

### 다. 담보지상권자의 불법점유자에 대한 손해배상청구를 부정한 판결(대법원 2008. 1. 17. 선고 2006다586 판결)

이 사건은, 토지소유자였던 A가 원고로부터 대출을 받으면서 그 대여금채권에 대한 담보로 제1, 2토지에 관하여 원고 앞으로 근저당권과 지상권을 설정하여 주었고, 이후 제1토지를 피고 김해시에게 기부채납하였다. 한편 피고 대주건설 주식회사는 위 각 토지에 바로 인접한 제3토지 지상에 아파트를 신축하기 위하여 주택건설사업계획승인을 받음에 있어 피고 김해시의 요구에 따라 당초 계획을 변경하여 주출입구를 제1토지 쪽으로 설치하는 것으로 변경승인을 받고, 그 후 제1토지상에 아스

43) 서울고등법원 2005. 7. 15. 선고 2003나81548 판결.

팔트포장도로를 개설하고 제2토지상에 콘크리트옹벽을 설치하여 이를 각 피고 김해시에게 기부채납 하였다.

원고는 피고들이 위 포장도로를 개설하고 옹벽을 설치함으로써 원고의 근저당권 및 지상권을 침해하는 불법행위를 저질렀고, 이로 인하여 ① 제1, 2토지의 담보가치가 감소됨에 따른 손해의 배상을 구하고, 아울러 ② 피고들이 무단으로 개설한 도로를 점유·관리하면서 일반 공중의 통행에 제공함으로써 원고의 지상권을 방해하였다는 이유로 그 손해배상을 청구하였다.

대법원은 우선 ② 지상권 침해를 이유로 한 임료 상당의 손해배상 청구에 대하여, "금융기관이 대출금 채무의 담보를 위하여 채무자 또는 물상보증인 소유의 토지에 저당권을 취득함과 아울러 그 토지에 지료를 지급하지 아니하는 지상권을 취득하면서 채무자 등으로 하여금 그 토지를 계속하여 점유 · 사용토록 하는 경우, 특별한 사정이 없는 한 당해 지상권은 저당권이 실행될 때까지 제3자가 용익권을 취득하거나 목적 토지의 담보가치를 하락시키는 침해행위를 하는 것을 배제함으로써 저당 부동산의 담보가치를 확보하는 데에 그 목적이 있다고 할 것이고, 그 경우 지상권의 목적 토지를 점유 · 사용함으로써 임료 상당의 이익이나 기타 소득을 얻을 수 있었다고 보기 어려우므로, 그 목적 토지의 소유자 또는 제3자가 저당권 및 지상권의 목적 토지를 점유 · 사용한다는 사정만으로는 금융기관에게 어떠한 손해가 발생하였다고 볼 수 없다"고 판시하면서 청구를 배척한 원심의 판단을 그대로 수긍하였다.[44]

① 담보가치 감소에 따른 손해배상의 경우, "저당부동산에 대한 소유자 또는 제3자의 점유가 저당부동산의 본래의 용법에 따른 사용 · 수익의 범위를 초과하여 그 교환가치를 감소시키거나, 점유자에게 저당권의

44) 반면에 대법원은 담보지상권을 설정하는 것이 배임죄의 구성요건인 '손해'에는 해당한다고 보고 있다. 즉, 부동산 양도담보 설정자가 기존의 근저당권자인 제3자에게 담보지상권을 설정하여주더라도 이로써 양도담보권자의 채권에 대한 담보능력 감소의 위험이 발생하므로 배임죄를 구성한다고 보았다(대법원 1997. 6. 24. 선고 96도1218 판결).

실현을 방해하기 위하여 점유를 개시하였다는 점이 인정되는 등, 그 점유로 인하여 정상적인 점유가 있는 경우의 경락가격과 비교하여 그 가격이 하락하거나 경매절차가 진행되지 않는 등 저당권의 실현이 곤란하게 될 사정이 있는 경우에는 저당권의 침해가 인정될 수 있다"고 판시하면서 지목이 '전'인 토지에 도로를 개설하여 일반 공중에게 제공하는 피고들의 행위는 사회통념에 비추어 토지의 본래의 용법에 따른 정상적인 사용·수익행위라고 볼 수 없다고 보아 저당권을 침해한 공동불법행위책임을 인정한 원심의 판단을 수긍하였다.

### 라. 담보지상권의 부종성을 인정한 판결(대법원 2011. 4. 14. 선고 2011다6342 판결)

이 사건은 A가 피고들로부터 돈을 차용하면서 피고들에게 A와 B가 공동발행한 발행일, 지급일, 지급지, 지급장소 등을 백지로 하는 백지약속어음 2장을 교부하였고, B 소유의 토지에 담보로 각 피고들 명의의 근저당권을 설정하고 같은 날 저당부동산에 타인이 건물 등을 축조하여 점유·사용함으로써 생길 담보가치의 하락을 방지하기 위하여 피고들 명의로 지상권을 설정하여 주었다. 이후 피고들은 백지 약속어음을 보충하였으나 약속어음에 지급기일로 보충된 날짜로부터 10년이 도과하자, B의 공동상속인인 원고가 그 각 근저당권과 지상권의 말소를 구한 사건이다.

1심과 원심 법원은 각 근저당권은 피담보채무가 시효완성으로 소멸하였으므로 말소되어야 한다고 판단하였고, 지상권의 경우에도 근저당권 설정등기가 피담보채무의 소멸로 말소되어야 한다면 지상권 설정등기도 그 목적을 잃어 말소되어야 한다고 판단하였다.

대법원은 "근저당권 등 담보권 설정의 당사자들이 그 목적이 된 토지 위에 차후 용익권이 설정되거나 건물 또는 공작물이 축조·설치되는 등으로써 그 목적물의 담보가치가 저감하는 것을 막는 것을 주요한 목적으로 하여 채권자 앞으로 아울러 지상권을 설정하였다면, 그 피담보채권이 변제 등으로 만족을 얻어 소멸한 경우는 물론이고 시효소멸한 경우에도 그 지상권은 피담보채권에 부종하여 소멸한다"고 판시하여, 피담보채권이

소멸하는 경우 담보지상권도 그에 부종하여 소멸한다고 보았다.[45)·46)]

### 마. 토지에 저당권과 담보지상권 설정 당시 건물이 존재하였는데 이후 경매로 토지와 건물 소유자가 달라지는 경우 법정지상권이 성립한다는 판결(대법원 1991. 10. 11. 선고 91다23462 판결)

이 사건은 토지에 저당권과 담보지상권을 설정할 당시 그 지상에 토지소유자가 소유하는 미등기 건물이 존재하였고 이후 토지에 대해서만 임의경매가 이루어져 토지와 건물의 소유자가 달라진 사안[47)]에서, 경매의 매수인이 건물 소유자를 상대로 건물철거 및 토지 인도를 구한 사건이다. 대법원은 "대지에 대하여 저당권을 설정할 당시 저당권자를 위하여 동시에 지상권을 설정하여 주었다고 하더라도 저당권 설정 당시 이미 그 대지상에 건물을 소유하고 있고 그 건물에 관하여 이를 철거하기로 하는 등 특별한 사유가 없으며, 저당권의 실행으로 그 지상권도 소멸한 경우에는 건물을 위한 법정지상권이 발생하지 않는다고 할 수 없다"고 판시하였다. 위 판결에 의하면, 토지와 지상 건물이 있는 상태에서 토지에만 저당권과 담보지상권을 설정하였는데 이후 토지가 경매되어 토지와 건물의 소유자가 달라진 경우, 원칙적으로 법정지상권이 성립하고 다만 저당권 설정 당시에 건물을 철거하기로 하는 특별한 사정이 있는 경우에는

---

45) 담보지상권의 소멸에 있어서의 부종성을 명시적으로 인정한 위 판결 이전에도 대법원은, 소유권이전청구권보전을 위한 가등기를 마치면서 그 토지상에 타인이 건물 등을 축조하여 점유·사용하는 것을 방지하기 위하여 지상권을 설정한 사안에서, 위 지상권이 "그 부동산의 실질적인 이용가치를 유지·확보할 목적으로 전 소유자에 의한 이용을 제한하기 위한 것이라고 봄이 상당하다고 할 것이고 그 가등기에 기한 본등기청구권이 시효의 완성으로 소멸하였다면 그 가등기와 함께 경료된 위 지상권 또한 그 목적을 잃어 소멸되었다고 봄이 상당하다"고 판시하여 소멸에 있어서의 부종성을 인정하였다(대법원 1991. 3. 12. 선고 90다카27570 판결).

46) 담보지상권과 달리, 일반적인 지상권에 대하여는 다른 권리의 확보를 목적으로 설정하였다고 하더라도 부종성을 인정하지 아니하고 있다. 입목에 대한 벌채권의 확보를 위하여 지상권을 설정하였다고 하더라도 지상권에는 부종성이 인정되지 아니하므로 벌채권이 소멸하였다 하더라도 지상권마저 소멸하는 것은 아니고, 지상권은 독립된 물권으로서 다른 권리에 부종함이 없이 그 자체로서 양도될 수 있다고 본 대법원 1991. 11. 8. 선고 90다15716 판결 참조.

47) 건물이 미등기여서 건물에 대하여는 공동저당권을 설정하지 아니한 것으로 보인다.

법정지상권이 성립하지 않는다는 취지의 판결이다.[48)·49)·50)]

한편 대법원은 저당권과 지상권을 설정할 당시에 지상에 건축 중인 건물[51)]이 있는 사안에서, 해당 건물이 완공되는 즉시 건축물에 관하여 토지의 저당권자에게 근저당권을 설정하기로 하는 약정을 하였더라도 '건물을 철거하기로 하는 등의 특별한 사유'에 해당하지 아니한다고 보았다.[52)]

### 바. 담보지상권 설정자(토지소유자)의 사용 · 수익권한을 인정한 판결(대상판결)

대법원은 담보지상권이 설정된 경우, 저당 부동산의 담보가치를 하락시킬 우려가 있는 등의 특별한 사정이 없는 한 원칙적으로 토지소유자가 토지를 사용 · 수익할 수 있다고 판시하였다. 나아가 그러한 토지소유자로부터 사용 · 수익권한을 취득한 자 역시 적법하게 토지를 사용 · 수익할 수 있는 권리를 가진다는 취지로 판단하였다.

### 사. 대법원 판례의 태도에 대한 검토

대법원은 담보지상권에 대하여, 제3자가 용익권을 취득하거나 목적 토지의 담보가치를 하락시키는 침해행위를 하는 것을 배제함으로써 저당 부동산의 담보가치를 확보하는 데에 목적이 있음을 강조하면서, 이러한 당사자의 의사에 따라 담보가치 확보를 위하여 필요한 범위 내에서만 제한적인 효력만을 부여하고 있다. 즉 용익물권으로서 지상권의 경우 토지를 배타적으로 사용 · 수익할 권능을 가지는 것과 달리, 담보지상권의 경우 원칙적으로는 사용 · 수익권을 갖지는 아니하고, 담보가치를 하락시킬

---

48) 위 사건의 대법원, 1, 2심 판결문 상으로는 지상권자와 토지소유자 사이에 기존 건물을 철거하기로 하거나 기존 건물이 보존등기가 되면 공동저당권을 설정한다거나 하는 등, 기존 건물의 존치 여부 등에 관한 별다른 약정이 있었다는 사정이 드러나지 않는다.

49) 대법원 1977. 7. 12. 선고 76다1078, 1079 판결에서도 동일한 취지로 판시하였다.

50) 대법원은 지상 건물이 소유권보존등기가 된 후, 토지에만 근저당권과 담보지상권이 설정되고 이후 토지만이 경매로 매각되어 토지와 건물 소유자가 달라진 사안에서도 건물을 철거하기로 하는 등의 특별한 사유가 없는 한 법정지상권이 성립될 수 있다는 취지로 판시하였다[대법원 2014. 7. 24. 선고 2012다97871, 97888 판결(미간행)].

51) 토지에 관하여 저당권을 설정할 당시 건축 중인 건물에 관하여 그 규모, 종류가 외형상 예상할 수 있는 정도까지 건축이 진전되어 있던 사건이다.

52) 대법원 2013. 10. 17. 선고 2013다51100 판결(미간행) 참조.

우려가 있는 특별한 사정이 있을 때에만 그러한 담보가치를 하락시키는 침해행위를 배제하기 위한 범위에서만 사용·수익권능을 가지고 있다고 보는 것이다. 종래 담보지상권이 설정된 토지를 제3자가 불법점유 하더라도 담보지상권자에게는 손해가 없다고 보는 것이나, 지상에 건물이 존재함에도 토지에 대하여만 저당권과 담보지상권을 설정한 후 토지만 경매가 이루어져 토지와 건물의 소유자가 달라진 경우에도 원칙적으로 법정지상권이 성립한다고 본 판례의 태도를 보면 담보지상권에 대해 제한적인 사용·수익권만을 인정하고 있음을 알 수 있다.

그런데 더 나아가 대상판결의 판시를 통해 대법원은 담보지상권이 침해행위를 배제하기 위한 범위 내에서만 사용·수익권능을 가진다는 점을 명백하게 밝혔다. 대상판결은 담보지상권자와 담보지상권 설정자 사이의 관계에서 담보지상권 설정자가 사용·수익권한을 가지는 것을 인정하였을 뿐만 아니라, 담보지상권 설정자로부터 사용·수익권한을 부여받은 자도 담보가치를 하락시킬 우려가 있는 특별한 사정이 없는 한, '담보지상권자로부터 별도의 승낙을 받았는지 여부를 불문하고,[53] 담보지상권자에 대한 관계에서도 토지를 적법하게 사용·수익하는 것으로 인정하였다. 결국 판례가 인정하는 담보지상권의 구체적인 내용은 방해배제청구권이라고 볼 수밖에 없다.[54]

### 3. 일본의 학설 및 판례

#### 가. 병용임차권의 의의 및 배경

2003년 개정 전 일본의 구 민법 제395조에서는 민법 제602조에 정한 임대차기간을 넘지 않는 단기임대차[55]의 경우 저당권 설정등기보다

---

53) 대상판결에서는 제3자가 담보지상권자로부터 사용·수익의 승낙을 받았는지를 고려하지 아니하고 있고, 대상판결과 그 하급심 판결문 상으로 제3자가 담보지상권자로부터 사용·수익의 승낙을 받았다는 사실은 찾아볼 수 없다.

54) 윤진수(주 5), 297면에서도 판례나 학설이 인정하고 있는 담보지상권의 내용은 기본적으로 저당권의 침해에 대한 방해배제청구권 뿐이고 그 외에는 담보지상권의 권리내용이라고 할 만한 것이 없다고 비판한다.

55) 수목의 식재나 벌채를 목적으로 하는 산림의 임대차는 10년, 기타의 토지의 임

후에 등기되었더라도 저당권자에게 대항할 수 있다고 규정하고 있었다.[56] 따라서 단기임대차의 경우 선순위 저당권의 실행에 의하여도 소멸하지 않고 매수인에게 승계되었다. 이러한 단기임대차 규정을 둔 취지는 저당권이 설정된 부동산의 임차인을 보호하고 저당권과 이용권의 조정을 위한 것이었다.[57]

그러나 일본에서는 1970년대 중반부터 저당권의 실행을 방해하기 위하여 단기임대차제도를 악용하는 사례가 두드러지게 나타났다. 목적물의 용익이라는 본래의 임대차의 목적에서 벗어나, 저당물건을 점유하면서 그 매각가격을 저하시킨 뒤 매각절차에 참가하여 낮은 가격에 경락받아 높은 가격에 전매하는 것을 목적으로 하거나, 매수인으로부터 입퇴료라는 명목으로 경제적 이익을 취득하는 것 등을 목적으로 하는 사해적 단기임대차의 문제가 빈번하게 제기되었다.[58]

그런데 1960년대까지 일본 법원은 담보로 제공된 부동산에 대한 제3자의 불법점유에 대해서 저당권에 기한 방해배제청구와 소유권자의 물

---

대차는 5년, 건물의 임대차는 3년, 동산의 임대차는 6개월이다.

56) 다만 일본 구 민법 제395조 단서는 임차권이 저당권자에게 손해를 입히는 때에는 저당권자의 청구에 의하여 그 해제를 명하는 것이 가능하다고 규정하였다.

57) 배성호, "저당권에 기한 방해배제청구-일본의 학설과 판례를 참조하여-", 판례실무연구Ⅷ(2006. 7.), 314면.

58) 배성호(주 57), 314-315면. 위 글에 의하면, 단기임대차제도를 저당권 방해를 위하여 악용하는 경우로 다음과 같은 것을 들고 있다. 저렴한 임차료를 정하고 그 임차료를 전액 선 지급 하거나 임금채권과 상계하고, 매수인에게 승계되는 고액의 임대차보증금을 설정하고, 양도·전대자유의 특약을 하는 등 정상적인 임대차에서 찾아볼 수 없는 약정을 하여, 매수인이 소유권을 취득하고 임대인의 지위를 승계하더라도 임대료를 받지 못하는 반면 임대차계약이 종료할 때 거액의 임대차보증금을 임차인에게 반환해야 하는 부담을 안게 되는 경우들이 있다고 한다. 이와 같이 단기임대차계약을 매수인이 승계하는 경우 부동산의 매각가격은 낮아지게 되고, 이를 '대항감가'라 한다. 또한, 일본 구 민법 제395조 단서에 의하여 사해적 단기임대차에 대한 해제청구가 인정되면 단기임차인은 권한 없는 점유자가 되지만, 여전히 목적 부동산을 점유하는 경우 매수인은 대금납부 후 인도명령을 얻어 강제적으로 명도청구를 할 수는 있으나 이는 많은 비용과 노력, 시간이 들 수밖에 없고, 특히 저당권의 실행에 의하여 재산을 잃어버리길 바라지 않는 채무자 내지 저당권 설정자가 조직폭력배까지 개입시키면 더 매수희망자가 나타나지 않게 되어 부동산의 매각가격이 저하 되게 된다고 한다. 이를 '점유감가'라 한다.

권적 청구권에 대한 저당권자의 대위청구를 모두 부정하였고, 학설도 이러한 법원의 태도에 찬동하였다.[59] 1970년대에 들어오면서 하급심을 위주로 저당권에 기한 방해배제청구를 수용하는 판결례가 증가하고 학설도 이를 지지하였으나, 아래에서 보는 1999년, 2005년 최고재판소 판결에 의하여 명시적으로 수용될 때까지는 여전히 저당권에 기한 방해배제청구와 소유권자의 물권적 청구권에 대한 대위청구가 금지되었다.[60]

이에 따라 저당권자는 저당권 설정과 함께 채무불이행을 정지조건으로 하는 임대차계약을 체결하고 임차권설정의 가등기를 하거나, 임차권설정등기를 하고, 때로는 이와 함께 대물변제예약의 가등기까지 함께 경료함으로써 사후에 설정된 단기임차권을 배제하게 되었다.[61] 이와 같이 저당권을 옹호 내지 방어하기 위한 임차권을 일반적으로 병용임차권(併用賃借権)이라고 한다.[62]

### 나. 일본 최고재판소 판결

저당권 설정등기와 함께 저당권을 보호하기 위하여 설정된 이러한 병용임차권의 효력을 어떻게 볼 것인지에 관하여, 최초의 일본 최고재판소 판결은 일본 최고재판소 1977(소화 52년). 2. 17. 판결이다.

#### (1) 최고재판소 1977(소화 52년). 2. 17. 판결[63]·[64]

Y는 A로부터 부동산에 관하여 근저당권, 가등기담보와 함께 채무불

59) 배성호(주 57), 316면; 이준현, "저당권에 기한 방해배제청구권", 재산법연구 제24권 제2호(2007), 64면.

60) 저당권에 기한 방해배제청구와 소유권자의 물권적 청구권의 대위행사를 모두 부정한 아래의 最判平成3·3·22民集45·32·268(1991년 판결) 참조.

61) 저당권자가 설정한 선순위 병용임차권에 기하여 단기임차권자 내지 제3자의 점유를 배제하고 소유자에로의 반환청구 등을 할 수 있게 되었다. 사해적 단기임대차에 대하여 일본 구 민법 제395조 단서로서 해제청구를 할 수 있다고 하더라도, 저당권자는 저당권에 기한 방해배제청구권이나 소유권자의 물권적 청구권을 대위행사하지 못하는 상황이라면, 단기임차인 내지 제3자를 상대로 저당권자 자신 또는 소유자에로의 인도를 구할 권리가 없기 때문에, 병용임차권으로 이러한 결과를 달성하고자 한 것으로 보인다.

62) 柚木馨·高木多喜男 編集, 新版注釈民法(9) 物権(4), 有斐閣(1998), 651-652면, 高木多喜男 집필부분; 윤진수(주 5), 307면; 김주상(주 15), 68면.

63) 最判昭和52·2·17民集31·1·67(1977년 판결).

64) 위 판결의 사안 및 판결요지는 高木多喜男(주 62), 652면 참조; 김주상(주 15), 76-77면 참조.

이행을 정지조건으로 하는 정지조건부 단기임대차를 설정 받아 그 임대차의 가등기를 경료하였다. 선순위 저당권자 B가 저당권을 실행하여 경매에서 X가 매수인이 되었다. 이 때 근저당권 설정등기, 소유권이전등기 청구권보전의 가등기는 법원의 촉탁에 의하여 말소되었으나, 임차권 설정의 가등기는 말소촉탁이 없어 말소되지 아니하였고, 매수인 X는 Y에 대하여 임차권가등기의 말소청구를 한 사안이다.

일본 최고재판소는 "이러한 임대차계약 및 임차권설정등기 또는 가등기의 목적은 특단의 사정이 없는 한 오로지 저당권 설정등기 이후 경매신청에 기하여 압류의 효력이 생길 때까지 대항요건을 구비하는 것에 의하여 저당부동산의 담보가치의 확보를 도모함에 있다고 해하는 것이 상당하다. 따라서 경매신청에 기한 압류의 효력이 생길 때까지 대항요건을 구비한 제3자의 단기임차권이 나타나지 않은 채로 경락인이 경락에 의하여 저당부동산의 소유권을 취득한 때에는 저당권자의 임차권은 위 목적을 잃어 소멸하고 그 등기 또는 가등기는 실체관계를 결하게 되므로 임차권설정등기 또는 가등기가 저당권 설정등기보다도 선순위인 경우 또는 위 임차권이 단기임차권인 경우에 있어서도 경락인은 경락한 저당부동산의 소유권에 기하여 그 말소등기절차를 구할 수 있다고 해하는 것이 민법 제395조의 해석상 정당하다고 하지 않으면 아니 된다."라고 판시하였다.

이 일본 최고재판소 판결은 병용임차권의 유효성을 인정하면서도, 다만 병용임차권은 저당권 설정등기 이후 경매신청에 기하여 압류의 효력이 생길 때까지 제3자의 단기임차권 설정 등을 저지하여 저당부동산의 담보가치를 확보하는 목적이라고 제한적으로 해석하여, 그러한 목적을 달성한 이상 저당권이 경매로 인하여 소멸하면 병용임차권도 함께 소멸한다고 판단한 것이다. 이는 우리나라 대법원 판례가 담보지상권에 대하여 담보가치 확보에 목적이 있다고 보면서 부종성을 인정하는 것과 동일한 입장이다.

**(2) 최고재판소 1989(평성 원년). 6. 5. 판결**[65)·66)]

그러나 이후 일본 최고재판소는 병용임차권에 대하여 후순위 단기임차권을 배제하는 효력을 부정하는 것으로 입장을 선회하였다. 이 판결의 사안은 다음과 같다.

원고는 피고 1 소유의 토지 및 건물에 피고 1의 채무를 담보하기 위하여 근저당권 설정등기를 마치고, 피고 1이 채무불이행을 할 경우 임차권을 설정할 수 있다는 취지의 임차권설정예약을 체결한 후 가등기를 마쳤다. 이후 원고는 위 근저당권에 기하여 경매를 신청하였다. 그런데 위 부동산에 관하여 원고 명의의 근저당권 설정등기와 임차권 가등기가 마쳐진 이후로서 위 경매 신청 이전에, 피고 1에 대한 채권자인 피고 2와 피고 3 명의의 각 단기임차권설정가등기가 마쳐졌고, 피고 2, 3은 위 임차권에 따라 위 건물에 입주하면서 이를 점유하고 있다. 따라서 원고는 피고 2, 3이 원고의 근저당권을 해하는 행위를 하고 있다고 하면서 일본 구 민법 제395조 단서에 기하여 피고 2, 3의 각 임대차계약의 해제와 해제판결의 확정을 조건으로 하여 가등기의 말소청구를 하였고, 동시에 주위적으로 근저당권에 기하여 피고 1의 피고 2, 3에 대한 반환청구권을 대위행사 하였으며, 예비적으로 병용임차권[67]에 의하여 피고 1을 대위하여 위 부동산을 피고 1에게 명도할 것을 청구하였다.[68]

원심은 임대차계약의 해제청구 및 해제판결의 확정을 조건으로 하는 임대차설정가등기의 말소청구를 인용하고, 부동산 명도의 주위적 청구에 대해서는 근저당권자가 목적물을 점유하거나 사용·수익을 간섭하는 권능을 가지지 않는다고 하면서, 근저당권에 기하여 직접 인도를 구할 수

65) 最判平元· 6· 5·民集43· 6· 355(1989년 판결).

66) 위 판결의 사안 및 판결요지는 甲斐道太郎, 併用賃借権の效力, 法律時報 63巻 6号(1991), 16 · 17면 참조; 高木多喜男(주 62), 653면 참조.

67) 원고는 피고에 대하여 임차권설정예약완결의 의사표시를 한 후 원심 계속 중에 임차권설정의 본등기를 마쳤다.

68) 1심에서는 민법 제395조 단서에 기하여 피고 2, 3의 각 임대차계약의 해제를 구하는 동시에, 피고 2, 3에 대하여 근저당권에 기초한 방해배제로서 임차권설정가등기의 말소와 부동산의 소유자인 피고 1에게 명도할 것을 청구하였다. 1심 법원은 피고 2, 3의 단기임차권이 원고의 근저당권을 해칠 것이라고 하면서 원고의 해제청구, 해제판결의 확정을 조건으로 하는 말소등기청구, 부동산 명도청구를 모두 인용하였다. 이후 원고는 원심(항소심)에서 위와 같이 청구를 변경하였다.

도 없고 소유자를 대위하여 소유자에게 인도를 구할 수도 없다고 배척하였다. 예비적 청구에 대하여는 위 1977년(소화 52년) 최고재판소 판결에 의거하여, 병용임차권은 사해적 단기임차권의 배제를 목적으로 하는 것이며, 그 한도에서 효력을 인정할 것이라고 하여 청구를 인용하였다.

이에 대하여 일본 최고재판소는, "저당권과 병용된 임차권설정예약계약과 가등기는 저당부동산의 용익을 목적으로 하는 진정한 임차권과 달리, 단지 임차권 가등기의 외형을 구비함으로써 제3자의 단기임차권의 출현을 사실상 방지하려는 의도 하에 이루어진 것일 뿐이다. (중략) 그 예약완결권을 행사하여 임차권의 본등기를 경료하더라도, 임차권의 실체를 갖는 것이 아닌 이상 대항요건을 구비한 후순위의 단기임차권을 배제하는 효력을 인정할 여지가 없다."고 판시하면서, 원고의 예비적 청구를 기각하였다.

이러한 최고재판소의 판결로 사후에 설정된 단기임차권을 배제하여 저당권을 보호하기 위한 목적의 병용임차권은 더 이상 이용될 수 없게 되었다.[69)]

다. 일본 학설의 논의

**(1) 최고재판소 1989년 판결 이전 논의**

최고재판소 1989년 판결 이전에는, 일본 학설들은 병용임차권을 본래적 의미의 임차권과 다르게 목적 부동산의 사용·수익을 하지 않는 것으로 보는 데에는 거의 견해가 일치하였고,[70)] 다만 담보의 범위 내에서 단기임차권을 배제하는 효력을 인정할 것인지 여부에 대해서는 학설이 엇갈렸다고 한다.

(가) 단기임차권을 배제하는 효력을 인정하는 견해[71)]

단기임차권을 배제하는 효력을 인정하는 견해 내에서도 그 방법을 둘러싸고 3가지 견해가 있다. ① 남용적 단기임차권이 존재하는 경우 경

---

69) 윤진수(주 5), 307면.
70) 甲斐道太郎(주 66), 19면.
71) 甲斐道太郎(주 66), 19-20면.

매에 의하여 병용임차권이 매수인에게 이전되고 매수인은 이전받은 병용임차권으로 인수한 후순위의 남용적 임차권을 배제할 수 있다는 견해(쌍방인수설)가 있다. 이에 대해서는 부동산가격의 합리적 평가가 불가능해진다는 비판이 있다. ② 저당권의 실행에 따라서 병용임차권, 후순위 단기임차권 모두 소멸한다는 견해(쌍방소제설)가 있다. 이에 대해서는 경매부동산에 두 개의 임차권이 있는 경우 대항력에서 우선하는 것이 소멸할 때 후순위의 것들도 소멸한다는 원칙이 없는 이상 이론적 기초 형성이 곤란하다는 비판이 있다. ③ 병용임차권자는 압류 전의 단계에서 임차권에 대해 대항요건을 구비한 후 남용적 단기임차권자에 대하여 일본 구 민법 제395조 단서의 해제소송에 의하지 아니하고 등기의 말소와 명도를 청구할 수 있다는 학설(배제소송설)이 있다. 이에 대해서는 임차권으로서의 실질을 갖지 않는 병용임차권에 이 같은 효력을 인정할 수 있는지 의문이 있다는 비판이 있다.

(나) 단기임차권을 배제하는 효력을 부정하는 견해[72]

단기임차권을 배제하는 효력을 부정하는 견해에도 3가지 견해가 있다. 우선 ① 병용임차권은 일본 구 민법 제395조를 잠탈하는 탈법행위로 무효라고 하는 견해가 있고, ② 사해적 임차권은 허위표시로 무효이기 때문에 저당권 자체에 기초한 배제가 가능하며, 병용임차권의 효력을 인정할 필요가 없다는 견해가 있으며, ③ 저당부동산의 담보가치 확보기능은 저당권에 내재하는 것이기 때문에 저당권 자체에 일본 구 민법 제359조 단서에 의하지 아니하고 남용적 단기임차권 배제의 효력을 인정한다는 견해가 있다.

**(2) 최고재판소 1989년 판결 이후의 논의**

병용임차권에 단기임차권 배제효를 부정한 최고재판소 1989년 판결 이후 학설은 이에 대하여 찬반의견이 대립하였다.[73] 반대하는 견해는 저당권 자체에 기초한 방해배제를 청구할 수 있는지 여부가 명백하지 아니하므로 병용임차권으로 남용적인 단기임차권의 배제를 인정하여야 한다

72) 甲斐道太郎(주 66), 20면.
73) 甲斐道太郎(주 66), 20면.

고 주장하였다. 반면 판결에 찬성하는 견해는 앞서 단기임차권 배제효 부정설과 같이 병용임차권을 일본 구 민법 제395조를 잠탈하는 탈법행위로 무효라거나 병용임차권의 효력을 인정하지 않더라도 저당권에 기한 방해배제로 단기임차권을 배제할 수 있다고 보아 담보의 목적으로 임차권을 이용하는 것은 필요성 내지 합리성이 부족하다고 주장하였다.

### 라. 이후 일본에서의 논의

최고재판소 1989년 판결로 병용임차권으로 단기임차권을 배제하지 못하게 되자, 저당권에 기한 방해배제청구로 남용적인 단기임차권을 배제할 수 있는지가 주된 문제가 되었다.

일본 최고재판소는 1991년에 저당권자가 건물 전차인에 대하여 저당권에 기한 방해배제청구권 및 건물 소유자의 소유권에 기한 반환청구권에 대한 대위행사를 근거로 하여 건물 명도를 구한 전형적인 사해적 단기임대차 사건에서, 저당권자는 저당부동산의 점유관계에 대해서 간섭할 여지가 없고 제3자가 저당부동산을 권원에 의해 점유하거나 불법으로 점유하고 있다는 것만으로는 저당권이 침해되는 것이 아니라는 것을 전제로 하여, 저당권자는 단기임대차가 해제된 후 임차인 또는 전차인이 점유를 계속하고 있더라도 저당권에 기한 방해배제청구로서 점유의 배제를 청구할 수 없고, 소유권자의 소유권에 기한 반환청구권을 대위행사하여 명도를 구할 수도 없다고 판시하였다.[74)]

그러나 이후 최고재판소는 1999년에 저당권자가 불법점유자에 대하여 소유권자의 소유권에 기한 방해배제청구권을 대위행사하여 저당권자 자신에게 명도를 구한 사건에서, 제3자가 저당부동산을 불법점유함으로써 경매절차의 진행이 방해되고, 적정한 가격보다 매각가격이 하락할 우려가 있는 등, 저당부동산의 교환가치의 실현이 방해되어 저당권자의 우선변제청구권의 행사가 곤란한 상태라면, 이는 저당권자에 대한 침해라고 평가된다고 하면서, 저당권자가 소유자에 대하여 저당부동산을 적절히 유지

---

74) 最判平成3·3·22民集45·32·268(1991년 판결). 이 판결에 대한 소개는 배성호(주 57) 317면 이하; 이준현(주 59), 65면 이하 참조.

또는 보존할 것을 구하는 청구권을 갖고, 이를 보전하기 위하여 소유자의 불법점유자에 대한 방해배제청구권을 대위행사할 수 있다고 판시하였다.[75] 위 판결에서는 아울러 제3자가 저당부동산을 불법점유함으로써, 저당부동산의 교환가치의 실현이 방해되고 저당권자의 우선변제청구권의 행사가 곤란한 상태에 있는 때에는, 저당권에 기한 방해배제청구로써 저당권자가 이 상태의 배제를 구할 수 있다고 판시하여 저당권에 기한 방해배제청구가 허용됨을 명시적으로 판시하였다.

그리고 최고재판소는 2005년에 명시적으로 저당권 설정등기 후에 저당부동산의 소유자로부터 점유권원을 설정받아 점유하는 자라도, 그 점유권원의 설정에 저당권실행으로서의 경매절차를 방해할 목적이 인정되고, 그 점유에 의해 저당부동산의 교환가치의 실현이 방해되어 저당권자의 우선변제청구권의 행사가 곤란하게 되는 때에는 저당권자가 저당권에 기한 방해배제청구로서 그 상태의 배제를 구할 수 있다고 판시하였다.[76]

결국 일본에서는 저당부동산의 담보가치 확보 내지 단기임차권 배제를 위한 병용임차권의 효력을 부정하는 대신에 그러한 목적을 저당권에 기한 방해배제청구권을 인정하고 저당권자에게 소유권에 기한 물권적 청구권의 대위행사를 인정함으로써 해결하였다. 일본에서는 이러한 여러 가지 문제점을 야기한 단기임대차의 보호에 관한 구 민법 제395조를 2003년 법 개정으로 삭제하였다.

### 마. 일본 논의에 대한 검토

담보지상권을 설정하는 우리나라의 금융 실무는 일본의 위와 같은 병용임차권의 영향을 받은 것이라는 추측이 유력하다.[77] 담보지상권과 일본의 병용임차권은 종래 저당권에 기한 방해배제청구권으로서 제3자의

75) 最大判平成11·11·24民集53·8·1899(1999년 판결). 이 판결의 사실관계와 판시에 대한 소개는 배성호(주 57), 322면 이하; 이준현(주 59), 66면 이하 참조.

76) 最判平成17·3·10民集59·2·356(2005년 판결). 이 판결의 사실관계와 판시에 대한 소개는 이준현(주 59), 68면 이하 참조.

77) 윤진수(주 5), 307면. 김주상(주 15), 67면 이하에서도 담보지상권에 관하여 일본에서의 병용임차권에 대한 학설과 판례를 참조하여 논의하고 있고, 특히 앞서 언급한 일본 최고재판소 1977년 판결이 우리나라에도 그대로 시인될 수 있다고 주장한다.

용익권 설정이나 부동산의 점유, 사용 · 수익으로 인한 저당권 침해행위를 배제할 수 있는지 여부가 불분명한 상황에서 그러한 저당권 침해를 배제하여 저당부동산의 담보가치를 확보하기 위하여 설정된 용익권이라는 점에서 상당히 유사한 측면이 있다. 따라서 일본 최고재판소가 1989년에 임차권의 실체를 갖지 않는 병용임차권에 대하여 단기임차권을 배제하는 효력을 부정하였고, 이후 일본 학설과 판례가 단기임차권의 문제를 저당권에 기한 방해배제청구권으로 해결하는 것으로 귀결된 것은 우리나라 담보지상권 효력에 관한 논의에도 참고할 만하다.

더 나아가, 병용임차권의 경우 계약 자유의 원칙이 적용되고 사적 자치가 매우 넓게 인정되는 '채권'이므로, 당사자들은 법률관계의 구체적 내용을 합의에 의하여 형성할 폭넓은 자유가 있다. 반면에 담보지상권의 경우 아래에서 살펴보는 것과 같이 어디까지나 그 종류와 내용이 법률로 정해져 있는 '물권'이다. 따라서 병용임차권과 담보지상권이 모두 권리의 본래 목적인 용익을 위하여 설정하는 것이 아니라 담보가치 확보를 위하여 권리를 변용하는 것이라고 하더라도, 내용 형성의 자유가 있어 폭넓게 변용의 여지를 가지고 있는 채권관계에 해당하는 병용임차권보다 내용 형성의 자유가 제한되어 있는 물권관계인 담보지상권의 경우 그러한 변용의 효력을 부정할 여지(필요)가 더 크다. 물론 병용임차권의 경우 등기를 하여 대항력을 가지는 것을 전제로 하고 있어 물권과 유사한 효력을 가지기는 하고, 우선변제권을 가지는 임차권이나 임금채권 등에서 보듯이 채권의 물권화 현상이 지속적으로 발생하고 있어 채권과 물권의 구별이 완화되고 있는 것은 사실이다.[78] 그러나 등기가 되어 있다고 하더라도 임차권의 경우 일반인의 입장에서도 그 내용, 목적, 기간 등이 다양할 수 있다는 점을 충분히 예견할 수 있는 반면에 지상권의 경우 특히 우리나라 민법의 강력한 지상권 보호와 맞물려 법에 정해진 대로의 내용, 범위, 존속기간 등을 가지는 지상권이 설정되어 있다고 신뢰하는 것이 일반적이

---

78) 권영준, "불법행위와 금지청구권-eBay vs. MercExchange 판결을 읽고-", Law&technology 제4권 제2호(2008. 3.), 63면 참조.

다. 따라서 일본에서의 병용임차권의 논의보다 우리나라의 담보지상권을 논의할 때는 경직될 수밖에 없는 물권의 특성을 더 고려할 필요가 있다.

마지막으로, 일본에서 병용임차권이 등장하게 된 배경은 단기임차인이 선순위 저당권자 및 그 저당권의 실행으로 인하여 목적물을 취득한 매수인에게 대항할 수 있었고(이른바 '대항감가'), 사해적 단기임대차로 해제된다고 하더라도 기존의 저당권에 기한 방해배제청구권 등으로 임차인의 점유를 배제할 수 없어 경락가격이 떨어지는 사회적 문제(이른바 '점유감가')를 해결하기 위한 것이었다. 그런데 우리나라의 경우 이러한 단기임대차 제도가 존재하지 아니하여, 토지에 관하여는 저당권 설정 당시 존재하지 아니하였던 후순위의 물권 또는 채권이 선순위 저당권보다 우선하게 되어 저당 목적물의 담보가치를 저하시킬 여지가 없다.[79] 결국 저당 목적물의 가치를 저하시키거나 경매실행을 방해하는 점유를 배제하는 것 정도가 문제될 수 있는데, 이는 저당권에 기한 방해배제청구로도 충분히 목적을 달성할 수 있다. 우리나라에서 담보지상권의 담보가치 확보의 주된 목적으로 지적되는 것은 저당권이 설정된 나대지에 건물을 신축하는 것 정도인데, 아래에서 살펴보는 것과 같이 저당권자는 저당권에 기한 방해배제청구로 건축의 중지 또는 철거와 인도를 구할 수 있고, 건물이 완공된 이후에는 일괄경매를 청구할 수도 있는 등 다른 구제수단을 통해 저당물의 가치를 보전할 수 있으므로, 일본보다 담보지상권의 효력을 통해 사회적 문제를 해결할 필요성이 더 적다고 하겠다.

## Ⅳ. 담보지상권의 유효성에 대한 검토

### 1. 담보지상권이 물권법정주의에 위반되는가

#### 가. 물권법정주의의 의의 및 근거

민법 제185조는 물권은 법률 또는 관습법에 의하는 외에는 임의로 창설하지 못한다고 정하여 물권법정주의를 선언하고 있다. 물권법정주의

---

79) 건물의 경우에는 소액임차인의 최우선변제권 등이 존재할 수 있으나, 담보지상권이 문제되는 상황은 토지에 관한 것이므로, 이와 관계가 없다.

를 취하는 근거로는 통상 ① 물권공시의 필요라는 측면과 ② 물권거래의 안전과 간이화를 든다. 즉, ① 독점적이고 배타적인 지배권인 물권은 제3자가 그 존재를 명백히 인식할 필요가 있어 공시방법이 마련되어야 하는데, 물권의 종류와 내용을 미리 법률로서 한정하여 당사자에게 선택의 자유만을 부여하는 것이 공시의 원칙을 관철하는데 가장 적절하다는 점[80)]과 ② 거래당사자의 신속·간이한 거래를 위해서는 물권의 종류와 내용을 정형화하여 둘 필요가 있다는 점[81)]을 근거로 한다.

나. 지상물 소유의 목적 부재

지상권은 타인의 토지에 건물 기타 공작물이나 수목을 소유하기 위하여 그 토지를 사용하는 권리이다(민법 제279조). 그런데 담보지상권은 앞서 살펴본 것과 같이 우선 타인의 토지에 건물 기타 공작물이나 수목을 소유할 목적 자체가 전혀 없다. 대법원 판례 역시 담보지상권은 저당권이 실행될 때까지 제3자가 용익권을 취득하거나 목적 토지의 담보가치를 하락시키는 침해행위를 하는 것을 배제하여 저당 부동산의 담보가치를 확보하는 데에 목적이 있다는 것을 분명히 밝히면서,[82)] 그 점을 담보지상권과 일반 지상권을 다르게 보는 근거로 삼고 있다. 비록 담보지상권이 타인의 토지에 대한 사용가능성(엄밀히 말하자면 '사용배제가능성')을 그 내용으로 하고 있으므로 토지를 '사용'할 권리에는 해당한다고 하더라도, 애당초 그 지상에 공작물이나 수목을 '소유'할 목적이 없다면, 이는 우리 민법이 예정한 지상권에 해당하지 아니하여 물권법정주의에 위배된다고 보아야 한다.

이에 대하여 독일을 비롯한 다른 외국의 입법례와 달리 우리나라 민법상 지상권은 토지 지상에 공작물을 '소유'하는 것을 본질적 내용으로 하는 것은 아니라고 하면서[83)] 소유할 목적이 없더라도 물권법정주의에

80) 곽윤직 · 김재형, 물권법(제8판), 박영사(2015), 17-18면; 곽윤직 편집대표, 민법주해Ⅳ, 박영사(1992), 118면(김황식 집필부분).

81) 김황식(주 80), 118면.

82) 대법원 2018. 3. 15. 선고 2015다69907 판결(대상판결), 대법원 2004. 3. 29.자 2003마1753 결정; 대법원 2008. 2. 15. 선고 2005다47205 판결.

위반되지 아니한다는 비판이 있다.[84] 그러나 우리 민법은 지상권에 대하여 공작물이나 수목을 소유할 목적의 권리임을 명시하고 있을 뿐만 아니라(제279조), 지상권의 최단존속기간을 규정하면서도 그 지상에 공작물이나 수목의 소유목적이 있음을 필수적인 전제로 하여 소유할 공작물이나 수목의 종류에 따라 존속기간을 달리 정하고 있다(제280조). 또한, 지상권 설정등기를 할 때 그 설정 목적, 즉 어떠한 건물 내지 공작물, 수목의 소유를 목적으로 하는지를 필수적으로 기록하여야 하는데(부동산등기법 제69조), 이는 지상권의 최단존속기간을 확인하기 위한 것이다.[85] 따라서 애당초 지상에 공작물이나 수목을 소유할 목적이 없이 오로지 담보 목적으로 설정하는 것이라면, 이는 우리 민법이 예정하는 지상권이라고 할 수 없을 뿐만 아니라 그 지상권의 법적 효력이 존속하는 최단기간을 확정할 수 없게 되어 물권 거래의 안전성을 해치게 되어 물권법정주의에 반한다고 할 것이다. 당사자들이 등기한 대로 일정한 건물 등의 소유 목적으로 보아 최단존속기간을 인정하더라도, 당사자들이 진정으로 의도한 담보목적에 따라 피담보채권이 소멸하면 부종성에 따라 담보지상권도 소멸하게 되는데, 이는 법에 정해진 내용의 물권이 공시된 대로 존재한다고 신뢰한 제3자에게 불측의 손해를 가하는 것이므로, 물권법정주의의 근거인 공시의 원칙 관철에 정면으로 반하는 결과이다.

### 다. 배타적인 사용 · 수익 권능의 부존재

지상권의 핵심적인 내용은 타인의 토지를 사용 · 수익하는 권리이다.[86] 그런데 대법원 판례는 앞서 살펴보았듯이 담보지상권에 대하여 토지에 대한 사용 · 수익권을 지극히 제한적으로만 인정하고, 실질적으로는

---

83) 독일을 비롯한 유럽의 여러 나라의 법제에서 지상권은 타인의 토지에 지상물 특히 건물을 소유할 수 있다는 데에 중점을 두고 있다. 지상권자가 설치한 공작물은 지상권의 구성부분이 되고, 우리의 지상권에서와 같이 독립한 소유권의 객체가 되지 않는다. 곽윤직 · 김재형(주 80), 304면 참조; 최수정(주 4), 107면 참조.

84) 최수정(주 4), 107-108면.

85) 법원행정처, 부동산등기실무Ⅱ(2015), 403면.

86) 곽윤직 편집대표, 민법주해Ⅵ, 박영사(1992), 박재윤 집필부분, 16-17면; 곽윤직 · 김재형(주 80), 304면.

담보지상권자에게 목적 토지의 담보가치를 하락시키는 침해행위에 대한 방해배제청구권 정도만을 인정하고 있을 뿐이다. 이러한 대법원 판례의 태도는 공작물이나 수목을 소유한다는 목적의 범위 내에서 토지의 상하를 배타적으로 사용하는 지상권의 효력에 부합하지 않는 것은 명백하다. 토지를 사용할 배타적 권리인 지상권이 설정되어 있음에도 토지소유자나 제3자에게 용익할 권리를 인정하는 것은 물권이 공시되어 있음에도 불구하고 그와 전혀 다른 효과를 부여하는 것으로 공시의 신뢰성을 현저히 하락시키고 공시를 믿고 거래한 사람들에게 예측하지 못한 손해를 가하여 법적안정성을 저해한다. 대상판결 사안에서 지상권이 설정되어 있는 토지를 임의경매 절차에서 매수한 피고로서는 등기부에 표시된 지상권자 외에 제3자가 지상권이 설정된 토지에 수목을 소유할 권원을 가지고 수목을 식재하여 수목의 소유권을 주장하리라고는 예상할 수 없었을 것이다.

이에 대하여 최수정 교수는 담보지상권을 설정한 토지소유자는 건물을 신축할 때 지상권자로부터 토지의 사용에 대한 허락을 받아 건물을 축조하게 되고, 이러한 합의가 사용대차에 해당한다고 한다.[87)·88)] 또한 담보지상권을 설정할 당시 당사자의 의사가 통상 저당부동산의 담보가치를 하락시킬 우려가 있는 등의 경우가 아닌 한 지상권 설정자(토지소유자)에게 토지를 사용·수익하게 할 의사이고, 이러한 당사자의 의사를 묵시적인 사용대차계약으로 해석할 여지가 없는 것은 아니다. 그러나 사용대차의 경우에는 차주가 대주의 승낙이 없으면 제3자에게 차용물을 사용·수익하게 하지 못하는데(민법 제610조 제2항), 대상판결은 토지에 나무를 식재한 원고가 토지소유자와 사이에 나무 식재를 위한 사용대차계약을 체결할 당시에 담보지상권자의 승낙을 받았다는 사실이 없음에도 제3자가 적법한 점유권원을 가지고 있다고 판단하고 있어, 대법원 판례의 법리를 명

87) 최수정(주 4), 111면.

88) 이진기(주 4), 1192면에서는 유효한 지상권의 설정을 전제한 다음 토지소유자가 다시 지상권자와 사용대차계약을 체결하였다고 의제하는 것은 지나치게 기교적이라고 비판한다.

시적 · 묵시적인 사용대차로 이론 구성하여 정당화하기도 어렵다.

### 라. 부종성 인정의 강행규정 위반 가능성

대법원 판례는 저당권의 피담보채권이 소멸한 경우 담보지상권도 그에 부종하여 소멸한다고 판시하여 소멸에 있어 부종성을 인정하고 있다. 담보지상권에 대하여 부종성을 인정하여 저당권 내지 그 피담보채권과 운명을 동일시하는 것이 담보지상권을 설정한 당사자의 의사에는 부합할 수 있다. 그러나 우리 민법은 지상권에 대하여 지상에 소유할 지상물의 종류와 구조에 따라 5년 내지 30년의 최단존속기간을 정하면서(제280조), 지상권 설정 당시에 공작물의 종류와 구조를 정하지 아니한 때에는 15년의 최단존속기간을 인정하고 있고(제281조), 이를 편면적 강행규정으로 정하고 있다(제289조). 민법에서 이와 같이 규정하는 취지는 토지의 자유로운 사용을 보장함으로써 지상권자의 사회생활관계의 안정을 보장하기 위한 것이다.[89] 그런데 일반적으로 피담보채권의 소멸시효기간은 10년이고(제162조 제1항), 상사채권은 5년이므로(상법 제64조 본문), 담보지상권에 피담보채권에 대한 부종성을 인정하는 경우 지상권의 존속기간이 최단존속기간보다 짧아지게 되는 것이 보통이라 할 것이다. 이는 최단존속기간을 편면적 강행규정으로 삼아 지상권자를 보호하고자 하는 입법취지에 반하는 측면이 있다.[90]

최수정 교수는 토지소유자가 지상권 설정계약 시에 해제권 또는 해지권을 유보하거나 저당권의 소멸을 해제조건으로 할 필요가 있고, 저당권이 소멸한 경우 이러한 명시적 · 묵시적 합의에 기하여 토지소유자는 지상권계약을 해제 또는 해지할 수 있으며, 지상권 등기의 말소를 구할 수 있다고 한다.[91] 그러나 당사자들이 명시적으로 해제권이나 해지권을 유보하거나 저당권의 소멸을 해제조건으로 하지 아니하는 한, 해석에 의

89) 박재윤(주 86), 82면; 이진기(주 4), 1197면.

90) 이진기(주 4), 1197면. 다만 담보지상권의 경우 부종성을 인정하여 민법상 최단존속기간보다 짧은 존속기간을 인정하게 되는 결과가 되더라도, 지상권자는 그 피담보채권의 소멸시효 중단 조치 등을 통해 소멸을 방지함으로써 담보지상권의 소멸을 사전에 막을 수 있고, 만약 변제로 인하여 피담보채권이 소멸한다면 이것이 지상권자에게 불리하지 않다고 볼 여지도 있다.

91) 최수정(주 4), 115면.

하여 해제조건부 합의 내지 해제권이나 해지권 유보의 합의가 있었다고 인정하는 것은 무리라고 생각한다. 금융기관이 이용하는 지상권 설정계약서에는 해제조건이나 해지권 유보 등의 내용이 포함되어 있지 아니한 채 존속기간만을 기재하도록 되어 있는데, 이러한 처분문서에 명시적으로 기재되어 있지 아니한 사항을 의사해석으로 인정하는 것은 신중할 필요가 있다.[92] 담보지상권 설정자에 대한 보호나 담보물을 경락받은 매수인에 대한 보호 등을 위하여 담보권 내지 그 피담보채권이 소멸하면 담보지상권도 소멸함을 인정할 필요가 있다고 주장할 수 있으나, 오히려 담보지상권의 효력을 부정하는 것이 담보지상권 설정자 내지 매수인 보호에 충실한 해결방법이다.

담보지상권에 대하여 저당권이 양도되면 부종성 때문에 함께 양도되어야 한다고 보는 견해가 있다.[93] 대법원은 담보지상권이 양도에 있어서 부종성(수반성)을 가지는지 여부에 대하여 명확하게 판시한 바는 없으나, 소멸에 있어 부종성을 인정하는 이상, 저당권 내지 피담보채권이 양도되면 담보지상권도 그에 수반하여 양도되고, 저당권 내지 피담보채권과 분리하여 담보지상권만을 처분할 수는 없다고 볼 여지가 상당하다. 이와 같이 담보지상권에 대하여 양도에 있어서 부종성을 인정한다면 저당권 내지 피담보채무의 양도 없이 담보지상권만 양도되는 경우 담보지상권은 소멸한다고 보아야 할 것이다.[94] 그러나 일반적인 지상권의 경우 지상권자의 투하자본 회수를 보장하기 위하여 명시적으로 권리를 양도할 수 있도록 정하고 있고(제282조), 이 조항 역시 지상권자에 불리한 약정은 효력이

92) 처분문서는 그 성립의 진정함이 인정되는 이상 법원은 그 기재내용을 부정할 만한 분명하고도 수긍할 수 있는 반증이 없는 한 그 기재내용에 의하여 그 의사표시의 존재 및 내용을 인정하여야 한다는 것이 우리 대법원의 일관된 태도이다(대법원 1990. 3. 27. 선고 89다카19153 판결 등 참조).

93) 김주상(주 15), 80면.

94) 피담보채권의 처분이 있음에도 불구하고, 담보권의 처분이 따르지 않는 특별한 사정이 있는 경우에는 채권양수인은 담보권이 없는 무담보의 채권을 양수한 것이 되고 채권의 처분에 따르지 않은 담보권은 소멸한다고 판시한 대법원 2004. 4. 28. 선고 2003다61542 판결 등 참조.

없도록 편면적 강행규정으로 정하고 있다(제289조). 대법원 역시 지상권은 독립된 물권으로서 다른 권리에 부종함이 없이 그 자체로서 양도될 수 있으며 그 양도성은 민법 제282조, 제289조에 의하여 절대적으로 보장되고 있으므로 소유자의 의사에 반하여도 자유롭게 타인에게 양도할 수 있는 것이라고 판시하고 있다.[95] 담보지상권에 대하여 수반성을 인정하는 것은 이러한 민법 규정에 반하여 새로운 내용의 물권을 창출하는 것으로 물권법정주의에 위배된다.

### 마. 관습법상 물권이라는 주장에 대한 반박

관습법이란 사회의 거듭된 관행으로 생성한 사회생활규범이 사회의 법적 확신과 인식에 의하여 법적 규범으로 승인·강행되기에 이른 것을 의미한다.[96] 관습법이 성립하기 위해서는 일반적으로 ① 거듭된 관행이 있어야 하고, ② 그에 대한 사회의 법적 확신이 있어야 한다.[97]·[98] 담보지상권을 설정하는 관행이 오랜 시간동안 존재하여 온 것은 사실이나, 그러한 담보지상권의 효력에 대하여 대법원 판례가 설시하는 것과 같이 담보 목적 범위 내에서 제한적인 사용·수익권(사용·수익 배제권)만을 인정하고, 부종성을 인정하여 일반적인 지상권의 효력과 다른 내용의 효력을 인정하는 내용의 관행이 성립되어 있다거나 이에 대하여 사회의 법적 확신이 있다고 보기는 어렵다. 대상판결의 1심, 원심 판결에서는 모두 담

---

95) 대법원 1991. 11. 8. 선고 90다15716 판결.

96) 대법원 2005. 7. 21. 선고 2002다1178 전원합의체 판결.

97) 김용담 편집대표, 주석 민법 총칙(1), 한국사법행정학회(2010), 106-107면(정종휴 집필부분)

98) 헌법재판소는 관습헌법이 성립하기 위해서는 관습법의 성립에 요구되는 일반적 성립요건이 충족되어야 한다고 판시하면서, 그 성립요건으로 "첫째, 기본적 헌법사항에 관하여 어떠한 관행 내지 관례가 존재하고, 둘째, 그 관행은 국민이 그 존재를 인식하고 사라지지 않을 관행이라고 인정할 만큼 충분한 기간 동안 반복 내지 계속되어야 하며(반복·계속성), 셋째, 관행은 지속성을 가져야 하는 것으로서 그 중간에 반대되는 관행이 이루어져서는 아니 되고(항상성), 넷째, 관행은 여러 가지 해석이 가능할 정도로 모호한 것이 아닌 명확한 내용을 가진 것이어야 한다(명료성). 또한 다섯째, 이러한 관행이 헌법관습으로서 국민들의 승인 내지 확신 또는 폭넓은 컨센서스를 얻어 국민이 강제력을 가진다고 믿고 있어야 한다(국민적 합의)"를 들고 있다. 헌법재판소 2004. 10. 21. 선고 2004헌마554, 566(병합) 결정.

보지상권의 효력에 대하여 대상판결과 다른 결론에 이르렀고, 다른 담보지상권의 법적 효력에 대한 대법원 판결의 하급심 판결들은 대법원과 다른 견해를 취하였다. 이러한 점을 보더라도 대법원 판례가 인정하는 담보지상권의 법리가 사회의 법적 확신이나 법적 인식에 의하여 법적 규범으로까지 승인되었다고 보기는 어렵다.[99)]

### 바. 소 결 론

대법원 판례에 따른 담보지상권은 지상권의 사용·수익권이 실질적으로 방해배제청구권 정도로 극도로 제한적으로만 인정되고 부종성을 인정하는 등 민법이 예정한 지상권과는 전혀 다른 별개의 물권을 창설하는 것이므로, 물권법정주의에 위배된다고 할 것이다.

양도담보가 소유권을 담보목적으로 전용하는 것과 같이 담보지상권도 지상권을 담보목적으로 전용하는 것으로 유효하다고 주장할 수도 있을 것이다.[100)] 그러나 양도담보의 경우 양도담보권자가 대외적으로 소유권자와 같은 지위에 있다고 보아 처분권을 가지므로 물권의 대외적인 내용에 있어 소유권과 다를 바가 없어 물권공시제도를 해하거나 물권거래의 안전을 뒤흔들 염려가 적다. 반면에 담보지상권의 경우에는 대외적으로 일반적인 지상권과 다른 효력을 인정하고 있다는 점에서 물권법정주의에 정면으로 위반된다고 보아야 한다.

## 2. 담보지상권 설정계약이 통정허위표시인가

통정허위표시란 표의자가 진의 아닌 허위의 의사표시를 하면서 그에 관하여 상대방과의 사이에 합의가 있는 경우를 의미한다.[101)] 통정허위표

---

99) 윤진수(주 5), 309면에서도 담보지상권에 대하여 일반 국민들의 법적 확신이 형성되었다고 말하기는 어렵다고 한다. 최수정(주 4), 106면에서는 지상권이라고 하는 동일한 물권에 민법이 예정하는 것과 다른 내용의 관습법이 성립할 수는 없고, 단순한 관행을 넘어 그에 관한 법적 확신이 존재하는지도 의문이 아닐 수 없다고 한다. 이진기(주 4), 1192면에서도 관습법을 오해한 주장이라고 비판한다.

100) 최수정(주 4), 108에서는 담보지상권 설정계약이 통정허위표시인지 여부와 관련하여, 양도담보의 경우에도 통정허위표시가 문제되었으나 이제는 더 이상 양도담보의 유효성에 대하여는 의문이 제기되지 않는다고 설명하고 있다.

시에 해당하기 위해서는 특히 표시로부터 추측·판단되는 의사(표시상의 효과의사)와 진의(내심적 효과의사)가 일치하지 않아야 하고, 이에 대하여 표의자가 알고 있으면서 상대방과 진의와 다른 표시를 하는 데에 합의하여야 한다.

담보지상권의 경우 당사자들의 표시행위인 담보지상권 설정계약에 의하여 추단되는 의사는 계약서에 기재한 건물 기타 공작물이나 수목의 소유를 목적으로 하여 민법이 정한 토지의 배타적 사용·수익권능을 가지는 지상권을 설정하는 의사인 데 반하여, 당사자들의 내심적 효과의사는 지상물을 소유할 목적 없이 단지 대상 토지의 담보가치를 확보하기 위하여 담보가치를 하락시키는 침해행위를 배제하고자 하는 의사에 불과하여, 의사와 표시에 현저한 불일치가 존재한다.

담보지상권 설정계약이 통정허위표시에 해당하지 아니한다는 견해는 담보지상권도 토지의 사용가능성을 대세적으로 확보하여 주는 제도이고 (다만 토지를 어떻게 사용하는가는 지상권자의 선택에 달린 문제라고 한다), 지상권자가 방해배제청구권과 같은 지상권이 갖는 중요한 효과를 의욕하였으므로 통정허위표시라고 볼 수 없다고 주장하기도 한다.[102] 그러나 앞서 살펴보았듯이 우리 민법은 지상권이 설정된 토지 지상에 지상물을 소유하는 것을 전제로 하고 있고, 애당초 지상물의 소유를 예정하지 아니한 지상권은 우리 민법이 규정하는 지상권이라고 볼 수 없다. 따라서 우선 지상물을 소유할 목적이 없음에도 이를 가장하여 담보지상권 설정계약서에 지상권 설정의 목적으로 일정한 건물이나 수목 등의 소유를 목적으로 한다고 기재하는 것 자체도 진의와 표시가 일치하지 아니하는 행위라고 할 것이다. 또한, 담보지상권자에게 사용··수익 의사가 있는지와 관련하여서도, 당사자들 사이에서는 목적 토지의 담보가치를 하락시키지 아니하는 한 원칙적으로 토지소유자(담보지상권 설정자)가 토지를 사용·수익하는 것을 전제로 하고 있고, 앞서 살펴보았듯이 단지 방해배제청구

101) 곽윤직 편집대표, 민법주해Ⅱ, 박영사(1992), 334면(송덕수 집필부분).
102) 최수정(주 4), 107-109면.

권만을 목적으로 하는 담보지상권은 우리 민법이 인정하는 지상권에 해당한다고 볼 수 없으므로, 담보지상권을 설정하고자 하는 당사자들의 내심적 효과의사와 그 지상권을 설정하는 표시행위 사이에는 중요한 부분에서 불일치가 있다.

법률행위의 형식(의사표시의 법률적 효과)과 경제적 목적이 상이하더라도 곧바로 그 법률행위가 통정허위표시로 무효가 되지는 아니하므로, 담보지상권도 양도담보와 같이 이른바 '신탁행위'[103]로서 유효하다는 주장도 있다.[104] 구체적인 경우 어떠한 법률행위가 신탁행위인지 또는 가장행위인지 결정하는 것은 쉽지 않은 문제이다. 이와 관련하여, 일반적으로 내부관계에 있어서의 효과의사가 불명확한 경우에는 의사해석에 의하여 외부관계가 당사자의 진의에 의한 것이라고 판단되는 일이 많을 것이나, 반대로 당사자의 내부관계에 있어서의 의사가 명확한 경우에는 외부관계를 단순한 외형행위로 보아 허위표시로 인정하는 쪽으로 기울 것이라는 견해가 있다.[105] 이 견해에 의하면, 담보지상권의 경우에는 내부관계에서 지상물의 소유를 위하여 토지를 사용·수익할 의사의 합치가 존재하지 아니함이 명확하므로, 외부관계인 지상권 설정행위는 허위표시라고 보는 것이 더 타당하다.[106] 특히 지상권 설정행위에 있어 앞서 살펴본 것처럼

---

103) 민법 해석학에서 신탁행위라 함은 당사자가 어떤 경제적 목적을 달성하기 위하여 신탁자가 수탁자에게 그 목적달성에 필요한 정도를 넘는 권리를 이전하면서, 한편으로는 수탁자에게 그 이전받은 권리를 당사자가 달성하려고 하는 경제적 목적의 범위를 넘어서 행사해서는 안 될 의무를 부담하게 하는 법률행위를 의미한다. 이는 신탁법상의 신탁행위와는 구별되는 개념이다. 곽윤직·김재형, 민법총칙(제9판), 박영사(2013), 269면 참조.

104) 최수정(주 4), 108면.

105) 일본 주석민법(3), 161면(稻本洋之助 집필부분); 김용담 편집대표, 주석 민법 총칙(2), 한국사법행정학회(2010), 600면(최성준 집필부분)에서 재인용.

106) 허위표시와 신탁행위의 구별에 관하여, 단순히 권리명의의 외관을 만드는 것뿐이고, 외관적 행위에 의하여 권리자로 된 자가 그 권리를 행사할 수 있다는 것 또는 외관적 행위에 의하여 권리자 아닌 자로 된 자로부터 권리행사의 기회를 박탈하는 것까지는 의욕하지 않는 경우는 허위표시로서 무효이고, 외관적 행위에 의하여 권리명의를 얻는 자가 어떠한 권리를 행사하고 또는 권리명의를 잃은 자가 권리행사의 가능성을 박탈당한다는 결과를 의욕하여 행해진 경우에는 신탁행위로 유효하다는 견해도 있다. 김용한, "허위표시에 있어서의 문제점", 법조 제19권 제2호

지상권의 주요부분, 즉 지상물 소유목적과 원칙적인 사용·수익 의사가 존재하지 아니하므로, 이를 단순히 지상권의 형식을 이용하면서 경제적 목적만 다른 경우라고 평가할 수는 없다.[107)]

한편, 담보지상권이 물권법정주의에 반하여 무효라고 하면서도, 담보권자와 담보권 설정자가 대내적으로 토지 담보가치가 하락하는 위험을 방지하기 위한 목적을 같이 하면서 대외적으로 용익물권에 해당하는 지상권을 설정하는 담보지상권 설정행위는 통정허위표시에 해당하지 않는다는 견해가 있다.[108)] 이 견해는 그 논거로 고유한 지상권을 설정하려는 내심의 의사까지는 아니더라도 담보지상권을 설정하려는 당사자의 의사가 합치하고, 진의 아닌 의사표시에서 '진의'란 특정한 내용의 의사표시를 하고자 하는 표의자의 생각을 말하는 것이지 표의자가 진정으로 마음속에서 바라는 사항을 뜻하는 것이 아니라는 점[109)]을 들고 있는 것으로 보인다. 그러나 내심적 효과의사가 일치한다고 해서 통정허위표시에 해당하지 않는다고 볼 수는 없다. 오히려 그러한 의사의 합치가 있어야만 통모관계가 인정된다. 문제는 표시상의 효과의사와 내심적 효과의사가 일치하지 아니하는지 여부이다. 또한, 담보지상권 설정계약에서 지상물을 소유할 목적 없이 단지 대상 토지의 담보가치를 확보하기 위하여 제3자의 용익권 설정이나 담보가치를 하락시키는 침해행위를 배제하고자 하는 당사자들의 의사가 내심적 효과의사가 아니라 단순히 진정으로 마음속으

---

(1970), 26면 참조. 이러한 기준을 대입하여 보더라도, 지상권의 본질적인 부분인 지상물 소유를 위하여 토지를 사용·수익할 권리를 담보지상권자가 원칙적으로 보유하지 아니하고 지상권 설정자(권리자가 아닌 자로 된 자)의 토지 사용·수익 권리까지 박탈하는 것을 의욕하지 아니하므로, 담보지상권 설정계약은 신탁행위가 아니라 허위표시라고 보는 것이 더 타당하다.

107) 윤진수(주 5), 299-300면에서는 담보지상권의 경우 지상물을 소유하기 위하여 토지를 사용한다는 점에 관하여 의사의 합치가 없고, 다만 물권적 방해배제청구권만을 행사할 수 있도록 하는 것은 원래 소유자가 행사하여야 할 방해배제청구권을 저당권자가 행사하게 할 목적으로 지상권을 설정하는 것으로 허용되지 않는 소송신탁에 해당하여 무효라고 볼 여지가 있다고 한다.

108) 이진기(주 4), 1195면.

109) 대법원 2000. 4. 25. 선고 99다34475 판결 등 참조.

로 바라는 사항에 불과하다고 보기는 어렵다. 담보지상권을 설정할 때, 금융기관과 같은 담보지상권자나 담보지상권을 설정해주는 토지소유자 모두 토지의 사용·수익은 기본적으로 토지소유자가 종전과 같이 계속하여 하는 것을 전제로 한다는 점이 명백하기 때문이다. 거래 현실에서 담보지상권을 설정하여 주는 자가 담보지상권자에게 토지를 인도하여 주지 않는 것이 명백한 이상, 위와 같은 당사자들의 의사가 내심적 효과의사가 아니라고 볼 수는 없다.

### 3. 담보지상권의 효용과 비용에 대한 비교형량

#### 가. 검토의 필요성

담보지상권의 효력을 인정할 것인지를 판단함에 있어, 담보지상권이 실제 당사자들에게 효용을 가져오는지, 효용이 있더라도 담보지상권을 인정함으로써 발생하는 사회적 비용이 효용보다 더 커서 그 효력을 부정하는 것이 오히려 사회적으로 효율적인 것은 아닌지를 검토해볼 필요가 있다. 우리 민법이 채택하고 있는 채권과 물권의 구별, 그리고 물권법정주의도 채권의 물권화 현상 등으로 지속적으로 완화되고 있는 것이 사실이고, 앞서 언급한 대로 통정허위표시와 신탁행위의 구별도 분명한 것은 아니며 경제적 필요의 정도에 따라 신탁행위로 유효라고 볼 여지도 있기 때문이다.

#### 나. 담보지상권의 효용

**(1) 사전 동의를 받도록 하는 효용**

담보지상권을 설정하는 목적은 일반적으로 나대지에 저당권을 설정하는 경우 저당권 설정자가 스스로 또는 제3자로 하여금 저당권자의 동의 없이 건물을 신축하는 것을 막기 위함이다.[110] 나대지에 건물을 신축하는 경우, 토지 소유자가 건물을 신축한다면 그 토지에 저당권이 설정되어 있다고 하더라도 별도로 저당권자의 승낙이 필요한 것은 아니다.

110) 김현선(주 26), 175면; 배병일(주 10), 204면.

그러나 해당 토지에 지상권이 설정되어 있는 경우에는 지상권자의 동의를 얻어야 하는 것이 실무례이다.[111] 따라서 담보지상권을 설정하는 것은 건축허가 단계에서 사전에 건물 신축에 대하여 저당권자의 승낙을 얻도록 하는 효용이 있고, 통상 금융기관에서는 저당목적물인 나대지에 건축을 허락하는 경우 신축 건물을 후취담보로 취득하는 조건으로 동의하며, 미리 저당권 설정 등에 관한 서류를 징구한다.[112]

그러나 금융기관이 담보지상권을 설정하는 대신 저당권 설정계약을 체결하면서 나대지 지상에 건물신축을 금지하는 특약을 하거나 신축건물이 완공되는 경우 이를 추가담보로 제공하기로 하는 약정을 하는 경우, 신축금지특약에 위반하여 나대지에 건물을 신축하거나 추가담보 제공 약정을 회피하기 위하여 제3자로 하여금 건물을 신축하게 하거나 추가담보를 위한 동의서류의 교부를 거절하는 등의 경우에는 그 자체로 저당권 침해로 보아 저당권에 기한 방해배제로 건물신축공사의 금지 내지 철거를 구할 수 있을 것이다.[113]·[114] 현재 사용되고 있는 시중은행의 근저당 설정계약서에는 근저당 토지상에 장래 건물을 신축할 경우에 채권자가 채권보전 상 필요에 따라 청구하는 때에는 설정자는 지체 없이 그 보존

111) 김현선(주 26), 204면.

112) 최수정(주 4), 89면.

113) 野田宏, "抵當土地の用益權者がその土地上に建物を建築することが權利の濫用に當たる場合, 右土地の抵當權者は建築禁止の假處分を求めることができるか(積極)," 「金融法務事情」 1227号(1989. 7.), 21면에서는 저당권 설정계약에 없는 용익권설정금지의 특약 자체는 제3자를 구속하는 것이 아니지만, 피신청인이 위 특약의 존재를 알면서 그 위반행위에 관하여 저당권 설정자와 공모한 사실이 있으면 권리남용의 한 요소일 수 있을 것이라고 한다[오현규, "저당권에 기한 방해배제청구권과 건물신축행위의 중지청구", 민사판례연구 제29권(2007. 3.), 553면에서 재인용]. 오현규 판사도 위 野田宏 판사의 견해에 찬성하면서 저당권 설정자와 저당권자 사이에 향후 건물이 완공되면 그에 관하여도 저당권을 설정하여 주기로 하는 약정이 있는 경우 그 약정이 제3자를 구속할 수는 없다고 하더라도 그 약정 위반사실이 경매방해목적의 존재를 추단케 하는 유력한 자료가 될 수 있다고 한다.

114) 신축금지특약이나 추가담보 제공약정을 위반 내지 회피하는 위와 같은 행위를 하는 경우, 금융기관의 약관(여신거래기본약관)에 의하여 기한이익 상실사유에 해당하여 즉시 저당권을 실행할 수 있는 경우가 대부분일 것이므로, 저당권이 실행되었거나 실행이 예상되는 상황이라고 보아 저당권에 기한 방해배제청구가 가능할 것이다.

등기를 하는 동시에 건물에 근저당을 추가 설정한다는 조항이 포함되어 있으므로, 제3자 명의로 건물을 신축하거나 추가담보를 위한 동의서류 교부를 거절하는 경우에는 저당권에 기한 방해배제청구로서 저당권의 담보가치 하락을 막을 수 있을 것이다.

또한, 담보지상권을 설정하여 사전에 건축에 승낙을 받도록 하더라도, 그것만으로는 토지소유자가 건축 중에 건축주 명의를 제3자에게 이전하는 등의 처분을 막을 수 없고, 이러한 경우에는 결국 다시 아래에서 보는 사후적 구제수단인 방해배제청구로 갈 수밖에 없을 것이다.

이러한 점들을 고려하면, 담보지상권을 설정하여 건물신축에 대하여 사전 승낙을 받도록 한다는 효용은 실제로는 그다지 크지 않을 것이다.

**(2) 사후적 배제의 측면**

앞서 담보지상권에 관한 우리나라 판례에서 살펴보았듯이, 담보지상권자는 지상권 설정자 내지 그로부터 건물 신축 허락을 받은 제3자에 대하여 담보지상권에 기한 방해배제청구로 건물의 공사 중지, 철거 및 토지인도 등을 구할 수 있다.[115] 한편 담보지상권을 설정하지 아니하는 경우에는 저당권에 기한 방해배제청구로 저당권의 실현을 방해하는 건물 신축에 대하여 공사 중지 내지 철거, 토지 인도 등을 구할 수도 있다. 담보지상권을 설정하는 것이 저당권만을 설정하는 것과 달리 별도의 효용이 있다고 하기 위해서는 저당권에 기한 방해배제청구가 인정되기 어려운 사안에서 담보지상권에 기한 방해배제청구가 인정되어야 할 것인데, 이를 검토하기 위해서는 저당권에 기한 방해배제청구의 범위를 살펴볼 필요가 있다.

(가) 학설의 태도

기본적으로 저당권에 기한 방해배제청구권의 행사를 긍정하는 입장을 취하는 학자 내지 실무가들 사이에서도 구체적으로 어떠한 경우 저당권에 기한 방해배제청구가 가능할 것인지에 대해서는 교환가치만을 지배

115) 대법원 2004. 3. 29.자 2003마1753 결정, 대법원 2008. 2. 15. 선고 2005다47205 판결 참조.

하는 저당권의 가치권성을 강조할 것인지 또는 교환가치와 사용가치의 엄격한 준별이 불가능하다는 점 등을 강조할 것인지에 따라 견해가 다르다. 이하에서는 학자 내지 실무가들이 발표한 글을 기초로 그 견해를 간단하게 정리해본다.

1) 윤진수 교수의 견해[116)]

윤진수 교수는 저당권이 아직 실행되고 있지 않은 경우에는 토지소유자의 건물 신축을 포함한 토지의 사용·수익이나 그로부터 건물신축권한을 인수한 사람이 건물을 신축하는 것은 원칙적으로 적법하고 저당권의 침해가 되지 않으나, 저당권이 실행되거나 그 실행이 예상되는 상황이라면 건물의 신축행위는 저당권을 침해하는 것이라고 보아 그 방해배제를 청구할 수 있다고 보아야 한다고 주장한다.[117)] 또한, 저당권에 기한 방해배제청구를 좁은 범위에서 인정하려는 견해는 상대방에게 '저당권의 실행을 방해할 목적'이 있는 경우에 한정되어야 한다고 보는 것이라고 하면서, 이러한 주장은 불합리하다고 비판한다. 이 견해의 논거는 다음과 같다. ① 건물 신축을 목적으로 하여 토지를 담보로 돈을 대출받는 경우 대체로 신축 건물도 담보의 목적으로 하는 약정을 하고, 이 경우 저당권자가 건물 신축을 용인하였다고 볼 수 있으나, 저당권 설정자가 부도가 나는 등의 사유로 신축 건물을 담보에 포함시킬 수 없게 된 경우까지 저당권자가 건물 신축을 용인한다고 생각할 수 없다. ② 건물 신축을 허용하더라도 토지가 경매절차에서 매각되면 그 건물은 매수인에 의하여 철거될 수밖에 없어, 철거될 건물의 건축공사를 허용하는 것이 합리적이라고 하기 어렵다. ③ 일반적으로 물권적 청구권의 행사에 있어서는 상대방의 고의나 과실 등 귀책사유가 요건이 아니고 이러한 주관적 요건을 도입하는 것은 심리에 있어서 불확실성을 증가시킨다. ④ '방해'란 물권에 의하여 법적으로 보장되는 물건에 대한 권능 내지 가능성이 타인의

116) 이하는 윤진수, 민법논고Ⅲ, 박영사(2008), 728-731면, 윤진수(주 5), 303-306면의 내용을 정리하였다.

117) 윤진수(주 116), 728-729면.

개입에 의하여 실제로 실현되지 못하고 있는 상태이므로, 방해의 목적 유무와 무관하다. ⑤ 방해의 목적을 요구하는 것은 일본 최고재판소 2005(평성 17). 3. 10. 판결의 영향을 받은 것으로 보이는데, 이 판결이 방해의 목적을 요구하는 데에 일본에서도 찬반 논의가 있고, 실제로는 주관적 요건이 객관적인 제반 사정으로부터 판단될 수 있으므로 중복되는 경우가 많을 것이라고 하는 점 등에 비추어 보면 방해의 목적을 요구하는 실질적인 의미가 없다.

2) **양창수 교수(전 대법관)의 견해**[118)]

양창수 교수는 대법원 2006. 1. 27. 선고 2003다58454 판결에 대한 평석에서 위 판결을 비판하면서 나대지의 저당권자가 저당권에 기한 방해배제청구권에 의하여 저당권 설정자의 건물신축공사 금지를 하는 것은 저당권의 실현을 방해할 목적으로 행사되는 경우와 같이 제한적으로 인정하여야 한다는 취지로 주장한다. 위 견해는 그 논거로 다음과 같은 것을 들고 있다. ① 저당권에 대한 방해는 위법한 것, 즉 법질서 전체의 입장에서 허용되지 않는 것이어야 한다는 점을 전제로 하여, 저당권이 설정되었더라도 저당목적물을 사용·수익할 권능은 저당권 설정자에게 귀속되므로 토지소유자가 스스로 또는 제3자로 하여금 나대지 위에 건물을 신축하도록 하는 것은 특별한 사정이 없는 한 적법하다. 나대지에 저당권을 설정받은 사람에게 그 소유자의 건물 신축이라는 나대지의 가장 전형적인 이용형태가 당연히 예상되고 예상되어야 하는 것이며, 그 담보물의 가치는 애초부터 그러한 건물의 존재를 전제로 하여 정하여져야 하므로, 나대지 상에 건물이 신축되더라도 토지의 담보 가치가 떨어지게 된다고 말할 수 없다. ② 피담보채무에 대한 채무불이행의 상황이 되면 토지소유자의 목적물 용익이 적법성을 유지할 수 없게 된다고 주장하는 견해는 채무불이행을 전후하여 저당권자의 법적 지위가 현격하게 달라져야 하는 이유를 설명하지 못한다. 오히려 민법 제359조는 저당부동산에

118) 이하는 양창수(주 21), 366-379면을 정리하였다.

대한 압류가 있은 후에 과실에 대하여 저당권의 효력이 미친다고 규정하고 있는데, 여기의 과실에 목적물의 용익이 포함되지 않는다는 주장도 있고, 설령 차임과 같은 법정과실도 포함되고 위 규정이 과실수취권을 압류 시로 앞당기는 것이라고 하더라도 그 시간적 기준은 압류, 즉 저당권실행절차에의 착수이지 피담보채무의 불이행이 있는 때가 아니다. ③ 담보의 목적이 된 나대지 위에 저당권과 아울러 지상권을 취득한 경우에 채권자는 그 목적물의 용익에 대하여 간섭할 수 있는 법적 가능성을 가지게 되고, 이를 통해 나대지의 담보가치를 지킬 수 있다. ④ 저당권자는 일괄경매를 신청하여 건물의 존재로 인한 저당권 실행상의 불이익을 회피할 수 있다. ⑤ 제3자 채권침해에서 위법성과 관련하여 해의 등 주관적 요건이 고려되는 것과 같이, 물권적 청구권에서 주관적 요건을 고려하는 것이 언제나 배제되어야 하는 것은 아니다.

3) 김재형 대법관(전 교수)의 견해[119]

김재형 대법관은 저당권을 실행하는 단계에서 건물의 존재는 저당권의 담보가치를 손상할 수 있으므로 이러한 경우에는 원칙적으로 저당권 침해를 이유로 공사금지청구를 할 수 있다고 보아야 한다고 주장하면서, 적어도 저당권에 기한 경매절차가 개시된 경우에는 저당권의 환가권을 침해했다고 볼 수 있을 것이라고 한다. 또한, 방해 목적이라는 주관적 요소는 고려해서는 안 된다고 한다. 그 논거로 다음과 같은 것을 들고 있다. ① 저당권은 교환가치와 함께 수익가치를 파악하고 있는 것이라고 보아야 한다. 통상적인 교환가치는 사용가치를 전제로 하는 것이고, 저당권에서 교환가치를 파악할 뿐이라는 것은 저당권의 실행 시까지 소유자가 저당목적물을 이용할 수 있다는 의미이고 저당목적물을 훼손해도 된다는 의미는 아니다. 소유자의 사용가치 파악은 저당권에 기한 방해배제청구권을 규정한 민법 제370조에 의하여 제약받는 것이고, 민사집행법상 부동산에 대한 강제집행의 방법에는 교환가치를 실현하는 강제경매와 수

119) 이하는 김재형, "저당권에 기한 방해배제청구권의 인정범위", 116-121면; 김재형, "부동산이용권과 저당권의 관계", 52-56면을 정리하였다.

익가치를 실현하는 강제관리가 있다는 점을 고려하더라도 저당권은 교환가치와 함께 수익가치를 파악하고 있는 것이다. ② 나대지에 저당권을 설정할 당시에 저당권자는 건물이 없는 토지의 가치를 담보가치로 파악하고 있는 것이므로, 저당권 설정자와 저당권자 사이에 담보가치를 유지하기로 하는 의사의 합치가 있다고 보아야 한다. ③ 은행이 토지 소유자에게 토지에 건축할 자금을 대출하고 그 토지에 저당권을 설정받은 경우와 같이 저당권자가 토지에 건물을 신축하는 것을 용인하였다고 볼 수 있더라도, 채무자가 채무를 이행하지 않아 저당권자가 경매를 신청한 경우에는 더 이상 건축공사를 할 수 없다고 보는 것이 신의칙에 부합한다. 소유자가 부도로 공사를 진행하지 못하자 제3자가 건축공사를 인수하여 건축을 속행하는 경우까지 허용하고 있다고 볼 수는 없기 때문이다. ④ 저당목적물인 토지 위에 건물이 축조되는 경우 일괄경매를 청구할 수 있다고 주장할 수 있으나, 일괄경매제도로써 저당권자의 이익이 충분히 확보되지 않는다.

4) 이인규 판사의 견해[120)]

이인규 판사는 저당권에 기한 방해배제청구권의 요건으로 ① 저당목적물의 교환가치의 감소가 있어야 하고, ② 정상적인 사용 · 수익으로 인한 교환가치의 감소를 초과하는 교환가치의 감소가 있어야 한다고 주장한다. 특히 ②의 요건과 관련하여 저당권이 교환가치를 지배하는 물권이라는 특질에서 오는 내재적 한계라고 하면서, 이 때 정상적인 사용 · 수익은 물건의 본래의 용법에 따른 사용 · 수익을 의미하고, 물건의 본래의 용법에 따른 사용 · 수익이라고 하더라도 저당권의 실행을 방해한다는 목적을 가진 사용 · 수익은 저당권의 침해가 될 수 있다고 한다. 다만 민사집행법 제83조 제2항에서 경매절차개시결정과 동시에 한 압류는 부동산에 관한 채무자의 관리·이용에 영향을 미치지 않는다고 규정하고 있으

120) 이인규, "경매절차에 있어서 점유자의 소유권 주장과 저당권에 근거한 방해배제청구권", 대법원판례해설 제2005년 상반기(통권 제54호)(2006. 1.), 97-99면을 정리하였다.

므로 경매절차가 개시되었다는 사정이 저당목적물의 사용·수익의 정상성에 영향을 주지는 않는다고 주장한다. 그리고 저당목적물의 본래의 용법인지 여부는 토지, 건물이라는 추상적인 개념 외에 그 토지의 상황, 위치 등 구체적인 상황을 고려하여야 한다고 한다.

5) 배성호 교수의 견해[121)]

배성호 교수는 제3자의 불법점유 등으로 경매절차의 진행이 방해되어 적정한 가격보다도 매각가격이 하락할 염려가 있는 경우나 저당권 설정자 내지 채무자에 의한 교환가치의 감소행위, 나대지에 저당권을 설정한 후 건물을 신축하던 도중 저당권의 실행에 착수한 경우 건물의 계속적인 건축행위가 경매절차의 진행을 방해하여 저당권자의 환가권이 침해될 우려가 있는 경우 등에는 저당권에 기한 방해배제청구가 가능하다고 한다. 배성호 교수는 저당권의 실현을 방해할 목적이 요구되는지에 대해서는 별다른 언급을 하지 아니하는 반면, 채무자에게 부도 등의 사유가 발생하여 신용상태가 악화되거나 채권회수를 위해 저당권자가 언제라도 저당권을 실행할 수 있는 상태가 된 이후에는 저당권자의 우선변제권을 중시해야 할 필요성이 있다고 하여, 저당권에 기한 방해배제의 판단에 저당권이 실행되거나 실행할 여지가 있는지를 고려해야 한다는 주장으로 보인다.

6) 이흥구 판사의 견해[122)]

이흥구 판사는 저당권 침해를 ① 불법점유(권원 없는 점유), ② 가장임차인 혹은 조직폭력배 등에 의한 점유, ③ 권원에 의한 점유, ④ 저당토지 위의 건물 신축의 경우로 구분하면서, ① 불법점유는 집행방해목적이 필요하지 않고, ② 가장임차인 혹은 조직폭력배 등에 의한 점유의 경우에는 경매방해의 목적이 이미 드러난 경우라고 한다. 또한, ③ 권원에 의한 점유의 경우 저당목적물이 매각되기까지 통상의 용법에 따라 저당

121) 배성호(주 57), 330-333면을 정리하였다.

122) 이흥구, “점유에 의한 저당권 침해와 저당권에 기한 방해배제청구”, 부산판례연구회 판례연구 제17집(2006. 2.), 115-119면을 정리하였다.

부동산을 사용·수익할 수 있는 소유자의 이용권에 기초한 점유이므로 점유권원 설정에 경매방해 목적이 인정되고 그 점유에 의하여 저당목적물의 교환가치 실현이 방해되는 등 특별한 사정이 있어야 방해배제의 대상이 된다고 한다. ④ 저당 토지 위에 건물 신축하는 경우에는 신축건물의 존재로 경매가격이 현저하게 낮아지거나 경매 자체가 진행되지 않는 경우가 허다하고 심지어 이를 악용하여 토지 소유자가 토지에 설정된 담보물권이나 가압류 등을 저렴하게 정리하는 수단으로 이용되기도 하는 점 등에 비추어 최소한 경매개시결정 후에 제3자가 건축공사를 인수하여 공사를 계속하는 경우에 대해서는 방해배제청구를 인정해야 한다고 한다.

7) 오현규 판사의 견해[123)]

오현규 판사는 ① 저당토지에 건물이 신축됨으로써 토지의 교환가치 실현이 방해되어 저당권자의 우선변제청구권의 행사가 곤란하게 되는 사정이 있고, ②(i) 저당토지의 지목 등에 비추어 이미 건물신축이 그 토지의 통상의 용도에 적당한 사용·수익이 아니거나, (ii) 저당토지에 관하여 아무 점유권원도 없는 불법점유자가 건축을 하거나, (iii) 저당토지의 소유자 또는 그로부터 점유권원을 설정받은 자가 건축을 함에 있어 그 건축 또는 점유권원 설정에 경매절차를 방해할 목적[124)]이 인정되는 경우에는 저당권에 기한 방해배제청구권으로 건물신축행위의 중지를 청구할 수 있다고 한다. 그리고 저당권자가 건축자금을 대여하면서 저당권을 설정하는 등 건물신축을 용인하였다고 볼만한 사정이 있다고 하더라도 건축주 명의를 제3자가 앞으로 하거나 구축물의 토지 부합을 면할 만큼 공사를 진행하여 건물 또는 구축물을 경매대상에서 제외시키려는 의도로 공사하는 것을 용인하겠다고 볼 수는 없고, 완공된 건물에 대해 저당권을 설정하기로 하는 약정이 있다면 그 위반사실이 경매방해목적의

---

123) 오현규(주 113), 552-554면을 정리하였다.

124) 오현규(주 113), 552면에서는 이 때 경매방해목적의 존재 여부는 건물의 입지·구조·규모·용도, 건축의 개시시기와 진행상황, 저당토지소유자와 건축주와의 관계, 점유권원 설정의 경위와 점유권원설정계약의 내용, 경매절차의 진행상황 등 제반사정을 종합하여 판단한다고 한다.

존재를 추단할 수 있다고 한다. 다만 피담보채권의 이행지체 후 또는 경매개시 후에만 저당권에 기한 방해배제청구권을 행사할 수 있는 것은 아니고, 이행지체나 경매개시 사정만으로 바로 건물신축행위를 하여서는 아니 된다고 볼 수도 없다고 한다.

(나) 저당권에 기한 방해배제청구에 관한 판례의 태도

대법원은 2005년경 최초로 저당부동산에 대한 점유가 저당권을 침해하여 저당권에 기한 방해배제청구의 대상이 될 수 있다고 판시한 이래[125] 지속적으로 저당부동산의 소유자 또는 점유자에 대하여 저당권에 기한 방해배체청구를 인정하고 있다. 다만, 기본적으로 저당권은 목적물의 교환가치를 지배하는 가치권이고 목적물에 대한 사용·수익권은 여전히 저당권 설정자(소유자)에게 남아있다는 점에 비추어,[126] 구체적으로 어떠한 요건 하에 저당권에 기한 방해배제청구가 인정될 것인지가 분명하지는 않다. 대법원 판례는 서로 다른 고려사항들을 언급하기도 한다.

저당권에 기한 방해배제청구의 가능성을 최초로 판시한 대법원 2005. 4. 29. 선고 2005다3243 판결과 대법원 2008. 1. 17. 선고 2006다586 판결(미간행)은 "저당부동산에 대한 점유가 저당부동산의 본래의 용법에 따른 사용·수익의 범위를 초과하여 그 교환가치를 감소시키거나, 점유자에게 저당권의 실현을 방해하기 위하여 점유를 개시하였다는 점이 인정되는 등, 그 점유로 인하여 정상적인 점유가 있는 경우의 경락가격과 비교하여 그 가격이 하락하거나 경매절차가 진행되지 않는 등 저당권의 실현이 곤란하게 될 사정이 있는 경우에는 저당권의 침해가 인정될 수 있다"고 판시하였다. 이 판시에 의하면 저당권에 기한 방해배제청구의 요건은 점유로 인하여 정상적인 점유가 있는 경우의 경락가격과 비교하여 가격이 하락하거나 경매절차가 진행되지 않는 등으로 저당권의 실현이 곤란하게 되는지 여부이고, 저당부동산의 본래 용법에 따른 사용·수

125) 대법원 2005. 4. 29. 선고 2005다3243 판결. 다만 이 판결에서는 저당권에 기한 방해배제청구를 기각하였다.

126) 곽윤직·김재형(주 80), 430면.

익의 범위를 초과하여 교환가치가 감소되거나, 점유자가 저당권의 실현을 방해하기 위한 목적으로 점유를 개시하였다는 점은 대표적인 저당권 침해의 사례라고 할 것이다.

한편 대법원 2007. 10. 25. 선고 2007다47896 판결(미간행)은 "점유권원을 설정받은 제3자의 점유가 저당권의 실현을 방해하기 위한 것이고, 그 점유에 의해서 저당권자의 교환가치의 실현 또는 우선변제청구권의 행사와 같은 저당권의 실현을 방해하는 특별한 사정이 있는 경우에는 저당권의 침해로 인정될 수 있을 것이다"라고 판시하여, 점유가 저당권의 실현을 방해하기 위한 목적이 있고, 그와 더불어 저당권의 실현을 방해하는 특별한 사정이 있을 것을 요구하는 태도처럼 읽힌다.

최초로 저당권에 기한 방해배제청구를 받아들인 대법원 2006. 1. 27. 선고 2003다58454 판결에서는 "저당권자는 저당권 설정 이후 환가에 이르기까지 저당물의 교환가치에 대한 지배권능을 보유하고 있으므로 저당목적물의 소유자 또는 제3자가 저당목적물을 물리적으로 멸실·훼손하는 경우는 물론 그 밖의 행위로 저당부동산의 교환가치가 하락할 우려가 있는 등 저당권자의 우선변제청구권의 행사가 방해되는 결과가 발생한다면 저당권자는 저당권에 기한 방해배제청구권을 행사하여 방해행위의 제거를 청구할 수 있다"고 판시하여, 저당권자의 우선변제청구권의 행사가 방해되는 결과가 발생하는 것을 요건으로 설시하고 있다.

(다) 검 토

구체적으로 어떠한 경우 저당권에 기한 방해배제청구를 인정할 것인지에 대해서는 학설상 여러 견해가 존재하고 있다. 저당권 설정자 내지 그로부터 권한을 부여받은 제3자가 나대지에 건물을 신축하는 것에 대하여 저당권에 기한 방해배제청구가 가능한지 여부에 대해서는 크게 저당권 실현을 방해할 목적이 필요하다는 견해와 그러한 주관적 요건은 요구되지 않는다는 견해가 대립한다고 볼 수 있다. 만약 저당권에 기한 방해배제청구에 있어 저당권 실행을 방해할 목적이 요구된다고 엄격하게 해석하고, 반면 담보지상권에 기한 방해배제청구에서는 그러한 주관적 요건이 요구되지 않는다고 본다면 담보지상권을 설정할 실익이 존재할 것이다. 그러나 대법원 판례의 태도가 완전히 일관되거나 명확하다고 보기는 어렵지만, 다수의 판례는 주관적인 방해 목적을 방해행위의 한 예로 들고 있을 뿐 방해배제청구권의 필수적 요건으로 설시하고 있지는 아니하다. 다른 한편, 담보지상권에 기한 건물신축공사 중지 내지 건물 철거를 인정한 대법원 판례[127]에서 명시적으로 저당권 실행 방해 목적을 요구하지 않고 있기는 하나 그 판례는 지상권 설정자가 지상권자(저당권자)에게 신축건물이 완공되면 이를 추가로 담보제공하기로 약정하였음에도 그 약정에 위반하여 제3자에게 건축주 명의를 변경한 사안으로 저당권 실행 방해 목적이 인정될 여지가 큰 사건이었다.[128] 따라서 지금까지의 대법원 판례만으로는 저당권 실행 방해목적의 측면에서 담보지상권에 기한 방해배제청구가 저당권에 기한 방해배제청구보다 저당권자의 담보가치 확보에 유리하다고 단정하여 말하기는 어렵다.

담보지상권에 기한 방해배제청구에서 대법원 판례는 저당권이 실행될 때까지 제3자가 용익권을 취득하는 것을 배제하는데 담보지상권 설정의 목적이 있다고 하면서 그러한 제3자의 용익권 취득도 방해배제청구의 대상에 포함되는 것과 같이 설시하고 있다. 그러나 대법원 판례는 제3자의 용익권 취득으로 인하여 저당 부동산의 담보가치가 침해되는 경우에만 방해배제를 인정하는 태도이고, 담보지상권이 일반 지상권과 같이 토지에 대한 배타적 용익권을 가지므로 그에 반하는 제3자의 용익권 취득을 원칙적으로 내지 포괄적으로 배제할 수 있다고 보는 것은 아니다. 대상판결에서 제3자가 토지소유자로부터 적법하게 나무식재를 위한 토지의 사용·수익권을 취득하였다고 판단한 것을 보더라도 판례가 제3자의 용

127) 대법원 2004. 3. 29.자 2003마1753 결정, 대법원 2008. 2. 15. 선고 2005다47205 판결.

128) 앞서 언급한 것과 같이 시중은행의 근저당설정계약서에는 장래 건물을 신축하는 경우 그 건물에 근저당을 추가 설정한다는 조항이 포함되어 있고, 이러한 경우 제3자가 건물을 신축하는 경우에는 저당권 실행을 방해할 목적이 있다고 볼 여지가 크므로, 저당권에 기한 방해배제청구로도 동일한 목적달성이 가능할 것이다.

익권 취득을 곧바로 담보지상권 침해로 보는 것이 아님은 명백하다. 또한 하급심 판결[129]은 저당권과 담보지상권이 설정된 이후 토지 점유를 개시한 유치권자라도 경매절차의 매수인에게 대항할 수 있다고 판단하였는데, 이에 의한다면 담보지상권이 설정되어 있더라도 제3자의 유치권 취득을 배제할 수 없다고 보인다. 결국 담보지상권에 기한 방해배제청구의 가능여부는 저당 부동산의 담보가치가 하락되는 침해행위가 존재하는지 여부에 달려있다고 할 것이고, 이는 저당권에 기한 방해배제청구가 가능한 저당부동산의 교환가치가 하락할 우려가 있는 등 저당권자의 우선변제청구권의 행사가 방해되는 경우와 동일한 기준이다. 이러한 측면에서 저당권에 기한 방해배제와 담보지상권에 기한 방해배제의 범위가 다르다고 보기는 어렵다.

한편, 저당권에 기한 방해배제청구권을 인정한 대법원 판례들은 모두 저당토지에 관하여 저당권이 실행되어 경매절차가 개시된 사건들이고,[130] 대법원은 저당권이 실행에 이르렀거나 실행이 예상되는 상황임에도 소유자나 제3자가 신축공사를 계속한다면 저당권에 기한 방해배제가 가능하다는 취지로 설시하기도 하였다.[131] 앞서 살펴본 저당권에 기한 방해배제를 넓게 인정하자는 학설들도 일반적으로 저당권이 실행되거나 실행이 예상되는 상황의 경우 저당권 실행 방해 목적이 존재하지 아니하더라도 저당권의 담보가치를 저하시키는 건물 축조 등을 저당권 침해로 볼 수 있다는 주장이다. 반면에 담보지상권에 기한 방해배제로 건물신축공사의 중지 내지 건물철거를 인정한 대법원 판례들[132]에서는 저당권이 실행되거나 실행이 예상되는 상황인지 여부를 고려하지 아니하였고, 판결문상으로도 경매절차가 개시되었거나 피담보채무가 불이행되는 등의 사

129) 서울고등법원 2017. 6. 22. 선고 2016나2089036 판결. 이 판결은 대법원 2017. 10. 16.자 2017다243228 판결로 심리불속행 기각되었다.

130) 대법원 2006. 1. 27. 선고 2003다58454 판결, 대법원 2008. 1. 17. 선고 2006다586 판결, 대법원 2007. 10. 25. 선고 2007다47896 판결.

131) 대법원 2006. 1. 27. 선고 2003다58454 판결.

132) 대법원 2004. 3. 29.자 2003마1753 결정, 대법원 2008. 2. 15. 선고 2005다47205 판결.

정이 존재하는지 드러나지 않는다. 저당권에 기한 방해배제청구권은 저당권이 실행되거나 실행이 예상되는 상황(피담보채무의 이행지체, 채무자의 부도 등)에서 가능하거나 그러한 상황에서 더 폭넓게 인정될 여지가 있는 반면, 담보지상권에 기한 방해배제는 저당권 실행 내지 실행 예상 상황을 요구하지는 아니한다고 보여, 이러한 측면에서 담보지상권에 기한 방해배제의 범위가 저당권보다 넓다고 볼 여지가 있다. 그러나 실제로 저당권이 실행되거나 피담보채무의 불이행이 예견되는 상황이 아님에도 저당권자의 동의 없이 건물을 신축하고 신축건물에 대해 저당권자에게 추가 저당권 설정을 거부하거나 이를 회피하여 저당권자가 저당권을 실행할 필요가 없음에도 담보지상권에 기한 방해배제청구를 해야 할 필요가 있는 경우는 드물 것이다. 앞서 언급한 바와 같이 나대지에 건물을 신축하면서 금융기관에 추가담보 제공약정을 이행하지 않는 경우 등은 약관상 대출채무의 기한이익 상실사유에 해당하여 즉시 저당권을 실행할 수 있는 상태에 있게 되므로, 저당권에 기한 방해배제가 가능하다고 보는 것이 타당하다. 따라서 저당권 실행 상황과 무관하게 방해배제를 할 수 있다는 점이 담보지상권의 큰 효용이라고 보기는 어렵다.

**(3) 일본과의 비교**

앞서 살펴본 것처럼, 일본에서 병용임차권을 설정한 것은 저당권 설정 당시에 존재하지 않았던 사해적 단기임차인이 등장하여 저당부동산의 담보가치를 저하시키는 것을 막기 위함이다. 그런데 우리나라 민법에는 선순위 저당권자에게 대항할 수 있는 단기임대차 제도가 존재하지 아니하여, 일본에서 말하는 이른바 '대항감가'의 문제가 발생할 여지가 없고, 저당권에 기한 방해배제청구가 명문으로 인정되고 있어 점유자에 대하여 소유자 내지 저당권자에게 저당부동산의 인도를 구할 수 있으므로 이른바 '점유감가'의 문제도 해결수단이 존재한다. 결국 일본에서 병용임차권이 설정되었던 상황과 다르게, 우리나라에서는 담보가치를 확보하기 위한 지상권을 인정할 실익이 크지 않다. 물론 앞서 살펴본 바와 같이 그러한 실익이 있었던 일본에서도 병용임차권의 단기임차권 배제효를 부정하였다.

### 다. 담보지상권 설정에 따른 비용

#### (1) 지상권 설정·말소비용

담보지상권을 설정하게 됨에 따라 당사자들이 지출하게 되는 비용으로는 우선 지상권 설정 및 말소비용이 있다. 지상권 설정과 말소를 위해 드는 비용으로는 통상 ① 등록면허세(부동산가액의 1,000분의 2),[133] ② 지방교육세(등록면허세액의 100분의 20),[134] ③ 등기신청수수료(설정의 경우 부동산마다 15,000원, 말소의 경우 부동산마다 3,000원),[135] ④ 법무사수수료, ⑤ 물건의 조사 또는 감정평가 수수료 등이 있다. 현재 은행과 저축은행의 지상권 설정계약서 약관에는 등록면허세, 지방교육세, 등기신청수수료, 법무사수수료의 경우 지상권 설정등기를 할 때는 은행이나 저축은행이 부담하는 것으로 부담하고, 지상권 말소등기를 할 때는 채무자 또는 설정자가 부담하도록 되어 있다.[136] 비용의 부담주체가 누구인지와 관계없이 사회 전체적인 관점에서 상당한 금액[137]이 담보지상권의 설정 및 말소비용으로 사용된다고 보이고, 지상권 설정자가 부담하는 말소비용

---

133) 지방세법 제24조, 제28조 제1항 제1호 다목 1).

134) 지방세법 제150조, 제151조 제1항 제2호.

135) 등기사항증명서 등 수수료규칙 제5조의2 제1항 제3호, 제5조의2 제2항 본문. 다만 등기를 전자신청하는 경우에는 설정의 경우 1만 원, 말소의 경우 1,000원이다. 등기신청수수료 징수에 관한 예규 제4의2 가. 참조.

136) 저축은행의 경우, 금융감독원, '저축은행 금융거래약관 금융소비자 위주로 개정(7.1일 시행)', 2013. 6. 27.자 보도자료 참조. 은행의 경우 시중은행의 지상권 설정계약서를 확인하였다. 물건의 조사 또는 감정평가수수료는 설정을 위한 경우는 은행 또는 저축은행이 부담하고, 채무불이행으로 지상권을 행사하는 경우에는 채무자 또는 설정자가 부담하도록 되어 있으며, 기타 비용으로 부담주체가 분명하지 아니한 비용은 채권자(은행 또는 저축은행)과 채무자(또는 설정자)가 균등분담하도록 기재되어 있다.

137) 금융감독원의 위 2013. 6. 27.자 보도자료에 의하면, 2012년말을 기준으로 총 지상권 설정대출이 4,794건이고 그 대출금액이 1조9,493억 원, 추정설정비용은 78억 원이라고 한다. 위 자료는 저축은행의 지상권 설정에 대해 다룬 것이므로 저축은행의 지상권 설정비용을 나타낸 수치라고 보이고(명백하게 기재되어 있지는 않다), 말소비용은 제외된 것이다. 따라서 전체 금융기관의 지상권 설정 및 말소 비용은 위 금액보다 훨씬 더 클 것으로 보인다. 대략 대출금액의 0.4%가 지상권'설정'비용으로 사용되는 셈이고, 그만큼 은행의 수익이 줄어들거나 대출이자에 반영되어 대출자가 부담하는 대출이율이 높아지게 될 것이다.

도 적지 않은 금액이다.

**(2) 담보지상권 여부 및 그 효력이 불분명하여 발생하는 비용**

판례와 같이 담보지상권의 유효성을 인정하면서 등기부상 공시되는 내용과 다른 법적 효력을 갖는 지상권을 인정하게 되면, 법적 안정성이 저해되어 사회적으로 여러 가지 불필요한 비용이 초래된다. 우선 담보목적물이 경매로 매각되는 경우 설정되어 있는 지상권이 최우선순위라면, 해당 지상권이 담보지상권으로 부종성에 따라 말소되는 것인지 또는 매수인에게 인수되는 것인지 불분명하게 된다. 지상권이 매수인에게 인수되는 것인지가 불분명하게 되면 지상권을 인수하게 되는 위험만큼 담보목적물의 경락가격이 하락할 수밖에 없고, 이는 담보권자에게 불이익하게 될 뿐만 아니라[138] 애당초 담보물의 가치를 파악할 때 선순위 담보지상권으로 인하여 경락가격이 하락할 위험을 고려하게 되어 담보물의 담보가치를 충분히 활용하지 못하게 되는 사회적 비용이 발생한다.

또한, 판례의 법리에 따라 담보지상권에 해당하여 경매절차에서 부종성에 따라 말소되어야 함에도 불구하고, 말소되지 아니하고 남아있는 담보지상권에 대하여 매수인이 말소를 구하는 소송을 해야 하는 추가적인 사회적 비용도 발생하게 된다. 경매절차에서 담보지상권을 설정한 금융기관이 지상권 말소에 동의한다는 취지의 서류를 제출하기도 하나, 항상 그러한 것으로 보이지는 않고, 실제로 경매에서 저당권이 모두 말소되었으나 담보지상권이 그대로 남아 있어 그 말소를 구하는 소송이 제기되는 것으로 보인다.[139]

---

138) 서울북부지방법원 2013. 2. 20. 선고 2012가합20356 판결은 담보지상권과 저당권을 설정한 자가 담보지상권자 겸 저당권자를 상대로 경매절차에서 지상권이 담보지상권으로 말소된다는 의견을 밝히지 않아서 경매절차가 선순위 지상권 인수조건으로 진행되어 매각대금이 하락하여 손해를 입었다고 주장하면서 불법행위 손해배상청구를 한 사건이다. 다만 지상권이 소멸될 것이라는 점을 적극적으로 답변하지 않았다고 하여 위법하다고 보기 어렵고, 매각금액의 감소가 담보지상권의 존재나 피고가 답변하지 않은 점에 기인한다고 보기 어렵다고 하여 청구를 기각하였다.

139) 수원지방법원 평택지원 2013. 11. 15. 선고 2013가단11381 판결은 경매절차에서 저당권이 모두 소멸하였으나 담보지상권이 소멸하지 아니하여 그 말소를 구한 사건이다. 서울중앙지방법원 2014. 9. 30. 선고 2013가단304666 판결은 여러 근저당

뿐만 아니라 판례는 담보지상권에 대해 일반 지상권과 다른 효력을 인정하고 있는데, 실제로 다양한 거래(분쟁) 상황에서 담보지상권이 어떠한 효력을 갖는지 자체가 불분명하여 이를 둘러싸고 분쟁이 발생하여 상당한 사회적 비용이 초래될 것이다. 대상판결과 담보지상권에 관한 대법원 판결들에서 하급심과 대법원의 판단이 자주 엇갈리는 것만 보더라도 법률전문가의 입장에서조차 담보지상권의 효력이 분명하지 않다는 문제가 있다는 것을 알 수 있다. 이는 담보지상권이 물권법정주의에 위반된다는 주장과도 일맥상통하는 부분이다.

물론 담보지상권을 무효라고 보더라도 등기부상 기재된 지상권이 담보지상권인지 여부가 불분명하여 그 효력을 둘러싸고 유사한 문제가 발생할 수는 있다. 그러나 담보지상권을 무효로 본다면 담보지상권인지 여부를 둘러싼 불확실성은 존재하더라도 담보지상권으로 판단이 된다면 그 효력을 둘러싼 불확실성은 제거될 것이다. 나아가 담보지상권을 무효로 보는 판례가 확립되면 더 이상 담보지상권을 설정하는 거래 관행 자체가 없어질 것이므로, 등기부상 기재된 지상권이 담보지상권인지 여부를 따져야 할 필요 자체가 없어지게 될 것이다.

### 라. 소 결 론

담보지상권은 배타적인 사용·수익권한을 가진 지상권의 외형을 가지고 있으므로 사용·수익권한이 없는 저당권에다가 별도로 담보지상권을 설정하는 것에 상당한 실익이 존재한다고 오해하기 쉽다. 그러나 앞서 자세히 살펴본 것처럼 담보지상권의 효력에 관한 대법원 판례의 태도를 고려하면 실제로 저당권이 갖지 않는 별도의 실질적인 효용을 갖는다고 보기 어렵다. 담보지상권으로 저당목적물의 담보가치 하락 행위에 대한 배제가 필요한 사안들에서는 대부분 저당권에 기한 방해배제청구가 가능하다. 반면에 담보지상권을 둘러싸고 발생하는 법적 불확실성에 따른 비용, 담보지상권 설정 및 말소 비용의 부담은 상당하다. 담보지상권의 효력을 부정하는 것이 사회 전체적으

---

권과 담보지상권이 설정되었다가 일부 근저당권이 말소된 경우, 담보지상권이 어느 근저당권에 부종하여 소멸하는 것인지에 관하여 쟁점이 된 사건이다.

로도 효율적이라고 볼 수 있다.

## Ⅴ. 대상판결에 대한 검토

이상에서 살펴본 것과 같이 담보지상권의 효력은 부정하여야 마땅하다. 대상판결은 담보지상권이 설정되어 있더라도 토지소유자는 저당 부동산의 담보가치를 하락시킬 우려가 있는 등의 특별한 사정이 없는 한 그 토지를 사용·수익할 수 있고, 그로부터 토지의 사용·수익권을 취득한 자 역시 적법하게 그 토지를 이용할 수 있다고 논리구성을 하면서, 토지소유자로부터 사용대차계약을 체결하여 토지에 단풍나무를 식재한 원고가 적법한 권원에 기하여 나무를 식재하였다고 보았다. 그러나 대상판결은 어떠한 경우가 저당 부동산의 담보가치를 하락시킬 우려가 있는 등의 특별한 사정이 있는 경우인지 명확하게 밝히고 있지 않고, 결국 담보지상권이 설정된 경우 누구에게 사용·수익권이 있는 것인지를 둘러싸고 계속 분쟁이 발생할 수밖에 없다. 대상판결은 저당 목적물인 토지에 제3자 소유의 300그루 나무가 식재되어 있다는 사실이 저당 부동산의 담보가치를 하락시킬 우려가 있는 경우가 아니라는 점을 전제로 판단하고 있으나, 그 이유에 대하여 구체적으로 밝히고 있지는 아니하여 토지의 담보가치 하락이라는 측면에서 나무 식재와 건물 신축이 질적인 차이가 있다고 본 것인지 등에 관하여 여전히 의문이 남는다.

담보지상권을 무효라고 본다면 이러한 여러 가지 법적 불확실성을 야기하지 않고 권리관계를 간명하게 해결할 수 있다. 대상판결 사안에서도 담보지상권의 효력을 부정하면 복잡한 논리를 거치지 않더라도 동일한 결론에 이르게 된다. 담보지상권을 설정하는 목적인 저당권자의 보호는 우리 법에 명문화되어 있는 저당권에 기한 방해배제청구권이나 일괄경매청구권 등으로 충분히 달성할 수 있다. 나아가 저당권에 기한 방해배제청구권의 요건이나 인정범위가 아직 확립되지 아니하였으므로, 저당권자의 환가권과 저당권 설정자의 사용·수익권을 적절하게 조화시키는 방향으로 저당권에 기한 방해배제청구권의 인정범위를 정한다면, 법적 안정성을 해하면서까지 담보지상권의 효력을 유지할 필요 없이 저당 목적물의 담보가치 침해를 막을 수 있을 것이다.

[Abstract]

## The Invalidity of superficies for security

Kim, Jaenam*

When financial institutions lend money taking bare land as collateral, they often create superficies of the land to retain the value of the land. These superficies are called 'superficies for security.'

The Supreme Court of Korea has acknowledged the validity of the superficies for security but has recognized different effects compared to general superficies. In other words, unlike the general superficies, the Supreme Court has ruled that a person with superficies for security cannot claim damages against an illegal possessor of land, and the superficies for security shall be terminated if the secured right is terminated. Furthermore, according to the recent 2015Da69907 decision, the Supreme Court held that unless there are special circumstances a landowner may use the land to which the superficies for security has been established, and those who acquire a right to use the land from the landowner may also legitimately use the land.

However, since the superficies for security has different effects from the general superficies that is stipulated in the Korean Civil act, the superficies for security violates the numerus clausus of property rights, and thus significantly impairs legal stability. Besides, a contract for establishing the superficies for security is void because it is a fictitious declaration of intention in collusion. Since the purpose of establishing the superficies for security can be fully fulfilled by the claim for removal of disturbance on a mortgage, there is little practical benefit to recognize the validity of the superficies for security. On the other hand, the social cost of it is greater than

* Judge, Cheonan Branch, Daejeon District Court.

its benefit.

In this regard, it is reasonable to deny the validity of the superficies for security and to define the scope of the claim for removal of disturbance on a mortgage in a way that appropriately harmonizes the mortgagee's preferential payment right with the mortgagor's right to use.

[Key word]

- superficies for security
- mortgage
- superficies
- numerus clausus
- claim for removal of disturbance on a mortgage

## 참고문헌

[단 행 본]

곽윤직 · 김재형, 물권법(제8판), 박영사(2015).
______, 민법총칙(제9판), 박영사(2013).
곽윤직 편집대표, 민법주해 Ⅱ, 박영사(1992).
______, 민법주해 Ⅳ, 박영사(1992).
______, 민법주해 Ⅵ, 박영사(1992).
김용담 편집대표, 주석 민법 총칙(1), 한국사법행정학회(2010).
______, 주석 민법 총칙(2), 한국사법행정학회(2010).
양창수, 민법연구 제9권, 박영사(2007).
양창수 · 김형석, 권리의 보전과 담보(제2판), 박영사(2015).
윤진수, 민법논고 Ⅲ, 박영사(2008).
이은영, 물권법(제4판), 박영사(2006).
지원림, 민법강의(제15판), 홍문사(2017).
법원행정처, 부동산등기실무 Ⅰ(2015).
______, 부동산등기실무 Ⅱ(2015).
柚木馨 · 高木多喜男 編集, 新版注釈民法(9) 物権(4), 有斐閣(1998).

[논 문]

권영준, “불법행위와 금지청구권-eBay vs. MercExchange 판결을 읽고-”, Law&technology 제4권 제2호(2008. 3.).
김용한, 허위표시에 있어서의 문제점, 법조 제19권 제2호(1970).
김재형, “부동산이용권과 저당권의 관계-민법개정위원회의 민법개정안을 중심으로-”, 민사법학 제75호(2016. 6.).
______, “저당권에 기한 방해배제청구권의 인정범위-독일민법과의 비교를 중심으로-”, 저스티스 제85호(2005. 6.).
김주상, “저당권자가 동시에 용익권자인 경우에 저당권에 기한 경매와 용익권의 운명”, 민사재판의 제문제 제2권, 한국사법행정학회(1980).

김 현, "지상권 침해에 대한 손해배상의 판단기준", 대한토목학회지 제58권 제11호(2010. 11.).

김현선, "나대지에 저당권을 설정한 후 저당목적물의 담보가치를 확보하기 위한 지상권의 효력-담보지상권의 유효 여부와 토지저당권자의 보호 방안을 중심으로-", 중앙법학 제14집 제3호(2012. 9.).

민유숙, "저당권에 기한 방해배제청구로서 저당목적토지상의 건물건축행위를 중지시킬 수 있는지 여부", 판례실무연구Ⅷ(2006. 7.).

배병일, "담보지상권", 경북대학교 법학연구원 법학논고 제43집(2013. 8.).

배성호, "저당권에 기한 방해배제청구-일본의 학설과 판례를 참조하여-", 판례실무연구Ⅷ(2006. 7.).

______, "저당권의 교환가치의 보호를 위한 담보지상권의 유효성 여부", 토지법학 제32권 제2호(2016. 12.).

오현규, "저당권에 기한 방해배제청구권과 건물신축행위의 중지청구", 민사판례연구 제29권(2007. 3.).

윤진수, "저당권에 대한 침해를 배제하기 위한 담보지상권의 효력", 한국민법의 새로운 전개 : 고상룡교수 고희기념 논문집, 법문사(2012).

이인규, "경매절차에 있어서 점유자의 소유권 주장과 저당권에 근거한 방해배제청구권", 대법원판례해설 제2005년 상반기(통권 제54호)(2006. 1.).

이준현, "저당권에 기한 방해배제청구권", 재산법연구 제24권 제2호(2007).

이진기, "물권법정주의, 소유권과 제한물권의 범위와 한계", 비교사법 제19권 제4호(통권 제59호)(2012).

이홍구, "점유에 의한 저당권 침해와 저당권에 기한 방해배제청구", 부산판례연구회 판례연구 제17집(2006. 2.).

최수정, "담보를 위한 지상권의 효력", 민사법학 제56호(2011. 12.).

최승록, "임의경매절차에 있어서 이른바 '제시외 건물'", 사법논집 제29집(1998).

甲斐道太郎, 併用賃借権の效力, 法律時報 63巻 6号(1991).

[기타 자료]

금융감독원, '저축은행 금융거래약관 금융소비자 위주로 개정(7월 1일 시행)', 2013. 6. 27.자 보도자료.

# 저당권설정청구권의 수반성과 그 실효성

강 지 엽*


## 요 지

대상판결은 신축 건물의 도급인이 수급인의 저당권설정청구권 행사에 따라 공사대금채권의 담보로 그 건물에 저당권을 설정하는 행위가 사해행위에 해당하지 않음을 전제로, 공사대금채권이 양도되는 경우 저당권설정청구권도 이에 수반하여 함께 이전된다고 보아, 양수인이 청구에 따라 저당권을 설정하는 경우에도 수급인의 경우와 마찬가지로 사해행위에 해당하지 않는다고 판단하였다.

민법 제666조에서 저당권설정청구권을 수급인의 공사대금채권을 확보하기 위한 수단으로 명시하고 있으나, 현실에서 널리 활용되고 있지 못하고, 그 대신 유치권이 선호되고 있다. 그런데 유치권 제도에 대하여는 부동산의 사용가치를 사장시킨다는 등 많은 비판이 있고, 대법원에서도 같은 취지에서 그 적용범위를 엄격하게 해석하고 있으며, 부동산에 대한 유치권을 폐지하고 저당권설정청구권을 그 대안으로 제시하는 민법 개정논의도 있었다. 대상판결도 위와 같은 배경 아래에서 저당권설정청구권의 수반성을 인정하여 제도의 실효성을 높이려는 방향에 있다고 평가할 수 있다. 앞으로 저당권설정청구권의 요건과 효과에 대한 판례가 집적되고, 그와 함께 제도 개선도 이루어진다면, 실효성이 커져 공사대금채권의 확보라는 제도의 취지를 살릴 수 있을 것이다.

'수급인 보호'라는 제도의 취지상 저당권설정청구권의 수반성을 부정하자


---

* 대전지방법원 판사.

는 견해도 있으나, 저당권설정청구권은 '수급인' 개인을 보호하기보다는 수급인의 '공사대금채권'을 보호함으로써 막대한 재화와 인력이 투입되는 건설 공사가 원활하게 진행되도록 하려는 사회 정책적 고려에서 입법된 것이므로, 수급인에게 전속되는 권리라고 볼 수 없고, 대상판결과 같이 그 수반성을 인정함으로써 본래의 채권 가치가 유지된 상태로 양도하게 하여 수급인의 신속한 보수채권 회수를 보장하는 것이 타당하다고 생각한다.

대상판결은 저당권설정청구권의 양도성과 수반성에 관하여 명시적으로 판단한 최초의 판례이므로, 이를 기초로 공사대금채권의 양도담보, 추심명령, 일부 양도 등 다양한 경우에 있어서 저당권설정청구권의 요건과 효과에 대해 더 깊이 있는 연구가 이어질 것이다. 특히 공사대금의 일부 양도에 따른 저당권설정청구권의 행사 효과나 하수급인의 저당권설정청구권 인정 여부와 관련하여서는 채권양도의 범위 및 당사자 간의 이해관계 조정과 관련하여 여러 문제가 있을 수 있으므로, 이에 대한 추가적인 연구가 이어지길 기대해 본다.

[주 제 어]

- 저당권설정청구권
- 수반성
- 실효성
- 저당권
- 보수채권 보호
- 부동산유치권

## 대상판결 : 대법원 2018. 11. 29. 선고 2015다19827 판결

[사안의 개요]

1. 사실관계

가. 원고와 乙회사 사이의 조정 성립(원고의 乙회사에 대한 채권)

(1) 원고는 1990. 5. 11. 乙회사의 실질 사주인 丙(이하 乙회사와 丙을 구별함 없이 '乙회사'라고만 한다)에게 대구 북구 복현동 416-2 대 2,783.6㎡(이하 'A토지'라 한다)를 매도하였다가 잔금을 지급받지 못하자, 2004. 7. 30. 乙회사를 상대로 A토지 인도소송을 제기하였다.

(2) 위 사건의 항소심(대구고등법원 2008나8349)에서, 2010. 6. 4. 원고와 乙회사 사이에, "乙회사가 원고로부터 A토지에 관한 소유권이전등기를 경료받음과 동시에 원고에게 22억 원을 지급하고, 乙회사는 원고에게 손해배상으로 14억 원을 추가로 지급하되, A건물을 대물로 변제할 수 있으며, 乙회사가 이를 이행하지 않을 경우 원고에게 70억 원을 위약금으로 지급하기로 한다."는 것을 주요 내용으로 하는 조정이 성립되었다.

(3) 원고는, 乙회사가 원고의 서류제공에도 불구하고 토지 대금 22억 원을 지급하지 않자, 2011. 9. 16. 위 조정조서 정본에 대하여 집행문을 부여받았다.

나. 甲회사의 乙회사에 대한 공사대금채권

(1) 한편 甲회사는 1989. 7. 26. 원고와 사이에, 원고 소유의 A토지 지상에 건물(이하 'A건물'이라 한다. 당시에는 지하 6층 지상 18층 규모로 예정되었다)을 공사대금 219억 4,500만 원에 신축하기로 하는 내용의 제1차 도급계약을 체결하고 그 공사를 진행하다가, 乙회사가 설립된 다음, 1992. 1. 20. 乙회사와 사이에 A건물(지하 7층 지상 17층 규모로 변경되었다)을 공사대금 227억 7,000만 원에 신축하기로 하는 내용의 제2차 도급계약을 다시 체결하고 공사를 진행하였다.

(2) 甲회사는 1996. 12. 30.경까지 공사를 계속하다가 공사대금 일부를 지급받지 못하자 공사를 중단하고 제2차 도급계약을 해지한 다음, 원고와 乙회사를 상대로 대구지방법원 98가합7678호로 공사대금청구 소송을 제기하였다. 법원은 2000. 12. 22. '乙회사는 甲회사에게 1,883,648,626원 및 그에 대한 지연손해금을 지급하라.'는 취지의 판결을 선고하였다(원고에 대한 청구는

기각, 2001. 1. 21. 확정).

(3) 甲회사는 2010. 7. 27. 피고와 사이에 위 공사대금채권 전부를 피고에게 양도하는 내용의 채권양도양수 합의를 하고, 2010. 7. 30. 乙회사에게 위 채권양도 사실을 통지하였다.

(4) 피고는 2012. 12. 21. 乙회사를 상대로 양수한 위 공사대금채권 및 대여금채권의 지급을 구하는 양수금청구소송을 제기하였고(서울북부지방법원 2012가합21854호), 법원은 2013. 6. 26. '乙회사는 피고에게 8,635,123,626원과 지연손해금을 지급하라'는 취지의 피고 승소판결을 선고하였다(2013. 7. 18. 확정).

### 다. A건물에 대한 소유권보존등기 및 근저당권설정계약

(1) 한편 甲회사에 이어 A건물 신축공사를 진행하던 戊회사가 다시 乙회사를 상대로 공사대금의 지급을 구하는 소송을 제기하여(대구지방법원 2007가합5971호), 법원으로부터 승소판결을 받았고, 이를 집행권원으로 하여 미등기 상태인 A건물에 관하여 강제경매를 신청하였다.

(2) 법원은 2013. 10. 16. 완공되지 않은 A건물이 건물로서 외관을 갖추고 있다고 보아 경매개시결정을 하였고, 그 강제경매개시결정 등기촉탁으로 인하여 A건물에 관하여 2013. 10. 22. 乙회사 앞으로 소유권보존등기가 마쳐졌다.

(3) 乙회사는 2013. 10. 30. 피고와 사이에 A건물에 관하여 근저당권자 피고, 채권최고액 100억 원으로 하는 근저당권(이하 '이 사건 근저당권'이라 한다)설정계약을 체결하고, 같은 날 피고에게 이 사건 근저당권설정등기를 마쳐주었다.

### 라. 원고의 강제경매개시결정신청 및 사해행위취소소송

(1) 원고는 A건물에 관한 소유권보존등기가 마쳐지자, 2013. 11. 4. A건물에 관하여 부동산 강제경매개시결정을 받았다.

(2) 그리고 원고는 2013. 11. 21. 피고를 상대로, 乙회사와 사이에 체결된 이 사건 근저당권설정계약의 취소 및 이 사건 근저당권설정등기의 말소를 구하는 사해행위취소소송을 제기하였고(이 사건 소), 소송에서 피고는 민법 제666조의 저당권설정청구권에 기해 이 사건 근저당권설정계약을 체결한 것이므로, 사해행위에 해당하지 않는다고 주장하였다.

### 2. 소송의 경과

#### 가. 제1심(대구지방법원 2014. 5. 15. 선고 2013가합10912 판결): 원고 일부 승소

공사대금채권의 양수인인 피고가 민법 제666조의 저당권설정청구권을 행사할 수 있는지 문제가 되었는데, 제1심은 저당권설정청구권도 공사대금채권에 수반하여 채권양수인인 피고에게 이전되므로, 저당권설정청구권의 범위 내에서 이 사건 근저당권설정설정계약은 사해행위에 해당하지 않는다고 판단하였다.

#### 나. 원심(대구고등법원 2015. 1. 28. 선고 2014나2618 판결): 원고 전부 승소

수급인이 저당권설정청구권을 현실화하지 않은 상태에서 공사대금채권만을 타인에게 양도하는 경우 특별한 사정이 없는 한 수급인의 저당권설정청구권은 소멸한다고 보는 것이 타당하다고 보아, 이 사건 근저당권설정계약 전부가 사해행위에 해당한다고 판단하였다.

#### 다. 대상판결의 요지: 파기환송

(1) 민법 제666조는 "부동산공사의 수급인은 보수에 관한 채권을 담보하기 위하여 그 부동산을 목적으로 한 저당권의 설정을 청구할 수 있다"고 규정하고 있는바, 이는 부동산공사에서 그 목적물이 보통 수급인의 자재와 노력으로 완성되는 점을 감안하여 그 목적물의 소유권이 원시적으로 도급인에게 귀속되는 경우 수급인에게 목적물에 대한 저당권설정청구권을 부여함으로써 수급인이 사실상 목적물로부터 공사대금을 우선적으로 변제받을 수 있도록 하는 데 그 취지가 있고, 이러한 수급인의 지위가 목적물에 대하여 유치권을 행사하는 지위보다 더 강화되는 것은 아니어서 도급인의 일반 채권자들에게 부당하게 불리해지는 것도 아닌 점 등에 비추어, 신축 건물의 도급인이 민법 제666조가 정한 수급인의 저당권설정청구권 행사에 따라 공사대금채무의 담보로 그 건물에 저당권을 설정하는 행위는 특별한 사정이 없는 한 사해행위에 해당하지 아니한다(대법원 2008. 3. 27. 선고 2007다78616, 78623 판결 등 참조).

(2) 그런데 민법 제666조에서 정한 수급인의 저당권설정청구권은 공사대금채권을 담보하기 위하여 인정되는 채권적 청구권으로서 공사대금채권에 부수하여 인정되는 권리이므로, 당사자 사이에 공사대금채권만을 양도하고 저

당권설정청구권은 이와 함께 양도하지 않기로 약정하였다는 등의 특별한 사정이 없는 한, 공사대금채권이 양도되는 경우 저당권설정청구권도 이에 수반하여 함께 이전된다고 봄이 타당하다. 따라서 신축 건물의 수급인으로부터 공사대금채권을 양수받은 자의 저당권설정청구에 의하여 신축 건물의 도급인이 그 건물에 저당권을 설정하는 행위 역시 다른 특별한 사정이 없는 한 사해행위에 해당하지 아니한다고 할 것이다.

**라. 환송 후 원심(대구고등법원 2019. 5. 31. 선고 2018나405 판결): 원고 일부 승소**

환송 후 원심은, 甲회사가 乙회사에 대한 공사대금채권을 피고에게 양도하고, 그 채권양도통지를 함으로써 이를 담보하기 위해 乙회사에 대하여 가지는 저당권설정청구권도 공사대금채권에 수반하여 피고에게 이전되었다고 판단한 다음, 원고의 저당권설정청구권 소멸시효 완성 주장을 배척하고, 저당권설정청구권이 인정되는 채권최고액 2,059,348,009원 범위에서 원고의 사해행위취소청구를 기각하였다.

이에 원고가 상고하지 않아, 위 판결이 2019. 6. 19. 확정되었다.

## 〔硏　　究〕

### Ⅰ. 서　　론

민법 제666조는 "부동산공사의 수급인은 보수에 관한 채권을 담보하기 위하여 그 부동산을 목적으로 한 저당권의 설정을 청구할 수 있다."고 규정하고 있다. 이는 과거 의용민법에 있었던 선취특권을 폐지하면서, 독일 민법의 저당권설정청구권 조항을 본받아 신설한 것으로서, 대상판결에서도 언급하는 바와 같이 수급인이 공사목적물로부터 공사대금을 우선적으로 변제받도록 하여 수급인의 공사대금채권을 보호하는 데에 그 제도의 취지가 있다.

그러나 현실에서 수급인의 저당권설정청구권은 그 제도의 취지와 달리 수급인의 공사대금채권 확보를 위한 수단으로써 널리 활용되지 못하고 있다.[1] 그 대신 법정담보물권인 유치권이 공사대금채권의 확보수단으로 선호[2]되고 있지만, 유치권에 대하여는 허위 유치권이나 공시방법, 장기간 점유로 인한 폐해 등 여러 비판[3]이 있어 2013년 민법개정시안 논의에서도 유치권의 폐지와 함께 저당권설정청구권이 그 대안으로 제시된 바 있다.

이러한 상황에서 대법원은 근래에 저당권설정청구권에 기한 저당권설정의 사해행위 여부와 그 소멸시효 등 저당권설정청구권과 관련하여 몇 가지 중요한 판결을 선고하였는바, 이는 현행법의 해석으로 저당권설정청구권의 행사 주체와 보호 범위를 넓힘으로써 그 실효성을 높인다는 점에서 그 의미를 부여할 수 있고, 대상판결의 판시 역시 저당권설정청구권의 실효성 측면에서 이해될 수 있다.

한편 저당권설정청구권은 의용민법상 부동산공사의 선취특권(의용민법 제327조[4])에서 유래된 것으로서,[5] 현행법상 이처럼 특정 채권을 보호하기 위해 우선변제권이라는 특권을 부여하는 제도로는, 대표적으로 주택임차인의 보증금우선특권(주택임대차보호법 제3조의2 제2항)과 임금우선특권(근로기준법 제38조)을 들 수 있으므로, 임대차보증금채권 및 임금채권을 양도하는 경우에도 우선변제권이 수반하여 양도되는지 비교 연구하는 것도 대상판결을 이해함에 있어 유의미하다 할 것이다.

이하에서는 대상판결을 검토하기 위해 우선 저당권설정청구권의 법

1) 대법원 종합법률정보 시스템에서 '저당권설정청구권'이라는 단어로 검색한 결과 총 14건의 사건이 검색되고, 전산상 2018. 1. 1.부터 2018. 12. 31.까지 1년간 선고된 민사본안 사건 1심 판결 중에서는 단 8건에 불과하다.

2) 대법원 종합법률정보 시스템에서 '유치권'이라는 단어로 검색한 결과 총 590건의 사건이 검색되었고, 전산상 2018. 1. 1.부터 2018. 12. 31.까지 1년간 선고된 민사본안 사건 1심 판결 중에서는 사건명이 유치권이 포함된 판결(유치권 부존재 확인, 유치권 확인 등)만 181건에 이른다.

3) 윤진수, "유치권 및 저당권설정청구권에 관한 민법개정안", 민사법학 제63-1호, 한국민사법학회(2013. 6.), 193면 이하; 김재형, "부동산 유치권의 개선방안: 2011년 민법개정시안을 중심으로", 민법론, Ⅴ, 박영사(2015), 84면 이하.

4) 의용민법 제327조(부동산공사의 선취특권) ① 부동산공사의 선취특권은 공사의 설계, 시공 또는 감리를 하는 자가 채무자의 부동산에 관하여 한 공사비용에 관하여 그 부동산에 대하여 존재한다.

5) 이지은, "일반우선특권에 관한 연구", 서울대학교 박사학위 논문, 2011, 22면.

적 성질과 요건 등 그 일반에 대해 개관하고(Ⅱ), 나아가 저당권설정청구권의 실효성 문제를 유치권에 대한 비판적인 시각에서 접근하면서, 저당권설정청구권에 관한 대법원 판결을 분석하기로 한다(Ⅲ). 다음으로 채권양도의 원칙과 예외, 나아가 양도 범위를 검토하면서, 임금채권의 양도성과 임대차보증금우선특권의 수반성에 관한 대법원 판례를 비교 연구한 다음(Ⅳ), 전체적인 논의를 바탕으로 저당권설정청구권의 수반성, 즉 대상판결의 당부에 대해 논하고(Ⅴ), 보론으로 관련 문제와 제도 개선 방향에 대해 살펴본 다음(Ⅵ), 결론으로 나가기로 한다(Ⅶ).

한편 대상판결에서는 신축 건물의 도급인이 수급인의 저당권설정청구권 행사에 따라 공사대금채무의 담보로 그 건물에 저당권을 설정하는 행위가 사해행위에 해당하지 않는 것을 전제로 논의를 진행하고 있다. 이는 수급인의 자재나 노력으로 완성되는 건물은 당초부터 수급인의 공사대금채권 보전을 위하여 담보로 제공될 것이 법률로써 예정되어 있던 재산인 점, 그에 대한 저당권설정 행위도 법률에 따라 원래 예정된 채무를 이행하는 것에 불과한 점[6]에 비추어 타당하다 할 것이므로, 발표문에서 별도로 서술하지 않는다.

## Ⅱ. 저당권설정청구권 일반[7]

### 1. 입법 취지

수급인의 저당권설정청구권을 규정하는 민법 제666조는 부동산공사에서 그 목적물이 보통 수급인의 자재와 노력으로 완성되는 점을 감안하여 그 목적물의 소유권이 원시적으로 도급인에게 귀속되는 경우 수급인

6) 민철기, “공사대금채권이 양도되는 경우 저당권설정청구권도 이에 수반하여 함께 양도되는지 여부”, 대법원판례해설 제117호, 법원도서관(2019), 98면.

7) 이 부분은 편집대표 김용담, 주석민법(4판), 채권각칙(4), 한국사법행정학회(2016), 274-285면(이준형 집필 부분); 편집대표 곽윤직, 민법주해 XV, 박영사(2002), 450-451면(김용담 집필 부분); 김영희, “건물공사 수급인의 공사대금채권 확보 제도에 관한 비교 민법적 고찰”, 법사학연구 제55호, 한국법사학회(2017) 156-164면, 박성윤, “건물신축공사 하수급인의 저당권설정청구권”, 대법원판례해설 제109호, 법원도서관(2017), 162-165면을 참조하여 정리하였다.

에게 목적물에 대한 저당권설정청구권을 부여함으로써 수급인이 사실상 목적물로부터 공사대금을 우선적으로 변제받을 수 있도록 하는 데 그 취지가 있다(대법원 2008. 3. 27. 선고 2007다78616, 78623 판결).

이는 부동산공사 수급인의 보수채권을 다른 채권자보다 우선하여 변제시킴으로써 특별히 보호하고, 공사에 따르는 노무의 제공, 재료의 공급, 장비의 임대 등이 원활하게 이루어지게 한다[8]는 사회정책적 고려에 따른 것으로 이해할 수 있다.

### 2. 입 법 례

수급인의 공사대금채권 확보를 위해 마련해 놓고 있는 민법상 제도는 크게 해당 채권 자체에 우선변제권적 지위를 부여하는 '우선특권' 계열(프랑스, 일본, 미국, 의용민법)과 해당 채권에 관한 저당권의 성립을 법률로 정해 놓는 넓은 의미의 '법정저당권' 계열로 구분할 수 있고, 법정저당권 계열은 다시 해당 채권 자체에 법정저당권이 부여되는 좁은 의미의 '법정저당권' 계열(스위스)과 해당 채권에 저당권설정을 청구할 권리를 부여하는 저당권설정청구권 계열(독일, 우리 민법, 대만)로 분류할 수 있다. 아래에서는 법정저당권 계열로 분류되는 독일과 스위스, 대만의 제도를 간단하게 소개하기로 한다.

#### 가. 독 일

독일 민법은 제650조 e(구 제648조)에서 건물공사를 전체적으로든 부분적으로든 완성한 수급인은 도급인인 토지소유자의 부동산에 저당권설정을 청구할 수 있다고 규정하여, 건물공사 수급인에게 저당권설정청구권을 부여하고 있다. 문언대로 청구에 의해 저당권이 설정되므로, 건물의 제3취득자를 상대로 저당권설정을 청구할 수 없고, 설정되더라도 선행 저당권에 우선하지 못한다.

---

8) 김상용, "부동산공사 수급인의 우선특권–우리 민법상 수급인의 저당권설정청구권과의 비교–", 민사법연구 4, 법원사(2000. 4.), 353면.

나. 스 위 스[9)]

스위스 민법 제837조 제1항 제3호에서 토지 위의 건물 또는 공작물에 자재나 노무 또는 노무만을 제공한 수공업자 및 수급인이 그 채권에 관하여는 토지소유자에 대하여 법정저당권 등기를 청구할 수 있다고 규정하고 있다. 수급인이 별도로 청구하여야 하나 법문언상 '법정저당권'으로 명시하고 있고, 도급계약상 착공일로부터 공사 완성 후 4개월이 되는 날까지 청구하여야 하는 제한이 뒤따른다. 다만, 그 기간 이내라면 해당 토지의 제3취득자도 저당권설정청구의 상대방이 될 수 있다.

다. 대 만[10)]

대만 민법 제513조 제1항은 도급한 일이 건물이나 기타 토지의 공작물이거나 또는 이들의 공작물의 중대한 보수를 하는 경우에 수급인은 도급관계의 보수를 그 일에 부수한 도급인의 부동산에 대하여 도급인의 저당권 등기의 설정을 청구할 수 있다. 또는 장래 완성될 도급인의 부동산에 대하여 미리 저당권 등기의 설정을 청구할 수 있다고 규정하고 있다. 수급인은 일을 개시하기 전이라도 저당권 등기의 설정을 청구할 수 있고(제2항), 도급계약이 공증된 경우 수급인이 단독으로 저당권 등기를 신청할 수 있으며(제3항), 수선의 보수에 대하여 등기할 저당권은 수선으로 인하여 증가된 가치의 한도 내에서 먼저 성립한 저당권에 우선한다(제4항). 행사시기나 행사방법의 측면에서 우리나라보다 공사대금채권을 더 강하게 보호하는 것으로 평가할 수 있다.

3. 법적 성격

가. 수급인의 설정청구에 도급인이 응하지 않을 경우, 수급인이 도급인을 상대로 민법 제389조 제2항의 의사표시에 갈음하는 판결을 받아 단독으로 저당권설정등기를 할 수 있다는 점을 들어, 민법 제666조에 의해

---

9) 이춘원, "저당권설정청구권에 관한 비교법적 고찰: 스위스법을 중심으로", 비교사법 제14권 제4호, 한국비교사법학회(2007), 351면 이하 참조.

10) 김성수 역, 대만 민법전, 법무부, 2012, 265면.

설정되는 저당권을 일종의 법정저당권으로 이해하는 견해가 있고,[11] 수급인의 저당권설정청구권 행사에 의하여 곧바로 저당권설정계약 체결이라는 법률관계가 형성된다고 해석한다면 그 법적 성격을 형성권으로 보는 견해도 상정해 볼 수 있다. 판례는 저당권설정청구권을 공사대금채권을 담보하기 위하여 저당권설정등기절차의 이행을 구하는 일종의 채권적 청구권으로 본다.[12]

나. 살피건대, 저당권설정청구권의 행사로 곧바로 저당권이 설정되는 것은 아니고,[13] 그에 따라 도급인이 저당권설정등기를 하여야 비로소 저당권이 성립하는바,[14] 이때 성립하는 저당권은 보통의 저당권으로서 그 우선순위는 등기의 선후에 의한다.[15] 만약 등기 없이도 수급인이 저당권을 취득한다면 공시상의 문제가 발생하여 등기를 신뢰한 제3자 보호가 문제될 수 있고, 민법 제666조 문언 해석상 민법 제187조에서 정한 '기타 법률의 규정에 의한 물권의 취득'에 해당한다고 볼 수도 없으므로, 이를 법정저당권으로 보기는 어렵다.

다. 저당권설정청구권을 법정저당권으로 보지 않는 이상, 수급인이 저당권 취득하기 위해서는 등기 외에도 원칙적으로 저당권설정에 대한 물권적 합의가 필요하다 할 것인데, '수급인의 보수채권 보호'라는 제도의 취지상 적법하게 저당권설정청구권이 행사되면 도급인은 이를 거절할 수 없으므로, 저당권설정청구권 행사에 의해 도급인과 수급인 사이에는 사실상 저당권설정계약이 성립된 것과 같은 효과가 발생한다고 보는 것이 타당하다. 비록 민법 제666조에서 그 명칭을 '청구권'으로 규정하고 있으나, 물권행위의 독자성과 무인성을 인정하지 않는 우리 법제하에서 법정저당권 외에 저당권설정계약의 체결을 전제로 하지 않는 저당권 취득은 상정

11) 최종길, "수급인의 저당권설정청구권", 법정(구) 제20권 제5호, 법정사(1965), 18-23면; 김영희(주 7), 162면 참조.
12) 대법원 2016. 10. 27. 선고 2014다211978 판결.
13) 곽윤직, 채권각론(제6판), 박영사(2003), 263면.
14) 송덕수, 채권법각론(제4판), 박영사(2019), 349면.
15) 김상용(주 8), 355면.

하기 어려우므로, 저당권설정계약의 성립된다고 보아 수급인으로 하여금 바로 저당권설정등기절차의 이행을 구할 수 있도록 하는 것이 법률관계를 간명하게 하고, '수급인의 보수채권 보호'라는 제도의 취지와도 부합하기 때문이다. 채권적 청구권으로 보아 저당권설정청구권의 행사 이후에도 저당권설정계약 체결에 대한 도급인의 의사진술을 구하여야 비로소 저당권설정등기절차의 이행을 구할 수 있다면, 절차가 번거로워 저당권설정청구권의 실효성은 크게 떨어질 수밖에 없다. 나아가 형성권의 행사에 따른 효과가 반드시 저당권과 같은 물권적 권리의 형성에만 한정되는 것은 아니므로,[16] 바로 저당권 취득이라는 물권적 효과가 발생하지 않더라도 저당권설정계약이 성립된 것과 같은 효과를 발생시키는 이상, 그 법적 성격은 형성권에 가깝다고 보는 것이 타당하다. 하급심도 대부분 저당권설정청구권의 행사에 따라 저당권설정계약이 성립됨을 전제로, 바로 '저당권설정청구권 행사'를 원인으로 한 저당권설정등기절차의 이행을 명하고 있다.[17]

### 4. 요　　건

가. 청구권자는 부동산공사의 수급인이다. 부동산공사에는 토지에 대한 공사(성토, 절토, 도로개설, 조경, 기반설비 등의 공사)와 건물에 대한 공사(건물의 신축, 증·개축, 내외부 마감)가 모두 포함된다.

나. 청구의 상대방은 공사 대상 부동산의 소유자인 도급인[18]이다(통

---

16) 기세룡, "지상물매수청구권행사의 효과", 민사법연구 제15집 제1호, 대한민사법학회(2007), 5면 참조. 지상물매수청구권의 경우에도 명칭이 '청구권'으로 되어 있으나(민법 제283조 제2항), 판례는 지상물매수청구권은 이른바 형성권으로서 그 행사로 임대인·임차인 사이에 지상물에 관한 매매가 성립하게 되며, 임차인이 지상물의 매수청구권을 행사한 경우에는 임대인은 그 매수를 거절하지 못한다고 판시하였다(대법원 1995. 7. 11. 선고 94다34265 전원합의체 판결 참조).

17) 통상적인 판결 주문 례: "피고는 원고에게 별지 목록 기재 건물에 관하여 0000. 00. 00.자 저당권설정청구권 행사를 원인으로 하여 채권액 000,000,000원, 채권자 원고, 채무자 피고로 하는 저당권설정등기절차를 이행하라."[대전고법(청주) 2019. 8. 27. 선고 2019나13판결, 서울고법 2014. 11. 27. 선고 2014나13664 판결 등, 변제기나 이율 등을 명시하여 피담보채권을 특정하기도 한다].

설). 스위스 민법과 같이 도급인임을 요하지 아니하는 입법례도 있으므로, 해석상 도급인이 아닌 부동산의 소유자도 청구의 상대방이 된다고 해석할 여지가 있으나, 의용민법 제327조에서도 선취특권의 대상을 '채무자의 부동산'으로 명시하고 있었고, 이를 확대하겠다는 입법자의 의사를 엿볼 수 있는 다른 자료가 없으며, 스위스 민법과 같이 설정기한에 제한(공사의 완성 후 4개월)을 두고 있지도 않으므로, 상대방을 확대해석할 필요는 없다. 따라서 도급인이 공사목적물을 제3자에게 양도하기 전에 수급인이 저당권 등기를 설정하지 못하였다면, 수급인은 제3취득자를 상대로 저당권설정청구권을 행사할 수 없다.

다. 청구의 객체는 공사목적물인 부동산이다. 토지공사자는 그 토지에 대해서만, 건물공사자는 그 건물에 대해서만 저당권설정을 청구할 수 있다. 우리 민법이 토지와 건물을 독립된 부동산으로 보는 이원적 소유권체계를 운용하고 있기 때문이다. 이에 대해 건물 신축공사의 경우 건물로서의 최소한의 실체가 갖추기 전까지는 도급인이 제공한 부동산, 즉 '대지'에 대하여 저당권의 설정을 청구할 수 있다는 견해도 있으나,[19] 우리 민법상 건물은 토지와 별개의 부동산으로서 아직 건물로서 실체를 갖추지 못한 정착물은 토지의 부합물에 불과하지만, 그때까지 발생한 공사대금채권은 그 건물의 신축에 관하여 발생한 것이지, 토지에 관하여 생긴 것이 아니고, 지상의 건물 신축으로 인해 대지의 가치가 필연적으로 상승한다고 볼 수도 없으므로, 대지에 대하여는 저당권설정청구권을 행사할 수 없다고 보는 것이 타당하다.[20]

---

18) 부동산공사 도급계약의 체결 당사자인 도급인이 반드시 토지소유자일 필요는 없으므로, 도급인이 토지의 전세권자나 지상권자일 경우 수급인에게 그 전세권이나 지상권에 관하여 저당권설정청구를 할 수 있는지 문제가 될 수 있다. 최종길(주 11), 21면 참조.

19) 주석민법(4판), 채권각칙(4)(주 7), 281-282면(이준형 집필 부분).

20) 대법원은 건물의 신축공사를 도급받은 수급인이 사회통념상 독립한 건물이라고 볼 수 없는 정착물을 토지에 설치한 상태에서 공사가 중단된 경우에 위 정착물은 토지의 부합물에 불과하여 이러한 정착물에 대하여 유치권을 행사할 수 없는 것이고, 또한 공사 중단시까지 발생한 공사금 채권은 토지에 관하여 생긴 것이 아니므로 위 공사금 채권에 기하여 토지에 대하여 유치권을 행사할 수도 없다고 판시한

라. 피담보채권은 수급인의 보수채권이다. '보수'라는 표현을 사용하고 있으나, 노무에 대한 보수뿐만 아니라 재료에 대한 비용도 포함하여 공사대금채권 전반으로 해석하는 것이 일반적이다.

마. 행사시기와 관련하여 민법에서 따로 규정하고 있지 않으나, 저당권은 피담보채권의 존재를 전제로 하므로, 변제기의 도래와 관계없이 보수청구권이 성립한 후에는 저당권의 설정을 청구할 수 있다 할 것이다. 그리고 도급계약에 기한 보수채권은 도급계약의 성립만으로 이를 양도할 수 있으므로, 원칙적으로는 도급계약의 성립과 동시에 저당권설정청구권을 행사할 수 있다(물론 등기를 청구하기 위해서는 피담보채권액을 확정할 수 있어야 한다).[21] 이에 대하여는 민법 제666조의 저당권설정청구권 규정과 제665조의 보수의 지급시기 규정의 관계상 수급인은 공사의 완성 후에 비로소 저당권의 설정을 청구할 수 있다고 해석할 여지가 크다는 견해도 있다.[22]

### 5. 효 과

가. 수급인은 도급인에 대하여 저당권 등기절차에의 협력을 구할 수 있고, 도급인은 수급인의 청구가 앞서 본 요건을 갖추고 있다면, 특별한 사정이 없는 한 이에 협력할 의무가 있다. 도급인이 저당권설정청구를 거절할 수 있는 특별한 사정이 무엇인지에 관하여는 논의가 별로 없으나, 저당권설정청구권을 포기하기로 하는 당사자 사이의 합의나 중복 청구의 경우를 거절 사유의 예로 들 수 있겠다. 만약 협력하지 않을 경우 도급인을 상대로 의사표시에 갈음하는 확정된 이행판결을 받아 단독으로 저당권등기를 신청할 수 있다.

나. 저당권이 설정된 경우 채권의 실현은 보통의 저당권 실행절차에 따르게 되므로, 저당권법상 우선순위의 법리가 그대로 적용되어 그 등기의 선후에 따라 우선순위가 정해진다. 따라서 동일 공사를 진행한 복수

---

바 있다(대법원 2008. 5. 30.자 2007마98 결정).

21) 곽윤직(주 13), 263면, 민법주해 XV(주 7), 451면(김용담 집필 부분).

22) 김영희(주 7), 160면.

의 수급인이 저당권을 설정하더라도 동순위가 아니라, 등기의 선후에 따라 우선순위가 정해질 수밖에 없다. 우리 민법상 도급계약의 선후나 공사 완성의 선후에 따라 순위를 달리한다고 해석하기는 어려워 보인다.[23]

다. 도급인이 목적부동산을 양도하면 수급인은 저당권설정청구권을 잃게 되므로, 그 청구권을 가등기하여 보전하거나(부동산등기법 제90조) 도급인을 상대로 부동산처분금지가처분을 신청[24]하고 다른 담보를 요구하는 등의 조치를 취하여야 한다.

라. 저당권설정청구권의 행사를 통해 저당권을 취득한 수급인이 보수채권 전액을 변제받으면, 저당권등기를 말소할 의무가 있다. 이러한 수급인의 저당권말소의무와 도급인의 보수지급채무가 동시이행관계에 있다고 보는 견해도 있으나,[25] 저당권설정청구권에 의하여 별도의 법정담보물권이 설정되는 것이 아니고, 수급인의 공사대금채권 보호라는 제도의 취지를 고려할 때, 보통의 저당권자보다 불리한 지위에 있다고 볼 이유는 없다. 그리고 해당 부동산은 이미 법률에 따라 수급인의 저당권의 목적이 될 예정에 있으므로, 이익 상황을 고려하더라도 약정에 의해 저당권이 설정되는 경우와 크게 다르지 않다. 따라서 도급인의 보수지급의무는 수급인의 저당권등기 말소에 앞서는 선행의무라고 보는 것이 타당하다.[26]

마. 소멸시효기간에 대하여는 민법에서 따로 규정하고 있지 않다. 이에 대해 독자적인 소멸시효에 걸리기보다는 피담보채권인 보수채권의 소멸시효에 의해 소멸한다는 견해,[27] 채권적 청구권이므로 10년의 소멸

23) 최종길(주 11), 23면.

24) 처분금지가처분이 가능한지 문제될 수 있으나, 판례상 계약상 저당권설정등기청구권을 피보전권리로 하는 처분금지가처분이 허용되고, 대법원 2015. 8. 25.자 2015마698 결정에서도 저당권설정청구권을 피보전권리로 하는 처분금지가처분이 유효함을 전제로 그 취소 여부를 판시한 바 있다.

25) 주석민법(4판), 채권각칙(4)(주 7), 284면(이준형 집필 부분): 도급인이 자기 토지를 근저당권의 담보물로 제공하여 수급인이 공사에 필요한 자금을 대출받도록 한 사안에서 수급인의 근저당권 말소의무와 도급인의 보수지급채무가 동시이행관계에 있다고 판시한 대법원 2010. 3. 25. 2007다35152 판결의 경우와 이익상황이 다르지 않다는 점을 논거로 든다.

26) 대법원 1969. 9. 30. 선고 69다1173판결 참조.

시효기간을 가진다는 견해[28]가 있으나, 판례는 3년의 단기소멸시효에 걸리는 도급을 받은 자의 공사에 관한 채권에는 도급받은 공사의 공사대금채권뿐만 아니라 그 공사에 부수되는 채권도 포함되는데, 저당권설정청구권도 공사에 부수되는 채권적 청구권으로서 3년의 단기소멸시효기간을 가진다고 보고 있다.[29] 생각건대 앞서 살펴본 바와 같이 저당권설정청구권의 법적성격을 형성권으로 보더라도 그 기간이 법정되어 있지 않으므로, 그 존속은 기초가 되는 도급계약관계의 존속과 같이 한다고 보아 원칙적으로 공사대금채무의 소멸시효인 3년의 제척기간에 걸린다고 보는 것이 타당하다.

바. 한편 저당권설정청구권에 대하여는 민법 제정 당시부터 계속하여 실효성이 떨어진다는 지적이 있었고, 관련 대법원 판례도 많지 않은바, 제도의 실효성과 관련 판례에 대하여는 항을 바꾸어 검토하기로 한다.

## Ⅲ. 저당권설정청구권의 실효성과 관련 판례의 검토

### 1. 저당권설정청구권의 실효성

의용민법하에서 선취특권이 실효성이 적었다는 데에 학자들은 대체로 동의하였고, 민법 제정과정에서 기존의 선취특권 제도를 폐지하고 특별히 보호할 필요가 있는 채권에 대하여만 법정질권 또는 법정저당권의 형식으로 유지시키는 안이 채택되어, 저당권설정청구권이 신설되었지만,[30] 현재까지도 계속 실효성이 없다는 비판을 받고 있다. 구체적인 이유는 다음과 같다.

가. 건물공사에 있어서 건물이 미등기인 경우, 저당권설정청구권을 행사하기 위해서는 우선 도급인 앞으로 보존등기가 마쳐져야 하는데, 원칙적으로 수급인이 재료를 공급하여 완성한 건물의 소유권은 수급인에게

27) 주석민법(4판), 채권각칙(4)(주 7), 284면(이준형 집필 부분).
28) 최종길(주 11), 21면.
29) 대법원 2016. 10. 27. 선고 2014다211978 판결 참조.
30) 이지은(주 5), 19-22면 참조.

귀속될 뿐만 아니라,[31] 공사대금을 지급받지 못해 공사가 중단되는 경우에는 이를 기대하기 어렵다.

나. 프랑스나 일본의 선취특권 제도나 스위스의 법정저당권 제도와 비교했을 때, 저당권설정청구권제도는 청구의 상대방이 도급인으로 한정되고, 수급인이 단독으로 등기를 신청할 수 없는 등 상대적으로 보호의 정도가 약하므로, 이를 이용할 유인도 적을 수밖에 없다.[32]

다. 현재 부동산공사의 수급인은 저당권설정청구권보다는 유치권을 선호하고 있다. 왜냐하면 이원적 소유권체계를 운용하고 있는 우리 법제상 토지공사일 경우 토지만, 건물공사의 경우 건물만 저당권의 목적이 되므로, 실제 경매절차에서 건물제한을 받는 토지, 토지에 대한 권리를 수반하지 않는 건물의 가치는 떨어지게 되어 채권확보에 영향을 주게 된다. 그리고 법정담보물권이 아니므로 목적부동산 위에 선순위 저당권이 설정되어 있을 경우 그만큼 담보가치가 하락한다.[33]

라. 민법 제666조는 저당권설정청구권의 주체와 상대방, 그 목적물에 대해 상대적으로 간략하게 규정하고 있어, 구체적인 제도의 운용을 위해서는 그 행사 요건과 효과에 관하여 법리가 정립될 필요가 있다. 저당권설정청구권 행사에 따른 등기 가부나 그 효과가 불확실한 상황에서 수급인 입장에서는 그에 따른 위험을 무릅쓸 이유가 없기 때문이다. 그러나 앞서 본 바와 같이 이와 관련된 판례도 많지 않고, 학계에서의 논의도 충분히 이루어지지 않아, 수급인들에게 보수채권의 보호 수단으로서 와닿지 못하고 있는 것으로 보인다.

### 2. 부동산 유치권 제도의 문제점

현재 우리나라에서는 부동산공사 수급인이 저당권설정청구권보다 유치권을 선호하고 있다. 유치권으로 공사대금채권의 우선변제를 구할 수

31) 주석민법(주 7), 279면(이준형 집필 부분) 참조.
32) 김영희(주 7), 167-168면 참조.
33) 박성윤(주 7), 165면 참조.

는 없으나, 수급인이 공사대금채권을 변제받을 때까지 목적물의 인도를 거절할 수 있고, 목적물의 양수인은 물론 집행절차의 낙찰자에 대하여도 이를 주장할 수 있는바(민사집행법 제91조 제5항), 그 과정에서 소유자, 특히 낙찰자는 목적물을 사용·수익할 수 없고, 이를 다시 처분하더라도 유치권이 소멸하지 않아 사용가치는 물론, 교환가치조차 제대로 누리기 어려워, 피담보채무를 변제하는 등으로 그 부담을 소멸시키지 않을 수 없는 처지에 놓이게 되는 결과, 유치권자가 사실상 우선변제를 받을 수 있게 되기 때문이다.[34)]

부동산 유치권이 공사대금채권 확보를 위한 유효적절한 수단에 해당한다면, 굳이 저당권설정청구권 제도의 실효성을 제고할 방안을 논의할 필요성이 크지 않을 것이다. 그러나 부동산 유치권에 대하여는 아래와 같이 많은 비판과 함께 제도 개선이 필요하다는 견해[35)]가 다수를 이룬다. 주로 부동산 유치권자가 공사를 진행함 없이 목적물을 점유하는 경우가 속출하면서, 아무도 목적물을 사용·수익하지 못한 채, 장기간 방치되어 건물의 사용가치가 사장되는 점, 유치권이 등기부에 공시되지 않아 선의의 제3자에게 예측할 수 없었던 손해를 끼치게 된다는 점, 외관 작출이 쉬워 허위 유치권 신고사례가 많다는 점, 유치권의 성립과 존속을 위해 점유가 필요하므로, 점유의 취득과 침탈과정에서 불법행위가 많이 일어나는 점 등이 부동산 유치권의 폐해로 지적된다.

위와 같은 유치권 제도의 문제점을 해결하고 저당권설정청구권제도의 실효성을 제고하기 위한 방법으로 두 가지를 들 수 있다.[36)] 첫째는

---

34) 이동진, "물권적 유치권의 정당성과 그 한계", 민사법학 제49-1호, 한국사법행정학회(2010), 53-54면 참조.

35) 이하 김영두, "부동산유치권의 문제점에 관한 연구", 지안이선영박사화갑기념논문집(토지법의 이론과 실무), 법원사(2006), 203면 이하; 윤진수(주 3), 194-195면; 김재형(주 3), 347-348면; 정준영·이동진, "부동산유치권의 개선에 관한 연구", 2009년 법무부 연구용역 과제 보고서(2009), 22면 이하; 오시영, "유치권 관련 민법 개정안에 대한 검토", 강원법학 제38권, 강원대학교 비교법학연구소(2013. 2.), 97면 이하를 참조하여 간략히 정리하였다.

36) 물론 건설 수급인을 다른 채권자와의 관계에서 특별히 보호할 필요성, 즉 우선변제권능을 인정할지는 입법정책의 문제로서 수급인이 도급계약에 있어서 선급부

해석에 의한 해결방법으로 현행법의 한계 내에서 목적론적 축소해석이나 확대해석을 통해 문제의 해결을 도모할 수 있다. 둘째로는 제도 개선에 의한 해결방법으로서 문제되는 법률을 개정하거나 별도의 특별법을 제정하는 것이다. 아래에서는 그중 해석에 의한 해결방법으로서 유치권과 저당권설정청구권과 관련된 대법원 판례에 대해 검토하기로 한다.

### 3. 판례의 검토

○ 이미 유치권의 문제점에 대해서는 현행법상 해석론으로, 유치권의 피담보채권의 범위를 엄격하게 제한하거나, 일정한 경우에는 제3자에게 유치권을 주장하지 못하도록 하자는 의견이 주장되었다.

○ 대법원도 이러한 의견을 상당 부분 받아들이고 있다.[37] 관련 판례를 간단하게 소개하면,[38] 행사 범위와 관련하여 부동산에 관하여 경매개시결정등기가 된 뒤에 비로소 점유를 이전받아 유치권을 취득한 사람은 경매절차에서 유치권을 주장할 수 없다고 보았고(대법원 2005. 8. 19. 선고 2005다22688 판결 등 참조), 건물 증·개축 공사의 수급인이 경매개시결정 기입등기 전에 건물의 점유를 이전받았다 하더라도, 압류의 효력 발생 후 공사를 완공하여 공사대금을 취득하였다면 유치권으로 낙찰자에게 대항할 수 없다고 판시하였으며(대법원 2011. 10. 13. 선고 2011다55214 판결), 유치권을 포기하는 특약은 유효하고, 유치권을 사전에 포기한 경우 다른 법정요건이 모두 충족되더라도 유치권이 발생하지 않는 것과 마찬가지로 사후에 포기한 경우 곧바로 소멸하며, 이는 포기 의사표시의 상대방뿐만 아니라 그 이외의 사람도 주장할 수 있다고 판단하였다(대법원 2011. 5. 13.자 2010마1544 결정). 나아가 피담보채권과 관련하여, 공사현장에 시멘트

---

의무를 진다는 구조적 취약점, 계약법과 채권자평등의 원칙, 물권법상 순위의 원칙 등 형량 요소를 고려하여 판단하여야 한다는 견해도 있다. 이동진(주 34), 76-77면 참조.

37) 윤진수(주 3), 196면.

38) 이하 윤진수(주 3), 196-197면을 참조하여 정리하였다.

등 건축자재를 공급하더라도 그 자재대금채권은 매매대금채권으로 건물 자체에 관하여 생긴 채권으로 볼 수 없다고 보아(대법원 2012. 1. 26. 선고 2011다96208 판결), 그 범위를 엄격하게 제한한 바 있다. 그리고 채무자 소유 목적물에 이미 저당권 등 담보물권이 설정되어 있는데 채권자가 자기 채권의 만족을 위해 채무자와 의도적으로 유치권의 성립요건을 충족하는 거래를 하고 목적물을 점유하여 유치권이 성립한 경우, 유치권을 담보물권자에게 주장하는 것은 특별한 사정이 없는 한 신의칙에 반하는 권리행사로서 허용되지 않는다고 보기도 하였다(대법원 2011. 12. 22. 선고 2011다84298 판결).

○ 저당권설정청구권의 실효성이 떨어진다는 문제점에 대하여도 위와 같은 해석에 의한 해결방법을 적용할 수 있다. 우리 민법은 저당권설정청구권에 관하여 민법 제666조 단 한 개의 규정만 두고 있고, 구체적인 행사방법이나 그 시기, 효과에 대하여는 별도의 규정이 없으므로, 개별 사안에서 저당권설정청구권의 주체나 행사방법, 시기, 효과 등은 결국 학설과 판례에 의하여 규율될 수밖에 없기 때문이다. 저당권설정청구권과 관련한 판례가 집적되어 그 요건과 효과 등에 관한 법리가 정립된다면, 수급인으로서도 개별 사안에 있어서 유불리에 따라 저당권설정청구권을 유치권을 대신할 선택지 중 하나로 검토할 수 있을 것이다. 물론 제도에 의한 보호가 강할수록 그 실효성은 상대적으로 높아지므로, 행사주체를 넓게 인정하는 등 적용 범위를 넓게 해석함으로써 보호를 강화하는 것이 함께 뒤따라야 한다. 이와 관련하여 사회정책적 고려에 따른 특별한 보호라는 제도의 취지에 맞게 그 적용 범위를 좁게 해석할 필요가 있다는 견해[39]도 있으나, 이와 같은 엄격한 해석이나 접근은 결국 그 제도의 실효성을 낮추게 되어 수요자로 하여금 다른 수단을 찾게 만든다는 점에서 동의하기 어렵다. 아래에서는 구체적으로 저당권설정청구권과 관련한 판례들을 검토하기로 한다.

---

39) 주석민법(4판), 채권각칙(4)(주 7), 275면(이준형 집필 부분).

### 가. 피담보채권이 없는 상태에서 한 저당권설정청구권 보전을 위한 가등기를 무효로 본 판결 (대법원 1988. 3. 22. 선고 86다카622(본소), 623(반소) 판결)

(1) 피고가 호텔 신축 공사대금채권을 양수하여 이를 피보전권리로 하여 민법 제666조 저당권설정청구권 보전을 위한 가등기가처분을 신청해 경료된 가등기에 대해 호텔소유자이자 도급인인 원고가 말소를 구한 사안에서, 대법원은 피고가 수급인으로부터 공사대금채권 중 일부를 양수하였다고 하더라도 원고에게 양도 통지가 있었던 것은 위 가등기가 경료된 이후이므로, 가등기 경료 당시 피고는 원고에 대하여 위 채권 양수로 대항할 수 없었으므로, 결국 위 가등기는 아무런 피보전권리(공사대금채권)도 존재하지 아니하여 무효라고 판시하였다.

(2) 저당권설정청구권 보전을 위한 가등기가 가처분명령에 따라 경료되었다고 하더라도, 대항할 수 있는 채권이 없다면 가등기의 효력이 없다고 판시하였다는 점에서 의미가 있다. 여기서 주목할 점은, 저당권설정청구권 보전을 위한 가등기의 효력을 판단함에 있어, 공사대금채권이 일부 양도되는 경우 저당권설정청구권도 수반하여 양도됨을 전제로 양수인의 피보전권리 유무를 판단하였다는 것이다. 이는 대상판결의 판시내용과도 관련이 있다.

### 나. 저당권설정청구권 행사에 따른 근저당권 설정이 사해행위에 해당하지 않는다는 판결 (대법원 2008. 3. 27. 선고 2007다78616, 78623 판결)

(1) 대법원은 채무초과상태에 있는 채무자의 부동산에 관하여 수급인(피고)과 체결된 근저당권설정계약에 대해 사해행위취소를 구하는 사건에서, "수급인의 저당권설정청구권을 규정하는 민법 제666조는 부동산공사에서 그 목적물이 보통 수급인의 자재와 노력으로 완성되는 점을 감안하여 그 목적물의 소유권이 원시적으로 도급인에게 귀속되는 경우 수급인에게 목적물에 대한 저당권설정청구권을 부여함으로써 수급인이 사실상 목적물로부터 공사대금을 우선적으로 변제받을 수 있도록 하는 데 그 취지가 있고, 이러한 수급인의 지위가 목적물에 대하여 유치권을 행사하는 지위보다 더 강화되는 것은 아니어서 도급인의 일

반 채권자들에게 부당하게 불리해지는 것도 아닌 점 등에 비추어, 신축 건물의 도급인이 민법 제666조가 정한 수급인의 저당권설정청구권 행사에 따라 공사대금채무의 담보로 그 건물에 저당권을 설정하는 행위는 특별한 사정이 없는 한 사해행위에 해당하지 아니한다."고 판시하였다.

(2) 위 판결은 관련된 학설이나 판례가 전무한 상황에서, 저당권설정청구권 행사에 따른 저당권설정계약이 사해행위에 해당하지 않는 것을 최초로 판시하였다는 점에 의의가 있다. 저당권설정청구권의 채권적 '청구권'적 성격에 주목할 경우, 그에 따른 저당권설정계약에도 일반적인 사해행위 법리가 적용된다고 볼 여지도 있으나, 대법원은 저당권설정청구권 제도의 취지(수급인의 공사대금채권 보호)와 유치권을 행사하는 경우와의 형평성을 고려하여 사해행위의 성립을 부정하였고, 그 판단에는 수급인의 저당권설정청구권행사에 의한 저당권설정과 일반적인 저당권설정(저당권설정에 대한 합의)을 동일하게 볼 수 없다는 점이 전제되어 있다. 수급인이 유치권을 행사하는 경우 원칙적으로 사해행위가 성립하지 않는바, 저당권설정청구권 행사의 경우에도 마찬가지로 사해행위 성립을 부정함으로써 수급인이 유치권을 대신하여 저당권설정청구권을 행사할 유인을 제공하였다는 점, 도급인이 채무초과상태에 있더라도 저당권설정을 청구할 실익이 있게 된 점에서 위 판결이 제도의 실효성 측면에서도 의미를 가진다 할 것이다.

(3) 이어서 대법원 2012. 12. 13. 선고 2012다71398 판결에서는 위 판결의 취지를 고려하여, 수급인이 도급인과 합의하여 공사목적물에 미지급 공사대금을 위한 담보가등기를 설정한 행위가 사해행위에 해당하지 않는다고 판시하였다.

### 다. 저당권설정청구권 행사가 당사자 간의 합의에 반하여 부당하다는 주장을 배척한 판결(대법원 2015. 3. 26. 선고 2012다51240 판결)

원고가 피고에 대하여 공사대금채권의 담보를 위해 저당권설정청구권 행사를 원인으로 저당권설정등기절차의 이행을 구한 사건에서, 대법원은 신탁계약 및 대출약정상 문언은 피고에게 투자자인 피고보조참가인에 대한 담보제공의무를 부과하는 취지에 불과하고, 공사대금채권이 위 담보제공과 연계되어 있다고 볼만한 규정을 찾아볼 수 없다는 등의 이유로 피고가 공사대금채권자인 원고의 저당권설정청구를 거절할 수 없다고 판단한 원심[40]이 정당하다고 판시하였다.

저당권설정청구권이 행사되면, 공사목적물의 소유자인 도급인은 특별한 사정이 없는 한 저당권등기절차에 협력할 의무가 있다 할 것인데, 도급인이 수익자 등에 대하여 담보제공의무를 부담한다는 사정만으로는 저당권설정청구를 거절할 수 있는 특별한 사정에 해당하지 않는다고 보았는바, 최초로 저당권설정청구권 행사에 대한 거절의 당부를 판단하였다는 점에서 의미가 있다. 수급인의 공사대금채권 보호라는 제도의 취지를 고려하였을 때, 거절 사유[41]는 최대한 엄격하게 해석하는 것이 타당하다고 생각한다.

### 라. 건물신축공사 중 일부를 도급받은 하수급인의 수급인에 대한 저당권설정청구권을 인정한 판결 (대법원 2016. 10. 27. 선고 2014다211978 판결)

(1) 피고가 도급인으로부터 건물 신축공사를 도급받았고(원도급), 원고가 다시 피고로부터 골조공사 부분을 하도급받았는데, 공사 완성 후 수급인인 피고가 그 건물의 소유권을 원시취득하였다는 판결이 확정되자, 피고를 상대로 저당권설정청구권 행사로서 위 건물에 대한 저당권설정등기절차의 이행을 구한 사건에서, 대법원은 "[1] 부동산에 관한 공사도급의 경우에 수급인의 노력과 출재로 완성된 목적물의 소유권은 원칙적으로 수급인에게 귀속되지만, 도급인과 수급인 사이의 특약에 의하여 달리 정하거나 기타 특별한 사정이 있으면 도급인이 원시취득하게 되므로, 민법 제666조는 그러한 경우에 수급인에게 목적물에 대한 저당권설정청구권을

---

40) 서울고등법원 2012. 5. 2. 선고 2010나100614 판결.

41) 유치권에 대한 포기도 허용되므로, 그 법적 성격인 저당권설정청구권에 대하여 포기하는 것도 허용되고, 이를 도급계약에서 약정하였다면, 이를 이유로 청구를 거절할 수 있다 할 것이다. 이에 대하여는 적어도 사전 포기는 허용하지 않아야 한다는 견해도 있다[김영희(주 7), 161면].

부여함으로써 수급인이 목적물로부터 공사대금을 사실상 우선적으로 변제받을 수 있도록 하고 있다. 이에 비추어, 건물신축공사에 관한 도급계약에서 수급인이 자기의 노력과 출재로 건물을 완성하여 소유권이 수급인에게 귀속된 경우에는 수급인으로부터 건물신축공사 중 일부를 도급받은 하수급인도 수급인에 대하여 민법 제666조에 따른 저당권설정청구권을 가진다. [2] 도급받은 공사의 공사대금채권은 민법 제163조 제3호에 따라 3년의 단기소멸시효가 적용되고, 공사에 부수되는 채권도 마찬가지인데, 민법 제666조에 따른 저당권설정청구권은 공사대금채권을 담보하기 위하여 저당권설정등기절차의 이행을 구하는 채권적 청구권으로서 공사에 부수되는 채권에 해당하므로 소멸시효기간 역시 3년이다."라고 판시하였다.

(2) 이 판결은 수급인이 도급계약에 따라 신축한 건물의 소유권을 원시취득하는 경우 수급인으로부터 공사 중 일부를 하도급받은 하수급인도 수급인에 대하여 저당권설정청구권을 가진다는 점을 최초로 판시하고, 저당권설정청구권의 공사에 부수되는 채권이라는 것과 그 소멸시효기간을 명시적으로 판단하였다는 점에서 의의가 있다.[42] 그리고 현행법의 해석으로 저당권설정청구권의 주체와 그 상대방을 확장하는 등 저당권설정청구권의 적용 범위를 넓히는 것이 가능하다는 것을 보여 준다 할 것이다.

마. 대법원 판례에 대한 검토

(1) 대법원은 저당권설정청구권이 공사대금채권을 담보하기 위하여 저당권설정등기절차의 이행을 구하는 채권적 청구권으로서 공사에 부수되는 채권이라는 전제하에, 사해행위 여부와 행사 주체, 소멸시효, 거절사유 등에 대해 판단하고 있다. 아직 저당권설정청구권의 요건과 효과에 대해 법리가 정립될 만큼 판례가 집적되었다고 평가하기는 어려우나, 그 법적 성격을 명확히 하고 행사에 따른 저당권설정행위의 사해행위성을

42) 박성윤(주 7), 172면 참조.

부정하였다는 것만으로도 나름의 의미를 부여할 수 있다. 특히 대법원은 저당권설정행위의 사해행위 여부를 판단함에 있어 유치권 행사와의 형평을 주된 논거로 들었는바, 저당권설정청구권 행사의 효과를 판단함에 있어, 유치권을 중요한 비교 기준으로 설정하였다고 평가할 수 있다.

(2) 유치권을 비교 기준으로 삼았다는 것은 대법원도 저당권설정청구권의 실효성을 염두에 두고 있는 점을 시사해 준다. 이는 앞서 본 판시내용을 뒤집어 생각해 본다면 쉽게 이해할 수 있는바, 만약 대법원 2008. 3. 27. 선고 2007다78616, 78623 판결과 달리 저당권설정청구권 행사에 따른 저당권설정행위를 사해행위로 보게 된다면, 수급인으로서는 굳이 유치권 행사로 사실상 우선변제 받을 수 있는 길을 접어두고 저당권설정청구권을 행사할 이유가 없을 것이고, 대법원 2016. 10. 27. 선고 2014다211978 판결과 달리 하수급인의 저당권설정청구권 행사를 부정한다면, 하수급인 역시 공사대금채권의 확보를 위해 유치권을 행사할 수밖에 없으며, 대법원 2015. 3. 26. 선고 2012다51240 판결과 달리 명시적인 포기의 의사표시가 드러나지 않음에도 약정의 해석상 저당권설정청구권을 거절할 수 있다면, 저당권설정청구과정에서 당사자들의 의사해석이 주된 쟁점으로 부각될 것이다.

(3) 대상판결의 사안도 실효성의 측면에서 중요한 의미를 가진다. 저당권설정청구권의 양도성 및 수반성을 부정한다면, 수급인의 공사대금채권 양도가 사실상 억압되고, 수급인으로서는 채권 회수를 위한 확실한 방법인 유치권을 행사할 가능성이 커지기 때문이다. 다만 해석에 의한 해결방법만으로 대상판결을 이해하기에는 한계가 있다. 현행법을 해석함에 있어서는 법문언상 한계에 봉착하게 되고, 기존의 민법 기본원칙에 따르는 제한을 받을 수밖에 없기 때문이다. 저당권설정청구권은 공사대금채권에 부수되는 권리이므로, 채권양도에 관한 일반적인 원칙상 그 양도성과 수반성을 인정할 수 있을지 검토하여야 하고, 저당권설정청구권이 궁극적으로 공사대금채권에 대한 담보확보를 그 목적으로 한다는 점에서, 유치권, 우선변제권 등 유사한 권리의 수반성에 대한 대법원의 태도도

함께 살펴볼 필요가 있다. 아래에서는 항을 바꾸어 이에 대해 살펴보기로 한다.

## Ⅳ. 채권양도의 효과: 유사 제도와의 비교

### 1. 채권양도 일반론[43)]

#### 가. 채권의 양도성 원칙

(1) 민법 제449조 제1항은 '채권은 양도할 수 있다.'고 정하여 지명채권의 양도성을 선언하고 있다. 지명채권은 채무자에 대한 급부청구권을 그 주된 내용으로 하는 권리이므로 채권자와 채무자 간 인적인 요소가 내재되어 있음을 부인할 수 없다. 하지만 채권의 재산적인 가치는 여타의 재화와 다르지 않으며, 이를 승인하고 보다 적극적으로 활용할 수 있는 방안을 모색하게 된다. 또한, 사회경제적인 변화에 상응하여 채권자와 채무자 간의 인적인 결합도 상대적으로 희박해짐에 따라 그 처분을 허용하는 것이 보다 용이해졌다.

(2) 법률규정에 의해서 특정한 채권의 양도가 제한될 수 있음은 물론이다. 이와 더불어 민법 제449조는 채권의 양도성 원칙에 대한 예외를 포괄적으로 정하고 있다. 채권의 성질이 양도를 허용하지 않는 경우(동조 제1항 단서)와 당사자의 의사표시에 의한 양도제한(동조 제5항)이 그것이다. 학설은 고도의 인적인 청구권들 외에도 압류 불가능한 권리, 비독립적인 형성권들이 이에 속하며, 당사자의 합의나 법률규정에 의해서도 양도가 제한된다고 해석한다.

#### 나. 성질상 양도제한

(1) 채권의 성질이 양도를 허용하지 아니하는 때 채권은 양도성이 없다(민법 제449조 제1항 단서). 성질상 양도가 제한되는 채권의 유형에 대해 우리나라 학설은 채권자가 변경되면 급부내용이 전혀 달라지는 경우(계약에 의해 특정

---

43) 이 부분은 편집대표 김용담, 주석민법(4판), 채권총칙(3), 한국사법행정학회(2014), 321-325면, 341-343면(최수정 집필 부분); 편집대표 곽윤직, 민법주해 X, 박영사(2001), 534-536면, 558-573면(이상훈 집필 부분)을 참조하여 정리하였다.

한 사람을 부양하게 하는 채권, 부작위채권), 채권의 행사에 커다란 차이가 생기는 경우[사용차주의 채권(민법 제610조 제2항), 임차권, 사용자의 채권(민법 제657조 제1항), 위임인의 채권], 특정한 채권자와의 사이에 결제되어야 할 특별한 사정이 있는 경우(상호계산에 계입된 채권, 당좌대월계약상 채권)를 나누어 설명하는 것이 일반적이다.

(2) 그런데 채권의 성질에 의한 양도제한은 그 적용 범위가 점차 축소되는 경향에 있다. 채권의 재산적 성격이 강조되고 담보로서의 효용성이 크게 인식됨에 따라 가능한 한 성질상의 제한은 좁게 인정할 필요가 있는 것으로 보인다.

다. 채권양도의 효과: 이전되는 권리의 범위

(1) 채권양도에 의하여 채권은 그 동일성을 잃지 않고 양도인으로부터 양수인에게 이전된다. 따라서 이전되는 채권에는 채권 그 자체뿐만 아니라 당사자 사이에 특별한 다른 약정이 없는 한 그 채권에 종속적인 이자채권, 위약금채권, 보증채권 등의 종된 권리가 수반되며, 채권의 만족을 가능하게 하는 권리들도 함께 이전한다. 예컨대 양도채권과 관련한 보호의무 내지 부수적 의무도 양도 이후에는 양수인과 채무자 간에 존속한다.

(2) 물론 계약인수에서처럼 당사자의 지위에 수반한 권리들이 모두 이전되는 것은 아니지만, 이전되는 권리가 개별 청구권에만 한정되는 것도 아니다. 그 구체적인 범위는 일차적으로 법률행위 해석에 의하여 결정되지만, 이에 관한 당사자의 의사를 도출할 수 없는 경우에는 다음과 같은 기준에 의할 것이다.

먼저 당해 채권의 행사는 물론 채무불이행으로 인한 효과도 양수인에게 귀속한다. 다만 해제권은 계약당사자의 지위에 수반한 것이므로 양수인은 손해배상으로 만족할 수밖에 없고, 특약에 의해 양도채권과 함께 해제권이나 취소권을 양수인에게 이전하지 않는 한, 양도인은 여전히 계약당사자로서 이러한 권리를 갖는다. 그리고 채권양도시 별도의 정함이 없는 한, 주된 권리의 이전에 따라서 종된 권리도 이전한다. 다만 종된 권리라고 하더라도 이미 독립성을 갖게 된 때에는 그러하지 아니하다. 예컨대 변제기에 달한 지분적 이자채권, 현실화 된 위약금청구권 등은 여전히 양도인에게 귀속된다.

(3) 양도채권이 담보물권에 의해 담보된 경우에는 담보물권의 수반성에 의해서 피담보채권과 별도로 담보물권만을 양도할 수 없으며, 피담보채권만 양도하는 합의는 담보물권을 포기한 것으로 해석된다.

(4) 인적담보인 보증에 의해서 양도채권이 담보되는 경우, 보증채권도 부종성에 기해 이전된다. 즉 보증채무의 부종성 또는 수반성에 의해 주채무자에 대한 채권이 이전되면 당사자 간 별도의 특약이 없는 한 보증인에 대한 채권도 함께 이전하며, 채권양도의 대항요건도 주채권의 이전에 대해서 구비하면 족하고 보증채권에 대해서는 별도로 갖출 필요가 없다.[44] 보증인은 애초에 채무자의 자력을 담보한 것이므로 채권자의 변경이 발생한다고 하여 그 지위가 특별히 불안해지는 것은 아니기 때문이다.

### 라. 담보물권의 수반성

'수반성'이란 담보물권의 특성 중 하나로서 "담보물권이 피담보채권의 이전에 따라서 이전하고, 피담보채권에 부담이 설정되면 역시 그 부담에 복종하는 성질"[45]을 말하고 이는 인적담보인 보증채무와 주채무와의 관계에서도 인정된다. "법정담보물권은 특정의 채권을 우선적으로 보호하려는 것이므로, 구체적으로 채권자가 누구인지 문제 삼지 않으며, 채권의 이전에 따라 이전하게 됨은 당연하다. 약정담보물권은 당사자 사이의 계약으로, 어떤 채권의 변제를 확실하게 하고, 그러함으로써 그 채권의 경제적 가치를 늘어나게 하는 것이므로, 그 채권의 거래에서 채권과 더불어 거래의 객체가 되는 것으로 하여 채권과 함께 이전해서, 계속 그 채권의 경제적 가치를 유지하게 하는 것이 타당"[46]하다.

44) 대법원 2002. 9. 10. 선고 2002다21509 판결 참조.
45) 곽윤직 · 김재형, 물권법(제8판), 박영사(2014), 371-372면.
46) 곽윤직 · 김재형(주 45), 372면.

### 2. 유치권의 수반성

유치권은 법정담보물권으로서, 부동산공사와 관련하여서는 공사대금채권이 변제기에 있고, 수급인이 해당 부동산을 점유하고 있으며, 이를 배제하는 특약이 없을 때 성립한다. 유치권도 담보물권으로 수반성이 인정되므로, 공사대금채권이 이전되면 유치권도 당연히 이전한다. 다만, 이전되는 채권과 함께 공사대상 목적물의 점유로 아울러 이전되어야 한다.[47] 대법원도 공사대금채권의 양도와 당해 목적물의 점유이전으로 유치권이 양도됨을 전제로 유치권 양도의 효력을 판단한 바 있다.[48] 따라서 공사대금채권 양도과정에서 목적물에 대한 점유가 계속되지 못한다면, 유치권은 소멸한다 할 것이다. 그러나 이 경우에도 채권양수인이 목적물을 다시 적법하게 점유한다면, 이러한 새로운 점유에 기초하여 목적물에 대한 유치권을 취득할 수 있다.[49]

### 3. 우선특권제도와의 비교

저당권설정청구권은 의용민법상 부동산공사 선취특권(先取特權)에서 유래된 것으로, 이와 같은 우선특권은 "법률이 정하는 일정한 채권을 가진 자가 채무자의 일반재산 혹은 특정재산에서 우선변제를 받는 담보물권"[50]으로서, "특수한 채권을 다른 채권자와 평등한 입장에서 변제시키지 않고 특히 우선하여 변제시켜야 할 객관적인 이유가 있다는 데 있었으며, 사회정책적 고려, 당사자 의사의 추측 등이 우선특권의 입법이유에 해당한다."[51] 현행법상 우선특권제도로는 조세우선특권(국세기본법 제35조), 선박우선특권(상법 제777조), 임금우선특권(근로기준법 제38조 제2항)과 주택임차인의 보증금우선특권(주택임대차보호법 제3조의2)을 들 수 있다. 통설과 판례는 이와 같은 우선특권의 법적 성격을 법정

---

47) 곽윤직 · 김재형(주 45), 378면.

48) 대법원 2014. 12. 24. 선고 2014다55055 판결 참조.

49) 대법원 2005. 1. 13. 선고 2004다50853, 50860 판결 참조.

50) 이지은(주 5), 10면.

51) 이지은(주 5), 20면.

담보물권으로 보고 있다.[52)]

대상판결을 검토함에 있어서 위 각 제도에서 피담보채권의 양수인이 우선특권을 행사할 수 있는지 비교 검토할 필요가 있다. 물론 현행 민법상 저당권설정청구권의 법적 성격은 법정저당권이 아니어서 법정담보물권인 우선변제권과 그 성질이 같다고 볼 수는 없으나, 모두 사회정책적인 고려에 의해 특정 채권을 일반채권자보다 채무자의 특정재산에서 우선하여 변제시키는 데에 제도의 취지가 있으므로, 양수인에게 이전되는 권리의 범위를 판단함에 있어서도 위와 같은 제도의 취지를 고려하지 않을 수 없기 때문이다.

특히 임금채권의 양도성과 임대차보증금우선특권의 수반성에 관한 대법원 판례는 앞서 본 바와 같이 법정담보물권의 양도성과 수반성을 인정하는 일반적인 법리로는 설명할 수가 없는바, 이는 우선특권제도의 입법 취지를 중시하였기 때문으로 이해된다. 아래에서는 이에 대해 자세히 검토하기로 한다.

가. 임금우선특권의 양도성

**(1) 입법 취지와 법적 성질**

가) 임금, 재해보상금, 그 밖에 근로관계로 인한 채권은 사용자의 총재산에 대하여 질권, 저당권 또는 동산·채권 등의 담보에 관한 법률에 따른 담보권에 따라 담보된 채권 외에는 조세·공과금 및 다른 채권에 우선하여 변제되어야 한다(근로기준법 제38조 제1항). 퇴직금 또는 퇴직급여채권에 대하여는 근로자퇴직급여 보장법 제12조 제1항에서 사용자의 총재산에 대한 우선변제권을 인정하고 있다. 이는 근로자의 최저생활을 보장하고자 하는 공익적 요청에서 예외적으로 일반 담보물권의 효력을 일부 제한하고 임금채권의 우선변제권을 규정한 것이다.[53)]

나) 통설[54)]과 판례[55)]는 임금우선특권을 당사자 간의 약정이 없이도

52) 이지은(주 5), 9-10면 참조.
53) 대법원 1999. 2. 5. 선고 97다48388 판결.
54) 곽윤직·김재형(주 45), 367면 참조.
55) 대법원 2005. 10. 13. 선고 2004다26799 판결 참조.

법률의 규정에 의해 당연히 성립되는 법정담보물권으로 보고 있다. 따라서 근로자는 사용자의 재산에 대하여 경매절차나 체납처분의 청산절차에서 일반채권에 우선하여 변제받을 수 있다.[56)]

(2) **임금채권의 양도성**(대법원 1988. 12. 13. 선고 87다카2803 전원합의체 판결)

가) 퇴직한 근로자로부터 퇴직금 채권의 1/2을 양수한 양수인이 회사에 대하여 양수금을 청구한 사안에서, 대법원은 근로기준법 제43조 제1항에서 임금 직접지급의 원칙을 규정하는 한편 동법 제109조에서 그에 위반하는 자는 처벌을 하도록 하는 규정을 두어 그 이행을 강제하고 있는 취지가 임금이 확실하게 근로자 본인의 수중에 들어가게 하여 그의 자유로운 처분에 맡기고 나아가 근로자의 생활을 보호하고자 하는 데 있는 점에 비추어 보면, 근로자가 그 임금채권을 양도한 경우라 할지라도 그 임금의 지급에 관하여는 같은 원칙이 적용되어 사용자는 직접 근로자에게 임금을 지급하지 아니하면 안 되는 것이고 그 결과 비록 양수인이라고 할지라도 스스로 사용자에 대하여 임금의 지급을 청구할 수는 없다고 판시하였다(다수의견).[57)]

나) 위 판결에서 양수인이 우선변제권을 가지는지 명시적으로 판단하지는 않았으나, 양수인의 직접청구권이 부정되고, 사용자의 집행 재산에 대하여 직접 배당을 요구할 수도 없으므로,[58)] 양수인이 사용자의 재산에 대한 환가절차에서 우선변제권을 행사할 여지는 없을 것이다.

다) 위 판결의 다수의견에 대하여는, 사실상 임금채권의 양도가 금지된 것과 다름없는 결과를 초래하고, 근로자가 임금채권을 담보로 생활자금, 학자금을 마련하거나 퇴직금채권을 담보로 미리 전업자금을 마련하

56) 송승용, "근로기준법 제37조 소정의 임금채권 우선변제권의 대상인 '사용자의 총재산'에 대한 판례연구", 법조 제54권 제5호, 법조협회(2005), 241-244면.

57) 소수의견은 근로자의 임금채권이 자유롭게 양도할 수 있는 성질의 것이라면 그 임금채권의 양도에 의하여 임금채권의 채권자는 바로 근로자로부터 제3자로 변경되고 이때 그 임금채권은 사용자와 근로자와의 관계를 떠나서 사용자와 그 양수인과의 관계로 옮겨지게 됨으로써 양수인은 사용자에게 직접 그 지급을 구할 수 있다고 보았다.

58) 대법원 1996. 3. 22. 선고 95다2630 판결.

는 등 금융자산으로 활용할 길을 막아 오히려 근로자의 생활보호에 지장을 초래한다는 비판[59]과 청구권의 이전이 없는 채권의 양도는 무의미하고 실체적 권리와 추심권을 분리하는 것은 채권양도의 본질이나 양도당사자의 의사에도 맞지 않는다는 비판[60]이 있다.

**(3) 대위의 경우(임금채권보장법)**

한편 임금채권보장법 제7조에서는 사업주가 파산선고를 받는 등 일정한 경우에 고용노동부장관이 사업주를 대신하여 근로자에게 최종 3개월의 임금과 최종 3년간의 퇴직급여 등을 체당금으로 지급한다고 규정하고 있는데, 고용노동부장관이 체당금을 지급할 경우 그 금액 한도에서 근로자의 권리를 대위하고(제8조 제1항), 근로기준법 제38조 제2항, 근로자퇴직급여 보장법 제12조 제2항에 따른 최우선변제권은 제1항에 따라 대위되는 권리에 존속한다고 명시하고 있다(제8조 제2항). 만약 최종 3개월분의 임금과 최종 3년분의 퇴직금 중 일부만 체당금으로 지급하였다면, 배당절차에서 근로자가 나머지 부분에 대한 채권의 대위 채권자보다 우선한다.[61]

나. 주택임대차 보증금우선특권의 수반성

**(1) 입법 취지와 법적 성질**

가) 주택의 인도와 주민등록 등 대항요건과 임대차계약증서상의 확정일자를 갖춘 임차인은 민사집행법에 의한 경매 또는 국세징수법에 따른 공매를 할 때에 임차주택(대지를 포함한다)의 환가대금에서 후순위권리자나 그 밖의 채권자보다 우선하여 보증금을 변제받을 권리가 있다(주택임대차보호법 제3조의2 제2항). 이는 주거용 건물에 관하여 민법에 대한 특례를 규정함으로써 국민 주거생활의 안정을 보장한다는 주택임대차보호법의 입법목적상 사회적 약자인 주택임차인을 보호하려는 사회보장적 고려에서 나온 것이다.[62]

---

59) 최형기, "임금채권의 양도성", 법조 제38권 제2호, 법조협회(1989), 127면 이하; 한일환, "근로자의 임금채권의 양도가능성", 서울지방변호사회 판례연구 제3집, 서울지방변호사회(1990), 67면 이하 참조.

60) 서민, "퇴직금채권의 양도성", 민사판례연구 제12집, 민사판례연구회(1990), 67면 이하 참조.

61) 대법원 2011. 1. 27. 선고 2008다13623 판결.

62) 대법원 2010. 5. 27. 선고 2010다10276 판결 참조.

나) 통설[63]과 판례[64]는 주택임차인이 가지는 우선변제권이 법정담보물권의 성격을 갖는다고 보고 있다. 따라서 주택임차인은 임차주택뿐만 아니라 그 대지에 대하여 배당절차에서 일반채권에 우선하여 변제받을 수 있다. 나아가 임대차가 종료되었더라도 임차권등기명령을 신청하여 등기함으로써 우선변제권을 취득할 수도 있다(주택임대차보호법 제3조의3).

**(2) 임차보증금반환채권만 양수한 채권양수인이 주택임대차보호법상 우선변제권을 행사할 수 있는 임차인에 해당하지 않는다는 대법원 판결**(대법원 2010. 5. 27. 선고 2010다10276 판결)

가) 확정일자 있는 임차권의 대항요건을 갖춘 임차인으로부터 임대차보증금반환채권을 양수한 원고가 주택의 경매절차에서 선순위 근저당권자들에 밀려 배당에서 제외되자 배당이의의 소를 제기한 사건에서, 대법원은 "주택임대차보호법의 입법목적과 주택임차인의 임차보증금반환채권에 우선변제권을 인정한 제도의 취지, 주택임대차보호법상 관련 규정의 문언 내용 등에 비추어 볼 때, 비록 채권양수인이 우선변제권을 행사할 수 있는 주택임차인으로부터 임차보증금반환채권을 양수하였다고 하더라도 임차권과 분리된 임차보증금반환채권만을 양수한 이상 그 채권양수인이 주택임대차보호법상의 우선변제권을 행사할 수 있는 임차인에 해당한다고 볼 수 없다."고 판시하였다.

나) 위 판결은 임금우선특권에 대하여 근로자의 생활보호라는 임금직접지급원칙의 입법 취지에 비추어, 임금채권 양수인의 사용자에 대한 청구권 자체를 부정하였던 대법원 1988. 12. 13. 선고 87다카2803 전원합의체 판결의 다수의견과 같은 맥락으로 이해할 수 있다.[65] 위 우선변제권이 국민 주거생활의 안전이라는 입법목적과 사회적 약자 보호라는 사회정책적 고려에 의해 주택임차인에게 특별히 인정되는 권리이니만큼, 이를 주택임차인의 지위에서만 전속하는 권리로 보아 행사 주체를 좁히려

63) 곽윤직 · 김재형(주 45), 367면 참조.
64) 대법원 2012. 7. 26. 선고 2012다45689 판결 참조.
65) 이지은(주 5), 54면.

는 정책적인 고려에 기인한 것으로 평가할 수 있다.

다) 그러나 위 판결에 대하여는 지나친 형식논리일 뿐만 아니라 보증금반환채권의 가치대로 현금화하여 담보 제공한 주택임차인의 이해관계나 후순위권리자와 양수인의 이익형량, 전세권 및 채권질권과 비교할 때, 양수인도 우선변제를 받을 권리가 있다고 보는 것이 타당하다는 비판[66]과 우선특권을 상실시킴으로써 채권의 가치를 상실하게 하는 것은 결과적으로 임차인의 처분권능을 사실상 억압하여 우선특권의 입법 취지에 반하게 될 우려가 있다는 비판[67]이 있다.

**(3) 주택임대차보호법의 개정**

이후 주택임대차보호법이 2013. 8. 13. 법률 제12043호로 개정되어, 금융기관이 임차인의 보증금반환채권을 계약으로 양수한 경우에는 양수한 금액의 범위에서 우선변제권을 승계한다는 내용으로 제3조의2 제7항과 금융기관이 임차인을 대위하여 임차권등기명령을 신청할 수 있다는 내용으로 제3조의3 제9항이 각 신설되었다. 위 판결에 따르면, 임대차보증금채권을 담보로 전세자금을 대출한 금융기관이 위 채권을 양수하더라도 우선변제권을 행사할 수 없으므로, 결과적으로 주택임차인이 높은 이자 부담을 지게 된다는 문제점을 해결하기 위한 조치로 보인다.[68] "보증금반환채권을 양수한 금융기관 등에 우선변제권을 인정함으로써 주택임차인이 낮은 금리로 전세자금 등을 빌릴 수 있도록 하여 임차인 보호를 더욱 강화하려는 것"이라는 위 법률 개정이유[69]는 임대차보증금반환채권 양수인의 우선변제권을 부정하는 것이 오히려 사회적 약자인 임차인 보호라는 제도의 취지에 반할 수 있음을 보여 주는 하나의 사례라 하겠다.

---

66) 김형석, "주택임대차보호법상 보증금반환채권의 분리양도와 양수인의 우선변제", 법조 제60권 제5호, 법조협회(2011. 5.), 214-251면 참조.

67) 이지은(주 5), 54-55면; 김형석(주 66), 229-231면.

68) 2014. 1. 1. 시행 법률 제12043호 개정이유 참조.

69) 2014. 1. 1. 시행 법률 제12043호 개정이유.

## V. 저당권설정청구권의 수반성

### 1. 문 제 점

저당권설정청구권도 공사대금채권의 우선적 변제를 확보하려는 목적에서 인정되는 권리로서, 피담보채권(공사대금채권)이 성립하지 않거나 소멸할 경우 당연히 저당권설정청구권을 행사할 수 없다는 점에서 부종성은 인정된다 할 것이나, 특별한 사회정책적 고려에 따라 수급인의 공사대금채권을 보호한다는 제도의 취지를 고려하였을 때, 그 수반성까지 인정할 수 있는지에 대하여는 아래와 같이 견해가 대립한다.

### 2. 견해의 대립[70)]

#### 가. 이전설(제1심, 최종길, 김영희 교수)

(1) 제1심[71)]은 아래와 같은 논거를 들어 공사대금채권 양도시 저당권설정청구권도 함께 양수인에게 이전한다고 판단하였다.

① 민법 제666조의 저당권설정청구권은 수급인의 채권을 담보하기 위한 청구권으로서 물권인 저당권 및 채권인 보증채권과 마찬가지로 채권의 소멸에 따라 함께 소멸되는 부종성이 있다.

② 위 저당권설정청구권은 주물의 상용에 공하는 종물과 마찬가지로 주된 권리인 공사대금채권의 담보를 위하여 존재하는 권리이다.

③ 저당권 및 보증채권이 피담보채권에 수반하여 이전하는데, 위 저당권설정청구권만 달리 보아야 할 이유가 없다.

④ 수급인의 공사대금채권의 이전에 저당권설정청구권도 수반하여 이전하게 하는 것이 수급인을 보호하려는 민법 제666조의 규정 취지에도 부합한다.

⑤ 만일 공사대금채권을 이전받은 자가 공사대금채권에 따르는 저당권설정청구권을 이전받지 못한다면 수급인이 저당권설정청구권을 행사

70) 편의상 민철기(주 6)에서 붙여진 학설의 명칭을 따른다.

71) 대구지방법원 2014. 5. 15. 선고 2013가합10912 판결.

하지 않은 채 공사대금채권이 이전되었다는 우연적 사정에 의하여 도급인은 담보제공의무의 소멸이라는 이익을 얻게 되고 공사대금채권을 이전받은 자는 저당권부채권에 유사한 담보가치를 확보할 수 없게 되는 불합리한 결과가 발생한다.

(2) 최종길 교수도 "저당권설정청구권은 수급인에게만 속하는 전속적 특권이라고 고집할 이유가 없으며, 저당권은 채권에 부종하는 원칙을 관철하는 우리 민법의 해석상 저당권설정청구권도 수급인의 도급대금채권에 부종된 권리라고 해석함이 타당하다."고 하여 이전설의 입장이다.[72]

(3) 김영희 교수도 "수급인의 저당권설정청구권이 민법에 명문으로 규정되어 있는 것이 법사적으로 정책적 맥락을 가지는 만큼 저당권설정청구권의 양도성도 정책적 맥락에서 판단"하자고 하여 이에 대해 유보적인 입장이라고 볼 수도 있으나, 수급인의 공사대금채권 보호라는 제도의 취지를 고려한다면 양도성을 인정하는 편이 나을 것이라고 하여 최종적으로는 이전설을 취한다고 볼 수 있다.[73]

나. 소멸설(원심)

(1) 원심[74]은 다음과 같은 논거를 들어 특별한 사정이 없는 한 공사대금채권이 양도되면서 저당권설정청구권이 양수인에게 양도되지 않고 소멸한다고 판단하였다.

① 수급인의 저당권설정청구권은 순수한 청구권으로서, 위 청구권 행사로 곧바로 저당권이 설정되는 것이 아니라 도급인이 그 청구에 응하여 승낙을 하고 등기를 갖추어야 비로소 저당권이 성립한다.

② 만약 도급인이 신축 건물을 양도하면 수급인의 저당권설정청구권은 소멸한다고 해석되는데, 이와 마찬가지로 수급인의 저당권설정청구권이 현실화되지 않은 채 공사대금채권만 양도되었다면 수급인의 저당권설정청구권도 소멸한다고 보는 것이 타당하다(이 경우 도급인은 수급인의

72) 최종길(주 11), 23면 참조.
73) 김영희(주 7), 157-158면 참조.
74) 대구고등법원 2015. 1. 18. 선고 2014나2618 판결.

저당권설정청구에 응할 의무를 면하게 되겠지만, 이는 수급인 스스로의 선택에 따른 것이므로 부당하다고 할 수 없다).

③ 수급인의 저당권설정청구권을 인정한 취지가 공사대금채권을 확보해 주는 데에 있는 것이기는 하나, 그렇다고 해서 공사대금채권을 양도하는 경우에 양수인에게 동일한 저당권설정청구권을 인정함으로써 공사대금채권의 양도를 용이하게 하거나 그 가치를 향상하는 것까지 허용하였다고 보기 어렵다.

④ 공사대금채권이 소멸하는 경우 수급인의 저당권설정청구권이 수급인의 공사대금채권 확보라는 목적달성으로 인해 발생하지 않거나 소멸하는 것에 불과하므로, 수급인의 저당권설정청구권이 공사대금채권과 함께 소멸한다는 사정만으로 저당권설정청구권도 일반 담보물권이나 보증채권과 마찬가지로 수반성이 인정된다거나 주된 권리와 종된 권리의 관계에 있다고 볼 수 없다.

⑤ 수급인의 저당권설정청구권은 수급인의 지위에서 인정되는 것이므로, 수급인이 공사 수급인으로서의 지위와 함께 위 저당권설정청구권을 이전할 수 있을 뿐 수급인의 지위와 분리하여 이를 타인에게 양도하는 것은 불가능하다고 보아야 한다.

**(2)** 소멸설에 대하여는, 저당권설정청구권에 기한 저당권 설정행위가 사해행위에 해당하지 않는다는 기존 판례의 법리하에서, 공사대금의 전전 양도나 일부 양도 경우에도 최후의 양수인이 저당권설정청구권을 가지게 되어 저당권을 설정하더라도 사해행위가 되지 않는다는 결론은 일반채권자의 관계에서 형평에 맞지 않고, 채권양수인에게 저당권설정청구권이 있는지 여부가 공시되지 않아 일반채권자가 예상하지 못한 피해를 볼 수 있다는 점에서, 저당권설정청구권이 인정되는 경우를 가급적 좁게 볼 필요가 있다는 정책적 고려를 한 것으로 추측된다는 견해[75]도 있다.

75) 민철기(주 6), 96-97면 참조.

### 3. 판　　례

가. 이 쟁점에 관하여 명시적으로 판단한 선례는 없었으나, 앞서 본 바와 같이 대법원 1988. 3. 22. 선고 86다카622(본소), 623(반소) 판결은 공사대금채권이 일부 양도되는 경우에도 저당권설정청구가 가능함을 전제로 그 보전을 위한 가등기의 효력에 대해 판단한 바 있고, 대법원 2016. 10. 27. 선고 2014다211978 판결도 저당권설정청구권이 공사대금채권에 부수되는 채권임을 전제로 그 소멸시효에 대해 판단하였다.

나. 그리고 앞서 본 바와 같이 대법원은 점유의 이전을 전제로 유치권의 수반성은 긍정하는 것으로 보이나,[76] 우선특권이 있는 임금채권의 양수인의 직접청구권을 인정하지 않고,[77] 주택임대차 보증금우선특권의 수반성도 인정하지 않는다.[78]

다. 한편 대법원은 위탁자가 금전채권을 담보하기 위하여 그 금전채권자를 우선수익자로, 위탁자를 수익자로 하여 위탁자 소유의 부동산을 신탁법에 따라 수탁자에게 담보신탁한 사안에서, 담보되는 금전채권이 양도 또는 전부되더라도 그러한 사정만으로 곧바로 우선수익권이 금전채권에 수반하여 제3자에게 이전되는 것은 아니라고 판시한 바 있다.[79]

### 4. 검　　토

#### 가. 저당권설정청구권이 수급인의 지위에 전속적인 권리인지 여부(양도성)

(1) 앞서 본 바와 같이 저당권설정청구권은 형성권으로서 공사대금채권에 부수하여 인정되는 권리(부종성)이므로, 공사대금채권이 양도될 경우 함께 이전하는 것이 원칙이고, 그 입법취지에 비추어 공사대금채권과 분리되어 별도의 독립성을 갖는다고 볼 수도 없다. 그리고 권리는 원

76) 대법원 2014. 12. 24. 선고 2014다55055 판결 참조.
77) 대법원 1988. 12. 13. 선고 87다카2803 전원합의체 판결 참조.
78) 대법원 2010. 5. 27. 선고 2010다10276 판결 참조.
79) 대법원 2017. 6. 22. 선고 2014다225809 전원합의체 판결.

칙적으로 양도할 수 있고, 그 성질상 또는 법률규정, 합의에 의해서만 양도가 제한되는데, 현행법상 저당권설정청구권의 양도를 제한하는 규정은 없고, 양수인이 수급인 대신 저당권설정청구권을 행사한다고 하더라도 도급인은 여전히 공사목적물에 대한 저당권설정에 협력할 의무를 부담하게 될 뿐, 더 불리한 지위에 있게 되는 것은 아니므로, 그 성질상 양도가 제한된다고 보기도 어렵다.

(2) 저당권설정청구권을 양도성과 상속성이 부정되는 일신전속권으로 볼 여지도 없다. 일신전속권에는 "권리가 고도로 인격적이기 때문에 타인에게 이전되는 의미가 없어지는 귀속상의 일신전속권과 권리자 자신이 직접 행사하지 않으면 의미가 없기 때문에 타인이 권리자를 대리 또는 대위할 수 없는 행사상의 일신전속권"이 있는데,[80] 도급계약이 고용이나 위임과 같이 당사자 사이의 특별한 신뢰관계를 기초로 한다고 보기 어렵고, 그 기초가 되는 보수채권도 금전적 권리로서 수급인과 사이의 인적 관련성이 크지 않으며, 앞서 본 바와 같이 양수인이 저당권설정청구권을 행사한다고 하여 도급인의 지위가 크게 달라지지도 않으므로, 행사상의 일신전속권으로 보기도 어렵다.

(3) 목적물의 제3취득자에게 저당권설정청구권을 행사할 수 없는 것은, 도급인을 상대방으로 명시한 민법 제666조 문언에 기인한 것이므로, 그것만으로는 채권양도의 예외를 인정하는 결론에 이르지 못한다.

(4) 그리고 이미 저당권이 설정되어 있다면, 그때부터는 일반적인 법리에 따라 공사대금채권의 이전에 따라서 저당권도 함께 이전하게 되고, 공사대금채권만 양도하는 합의는 저당권을 포기한 것으로 해석되는바, 아직 그 권리가 현실화되지 못한 상황에서 저당권과 달리 저당권설정청구권에 대해서만 양도를 금지할 뚜렷한 이유도 찾아볼 수 없다.[81]

(5) 나아가 저당권설정청구권의 행사에 따른 효과로서 수급인이 공사대금채권에 대한 우선변제권을 취득하게 된다는 점을 주목하더라도, 저

80) 지원림, 민법강의(제15판), 홍문사(2017), 38면.
81) 김영희(주 7), 157면 참조.

당권설정청구권제도는 수급인을 사회적 약자로서 보호하려는 것이 아니라 사회정책적 고려로서 수급인의 공사대금채권을 우선적으로 보호하려는 데에 주된 취지가 있으므로, 채권자가 누구인지보다, 약정담보물권에 대해 수반성을 인정하는 바와 같이 공사대금채권에 부수되는 저당권설정청구권도 거래의 객체로 보아 계속하여 그 경제적 가치를 유지하도록 하는 것이 당사자의 의사에 더 부합한다 할 것이다.[82)]

(6) 소멸설은 입법자의 의사가 공사대금채권을 양도하는 경우에 양수인에게 동일한 저당권설정청구권을 인정함으로써 공사대금채권의 양도를 용이하게 하거나 그 가치를 향상하는 것까지 허용하는 것은 아니라고 하나, 그와 관련한 입법자료를 찾아볼 수 없고, 의용민법상 선취특권에 대하여도 수반성이 인정되었던 것으로 보이므로,[83)] 명문의 규정 없이 양수인의 저당권설정청구권 행사를 부정할 수는 없다.

나. 다른 제도와의 비교

(1) 대법원은 저당권설정청구권 행사의 효과를 판단함에 있어, 유치권과의 비교를 주요 기준으로 삼고 있는데, 유치권도 점유가 이전될 경우 공사대금채권과 수반하여 양도되는 점에 비추어 볼 때, 저당권설정청구권의 수반성을 인정하는 것이 유치권을 행사하는 경우와 비교했을 때, 도급인이나 도급인의 일반채권자의 입장에서 더 불리하게 되는 것은 아니다.

(2) 물론 임금채권 양수인의 사용자에 대한 청구권 자체를 부정하였던 대법원 1988. 12. 13. 선고 87다카2803 전원합의체 판결의 다수의견, 임대차보증금반환채권 양수인의 우선변제권 행사를 인정하지 않았던 대법원 2010. 5. 27. 선고 2010다10276 판결은 소멸설과 그 맥락을 같이한다. 저당권설정청구권제도의 취지, 즉 담보목적물이 수급인의 자재나 노력으로 완성되는 건물임을 고려하여 수급인에게 특별히 부여된 권리라는 점을 강조한다면, 위 두 판결과 맥락을 같이하여 수급인이 아닌 양수인

82) 곽윤직 · 김재형(주 45), 371-372면 참조.

83) 이지은(주 5), 54면.

이 저당권설정청구권을 행사하는 것을 부정할 여지도 있다. 수급인은 이미 채권을 양도함으로써 그에 상응하는 대가를 취득하여 보호되었으므로, 추가로 양수인에 대하여 보호를 해줄 이유가 없다는 점도 양수인의 저당권설정청구권 행사를 부정하는 한 가지 논거가 될 수 있겠다.

(3) 그러나 법정담보물권인 우선특권과 저당권설정계약의 성립 효과를 발생시키는 형성권인 저당권설정청구권을 같게 취급할 수 없을 뿐만 아니라, 위 두 판결의 경우 사회적 약자인 근로자와 주택임차인을 보호하는 데 주된 방점이 있는 반면, 저당권설정청구권제도는 '수급인의 공사대금채권'을 보호하는 데에 주된 방점이 있으므로, 공사대금채권의 양도로 채권자가 달라졌다는 사정만으로 보호의 필요성이 부정되지는 않는다 할 것이다. 수급인은 통상적으로 상인으로서 계속적인 영리활동을 추구하므로, 근로자나 임차인과 비교했을 때, 상대적으로 공사대금채권을 양도하거나 담보로 제공함으로써 이를 신속하게 현금화할 필요성이 더 크다.

(4) 나아가 대법원 1988. 12. 13. 선고 87다카2803 전원합의체 판결의 다수의견, 대법원 2010. 5. 27. 선고 2010다10276 판결에 대하여는, 임금채권과 임대차보증금채권의 양도를 사실상 억압함으로써 오히려 위 각 채권을 우선변제권이 포함된 가치로 활용할 경제적인 자유를 침해한다는 비판[84)]이 있었고, 같은 취지에서 특정한 경우 우선변제권의 대위나 승계를 인정하는 법률 개정도 있었던 점을 고려할 때, 오히려 이전설과 같이 본래의 채권 가치가 유지된 상태로 양도할 수 있게 함으로써 수급인의 신속한 채권 회수를 보장하는 것이 타당하다고 생각한다.

(5) 담보신탁계약상 우선수익권의 수반성에 관한 대법원 2017. 6. 22. 선고 2014다225809 전원합의체 판결은 특별한 사정이 없는 한 우선수익권은 경제적으로 금전채권에 대한 담보로 기능할 뿐, 금전채권과는 독립한 신탁계약상의 별개의 권리임을 전제로 하므로, 법정 권리인 저당

84) 이지은(주 5), 53면; 김형석(주 66), 224-232면.

권설정청구권의 수반성이 문제되는 대상판결 사안과는 궤를 달리한다 할 것이다. 위와 같이 담보신탁계약상 우선수익권을 독립한 신탁계약상의 권리로 보는 이상 금전채권과의 관계에서 부종성을 인정하기 어렵고, 금전채권 양도 및 전부의 효과나 그에 따른 법률관계는 결국 담보신탁계약을 둘러싼 당사자들 사이의 약정 해석의 문제[85]로 귀결되기 때문이다.

다. 실효성 측면에서의 검토

(1) 소멸설은 저당권설정청구권이 이전되는 경우 사해행위가 성립하지 않으므로, 일반채권자들과의 형평을 위해 그 적용 범위를 좁게 보아야 한다고 보고 있으나, 공사목적물은 애초에 수급인에게 제공될 것이 법률에 의해 예정된 재산일 뿐만 아니라,[86] 일반채권자들로서는 해당 부동산에 대해 가압류를 하는 등의 방법으로 권리를 보전할 방법이 존재하고, 채권양수인이 유치권을 행사하는 경우와 비교하여 더 불리하다고 볼 수도 없으므로, 사해행위가 성립하지 않는다는 사정만으로 그 적용 범위를 좁게 해석하여야 한다고 볼 수는 없다.

(2) 소멸설에서 지적하는 바와 같이, 일부 양도나 전전 양도의 경우 양수인이 저당권설정청구권을 행사함에 있어, 원채권이 대상목적물의 공사대금채권인지, 이전되는 권리의 범위, 수급인과 양수인 사이의 우열관계 등에 관하여 복잡한 법률문제를 발생시킬 수 있으나, 그에 따른 문제점을 해결하기 위해 스위스 민법이나 뒤에서 보는 2013년 민법개정시안 제372조의2 제2항[87]과 같이 저당권설정청구권의 행사기간에 제한을 두는 것은 별론으로 하더라도, 그러한 해석상의 난점을 이유로 양도성 또는 수반성 자체가 부정된다고 보기는 어렵다.

85) 임혜원, “우선수익권에 대한 질권설정 후 우선수익자의 위탁자에 대한 채권이 전부된 때에 우선수익권”, 대법원판례해설 제111호(2017년 상), 법원도서관(2017), 27면.

86) 민철기(주 6), 97-98면.

87) 민법개정시안 제372조의2 제2항은 유치권자의 저당권설정청구권의 행사기한은 등기된 날로부터 6개월로 제한하고 있다.

### 5. 대상판결의 타당성

가. 대상판결은 공사대금채권의 양도되는 경우 저당권설정청구권도 이에 수반하여 함께 이전된다는 것을 최초로 판시[88]하여 저당권설정청구권의 적용 범위를 확대하였고, 양수인이 저당권설정청구권을 행사하여 저당권을 설정하는 경우에도 사해행위의 성립을 부정함으로써 공사대금채권을 양수할 유인을 제공하였는바, 이는 기존 민법의 일반원칙에도 부합하고, 수급인의 공사대금채권에 대한 보호를 강화하여 실효성을 높이는 방향에 서 있다는 점에서 기본적으로 타당하다. 비록 대상판결에서 저당권설정청구권의 법적 성격이 채권적 청구권임을 전제로 판단하였으나, 양도성과 수반성을 인정한다는 점에서 형성권으로 보는 경우와 결론이 달라지는 것은 아니다.

나. 나아가 대상판결은 당사자들의 의사해석과 관련하여, 명시적으로 공사대금채권만 양도하기로 하는 합의가 없는 이상 양수인이 저당권설정청구권을 포기된 것으로 볼 수 없다고 보아, 공사대금채권의 양도 범위와 관련하여 의사표시의 해석 기준을 설시하였다는 점에서도 의미가 있다. 그리고 대상판결에 따라 수급인은 본래의 공사대금채권 가치가 유지된 상태로 양도할 수 있어 신속하게 채권을 회수할 수 있게 되었는바, 신축공사와 관련하여 여러 당사자 사이의 이해관계가 첨예하게 대립하는 상황에서 보수채권의 보호라는 저당권설정청구권제도의 취지를 적절히 살려냈다고 평가할 수 있다.

다. 다만 소멸설에서 지적한 바와 같이 수반성을 인정할 경우 전전 양도나 일부 양도의 경우, 복잡한 법률문제를 야기할 수 있는바, 구체적인 실무운용과 관련하여 "양도담보", "추심 및 전부명령", "전전 양도", "일부 양도" 등의 경우 저당권설정청구의 가부나 행사 주체, 그리고 당사자 사이의 우열에 대해 추가로 살펴볼 필요가 있다. 나아가 제도의 실효성

---

88) 민철기(주 6), 99면.

측면에서도 현행법의 해석만으로는 한계가 뒤따르게 되므로 입법론적 해결방안에 대하여도 검토가 필요하다. 따라서 아래에서는 항을 바꾸어 관련 문제와 제도 개선방안에 대해 논의하기로 한다.

## Ⅵ. 보론: 관련 문제와 제도 개선방안

### 1. 관련 문제에 대한 검토

#### 가. 공사대금채권의 양도담보

수급인으로서는 공사대금채권을 양도하기보다, 이를 담보로 제공하여 자금을 융통하려는 경우가 상대적으로 더 많을 것이다. 채권양도 과정에서 공사대금채권의 재산 가치를 정확히 산정하기 어렵고, 실제 추심이 상당한 기간이 소요되는 등 채권양도에 따르는 번거로움을 피할 수 있기 때문이다.

채권의 양도담보는 통상의 채권양도에서 마찬가지로 양도인과 양수인 간에 채권의 양도에 대한 채권적 합의와 채권양도라고 하는 처분행위에 의하고, 양도담보권자는 양도인에 갈음하여 채권자의 지위에 있게 된다.[89] 따라서 양수인이 수급인으로부터 다른 채권에 대한 담보목적으로 공사대금채권을 양수한 경우에도, 대상판결과 마찬가지로 저당권설정청구권을 행사할 수 있다고 보는 것이 타당하다. 양도담보권자가 공사대금채권을 행사함에 있어 담보목적의 구속을 당하게 되나, 그 위반에 따른 효과는 당사자들에게만 국한되므로, 양도인이 도급인에 대하여 저당권설정청구권을 행사할 수는 없다 할 것이다.

#### 나. 추심 및 전부명령

(1) 저당권설정청구권은 공사대금채권에 부수하는 채권이기 때문에(부종성), 이를 공사대금채권과 독립하여 압류할 수 없다. 그 자체로는 독립성이 없어 처분하여 현금화할 수 있는 것이 아니기 때문이다.[90] 다만 공사대금채권을 압류하는 경우 저당권설정청구권도 압류명령의 효력

---

89) 주석민법(4판), 채권총칙(3)(주 43), 329-330면(최수정 집필 부분).

90) 법원실무제요 민사집행[Ⅲ], 법원행정처(2014), 296-297면.

이 미치는지 문제될 수 있는바, 앞서 본 바와 같이 저당권설정청구권이 성질상 양도가 금지되거나 수급인에게 전속적인 권리라고 보기 어려운 점, 압류의 효력이 종된 권리에도 미치고 실무에서도 보증채무의 수반성을 근거로 보증인에 대한 별도의 압류명령을 요하지 않는 점[91]에 비추어 볼 때, 대상판결에서처럼 저당권설정청구권의 수반성이 인정되는 이상, 저당권설정청구권에도 공사대금채권에 대한 압류명령의 효력이 미친다고 보는 것이 타당하다.

(2) 공사대금채권에 대한 압류명령의 효력이 저당권설정청구권에도 미치는 이상, 전부명령에 의해 저당권설정청구권도 전부채권자에게 이전된다 할 것이다.

(3) 한편, 추심명령의 경우 압류된 채권의 채권자 지위에 변동을 가져오는 것이 아니어서 전부명령과 달리 볼 여지도 있다. 그러나 추심채권자는 추심명령에 의하여 채무자가 제3채무자에 대하여 가지는 채권을 직접 추심할 권능을 취득하는바, 추심명령의 효력이 압류의 효력이 미치는 종된 권리에도 미치는 점, 추심채권자가 직접 담보권실행을 위한 경매를 신청할 수 있는 점, 추심에 필요한 범위에서 해제권, 해지권 등 형성권도 행사할 수 있는 점을 고려할 때,[92] 추심채권자가 형성권인 저당권설정청구권을 행사하는 것도 추심권의 범위 내에서 허용된다고 보는 것이 타당하다. 다만, 저당권설정청구권의 목적은 수급인의 공사대금채권 확보로서, 추심채권자가 자신 명의로 담보권을 취득하는 것은 추심권의 범위를 벗어나므로, 추심채권자가 아니라 채무자의 명의로 저당권을 설정해 줄 것을 청구할 수 있다 할 것이다. 대법원도 상대적 불확지 변제공탁의 피공탁자 중 1인을 채무자로 하여 그의 공탁물출급청구권에 대해 압류 및 추심명령을 받은 추심채권자가 공탁물을 출급하기 위해 자기의 이름으로 공탁금출급청구권확인의 소를 제기한 사안에서, 추심채권자가 "다른 피공탁자를 상대로 공탁물출급청구권이 채무자에게 있음을 확인한

91) 법원실무제요(주 90), 323-325면 참조.
92) 법원실무제요(주 90), 367-374면 참조.

다는 확인의 소를 제기할 수 있다"고 판시[93)]한 바 있다.

다. 전전 양도

대상판결과 같이 저당권설정청구권의 양도성과 수반성을 인정하는 이상, 전전 양도되는 경우 저당권설정청구권도 공사대금채권에 수반하여 전전 양도된다고 보아야 한다. 저당권설정청구권제도는 수급인의 '공사대금채권'을 우선적으로 보호하는 데에 주된 취지가 있기 때문이다. 전전 양도로 인한 폐해, 즉 복잡한 법률관계가 야기된다거나 일반채권자와의 형평에 반한다는 등의 문제는 저당권설정청구권의 행사기간을 단기간으로 제한하는 등의 방법으로 해결하여야지, 그것만으로는 전전 양도를 부정할 논거가 되기에 불충분하다.

라. 일부 양도

(1) 법률은 채권의 일부 양도를 명시적으로 금지하지 않으므로, 저당권설정청구권이 가분이라면, 이를 금지하는 특약이 없는 한 일부 양도도 가능하다 할 것이다.[94)] 살피건대, 공사대금채권의 일부 양도가 가능한 이상, 저당권설정청구권도 일부 양도가 가능하다고 보는 것이 타당하다. 공사대금채권은 금전채권으로 불가분채권이라 볼 수 없으므로, 그에 부수하여 존재하는 저당권설정청구권만을 성질상 불가분 권리라 볼 이유는 없고, 부동산공사에 있어서 공동수급인이나 수개의 도급계약이 체결되는 경우가 많으며, 공사대금채권이 고액일 경우, 그중 일부만 양도할 현실적인 필요성도 있기 때문이다. 판례도 도급공사 일부를 하도급받은 자의 수급인에 대한 저당권설정청구도 인정하며,[95)] 공사대금채권 일부를 양도받은 채권양수인이 저당권설정청구권 보전을 위한 가등기가처분을 신청할 수 있음을 전제로 그 효력에 관해 판단[96)]한 바 있다.

(2) 다만 일부 양도를 인정할 경우, 수급인과 양수인 사이의 우열이

93) 대법원 2011. 11. 10. 선고 2011다55405 판결.
94) 주석민법(4판), 채권총칙(3)(주 43), 325면(최수정 집필 부분).
95) 대법원 2016. 10. 27. 선고 2014다211978 판결 참조.
96) 대법원 1988. 3. 22. 선고 86다카622(본소), 623(반소) 판결 참조.

문제될 수 있다. 여기에 대하여는 공사대금채권이 전부 양도되지 않는 이상 수급인만 저당권설정청구권을 행사할 수 있다는 견해(①), 공사대금채권의 비율에 따라 수급인과 양수인이 저당권설정청구권을 준공유한다는 견해(②), 양도되는 공사대금채권의 범위에서 저당권설정청구권도 양도되어 각자 행사할 수 있다는 견해(③)를 상정해 볼 수 있다. 그러나 ①의 견해는 저당권설정청구권의 양도성과 수반성을 인정하는 대상판결에 반할 뿐만 아니라, 저당권설정청구권의 가분성을 인정하는 이상 취할 바가 못 되고, ②의 견해도 저당권부채권의 일부 양도의 경우 적용되는 것으로서, 저당권설정청구권의 가분성을 인정하는 이상 이를 준공유한다고 보기 어려우므로, ③의 견해가 타당하다 할 것이다. 이에 따를 경우, 채권자와 양수인 사이의 우열이 문제될 수 있으나, 수급인이 저당권설정청구권 행사 결과 바로 저당권을 취득하는 것은 아니므로, 그 순위는 등기의 선후에 따를 수밖에 없다. 공사대금채권의 보호에 제도의 주된 취지가 있으므로, 해석상 반드시 수급인이 양수인에 우선해야 한다는 결론이 도출되지도 않는다.

### 마. 하수급인의 저당권설정청구권

(1) 하도급거래 공정화에 관한 법률(이하 '하도급법'이라 한다) 제14조에 따라 일정 요건 아래에서 하수급인에게 도급인에 대한 직접청구권이 인정되므로, 이를 피담보채권으로 도급인에 대해 저당권설정청구권을 행사할 수 있을지 문제가 될 수 있다. 이에 대하여는 하수급인은 수급인의 이행보조자에 불과하므로, 행사할 수 없다는 견해가 있다.[97]

(2) 살피건대, 민법 제666조는 부동산공사의 수급인을 저당권설정청구권의 행사주체로 규정하고 있는바, 하도급도 도급의 일종으로서 하수급인이 부동산공사의 일부를 하도급받아 공사를 수행하였다면 여기에서 말하는 '부동산공사의 수급인'에 해당한다고 볼 여지도 있다. 대법원도 하수급인이 민법 제666조의 수급인에 포함된다고 보아 하수급인의 수급인에

---

97) 김상용(주 8), 355면.

대한 저당권설정청구권을 인정한 바 있고,[98] 공사목적물의 완성에 하수급인의 자재나 노력가 투여되어 그 가치 증대에 기여된다는 점, 하수급인도 공사목적물을 점유하여 유치권을 행사할 수 있는 점에 비추어 볼 때, 수급인과 마찬가지로 하수급인에 대하여도 공사대금채권을 담보하는 수단을 보장하여 보호할 필요도 있다.[99]

(3) 그러나 저당권설정청구권은 공사대금채권에 부수하여 인정되는 권리이므로(부종성), 피담보채권인 공사대금채권이 성립하지 않거나 소멸할 경우 당연히 저당권설정청구권을 행사할 수 없는바, 하수급인의 도급인에 대한 직접청구권도 일정한 사유발생과 하수급인의 직접지급요청을 전제로 인정되는 것이므로, 하수급인에게 일반적인 저당권설정청구권을 인정할 수는 없을 것이다. 직접청구권의 행사로서 수급인의 보수청구권이 하수급인에게 이전되었다고 보는 이론을 구성하자는 견해도 있으나,[100] 이는 어디까지나 파산선고 등 직접지급 사유가 발생한 경우 하수급인이 직접지급의 요청이 있으면, 수급인의 도급인에 대한 보수지급채무자 소멸한다고 규정한 하도급법 제14조 제2항에 관련하여 직접청구권과 원도급관계의 법률관계를 설명하기 위한 해석론으로서, “하도급법은 사인간의 권리관계에 관한 정치한 법률이론을 기초로 제정된 법률이 아니라 하수인의 경제적 지위를 보장하고 하도급인의 우월적 지위 남용을 규제하기 위한 법률”[101]에 해당하므로, 도급인에 대하여 직접청구권을 인정하는 것에서 나아가 저당권설정청구권을 부여하기 위해서는 특별한 입법이 필요하다 할 것이다. 하수급인은 직접청구권이 인정된다는 것 자체로 수급인의 일반채권자들과 비교하여 특별한 보호를 받는 것이고, 수급인을 대위하거나 수급인의 공사대금채권에 대해 압류 및 추심명령을 받아 수

98) 대법원 2016. 10. 27. 선고 2014다211978 판결 참조.

99) 김현석, “하수급인의 공사대금 직접청구권과 채권가압류”, 민사판례연구〔XXVII〕, 박영사(2005), 383-384면 참조: 독일도 특별법인 ‘부동산공사채권의담보에관한법률’에 의하여 노무, 재료를 공급한 사람에 대하여 근저당권설정등기청구권을 인정한다.

100) 이동진, “하도급법상 직접청구권에 관한 연구”, 법조 제58권 제3호, 법조협회(2009), 74면 이하 참조.

101) 김현석(주 99), 408면.

급인의 저당권설정청구권을 행사함으로써 공사목적물의 담보가치를 확보할 수도 있다. 다만, 앞서 살펴본 바와 같이 수급인과 마찬가지로 하수급인의 공사대금채권에 대하여도 이를 담보하는 수단을 보장하여 보호할 필요가 있는바, 현행 하도급법상 직접청구권 제도만으로는 충분한 보호가 이루어진다고 평가할 수 없으므로,[102] 하도급법 등 특별법에서 하수급인의 직접청구권에 기한 저당권설정청구권을 인정하는 명문의 조항을 두는 것이 입법론적으로 타당하다 할 것이다.

## 2. 제도 개선방안: 2013년 민법개정시안

공사대금채권의 확보를 위한 담보제도의 실효성이 떨어진다는 지적은 우리나라만의 문제가 아니다. 우리나라와 같이 저당권설정청구권제도를 운영하는 독일에서조차 실효성을 가지지 못한다는 비판을 받아왔고,[103] 현행법의 해석만으로는 이를 해결하는 데에는 일정한 한계가 있을 수밖에 없다. 이와 같은 문제는 프랑스나 일본과 같이 우선특권제도를 취한 국가에서도 마찬가지여서, 특별법을 제정하거나 법률 개정으로 제도를 보완함으로써 이를 해결하려 하고 있다.[104]

우리나라에서도 유치권과 함께 저당권설정청구권제도를 개정하려는 민법 개정논의가 있었다.[105] 비록 위 논의는 부동산유치권 제도의 여러 문제점에서 비롯되었으나, 그 대안으로서 저당권설정청구권제도를 채택하

102) 이동진(주 100), 108-109면 참조: 하도급법 제14조 제2항은 하수급인이 직접지급을 요청한 때, 원사업자(수급인)에 대한 발주자(도급인)의 대금지급채무가 그 범위에서 소멸한다고 규정하고 있는바, 도급인도 하수급인과 마찬가지로 무자력상태에 있다면, 사실상 직접청구권의 행사로서 수급인에 대한 보수채권만 소멸하는 결과가 될 수도 있다.

103) 이춘원, "독일의 건축공사 대금채권담보에 관한 고찰", 민사법학 제46호, 한국사법행정학회(2009), 555-557면 참조. "독일에서는 이를 해결하려고 특별법 등을 비롯한 여러 가지 시도가 행하여졌으며, 결국 1993년 독일 민법 제648조 a(현 제650조 f)가 추가되었다." 현행 독일 민법 제650조 f는 수급인이 저당권설정을 청구하는 대신 도급인에게 담보제공을 청구할 수 있다고 규정하고 있다.

104) 김영희(주 7), 167-168면.

105) 법무부 민법개정자료발간팀 편, 2013년 법무부민법개정시안 물권편, 민법개정총서[8], 15-274면.

였다는 점에서 의미가 있다. 그리고 부동산 유치권 제도를 폐지하는 대신 저당권설정청구권의 적용 범위를 넓히고, 그 효과를 강화하는 방향으로 2013년 민법개정시안이 작성되었으므로, 이처럼 민법 개정이 이루어진다면, 저당권설정청구권의 실효성은 지금보다 훨씬 커질 수밖에 없다. 아래에서는 2013년 민법개정시안의 주요 내용을 간략하게 소개하기로 한다.[106)]

### 가. 민법 제320조

| 현 행 | 개 정 안 |
|---|---|
| **제320조(유치권의 내용)** ① 타인의 물건 또는 유가증권을 점유한 자는 그 물건이나 유가증권에 관하여 생긴 채권이 변제기에 있는 경우에는 변제를 받을 때까지 그 물건 또는 유가증권을 유치할 권리가 있다. | **제320조(유치권의 내용)** ① 타인의 동산을 점유한 자는 그 동산에 대한 비용지출로 인한 채권 또는 그 동산으로 인한 손해배상채권이 변제기에 있는 경우에는 변제를 받을 때까지 그 동산을 유치할 권리가 있다. 유가증권의 경우에도 이와 같다. |
| 〈신설〉 | ② 타인의 미등기 부동산을 점유한 자에 대해서는 제1항을 준용한다. 이 경우 그 부동산에 제1항의 채권을 담보하기 위하여 제372조의2에 따른 저당권설정등기를 한 때 또는 저당권설정등기를 청구할 수 있는 권리가 소멸된 때에는 유치권이 소멸한다. |

제1항에서 유치권의 목적물에서 물건을 동산으로 수정함으로써 부동산을 제외하되, 제2항에서 미등기 부동산에 관하여 종전처럼 유치권 행사가 가능하지만, 저당권설정등기를 한 때 또는 저당권설정청구권이 소멸한 때 유치권이 소멸된다고 규정하고 있다.[107)] 사실상 부동산 유치권을 폐지하였다고 평가할 수 있다. 저당권을 설정할 수 없는 미등기 부동산에 대하여는 예외적으로 유치권 행사를 허용하나, 뒤에서 보는 바와 같이 이 경우 저당권설정청구권을 인정하되, 그에 따라 저당권설정등기가 마쳐지거나 위 청구권이 소멸한 때 유치권도 소멸하므로, 수급인으로서는 최종적으로 저당권설정청구권 행사를 통해 공사대금채권을 확보하게 될 것이다.

---

106) 이하 개정 시안의 내용은 법무부 민법개정자료발간팀 편, 2013년 법무부민법개정시안 물권편, 민법개정총서[8]을 인용하기로 한다.

107) 윤진수(주 3), 205-209면; 김재형(주 3), 349면 참조.

### 나. 민법 제372조의2

| 현 행 | 개정안 |
|---|---|
| 〈신설〉 | **제372조의2(부동산 유치권자의 저당권설정청구권)**<br>① 제320조 제2항에 의한 부동산 유치권자는 그 부동산이 등기된 때에는 부동산 소유자에 대해서 그 피담보채권을 담보하기 위하여 그 부동산을 목적으로 한 저당권의 설정을 청구할 수 있다. 유치권이 성립한 후 부동산의 소유권을 취득한 자에 대해서도 또한 같다.<br>② 제1항의 권리는 채권자가 그 부동산이 등기된 날로부터 6개월 내에 소로써 행사하지 아니하면 소멸한다.<br>③ 제1항에 따른 저당권은 그 채권의 변제기에 설정된 것으로 본다. |

미등기 부동산 유치권자에게 별도의 저당권설정청구권을 인정하는 조항으로서, 현행 민법 제666조의 저당권설정청구권보다 훨씬 강력한 권리를 부여한다. 청구의 상대방에는 도급인뿐만 아니라 부동산의 소유자도 포함되고, 저당권이 등기되면 공사대금채권의 변제기에 설정된 것으로 보아, 선순위 저당권자보다 우선하게 된다.[108] 다만 그 행사기간을 등기된 날로부터 6개월로 제한하였다. 행사기간의 제한이 없다면, 선순위 저당권자나 목적물의 양수인 등 이해관계인이 예상하지 못한 손해를 입는 등 거래의 안정성을 해칠 우려가 있기 때문이다.[109]

### 다. 민법 제372조의3

| 현 행 | 개정안 |
|---|---|
| 〈신설〉 | **제372조의3(유치권자 아닌 채권자의 저당권설정청구권)**<br>① 등기된 부동산에 대한 비용지출로 인한 채권 또는 그 부동산으로 인한 손해배상채권을 가진 채권자는 그 채권을 담보하기 위하여 변제기가 도래하지 않은 경우에도 부동산의 소유자에 대해서 그 부동산을 목적으로 한 저당권의 설정을 청구할 수 있다. 그러나 저당권설정청구권이 성립한 후 부동산소유권을 취득한 제3자에 대해서는 그러하지 아니하다.<br>② 부동산이 등기된 후 제320조 제2항 또는 제328조에 의하여 유치권을 상실한 채권자도 제1항의 권리를 행사할 수 있다 |

108) 윤진수(주 3), 210-214면; 김재형(주 3), 357-369면 참조.
109) 김재형(주 3), 367-368면.

현행 민법 제666조의 저당권설정청구권과 유사하나, 그 상대방에 저당권설정청구권 성립 당시 부동산 소유자도 포함되는 점, 변제기가 도래하지 않은 경우에도 저당권설정청구권 행사가 가능하다고 명시한 점에 비추어, 적용 범위가 더욱 확대된 것으로 평가할 수 있다.[110] 위 규정상 비용지출로 인한 채권에 수급인의 보수채권도 포함되므로, 현행 민법 제666조를 삭제하자는 의견이 있었으나, 가부동수로 부결되었다.

### 라. 검 토

2013년 민법개정시안은 그동안 많은 비판을 받아오던 부동산 유치권을 폐지하되, 공시방법이 없는 미등기 부동산에 대하여만 유치권을 인정하면서, 대신 유치권자에게 별도의 강력한 저당권설정청구권을 부여함으로써, 유치권을 저당권설정청구권으로 대체하려 한다. 위와 같은 제도 개선 방향에 대하여는 전적으로 동의하고, 개정 내용에 의하더라도 그동안 제기되어 왔던 유치권의 문제점이나 저당권설정청구권의 실효성 문제가 상당 부분 해결될 수 있으리라 본다.

그러나 현실에서는 유치권 행사로 인해 공사가 중단되어 건물이 완공되지 못하는 경우가 많은바, 이 경우 수급인으로서는 등기될 때까지는 여전히 유치권을 행사할 수밖에 없고 수급인에게 건물의 완공을 기대할 수도 없으므로, 공사 지연 등으로 건물에 대한 등기가 늦어진다면, 2013년 민법개정시안에 의하더라도 건물이나 그 대지의 사용가치가 사장되는 문제는 똑같이 발생할 수밖에 없고, 공시방법이 없어 허위 유치권의 문제도 여전히 뒤따르게 된다(개정시안 제372조의2에서 유치권자를 저당권설정청구권 행사 주체로 명시하고 있으므로, 소송에서 원고가 유치권자에 해당하는지가 주된 쟁점이 될 것으로 보인다). 따라서 미등기 부동산에 관하여는, 독일 민법 제650조 f와 같이 담보제공 청구권을 인정하거나 대만 민법 제513조 제2, 3항과 같이 건물이 등기되기 전에 미리 저당권설정을 청구하여 그 순위를 보전할 수 있도록 하는 등 수급인이 건물이 완성되

110) 윤진수(주 3), 215-217면; 김재형(주 3), 357-369면 참조.

기 전에 공사대금채권을 확보할 수 있도록 하는 제도도 함께 검토할 필요가 있다.

그리고 신설되는 등기된 부동산에 관한 개정시안 제372조의3은 그 적용 범위나 효과에 있어 현행 민법 제666조와 크게 다르지 않은바, 현재 유치권이라는 강력한 채권확보수단을 가지고 있던 수급인 입장에서 이를 대안으로 받아들이기에는 그 적용 범위나 효과가 상대적으로 미약하므로, 유치권을 폐지하는 것만으로 제도의 실효성이 증대될 수 있을지 의문이다. 나아가 미등기된 부동산의 유치권자에게 인정되는 저당권설정청구권과 비교했을 때, 그 적용 범위나 효과가 상대적으로 약한데, 등기된 부동산에 대하여는 유치권도 인정되지 않는다는 점에 비추어 볼 때, 형평의 문제도 발생할 수 있으므로, 적용 범위나 효과를 보다 넓히는 방향으로 제도를 개선할 필요가 있다.

## Ⅶ. 결 론

이상의 논의를 요약하면 다음과 같다.

1. 현행법상 부동산유치권과 저당권설정청구권을 수급인의 보수청구권을 담보하는 대표적인 수단으로 볼 수 있으나, 저당권설정청구권은 그 실효성이 없다는 지적을, 부동산유치권은 부동산의 사용가치를 사장시킨다는 등의 비판을 받아왔다. 이에 따라 해석상 유치권의 적용 범위를 축소해석하자는 의견이 있었고, 대법원도 같은 취지에서 유치권의 적용 범위를 엄격하게 해석하고 있으며, 나아가 부동산유치권을 폐지하고 저당권설정청구권을 그 대안으로 제시하는 민법 개정논의도 있었다. 대상판결도 위와 같은 배경 아래에서 저당권설정청구권의 수반성을 인정하여 제도의 실효성을 높이려는 방향에 있다고 평가할 수 있다. 앞으로 저당권설정청구권의 요건과 효과에 대한 판례가 집적되고, 그와 함께 제도 개선도 이루어진다면, 저당권설정청구권이 공사대금채권의 확보수단으로서 활발히 행사될 수 있으리라 본다.

2. 저당권설정청구권과 같이 사회정책적인 고려에 의해 특정 채권을 보호하는 제도로는 임금우선특권과 주택임차인의 보증금우선특권을 들 수 있으나, 대법원은 위 두 우선특권의 경우에는 사회적 약자 보호라는 제도의 취지에 주목하여 임금채권 양수인의 직접청구권과 보증금채권 양수인의 우선변제권을 부정하는바, 이는 대상판결과 맥락을 달리한다. 그러나 저당권설정청구권은 '수급인' 개인을 보호하기보다는 수급인의 '공사대금채권'을 보호함으로써 막대한 재화와 인력이 투입되는 건설 공사가 원활하게 진행되도록 하려는 사회정책적 고려에서 입법된 것이므로, 수급인에게 전속되는 권리라고 볼 수 없고, 대상판결과 같이 그 수반성을 인정함으로써 본래의 채권 가치가 유지된 상태로 양도하게 하여 수급인의 신속한 보수채권 회수를 보장하는 것이 타당하다고 생각한다.

3. 대상판결은 저당권설정청구권의 양도성과 수반성에 관하여 명시적으로 판단한 최초의 판례이므로, 이를 기초로 공사대금채권의 양도담보, 추심명령, 일부 양도 등 다양한 경우에 있어서 저당권설정청구권의 요건과 효과에 대해 더 깊이 있는 연구가 이어질 것이다. 특히 공사대금의 일부 양도에 따른 저당권설정청구권의 행사 효과나 하수급인의 저당권설정청구권 인정 여부와 관련하여서는 채권양도의 범위 및 당사자 간의 이해관계 조정과 관련하여 여러 문제가 있을 수 있으므로, 이에 대한 추가적인 연구가 이어지길 기대해 본다.

[Abstract]

# The Effectiveness and Dependency of the Right to Demand the Creation of a Mortgage

Kang, Ji Yeop*

Article 666 of the Korean Civil Act states that "The contractor for work on an immovable may demand of the person who ordered the work to create a mortgage on the immovable in order to secure the contractor's claim in relation to his remuneration." According to the decision by Supreme Court of Korea, when the person who ordered the construction of a building establishes a mortgage on the building by the contractor's demand to set a mortgage, this action is not construed as a fraudulent act. Furthermore, the court has held that the right to demand the creation of a mortgage has dependency on the constructor's right for remuneration, which means that the right to demand the creation of a mortgage is transferred with the transfer of the contractor's right for remuneration; therefore, establishing a mortgage based on the claim by the assignee of the constructor's right for remuneration is not considered as a fraudulent act, either, Id.

While Article 666 of the Korean Civil Act specifies the right to demand the creation of a mortgage as a means to secure the contractor's right for remuneration, it is not widely used in reality. The right of retention is rather preferred. However, the system of the right of retention has received a lot of criticism, for making real property not utilizable, for example. In this regard, the Supreme Court of Korea has been strictly reviewing the scope of its application. There had been a discussion at Civil Act amendment

* Judge, Daejeon District Court.

Committee with respect to abolishing the right of retention on immovables and replacing it with the right to demand the creation of a mortgage. In the same context, the Supreme Court of Korea's decision was made in a way to increase the effectiveness of the right to demand the creation of a mortgage by acknowledging its dependency. As the cases regarding the requirements and the effects of the right accumulates and the system improves, it is expected that this right will help achieve the legislative goal to secure the contractor's right for remuneration.

There is a view that denies the dependency of the right to demand the creation of a mortgage, claiming that the purpose of the right is to "assure the contractor." However, the legislative goal for the right does not lie in protecting the individual contractor but in "securing the contractor's right for remuneration." In order to make the construction process involving enormous goods and manpower progress smoothly, the right should not be held exclusively by the contractor. In this sense, the Supreme Court of Korea's ruling for this case is appropriate. By recognizing the dependency, the constructor's right for remuneration can be transferred, maintaining its original value while ensuring the swift realization of the contractor's right.

This case is the Supreme Court of Korea's first-ever decision on the assignability and the dependency of the right to demand the creation of a mortgage. Based on this case, the study pertaining to the requirements and the effects of this right will continue. The relationship between the assignee and the contractor, the security by means of transfer, the order to seize and collect claims will be addressed. In particular, in the case involving partial assignment or a subcontractor, complex legal issues may arise regarding the scope of the right or the adjustment of interests among the parties. Therefore, it is hoped that further study on these matters will continue.

[Key word]

- The Right to Demand the creation of a Mortgage
- Effectiveness
- Dependency
- Mortgage
- Securing Contractor's Right for Remuneration
- Right of retention

## 참고문헌


### 1. 단 행 본

곽윤직 편집대표, 민법주해 Ⅹ, 채권(3), 박영사(2001).
______, 민법주해 XV, 채권(8), 박영사(2002).
곽윤직, 채권각론 제6판, 박영사(2003).
곽윤직 · 김재형, 물권법 제8판, 박영사(2014).
김성수 역, 대만 민법전, 법무부(2012).
김용담 편집대표, 주석민법 채권총칙(3) 제4판, 한국사법행정학회(2014).
______, 주석민법 채권각칙(4) 제4판, 한국사법행정학회(2016).
법무부 민법개정자료발간팀 편, 2013년 법무부민법개정시안 물권편, 민법개정총서[8].
법원실무제요 민사집행[Ⅲ], 법원행정처(2014).
송덕수, 채권법각론(제4판), 박영사(2019).
지원림, 민법강의(제15판), 홍문사(2017).

### 2. 논 문

기세룡, "지상물매수청구권행사의 효과", 민사법연구 제15집 제1호, 대한민사법학회(2007).
김상용, "부동산공사 수급인의 우선특권-우리 민법상 수급인의 저당권설정청구권과의 비교-", 민사법연구 4, 법원사(2000).
김영두, "부동산유치권의 문제점에 관한 연구", 지안이선영박사화갑기념논문집(토지법의 이론과 실무), 법원사(2006).
김영희, "건물공사 수급인의 공사대금채권 확보 제도에 관한 비교 민법적 고찰", 법사학연구 제55호, 한국법사학회(2017).
김재형, "부동산 유치권의 개선방안: 2011년 민법개정시안을 중심으로", 민법론, Ⅴ, 박영사(2015).
김현석, "하수급인의 공사대금 직접청구권과 채권가압류", 민사판례연구 [XXVII], 박영사(2005).

김형석, “주택임대차보호법상 보증금반환채권의 분리양도와 양수인의 우선변제”, 법조 제60권 제5호, 법조협회(2011).

민철기, “공사대금채권이 양도되는 경우 저당권설정청구권도 이에 수반하여 함께 양도되는지 여부”, 대법원판례해설 제117호, 법원도서관(2019).

박성윤, “건물신축공사 하수급인의 저당권설정청구권”, 대법원판례해설 제109호, 법원도서관(2017).

서 민, “퇴직금채권의 양도성”, 민사판례연구 제12권, 민사판례연구회(1990).

송승용, “근로기준법 제37조 소정의 임금채권 우선변제권의 대상인 ‘사용자의 총재산’에 대한 판례연구”, 법조 제54권 제5호, 법조협회(2005).

오시영, “유치권 관련 민법개정안에 대한 검토”, 강원법학 제38권, 강원대학교 비교법학연구소(2013).

윤진수, “유치권 및 저당권설정청구권에 관한 민법개정안”, 민사법학 제63~1호, 한국민사법학회(2013).

이동진, “하도급법상 직접청구권에 관한 연구”, 법조 제58권 제3호, 법조협회(2009).

______, “물권적 유치권의 정당성과 그 한계”, 민사법학 제49-1호, 한국사법행정학회(2010).

이지은, “일반우선특권에 관한 연구”, 서울대박사학위논문(2011).

이춘원, “저당권설정청구권에 관한 비교법적 고찰: 스위스법을 중심으로”, 비교사법 제14권 제4호, 한국비교사법학회(2007).

______, “독일의 건축공사 대금채권담보에 관한 고찰”, 민사법학 46호, 한국사법행정학회(2009).

임혜원, “우선수익권에 대한 질권설정 후 우선수익자의 위탁자에 대한 채권이 전부된 때에 우선수익권”, 대법원판례해설 제111호, 법원도서관(2017).

정준영 · 이동진, “부동산유치권의 개선에 관한 연구”, 2009년 법무부 연구용역 과제 보고서(2009).

최종길, “수급인의 저당권설정청구권”, 법정(구) 제20권 제5호, 법정사(1965).

최형기, “임금채권의 양도성”, 법조 제38권 제2호, 법조협회(1989).

한일환, “근로자의 임금채권의 양도가능성”, 서울지방변호사회 판례연구 제3집, 서울지방변호사회(1990).

# 이익충돌상황의 해결 및 수익자와 거래안전 보호라는 관점을 반영한 채권자취소권 제도의 운용

유 현 식*

■요 지■

우리나라의 채권자취소제도는 민법 제406조, 제407조 단 두 개의 조문으로만 규율되고 있다. 이에 더하여 대법원 판례에 의하여 확립된 이론인 상대적 무효설과 민법 조문 사이의 비정합성으로 인하여 제도 운용에 있어 큰 혼란이 있어 왔다. 대법원도 구체적인 사건별로 그때그때 법리를 만들어 사안을 해결하는 데에 중점을 둘 수밖에 없었다.

그렇다고 상대적 무효설을 버릴 것은 아니다. 상대적 무효설은 그 나름대로의 장점이 있고, 다른 학설들도 이론적으로든 실질적으로든 상대적 무효설을 대체할 만큼 우위에 있다고 보기 어렵기 때문이다. 또한 상대적 무효설은 그동안 수많은 사안에서 대법원에 의해 확고한 판례로 채택되기도 하였다. 따라서 일단은 입법적인 해결을 기다리는 수밖에 없다.

입법적인 해결이 있기 전까지는 구체적인 사안별로 합리적인 결론을 추구하는 방식으로 제도를 운영해 나가야 한다. 이 경우 어떠한 관점을 고려해야 하는가. 채권자취소권이 행사되는 상황에서는 취소채권자, 채무자, 채무자의 다른 일반채권자, 수익자, 수익자의 고유채권자, 전득자 등 한정된 재산을 가지고 자신의 이익을 만족시키려는 여러 이해관계인들이 존재한다. 본질은 이러한 여러 이해관계인들의 이익충돌상황을 해결하는 것이다. 다만 채권자

* 대전지방법원 홍성지원 판사.

취소제도가 수익자의 희생을 바탕에 깔고 있는 것이기 때문에, 반대로 수익자의 보호를 위한 고려가 필수적으로 들어가야 한다. 법률이 명시적으로 규정하고 있는 경우를 제외하고는 수익자의 이익이나 거래의 안전이 후퇴되어서는 아니 된다.

구체적으로는 다음과 같은 관점이 고려되어야 한다. 먼저, 상대적 무효설의 취지상 취소판결의 효력을 받는 인적 범위는 최소화되어야 한다. 기본적으로 법률에 다른 규정이 없는 이상 취소채권자와 수익자를 제외한 제3자는 그 누구도 취소에 따른 효력을 원용하거나 그 이익을 향유해서는 안 되고, 취소에 따라 피해를 입어서도 안 된다. 다음으로, 취소 및 원상회복은 수익자가 사해행위로 취득한 이익의 한도 내에서 이루어져야 한다. 수익자가 사해행위 이후에 다른 사정으로 인하여 사해행위의 목적 재산에 관하여 추가적인 이익을 취득하였다면 이는 수익자의 몫으로 남아야 한다. 세 번째로, 취소 및 원상회복의 범위는 필요한 한도 내에서 최소화되어야 한다. 수익자가 사해행위로 취득한 이익보다 취소채권자 또는 민법 제407조에 따라 취소의 효력을 받는 일반채권자가 환수할 이익이 더 작다면 반환의 범위는 여기에 한정되어야 한다.

[주 제 어]
- 채권자취소권
- 사해행위취소권
- 상대적 무효설
- 취소와 원상회복의 범위
- 이익충돌상황
- 수익자의 보호

## 대상판결 : 대법원 2018. 6. 28. 선고 2018다214319 판결

### [사안의 개요][1)]

#### 1. 관련 형사사건

B(피고보조참가인)는 1999년경부터 2013년 1월경까지 저축은행인 A(원고)의 회장으로 재직하다가 부실대출, 개인 변호사비용 지출 등의 혐의로 2013. 10. 25. 구속된 뒤 2013. 11. 12. 기소되었고, 2015. 3. 26. 유죄판결이 확정되었다. 형사사건에서 유죄가 인정된 범죄사실과 관련한 총 피해액은 약 1,799억 원에 이른다.

#### 2. 관련 민사사건

A는 B를 상대로 불법행위로 인한 손해배상을 구하는 소를 제기하였고, A의 청구를 일정한 범위 내에서 인용하는 판결이 선고되어 확정되었다.

#### 3. 근저당권설정계약의 체결

B는 한화손해보험과 사이에 B 소유의 서울 강남구 소재 아파트(이하 '이 사건 부동산'이라 한다)에 관한 근저당권설정계약을 체결하고, 2013. 4. 29. 채권최고액 각 12억 원의 근저당권설정등기 두 건과 채권최고액 9억 6,000만 원의 근저당권설정등기 한 건을 마쳐 주었다. B는 인성저축은행과 사이에도 이 사건 부동산에 관한 근저당권설정계약을 체결하고, 2013. 4. 29. 채권최고액 10억 4,000만 원의 근저당권설정등기를 마쳐 주었다.

B는 D(제1심 공동피고)와 사이에 이 사건 부동산에 관한 근저당권설정계약을 체결하고 2013. 5. 7. 채권최고액 6억 원의 근저당권설정등기를 마쳐 주었다.

B는 E, F, G(제1심 공동피고)와 사이에 이 사건 부동산에 관한 각 근저당권설정계약을 체결하고 2013. 5. 14. 각 채권최고액 1억 5,000만 원의 근저당권설정등기를 마쳐 주었다.

#### 4. B와 C(피고) 사이의 이혼 및 재산분할

B와 C는 부부로서 36년간 혼인생활을 유지하던 중, B가 구속되는 등 경

---

1) 연구에 필요한 범위 내에서 대폭 축소, 요약하였다.

제적 상황이 어려워지자 2013. 11. 25. 협의이혼신청을 하여 2014. 1. 16. 협의이혼의사확인을 받았다. B와 C는 2013. 12. 6. 이혼에 따른 재산분할협의를 하였는데, 여기에는 B가 C에 대하여 이 사건 부동산에 관하여 재산분할을 원인으로 한 소유권이전등기를 마쳐준다는 내용이 들어 있고, B는 2014. 2. 5. C에게 이 사건 부동산에 관하여 재산분할협의를 원인으로 한 소유권이전등기를 마쳐 주었다.

### 5. 이 사건 부동산의 소유권 이전 및 근저당권설정등기의 말소

이 사건 부동산에 설정되었던 E, F, G 명의의 채권최고액 1억 5,000만 원인 근저당권설정등기는 2014. 4. 14. 모두 말소되었다. 2014. 4. 21. H에게 이 사건 부동산에 관한 소유권이전등기가 마쳐졌는데, 같은 날 이 사건 부동산에 설정되어 있던 채권최고액 10억 4,000만 원의 인성저축은행 명의의 근저당권설정등기가 말소되었고, 다음날인 2014. 4. 22. 이 사건 부동산에 설정되어 있던 채권최고액 12억 원의 한화손해보험 명의의 근저당권설정등기 1건과 채권최고액 6억 원인 D 명의의 근저당권설정등기가 모두 말소되었다.

### 6. 이 사건 부동산에 관한 권리관계의 정리

이 사건 부동산에 관한 소유권이전등기와 근저당권설정등기의 설정 및 말소를 시간 순서로 표로 정리하면 다음과 같다.

| 순번 | 날 짜 | 등기의 종류 | 등기명의인 | 내 용 |
|---|---|---|---|---|
| 1 | 2013. 4. 29. | 근저당권설정등기 | 한화손해보험 | 채권최고액 12억 원 |
| 2 | | 근저당권설정등기 | 한화손해보험 | 채권최고액 12억 원 |
| 3 | | 근저당권설정등기 | 한화손해보험 | 채권최고액 9억 6,000만 원 |
| 4 | | 근저당권설정등기 | 인성저축은행 | 채권최고액 10억 4,000만 원 |
| 5 | 2013. 5. 7. | 근저당권설정등기 | D | 채권최고액 6억 원 |
| 6 | 2013. 5. 14. | 근저당권설정등기 | E | 채권최고액 1억 5,000만 원 |
| 7 | | 근저당권설정등기 | F | 채권최고액 1억 5,000만 원 |
| 8 | | 근저당권설정등기 | G | 채권최고액 1억 5,000만 원 |
| 9 | 2014. 2. 5. | 소유권이전등기 | C(피고) | 재산분할 |
| 10 | 2014. 4. 14. | 6, 7, 8번<br>근저당권 말소 | | |

| 11 | 2014. 4. 21. | 소유권이전등기 | H | 매매 |
|---|---|---|---|---|
| 12 | | 3번 근저당권 말소 | | |
| 13 | 2014. 4. 22. | 1번 근저당권 말소 | | |
| 14 | | 5번 근저당권 말소 | | |

### 7. 이 사건 부동산의 가액과 근저당채무

이 사건 부동산의 가액은 57억 원이고, 한화손해보험에 대한 근저당채무 28억 원과 인성저축은행에 대한 근저당채무 8억 원을 공제하면, 그 실질 가치는 21억 원이다.

## [소송의 경과]

### 1. 제1심 판결(서울중앙지방법원 2016. 3. 22. 선고 2014가합539640 판결)

#### 가. 청구의 요지

A는 C를 상대로, 이 사건 부동산에 관하여 B와 C 사이에 체결된 재산분할협의를 이 사건 부동산의 실질가치인 21억 원의 한도 내에서 취소하고, 원상회복으로서 21억 원을 가액배상[2]할 것을 구하였다.

A는 D, E, F, G를 상대로, 이 사건 부동산에 관하여 B와 D, E, F, G 사이에 체결된 각 근저당권설정계약의 취소를 구하였다.

#### 나. 판 단

제1심은, B와 C 사이의 재산분할협의는 이 사건 부동산 실질가치의 절반인 10억 5,000만 원의 한도 내에서 사해행위가 성립한다고 판단한 뒤, B와 C 사이의 재산분할협의를 10억 5,000만 원의 한도 내에서 취소하고, C는 A에게 가액배상으로 10억 5,000만 원을 지급할 것을 명하는 판결을 선고하였다.

또한 제1심은, B와 D, E, F, G 사이에 체결된 각 근저당권설정계약이 모두 사해행위에 해당한다고 판단하고, B와 D, E, F, G 사이에 체결된 각 근저당권설정계약을 모두 취소하는 판결을 선고하였다. 한편 D, E, F, G는 제1심 판결에 대해 항소하였으나 항소심에서 항소를 취하하여 제1심 판결 중 D, E,

2) 지연손해금을 구하거나 명하는 부분은 모두 생략한다.

F, G에 대한 부분은 그대로 확정되었다.

### 2. 원심 판결(서울고등법원 2018. 1. 26. 선고 2016나2024626 판결)

제1심 판결에 대하여 A와 C가 모두 항소하였다.

원심은, A의 항소를 받아들여, B와 C 사이의 이 사건 부동산에 관한 재산분할협의 전부가 상당성을 잃었다고 판단하고, 제1심 판결을 "B와 C 사이의 이 사건 부동산에 관한 재산분할협의를 21억 원의 한도 내에서 취소하고, C는 A에게 21억 원을 지급하라"는 것으로 변경하였다.

### 3. 대상판결의 요지 : 파기환송

저당권이 설정되어 있는 부동산이 사해행위로 양도된 경우에 사해행위는 부동산의 가액에서 저당권의 피담보채무액을 공제한 잔액의 범위 내에서만 성립한다고 보아야 하므로, 사해행위 후 변제 등에 의하여 저당권설정등기가 말소되었다면 부동산의 가액에서 저당권의 피담보채무액을 공제한 잔액의 한도에서 사해행위를 취소하고 그 가액의 배상을 구할 수 있을 뿐이다.

한편 사해행위의 취소는 취소소송의 당사자 사이에서 상대적으로 취소의 효력이 있는 것으로 당사자 이외의 제3자는 다른 특별한 사정이 없는 이상 취소로 인하여 그 법률관계에 영향을 받지 아니한다.

저당권설정행위 등이 사해행위에 해당하여 채권자가 저당권설정자를 상대로 제기한 사해행위 취소소송에서 채권자의 청구를 인용하는 판결이 선고되었다고 하더라도 이러한 사해행위 취소판결의 효력은 해당 부동산의 소유권을 이전받은 자에게 미치지 아니하므로, 저당권이 설정되어 있는 부동산이 사해행위로 양도된 경우 부동산의 가액에서 저당권의 피담보채무액을 공제한 잔액의 한도에서 그 양도행위를 사해행위로 취소하고 가액의 배상을 구할 수 있다는 앞서 본 법리는 저당권설정행위 등이 사해행위로 인정되어 취소된 때에도 마찬가지로 적용된다고 할 것이다.

이러한 사실관계를 앞서 본 법리에 비추어 살펴보면, 비록 원고가 D, E, F, G를 상대로 제기한 사해행위 취소소송에서 그 청구가 인용되는 판결이 선고되었다고 하더라도, 그 근저당권설정등기들이 마쳐진 이후 피고가 재산분할협의를 원인으로 이 사건 부동산의 소유권을 이전받은 이상 이 사건 부동산의 가액에서 D, E, F, G 명의로 된 근저당권의 피담보채무액을 공제한 잔액의 범위 내에서만 재산분할협의를 취소하고 그 가액의 배상을 구할 수 있을 뿐이다.

그럼에도 원심은 이와 달리 그 판시와 같은 이유만으로 이 사건 부동산의 가액 57억 원에서 사해행위로 취소된 근저당권의 피담보채무액을 공제하지 아니한 채 인성저축은행과 한화손해보험 명의로 된 근저당권의 피담보채무액 합계 36억 원만을 공제한 후 피고는 원고에게 가액반환으로 21억 원을 지급할 의무가 있다고 판단하였다. 이러한 원심의 판단에는 채권자취소소송에서의 사해행위의 성립범위나 가액반환의 범위에 관한 법리 등을 오해하여 판결에 영향을 미친 잘못이 있다.

## 〔研 究〕

### Ⅰ. 들어가며

우리 민법은 채권자취소권[3)]에 관하여 민법 제406조와 제407조 단 두 개의 규정만을 두고 있다. 그 내용은 다음과 같다.

**제406조(채권자취소권)**

① 채무자가 채권자를 해함을 알고 재산권을 목적으로 한 법률행위를 한 때에는 채권자는 그 취소 및 원상회복을 법원에 청구할 수 있다. 그러나 그 행위로 인하여 이익을 받은 자나 전득한 자가 그 행위 또는 전득당시에 채권자를 해함을 알지 못한 경우에는 그러하지 아니하다.

② 전항의 소는 채권자가 취소원인을 안 날로부터 1년, 법률행위 있은 날로부터 5년 내에 제기하여야 한다.

**제407조(채권자취소의 효력)**

전조의 규정에 의한 취소와 원상회복은 모든 채권자의 이익을 위하여 그 효력이 있다.

채권자취소권의 행사 및 원상회복의 과정에서는 여러 이해관계인이 등장한다. 먼저 채권자취소권을 행사하는 취소채권자가 있고, 취소채권자의 채무자가 있다. 그리고 채무자로부터 사해행위를 통하여 재산권을 이

---

3) 학계 및 실무에서는 '사해행위취소권'이라는 표현과 혼용되어 사용되고, '채권자취소권'과 '사해행위취소권' 사이에 의미의 차이는 없는 것으로 보인다. 아래에서는 가능한 한 민법에서 사용되는 표현인 '채권자취소권'으로 표현하기로 한다.

전반은 수익자가 있고, 수익자로부터 사해행위의 목적이 된 재산을 취득한 전득자가 있다. 나아가 수익자가 사해행위를 통하여 채무자로부터 취득한 재산에 대하여 강제집행을 하려는 수익자의 고유채권자도 존재할 수 있다. 이들 이해관계인들 사이의 이해관계를 조정하기 위해서, 위 두 개의 조문은 부족해 보인다. 그렇기 때문에 개별 사안에서 채권자취소권의 행사 및 원상회복의 구체적인 방법 및 효과는 결국 학설과 판례에 의하여 규율될 수밖에 없다.

통설과 판례는 채권자취소권의 효과에 관하여 이른바 '상대적 무효설'을 취하고 있다. 대상판결도 판례가 상대적 무효설을 취하고 있음을 다시 한 번 확인한 판결이다. 상대적 무효설은 채권자취소의 효력이 취소채권자와 소송의 상대방인 수익자[4] 사이에서만 발생하고 제3자에게는 미치지 않는다는 견해이다. 상대적 무효설을 취하는 이상 대상판결의 결론 자체는 그다지 복잡한 사고 과정을 거치지 않고 도출될 수 있다.

다만 문제는 이러한 상대적 무효설이 타당한지 여부이다. 대법원이 상대적 무효설을 바탕으로 수많은 상황에서 여러 가지 판단을 내어 놓았지만, 그 중에는 상대적 무효설로 깔끔하게 설명할 수 없는 것들도 많이 있다. 이러한 점이 벌써 상대적 무효설의 약점을 보여준다. 그러나 그렇다고 하여 상대적 무효설의 대안으로 제시된 다른 학설들이 채권자취소권의 효력을 명쾌하게 설명하는 것도 아니다.

대상판결 자체는 상대적 무효설을 일관하는 대법원 판례의 큰 흐름 속에서 나타나는 하나의 사건에 불과하다고 평가될 수도 있다. 그러나 필자는 대상판결을 평석하게 된 기회에 상대적 무효설에 대한 연구를 하면서, 채권자취소제도의 바람직한 운용 방법에 대한 연구를 해보려고 하였다. 그러나 아무리 연구를 해 보아도 획기적인 결론을 도출하는 것이 불가능하였다. 이는 아래에서 살펴보다시피, 근본적으로 제도가 잘못 설

4) 수익자뿐만 아니라 전득자도 소송의 상대방이 될 수 있다. 그러나 아래에서는 논의의 편의상, 특별히 전득자가 문제되는 경우를 제외하고는 채권자취소소송의 상대방이 되는 자를 '수익자'라고만 표시한다.

계되었기 때문이다. 이는 비단 필자만의 문제는 아니다. 최근까지 채권자취소제도에 관한 수많은 판례와 수많은 문헌들이 나왔지만, 그 어느 것도 뚜렷한 문제 해결 방안을 제시하지는 못하고 있다.

따라서 필자는 연구 끝에, 제도 자체가 잘못 설계된 이상 채권자취소권의 법적 성질 및 효과의 성격에 관하여 상대적 무효설, 절대적 무효설, 채권설, 책임설 등등 여러 학설 중 하나를 선택한다고 문제가 해결되는 것은 아니라고 보고, 이 글에서 어떤 학설이 옳다거나 어떤 결론이 옳다는 개인적 견해를 제시하는 것은 큰 의미가 없다고 판단하였다. 차라리 필자는 민법 제406조와 제407조 단 두 개의 조문으로 채권자취소제도를 해석하고 규율해야 하는 현실 속에서, 판례에 의하여 실질적인 규범력을 가진 법리로 굳어진 상대적 무효설[5]을 그대로 유지하면서 이러한 상대적 무효설과 민법 제407조가 충돌하는 등 전체적으로 제도가 잘못 설계 및 운용됨으로써 채권자취소제도에 관하여 다양한 사안별로 논리적 일관성이 있는 설명을 하는 것이 사실상 불가능함을 인정하고, 현실적인 제도의 타당한 운용을 위하여 필요한 직관적인 관점을 제시해 보고자 한다.

이하에서는 먼저 채권자취소권의 효력에 관한 학설의 흐름과 외국의 입법례를 살펴보면서 우리나라의 채권자취소제도가 어떠한 방향으로 잘못 설계되어 있는지를 간략하게 살피고, 그럼에도 불구하고 법 개정 전에는 상대적 무효설을 취할 수밖에 없는 상황임을 전제로, 구체적인 사안별로 '이익충돌상황의 해결'이라는 이념을 중시하여 사건을 해결해야 한다는 의견을 제시할 것이다. 그리고 채권자취소권에 관하여 기존에 생

---

5) 2012년 제4기 민법개정위원회의 실무위원회에서는 채무자도 채권자취소소송의 피고로 삼도록 하는 규정을 신설함으로써 채권자취소권 행사의 효력을 채무자에게까지 미치게 하는 방안을 검토, 제안하였다고 한다. 그러나 이러한 실무위원회의 제안은 민법개정위원회 위원장단회의에서 받아들여지지 않았다. 이에 대하여는 오랫동안 유지되어 온 상대적 효력설을 입법적으로 폐기하는 것이 옳은지, 또한 이를 폐기할 경우에 어떤 현실적인 문제가 생길 수 있는지를 비교적 짧은 기간 사이에 결정하기 어려웠던 점도 고려되었을 것이라고 보기도 한다. 윤진수 · 권영준, 채권자취소권에 관한 민법 개정안 연구, 민사법학 제66호, 한국사법행정학회, 2015, 521-522면.

산된 판례를 이러한 관점에서 재조명해보고, 대상판결의 사안도 함께 검토해볼 것이다. 필자가 제시하는 관점이 상당히 비논리적이고 추상적이라는 비판이 제기될 수 있기는 하나, 기존의 수많은 문헌이 채권자취소 제도를 논리적으로 설명해보려고 시도하였으나 큰 성공을 거두지 못한 상황에서, 기존의 논의와는 조금은 이질적인 관점에서 제도를 재조명해보는 것도 의미가 없지는 않을 것이라고 생각한다.

## Ⅱ. 채권자취소권의 효력에 관한 논의의 흐름

### 1. 서론 및 주의할 점

채권자취소권의 효력에 관하여 우리나라에서도 여러 가지 학설들이 제시되었다. 그러나 이를 표면적으로만 받아들일 경우에는 도대체 그러한 학설들이 어떤 맥락에서 어떤 의미를 가지고 제시된 것인지를 이해하기가 어렵다.

우리 민법은 기본적으로 일본 민법을 본떠 만들어진 것이고, 일본 민법은 독일 민법과 프랑스 민법 등 외국 여러 나라의 민법을 본떠 만들어진 것이다. 법률을 해석함에 있어 입법 과정과 연혁이 절대적인 기준이 되는 것은 아니지만, 그 해석의 방향이 불분명하거나 해석을 함에 있어 큰 의문이 발생할 때에는 입법 과정과 연혁이 중요한 참고자료가 될 수 있다. 때로는 어떤 쟁점에 관한 여러 가지 학설의 대립이 존재할 때, 그러한 학설의 대립이 어떤 이유로 존재하는지, 각 학설이 추구하는 바가 무엇인지가 아리송한 경우가 있다. 이럴 때 입법 과정과 연혁을 살펴보면 그러한 학설 대립의 연원을 확인할 수 있는 경우가 있다.

이러한 관점에서, 아래에서는 우선 일본 민법을 계수한 민법 제406조, 제407조의 입법 배경을 살펴보고, 그러한 입법에 영향을 미친 프랑스와 독일의 채권자취소 제도를 살펴본 뒤, 이러한 배경 속에서 우리나라에서 채권자취소권의 본질에 관한 어떠한 학설들이 전개되었는지 살펴볼 것이다. 그 이후에 통설, 판례로 자리를 잡은 상대적 무효설을 취할 수밖에 없는 현실을 인정하고 검토하는 선에서 채권자취소권의 효력에 대한 논의를 마무리하고, 제도를 구체적으로 운용하는 데에 '이익충돌상황의 해결'이라는 관점을 제시할 예정이다.

다만 채권자취소권의 효력을 살필 때에는 다음을 주의하여야 한다. 채권자취소판결의 효력이 누구에게까지 미치는지를 검토하는 데 있어서는 국면을 크게 두 가지로 나눌 수 있다. 하나는 채권자취소판결의 실체법적 효력[6]이 채무자와 수익자 사이의 법률관계를 비롯하여 채권자취소소송의 당사자가 아닌 제3자에 대하여도 미치는지 여부이고, 다른 하나는 취소채권자가 아닌 채무자의 다른 일반채권자도 채권자취소판결의 효력을 원용할 수 있는지 여부이다.

예를 들어, 대상판결의 사안에서는 이 사건 부동산에 관하여 A 이외에 다른 B의 채권자들이 집행에 참여하려는 움직임을 보이지 않았으므로(실제로는 집행에 참여하려 했을 수는 있으나, 적어도 소송의 진행 과정에서 그러한 부분이 문제가 되지는 않았다), 대상판결에서 채권자취소판결과 관련하여 문제가 된 부분은 전자의 국면이다. 위 두 가지 국면은 기본적으로는 따로 논의가 이루어져야 할 성질의 것임에도 불구하고, 채권자취소판결의 효력과 관련하여 상대적 무효설, 절대적 무효설 등의 학설이 제시될 때, 국내에서는 지금까지 많은 경우 위 두 가지 국면이 혼합되어 논의되어 왔다.[7] 따라서 논의를 진행하기에 앞서. 위 두 가지 국면은 명백히 구분되는 것이고, 대상판결의 사안에서 쟁점이 된 부분은 전자, 즉 채권자취소판결의 효력이 채무자와 수익자 사이의 법률관계를 비롯하여 채권자취소소송의 당사자가 아닌 제3자에 대하여 미치는지 여부라는 점을 명확히 하여 두기로 한다.[8]

---

6) 기판력의 상대효라는 관점에서 채권자취소판결의 효력이 소송법적인 관점에서 채권자취소소송의 당사자가 아닌 다른 사람들에게까지 미치는지 여부에 관한 논의도 진행되고 있고, 이러한 논의가 실체법적 효력의 범위에 관한 논의와 혼합되어 논의가 이루어지기도 한다. 그러나 이 글에서는 소송법적인 논점은 제외하고, 채권자취소판결로 인하여 법률행위가 취소된 경우 그 법률행위의 '취소'가 실체법적으로 누구에게까지 효력을 미치는지 여부만을 논의의 대상으로 삼기로 한다.

7) 전원열, 채권자취소권의 효력론 비판 및 개선방안, 저스티스 통권 제163호, 한국법학원, 2017, 223면.

### 2. 채권자취소권의 효력에 관한 우리나라의 학설

#### 가. 상대적 무효설

통설 및 판례의 견해이다. 채권자취소권은 채무자의 사해행위로 인하여 책임재산으로부터 일탈된 재산을 반환하여 채권자의 공동담보를 회복함을 목적으로 하는 것이고, 취소권의 행사 및 효과는 그러한 목적을 달성함에 필요한 최소한도에 그치는 것이어야 한다는 것을 전제로 하여, 채권자취소권이 행사된 경우 그 효력은 그 취소채권자와 그 상대방인 수익자 또는 전득자와의 상대적인 관계에만 미칠 뿐 그 소송에 참가하지 아니한 채무자 또는 채무자와 수익자 사이의 법률관계에는 미치지 아니한다고 한다.

그 요지는 다음과 같다. ① 채권자취소의 효과는 목적물의 반환에 필요한 범위 내에서 그 상대방에 대한 관계에서만 상대적으로 효력이 있을 뿐이므로 수익자 또는 전득자만이 피고로 되고 채무자는 피고로 될 수 없다(당사자적격의 한정). ② 현실적 재산급부가 수반되지 아니하는 경우에는 사해행위의 취소만을 구할 수 있고, 그것이 수반된 경우에는 사해행위의 취소와 재산반환을 함께 구하여야 하나(형성소송과 이행소송의 병합), 그 시기를 달리하는 것은 무방하다. ③ 전득자가 있는 경우에 수익자와 전득자 중 누구를 상대방으로 하여 채권자취소권을 행사할 수 있는가는 채권자의 자유로운 선택에 달려 있다(상대방선택의 자유).[9)]

이러한 상대적 무효설에 대하여는, 취소의 상대적 효력이라는 개념이 애매모호하다든가, 소송법상의 기판력의 문제와 실체법상의 취소의 효

---

8) 다만 큰 틀에서 채권자취소제도를 검토하다 보면, 위 두 가지 국면이 완전히 독립적으로 따로 움직이는 것은 아니고, 어느 한쪽에 관한 논의를 진행하다보면 필연적으로 다른 쪽에 관한 논의도 살펴볼 수밖에 없기는 하다.

9) 이상의 내용은 이우재, 사해행위취소의 효력과 배당절차에서의 취급-사해행위취소의 효력을 받는 '모든 채권자'의 범위와 관련된 문제, 재판자료 제117집, 민사집행법 실무연구 Ⅱ, 법원도서관, 2009, 399면 및 김능환, 채권자취소권의 행사방법-부동산이 전전양도된 경우를 중심으로, 사법행정 제32권 제10호, 한국사법행정학회, 1991, 65-66면을 정리한 것이다.

력을 혼동한 것이라든가, 실제 운용에 있어서 상대적 효력이 있는 말소등기라는 이상한 개념을 인정하게 된다는 등의 비판이 가해지고 있다. 그러나 아래에서 보다시피 다른 학설들에도 문제점이 있는 상황에서, 상대적 무효설은 채권자취소제도의 목적에 부합하게 그 취소의 효력을 최소화하려는 점에서 타당성을 찾을 수 있고, 달리 이를 대체할 만한 이론이 없다는 점에서 통설의 지지를 받고 있는 것으로 생각된다.[10)]

나. 절대적 무효설

이 견해는 채권자취소권의 '취소'의 의미에 관하여 일반적인 법률행위의 취소와 마찬가지로 소급효와 절대적 효력을 인정한다. 절대적 무효설은 채권자취소권에서 말하는 취소를 법률행위의 취소와 동일하게 파악하여 채권자취소판결이 있게 되면 법률행위가 절대적으로 무효가 되는 것으로 보고, 원상회복을 취소된 법률행위가 없었던 상태로 복귀하는 것으로 파악한다.[11)]

절대적 무효설은 이해관계인들 사이의 법률관계를 일원적으로 규율할 수 있다는 점에서 이를 실무상 적용할 경우 법률가들은 사안을 간명하게 해결할 수 있을 것으로 생각된다. 그러나 절대적 무효설에 대하여는 다음과 같은 비판이 있다. 채권자취소권에서 중요한 것은 책임재산을 회복하는 것인데, 이러한 목적을 달성하기 위해서 사해행위를 완전히 무효로 돌릴 필요가 없으므로, 사해행위를 절대적으로 무효화시키는 것은 채권자취소권 제도의 목적을 벗어난 것이고, 기존의 법률관계를 필요 이상으로 해소하여 거래의 안전을 해친다.[12)] 또한 절대적 무효설을 따를 경우 사해행위로 일탈한 재산이 채무자에게로 회복되고 나면 이는 법적으로 완전한 채무자의 재산이 되므로 채무자가 이를 다른 자에게 처분하

---

10) 김능환(주 9), 66-67면.
11) 김재형, 채권자취소권의 본질과 효과에 관한 연구, 민법론 Ⅱ, 박영사, 2004, 12-14면. 다만 위 논문은 결론적으로 채권설을 지지한다. 절대적 무효설을 지지하는 견해는 이은영, 민법 Ⅱ[채권총론, 채권각론, 친족상속법](제5판), 박영사, 2005, 140면.
12) 이계정, 민법 제407조(채권자평등주의)의 법률관계에 관한 연구, 사법논집 제47집, 법원도서관, 2008, 471면.

는 것을 막을 수가 없다는 비판도 있다.[13)]

다. 책 임 설

이 견해는 채권자취소권을 사해행위를 책임관계의 측면에서 무효화하는 형성권으로 파악한다. 채권자취소권의 행사를 통해 채무자에게 책임재산이 복귀하는 것이 아니라, 수익자가 책임재산을 그대로 소유한 상태에서 그 재산이 취소채권자에 대한 관계에서 취소채권자의 책임재산이 된다는 것이다. 이를 책임법적 무효라고 한다.[14)]

책임설에 따르면 채무자와 수익자 사이의 법률행위가 채권자취소판결에 의하여 취소되더라도 그 법률행위는 물권적으로든 채권적으로든 완전히 유효하고 다만 책임법적으로만 무효라고 한다. 독일에서는 채권자취소권을 행사할 때 강제집행인용의 소를 제기한다. 우리나라에서 제기된 책임설은 독일의 위와 같은 제도를 전제로 제기된 것이 아닐까 추측된다. 그러나 채권자취소권의 행사 방법으로 강제집행인용의 소를 인정하는 독일에서도 막상 책임설은 소수설이라고 한다.[15)]

책임설에 대하여는 다음과 같은 비판이 제기된다. 먼저 우리나라 민법의 체계상 책임법적 무효라는 개념을 상정하기 어렵다. 다음으로, 우리나라에서는 강제집행인용의 소를 인정할 근거가 없기 때문에, 책임법적 무효의 개념을 끌어들이더라도 이를 소송절차에서 현실화시킬 방법이 없고, 따라서 책임설을 도입할 실익이 없다.[16)]

라. 채 권 설

채권설은 채권자취소권의 본질을 수익자에 대하여 책임재산의 반환을 청구하는 채권으로 파악한다. 독일의 통설과 판례가 채권설을 취하고 있다고 한다. 채권자취소권의 성립요건이 충족되면 채권자가 수익자에

---

13) 곽윤직 편집대표, 민법주해[IX] 채권(2), 박영사, 1995, 김능환 집필부분 808면.

14) 고상룡, 채권자취소권의 법적 성질, 고시계 1981년 4월호, 27-30면; 김형배, 채권자취소권제도의 재구성, 고시계 1986년 9월호, 38-44면; 김형배, 채권총론(제2판), 박영사, 1998, 389면.

15) 김재형(주 11), 15-16면. 독일의 다수설은 채권설이라고 한다.

16) 김재형(주 11), 16면.

대하여 재산의 반환청구를 할 수 있는 법정채권관계가 성립한다고 하고, 이러한 청구권은 물권적 청구권이 아니라 채권적 청구권이며, 채권자취소의 소를 형성의 소가 아니라 이행의 소로 파악한다. 이 견해는, 채권자취소권에서의 '취소'는 수익자에게 이전된 재산에 대하여 강제집행을 할 수 있는 상태로 만들기 위한 것으로서, 그러한 취소가 있다고 하여 반드시 사해행위를 무효가 된다고 볼 필요가 없고, 단지 채권자취소판결이 있을 경우 법정채권관계의 하나로서 원상회복청구권이 발생한다는 이론구성으로 우리나라의 채권자취소권을 설명할 수 있다고 본다.[17)]

그러나 채권설은 민법 제406조가 '취소 및 원상회복'을 법원에 청구할 수 있다고 한 명문의 규정과 맞지 않다는 문제점이 있다는 비판이 있다.[18)]

### 3. 외국의 입법례

#### 가. 들어가며

우리나라에서 채권자취소권의 본질과 효과에 관하여 앞에서 본 것과 같은 여러 가지 학설이 제기되어 왔다. 그런데 아무런 배경 지식 없이 각 학설을 표면 그대로 살펴보다보면, 위 각 학설이 어떤 계기로 제시되었는지, 그 실천적 의미가 무엇인지를 파악하기가 어렵다. 결국 이를 파악하기 위해서는, 우리나라 민법 제406조와 제407조의 제정에 영향을 미친 일본, 프랑스 및 독일의 채권자취소권 제도의 모습을 살펴보아야 한다. 다만 일본, 프랑스 및 독일의 채권자취소권 제도의 모습을 살펴볼 때에는, ① 채권자취소판결의 효력이 채무자와 수익자 사이의 법률관계를 비롯하여 채권자취소소송의 당사자가 아닌 제3자에 대하여도 미치는지 여부와, ② 채권자취소판결의 효력이 취소채권자가 아닌 채무자의 다른 일반채권자들에게도 미치는지 여부를 주목해서 볼 필요가 있다.

#### 나. 민법 제406조, 제407조의 입법 배경과 일본의 채권자취소제도

민법 제406조, 제407조는 일본 민법 제424조, 제425조를 의용하여

17) 김재형(주 11), 17-19면.
18) 민법주해(주 13), 808면.

사용하다가 민법 제정 당시 만주국 민법 등을 참조하여 제정된 것이므로,[19] 결국 그 뿌리가 된 일본 민법 제424조, 제425조를 참조할 필요가 있다. 일본 민법 제424조, 제425조는 다음과 같이 규정하고 있다.[20]

**제424조(사해행위취소권)**
① 채권자는 채무자가 채권자를 해함을 알고 한 법률행위의 취소를 재판소에 청구할 수 있다. 다만, 그 행위로 인하여 이익을 받은 자 또는 전득자가 그 행위 또는 전득 당시에 채권자를 해함을 알지 못한 때에는 그러하지 아니하다.
② 전항의 규정은 재산권을 목적으로 하지 아니한 법률행위에 관하여는 적용하지 아니한다.

**제425조(사해행위취소의 효과)**
전조의 규정에 의한 취소는 모든 채권자의 이익을 위하여 그 효력이 있다.

일본 민법의 위 조항들은 브와소나드(G. Boissonade)[21]가 작성한 일본 민법 초안에 그 뿌리를 두고 있다.[22] 당시 프랑스에서는 채권자취소판결의 효력이 취소채권자 이외에 채무자의 다른 채권자에게도 미치는지 여부에 관하여,[23] ① 채무자의 모든 채권자에게 효력이 미친다는 제1설, ② 다른 채권자에게는 효력이 미치지 않는다는 제2설, ③ 사해행위 이전의 채권자에게만 효력이 미친다는 제3설의 대립이 있었다고 하는데,[24]·[25]

---

19) 황진구, 사해행위의 취소와 원상회복이 모든 채권자의 이익을 위하여 효력이 있다는 의미, 민사판례연구 제39권, 박영사, 2017, 11면.

20) 번역은 황진구(주 19), 8면을 참조하였다.

21) 1825년에 출생한 프랑스의 법학자로서, 일본 정부의 초대로 일본 근대 민법 등의 제정에 도움을 주기 위하여 일본을 방문한 뒤, 1873년부터 1895년까지 21년 동안 일본에 머무르며 일본 근대 민법과 형법 제정 작업에 기여하였다고 한다. 여하윤, 프랑스 민법상 사해소권(詐害訴權, action paulienne) 행사의 효과에 관하여-우리 민법상 채권자취소권과 비교하여, 민사법학 제79호, 한국사법행정학회, 2017, 43면 각주 1) 참조.

22) 다만 브와소나드가 만든 초안이 그대로 반영되지는 아니하였다. 일본 민법 제424조와 제425조의 구체적인 입법 과정과 그에 대한 일본 학설과 판례의 전개 과정은 황진구(주 19), 11-27면 참조.

23) 앞서 '서론 및 주의할 점'에서 제시한 두 가지 국면 중 후자의 국면임을 유의할 필요가 있다.

24) 황진구(주 19), 14면.

25) 일반적으로 제1설을 '절대적 효력설', 제2설을 '상대적 효력설', 제3설을 '절충설'이라고도 부른다. 그러나 여기서 말하는 '절대적 효력설'과 '상대적 효력설'은 채권자취소판결을 채무자의 다른 일반채권자도 원용할 수 있는지 여부에 관한 것이므

브와소나드의 민법 초안은 당시 프랑스의 소수설이던 제1설을 채택한 것이고,[26] 그러한 내용이 일본 민법을 거쳐 우리나라 민법 제407조로 구현이 되었다고 한다.

한편 브와소나드가 어떠한 이유로 당시 프랑스의 통설과 판례이던 제2설이 아닌 제1설을 취하려 했는지에 관한 의문이 있다. 일단 학설은 당시 프랑스에서 부인권을 상법에 규정함으로써 상인파산주의를 취하였기 때문에 일반인에게는 집단적인 청산절차인 파산이 인정되지 아니하였고, 이에 일반인에 대하여도 채권자취소권을 통하여 집단적 청산절차와 유사한 기능을 수행할 수 있도록 제1설을 취한 것으로 보고 있고,[27] 일본에서도 마찬가지로 파산 법제가 제대로 갖춰져 있지 않았기 때문에 채권자취소권에 절대적 효력을 인정함으로써 원상회복된 재산이 모든 채권자의 공동담보가 되도록 함으로써 파산 법제의 불비를 해결하려 했던 것이라고 해석되기도 한다.[28]

한편 채권자취소판결의 효력이 채무자와 수익자 사이의 법률관계를 비롯하여 채권자취소소송의 당사자가 아닌 제3자에 대하여도 미치는지

---

로, 앞서 본 채권자취소판결의 효력에 관한 절대적 무효설, 상대적 무효설과는 그 논의의 국면과 내용이 완전히 다르다. 따라서 아래에서는 혼란을 방지하기 위하여, 채권자취소판결의 효력을 채무자의 다른 일반채권자들도 원용할 수 있는지 여부에 관한 학설을 '제1설, '제2설', 제3설'과 같은 형태로만 표시하기로 한다.

26) 현재 프랑스 민법에는 우리나라 민법 제407조와 같은 규정이 존재하지 않고, 프랑스의 통설과 판례는 채권자취소판결의 효력이 취소채권자 외에 채무자의 다른 채권자에게는 미치지 않는다고 보고 있다고 한다.

27) 신신호, 사해행위취소 및 원상회복으로 소유권이전등기의 말소를 명한 판결의 소송당사자가 아닌 다른 채권자가 위 판결에 기하여 채무자를 대위하여 마친 소유권이전등기 말소등기의 효력, 대법원판례해설 제105호, 법원도서관, 2016, 127면; 오영준, 사해행위취소의 효력이 미치는 채권자의 범위, 민사판례연구 제26권, 박영사, 2004, 161면.

28) 전원열(주 7), 236면; 윤태영, 채권자취소권의 '상대적 무효설'에 대한 입법사적 관점에서의 비판적 고찰, 법학논총 제36집 제2호, 전남대학교 법학연구소, 2016, 64면. 그와 같이 추측하는 구체적인 근거는 같은 논문 54-56면 참조. 그러나 현재 일본은 상인과 일반인에 대하여 전면적으로 적용되는 파산법이 완비되었고, 따라서 채권자취소권을 통하여 평등주의를 구현하고자 하는 입법자의 의도는 그 취지가 퇴색될 수밖에 없기 때문에, 채권자취소권 제도는 평등주의가 아닌 우선주의적 해석에 따라 운용되어야 한다는 주장도 제기되고 있다고 한다. 이계정(주 12), 462면.

여부의 국면과 관련하여, 일본의 통설과 판례도 상대적 무효설을 취하고 있고, 그 내용은 우리나라의 통설과 판례가 취하고 있는 상대적 무효설과 거의 동일하다.[29]

다. 프랑스의 채권자취소제도

프랑스 민법은 과거 제1167조 제1항에서 채권자취소제도를 규정하고 있다가 2016. 10. 1. 민법을 개정하여 제1341조의2에서 채권자취소제도를 규정하고 있다. 개정 전 프랑스 민법 제1167조 제1항과 개정 후 프랑스 민법 제1341조의2는 다음과 같다.[30]

**개정 전 프랑스 민법 제1167조 제1항**

채권자는 또한, 채무자가 채권자의 권리를 해(害)한 행위를 채권자 자신의 이름으로 다툴 수 있다.

**현행 프랑스 민법 제1341조의2**

채권자는 또한, 채무자가 채권자의 권리를 해(害)한 행위의 효력을 자신에게 대항할 수 없음의 확인을 구하는 소를 자신의 이름으로 제기할 수 있다. 이때 채무자의 행위가 유상행위인 경우, 채권자는 수익자가 사해행위임을 알고 있었음을 증명하여야 한다.

프랑스 민법에서의 채권자취소권은 로마 시대의 이른바 파울루스 소권에서 유래한 것으로서, 그 당시에는 파산 상태에 있는 채무자의 재산 관리인에 의하여 행사됨으로써 모든 채권자를 위하여 효력을 발생하는 방식으로 운용되었다고 하고, 이에 프랑스에서도 처음에는 채권자취소권이 책임재산 보전을 위한 제도로 운용되었다가, 이후 채권자취소권의 운용 방식에 변화가 있게 되어, 책임재산의 보전을 목적으로 하기보다는 채권자의 권리 보호를 위해 채무자의 행위를 공격하기 위한 수단으로 이용되기 시작하였다고 한다.[31] 이에 따라 구 프랑스 민법 제1167조에 관한 프랑스의 학설과 판례[32]는, 채권자취소권 행사의 효과는 그 행사의

29) 구체적인 내용은 김능환(주 9), 65면; 강구욱, 채권자취소권의 법적 성질에 관한 일시론, 법학논총 제34권 제1호, 한양대학교 법학연구소, 2017, 331-332면 참조.

30) 번역은 여하윤(주 21), 45면을 참조하였다.

31) 여하윤(주 21), 47면.

32) 현행 프랑스 민법 제1341조의2에 따른 채권자취소권 행사의 효력에 관한 프랑스

목적을 달성할 수 있는 것 이상으로 인정될 필요가 없으므로, 채권자취소권을 행사할 경우 사해행위 그 자체가 무효화되는 것이 아니라, 채권자취소권을 행사한 채권자에게 사해행위로 대항할 수 없게 하는 데에 그치고, 그 논리적 귀결로 피보전채권의 범위 내에서만 채권자취소권을 행사할 수 있다는 데에 견해가 일치되어 있다고 한다. 따라서 프랑스에서는 채권자취소권 행사의 효력은 취소채권자만을 위해, 그의 채권액 범위 내에만 발생하고, 채무자의 다른 일반채권자들에게 미치지 않고 그들과의 관계에서도 사해행위는 유효한 것으로 취급된다고 한다.[33] 또한 프랑스에서는 우리나라와 같은 원상회복의 관념이 존재하지 않고, 아래에서 볼 독일과 마찬가지로 채권자취소소송에서 승소한 취소채권자는 수익자가 사해행위에 따라 취득한 재산을 수익자의 명의로 그대로 둔 채 그 재산에 대하여 집행을 행한다고 한다.[34]

### 라. 독일의 채권자취소제도

독일은 민법과 별도로 1999. 1. 1.부터 시행되고 있는 채권자취소법(Gesetz ueber die Anfechtung von Rechtshandlungen eines Schuldners ausserhalb des Insolvenzverfahrens, AnfG)을 통해 우리나라의 채권자취소권에 대응하는 제도를 규율하고 있다.

독일에서 채권자취소권의 본질 및 효과에 관하여 과거에 물권설, 책임설 등이 있었고, 현재의 통설과 판례는 채권설을 채택하고 있다고 한다. 채권설은 채권자취소권의 요건이 충족되면 채권자가 상대방에 대하여 반환청구를 할 수 있는 법정채권관계를 발생시킨다는 의미이다. 그런데 독일에서는 채권자취소권이 행사되면 수익자가 소유권을 그대로 보유한 상태로 취소채권자가 이에 대하여 강제집행을 할 수 있을 뿐 재산이

---

의 학설과 판례를 직접적으로 다룬 국내의 문헌을 찾아보기는 어려웠다. 이는 프랑스 민법의 개정이 비교적 최근인 2016년 10월에 이루어졌기 때문으로 생각된다. 다만 조문의 문언상 구 프랑스 민법 제1167조 제1항과 개정 후 프랑스 민법 제1341조의2의 효력을 해석함에 있어 본질적인 차이는 없을 것으로 생각된다.

33) 여하윤(주 21), 47-48면; 강구욱(주 29), 324면.

34) 여하윤(주 21), 53면; 전원열(주 7), 211면.

채무자에게 복귀되지는 않는다. 결국 채권자취소판결은 수익자로 하여금 취소채권자의 강제집행을 수인하게 하는 수인권원으로서 작동하는 셈이다. 따라서 기본적으로 독일의 채권자취소의 소는 강제집행인용의 소이다. 채무자의 다른 일반채권자는 채무자에 대하여 집행권원을 가지고 있더라도 이를 가지고 사해행위로 수익자에게 이전된 재산에 대하여 강제집행을 할 수 없고, 별도의 채권자취소, 즉 강제집행인용의 소를 제기하여 승소판결을 받은 뒤 강제집행에 참가할 수 있다.[35] 결국 독일의 입법취지와 판례 및 통설에 의하면, 채무자와 수익자 사이의 법률행위는 취소채권자에 대하여도 유효하고, 다만 취소권 행사의 효과는 수익자의 강제집행 수인의무의 발생이라는 데에 있으며, 취소는 모든 채권자의 이익을 위하여 효력을 발생하지 않는다.[36]

### 마. 해 설

이러한 관점에서 보면, 제도의 구체적인 운용 방식은 많이 다르지만, 프랑스와 독일은 모두 채권자취소판결의 효력과 관련하여, 채무자의 다른 일반채권자들에 대한 관계라는 국면에서든 채권자취소판결의 효력이 채무자와 수익자 사이의 법률관계를 비롯하여 채권자취소소송의 당사자가 아닌 제3자에 대하여도 미치는지 여부라는 국면에서든, 채권자취소판결의 효력은 상대적 효력만을 갖는다는 입장에 서 있는 것이라고 평가할 수 있다. 다시 말하면, 독일과 프랑스는 채권자취소판결에 의하여 재산이 취소채권자와 수익자 사이의 관계에서만 채무자의 재산이 된 것처럼 의제하는 상대적 무효설의 입장에 서 있음과 아울러, 채권자취소권을 이를 행사하는 개별 채권자의 권리로 보아 채권자취소판결에 의한 이익은 채무자의 일반채권자 모두가 향유하는 것이 아니라 오직 취소채권자만이 누릴 수 있는 우선주의적 입법[37]을 한 것으로 평가할 수 있다.[38]

---

35) 이상의 내용은 전원열(주 7), 208-210면.

36) 윤태영(주 28), 53면.

37) 이와 반대로 우리나라 민법 제407조처럼 채권자취소판결에 따른 이익을 채무자의 모든 일반채권자가 향유할 수 있도록 하는 입법을 '평등주의적 입법'이라 한다.

38) 이계정(주 12), 461면; 제철웅, 채권자취소제도의 해석상 문제점과 입법적 개선

### 4. 검 토

#### 가. 상대적 무효설의 문제점

**(1) 민법 제407조와의 충돌**

통설 및 판례인 상대적 무효설은 민법 제407조와 입법 연혁적인 관점 및 체계정합성이라는 관점에서는 상당한 문제를 불러일으킨다. 채권자취소판결의 효력이 채무자와 수익자 사이의 법률관계를 비롯하여 채권자취소소송의 당사자가 아닌 제3자에 대하여도 미치는지 여부라는 국면에 관하여, ⓐ 미치지 않는다는 상대적 무효설과 ⓑ 미친다는 절대적 무효설이 대립할 수 있고, 채권자취소판결의 효력이 채무자의 다른 일반채권자에게도 미치는가라는 국면에 관하여, ① 취소채권자 및 채무자의 모든 일반채권자에게 미친다는 제1설, ② 취소채권자에게만 미친다는 제2설, ③ 취소채권자 및 사해행위 전에 채권을 취득한 모든 채권자에게 미친다는 제3설[39]이 대립할 수 있다. 우리나라의 통설과 판례는 ⓐ, ⓑ 중에서는 ⓐ를 취한 것이고, 민법 제407조는 제1, 2, 3설 중에서 제1설을 택한 것이다[40](다만 판례는 실제 사안의 해결에 있어서 제3설의 견해를 채택하고 있다[41]).

그런데 앞서 본 바와 같이 프랑스와 독일의 채권자취소제도는, ⓐ, ⓑ 중에서는 ⓐ를 취하면서(이는 우리나라와 같다), 그와 동시에 제1, 2, 3설 중에서는 제2설을 취하고 있다(이는 우리나라와 다르다). 논리적으로 상대적 무효설은 제2설과 어울린다. 이미 상대적 무효설과 민법 제407조가 어울리지 않는다는 지적은 여러 번 있었다. "민법 제407조와 상대적 무효설은 친화력이 떨어진다"[42]거나, "채권자평등주의에 의하면 취소의

---

방안: 특히 채권자취소권의 효력을 중심으로, 법학평론 제7권, 서울대학교 법학평론 편집위원회, 2017, 10면.

39) 여기의 제1, 2, 3설은 Ⅱ. 3. 나.에 나와 있는 제1, 2, 3설과 동일한 것이다. 그 이름을 따로 표시하지 않는 이유도 같다.

40) 이상의 설명 방식은 전원열(주 7), 222-224면에 제시된 설명 방식을 인용한 것이다.

41) 대법원 2009. 6. 23. 선고 2009다18502 판결 등 참조.

효력을 취소채권자 뿐만 아니라 다른 채권자에게도 확장시키게 되는 반면, 상대적 무효설은 취소의 효력을 제한하게 되는 기능을 하면서, 상대적 무효설과 민법 제407조의 평등주의가 충돌하는 현상이 발생하고, 이로 인하여 채권자취소권과 관련된 쟁점에서 해석의 어려움이 생긴다"[43] 거나, "민법 제407조는 채권자취소제도의 연혁에 비추어 보거나 비교법적으로 보더라도 매우 이례적인 내용을 담고 있다"[44]고 한다. 보다 구체적으로는, 취소채권자가 채권자취소권을 행사한 범위 내에서 독점적 만족을 얻는다고 보는 우선주의 법제 하에서는 취소의 효력을 구태여 확장시킬 필요가 없으므로 상대적 무효설이 수익자를 보호하는 데에 중요한 역할을 수행하였으나, 민법 제407조와 같은 평등주의를 규정한 법제에서는 취소의 효력을 취소채권자 뿐만 아니라 채무자의 다른 일반채권자에게도 확장하게 되므로, 상대적 무효설의 근본 취지가 퇴색하게 되고, 상대적 무효설과 민법 제407조의 평등주의가 충돌하는 현상이 발생한다고 한다.[45]

상대적 무효설과 민법 제407조 사이의 충돌이 드러나는 판결을 두 가지만 소개한다.

(가) 대법원 2003. 6. 27. 선고 2003다15907 판결

이 판결의 판시사항은 다음과 같다.

"민법 제406조에 의한 채권자취소와 원상회복은 모든 채권자의 이익을 위하여 그 효력이 있는 것인바(민법 제407조), 채무자가 다수의 채권자 중 1인(수익자)에게 담보를 제공하거나 대물변제를 한 것이 다른 채권자들에 대한 사해행위가 되어 채권자들 중 1인의 사해행위 취소소송 제기에 의하여 그 취소와 원상회복이 확정된 경우에, 사해행위의 상대방인 수익자는 그의 채권이 사해행위 당시에 그대로 존재하고 있었거나 또는 사해행위가 취소되면서 그의 채권이 부활하게 되는 결과 본래의 채권자

42) 이계정(주 12), 474면.

43) 조용현, 사해행위취소 판결의 효력이 수익자의 고유채권자에게 미치는지 여부, 대법원판례해설 제79호, 법원도서관, 2009, 148면.

44) 제철웅(주 38), 10면.

45) 오영준(주 27), 162면; 이우재(주 9), 400면.

로서의 지위를 회복하게 되는 것이므로, 다른 채권자들과 함께 민법 제407조에 의하여 그 취소 및 원상회복의 효력을 받게 되는 채권자에 포함된다고 할 것이고, 따라서 취소소송을 제기한 채권자 등이 원상회복된 채무자의 재산에 대한 강제집행을 신청하여 그 절차가 개시되면 수익자인 채권자도 그 집행권원을 갖추어 강제집행절차에서 배당을 요구할 권리가 있다."

이 판결은 언뜻 보면 결론적으로 타당해 보이고, 또한 상대적 무효설과는 크게 관련이 없는 판결로 보인다. 그러나 이 판결은 엄밀히 이론적으로는 상대적 무효설에 어긋나는 판결이다. 상대적 무효설에 의하면, 채무자와 수익자 사이에서는 사해행위로 이전된 부동산의 소유권이 채무자에게 복귀하지 않기 때문에, 수익자는 그 재산을 채무자의 책임재산으로 삼을 수 없어야 한다.[46] 더구나 "사해행위가 취소되면서 그의 채권이 부활하게 되는 결과"라는 판시는 상대적 무효설에 정면으로 반하는 판시이다.[47] 민법 제407조의 관점에서 채무자의 다른 일반채권자는 채권자취소의 이익을 향유하면서 수익자만 배제되는 것은 지나치게 부당하다는 관점에서 이와 같은 판시가 나온 것으로 생각되고, 그러한 결론이 구체적 타당성이라는 관점에서 부당하다고 보이지는 않지만, 그 전제가 된 '채권의 부활'이라는 것은 대법원이 일관되게 취하고 있는 상대적 무효설과 맞지 않는다.

(나) 대법원 2015. 11. 17. 선고 2013다84995 판결

이 판결의 사실관계는 다음과 같다.

① A는 원고들과 이 사건 부동산에 관하여 이 사건 매매계약을 체결하고 원고들에게 소유권이전등기를 마쳐 주었다. ② A의 채권자인 신한은행은 이 사건 매매계약이 사해행위라고 주장하면서 원고들을 상대로 사해행위취소 및 원상회복을 구하는 소를 제기하였고, 항소심에서 이 사

---

46) 전원열(주 7), 216면.

47) 한편 채무자 회생 및 파산에 관한 법률 제109조 제1항은 부인권이 행사된 경우 상대방의 채권이 부활함을 명시적으로 규정하고 있다.

건 매매계약을 취소하고, 원고들은 A에게 이 사건 부동산에 관한 소유권이전등기의 말소등기절차를 이행하라는 내용의 이 사건 화해권고결정이 확정되었다. ③ 신한은행은 이 사건 화해권고결정에도 불구하고 소유권이전등기의 말소등기 신청을 하지 아니하고 있었다. ④ A의 다른 채권자인 피고는 신한은행의 동의 없이 이 사건 화해권고결정에 기하여 A를 대위하여 소유권이전등기의 말소등기를 신청하였고, 등기관은 위 말소등기 신청을 받아들여 소유권이전등기의 말소등기를 마쳤다.

원고들은 피고를 상대로 소유권이전등기의 회복등기에 대하여 승낙의 의사표시를 구하는 소를 제기하였다. 제1심은 원고들의 청구를 인용하였으나, 원심은 소유권이전등기가 실체관계에 부합하는 등기로서 유효하다면서 원고들의 청구를 기각하였다. 대법원은 다음과 같이 판시하며 원고들의 상고를 기각하였다.

“사해행위 취소의 효력은 채무자와 수익자 사이의 법률관계에 영향을 미치지 아니하고, 사해행위 취소로 인한 원상회복 판결의 효력도 그 소송의 당사자인 채권자와 수익자 또는 전득자에게만 미칠 뿐 채무자나 다른 채권자에게 미치지 아니하므로, 어느 채권자가 수익자를 상대로 사해행위 취소 및 원상회복으로 소유권이전등기의 말소를 명하는 판결을 받았으나 말소등기를 마치지 아니한 상태라면 그 소송의 당사자가 아닌 다른 채권자는 위 판결에 기하여 채무자를 대위하여 그 말소등기를 신청할 수 없다. 그럼에도 불구하고 다른 채권자의 위와 같은 등기신청으로 말소등기가 마쳐졌다면 그 등기에는 절차상의 흠이 존재한다.”

“그러나 채권자가 사해행위 취소의 소를 제기하여 승소한 경우 그 취소의 효력은 민법 제407조에 의하여 모든 채권자의 이익을 위하여 미치므로 수익자는 채무자의 다른 채권자에 대하여도 사해행위의 취소로 인한 소유권이전등기의 말소등기의무를 부담하는 점, 위와 같은 등기절차상의 흠을 이유로 말소된 소유권이전등기가 회복되더라도 다른 채권자가 사해행위취소판결에 따라 사해행위가 취소되었다는 사정을 들어 수익자를 상대로 다시 소유권이전등기의 말소를 청구하면 수익자는 그 말소등기를 해 줄 수밖에 없어서 결국 말소된 소유권이전등기가 회복되기 전의 상태로 돌아가는데 이와 같은 불필요한 절차를 거치게 할 필요가 없는 점 등에 비추어 보면, 사해행위 취소 및 원상회복으로 소유권이전등기의 말소를 명한 판결의 소송당사자가 아닌 다른 채권자가 위 판결에 기하여 채무자를 대위하여 마친 말소등기는 그 등기절차상의 흠에도 불구하고 실체관계에 부합하는 등기로서 유효하다고 볼 수 있다."

위 판결에서 화해권고결정의 효력이 채무자에게는 미치지 않기 때문에 채무자의 다른 일반채권자인 피고가 채무자를 대위하여 말소등기를 청구할 수 없다고 본 것은 상대적 무효설에 부합하는 판시이다. 그러나 판례는 나아가 채권자취소판결의 효력이 "다른 채권자에게 미치지 아니한다"고도 판시하였는데, 이는 민법 제407조에 반한다.[48] 물론 판례가 채권자취소판결의 효력이 다른 채권자에게 미치지 아니한다고 본 것은, 집행법적인 관점에서 화해권고결정의 당사자도 아닌 피고가 이를 집행권원으로 하여 말소등기를 신청할 수 없다는 원리를 내세운 것이지, 민법 제407조를 무시한 것은 아니라고 볼 수도 있기는 하나, 이러한 모순이 발생한다는 것 자체가 이미 상대적 무효설과 민법 제407조가 긴장관계에 있음을 나타내는 것이다.[49]

**(2) 등기제도와의 충돌**

채권자취소소송이 제기되어 그 원상회복으로 소유권이전등기의 말소등기를 명하는 판결이 선고되어 확정된 경우, 등기부상 등기명의는 채무자에게 복귀한다. 그러나 상대적 무효설에 의하면 그러한 등기명의의 회

---

48) 전원열(주 7), 225면.

49) 이 판결은 상대적 효력설과 채권자취소판결의 형성력, 기판력 등에 관하여 조망할 것이 많은 판결이기 때문에, 실체법, 절차법, 집행법적인 측면에서 면밀한 검토를 하다보면 실체법적인 관점에서 상대적 무효설과 민법 제407조가 충돌하는 상황은 아니라는 논증을 하는 것도 가능할 수 있다. 그러나 이는 본 평석의 논의 범위를 넘어서는 것이므로, 본 평석에서는 이 판결이 상대적 무효설과 민법 제407조 사이의 긴장관계가 드러난 경우라는 점을 지적하는 정도로만 그치고자 한다. 이 판결에 대하여는 그 결론을 지지하는 자세한 평석과 비판하는 자세한 평석이 공존한다. 자세한 내용은, 이 판결을 지지하는 평석인 신신호(주 27), 이 판결을 비판하는 평석인 황진구(주 19) 참조.

복에도 불구하고 소유권은 채무자에게 복귀하지 아니한다. 우리나라 법체계에서 등기의 공신력이 인정되지 않기 때문에 실체관계와 등기명의의 괴리가 존재하는 경우가 없지는 않지만, 이러한 것이 존재하는 것 자체가 제도에 개선할 점이 있음을 드러내는 것이다.

이와 관련하여 대법원 2017. 3. 9. 선고 2015다217980 판결을 살펴본다. 이 판결의 사실관계는 다음과 같다. ① A는 원고에 대하여 연대보증금채무를 부담하고 있다. ② A는 B에게 이 사건 부동산을 매도하고 소유권이전등기를 마쳐주었는데, A의 다른 채권자들이 제기한 사해행위취소소송에서 A와 B 사이의 매매계약이 사해행위라는 이유로 취소되고, 그 원상회복으로 B 명의의 소유권이전등기가 말소되었다. ③ B 명의의 소유권이전등기가 말소된 날 A는 다시 피고 1에게 이 사건 부동산을 매도하고 피고 1에게 소유권이전등기를 마쳐주었고, 이를 기초로 피고 2, 3 등에게 소유권이전청구권가등기와 그에 기초한 본등기 및 소유권이전등기 등이 순차로 마쳐졌다.

원고는 피고들 명의의 소유권이전등기 내지 가등기가 모두 원인무효라고 주장하면서, A의 채권자로서 A를 대위하여 피고들에 대하여 위 각 등기의 말소를 구하거나, A를 대위하지 않고 사해행위취소 및 원상회복의 이익을 주장할 수 있는 일반채권자로서 직접 피고들 명의의 등기의 말소를 구하였다. 원심은 원고의 청구를 모두 기각하였는데, 대법원은 다음과 같이 판시하며 원심판결을 파기환송하였다.

“사해행위의 취소는 채권자와 수익자의 관계에서 상대적으로 채무자와 수익자 사이의 법률행위를 무효로 하는 데에 그치고 채무자와 수익자 사이의 법률관계에는 영향을 미치지 아니하므로, 채무자와 수익자 사이의 부동산매매계약이 사해행위로 취소되고 그에 따른 원상회복으로 수익자 명의의 소유권이전등기가 말소되어 채무자의 등기명의가 회복되더라도, 그 부동산은 취소채권자나 민법 제407조에 따라 사해행위 취소와 원상회복의 효력을 받는 채권자와 수익자 사이에서 채무자의 책임재산으로 취급될 뿐, 채무자가 직접 그 부동산을 취득하여 권리자가 되는 것은 아니다.”

"따라서 채무자가 사해행위 취소로 그 등기명의를 회복한 부동산을 제3자에게 처분하더라도 이는 무권리자의 처분에 불과하여 효력이 없으므로, 채무자로부터 제3자에게 마쳐진 소유권이전등기나 이에 기초하여 순차로 마쳐진 소유권이전등기 등은 모두 원인무효의 등기로서 말소되어야 한다. 이 경우 취소채권자나 민법 제407조에 따라 사해행위 취소와 원상회복의 효력을 받는 채권자는 채무자의 책임재산으로 취급되는 그 부동산에 대한 강제집행을 위하여 위와 같은 원인무효 등기의 명의인을 상대로 그 등기의 말소를 청구할 수 있다고 보아야 한다."

이 사건에서 대법원은 채무자의 처분행위를 무권리자 처분행위로 보았는데, 이 부분 판시는 상대적 무효설이라는 관점에서는 타당하다고 보인다.[50] 그러나 등기명의가 회복되었으나 처분권을 가지지 못한다는 것 자체가 기본적으로 이질적인 데다가, 소유명의자가 '처분권'을 가지지는

---

50) 한편 이 판결보다 한참 앞서 나온 대법원 1990. 10. 30. 선고 89다카35421 판결은 이와 다른 취지의 판시를 한 바 있다. 위 판결의 사실관계는 아래 ①, ②, ③, ④와 같다. ① A 소유이던 이 사건 부동산에 관하여 B 명의로 매매를 원인으로 하는 소유권이전등기가 마쳐진 뒤, 피고를 채권자로 하는 가압류등기가 마쳐졌다. ② A의 채권자이던 C가 B 및 피고를 상대로 A와 B 사이의 매매계약이 사해행위라는 이유로 매매계약의 취소와 B 명의의 소유권이전등기 및 피고 명의의 가압류등기의 말소를 구하는 소송을 제기하였는데, 1984. 5. 24. B에 대한 부분에 관하여는 승소판결이, 피고에 대한 부분에 관하여는 패소판결이 선고되고, 그 무렵 확정됨으로써, B 명의의 소유권이전등기는 말소되었으나 피고의 가압류등기는 말소되지 아니하였다. ③ C는 A로부터 이 사건 부동산을 매수한 뒤 소유권이전등기를 마쳤고, 원고들은 다시 C로부터 이 사건 부동산을 매수하여 소유권이전등기를 마쳤다. ④ 피고는 위 가압류결정의 본안사건인 피고의 B에 대한 수표금청구사건의 집행력 있는 판결정본에 기하여 이 사건 부동산에 관하여 강제경매개시결정을 받았다. 원고들은 피고를 상대로 제3자 이의의 소를 제기하였고, 원심은 원고들의 청구를 받아들였는데, 대법원은 "사해행위의 취소는 상대적 효력밖에 없는 것이므로 원심판시와 같이 이건 사해행위의 목적부동산에 수익자 B의 채권자인 피고의 가압류등기가 경료되었고 그 후 채무자 A와 수익자 B 사이의 위 부동산에 관한 매매계약이 사해행위라는 이유로 취소되어 B의 소유권이전등기가 말소되었다 하더라도 특단의 사정이 없는 한 피고의 가압류의 효력이 당연히 소멸되는 것은 아니므로 채무자 A로부터 위 부동산을 전전하여 양도받은 원고들은 가압류의 부담이 있는 소유권을 취득하였다 할 것이다."라고 판시하며 원심 판결을 파기환송하였다. 여기서 대법원이 "원고들은 가압류의 부담이 있는 소유권을 취득하였다"고 판시한 부분은 채무자의 처분행위가 유효함을 전제로 하고 있는 것이다.

않지만 채권자들에 대한 관계에서 '책임재산'은 되는 새로운 유형의 소유권을 대법원이 창설하는 셈이라는 비판도 가능하다. 나아가 설령 채무자의 처분행위를 무권리자 처분행위로 보더라도, 부동산의 소유권을 취득한 적이 없는 채무자의 일반채권자가 말소등기를 청구할 법적 근거를 찾기 어려운 문제가 있다. 이러한 관점에서 이 사안에서 원고가 말소등기청구를 할 마땅한 근거 법리가 존재하지 않자 대법원은 아무런 논리적 근거 없이 원고가 피고들을 상대로 말소청구를 할 수 있다는 결론만을 판시하였다는 비판도 있다.[51]

나. 상대적 무효설의 유지

이처럼 상대적 무효설을 취할 경우 민법 제407조와의 충돌 및 등기제도와의 비정합성 등의 문제가 생기는 것은 사실이다. 따라서 필자는 '상대적 무효설에 찬성한다'거나 '상대적 무효설이 타당하다'는 입장을 밝히고 싶지는 않다. 그러나 현실적으로는 입법적인 해결이 이루어지기 전까지는 상대적 무효설 이론을 유지한 채로 채권자취소권 제도가 운용될 수밖에 없다고 생각한다. 상대적 무효설이 최선은 아니지만 차악은 될 수 있는 것이다. 그 이유는 다음과 같다.

**(1) 다른 학설들의 문제점**

우선 책임설은 '책임법적 무효'라는 개념을 우리나라 법에서 인정하기 어렵다는 점에서 받아들이기 어렵고, 채권설은 민법 제406조 제1항이 '취소 및 원상회복'을 법원에 청구할 수 있다고 하는데 '취소'의 개념을 설명하기 어렵다는 점에서 받아들이기 어렵다고 생각한다.

한편 민법 제407조에 의하여 취소의 효과가 모든 채권자의 이익을 위한 것이라고 한다면, 절대적 무효설을 택하는 것이 논리적인 관점에서는 가장 간명하고 모순 없이 설명이 가능한 것으로 보인다.[52] 이 경우 민법 제406조 제1항의 '취소'와 민법 제5조 제2항, 제109조 제1항, 제110

---

51) 전원열(주 7), 218면. 이 논문은 나아가 대법원이 논리적 근거를 제시하기 곤란하다면 그 근본에 있는 전제 즉 이 사건의 피고들이 소유자가 아니라는 상대적 효력설의 구조 자체의 정당성을 고민해 보아야 한다고 지적하였다.

52) 제철웅(주 38), 12면. 다만 위 논문이 절대적 무효설을 지지한 것은 아니다.

조 제1항등에서 정하고 있는 법률행위의 '취소'의 의미를 동일하게 규율할 수 있다는 장점도 있다. 즉 논리적 정합성이라는 측면에서는 절대적 무효설이 장점이 있다고 생각된다.

그러나 법률을 해석할 때에는 그 문언과 논리적 정합성도 중요하지만, 제도가 만들어진 취지와 목적도 중요하게 고려하여야 한다. 절대적 무효설은 사해행위를 절대적으로 무효화하고 수익자가 취득한 재산을 완전히 채무자에게 원상회복하여야 한다는 것을 의미한다. 그러나 이는 수익자의 희생을 바탕으로 취소채권자 또는 채무자의 일반채권자들의 채권의 만족을 도모한다는 채권자취소권의 목적에 비하여 지나치게 큰 효과를 부여한 것이다. 그렇기 때문에 민법 제406조 제1항이 민법 제5조 제2항, 제109조 제1항, 제110조 제1항 등과 동일하게 '취소'라는 문언을 사용하고 있으면서도, 그동안 학설과 판례가 그 의미를 다르게 해석하려고 노력하여 왔던 것이다.[53] 절대적 무효설을 취하는 것은 논리적 정합성을 추구하기 위하여 제도의 목적을 넘어서서 그 누구도 원하지 않는(취소채권자도 자기 채권의 만족을 얻을 수만 있으면 굳이 사해행위를 절대적으로 무효화시키는 것을 원할 이유가 없다) 결론을 추구하는 것이 되어 불필요하다고 생각된다. 상대적 무효설이 단점이 있다고 하여 절대적 무효설을 취하는 것은 오히려 이론적인 후퇴이다.[54]

**(2) 실무의 정립**

상대적 무효설은 판례에 의하여 이제는 사실상의 규범력이 있다고 볼 수 있을 정도로 확고한 실무례가 되었다. 판례는 1960년대 이래로 현재까지 일관하여 상대적 무효설의 입장을 취하고 있고, 실제 상대적 무효설은 그 타당성 여부를 떠나서 이제 현상이라는 관점에서는 채권자취소제도의 운용 실무로 확고하게 자리를 잡았다. 어떠한 법적 쟁점에 관하여 여러 가지 학설 대립이 있는 가운데 하나의 학설이 실무로 확고하게 자리 잡은 경우, 그러한 실무를 현실적으로 변경하기 위해서는 입법

53) 김재형(주 11), 3면.
54) 김재형(주 11), 13~14면.

을 통해 법률을 개정하거나 대법원 전원합의체 판결을 통해 판례를 변경하는 수밖에 없다. 그런데 앞서 본 바와 같이 상대적 무효설 외에 다른 학설들도 각각의 문제점이 있으므로, 이미 확고한 실무로 자리 잡은 상대적 무효설을 대법원이 법률 개정 없이 굳이 다른 학설로 대체하려는 시도를 할 것으로 생각되지는 않는다. 또한 그와 같이 어느 하나가 명백하게 타당하다고 보기 어려운 여러 견해들 중에서 법리적 또는 사법정책적인 고려를 하여 하나를 택하는 것은 대법원의 권한이자 의무이기도 하다. 더구나 그동안 구체적인 사안의 해결에 있어서 대법원이 상대적 무효설을 바탕으로 수많은 해결책을 제시하여 왔고, 그러한 해결책들이 실무에서 꾸준히 이용되고 있다. 따라서 서두에서 밝힌 바와 같이 상대적 무효설이 틀렸고 다른 학설이 맞다고 주장하는 것은 실천적인 관점에서는 큰 의미가 없다고 생각된다. 오히려 중요한 것은 상대적 무효설을 채택한 상태에서, 구체적으로 채권자취소권의 실효성을 확보함과 아울러 거래의 안전이라는 이념을 적절히 조화시키도록 그 운용 방안을 제시하는 일이다.[55)]

**(3) 상대적 무효설의 장점**

상대적 무효설은 다음과 같은 장점도 있다. 먼저 채권자취소제도에서 채무자와 수익자 사이의 법률행위는 기본적으로 유효하고, 수익자는 그에 맞춰 대가를 지급한 경우가 대부분이다. 이들 사이의 법률행위를 전부 무효로 돌리는 것은 사적자치를 지나치게 무시하는 것이다. 따라서 법률행위의 '무효화'는 최소한의 범위에서 이루어져야 한다. 그리고 반대급부를 출연한 수익자의 이익보호와, 거래의 안전도 고려되어야 한다. 이러한 관점에서, 상대적 무효설은 취소의 효력 범위 제한이라는 요청을 충족한다. 또한 채권의 보전을 위한 보전조치가 정비되지 않은 로마법이나 과거와는 달리 보전조치가 정비되어 있는 현재의 법제 아래에서는 채권자취소권은 채권의 보전조치를 게을리 한 채권자를 위한 예외적인 제

55) 민법주해(주 13), 808면.

도이므로, 제3자를 보호하는 해석이 필요하다.[56] 상대적 무효설은 이러한 제도적 취지를 구현하는 데에 유용하다.

### 다. 구체적인 운용 과정에서 고려하여야 할 요소

이처럼 우리나라의 채권자취소제도는 그 입법 단계에서부터 일본이 프랑스와 독일의 채권자취소제도에 대한 충분한 연구 없이 받아들인 것을 그대로 계수함으로써 논리적인 정합성이 떨어지는 입법이 되었던 데다가,[57] 그 이후에 판례에 의하여 정립된 상대적 무효설이 민법 제407조와 충돌하는 현상까지 벌어지면서, 제도를 둘러싼 혼란이 지금까지 발생하고 있다. 그에 따라 다수의 이해관계가 충돌하는 개별적, 구체적인 사안마다 당장 사안의 해결에 급급한 형태로 판례가 나오고 있으며, 그러한 판례에는 논리적인 허점이 있을 수밖에 없으므로 필연적으로 해당 판결에 대한 비판적인 평석이 쏟아지고 있다. 그러나 그와 같은 평석도 판례를 대체할 만한 논리성과 구체적 타당성을 모두 충족하는 대안을 제시하지 못하는 경우가 많다. 이는 제도 자체에 내재한 근본적인 문제점 때문이다. 이러한 문제는 향후 사건이 있을 때마다 새로 구체적인 법리를 선언해서 해결할 수 있는 문제는 아니고, 민법 제406조와 제407조를 개정하는 방법으로만 근본적으로 해결할 수 있다.[58] 상대적 무효설을 버리고 절대적 무효설, 책임설, 채권설 등 다른 학설을 채택한다고 해서 해결될 수 있는 문제도 아니다.[59] 이러한 관점에서, 더 이상 구체적인 판결 하나하나를 미시적으로 비판하는 것은 제도의 개선이라는 과거에 비해 실천적인 관점에서 중요성이 감소하였다고 생각한다. 그러한 작업은 충분히 이루어졌다.

따라서 이제는 차라리 입법적인 개선이 이루어지기 전까지 채권자취소제도를 어떻게 하면 잘 운용할 수 있을 것인가, 잘 운용하기 위해서는

56) 이우재(주 9), 462면.
57) 전원열(주 7), 242면.
58) 전원열(주 7), 242면.
59) 전원열(주 7), 207-208면.

어떠한 관점을 고려해야 하는가를 잘 고민해야 한다. 제도 자체가 잘못 설계된 이상, 논리적인 정치함을 추구하는 것은 어려운 일이다. 그리고 대법원으로서도 채권자취소제도의 맥을 꿰뚫는 논리를 형성하는 것이 불가능하기 때문에, 개별 사안별로 적당한 논리와 적당한 이익형량을 통한 사법정책적인 판단을 할 수밖에 없고, 실제로 현재까지 그렇게 해 왔다. 결국 그러한 사법정책적인 판단은 취소채권자, 채무자, 수익자, 채무자의 다른 일반채권자, 수익자의 고유채권자 등 채권자취소소송을 둘러싼 많은 이해관계인들의 이익을 형량하여 공평 타당한 결론을 내는 방식으로 이루어질 수밖에 없다.

필자는 여기에서 '이익충돌상황의 해결'이라는 다소 추상적이지만 필요한 관점을 중심으로 그와 같은 판단이 이루어져야 한다고 본다. 다른 말로는 '이해관계의 조정'이 이에 해당할 것이고, 넓은 의미에서 '공평의 원칙'도 실질적으로는 같은 의미를 갖는다. 이를 조금 더 구체화하면 다음과 같은 사항을 생각해 볼 수 있다.[60]

먼저, 상대적 무효설의 취지상 취소판결의 효력을 받는 인적 범위는 최소화되어야 한다. 기본적으로 법률에 다른 규정이 없는 이상 취소채권자와 수익자를 제외한 제3자는 그 누구도 취소에 따른 효력을 원용하거나 그 이익을 향유해서는 안 되고, 취소에 따라 피해를 입어서도 안 된다. 물론 민법 제407조에 의하여 채무자의 다른 일반채권자는 채권자취소판결에 따른 효력을 주장하며 그 이익을 향유할 수 있어야 할 것이다.

다음으로, 취소 및 원상회복은 수익자가 사해행위로 취득한 이익의 한도 내에서 이루어져야 한다. 수익자가 사해행위 이후에 다른 사정으로 인하여 사해행위의 목적 재산에 관하여 추가적인 이익을 취득하였다면 이는 수익자의 몫으로 남아야 한다. 그 다른 사정이 반드시 수익자의 출연만을 의미하는 것은 아니다. 채권자취소제도가 수익자를 징벌하기 위

60) 사실 기존에 나온 많은 대법원 판례에 이러한 생각이 알게 모르게 이미 반영되어 있었다고 보인다. 그렇지만 이를 다시 한 번 정리하는 것도 의미가 있다고 생각한다.

한 목적에서 만들어진 것이 아니기 때문이다.

세 번째로, 취소 및 원상회복의 범위는 필요한 한도 내에서 최소화되어야 한다. 수익자가 사해행위로 취득한 이익보다 취소채권자 또는 민법 제407조에 따라 취소의 효력을 받는 일반채권자가 환수할 이익이 더 작다면 반환의 범위는 여기에 한정되어야 한다. 예컨대 추후 추가적인 반환을 할 추상적인 가능성이 있다는 이유로 반환의 범위를 확장할 수는 없다.

이상의 요소를 잘 살펴보면, 결국 그 궁극적인 목적은 수익자와 거래안전을 보호하는 데에 있다. 과거에서는 수익자와 거래안전의 보호가 그다지 중요하지 않게 여겨지는 경향도 있었던 것으로 보이나, 채권자취소권제도의 구체적인 운용 과정에서 수익자 및 거래안전을 보호하는 것은 중요하게 고려되어야 한다. 수익자 및 거래안전의 보호를 중요하게 고려해야 하는 이유는 다음과 같다.

먼저, 채권자취소권제도 자체가 수익자의 희생을 바탕으로 하는 것[61]이기 때문에, 오히려 수익자의 이익을 보호하는 고려가 이루어져야 한다. 수익자의 희생을 바탕으로 한다는 것이 곧 수익자의 무조건적인 희생을 정당화하는 것은 아니다. 기본적으로 수익자에게 가혹한 제도이기 때문에, 그만큼 수익자의 이익을 보호하는 고려도 이루어져야 한다. 더구나 수익자는 적법한 법률행위를 한 사람이기도 하다.

다음으로, 우리나라의 채권자취소권은 그 법률요건 및 효과에 있어서 취소채권자에게 전반적으로 유리한 구조로 되어 있고, 실무상 법해석도 취소채권자에게 유리한 방향으로 이루어져 왔는데, 이제는 이러한 방향에 대한 재검토도 필요하다. 즉 우리나라 채권자취소권은 채권자가 채무자에 대한 집행권원이 없더라도 행사할 수 있고(독일은 집행권원이 필요하다), 수익자에게 선의의 증명책임이 있는데다가 법원이 수익자의 선의를 쉽게 인정하지 않는 등 피보전채권과 채무자의 채무초과상태만 인

61) 곽윤직, 채권총론(제6판), 박영사, 2005, 150면.

정되면 거의 대부분 원고 승소 판결이 선고되어 왔다.[62] 그러나 이러한 경향이 타당한지 의문이다. 과거에는 채권자취소소송 사건에서 채무자와 공모한 수익자의 비중이 높았다면, 요즘은 매매나 담보설정에 의하여 채무자로부터 재산권을 이전받은 수익자의 비중이 더 높다고 한다.[63] 또한 사해행위로 취소되는 거래에서 대부분의 경우 수익자는 반대급부를 출연하고 그 반대급부가 상당한 경우도 적지 않은데, 그럼에도 불구하고 수익자를 희생시켜야 한다는 명제가 여전히 정당한지도 의문이다. 더구나 이해관계가 복잡해졌고 거래에서 고려하는 위험이 다양해진 현대사회에서는 수익자가 채무자의 채무초과상태를 알았다는 것만으로 수익자에게 사실상 그 거래를 하지 말아야 할 의무를 부담시키는 것이 사회 전체적으로 타당한지도 다시 검토해 보아야 한다. 수익자에게 채무자와의 거래가 정상적인지 여부를 넘어서서 그 거래가 채무자의 자산상태에 미치는 영향까지 조사하게 하는 것은 과도한 부담을 지우는 것이다. 이는 궁극적으로 거래비용을 높여 거래의 원활화에도 장애를 초래할 수 있다.[64]

## Ⅲ. 관련 판례 사안의 분석

### 1. 들어가며

채권자취소판결이 있을 경우 여러 이해당사자들의 이익이 충돌하는 상황에서 그 효력을 어떻게 볼 것인지에 관하여 수많은 판례들이 생산되어 왔다. 이하에서는 이러한 판례들을 앞서 본 관점에 따라 분석해보는 작업을 할 것이다. 실제 판례가 형성되는 과정에서 그러한 고려가 이루어졌는지 여부는 불분명하나, 이미 나온 결론을 새로운 관점에서 접근하여 해석하는 것도 의미 있는 작업이 될 것으로 생각한다. 다만 아래에서 소개하는 내용은 판례의 경향성을 분석한 것이 아니라 판례의 사안을 앞서 제시한 관점에 따라 분석해본 것이므로, 앞서 제시한 관점에 들어맞

62) 전원열(주 7), 226면; 윤진수 · 권영준(주 5), 508면.
63) 전원열(주 7), 226면 각주 53) 참조.
64) 윤진수, 권영준(주 5), 510-511면.

지 않는 판결도 다수 존재할 수 있음을 미리 밝혀 둔다.

### 2. 취소판결의 효력을 받는 인적 범위와 관련된 판례

이와 관련하여서는 취소채권자와 수익자의 고유채권자 사이의 이해관계 충돌이 문제된 사안을 살펴볼 필요가 있다. 조금씩 다른 사실관계를 바탕으로 여러 건의 판결이 선고되었으나, 가장 사안이 간명한 대법원 2005. 11. 10. 선고 2004다49532 판결을 살펴본다.

위 판결의 사실관계는 다음과 같다. ① 이 사건 부동산에 관하여 C 명의의 근저당권이 설정되어 있었다. ② 이 사건 부동산의 소유자인 A는 B와 사이에 매매계약을 체결하고 이 사건 부동산의 소유권을 이전하였다. ③ 이 사건 부동산에 관하여, 피고 대한민국은 B에 대한 국세체납을 사유로 압류를, 피고 중소기업은행은 B에 대한 채권을 피보전권리로 가압류를 하였다. ④ 이 사건 부동산에 관한 근저당권 실행을 위한 경매절차에서 피고 대한민국을 3순위, 피고 중소기업은행을 4순위로 하는 배당표가 작성되었다. ⑤ 원고가 B를 상대로 제기한 사해행위취소소송에서 A와 B 사이에 체결된 이 사건 부동산에 관한 매매계약을 취소하고 B는 원고에게 가액배상을 하라는 판결이 선고되어 그 무렵 확정되었다.

원고는 피고들을 상대로 부당이득반환소송을 제기하였고, 원심은 원고의 부당이득반환청구를 인용하였다. 대법원은 다음과 같은 이유로 원심판결을 파기환송하였다.

"사해행위의 취소는 취소소송의 당사자 사이에서 상대적으로 취소의 효력이 있는 것으로 당사자 이외의 제3자는 다른 특별한 사정이 없는 이상 취소로 인하여 그 법률관계에 영향을 받지 않는다고 할 것이다."

"사해행위의 목적부동산 등을 새로운 법률관계에 의하여 취득한 전득자 등은 민법 제406조 제1항 단서에 의하여 보호되므로, 사해행위의 취소에 상대적 효력만을 인정하는 것은 사해행위 취소채권자와 수익자 그리고 제3자의 이익을 조정하기 위한 것으로 그 취소의 효력이 미치지 아니하는 제3자의 범위를 사해행위를 기초로 목적부동산에 관하여 새롭게 법률행위를 한 그 목적부동산의 전득자 등만으로 한정할 것은 아니라고 할 것인바, 피고들이 수익자와 새로운 법률관계를 맺은 것이 아니라 수익자의 채권자로서 이미 가지고 있던 채권확보를 위하여 이 사건 부동산을 압류 또는 가압류한 자에 불과하더라도 목적부동산의 매각대금에 대하여 사해행위 취소채권자에게 수익자의 채권자인 피고들에 우선하여 변제받을 수 있는 권리를 부여하여 사해행위취소판결의 실효성을 확보하여야 할 아무런 근거가 없으므로 단지 원심판시와 같은 이유만으로 사해행위취소의 상대적 효력을 부정하여 피고들에게 사해행위취소판결의 효력이 미친다고는 볼 수 없다."

상대적 무효설을 일관할 경우 취소채권자와 수익자 사이의 채권자취소판결의 효력은 수익자의 고유채권자에게 미칠 수 없으므로, 대법원 판결이 타당하다고 볼 수 있다. 한편 대법원은 2004다49532 판결에서는 상대적 무효설의 목적을 "사해행위 취소채권자와 수익자 그리고 제3자의 이익을 조정하기 위한 것"이라고 판시함과 아울러, 수익자가 아닌 수익자의 고유채권자에게 "우선하여 변제받을 수 있는 권리를 부여하여 사해행위취소판결의 실효성을 확보하여야 할 아무런 근거가 없"다고 하여 취소채권자와 수익자의 고유채권자 사이의 우열관계를 정한 근거를 밝히기도 하였다.

한편 이 사건에서는 원심판결이 대법원 판결과 완전히 반대되는 입장을 표명하였고, 이러한 원심판결의 논리가 사실상 대법원 판결에 대한 비판처럼 읽힐 수 있으므로, 이를 소개한다. 원심판결은 ① 피고들은 이 사건 부동산을 전득한 전득자가 아니라, B에 대하여 채권을 가지고 있는 가압류채권자이거나 체납국세의 교부권자로서, 수익자인 B가 이 사건 부동산의 소유권을 이전받은 우연한 사정에 의하여 반사적 이익을 누리게 된 이해관계인에 불과하다 할 것이므로, 피고들에 대하여는 전득자에 비하여 거래안전이나 법적 지위의 안정성을 보호할 필요성이 비교적 적은 점, ② 수익자와 사이에 새로운 법률행위를 하지 아니한 이해관계인에 불과한 수익자의 채권자에게 위 사해행위취소판결의 효력이 미치지 아니한다고 본다면, 사해행위의 목적이 된 당해 재산에 대한 경매절차에 있어서 이해관계인에 불과한 수익자의 채권자의 채권이 취소채권자의 반환청구권보다 우선하는 결과가 되어, 결국 취소채권자는 수익자를 상대로 사해행위취소소송을 제기하여 승소판결을 받았음에도 불구하고 그 실효성이 없게 되어 사해행위취소제도를 인정하는 취지에 반하게 되는 점 등에 비추어 보면, 원고가 수익자인 B를 상대로 제기기한 사해행위취소판결의 효력은 이해관계인에 불과한 피고들에게도 미친다고 하였다.

취소채권자와 수익자의 고유채권자가 충돌하는 상황은 사실상 채권자취소판결이 있을 경우 이익충돌상황이 가장 첨예하게 일어나는 부분이고, 그에 따라 그 해결 방법에 대하여 기존에 여러 논문과 평석을 통해 여러 견해가 제시되어 있다. 그 견해를 간략하게 소개하면 다음과 같다. ① 사해행위취소제도는 엄격한 법이론에 의한 것이 아니라 공평의 이념하에 구체적 타당성의 실현을 목적으로 하는 제도이고, 사해행위취소제도의 실효성 및 타당성의 측면 등을 고려하여 취소채권자에게 우선권을 부여해야 한다는 견해.[65] ② 수익자의 고유채권자가 사해행위 목적물에 먼저 강제집행을 하더라도 취소채권자는 우선적 지위를 주장할 수 있고, 수익자의 고유채권자는 이러한 측면에서 사해행위취소판결의 반사적 효력을 받게 된다는 견해.[66] ③ 사해행위취소권에는 취소채권자의 만족권을 우선시킨다는 제도적 고려가 전제되어 있고, 다만 양자 간에 어느 일방이 보전집행 또는 본집행에 먼저 선착하였을 경우 그 우열관계는 집행법적인 관점에서 해결해야 한다는 견해.[67] ④ 민법 제406조 제1항 단서를 활용하여, 수익자의 고유채권자가 민법 제406조 제1항 단서에 해당할 경우에는 취소채권자의 반환청구가 제한되는 반면, 수익자의 고유채권자

65) 주석민법[채권총칙(2)](제4판), 한국사법행정학회, 2013, 357면; 박춘기, 수익자의 고유채권자에 대한 사해행위취소의 효력, 판례연구 제18집, 부산판례연구회, 2007, 227−229면.

66) 유병현, 채권자취소소송에 관한 연구: 강제집행과 관련하여, 고려대학교 법학박사학위논문, 1993, 240−243면.

67) 오영준(주 27), 170면.

가 수익자의 재산취득행위가 사해행위임을 알고 있었을 경우에는 보호받을 수 없다는 견해.[68] 그러나 막상 가장 근본적으로 제도적, 입법적 미비로 인하여 위 견해 중 어느 견해도 명쾌한 해결책을 제시하고 있는 것으로 보이지는 않는다.[69]

이러한 대법원 판결의 태도에 대하여는, 채권자취소제도는 근본적으로 수익자의 희생시키더라도 취소채권자를 보호하겠다는 제도적인 고려를 담고 있는 것이고,[70] 근본적으로 취소채권자가 사해행위 목적물을 수익자의 책임재산이 아닌 채무자의 책임재산으로 주장할 수 있으려면 채권자취소판결의 효력이 수익자의 고유채권자에게도 어떤 식으로든 미친다는 것이 전제되어야 한다면서,[71] 대법원 판결의 태도를 비판하는 견해가 있다.

그러나 앞서 언급한대로 취소판결의 효력을 받는 인적 범위를 최소화한다는 관점에서 생각해보면, 수익자의 고유채권자는 취소판결의 효력에 따라 피해를 입어서는 안 된다. 이는 거래안전과 신뢰를 보호한다는 차원에서 정당화될 수 있다. 그런 면에서 위 대법원 판결의 태도는 타당하다.

이를 부연하자면 다음과 같다. 사적자치를 기본 원리로 하는 민사법적 관계에서 적법하고 유효하게 이루어진 법률행위의 효력은 가능한 한 보호되어야 하고, 그러한 외형을 신뢰하고 거래한 제3자의 기대는 보호되어야 한다. 채권자취소권은 적법하고 유효하게 성립한 법률행위를 취소시키면서까지 취소채권자를 보호하는 상당히 예외적인 제도이기 때문에, 채권자취소권의 행사의 효력은 명문의 규정이 없는 한 최소화하는 것이 바람직하다. 채권자취소제도가 근본적으로 수익자의 희생이라는 정책적 고려를 담고 있다고 하더라도, 그로써 곧바로 수익자의 고유채권자

68) 이우재(주 9), 462-467면.
69) 유사한 상황에 관한 대법원 판결인 대법원 2009. 6. 11. 선고 2008다7109 판결에 대한 판례해설인 조용현(주 43)도 명확한 결론을 제시하지 아니하고 있다.
70) 오영준(주 27), 169면.
71) 오영준(주 27), 173-174면.

의 희생이라는 이념까지 추구하고 있다는 결론이 도출되지는 않는다. 적법하고 유효하게 성립한 법률행위를 취소하는 것은 거래의 안전과 제3자의 신뢰보호에 중대한 위협을 가하는 것이고, 이처럼 거래의 안전을 깨뜨리는 것은 사회 전체적으로도 바람직하지 못하다. 이러한 관점에서는 기본적으로 채무자의 무자력 위험은 채권자 스스로가 부담해야 하는 것이고, 다만 예외적으로 채권자취소권의 요건이 갖추어질 경우 취소채권자는 수익자로부터 책임재산을 회복할 수 있는 제도가 마련되어 있는 것일 뿐이다. 이와 같이 예외적인 제도를 명문의 근거 없이 수익자의 고유채권자에게까지 확장시킬 수는 없다. 취소채권자가 수익자의 고유채권자의 이익을 빼앗아 올 정당한 근거는 존재하지 않는다고 보아야 한다. 한편 이익의 증감이라는 관점에서 보더라도, 사해행위가 유상행위인 경우 수익자는 일탈재산을 취득하기 위하여 출연을 했을 것이고, 그로써 수익자의 고유채권자의 책임재산도 그만큼 감소하였을 것이기 때문에,[72] 수익자의 고유채권자가 우선하는 것이 반드시 부당하다고 볼 수도 없다.

### 3. 취소 및 원상회복의 범위를 취득한 이익의 한도 내로 제한하는 판례

대상판결의 사안이 여기에 해당한다. 다만 대상판결에 대한 분석은 아래에서 따로 하기로 하고, 여기서는 대상판결에서 언급한 취소의 범위와 원상회복 방법에 관한 다른 판결인 대법원 1998. 2. 13. 선고 97다6711 판결을 살펴본다.

이 판결은 다음과 같이 판시하였다. "어느 부동산에 관한 법률행위가 사해행위에 해당하는 경우에는 원칙적으로 그 사해행위를 취소하고 소유권이전등기의 말소 등 부동산 자체의 회복을 명하여야 하는 것이나, 저당권이 설정되어 있는 부동산에 관하여 사해행위가 이루어진 경우에 그 사해행위는 부동산의 가액에서 저당권의 피담보채권액을 공제한 잔액의 범위 내에서만 성립한다고 보아야 할 것이므로 사해행위 후 변제 등

72) 조용현(주 43), 158면.

에 의하여 저당권설정등기가 말소된 경우, 사해행위를 취소하여 그 부동산 자체의 회복을 명하는 것은 당초 일반 채권자들의 공동담보로 되어 있지 아니하던 부분까지 회복시키는 것이 되어 공평에 반하는 결과가 되므로, 그 부동산의 가액에서 저당권의 피담보채권액을 공제한 잔액의 한도에서 사해행위를 취소하고 그 가액의 배상을 명할 수 있을 뿐이라고 할 것이다. 따라서 사해행위의 목적인 부동산에 수 개의 저당권이 설정되어 있다가 사해행위 후 그 중 일부의 저당권만이 말소된 경우에도 사해행위의 취소에 따른 원상회복은 가액배상의 방법에 의할 수밖에 없을 것이고, 그 경우 배상하여야 할 가액은 그 부동산의 가액에서 말소된 저당권의 피담보채권액과 말소되지 아니한 저당권의 피담보채권액을 모두 공제하여 산정하여야 할 것이다."

위 판결은 근저당권이 설정된 부동산이 사해행위로 양도된 뒤 근저당권이 말소된 경우 취소의 범위와 원상회복의 방법에 관하여 거의 확립된 법리가 되었으므로, 그 당부에 관한 논평은 따로 하지 않는다. 위 판결의 사안에서 수익자가 부동산을 취득할 당시 보유하고 있던 이익은 부동산의 가액에서 설정되어 있는 모든 근저당권의 피담보채무액을 공제한 금액이다. 따라서 그 이후에 어떤 사정으로든, 즉 수익자의 출연에 의해서든 채무자의 출연에 의해서든 그 누구도 아닌 제3자의 출연에 의해서든 근저당권이 말소되었다고 하더라도, 수익자는 자신이 사해행위에 의하여 부동산을 취득할 당시에 얻은 이익을 넘는 부분은 이를 반환할 필요가 없고, 자신이 그대로 보유할 수 있어야 한다. 수익자에게 자신이 사해행위에 의하여 부동산을 취득할 당시에 얻은 이익을 넘는 부분을 반환하라고 하는 것은 수익자를 징벌하겠다는 취지 그 이상도 이하도 아니다. 민사법의 목적은 나쁜 행동을 한 사람을 징벌하는 데에 있지 않고, 한정된 자원을 적절하게 배분하는 데에 있다. 더구나 사해행위는 법질서 전체의 관점에서 위법한 행위, 즉 불법행위도 아니다. 위 판결의 결론은 이에 들어맞는다.

### 4. 취소 및 원상회복의 범위를 필요한 범위 내로만 최소화하는 판례

이에 관하여는 취소의 범위에 관한 대법원 1997. 9. 9. 선고 97다10864 판결을 살펴볼 필요가 있다. 이 사건에서 대법원은 "다른 채권자가 배당요구를 할 것이 명백하거나 목적물이 불가분인 경우와 같이 특별한 사정이 있는 경우에는 취소채권자의 채권액을 넘어서까지도 취소를 구할 수 있다"고 하면서, 그렇지 않은 경우에는 원칙적으로 취소채권자의 채권액을 표준으로 취소를 구할 수 있다고 한다.

이러한 법리에 대하여 그 근거가 명확하지 않을 뿐만 아니라 민법 제407조의 취지에 반한다는 비판도 있다.[73] 그러나 필요 이상으로 취소의 범위를 확장시켜 거래의 안전을 위협하고 수익자의 지위를 불안하게 하기보다는, 판례와 같이 원칙적으로 취소의 범위를 취소채권자의 채권액으로 한정하고 필요한 경우 그 범위를 확장하는 것이 타당하다고 생각된다.[74] 취소 및 원상회복의 범위를 필요 최소한의 범위로 제한한다는 관점에서 보면 이 판결은 타당하다. 다수설도 판례와 같이 해석하고 있다.[75]

## Ⅳ. 대상판결에 대한 분석

대상판결의 사안은 앞서 본 세 가지 유형 중에 취소 및 원상회복의 범위를 취득한 이익의 한도 내로 제한할 수 있는 경우이다.

대상판결의 사안에서 피고가 이 사건 부동산을 취득한 이후에 D, E, F, G의 근저당권설정등기가 모두 말소됨으로써 피고는 현재 D, E, F, G의 근저당권의 피담보채무액에 해당하는 만큼의 이익을 보유하고 있다. 더구나 채무자인 B와 D, E, F, G 사이의 각 근저당권설정계약은 취소채권자인 A와의 관계에서 모두 사해행위임이 판명되어 취소되었다.

그러나 그렇다고 하여 피고가 자신이 '현재' 보유하고 있는 이익 전

---

73) 제철웅(주 38), 45면.
74) 이계정(주 12), 489면.
75) 곽윤직(주 61), 149면; 민법주해(주 13) 839-840면.

부를 반환해야 하는 것은 부당하다. 피고는 자신이 사해행위로 이 사건 부동산을 '취득할 당시' 자신의 몫으로 있던 이익만 반환하면 충분하다. 이는 이 사건 부동산의 가액에서 D, E, F, G에 대하여 설정된 근저당권의 피담보채무액을 공제한 금액이다.

채무자와 D, E, F, G 사이의 각 근저당권설정계약이 사해행위로 취소되더라도, 이러한 결론은 달라지지 않는다. D, E, F, G에 대하여 설정된 피담보채무액에 해당하는 이익은 어떠한 경우에도 피고가 취득할 수 없다. 위 각 근저당권설정계약이 사해행위로 취소되지 않았다면 그 이익은 D, E, F, G가 계속하여 보유할 것이고, 사해행위로 취소되었다면 그 이익은 취소채권자에게 원상회복되어야 할 것이기 때문이다. 그리고 그 원상회복은 사해행위의 수익자인 D, E, F, G가 반환해야 하는 것이지, 피고가 반환할 성질의 것이 아니다. 따라서 이러한 관점에서 볼 때, 대상판결의 결론은 타당하다.

취소판결의 효력을 받는 인적 범위를 제한해야 한다는 관점에서도 대상판결은 타당하다. 피고와 D, E, F, G는 적어도 민사법적 법률관계라는 관점에서는 우연히 동일한 부동산에 관하여 소유권과 근저당권이라는 양립 가능한 물권을 각자의 법률행위에 따라 각자 취득한 사람들일 뿐이다. 따라서 원고의 D, E, F, G에 대한 취소판결의 효력에 따라 피고가 피해를 입어서도 이익을 얻어서도 안 된다.

이 경우 취소채권자인 A로서는 D, E, F, G의 근저당권에 해당하는 부분을 어떻게 반환받아야 하는가. 원칙적으로 근저당권설정계약이 사해행위로 취소될 경우 근저당권설정등기를 말소하면 충분한 원상회복이 되고, 취소채권자인 A는 피고 명의의 소유권이전등기도 말소한 뒤 이 사건 부동산 전체에 대하여 경매를 하면 충분한 만족을 얻을 수 있다. 그러나 이 사건에서는 전체적으로 원물반환이 불가능한 상황이 되었고, 그러한 상황에서 D, E, F, G가 취득한 이익에 대하여까지 피고에게 가액배상을 시키는 것은 앞서 본 바와 같이 부당하다. 결국 이러한 경우에는 D, E, F, G를 상대로 자신들이 사해행위를 통해 취득하였던 이익을 가액배상의 방식으로 반환하라고 구할 수밖에 없다.

## V. 결 론

우리나라의 채권자취소제도는 민법 제406조, 제407조 단 두 개의 조문만 있고, 입법론적으로 별도의 소송법 또는 집행법을 통한 치밀한 규율도 되어 있지 않다. 그러한 와중에 무비판적인 외국법 수입과 치밀하지 못한 법리 전개로 인하여 제도의 운용에 큰 혼란이 벌어지고 있고, 대법원은 구체적인 사건별로 그때그때 법리를 만들어 사안을 해결하는 데에 급급하였다. 이러한 문제는 입법적인 대수술을 거치기 전에는 완전한 해결이 불가능하다.

하지만 입법적인 해결 전까지는 어떻게든 제도를 운용해 나갈 수밖에 없다. 제도의 설계가 처음부터 잘못되었기 때문에 논리적인 정합성을 추구하는 것은 불가능하기 때문에, 차라리 구체적인 사안별로 구체적인 타당성을 추구하는 것이 바람직하다. 현재 대법원도 어쩔 수 없이 그와 같은 방식으로 법리를 구성해 나가고 있는 것으로 보인다.

그렇다면 어떠한 관점을 고려해야 하는가. 채권자취소권이 행사되는 상황에는 취소채권자, 채무자, 채무자의 다른 일반채권자, 수익자, 수익자의 고유채권자, 전득자 등 한정된 재산을 가지고 자신의 이익을 만족시키려는 여러 이해관계인들이 존재한다. 결국 본질은 이러한 이익충돌상황을 해결하는 것이다. 여러 이해관계인들 중 누가 한정된 재산을 더 많이 가져갈 수 있는 것인가를 판단해야 하는 것이다.

채권자취소제도 자체가 수익자의 희생을 바탕에 깔고 있는 것이기 때문에, 오히려 수익자의 보호를 위한 고려가 필수적으로 들어가야 한다. 이는 거래의 안전이라는 이념에도 부합하는 것이다. 따라서 법률이 명시적으로 규정하고 있는 경우를 제외하고는 수익자의 이익이나 거래의 안전이 후퇴되어서는 아니 되고, 취소채권자가 얻는 이익도 그만큼 줄어들어야 한다.

구체적으로는 다음과 같은 관점이 고려되어야 한다. 먼저, 상대적 무효설의 취지상 취소판결의 효력을 받는 인적 범위는 최소화되어야 한다. 기본적으로 법률에 다른 규정이 없는 이상 취소채권자와 수익자를 제외한 제3자는 그 누구도 취소에 따른 효력을 원용하거나 그 이익을 향유해서는 안 되고, 취소에 따라 피해를 입어서도 안 된다. 다음으로, 취소 및 원상회복은 수익자가 사해행위로 취득한 이익의 한도 내에서 이루어져야 한다. 수익자가 사해행위 이후에 다른 사정으로 인하여 사해행위의 목적 재산에 관하여 추가적인 이익을 취득하였다면 이는 수익자의 몫으로 남아야 한다. 세 번째로, 취소 및 원상회복의 범위는 필요한 한도 내에서 최소화되어야 한다. 수익자가 사해행위로 취득한 이익보다 취소채권자 또는 민법 제407조에 따라 취소의 효력을 받는 일반채권자가 환수할 이익이 더 작다면 반환의 범위는 여기에 한정되어야 한다.

[Abstract]

# Operation of the Obligee's Right of Revocation with the Concepts of Solving the Conflict of Interests and Protecting the Benefiter and Safety of Transactions

Yoo, Hyun Sik*

Articles 406 and 407 of Korean Civil Act are the only articles that regulate the obligee's right of revocation. A significant confusion has constantly arisen as to practicing the right due to the discrepancy between the Civil Act and the theory of relative nullity, which the Supreme Court has firmly adopted through precedents. Because of such confusion, the Supreme Court could do nothing but create case-by-case theories for solving individual cases.

The theory of relative nullity is not to be abandoned, however. It is not clear that other theories are superior over the theory of relative nullity, while the theory of relative nullity does have advantages over other theories. The Supreme Court has firmly adopted the theory of relative nullity in numerous cases as well. The confusion is to be solved by a legislative way.

Until legislative solution is completed, the practice shall be operated in a way that seeks a reasonable conclusion in each individual case. In a situation where the obligee's right of revocation is exercised, many interested parties seek their own interests in a limited amount of property. Such parties include the obligee who exercises the right, the obligor, other obligees of the obligor, the party who has derived a benefit from the act in ques-

* Judge, Hongseong Branch Court of Daejeon District Court.

tion(the benefiter), obligees of the benefiter, and subsequent purchasers. Solving the conflict between the interests of these parties is the main task. However, the idea that the benefiter's sacrifice is a ground of the obligee's right of revocation does not justify the full sacrifice of the benefiter; rather, the benefiter's interest is to be protected. The benefiter's interest shall be protected unless law states otherwise.

The following perspectives are to be considered for practicing the right. Firstly, the scope of parties influenced by the effect of the revocation shall be limited. Other than the obligee and the benefiter, no one shall take either advantages or disadvantages by the effect of the revocation unless law states otherwise. Secondly, the scope of revocation and restitution shall be limited to the benefit which the benefiter has received by the act in question. If the benefiter has received any additional interest after such act, that interest shall belong to the benefiter. Lastly, the scope of revocation and restitution shall be limited to the limits necessary for achieving the obligee's purpose. If the interests of the obligee who has exercised the right or other obligees who are benefited by the article 407 of the Civil Act are smaller than the interest the benefiter has attained through the act in question, the scope of revocation and restitution shall be limited to the former.

[Key word]

- Obligee's Right of Revocation
- Theory of Relative Nullity
- Scope of Revocation and Restitution
- Conflict of Interests
- Protection of the Benefiter

## 참고문헌


[단 행 본]

곽윤직, 채권총론(제6판), 박영사, 2005.

곽윤직 편집대표, 민법주해[XI] 채권(2), 박영사, 1995.

김용담 편집대표, 주석민법 채권총칙(2) 제4판, 한국사법행정학회, 2013.

김형배, 채권총론(제2판), 박영사, 1998.

유병현, 채권자취소소송에 관한 연구: 강제집행과 관련하여, 고려대학교 법학박사학위논문, 1993.

이은영, 민법Ⅱ[채권총론, 채권각론, 친족상속법](제5판), 박영사, 2005.

[논　　문]

강구욱, 채권자취소권의 법적 성질에 관한 일시론, 법학논총 제34권 제1호, 한양대학교 법학연구소, 2017, 321-352면.

고상룡, 채권자취소권의 법적 성질, 고시계 1981년 4월호, 21-30면.

김능환, 채권자취소권의 행사방법-부동산이 전전양도된 경우를 중심으로, 사법행정 제32권 제10호, 한국사법행정학회, 1991, 63-76면.

김재형, 채권자취소권의 본질과 효과에 관한 연구, 민법론 Ⅱ, 박영사, 2004, 1-34면.

김형배, 채권자취소권제도의 재구성, 고시계 1986년 9월호, 28-44면.

박춘기, 수익자의 고유채권자에 대한 사해행위취소의 효력, 판례연구 제18집, 부산판례연구회, 2007, 207-238면.

신신호, 사해행위취소 및 원상회복으로 소유권이전등기의 말소를 명한 판결의 소송당사자가 아닌 다른 채권자가 위 판결에 기하여 채무자를 대위하여 마친 소유권이전등기 말소등기의 효력, 대법원판례해설 제105호, 법원도서관, 2016, 119-146면.

여하윤, 프랑스 민법상 사해소권(詐害訴權, action paulienne) 행사의 효과에 관하여-우리 민법상 채권자취소권과 비교하여, 민사법학 제79호, 한국사법행정학회, 2017, 43-75면.

오영준, 사해행위취소의 효력이 미치는 채권자의 범위, 민사판례연구 제26권,

박영사, 2004, 151-190면.

윤진수 · 권영준, 채권자취소권에 관한 민법 개정안 연구, 민사법학 제66호, 한국사법행정학회, 2015, 503-548면.

윤태영, 채권자취소권의 '상대적 무효설'에 대한 입법사적 관점에서의 비판적 고찰, 법학논총 제36집 제2호, 전남대학교 법학연구소, 2016, 41-70면.

이계정, 민법 제407조(채권자평등주의)의 법률관계에 관한 연구, 사법논집 제47집, 법원도서관, 2008, 453-524면.

이우재, 사해행위취소의 효력과 배당절차에서의 취급-사해행위취소의 효력을 받는 '모든 채권자'의 범위와 관련된 문제, 재판자료 제117집, 민사집행법 실무연구 Ⅱ, 법원도서관, 2009, 391-494면.

전원열, 채권자취소권의 효력론 비판 및 개선방안, 저스티스 통권 제163호, 한국법학원, 2017, 205-254면.

제철웅, 채권자취소제도의 해석상 문제점과 입법적 개선방안 : 특히 채권자취소권의 효력을 중심으로, 법학평론 제7권, 서울대학교 법학평론 편집위원회, 2017, 8-83면.

조용현, 사해행위취소 판결의 효력이 수익자의 고유채권자에게 미치는지 여부, 대법원판례해설 제79호, 법원도서관, 2009, 143-158면.

황진구, 사해행위의 취소와 원상회복이 모든 채권자의 이익을 위하여 효력이 있다는 의미, 민사판례연구 제39권, 박영사, 2017, 1-64면.

# '급여자에 관한 착오'가 있는 경우의 부당이득

장 지 웅*


## 요 지

다수당사자 사이의 부당이득관계는 당사자들 사이의 계약 및 출연(出捐) 관계에 따라 다양한 유형으로 나타난다. 대상판결은 그 중 하나의 유형으로서, 수령자에 대하여 계약상 채무를 부담하는 중간자가 수령자를 무권대리하여 출연자와 사이에 출연자 및 수령자를 당사자로 하는 별도의 계약을 체결하고, 이에 따라 출연자는 자신의 계약상 채무이행을 위해 수령자에게 출연하였으나 수령자는 이를 중간자의 계약상 채무이행으로 알고 수령한 사안을 다루고 있다. 이는 출연자와 수령자 사이에 급여자가 누구인지에 관한 인식이 일치하지 않는 경우로서 '급여자에 관한 착오'가 있는 유형이라고 할 수 있다.

'급여자에 관한 착오' 유형에서, 급여부당이득의 성립 여부는 출연자와 수령자 중 누구의 관점에서 급여자와 급여관계를 파악할 것인지에 따라 결정된다. 이에 관하여는 견해의 대립이 있으나, 의사해석의 일반원칙, 수령자의 신뢰보호 필요성, 법경제학적 관점에서의 효율성을 고려하면 수령자의 관점에서 객관적으로 볼 때 누구의 급여로 이해되는지를 기준으로 판단함이 타당하다. 그렇다면 특별한 사정이 없는 한 출연자의 출연은 출연자가 아닌 중간자의 급여로 평가될 것이어서, 출연자의 수령자에 대한 급여부당이득반환청구는 인정되기 어려울 것이다.


---

* 서울중앙지방법원 판사.

한편 '급여자에 관한 착오' 유형에서는 출연자와 중간자 사이에 아무런 채권적 · 물권적 합의가 존재하지 않으므로 중간자가 목적물의 소유권을 취득할 여지가 없다. 따라서 수령자 역시 무권리자인 중간자의 급여 자체에 의해서는 그 목적물의 소유권을 취득할 수 없고, 목적물의 소유권은 계속해서 출연자에게 있다. 만약 수령자가 부합과 같은 별개의 법적 원인에 의하여 목적물의 소유권을 취득하게 되면 수령자는 그로 인한 이익을 침해부당이득으로서 출연자에게 반환하여야 한다. 이 경우 수령자가 중간자로부터 급여를 받았다는 점과 관련하여 '비급여부당이득의 보충성'이 문제될 수 있으나, 수령자가 중간자로부터 급여를 받았다는 이유만으로 출연자의 침해부당이득반환청구를 배척할 수는 없다고 봄이 타당하다.

다만 수령자가 중간자로부터 목적물을 제공받았다는 점에 착안하여 선의취득의 이익보유에 관한 법리를 유추적용할 수 있는지 여부가 문제된다. 실제 소유자인 출연자의 사실상 의사에 반하지 않고 목적물의 점유가 이전되었고, 그와 같은 점유이전이 중간자에 의하여 유발된 이상 양도인인 중간자의 권리외관도 구비되었다고 보이므로, 유추적용을 긍정함이 타당하다. 결국 원칙적으로 수령자는 출연자에게 침해부당이득의 반환의무를 부담하되, 예외적으로 수령자가 중간자가 무권리자임을 과실 없이 알지 못한 경우에는 목적물의 소유권 취득으로 인한 이익을 보유할 법률상 원인이 있어 침해부당이득반환의무를 부담하지 않는다고 봄이 타당하다.

대상판결은 출연자와 수령자 사이에서 침해부당이득이 문제됨을 전제로 하여, 부합으로 목적물의 소유권을 취득한 수령자는 출연자에게 부당이득반환의무를 부담하지만, 수령자가 그 목적물의 소유권이 출연자에게 유보되어 있음을 과실 없이 알지 못한 경우에는 선의취득의 경우와 마찬가지로 부당이득반환의무를 부담하지 않는다고 판단하였다. 이는 대체로 타당하다. 다만 대상판결은 수령자의 선의 · 무과실의 대상이 되는 사실관계가 '출연자와 수령자를 당사자로 하는 계약의 내용상 출연자에게 소유권이 유보되어 있는 것'인 것처럼 판시하였고 환송 후 원심도 같은 맥락에서 판결하였다. 이는 대상판결이 사안의 구조를 세밀하게 살피지 않은 것에서 비롯된 잘못으로서, 아쉬움이 남는 부분이다.

[주 제 어]

- 부당이득
- 다수당사자
- 급여부당이득
- 침해부당이득
- 급여자
- 선의취득
- 무권대리

## 대상판결 : 대법원 2018. 3. 15. 선고 2017다282391 판결

[사안의 개요]

1. 사실관계

**가.** 피고는 2015. 6. 수급인인 甲에게 이 사건 건물 신축공사를 도급주었는데, 위 계약에는 원고가 제작한 승강기를 설치하기로 하는 내용이 포함되어 있었다.

**나.** 甲은 2015. 6. 30.경 피고의 대리인임을 주장하면서 피고의 명의로 원고와 사이에 이 사건 건물에 원고가 제작한 승강기(이하 '이 사건 승강기')를 제작 · 판매 · 설치받기로 하는 계약(이하 '이 사건 계약')을 체결하였는데, 승강기의 소유권은 승강기 대금을 완불한 시점에 원고로부터 피고에게 이전되는 것으로 정하였다.

**다.** 원고는 2015. 12. 9.경 이 사건 건물에 이 사건 승강기를 설치하였고, 이 사건 건물은 2016. 1. 13. 사용승인을 받았으며 2016. 3.경 피고 명의로 소유권보존등기가 마쳐졌다.

**라.** 원고는 甲으로부터 이 사건 계약상 승강기 대금을 지급받지 못하자 피고를 상대로 그 대금의 지급을 구하는 이 사건 소를 제기하였다.

2. 소송의 경과

가. 제1심(서울중앙지방법원 2016가단5057607)

원고는, 1) 甲이 피고를 대리할 대리권이 있거나 설령 대리권이 없더라도 표현대리가 성립하므로 피고는 원고에게 이 사건 계약에 따른 대금을 지급하여야 하고, 2) 만약 원고와 피고 사이에 이 사건 계약이 체결되었다고 보기 어렵더라도 피고는 甲으로부터 하도급을 받은 원고에게 이 사건 계약상 대금을 직접 지급할 의무가 있다고 주장하였다.

제1심은 1) 甲에게 대리권이 있다고 보기 어렵고 표현대리도 성립하지 않으며 2) 甲이 이 사건 승강기 제작 · 판매 · 설치공사를 원고에게 하도급하였다고 볼 아무런 증거가 없고 원고 스스로도 '피고를 당사자로 하여 이 사건 계약을 체결하였다'는 취지로 주장하고 있어 원고가 甲으로부터 하도급을 받았다고 볼 수도 없다는 취지로 판단하여, 원고의 청구를 기각하였다.

### 나. 원심(서울중앙지방법원 2016나72848)

항소심에서 원고는, ‘원고와 피고 사이의 이 사건 계약은 甲이 무권대리로 체결한 것이고 원고와 甲 사이에 이 사건 승강기에 관한 하도급계약을 체결한 사실도 없으므로 피고는 아무런 법률상 원인 없이 원고로부터 이 사건 승강기를 제공받은 것이다. 그런데 피고는 이 사건 승강기가 이 사건 건물에 부합됨에 따라 그 소유권을 취득하였으므로 원고에게 그 가액(이 사건 계약상 대금 상당액)을 부당이득으로서 반환하여야 한다’고 주장하면서 이를 예비적 청구원인으로 추가하였다.

원심은 원고의 부당이득반환청구에 대하여 다음과 같이 판단하며 원고의 청구를 인용하였다. ① 甲의 무권대리행위에 의하여 체결된 이 사건 계약은 피고에 대하여 효력이 없으므로, 피고는 그 밖의 권원에 대하여 주장·입증하지 않는 이상 원고에게 이 사건 승강기를 반환하여야 한다. 그런데 이 사건 승강기가 이 사건 건물에 부합됨으로써 피고가 그 소유권을 취득하게 되었으므로, 원고에게 그 가액을 부당이득으로서 반환할 의무가 있다. ② 원고와 甲 사이에는 아무런 계약이 체결된 바 없고 원고와 피고 사이의 이 사건 계약은 무효이므로, 이 사건 승강기에 관하여 아무런 권한이 없는 甲이 이를 피고에게 인도하였더라도 피고가 그 소유권을 취득할 수 없는바, 피고는 甲과의 계약관계에 의한 급부라는 이유만으로 원고의 반환청구를 거부할 수 없다.

### 다. 피고의 상고이유 요지

이 사건 승강기가 설치된 건물을 피고가 소유하게 된 것은 甲과의 공사도급계약에 의한 것이므로 피고에게는 이 사건 승강기를 보유할 법률상 원인이 있다.[1)]

## 3. 대상판결의 요지

[1] 민법 제261조에서 첨부로 법률규정에 의한 소유권 취득(민법 제256조 내지 제260조)이 인정된 경우에 “손해를 받은 자는 부당이득에 관한 규정에 의하여 보상을 청구할 수 있다”라고 규정하고 있는바, 이러한 보상청구가

---

1) 대상판결에 대한 대법원 판례해설인 민철기, “매도인에게 소유권이 유보된 자재가 본인에게 효력이 없는 계약에 기초하여 매도인으로부터 무권대리인에게 이전되고, 무권대리인과 본인 사이에 이루어진 도급계약의 이행으로 본인 소유 건물의 건축에 사용되어 부합된 경우 부당이득반환청구권의 성립요건”, 대법원판례해설 제115호, 법원도서관(2018), 81면에서 재인용.

인정되기 위해서는 민법 제261조 자체의 요건뿐만 아니라, 부당이득 법리에 따른 판단에 의하여 부당이득의 요건이 모두 충족되었다고 인정되어야 한다.

매도인에게 소유권이 유보된 자재가 제3자와 매수인 사이에 이루어진 도급계약의 이행으로 제3자 소유 건물의 건축에 사용되어 부합된 경우 보상청구를 거부할 법률상 원인이 있다고 할 수 없지만, 제3자가 도급계약에 의하여 제공된 자재의 소유권이 유보된 사실에 관하여 과실 없이 알지 못한 경우라면 선의취득의 경우와 마찬가지로 제3자가 그 자재의 귀속으로 인한 이익을 보유할 수 있는 법률상 원인이 있다고 봄이 상당하므로, 매도인으로서는 그에 관한 보상청구를 할 수 없다(대법원 2009. 9. 24. 선고 2009다15602 판결 등 참조).

이러한 법리는 매도인에게 소유권이 유보된 자재가 본인에게 효력이 없는 계약에 기초하여 매도인으로부터 무권대리인에게 이전되고, 무권대리인과 본인 사이에 이루어진 도급계약의 이행으로 본인 소유 건물의 건축에 사용되어 부합된 경우에도 마찬가지로 적용된다.

[2] 원고에게 소유권이 유보된 이 사건 승강기가 甲과 피고 사이에 체결된 공사도급계약의 이행으로 이 사건 건물에 부합되었으므로, 피고는 이 사건 건물의 소유권을 취득함으로써 민법 제256조 본문에 의하여 이 사건 건물에 부합된 이 사건 승강기의 소유권도 취득하였다.

원고가 민법 제261조에 따라 피고에게 이 사건 승강기 가액 상당의 부당이득반환을 청구하기 위해서는 민법 제261조 자체의 요건뿐만 아니라, 부당이득 법리에 따른 판단에 의하여 부당이득의 요건도 함께 충족되어야 한다.

피고와 甲 사이에 체결된 도급계약으로 인하여 이 사건 승강기가 이 사건 건물에 부합되었다는 사정만으로 피고가 이 사건 승강기의 귀속으로 인한 이익을 보유할 법률상의 원인이 있다고 할 수는 없으나, 이 사건 건물에 부합된 이 사건 승강기의 소유권이 원고에게 유보되어 있다는 사정을 피고가 과실 없이 알지 못하였음이 인정되는 경우에는 피고가 이 사건 승강기의 귀속으로 인한 이익을 보유할 법률상의 원인이 있다고 보아야 한다.

### 4. 환송 후 원심(서울중앙지방법원 2018나18633)

원고는 환송 후 원심에서, 이 사건 승강기의 소유권은 이 사건 계약의 내용에 따라 원고에게 유보되어 있고 또한 이 사건 승강기는 이 사건 건물에 부합되지도 않았다고 주장하면서, 이 사건 승강기의 인도를 구하는 것으로 주위적 청구를 교환적으로 변경하였다(부당이득반환을 구하는 예비적 청구는 그대로 유지).

환송 후 원심은, 이 사건 계약에서 승강기의 소유권은 승강기 대금을 완불한 시점에 매도인으로부터 매수인에게 이전되는 것으로 규정하고 있으므로 무권대리인인 甲과 원고 사이에서 이 사건 승강기의 소유권은 원고에게 유보되어 있다고 전제한 후, 이 사건 승강기가 이 사건 건물에 부합되었다고 판단하여 원고의 주위적 청구를 기각하고, 피고는 이 사건 계약상 승강기의 소유권이 원고에게 유보되어 있다는 사정을 과실 없이 알지 못하였으므로 이 사건 승강기의 귀속으로 인한 이익을 보유할 법률상의 원인이 있다고 판단하여 원고의 예비적 청구도 기각하였다. 이 판결에 대한 원고의 재상고는 심리불속행으로 기각되었다(대법원 2018나295882).

## 〔研　　究〕

### Ⅰ. 서　　론

원고는 피고의 대리인이라는 甲과 사이에서 피고가 건축주인 신축 건물에 소유권유보부로 승강기를 공급·설치하기로 하는 계약을 체결하였다. 원고는 계약에 따라 승강기를 공급·설치하였으나 그 대금을 받지 못하였고, 위 계약은 甲의 무권대리로 체결되어 무효임이 밝혀졌으며, 승강기가 건물에 부합됨에 따라 원고는 승강기의 소유권까지 상실하였다. 이에 원고는 아무런 원인 없이 승강기의 소유권을 취득한 피고로부터 그 가액을 돌려받고자 한다.

한편 피고는 甲에게 건물의 신축공사를 도급하면서, 신축 건물에 원고가 제작한 승강기를 설치하기로 하였다. 甲은 도급계약에 따라 공사를 진행하였고 그 과정에서 원고가 제작한 승강기도 설치되었으며, 공사가 완료되어 피고는 건물의 소유권보존등기를 마치고 甲에게 공사대금도 지급하였다. 그런데 갑자기 원고가 피고 건물의 승강기는 원인 없이 취득된 것이라고 주장하면서 그 가액의 반환을 요구하고 있다.

대상판결은 이와 같이 원고와 피고의 입장이 첨예하게 대립하는 사안에서의 부당이득 문제를 다루고 있다. 동일한 객관적 사실관계에서 원고와 피고의 주관적인 인식이 현저한 차이를 보이는 것은, 중간자인 甲이 자신의 피고에 대한 채무를 이행하기 위한 수단으로서 무권대리행위를 통해 원고를 이용함으로써 사실상 원고와 피고를 모두 기망하였기 때문이다. 그러나 甲은 아마도 무자력일 것이므로 甲의 책임을 묻는 것은 무의미하다. 유의미한 것은, 甲의 무권대리행위로 말미암아 이 사안에서는 여타의 다수당사자 부당이득 유형과 비교하여 두 가지의 중요한 차이가 발생한다는 점이다. 첫째, 원고와 피고 사이에 직접적인 계약관계가 일응 성립되어 있다. 둘째, 원고와 중간자 사이에는 아무런 계약관계가 존재하지 않는다. 대상판결의 사안에서 문제되는 쟁점들이 무엇인지를 파악하고 이에 대한 합리적인 결론을 도출하기 위해서는 위와 같은 차이점을 간과해서는 안 된다.

본고에서는 논의의 전제로서 급여부당이득과 침해부당이득의 개념 및 요건을 개관하고(Ⅱ), 다수당사자 사이에서 부당이득관계를 결정하는 일반적인 기준을 고찰한다(Ⅲ). 이어서 대상판결의 사안과 같은 유형에서 급여부당이득의 성립 여부를 검토할 것이고, 이는 출연자와 수령자 중 누구의 관점을 기준으로 급여부당이득의 전제가 되는 급여관계를 판단하여야 하는가의 문제로 귀결된다(Ⅳ). 다음으로는 대상판결의 사안과 같은 유형에서 침해부당이득의 성립 여부를 검토할 것인바, 여기서는 수익자가 중간자와의 계약에 따른 이행으로서 목적물을 제공받았다는 점에 착안하여 소위 '비급여부당이득의 보충성 원칙'과 선의취득 법리의 유추적용 여부를 주로 살펴보게 될 것이다(Ⅴ). 마지막으로, 전체적인 논의를 바탕으로 하여 대상판결의 당부를 검토하기로 한다(Ⅵ).

## Ⅱ. 부당이득 일반론

### 1. 부당이득제도의 개요

#### 가. 민법의 규정

민법은 제741조 내지 제749조에서 부당이득에 관하여 규율하고 있다. 제741조는 일반조항으로서, "법률상 원인 없이 타인의 재산 또는 노무로 인하여 이익을 얻고 이로 인하여 타인에게 손해를 가한 자는 그 이익을 반환하여야 한다."고 규정하여 부당이득의 일반적 요건과 효과를 정하고 있다. 제742조 내지 제746조에서는 부당이득반환청구권의 요건을 보충하거나 수정하며, 제747조 내지 제749조에서는 부당이득반환의무의 내용을 구체화한다.[2)]

### 나. 통일설과 유형론[3)]

과거 부당이득 제도는, 공평 내지 정의의 이념을 기초로 하는 것으로서 형식적·일반적으로는 정당하나 실질적·상대적으로는 부당한 재산적 가치의 이동을 시정하는 하나의 통일적인 제도로 이해되었다(통일설). 그러나 이와 같은 이해는 부당이득의 성립 여부를 추상적이고 불명확한 '공평'이나 '정의'라는 개념에 맡김으로써 개별 사안에서 부당이득의 성립 여부를 판단하는 구체적·실질적 기준을 제시하지 못하는 한계가 있다. 따라서 부당이득에 관한 여러 분쟁 사이에 존재하는 차이를 분명하게 인식하고 그에 따라 구체적으로 타당한 해결을 도모하기 위해서는 부당이득의 유형을 나누어 그 요건을 달리 고찰할 필요가 있다(유형론). 다만 유형론도 결국은 부당이득에 관한 문제에서 공평한 결론을 도출하기 위한 방법론으로서, 통일설은 부당이득의 근본적인 차원을 다루고 유형론은 구체적인 차원을 다루는 상호보완관계에 있다고 봄이 보다 정확한 이해일 것이다.

유형론에서는 일반적으로 부당이득을 반환청구자가 채무의 이행을 위해 스스로 급여를 함으로써 발생하는 급여부당이득[4)]과 그 이외의 원인

---

2) 편집대표 곽윤직, 민법주해 XVII, 박영사(2005), 102면(양창수 집필부분) 참조.

3) 이 부분의 내용은 민법주해 XVII(주 2), 161－172면(양창수 집필부분); 윤진수, "부당이득법의 경제적 분석", 법학 제55권 제3호, 서울대학교 법학연구소(2014), 110－115면; 권영준, "부당이득에 관한 민법개정안 연구", 법학 제55권 제3호, 서울대학교 법학연구소(2014), 157면을 참조하여 정리.

4) 이는 일반적으로 '급부부당이득'으로 일컬어지나, 우리 민법에서는 급부(給付) 대신 급여(給與)라는 용어를 사용하고 있으므로 '급여부당이득'이 보다 적절한 용어이다. 윤진수(주 3), 108－109면.

으로 인해 발생하는 비급여부당이득으로 분류하고, 비급여부당이득을 다시 타인의 권리를 객관적으로 침해함으로써 발생하는 침해부당이득과 객관적으로 타인에게 속하는 사무를 의무 없이 자신의 비용으로 처리함으로써 발생하는 비용부당이득 등으로 분류하고 있다. 이 중에서 주로 문제되는 것은 급여부당이득과 침해부당이득이다.

### 2. 급여부당이득의 개념 및 요건[5)]

일정한 법률관계에 기하여 당사자가 상대방에게 급여를 하였는데 그 기초가 된 법률관계가 부존재하거나 효력이 없는 경우, 당사자는 상대방에게 자신이 한 급여결과의 반환을 급여부당이득으로 청구할 수 있다.

급여부당이득에서 급여는 일반적으로 '일정한 목적을 달성하기 위하여 의식적으로 행하여지는 타인 재산의 증가행위'라고 정의된다. 이와 같은 급여의 정의에는 급여에 따른 급여자의 손해와 급여수령자의 이익 사이의 불가분적인 연결이 전제되어 있으므로, 민법 제741조가 정한 부당이득의 일반적 성립요건 중 이익, 손해 및 양자 사이의 인과관계는 급여가 이루어진 사실만으로 충족된다.

급여부당이득에서 급여의 기초가 되는 법률관계는 곧 급여의 법률상 원인을 이룬다. 기초적 법률관계가 존재하지 않거나 무효인 경우 급여는 법률상 원인을 흠결한 것이 되어 부당이득반환의 대상이 된다.

요컨대, 급여부당이득의 성립요건은 ① 급여가 있을 것 ② 법률상의 원인이 없을 것으로 정리할 수 있다. 이에 따른 급여의 반환은 급여를 한 자와 급여를 수령한 자 사이에서만 이루어지는데, 그 당사자가 누구인지는 규범적으로 판단된다.[6)]

---

5) 이 부분의 내용은 김형배, 사무관리 · 부당이득, 박영사(2003), 87-95면; 양창수 · 권영준, 권리의 변동과 구제(제2판), 박영사(2017), 497-506면; 안춘수, "부당이득관계의 당사자확정의 구조 : 독일 이론의 전개와 대법원 판례", 법학연구 제21권 제3호, 연세대학교 법학연구소(2011), 102-104면을 참조하여 정리.

6) 대법원 2010. 3. 11. 선고 2009다98706 판결은 "계약상 채무의 이행으로 당사자가 상대방에게 급부를 행하였는데 그 계약이 무효이거나 취소되는 등으로 효력을 가지지 못하는 경우에 당사자들은 각기 상대방에 대하여 계약이 없었던 상태의 회

### 3. 침해부당이득의 개념 및 요건[7)]

본래 법질서에 따라서 특정인에게 배타적으로 귀속되어야 하는 이익이 권리자의 동의 없이 소비·처분·사용·부합·혼화·가공 또는 기타의 방법에 의하여 다른 사람에게 귀속된 경우, 본래의 권리자는 상대방에 대하여 그 배타적 이익의 반환을 침해부당이득으로 청구할 수 있다. 요컨대, 침해부당이득은 권리 할당내용의 객관적 침해가 있는 경우 침해된 이득의 반환을 규율한다.

침해부당이득의 반환을 주장하는 자는 ① 자신에게 배타적 이익을 보장하는 권리가 있는데 ② 상대방이 이를 침해하여 그 이익을 보유하고 있거나 보유하고 있었다는 상태만을 주장·입증하면 족하다. 그러면 상대방은 자신에게 그러한 이익을 보유할 수 있는 권원이 있음을 주장·입증하여야 하고,[8)] 그러한 권원이 없는 경우 법률상 원인이 흠결되었다고

---

복으로 자신이 행한 급부의 반환을 청구할 수 있다. …이 경우의 부당이득반환의무에서는,…상대방이 얻은 계약상 급부는 다른 특별한 사정이 없는 한 당연히 부당이득으로 반환되어야 한다. 다시 말하면 이 경우의 부당이득반환의무에서 민법 제741조가 정하는 '이익' 또는 '그로 인한 손해'의 요건은 계약상 급부의 실행이라는 하나의 사실에 해소되는 것이다. 그리고…계약상 급부가 실제적으로는 제3자에게 행하여졌다고 하여도 그것은 계약상 채무의 적법한 이행(이른바 '제3자방 이행')이라고 할 것이다. 이때 계약의 효력이 불발생하였으면, 그와 같이 적법한 이행을 한 계약당사자는 다른 특별한 사정이 없는 한 그 제3자가 아니라 계약의 상대방당사자에 대하여 계약의 효력불발생으로 인한 부당이득을 이유로 자신의 급부 또는 그 가액의 반환을 청구하여야 한다."고 판시하였다. 이 판결은 유형론에 따른 급여부당이득과 비급여부당이득의 구분을 전제로 1) 급여부당이득에서 이익, 손해 및 양자 사이의 인과관계는 급여라는 하나의 사실에 해소된다는 점, 그리고 2) 급여부당이득은 급여관계의 당사자 사이에서 해결되어야 함을 확인한 데 의의가 있다.

7) 이 부분의 내용은 민법주해 XVII(주 2), 244−246면(양창수 집필부분); 양창수·권영준(주 5), 514−517면; 홍성주, "삼각관계에서의 부합과 부당이득", 판례연구 제23집, 부산판례연구회(2012), 642−644면을 참조하여 정리.

8) 판례는 "당사자 일방이 자신의 의사에 따라 일정한 급부를 한 다음 급부가 법률상 원인 없음을 이유로 반환을 청구하는 이른바 급부부당이득의 경우에는 법률상 원인이 없다는 점에 대한 증명책임은 부당이득반환을 주장하는 사람에게 있다. 이 경우 부당이득의 반환을 구하는 자는 급부행위의 원인이 된 사실의 존재와 함께 그 사유가 무효, 취소, 해제 등으로 소멸되어 법률상 원인이 없게 되었음을 주장·증명하여야 하고, 급부행위의 원인이 될 만한 사유가 처음부터 없었음을 이유

볼 수 있다.[9)]

침해부당이득의 성립에 따른 이익의 반환은 권리 할당내용을 침해받은 자와 그로 인하여 이익을 얻은 자 사이에서 이루어진다.[10)]

### 4. 급여부당이득과 침해부당이득의 관계

양 당사자 사이에서 급여부당이득이 성립하는 한 침해부당이득은 문제되지 않고, 이때에는 급여부당이득에 의하여 처리되어야 한다. 이를 급여부당이득 우선의 원칙이라고 한다. 따라서 부당이득의 문제가 발생할 때에는 먼저 급여부당이득이 성립하는지의 여부를 검토해야 하고, 급여부당이득이 성립하지 않거나 처음부터 문제되지 않는 경우에 침해부당이득이 문제된다.[11)]

---

로 하는 이른바 착오 송금과 같은 경우에는 착오로 송금하였다는 점 등을 주장·증명하여야 한다. 이는 타인의 재산권 등을 침해하여 이익을 얻었음을 이유로 부당이득반환을 구하는 이른바 침해부당이득의 경우에는 부당이득반환 청구의 상대방이 이익을 보유할 정당한 권원이 있다는 점을 증명할 책임이 있는 것과 구별된다(대법원 2018. 1. 24. 선고 2017다37324 판결)."고 판시하여, 급여부당이득과 침해부당이득에 있어서 법률상 원인의 증명책임을 다르게 보고 있다.

9) 김형배(주 5), 95면은 "침해부당이득에 있어서는 수익자의 이득행위가 권리귀속질서에 반하는 것(불법성)이 바로 법률상의 원인이 없는 것이 된다."고 설명한다.

10) 대법원 2009. 11. 26. 선고 2009다35903 판결은 "물건의 소유자는 다른 특별한 사정이 없는 한 법률의 범위 내에서 그 물건에 관한 모든 이익(민법 제211조에서 명문으로 정하는 '사용, 수익, 처분'의 이익이 대표적인 예이다)을 배타적으로 향유할 권리를 가진다. 따라서 물건의 소유자가 그 물건에 관한 어떠한 이익을 상대방이 권원 없이 취득하고 있다고 주장하여 그 이익을 부당이득으로 반환청구하는 경우에는, 우선 상대방이 얻는 이익의 구체적인 내용을 따져서 그 취득을 내용으로 하는 권리가 일반적으로 유상으로 부여되는 것이어서 그 이익이 부당이득반환의 대상이 될 만한 것인지를 살펴보아야 할 것이며, 그 경우 그러한 이익의 유무는 상대방이 당해 물건을 점유하는지에 의하여 좌우되지 아니하고 점유 여부는 단지 반환되어야 할 이익의 구체적인 액을 산정함에 있어서 고려될 뿐이다. 그리고 그와 같은 이익이 긍정된다면 나아가 그 이익이 소유자의 손실로 얻어진 것인지, 그리고 상대방에게 민법 제741조에서 정하는 그 이익의 보유에 관한 '법률상 원인'이 있는지, 즉 당해 이익을 보유하는 것을 내용으로 하는 소유자에 대항할 수 있는 권원이 있는지 여부를 살펴야 할 것이다."고 판시하여, 특정한 권리의 배타적 이익이 타인에게 귀속된 경우 권리자의 손실에 의하여 그 타인이 실질적인 이익을 취득하였다고 평가할 수 있고 수익자에게 당해 이익을 보유할 수 있는 권원이 없다면 이는 침해부당이득으로써 반환되어야 함을 밝히고 있다.

## Ⅲ. 다수당사자 사이에서의 부당이득관계 결정 기준

3인 이상의 다수당사자 사이에서 부당이득이 문제되는 경우, 당사자들 사이의 관계에 따라 다양하고도 복잡한 문제들이 발생한다. 그 핵심은 '누가 누구에 대해서 부당이득반환청구권을 가지며, 그 내용을 어떻게 이해해야 할 것인가'이다.[12] 특히 급여부당이득의 당사자를 누구로 볼 것인지가 주로 문제된다.

이에 관하여 종래 독일에서는 유형론의 입장에서, 급여부당이득의 당사자는 급여관계에서만 인정되고 급여관계는 급여개념 내지 급여목적을 기준으로 정해진다는 급여관계설이 지배적인 견해였다. 이에 따르면, 급여는 우선 '일정한 목적을 달성하기 위하여 의식적으로 행하여지는 타인 재산의 증가행위'라고 정의된다. 이는 '의식적으로 행하여진 타인 재산의 증가행위' 즉 출연과, '일정한 목적' 즉 급여목적으로 나누어 볼 수 있다. 급여는 기초적 법률관계를 전제로 하여 출연이 행하여지는 경우에 성립하는데, 급여목적은 출연에 의한 재산의 이전을 기초적 법률관계에 연결·귀속시킨다. 예컨대, 어떤 채무에 대한 변제가 보증채무의 이행으로서 행하여진 것인지 또는 제3자의 변제로서 행하여진 것인지는 출연 자체가 아니라 급여목적에 의하여 결정되는 것이다. 결국 급여자와 급여수령자는 출연자 및 출연수령자와 반드시 일치하는 것이 아니며, 급여목적에 의하여 결정된다고 한다. 다만 이러한 급여목적은 급여자의 주관에 의하여만 파악되는 것이 아니고 그 행태를 기준으로 하여 객관적으로 해석된다. 이와 같은 목적적 급여개념을 통해, 삼각관계, 특히 소위 지시관계에서 부당이득의 당사자가 누구인가를 합리적으로 설명할 수 있었다.[13]

---

11) 김형배(주 5), 169면; 안춘수(주 5), 104－105면도 "급부부당이득과 기타 부당이득의 구성요건은 상호간에 대안적 관계에 있기 때문에 동일한 사람 사이에 동일한 대상에 대하여 서로 경합하는 경우는 없다. 즉 두 사람 사이의 관계에서는 처음부터 급부부당이득 아니면 기타 부당이득 어느 하나가 문제될 뿐이다."라고 하여 같은 취지로 설명하고 있다.

12) 김형배(주 5), 281면.

그러나 당사자들 사이에서 급여관계 또는 급여목적에 대한 인식 자체가 일치하지 않는 경우, 또는 제3자를 위한 계약과 같이 2개의 급여목적이 있다고 볼 수밖에 없는 경우 등에 있어서, 목적적 급여개념만으로는 부당이득의 당사자를 명확하게 결정하지 못하는 한계가 드러났다. 이에 Canaris는 '부당이득법적 급여개념으로부터의 결별'을 주장하면서, 목적적 급여개념에 의하지 않고 다음과 같은 3개의 법적 평가요소가 부당이득 당사자의 판단에 있어서 관철되어야 한다고 주장하였다.

① 하자 있는 원인관계에 있어서 당사자들이 취득하는 대항사유를 상대방 당사자에게 주장할 수 있어야 하며, 제3자가 부당이득관계의 상대방이 됨으로써 그것을 주장할 기회를 박탈하여서는 안 된다.

② 원인관계의 각 당사자는 상대방 당사자가 제3자와의 관계에서 취득하는 대항사유로부터 보호되어야 한다.

③ 무자력 위험은 정당하게 분배되어야 한다. 즉 계약 당사자는 스스로 상대방을 선택하였고 그에 있어서 상대방의 자력을 신뢰한 것이므로 그가 원칙적으로 그 신뢰의 결과, 즉 상대방의 무자력 위험을 부담해야 하고 이를 제3자에게 전가해서는 안 된다.[14)]

독일의 판례는 "지시로 인한 급여가 이루어진 경우 부당이득구제는 원칙적으로 각각의 급여관계 내부에서…이루어진다. 이는 부당이득법적인 급여개념으로부터 도출되는 것으로서 그 개념은 이제 확고한 판례로서 당 재판부에 의하여서도 채택된 바 있다. 그러나…이미 당 재판부가 캐머러의 의견에 좇아 여러 차례 밝힌 대로, 셋 이상의 당사자가 관여한 사실관계를 부당이득법적으로 다룸에 있어서는 어떠한 도식적 해결도 허용되지 않는다. 그것은 개별적인 사안의 특수성에 달려 있다."[15)]고 하여, 목적적 급여개념을 기본으로 하면서도 개별적 사안의 특수성을 고려한

13) 이상은 김형배(주 5), 90－93면; 양창수 · 권영준(주 5), 577－579면; 정태윤, "다수당사자 사이의 부당이득에 관한 최근 판례의 검토", 민사법학 제52호, 한국사법행정학회(2010), 494－495면을 참조하여 정리.

14) 이상은 민법주해 XVII(주 2), 208－222면(양창수 집필부분).

15) 독일연방대법원 1973. 10. 18. 판결(BGHZ 61, 289).

실질적인 평가기준을 적용해야 한다는 입장을 밝히고 있다. 독일의 지배적 견해 역시 3자간의 부당이득관계에 대하여 기본적으로 급여개념에 의한 해결을 시도하면서 Canaris가 제시한 3개의 실질적 평가기준을 보완적으로 활용하고 있다.[16)]

다수당사자 사이에서 부당이득반환관계를 결정하는 것은 각 당사자들에게 최적의 형평성과 타당성을 확보하려는 것이 궁극적인 목적이다.[17)] 급여의 개념에는 손해와 이익의 불가분적인 연결이 전제되어 있으므로,[18)] 여러 비판에도 불구하고 급여개념이 다수당사자 사이의 부당이득에 관한 많은 문제들을 해결할 수 있는 기본적인 기준이 될 수 있다는 점은 부인하기 어렵다.[19)] 다만 목적적 급여개념에 의한 급여관계의 파악은, 당사자들의 주관적 인식만을 기준으로 하여 도식적으로 이루어져서는 안 되고, 사안의 개별적인 구조와 특수성에 착안하여 당사자들이 원래 예상했던 항변이나 무자력의 위험 등을 고려하여 누구의 신뢰를 보호할 것인지의 규범적 판단을 거쳐 이루어져야 한다.[20)] 이를 위하여 Canaris가 제시한 바와 같은 실질적 평가기준들을 활용할 수 있을 것이다.

## Ⅳ. '급여자에 관한 착오' 유형에서의 급여부당이득

### 1. 문제의 소재

대상판결의 사안을 급여부당이득의 문제와 관련하여 다시 간략하게 정리하면 다음과 같다. ① 피고는 甲과 사이에서 승강기의 설치를 포함

16) Canaris 자신도 3개의 실질적 평가기준에 직접 삼각관계의 해결책을 도출하는 기능이 아닌 다른 방법으로 도출된 결과를 통제 및 승인하는 기능만을 부여한다고 한다. 이동진, "독일 · 오스트리아 · 스위스의 부당이득법", 비교사법 제25권 제1호, 한국비교사법학회(2018), 264면(각주 65).

17) 김형배(주 5), 285면.

18) 윤지영, "채권양도와 부당이득－「삼각관계에서의 급부부당이득」 법리를 중심으로－", 민사판례연구 제41권, 박영사(2019), 645면.

19) 김형배(주 5), 311－312면.

20) 김수정, "무권대리인이 수령한 급여에 대해 본인을 상대방으로 한 부당이득반환청구", 민사판례연구 제41권, 박영사(2019), 588－589면; 민법주해 XVII(주 2), 175면(양창수 집필부분) 참조.

한 건물 신축을 내용으로 하는 도급계약을 체결하였다. ② 甲은 피고에 대한 도급계약상 채무이행을 위해, 대리권 없이 피고의 이름으로 원고와 사이에서 승강기 공급·설치계약을 체결하였다. ③ 원고는 위 계약이 유효한 것으로 믿고 그 채무의 이행으로서 승강기를 공급·설치하였고, 승강기는 건물에 부합되어 건물을 원시취득한 피고가 그 소유권을 취득하였다.

이 경우 원고(출연자)가 피고(수령자)에 대하여 승강기에 관한 부당이득의 반환을 청구함에 있어서는, 원고가 한 승강기의 공급·설치(출연)가 법률상 원인 없이 이루어졌음을 이유로 급여부당이득을 주장할 수 있는지가 우선 문제된다.[21] 이는 출연자, 수령자, 중간자(무권대리인) 사이에서 발생하는 다수당사자 간 부당이득의 문제로서, 출연자의 수령자에 대한 출연이 중간자를 사실상 매개로 하여 이루어졌으며 동일한 채무를 내용으로 하는 두 개의 계약과 관련하여 이루어졌다는 점에서 얼핏 보기에는 소위 삼각관계에서의 단축급부 유형과 유사한 것처럼 보인다. 그러나 단축급부 유형에서 계약관계가 출연자와 중간자, 중간자와 수령자 사이에 연쇄적으로 존재하는 반면, 위 사안에서는 중간자와 수령자, 출연자와 수령자를 각 당사자로 하는 계약들이 체결되어 있고 출연자와 중간자 사이에는 아무런 계약관계가 존재하지 않는다[22]는 점에서 큰 차이가 있다.

당사자들 간의 이러한 관계로 말미암아, 출연자와 수령자 사이에서 급여목적 및 급여자에 관한 인식의 차이가 발생한다. 출연자의 입장에서는 출연자와 수령자를 당사자로 하는 계약상 채무의 이행을 위하여 출연을 한 것으로서, 출연자 자신이 수령자에게 급여한 것으로 인식할 것이다. 반면 수령자의 입장에서는 특별한 사정이 없는 한 출연자와의 계약

---

21) '급여부당이득 우선의 원칙' : 위 Ⅱ. 4. 참조.

22) 일방 당사자가 대리인을 통하여 계약을 체결하는 경우에 있어서 계약의 상대방이 대리인을 통하여 본인과 사이에 계약을 체결하려는 데 의사가 일치하였다면 대리인의 대리권 존부 문제와는 무관하게 상대방과 본인이 그 계약의 당사자라고 할 것이다(대법원 2003. 12. 12. 선고 2003다44059 판결). 따라서 위 유형에서도 중간자가 대리권 없이 수령자를 대리하여 출연자와 체결한 계약의 당사자는 출연자와 수령자로 보아야 한다. 이는 무권대리인이 체결한 계약의 효력이 본인에게 미치지 않는 것과는 별개의 문제이다.

은 알지 못하므로, 중간자가 수령자에 대하여 부담하는 계약상 채무의 이행을 위하여 출연자를 통해 출연을 한 것으로 받아들여 결국 중간자가 급여한 것으로 인식할 것이다.

이와 같이 출연자와 수령자 사이에서 급여자 및 급여목적에 관한 인식이 불일치하는 경우는 다수당사자 간 부당이득 문제의 한 유형으로서, '급여자에 관한 착오' 유형이라고 부를 수 있다.[23] 출연자의 관점에 따른다면 출연자와 수령자 사이에 급여관계가 존재하므로 급여부당이득이 성립될 수 있으나, 수령자의 관점에 따른다면 출연자와 수령자 사이에는 급여관계가 존재하지 않으므로 급여부당이득이 성립될 여지가 없게 된다. 독일에서는 이전부터 이 유형에서 누구의 관점에 따라 급여자 및 급여관계를 파악할 것인지에 관한 논의가 실무와 학계에서 치열하게 이루어져 왔고, 근래에는 우리나라의 학계에서도 이에 대한 연구가 점점 심화되고 있다.

### 2. 독일에서의 논의

#### 가. 판 례

독일연방대법원은 출연의 목적에 대하여 출연자와 수령자가 가지는 생각이 서로 다를 경우, 그 목적은 출연자의 내적인 의사에 의하여서 정

23) 우리나라에서 이러한 유형의 부당이득 문제를 일컫는 보편적인 용어는 정립되어 있지 않은 것으로 보이고, 학자에 따라서 '착오에 의한 자기급여'[김수정(주 20), 585면], '오상채무자의 변제와 수령자의 급부자에 대한 착오' 또는 '급부자에 대한 착오를 수반하는 오상채무자 변제 문제'[김형석, "오상채무자의 변제와 수령자의 급부자에 대한 착오", 채무불이행과 부당이득의 최근 동향, 박영사(2016), 315면], '급부당사자에 관한 이해에 차이가 있는 경우'[정태윤, "부당이득과 선의취득－급부당사자에 관한 이해에 차이가 있는 경우를 중심으로－", 법학논총 제36집 제1호, 전남대학교 법학연구소(2016), 686면], '채무에 대한 착오' 또는 '급부자에 대한 착오'[김형배(주 5), 323면] 등으로 지칭하고 있다. 이 유형에서는 출연자와 수령자 사이에서 급여자가 누구인지에 관한 인식에 차이가 있고, 급여자가 누구인지를 판단하여 급여관계를 확정하는 것이 핵심적인 문제이며, 출연자와 수령자 중 누구의 인식에 의하더라도 다른 상대방의 급여자에 대한 인식은 실제 규범적으로 정해지는 급여자와 불일치하는 것으로 평가된다. 이러한 점을 고려하면, '급여자에 관한 착오' 유형으로 지칭하는 것이 문제의 본질에 비추어 가장 적합하다고 생각된다.

하여지는 것이 아니라 오히려 수령자의 시각에서 객관적으로 고찰할 때 그 출연을 누구의 급여로 볼 수 있는지가 기준이 된다는 소위 수령자관점설의 입장이다.[24)]

1) 이에 관하여 처음으로 다룬 것은 '이데알하임 사건(독일연방대법원 1961. 10. 5. 판결 (BGHZ 36, 30))'이다. 이 사건에서 피고(수령자)는 중간자에게 피고 소유의 토지 지상에 건물 건축을 할 것을 도급하였고 중간자는 원고(출연자)와 다시 도급계약을 체결하였는데, 원고는 중간자가 피고의 대리인임을 전제로 계약을 체결·이행하였고, 이후 위 계약은 무권대리를 이유로 무효로 되어 결국 원고의 피고에 대한 부당이득반환청구가 문제되었다. 연방대법원은 '본인(피고)이 무권대리인과 계약을 체결하였으며 그 계약에 의하여 본인이 무권대리인에 대하여 제3자(원고)가 본인에게 출연하였던 것과 같은 것을 청구할 수 있었고 본인 또한 무권대리인에 대하여 반대급부의무를 부담했던 경우에는, 제3자의 본인에 대한 부당이득반환청구는 인정되지 않는다. 그런 경우에는 본인은 제3자의 손실로 이득을 한 것이 아니(다)'고 판시하여, 피고의 원고에 대한 부당이득의 성립을 부정하였다. 다만 이 판결은 원고와 피고 사이에 재산이동의 직접성이 결여되었음을 이유로 원고의 청구를 기각한 것이고, 출연자와 수령자 중 누구의 시각에 의해 급여관계를 결정할 것인가에 관하여 직접적으로 판단하지는 않았다.[25)]

2) '코크스 사건(독일연방대법원 1961. 10. 30. 판결 (BGHZ 36, 56))'에서도 유사한 사안에서 부당이득의 성립이 부정되었다. 이 사건에서 피고(수령자)는 중간자에게 선금을 지급하고 코크스를 주문하였는데, 중간자는 자신을 피고의 대리인으로 간주하는 원고(출연자)로 하여금 피고에게 코크스를 공급하도록 하였고, 피고는 그와 같은 사실을 알지 못한 채 중간자가 공급하는 것으로 알고 원고로부터 코크스를 받아 소비하였다. 이후 피고가 중간자와의 계약관계 및 대금지급 사실을 들어 원고의 대금지급 청구를 거부하자 원고는 피고에 대해 부당이득반환을 청구하였다. 연방대법원은 '피고가 중간자와 계

24) 정태윤(주 23), 697면.
25) 정태윤(주 23), 692면.

약관계에 있었던 이상 소유권이전을 위한 법률행위도 피고와 중간자 사이에 있었다고 보아야 하고, 중간자가 원고를 통해 피고에게 코크스의 점유를 창출하였으므로 피고는 무권리자인 양도인(중간자)로부터 선의·무중과실로 코크스를 인도받아 그 소유권을 선의취득하였다.'고 하면서 피고의 원고에 대한 부당이득반환의무를 부정하였다. 이 판결은 피고가 중간자로부터 변제를 받았다고 전제하기는 하였으나 주로 선의취득의 관점, 즉 지시취득에 의한 선의취득이 가능하다는 점에 초점을 맞추고 있어, 위 '이데알하임 사건'과 마찬가지로 '급여자에 관한 착오'가 있는 유형에서 누구의 시각에 따를 것인지에 대한 판례로서 의미를 가지는지 여부는 불확실하였다.[26)]

3) 그러나 독일연방대법원은 곧 '전자제품 사건(독일연방대법원 1963. 10. 31. 판결 (BGHZ 40, 272 판결))'에 이르러, '급여자에 관한 착오'가 있는 경우 수령자의 관점에 따라 급여자를 결정해야 한다는 태도를 분명히 하였다. 이 사건에서 피고(수령자)는 중간자에게 전자제품의 설치를 포함한 공사를 도급하였고 중간자는 원고(출연자)에게 전자제품을 주문하였는데, 원고는 중간자를 피고의 대리인으로 인식하고 피고를 수령자로 하여 위 전자제품을 공사 현장에 공급하였고, 중간자는 이를 수령하고 바로 설치하여 신축건물에 부합시켰다. 원고의 피고에 대한 부당이득반환청구에 대하여 연방대법원은 우선 목적적 급여개념을 설시한 후, '출연자가 누구에게 급여하고자 하였는가에 일방적으로 따를 수는 없다. 건축주의 계약상대방이 건물을 지을 때 제3자를 끌어들인 경우에는, 건축주의 보호를 위하여 객관적으로 관찰할 때 그 출연이 건축주의 시각에서 누구의 급여로 보이는가에 의하여야 한다. 출연자의 내심의 의사가 아니라 수령자의 관점에서 급여자를 누구로 인식할 수 있었는가가 문제되는 것이다.'고 판시하면서 원고의 피고에 대한 급여부당이득반환청구권의 성립을 부정하였다. 나아가 비급여부당이득반환청구권은 그 대상이 수령자에게 어느 누구에 의하여서도 급여로서 제

---

26) 김형석(주 23), 321면.

공된 적이 없는 경우에만 성립할 수 있다고 하면서(이른바 '비급여부당이득의 보충성의 원칙'[27]) 침해부당이득반환청구권의 성립도 부정하였다.

4) 이와 같은 태도는 이후 '셔츠 사건(독일연방대법원 1974. 3. 14. 판결 (NJW 1974, 1132))'에서도 유지되었다. 이 사건에서 중간자는 셔츠 생산 회사인 원고(출연자)의 회사정리인으로 활동하면서 중간자 자신의 명의로 피고(수령자)와 셔츠 매매계약을 체결하였는데, 원고는 자신이 계약당사자인 것으로 알고 피고에게 셔츠를 공급하였으나 피고는 중간자에게 매매대금을 지급하였다. 이에 원고가 피고를 상대로 셔츠 가액 상당의 부당이득반환청구를 하였는데, 연방대법원은 '수령자인 피고의 관점에서 볼 때 의식적·목적적으로 피고의 재산을 증가시켜 급여를 한 자는 원고가 아니라 중간자이며 원고는 단지 의식되지 않은 이행보조자이자 급여보조자이므로, 피고는 원고가 아닌 중간자의 급여로 셔츠를 취득한 것이어서 원고에게 부당이득반환의무가 없다'는 취지로 판시하였다. 이 판결에서 연방대법원은 '출연자가 생각한 목적이 수령자가 생각한 목적과 불일치하는 경우에는 후자의 관점에서 급여관계를 판단해서 부당이득반환이 행해져야 한다.'고 함으로써, 수령자관점설을 취하고 있음을 재확인하였다.

나. 학 설

**1) 출연자의사설**

출연자의 의사에 따라 부당이득법상 급여관계의 당사자를 결정하는 것이 타당하다는 입장이다. 이 견해는 급여목적은 급여자의 급여행위에 의하여 정해진다는 원칙론을 근거로 하면서, 수령자가 중간자와 출연자에게 이중지급의 위험을 부담하게 되는 문제는 수령자가 급여를 받은 후 이를 신뢰하여 중간자에게 반대급부를 지급한 경우 그 한도에서 출연자에 대해 현존이익 상실의 항변을 할 수 있도록 함으로써 해결하면 된다고 한다. 이 견해를 취하는 학자들이 주장하는 주요 논거를 정리하면 다음과 같다.

27) 이에 관하여는 아래 Ⅴ. 2.에서 후술한다.

① 중간자에 의하여 출연자가 한 출연이 출연자 자신의 급여가 아니라 중간자의 급여로 평가되기 위하여 결정적인 것은 급여개념이 아니라 지시이다. 즉 중간자의 의사(출연자의 출연을 자신의 재산에 통합하는 한편 자신 재산의 일부를 출연으로 수령자의 재산에 통합시킨다는 재산적 결단)에 따른 지시가 있고 그것이 출연자에 의해 이행될 때 비로소 중간자의 재산이 감소함으로서 수령자의 재산이 증가하여 중간자의 수령자에 대한 급여가 있다고 평가할 수 있는 것이다. 이는 본인의 대리인에 대한 수권이 있을 때 대리인이 한 의사표시가 본인에게 귀속되는 것과 마찬가지이다. 그런데 '급여자에 관한 착오' 유형의 경우, 출연자는 중간자의 지시에 따르는 것이 아니라 출연자 자신의 채무를 이행하는 것일 뿐이므로 그 출연은 출연자의 급여일 뿐 중간자의 급여가 될 수 없다.[28)]

② 수령자와 중간자의 계약은 수령자가 위험을 부담해야 하는 수령자의 영역이며, 출연자와의 관계에서 고려될 사정이 아니다. 스스로 중간자와 계약을 체결한 수령자가 중간자의 기망행위를 기화로 중간자의 무자력 위험을 출연자에게 전가하는 것은 부당하다.[29)]

③ 수령자는 급여를 받은 후 이를 신뢰하여 중간자에게 반대급부를 이행한 경우에만 보호가치가 있다. 수령자가 급여를 받기 전에 중간자에게 선이행하였다면 이는 스스로 중간자의 무자력 위험을 인수한 것임에도, 수령자관점설에 따르면 이 경우까지 그 위험을 출연자에게 전가할 수 있게 되어 부당하다.[30)]

---

28) Flume, Der Bereicherungsausgleich in Mehrpersonenverhältnis in: ACP 199(1999), S, 1 ff.[정태윤(주 23), 696–697면에서 재인용]; Flume, Studien zur Lehre von der ungerechtfertigten Bereicherung, 2003, S. 166ff., 193f.[김형석(주 23), 325면에서 재인용].

29) Flume(주 28)[김형석(주 23)에서 재인용], S. 195f.; von Caemmerer, "Irrtümliche Zahlung fremder Schulden", Gesammelte Schriften, Band I, 1968, S. 360.[김형석(주 23), 327면에서 재인용]; Esser, Schudrecht, Band II, 4, Aufl., 1971, § 102 II 2 Fn. 27 (S. 351)[김형석(주 23), 328면에서 재인용].

30) Flume(주 28), S. 196.[김형석(주 23), 326면에서 재인용]; Esser(주 29), § 102 II 2 Fn. 27 (S. 351)[김형석(주 23), 328면에서 재인용] ; Medicus/Petersen, Bürgerliches Recht, 22. Aufl., 2009, Rn. 688.[김형석(주 23), 329면에서 재인용].

④ 수령자관점설에 따르면 출연자의 변제지정은 표시상 객관적으로 이해되는 의미와 출연자의 내심의 의사가 불일치하는 내용착오에 해당하여, 어차피 출연자는 그 착오를 이유로 변제지정을 취소하고 수령자에게 부당이득반환청구를 할 수 있게 된다. 그런데 이러한 해결보다는, 곧바로 출연자의 수령자에 대한 부당이득반환청구를 인정하되 수령자의 신뢰는 현존이익 상실의 항변으로 보호하는 것이 보다 적절하다.[31)]

⑤ 급여관계는 출연자의 의사나 수령자의 관점에 의하여 결정하는 것이 아니라 재산이동의 흐름에 따라 결정할 문제이다. 따라서 급여자가 누구인지는 수령자가 '누구의 재산으로부터' 급여를 취득하였는가에 따라 결정되어야 한다.[32)]

**2) 수령자관점설**

부당이득법상 급여관계의 당사자를 판단함에 있어서는 통상의 관찰자로서의 수령자의 관념이 중요하다는 입장이다. 즉, 누가 급여자인가는 출연자의 내심에 의사에 의해서가 아니라 객관적으로 보아 수령자의 입장에서 누가 부당이득법상의 급여자로 판단되는가가 중요하다는 것이다.[33)] 이 견해를 취하는 학자들이 주장하는 주요 논거를 정리하면 다음과 같다.

① 제3자 변제나 변제충당의 경우에 비추어 보아도, 급여자가 자신의 급여를 법률상 원인(통상은 이행되어야 할 채무)과 관련지우는 행위인 변제목적지정은 변제자의 단독행위로서 법률행위로 이해되거나 적어도 준법률행위로 이해되고 있다. 따라서 출연에 수반하는 변제목적지정을 판단할 때 수령자의 관점에서 출발하는 것은 법률행위 해석의 일반원칙에 비추어 당연하다.[34)]

---

31) Esser(주 29), § 102 II 2 (S. 350f.)[김형석(주 23), 328-329면에서 재인용].

32) Wilhelm, Rechtsverletzung und Vermögensentscheidung als Grundlagen und Grenzen des Anspruchs aus ungerechtfertigter Bereicherung, 1973, S. 149.[김형석(주 23), 326면에서 재인용]

33) 민법주해 XVII(주 2), 213면(양창수 집필부분).

34) Thomä, JZ 1962, 623, 625f.; Zeiss, AcP 165 (1965), 332, 333ff.; Wieling, JZ 1977, 291, 292; Reuter/Martinek, Ungerechtfertigte Bereicherung, 1983, § 12 I 3 b)

② 수령자는 중간자와의 동시이행관계를 통하여 중간자의 무자력 위험을 예방하고 있었는데, 출연자의 출연을 믿고 중간자에 대한 반대급부를 이행하였음에도 다시 출연자에게 부당이득반환의무를 부담해야 한다면 결국 부당하게 이중변제의 위험에 빠지는 결과가 된다. 반면 출연자의 경우 계약상대방 대리인의 대리권 유무는 그의 위험영역에 속하는 사항이고, 무권대리에 관한 제반 규정상 무권대리의 상대방으로서는 무권대리에 관한 책임을 본인이 아닌 무권대리인에게만 물어야 한다는 평가를 도출할 수도 있다. 이와 같은 이익형량에 의하면, 수령자는 출연자와 중간자의 관계로부터 나오는 쟁점에 의하여는 불이익을 받지 않도록 하는 것이 타당하다.[35)]

③ 출연자의사설에 따르면 수령자의 급여에 대한 신뢰를 보호할 방법이 없다. 현존이익 상실항변은 다음과 같은 이유에서 수령자의 신뢰보호를 위한 수단이 될 수 없다. ⓐ 다수당사자 사이의 부당이득에서 수령자가 이득의 취득과 관련해 중간자에게 지급한 반대급부를 들어 현존이익의 상실을 주장할 수는 없다는 것이 일반적인 견해이다.[36)] ⓑ 출연자의사설에 따를 경우 출연자가 부합 등으로 인하여 출연 목적물의 소유권을 상실하지 않은 이상 출연자는 수령자에게 소유물반환청구도 할 수 있고 이 경우에는 수령자가 현존이익 상실의 항변으로 대항할 수 없음이 명백하다. 그런데 목적물이 부합되는 등으로 인하여 부당이득반환청구만이 가능한 경우에는 현존이익 상실의 항변을 할 수 있다고 하면 이는 급여 후의 우연한 사정에 따라 취급을 달리하는 것이어서 균형이 맞지 않

---

(S. 454f.); Larenz/Canaris, Lehrbuch des Schuldrechts, 13. Aufl., 1994, § 70 III 3 b) (S. 218f.); Fikentscher/Heinemann, Schuldrecht, 10. Aufl., 2006, Rn. 1431; Martin Schwab in Münchener Kommentar zum Bürgerlichen Gesetzbuch, Band 5, 5. Aufl., § 812 Rn. 184 등[모두 김형석(주 23), 329−330면에서 재인용]

35) AnwK-BGB/von Sachsen Gessaphe in Antwalt-kommentar BGB, Band 2, Teilband 2, 2005, § 812 Rn. 179; König, Ungerechtfertigte Bereicherung, 1985, S. 235; Loewenheim, Bereicherungsrecht, 3.Aufl., 2007, S. 45f[모두 김형석(주 23), 332−333면에서 재인용]

36) Stadler in Jauernig, Bürgerliches Gesetzbuch, 14. Aufl., 2011, § 816 Rn. 10, § 818 Rn. 36[김형석(주 23), 330−331면에서 재인용].

는다.[37)] ⓒ 출연자의사설에 따르면서도 현존이익 상실의 항변을 인정한다면 이는 급여자가 수령자와 제3자의 관계에서 발생한 사유의 대항을 받는 결과가 되어 일반적인 급여부당이득의 법리에 어긋난다.[38)]

### 3. 우리나라에서의 논의

우리나라에서는 판례상 급여자에 대한 착오 유형을 직접적으로 다루고 있는 사례를 찾기 어렵고, 몇몇 학자들에 의하여 아래와 같은 논의가 이루어지고 있다.

#### 가. 김형석 교수[39)]

이 유형에서 부당이득의 인정 여부를 판단하는 것은 결국 중간자의 무자력 위험을 누가 부담하느냐의 문제인데, 수령자가 급여를 수령하였더라도 이를 신뢰하여 자신의 법적 지위를 불리하게 변경시키는 행위를 하지 않고 있는 동안에는 출연자의 이익이 우선해야 하고 다만 수령자가 중간자에게 반대급부를 이행하는 등으로 자신의 법적 지위를 불리하게 변경시킨 경우에 한해 비로소 수령자의 신뢰보호 문제가 제기되므로, 원칙적으로 출연자의 수령자에 대한 부당이득반환청구를 인정하되 선의의 수령자는 현존이익 상실의 항변에 의해 보호하는 것이 바람직하다는 견해이다. 나아가 이 견해는, 우리나라에서는 민법 제745조가 적용되어 그 해석상 출연자(이 견해에서는 오상채무자라고 지칭한다)의 부당이득반환청구를 인정할 수밖에 없다는 취지로 주장하면서 다음과 같이 부연한다.

① 민법 제745조는 그 문언상 오상채무자의 변제가 있으면 수령자가 오상채무자를 진정한 채무자로 생각하였는지 아니면 진정한 채무자의 이행보조자로 생각하였는지 여부를 구별하지 않고 오상채무자가 부당이

37) von Caemmerer, "Irrtümliche Zahlung fremder Schulden", Gesammelte Schriften, Band I, 1968, S. 363[김형석(주 23), 331-332면에서 재인용].

38) Westermann/Buck-Heeb in Erman, Bürgerliches Gesetzbuch,Band II, 12. Aufl., 2008, § 812 Rn. 15[김형석(주 23), 332면에서 재인용].

39) 김형석(주 23), 349-356면.

득반환청구를 할 수 있는 것으로 전제하고 있다.

② 변제목적지정은 법률행위로서 수령자의 관점에서 해석함이 원칙이고 이에 따르면 중간자와 수령자 사이에 급여관계가 존재한다고 해야 하지만, 민법 제745조는 이러한 변제목적지정의 효력을 부인하는 취지의 규정이므로 이로 인해 중간자와 수령자 사이의 변제효는 발생하지 않는다.

③ 민법 제745조의 취지상 수령자가 선의로 반대급부를 이행한 경우에도 증서훼멸이나 담보포기의 경우와 같이 부당이득반환의무가 소멸한다고 해석함이 당연하므로, 현존이익 상실의 항변은 위 조항에 근거하여 가능하다.

④ 선의의 증서훼멸 등의 사유가 있을 경우 변제효를 발생시키는 민법 제745조의 취지상, 불법원인급여의 경우와 마찬가지로, 수령자가 오상채무자의 급여를 신뢰하여 중간자에게 반대급부를 이행하였다면 오상채무자의 소유물반환청구도 배제된다고 해석해야 한다. 그렇다면 현존이익 상실의 항변을 인정하여도 소유물반환청구의 경우와 부당이득반환의 경우 사이에 불균형이 발생하지 않는다.

### 나. 정태윤 교수[40]

급여자는 수령자가 누구의 재산으로부터 급여를 취득하였는가에 따라 결정되어야 하고, 급여의 목적지정은 일단 확정된 급여가 다수의 법적 원인 중 어느 쪽을 향한 것인가를 결정할 때에만 비로소 고려될 것이므로, 출연자의 출연이 중간자의 지시에 의한 것이라고 수령자가 오신할 만한 정당한 사유가 있거나 그 오신이 출연자에게 귀속되어야 할 특별한 사정이 없는 한 원칙적으로 출연자의 출연은 출연자의 급여로 보아야 한다는 견해이다.

이 견해에서, 수령자의 신뢰보호는 선의취득 혹은 출연을 신뢰하여 반대급부를 한 경우에 인정되는 현존이익 소멸의 항변에 의하여 이루어질 수 있다고 한다. 이익소멸 항변을 인정할 경우 출연자가 소유물반환

40) 정태윤(주 23), 704-705면.

청구도 할 수 있는 경우와 부당이득반환청구만 할 수 있는 경우 사이에 불균형이 발생한다는 비판에 대해서는, 출연자가 소유물반환청구권과 부당이득반환청구권을 모두 행사할 수 있는 경우에도 민법 제201~203조와 제747~748조의 관계에서와 마찬가지로 목적론적으로 부당이득반환청구권을 우선 적용해야 하므로 결과적으로 이익소멸의 항변이 적용될 수 있어 불균형이 발생하지 않는다고 한다.

다. 김수정 교수[41)]

출연자와 수령자 중 누구를 보호할 것인지는 추상적인 급여자의사설이나 수령자관점설에 의할 것이 아니라 누구를 더 보호해야 하는가의 이익평가에 따라야 한다고 하면서, 수령자가 출연자에게 부당이득반환의무를 부담하게 됨으로써 중간자의 무자력 위험을 부담하게 되더라도 수령자는 처음부터 자신의 계약상대방을 중간자로 인식하고 계약한 것이므로 부당하지 않다는 입장이다. 이 견해에서도 수령자의 보호는 현존이익 소멸의 항변에 의하면 된다고 한다.

라. 김형배 교수[42)]

수령자는 원래 중간자로부터 급여를 받은 후 자신의 반대급부를 이행함으로써 중간자의 무자력 위험에 대비할 수 있는 지위에 있었는데, 출연자에게 급여에 대한 대가를 지급해야 한다면 계약자율의 원칙에 반하고 이중지급의 위험을 떠안게 되어 부당하다고 한다. 또한 출연자가 수령자에게 계약관계 있음을 증명하지 않고 출연을 한 때에는 수령자는 그 출연이 중간자로부터의 급여라고 신뢰할 것이고 그 신뢰는 보호되어야 하므로, 중간자의 무자력 위험은 출연자가 부담하는 것이 타당하다고 한다. 수령자는 중간자와의 법률관계에서 발생되는 법률상 부담을 지는데 그쳐야 하고, 중간자가 자신의 채무이행을 위하여 제3자와의 관계에서 발생시킨 채무까지 부담할 의무는 없다는 것이다.

41) 김수정(주 20), 588－590면.
42) 김형배(주 5), 325면.

### 4. 검 토

아래와 같은 이유에서, 수령자관점설이 타당하다고 생각한다. 그렇다면 출연자의 출연은 출연자가 중간자의 이행보조자[43]로서 수령자에게 급여한 것이 되어 중간자와 수령자 사이에서 급여관계가 발생하고, 출연자와 수령자 사이에서는 급여관계가 발생하지 않는다. 따라서 출연자의 수령자에 대한 급여부당이득반환청구는 그 전제가 되는 급여관계가 부존재하는 이상 인정될 수 없다.

#### 가. 민법 제745조의 적용 여부

1) 민법 제745조 제1항은 "채무자 아닌 자가 착오로 인하여 타인의 채무를 변제한 경우에 채권자가 선의로 증서를 훼멸하거나 담보를 포기하거나 시효로 인하여 그 채권을 잃은 때에는 변제자는 그 반환을 청구하지 못한다."고 규정하고 있다. 이는 부당이득에 관한 일반조항인 제741조의 특칙으로서, 일정한 경우에 출연자의 수령자에 대한 급여부당이득반환청구를 배제할 수 있는 요건을 정하고 있는 예외조항이다. 따라서 위 조항이 적용되기 위해서는, 그 전제로서 먼저 급여부당이득에 관한 일반법리에 따라 급여부당이득이 성립될 수 있는 경우에 해당해야 한다. 즉,

---

43) 채무의 변제는 원칙적으로 채무자뿐만 아니라 제3자도 할 수 있고, 채무의 성질상 반드시 변제자 본인의 행위에 의해서만 가능한 것이 아닌 이상 제3자를 이행보조자 내지 이행대행자로 사용하여 변제할 수도 있다(대법원 2001. 6. 15. 선고 99다13515 판결). 이행보조자는 채무자의 의사 관여 아래 채무의 이행행위에 속하는 활동을 하는 사람이면 충분하고, 반드시 채무자의 지시 또는 감독을 받는 관계에 있어야 하는 것은 아니다. 따라서 그가 채무자에 대하여 종속적인 지위에 있는지, 독립적인 지위에 있는지는 상관없다. 또한 이행보조자가 채무자와 계약 그 밖의 법률관계가 있어야 하는 것도 아니다. 제3자가 단순히 호의로 행위를 한 경우에도 그것이 채무자의 용인 아래 이루어지는 것이면 제3자는 이행보조자에 해당한다. 이행보조자의 활동이 일시적인지 계속적인지도 문제되지 않는다(대법원 2018. 2. 13. 선고 2017다275447 판결). 즉 이행보조자는 채무자의 의사에 의하여 채무자를 위하여 행동하게 된 자여야 하지만, 자신이 채무자의 채무를 이행하고 있다는 사실을 알고 있어야 하는 것은 아니며, 채무자와 이행보조자 사이에 채권관계가 존재할 것도 요구되지 않는다. 이 부분은 지원림, 민법강의(제16판), 홍문사(2019), 1109면.

'채무자 아닌 자가 착오로 인하여 타인의 채무를 변제한 경우'라고 하더라도 먼저 제741조에 기초한 부당이득의 일반법리에 따라 급여부당이득이 성립하는지를 검토해야 하고, 급여부당이득이 성립하지 않는다면 애당초 제745조를 검토할 필요도 없이 급여부당이득반환청구는 배척될 것이며, 급여부당이득이 성립될 경우에 한해 비로소 제745조를 적용하여, 원칙적으로 채권자의 부당이득반환의무를 긍정하되 채권자가 선의로 증서를 훼멸하거나 담보를 포기하거나 시효로 인하여 그 채권을 잃은 때에 예외적으로 부당이득반환의무를 부정하게 되는 것이다. 만약 제745조를 근거로 일반적인 급여부당이득의 성립 여부에 관한 판단을 한다면 이는 위 조항이 적용되기 위한 전제조건의 구비 여부에 관한 판단을 위 조항 자체로서 선취하는 것으로서 부당하다.[44] 그런데 '급여자에 관한 착오' 유형에서의 급여부당이득에 관한 논의는 바로 출연자와 수령자 사이의 급여부당이득 성립 여부에 관한 것이므로, 이는 제745조가 적용되기 위한 전제조건의 구비 여부에 관한 문제일 뿐 제745조가 적용될 문제가 아니다.[45]

2) 게다가, 민법 제745조 제1항이 적용되는 '채무자 아닌 자가 착오로 인하여 타인의 채무를 변제한 경우'는 타인의 채무를 자기의 채무로 오신하고 변제하는 것을 가리키므로, 그 문언상 어떠한 채무의 귀속주체에 관한 착오가 있는 경우[46]만이 해당될 뿐, 변제의 대상인 채무 자체의 동일성에 관한 착오가 있는 경우[47]는 해당되지 않는다고 보아야 한다.

---

44) 이와 같이 보지 않고 만약 제745조를 '착오로 타인의 채무를 변제한 경우'에는 언제나 급여부당이득이 성립한다고 정한 취지로 이해한다면, 이는 제745조가 사실상 제741조에 의하여 인정되는 부당이득의 범위를 확장하는 조항이라고 보는 것이지만, 이는 조문의 체계에 맞지 않을 뿐 아니라 그 문언에서 도출될 수 있는 의미를 벗어난 무리한 해석이라고 보인다.

45) 정태윤(주 23), 701－703면도 비슷한 취지이다.

46) 예를 들어, 교통사고로 인하여 갑이 입은 손해에 대하여 을이 자신이 책임이 있는 줄 알고 배상을 하였는데, 나중에 그 사고에 대하여 책임이 있는 자가 병으로 밝혀진 경우. 이는 정태윤(주 23), 685면에서 인용.

47) 예를 들어, 연대채무자 아닌 자가 연대채무자라고 믿고 채무를 이행하였는데 채권자는 이를 주채무의 변제로 인식하고 수령한 경우.

후자의 경우는 엄밀히 보면 '타인의 채무를 자신의 채무로 잘못 알고 변제'하였다고는 말할 수 없고 단지 자신에게 채무가 없음에도 채무가 있다고 잘못 알고 변제(하였는데, 단지 채권자가 이를 다른 채무자에 대한 채권의 변제로 인식)한 경우에 해당할 뿐이다.[48] 그런데 '급여자에 관한 착오' 유형에서도 출연자는 중간자와 수령자 사이의 계약에 따른 채무의 채무자가 자신이라고 착오한 것이 아니라, 출연자와 수령자를 당사자로 하는 (별개의) 계약상 채무가 존재한다고 잘못 알고 변제한 것이므로, 출연자로서는 채무의 귀속주체가 아닌 채무 자체의 동일성에 관한 착오가 있는 유형으로서 민법 제745조 제1항이 적용되는 경우에 해당하지 않는다.

3) 따라서 '급여자에 관한 착오' 유형에서 출연자와 수령자 사이에 급여부당이득이 성립하는지 여부 및 그 내용은 급여부당이득의 일반이론에 따라 결정되어야 할 문제이고, 민법 제745조가 적용될 수 있는 문제가 아니다.

### 나. 급여목적을 내용으로 하는 변제지정의 해석 원칙

출연자가 채무의 변제를 위하여 급여를 하는 경우 그 급여가 누구의 어떤 채무에 관한 것인지, 즉 급여목적이 무엇인지를 표시하는 명시적·묵시적 행위는 소위 '변제지정'으로서 급여의 상대방에 대한 의사표시에 해당한다.[49] 따라서 출연자와 수령자가 인식한 변제지정의 내용(=급여목적)에 차이가 있는 경우라면, 의사표시 해석의 일반원칙에 따라 급여를 수령한 상대방이 합리적인 사람이라면 표시된 내용을 어떻게 이해하였다고 볼 수 있는지를 고려하여 객관적·규범적으로 해석하여야 하는

48) 이상은 민법주해 XVII(주 2), 431-432면(양창수 집필부분) 참조.

49) 민법 제476조 제3항은 변제충당에서 변제자가 하는 변제지정은 상대방에 대한 의사표시임을 명시하고 있는바, 이는 그 채무가 '어떤' 채무인지는 물론 '누구의' 채무인지에 관한 지정에 있어서도 마찬가지라고 할 것이다. 대법원 2010. 2. 11. 선고 2009다71558 판결 역시 "제3자가 타인의 채무를 변제하여 그 채무를 소멸시키기 위하여는 제3자가 타인의 채무를 변제한다는 의사를 가지고 있었음을 요건으로 하고 이러한 의사는 타인의 채무변제임을 나타내는 변제지정을 통하여 표시되어야 할 것이지만, 채권자가 변제를 수령하면서 제3자가 타인의 채무를 변제하는 것이라는 사실을 인식하였다면 타인의 채무변제라는 지정이 있었다고 볼 수 있다."고 판시하여 이를 뒷받침한다.

것이다.[50)]

한편 중간자의 출연자에 대한 지시 및 그에 대한 복종의 여부는 출연자가 출연 및 변제지정을 하게 된 경위의 문제일 뿐 그것이 곧 출연을 중간자의 급여로 귀속시키기 위한 결정적인 요소는 아니다. 중간자의 지시가 있었더라도 출연자가 자신의 출연을 자신의 채무 변제에 귀속시킨다는 의사를 표시한 경우 이는 중간자가 아닌 출연자의 급여로 될 것이다. 즉, 출연이 특정한 급여로 귀속되는 것은 급여목적을 그 내용으로 하는 변제지정에 의한 것이지 지시에 의한 것이 아니다. 이는 마치 대리인이 본인을 위한 것임을 표시함으로써 대리인이 한 의사표시가 본인에게 귀속되는 것과 마찬가지이다.[51)]

다. 현존이익 상실 항변의 가부

수령자가 출연자의 출연을 중간자의 급여로 신뢰하여 중간자에게 반대급부를 하였다면, 이로써 수령자는 그때까지 반대급부의 이행을 유보함으로써 회피하고 있던 중간자의 무자력 위험을 새삼 떠안게 된 것이므로, 이 경우 수령자의 신뢰를 보호할 필요가 있다는 점은 이론의 여지가 없다. 이에 관하여 출연자의사설에서는 출연자의 급여부당이득반환청구를 인정하더라도 수령자가 한 반대급부의 한도에서 현존이익 상실의 항변을 인정함으로써 수령자의 신뢰를 보호할 수 있다고 주장한다. 그러나 아래와 같은 이유에서, 출연자의 부당이득반환청구를 인정하는 한 수령자의 현존이익 상실 항변은 인정되기 어려우므로, 결국 출연자의사설에 따를 경우 수령자의 신뢰를 보호할 방도가 없게 된다.

1) 출연자의사설에 따를 경우 중간자와 수령자 사이의 계약관계는 출연자와는 무관하며, 출연자는 자신과 수령자 사이의 계약에 따른 자신

---

50) 의사표시를 한 사람이 생각한 의미가 상대방이 생각한 의미와 다른 경우에는 의사표시를 수령한 상대방이 합리적인 사람이라면 표시된 내용을 어떻게 이해하였다고 볼 수 있는지를 고려하여 의사표시를 객관적·규범적으로 해석하여야 한다. 대법원 2017. 2. 15. 선고 2014다19776, 19783 판결 등 참조.

51) 다만 대리의 경우 본인의 수권과 대리인의 현명이 모두 있어야만 대리행위의 효과가 본인에게 유효하게 귀속되지만, 변제에 있어서는 원칙적으로 채무자의 수권 없이도 제3자의 변제도 가능하다는 점이 차이가 있을 뿐이다.

의 채무를 이행하기 위하여 급여를 하였을 뿐 수령자에게 자신이 한 급여를 중간자의 급여로 인식할 만한 원인을 제공한 바도 없다(출연자가 한 급여의 내용이 중간자가 수령자에 대하여 부담하는 채무의 내용과 동일하였고 출연자의 급여원인이 된 채무는 부존재하였다고 하더라도, 출연자가 이와 같은 사정을 알지 못하였던 이상 출연자가 자기 채무를 변제할 목적으로 급여를 한 것을 두고 수령자의 착오에 책임이 있다고 볼 수는 없는 것이다). 그렇다면 출연자가 수령자와 중간자의 계약관계에서 발생한 사유로 인하여 대항을 받을 아무런 이유가 없다. 이는 Canaris가 제시한 실질적 평가기준 중 '원인관계의 각 당사자는 상대방 당사자가 제3자와의 관계에서 취득하는 대항사유로부터 보호되어야 한다.'는 것에 의하여도 뒷받침된다.

2) 현존이익 상실의 항변을 인정할 경우, 수령자관점설에서 적절히 지적한 바와 같이 출연자가 소유물반환청구를 할 수 있는 경우(이 경우에는 수령자가 현존이익 상실의 항변을 할 여지가 없다)와 부당이득반환청구만 가능한 경우 사이에 불균형이 발생하는 문제도 있다. 우리나라의 일부 학설은 소유물반환청구와 부당이득반환청구가 모두 가능한 경우 양자 모두에 대하여 현존이익 상실의 항변을 인정함으로써 이를 해결할 수 있다고 하지만, 이는 다음과 같이 받아들이기 어려운 주장이다.

가) 수령자가 중간자에게 반대급부를 이행한 경우 변제효를 발생시키는 민법 제745조 제1항의 취지상 부당이득반환청구만이 아닌 소유물반환청구도 배제되어야 한다는 주장은, 불법원인급여의 경우에 부당이득반환청구뿐만 아니라 소유물반환청구까지도 배제되는 것과 마찬가지로 볼 수 있다는 논리를 내세운다. 그러나 우선 앞서 본 바와 같이 '급여자에 관한 착오' 유형에 있어서는 민법 제745조가 적용될 수 없으므로 위 주장은 그 전제부터 받아들이기 어렵다. 나아가, 민법 제746조에 따른 불법원인급여의 경우에 부당이득반환청구뿐만 아니라 소유물반환청구까지 배척되는 이유는 '민법 제746조가 민법 제103조와 함께 사법의 기저를 이루는 하나의 큰 이상의 표현으로서 단지 부당이득제도만을 제한하는 이론으로 그치는 것이 아니라 보다 큰 사법의 기본 이념으로 군림하여, 결국

사회적 타당성이 없는 행위를 한 사람은 그 스스로 불법한 행위를 주장하여 복구를 그 형식 여하에 불구하고 소구할 수 없다는 이상을 표현하고 있기 때문'이다.[52] 그러나 민법 제745조의 경우 부당이득의 영역을 넘어선 사법 전체의 기본 이념으로서의 지위가 있다고 볼 수 없고 물권법의 조항에 비하여 우월적 지위에 있다고 볼 수도 없으므로, 위 조항을 근거로 소유물반환청구를 제한할 근거가 없다. 오히려 제745조 제1항은 선의 수익자의 신뢰를 보호한다는 취지의 조항으로서 제748조 제1항과 입법목적의 기초가 동일하다고 보아야 하는데, 소유물반환청구에 대하여 제748조 제1항에 근거한 현존이익 상실의 항변이 인정되지 않는 이상 제745조 제1항에 근거한 동일한 항변 역시 인정될 수 없다고 봄이 타당하다.[53]

나) 출연자가 소유물반환청구권과 부당이득반환청구권을 모두 행사할 수 있는 경우에도 목적론적으로 부당이득반환청구권을 우선 적용해야 하므로 현존이익 상실의 항변을 할 수 있다는 주장의 경우, 민법 제201~203조와 제747~748조 사이의 관계와 마찬가지로 볼 수 있다는 논리이다. 그런데 소유물반환청구권과 부당이득반환청구권이 경합하는 경우에 민법 제201~203조와 제747~748조 중 어느 쪽을 적용해야 하는지의 문제는 점유자가 수취한 과실, 지출한 비용 등 소위 부수적 이해관계의 조정에 관한 것으로서, 현존이익 상실 항변을 인정함으로써 사실상 소유물반환청구권 자체를 배제할지 여부의 문제에 그대로 적용하기에는 무리가 있다. 게다가, 다수설[54]과 판례[55]는 소유물반환청구권과 부당이득반환청구권이 경합할 때 재산적 가치의 조절이 원물반환의 형식으로 이루어지는 경우 그 반환범위는 물권적 청구권에 관한 규정에 따라 정하여야 한다는 입장이다. 이러한 입장에 의하면, 출연자가 소유물반환청구권과 부당이득반환청구권을 모두 행사할 수 있는 경우 부당이득반환청구권을 우

52) 대법원 1979. 11. 13. 선고 79다483 전원합의체 판결.

53) 정태윤(주 23), 703-704면.

54) 대표적으로 곽윤직, 채권각론, 박영사(2000), 612면.

55) 대법원 1987. 9. 22. 선고 86다카1996, 1997 판결; 대법원 1993. 5. 14. 선고 92다45025 판결; 대법원 2002. 11. 22. 선고 2001다6213 판결 등.

선 적용해야 하는 것이 아니라 오히려 반환범위에 관하여는 물권적 청구권을 규율하는 법리에 따라야 하므로, 현존이익 상실의 항변을 인정할 여지가 없게 된다.

라. 법경제학적 관점에서의 고려

법경제학적 관점에서는, 법제도의 경제적 효율을 도모하기 위하여 한정된 자원의 효용을 극대화하는 것 내지 자원의 낭비를 막는 것이 목적이 된다. 그런데 부당이득의 사안에서는 대개의 경우 출연된 재화의 가치가 출연자와 수령자 중 누구에게 귀속되는 것이 더 효율적인지는 알기 어려우므로, 출연 이전과 출연 이후의 재화 분배 상태는 효율성의 측면에서 동등하다. 그렇다면 문제는 부당이득으로 인하여 발생하는 분쟁과 관련된 비용을 최소화하는 것으로 귀결되고, 이는 사전에 부당이득이 문제되는 재화의 이동을 예방하기 위한 비용(당사자들이 거래상 주의를 기울이는 데 소요되는 비용 등)과 사후에 부당이득이 문제되는 재화의 이동을 복구시키기 위한 비용(재판이나 집행 등에 소요되는 비용 등)의 총합을 최소화하는 방안을 모색함으로써 도모될 수 있다.[56)]

‘급여자에 관한 착오’가 발생한 유형에서 위와 같은 비용을 분석해 본다. 먼저 사전 예방비용의 관점에서, 출연자의 수령자에 대한 급여부당이득반환청구를 인정할 경우 수령자가, 부정할 경우 출연자가 각 부당이득의 발생을 회피하기 위한 비용을 부담하게 될 것이다. 그런데 수령자로서는 중간자와 사이에 체결된 계약만을 알고 있을 뿐, 출연자와 수령자를 당사자로 하는 계약이 체결되어 있다는 사실은 알지 못하고, 통상적인 경우 알 수도 없다. 반면 출연자로서는 적어도 중간자가 수령자의 대리인으로서 계약을 체결하였다는 사실은 알고 있으므로 그 대리권의 유무에 관한 위험은 인식하고 있다. 그렇다면 수령자와 달리 출연자는 이미 위험을 인지하고 있으며, 출연 과정에서 수령자에게 수권 여부를 확인하거나 출연이 자신의 채무에 관한 급여임을 명시하는 등의 방법으

56) 윤진수(주 3), 116－117면.

로 손쉽게 그 위험을 회피할 수 있으므로, 결국 부당이득 발생을 예방하는 것은 수령자보다 출연자에게 더욱 용이한 일이다. 이는 곧 사전 예방비용을 최소화하기 위해서는 이를 수령자가 아닌 출연자에게 부담시켜야 함을 뜻한다.

다음으로 사후 복구비용의 관점에서 살펴본다. 출연자의 수령자에 대한 급여부당이득반환청구를 인정할 경우, 출연자가 수령자에게 급여의 반환을 청구하는 비용과 그 후 수령자가 중간자를 상대로 이미 이행한 반대급부의 반환 혹은 중간자의 채무이행을 청구하는 비용이 이중으로 소요된다. 반면 급여부당이득반환청구를 부정할 경우 출연자와 수령자 사이에서는 더 이상 비용이 발생하지 않으며, 출연자가 중간자를 상대로 자신이 한 출연과 관련한 부당이득이나 무권대리인의 책임을 묻는 비용만이 소요된다. 따라서 사후 복구비용의 관점에서도 급여부당이득의 성립을 부정하는 것이 효율적이다.

이상의 논의를 종합하면, 사전 비용의 측면에서든 사후 비용의 측면에서든 출연자와 수령자 사이에서 급여부당이득의 성립을 부정하는 것이 부당이득에 관한 비용을 최소화하는 방안임을 알 수 있다.

## V. '급여자에 관한 착오' 유형에서의 침해부당이득

### 1. 문제의 소재

출연자와 수령자 사이에 급여관계가 인정되지 않으므로 급여부당이득이 성립하지 않는다면, 다음으로 침해부당이득의 성립 여부가 문제된다.[57]

---

57) 한편 비급여부당이득의 또 다른 유형인 비용부당이득의 성립 여부는 출연자와 수령자 사이의 관계에서는 문제되지 않는다. 비용부당이득은 타인의 채무를 변제하거나 타인 소유의 물건에 비용을 지출하였음에도 비용지출자가 사무관리의 요건을 충족하지 못하는 경우에 성립하는 유형으로, 손실자의 의사에 기한 재산상의 출연이 존재하는 점에서 급여부당이득과 같지만, 실재하는 또는 실재한다고 오인된 채권관계가 애당초 문제되지 않고 출연이 아무런 의무 없이 이루어진다는 점에서 다르다. 그렇다면 채권관계에 기하여 출연이 이루어진 급여자에 관한 착오 유형에서는 출연자와 수령자 사이에 비용부당이득이 문제될 여지가 없는 것이다. 비용부당이득의 개념에 관한 부분은 지원림(주 43), 1634면.

수령자와의 관계에서 출연자는 중간자의 이행보조자로서 중간자의 채무 이행을 위해 급여를 한 것으로 평가되지만, 정작 출연자와 중간자 사이에는 급여의 목적물에 관한 물권적 합의는 물론 채권적 합의(계약)조차도 존재하지 않는다. 따라서 이 유형에서는 출연자의 수령자에 대한 출연으로서 중간자의 수령자에 대한 급여가 이루어진다고 볼 수 있을 뿐 출연자의 중간자에 대한 급여가 있다고 볼 수는 없으므로, 급여의 목적물에 대한 소유권이 중간자에게 이전될 여지가 없다.[58] 그러므로 중간자가 (출연자를 이행보조자로 이용하여) 수령자에게 한 급여는 무권리자의 처분행위에 해당하여 이로써 수령자가 급여 목적물의 소유권을 취득할 수는 없고,[59] 급여의 목적물에 대한 소유권은 일응 계속하여 출연자에게 있다고 보아야 하는 것이다.[60]

다만 대상판결의 사안에서와 같이 목적물이 수령자의 소유물에 부합된 경우, 출연자는 목적물의 소유권을 상실하고 수령자가 그 소유권을 취득하게 된다. 부합으로 인하여 출연자가 소유권을 상실한 것 자체가 손해가 되고, 수령자가 소유권을 취득한 것 자체가 이익이 되며,[61] 그 손

---

58) 한편, 중간자의 무권대리에 의해 출연자와 수령자를 당사자로 하여 체결한 계약은 당연히 중간자에게도 그 효력이 없다. 대상판결에서는 원고와 피고를 당사자로 하여 체결한 이 사건 계약에 소유권유보의 특약이 있는데, 이는 중간자의 목적물 소유권 취득과는 무관한 사정에 불과하다. 즉 중간자가 목적물의 소유권을 취득하지 못하는 것은 원소유자인 원고와 중간자 사이에서 목적물에 관한 아무런 채권적·물권적 합의가 없었기 때문이지, (무권대리에 의하여 체결되어 효력도 없고 중간자가 당사자도 아닌) 원고와 피고 사이의 이 사건 계약에서 소유권유보의 특약이 있었기 때문이 아니다. 이에 관한 자세한 내용은 아래 Ⅵ.에서 후술한다.

59) 타인권리의 매매와 같이 급여자가 그 목적물을 보유할 권리를 가지지 않는 경우에도 급여 자체는 성립할 수 있다. 민법주해 XVII(주 2), 189면(양창수 집필부분) 참조.

60) 한편 출연자가 수령자에게 직접 출연을 하였다고 하더라도 출연자로부터 수령자에게로 직접 목적물의 소유권이 이전한다고 볼 수도 없다. 출연자가 목적물의 인도를 통해 한 물권적 의사표시는 수령자의 관점에서 객관적으로 보아 중간자의 물권적 의사표시를 이행하는 것으로 이해될 따름이므로, 결국 중간자와 수령자 사이에서 물권적 합의가 있을 뿐 출연자와 수령자 사이에서는 물권적 합의가 존재하지 않기 때문이다. 그리고 이는 출연자가 목적물을 인도하면서 소유권을 유보할 의사였는지 여부와 무관하게 동일하다.

61) 침해부당이득에서 반환대상으로서의 이익이 무엇인지에 관하여, 수익자에게 현

해와 이익은 부합이라는 하나의 사건에 의하여 발생한 것이므로 양자 사이의 인과관계도 긍정된다. 한편 민법 제261조는 '(부합 등 첨부로 인하여) 손해를 받은 자는 부당이득에 관한 규정에 의하여 보상을 청구할 수 있다.'[62]고 규정하고 있는바, 이에 비추어 보면 부합 등 첨부는 물권법상의 외적 명확성을 확보하기 위하여 주된 물건의 소유자 등에게 부합물의 소유권을 귀속시키는 것일 뿐 그로 인한 재산적 가치의 이동까지 정당화하는 것은 아님을 알 수 있다.[63] 따라서 수령자에게 부합 이외에 달리 소유권 취득으로 인한 이익의 보유를 정당화하는 원인, 즉 법률상 원인이 없다면, 수령자는 그 목적물의 소유권 취득으로 인한 이익을 침해부당이득으로서 출연자에게 반환하여야 한다.

수령자가 목적물의 소유권을 취득하게 된 직접적인 원인은 부합이지만, 그와 같은 부합은 중간자의 계약상 채무이행에 의하여 이루어지게 된 것이므로, 이와 관련하여 수령자의 이익 보유를 정당화할 수 있는 법률상 원인을 찾을 수 있는지 검토할 필요가 있다. 우선 문제될 수 있는 것은, 수령자가 중간자와의 계약에 기초한 급여관계를 통해 그 목적물을 제공받은 이상 이는 중간자는 물론 제3자와의 관계에 있어서도 비급여부당이득의 대상이 될 수 없지 않느냐는 것이다. 이는 이른바 '비급여부당

---

존하는 재산상의 증가라고 보는 견해도 있으나, 수익자가 부당이득으로서 취득한 목적물(목적물의 반환이 불가능한 때에는 그 가액)이라고 봄이 타당하다. 이와 같이 보는 것이 '잘못된 재산상의 이동을 바로잡는다'는 부당이득법의 본질에 부합할 뿐 아니라, 민법 제741조에서 수익자는 '현존이익'이 아니라 '받은 이익'을 반환하여야 한다는 취지로 규정하고 제747조 제1항에서 수익자는 '받은 목적물(또는 그 가액)'을 반환하여야 한다는 취지로 규정한 것과도 부합한다[이상은 김형배(주 5), 201－203면 참조]. 따라서 설령 수령자가 부합으로 인해 소유권을 취득한 목적물과 관련하여 중간자에게 반대급부를 하였더라도 그 금액의 공제는 반환범위의 문제일 뿐, 반환대상은 어디까지나 수령자가 취득한 목적물의 가액 전부이다. 나아가, 반환범위의 문제에 있어서도 중간자에게 이행한 반대급부를 이유로 한 이익상실의 항변이 받아들여질 수 없음은 위 Ⅳ. 4. 라.에서 본 바와 같다.

62) 여기서 '부당이득에 관한 규정에 의하여 보상을 청구할 수 있다'는 것은 법률효과만이 아니라 법률요건도 부당이득에 관한 규정이 정하는 바에 따른다는 의미이다(대법원 2016. 4. 28. 선고 2012다19659 판결).

63) 이새롬, "집합양도담보물에 제3자 소유물이 반입, 부합된 경우 부당이득의 문제", 민사판례연구 제40권, 박영사(2018), 611면.

이득의 보충성 원칙'에 관한 논의이다. 한편 수령자는 무권리자인 중간자의 계약에 따른 이행에 의하여 목적물을 제공받아 부합에 의하여 그 소유권을 취득한바, 무권리자로부터의 권리취득이 예외적으로 허용되는 선의취득의 법리를 유추적용하여 수령자가 중간자에게 처분권한 없음을 과실 없지 알지 못한 경우에는 이익의 보유를 정당화하는 법률상 원인이 있다고 볼 수는 없는 것인지 문제된다. 아래에서 차례로 검토한다.

## 2. 비급여부당이득의 보충성 원칙

### 가. 개 요

앞에서 간단히 언급하였지만, 양 당사자 간의 관계에서 급여부당이득과 비급여부당이득은 그 개념상 동시에 성립할 수 없다. 어떠한 이득이 급여행위에 기한 것임과 동시에 급여행위 외의 원인에 기한 것일 수는 없기 때문이다. 그러나 다수당사자 사이의 관계에서는 그 중 한 명의 급여행위에 기한 수령자의 이득이 급여당사자 아닌 제3자와의 관계에서는 침해행위에 기한 부당이득으로 관념될 수도 있다.[64] 이러한 경우 급여부당이득과 침해부당이득의 관계를 어떻게 볼 것인지가 문제된다. 독일에서 이 문제는 특히 선의취득, 부합, 가공 등과 같은 법률의 규정에 의한 권리취득과 관련하여 논의된다. 이와 같은 경우에는 일부 당사자들 사이에서 급여가 있었다고 하더라도 수익자가 부합 등으로 소유권을 취득할 때까지 그 소유권은 원소유자에게 남아 있었던 것이어서, 당사자들 사이의 급여관계에도 불구하고 원소유자가 수익자를 상대로 소유권의 취득에 관한 침해부당이득을 주장할 여지가 충분하기 때문이다.[65]

이 문제에 대하여 독일의 판례는 소위 '비급여부당이득의 보충성 원칙(이하 '보충성의 원칙')'을 내세워, 일정한 경우에 급여관계의 일방 당사자와 제3자 사이의 관계에서 직접 비급여부당이득반환청구를 하는 것을

64) 안병하, "부합과 부당이득", 법학연구 제25권 제1호, 연세대학교 법학연구소(2015), 166면.

65) 정태윤, "횡령한 금전의 부당이득", 민사판례연구 제27권, 박영사(2005), 455－456면.

인정하지 않는다. 그런데 보충성의 원칙은 서로 다른 두 가지 모습으로 나타나 왔다. 첫째는 "누군가의 급여행위로 인하여 수익자가 취득한 이익은 비급여부당이득반환청구의 대상이 되지 않는다."는 것이다(이하 '보충성원칙 ①'). 이는 수익자에 초점을 맞추어 그가 누군가의 급여행위에 의하여 취득한 것은 침해행위로써 취득한 것이 아니므로 침해부당이득반환청구의 대상이 되지 않는다는 취지이다. 둘째는 "누군가에게 급여행위를 한 자는 그 급여의 대상에 대하여 비급여부당이득반환청구를 할 수 없다."는 것이다(이하 '보충성원칙 ②'). 이는 손실자에 초점을 맞추어 스스로 급여행위를 한 자는 그 급여의 대상을 타인의 침해행위로 잃어버린 것이 아니므로 제3자에게도 침해부당이득반환청구를 할 수 없다는 취지이다. 이러한 토대에서, 보충성의 원칙을 인정할 것인지 및 그 내용을 어떻게 이해할 것인지에 관하여 독일을 중심으로 논의가 이루어져 왔다.

### 나. 독일에서의 논의

1) 독일연방대법원은 '전자제품 사건(독일연방대법원 1963. 10. 31. 판결 (BGHZ 40, 272))'에서 보충성의 원칙을 최초로 인정하였다. 원고가 중간자를 피고의 대리인이라고 믿고 전자제품을 공급하였는데 피고는 이를 건축 수급인인 중간자의 채무이행으로 인식한 사안에서, 연방대법원은 우선 수령자관점설을 채택하여 중간자와 피고 사이에 급여관계가 있다는 취지로 판시한 후,[66] 이어서 비급여부당이득의 보충성 원칙을 설시하면서 이를 근거로 원고의 피고에 대한 침해부당이득반환청구권의 성립도 부정하였다. '비급여부당이득반환청구권은, 부당이득의 목적물이 수령자에게 어느 누구에 의하여서도 급여로서 제공된 적이 없는 경우에만 성립할 수 있다. 이 원칙에 따르면 건축주가 건축에 사용된 자재를 수급인이 급여로서 제공한 것이라고 보았고 또 그렇게 볼 수 있었다면, 그 건축자재의 소유권자는 건축주에 대하여 급여부당이득의 반환도 침해부당이득의 반환도 청구할 수 없다.' 즉, 수령자관점설에 의하여 피고는 중간자로부터 급여의 수령으로서 전자제품

66) 이에 관하여 자세한 내용은 위 Ⅳ. 2. 가. 3) 참조.

을 취득한 것으로 보아야 하므로 원고는 피고에게 급여부당이득반환을 청구할 수 없고, 또한 비급여부당이득의 보충성 원칙에 따라 침해부당이득반환도 청구할 수 없다는 것이다. 이 사건은 피고가 중간자로부터 급여를 받았다고 인정될 뿐 원고가 중간자에게 급여를 한 사안은 아니므로, 이 판결에서는 보충성의 원칙을 보충성원칙 ①과 같이 보고 있었다고 할 수 있다.

2) 이후 보충성의 원칙은 독일 판례에서 거듭 확인되었지만, 그 내용에는 변화가 있었다. 건축업자(중간자)가 원고로부터 소유권유보로 매수한 재료를 사용해 피고의 건물을 건축한 사안에서, 연방대법원은 '건축주가 건축에 사용된 재료가 자신에 의하여 임무를 부여받은 수급인의 급여로 보았거나 볼 수 있었던 한도에서는 재료의 소유자는 건축주에 대하여 부당이득반환 청구권을 행사할 수 없다. 이 경우 누가 급여자인지를 판단함에 있어서는 건축주를 보호하기 위하여 건축주의 입장에서 객관적으로 보았을 때의 시각을 기초로 판단해야 한다. 기타의 방식에 의한 부당이득반환청구권이 인정되기 위해서는 부당이득의 대상이 수령자에 대하여 전혀, 즉 누구에 의하여서도 급여되지 않았어야 한다. 절도, 분실 또는 기타의 방법으로 일탈된 재료를 갖고 건축이 되는 경우에 관한 사례는 여기서 검토될 필요가 없는데, 왜냐하면 원고는 재료를 직접 공급함으로써 스스로 급여를 하였기 때문이다.'는 취지로 판시하였다(독일연방대법원 1971. 5. 27. 판결 (BGHZ 56, 228, ff.)). 이 판결에서는, 급여는 단일한 전체로서 고려되어야 한다고 하면서, 원고가 중간자에게 건축자재를 소유권유보부로 매도하여 인도하였다고 할지라도 이는 그 자재에 대한 사실상의 처분권을 중간자에게 부여한 것으로서 중간자에 대한 급여를 한 것이라고 전제하였다. 이 판결은 그 취지가 명확하지는 않지만, 침해부당이득반환청구를 배척하면서 '목적물이 절도, 분실 또는 기타의 방법으로 일탈된' 경우와 달리 원고가 스스로 급여하였다는 점을 강조한 것에 비추어 볼 때, 보충성의 원칙을 유지하면서도 그 내용은 종전의 보충성원칙 ①이 아닌 보충성원칙 ②와 같이 이해한 것으로 평가할 여지가 있다.[67]

3) 이는 비슷한 시기에 선고된 '송아지 사건' 판결(독일연방대법원 1971. 11. 1. 판결 (BGHZ 55, 176))에서 더욱 분명해졌다. 피고가 도둑으로부터 훔친 송아지를 매수한 뒤 자신의 육가공회사에서 가공한 사안에서, 보충성의 원칙에 대한 설시 없이 송아지의 원소유자인 원고는 직접 피고에 대하여 소유권침해를 이유로 한 부당이득반환청구를 할 수 있다고 판시한 것이다. 이 판결의 의미에 관하여는 견해 대립이 있으나,[68] 적어도 손실자가 스스로 급여를 하지 않았다면 수익자가 제3자의 급여로 인하여 이익을 취득하였더라도 그 사정만으로는 손실자의 수익자에 대한 침해부당이득반환청구가 배제되지 않는다는 취지로 볼 수밖에 없다고 생각된다. 즉, 독일의 판례에서 보충성원칙 ①은 이 판결에 이르러 더 이상 보충성의 원칙의 내용으로 유지되지 않는 것이다.

4) 독일의 학설 중 보충성의 원칙을 인정하는 견해에서도 그 내용은 보충성원칙 ②와 같이 보는 견해가 우세하다고 한다.[69] 다만 다수의 견해는 보충성의 원칙 자체에 대하여 비판적인 입장인데, 비급여부당이득의 성립 여부는 보충성 원칙에 따라 결정되는 것이 아니라 물권법상의 규율에 의하여 결정될 문제라고 한다.[70] 예컨대 무권리자로부터 물건을 양수한 자가 그 소유권을 취득하기 위해서는 선의취득의 법리에 따라 선의·무과실 등의 요건이 구비되어야 하고 이는 그 물건이 원소유자 자신에 의하여 거래에 유통되었다고 하더라도 마찬가지인데, 부당이득의 법리에서 목적물이 원소유자의 자유로운 의사에 의하여 거래에 유통되었다는 이유만으로 취득자의 선악 고려 없이 보충성의 원칙에 따라 부당이득반환을 부정하는 것은 맞지 않는다는 것이다.[71]

---

67) 같은 취지로, 이병준, "소유권이 유보된 재료의 부합과 부당이득 삼각관계", 대법원판례해설 제81호, 법원도서관(2010), 111면.

68) 이에 관하여는 정태윤(주 65), 457면.

69) 안병하(주 64), 167면.

70) Beck, a.a.O., S. 362; MünchKomm/Lieb, § 812 Rn. 213: Koppensteiner/Kramer, a.a.O., S. 114[허명국, "부당이득법에서 급부관계의 의미에 관한 소고-독일에서의 논의를 중심으로-", 법과 정책 제20집 제1호, 제주대학교(2014), 554면에서 재인용].

71) MünchKomm/Lieb, § 812 Rdnr.236; Staudinger/Lorenz, § 812 Rdnr.63; Larenz/Canaris,

다. 우리나라에서의 논의

우리나라에서 명시적으로 보충성의 원칙에 관하여 설시한 판결은 찾기 어렵고, 다만 급여관계가 개재된 다수당사자 관계에서 급여관계가 있지 않은 자들 사이에서도 직접 부당이득반환청구를 할 수 있는지에 관하여는 여러 유형에서 문제가 되어 왔다.

**1) 지시에 따른 단축급여 유형**

이 유형에서는 갑과 을, 을과 병 사이에 연쇄적으로 계약관계가 존재하고, 을의 지시에 따라 갑이 급여과정을 단축하여 병에게 직접 계약상 채무의 내용을 이행하는 구조이다.

이와 같은 유형에서 판례는, 갑의 출연으로서 갑의 을에 대한 급여뿐 아니라 을의 병에 대한 급여도 이루어지는 것이므로 갑은 병을 상대로 법률상 원인 없이 급여를 수령하였다는 이유로 부당이득반환청구를 할 수 없으며, 갑과 을 사이의 법률관계에 무효 등의 흠이 있다는 이유로 병을 상대로 직접 부당이득반환청구를 할 수 있다고 보면 자기 책임하에 체결된 계약에 따른 위험부담을 제3자에게 전가하는 것이 되어 계약법의 원리에 반하고 수익자인 제3자가 계약상대방에 대하여 가지는 항변권 등을 침해하게 되어 부당하다고 한다. 나아가 이와 같은 법리는 병이 갑과 을 사이의 법률관계에 무효 등의 흠이 있다는 사실을 알고 있었다고 할지라도 마찬가지라고 하면서, 편취금전 사례에서의 판결[72]은 손실자의 권리가 객관적으로 침해당하였을 때 그 대가의 반환을 구하는 경우(이른바 침해부당이득관계)에 관하여 적용되는 것으로서 손실자가 스스로 이행한 급여의 청산을 구하는 경우(이른바 급여부당이득관계)에 관련된 이 사건과는 사안을 달리하여 원용할 수 없다고 하였다.[73]

**2) 전용물소권 유형**

이 유형에서는 갑이 계약관계에 있는 을에 대하여 한 급여가 제3자

---

Lehrbuch des Schuldrechts, Band II, Halbband 2(13.Aufl., 1994), S. 215f.; Medicus, Bürgerliches Recht(16.Aufl., 1995), Rndr.729 등[정태윤(주 65), 458면에서 재인용].

72) 대법원 2003. 6. 13. 선고 2003다8862 판결, 이에 관하여는 아래 3)에서 후술한다.

73) 대법원 2008. 9. 11. 선고 2006다46278 판결.

인 병에게도 이익이 된 경우에 갑이 병에 대하여 직접 부당이득반환청구를 할 수 있는지가 문제된다.

판례는 다음과 같이 판시하여 갑의 병에 대한 부당이득반환청구를 배척하였다. '계약상의 급부가 계약의 상대방뿐만 아니라 제3자의 이익으로 된 경우에 급부를 한 계약당사자가 계약 상대방에 대하여 계약상의 반대급부를 청구할 수 있는 이외에 그 제3자에 대하여 직접 부당이득반환청구를 할 수 있다고 보면, 자기 책임 하에 체결된 계약에 따른 위험부담을 제3자에게 전가시키는 것이 되어 계약법의 기본원리에 반하는 결과를 초래할 뿐만 아니라, 채권자인 계약당사자가 채무자인 계약상대방의 일반채권자에 비하여 우대받는 결과가 되어 일반채권자의 이익을 해치게 되고, 수익자인 제3자가 계약 상대방에 대하여 가지는 항변권 등을 침해하게 되어 부당하다.'[74]

이와 같은 취지는 이후에도 반복하여 판시되었다. 갑과 을 사이에 이루어진 분양계약에 따라 갑이 을에게 분양대금을 지급한 후 병이 을의 기존 분양계약을 모두 인수하기로 하였는데, 갑은 이에 부동의하고 병을 상대로 을에게 지급했던 분양대금 상당액을 부당이득으로 반환할 것을 구한 사안에서, 판례는 '계약당사자 사이에서 그 계약의 이행으로 급부된 것은 그 급부의 원인관계가 적법하게 실효되지 아니하는 한 부당이득이 될 수 없는 것이고, 한편 계약에 따른 어떤 급부가 그 계약의 상대방 아닌 제3자의 이익으로 된 경우에도 급부를 한 계약당사자는 계약상대방에 대하여 계약상의 반대급부를 청구할 수 있을 뿐이고 그 제3자에 대하여 직접 부당이득을 주장하여 반환을 청구할 수 없는 것이다.'라고 판시하여[75] 갑의 병에 대한 부당이득반환청구를 배척하였다.

**3) 편취금전 유형**

이 유형에서는, 을이 갑의 금전을 편취[76]하여 병에 대하여 자기 채

74) 대법원 2002. 8. 23. 선고 99다66564, 66571 판결.

75) 대법원 2005. 4. 15. 선고 2004다49976 판결.

76) 이는 사취의 경우뿐만 아니라 절도, 강도, 횡령, 배임 등 위법하게 취득한 것을 총칭한다. 송경근, "편취한 금전에 의한 변제와 부당이득의 성립 여부", 대법원판

무의 변제를 위하여 급여한 경우에 갑이 병에게 직접 부당이득의 반환을 구할 수 있는지가 문제된다(자기채무 변제형).

이에 대하여 판례는 다음과 같이 판시하여 병이 악의 또는 중대한 과실이 있는 경우 갑의 병에 대한 부당이득반환청구를 인정한다. '부당이득제도는 이득자의 재산상 이득이 법률상 원인을 결여하는 경우에 공평·정의의 이념에 근거하여 이득자에게 그 반환의무를 부담시키는 것인바, 채무자가 피해자로부터 횡령한 금전을 그대로 채권자에 대한 채무변제에 사용하는 경우 피해자의 손실과 채권자의 이득 사이에 인과관계가 있음이 명백하고, 한편 채무자가 횡령한 금전으로 자신의 채권자에 대한 채무를 변제하는 경우 채권자가 그 변제를 수령함에 있어 악의 또는 중대한 과실이 있는 경우에는 채권자의 금전 취득은 피해자에 대한 관계에 있어서 법률상 원인을 결여한 것으로 봄이 상당하나, 채권자가 그 변제를 수령함에 있어 단순히 과실이 있는 경우에는 그 변제는 유효하고 채권자의 금전 취득이 피해자에 대한 관계에 있어서 법률상 원인을 결여한 것이라고 할 수 없다.'[77]

이와 같은 판례의 입장은 같은 유형의 부당이득 문제에 관한 일본 최고재판소의 판례 및 그 바탕이 된 일본 아처영 교수의 견해를 따른 것으로 이해된다. 즉, 금전의 물건으로서의 소유권과 가치로서의 소유권이 분리됨을 전제로, 소위 '편취' 등 위법한 행위에 의해서는 금전의 가치 소유권이 이전되지 않고 원소유자에게 남아 있으나, 다만 공평의 이념에 따라 유가증권의 선의취득에 관한 규정을 유추적용하여 편취자로부터 금전을 급여받은 채권자가 악의·중과실이 아니면 금전을 선의취득한 것과 같이 보아 법률상 원인이 있는 것으로 인정할 수 있다는 것이다.[78]·[79]

---

례해설 제75호, 법원도서관(2008), 102면.

77) 대법원 2003. 6. 13. 선고 2003다8862 판결.

78) 정태윤(주 13), 518－519면; 송경근(주 76), 125면.

79) 다만, 이와 같은 판례의 태도에 대하여는 비판하는 견해가 유력하다. 대표적으로 민법주해 XVII(주 2), 365－366면(양창수 집필부분)은 원소유자가 채권자에 대한

### 라. 검 토

지시에 의한 단축급여 유형 및 전용물소권 유형에서는 공통적으로 갑(손실자)이 을(중간자)에게 급여를 한 사실이 전제되어 있고, 판례는 갑(손실자)의 병(수익자)에 대한 직접 부당이득반환청구를 인정하지 않는다. 이는 결론에 있어서 보충성의 원칙(중에서도 보충성원칙 ②)에 부합하는 것이지만, 판례는 이와 같은 결론에 이르는 과정에서 보충성의 원칙을 근거로 내세우지 않고 실질적 평가기준을 활용하고 있다. 따라서 위 유형들에 관한 판례의 입장이 보충성의 원칙을 수용한 것이라고 단정하기 어렵다.

다만 편취금전 유형에 관한 판례의 태도에 의하면, 보충성원칙 ①은 분명히 배제되고 있다고 평가할 수 있다. 편취금전 유형에서 손실자와 중간자 사이에는 급여관계가 없으나 중간자와 수익자 사이에는 급여관계가 존재한다. 이에 대하여 보충성원칙 ①을 적용한다면, 수익자가 취득한 금전은 중간자의 급여에 의한 것이라는 이유만으로 수익자의 악의·중과실 여부와 상관없이 침해부당이득반환청구의 대상이 될 수 없다. 그러나 판례는 손실자의 수익자에 대한 부당이득반환청구를 일률적으로 배척하지 않고, 단지 수익자의 악의·중과실 여부에 따라 판단하고 있는 것이다. 즉, 판례는 손실자에 의한 급여가 없는 사안에서는 설령 중간자의 수익자에 대한 급여가 있다고 하더라도 그것만을 이유로 손실자의 수익자에 대한 침해부당이득반환청구를 배척하지는 않는다.

우리나라의 학설 중 보충성의 원칙을 받아들이는 견해도, 손실자와 무관한 타인들 간의 급여관계로 인하여 손실자의 침해부당이득반환청구권이 부정되는 것이 부당할 뿐만 아니라 침해부당이득은 반드시 수익자의 침해행위로 취득한 것만이 아니라 제3자의 침해행위에 기한 이득까지

---

부당이득반환청구를 할 수 없다는 입장이다. 채권자의 편취자에 대한 채권이 그 금전을 보유할 법률상 원인이 되며, 금전은 그 소유권이 점유와 함께 이전하므로 채권자가 금전을 취득하기 전부터 금전은 이미 원소유자가 아닌 중간자(편취자)의 소유였다고 보아야 하므로 채권자는 금전에 대한 원소유자의 할당내용으로부터 이득을 얻은 것도 전혀 없다는 것이다.

포함하는 것이므로 보충성원칙 ①은 부당하다고 하면서, 다만 보충성원칙 ②는 전용물소권을 부정하는 사고에 그 뿌리를 두고 있는 것으로서 우리 민법체계에서도 수용할 수 있다는 입장이다.[80] 한편, 보충성의 원칙은 우리 민법체계에는 맞지 않는다고 하며 회의적인 태도를 보이는 견해도 있다. 물권행위의 무인성론을 취하고 있는 독일의 경우, 예컨대 갑-을-병 사이의 연속하는 매매계약에 기하여 동산을 취득한 병은 갑-을 사이의 매매계약이 무효라고 하더라도 원칙적으로 소유권을 취득하므로 갑은 병에 대하여 소유권에 기한 반환청구를 할 수 없고, 갑의 병에 대한 부당이득반환청구를 부정하는 보충성의 원칙도 이와 같은 무인성론에 따른 결과의 연속선상에 있다는 것이다. 반면 유인성론을 취하는 우리나라의 경우 갑-을 사이의 매매계약이 무효로 되면 병은 동산의 소유권을 취득하지 못하고 오히려 갑으로부터 이를 물권적 청구권에 의해 추급당할 지위에 있으므로, 결국 보충성의 원칙은 우리 민법체계와 맞지 않는다는 것이 이 견해에서 지적하는 부분이다.[81]

이상의 논의를 종합하여 볼 때, 우리 법제에서 보충성의 원칙을 부당이득관계를 판단하는 기준이 되는 법리로서 받아들일 필요가 있는지 여부는 보다 깊이 있는 논의가 필요할 것이지만, 이를 수용하더라도 그 내용은 보충성원칙 ②와 같이 새길 것이며, 이미 합리적인 논거에 따라 판례와 학설상 특별한 이견 없이 배척된 보충성원칙 ①과 같이 볼 수는 없다고 생각된다. 그렇다면 출연자(손실자)가 수령자(수익자)는 물론 중간자에 대하여서도 급여를 한 바 없다고 평가되는 '급여자에 관한 착오' 유형에 있어서는, 단지 수령자가 중간자로부터 급여를 받았다는 이유만으로 보충성의 원칙을 내세워 출연자의 침해부당이득반환청구를 배척할 수는 없다고 봄이 타당하다.

---

80) 안병하(주 64), 167면.

81) 정태윤(주 13), 516면. 유인성론을 취하는 우리나라의 민법 체계에서 보충성의 원칙이 의미를 갖지 못한다는 안춘수(주 5), 120-121면도 비슷한 취지이다.

### 3. 선의취득 법리의 유추-지시인도에 의한 선의취득의 가부

#### 가. 문제의 소재

앞서 본 바와 같이, 대상판결에서 피고(수령자)는 원고(출연자)가 아닌 중간자의 도급계약상 채무 이행의 일환으로서 승강기를 공급 · 설치받았지만 그 급여로써 소유권을 취득하지는 못하고, 부합에 의하여 소유권을 취득하였다. 이는 중간자가 목적물에 관한 처분권한이 없는 무권리자였기 때문이다.

그런데 무권리자로부터의 거래행위로 인하여 동산을 양도받은 경우, 원칙적으로 양수인은 목적물의 소유권을 취득할 수 없으나 예외적으로 선의취득이 성립하는 경우에는 취득할 수 있다. 그리고 선의취득은 물권법적 차원의 형식적 권리귀속만이 아니라 그 실질적 가치에 대한 채권법적 귀속도 함께 행하는 것이므로, 선의취득이 성립한 경우에는 부합과 달리 소유권 귀속에 따른 이익에 법률상 원인이 있는 것으로도 평가된다.[82)]

대상판결의 사안에서 피고는 중간자와 승강기의 소유권 양도에 관한 법률행위를 한 것은 아니므로 선의취득의 규정이 직접 적용될 수는 없지만,[83)] 도급계약에 따른 건물 건축의 일환으로서 승강기를 공급·설치하는 것은 그와 유사한 실질을 가지고 있고, 나아가 피고가 중간자로부터 승강기를 양도받은 후 이를 직접 설치하여 부합시킨 경우와 중간자로부터 승강기를 곧바로 설치받아 부합된 경우 사이에는 사안의 구조에 본질적인 차이가 있다고 보기 어렵다. 따라서 이 경우에도 선의취득의 이익보유에 관한 법리를 유추적용할 수 있다고 보인다.[84)] 그렇다면 피고가 중

82) 안병하(주 64), 170면; 김형배(주 5), 177면; 양창수 · 권영준(주 5), 590면.

83) 선의취득이 성립하기 위해서는 매매, 증여, 대물변제 등 동산소유권의 양도에 관한 법률행위가 있어야 한다. 선의취득은 거래의 안전을 보호하는 제도이므로, 그 보호의 객체가 되는 거래에 관한 법률행위가 있어야만 하는 것이다. 양창수 · 권영준(주 5), 151면; 곽윤직 · 김재형, 물권법(제8판), 박영사(2014), 164면.

84) 비교대상들 간에 본질적 요소를 같이 하는 사안구조적 유사성이 존재하면 유추의 법리가 적용될 수 있다. 최봉경, "민법에서의 유추와 해석", 법철학연구 제12권 제2호, 세창출판사(2009), 148면.

간자로부터 승강기를 양도받았다고 가정할 경우에 선의취득의 요건이 모두 구비되어 이를 선의취득 할 수 있었다고 평가된다면, 피고는 비록 부합에 의하여 승강기의 소유권을 취득하기는 하였으나 그 소유권 취득에 따른 이익을 보유할 수 있는 법률상 원인이 있다고 할 수 있을 것이다.

그런데 대상판결의 사안과 같은 '급여자에 관한 착오' 유형에서 일반적으로 선의취득이 성립할 수 있는지는 검토를 요한다. 선의취득은 동산을 점유하는 자의 권리외관에 대한 신뢰를 보호하여 거래의 안전을 확보하기 위한 제도[85]이므로 무권리자인 양도인으로부터 양수인으로의 점유의 이전이 요구된다.[86] 그런데 '급여자에 관한 착오' 사안에서 중간자(양도인)는 목적물을 점유한 적이 없으며, 현실적 점유의 이전은 중간자가 아닌 출연자(직접점유자)로부터 수령자(양수인)에게로 이루어졌다. 다만 그와 같은 점유의 이전이 중간자(양도인)에 의하여 유발되었을 뿐이다. 이와 같은 경우에도 선의취득이 성립할 수 있는지 여부가, 곧 아래에서 다루는 '지시인도에 의한 선의취득'이 가능한지의 문제이다.

### 나. 지시인도에 의한 취득

물건의 인도는 사회관념상 목적물에 대한 양도인의 사실상 지배인 점유가 동일성을 유지하면서 양수인의 지배로 이전되는 것이다.[87] 그런데 양도인이 목적물에 대한 직접점유는 물론 간접점유도 가지고 있지 않으면서 단지 직접점유자에 대한 지시를 통해 목적물의 점유를 양수인에게 이전하게 하는 경우가 적지 않다. 예컨대 갑－을－병 사이에서 지시에 의한 단축급여가 이루어질 때 을이 갑을 이용하여 병에게 목적물을 인도하는 것도 이에 해당할 수 있다.

이와 같은 소위 '지시인도'는 양도인의 양수인에 대한 현실인도의 한 태양으로서 받아들여지고 있다.[88] 이와 같이 보는 것은 실제 목적물의

85) 대법원 1998. 6. 12. 선고 98다6800 판결.

86) 정태윤(주 23), 706면.

87) 대법원 2003. 2. 11. 선고 2000다66454 판결.

88) 편집대표 곽윤직, 민법주해 Ⅳ, 박영사(1992), 218면(이인재 집필부분); 이영준, 물권법, 박영사(2009), 261면 등. 제철웅, "동산 선의취득법에 관한 연구", 서울대학

이동경로와 부합하지 않는 의제가 되어 사실상 공시의 원칙에 반하는 것이기는 하지만, 다른 관념화된 인도방법도 이미 인정되고 있고 이를 수용할 필요도 있으며, 양도인과 점유매개관계를 갖지 않는 제3자의 직접점유라 하더라도 양도인의 지시에 따라 이전된 것이라면 양수인이 취득할 점유의 근거가 되는 양도인측 점유로 볼 수 있다는 것이다.[89] 독일에서도 지시인도를 현실인도로 취급한다. 현실인도가 성립하기 위해서는 양도인의 '사실상의 점유제공력'으로 충분하며,[90] 피지시인이 '양도인의 지시에 따를 준비가 되어 있는 상태'라는 것은 곧 양도인이 '물건의 주인'임을 증명하는 것이므로 양도인의 지시에 의한 점유제공은 양도인 자신에 의한 점유제공과 동일시할 수 있기 때문이라고 한다.[91] 요컨대, 지시인도의 경우에도 양도인은 목적물에 대하여 점유에 준하는 사실상의 지배력을 행사하여 양수인으로 하여금 목적물의 점유를 취득하게 하였으므로 이를 현실인도와 다르게 볼 이유가 없다. 그리고 이와 같이 지시인도가 현실인도와 동일하게 취급되는 이상, 지시인도에 의한 소유권의 취득이 가능하다는 것은 당연한 논리적 귀결이다.

### 다. 지시인도에 의한 선의취득

#### 1) 문제의 소재

무권리자인 양도인으로부터 지시인도에 의하여 목적물의 점유를 이전받은 양수인이 이를 선의취득 할 수 있는지는 원칙적으로 긍정된다.[92)·93)]

---

교(1995), 158면은 지시인도가 일반적으로 현실인도에 해당함을 전제로, 설령 양도인의 지시를 좇아 인도를 하는 직접점유자가 그 지시에 복종한 것이 아니라 하더라도 양도인의 원인제공에 의해 피지시자가 점유이전의 사실상의 의사를 가지고 한 경우라면 물권변동의 요건으로서의 현실인도로 평가될 수 있다고 한다.

89) 민법주해 Ⅳ(주 88), 218면(이인재 집필부분).

90) MünchKomm-Quack(4. Aufl., 2004), § 929, Rdnr. 145[정태윤, "독일에서의 지시취득", 법학논집 제18권 제3호, 이화여자대학교 법학연구소(2014), 36면에서 재인용].

91) Vieweg/Werner, Sachenrecht(3. Aufl., 2007), § 4, Rdnr. 31[정태윤(주 90), 36면에서 재인용].

92) 편집대표 곽윤직, 민법주해 Ⅴ, 박영사(1992), 446면(이인재 집필부분); 제철웅(주 88) 159-161면; 정태윤(주 23), 715면; 김진우, "선의취득의 법리", 법학연구 제15권 제1호, 충북대학교(2004), 205-206면 등.

93) 다만 독일에서는, 양도인의 점유는 선의취득을 위하여 반드시 필요한 객관적 기초라

지시인도에 의한 소유권의 취득이 가능하므로, 지시인도에 의한 선의취득 역시 일반적으로 부정할 이유는 없을 것이다.

그러나 '급여자에 관한 착오' 유형에서와 같이, 직접점유자의 점유 이전이 양도인에 의하여 유발되어 외관상 양도인의 지시에 의한 것으로 보이기는 하나 직접점유자로서는 양도인의 지시에 따른 것이 아니라 양도인에게 기망을 당하여 인도한 것에 불과하다면, 이와 같은 경우에도 선의취득의 성립을 인정할 것인지에 관하여는 견해가 대립한다. 이는 곧 지시인도에 의한 선의취득이 성립하기 위하여 양도인의 지시에 대한 직접점유자의 의식적인 복종이 있어야 하는지의 문제이다.

**2) 독일에서의 논의**

가) 판 례

급여자에 관한 착오 유형에서의 부당이득반환 문제는 그 구조상 지시인도에 의한 선의취득의 문제를 내포하고 있다.[94] 이에 따라 급여부당이득에 관한 부분에서 살펴보았던 판례가 여기에서도 다시 등장한다.

먼저 '코크스 사건(독일연방대법원 1961. 10. 30. 판결 (BGHZ 36, 56))'은, 원고는 피고의 대리인으로 인식되는 중간자와 계약을 체결하고 그 계약에 따라 피고에게 직접 코크스를 공급하였는데 피고는 이를 중간자의 채무 이행으로 인식하고 교부받아 소비해 버린 사건이었다. 이에 대하여 연방대법원은 피고가 중간자와 계약관계에 있었던 이상 소유권이전을 위한 법률행위도 피고와 중간자 사이에 있었다고 보아야 한다고 전제한 후, 중간자가 원고를 통해 피고에게 코크스의 점유를 창출하였으므로 피고는 무권리자인 중간자로부

---

는 이유로 지시인도에 의한 선의취득을 부정하는 견해도 있다고 한다. v. Lübtow, Festschrift der Juristischen Fakultät der Freien Universität Berlin zum 41, Deutschen Juristentag, 1955, S. 119 ff., 208 ff., 217; E.Wolf, Sachenrecht(2. Aufl., 1979) § 5 A IV c, S. 239 ff[정태윤(주 23), 711-712면에서 재인용]. 이에 대하여 제철웅(주 88), 160면은, 동산물권변동의 요건이 구비된 이상 원소유자와의 이익형량에 의해 원소유자의 보호필요성이 중시되지 않는 한 선의취득의 객관적 요건을 충족하였다고 해야 하는데, 현실인도가 있는 경우와 단축급부 등이 있는 경우의 이익상황은 동일하므로, 지시인도의 경우에도 선의취득을 인정하지 않을 이유가 없다고 한다.

94) 정태윤(주 23), 710면.

터 선의·무중과실로 코크스를 인도받아 그 소유권을 선의취득하였다고 하였다. '선의취득을 위해서는 물권적 합의와 양수인의 선의 이외에도 무권리자인 양도인 측의 점유의 이전이 필요하지만, 이는 반드시 무권리자인 양도인 자신이 직접 점유를 이전함으로써 행하여질 필요는 없다. 점유는 양도인의 지시에 의하여, 예컨대 양도인의 공급자와 같은 제3자인 직접점유자에 의하여 이전되는 것으로 족하다. 직접점유자가 양도인의 점유매개자일 필요도 없다.…양수인의 관점에서 보면 양수인에게 물건을 인도하는 자만이 아니라, 제3자에게 지시하여 양수인에게 물건을 이전하게 하는 양도인도 사실상의 지배를 행사한다. 이 양 사안 모두 선의취득의 보호를 받아야 한다.'는 것이다. 이 판결은 양도인의 피지시인이라고 할 수 있는 원고가 실제로는 그 지시에 복종하여 점유를 이전한 것이 아님에도 불구하고 양수인인 피고의 선의취득을 인정한 사례로서 의의가 있다.

이러한 독일 판례의 태도는 '셔츠 사건(독일연방대법원 1974. 3. 14. 판결 (NJW 1974, 1132))'에서 더욱 확고해졌다. 셔츠 생산 회사인 원고는 회사정리인인 중간자가 피고와 체결한 매매계약의 당사자가 자신이라고 잘못 알고 피고에게 셔츠를 공급하였는데, 사실 위 계약은 중간자의 명의로 체결한 것이어서 피고는 중간자의 이행으로 알고 이를 수령하였다. 연방대법원은 우선 수령자관점설에 입각하여 '수령자인 피고의 관점에서 급여자는 중간자이며, 원고는 단지 의식되지 않은 이행보조자이자 급여보조자'라고 한 후, 다음과 같이 판시하면서 피고가 피지시인인 원고를 통하여 중간자로부터 목적물을 선의취득하였다고 판단하였다. '목적물이 중간자의 소유에 속한 것이 아니어서 이를 처분할 권한이 없다면 수령자는 선의취득에 의하여서만 그 목적물에 대하여 소유권을 취득할 수 있는데…원고가 어떠한 의도로 상품을 공급하는지가 충분히 알려져 있지 않으면 피고는 원고가 상품을 공급함으로써 어떠한 목적을 추구하는지 알 수 없고, 피고에게는 목적물의 인도가 사실상 양도인(중간자)에 의하여 유발되었다고 하는 것이 중요하다.' 이 판결은 그 판시에서 분명히 드러나는 것처럼, 지시인도에 의한 선의취득이 성립하기 위해서는 직접점유자의 인도가 사실상 양도인에 의하여 유발된 것으로 족하고 직접점유자가 양도인의 지시에 복종할 것은 요구되지 않는다는 입장을 밝힌 것이다.

나) 학 설

(1) 요구되지 않는다는 견해

선의취득을 위해서는 양도인의 지시에 대한 직접점유자의 복종은 필요하지 않으며, 사실상 양도인에 의하여 직접점유자가 양수인에게 점유를 이전시킨 것으로 충분하다고 한다. 이러한 '점유제공력'이 선의취득을 위하여 결정적인 권리외관기초가 된다는 것이다. 이에 의하면 양도인이 점유 이전의 의미와 목적에 관하여 직접점유자를 기망하였다고 하더라도 양수인은 목적물을 선의취득 할 수 있다고 한다.[95]

(2) 요구된다는 견해

선의취득을 위해서는 직접점유자의 점유 이전이 양도인에 의하여 유발되었다는 것만으로는 부족하고, 직접점유자가 양도인의 지시에 복종하였을 것이 반드시 요구된다는 견해이다. 지시인도에 의한 선의취득이 인정되려면 신뢰의 구성요건으로서 양도인의 '현실적인 지시권능'이 요구되며, 양도인의 지시에 직접점유자가 복종하였을 때에 비로소 점유와 같은 권리외관이 발생되는 것이라고 한다.[96]

이 견해에서 들고 있는 가장 주요한 논거는, 선의취득에서는 권리외관에 대한 신뢰(및 그에 따른 양도인의 소유권에 대한 선의)를 보호할 뿐 권리외관의 기초는 객관적으로 존재해야 한다는 것이다. 즉, 양도인의 점유가 객관적으로 존재해야 하듯이 점유를 대체하는 지시에의 복종도 객관적으로 존재해야 하고, 복종이 있는 것과 같은 외관에 대한 신뢰만으

95) Staudinger/Wiegand, Kommentar zum Bürgerlichen Gesetzbuch, Buch 3: Sachenrecht (Neubearbeitung, 2004), § 932, Rndr, 24; Wieling, Sachenrecht, Band I (2. Aufl., 2006), § 10 IV 6; Gursky, Sachenrecht - Fälle und Lösungen(6. Aufl., 1986), S. 43 ff., 46; Wolf/Wellenhofer, Sachenrecht(25. Aufl., 2010), S. 106 등[정태윤(주 23), 712면에서 재인용].

96) v. Caemmerer, JZ 1963, 586 ff.; Wadle JZ 1974, 689 ff., 694 FN 81 등[정태윤(주 23), 712-713면에서 재인용].

로 이를 대체하지는 못한다고 한다. 권리외관의 기초가 존재하는지 여부까지도 현실이 아닌 수령자의 시각을 기준으로 판단한다면, 선의취득을 통해 도모하는 권리안전과 거래안전보호 사이의 명백하게 사안적절성 있는 타협이 훼손된다는 것이다.[97)]

(3) 절 충 설

이 견해는 권리상실의 귀속가능성이라는 관점에서, 직접점유자가 양도인의 기망에 의하여 양수인에게 인도한 경우 기망이 없었다고 하더라도 점유자가 '양도인'에게 점유를 이전할 것이었는지 여부에 따라 판단해야 한다는 입장이다. 우선 양도인의 기망이 없었더라면 직접점유자가 양도인에게도 인도하지 않았을 경우에는 목적물의 권리상실을 직접점유자(원소유자)에게 귀속시킬 수 없어 선의취득이 성립할 수 없다고 한다. 반면 양도인의 기망이 없었더라도 어차피 양도인에게는 인도하였을 경우[98)]에는 직접점유자가 자의로 소유권과 점유를 분리한 경우이므로 직접점유자에게 권리상실이 귀속될 수 있어 선의취득이 성립할 수 있다고 한다.[99)]

### 3) 우리나라에서의 논의

#### 가) 요구되지 않는다는 견해

(1) 제철웅 교수[100)]

직접점유자의 복종이 있어야 비로소 권리외관이 있다고 보는 것은 객관적인 것이어야 할 권리외관에 직접점유자의 주관적 사정을 포함시키는 것으로서 모순이라고 한다. 직접점유자의 복종 여부는 선의취득자의 주관적 요건인 과실 유무의 판단에서 참작되어야 할 사항이며, 직접점유자가 자신의 급여목적을 밝혔거나 양수인이 이를 알 수 있는 위치에 있었다면 선의취득의 주관적 요건이 결여되는 것으로 보면 된다는 취지이다.

---

97) Picker, Gutgläuiger Erwerb und Bereicherungsausgleich bei Leistungen im Dreipersonenverhältnis, NJW 1974, 1790 ff[정태윤(주 23), 713-714면에서 재인용].

98) 예컨대, 직접점유자로부터 목적물을 임대하였으나 아직 이를 인도받지 않은 임차인이 그 목적물을 제3자에게 매도하기로 한 후, 임대인에게는 목적물을 전대하는 것이라고 기망하여 직접 제3자에게 목적물을 교부하도록 한 경우이다.

99) Olshausen, JZ 1975, S. 31 등[제철웅(주 88), 165면에서 재인용].

100) 제철웅(주 88), 163-166면.

이 견해는 독일의 절충설에 대하여도 지나치게 직접점유자의 주관적 사정을 부각시킴으로서 기준을 불투명하게 하였다고 비판하면서, 점유의 이전에 관한 의사는 자연적 의사를 기준으로 하므로 직접점유자가 양도인의 기망에 의하여 점유를 이전한 것이라고 하더라도 이는 그의 의사에 기한 것으로 볼 수 있어 결국 권리상실의 귀속가능성이라는 관점에서도 양수인의 선의취득을 인정할 수 있다고 한다.

(2) 정태윤 교수[101]

이 견해도 선의취득의 성립을 위해 양도인의 지시에 대한 직접점유자의 복종까지 요구되지는 않는다고 한다. 선의취득의 요건인 양도인의 점유에 대응하여 직접점유자의 복종이 요구되지만, 현실적으로 직접점유자가 물건을 인도할 때 어떠한 의식을 갖고 인도하는 것인지 외부에서 알 수 없기 때문에 이를 엄격하게 요구하기는 어렵다는 것이다. 다만 이 견해는 거래의 안전과 진정한 권리자 보호의 타협을 위하여, 수령자가 그 점유 이전이 양도인의 지시에 의한 것이라고 오신할 만한 정당한 사유가 있거나 그 오신이 직접점유자에게 귀속되어야 할 특별한 사정이 있는 경우에 한하여 선의취득을 인정하여야 한다는 입장이다.

나) 요구된다는 견해[102]

지시인도에 의한 선의취득은 인정되나, 점유자의 인도는 실제로 양도인의 지시에 의하여 이루어져야 하고 단순히 그러한 외관만 존재하는 것으로는 부족하다는 견해이다. 선의취득에 의하여 보호되는 양수인의 선의는 양도인의 지시의 존부에 대한 것이 아니라 그 지시에 의하여 인도될 수 있다는 데 대한 것이기 때문이라는 것이다.

라. 검 토

다음과 같은 이유에서, 지시인도에 의한 선의취득이 성립하기 위해서는 직접점유자의 인도가 양도인에 의하여 유발된 것으로 족하고 직접점유자의 의식적인 복종까지 요구되지는 않는다고 봄이 타당하다. 그렇

101) 정태윤(주 23), 715－716면.
102) 민법주해 Ⅴ(주 92), 446면(이인재 집필부분).

다면 '급여자에 관한 착오' 유형에서도 지시인도에 의한 선의취득은 성립할 수 있어, 결국 선의취득의 이익보유에 관한 법리가 유추적용될 수 있다고 볼 것이다.

1) 선의취득은 권리가 존재하는 것과 같은 외관, 즉 권리외관을 신뢰한 자의 소유권 취득을 인정함으로써 거래의 안전을 확보하기 위한 제도이다. 따라서 일반적인 경우에 권리외관으로서 양도인의 '점유'가 선의취득의 성립을 위한 요건으로 이해된다. 그렇다면 위 '점유'의 내용을 개관함으로써 선의취득의 요건으로서 권리외관이 무엇인지를 보다 정확하게 파악할 수 있다.

먼저, 물건에 대한 점유란 사회관념상 어떤 사람의 사실적 지배에 있다고 보여지는 객관적 관계를 말한다.[103] 점유가 성립하기 위해서는 객관적 사실로서 물건에 대한 사실적 지배 및 그 자체에 수반되는 자연적 의사만으로 충분하며, 소유자의사, 지배자의사, 자기를 위하여 소지하는 의사 등과 같은 별도의 주관적 의사는 요구되지 않는다.[104]

한편, 선의취득의 성립을 위해 양도인의 점유를 요구하는 것은 그 점유를 신뢰한 양수인을 보호하기 위한 것이므로, 양도인의 점유는 객관적으로 보아 권리자로 오신할 만한 물적 지배를 수반하는 것으로 충분하고, 따라서 이때의 '점유'에는 점유보조자의 사실상 지배도 포함된다.[105] 그런데 사실 점유보조자는 점유자가 아니고, 점유보조자에게 점유를 지시한 타인만이 점유자이다(민법 제195조). 점유를 지시한 타인에 대한 관계에 비추어 볼 때 점유보조자의 사실상 지배는 사회관념상 보호가치가 없는 것이기 때문이다.[106] 그러나 선의취득에 있어서는 점유자와의 내부적 관계에 따른 보호가치의 결여와 무관하게, 아니 그럼에도 불구하고, 점유보조자의 사실상 지배도 권리외관에 해당하는 것으로 보고 이를 신뢰하여 점유

103) 대법원 2001. 1. 16. 선고 98다20110 판결.

104) 지원림(주 43), 528-530면 참조. 민법 제192조 제1항("물건을 사실상 지배하는 자는 점유권이 있다")은 이와 같은 입장을 따른 것이라고 한다.

105) 민법주해 Ⅴ(주 92), 446면(이인재 집필부분).

106) 지원림(주 43), 531면.

보조자로부터 양수한 양수인의 선의취득을 인정하고 있다.[107)·108)]

이상을 종합하면, 선의취득의 요건으로서 권리외관이란, 그 용어 자체에서도 이미 알 수 있는 바와 같이, 외부적으로 드러나는 객관적 사실관계만을 지칭한다는 것을 재확인할 수 있다. 점유자 혹은 점유보조자의 내심의 의사나 직접점유자와의 내부적 관계는 이미 권리외관의 개념에 포섭되지 않는 것이다.

이제 지시인도의 경우를 살펴보면, 지시인도에서 외부적으로 드러나는 객관적인 사실관계는 양도인이 직접점유자로 하여금 양수인에게 점유를 이전하게 하였다는 것이고, 양도인과 직접점유자의 내부적 관계나 이들의 내심의 의사는 제3자에게 외부적으로 드러나는 사실관계가 아니다. 따라서 지시인도에 의한 선의취득에서 권리외관은 양도인이 직접점유자로 하여금 양수인에게 점유를 이전하게 하였다는 사실 자체로 충족되며, 직접점유자가 양도인의 지시에 실제로 복종하여 그와 같은 인도를 하게 되었는지 여부나 복종할 관계에 있었는지의 여부는 애당초 권리외관의 구비 여부를 판단함에 있어서 고려할 사정이 아니다.

2) 민법 제250조는 도품 및 유실물에 대하여 예외적으로 선의취득을 제한하고 있다. 여기서 도품 및 유실물은 점유이탈물, 즉 종전의 점유자가 그 의사에 의하지 아니하고 그 점유를 상실한 물건을 말한다.[109)] 이때의 의사는 점유의 성립에 요구되는 것과 같은 사실상의 자연적 의사이므로, 그 의사의 존부는 점유 이전의 원인이 된 법률행위의 하자에 영향을 받지 않는다.[110)] 즉, 사기 또는 강박과 같은 행위가 개입하였더라도 사실적 지배를 이전하려는 점유자의 자연적 의사에 기하여 점유를 이전

107) 지원림(주 43), 517면.

108) 즉, 점유보조자의 사실상 지배로 인한 법적 보호를 향유할 주체는 점유자라는 취지에서 점유보조자의 사실상 지배 자체는 점유로 인정하지 않는 것인데, 선의취득의 국면에서는 점유자의 보호를 훼손하는 것을 감수하고서까지 점유보조자의 사실상 지배도 권리외관에 해당하는 것으로 보아 이를 신뢰한 양수인의 선의취득을 인정하고 있는 것이다.

109) 양창수·권영준(주 5), 158면.

110) 민법주해 V(주 92), 466면(이인재 집필부분).

하였다면 이는 점유이탈물에 해당하지 않고,[111] 따라서 일반적인 선의취득의 대상이 된다. 이와 같이 점유이탈물에 대하여만 예외를 두는 것은, 선의취득의 근거가 되는 권리외관의 형성에 소유자 측이 사실상으로도 관여하지 않은 경우에만 일반적인 선의취득의 경우에 비해 그 진정한 소유자의 소유권을 보호할 필요성이 더욱 크다고 보기 때문이다.[112]

그런데 지시인도에서 소유자인 직접점유자가 양도인의 기망에 의하여 양수인에게 직접 인도하게 되었다고 하더라도 이와 같은 점유 이전은 그의 자연적 의사에 반하는 것이 아니므로, 일반적인 선의취득의 경우에 비하여 진정한 소유자의 소유권을 보호할 필요성이 더 크다고 볼 이유가 없다. 따라서 그와 같은 기망이 있었다는 것을 이유로 하여서 선의취득의 성립을 부정하는 것은 타당하지 않다. 직접점유자가 양도인의 기망에 의하여 양도인에게 점유를 이전하고 양도인이 이를 다시 양수인에게 교부한 경우에 선의취득의 성립에 제한이 없다면, 직접점유자가 양도인의 기망에 의하여 직접 양수인에게 점유를 이전하게 된 경우에도 마찬가지로 보아야 하는 것이다.

**3)** 선의취득의 성립요건, 특히 그 중에서도 양수인의 선의·무과실은 물건에 대한 진정한 소유자와 이를 유효한 거래로 취득한 양수인 사이의 이익충돌을 적정하게 조정하는 기준으로서의 의미가 있다. 이를 고

111) 양창수·권영준(주 5), 159면; 지원림(주 43), 521면. 민법주해 Ⅴ(주 92), 465−468면(이인재 집필부분)은 같은 취지로 설명하면서, 이와 같이 보지 않으면 무권리자의 점유를 신뢰하고 양수한 대부분의 경우에 진정한 소유자의 반환청구권을 인정하여야 할 것이므로 선의취득을 인정한 취지에 반하는 결과가 된다고 한다.

112) 이에 대하여 제철웅, "선의취득제도의 해석론상의 문제점과 그 개선방향", 민사법학 제16호, 한국사법행정학회(1998), 119−120면은 다음과 같이 설명한다. "소유자와 아무런 계약관계가 없는 무권리자로부터 양수한 경우에도 선의취득을 인정한다면 소유자는 손해를 전보받을 채무자를 발견하는 것에서부터 그의 무자력위험도 부담하여야 한다. 이와 같은 것은 그가 예상하지 않았던 일이다. 반면 양수인에게 선의취득을 인정하지 않는다면 그는 원칙적으로 채무자의 무자력위험을 부담하게 될 것이다. 이것은 계약관계에서 그가 예상할 수 있는 범위 내에 포함된다. 따라서 점유이탈물의 경우에는 선의취득을 인정함으로써 입을 불이익이 소유자측이 더 클 수 있다. 이 경우 소유자의 불이익을 완화시켜 주는 것이 바로 선의취득을 제한하는 것으로 나타날 수 있을 것이다."

려하면, 직접점유자가 양도인의 기망에 의하여 양수인에게 물건의 점유를 이전하게 된 경우에도, 권리외관 자체의 요건을 엄격하게 보면서 선의취득 제도의 적용을 거부한 채 무조건 원소유자의 이익만을 우선하기보다는, 선의취득 제도의 적용 가능성 자체는 긍정하되 양수인의 선의·무과실 여부를 검토함으로써 개별 사안의 사실관계에 따라 구체적 타당성 있는 결론을 도모하는 것이 보다 바람직하다고 생각된다.

특히, 지시인도에서 직접점유자가 양도인에게 복종하였는지 여부 및 그에 따라 달라지는 직접점유자(소유자)의 보호가치에 관한 고려는 양수인의 선의·무과실 요건에 대한 검토에서 충분하고도 적절하게 반영될 수 있다. 일반적인 선의취득의 사안에서 소유자는 양수인을 직접 상대할 기회가 없으므로 양수인의 선의·무과실은 대개 소유자가 직접 영향을 미칠 수 없는 사정들에 의하여 결정된다. 그러나 지시인도의 경우에는 소유자 측이 직접 양수인에게 목적물의 점유를 이전하므로, 그 과정에서의 소유자의 거동이 양수인의 선의·무과실의 기초가 되는 직접적인 사정이 된다. 예컨대 소유자는 물건의 인도 과정에서 양수인에게 물건을 인도하게 된 경위나 취지를 고지함으로써, 손쉽게 양수인으로 하여금 양도인이 무권리자임을 인식하거나 적어도 인식할 수 있도록 할 수 있다. 이로써 선의취득의 성립은 차단되고 소유자는 보호받게 될 것이다. 반면 소유자가 위와 같이 위험을 예방하기 위한 조치를 전혀 취하지 않은 채 양수인에게 목적물을 인도하였다면 양수인의 선의·무과실이 인정되어 선의취득이 성립하게 될 가능성이 높은데, 위험을 회피할 수 있었음에도 회피하지 않은 소유자의 보호가치가 높다고 할 수 없으므로 이와 같은 결론은 정당하다고 볼 수 있다.

요컨대, 지시인도에서 직접점유자가 양도인에게 복종하였는지 여부에 따른 당사자 간의 이익형량은 양수인의 선의·무과실을 판단하는 단계에서 충분히 적절하게 고려될 수 있으며, 또한 그와 같이 보는 것이 개별 사안에서 구체적 타당성 있는 결론을 도출할 수 있는 방법이다.

### 4. 소 결

결국 '급여자에 관한 착오' 유형에서 수령자가 부합에 의하여 목적물의 소유권을 취득한 경우 그로 인한 침해부당이득이 성립하는지 여부는 선의취득 법리의 유추에 따라 수령자의 선의·무과실을 기준으로 판단된다. 원칙적으로, 수령자는 목적물의 소유권 취득으로 인한 이익을 보유할 법률상 원인이 없으므로 출연자는 수령자에게 침해부당이득으로서 그 이익의 반환을 구할 수 있다. 다만 예외적으로, 수령자가 출연자로부터 목적물의 점유를 이전받을 당시 양도인인 중간자가 무권리자임을 알지 못하였고 그와 같이 알지 못한 데에 과실이 없었다면, 수령자는 목적물을 선의취득한 것과 마찬가지로 그 목적물의 소유권 취득으로 인한 이익을 보유할 법률상 원인이 있다고 평가된다. 이 경우 출연자는 수령자에게 침해부당이득반환청구도 할 수 없다.

## Ⅵ. 대상판결에 대한 검토

### 1. 대상판결 사안에의 적용

이제까지의 논의를 바탕으로 대상판결의 사안을 검토해 본다.

피고는 중간자 甲과 사이에 이 사건 승강기의 설치 등을 내용으로 하는 공사도급계약을 체결하였을 뿐, 중간자 甲이 피고를 무권대리하여 원고와 사이에 이 사건 승강기의 공급 및 설치를 내용으로 하는 계약을 체결한 사실은 알지 못하였다. 그렇다면 피고의 시각에서 객관적으로 볼 때, 특별한 사정이 없는 한 원고가 한 승강기 공급·설치는 중간자 甲의 계약상 채무 이행으로 인식될 수밖에 없으므로, 이는 중간자의 피고에 대한 급여로 평가함이 타당하다. 따라서 원고는 피고에게 자신이 급여자임을 전제로 한 급여부당이득반환청구를 할 수는 없다.

한편 이 사건 승강기의 원소유자는 원고이고, 원고와 중간자 甲 사이에는 이 사건 승강기에 관한 어떠한 채권적·물권적 합의도 있다고 보기 어려우므로, 이 사건 승강기의 소유권이 중간자 甲에게 이전되었다고 볼 여지가 없어 피고 역시 무권리자인 중간자 甲의 급여 자체에 의해서는 이 사건 승강기의 소유권을 취득할 수 없다. 그런데 이 사건 승강기가 이 사건 건물에 설치되어 부합됨에 따라 원고는 이 사건 승강기의 소유권을 상실하고 피고가 이를 취득하게 되었으므로, 원칙적으로 피고는 원고에게 그로 인한 이익을 침해부당이득으로서 반환하여야 한다. 다만 피고가 원고와 중간자 사이에 승강기에 관한 아무런 채권적·물권적 합의가 없다는 점, 즉 중간자가 무권리자라는 사실을 과실 없이 알지 못한 경우에는, 선의취득의 이익보유에 관한 법리를 유추적용하여 피고에게 승강기의 귀속으로 인한 이익을 보유할 법률상 원인이 있다고 보아 침해부당이득 반환의무를 부정할 것이다.

## 2. 대상판결에 대한 평가

### 가. 대상판결의 내용

1) 대상판결은 부합이 이루어진 경우의 보상청구에 관하여는 부당이득 법리에 따른 판단에 의하여 부당이득의 요건이 모두 충족되어야 함을 재확인한 후, 이 사안에 적용될 법리를 다음과 같이 설시하였다.

"매도인에게 소유권이 유보된 자재가 제3자와 매수인 사이에 이루어진 도급계약의 이행으로 제3자 소유 건물의 건축에 사용되어 부합된 경우 보상청구를 거부할 법률상 원인이 있다고 할 수 없지만, 제3자가 도급계약에 의하여 제공된 자재의 소유권이 유보된 사실에 관하여 과실 없이 알지 못한 경우라면 선의취득의 경우와 마찬가지로 제3자가 그 자재의 귀속으로 인한 이익을 보유할 수 있는 법률상 원인이 있다고 봄이 상당하므로, 매도인으로서는 그에 관한 보상청구를 할 수 없다(대법원 2009. 9. 24. 선고 2009다15602 판결 등 참조).

이러한 법리는 매도인에게 소유권이 유보된 자재가 본인에게 효력이 없는 계약에 기초하여 매도인으로부터 무권대리인에게 이전되고, 무권대리인과 본인 사이에 이루어진 도급계약의 이행으로 본인 소유 건물의 건축에 사용되어 부합된 경우에도 마찬가지로 적용된다."

2) 대상판결은 위 법리를 토대로, 이 사안에서 ① 원고에게 소유권

이 유보된 이 사건 승강기는 甲과 피고 사이에 체결된 공사도급계약의 이행으로 이 사건 건물에 부합되어 피고가 그 소유권을 취득하였고, ② 피고와 甲 사이에 체결된 도급계약으로 인하여 이 사건 승강기가 이 사건 건물에 부합되었다는 사정만으로 피고가 이 사건 승강기의 귀속으로 인한 이익을 보유할 법률상 원인이 있다고 할 수는 없으나, ③ 이 사건 승강기의 소유권이 원고에게 유보되어 있었다는 사정을 피고가 과실 없이 알지 못하였음이 인정되는 경우에는 피고에게 법률상 원인이 있다고 보아야 한다고 판단하였다.

나. 대법원 2009다15602 판결의 내용

**1) 사실관계 및 판결의 요지**

위 판결의 사실관계는 다음과 같다. ① 원고는 중간자와 철강제품에 관한 소유권유보부 매매계약을 체결하고 이에 따라 중간자에게 철강제품을 인도하였으나 그 대금을 지급받지 못하고 있었다. ② 중간자는 피고와 건물 신축 도급계약을 체결하고 공사를 진행하면서 위 철강제품을 건물의 자재로 사용하였고, 이는 건물에 부합되어 건축주인 피고가 그 소유권을 취득하였다.

이에 대하여 위 판결은 대상판결이 인용한 부분과 같이 판시하면서, 위 철강제품의 소유권이 원고에게 유보되어 있다는 사정을 피고가 과실 없이 알지 못한 경우에는 피고에게 철강제품에 관한 이익을 보유할 법률상 원인이 있다고 보아야 하므로 부당이득에 의한 보상청구를 부정하여야 한다고 판단하였다.

**2) 판결의 취지**[113)]

위 판결은 다음과 같은 논리를 전개하고 있는 것으로 해석할 수 있다.

① 원고와 중간자, 중간자와 피고 사이에 각 계약관계가 존재하고 있지만 원고가 소유권유보부로 철강제품을 매도하였으므로, 원고는 중간자에게 매매계약의 이행으로서 철강제품의 점유를 이전하였을 뿐 그 소

113) 판결의 취지에 대한 분석은 이병준(주 67) 참조.

유권을 이전하는 급여를 하였다고는 볼 수 없다.

② 따라서 중간자는 그 철강제품의 소유권을 취득하지 못하였고, 피고 역시 무권리자인 중간자로부터의 계약상 이행에 기하여는 철강제품의 소유권을 취득하지 못하며, 다만 부합에 의하여 그 소유권을 취득하였다.

③ 그렇다면 부합에 의하여 철강제품의 소유권을 상실한 원고는 피고에게 그 소유권 취득으로 인한 이익을 침해부당이득의 반환으로 구할 수 있다. 다만, 철강제품은 중간자의 도급계약에 따른 이행에 의하여 제공된 것이어서 거래에 의한 동산 양도와 유사한 실질을 가지므로 이에는 선의취득에서의 이익보유에 관한 법리를 유추적용할 수 있고, 따라서 피고가 철강제품의 소유권이 원고에게 유보된 사실에 관하여 과실 없이 알지 못한 경우에는 철강제품의 귀속으로 인한 이익을 보유할 수 있는 법률상 원인이 있다고 보아야 한다.

다. 대상판결의 타당성

1) 대상판결은 이 사건 승강기에 관한 급여관계가 원고와 피고 사이에서가 아닌 중간자 甲과 피고 사이에 있는 것으로 보아[114] 원고와 피고 사이에서는 비급여부당이득인 침해부당이득이 문제됨을 전제한 것으로 보이고, 이어서 법률상 원인의 유무는 선의취득의 법리를 유추하여 피고의 선의·무과실 여부를 기준으로 판단해야 한다고 판시하였다. 이는 기본적으로 타당하다.

2) 그런데 대상판결은 이 사건 승강기에 관하여 중간자 甲이 무권리자인 이유를 이 사건 계약의 내용상 원고에게 이 사건 승강기의 소유권이 유보되어 있기 때문으로 보고, 피고에 대하여 선의취득의 법리를 유추적용함에 있어 피고의 선의·무과실의 대상이 되는 사실관계[115]는 원고에게 이 사건 승강기의 소유권이 유보되어 있다는 사정이라는 취지로

114) 대상판결은 이와 같은 판단의 이유를 설시하지 않았으나, 이는 수령자관점설의 견해를 고려한 것으로 보인다. 민철기(주 1), 95-100면 참조.

115) 선의취득에서 요구되는 양수인의 선의·무과실은 양도인이 무권리자라는 점에 대한 것이므로, 결국 선의·무과실의 대상이 되는 사실관계는 양도인이 목적물에 대한 무권리자임을 기초지우는 구체적 사정이 될 것이다.

판시하였다. 이 부분은 의문이 있다.

3) 2009다15602 판결에서는 원고와 중간자 사이에 목적물에 관한 매매계약이 체결되어 있었고 그에 따른 인도도 이루어졌다. 그럼에도 불구하고 중간자가 목적물의 소유권이 없는 무권리자인 이유는 원고와 중간자 사이의 매매계약이 소유권유보부로 이루어져서 물권적 합의가 정지조건부로 성립[116]하였기 때문이다. 따라서 피고에 대하여 선의취득의 법리를 유추적용함에 있어서, 선의·무과실의 대상이 되는 구체적인 사실관계는 원고와 중간자 사이의 계약관계에서 원고에게 목적물의 소유권이 유보되어 있다는 사정이 된다.

그러나 대상판결에서는 원고와 중간자 사이에서 목적물에 관한 계약이 체결된 바 없으며,[117] 원고가 중간자에 대하여 목적물을 현실적으로 인도한 사실도 없고 규범적으로 인도하였다고 평가되지도 않는다. 다만 원고는 중간자의 무권대리행위로 체결된 피고와의 계약이 유효한 것으로 잘못 알고 피고에게 목적물의 점유를 이전(승강기 공급·설치)하였을 뿐이다. 따라서 중간자에게 목적물의 소유권이 귀속되지 않은 이유는 소유자인 원고와 중간자 사이에 목적물의 소유권 이전을 내용으로 하는 물권적 합의는 물론이고 채권적 합의, 즉 계약이 애당초 부존재하였기 때문이다.[118] 한편 이 사건 계약은 중간자의 무권대리행위로 인하여 체결된 것

---

116) 동산의 매매계약을 체결하면서, 매도인이 대금을 모두 지급받기 전에 목적물을 매수인에게 인도하기는 하지만 대금이 모두 지급될 때까지는 목적물의 소유권은 매도인에게 유보되며 대금이 모두 지급된 때에 그 소유권이 매수인에게 이전된다는 내용의 이른바 소유권유보의 특약을 한 경우, 목적물의 소유권을 이전한다는 당사자 사이의 물권적 합의는 매매계약을 체결하고 목적물을 인도한 때 이미 성립하지만 대금이 모두 지급되는 것을 정지조건으로 하므로, 목적물이 매수인에게 인도되었다고 하더라도 특별한 사정이 없는 한 매도인은 대금이 모두 지급될 때까지 매수인뿐만 아니라 제3자에 대하여도 유보된 목적물의 소유권을 주장할 수 있다(대법원 1999. 9. 7. 선고 99다30534 판결).

117) 중간자가 피고를 무권대리하여 체결한 이 사건 계약의 당사자는 원고와 피고일 뿐이고, 중간자는 당사자가 아니다. (주 22) 참조.

118) 만약 이 사건 계약이 원고와 피고가 아닌 원고와 중간자 사이에서 체결된 것이었다면, 그때는 대상판결이 판시한 바와 같이 계약상 소유권유보조항에 따라 원고에게 소유권이 유보되어 있었다는 사정이 곧 중간자가 목적물의 소유권을 취득하

으로서 무효일 뿐만 아니라 애당초 중간자를 당사자로 하고 있지도 않으므로, 원고가 이 사건 계약에서 목적물에 관한 소유권유보를 하였는지 여부는 중간자의 목적물 소유권 취득 여부와는 전혀 무관한 사정에 불과하다. 그렇다면 대상판결에서 피고의 선의·무과실의 대상이 되는 사실관계는 원고가 체결한 이 사건 계약에서 원고에게 목적물의 소유권을 유보하였다는 사정이 아니라, 원고와 중간자 사이에 목적물의 소유권 이전에 관한 아무런 채권적·물권적 합의가 존재하지 않는다는 사정이 되어야 한다.

4) 그럼에도 불구하고 대상판결은 원고가 이 사건 계약상 소유권유보를 하였기 때문에 목적물의 소유권이 중간자에게 이전되지 않은 것으로 전제하고, 피고의 선의·무과실의 대상이 되는 사실관계는 원고에게 이 사건 승강기의 소유권이 유보되어 있다는 사정이라는 취지로 판시한 것이다. 이는 대상판결이 2009다15602 판결의 법리를 적절히 원용하였으면서도 구체적인 사안의 해결에 있어서 대상판결의 사안과 2009다15602 판결 사안의 차이를 면밀히 파악하지 못하였다고 평가할 수밖에 없는 부분이다.

## Ⅶ. 결 론

이상의 논의를 요약하면 다음과 같다.

1. '급여자에 관한 착오' 유형에서는 중간자와 수령자를 당사자로 하는 계약, 그리고 중간자의 무권대리로 인하여 출연자와 수령자를 당사자로 하는 계약이 각 존재하고, 이에 따라 출연자가 한 출연을 누구의 급여로 보아야 하는지에 관하여 출연자와 수령자 사이에 인식의 차이가 발생한다. 이 문제는 민법 제745조가 적용될 사안이 아니고 급여부당이득의 일반법리에 따라 판단하여야 한다. ① 급여목적을 표시하는 변제지정은 수령자에 대한 의사표시이므로 수령자의 관점에서 객관적으로 보아

---

지 못한 원인이 되었을 것이다.

어떻게 이해될 것인지를 기준으로 해석되어야 하는 점, ② 수령자는 중간자에게 한 반대급부를 들어 출연자에게 현존이익 상실의 항변을 할 수 없으므로 출연자시각설에 따를 경우 출연자의 출연을 중간자의 급여로 신뢰한 수령자를 보호할 방법이 없는 점, ③ 법경제학적 관점에서 출연자의 수령자에 대한 급여부당이득반환청구를 부정하는 것이 더욱 효율적인 점에 비추어 보면, 급여자가 누구인지는 수령자의 관점에서 객관적으로 볼 때 그 출연을 누구의 급여로 이해할 수 있는지를 기준으로 판단함이 타당하다. 이에 따르면 '급여자에 관한 착오' 유형에서는 특별한 사정이 없는 한 출연자의 수령자에 대한 급여부당이득반환청구는 인정되지 않는다.

2. '급여자에 관한 착오' 유형에서 출연자의 출연이 중간자의 급여로 인정된다고 해도, 정작 목적물의 원소유자인 출연자와 중간자 사이에는 목적물에 관한 아무런 채권적·물권적 합의가 존재하지 않는다. 따라서 중간자에게는 목적물의 소유권이 귀속될 수 없고, 무권리자인 중간자로부터 목적물을 급여받은 수령자도 그 급여 자체에 의해서는 목적물의 소유권을 취득할 수 없다. 수령자가 부합에 의하여 목적물의 소유권을 취득한 경우 수령자는 원칙적으로 원소유자인 출연자에게 소유권 취득으로 인한 이익을 침해부당이득으로 반환하여야 하고, 수령자가 중간자의 급여로서 목적물을 제공받았다는 것만을 이유로는 침해부당이득 반환의무가 부정되지 않는다. 다만 ① 선의취득의 요건으로서 권리외관은 양도인에 의하여 직접점유자가 점유를 이전한 것으로 족한 점, ② 점유의 이전이 양도인의 기망에 의한 것이라도 직접점유자의 자연적 의사에 반하지 않으므로 선의취득을 제한할 이유가 없는 점, ③ 권리외관 요건을 빌미로 선의취득의 적용을 일률적으로 배제하기보다는 양수인의 선의·무과실을 기준으로 판단하는 것이 개별 사안에서 구체적 타당성 있는 결론을 도모할 수 있는 방법인 점에 비추어 볼 때, '급여자에 관한 착오' 유형에서도 지시인도에 의한 선의취득의 성립 가능성이 긍정된다고 봄이 타당하다.

그렇다면 선의취득의 법리를 유추적용하여, 수령자가 목적물을 인도받을 당시 중간자가 위와 같은 이유로 무권리자라는 사실을 과실 없이 알지 못하였다면 목적물의 소유권 취득으로 인한 이익을 보유할 법률상 원인이 있다고 평가할 수 있다. 이 경우 수령자는 출연자에게 침해부당이득 반환의무를 부담하지 않는다.

3. 대상판결의 사안에서 원고는 피고에게 급여부당이득의 반환을 주장할 수는 없다. 그러나 피고가 무권리자인 중간자 甲의 급여에 의하여 승강기를 제공받고 부합으로 그 소유권을 취득하였으므로, 원고는 일응 피고에게 침해부당이득으로서 승강기 취득으로 인한 이익의 반환을 구할 수 있다. 다만 피고가, 원고와 중간자 사이에 승강기의 양도에 관한 아무런 채권적·물권적 합의가 없어 승강기의 소유권이 중간자에게 귀속되지 않았다는 점을 과실 없이 알지 못하였다면, 선의취득 법리의 유추에 따라 피고에게는 승강기의 취득에 따른 이익을 보유할 법률상 원인이 있다고 봄이 타당하다. 이 경우에 원고는 피고에게 침해부당이득반환청구도 할 수 없다.

[Abstract]

# Unjust enrichment in a case involving "a mistake in the party that performs the obligation"

Jang, Ji Woong*

Unjust enrichment relationships between multiple parties may take various forms depending on the contractual and contribution (i.e., property transfer) relationship amongst the parties. The subject case is one type of these forms. It involves a situation where an 'intermediate party', that owes a contractual obligation to the 'recipient', engages the 'contributor' to execute a separate agreement under which the recipient and the contributor are the parties to the agreement. In this case, the intermediate party executes the agreement as an unauthorized agent of the recipient. Thereafter, the contributor makes the contribution to the recipient to perform its obligations under the separate agreement, but the recipient receives the contribution under the understanding that the contribution is the intermediate party's performance of the agreement between the recipient and the intermediate party. Such situation may be classified as type of 'mistake in the party that performs the obligation', where there is discord between the recipient and the contributor over the identity of the party performing the contractual obligation.

In the 'mistake in the party that performs the obligation' scenario, whether 'unjust enrichment by performance' may be established depends on whose perspective, between the contributor and the recipient, should apply in determining the party performing the obligation. While there are differing

* Judge, Seoul Central District Court.

opinions, it would be reasonable to objectively determine the identity of the party performing the obligation from the recipient's perspective, considering general principle of interpretation of intent, the need to protect the recipient's trust, and overall economic efficiency. In this case, barring special circumstances, the contribution made by the contributor should be interpreted as the intermediate party's performance of obligation, and therefore the contributor's claim of return of unjust enrichment against the recipient would not be recognized.

Meanwhile, in the 'mistake in the party that performs the obligation' scenario, there is no basis for the intermediate party to acquire ownership over the transferred property (i.e., the contribution by the contributor) as there is no contractual or in rem agreement between the contributor and the intermediate party. Accordingly, the recipient is also unable to acquire ownership over the transferred property as way of performance by the intermediate party, and the ownership of the transferred property continues to remain with the contributor. If, however, the recipient acquires the ownership under other legal grounds, such as attachment, the derived benefits would constitute an 'unjust enrichment by infringement' and the recipient would need to return the benefits to the contributor. In such situation, while an issue may arise over the 'subsidiarity of unjust enrichment by non-performance' regarding the fact that the recipient accepted the performance of obligation made by the intermediate party, it would be reasonable to view that the contributor's claim of unjust enrichment by infringement cannot be rejected simply for the reason that the recipient accepted the intermediate party's performance of obligation.

However, considering that the intermediate party transferred the property to the recipient, an issue arises as to whether the legal principle of retention of profits acquired bona fide may be analogically applied to this case. In this case, the transfer of possession over the subject property not made against the de facto intent of the contributor(owner), and such transfer was caused by the intermediate party. Therefore, it would be reasonable to analogically apply the principle of retention of profits acquired bona fide to this case. In sum, as a matter of principle, the recipient would be obligated to return the unjust enrichment by infringement to the contributor, and would only be exceptionally exempt from the obligation to return if the recipient, in good faith and without negligence, had no knowledge of the fact that the intermediate party had no ownership rights over the subject property.

The Supreme Court, under the presumption that the issue in the present case was unjust enrichment by infringement between the contributor and the recipient, determined that the recipient, who acquired ownership over the transferred property by operation of attachment, should return the unjust enrichment to the contributor, unless the recipient, at no negligence of its own, had no knowledge that the ownership of the transferred property remained with the contributor. This decision is generally sound. However, the Supreme Court held in a manner which suggests that the fact which the recipient must be oblivious of in order for the exception to apply is that 'the contract between the contributor and the recipient stipulates that ownership over the subject property remained with the contributor' and the lower court adopted a similar approach after the case was remanded to the lower court. This is an unfortunate error arising out of a failure to carefully review the factual structure of the case.

[Key word]

- unjust enrichment
- multiple parties
- unjust enrichment by performance
- unjust enrichment by infringement
- the party that performs the obligation
- bona fide acquisition
- unauthorized agent

## 참고문헌

[단 행 본]

편집대표 곽윤직, 민법주해 XVII, 박영사(2005).

______, 민법주해 IV, 박영사(1992).

______, 민법주해 V, 박영사(1992).

곽윤직, 채권각론, 박영사(2000).

곽윤직 · 김재형, 물권법(제8판), 박영사(2014).

김형배, 사무관리 · 부당이득, 박영사(2003).

양창수 · 권영준, 권리의 변동과 구제(제2판), 박영사(2017).

이영준, 물권법, 박영사(2009).

지원림, 민법강의(제16판), 홍문사(2019).

[논 문]

권영준, "부당이득에 관한 민법개정안 연구", 법학 제55권 제3호, 서울대학교 법학연구소(2014).

김수정, "무권대리인이 수령한 급여에 대해 본인을 상대방으로 한 부당이득 반환청구", 민사판례연구 제41권, 박영사(2019).

김형석, "오상채무자의 변제와 수령자의 급부자에 대한 착오", 채무불이행과 부당이득의 최근 동향, 박영사(2016).

민철기, "매도인에게 소유권이 유보된 자재가 본인에게 효력이 없는 계약에 기초하여 매도인으로부터 무권대리인에게 이전되고, 무권대리인과 본인 사이에 이루어진 도급계약의 이행으로 본인 소유 건물의 건축에 사용되어 부합된 경우 부당이득반환청구권의 성립요건", 대법원판례해설 제115호, 법원도서관(2018).

송경근, "편취한 금전에 의한 변제와 부당이득의 성립 여부", 대법원판례해설 제75호, 법원도서관(2008).

안병하, "부합과 부당이득", 법학연구 제25권 제1호, 연세대학교 법학연구소 (2015).

안춘수, “부당이득관계의 당사자확정의 구조 : 독일 이론의 전개와 대법원 판례”, 법학연구 제21권 제3호, 연세대학교 법학연구소(2011).

윤지영, “채권양도와 부당이득－「삼각관계에서의 급부부당이득」 법리를 중심으로－”, 민사판례연구 제41권, 박영사(2019).

윤진수, “부당이득법의 경제적 분석”, 법학 제55권 제3호, 서울대학교 법학연구소(2014).

이동진, “독일 · 오스트리아 · 스위스의 부당이득법”, 비교사법 제25권 제1호, 한국비교사법학회(2018).

이병준, “소유권이 유보된 재료의 부합과 부당이득 삼각관계”, 대법원판례해설 제81호, 법원도서관(2010).

이새롬, “집합양도담보물에 제3자 소유물이 반입, 부합된 경우 부당이득의 문제”, 민사판례연구 제40권, 박영사(2018).

정태윤, “다수당사자 사이의 부당이득에 관한 최근 판례의 검토”, 민사법학 제52호, 한국사법행정학회(2010).

______, “부당이득과 선의취득－급부당사자에 관한 이해에 차이가 있는 경우를 중심으로－”, 법학논총 제36집 제1호, 전남대학교 법학연구소(2016).

______, “횡령한 금전의 부당이득”, 민사판례연구 제27권, 박영사(2005).

______, “독일에서의 지시취득”, 법학논집 제18권 제3호, 이화여자대학교 법학연구소(2014).

제철웅, 동산 선의취득법에 관한 연구, 서울대학교(1995).

______, “선의취득제도의 해석론상의 문제점과 그 개선방향”, 민사법학 제16호, 한국사법행정학회(1998).

최봉경, “민법에서의 유추와 해석”, 법철학연구 제12권 제2호, 세창출판사(2009).

허명국, “부당이득법에서 급부관계의 의미에 관한 소고－독일에서의 논의를 중심으로－”, 법과 정책 제20집 제1호, 제주대학교(2014).

홍성주, “삼각관계에서의 부합과 부당이득”, 판례연구 제23집, 부산판례연구회(2012).

# 종북, 주사파 표현에 의한 명예훼손*

권 태 상**


## 요 지

이 논문은 종북, 주사파 표현에 의한 명예훼손책임이 성립하는지 여부가 문제된 대상판결을 검토하였다.

(1) 피고의 글에 대하여 다수의견은 의견 표명으로 볼 여지가 있다고 하였으나, 이는 사실 적시로 보아야 할 것이다.

피고의 글의 핵심은 "원고들이 종북 · 주사파 조직인 경기동부연합에 속해 있고, 원고들이 종북 · 주사파에 해당한다."는 것이다. '주사파'라는 표현은 비교적 명확한 의미를 갖고 있는 것으로 보인다. '종북'이라는 표현도 피고의 글에서는 '주사파'와 유사한 용어로 사용되었다고 할 수 있다.

원고들이 경기동부연합에 속해 있는지 여부는 그 진위를 입증하는 것이 가능한 사항으로 보인다. 경기동부연합이 종북 · 주사파 조직인지 여부, 그리고 원고들이 종북 · 주사파인지 여부도 역시 그 진위를 입증하는 것이 가능하다고 보아야 할 것이다. 종북 · 주사파인지 여부는 정치적 이념에 관한 것이므로 이를 입증하는 것이 가능한지 의문이 제기될 수도 있으나, 원고들의 정치적 주장과 활동 등에 의해 그들의 정치적 이념을 미루어 판단하는 방법으로 입증이 행해질 수 있을 것이다.

(2) 다수의견과 반대의견은 공적인 존재의 정치적 이념에 대한 표현행위


* 이 논문은 2019년 10월 민사판례연구회 제425회 월례회에서 발표한 글을 수정 · 보완한 것으로, 법학논집(이화여자대학교 법학연구소) 제24권 제2호(2019. 12.)에 게재되었다.

** 이화여자대학교 법학전문대학원 부교수, 변호사.

의 경우, 그 위법성 조각을 위한 진실성, 상당성 요건과 관련하여서는 의혹의 제기나 주관적 평가를 내릴 수도 있는 구체적 정황의 제시로 입증의 부담을 완화해 주어야 한다는 법리를 따랐다. 그러나 다수의견과 반대의견은 피고의 글이 위법성 조각을 위한 상당성 요건을 충족하는지 여부에 대하여 서로 대립되는 입장을 취하였다. 본 사안과 같이 표현행위와 모순되는 내용의 자료가 존재하는 경우 상당성 요건이 충족되었다고 보는 것은 바람직하지 않다.

그러나 피고의 글에 대하여 위법성을 인정하고 불법행위 책임을 묻는 것은 바람직하지 않아 보인다. 원고들이 공적 인물이고, 또한 피고의 글은 원고들의 정치적 이념에 관한 것으로서 공적 관심사안에 대한 표현으로 볼 수 있기 때문이다. 이를 위해서는 기존의 명예훼손 위법성조각사유 법리와 구별되어 독자적으로 위법성 판단을 하는 법리를 개발할 필요가 있다. 본 사안처럼 상당성 요건을 둘러싸고 논란이 있는 경우, 상당성 요건의 충족 여부와 상관없이 위법성을 조각할 수 있도록 하는 것이 바람직하기 때문이다. 공직자에 대한 명예훼손과 관련하여 발전한 법리를 본 사안과 같이 공적 인물의 정치적 이념이 문제되는 사안에 적용하는 방법도 고려할 수 있을 것이다.

[주 제 어]
• 명예훼손
• 사실
• 의견
• 공적 인물
• 공적 관심
• 표현의 자유

## 대상판결 : 대법원 2018. 10. 30. 선고 2014다61654 전원합의체 판결

[사안의 개요]

1. 원고들의 지위

원고 1(이정희)은 2008. 5.경부터 2011. 12.경까지 민주노동당(통합진보당의 전신이다) 소속 제18대 국회의원으로 재직하면서 2010. 7.경부터 2011. 12.경까지 민주노동당 대표로 활동하였다. 그리고 2011. 12.경 통합진보당이 창당된 이후에는 2012. 5.경까지 통합진보당 소속 국회의원으로 재직하면서 통합진보당 공동대표로 활동하였다.

원고 2(심재환)는 원고 1의 남편으로서 법무법인(유한) 정평의 공동 대표변호사로 활동하고 있다.

2. 피고들이 글을 게시하거나 기사를 보도한 경위

통합진보당과 민주통합당은 2012. 3.경 제19대 국회의원 선거에 출마할 후보자를 선발하기 위하여 다수의 지역구에서 야권후보 단일화를 시도하였다. 서울 관악을 지역구에서는 원고 1이 야권후보로 선정되었으나, 원고 1의 선거캠프에 소속된 사람들이 단일화 과정에서 여론조사를 조작하였다는 의혹이 불거지자, 원고 1은 2012. 3. 23. 위 지역구 예비후보를 사퇴하였다.

그리고 통합진보당은 2012. 3. 14.경부터 같은 달 18.경까지 비례대표 후보자의 선정을 위한 온라인 및 현장투표를 실시하여 비례대표 후보를 발표하였으나, 비례대표 후보자 선정 과정에서 선거인명부 조작이 있었다는 의혹이 제기되었다.

3. 피고 1(변희재)의 트위터 게시 내용

피고 1(변희재)은 2009년경 '주간 미디어 워치'를 창간하여 대표로 활동한 사람인데, 2012. 3. 21.부터 같은 달 24.까지 사이에 자신의 트위터 계정에 원고들을 비판하는 글을 22회에 걸쳐 게시하였다. 그 글의 주요 내용은 원고들이 종북 주사파인 경기동부연합에 속해 있고, 원고 2는 경기동부연합의 주요 의사결정을 하고 종북담론을 만들어 내는 인물이며, 원고 1은 이를 추종하여 대외적으로만 대표 역할을 하는 얼굴마담이라는 것이었다.

그 글의 구체적 내용은 다음과 같다. 『원고 1 뒤를 이을 **주사파** 차세대 아이돌 김재연이 당선된 통진당 청년비례 선거조작, 이게 훨씬 더 큰 문제인데』, 『**종북 주사파**의 조직 특성상 원고 1에게는 판단할 권리조차 없을 겁니다. 조직에서 시키는 대로 따라하는 거죠. 경기동부연합에서 원고 1로 버티고 가겠다고 결정했으면 그 길로 가는 겁니다.』, 『원고 1이 경기동부연합의 마스코트에 불과하다면, 이상규는 그 조직의 기둥쯤 되는 인물입니다.』, 『원래 원고 1은 위에서 판단 내려주면 이를 대중적 선동하는 기술만 배운 마스코트예요. 문제는 원고 1 남편 원고 2이죠. 아마 나이 차가 열 살 넘을 겁니다. **종북파**의 성골쯤 되는 인물입니다.』, 『원고 1은 남편과 함께 경기동부 그 자체입니다.』, 『제가 아는 바로는 대학 1학년 때부터, 경기동부연합에서 원고 1을 찍었고, 남편 원고 2 등이 대중선동 능력만 집중적으로 가르쳐서, 아이돌 스타로 기획했습니다.』, 『경기동부연합이 실제로 머리 역할하는 원고 2, 최현호 대신, 이들의 부인인 원고 1, 김재연을 얼굴마담으로 내세우는 건, 김정일이 미녀응원단 돌리는 것과 똑같은 발상으로 보입니다.』, 『원고 1 남편 원고 2가 경기동부연합의 브레인이자 이데올로그라는 점은 다들 알고 있습니다. 6·25 남침설을 정면에서 부정하는 인물이죠.』, 『원고 1 남편이 자신이 경기동부의 이데올로그란 게 코메디라는데, 김현희 가짜론, 6·25 남침 부인론 만들어 내는 게 이데올로그의 역할이지 뭡니까?』『원고 1 남편 원고 2가 2004년 12월에 발표한 6·25 전쟁 남침론을 부정하는 〈국가보안법의 전제인 북한에 의한 무력남침, 적화통일론의 허구성〉이란 논문, 이게 **주사파** 경기동부의 입장이지요.』, 『저는 원고 2가 이데올로그라 표현했어요. 경기동부의 **종북**담론을 만들어 낸 건 팩트니, 문제없죠.』

### 4. 나머지 피고들의 성명 발표와 기사, 칼럼 게재

피고 2는 2012. 3. 21. 새누리당 중앙선거대책위원회 대변인을 맡았던 사람인데, 2012. 3. 25. 자신이 속해있는 새누리당 인터넷 홈페이지 게시판에 원고들이 경기동부연합의 소속이라는 내용 등이 포함된 성명을 작성하여 게재하였다.

나머지 피고들은 신문사와 그 소속 기자들, 논설위원 등으로, 피고 1의 트위터 게시글 또는 피고 2의 성명내용을 인용보도하는 내용이 포함된 기사를 게재하거나, 이와 관련된 내용의 기사 또는 칼럼을 게재하였다.

[소송의 경과]

1. 1심 판결[1)]

원고들은 자신들이 경기동부연합이라는 단체에 가입된 사실이 없음에도, 피고들이 트위터 게시글, 성명, 각 기사를 통하여 원고들이 경기동부연합이라는 단체에 속해 있다는 허위의 사실을 적시하였고, 특히 피고 1 등은 원고들을 종북·주사파로 지목하여 원고들의 명예를 훼손하였다고 주장하였다. 이에 따라 피고들은 원고들이 입은 정신적 손해에 대한 위자료를 지급할 의무가 있고, 명예회복에 필요한 적당한 처분으로서 정정보도문을 게재할 의무가 있다고 주장하였다.

1심 판결은 원고들의 청구를 받아들여 피고 1에게[2)] 위자료 금 1,500만 원을 지급할 것을 명하였다. 1심 판결은 피고 1의 트위터 게시글로 인해 원고들의 명예가 훼손되었다고 인정하였다. 그리고 그 게시글의 주요한 목적이나 동기가 공공의 이익을 위한 것이지만,[3)] 그 내용이 진실이거라거나 또는 진실이라고 믿은 데에 상당한 이유가 있었다고 보기 어렵다고 하였다.

또한 1심 판결은 피고 1의 일부 표현[4)]에 대해서, 경멸적인 인신공격으로 원고 1의 인격권을 침해하였다고 인정하였다.

2. 원심 판결[5)]

원고들과 피고 1이 모두 항소하였으나, 원심 판결은 원고들의 항소와 피고 1의 항소를 모두 기각하였다.

원심 판결 역시 피고 1의 트위터 게시글로 인해 원고들의 명예가 훼손

---

1) 서울중앙지방법원 2013. 5. 15. 선고 2012가합34257 판결.

2) 이하 이 글에서는 원고들의 피고 1에 대한 청구를 중심으로 살펴본다.

3) 19대 국회의원 선거 과정에서 제기되고 있는 통합진보당의 부정선거 의혹이 경기동부연합의 배후 조종에 의한 것인지를 밝히고, 위 경기동부연합의 일원으로 보이는 원고들의 이념이나 국회의원 후보자 선정과정에 문제를 제기하는 것으로, 그 주요한 목적이나 동기가 공공의 이익을 위한 것이라고 하였다.

4) 원고 1이 통합진보당의 대표임에도 '판단할 권리조차 없는 자', '조직에서 시키는 대로 따라하는 자', '경기동부연합의 마스코트', '경기동부연합에서 원고 2 등이 대중 선동 능력만 집중적으로 가르쳐서 기획한 아이돌 스타' 등이라고 표현한 부분이다.

5) 서울고등법원 2014. 8. 8. 선고 2013나38444 판결.

되었다고 인정하였다. 그리고 피고 1의 트위터 게시글 내용에 대하여, 의혹의 제기나 주관적인 평가를 내릴 수도 있는 구체적 정황의 제시가 충분하다고 볼 수 없다고 하였다.

또한 원심 판결은 피고 1의 일부 표현[6]에 대해서, 부부인 원고들이 대등한 관계가 아니고, 이데올로그인 원고 2가 지적 능력이 부족한 때부터 원고 1을 조종하고 이용하였다는 인상을 주는 것으로서, 진실과 다르게 왜곡하여 인격을 침해하는 표현이라고 인정하였다.

### 3. 대상판결

원심 판결에 대하여 원고들과 피고 1이 모두 상고하였다. 대상판결은 원고들의 피고 1에 대한 청구와 관련하여 피고 1의 패소 부분[7]을 파기하고 이 부분 사건을 원심법원에 환송하였다.

#### 가. 다수의견

다수의견은 피고 1이 트위터 글에서 한 표현행위는 의견 표명이나 구체적인 정황 제시가 있는 의혹 제기에 불과하여 불법행위가 되지 않거나 원고들이 공인이라는 점을 고려할 때 위법하지 않다고 보아야 한다고 하였다.

다수의견은 '종북'이라는 표현이 '주체사상을 신봉하고 대한민국의 정체성과 정통성을 부정하는 반국가·반사회 세력'이라는 의미부터 '북한에 우호적인 태도를 보이는 사람들', '정부의 대북강경정책에 대하여 비판적인 견해를 보이는 사람들'이라는 의미에 이르기까지 다양하게 사용되고 있으며, 시대적, 정치적 상황에 따라 그 용어 자체가 갖는 개념과 포함하는 범위도 변한다고 지적하였다. 그리고 평균적 일반인뿐만 아니라 그 표현의 대상이 된 사람이 '종북'이라는 용어에 대하여 느끼는 감정 또는 감수성도 가변적일 수밖에 없으므로 '종북'의 의미를 객관적으로 확정하기가 어렵다고 하였다.

그리고 '주사파'라는 용어를 사용한 기사가 문제된 사건에서 사실 적시에

---

6) 원고 1이 대학 1학년 때부터 경기동부연합이 원고 1을 찍었고, 원고 2 등이 원고 1에게 대중선동 능력만 집중적으로 가르쳐서 아이돌 스타로 기획하였다고 표현한 부분이다.

7) 대상판결의 다수의견은 이 사건의 주요 쟁점이 명예훼손으로 인한 불법행위책임의 성립 여부라고 하였다. 그 이유로는, 원심이 명예훼손에 해당하는 부분과 인신공격적 표현에 해당하는 부분을 명확하게 구분하여 판단했고, 피고 1 등의 상고이유가 주로 명예훼손을 인정한 부분에 집중되어 있다는 점을 들었다.

의한 명예훼손을 인정한 2002년 대법원 판결이 있으나, 이후 십여 년 이상 지나는 동안 민주주의 정치체제가 발전하고, 그동안 표현의 자유가 계속 확대되어 온 시대적, 정치적 상황을 고려하면, '주사파'라는 용어에 대한 평가도 달라져야 한다고 하였다. 그리고 이 사건에서 '주사파'라는 용어는 '종북'이라는 용어와 병렬적으로 사용되어 통합진보당의 운영이나 제19대 국회의원 선거 비례대표 경선 과정을 둘러싸고 원고들이 취한 정치적 행보나 태도를 비판하기 위한 수사학적 과장이라고 볼 수도 있으므로, 이 또한 사실 적시가 아니라 의견 표명으로 볼 여지가 있다고 하였다.

또한 다수의견은 이 사건 표현행위 당시 원고 1이 국회의원이자 공당의 대표로서 공인이었고, 그의 남편인 원고 2도 공인이나 이에 준하는 지위에 있었다고 볼 수 있으므로, 원고들의 정치적 이념에 대한 의문이나 의혹에 대해서는 광범위한 문제제기가 허용되어야 할 필요가 있다고 하였다. 그리고 이 사건 표현행위의 내용을 뒷받침할 만한 관련 언론보도 내용이나 당시 사정을 고려하면 피고 1이 이 사건 표현행위를 진실하다고 믿을 만한 상당한 이유가 있었다고 볼 여지가 있다고 하였다.

### 나. 반대의견[8)]

반대의견은 상대방을 아예 토론의 상대방으로 인정하지 않는 '배제'와 '매도'는 민주적 토론을 원천적으로 봉쇄할 수 있다고 지적하면서, 표현의 자유라는 명분으로 생각이 다른 사람들을 배제하는 것은 민주주의를 질식시킬 우려가 있으므로 신중한 접근이 필요한 영역이 존재한다고 하였다. 그리고 그동안 우리 사회에서 '종북', '주사파', '경기동부연합'이라는 용어는 그러한 입장으로 규정된 사람들을 민주적 토론의 대상에서 배제하기 위한 공격의 수단으로 사용되어 온 측면이 있다고 하면서, 자유로운 의견 표명과 공개토론이 가능한 표현이라면 얼마든지 최대한 보장되어야 마땅하지만 상대방의 존재를 부정하고 토론 자체를 봉쇄하는 표현에 대해서는 일정한 제한이 필요하다고 하였다.

반대의견은 피고 1의 트위터 글이 '종북 주사파' '주사파 경기동부(연합)' '경기동부(연합)의 종북담론' 등 위 3개의 단어들을 결합하여 사용하였고, 이와 더불어 특정 정당명 및 관련자들의 실명을 거론하는 등 구체적인 사실관

---

8) 대법관 박정화, 대법관 민유숙, 대법관 김선수, 대법관 이동원, 대법관 노정희의 반대의견.

계를 적시하고 있다고 지적하였다. 그리고 원심은 적법한 사실인정을 기반으로 종북, 주사파, 경기동부연합이라는 단어들이 각 게시글에서 사용된 표현의 문언과 함께 기사 전체의 취지, 배경이 된 사회적 흐름과의 연관 하에서 전체적으로 사실 적시 여부를 판단하여 사실 적시가 인정되는 게시글과 부정되는 게시글을 구분하였고, 비판이나 과장으로 치부할 수 없는 부분에 대하여만 명예훼손을 인정하였다고 하였다.

그리고 대법원 2002. 12. 24. 선고 2000다14613 판결은 '주사파'라는 용어를 사용한 기사에 대해 사실 적시에 의한 명예훼손을 인정하였는데, 다수의견은 이 판결과 배치된다고 지적하였다. 이 대법원 2000다14613 판결은 '주사파'라는 표현이 순수 의견으로 보이는 외관을 가지고 있지만, 문제 된 기사를 전체적으로 보면 진위를 가릴 수 있는 사실 적시로 보는 것이 타당하다고 판단하였는데, 이 사건도 위 대법원판결과 같은 구조를 갖고 있다고 하였다.

반대의견은 다수의견에 판단의 기준시점을 그르친 잘못이 있다는 점도 지적하였다. 우선 특정 표현이 사실 적시인지를 판단할 때 배경이 된 사회적 흐름과의 연관 하에서 당해 표현이 갖는 의미를 살펴야 하고, 사실 적시인지 여부의 판단은 그 표현이 사용된 시점을 기준으로 하여 당시의 사회적인 배경과 흐름을 살펴야 한다고 하였다. 그리고 이 사건 표현행위들은 6년 전 소위 보수정권으로 평가되는 당시 정부와 피고들이 표방하는 정치이념이 국회 다수당을 점하고 있던 상황 하에서 제19대 국회의원선거를 앞둔 시점에 행해졌는데, 당시 집권세력과 다수가 소수의 정치세력을 공격하기 위해 이 사건 표현행위들을 했다는 맥락을 고려해야 할 것이라고 하였다.

또한 반대의견은, 다수의견이 원심의 사실 인정과 판단을 뒤집을 어떠한 증거 없이 이 사건 표현행위가 진실하다고 믿을 만한 상당한 이유가 있다고 인정하였다는 점도 지적하였다.

끝으로 반대의견은 원심의 결론이 정정보도를 명한 부분에 압축되어 있다고 하였다. 원심이 정정보도를 하라고 명한 내용은 다음과 같다. "위 피고들이 원고들은 종북·주사파 단체인 경기동부연합에 속해 있고, 원고들 또한 주사파라고 표현하였으나, 원고 1, 원고 2가 이적단체로서의 경기동부연합에 속해 있다거나, 김일성의 주체사상을 신봉하는 주사파라고 확인되지 않았으므로 이를 바로잡습니다."

### 4. 환송 후 판결[9)]

환송 후 서울고등법원은 대상판결의 다수의견에 따라 다음과 같이 판결하였다.

먼저 이 사건 표현행위에서 사용된 '종북' 또는 '주사파'라는 표현은 단순한 의견표명으로 볼 수 있을 뿐 사실적시에 해당한다고 볼 수는 없다고 하였다. 이와 달리 '원고들이 경기동부연합이라는 단체에 소속되어 있다'는 취지의 표현은 사실적시에 해당한다고 하였다. 그러나 이 사건 표현행위는 공공의 이해에 관한 사항으로 공공의 이익을 위하여 이루어진 것으로서, 그 내용을 진실하다고 믿을 만한 상당한 이유가 있었다고 볼 수 있으므로, 이 사건 표현행위를 들어 악의적이거나 현저히 상당성을 잃은 공격에 해당하는 위법한 행위라고 볼 수는 없다고 하였다.

다만 피고 1의 일부 표현에 대해서는, 부부인 원고들이 대등한 관계가 아니고, 원고 2가 원고 1이 사회 경험이 없을 때부터 원고 1을 조종하고 이용하였다는 인상을 주는 것으로서 원고들의 인격을 침해하는 표현이라고 하였다. 그러나 원고들에 대하여 '종북, 주사파, 경기동부연합'이라는 표현을 사용하였다는 것만으로는 원고들의 인격권을 침해하였다고 볼 수 없다고 하였다.

결국 이 판결은 피고 1에게 인격권 침해의 불법행위로 인한 위자료 금 800만 원을 지급할 것을 명하였다.

## 〔研　　究〕

## Ⅰ. 서　　론

누군가를 '종북' 또는 '주사파'라고 지칭하는 것은 그 사람에 대한 명예훼손에 해당하는가? 특정인이 종북·주사파 조직에 가입되어 있다고 언급하는 것은 어떠한가? 만일 그 특정인이 대중적으로 널리 알려져 있는 사람이라면 이러한 사실은 명예훼손책임의 발생 여부에 어떠한 영향을 미치는가?

---

9) 서울고등법원 2019. 9. 26. 선고 2018나10564 판결.

대상판결에서는 원고들이 종북 또는 주사파라거나, 원고들이 종북·주사파 조직에 가입되어 있다는 내용의 피고 1의 트위터 게시글이 문제되었다. 나머지 피고들은 정당 대변인, 신문사와 그 소속 기자들, 논설위원 등으로, 피고 1의 트위터 게시글을 인용하거나 이와 관련된 내용의 성명, 기사 또는 칼럼을 게재하였다.

원심 판결은 피고 1의 트위터 게시글에 대해 명예훼손책임을 인정하였고, 나머지 피고들에 대해서는 문제된 글의 내용에 따라 책임을 인정하거나 부정하였다. 그러나 대상판결은 피고 1의 트위터 게시글에 의해 명예훼손책임이 인정되지 않는다고 하였고, 같은 취지에서 원심 판결에서 책임을 인정하였던 나머지 피고들의 기사에 의해서도 명예훼손책임이 인정되지 않는다고 하였다.

이 글은 대상판결의 내용이 타당한지 검토하려고 한다. 그런데 피고 1을 제외한 나머지 피고들은 피고 1의 트위터 게시글을 인용하거나 이와 관련된 글을 게재한 것이므로, 피고 1의 트위터 게시글에 대한 판단을 중심으로 살펴본다. 또한 본 사건에서는 명예훼손 외에 모욕이나 인신공격적 표현에 의한 불법행위책임이 인정되는지도 문제되었으나, 이 글에서는 명예훼손책임을 중심으로 검토하기로 한다.

대상판결의 사안에서 우선 문제되는 점은 피고 1의 트위터 게시글 내용이 사실 적시와 의견 표명 중 어디에 해당하는가 하는 것이다. 사실을 적시한 경우만 명예훼손책임이 인정되므로, 피고 1의 글 내용이 의견 표명에 해당하면 명예훼손책임이 문제되지 않기 때문이다. 그리고 본 사안은 원고들이 대중적으로 널리 알려져 있는 사람이고, 문제된 피고 1의 글 내용이 원고들의 정치적 이념에 관한 것이라는 특징이 있다. 이는 본 사안의 표현이 공적인 관심사에 대한 것임을 의미하는데, 이러한 점은 명예훼손 행위의 위법성 판단에 중대한 영향을 미칠 수 있다. 이와 관련하여 공직자, 공적 인물에 대한 명예훼손에 관한 법리를 살펴본 다음, 이에 관한 대상판결의 내용이 타당한지 검토하기로 한다.

## Ⅱ. 피고 1의 글이 사실 적시인지 의견 표명인지?

### 1. 서 설

명예훼손책임에 의해 보호되는 명예는 외적 명예, 즉 개인에 대한 사회적 평가를 의미한다고 이해되고 있다.[10] 우리 판례도 "민법 제764조에서 말하는 명예란 사람의 품성, 덕행, 명성, 신용 등 세상으로부터 받는 객관적인 평가"이고, "명예를 훼손한다는 것은 그 사회적 평가를 침해하는 것"이라고 한다.[11]

형법은 명예훼손죄와 모욕죄를 나누어 규정하면서, 명예훼손죄가 성립하기 위해서는 사실을 적시할 것을 요구한다(형법 제307조 내지 제309조). 사실을 적시하지 않은 경우 명예훼손죄는 성립할 수 없고, 모욕죄(형법 제311조)가 성립할 수 있을 뿐이다. 민사상으로도 명예훼손이 되기 위해서는 사실 적시가 필요하다고 이해되고 있다.[12] 따라서 어떠한 진술에 대해 명예훼손 책임을 인정하려면, 우선 그 진술이 사실을 적시하는 것으로 인정되어야 한다.

이와 관련하여, 표현의 자유는 필연적으로 의견의 자유를 전제로 하며,[13] 사실 적시와 의견 표명의 구별이 필요한 것은 그에 따라 법적 보호의 정도가 달리 취급되기 때문이라고 설명된다.[14] 또한 사실은 참·거

---

10) 박용상, 명예훼손법, 현암사, 2008, 47면. 외적 명예는 내적 명예(사람이 가지는 인격의 내적 가치 그 자체), 명예감정(자신의 인격적 가치에 대한 자기 스스로의 주관적인 평가 내지 감정)과 구별된다고 설명한다.

11) 대법원 1988. 6. 14. 선고 87다카1450 판결.

12) 대법원 2000. 7. 28. 선고 99다6203 판결(단순한 의견 개진만으로는 상대방의 사회적 평가가 저해된다고 할 수 없으므로, 의견 또는 논평의 표명이 사실의 적시를 전제로 하지 않은 순수한 의견 또는 논평일 경우에는 명예훼손으로 인한 손해배상책임은 성립되지 아니한다); 대법원 2004. 2. 27. 선고 2001다53387 판결(언론의 보도에 의한 명예훼손이 성립하려면 피해자의 사회적 평가를 저하시킬 만한 구체적인 사실의 적시가 있어야 한다) 등. 대상판결의 다수의견은 민법상 명예훼손·모욕을 형법상 명예훼손·모욕과 동일하게 보는 것이 법률용어의 일관성과 법체계의 통일성 관점에서 바람직하다고 지적한다.

13) 박용상, 표현의 자유, 현암사, 2002, 44면.

14) 박용상(주 13), 158면. 의견의 표현은 원칙적으로 합헌성의 추정을 받아 널리 보호된다고 한다.

짓을 가릴 수 있으나 의견은 참·거짓을 가릴 수 없으므로, 사실과 의견의 구별문제는 전통적으로 진실 항변과 관련되어 왔다고 한다.[15] 즉 의견은 진실하다는 입증이 불가능하므로, 의견을 사실과 구분하여 특별한 배려를 하지 않으면 의견 표명의 위법성조각이 사실상 봉쇄되어 표현의 자유가 심각하게 제약될 우려가 있다고 한다.[16]

### 2. 사실과 의견의 구별기준

#### 가. 미국의 경우[17]

미국에서 사실과 의견의 구별기준을 제시한 대표적인 판결로는 1984년 컬럼비아 특별구 연방항소법원의 Ollman 판결[18]과 1990년 연방대법원이 선고한 Milkovich 판결[19]이 있다.

Ollman 판결은 어떠한 진술이 사실인지 의견인지 판단하기 위해서는 그 진술이 행해진 상황 전체를 분석해야 한다고 하면서, 이를 위해 고려할 4가지 요소로 ① 언어의 통상적 용법 또는 의미, ② 진술의 입증가능성, ③ 진술의 전체적인 문맥(context), ④ 진술이 나타난 더 넓은 맥락 또는 배경 등을 제시하였다.

반면에 Milkovich 판결은 해당 사건에서 문제된 피고 칼럼의 진술들이 사실 주장을 내포한다고 하면서, 그 주요한 논거 중 하나로 그 진술의 진위가 입증될 수 있는 점을 제시하였다.[20] Milkovich 판결에 대해서는, 종래의 '의견 대 사실'이라는 구분기준 대신에 '사실이 아닌 것(non-fact) 대

15) 전원열, "명예훼손 불법행위에 있어서 위법성 요건의 재구성", 서울대학교 대학원 박사학위논문(2001. 7), 203면.

16) 김경환, "의견에 의한 명예훼손(Ⅰ)", 언론관계소송, 한국사법행정학회, 2007, 207면.

17) 이에 대한 자세한 내용은 권태상, "사실과 의견의 구별", 민사판례연구 제36권, 박영사, 2014, 713-720면 참조.

18) Ollman v. Evans, 750 F. 2d 970(D. C. Cir. 1984)(en banc), cert. denied, 471 U. S. 1127(1985).

19) Milkovich v. Lorain Journal Co., 497 U. S. 1(1990).

20) 다른 논거로는 ① Milkovich가 위증했다고 칼럼이 진지하게 주장한다는 인상을 없앨 헐겁고(loose), 비유적인(figurative) 또는 과장된(hyperbolic) 언어를 사용하지 않은 점, ② 칼럼의 전반적 취지도 이러한 인상을 없애지 못하는 점 등을 들었다.

사실(fact)'의 구분을 취했다거나,[21] 진술의 객관성과 입증가능성에 우선을 두는 접근방법을 취했다고 평가된다.[22]

### 나. 우리나라의 경우

사실과 의견의 구별기준에 대해서, 우리나라 판례는 미국 Ollman 판결이 제시한 4가지 요소와 유사한 기준을 제시하고 있다.

민사판결 중 사실과 의견의 구별기준을 명시적으로 처음 언급한 판결은 대법원 1999. 2. 9. 선고 98다31356 판결이다.[23] 이 판결은 사실 적시와 의견 또는 논평 표명의 구별을 위해서는 "(1) 당해 기사의 객관적인 내용과 아울러 일반의 독자가 보통의 주의로 기사를 접하는 방법을 전제로 (1-1) 기사에 사용된 어휘의 통상적인 의미, (3) 기사의 전체적인 흐름, 문구의 연결 방법 등을 기준으로 하여 판단하여야" 하고, "(4) 당해 기사가 게재된 보다 넓은 문맥이나 배경이 되는 사회적 흐름 등도 함께 고려하여야" 한다고 하였다.[24] 이러한 기준에 의하여 "(2) 증거에 의하여 그 진위를 결정하는 것이 가능한 타인에 관한 특정의 사항"을 주장하는 것이라고 이해된다면 그 부분은 사실을 적시하는 것으로 보아야 한다고 하였다.

대법원 2011. 9. 2. 선고 2009다52649 전원합의체 판결[25]도 "사실적 주장이란 가치판단이나 평가를 내용으로 하는 의견표명에 대치되는 개념

---

21) 전원열(주 15), 212면(종전에는 어떤 발언이 의견이냐 아니냐를 먼저 판단하는 것으로 되어 있었으나, 이 판결에 의하면 사실이냐를 먼저 판단하여야 한다고 함); 한위수, "논평과 명예훼손," 민사법학 제21호(2002. 3.), 304면.

22) 신평, 한국의 언론법, 높이깊이, 2014, 482면.

23) 형사판결 중에는 대법원 1996. 11. 22. 선고 96도1741 판결이 사실과 의견의 구별기준을 처음으로 언급하였다.

24) 괄호 속에 번호는 필자가 임의로 붙인 것인데, Ollman 판결이 제시한 4가지 요소에 대응하는 숫자로 표시하였다. 이하의 판결에서도 동일하다.

25) 이 판결에서는 문화방송의 "미국산 쇠고기, 광우병에서 안전한가"라는 제목의 "PD수첩" 프로그램 내용이 문제되었다. 다수의견은 문제된 보도(개정된 미국산 쇠고기 수입위생조건에서는 광우병 위험물질이 국내에 들어오거나 미국에서 인간광우병이 발생하더라도 우리 정부가 독자적으로 어떤 조치를 취할 수 없고 미국 정부와 협의를 거쳐야 한다, 우리 정부가 미국산 쇠고기 수입위생조건 협상 당시 미국의 도축시스템에 대한 실태를 파악하고 있었는지 의문이다)를 모두 의견 표명으로 보았다.

으로서 (2) 증거에 의하여 그 존재 여부를 판단할 수 있는 사실관계에 관한 주장을 말한다."고 하였다. 그리고 "(1) 당해 원보도의 객관적인 내용과 아울러 일반의 시청자가 보통의 주의로 원보도를 접하는 방법을 전제로, (1-1) 사용된 어휘의 통상적인 의미, (3) 전체적인 흐름, 문구의 연결방법뿐만 아니라 (4) 당해 원보도가 게재한 문맥의 보다 넓은 의미나 배경이 되는 사회적 흐름 및 (5) 시청자에게 주는 전체적인 인상[26]도 함께 고려하여야 할 것이라고 하였다.[27]

이와 달리 대법원 2002. 12. 24. 선고 2000다14613 판결은 여러 요소를 병렬적으로 나열하였다. 즉 기사 중의 어떤 표현이 사실의 적시인가 의견의 진술인가를 가리기 위하여는 "(1) 당해표현의 문언과 함께 (3) 그 기사 전체의 취지, (4) 배경이 된 사회적 흐름과의 연관하에서 당해 표현이 갖는 의미를 살펴 판단하여야 하고 또한, (2) 그 표현이 진위를 결정하는 것이 가능한지의 여부도 살펴보아야 한다."고 하였다.[28]

한편 사실과 의견을 구별하는 다른 기준도 제시되었는데, 이는 원보도와 정정보도문(반론보도문)을 비교하는 방법이다. 이러한 방법에 의하면, 원보도와 정정보도문이 서로 다른 구체적인 경과를 알리거나 상황을 묘사하는 내용의 것이라면 원보도가 일응 사실적 주장에 해당하는 것이라고 할 수 있으나, 정정보도문의 내용이 새로운 사정을 알리려는 것이 아니라 단지 원보도를 재구성하는 것이라면 그 원보도는 의견의 표명에 그치는 것이라고 할 수 있다고 한다.[29]

### 다. 검　　토[30]

Ollman 판결이 제시한 기준은 우리나라 판례에도 영향을 끼치고 있

---

26) 신평(주 22), 515-516면은 "(5) 독자에게 주는 전체적인 인상"이라는 요소가 Ollman 판결의 ③요소 또는 ④요소에 완전히 포섭될 수 있으므로 특별히 새로운 기준을 설정하려고 하는 것은 아니라고 한다.

27) 이러한 기준을 설시한 대법원 2006. 2. 10. 선고 2002다49040 판결을 인용하였다.

28) 대법원 2003. 8. 22. 선고 2003다9780 판결도 이와 동일하게 판시하였다.

29) 대법원 2006. 2. 10. 선고 2002다49040 판결; 대법원 2011. 9. 2. 선고 2009다52649 전원합의체 판결의 반대의견 등.

30) 이는 권태상(주 17), 729-731면을 기초로 수정, 보완한 것이다.

다. 그러나 Ollman 판결의 4가지 요소를 병렬적으로 적용하는 방법은 바람직하다고 평가하기 어렵다. 사실과 의견의 개념에 부합하지 않는 결과를 초래할 수 있기 때문이다.

우리 판례에 나타난 사실과 의견의 개념은 다음과 같다. 대법원 2006. 2. 10. 선고 2002다49040 판결은 "객관적으로 입증 가능하고 명확하며 역사성이 있는 것으로서 외부적으로 인식 가능한 과정이나 상태를 포함하여 원보도의 보도 대상이 된 행위자의 동기, 목적, 심리상태 등이 외부로 표출된 것이라면 이를 사실적 주장이라고 판단할 수 있을 것이다."라고 하였다. 그리고 대법원 2011. 9. 2. 선고 2009다52649 전원합의체 판결은 "사실적 주장이란 가치판단이나 평가를 내용으로 하는 의견표명에 대치되는 개념으로서 증거에 의하여 그 존재 여부를 판단할 수 있는 사실관계에 관한 주장"이라고 하였다.

그런데 Ollman 판결의 기준에 의하면, 입증가능성 요건을 충족하더라도 의견으로 인정되거나[31] 입증가능성 요건을 충족하지 못하더라도 사실로 인정될 가능성이 존재한다. 사실과 의견의 개념을 고려하면, 사실과 의견은 입증가능성이라는 하나의 기준에 의해 구별하는 것이 바람직하다.[32]

그런데 입증가능성이라는 기준을 적용하기에 앞서 입증가능성을 판단하는 대상인 진술을 확정하는 단계가 필요하다. 이에 대해서는, Ollman 판결이나 우리 판례가 제시한 요소들 중 입증가능성을 제외한 요소들이 적용될 수 있을 것이다. 다만, 이 경우 당해 진술 자체에 관한 요소(객관적 내용, 사용된 어휘)와 당해 진술에 관련된 직접적 문맥(전체적인 흐름, 문구의 연결방법)을 중시해야 하고, 보다 넓은 문맥이나 배경이 되

---

31) Milkovich 판결은 문제된 진술을 사실로 판단하였다. 그러나 오하이오주 대법원은 Ollman 판결의 기준에 따라, 동일한 진술이 입증가능성 요건을 충족하지만 의견에 해당한다고 판단하였다. Scott v. News-Herald, 25 Ohio St.3d 243 (1986).

32) 앞에서 살펴본 대법원 1999. 2. 9. 선고 98다31356 판결, 대법원 2006. 2. 10. 선고 2002다49040 판결, 대법원 2011. 9. 2. 선고 2009다52649 전원합의체 판결도 이러한 입장이라고 평가할 수 있다. 이와 관련하여, 전원열(주 15), 239-240면은, 사실과 의견의 구별문제는 그 발언에서 검증가능한 사실을 먼저 골라내는 식으로 해결하여야 한다고 주장한다. 김경환(주 16), 226-227면도 같은 입장을 취한다.

는 사회적 흐름[33]은 간접적으로만 고려해야 할 것이다.

### 3. 대상판결의 내용

#### 가. 다수의견

대상판결의 다수의견은 이 사건 표현행위의 의미를 객관적으로 확정할 경우 사실 적시가 아니라 의견 표명으로 볼 여지가 있다고 하였다.

다수의견은 사용된 어휘의 통상적인 의미에 대하여 다음과 같이 판단하였다.

① '종북'이라는 표현에 대해서는, '주체사상을 신봉하고 대한민국의 정체성과 정통성을 부정하는 반국가·반사회 세력'이라는 의미부터 '북한에 우호적인 태도를 보이는 사람들', '정부의 대북강경정책에 대하여 비판적인 견해를 보이는 사람들'이라는 의미에 이르기까지 다양하게 사용되고 있다고 하였다. 그리고 시대적, 정치적 상황에 따라 이 용어 자체가 갖는 개념과 포함하는 범위도 변하고, 또한 평균적 일반인뿐만 아니라 그 표현의 대상이 된 사람이 이 용어에 대하여 느끼는 감정 또는 감수성도 가변적일 수밖에 없으므로 '종북'의 의미를 객관적으로 확정하기가 어렵다고 하였다.

② '주사파'라는 용어에 대해서도, 과거 대법원 2002. 12. 24. 선고 2000다14613 판결은 이 용어를 사용한 기사가 문제된 사건에서 사실 적시에 의한 명예훼손이 인정된다고 판단한 바 있으나, 이후 십여 년 이상 지나는 동안 민주주의 정치체제가 발전하고, 그동안 표현의 자유가 계속 확대되어 온 시대적, 정치적 상황을 고려하면, '주사파'라는 용어에 대한 평가도 달라져야 한다고 하였다. 그리고 이 사건에서 '주사파'라는 용어는 '종북'이라는 용어와 병렬적으로 사용되어 통합진보당의 운영이나 제19대 국회의원 선거 비례대표 경선 과정을 둘러싸고 원고들이 취한 정치적 행보나 태도를 비판하기 위한 수사학적 과장이라고 볼 수도 있다고 하였다.

---

33) 이와 관련하여 Ollman 판결은 글이나 발언의 유형에 따라 관습적으로 어떠한 진술이 사실 또는 의견에 해당할 가능성이 달라진다는 점만 언급하였다.

③ '경기동부연합'이라는 표현에 대해서는 특별히 판단하지 않았다.

다만 다수의견은 종북이나 주사파와 같은 표현에 사실의 적시가 없다고 하여 명예훼손책임을 부정하더라도 모욕이나 인신공격적 표현도 불법행위가 될 수 있기 때문에, 모욕 등을 이유로 하여 불법행위책임이 인정되는지 여부에 관해서는 다시 면밀하게 심리해야 한다고 하였다.[34)]

나. 반대의견

반대의견은 이 사건 표현행위를 사실 적시로 본 원심의 판단이 옳다고 하였다.

① 반대의견은 피고 1이 22회에 걸쳐 게시한 트위터 글은 '종북 주사파' '주사파 경기동부(연합)' '경기동부(연합)의 종북담론' 등 위 3개의 단어들을 결합하여 사용하였고, 이와 더불어 특정 정당명 및 관련자들의 실명을 거론하는 등 구체적인 사실관계를 적시하고 있다고 지적하였다.

그리고 원심은 적법한 사실인정을 기반으로 종북, 주사파, 경기동부연합이라는 단어들이 각 게시글에서 사용된 표현의 문언과 함께 기사 전체의 취지, 배경이 된 사회적 흐름과의 연관 하에서 전체적으로 사실 적시 여부를 판단하여 사실 적시가 인정되는 게시글과 부정되는 게시글을 구분하였고, 비판이나 과장으로 치부할 수 없는 부분에 대하여만 명예훼손을 인정하였다고 하였다.

② 대법원 2002. 12. 24. 선고 2000다14613 판결은 '주사파'라는 용어를 사용한 기사에 대해 사실 적시에 의한 명예훼손을 인정하였는데, 다수의견은 이 판결과 배치된다고 지적하였다. 이 대법원 2000다14613 판결은 '주사파'라는 표현이 순수 의견으로 보이는 외관을 가지고 있지만, 문제 된 기사를 전체적으로 보면 진위를 가릴 수 있는 사실 적시로 보는 것이 타당하다고 판단하였는데, 이 사건도 위 대법원판결과 같은 구조를

---

34) 이때에도 이 사건 표현행위가 정치적·이념적 논쟁 과정에서 이루어진 것이라는 점을 고려하여 이에 대해 도덕적 또는 정치적 책임을 묻는 것을 넘어서 법적 책임까지 인정할 것인지는 표현의 자유를 어느 정도로 보장할 것인지를 고려하여 신중을 기해 판단해야 한다고 하였다.

갖고 있다고 하였다.[35)]

③ 반대의견은 다수의견에 판단의 기준시점을 그르친 잘못이 있다는 점도 지적하였다. 우선 특정 표현이 사실 적시인지를 판단할 때 배경이 된 사회적 흐름과의 연관 하에서 당해 표현이 갖는 의미를 살펴야 하고, 사실 적시인지 여부의 판단은 그 표현이 사용된 시점을 기준으로 하여 당시의 사회적인 배경과 흐름을 살펴야 한다고 하였다. 그리고 이 사건 표현행위들은 6년 전 소위 보수정권으로 평가되는 당시 정부와 피고들이 표방하는 정치이념이 국회 다수당을 점하고 있던 상황 하에서 제19대 국회의원선거를 앞둔 시점에 행해졌는데, 당시 집권세력과 다수가 소수의 정치세력을 공격하기 위해 이 사건 표현행위들을 했다는 맥락을 고려해야 할 것이라고 하였다.

④ 반대의견은 원심의 결론이 정정보도를 명한 부분에 압축되어 있다고 하였다. 원심은 "위 피고들이 원고들은 종북·주사파 단체인 경기동부연합에 속해 있고, 원고들 또한 주사파라고 표현하였으나, 원고 1, 원고 2가 이적단체로서의 경기동부연합에 속해 있다거나, 김일성의 주체사상을 신봉하는 주사파라고 확인되지 않았으므로 이를 바로잡습니다."라는 정정보도를 하도록 명하였다.

### 4. 검 토

#### 가. 피고 1의 글이 어떤 의미의 진술인지

위에서 살펴본 사실과 의견의 구별기준에 따라 본 사안을 검토하면, 먼저 문제된 진술이 어떤 의미의 진술인지 확정해야 한다.

첫째, 당해 진술 자체의 객관적 내용, 사용된 어휘에 대해 살펴보면

35) 반대의견은 전국민주노동조합총연맹의 투쟁방법을 '공산게릴라식 빨치산전투'라고 표현한 언론사의 기사에 대해 명예훼손으로 판단한 대법원 2002. 1. 22. 선고 2000다37524, 37531 판결도 같은 구조라고 하였다. 그러나 이 판결은 위 표현에 대해 "그 비유가 지나치고 감정적이고도 모멸적인 언사에 해당하여 이러한 모욕적인 표현까지 언론의 자유라는 이름 아래 보호받을 수는 없을 것이다."라고 하며 불법행위책임을 인정한 것이다.

다음과 같다. 다수의견은 이 사건 표현행위들에서 사용된 어휘의 통상적인 의미에 주목하여 '종북'이라는 표현은 그 의미를 객관적으로 확정하기 어렵고, '주사파'라는 표현은 원고들이 취한 정치적 행보나 태도를 비판하기 위한 수사학적 과장으로 볼 수도 있다고 하였다.

다수의견이 지적한 바와 같이 '종북'이라는 표현은 다양한 의미를 가질 수 있다. 그러나 실제로 이 표현이 문제된 개별 사안을 살펴보면, 북한을 무비판적으로 추종하는 태도를 가리키는 좁은 의미로 사용되는 경우가 많아 보인다.[36)]

그리고 '주사파'라는 표현은 비교적 명확한 의미를 갖고 있는 것으로 보인다. 반대의견이 지적하는 바와 같이 '주사파'라는 용어는 북한 김일성의 주체사상을 지도이념과 행동지침으로 내세우면서 북한의 남한혁명노선이라고 하는 민족해방민중민주주의 혁명론을 추종하는 집단이라는 의미를 갖고 있다.

대법원 2002. 12. 24. 선고 2000다14613 판결이 '주사파'라는 용어를 사용한 기사에 대해 사실 적시에 의한 명예훼손을 인정한 것도 이러한 점을 고려했다고 할 수 있다. 다수의견은 이 판결이 선고된 이후 십여 년 이상 지나는 동안 민주주의 정치체제가 발전하고, 그동안 표현의 자유가 계속 확대되어 온 시대적, 정치적 상황[37)]을 고려하면 '주사파'라는 용어에 대한 평가도 달라져야 한다고 지적한다. 그러나, 비교적 명확한 의미를 갖는 용어에 대해 평가라는 방법에 의해 그 의미를 다르게 파악

36) 이정기, "'종북' 관련 판례의 특성과 판례에 나타난 법원의 표현의 자유 인식", 미디어와 인격권 제2권 제1호(2016), 235-236면은 대상판결 이전의 법원 판결들에서 종북이라는 개념이 협의의 개념으로 인식되었다고 설명한다.

이러한 의미의 종북 표현은 일종의 혐오표현으로 볼 수도 있다. 임재형 · 김재신, "한국사회의 혐오집단과 관용에 대한 경험적 분석", OUGHTOPIA(경희대학교 인류사회재건연구원) 제29권 제1호(2014. 5.), 159면은 2013년 5~6월에 실시한 설문조사에서 한국사회 구성원들이 가장 싫어하는 집단 1위는 종북세력이라고 소개한다.

37) 오현정, "'종북' 관련 표현에 대한 민사상 명예훼손 책임을 부인한 판결", 민주사회를 위한 변론 제112호(2019), 299-300면은 이러한 전제사실이 타당하지 않다고 하면서, 보수성향의 이명박 정부에서 표현의 자유가 급격히 후퇴되었다고 지적한다.

하는 것은 바람직하지 않아 보인다.[38)]

한편 다수의견은 ‘경기동부연합’이라는 표현에 대해서 특별히 판단하지 않았는데, 이 부분은 사실 적시로 인정한 것으로 보인다.[39)] 이에 대하여 경기동부연합이라는 조직이 해당 표현이 있기 이전에 공식적으로 해체되었으므로, 이 표현은 북한에 대해 우호적이거나 동조하는 행위 내지 경향을 강하게 가진 사람들을 일컫는 것으로 의견에 가깝다는 견해[40)]도 있다. 그러나 이러한 견해는 그 개념과 범주가 한정되어 있는 단어의 의미를 지나치게 확대하려는 것이어서 받아들이기 어렵다.

둘째, 다수의견은 이 사건 표현행위들의 전체적인 흐름, 문구의 연결방법 등에 대해서는 언급하지 않았다.[41)] 오히려 다수의견은 원심에 대해서 원고들을 ‘종북 세력’이라고 한 부분, ‘주사파’라고 한 부분, ‘경기동부연합’에 속해 있다고 한 부분이 개별적으로 명예훼손에 해당한다고 판단하였다고 보았다.

그러나 반대의견이 지적하는 바와 같이, 피고 1의 글은 ‘종북’, ‘주사파’, ‘경기동부연합’이라는 단어들을 결합하여 사용하였다. 원심 역시 피고 1의 글에서 위 단어들을 병렬적으로 사용하고 있는 점을 지적하였다. 따라서 원심이 각 단어들에 대해 개별적으로 명예훼손에 해당한다고 본 다수의견의 판단 부분은 부당해 보인다.

피고 1의 글의 전체적인 흐름을 살펴보면, 그 핵심은 “원고들이 종북·주사파 조직인 경기동부연합에 속해 있고, 원고들이 종북·주사파에 해당한다.”는 것이다. 특히 “원고 1 남편 원고 2가 2004년 12월에 발표한 6·25 남침을 부정하는 〈국가보안법의 전제인 북한에 의한 무력남침, 적

---

38) 박범영·한효주, “명예훼손에 있어 사실과 의견의 구별론”, 법조 제65권 제5호(2016. 5.), 328-329면은 ‘파(派)’라는 표현에 주목하여 그러한 사람의 집단을 어떤 범위까지 인정할 것인지에 대해 평가자의 가치판단이 반영되므로 주사파라는 표현이 의견에 가깝다고 하나, 이는 지나치게 사실의 범위를 축소하는 것으로 보인다.

39) 다수의견은 원심이 이 사건 표현행위를 모두 사실 적시로 본 것은 타당하지 않다고 한 다음, 종북이라는 용어와 주사파라는 용어에 대해서만 언급하였다.

40) 박범영·한효주(주 38), 329면.

41) 오현정(주 37), 298면도 이러한 취지로 다수의견을 비판한다.

화통일론의 허구성〉이란 논문, 이게 주사파 경기동부의 입장이지요."라고 하는 등 이와 관련된 구체적 사실도 적시되어 있다. 그리고 전체적인 문맥을 고려하면, '종북'이라는 표현도 피고 1의 글에서는 '주사파'와 유사한 용어로 사용되었다고 할 수 있다.

나. 입증가능성 기준의 적용

이상에서 살펴본 바와 같이, 피고 1의 글이 갖는 의미는 원고들이 종북·주사파 조직인 경기동부연합에 속해 있고, 원고들이 종북·주사파에 해당한다는 것이다. 이에 대하여 입증가능성 기준을 적용하면 다음과 같다.

원고들이 경기동부연합에 속해 있는지 여부는 그 진위를 입증하는 것이 가능한 사항으로 보인다. 반대의견과 원심이 언급한 바와 같이, 관련된 국가보안법 위반 사건, 내란음모 사건 등의 수사나 재판 과정에서도 실제로 이러한 사항에 대한 입증이 행해지고 있다.

경기동부연합이 종북·주사파 조직인지 여부, 그리고 원고들이 종북·주사파인지 여부도 역시 그 진위를 입증하는 것이 가능하다고 보아야 할 것이다. 종북·주사파인지 여부는 정치적 이념에 관한 것이므로 이를 입증하는 것이 가능한지 의문이 제기될 수도 있다. 그런데 아래에서 언급하는 대법원 2002. 1. 22. 선고 2000다37524, 37531 판결은 공적인 존재의 정치적 이념에 관한 표현행위에 대해서 명예훼손의 위법성조각 요건 중 진실성·상당성에 대한 입증 부담을 완화해 주어야 한다고 하였는데, 이는 정치적 이념에 대한 표현행위가 사실 적시에 해당함을 전제로 한 것이라고 할 수 있다.

이 판결은 정치적 이념에 관한 의혹의 제기나 주관적인 평가를 내릴 수도 있는 구체적 정황의 제시로 입증의 부담을 완화해 주어야 한다고 하면서, "그러한 구체적 정황을 입증하는 방법으로는 그들이 해 나온 정치적 주장과 활동 등을 입증함으로써 그들이 가진 정치적 이념을 미루어 판단하도록 할 수 있고, 그들이 해 나온 정치적 주장과 활동을 인정함에 있어서는 공인된 언론의 보도내용이 중요한 자료가 될 수 있으며, 여기에 공지의 사실이나 법원에 현저한 사실도 활용할 수 있다."고 하였는데, 이러한 방법으로 정치적 이념에 관한 입증도 행해질 수 있을 것이다. 특히 피고 1의 글에서는 원고 2가 발표한 논문을 언급하고 있는데, 이 논문의 내용을 살펴보는 등의 방법에 의해서도 입증이 행해질 수 있을 것이다.

### 다. 소 결

피고 1의 글은 사실 적시에 해당하는 것으로 보아야 할 것이다. 비록 그 내용이 정치적 이념에 관한 것이어서 사실인지 의견인지 판단하는 것이 다소 불확실해지는 점은 있으나, 위에서 언급한 구별 기준에 의하면 사실 적시로 보아야 할 것이다.[42]

피고 1의 글을 정정보도문과 비교하는 방법에 의해도 이를 사실로 보아야 할 것이다. 원심이 명한 정정보도의 내용은 다음과 같다. "위 피고들이 원고들은 종북·주사파 단체인 경기동부연합에 속해 있고, 원고들 또한 주사파라고 표현하였으나, 원고 1, 원고 2가 이적단체로서의 경기동부연합에 속해 있다거나, 김일성의 주체사상을 신봉하는 주사파라고 확인되지 않았으므로 이를 바로잡습니다." 이 정정보도문의 내용은 단지 피고 1의 글을 재구성하는 것이 아니라, 피고 1의 글과 다른 구체적인 경과를 알리거나 상황을 묘사하여 새로운 사정을 알리는 것이므로, 피고 1의 글은 사실적 주장이라고 보아야 할 것이다.

## Ⅲ. 피고 1의 글이 공적 인물에 대한 표현이어서 위법성이 조각되는지 여부

### 1. 미국의 공적 인물에 대한 명예훼손 법리[43]

### 가. 공직자에 관한 현실적 악의(actual malice) 법리

보통법에 의하면, 명예훼손에는 엄격 책임(strict liability)이 부과되었다.[44] 피고는 그 진술의 진실성을 입증하여 책임에서 벗어날 수 있었지

42) 권영준, "2018년 민법 판례 동향", 서울대학교 법학 제60권 제1호(2019. 3.), 350면은 피고들의 표현행위에 사실 적시의 요소가 없다고 말하기는 어렵다고 하면서, 다수의견 역시 피고들의 표현행위에 사실 적시의 요소가 없다는 입장을 강하게 고수하지는 않았다고 지적한다.

43) 이에 대한 자세한 내용은 권태상, "공적 인물에 대한 명예훼손", 비교사법 제22권 제2호(2015. 5.), 631-640면 참조.

만,[45] 진실성과 허위성이 모호하거나 진실성의 입증이 어려운 경우 손해배상책임을 부담해야 했다.

공직자에 대한 명예훼손과 관련하여, 1964년 연방대법원의 뉴욕 타임즈 판결[46]은 이른바 현실적 악의 법리를 설시하였다. 이 판결은 공무상 행동에 대한 비판에 사실관계상 오류[47]나 명예훼손적 내용이 포함되었다고 하여도 그에 대한 헌법상 보호가 배제되지 않는다고 하면서 다음과 같은 현실적 악의 법리를 설시하였다. "헌법적 보장들에 의하면, 공직자(public official)는 그의 공무상 행동에 관한 명예훼손적 거짓 진술에 대하여 그 진술이 현실적 악의(actual malice)에 의하여 - 즉 그것이 허위라는 것을 알거나 그것이 허위인지 여부에 대하여 무모하게 무시하고 - 행해졌다는 것을 입증하지 못하는 한 손해배상을 받을 수 없다는 연방 원칙이 요구된다."

같은 해에 선고된 연방대법원의 Garrison 판결[48]은 공직자의 적격성(fitness for office)에 대한 진술에도 현실적 악의 기준이 적용된다고 하여, 현실적 악의 기준의 적용 범위를 넓게 확장하였다.[49]

### 나. 공적 인물(public figure)에 관한 현실적 악의 법리

공적 인물에게도 현실적 악의 원칙이 적용되어야 한다는 의견은 1967년 연방대법원 판결[50]의 별개의견에서 제시되었다. 여기에서 Warren

---

44) Restatement, Second, Torts § 580B, Comment b.

45) Restatement, Second, Torts § 581A.

46) New York Times Co. v. Sullivan, 376 U.S. 254 (1964).

47) 잘못된 진술도 자유 토론에서 불가피하고, 표현의 자유가 숨 쉴 공간(breathing space)을 갖기 위해서는 이러한 진술도 보호해야 한다는 이전의 판결을 인용하였다.

48) Garrison v. Louisiana, 379 U.S. 64 (1964).

49) 문재완, "공인에 대한 명예훼손", 법조 제51권 제8호(2002. 8), 226면은 이 판결에 의해 '공무에 대한 비판'이라는 요건이 사실상 제거되었다고 평가한다.

50) Curtis Publishing Co. v. Butts, 388 U.S. 130 (1967). 이 판결에서는 공적 인물에 대한 명예훼손에 적용될 기준으로, 상당히 비합리적인 행동 기준(대법관 4명의 의견), 현실적 악의 기준(대법관 3명의 의견), 절대적인 면책(대법관 2명의 의견)이 제시되었다. 즉 대법관 9명 중 5명이 현실적 악의 또는 그보다 강한 기준을 요구하였다. 그러므로 이후의 하급심 판결들은 이 판결이 공적 인물에 대한 명예훼손에 현실적 악의 기준을 요구했다고 받아들였다. Rodney A. Smolla, Law of Defamation,

대법관은 현대사회에서 공적 인물도 사회에 영향력 있는 역할을 종종 맡는 점, 공적 인물도 미디어에 쉽게 접근할 수 있는 점, 공적 인물이 공적 쟁점과 사건에 관여하는 것에 대한 토론에 제약 없이 참여할 언론의 자유가 공직자의 경우와 마찬가지로 중요한 점, 공적 인물은 정치적 절차의 제한을 받지 않으므로 사회가 그들의 행동에 영향을 줄 수 있는 유일한 수단이 여론(public opinion)이라는 점 등을 그 근거로 제시하였다.

그런데 1971년 연방대법원 판결[51]의 다수의견[52]은, 사안이 공적 또는 일반적 흥미를 갖는 주제이면 현실적 악의 기준이 적용된다고 하면서, 수정헌법 제1조에 의한 표현의 자유 보장과 관련하여 공적 인물과 사적 인물을 구별하는 것은 의미가 없다고 하였다.

그러나 1974년 연방대법원의 Gertz 판결[53]은, 공적 인물에 대한 명예훼손에는 현실적 악의 기준이 적용되나, 사적 인물에 대한 명예훼손에는 현실적 악의 기준이 적용되지 않는다고 하였다.[54] 이 판결은 공직자, 공적 인물과 사적 개인 사이에는 다음과 같은 차이가 있다고 하였다.[55] 첫째 공직자와 공적 인물은 유효한 의사소통 수단에 접근하여 허위 진술에 대응할 현실적 기회를 사적 개인보다 많이 가지므로, 사적 개인이 더 피해를 입기 쉽다. 둘째 공직자가 되고자 하는 사람은 더 철저한 공중의 조사를 받을 위험을 감수하는 것이며, 공적 인물도 유사한 처지에 있다. 미디어는 공직자와 공적 인물이 위험에 자신을 자발적으로 노출하였다는 추정 하에 행위할 수 있지만, 이러한 추정은 사적 개인에 대해서는 정당화되지 않으므로, 사적 개인은 더 많은 구제를 받아야 한다.[56]

---

2d ed., 2015, §2:8.

51) Rosenbloom v. Metromedia Inc., 403 U.S. 29 (1971).

52) 대법관 3명의 의견이다. 이 판결에서는 8명의 대법관이 5개의 의견을 제시하였다.

53) Gertz v. Robert Welch, Inc., 418 U.S. 323 (1974).

54) 이 판결은 공적 또는 일반적 흥미기준에 대하여, 어떤 표현이 공적 또는 일반적 흥미 있는 쟁점을 다룬 것인지 여부를 사건별로 판사가 판단해야 하는 어려움을 발생시킨다고 비판하였다.

55) Smolla(주 50), §2:11은 이 판결이 공적 인물과 사적 인물을 구별하는 이분법(dichotomy)에 근거하였다고 평가한다.

56) 이 판결은 둘째 차이점이 더 중요하고, 이것이 공적 인물과 사적 인물을 구별하

### 2. 우리나라의 공적 인물에 대한 명예훼손 법리

#### 가. 명예훼손의 위법성에 관한 법리

우리나라의 경우 명예훼손의 위법성에 관한 법리가 확고하게 정립되어 있다. 이는 대법원 1988. 10. 11. 선고 85다카29 판결에서 선언되었는데, 그 내용은 타인의 명예를 훼손한 경우도 공공성 요건[57]과 진실성 또는 상당성[58] 요건을 충족하면 위법하지 않다는 것이다. 이러한 요건들에 대한 입증책임은 피고에게 있다고 인정된다.[59]

#### 나. 공적 사안과 사적 사안에 적용되는 심사기준의 구별

헌법재판소 1999. 6. 24.자 97헌마265 결정은, 공적 사안과 사적 사안에 적용되는 심사기준에 차이를 두어야 한다는 법리를 설시하였다. 이후 대법원도 이러한 법리를 수용하였다. 대법원 2002. 1. 22. 선고 2000다37524, 37531 판결은, 전국민주노동조합총연맹(민노총) 등을 공격하는 내용의 월간지 기사가 문제된 사건에서, 위 헌법재판소 결정의 내용을 인용하면서 다음과 같이 판시하였다.

> "언론·출판의 자유와 명예보호 사이의 한계를 설정함에 있어서 표현된 내용이 사적 관계에 관한 것인가 공적 관계에 관한 것인가에 따라 차이가 있다는 점도 유의해야 한다. 즉 당해 표현으로 인한 피해자가 공적 존재인지 사적인 존재인지, 그 표현이 공적인 관심사안에 관한 것인지 순수한 사적인 영역에 속하는 사안에 관한 것인지, 그 표현이 객관적으로 국민이 알아야 할 공공성·사회성을 갖춘 사안에 관한 것으로 여론형성이나 공개토론에 기여하는 것인지 등을 따져보아 공적 존재에 대한 공적 관심사안과 사적인 영역에 속하는 사안 간에는 심사기준에 차이를 두어야 한다. 당해 표현

---

도록 하는 규범적 고려라고 하였다.

57) "공공의 이해에 관한 사항으로서 그 목적이 오로지 공공의 이익을 위한 것"

58) "진실이라는 증명이 없더라도 행위자가 그것을 진실이라고 믿을 상당한 이유가 있는 경우"

59) 대법원 1998. 5. 8. 선고 97다34563 판결 등. 그러나 문제된 발언이 공공문제에 관한 것임을 피고가 주장입증하면, 그 발언내용이 진실임 또는 진실이라고 믿을 상당한 이유가 피고에게 있지 않았음을 원고가 주장입증해야 한다는 견해도 있다. 전원열(주 15), 271-272면.

이 사적인 영역에 속하는 사안에 관한 것인 경우에는 언론의 자유보다 명예의 보호라는 인격권이 우선할 수 있으나, 공공적·사회적인 의미를 가진 사안에 관한 것인 경우에는 그 평가를 달리하여야 하고 언론의 자유에 대한 제한이 완화되어야 한다. 그리고 피해자가 당해 명예훼손적 표현의 위험을 자초한 것인지 여부도 또한 고려되어야 한다."

### 다. 공직자에 대한 명예훼손 법리

공직자에 대한 명예훼손에 관해서는, 2003년에 선고된 판결들을 통해 다음과 같은 법리가 선언되었다. 대법원 2003. 7. 8. 선고 2002다64384 판결은 공직자의 도덕성, 청렴성에 관한 진술에 대한 법리를 선언하였고, 대법원 2003. 7. 22. 선고 2002다62494 판결은 공직자의 업무처리에 관한 진술에 대한 법리를 선언하였다. 이후 대법원 2003. 9. 2. 선고 2002다63558 판결[60]은 앞선 판결들의 법리를 결합하여 다음과 같은 일반적 법리를 선언하였다.

"특히 공직자의 도덕성, 청렴성이나 그 업무처리가 정당하게 이루어지고 있는지 여부는 항상 국민의 감시와 비판의 대상이 되어야 한다는 점을 감안하면, 이러한 감시와 비판기능은 그것이 악의적이거나 현저히 상당성을 잃은 공격이 아닌 한 쉽게 제한되어서는 아니 된다."

이후에는 이 법리에 따라 문제된 진술에 대한 손해배상책임을 부정한 판결들[61]들이 많이 선고되었다. 반면에 이 법리에 의하더라도 진술이 악의적이거나 현저히 상당성을 잃은 공격이라고 보아 손해배상책임을 인정한 판결들[62]도 있다.

대법원이 새롭게 정립한 공직자에 대한 명예훼손에 관한 법리가 명

---

60) 이 판결에서는, 대전법조비리 사건과 관련하여 대전 지역 검사들이 A변호사의 불법 로비 대가로 금품을 수수하였다는 사실 등을 적시한 방송 보도가 문제되었다.

61) 대법원 2004. 2. 27. 선고 2001다53387 판결; 대법원 2005. 1. 14. 선고 2001다28619 판결; 대법원 2012. 8. 23. 선고 2011다40373 판결; 대법원 2013. 6. 28. 선고 2011다40397 판결 등.

62) 대법원 2006. 5. 12. 선고 2004다35199 판결; 대법원 2007. 12. 27. 선고 2007다29379 판결; 대법원 2008. 11. 13. 선고 2008다53805 판결 등.

예훼손에 관한 기존 법리와 어떤 관계에 있는지에 대해서는, 견해가 대립하고 있다. 먼저 이 법리가 명예훼손의 위법성조각사유 중 상당성 요건을 완화시켜 준다고 보는 견해들[63]이 있다. 반면에 이 법리가 독자적인 위법성조각사유를 인정하는 것이라고 보는 견해들[64]도 있다.

이 법리에서 상당성이라는 용어가 사용되었지만, 이것이 진실이라고 믿을 상당한 이유가 있는지 여부에서 논의되는 상당한 이유와 같은 의미라고 단정하기는 어렵다. 그리고 이 법리의 의미를 살리기 위해서는 표현의 자유에 근거한 독자적인 위법성조각사유를 인정하는 것이 바람직하다. 이 법리에 의하여 독자적인 위법성조각사유를 인정하면, 기존의 상당성 법리에 의하여 위법성이 조각되지 않는 경우도 위법성을 조각시킬 수 있는 가능성이 있으므로, 공직자에 대한 진술을 더 넓게 보호할 수 있을 것이다.[65]

#### 라. 공적 인물에 대한 명예훼손 법리

우리나라의 경우 공적 인물에 관하여 공직자와 동일한 법리를 적용하고 있지는 않다. 그 대신 표현의 내용에 따라 특수한 법리를 발전시키고 있다.

위 대법원 2002. 1. 22. 선고 2000다37524, 37531 판결은 "공적인 존재의 정치적 이념"에 관한 표현에 대하여 특수한 법리를 선언하였다. 먼저 이 판결은 공적인 존재의 정치적 이념에 대한 의문이나 의혹은 광범위하게 문제제기가 허용되어야 한다고 하였다. 즉 "당해 표현이 공적인 존재의 정치적 이념에 관한 것인 때에는 특별한 의미가 있다. 그 공적인 존재가 가진 국가·사회적 영향력이 크면 클수록 그 존재가 가진 정치적

---

63) 윤재윤·함석천, 언론분쟁과 법, 청림출판, 2005, 59면; 신평(주 22), 432-433면.

64) 문병찬, "명예훼손과 판례상의 면책심사기준", 재판과 판례(대구판례연구회), 제13집(2005. 1.), 51면; 한위수, "명예훼손에 특유한 위법성조각사유에 대한 고찰", 사법 창간호(2007. 9.), 69면(악의적이거나 현저히 상당성을 잃은 공격에 해당되는지 여부는 진실이라고 믿은 데 상당한 이유가 있는지 여부와 일치하지 않는다고 지적함).

65) 문병찬(주 64), 52면도 이러한 방법으로 언론의 자유를 최대한 보장할 수 있다고 한다.

이념은 국가의 운명에까지 영향을 미치게 된다. 그러므로 그 존재가 가진 정치적 이념은 더욱 철저히 공개되고 검증되어야 하며, 이에 대한 의문이나 의혹은 그 개연성이 있는 한 광범위하게 문제제기가 허용되어야 하고 공개토론을 받아야 한다. 정확한 논증이나 공적인 판단이 내려지기 전이라 하여 그에 대한 의혹의 제기가 공적 존재의 명예보호라는 이름으로 봉쇄되어서는 안 되고 찬반토론을 통한 경쟁과정에서 도태되도록 하는 것이 민주적이다."고 하였다.

그리고 이 판결은 공적인 존재의 정치적 이념에 관한 표현행위에 대해서는 명예훼손의 위법성조각 요건 중 진실성·상당성에 대한 입증부담을 완화해 주어야 한다고 하였다. 즉 "사람이나 단체가 가진 정치적 이념은 흔히 위장하는 일이 많을 뿐 아니라 정치적 이념의 성질상 그들이 어떠한 이념을 가지고 있는지를 정확히 증명해 낸다는 것은 거의 불가능한 일이다. 그러므로 이에 대한 의혹의 제기나 주관적인 평가가 진실에 부합하는지 혹은 진실하다고 믿을 만한 상당한 이유가 있는지를 따짐에 있어서는 일반의 경우에 있어서와 같이 엄격하게 입증해 낼 것을 요구해서는 안 되고, 그러한 의혹의 제기나 주관적인 평가를 내릴 수도 있는 구체적 정황의 제시로 입증의 부담을 완화해 주어야 한다. 그리고 그러한 구체적 정황을 입증하는 방법으로는 그들이 해 나온 정치적 주장과 활동 등을 입증함으로써 그들이 가진 정치적 이념을 미루어 판단하도록 할 수 있고, 그들이 해 나온 정치적 주장과 활동을 인정함에 있어서는 공인된 언론의 보도내용이 중요한 자료가 될 수 있으며, 여기에 공지의 사실이나 법원에 현저한 사실도 활용할 수 있다."고 하였다.

또한 대법원 2002. 12. 24. 선고 2000다14613 판결은, 방송사의 책임프로듀서인 원고가 제작한 프로그램의 내용을 비판하며 원고를 주사파로 지적한 월간지 기사가 문제된 사건에서, 공적인 존재의 정치적 이념에 관한 위 법리를 설시한 다음, "좌와 우의 이념문제, 그 연장선상에서 자유민주주의 가치를 앞세운 이념이냐 민족을 앞세운 통일이냐의 문제는 국가의 운명과 이에 따른 국민 개개인의 존재양식을 결정하는 중차대한 쟁점이고 이 논쟁에는 필연적으로 평가적인 요소가 수반되는 특성이 있다. 그러므로 이 문제에 관한 표현의 자유는 넓게 보장되어야 하고 이에 관한 일방의 타방에 대한 공격이 타방의 기본입장을 왜곡시키는 것이 아닌 한 부분적인 오류나 다소의 과장이 있다 하더라도 이를 들어 섣불리 불법행위의 책임을 인정함으로써 이 문제에 관한 언로를 봉쇄하여서는 안된다."고 하였다.[66)]

### 3. 표현행위의 내용에 따라 표현의 자유의 범위를 조정할 수 있는지?

#### 가. 대상판결의 내용

대상판결의 다수의견과 반대의견은 모두 민주주의 국가에서 표현의 자유가 최대한 보장되어야 한다는 점에 대해서는 의견을 같이하고 있다. 다수의견은 "민주주의 국가에서는 여론의 자유로운 형성과 전달에 의하여 다수의견을 집약시켜 민주적 정치질서를 생성 · 유지시켜 나가야 하므로 표현의 자유, 특히 공적 관심사에 대한 표현의 자유는 중요한 헌법상 권리로서 최대한 보장되어야 한다."고 하였다.

그러나 이 사건에서 문제된 표현에 대하여 표현의 자유를 어떤 범위에서 인정할 것인지에 대해서는 견해의 차이가 존재한다.[67)] 반대의견은 다른 사람들을 배제하는 표현행위에 대해서는 표현의 자유를 인정하는 것에 신중해야 한다는 입장을 취하였다.[68)] 반대의견은, "표현의 자유와 그에 터 잡은 민주주의의 전제는 다른 생각을 가진 사람을 인정하고 관용하는 것이다. 생각과 이념이 다른 사람을 인정하고 관용하는 전제 위에서 표현의 자유는 비로소 숨 쉴 수 있는 것이다. 상대방을 아예 토론의 상대방으로 인정하지 않는 '배제'와 '매도'는 민주적 토론을 원천적

66) 한위수(주 64), 66면은, 이는 이념문제의 공방에 있어서는 진실성의 판단에 있어서도 부분적인 오류나 다소의 과장이 있더라도 너그럽게 보아 주어야 한다는 것으로서 표현의 자유를 최대한으로 보장한 것이라고 평가한다.

67) 권영준(주 42), 353면은 피고들의 표현행위에 대하여 다수의견은 민주적 담론을 형성하는 과정으로 파악하였으나, 반대의견은 민주적 담론을 봉쇄하는 행위로 파악하였다고 지적한다.

68) 원심 판결도 이러한 입장을 취하였다.

으로 봉쇄할 수 있다. 표현의 자유라는 명분으로 생각이 다른 사람들을 배제하는 것은 민주주의를 질식시킬 우려가 있으므로 신중한 접근이 필요한 영역이 존재한다."고 하였다. 그리고 "그동안 우리 사회에서 '종북', '주사파', '경기동부연합'이라는 용어는 그러한 입장으로 규정된 사람들을 민주적 토론의 대상에서 배제하기 위한 공격의 수단으로 사용되어 온 측면이 있다."고 하면서, "자유로운 의견 표명과 공개토론이 가능한 표현이라면 얼마든지 최대한 보장되어야 마땅하지만 상대방의 존재를 부정하고 토론 자체를 봉쇄하는 표현에 대해서는 일정한 제한이 필요하다."고 하였다.

이에 대해 다수의견은 분명히 견해를 나타내지는 않았지만, 다음과 같이 언급하였다. "표현의 자유를 보장하는 것은 좌우의 문제가 아니다. 진보든 보수든 표현을 자유롭게 보장해야만 서로 장점을 배우고 단점을 보완할 기회를 가질 수 있다. 비록 양쪽이 서로에게 벽을 치고 서로 비방하는 상황이라고 하더라도, 일반 국민은 그들의 토론과 논쟁을 보면서 누가 옳고 그른지 판단할 수 있는 기회를 가져야 한다."

나. 중립성 원칙(neutrality principle)

미국 판례법에 의하면 언론제한 법령이 표현행위의 내용을 규제하는 경우(content regulation) 엄격한 심사를 받아 합격한 경우만 합헌으로 인정되는데, 특히 표현내용 중 어떠한 견해를 취하는가에 따른 차별(viewpoint discrimination)은 허용되지 않는다(중립성 원칙, neutraity principle).[69]

중립성 원칙은 특정 견해를 표현하는 것을 그 내용에 근거하여 금지하지 못하도록 한다.[70] Meiklejohn은 자치 정부(self-government)에서 발언을 하는 사람보다 이를 듣고 투표하는 사람이 중요하다고 하면서, 모든 견해를 들을 수 있어야 하고, 어떠한 견해가 틀렸거나 위험하다고 생각된다는 이유에서 그러한 견해의 발언을 금지해서는 안 된다고 하였다.[71] 1974년 연방대법원의 Gertz 판결[72]은 "수정헌법 제1조 아래에서 틀

69) 박용상(주 13), 156면. 견해를 차별하는 법령은 위헌으로 간주된다고 한다.

70) Corey Brettschneider, Value Democracy as the Basis for Viewpoint Neutrality, 107 Nw. U. L. Re. 603, 609 (2013).

린 사상(a false idea)과 같은 것은 존재하지 않는다."고 하였는데, 이것도 중립성 원칙을 나타낸 것으로 이해되고 있다.[73)]

그러나 중립성 원칙은 특정 견해를 표현하는 것을 금지하지 못하도록 할 뿐이고, 단순한 표현행위를 넘어서는 경우는 제한을 받을 수도 있다. 1969년 연방대법원 판결[74)]은, 표현의 자유에 관한 헌법적 보장에 의하면 폭력이나 법 위반을 옹호하는 것을 국가가 금지할 수 없다고 하면서, 이러한 옹호가 급박한 위법행위(imminent lawless action)를 선동 또는 야기하기 위하여 행해졌고 그러한 위법행위가 선동 또는 야기될 가능성이 있는 경우는 예외라고 하였다.[75)]

다. 검 토

반대의견의 지적에도 경청할 점이 있어 보인다. 반대의견이 지적하는 바와 같이, 이 사건 표현행위는 소위 보수정권으로 평가되는 당시 정부와 피고들이 표방하는 정치이념이 국회 다수당을 점하고 있던 상황에서 행해졌고, 원고들은 소수자의 위치에 있었다. 즉 이 사건 표현행위는 다수자가 소수자에 대해서 한 표현행위라는 특징이 있다.[76)]

그러나 이러한 이유를 들어 이 사건 표현행위에 대해서는 표현의 자유를 좁은 범위에서 인정해야 한다는 결론을 도출하기는 쉽지 않다. 이는 표현행위의 내용에 따라 그 표현행위에 인정되는 표현의 자유의 범위를 다르게 정하는 결과가 될 것이기 때문이다.

---

71) Alexander Meiklejohn, Free Speech and Its Relation to Self-Government, 1948, 25−26.

72) Gertz v. Robert Welch, Inc., 418 U. S. 323(1974).

73) Martin Redish, The Adversary First Amendment, Stanford, 2013, 166−167. 사상의 자유시장 이론에 의해, 정부가 특정 견해를 억압하는 것을 헌법적으로 금지하는 것이 정당화된다고 설명한다.

74) Brandenburg v. Ohio 395 U.S. 444 (1969).

75) Brettschneider(주 70), 610면은 이 판결이 "명백하고 현존하는 위험" 기준을 더 엄격한 기준으로 바꾸었다고 설명한다.

76) 오현정(주 37), 307면은 헌법이 표현의 자유를 기본권으로 보장하는 것은 그것이 역사적으로 약자가 강자에게 대항할 수 있는 거의 유일한 수단이라는 인식을 반영한 것이나, 본 사건에서는 표현의 자유가 약자의 발언권을 축소시키고 강자의 권력을 획득·유지하는 수단으로 쓰였다고 지적한다.

또한 피고 1의 트위터 게시글로 인해 즉각적으로 원고들에게 어떠한 위험이 현실화될 상황이었다고 보기도 어렵다. 아래에서 언급하는 바와 같이 이 사건 표현행위는 정치적 표현행위에 해당하고, 원고 1은 국회의원으로 정당의 공동대표였다. 반대의견은 원고들이 소수자의 지위에 있었다는 점을 지적하나, 그렇다 하더라도 원고들이 일반 사인에 비하여 쉽게 반박할 수 있는 지위에 있었다는 점은 부정할 수 없다. 즉 이 사안에서 원고들의 반박에 의해 원고들의 정치적 이념에 대한 토론이 행해지는 것이 불가능했다고 보기는 어렵다.

결국 이 사건 표현행위에 대해서 그 내용에 따라 표현의 자유의 범위를 좁게 인정하는 것은 바람직하지 않다. 이를 허용하는 것은 정치적 표현의 자유의 범위를 지나치게 좁히는 결과가 될 것이다.

### 4. 대상판결의 내용

#### 가. 다수의견

다수의견은 이 사건 표현행위는 구체적인 정황 제시가 있는 의혹 제기에 불과하여 불법행위가 되지 않거나 원고들이 공인이라는 점을 고려할 때 위법하지 않다고 보아야 한다고 하였다.

다수의견은 먼저 원고들이 공인 또는 이에 준하는 지위에 있었다고 하였다. 즉 이 사건 표현행위 당시 원고 1은 국회의원이자 공당의 대표로서 공인이었고, 그의 남편인 원고 2도 그간의 사회활동 경력 등을 보면, 공인이나 이에 준하는 지위에 있었다고 보기에 충분하다고 하였다. 특히 원고 1은 면책특권을 누리는 국회의원으로서 이 사건 표현행위에 대응하여 이를 반박하고 비판하는 등 상호 정치적 공방을 통하여 국민의 평가를 받을 수 있는 기회가 충분히 있었다고 하였다.

따라서 원고들의 정치적 이념에 대한 의문이나 의혹에 대해서는 광범위한 문제제기가 허용되어야 할 필요가 있다고 하면서, 이 사건 표현행위의 내용을 뒷받침할 만한 일부 정치인의 진술, 관련 언론보도들, 과거 민주노동당에 있었던 언론 논객 진중권의 평가 등을 고려하면 피고 1

이 이 사건 표현행위를 진실하다고 믿을 만한 상당한 이유가 있었다고 볼 여지가 있다고 하였다.

한편 다수의견은 원고들이 공인이라는 점을 고려할 때 위법하지 않다고 보아야 한다는 점과 관련해서는 구체적으로 더 설명하지 않았다. 다만 추상적인 법리 차원에서 다음과 같이 언급하였다. "피해자의 지위를 고려하는 것은 이른바 공인 이론에 반영되어 있다. 공론의 장에 나선 전면적 공적 인물의 경우에는 비판을 감수해야 하고 그러한 비판에 대해서는 해명과 재반박을 통해서 극복해야 한다.", "정치적 이념에 관한 논쟁이나 토론에 법원이 직접 개입하여 사법적 책임을 부과하는 것은 바람직하지 않다. 어떤 사람이 가지고 있는 정치적 이념은 사실문제이기는 하지만, 많은 경우 의견과 섞여 있어 논쟁과 평가 없이는 이에 대해 판단하는 것 자체가 불가능하기 때문이다."

나. 반대의견

반대의견은, 다수의견이 증거 없이 이 사건 표현행위가 진실하다고 믿을 만한 상당한 이유가 있다고 인정하였다고 비판하였다.

즉 원심은 다수의견이 적시한 언론보도를 포함하여 그 무렵의 여러 언론보도 내용들을 인정한 다음, 2007년 국가보안법 위반 사건의 수사나 재판 과정에서 원고 1이 경기동부연합에 속해 있음을 확인할 수 있는 자료가 발견되지 않은 점, 경기동부연합에 속해 있다고 혐의를 받는 이석기 등의 내란음모 사건의 수사나 재판 과정에서도 원고 1이 경기동부연합에 속해 있음을 확인할 수 있는 자료가 나타나지 않은 점 등의 사정까지 종합하여, 피고 1이 글에서 원고들이 종북·주사파인 경기동부연합 그 자체라고 한 것은 의혹의 제기나 주관적인 평가를 내릴 수도 있는 구체적 정황의 제시가 충분하다고 볼 수 없다고 판단하였는데, 다수의견은 원심의 위 사실 인정과 판단을 뒤집을 어떠한 점도 적시하지 않고 있다고 비판하였다.

한편 원심은 원고 2가 2004. 12.경 발표한 논문의 주요내용은 더 이상 북한이 무력남침과 적화통일론을 고수하고 있다고 인정하기 어렵다는 것이고, 북한의 남침으로 6 · 25 전쟁이 발발하였음을 부인한 것이 아니라는 점을 지적하였다. 따라서 피고 1이 트위터 게시글에서 원고 2가 작성한 논문이 6 · 25 전쟁 남침론을 부정하는 것으로서 이것이 주사파 경기동부연합의 입장이고, 피고 2가 경기동부연합의 브레인이자 이데올로그라고 한 것에 대하여, 의혹의 제기나 주관적인 평가를 내릴 수도 있는 구체적 정황의 제시가 충분하다고 볼 수 없다고 하였다.

### 5. 검 토

#### 가. 공적 인물의 지위

우리나라 판결은 "공적 인물"의 개념을 명확하게 제시하고 있지 않으나, 매우 제한된 범위의 사람들만 공적 인물로 인정하고 있다.[77] 우리나라에서는 "공적"이라는 단어가 좁은 의미를 갖고, 공적 인물에 해당하지 않더라도 기존 법리의 공공성 요건에 의하여 명예훼손 행위의 위법성이 조각될 수 있으므로, 공적 인물의 범위를 넓혀야 할 필요성도 크지 않다.[78]

다수의견은 원고 1이 국회의원이자 공당의 대표로서 공인이었고, 그의 남편인 원고 2도 그동안의 사회활동 경력 등을 보면 공인이나 이에 준하는 지위에 있었다고 보기에 충분하다고 하였다. 반대의견도 동일한 입장을 취하고 있다.

원고 1이 공적 인물이라는 점은 쉽게 인정할 수 있다. 그런데 원고 2에 대해서는, 그가 변호사로서 활동하면서 공익변론이나 시민단체 활동을 함께하였을 뿐 공적 권한을 갖는 지위에 올랐던 적이 없다는 점을 들어 위 판단이 부적절하다고 지적하는 견해[79]도 있다. 그러나 원고 2는 민변

---

77) TV 뉴스 앵커(서울지방법원 1997. 9. 3. 선고 96가합82966 판결), 유명 언론인(대법원 1998. 5. 8. 선고 97다34563 판결), 민노총(대법원 2002. 1. 22. 선고 2000다37524, 37531 판결), 신문사(대법원 2006. 3. 23. 선고 2003다52142 판결) 등.

78) 이에 관한 논의에 대해서는 권태상(주 43), 659-660면 참조.

79) 오현정(주 37), 302-303면. 또한 대체로 누군가의 대리인이나 변호인으로서의 활동이 중심이 되었으므로 자기 자신의 사상이나 과거 이력에 대하여 반론권을 적절하게 행사할 수 있는 지위에 있지도 않았다고 지적한다.

(민주사회를 위한 변호사모임) 통일위원장을 담당했던 사실이 있다. 또한 원고 2는 자신의 사회활동으로 인해 공적 사안과 관련하여 공중의 관심을 받았고,[80] 여기에 원고 1의 남편이라는 점이 더해져 공중에게 널리 알려졌다. 따라서 원고 2를 공적 인물 또는 이에 준하는 지위로 파악한 것은 타당하다고 평가할 수 있다.

### 나. 상당성 요건 충족 여부

다수의견과 반대의견은 모두 대법원 2002. 1. 22. 선고 2000다37524, 37531 판결이 "공적인 존재의 정치적 이념"에 관한 표현에 대하여 선언한 법리에 따라 판단하였다. 즉 공적인 존재의 정치적 이념에 대한 표현행위의 경우, 그 위법성 조각을 위한 진실성, 상당성 요건과 관련하여서는 의혹의 제기나 주관적 평가를 내릴 수도 있는 구체적 정황의 제시로 입증의 부담을 완화해 주어야 한다는 법리를 따랐다.

그러나 다수의견과 반대의견은 피고 1의 글이 위법성 조각을 위한 상당성 요건을 충족하는지 여부에 대하여 서로 대립되는 입장을 취하였다. 다수의견과 반대의견은 그러한 판단의 논거로 일부 정치인의 진술, 언론보도의 내용, 관련 사건의 수사와 재판 내용, 언론 논객의 평가 등을 제시하고 있다. 이를 살펴보면, 피고 1의 글을 뒷받침하는 내용의 자료[81]

---

80) 원고 2는 KAL기 진상규명대책위원회 담당 변호사로 활동하던 2003년 MBC PD 수첩에 출연하여 KAL기 폭파범 김현희는 완전히 가짜고 북한 공작원이 아니라고 주장하여 논란을 불러 일으켰다(본 사건에서 문제되었던 칼럼도 이를 언급하였다). 그리고 원고 2는 주요 국가보안법 위반 사건(송두율 사건, 민혁당 사건, 일심회 사건 등)을 변호하였다.

81) ① 과거 민주노동당 소속이었고 2012. 3.경에는 통합진보당의 공동대표였던 심상정과 2012. 5.경 당시 통합진보당 새로나기 특별위원회 위원장 박원석도 통합진보당 내에 '경기동부연합으로 지칭되는 당권파가 존재한다'는 취지로 주장하였다. ② 이 사건 표현행위가 있을 무렵인 2012. 3. 21. 판지일보는 〈우리 안의 괴물-경기동부〉라는 제목의 기사에서 "원고 1 본인이 자신이 물의를 일으키는 것을 인정하고 사퇴할 수 있을까? 없다. 그에게는 출마 그리고 사퇴 등 보통의 정치인이라면 자신의 의사가 최우선 결정요인으로 작용할 만한 결정을 내리는 데 있어서도 자신의 의사보다 더 우선적으로 작용하는 집단의 결정이 머리 위에 있기 때문이다. 심지어 원고 1이라는 젊은 정치인이 민노당에 이어 통합진보당의 대표 자리에 있는 것조차 그들이 결정한 거다."라는 기사를 보도하였다. 2012. 3. 23. 동아일보는 원고 1이 경기동부연합에 속해 있다는 기사를 보도하였고, 2012. 5. 4. 경향신

와 피고 1의 글과 모순되는 내용의 자료[82]가 모두 존재한다.

다수의견이 고려한 판단 근거들이 모두 이 사건 표현들이 나온 직후부터 몇 달 뒤까지 피고 1의 글과 유사한 내용을 되풀이한 것들로서 객관적 사실 여부를 판단할 수 있는 자료가 아니므로, 상당성 근거로 볼 수 없다고 지적하는 견해[83]도 있다. 그러나 우리 판례는 상당성 여부가 표현 당시의 시점에서 판단되어야 하지만 그 전후에 밝혀진 사실들을 참고하여 표현 시점에서의 상당성 여부를 가릴 수 있으므로, 표현 행위 후에 수집된 증거자료도 그 판단의 증거로 삼을 수 있다고 한다.[84] 또한 이 사건 표현행위 이전에도 이에 관한 언론보도들이 있었다는 점을 고려하면, 위와 같은 이유만으로 다수의견이 잘못 판단하였다고 할 수는 없을 것이다.

위 대법원 2002. 1. 22. 선고 2000다37524, 37531 판결의 법리가 표현행위를 한 사람에게 입증의 부담을 완화해 주어야 한다는 취지라는 점을 고려하면, 그 표현행위를 뒷받침하는 어느 정도의 구체적 정황 제시만 있으면 상당성 요건이 충족된다고 보아야 할 필요도 있다. 그러나 본 사안과 같이 표현행위와 모순되는 내용의 자료가 존재하는 경우 상당성

---

문과 2012. 5. 8. 한겨레신문은 원고 1이 통합진보당의 당권파인 경기동부연합과 광주전남연합의 계파에 속한다는 기사를 보도하였다. 2012. 5. 3. 한국경제신문은 18대 국회에서 경기동부연합 출신 현역 의원은 원고 1 공동대표 한 명뿐이었다는 기사를 보도하였다. ③ 과거 민주노동당에 있었던 언론 논객인 진중권은 2012. 5. 14. 원고 1에 대하여 "이 분이 진보의 아이돌이었는데 경기동부연합이라는 정파의 마리오네트로 드러난 거죠. 저는 너무 안타깝고 왜 이 분이 대중적으로 정말 아껴서 애써서 가꾼 이미지 아닙니까. 왜 이렇게 버렸을까 생각할 때 이번에 당권파란 세력이 정말 권력욕이 그만큼 강했던 것 같습니다."라고 평가하였다.

82) ① 2007. 4. 16. 장마이클 등에 대한 국가보안법 위반 사건의 판결이 선고되면서 '경기동부연합'이라는 조직이 있는 것으로 판단되었는데, 그 수사나 재판 과정에서 원고 1이 경기동부연합에 속해 있음을 확인할 수 있는 자료는 발견되지 않았다. ② 경기동부연합에 속해 있다고 혐의를 받는 이석기 등이 내란음모 등으로 기소되었으나, 그 수사나 재판 과정에서도 원고 1이 경기동부연합에 속해 있음을 확인할 수 있는 자료가 나타나지 않았다.

83) 오현정(주 37), 304면.

84) 대법원 1996. 8. 20. 선고 94다29928 판결; 대법원 2008. 1. 24. 선고 2005다58823 판결; 대법원 2011. 1. 13. 선고 2008다60971 판결 등.

요건이 충족되었다고 보는 것은 바람직하지 않다. 특히 원심이 지적한 바와 같이, 원고 2의 논문 내용이 피고 1의 글에서 주장했던 것과 다른 내용이라는 점을 보면, 피고 1이 적절한 근거 없이 그러한 주장을 한 것으로 보이기도 한다.

### 다. 독자적인 위법성 판단 법리의 필요성

피고 1의 글이 상당성 요건을 충족한다고 보기는 어려우나, 피고 1의 글에 대하여 위법성을 인정하고 불법행위 책임을 묻는 것은 바람직하지 않아 보인다. 원고들이 공적 인물이고, 또한 피고 1의 글은 원고들의 정치적 이념에 관한 것으로서 공적 관심사안에 대한 표현으로 볼 수 있기 때문이다.[85] 다수의견은 "공론의 장에 나선 전면적 공적 인물의 경우에는 비판을 감수해야 하고 그러한 비판에 대해서는 해명과 재반박을 통해서 극복해야 한다.", "정치적 이념에 관한 논쟁이나 토론에 법원이 직접 개입하여 사법적 책임을 부과하는 것은 바람직하지 않다."고 하였는데, 이러한 다수의견의 지적은 타당해 보인다.

문제는 이를 어떻게 법리적으로 구성할 것인가 하는 것이다. 위 대법원 2002. 1. 22. 선고 2000다37524, 37531 판결의 법리는 기존의 명예훼손 위법성조각사유 법리 내에서 입증 부담을 완화해 주는 것이었다. 그런데 공직자에 대한 명예훼손에 관한 법리와 마찬가지로, 기존의 명예훼손 위법성조각사유 법리와 구별되어 독자적으로 위법성 판단을 하는 법리를 개발할 필요가 있다. 본 사안처럼 상당성 요건을 둘러싸고 논란이 있는 경우, 상당성 요건의 충족 여부와 상관없이 위법성을 조각할 수 있도록 하는 것이 바람직하기 때문이다.

실제로도 우리 대법원은 언론사들 사이의 명예훼손소송에서 "언론사에 대한 감시와 비판 기능은 그것이 악의적이거나 현저히 상당성을 잃은 공격이 아닌 한 쉽게 제한되어서는 아니 된다고 할 것이다."라는 법리를 적용하고 있다.[86] 즉 공직자에 대한 명예훼손과 관련하여 발전한 법리를

85) 권영준(주 42), 356면은 이 사건에서 문제된 "정치인의 정치이념에 관한 정치적 표현"은 표현의 자유가 가장 넓게 보장되어야 할 대상이라고 지적한다.

언론사에 대한 명예훼손에도 적용하고 있다.[87)]

미국의 경우 공직자에 관한 현실적 악의 법리를 공적 인물에 대해 적용하는 것에 대해서는 비판적인 견해가 많다. 이러한 견해들은 공적 인물의 범주에 공적 정책에 대한 관련성이나 영향력이 없거나 미미한 사람들이 많이 포함되어 있다고 비판한다.[88)] 따라서 공적 인물에 대한 언급은 공직자에 대한 언급보다 더 적게 보호되어야 한다거나,[89)] 정치적 문제와 관련된 경우에만 특별히 취급되어야 한다고 주장한다.[90)]

그런데 앞에서 살펴본 바와 같이, 우리나라 판결은 매우 제한된 범위의 사람들만 공적 인물로 인정하고 있으며, 원고가 공적 인물인지 여부는 물론이고 문제된 표현이 공적인 관심사안에 관한 것인지 여부도 고려하고 있다. 또한 미국의 현실적 악의 법리가 입증책임을 전환시키는 것과 달리, 우리나라의 공직자에 대한 명예훼손 법리는 위법성을 쉽게 인정해서는 안 된다는 의미만을 가지고 있다. 그러므로 공직자에 대한 명예훼손과 관련하여 발전한 법리를 본 사안과 같이 공적 인물의 정치적 이념이 문제되는 사안에 적용하는 방법도 고려할 수 있을 것이다.

---

86) 대법원 2006. 3. 23. 선고 2003다52142 판결(당해 표현이 언론사에 대한 것인 경우에는, 언론사가 타인에 대한 비판자로서 언론의 자유를 누리는 범위가 넓은 만큼 그에 대한 비판의 수인 범위 역시 넓어야 하고, 언론사는 스스로 반박할 수 있는 매체를 가지고 있어서 이를 통하여 잘못된 정보로 인한 왜곡된 여론의 형성을 막을 수 있으며, 일방 언론사의 인격권의 보장은 다른 한편 타방 언론사의 언론자유를 제약하는 결과가 된다는 점을 감안해야 한다고 함); 대법원 2008. 2. 1. 선고 2005다8262 판결; 대법원 2008. 4. 24. 선고 2006다53214 판결 등.

87) 언론사는 공인 또는 공적 존재로 이해되고 있다. 김재협, "언론사간 명예훼손소송의 면책기준", 언론중재 2003년 겨울호(2003. 12), 31면; 전원열, "공인에 대한 명예훼손(2)", 언론관계소송, 한국사법행정학회, 2007, 171면 등.

88) Frederick Schauer, 25 Wm. & Marry L. Rev. 905, 917 (1984) (Butts 판결에서 Warren 대법원장의 별개의견이 상정한 공적 인물과 같은 사람은 비교적 소수에 불과하다고 지적함); Anthony Lewis, Make No Law, 1991, 197-198.

89) Schauer(주 88), 931-932면.

90) Cass R. Sunstein, Democracy and the Problem of Free Speech, 1993, 161. 나아가 사적 인물에 대한 명예훼손도 발언자의 주장이 어떤 쟁점에 관한 정치적 고려에 기여하려고 의도되었고 또한 그렇게 받아들여지면 특별한 헌법적 보호를 받아야 한다고 주장한다.

## Ⅳ. 대상판결 이후 선고된 '종북' 표현 관련 판결들의 검토

### 1. '종북' 표현에 의한 명예훼손 책임 인정 여부

#### 가. 명예훼손책임을 부정한 판결

[판결 1] 대법원 2019. 4. 3. 선고 2016다278166(본소), 2016다278173(반소) 판결은, 원고 이재명에 대하여 피고 변희재가 자신의 트위터에 종북혐의, 종북에 기생하여 국민들의 피를 빨아 먹는 거머리떼들, 종북세력을 은폐하며 손잡은 건 종북보다 더 나쁜 종북 등으로 표현한 사건에서, 대상판결과 거의 유사한 논리로 피고의 명예훼손책임을 부정하였다.[91]

[판결 2] 대법원 2019. 5. 30. 선고 2016다254047 판결도, 원고 이정희와 원고 심재환에 대하여 TV 방송에서 종북 부부 등으로 표현한 사건에서, 원고들을 종북이라고 표현한 것은 사실 적시가 아니라 의견 표명에 불과하다고 하여 명예훼손책임을 부정하였다.[92] 다만 이 판결은 원고 이정희가 6 · 25 전쟁을 북침이라고 생각한다거나 애국가도 안 부른다는 취지로 발언한 부분에 대해서는, 허위사실을 적시하여 명예훼손책임이 인정된다고 판단한 원심을 유지하였다.

#### 나. 명예훼손책임을 인정한 판결

[판결 3] 대법원 2018. 11. 29 선고 2016다23489 판결은, 원고 문성근[93]에 대하여 피고들이 인터넷 사이트에 게시한 글에서 종북좌익분자, 종북좌익깽판꾼, 종북문화잔챙이, 종북의 노예 등으로 표현한 사건에서, 원고의 명예를 훼손하거나 인격권을 침해하였으며 그 위법성이 조각된다고 볼 수 없다고 판단한 원심을 유지하였다. 특히 원심은, 피고들이 명예

---

91) 다만 '거머리떼들' 등의 모욕이나 인신공격적 표현은 불법행위가 될 수 있다고 지적하였다.

92) 원고 심재환의 사진이 방송에서 사용된 것에 대해서도, 원고 심재환의 정치적 이념에 대한 의문이나 의혹은 이미 대중의 공적 관심사가 되었다고 하면서, 위법성이 없다고 하였다.

93) 사망한 문익환 목사의 아들이며 연예인으로 활동하다가 정치계에서도 활동하였는데, 2012. 1. 민주통합당 최고위원이 되기도 하였다.

훼손 등 혐의로 고소된 사건에서 담당 검사가 피고들의 글이 의견에 해당한다고 보아 불기소 처분(혐의 없음)을 하였다는 사정만으로 피고들의 행위가 불법행위를 구성하지 아니한다거나 위법성이 조각된다고 볼 수 없다고 하였다.[94)]

### 다. 검 토

위 판결들에서 문제된 종북 표현이 사실과 의견 중 어디에 해당하는지 판단하기 위해서는, 문제된 진술이 어떤 의미의 진술인지 확정하고, 그 확정된 진술에 입증가능성 기준을 적용해야 할 것이다. 그런데 종북 표현이 다양한 의미를 가질 수 있으므로, 당해 진술에 관련된 직접적 문맥(전체적인 흐름, 문구의 연결방법) 등을 고려하여 어떤 의미의 진술인지 확정하는 것이 중요하다.

[판결 1]의 경우, 원고 이재명이 통합진보당 후보와 후보단일화를 하여 성남시장으로 당선된 이후 시청, 산하기관 등에 통합진보당 관련 인사들을 임용하는 것을 비판하는 글이 문제되었다. 이 경우 통합진보당 관련 인사들을 종북세력이라고 지칭하는 것은 사실 적시로 보인다. 그러나 종북세력 인사들을 임용한다는 것을 이유로 원고 이재명을 종북이라고 지칭하는 것은 사실 적시가 아니라 비판으로 보아야 할 것이다.[95)]

[판결 2]의 경우, 방송에서 원고 이정희와 원고 심재환을 종북 부부라고 하면서 원고 이정희가 6·25 전쟁을 북침이라고 생각한다거나 애국가도 안 부른다는 내용을 제시하였다. 이는 원고들이 북한을 추종한다는 구체적인 근거를 제시하며 원고들을 종북으로 지칭한 것이므로 사실 적시로 보아야 할 것이다. [판결 2]는 이를 의견 표명이라고 하면서 사실 적시에 해당하는 경우 위법성이 조각되는지 여부에 대해서는 아예 검토하지 않았는데, 이는 지나치게 단정적인 태도로 보인다.

---

94) 또한 형사상 명예훼손죄 등의 성립 여부와 민사상 명예훼손 등을 이유로 한 불법행위의 성립 범위가 반드시 일치한다고 할 수도 없다고 하였다.

95) [판결 1]도 이는 원고의 정치적 행보나 태도를 비판하기 위한 수사학적 과장을 위해 사용되었다고 볼 여지가 있다고 하였다.

[판결 3]의 경우, 원고 문성근이 '유쾌한 민란, 100만 민란 프로젝트'라는 시민운동을 제안하여 회원이 18여만 명인 '백만송이 국민의 명령'이라는 시민운동단체가 결성되자, 피고들이 원고 문성근과 이 시민운동단체를 비판하는 글을 작성하여 게시한 것이었다. 피고들은 원고 문성근이 종북좌파 문익환의 아들이고, 민란은 폭력으로 정권을 잡겠다는 의미이며, 원고 문성근이 구사하는 인민대중 혁명론이 북괴문화전략이라는 점 등을 들어 원고 문성근을 종북이라고 지칭하였다. 이는 원고가 북한을 추종한다는 구체적인 근거를 제시하며 원고를 종북이라고 지칭한 것이므로 사실 적시로 보아야 할 것이다. [판결 3]은 대상판결 이후에 선고되었으면서도 종북 표현에 의한 명예훼손책임을 인정하였다는 점에서도 의미가 있다.

### 2. 공적 인물에 대한 비판적 의견 표명의 위법성 판단

#### 가. '종북의 상징' 표현에 의한 불법행위책임을 부정한 판결

[판결 4] 대법원 2019. 6. 13. 선고 2014다220798 판결에서는, 국회의원인 피고 박상은이 인천광역시장 송영길을 비판하면서 "천안함 46용사의 영혼이 잠들어 있는 백령도 청정해역에 종북의 상징인 임모 국회의원"이라는 내용이 포함된 성명을 발표한 것이 문제되었다.

이 판결은, '종북의 상징'이라는 표현이 지나치게 모욕적이고 경멸적인 인신공격에 해당하여 의견표명으로서의 한계를 벗어났다고 인정하기 어렵다고 하였다. 그 이유로는 피고가 국회의원으로서 이 사건 성명서를 통해서 북한과의 군사적 대치상황이나 북한의 군사적 위협을 강조하면서 국회의원인 원고의 공적 영역에서의 활동이나 정치적 이념을 비판하고, 이를 통해서 지역구 주민들의 인천광역시장에 대한 비판적인 여론을 환기시키려고 한 것으로 볼 수 있다는 점을 들었다.

특히 이 판결은 "정치인이나 공직자 등 공적인 인물의 공적 영역에서의 언행이나 관계와 같은 공적인 관심 사안은 그 사회적 영향력 등으로 인하여 보다 광범위하게 공개·검증되고 문제제기가 허용되어야 한다. 따라서 그에 대한 비판적인 표현이 악의적이거나 현저히 상당성을 잃었다고 볼 정도에 이르지 않는 한, 이를 쉽게 불법행위에 해당한다거나 법적인 책임을 져야 한다고 볼 것은 아니다."라고 하였다.

### 나. 검　　토

이 판결은 '종북의 상징'이라는 표현이 모욕적 언사에 해당한다고 할 수 있으나, 의견표명으로서의 한계를 벗어났다고 인정하기 어렵다고 하였다.

그런데 이 판결은 공직자에 대한 명예훼손과 관련하여 발전한 법리, 즉 "악의적이거나 현저히 상당성을 잃은 공격이 아닌 한" 쉽게 책임을 인정해서는 안 된다는 법리를 "정치인이나 공직자 등 공적인 인물의 공적 영역에서의 언행이나 관계와 같은 공적인 관심 사안"에 대한 비판적 표현에까지 확대하여 적용하였다.

앞서 살펴본 바와 같이, 공적 인물에 관한 표현에 대해서 기존의 명예훼손 위법성조각사유 법리와 구별되어 독자적으로 위법성 판단을 하는 법리를 개발할 필요가 있으므로, 이 판결의 태도는 바람직해 보인다.

## V. 결　　론

(1) 대상판결의 다수의견은 피고의 글에 대하여 의견 표명으로 볼 여지가 있다고 하였으나, 이는 사실 적시로 보아야 할 것이다.

피고의 글의 핵심은 "원고들이 종북·주사파 조직인 경기동부연합에 속해 있고, 원고들이 종북·주사파에 해당한다."는 것이다. '주사파'라는 표현은 비교적 명확한 의미를 갖고 있는 것으로 보인다. '종북'이라는 표현도 피고의 글에서는 '주사파'와 유사한 용어로 사용되었다고 할 수 있다.

원고들이 경기동부연합에 속해 있는지 여부는 그 진위를 입증하는 것이 가능한 사항으로 보인다. 경기동부연합이 종북·주사파 조직인지 여부, 그리고 원고들이 종북·주사파인지 여부도 역시 그 진위를 입증하는 것이 가능하다고 보아야 할 것이다. 종북·주사파인지 여부는 정치적 이념에 관한 것이므로 이를 입증하는 것이 가능한지 의문이 제기될 수도 있으나, 원고들의 정치적 주장과 활동 등에 의해 그들의 정치적 이념을 미루어 판단하는 방법으로 입증이 행해질 수 있을 것이다.

(2) 다수의견과 반대의견은 공적인 존재의 정치적 이념에 대한 표현행위의 경우, 그 위법성 조각을 위한 진실성, 상당성 요건과 관련하여서는 의혹의 제기나 주관적 평가를 내릴 수도 있는 구체적 정황의 제시로 입증의 부담을 완화해 주어야 한다는 법리를 따랐다. 그러나 다수의견과 반대의견은 피고 1의 글이 위법성 조각을 위한 상당성 요건을 충족하는지 여부에 대하여 서로 대립되는 입장을 취하였다. 본 사안과 같이 표현행위와 모순되는 내용의 자료가 존재하는 경우 상당성 요건이 충족되었다고 보는 것은 바람직하지 않다.

그러나 피고 1의 글에 대하여 위법성을 인정하고 불법행위 책임을 묻는 것은 바람직하지 않아 보인다. 원고들이 공적 인물이고, 또한 피고 1의 글은 원고들의 정치적 이념에 관한 것으로서 공적 관심사안에 대한 표현으로 볼 수 있기 때문이다. 이를 위해서는 기존의 명예훼손 위법성 조각사유 법리와 구별되어 독자적으로 위법성 판단을 하는 법리를 개발할 필요가 있다. 본 사안처럼 상당성 요건을 둘러싸고 논란이 있는 경우, 상당성 요건의 충족 여부와 상관없이 위법성을 조각할 수 있도록 하는 것이 바람직하기 때문이다. 공직자에 대한 명예훼손과 관련하여 발전한 법리를 본 사안과 같이 공적 인물의 정치적 이념이 문제되는 사안에 적용하는 방법도 고려할 수 있을 것이다.

[Abstract]

# Defamation by the expression "Jongbuk", "Jusapa"

Kweon, Tae Sang*

This paper examines the case in which whether defamation liability is established by the expression of "Jongbuk"(following North Korea), "Jusapa"(Ju-che Ideologists).

(1) The majority opinion of the decision commented that there is room for the defendant's writing to express opinions, but this should be regarded as factual.

The core of the defendant's writing is that "the plaintiffs belong to the Gyeonggi Eastern Union, which is the Jongbuk-Jusapa organization, and the plaintiffs are Jongbuk-Jusapa." The expression "Jusapa" seems to have a relatively clear meaning. The expression "Jongbuk" was also used in the defendant's writings in a similar term to "Jusapa".

Whether the plaintiffs belong to the Gyeonggi Eastern Union is possible to prove its authenticity. Whether the Gyeonggi Eastern Union is a Jongbuk-Jusapa organization, and whether the plaintiffs are Jongbuk-Jusapa, seems to be able to prove its authenticity. Since it is about political ideology, it may be questioned whether it is possible to prove it. But proof can be done by means of judging the political ideology of the plaintiffs by their political claims and activities.

(2) The majority opinion and the dissenting opinion of the decision were in opposition to each other on whether the defendant's writing met the reasonable degree requirement for elimination of illegality. It is not de-

* Professor, Law School, Ewha Womans University, Attorney at Law.

sirable to assume that the reasonable degree requirement has been met when there is material that contradicts the defendant's writing.

However, it seems undesirable to acknowledge the illegality of the defendant's writing and hold him responsible for tort. The plaintiffs are public figures, and the defendant's writing is about the political ideology of the plaintiffs and can be seen as an expression of public concern. It is necessary to develop a law for judging defamation illegality that allows us to carve out illegality regardless of whether or not the reasonable degree requirement has been met. Consideration may be given to the application of laws developed in relation to defamation of public officials to cases where the political ideology of public figures is at issue.

[Key word]

- defamation
- fact
- opinion
- public figure
- public concern
- freedom of expression

## 참고문헌

[국내문헌]

1. 단 행 본

박용상, 명예훼손법, 현암사, 2008.

______, 표현의 자유, 현암사, 2002.

신 평, 한국의 언론법, 높이깊이, 2014.

윤재윤 · 함석천, 언론분쟁과 법, 청림출판, 2005.

2. 논 문

권영준, "2018년 민법 판례 동향", 서울대학교 법학 제60권 제1호(2019. 3.).

권태상, "공적 인물에 대한 명예훼손", 비교사법 제22권 제2호(2015. 5.).

______, "사실과 의견의 구별", 민사판례연구 제36권, 박영사, 2014.

김경환, "의견에 의한 명예훼손(Ⅰ)", 언론관계소송, 한국사법행정학회, 2007.

김재협, "언론사간 명예훼손소송의 면책기준", 언론중재 2003년 겨울호(2003. 12.).

문병찬, "명예훼손과 판례상의 면책심사기준", 재판과 판례(대구판례연구회) 제13집(2005. 1.).

문재완, "공인에 대한 명예훼손", 법조 제51권 제8호(2002. 8.).

박범영 · 한효주, "명예훼손에 있어 사실과 의견의 구별론", 법조 제65권 제5호(2016. 5.).

오현정, "'종북' 관련 표현에 대한 민사상 명예훼손 책임을 부인한 판결", 민주사회를 위한 변론 제112호(2019).

이정기, "'종북' 관련 판례의 특성과 판례에 나타난 법원의 표현의 자유 인식", 미디어와 인격권 제2권 제1호(2016).

임재형 · 김재신, "한국사회의 혐오집단과 관용에 대한 경험적 분석", OUGHTOPIA(경희대학교 인류사회재건연구원) 제29권 제1호(2014. 5.).

전원열, "공인에 대한 명예훼손(2)", 언론관계소송, 한국사법행정학회, 2007.

______, "명예훼손 불법행위에 있어서 위법성 요건의 재구성", 서울대학교 대학원 박사학위논문(2001. 7.).

한위수, “논평과 명예훼손”, 민사법학 제21호(2002. 3.).
______, “명예훼손에 특유한 위법성조각사유에 대한 고찰”, 사법 창간호(2007. 9.).

[외국문헌]

Alexander Meiklejohn, Free Speech and Its Relation to Self-Government, 1948.
Anthony Lewis, Make No Law, 1991.
Cass R. Sunstein, Democracy and the Problem of Free Speech, 1993.
Corey Brettschneider, Value Democracy as the Basis for Viewpoint Neutrality, 107 Nw. U. L. Re. 603 (2013).
Frederick Schauer, 25 Wm. & Marry L. Rev. 905 (1984).
Martin Redish, The Adversary First Amendment, 2013.
Rodney A. Smolla, Law of Defamation, 2d ed., 2015.
The American Law Institute, Restatement of the Law, Torts, 2nd ed., 1977.

# 재산분할청구권의 양도성

나 재 영*

**요 지**

우리 민법은 이혼에 따라 혼인 중 공동으로 형성한 재산을 나누어 갖는 재산분할청구권을 인정하고 있다. 재산분할청구권이 기본적으로 재산권적 성질을 가진다는 점을 부인할 수 없고, 이러한 성격을 강조한다면 양도성을 인정할 것이다. 그러나 혼인은 신분상 계약으로서 다른 재산권에 비해 강한 인적 속성을 가진다. 따라서 재산분할청구권을 양도하여 제3자가 이를 행사하도록 하는 것이 가능한지, 가능하다면 어떠한 단계에서 이를 허용할 것인지 문제된다.

대상판결은 재산분할청구권이 이혼이 성립한 때에 그 법적 효과로서 비로소 발생하며, 협의 또는 심판에 의하여 그 구체적 내용이 형성되기 전까지는 그 범위 및 내용이 불명확하기 때문에 구체적으로 권리가 발생하였다고 할 수 없다는 입장을 전제로, 이혼이 성립하기 이전 이혼소송과 병합하여 재산분할의 청구를 한 경우, 아직 발생하지 아니하였고 구체적 내용이 형성되지 아니한 재산분할청구권을 미리 양도하는 것은 성질상 허용되지 아니한다고 판단하였다. 따라서 법원이 이혼과 동시에 재산분할로 금전의 지급을 명하는 판결이 확정된 이후부터 채권양도의 대상이 될 수 있다는 것이다.

본고에서는 이혼이 성립하기 이전, 이혼이 성립하였으나 재산분할의 협의 또는 심판이 확정되기 이전, 이혼 및 재산분할의 협의 또는 심판이 확정된 이후의 세단계로 나누어 재산분할청구권의 양도성 여부를 검토하였다. 이

* 부산가정법원 판사.

혼 성립 이전 양도를 인정하는 것은 당사자 일방의 지위를 이전하는 것과 다를 바 없어 자발적 분쟁 해결에 방해가 될 위험이 있어 부정하는 것이 타당하고, 이혼 성립 후 재산분할의 협의 또는 심판이 확정되기 이전 단계에서는 재산분할청구권의 행사상 일신전속권적 성격, 심리방법과 분할 내용 등의 특수성, 양도와 상속 및 위자료 청구권과의 차이 등을 고려할 때 양도성을 부정하는 것이 타당하며, 이혼 및 재산분할의 협의 또는 심판 확정 이후에는 양도성을 인정함이 타당하다.

따라서 이혼 및 재산분할의 협의 또는 심판 확정 이전 재산분할청구권의 양도성을 부정한 대상판결은 타당하다. 대상판결은 재산분할청구권의 양도 가부와 시기에 관하여 밝힌 최초의 판결로서 그 의의가 있다.

[주 제 어]
- 재산분할청구권
- 법적 성격
- 양도성
- 상속
- 일신전속성

## 대상판결 : 대법원 2017. 9. 21. 선고 2015다61286 판결[공2017하, 1962]

[사안의 개요]

대상판결의 사실관계를 간단하게 정리하면 다음과 같다.[1)]

| |
|---|
| ① 2009. 5. 27. A→피고, 이혼 및 재산분할 등을 구하는 소(이 사건 이혼소송) 제기<br>② 2012. 11. 8. 이 사건 이혼소송의 항소심 판결(이 사건 판결) 선고<br>③ 2012. 12. 13. A→원고 1, 차용금 채무의 변제를 위한 담보 또는 변제의 방법으로 이 사건 판결금 채권 중 1억 5,000만 원 양도, 2012. 12. 18. 양도통지 도달<br>④ 2013. 1. 9. A→원고 2, 차용금 채무의 변제를 위한 담보 또는 변제의 방법으로 이 사건 판결금 채권 중 1억 원 양도, 2013. 1. 9. 양도 통지 도달<br>⑤ 2013. 3. 28. 이 사건 이혼 소송의 상고심 판결(상고기각, 이 사건 판결) 선고<br>⑥ 2013. 4. 2. 이 사건 판결 확정<br>⑦ 2013. 6. 10. 원고들→피고를 상대로 이 사건 각 채권양도에 따른 양수금 지급을 구하는 소 제기 |

### 1. A의 피고에 대한 재산분할청구권 등의 발생

가. A는 2009. 5. 27. 피고를 상대로 서울가정법원에 이혼 및 재산분할 등을 구하는 소를 제기하였다. 이에 피고는 2009. 8. 13. A를 상대로 이혼 및 위자료 등을 구하는 반소를 제기하였다(이하 '이 사건 이혼소송'이라 한다).

나. 서울가정법원은 2011. 6. 1. 이 사건 이혼소송 중 재산분할에 관하여 '피고는 A에게 재산분할로 5억 6,500만 원 및 이에 대하여 판결 확정일 다음 날부터 다 갚는 날까지 연 5%의 비율로 계산한 돈을 지급하라.'는 판결을 선고하였다. 또한 위 이혼사건 판결에는 재산분할 외에도 피고에게, A에게 위자료로 3,000만 원, 과거 양육비로 500만 원, 장래 양육비로 2011. 4. 21.부터 매월 200만 원씩을 지급하라는 내용이 포함되어 있었다. 장래양육비의 경우 위 기산일부터 아래에서 보는 각 채권양도일까지 약 20개월 정도분인

---

1) 가사소송법상 재산분할을 심리하는 절차는 2가지가 있다. 먼저 협의이혼 또는 재판상화해, 조정 또는 이혼을 명한 판결이 확정됨으로써 이혼이 성립된 후에야 재산분할심판을 청구하는 것으로 이것이 원칙적인 모습이다. 그리고 가사소송법 제14조에 따라 가사소송사건인 이혼청구와 가사비송사건인 재산분할청구를 병합하여 하나의 사건으로 청구, 심리하는 방법이 있다. 대상판결은 이혼청구와 재산분할청구를 병합하여 하나의 사건으로 청구, 심리한 경우에 해당한다.

4,000만 원만 이행기가 도래한 상태였다.

다. 위 제1심 판결에 대하여 A와 피고는 모두 불복하여 각 항소하였고, 서울고등법원은 2012. 11. 8. '제1심 판결 중 재산분할 부분을 피고가 A에게 재산분할로 10억 1,700만 원[2] 및 이에 대한 판결 확정일 다음 날부터 다 갚는 날까지 연 5%의 비율로 계산한 돈을 지급하라는 것으로 변경하고, A의 나머지 항소 및 피고의 항소를 모두 기각한다.'는 내용의 판결을 선고하였다(이하 위 항소심 판결을 '이 사건 판결'이라 하고, 이 사건 판결에서 지급을 명한 A의 피고에 대한 채권을 '이 사건 판결금 채권'이라 한다).

라. A와 피고는 상고하였고, 대법원은 2013. 3. 28. 상고기각판결을 하였으며, 위 판결은 2013. 4. 2. A와 피고에게 각 송달되어 확정되었다.

## 2. A의 금원 차용 및 이 사건 판결금 채권의 양도 등

가. A는 2012. 8. 31. 원고 1로부터 1억 원을 이자율 연 30%로 정하여 차용하였고, 2012. 12. 13. 원고 1에게 위 차용금 채무와 관련하여 그 변제를 위한 담보 또는 변제의 방법으로 이 사건 판결금 채권 중 1억 5,000만 원을 양도하였다. A는 2012. 12. 13. 피고에게 위 양도 사실을 통지하였고 위 양도통지는 2012. 12. 18. 피고에게 도달하였다.

나. A는 2013. 1. 7. 원고 2로부터 1억 원을 이자율 연 30%로 정하여 차용하였고, 같은 날 원고 2에 위 차용금 채무와 관련하여 그 변제를 위한 담보 또는 변제의 방법으로 이 사건 판결금 채권 중 1억 원을 양도하였다. 그리고 A는 2013. 1. 9. 피고에게 위 양도사실을 통지하였고, 위 양도통지는 같은 날 피고에게 도달하였다(이하 위 각 채권양도를 모두 지칭하여 '이 사건 각 채권양도'라고 하고, 그 양도된 채권을 모두 지칭하여 '이 사건 각 양수금 채권'이라고 한다).

다. 원고 1은 2014. 5. 16. A가 작성해준 공정증서 정본에 기하여 서울중앙지방법원 2014타채14235호로 채권압류 및 전부명령을 신청하였고, 서울중앙지방법원은 2014. 5. 20. 채권압류 및 전부명령을 발령하였다. 원고 2는 2014. 5. 14. A가 작성해준 공정증서 정본에 기하여 서울중앙지방법원 2014

---

2) 항소심에서 분할대상재산 중 가장 큰 비중을 차지하는 부동산에 대하여 새롭게 감정이 이루어져 그 가액이 8,005,078,000원에서 9,326,098,000원으로 변경되었고, A의 기여도도 15%에서 20%로 변경되었다.

타채14042호로 채권압류 및 전부명령을 신청하였고 서울중앙지방법원은 2014. 5. 16. 채권압류 및 전부명령을 발령하였다.

### 3. 이 사건 각 양수금 채권의 이행을 구하는 소 제기

원고들은 2013. 6. 10. 피고에 대해 이 사건 각 양수금 채권의 이행을 구하는 소를 제기하였다.

## [소송의 경과]

### 1. 제1심의 판단(서울중앙지방법원 2014. 4. 17. 선고 2013가합43661 판결)[3]

### 원심의 판단(서울고등법원 2015. 8. 28. 선고 2014나26202 판결)[4]·[5]

장래의 채권도 양도 당시 기본적 채권관계가 어느 정도 확정되어 있어 그 권리의 특정이 가능하고 가까운 장래에 발생할 것임이 상당 정도 기대되는 경우에는 이를 양도할 수 있다(대법원 2010. 4. 8. 선고 2009다96069 판결 등). 그리고 채권양도에 있어 사회통념상 양도 목적 채권을 다른 채권과 구별하여 그 동일성을 인식할 수 있을 정도이면 그 채권은 특정된 것으로 보아야 할 것이고, 채권양도 당시 양도 목적 채권의 채권액이 확정되어 있지 아니하였다 하더라도 채무의 이행기까지 이를 확정할 수 있는 기준이 설정되어 있다면 그 채권의 양도는 유효한 것으로 보아야 한다(대법원 1997. 7. 25. 선고 95다21624 판결 등 참조).

이 사건 판결금 채권은 마지막 사실심인 항소심 판결로서 그 지급을 명한 것이었던 점, 이 사건 각 채권양도가 있은 때로부터 약 3~4개월 후인 2013. 3. 28. 대법원의 상고기각판결이 있었고, 결국 이 사건 판결금 채권은

---

3) 제1심은 이 사건 각 채권양도가 유효하다고 보았으나, 피고의 A에 대한 채권을 자동채권으로 하는 상계 항변이 인용되어 원고들의 청구는 기각되었다.

4) 원고들은 항소심에 이르러 채권압류 및 전부명령을 이유로 한 전부금 청구를 주위적 청구로 구하고 원래의 양수금 청구를 예비적 청구로 변경하였으나, 원심 법원은 주위적 청구에 대하여 A와 피고가 2013. 5. 9. 이 사건 판결금 채권을 7억원으로 정산합의 하였고 피고가 A에게 2013. 5. 9.부터 2013. 5. 15.까지 일부를 지급하였는데 원고들이 신청한 각 전부명령의 피압류채권액 합계가 이 사건 판결금 채권의 잔존액을 초과할 뿐 아니라 위 각 전부명령은 압류의 경합으로 무효라는 이유로 원고들의 주위적 청구를 기각하였다.

5) 항소심 역시 이 사건 각 채권양도가 유효하다고 보았고, 피고의 상계 항변을 배척하여 원고들의 예비적 청구를 인용하였다.

2013. 4. 2. 그대로 확정된 점, 이 사건 판결금 채권은 이 사건 판결에 의하여 그 범위가 명확히 확정되어 있을 뿐만 아니라 다른 채권과 그 동일성을 구별할 수 있는 점 등을 이유로 이 사건 판결금 채권은 이 사건 각 채권양도 당시 이미 그 기본적 채권관계가 어느 정도 확정되어 그 권리의 특정이 가능하고 가까운 장래에 그 발생이 기대되는 경우에 해당하므로 이 사건 각 채권양도는 유효하다.

### 2. 대상판결의 요지 : 파기 환송

**가.** 이혼으로 인한 재산분할청구권은 이혼을 한 당사자의 일방이 다른 일방에 대하여 재산분할을 청구할 수 있는 권리로서, 이혼이 성립한 때에 그 법적 효과로서 비로소 발생하며, 또한 협의 또는 심판에 의하여 그 구체적 내용이 형성되기 전까지는 그 범위 및 내용이 불명확·불확정하기 때문에 구체적으로 권리가 발생하였다고 할 수 없다. 따라서 당사자가 이혼이 성립하기 전에 이혼소송과 병합하여 재산분할의 청구를 한 경우에, 아직 발생하지 아니하였고 그 구체적 내용이 형성되지 아니한 재산분할청구권을 미리 양도하는 것은 성질상 허용되지 아니하며, 법원이 이혼과 동시에 재산분할로서 금전의 지급을 명하는 판결이 확정된 이후부터 채권 양도의 대상이 될 수 있다.

**나.** A가 원고들에게 이 사건 판결금 채권 중 일부를 각 양도한 시기는 이 사건 이혼소송의 항소심판결이 선고되었으나 아직 확정되지 아니한 때로서 이혼이 성립하지 아니하였고 재산분할에 관한 심판이 확정되기 전이므로, 이 사건 각 채권양도 중 재산분할청구에 따른 채권 부분은 성질상 채권양도가 허용되지 아니하는 채권을 목적으로 한 것으로서 무효라고 봄이 타당하다.[6)]

---

6) 위 사건의 파기환송심인 서울고등법원 2018. 8. 21. 선고 2017나28544 판결은 이 사건 판결금 채권에는 재산분할청구권, 양육비 채권, 위자료 채권이 포함되어 있고 재산분할청구권 및 양육비 채권 부분은 성질상 채권양도가 허용되지 아니하는 채권을 목적으로 한 것으로서 무효인데, 원고들은 이 사건 각 채권양도 당시 이 사건 판결금 채권 중 재산분할청구권, 양육비 채권, 위자료 채권이 구체적으로 각 얼마씩 산입된 것인지를 특정하지 않았으므로 이 사건 각 채권양도계약은 민법 제137조 본문에 따라 전부 무효라는 이유로 원고들 패소 판결을 선고하였다. 이에 대하여 원고들이 상고하였으나 2019. 1. 17. 심리불속행 기각 판결이 선고되었다.

## 〔研 究〕

### Ⅰ. 서 론

민법 제839조의2는 제1항에서 '협의상 이혼한 자의 일방은 다른 일방에 대하여 재산분할을 청구할 수 있다.'고 정하고, 제2항에서 '제1항의 재산분할에 관하여 협의가 되지 아니하거나 협의할 수 없을 때에는 가정법원은 당사자의 청구에 의하여 당사자 쌍방의 협력으로 이룩한 재산의 액수 기타 사정을 참작하여 분할의 액수와 방법을 정한다.'고 규정하고 있다. 또한, 재판상 이혼의 경우에도 위 조항을 준용하여 재산분할청구가 가능하도록 하고 있다(민법 제843조).

우리 민법은 '부부 일방이 혼인 전부터 가진 고유재산과 혼인 중 자기 명의로 취득한 재산은 그 특유재산으로 하고, 부부의 누구에게 속한 것인지 분명하지 아니한 재산은 부부의 공유로 추정한다.'(민법 제830조)고 규정하여 부부별산제를 채택하고 있다. 그렇다면 혼인 중 형성한 재산은 특유재산과 공유재산만이 있을 것인데 이혼 시 그 명의로 된 특유재산은 그가 가져가면 되는 것이고, 재산분할의 대상은 극히 일부인 공유재산에 한정될 것이다. 그러나 이와 같이 혼인 중 공동으로 형성한 재산을 형식적으로만 파악할 경우, 일방의 명의로 되어 있는 재산에 대하여는 혼인생활에 협력하여 온 타방의 기여도(특히 가사노동의 경우)가 잘 반영되지 아니할 뿐만 아니라, 현실적으로 경제적 약자인 처가 이혼 후의 생활 곤란을 염려하여 경제적 강자인 남편의 부당한 대우를 그대로 인종할 수밖에 없어 혼인관계의 자유와 평등을 해한다는 문제점이 있었다.[7] 이에 1990. 1. 13. 법률 제4199호의 개정에 따라 재산분할청구권이 신설되었다.

재산분할청구권은 혼인 중 공동으로 형성한 재산을 나누어 갖는 것으로서 기본적으로 재산권적 성질을 가진다는 점을 부인할 수 없다. 이

7) 헌법재판소 1997. 10. 30. 선고 96헌바14 전원재판부 결정.

러한 재산권적 성격을 강조한다면 다른 종류의 재산권인 채권과 같이 그 양도성을 인정할 것이다. 그러나 한편, 혼인은 일생의 공동생활을 목적으로 하여 부부의 실체를 이루는 신분상 계약으로서 그 본질은 애정과 신뢰에 바탕을 둔 인격적 결합에 있으며,[8] 혼인관계는 전인격적이고 무제한적인 인격적 개입을 특징으로 하는 관계이다.[9] 따라서 부부간 재산분할청구권은 다른 재산권인 채권에 비하여 강한 인적 속성을 갖는다. 그렇다면 재산분할청구권을 양도하여 제3자가 이를 행사할 수 있도록 하는 것이 가능한지, 가능하다면 어떠한 단계에서 이를 허용할 것인지 문제될 수 있다.

이하에서는 먼저 재산분할청구권의 의의 및 법적성질에 관하여 개관하고, 재산분할청구권의 발생 시기와 그 발생 과정상의 특수성에 관하여 알아본다. 나아가 재산분할청구권의 상속성 및 양도성은 재산분할청구권이 일신전속권인지 여부와 밀접한 관련이 있으므로 이를 살핀 후 이를 토대로 재산분할청구권의 상속성 및 양도성을 검토하기로 한다.

## Ⅱ. 재산분할청구권의 의의 및 법적성질

### 1. 의의 및 근거

재산분할청구권은 이혼을 한 당사자 일방이 다른 일방에 대하여 재산분할을 청구할 수 있는 권리를 말한다.[10] 재산분할청구권의 근거에 대해서는 이론상 공유이론이나 명의신탁이 주장될 수도 있을 것이나, 현행 민법의 소유권제도나 부부재산제의 체계상 법률 규정에 의한 채권으로 보아도 될 것이다.[11]

재산분할청구권이 청산적 성격만을 갖는다면 다른 재산권인 채권과 같이 그 양도성을 부인할 이유는 없다. 그러나 재산분할청구권에 부양적 성격을 인정한다면, 부양을 받을 권리는 양도와 친하지 않으므로(민법 제979조 등 참조)

8) 대법원 2015. 9. 15. 선고 2013므568 전원합의체 판결.
9) 윤진수, 혼인과 이혼의 법경제학, 법경제학연구 제9권 제1호(2012), 41-42면.
10) 김주수 · 김상용, 친족 · 상속법(2018), 법문사, 242면.
11) 김주수 · 김상용(주 10), 244면.

양도 등을 통한 처분이 제한될 수 있다.

## 2. 견해의 대립

### 가. 청산설

재산분할청구권을 부부재산관계의 실질적 청산 또는 경제적 지분의 취득을 보장하는 권리라고 이해하는 견해이다. 청산설은 다음과 같은 근거를 든다.

(1) 재산분할은 '분할'이라는 문구 자체에서, 또 민법 제839조의2 제2항에서 '당사자 쌍방의 협력으로 이룩한 재산의 액수 기타 사정'을 참작하도록 규정하고 있다.[12]

(2) 혼인 중 부부가 협력하여 취득한 재산은 부부 일방의 명의라 하더라도 실질적으로 부부의 공동재산이다.[13]

(3) 처의 가사노동에 의한 기여가 혼인의 해소로 부당이득이 된다.[14]

(4) 민법이 이혼 시 유책배우자에 대한 손해배상청구에 관한 별도의 규정(민법 제843조에 의하여 준용되는 같은 법 제806조)을 두고 있기 때문에 재산분할청구권은 위자료나 부양료의 성질은 가지지 아니한다.[15]

### 나. 청산 및 부양설

재산분할청구권을 혼인 중 취득한 재산의 청산적 성질과 이혼 후 어려운 배우자에 대한 부양적 성질을 가지는 권리라고 이해하는 견해이다. 청산 및 부양설은 다음과 같은 근거를 든다.

(1) 배우자 일방이 혼인 중 상대방으로부터 부양 받을 기대권은 재산권이므로 타방 배우자의 책임 있는 행위로 이혼하게 됨으로써 이를 침해하였을 경우 그에 대한 손해배상을 해야 한다.[16]

---

12) 민유숙, 재산분할의 구체적 인정범위, 재판자료 제62집(1993), 407면.
13) 김주수 · 김상용(주 10), 243면.
14) 배경숙 · 최금숙, 신친족상속법강의: 가족재산법(2000), 제일법규, 183면.
15) 채정선, 소극재산이 적극재산을 초과하는 경우 재산분할의 허용 여부, 재판과 판례(2015), 401면.
16) 이홍민, 이혼급부에 대한 검토−재산분할, 부양료, 위자료 청구의 개별적 근거−, 가족법연구 제24권 제2호(2010), 52면.

(2) 일방이 이혼으로 인하여 혼인중의 생활은 물론 이혼 후의 자립이나 생계유지 자체에 어려움을 겪게 될 때 형평의 관념에서 혼인 중 계속된 부양의무를 이혼 후에도 유지시키는 것이다.[17)]

나아가, 재산분할청구권의 부양적 요소를 인정하는 견해 내부에서도 양자의 관계에 대해 의견이 나누어지는데, 통설적인 견해는 청산적 요소가 중심이고 부양적 요소는 보충적인 것으로 보고 있다.[18)]

다. 위자료적 요소까지 포함하는 견해

유책배우자는 이혼 자체나 이혼사유로 인한 손해를 배상하여야 하는데, 이러한 종래의 이혼위자료도 재산분할청구권의 신설과 함께 재산분할 과정에서 포괄하여 처리할 수 있게 되었다는 이유로 재산분할청구권에 위자료적 요소가 포함된다고 한다.[19)·20)]

### 3. 판　　례

#### 가. 청산적 성격을 고려한 판례

○ **사실혼관계에서 재산분할청구권을 인정할 수 있는지가 문제된 사안**(대법원 1995. 3. 10. 선고 94므1379, 1386(반소) 판결)

사실혼이라 함은 당사자 사이에 혼인의 의사가 있고, 객관적으로 사회 관념상으로 가족 질서적인 면에서 부부공동생활을 인정할 만한 혼인

17) 민유숙(주 12), 408-409면.

18) 민유숙(주 12), 409면은 혼인해소시의 이혼급부는 우선 부부재산의 청산과 이혼위자료로써 해결하고, 그것만으로는 생계유지가 충분하지 않은 경우에 부양적 재산분할이 보충적으로 인정되어야 하는데, 이혼위자료를 산정함에 있어서는 이혼 후의 생활불안정도 참작요소가 되므로 실질적으로 부양적 요소와 중복될 뿐 아니라, 청산적 재산분할 및 위자료로서 받은 재산으로 이혼 후의 자신의 생계유지에 충당할 수 있다면 구태여 부양의 필요성이 없기 때문이라고 한다.

19) 조미경, 이혼과 위자료-재산분할제도와 관련하여-, 가족법학논총(1991), 288-289면.

20) 이에 대하여 김준모, 재산분할제도의 성격-실무상 문제점을 중심으로-, 법원도서관 제101집(2003), 219면은 일본 민법과 달리 우리 민법에서는 친족상속편에서 별도로 위자료청구권을 인정하고 있으므로 우리 민법에서는 받아들일 수 없는 견해이고, 다만 재산분할에 위자료적 요소가 포함되어 있지 않다고 하더라도 당사자가 재산분할만을 청구한 경우에는 해결의 일회성이라는 측면에서 당사자가 명백히 제외하지 않는 한 위자료의 요소를 기타의 사정으로 고려할 수 있다고 한다.

생활의 실체가 있는 경우이므로 법률혼에 대한 민법의 규정 중 혼인신고를 전제로 하는 규정은 유추적용할 수 없다고 할 것이나 부부재산의 청산의 의미를 갖는 재산분할에 관한 규정은 부부의 생활공동체라는 실질에 비추어 인정되는 것이므로 사실혼관계에도 준용 또는 유추적용할 수 있다고 할 것이다(대법원 1993. 8. 27. 선고 93므447, 454 판결, 대법원 1993. 11. 23. 선고 93므560 판결 등 참조).

나. 부양적 성격을 고려한 판례

**(1) 불치의 정신병에 걸린 부부 중 일방이 이혼으로 인하여 경제적인 곤궁에 빠지게 되는 사안**(대법원 1991. 1. 15. 선고 90므446 판결)

혼인관계가 해소되는 경우 불치의 질환에 이환된 일방이 배우자로부터의 원조가 제한됨에 따라 극심한 경제적 고통을 받게 되고 보호를 받을 수 없게 되는 사정이 있더라도 이는 이혼당사자간의 재산분할청구 등 개인 간 또는 사회적인 부양의 문제로 어느 정도의 지원을 기대할 수 있을 뿐이다.

**(2) 이혼 시 재산분할로 상속세 인적공제액을 초과하는 재산을 취득한 부분에 대해 증여세를 부과하도록 규정하고 있는 상속세법 규정의 위헌 여부가 문제된 사안**(헌법재판소 1997. 10. 30. 선고 96헌바14 전원재판부 결정)

이혼시의 재산분할제도는 본질적으로 혼인 중 쌍방의 협력으로 형성된 공동재산의 청산이라는 성격에, 경제적으로 곤궁한 상대방에 대한 부양적 성격이 보충적으로 가미된 제도라 할 것이어서, 이에 대하여 재산의 무상취득을 과세원인으로 하는 증여세를 부과할 여지가 없다.

**(3) 부부가 이혼할 때 재산분할을 한 결과가 쌍방의 소극재산 총액이 적극재산 총액을 초과하여 결국 채무의 분담을 정하는 것이 되는 경우에도 재산분할청구를 받아들일 수 있는지 문제된 사안**(대법원 2013. 6. 20. 선고 2010므4071, 4088 전원합의체 판결)

재산분할청구 사건에 있어서는 혼인 중에 이룩한 재산관계의 청산뿐 아니라 이혼 이후 당사자들의 생활보장에 대한 배려 등 부양적 요소 등도 함께 고려할 대상이 되므로, 재산분할에 의하여 채무를 분담하게 되면 그로써 채무초과 상태가 되거나 기존의 채무초과 상태가 더욱 악화되는 것과 같은 경우에는 채무부담의 경위, 용처, 채무의 내용과 금액, 혼인생활의 과정, 당사자의 경제적 활동능력과 장래의 전망 등 제반 사정을 종합적으로 고려하여 채무를 분담하게 할지 여부 및 분담의 방법 등을 정할 것이다.

다. 위자료적 성격을 고려한 판례

○ **대법원** 2013.6. 20. **선고** 2010므4071, 4088 **전원합의체 판결 중 다수의견에 대한 보충의견과 김용덕 대법관의 반대의견**

재산분할은 실질상의 공동재산을 청산하여 분배함과 동시에 이혼 후에 상대방의 생활유지에 이바지하기 위한 것이고 경우에 따라서는 유책행위에 대한 정신적 손해를 배상하기 위한 급부로서의 성질도 가질 수 있다.[21)]

라. 판례의 검토

대법원은 재산분할청구권이 혼인 중에 취득한 실질적인 공동재산을 청산 분배하는 것을 목적으로 하는 것이라고 일관되게 판시하였고, 2010므4071 판결에서 명시적으로 부양적 요소 등도 함께 고려할 대상이 된다고 하여 청산 및 부양설의 입장을 취하고 있다. 헌법재판소는 1997년부터 재산분할제도에 부양적 성격이 가미되어있음을 명시적으로 판시하였다. 또한, 판례는 청산적 성격을 '주된 목적'으로 한다고 설시하고, 청산적 성격 없이 부양만을 이유로 재산분할청구를 인정한 예가 없는 점에 비추어 청산적 요소를 주된 것으로, 부양적 요소를 부수적인 것으로 보는 것으로 보인다.

한편, 하급심의 재판례[22)·23)]는 재산분할청구권제도가 도입된

---

21) 윤진수, 친족상속법 강의, 박영사(2018), 115면은 위 판례에서 인용하고 있는 판례들(대법원 2005. 1. 28. 선고 2004다58963 판결 등)은 이혼 당사자들이 재산분할의 합의를 한 경우에 여기에는 위자료를 배상하기 위한 급부로서의 성질까지 포함하여 분할할 수도 있다고 한 것으로서, 재판에 의하여 재산분할을 명하는 경우에도 위자료를 포함하여 분할할 수 있다고 한 것은 아니라고 한다.

22) 서울가정법원 1991. 7. 25. 선고 90드12667(본소), 6515(반소); 서울가정법원 1992. 8. 6. 선고 92드8280 등.

23) 서울고등법원 2018. 6. 21. 선고 2017르100(본소), 2017르346(반소) 판결(확정)은 일방 당사자가 별거 이후 경제적으로 곤궁한 처지에 놓여 있어 부양적 요소를 고려하지 않을 수 없다는 이유로 제1심에 비하여 기여도를 높게 인정하였고, 부산고

직후부터 제도의 목적이 혼인 중에 취득한 공동재산의 청산과 이혼 후 경제적 곤궁에 처해지는 상대방 부양 모두에 있음을 명확하게 밝히고 있다.

### 4. 검 토

재산분할청구권에 혼인생활 중 형성한 공동재산에 대한 청산적 성격이 포함되어 있음은 이론이 있을 수 없다. 결국 재산분할청구권에 부양적 성격을 인정할 것인지가 문제된다.

민법은 혼인 중 배우자간 부양의무를 인정하고 있다(민법 제974조 제1호). 그런데 이혼 후 배우자간 부양의무를 인정할 수 있는 직접적인 법적 근거는 찾기 어렵다.[24] 그러나 많은 가정에서 일방이 소득활동을 담당하고, 다른 일방이 가사노동을 담당하는(이른바 외벌이) 형태를 보이는데,[25] 이는 부부가 모두 소득활동을 하는 경우보다 성과가 더 크기 때문일 것이다. 그러나 가사노동을 담당하는 자는 혼인기간이 길어짐에 따라 소득능력을 상실할 수밖에 없고, 이혼에 따라 경제적인 곤궁에 빠지게 될 위험이 있다. 따라서 재산분할 시 부양적 요소를 고려함으로써 혼인관계의 존속을 신뢰하여 혼인생활 동안 경제활동에 참여할 기회를 포기하여 경제적 자

---

등법원 2019. 1. 11. 선고 2017르30468(본소), 2017르30475(반소) 판결(확정)은 일방 당사자가 각 교사로서 부동산 등을 소유하고 있어 충분한 자력이 있고 향후 경제적으로 자립할 여건이 충분하다는 이유로 부양적 요소의 재산분할을 인정할 여지가 없다고 판시하였다.

24) 독일은 개정법 이전 유책주의 하에서도 전적으로 또는 주로 유책으로 선고받은 배우자는 상대방 배우자가 궁박한 경우 원칙적으로 부양의무를 부담하였고, 파탄주의를 채택한 개정법에서는 '필요성(경제적 곤궁함)'과 상대방 배우자의 '부양료 지급능력'이 있는 경우 부양의무가 인정된다고 한다. 역시 개정법에 따라 파탄주의를 채택한 프랑스는 공동생활의 파탄을 이유로 이혼이 인정되는 경우에는 이혼을 청구한 측 배우자의, 상대방 배우자에 대한 부조의무는 소멸하지 않고 존속된다고 한다[민유숙, 외국의 부부재산제도와 재산분할 제도 및 부양제도-미국법을 중심으로-, 사법논집 제31집(2000), 538면].

25) 2016년 유배우자가구 대비 맞벌이가구(수익을 목적으로 부부가 모두 직업을 가지고 일을 하는 가구) 비율은 44.1%로 조사되었는바[지역별고용조사(2016), 통계청], 이른바 외벌이가구의 비율이 맞벌이가구의 비율보다 더 높은 것으로 보인다.

립능력을 상실한 일방당사자에 대한 배려나 보상이 필요하다. 그렇지 않다면 혼인기간 소득능력이 감소한 당사자는 이혼청구권을 자유롭게 행사할 수 없을 것이다.

그러나 어디까지나 부양적 요소는 부차적인 것으로, 실무에서도 실질적인 공동재산의 분배에서 청산적 요소만을 심리, 판단할 뿐 혼인관계 해소 이후의 부양에 관한 사항은 별도로 심리, 판단하지 않고, 부양적 요소는 청산적 분할의 대상에서 기타사정으로 분할비율 등을 정할 때 참작하고 있는 것으로 보인다.[26)]

한편, 재산분할청구권에 위자료적 요소가 포함되는지에 관하여 우리 민법은 친족, 상속편에서 유책배우자에 대한 위자료 청구권을 명시하고 있고(민법 제843조, 제806조 제2항),[27)] 상대방이 유책배우자에 해당할 경우 이혼 청구 또는 재산분할 청구와 함께 위자료를 청구하는 경우가 많으므로 논의의 실익도 크게 없을 것으로 보인다.[28)]

## Ⅲ. 재산분할청구권의 발생 시기

### 1. 논의의 의의

재산분할청구권은 이혼의 성립을 전제로 하여 발생하고, 재산분할에

26) 김종우, 재산분할의 대상과 그 기준시기 및 방법, 실무연구-법관 가사재판실무연구모임 자료집 Ⅶ(2002), 서울가정법원, 49-50면.

27) 위 논의는 이혼 위자료에 관한 명문규정이 없고 재산분여청구권이 명문으로 규정된 유일한 이혼급여인 일본 민법(제768조)에서 성립한 논의라고 한다[편집대표 윤진수 편집대표, 주해친족법 제1권(2015), 박영사, 379면(이동진 집필부분)].

28) 서울가정법원 2004. 3. 18.자 2003느합84 결정(확정)은 상대방이 청구인에 대하여 별도로 위자료청구의 소를 제기할 의사를 표시하고 있는 점, 설령 이 사건에서 재산분할비율을 정함에 있어 위자료적 요소를 고려한다고 하더라도 향후 위자료청구소송에서 여기서 고려된 위자료의 액수가 상대방의 정신적 고통을 위자하는데 충분한 금액인지를 다시 판단하게 될 것이므로 판단의 중복이 불가피한 점, 재산분할심판의 경우 기판력이 부정되는 결과 설령 이 사건에서 청구인을 유책배우자로 본다고 하더라도 향후 위자료청구소송에서 청구인의 유책 여부에 관하여 이 사건과 달리 판단하는 경우 이 사건에서 고려한 위자료적 요소가 효력을 잃게 될 여지가 있는 점 등을 이유로 명시적으로 재산분할에 있어 위자료적 요소를 배제하였다.

관한 협의가 되지 아니하거나 협의할 수 없는 때에는 가정법원의 심판에 의해 분할의 액수와 방법이 정해진다. 이처럼 재산분할청구권은 신분법상 행위인 이혼과 밀접한 관련이 있으며, 소송의 방법으로 이행을 구할 수 있는 다른 채권들과 달리 가사소송법상 마류 가사비송사건으로 분류된 재산분할심판을 통하여 그 구체적인 내용이 정해진다. 이러한 특수성으로 인하여 재산분할청구권이 어느 시기에 이르러야 발생하였다고 볼 수 있는지에 관하여 학설이 대립되고, 이는 재산분할청구권을 양도할 수 있는 시기와 관련이 있다. 아직 발생하지도 않은 권리를 양도할 수는 없기 때문이다.

### 2. 견해의 대립

#### 가. 형 성 설

그 권리의 발생, 내용 및 분할방법의 결정이 모두 이를 인정하는 협의 또는 심판에 의하여 비로소 이루어지는 것이라는 견해이다. 즉, 민법 제839조의2에 의하여 당사자 일방은 상대방에게 재산분할을 청구할 수 있지만, 그의 일방적인 의사표시로 권리가 형성되는 것도 아니고, 또 상대방에 대하여 재산분할협의에 승낙을 청구하는 권리도 갖지 않는다.[29)]

이 견해에 의하면, 재산분할에 관한 협의 또는 심판이 확정된 이후에야 재산분할청구권이 발생하고 양도가 가능하다.

#### 나. 확 인 설

재산분할청구권은 이혼이라는 사실과 혼인 중 재산의 청산 및 이혼 후의 부양이라는 요건을 충족시키면 당연히 발생하고, 협의나 심판은 그 내용을 확인하는 것에 불과하다는 견해이다. 재산분할의 정도 및 방법은 심판에 의하여 결정되지만, 이는 이미 존재하는 재산분할청구권의 내용을 확정하는 절차라는 견해이다.[30)]

---

29) 鈴木 忠一, 非訟, 家事事件の研究, 유비각(1960), 23면; 민유숙, 재산분할에 있어서 몇 가지 문제점에 관한 고찰, 인권과 정의 제211호(1994), 34면에서 재인용[이하 '민유숙(1994)'라고 인용한다].

이 견해에 의하면, 이혼이 성립하였다면 재산분할에 관한 협의 또는 심판 확정 이전에도 재산분할청구권이 존재하고, 양도가 가능할 것이다.

### 다. 절 충 설

재산분할청구권을 두 가지로 나누어 추상적인 재산분할청구권은 이혼에 의하여 당연히 발생하지만, 구체적인 재산분할청구권은 협의, 심판에 의하여 비로소 형성된다는 견해이다.

민법 제839조의2가 '재산분할을 청구할 수 있다'고 규정한 점에서 청구권의 존재를 인정할 수 있지만, 협의 또는 심판 전에는 그 구체적인 내용을 가진 권리를 인정할 수 없기 때문에 협의 및 심판 전 분할청구권은 이른바 미정의 청구권이고, 심판 등에 의하여 구체적인 내용이 결정되면 비로소 확정적인 재산분할청구권이 된다고 한다. 그리고 이를 재산분할의 심판이라는 측면에서 보면, 국가가 재산분할청구권의 존재를 전제로 하여 그 구체적인 내용을 결정하는 처분이 된다는 것이다.[31)]

이 견해에 의하면, 이혼 성립 이전에는 추상적으로도 재산분할청구권이 발생하지 않아 그 양도가 불가능하고, 협의 또는 심판 확정 이후에는 구체적인 재산분할청구권이 발생하였으므로 양도가 가능하다. 그러나 이혼 성립 후 재산분할 협의 또는 심판 확정 이전에는 추상적인 재산분할청구권만이 발생하였다고 보고, 이 단계에서 양도를 인정할 것인지는 추가적인 논의가 필요하다.[32)]

---

30) 加藤 榮一, 夫婦の財産關係について-夫婦財産の利用關係を契機として, 민상법잡지 제46권 제3호(1962), 492면; 민유숙(1994), 34면에서 재인용.

31) 김숙자, 재산분할청구권, 개정가족법과 한국사회, 한국여성개발원 한국가족법학회(1990), 124면.

32) 민유숙(1994), 38면은 추상적인 재산분할청구권이란 상대방 배우자의 전 재산에 대하여 재산분할을 청구할 수 있는 권리라는 것이고, 상대방에 대한 구체적인 재산분할금의 지급청구권은 적어도 법원이 재산분할의 대상 및 기여도를 확정한 후 재산분할의 방법으로 그 재산을 상대방배우자에게 귀속시키고, 그에 상응하는 금전의 지급채무를 부담시킴으로써 비로소 발생한다고 한다.

### 3. 일본의 최고재판소 판례

협의·심판 등에 의하여 구체적인 내용이 형성되기 전 재산분할청구권을 보전하기 위하여 채권자대위권을 행사하는 것은 허용되지 않는다고 판시[33]하여 절충설의 입장에 서 있는 것으로 보인다.

### 4. 판　　례[34]

#### 가. 재산분할청구권에 대한 가집행 선고가 가능한지가 문제된 사안[35]

**(1) 대법원 1998. 11. 13. 선고 98므1193 판결(이혼소송과 재산분할청구를 병합하여 한 경우)**

민법상의 재산분할청구권은 이혼을 한 당사자의 일방이 다른 일방에 대하여 재산분할을 청구할 수 있는 권리로서 이혼이 성립한 때에 그 법적 효과로서 비로소 발생하는 것이므로, 당사자가 이혼이 성립하기 전에

---

33) 최고재판소 소화 55. 7. 11. 판결[昭53 (オ) 321号].

34) 판례는 양육비청구권에 관하여도 절충설의 입장에 있는 것으로 보인다.
이혼한 부부 사이에서 자(子)에 대한 양육비의 지급을 구할 권리는 당사자의 협의 또는 가정법원의 심판에 의하여 구체적인 청구권의 내용과 범위가 확정되기 전에는 '상대방에 대하여 양육비의 분담액을 구할 권리를 가진다'라는 추상적인 청구권에 불과하고 당사자의 협의나 가정법원이 당해 양육비의 범위 등을 재량적·형성적으로 정하는 심판에 의하여 비로소 구체적인 액수만큼의 지급청구권이 발생한다고 보아야 하므로, 당사자의 협의 또는 가정법원의 심판에 의하여 구체적인 청구권의 내용과 범위가 확정되기 전에는 그 내용이 극히 불확정하여 상계할 수 없지만, 가정법원의 심판에 의하여 구체적인 청구권의 내용과 범위가 확정된 후의 양육비채권 중 이미 이행기에 도달한 후의 양육비채권은 완전한 재산권(손해배상청구권)으로서 친족법상의 신분으로부터 독립하여 처분이 가능하고, 권리자의 의사에 따라 포기, 양도 또는 상계의 자동채권으로 하는 것도 가능하다(대법원 2006. 7. 4. 선고 2006므751 판결).

35) 반면, 판례는 양육비청구권에 대하여는 가집행 선고의 대상이 된다고 한다.
가사소송법 제42조 제1항은 "재산상의 청구 또는 유아의 인도에 관한 심판으로서 즉시항고의 대상이 되는 심판에는 담보를 제공하게 하지 아니하고 가집행할 수 있음을 명하여야 한다"라고 규정하고, 가사소송규칙 제94조 제1항은 마류 가사비송사건의 심판에 대하여는 청구인과 상대방이 즉시항고를 할 수 있다고 규정하고 있는바, 민법 제837조에 따른 이혼 당사자 사이의 양육비 청구사건은 마류 가사비송사건으로서 즉시항고의 대상에 해당하고, 가집행선고의 대상이 된다(대법원 2014. 9. 4. 선고 2012므1656 판결).

이혼소송과 병합하여 재산분할의 청구를 하고, 법원이 이혼과 동시에 재산분할을 명하는 판결을 하는 경우에도 이혼판결은 확정되지 아니한 상태이므로, 그 시점에서 가집행을 허용할 수는 없다.

**(2) 대법원 2014. 9. 4. 선고 2012므1656 판결(이혼성립 이후 재산분할의 판결이 있었던 경우)**

민법 제839조의2에 따른 재산분할 청구사건은 마류 가사비송사건으로서 즉시항고의 대상에 해당하기는 하지만, 재산분할은 부부가 혼인 중에 취득한 실질적인 공동재산을 청산 분배하는 것을 주된 목적으로 하고, 법원이 당사자 쌍방의 협력으로 이룩한 재산의 액수 기타 사정을 참작하여 분할의 액수와 방법을 정하는 것이므로, 재산분할로 금전의 지급을 명하는 경우에도 판결 또는 심판이 확정되기 전에는 금전지급의무의 이행기가 도래하지 아니할 뿐만 아니라 금전채권의 발생조차 확정되지 아니한 상태에 있다고 할 것이어서, 재산분할의 방법으로 금전의 지급을 명한 부분은 가집행선고의 대상이 될 수 없다. 그리고 이는 이혼이 먼저 성립한 후에 재산분할로 금전의 지급을 명하는 경우라고 하더라도 마찬가지이다.

**나. 재산분할청구권의 사전포기 약정이 가능한지가 문제된 사안(대법원 2016. 1. 25.자 2015스451 결정)**

민법 제839조의2에 규정된 재산분할제도는 혼인 중에 부부 쌍방의 협력으로 이룩한 실질적인 공동재산을 청산·분배하는 것을 주된 목적으로 하는 것이고, 이혼으로 인한 재산분할청구권은 이혼이 성립한 때에 법적 효과로서 비로소 발생하는 것일 뿐만 아니라 협의 또는 심판에 따라 구체적 내용이 형성되기까지는 범위 및 내용이 불명확·불확정하기 때문에 구체적으로 권리가 발생하였다고 할 수 없으므로, 협의 또는 심판에 따라 구체화되지 않은 재산분할청구권을 혼인이 해소되기 전에 미리 포기하는 것은 성질상 허용되지 아니한다. 아직 이혼하지 않은 당사자가 장차 협의상 이혼할 것을 합의하는 과정에서 이를 전제로 재산분할청구권을 포기하는 서면을 작성한 경우, 부부 쌍방의 협력으로 형성된 공동재산 전부를 청산·분배하려는 의도로 재산분할의 대상이 되는 재산액, 이에 대한 쌍방의 기여도와 재산분할 방법 등에 관하여 협의한 결과 부부 일방이 재산분할청구권을 포기하기에 이르렀다는 등의 사정이 없는 한 성질상 허용되지 아니하는 '재산분할청구권의 사전포기'에 불과할 뿐이므로 쉽사리 '재산분할에 관한 협의'로서의 '포기약정'이라고 보아서는 아니 된다.[36]

다. 재산분할청구권 보전을 위한 채권자대위권 행사가 가능한지가 문제된 사안(대법원 1999. 4. 9. 선고 98다58016 판결)

이혼으로 인한 재산분할청구권은 협의 또는 심판에 의하여 그 구체적 내용이 형성되기까지는 그 범위 및 내용이 불명확·불확정하기 때문에 구체적으로 권리가 발생하였다고 할 수 없으므로 이를 보전하기 위하여 채권자대위권을 행사할 수 없다.

라. 판례의 검토

판례는 이혼이 성립한때에 그 법적효과로서 추상적인 재산분할청구권이 발생하지만, 당사자의 협의나 가정법원의 심판에 의하여 그 구체적 내용이 형성되기까지는 구체적인 재산분할청구권이 발생하지 않아 이를 포기하거나 그 보전을 위한 채권자대위권 행사 등이 허용되지 않는다는 절충설의 입장이다. 대상판결 역시 협의 또는 심판에 의하여 구체적 내용이 형성되기 전까지는 구체적으로 권리가 발생하였다고 할 수 없다고 판시하여 절충설의 입장을 취하였다.

5. 재산분할심판의 특수성

가. 쟁송형태

이혼에 따른 재산분할청구 사건은 마류 가사비송사건으로 분류된다(가사소송법 제2조 제1항 제2호 나목). 이는 재산분할청구권을 잠재적인 공유재산의 분할이라고 보거

36) 대법원 2013. 10. 11. 선고 2013다7936 판결은 협의 또는 심판에 의하여 구체화되지 않은 재산분할청구권은 채무자의 책임재산에 해당하지 아니하고, 이를 포기하는 행위 또한 채권자취소권의 대상이 될 수 없다고 한다.

나 혼인 중 기여한 재산의 반환이라고 보는 경우에는 소송적 성질이 강하지만, 그 청구권에는 부양적인 성질이 있고 또 엄격한 법률요건에 의한 재판을 하는 경우 입증의 곤란이 있는 등 여러 가지를 고려하여 법원이 후견적 입장에서 재량으로 분할하도록 함이 타당하므로 비송사건으로 한 것이라고 한다.[37)]

가사비송의 심리방식은 철저한 직권주의이므로 가정법원은 직권으로 사실을 탐지하고 필요하다고 인정하는 증거를 조사하여야 한다. 즉, 재판자료의 수집과 제출을 당사자에게 맡겨두지 아니하고 가정법원이 주도적으로 할 책임을 진다. 당사자는 오히려 증거방법으로서의 지위가 두드러진다.[38)]

가정법원은 증거조사의 예에 의하지 아니하고, 비정형적인 방식에 의해 사실인정을 위한 일체의 자료수집을 할 수 있다. 사실조사의 방법으로는 ① 당사자 그 밖의 관계인의 심문(가사소송법 제38조, 제48조), ② 가사조사관에 의한 사실조사 및 보고(가사소송법 제6조 제1항, 가사소송규칙 제8조 내지 제13조), ③ 경찰 등에 대한 사실조사의 촉탁 및 보고(가사소송법 제8조, 가사소송규칙 제3조) 등이 있다.[39)]

### 나. 분할방법

상대방이 있는 가사비송사건에서 가정법원은 가정의 평화와 사회정의를 위하여 가장 합리적인 방법으로 청구의 목적이 된 법률관계를 조정할 수 있는 내용의 심판을 하여야 한다(가사소송규칙 제93조 제1항). 이들 사건에서는 당사자가 구하는 법률관계의 형성, 변경에 관하여 실체법이나 절차법에 상세한 기준이 정하여져 있지 아니한 관계로 가정법원이 후견적 입장에서 폭넓은 재량을 가지고 현재 상황에서 가장 적절하게 법률관계를 형성하고 그에 따른 의무의 이행을 명하는 것이 허용된다. 의무이행의 심판범위는 당사자가 구하는 청구취지를 넘어설 수 없다는 제약을 받으나(가사소송규칙 제93조 제2항 본문), 당사자가 주장하는 기본적 법률관계가 존재하는 이상, 그 법률관계를 구체적으로 어떻게 구

---

37) 서정우, 새 가사소송법의 개설, 가족법학논총(박병호교수 화갑기념, 1991. 10.), 678면.

38) 2016 가사재판연구(2016), 사법연수원, 141면.

39) 법원실무제요, 가사 Ⅱ(2010), 법원행정처, 185면.

현할 것인가는 오로지 가정법원의 재량에 달려 있다.[40]·[41]

### 다. 확정된 재산분할심판의 효력

확정된 심판에는 형성력, 집행력, 기속력은 있지만 기판력은 없다. 또한, 일반적인 비송사건이 고지함으로써 효력이 생기는데 반해(비송사건절차법 제18조 제1항), 재산분할의 심판은 확정되어야 효력이 있다(가사소송법 제40조, 가사소송규칙 제94조 제1항).

재산분할의 심판이 확정된 후 사정변경이 있는 경우 확정된 심판을 취소, 변경할 수 있는지에 관하여는 기판력이 없음을 이유로 긍정하는 견해도 있으나, 재산분할의 심판은 즉시항고할 수 있는 것이어서 그 재판을 한 가정법원 스스로 이를 취소, 변경할 수 없고, 부양에 관한 심판과는 달리(민법 제978조) 그 취소, 변경을 허용하는 규정도 없으므로 부정하여야 할 것이다.[42]

그러나 재산분할재판에서 분할대상인지 여부가 전혀 심리되지 않은 재산이 재판확정 후 추가로 발견된 경우 추가로 재산분할청구를 할 수 있다.[43]

## 6. 검 토

### 가. 형성설에 대한 검토

(1) 가사소송법 제63조 제1항은 '가정법원은 가사소송사건 또는 마류

40) 2016 가사재판연구(2016), 사법연수원, 144-145면.

41) 대법원 2013. 6. 20. 선고 2010므4071, 4088 전원합의체 판결, 대법관 양창수, 대법관 민일영, 대법관 박병대, 대법관 박보영 보충의견은 우리 가사소송법이 재산분할 청구사건을 비송사건으로 규정한 이유에 관하여 다음과 같이 판시하였다. "재산분할 청구사건은 그 성질이 비송사건임에는 의문의 여지가 없다. 이는 권리의무관계를 추상적 법리의 잣대에 의하여 엄격하게 갈라내는 소송적 구조에서 판단하는 사건이 아니라는 뜻이다. 부부가 각자의 명의로 보유한 재산이나 채무가 부부 공동의 노력으로 형성한 것이거나 함께 책임져야 할 것인지 아니면 그 명의자 고유의 몫이라고 보아야 할 것인지는, 당해 재산의 형성 경위, 혼인생활의 기간, 가정생활에서의 역할 분담 등 매우 복합적인 사정들을 종합적으로 고려하여 판단할 수밖에 없다. 또한 재산분할을 통하여 그 몫을 정할 때에는 앞에서 본 대로 판례가 그동안 말해 온 것처럼 부양적 요소까지 고려해야 할 경우도 있다. 이처럼 엄격히 법리적 구분을 할 수 없는 여러 사정들을 함께 종합적으로 고려할 필요가 있기 때문에 재산분할 사건을 비송사건으로 정한 것으로 이해되고, 그 취지는 제도의 운영에서도 충분히 고려되어 마땅하다."

42) 법원실무제요, 가사 Ⅱ(2010), 법원행정처, 512면.

43) 대법원 2003. 2. 28. 선고 2000므582 판결.

가사비송사건을 본안사건으로 하여 가압류 또는 가처분을 할 수 있다. 이 경우 민사집행법 제276조부터 제312조까지의 규정을 준용한다.'고 규정함으로써 가사보전처분의 대상이 되는 가사사건의 종류 및 민사소송법의 준용에 관하여 정하고 있다. 따라서 부부 중 일방은 이혼 성립 이전 또는 재산분할청구에 관한 협의 또는 재판상 청구 확정 이전 재산분할청구권을 피보전채권으로 하여 가압류, 가처분 신청을 할 수 있다.[44)·45)] 나아가 민법 제839조의3 제1항의 신설에 따라 협의 또는 심판에 의해 재산분할청구권의 구체적 내용이 형성되기 전에도 이를 보전하기 위한 채권자취소권의 행사가 가능하다. 이러한 점에 비추어 보면, 재산분할에 관한 협의 또는 심판 확정 이전 부부 중 일방당사자가 갖는 재산분할을 청구할 수 있는 권리가 '권리'로 보기 어려울 정도로 불확정하다고 보기는 어렵다.

(2) 또한, 민법 제839조의2 제3항은 '재산분할청구권은 이혼한 날부터 2년을 경과한 때에는 소멸한다.'고 규정한다. 협의 또는 심판에 따라 행사하여야만 재산분할청구권이 형성된다고 볼 경우 이혼한 날로부터 2년이 도과하면 형성되지도 않은 권리가 소멸한다는 것이 되어 모순적이다.

---

44) 이혼소송 및 재산분할을 청구한 이후뿐 아니라 그 이전에도 혼인의 파탄 여부에 관한 소명이 이루어진 경우 재산분할청구권을 피보전채권으로 하는 가압류, 가처분 신청을 인용하는 것이 실무례이다.

45) 일본에서는 가사사건 중 이혼, 혼인무효와 같이 인사소송수속법 적용을 받는 사건과 위자료, 상속회복과 같이 민사소송법의 적용을 받는 사건은 민사사건에 준하는 것으로 보아 지방재판소의 관할에, 양육비나 재산분할과 같이 비송적 성격을 지니는 사건은 가사심판법의 적용을 받게 하여 가정재판소의 관할에 각 복종시키는 것으로 하여 절차를 이원화 하고 있다. 따라서 다수설 및 판례는 지방재판소의 관할에 속하는 가사사건에 관하여는 민사소송법에 의한 보전처분을 인정하는데 반하여, 가사심판법의 적용을 받는 사건에 관하여는 지방재판소의 관할이 없을 뿐만 아니라 비송사건으로서 민사소송절차에 의하여 권리보호를 받는 것이 아니며 피보전권리가 심판에 의하여 비로소 구체적 권리로 형성되는 것이라는 이유로 이를 부정한다. 이러한 입장은 비송사건이 원칙적으로 민사보전처분의 본안이 될 수 없다는 견해에 기초하는 것으로 보인다. 그 결과 가사심판사항에 속하는 재산분할청구권을 피보전권리로 하는 보전처분은 허용되지 않는 것으로 된다[장성원, 재산분할청구사건을 본안으로 하는 보전처분에 관하여, 재판자료 제62집(1993), 383-384면].

나. 확인설에 대한 검토

(1) 확인설과 같이 재산분할청구가 법률상 당연히 생기는 권리로서 가정법원이 협의에 대신하여 그 내용을 결정하는 것이라고 보면, 소송절차에 의하여야 할 것이고 비송절차에 의한 심판으로 할 수는 없다고 보아야 할 것이므로 현행 법제도와는 맞지 않는 문제점이 있다.

(2) 확인설에 의한다면, 재산분할심판은 이미 존재하는 권리를 확인하는 것이므로 그 지연손해금의 기산점을 청구시점으로 보고 가집행 선고 또한 명할 수 있어야 한다. 그러나 재산분할에 관한 처분은 일반적인 비송사건과 달리 고지로써 즉시 효력이 생기는 것이 아니라 확정되어야만 효력이 발생하므로 그 청구시점을 기산점으로 보거나 가집행 선고를 명하는 것은 불가능하다.[46]

다. 절충설의 타당성

따라서 추상적인 재산분할청구권은 이혼에 의하여 당연히 발생하지만, 구체적인 재산분할청구권은 협의, 심판에 의하여 비로소 형성된다는 절충설이 현행 우리 법제도 전반에 부합하는 것으로 타당하다.

이에 대하여 김상훈(주 54), 40-42면은 '하나의 권리가 일정한 시점을 기준으로 하여 그 성질을 달리한다는 것은 납득할 수 없으며, 이렇게 나누는 근거도 불분명하거니와 구분 실익도 없다. 권리를 구체적 권리와 추상적 권리로 구분하는 방식은 원래 공법상 기본개념에서 사용되어 왔고, 사법상 권리의 개념을 추상적 권리와 구체적 권리로 대별하는 방식을 찾아보기 어렵다.'는 이유로 절충설의 입장처럼 권리를 추상적 권리와 구체적 권리로 구분하는 것에 반대한다고 한다. 그러나 재산분할에 관한 사건은 손해배상청구권, 부당이득반환청구권과 같은 재산권적 청구권과 달리 비송

46) 가사소송법 제42조 제1항은 재산상의 청구 또는 유아의 인도에 관한 심판으로서 즉시항고의 대상이 되는 심판에는 담보를 제공하게 하지 아니하고 가집행을 할 수 있음을 명하여야 한다고 규정하고 있으나, 장성원(주 45), 399-400면은 위 필요적 가집행의 규정은 사건의 성질상 가집행의 선고를 붙일 수 있는 경우에 한하여 적용된다고 보는 것이 타당하다고 하므로 위 규정이 확인설을 전제로 규정된 것은 아닌 것으로 보인다.

사건으로 분류되어 그 형성과정에서 강한 특수성을 갖고, 보전처분의 허용 여부, 상속성 또는 양도성 등을 단계에 따라 달리 취급할 필요성이 있다. 따라서 권리의 성격을 단계에 따라 달리보고, 권리 행사의 가부 등을 구분하는 절충설의 입장이 우리 법상 가장 적절한 해석이라 생각한다.

## Ⅳ. 재산분할청구권의 일신전속성

### 1. 일신전속권의 개념

#### 가. 행사상 일신전속권

행사상 일신전속권은 권리의 행사여부가 전적으로 권리자의 의사에 맡겨져야 하는 권리로서 권리자의 의사에 반해 그 행사를 강제할 수 없는 권리를 말한다. 행사상 일신전속권은 그 행사가 채무자 개인의 자유의사에 맡겨져 있으므로 설령 권리자를 위한 재산관리가 목적이라고 하더라도 권리자의 의사에 반하여 권리자 이외의 자가 이를 대신 행사하는 것은 허용되지 않는다.[47] 채권자대위권에 관한 민법 제404조 제1항 본문은 채권자는 자기의 채권을 보전하기 위하여 채무자의 권리를 행사할 수 있다고 하면서도 민법 제404조 제1항 단서는 '그러나 일신에 전속한 권리는 그러하지 아니하다.'고 규정하고 있는바, 여기서 말하는 일신전속권이란 바로 행사상 일신전속권을 말한다.

행사상 일신전속권의 예로서는 친생부인권, 혼인취소권, 이혼청구권 등 일정한 친족상의 신분과 결부된 가족법상의 권리와 부부계약취소권, 부양청구권, 상속의 승인과 포기 등 가족법상의 권리로서 재산적 이익을 가지는 권리 등이 있다.[48]

#### 나. 귀속상 일신전속권

귀속상 일신전속권이란 권리가 어느 특정인에게만 귀속되어야 하고

---

47) 潮見佳男, 채권총론(2): 채권보전 · 회수 · 보증 · 귀속변경, 제3판(2005), 29면; 정구태, 유류분반환청구권의 일신전속성-대법원 2013. 4. 25. 선고 2012다80200 판결-, 홍익법학 제14권 제2호(2013. 6.), 679면에서 재인용.

48) 김준호, 민법강의-이론 · 사례 · 판례, 21판(2015), 법문사, 1103면.

타인에게 이전되는 경우에는 아무런 의미가 없게 되는 권리로서, 그 성질상 타인에게 귀속될 수 없는 것, 즉 양도 또는 상속할 수 없는 권리를 말한다.[49] 민법 제1005조는 '상속인은 상속개시된 때로부터 피상속인의 재산에 관한 포괄적 권리의무를 승계한다. 그러나 피상속인의 일신에 전속한 것은 그러하지 아니하다.'고 규정하는바, 여기서 말하는 일신전속권이란 바로 귀속상 일신전속권을 말한다.

귀속상 일신전속권의 예로서는 부양청구권을 비롯하여 가족권, 인격권 그리고 고용·위임 등과 같은 계속적 계약에서의 당사자의 지위 등이 있다.[50]

### 2. 재산분할청구권이 귀속상, 행사상 일신전속권인지 여부

#### 가. 견해의 대립

학설은 재산분할청구권은 청산적 성질이 주된 요소로 재산권적 성격을 가지므로, 이를 귀속상의 일신전속권에 해당하지 않는 것으로 본다.[51] 그러나 재산분할청구권이 행사상 일신전속권인지 여부에 관하여, 재산분할청구권은 단지 재산적 이익만을 좇아서가 아니라 청구의 상대방인 부 또는 처와의 신분적 인적관계를 고려하여 그 행사여부가 결정되기 때문에, 재산분할청구권의 행사여부에 대한 결정도 강한 '인적 특성'을 가진다고 볼 것이고, 재산분할청구권자의 이러한 결단은 그의 채권자에 의하여 영향을 받아서는 안 된다는 점에서 행사상 일신전속권에 해당한다는 견해가 통설인 것으로 보인다.[52]

#### 나. 판 례

**(1) 서울가정법원 2010. 7. 13.자 2009느합289 심판**

'재산분할청구권은 형성 이후에는 신분적 요소가 대부분 탈락하지만

---

49) 곽윤직·김재형, 민법총칙 제8판(2012), 박영사, 67면.

50) 김준호(주 48), 43면.

51) 정구태(주 47), 691면.

52) 양형우, 이혼으로 인한 재산분할청구권의 파산절차상 처리방안, 민사법학 제75호(2016. 6.), 한국사법행정학회 507-508면.

혼인관계에서 근거를 둔 권리라는 점에서 당사자의 의사가 절대적으로 존중되어야 하므로 행사상의 일신전속권'이라고 전제한 후, 피상속인이 재산분할청구권을 행사하지 않은 채 사망하였다면, 상속인들은 피상속인의 재산분할청구권을 행사할 수 없다고 판시하였다.

**(2) 서울북부지방법원 2012. 12. 26. 선고 2012나3515 판결**[53)]

'재산분할청구권을 강제집행하기 위해서는 추상적인 재산분할청구권이 협의 혹은 심판을 거쳐 구체적인 금전채권 혹은 급부청구권으로 전환되어야 한다. 그렇지 않다면 채무자의 추상적인 재산분할청구권을 구체적인 재산분할청구권으로 전환시키기 위하여 채권자가 채무자를 대위하여 재산분할청구권을 행사하는 것이 가능하여야 할 것인데, 재산분할청구권은 이혼의 일방당사자에게 부여된 일신전속권으로 그와 같은 대위행사가 불가능하다.'고 전제한 후, 추상적인 재산분할청구권은 채무자의 책임재산에 속하지 않으므로 이혼 후 협의 또는 심판 확정 이전 추상적인 재산분할청구권을 포기하기로 한 약정이 사해행위 취소의 대상이 되지 않는다고 판시하였다.

다. 검 토

이혼청구권은 비재산적 권리로서 귀속상, 행사상 일신전속권에 해당한다. 반면, 재산분할청구권은 재산권적 성질이 주된 것이므로 그 권리자에게만 귀속시켜야 할 필요성이 있다고는 할 수 없어 이를 귀속상 일신전속권으로 볼 수는 없다. 그러나 재산분할청구권의 행사 여부는 단순히 재산적 이익만을 고려하는 것이 아니라 배우자와의 관계 속에서 혼인파탄의 경위, 혼인 기간과 공동재산의 축적 경위 등 전인격적인 요소들을 고려하여 결정하게 되는 것이어서 재산분할청구권의 행사여부는 당사자의 의사가 절대적으로 존중되어야 하므로 강한 '인적 특성'을 가진다. 따라서 원칙적으로는 그 행사여부가 제3자에 의하여 결정되어서는 안 될 것으로 보인다. 그러한 점에서 재산분할청구권은 행사상 일신전속권으로

53) 2013다7936 판결(주 36)의 원심판결로, 상고기각 판결로 확정되었다.

봄이 타당하다.[54)·55)]

## Ⅴ. 재산분할청구권의 상속성

### 1. 논의의 의의

앞서 본 바와 같이 이혼 성립 전에는 재산분할청구권이 추상적으로라도 발생하지 않은 상태이므로 상속을 인정할 수 없다는 데는 이견이 없다. 또한, 협의 또는 심판에 의해 재산분할청구권이 구체적으로 발생하였다면 재산권적 성격이 보다 강하므로 상속이 인정될 여지가 클 것이다.[56)] 결국 이혼 성립 후 재산분할청구권의 구체적 발생 이전 부부 중

54) 김상훈, 장래의 재산분할청구권의 양도-대법원 2017. 9. 21. 선고 2015다61286 판결-, 가족법 주요 판례 10선, 세창출판사(2017), 45-47면은 재산분할청구권이 행사상 일신전속권에 해당한다고 보면서도, '일신전속권인지 여부 그리고 행사상 일신전속권인지 귀속상 일신전속권인지 여부의 판단은 해당 권리에 대한 대위행사, 양도, 상속 등을 허용함으로 인해 발생하는 결과에 대한 정책적 고려 내지 입법목적에 대한 고려를 통해 이루어지는 것이라고 본다. 이러한 고려의 결과 어떤 권리를 제3자에게 행사시키는 것이 적합하지 않다고 판단되면 그로 인해 그 권리는 행사상 일신전속권이 되는 것이고, 양도나 상속을 허용하는 것이 적합하지 않다고 판단되면 그로 인해 귀속상 일신전속권이라고 분류되는 것이다. 즉 어떤 권리가 본질적으로 일신전속권이기 때문에 그 결과로서 제3자에 의한 행사나 양도 및 상속이 당연히 불가능하다고 판단되는 것이 아니다. 해당 권리를 인정하는 입법취지에 대한 고려와 목적논적 해석을 통해서 구체적인 사안별로 검토해 본 결과 해당 권리에 대해서는 대위행사, 양도, 상속 등을 인정하는 것이 부적절하다고 판단될 수 있고, 이와 같이 판단된 권리는 사후적으로 행사상 또는 귀속상 일신전속권이라고 분류되는 것이다. 즉 어떤 권리의 일신전속성은 해당 권리의 본질적 속성이거나 논리필연적인 것이 아니라 구체적인 상황과 사안에 따라 사후적으로 판단되는 것이다.'라고 한다.

55) 대법원 1993. 5. 27. 선고 92므143 판결은 '이혼위자료청구권은 원칙적으로 일신전속적 권리로서 양도나 상속 등 승계가 되지 아니하나 이는 행사상 일신전속권이고 귀속상 일신전속권은 아니라 할 것인바, 그 청구권자가 청구권을 행사할 의사가 외부적, 객관적으로 명백하게 된 이상 양도나 상속 등 승계가 가능하다.'고 판시하였고, 대법원 2013. 4. 25. 선고 2012다80200 판결은 '유류분반환청구권은 행사상의 일신전속성을 가진다고 보아야 하지만, 그렇다고 하여 양도나 상속 등의 승계까지 부정해야 할 아무런 이유가 없으므로 귀속상의 일신전속성까지 가지는 것은 아니라고 할 것이다.'고 판시하여 이혼위자료청구권과 유류분반환청구권 모두 행사상 일신전속권에는 해당하나 귀속상 일신전속권에는 해당하지 않는 것으로 보고 있다.

일방이 사망한 경우 상속을 인정할 것인지가 문제이다.

재산분할청구권의 상속성 역시 일신전속성과 밀접한 관련이 있는 것으로, 부부 중 일방이 아닌 자에 의하여 행사된다는 점에서 공통점이 있어 양도성을 검토하기에 앞서 알아보고자 한다.

### 2. 견해의 대립

#### 가. 긍 정 설

상속성을 인정하는 견해는 이혼이 일단 성립하였다면 재산분할권리자가 분할협의나 청구 등 권리행사를 하기 전에 사망하였더라도 상속이 가능하다는 견해와, 재산분할권리자가 권리행사를 한 이후 사망하였을 때 상속이 가능하다는 견해로 나뉜다.

이혼성립 시 상속을 인정하는 견해는 ① 재산분할청구권의 상속성은 귀속상 일신전속성의 문제로서 이혼이 성립되어 완전한 재산권으로 성립된 이상 권리자가 이를 생전에 행사하였는지 여부와 관계없이 인정되어야 하고,[57] ② 재산분할청구제도의 목적이 상속제도에 부응하는 점 등에 비추어 재산분할청구권 전체에 대하여 상속이 가능하고, 재산분할청구권이 재판 등에 의하여 형성되는 것으로 보는 입장에서도 그 형성 이전에 청구권이 상속된다고 보는 경향이 강하며,[58] ③ 재산분할청구권은 약혼해제로 인한 위자료청구권의 승계가능성을 규정한 민법 제806조 제3항을 준용하는 규정이 없고, 재산분할청구권의 제척기간이 2년인 점 등을 근거로 든다.[59]

---

56) 김주수 · 김상용(주 10), 264면은 재산분할청구권이 구체적으로 형성된 이후에도 그 중 부양적 요소에 해당하는 부분은 상속되지 않는다는 입장이나, 황경웅, 재산분할청구권의 상속성, 중앙법학 제9집 제2호, 중앙법학회(2007. 8.), 498면은 단일한 하나의 청구권의 구성요소 중에 상속성이 인정되는 것과 인정되지 않는 것이 포함되어 있다면 가급적 상속인을 보호하여야 하고 재산분할청구권은 재산적 성격이 강한 권리이므로 전체로서의 재산분할청구권에 대하여 상속성을 인정하는 것이 타당하다고 한다.

57) 정구태(주 47), 692-695면.

58) 박순성, 채무의 상속, 민사판례연구 제25권(2003), 676면.

59) 황경웅(주 56), 507면.

한편, 이혼이 성립하고 분할협의나 청구 등 권리행사 후 부부 중 일방이 사망한 경우 상속이 가능하다는 견해는, ① 재산분할청구권의 행사 여부는 당사자의 결정에 맡기는 것이 타당한 측면이 있으므로 분할협의가 있거나 분할청구 등 당사자의 의사가 분명해진 경우에 한하여 상속을 인정하는 것이 타당하다고 하고,[60] ② 재산분할청구권도 위자료 청구권과 마찬가지로 이혼을 전제로 하는 재산권적 성격을 가지므로 위자료 청구권에 대하여만 배상에 관한 합의나 소제기의 요건이 있으면 상속성을 인정하는 것은 형평에 반하므로 민법 제806조 제3항 단서를 재산분할에 준용하는 것이 옳다는 것이다.[61]

나. 부 정 설

상속성을 인정하지 않는 견해는 결국 재산분할에 관한 협의 및 심판의 확정으로 재산분할청구권이 구체적으로 발생한 경우에 한하여 상속을 인정하는 견해에 해당한다. 위 견해는, ① 재산분할청구권이 일신전속성의 성질을 가진다거나, ② 가사소송규칙 제96조가 '재산분할의 심판은 부부 중 일방이 다른 일방을 상대로 하여 청구하여야 한다'고 규정하는 것은 상속성 없음을 전제로 하는 것이고, ③ 이혼소송과 병합하여 재산분할청구가 이루어진 경우 이혼소송은 일방 당사자의 사망으로 인하여 당연히 종료되므로 이혼을 전제로 하는 재산분할청구 역시 그로써 종료되고, 소송중단이나 수계, 상속 등의 문제도 있을 수 없으며, ④ 재산분할만을 이혼 후에 따로 청구한 경우에도 예컨대, 처가 자신의 자녀를 상대로 재산분할을 청구하는 것이 윤리적으로 용납되기 어렵다는 것 등을 그 근거로 들고 있다.[62]

---

60) 윤진수 편집대표(주 27), 427면; 김주수 · 김상용(주 10), 263면.

61) 김동하, 혼인의 해소에 따른 재산분할, 재판실무 제1집(1999), 창원지방법원, 271면.

62) 이상훈, 이혼에 따른 재산분할청구사건의 재판실무상 문제점에 대한 고찰, 법조 제42권 제6호(1993), 91-92면.

### 3. 판　례[63]

#### 가. 이혼소송의 계속 중 당사자 일방이 사망하면 이혼소송과 병합된 재산분할청구 사건이 종료되는지 문제된 사안

이혼소송과 재산분할청구가 병합된 경우, 배우자 일방이 사망하면 이혼의 성립을 전제로 하여 이혼소송에 부대한 재산분할청구 역시 이를 유지할 이익이 상실되어 이혼소송의 종료와 동시에 종료된다(대법원 1994. 10. 28. 선고 94므246, 94므253 판결).

#### 나. 사실혼 관계에서 일방의 사망 이전 재산분할청구권을 행사하고, 일방이 그 심판의 확정 이전 사망한 사안[64]

**(1) 대법원 2009. 2. 9.자 2008스105 결정(재산분할심판의 상대방 사망)**

사실혼관계의 당사자 중 일방이 의식불명이 된 상태에서 상대방이 사실혼관계의 해소를 주장하면서 재산분할심판청구를 한 사안에서, 위 사실혼관계는 상대방의 의사에 의하여 해소되었고 그에 따라 재산분할청구권이 인정되는데 재산분할심판청구 이후 일방 당사자인 피상속인이 사망하였으므로 그 상속인들에 의한 수계를 허용하였다.

**(2) 대법원 2016. 10. 13. 선고 2015므4335(본소), 2015므4342(반소) 판결(재산분할심판의 청구인 사망)**

사실혼관계의 일방 당사자가 사실혼관계 해소를 주장하면서 재산분할을 구하는 소를 제기하였고 소를 제기한 당사자가 소송 계속 중 사망

---

63) 일본의 하급심 판결은 종래에는 재산분할청구권은 청구의 의사표시가 있을 때까지는 추상적 청구권에 지나지 않으므로 상속의 대상이 되지 아니하나 청구의 의사표시가 있은 후에는 구체적 청구권이 되므로 상속의 대상이 된다고 보았다가(명고옥고재 소화 27. 7. 3. 결정), 최근에는 상속제도의 목적과 관련하여 재산분할청구권을 청구의 의사표시 여하에 불구하고 상속의 대상이 된다고 보고 있다(대분지재 소화 62. 7. 14. 결정)[진현민, 당사자의 사망이 이혼, 위자료, 재산분할 청구소송 및 보전절차에 미치는 영향, 실무연구(2005. 7.), 385-386면에서 재인용].

64) 대법원 2006. 3. 24. 선고 2005두15595 판결은 사실혼관계가 일방 당사자의 사망으로 인하여 종료된 경우 법률상 혼인관계가 일방 당사자의 사망으로 인하여 종료된 경우에도 생존 배우자에게 재산분할청구권이 인정되지 아니하고 단지 상속에 관한 법률 규정에 따라서 망인의 재산에 대한 상속권만이 인정된다는 점 등에 비추어, 그 상대방에게 재산분할청구권이 인정된다고 할 수 없다고 판시하였다.

한 사안에서, 위 사실혼관계는 청구인의 의사에 의하여 해소되었고 청구인이 재산분할청구권을 행사한 후 사망하였으므로 그 상속인들에 의한 수계를 허용하였다.

### 다. 법률혼 관계에서 이혼 후 재산분할청구권 행사 이전 일방이 사망한 사안

#### (1) 서울가정법원 2010. 7. 13.자 2009느합289 심판

재산분할청구권은 행사상 일신전속권이므로, 이혼 확정 후 어느 일방이 사망하였더라도 다른 일방은 사망한 자의 상속인들을 상대로 재산분할을 청구할 수 있다고 봄이 상당하고, 이와 반대의 경우 즉 사망한 일방의 상속인들은 피상속인이 재산분할청구권을 행사하지 않은 채 사망하였다면, 상속인들은 피상속인의 재산분할청구권을 행사할 수 없다고 봄이 타당하다.

A와 B가 협의이혼한 후 제척기간이 도과되지 아니한 상태에서 B가 사망하자 A가 B의 상속인들을 상대로 재산분할을 구한 사안에서, A는 B의 사망에도 불구하고 여전히 재산분할청구권을 보유하고 있고 제척기간 내에 B의 상속인들을 상대로 재산분할 심판청구를 하여 위 권한을 행사하였으므로, 심판청구가 적법하다.

#### (2) 서울가정법원 2002. 7. 25. 선고 2002즈합205 결정

이혼 조정의 성립 이후 어느 일방이 사망한 경우, 다른 일방은 망인의 사망 이전에 망인과의 사이에 이혼에 따른 재산분할에 관한 협의가 이루어지거나 망인의 사망 이전에 망인에 대하여 이혼에 따른 재산분할을 구하는 청구를 하지 아니한 이상, 망인의 사망 이후에는 그 상속인들을 상대로 이혼에 따른 재산분할을 구하는 청구를 할 수 없다.

## 4. 검　토

먼저, 부부 중 일방이 사망하였다면 그는 재산분할청구권을 행사할 수 없는 상태이므로 가사소송규칙 제96조는 당사자인 부부가 사망하지 않고 살아 있을 것을 전제로 한 것으로 수정 해석할 여지가 있다. 또한,

사망한 분할권리자의 상속인(청구인과 상대방의 자녀인 경우도 있을 것이나 직계존속, 전혼의 자녀인 경우도 있을 수 있다)으로서는 재산분할이 이루어졌다면 받았을 재산으로부터 부양을 받을 수 있었는데 분할권리자의 사망이라는 우연한 사정에 의하여 부양에 필요한 재산을 받을 수 없게 되는 것은 형평에 반한다. 나아가 재산분할청구권의 상속이 문제되는 사안은 대부분 일방 배우자와 전혼의 직계비속 사이 등 배우자와 직계비속 사이의 이해관계가 대립되는 상황으로서 생존배우자와 직계비속 사이에 재산분할 청구를 하는 것이 윤리적인 문제가 있다고 보기 어렵다. 따라서 사실혼의 해소 또는 이혼의 성립에 의해 재산분할청구권이 추상적으로 발생하였다면, 협의 또는 심판의 확정 여부를 불문하고 그 상속을 인정함이 타당하다.

다만, 재산분할청구권은 이를 행사하는 당사자의 의사가 절대적으로 중요한 행사상 일신전속권으로서 권리행사 여부를 당사자의 의사에 맡기는 것이 타당하므로 분할협의나 청구 등 권리행사의 의사가 외부적으로 표현된 경우에 한하여 상속된다고 생각한다.

## Ⅵ. 재산분할청구권의 양도성

### 1. 채권의 양도성[65)]

#### 가. 양도성원칙의 선언

민법 제449조 제1항은 '채권은 양도할 수 있다.'고 정하여 지명채권의 양도성을 선언하고 있다. 지명채권은 채무자에 대한 급부청구권을 그 주된 내용으로 하는 권리이므로 채권자와 채무자간 인적인 요소가 내재되어 있음을 부인할 수 없다. 하지만 채권의 재산적인 가치는 여타의 재화와 다르지 않으며, 이를 승인하고 보다 적극적으로 활용할 수 있는 방안을 모색하게 된다. 또한, 사회경제적인 변화에 상응하여 채권자와 채무자간의 인적인 결합도 상대적으로 희박해짐에 따라 그 처분을 허용하는

65) 김용담 편집대표, 주석민법[채권총칙(3)](2014), 한국사법행정학회, 341-343면(최수정 집필부분).

것이 보다 용이해졌다.

나. 양도성원칙의 예외

법률규정에 의해서 특정한 채권의 양도가 제한될 수 있음은 물론이다. 이와 더불어 민법 제449조는 채권의 양도성원칙에 대한 예외를 포괄적으로 정하고 있다. 채권의 성질이 양도를 허용하지 않는 경우(동조 제1항 단서)와 당사자의 의사표시에 의한 양도제한(동조 제2항)이 그것이다. 학설은 고도의 인적인 청구권들 외에도 압류 불가능한 권리, 비독립적인 형성권들이 이에 속하며, 당사자의 합의나 법률규정에 의해서도 양도가 제한된다고 해석한다.

다. 성질상의 양도제한

채권의 성질이 양도를 허용하지 아니하는 때 채권은 양도성이 없다(민법 제449조 제1항 단서). 성질상 양도가 제한되는 채권의 유형에 대해 우리나라 학설은 채권자가 변경되면 급부내용이 전혀 달라지는 경우, 채권의 행사에 커다란 차이가 생기는 경우, 특정한 채권자와의 사이에 결제되어야 할 특별한 사정이 있는 경우를 나누어 설명하는 것이 일반적이다.

2. 견해의 대립

가. 긍 정 설

재산분할청구권이 권리자에 의해 행사된 경우에 한하여 상속성을 인정하는 입장과 동일하게, 재산분할청구권의 행사가 외부로 표출된 경우 재산권으로서 양도될 수 있는 속성을 가진다거나[66] 장래의 채권으로서 양도 당시 기본적 채권관계가 어느 정도 확정되어 있어 그 권리의 특정이 가능하고 가까운 장래에 발생할 것임이 상당 정도 기대되는 경우에는 이를 양도할 수 있으므로 재산분할청구권의 구체적 내용이 형성되지 아니하였다는 이유만으로 양도가 허용되지 않는다고 볼 이유는 없다는 견해이다.[67]

---

66) 김동하(주 61), 271면.
67) 윤진수(주 21), 116면.

### 나. 부 정 설

재산분할청구권이 협의 또는 심판에 의하여 구체적 내용이 형성되기까지는 그 범위 및 내용이 불명확·불확정하기 때문에 구체적인 권리로서 성립된 것으로 볼 수 없다거나 일신전속적 성격에 근거하여 재산분할이 구체화되기 전에는 상속될 수 없는 것과 마찬가지로 양도 또한 할 수 없다는 견해이다.[68]

## 3. 판 례

대상판결 이전 재산분할청구권의 양도성에 관해 직접적으로 다룬 판례는 찾기 어려웠다.

다만, 재산분할심판의 확정 이후 그 재산분할청구권 중 일부를 양도하여 그 양수인이 부부 중 일방을 상대로 양수금 청구를 한 사안에서 서울고등법원 2010. 4. 14. 선고 2009나64743 판결은 재산분할심판 확정 이후에는 그 채권이 양도가능함을 전제로 원고의 청구를 인용하였고, 위 판결은 상고기각판결로 확정되었다.

## 4. 검 토

### 가. 이혼 성립 전 재산분할청구권의 양도 가부

이혼청구권은 행사상, 귀속상 일신전속권으로서 상속 또는 양도에 의하여 행사될 수 없다. 그런데 이혼 전 재산분할청구권만 양도하는 것은 마치 혼인관계 해소 전 혼인관계 당사자 일방의 지위를 이전하거나 승계를 허용하는 것과 다를 바 없다.

또한, 혼인신고를 전제로 하는 법률상 혼인관계에서 재산분할청구권은 협의 이혼 또는 재판상 이혼판결의 확정 등으로 이혼이 성립하여야 발생한다. 우리 민법 제839조의2 제3항은 '재산분할청구권은 이혼한 날부터 2년을 경과한 때에는 소멸한다.'고 정하고 있는바, 그 해석상 재산분

68) 김주수 · 김상용(주 10), 264면; 배경숙 · 최금숙(주 14), 185면.

할청구권은 이혼한 날 형성되는 것으로서 혼인 중에는 재산분할을 허용하지 않는 것으로 볼 수 있다.[69] 따라서 이혼이 성립하기 이전 재산분할청구권은 추상적으로도 발생하였다고 볼 수 없어 발생하지도 않은 재산분할청구권을 양도하는 것은 불가능하며, 재판상 이혼의 성립 이전 상속도 불가능한 점은 앞서 본 바와 같다.

설령 대상판결과 같이 채권양도가 이혼 및 재산분할 사건의 항소심 판결 선고 이후에 이루어졌다고 하더라도 이혼이나 재산분할청구 사건은 상고심에서도 이혼 청구의 취하나 당사자간 합의, 사망 등의 이유로 항소심과 다른 결론이 가능하므로, 이혼 판결의 확정 이전 재산분할청구권이 양도된다면 제3자인 양수인으로 인하여 이혼 여부 등 혼인관계 계속 유지 여부나 당사자 사이의 자발적 분쟁 해결에 방해가 될 위험이 있다.

### 나. 이혼 성립 후 재산분할의 협의 또는 심판 확정 이전 양도 가부

이혼이 성립하였으나 재산분할에 관한 협의 또는 심판이 확정되지 않았다면, 재산분할청구권은 추상적으로는 그 존재를 인정할 수 있으나 구체적인 내용이 결정될 것을 요하는 상태일 것이다. 다음과 같은 사정들을 고려하면, 그와 같은 단계에서도 양도성을 부인하는 것이 타당하다고 생각한다.

#### (1) 재산분할에 관한 협의 또는 심판에 제3자가 개입하는 것이 적절한지 여부

재산분할심판 확정 이전 재산분할청구권의 양도를 인정한다면, 양수인은 부부 중 일방을 상대로 재산분할심판을 청구하거나 심판이 제기된 이후라면 소송승계 등을 통하여 당사자 지위가 이전될 가능성이 있다.[70]

---

69) 대법원 1998. 11. 13. 선고 98므1193 판결; 대법원 2001. 9. 25. 선고 2001므725, 732 판결 등.

70) 대상판결의 원심과 같이 장래채권의 양도로서 이 사건 각 채권양도가 유효하다고 본다면, 현실적으로 구체적인 재산분할청구권이 발생한 '재산분할심판이 확정된 때' 채권이 이전된다고 볼 수 있어[장래채권의 이전시기에 관하여는 학설상 '대항요건구비시설'과 '채권현실발생시설'이 대립하고 있다. 오영준, 장래채권 양도의 유효성과 대항요건 및 이전시기, 민사재판의 제문제 제18권(2009), 144-145면] 심판 진행 중에는 부부 중 일방인 양도인이 추상적인 재산분할청구권을 행사할 권한을

그런데 재산분할심판의 심리과정에는 혼인의 파탄 경위, 공동재산의 형성 경위 등 제3자는 알 수 없고 아는 것이 적절하지 않은 부부간의 내밀한 사정이 모두 드러날 수밖에 없다.[71] 또한, 가정법원은 당사자 그 밖의 관계인의 심문, 가사조사관에 의한 면접조사 등을 통하여 사실을 조사하게 되고, 재산분할심판의 당사자는 증거방법으로서의 지위가 두드러지는데, 재산분할청구권의 양도에 따라 제3자인 양수인이 심판을 주도하게 된다면 심리가 원활하게 이루어지지 못할 가능성이 크다. 따라서 재산분할에 관한 협의 또는 심판에 제3자가 개입하는 것은 적절하지 않다.

이러한 취지에서 민법 제839조의2는 '협의상 이혼한 자의 일방은 다른 일방에 대하여' 재산분할을 청구할 수 있다고 규정하고, 가사소송규칙 제96조는 당사자에 관하여 재산분할의 심판은 '부부 중 일방이 다른 일방을 상대방으로 하여'청구하여야 한다고 규정하고 있는 것으로 보인다. 양수인이 당사자로서 재산분할청구권을 행사하거나 소송수계인으로서 당사자 지위를 승계한다면 위 법문에 위배될 여지가 있다. 상속의 경우 당사자 중 일방이 재산분할청구권을 행사할 수 없는 상태이나, 양도의 경우 어느 일방이 재산분할청구권을 행사할 수 있음에도 이를 행사하지 않았다는 점에서 위 규정을 수정 해석하여 제3자가 그 심리 과정에 개입하는 것을 허용하는 것은 부적절하다.

#### (2) 재산분할 방법의 비정형성

재산분할심판은 비송적 성격을 갖고, 가정법원의 후견적 개입이 인

---

가지고, 당사자 지위의 이전이 일어나지 않는다.

그러나 뒤에서 보는 바와 같이 장래채권으로서의 양도가능성은 부정함이 타당하고, 긍정한다고 하더라도 이러한 해석은 양도와 동시에 양수인이 양도인의 권리를 이전받고 양도인은 권리를 상실하는 효력이 발생하는 준물권행위인 양도의 효력과 모순되는 결과를 초래하는 점, 재산분할심판의 확정과 함께 권리가 양수인에게 이전되므로 법원으로서는 재산분할심판의 확정으로 권리를 이전받는 양수인에게 재산분할의무를 이행할 것을 명하여야 할 것으로 보이는데 이로 인하여 법률관계의 혼란을 초래할 가능성이 있는 점 등에 비추어 이러한 논리 구성을 받아들이기는 어렵다.

71) 가사비송사건의 심문은 공개하지 아니한다(가사소송법 제34조, 비송사건절차법 제13조 본문).

정되어 법원이 폭넓은 재량을 가지며, 다양한 방식의 분할이 가능하다. 이는 우리 민법은 재산분할청구권에 관해 개괄적 규정을 두고 있는 외에 구체적인 기여도의 산정이나 특유재산으로의 산입, 분할 방법 등에 관해 구체적인 규정을 두고 있지 않기 때문이다. 한편, 재산분할청구와 관련하여 당사자들이 가장 예민하게 반응하는 부분은 분할대상재산의 확정과 분할비율이라 할 것인데, 재판부별로 많은 차이가 있는 것으로 보인다.[72) ] 물론 이는 구체적인 규정의 제정, 실무례의 축적 등으로 해결해야 하는 문제이다. 그러나 재산분할 협의나 심판 확정 이전까지 액수나 구체적인 분할방법을 예상할 수 없다는 특수성이 있음을 부인할 수 없다.[73)] 따라서 재산분할청구권이 조기 양도되었으나, 재산분할의 구체적 내용이 당초 당사자들이 예상한 채권의 내용과 다른 경우 큰 혼란을 야기할 수밖에 없으므로 재산분할청구권이 협의 또는 심판에 의해 구체적으로 형성되기 이전에는 양도를 부정함이 타당하다.

대상판결도 제1심이 재산분할로 565,000,000원의 지급을 명한 반면, 원심인 이 사건 판결은 재산분할로 1,017,000,000원의 지급을 명하여 그 액수에서 상당한 차이를 보였다.

#### (3) 법률관계의 혼란 우려

앞서 본 바와 같이 실무는 비송인 재산분할심판에 기판력을 인정하고 있지 않으나,[74)] 대상판결과 같이 양수인이 재산분할심판의 확정 이전

---

72) 김영식, 재산분할청구의 부양적 측면에 관한 고찰, 사법논집 제62집(2017), 법원도서관, 49-50면. 그중 분할비율은 마치 민사사건의 과실상계를 정하는 것과 같아서 법관의 경험과 감각에 의존할 수밖에 없어서 법리로서 구축하기 어려운 부분이 있다고 한다.

73) 재산분할의 내용과 방법 역시 제한이 없어 금전지급에 의한 분할(특정재산을 한쪽의 소유로 하고 그 한쪽으로 하여금 다른 쪽에게 일정액의 금전을 지급하게 하는 방법), 현물분할(공유물분할의 현물분할과 동일하게 재산분할대상 재산을 현실로 분할하는 방법, 대상재산이 여러 개 존재할 때 각 재산을 별개로 각 배우자에게 귀속시키는 방법 포함), 경매분할(목적물을 경매에 부쳐 그 매각대금을 분할하는 방법), 공유로 하는 분할(당사자 한쪽의 단독명의인 재산을 분할비율만큼 상대방에게 지분이전등기를 명하는 방법), 이들을 혼용하는 방법 등이 가능하다[법원실무제요, 가사 Ⅱ(2010), 법원행정처, 506면].

74) 김원태, 가사소송법 개정의 방향과 과제, 사법 제27호(2014. 3.), 사법발전재단,

양도를 이유로 분할의무자를 상대로 양수금 청구 소송을 제기한 경우 그러한 소송이 적법한지,[75] 적법하다고 하더라도 동일한 권리에 대하여 두 개의 집행권원이 발생하도록 하는 것이 적절한지 논의의 여지가 있다.

나아가, 재산분할심판의 확정 이전 양도를 허용하게 된다면, 구체적으로 발생하지도 않은 재산분할청구권에 대하여 복수의 채권양도나 압류 경합 등이 발생하여 관련 채권자들 사이의 우열이나 승계집행문을 통한 집행 가능 여부 등에 관하여 혼란을 가져올 가능성이 있고, 이로 인하여 혼인관계의 당사자들 사이에 자율적인 분쟁 해결을 방해할 가능성이 크다.

**(4) 가까운 장래에 발생이 기대되는 채권으로서의 양도가능성**

제1심과 원심은 A와 피고 사이의 이 사건 이혼소송이 마지막 사실심인 항소심 판결 이후 법률심인 상고심에 이르렀으므로 이 사건 판결금 채권은 이 사건 각 채권양도 당시 이미 그 기본적 채권관계가 어느 정도 확정되어 그 권리의 특정이 가능하고 가까운 장래에 그 발생이 기대되는 경우에 해당한다고 보아 이 사건 각 채권양도가 유효하다고 보았다.

그러나 위 법리는 채권의 성질상 양도가 가능할 때 적용될 수 있는 것으로 앞서 본 바와 같이 구체적인 내용이 형성되기 전의 재산분할청구권은 부부 일방의 지위에 수반하는 권리일 뿐 아니라 협의 또는 심판 과정에 제3자가 개입하는 것이 부적절하여 채권의 행사에 차이가 생길 우려가 있으므로 성질상 양도가 허용되지 않는 다고 봄이 타당하다.

또한, 대상판결과 같이 항소심 판결이 선고된 이후 재산분할청구권

---

26면은 마류 가사비송재판의 경우 관련 민사사건에서의 모순되는 판결로 인하여 심판의 효력이 무익해질 우려도 있으므로 기판력을 인정하여야 할 필요성이 있고, 현재 가사소송법개정위원회에서는 위 사건들의 확정 결정에 대하여 제한 없이 기판력을 인정하는 방안(제1안), 기각결정에 대하여만 기판력을 인정하는 방안(제2안), 심리된 재산에만 기판력이 미치는 것으로 객관적 범위를 제한하는 방안(제3안), 현행법과 같이 기판력에 관한 규정을 두지 않는 방안(제4안)을 함께 검토하고 있다고 한다.

75) 대상판결과 같이 원고들이 사실심 변론 종결 후 승계인에 해당한다면 승계집행문을 받아 집행을 할 수 있을 것이고 그럼에도 양수금 청구 소송을 제기하였다면 그 소의 이익이 있는지가 문제된다.

이 양도되었다 하더라도 상고심 판결에 따라 존부나 범위가 달라질 가능성이 있으므로 협의 내지 심판의 확정 이전 '채권의 발생이 상당한 정도' 기대된다고 단정하기도 어렵다. 판례가 이혼 확정 후에도 재산분할청구권의 가집행이나 지연손해금을 인정하지 않는 것은 재산분할청구권이 구체적으로 발생하기 이전에는 그가 가까운 장래에 발생이 기대되는 경우에 해당한다고 보지 않고 있기 때문이라 보인다.[76)·77)] 한편, 가까운 장래에 발생할 것임이 상당 정도 기대'된다는 요건은 '가까운 장래'나 '상당한 발생가능성'의 개념이 불명확하여 채권양도를 둘러싼 법적 안정성을 해칠 우려가 있다.[78)]

**(5) 재산분할청구권의 행사상 일신전속권적 성격**

재산분할청구권이 행사상 일신전속권의 성격을 가진다는 점은 앞서 본 바와 같다. 재산분할청구권을 행사상 일신전속권으로 보는 것은 신분법상 권리와 관련 있는 것으로 당사자의 의사가 절대적으로 존중되어야 하기 때문인데, 부부 중 일방이 재산분할청구권을 행사하기 이전 재산분

---

76) 권영준, 2017년 민법 판례 동향, 서울대학교 법학 제59권 제1호(2018. 3.), 532면은 이혼이 성립하지 않은 경우, 재산분할청구권의 구체적 내용이 형성되지 않은 경우에는 기본적 채권관계가 존재한다고 보기 어렵고, 재산분할청구권이 가까운 장래에 발생할 것임이 상당 정도 기대될 수 있는 것인지는 사안의 성격, 양도 시점의 소송절차 진행 정도, 당사자의 소송 수행 양상과 담당 법원의 사건 적체 상황 등 수많은 외부 변수에 달려 있으므로 구체적인 사안에 따라 달라질 것인데 위와 같은 변수들을 고려하여 '가까운 장래에 발생할 것임이 상당 정도 기대되는' 재산분할청구권과 그렇지 않은 재산분할청구권 사이에 합리적인 경계를 설정하는 것은 실무적으로 거의 불가능해 보인다고 한다.

77) 재산분할청구권 보전을 위한 사해행위취소권이 입법되기 이전 대법원 2008. 5. 29. 선고 2008다5806 판결은 사해행위 당시 이혼판결은 확정되었지만 재산분할청구 심판이 2심 결정까지만 선고되어 확정되지 않은 사안에서 재산분할청구권이 확정되지 않았다 하더라도 가까운 장래에 그 법률관계에 기하여 채권이 성립되리라는 점에 대해 고도의 개연성이 있고 실제로 가까운 장래에 그 개연성이 현실화되어 채권이 성립되었다면 채권자취소권의 피보전채권이 될 수 있다고 설시하였으나, 이는 재산분할청구권을 행사하는 혼인의 일방당사자를 보호하기 위한 것으로서 재산분할청구권을 보전하기 위하여 이혼과 재산분할 확정 전 채권자취소권을 행사할 수 있는 것과 재산분할청구권의 처분이나 양도를 인정할 수 있는가는 별개의 문제라 생각한다.

78) 양창수 · 권영준, 민법Ⅱ 권리의 변동과 구제 제3판(2017), 박영사, 168면.

할청구권을 제3자에게 양도한다면 그 행사에 관한 당사자의 의사가 왜곡될 우려가 있다.

**(6) 상속과의 차이점**

판례는 어느 일방이 사실혼관계 해소를 주장하면서 재산분할심판청구를 한 경우, 대상판결과 달리 협의 또는 심판에 의하여 그 구체적 내용이 형성되지 않은 상태에서도 상속인들에 의한 상속을 인정하고 있는 것으로 보이고, 이와 같은 판례의 태도는 타당하다고 생각한다. 그러나 재산분할청구권의 양도성을 논함에 있어서는 다음과 같은 '상속'과 '양도'의 차이를 고려할 필요가 있다.

협의 또는 재산분할의 심판으로 구체적인 재산분할청구권의 내용이 정해진 후 분할권리자가 사망하였다면 그의 상속인들은 분할권리자가 분할 받은 재산을 상속받았을 것인데, 상속인들의 이러한 기대권은 보호할 필요가 있다. 그러나 추상적인 재산분할청구권은 채무자의 책임재산이 되지 않으므로 양수인이 채권자인 경우 이에 대해 어떠한 기대권을 가진다거나 협의 또는 심판 확정 이전 단계에서 양도를 인정하여 양수인을 보호할 필요가 있다고 보기 어렵다.

**(7) 위자료 청구권과의 차이점**

민법 제806조 제3항(약혼해제와 손해배상청구권)에 의하면 당사자가 배상에 관한 합의를 하거나 소를 제기한 경우에는 그 소송의 확정 여부를 불문하고 양도 또는 상계할 수 있고, 위 규정은 재판상 이혼에 준용된다(민법 제843조). 우리 법상 재산분할청구권은 위 규정을 준용하고 있지 않다. 그런데 위자료 청구권은 이혼 여부와 관계없이 불법행위가 있었던 경우 발생하여 청구가 가능하고, 다류 가사소송의 대상으로서 재산분할청구권과 성격상 큰 차이가 있다. 또한, 위자료 청구권은 통상 금전채권으로서 재산분할청구권과 달리 심판에 따라 형태 등이 크게 달라지지 않으므로 그 양도를 인정하더라도 혼란을 야기할 가능성이 크지 않다. 이러한 차이점에 비추어, 재산분할청구권에 위 규정을 준용하거나 유추적용하지 않는 것이 위자료 청구권과 형평에 반한다고 보기 어렵다.

### 다. 이혼 성립 및 재산분할 협의 또는 심판 확정 이후 양도 가부

재산분할청구권의 구체적 내용과 방법이 모두 정해졌으므로 대상판결이 설시한 바와 같이 그 양도성을 부인할 이유가 없다고 생각한다.[79)]

다만 재산분할청구권 중 청산적 성격을 갖는 부분은 부부공동재산의 청산에 해당하는 재산상의 권리로서 귀속상 일신전속권이라고 할 수 없는 반면, 부양적 성격을 갖는 부분은 친족간의 부양청구권(민법 제974조)이 그 처분과(민법 제979조), 압류를(민사집행법 제246조 제1항 제1호) 금지하고 있는 점에 비추어 양도성이 부인될 여지가 있다. 그런데 대상판결은 재산분할로서 금전의 지급을 명하는 판결이 확정된 이후부터 채권 양도의 대상이 될 수 있다고 하면서, 재산분할청구권의 청산적 성격과 부양적 성격을 구분하지 않고 양도가능하다고 설시하고 있다. 이는 재산분할청구권의 청산적 성격이 주된 목적이고, 실무상 부양적 요소는 단지 법원의 분할액 산정이라는 재량행위에 고려되는 정도에 지나지 않아 현실적으로 부양적 요소 부분을 가분적으로 분리하기 어려우므로 재산분할청구권 전체의 양도를 인정한 것으로 보인다.

## Ⅶ. 결 론

1. 재산분할청구권은 기본적으로 혼인기간 중 형성한 재산의 청산이 주된 목적이고, 혼인관계 해소 후 다른 배우자에 대한 부양은 부차적인 요소로 보는 청산 및 부양설이 판례의 태도이고, 타당하다고 생각한다. 재산분할청구권의 발생 시기에 관하여도 견해가 대립하는데 판례는 이혼의 성립에 의해 추상적인 재산분할청구권이 발생하고 재산분할의 협의 또는 심판이 확정됨에 따라 구체적인 재산분할청구권의 발생을 인정하는 절충설의 입장이다. 나아가, 재산분할청구권은 행사상 일신전속권으로서

---

79) 우리 가사소송법은 '금전의 지급, 물건의 인도, 등기 그 밖에 의무의 이행을 명하는 심판은 집행권원이 된다.'고 규정하고 있으므로(가사소송법 제41조) 집행을 위해서는 집행문을 부여받아야 한다. 따라서 재산분할 심판에 의해 재산분할청구권의 구체적 내용이 정해졌다면 재산분할청구권의 양수인은 승계집행문 등을 부여받아 분할의무자를 상대로 양수금의 지급을 구할 수 있을 것으로 보인다.

당사자의 의사가 행사 여부의 결정에 절대적으로 중요한데, 일방이 사실혼관계의 해소나 이혼 확정 후 사망하였고 분할협의 또는 청구 등에 의해 재산분할청구권을 행사하고자 하는 의사가 외부적으로 표현된 경우 상속인에 의한 상속을 인정하여야 할 것으로 보인다.

2. 이상의 논의를 토대로 재산분할청구권의 양도 가부와 그 시기를 검토한 결과는 다음과 같다. ① 이혼 청구와 재산분할청구가 동시에 제기되는 등으로 이혼이 확정적으로 성립하지 않은 단계에서는 재산분할청구권이 추상적으로도 발생하지 않았고, 이 단계에서 양도를 인정하는 것은 혼인관계 당사자 일방의 지위를 이전하거나 승계를 허용하는 것과 다를 바 없어 당사자 사이의 자발적 분쟁 해결에 방해가 될 위험이 있으므로 부정하여야 할 것이고, ② 이혼 성립 후 재산분할의 협의 또는 심판 확정 이전 단계에서는 재산분할청구권의 행사상 일신전속권적 성격, 심리 방법과 분할 내용 등의 특수성, 양도와 상속 및 위자료 청구권과의 차이 등을 고려할 때 그 양도성을 부정하여야 한다고 생각하며, ③ 이혼 및 재산분할의 협의 또는 심판이 확정되어 재산분할청구권의 구체적인 내용이 형성된 단계에서는 재산권적 성질이 강하므로 양도성을 인정함이 타당하다고 생각한다.

3. 따라서 이혼이 성립하기 전에 이혼소송과 병합하여 재산분할의 청구를 한 경우, 재산분할청구권이 발생하지 아니하였고 그 구체적 내용이 형성되지 않았으므로 그 양도성을 부정하고, 이혼과 동시에 재산분할로서 금전의 지급을 명하는 판결이 확정된 이후부터 그 양도성을 인정한 대상판결은 타당하다. 대상판결은 재산분할청구권의 양도 가부와 그 시기에 관하여 밝힌 최초의 공간 판결로서 의의가 있다. 향후 더 구체적이고 발전적인 논의가 이루어지기를 기대한다.

[Abstract]

# The transferability of the claim for division of property

Na, Jae Young*

Korean civil law recognizes the right to claim for division of property, which divides the jointly formed property during marriage upon divorce. It cannot be denied that the claim for division of property is basically property-rights, and emphasizing this character will recognize transferability. As an identity contract, marriage, however, has strong human attributes over other property rights. Therefore, it can be a problem of whether it is possible to transfer the claim for division of property so that it can be exercised by a third party and, if possible, at what stage.

The recent 2015da61286 decision ruled that the claim for division of property occurs only as a legal effect of divorce, and the right cannot be specifically stated because the scope and contents are unclear until the specific contents are formed by consultation or judgment, under the premise, if the claim is made with the divorce before the divorce is established, to transfer the right to divide a property is not permitted because it is not occurred and the details are not made. Therefore, the claim for division of property can be transferred after the court orders to pay the money by division of property at the same time as divorce.

In this paper, I studied the transferability of the right to claim for property divisions in three stages as following: 1. before divorce settlement is completed, 2. divorce settlement is completed but the consultation or judgement of property division is not finalized, 3. after divorce settlement and

* Judge, Busan Family Court.

the consultation or judgement of property division is confirmed. Recognizing the transfer before divorce is just like transferring the status of one of the parties; so it is reasonable to deny it because it may interfere with the voluntary dispute resolution. If divorce settlement is completed but the consultation or judgement of property division is not finalized, it is reasonable to deny the transfer with consideration of the legal characteristics which is strictly personal, the peculiarities of the method of hearing and the division, and the difference between the transfer and inheritance and the claim of alimony. It is appropriate to recognize the transfer after divorce and division of property by consultation or judgement.

Therefore, the judgement against objection to the transfer of the right to claim for division of property prior to the divorce and negotiation or judgement of property division is valid. The judgement is meaningful as the first decision made regarding whether and when the right to divide property is transferred.

[Key word]

- the claim for division of property
- the legal characteristic
- the transferability
- the inheritance
- the legal characteristic which is strictly personal

## 참고문헌


[단 행 본]

곽윤직 · 김재형, 민법총칙 제8판(2012), 박영사.

김용담 편집대표, 주석민법[채권총칙(3)](2014), 한국사법행정학회.

김주수 · 김상용, 주석민법[친족(2)](2016), 한국사법행정학회.

______, 친족 · 상속법(2018), 법문사.

김준호, 민법강의-이론 · 사례 · 판례, 제21판(2015), 법문사.

배경숙 · 최금숙, 신친족상속법강의: 가족재산법(2000), 제일법규.

양창수 · 권영준, 민법Ⅱ 권리의 변동과 구제 제3판(2017), 박영사.

윤진수, 친족상속법 강의(2018), 박영사.

윤진수 편집대표, 주해친족법 제1권(2015), 박영사.

2016 가사재판연구(2016), 사법연수원.

법원실무제요, 가사 Ⅱ(2010), 법원행정처.

[논 문]

권영준, 2017년 민법 판례 동향, 서울대학교 법학 제59권 제1호(2018. 3.).

김동하, 혼인의 해소에 따른 재산분할, 재판실무 제1집(1999), 창원지방법원.

김상훈, 장래의 재산분할청구권의 양도-대법원 2017. 9. 21. 선고 2015다 61286 판결-, 가족법 주요 판례 10선, 세창출판사(2017).

김숙자, 재산분할청구권, 개정가족법과 한국사회, 한국여성개발원 한국가족법학회(1990).

김영식, 재산분할청구의 부양적 측면에 관한 고찰, 사법논집 제62집(2017), 법원도서관.

김원태, 가사소송법 개정의 방향과 과제, 사법 제27호(2014. 3.), 사법발전재단.

김종우, 재산분할의 대상과 그 기준시기 및 방법, 실무연구-법관 가사재판실무연구모임 자료집 Ⅶ(2002), 서울가정법원.

김준모, 재산분할제도의 성격-실무상 문제점을 중심으로-, 법원도서관 제101집(2003).

민유숙, 외국의 부부재산제도와 재산분할 제도 및 부양제도-미국법을 중심으로-, 사법논집 제31집(2000).

______, 재산분할에 있어서 몇 가지 문제점에 관한 고찰, 인권과 정의 제211호 (1994).

______, 재산분할의 구체적 인정범위, 재판자료 제62집(1993).

박순성, 채무의 상속, 민사판례연구 제25권(2003), 박영사.

서정우, 새 가사소송법의 개설, 가족법학논총(박병호교수 화갑기념, 1991. 10.).

양형우, 이혼으로 인한 재산분할청구권의 파산절차상 처리방안, 민사법학 제75호(2016. 6.), 한국사법행정학회.

오영준, 장래채권 양도의 유효성과 대항요건 및 이전시기, 민사재판의 제문제18권(2009).

윤진수, 혼인과 이혼의 법경제학, 법경제학연구 제9권 제1호(2012).

이상태, 재산분할청구권의 부양적 성질, 아세아여성법학 제4호(2001).

이상훈, 이혼에 따른 재산분할청구사건의 재판실무상 문제점에 대한 고찰, 법조 제42권 제6호(1993).

이홍민, 이혼급부에 대한 검토-재산분할, 부양료, 위자료 청구의 개별적 근거-, 가족법연구 제24권 제2호(2010).

장성원, 재산분할청구사건을 본안으로 하는 보전처분에 관하여, 재판자료 제62집(1993).

정구태, 유류분반환청구권의 일신전속성-대법원 2013. 4. 25. 선고 2012다80200 판결-, 홍익법학 제14권 제2호(2013. 6.).

조미경, 이혼과 위자료-재산분할제도와 관련하여-, 가족법학논총(1991).

진현민, 당사자의 사망이 이혼, 위자료, 재산분할 청구소송 및 보전절차에 미치는 영향, 실무연구(2005. 7.).

채정선, 소극재산이 적극재산을 초과하는 경우 재산분할의 허용 여부, 재판과 판례(2015).

황경웅, 재산분할청구권의 상속성, 중앙법학 제9집 제2호, 중앙법학회(2007. 8.).

[통계자료]

지역별고용조사(2016), 통계청.

# 특허권 침해 소송에서 특허권의 효력이 심리되고 있는 중에 그와 별개로 제기된 권리범위확인심판의 확인의 이익 여부

김 형 두*

■요 지■

현행 특허법은 권리범위확인심판청구제도를 법적인 제도로 인정하고 있으므로, 특별한 사정이 없는 한 권리범위확인청구는 확인의 이익이 존재한다고 인정받을 수 있다. 하지만, 이미 침해소송이 제기되어 그 침해소송에서 특허권의 권리범위가 다투어지고 이에 관한 판결이 내려진 이후에는 그와 동일한 권리범위에 관하여 제기된 권리범위확인심판청구는 확인의 이익이 없다고 보아야 한다. 권리범위확인심판에는 기속력이 없기 때문이다. 권리범위확인심판에서 어떠한 결론이 내려진다고 하여도 거기에는 아무런 기속력이 없기 때문에 법원은 침해소송에서 권리범위확인심판의 결론과 다른 내용으로 판결을 할 수 있다. 이러한 경우에 특허심판원은 권리범위확인심판에 확인의 이익이 없음을 이유로 각하하여야 한다.

그런데 대법원은 권리범위확인심판청구는 침해소송의 제기 여부와 무관하게 언제나 확인의 이익이 있다는 취지로 판결하였는데, 거기에는 찬성할 수 없다.

일본 특허법은 권리범위확인심판제도를 도입하였다가 이를 폐지하고 특허청에서 권리범위에 관하여 판정만을 해주는 제도를 두고 있다. 영국은 권리범위확인제도를 두지 않고 특허청에서 유권해석을 해주는 제도(Opinion

* 서울고등법원 부장판사.

Service)만을 두고 있다. 일본과 영국에서는 특허청의 판정 또는 유권해석에 대하여 불복소송을 제기할 수 없다.

오스트리아는 권리범위확인심판제도를 두고 있지만 침해소송이 제기되면 권리범위확인심판을 기각하도록 법률에 규정하고 있다.

침해소송의 계속 중에 제기된 권리범위확인심판을 어떻게 처리할 것인지는 법률의 개정에 의하여 입법적으로 해결하는 것이 근본적인 해결책이다. 그러나 법률개정 이전에라도 확인의 이익이 없음이 명백한 경우에는 확인의 이익이 없다고 선언해주는 것이 소송경제에 부합하는 합리적 해석이라고 생각한다. 확인의 이익이 존재하지 않음에도 무익한 권리범위확인청구를 허용하는 것은 상대방 당사자에게 불필요한 응소부담을 주고 법적 분쟁상태를 연장시켜 경제적으로 손실이 되기 때문이다.

[주 제 어]
• 특허권
• 권리범위확인심판
• 권리범위확인소송
• 무효확인소송
• 소의 이익
• 확인의 이익
• 기속력
• 판정
• 특허침해
• 특허청
• 특허심판원

## 대상판결 : 대법원 2018. 2. 8. 선고 2016후328 판결

### [사안의 개요]

### 1. 사실관계

① X들은 이 사건 특허의 특허권자들이다. X들은 2014. 2. 27. Y를 상대로 수원지방법원에 "Y가 실시하고 있는 하나로 온수분배시스템이 X들의 이 사건 특허를 침해하였다."라는 이유로 특허권 침해금지청구와 손해배상을 청구하는 소(이하 '관련 침해소송'[1]이라 한다)를 제기하였다.

② 수원지방법원이 관련 침해소송에 관하여 2015. 3. 3. 변론을 종결하고, 2015. 4. 7.로 선고기일을 지정하였다.

③ 그런데 Y는 위 사건 변론종결 직후인 2015. 3. 6. X들을 상대로 '확인대상발명은 이 사건 특허발명 청구항 1, 5의 보호범위에 속하지 않는다.'라고 주장하면서 특허심판원에 이 사건 소극적 권리범위확인심판[2]을 청구하였다. Y가 특정한 확인대상발명의 실시형태는 관련 침해소송의 실시제품인 하나로 온수분배시스템과 동일하였다.[3]

④ 수원지방법원은 2015. 4. 7. X들 승소판결을 선고하였다. 그 판결의 내용은 Y의 실시제품은 이 사건 특허발명과 균등관계에 있어 이 사건 특허발명의 특허권을 침해한다고 보아 '1. Y는 [별지 3] 목록 기재 물건을 생산, 사용, 양도, 수입, 대여하거나 양도 또는 대여를 위한 전시, 청약을 하여서는 아니 된다. 2. Y는 사무소, 공장, 창고, 영업소에 보관 중인 제1항 기재 물건의 완성품과 반제품 및 그 물건의 생산에 사용되는 설비를 모두 폐기하라. 3. Y는 X들에게 각 5,000만 원 및 지연손해금을 지급하라.'라는 것이었다.

⑤ Y는 2015. 4. 21. 위 판결에 불복하여 서울고등법원에 항소하였다.[4]

⑥ 특허심판원은 2015. 9. 30. Y의 위 심판청구를 인용하는 이 사건 심결[5]을 하였다. 그 취지는 '확인대상발명은 구성 2를 포함하고 있지 않고, 청구항 1과 기술사상의 핵심이 달라 과제해결의 원리를 달리하여 균등관계에

---

1) 수원지방법원 2014가합3026호.

2) 특허심판원 2015당720호.

3) 관련 침해소송에서의 Y의 실시제품과 이 사건 확인대상발명의 실시형태가 동일하다는 점에 대해서는 당사자 사이에 다툼이 없었다.

4) 서울고등법원 2015나2021422호.

5) 특허심판원 2015. 9. 30.자 2015당720호 심결.

있다고 볼 수 없어 청구항 1의 보호범위에 속하지 않는다. 또한, 구성 4는 확인대상발명의 대응구성과 개방된 분기관을 통과하는 난방수의 총 유량 값을 산정하는 방식에 차이가 있고, 청구항 5와 기술사상의 핵심이 달라 과제해결의 원리를 달리하여 균등관계에 있다고 볼 수 없어 청구항 5의 보호범위에도 속하지 않는다.'라는 것이었다.

⑦ X들은 특허법원에 2015. 10. 22. 이 사건 심결의 취소를 구하는 소를 제기하였다.

⑧ 서울고등법원은 2015. 12. 3. Y의 실시제품이 이 사건 특허발명의 보호범위에 속한다고 할 수 없다고 보아 '제1심 판결 중 Y에 대한 부분을 취소하고, X들의 Y에 대한 청구를 모두 기각한다.'는 취지로 X들 패소판결을 선고하였다.

⑨ 위 판결에 대하여 X들은 대법원에 상고하였다.[6)]

### 2. 특허법원 사건[7)]

특허법원은 2016. 1. 14. 이 사건 심결을 취소하는 판결을 선고하였다.

#### 가. 특허법원에서의 당사자 주장의 요지

**1) X들 주장의 요지**

① 특허권자인 X들이 Y를 상대로 관련 침해소송을 제기하여 소송 계속 중에 Y가 X들을 상대로 제기한 이 사건 소극적 권리범위확인심판청구는 확인의 이익이 인정될 수 없는바, 이 사건 심판청구는 부적법하므로 각하되어야 한다.

② 확인대상발명과 청구항 1, 5는 과제해결원리가 실질적으로 동일하고 작용효과도 동일하며, 청구항 1, 5의 기술내용을 바탕으로 확인대상발명으로 변경하는 것도 용이하다. 확인대상발명은 청구항 1, 5와 균등관계에 있어 청구항 1, 5의 보호범위에 속한다.

③ 따라서 이 사건 심결은 이와 결론을 달리하여 위법하므로 취소되어야 한다.

**2) Y 주장의 요지**

① 관련 침해소송이 제기된 이후에 청구된 이 사건 소극적 권리범위확

---

6) 대법원 2016다201067 사건.

7) 특허법원 2016. 1. 14. 선고 2015허6824 판결.

인심판에도 확인의 이익이 있으므로, 이 사건 심판청구는 적법하다.

② 확인대상발명은 청구항 1, 5와 구성과 작용효과가 달라 문언침해는 물론 균등침해에도 해당하지 않는다.

③ 따라서 이 사건 심결은 이와 결론을 같이하여 적법하므로, X들의 청구는 기각되어야 한다.

나. 특허법원 판결

**1) 특허법원 판결의 요지**

이러한 사실관계를 토대로 하여, 특허법원은 이 사건 소극적 권리범위확인심판의 청구요건을 판단하면서 확인의 소에서의 확인의 이익에 관한 법리를 참고하여, 관련 침해소송이 계속 중이어서 그 소송에서 이 사건 특허발명의 권리범위를 확정할 수 있음에도 불구하고 별도로 이 사건 소극적 권리범위확인심판을 청구하는 것은 소송경제에 비추어 유효·적절한 수단이라고 할 수 없고, 당사자들에게 과도하고 불필요한 부담을 주는 경우에 해당한다는 이유 등을 들어 이 사건은 심판청구의 이익을 인정하기 어렵다고 판단하였다.

**2) 특허법원 판결의 내용**

① 특허법이 규정하고 있는 권리범위확인심판은 심판청구인이 그 청구에서 심판의 대상으로 삼은 확인대상발명이 특허권의 효력이 미치는 객관적인 범위에 속하는지 여부를 확인하는 목적을 가진 절차이다(대법원 2014. 3. 20. 선고 2012후4162 전원합의체 판결, 대법원 1991. 3. 27. 선고 90후373 판결 등 참조).

특허법 제186조 제5항은 "심판을 청구할 수 있는 사항에 관한 소는 심결에 대한 것이 아니면 제기할 수 없다."라고 규정하여 행정소송법 제18조 제1항에서 정한 '임의적 행정심판전치주의'의 예외를 규정하고 있다. 특허거절결정에 대한 불복심판은 '특허거절결정'이라는 행정처분에 대한, 특허무효심판은 '특허결정'이라는 행정처분에 대한 불복의 성격을 갖는다는 점에서 행정심판제도의 본래의 취지, 즉 특허행정의 통일을 기하고, 소송절차에 이르기 전에 권리의 조기 구제를 추구하고 있다.

그러나 권리범위확인심판은 심판의 대상이 되는 별도의 행정처분이 존재한다고 볼 수 없어 '행정청의 처분과 관련된' 권리구제와 무관하고, '특허발명의 보호범위'를 확인하는 작용이 특허행정의 통일을 기하는 데 직접적인 도움이 된다고 보기 어렵다.

특허법은 특허를 무효로 한다는 심결이 확정된 경우에는 그 특허권을 처음부터 없었던 것으로 보고(제133조 제3항), 특허발명의 명세서 또는 도면에 대하여 정정을 한다는 심결이 확정되었을 때에는 그 정정 후의 명세서 또는 도면에 따라 특허출원, 출원공개, 특허결정 또는 심결 및 특허권의 설정등록이 된 것으로 보며(제136조 제8항), 특허거절결정에 대한 불복심판이 이유 있다고 인정될 때에는 특허거절결정을 취소하는 것으로 규정하고 있다(제176조 제1항).

그러나, 권리범위확인심판은 그 심결이 확정되어도 특허법 제163조의 일사부재리의 효력이 인정될 뿐 별도로 위와 같은 특허무효심판, 정정심판 및 거절결정에 대한 불복심판과 같은 효력을 인정할 근거가 없다. 권리범위확인 심결이 확정되어 일사부재리의 효력이 미치는 경우라도 동일사실 및 동일증거에 의해 다시 '심판'을 청구할 수 없을 뿐이고, 심판의 당사자 또는 제3자가 특허권 침해에 관한 소를 제기하는 데 장애가 될 수는 없으므로, 특허권 침해에 관한 소에 별다른 영향을 미치기 어렵다.

특허법은 권리범위확인심판제도를 별도로 두고 있기는 하지만 이는 특허발명의 보호범위를 확인해주는 한정적 기능을 수행할 뿐이고, 특허권 침해를 둘러싼 개별 당사자 사이의 권리관계에 관한 최종적인 판단은 특허권 침해에 관한 소에서 다루어지도록 하는 것이 특허법의 기본 구도라고 할 수 있다.

② 권리범위확인심판청구는 다툼이 있는 권리관계에 대한 확인의 이익이 필요하고, 확인의 이익이 없으면 심판청구를 각하하는 심결을 해야 한다. 확인의 이익은 권리범위확인심판의 적법요건으로 심결시를 기준으로 판단해야 하는데, 위와 같은 권리범위확인심판제도의 특성과 역할에 부합되지 않거나, 당사자들에게 과도하고 불필요한 부담을 주는 경우에는 확인의 이익을 제한적으로 해석할 필요가 있다.[8)]

권리범위확인심판은 심판청구요건으로서 확인의 이익을 필요로 한다는 점에서 확인의 소와 공통점을 갖고 있다. 확인의 소는 원고의 법적 지위가 불안·위험할 때에 그 불안·위험을 제거함에는 확인판결을 받는 것이 가장

---

8) 위와 같은 한계 등으로 인해 권리범위확인심판에서는 특허발명의 진보성 여부를 심리·판단할 수 없고(대법원 2014. 3. 20. 선고 2012후4162 전원합의체 판결 등 참조), 특허권 소멸 이후에는 권리범위확인의 이익이 부정되는 등(대법원 1996. 9. 10. 선고 94후2223 판결 등 참조), 심리·적용범위가 제한되고 있다(2014. 3. 20. 선고 2011후3698 전원합의체 판결 등 참조).

유효 · 적절한 수단인 경우에 인정되고, 이행을 청구하는 소를 제기할 수 있는 데도 불구하고 확인의 소를 제기하는 것은 분쟁의 종국적인 해결 방법이 아니어서 확인의 이익이 없다(대법원 2008. 7. 10. 선고 2005다41153 판결, 대법원 1995. 12. 22. 선고 95다5622 판결, 대법원 2006. 3. 9. 선고 2005다60239 판결 등 참조).

또한, 반소청구에 본소청구의 기각을 구하는 것 이상의 적극적 내용이 포함되어 있지 않다면 반소청구로서의 이익이 없고, 어떤 채권에 기한 이행의 소에 대하여 동일 채권에 관한 채무부존재확인의 반소를 제기하는 것은 그 청구의 내용이 실질적으로 본소청구의 기각을 구하는 데 그치는 것이므로 부적법하다(대법원 2007. 4. 13. 선고 2005다40709 판결 등 참조). 확인의 소에 관한 위와 같은 법리는 권리범위확인심판의 확인의 이익을 판단할 때 참고할 수 있다.

③ 위에서 살펴본 내용에 비추어 살피건대, 아래와 같은 사정들을 종합하면, 이 사건 심판청구는 확인의 이익을 인정하기 어렵다.

㉠ X들이 Y를 상대로 제기한 관련 침해소송이 계속 중이어서 그 소송에서 이 사건 특허권의 효력이 미치는 범위를 확정할 수 있음에도, 위 소송의 Y가 X들을 상대로 동일한 대상물을 확인대상발명으로 특정하여 청구한 소극적 권리범위확인심판은 관련 침해소송에 대한 중간확인적 판단을 별도의 절차에서 구하는 것에 불과하다. 이러한 심판청구는 분쟁의 종국적 해결을 추구할 수 없고, 소송경제에 비추어 유효적절한 수단이라고 할 수 없다.

㉡ 확인대상발명이 이 사건 특허발명의 보호범위에 속하는지 여부에 대한 X들과 Y 사이의 법적 지위의 불안·위험은 관련 침해소송을 통해 제거될 것이어서 그 이후 청구된 이 사건 소극적 권리범위확인심판을 통해 추가적으로 제거할 법적 지위의 불안·위험이 남아 있다고 보기 어렵다.

㉢ X들은 특허권자로서 침해금지청구권 및 손해배상청구권의 존재 여부를 판단 받기 위해 관련 침해소송을 제기하여 상당 기간 심리를 진행한 후 변론종결되어 법원의 판단을 받을 수 있는 상태에 있었음에도 이 사건 소극적 권리범위확인심판이 청구된 이상 이에 대응하지 않을 수 없다. 이는 특허법상 허용된 권리실현수단을 정당하게 행사하고 있는 특허권자에게 비용과 시간적으로 과도하고 불필요한 대응의무를 부담시키는 것으로, 발명을 보호·장려하고 그 이용을 도모함으로써 기술의 발전을 촉진하여 산업발전에 이바지하고자 하는 특허법의 목적에 부합된다고 볼 수 없다.

㉣ 특허권 침해에 관한 소에서 불리한 판결을 받을 것이 예상되거나, 불리한 판결을 받은 당사자가 제기한 소극적 권리범위확인심판을 허용하게 되면, 특허권 침해에 관한 소의 재판결과에 대한 사실상의 회피수단을 묵인·용인하는 결과가 된다.

㉤ 궁극적으로 특허권 침해금지청구권의 유무에 관한 판단은 법원의 권한이라는 점에서 특허권 침해금지에 관한 소를 통해 권한행사가 이루어지고 있는 중에 행정심판인 소극적 권리범위확인심판을 허용하는 것은 사법부와 행정부의 권한배분의 원칙에 반하고, 그 입법례를 찾아보기 어렵다[오스트리아 특허법은 권리범위확인심판이 청구되기 전에 동일한 당사자 사이에 동일한 물건이나 방법에 관하여 침해소송이 계속 중인 사실을 상대방이 증명한 경우에는 권리범위확인심판을 기각해야 한다고 명문으로 규정하고 있다(제163조 제3항). 또한 일본은 1959년 권리범위확인심판제도를 폐지하고 특허청의 판정제도를 운영하고 있다].

㉥ 특허권 침해에 관한 소와 별개로 소극적 권리범위확인심판이 진행되는 경우, 주장·증명책임에 따라 특허권 침해에 관한 소와 심판의 결과에 모순·저촉의 위험이 있는바, 이를 방치하게 되면 특허제도와 특허소송절차에 대한 신뢰를 해할 수 있다.

### 3. 대상판결

가. 위 특허법원 판결에 대하여 Y가 상고하였다. 대법원은 원심판결을 파기하고 사건을 특허법원에 환송하였다(대상판결).

나. 대상판결의 요지는 다음과 같다.

① 특허법 제135조가 규정하고 있는 권리범위확인심판은 특허권 침해에 관한 민사소송(이하 '침해소송'이라고 한다)과 같이 침해금지청구권이나 손해배상청구권의 존부와 같은 분쟁 당사자 사이의 권리관계를 최종적으로 확정하는 절차가 아니고, 그 절차에서의 판단이 침해소송에 기속력을 미치는 것도 아니지만(대법원 2002. 1. 11. 선고 99다59320 판결, 대법원 2014. 3. 20. 선고 2012후4162 전원합의체 판결의 다수의견에 대한 보충의견 등 참조), 간이하고 신속하게 확인대상발명이 특허권의 객관적인 효력범위에 포함되는지를 판단함으로써 당사자 사이의 분쟁을 사전에 예방하거나 조속히 종결시키는 데에 이바지한다는 점에서 고유한 기능을 가진다.

특허법 제164조 제1항은 심판장이 소송절차가 완결될 때까지 심판절차를 중지할 수 있다고 규정하고, 제2항은 법원은 특허에 관한 심결이 확정될 때까지 소송절차를 중지할 수 있다고 규정하며, 제3항은 법원은 침해소송이 제기되거나 종료되었을 때에 그 취지를 특허심판원장에게 통보하도록 규정하고, 제4항은 특허심판원장은 제3항에 따른 특허권 또는 전용실시권의 침해에 관한 소에 대응하여 그 특허권에 관한 무효심판 등이 청구된 경우에는 그 취지를 제3항에 해당하는 법원에 통보하여야 한다고 규정하고 있다. 이와 같이 특허법이 권리범위확인심판과 소송절차를 각 절차의 개시 선후나 진행경과 등과 무관하게 별개의 독립된 절차로 인정됨을 전제로 규정하고 있는 것도 앞서 본 권리범위확인심판 제도의 기능을 존중하는 취지로 이해할 수 있다.

이와 같은 권리범위확인심판 제도의 성질과 기능, 특허법의 규정 내용과 취지 등에 비추어 보면, 침해소송이 계속 중이어서 그 소송에서 특허권의 효력이 미치는 범위를 확정할 수 있다고 하더라도 이를 이유로 침해소송과 별개로 청구된 권리범위확인심판의 심판청구의 이익이 부정된다고 볼 수는 없다.

② 원심의 판단은 권리범위확인심판에서의 심판청구의 이익에 관한 법리를 오해하여 판결 결과에 영향을 미친 잘못이 있고, 이 점을 지적하는 상고이유의 주장은 이유 있다.

### 4. 침해소송에 관한 대법원 판결

대법원은 대상판결의 선고일인 2018. 2. 8.에 침해소송에 관한 X들의 상고를 기각하는 판결을 선고하였다.

### 5. 대상판결 선고 이후의 경과

특허법원은 파기환송심에서 권리범위확인심판 제도의 성질과 기능, 특허법의 규정내용과 취지 등에 비추어 보면, 침해소송이 계속 중이어서 그 소송에서 특허권의 효력이 미치는 범위를 확정할 수 있다고 하더라도 이를 이유로 침해소송과 별개로 청구된 권리범위확인심판의 심판청구의 이익이 부정된다고 볼 수는 없다고 판단하여, X의 청구를 기각하였다.[9]

---

9) 특허법원 2018. 8. 24. 선고 2018허1882 판결(확정).

### 6. 관련 침해소송과 이 사건 소송의 진행내역

이상에서 살펴본 관련 침해소송과 이 사건 소송의 진행 내역을 정리하면 다음 표와 같다.

| 관련 침해소송 | 일 자 | 이 사건 심결취소소송 |
|---|---|---|
| X들: 소 제기 | 2014. 2. 27. | |
| 1심 변론 종결 | 2015. 3. 3. | |
| | 2015. 3. 6. | Y: 이 사건 소극적 권리범위확인심판 청구 |
| 수원지방법원: X들 승소 판결 선고 | 2015. 4. 7. | |
| Y: 항소 제기 | 2015. 4. 21. | |
| | 2015. 9. 30. | 특허심판원: 이 사건 심결 (Y의 심판청구 인용) |
| | 2015. 10. 22. | X들: 이 사건 심결 취소의 소 제기 |
| 서울고등법원: X들 패소 판결 선고 | 2015. 12. 3. | |
| | 2016. 1. 14. | 특허법원: 이 사건 심결 취소 판결 선고 |
| 대법원: X들 상고기각 | 2018. 2. 8. | 대법원: Y 상고 인용 ⇨ 파기환송 [대상판결] |
| | 2018. 8. 24. | 특허법원: 이 사건 심결 취소 청구 기각 |

## 〔研 究〕

## Ⅰ. 들어가며

대상판결은 행정처분의 일종인 권리범위확인심판의 심결과 그 취소소송의 심리에 있어 소송요건인 확인의 이익을 필요로 하는지, 만약 필요로 한다면 어느 경우에 확인의 이익이 있다고 볼 것인지에 관하여 판시한 것이다. 대상판결은 변리사업계에서 커다란 관심을 불러일으키기도 하였다.

이하에서는 특허법의 전문적 내용은 최소한의 범위에서만 언급하고,

소송요건인 확인의 이익에 관한 쟁점에 관하여 중점적으로 살펴보기로 한다.

## Ⅱ. 권리범위확인심판의 의의

### 1. 권리범위확인심판의 개념

특허권은 무체재산권이기 때문에 물권·채권 등 다른 종류의 권리에 비하여 권리내용이 매우 추상적이다. 따라서 특허권에 관한 구체적인 분쟁에서는 먼저 그 권리범위를 확정지을 필요가 있고, 그 후 문제가 된 구체적인 실시형태(실무상 이를 '확인대상발명'이라고 한다)가 그 권리범위에 속하는지 여부를 판단하게 된다. 이와 같이 어느 실시형태가 특허발명의 권리범위에 속하는지 여부에 대한 확인을 구하는 심판이 권리범위확인심판이다.[10)]

실용신안권에 관하여 판례[11)]는 "실용신안권의 권리범위 확인심판은 단순히 실용신안 자체의 고안의 범위라고 하는 사실구성의 상태를 확정하는 것이 아니라, 그 권리의 효력이 미치는 범위를 대상물과의 관계에서 구체적으로 확정하는 것이므로, 실용신안권 권리범위 확인심판청구의 심판대상은 심판청구인이 그 청구에서 심판의 대상으로 삼은 구체적인 고안이라고 할 것이다. 실용신안 권리범위 확인심판청구의 심판대상이 된 고안이 이미 등록된 실용신안의 권리범위에 속하거나 속하지 아니하는 것이라는 점에 관하여 당사자 사이에 다툼이 없는 경우에는 그 권리범위의 확인심판을 청구할 수 없다."고 판시하였다.

권리범위확인심판은 단순히 기술적 범위를 확인하는 사실관계의 확정을 목적으로 하는 것이 아니라, 그 기술적 범위를 기초로 하여 구체적으로 문제된 실시형태와의 관계에 있어서 권리의 효력이 미치는 범위를 확인하는 한도에서 권리관계의 확정을 목적으로 하는 것이다. 다만, 이

---

10) 특허법원 지적재산소송실무연구회, 지적재산소송실무(전면개정판), 박영사(2010), 335면.

11) 대법원 1991. 3. 27. 선고 90후373 판결.

경우에도 위와 같이 제한된 범위내에서의 권리관계 확정을 넘어서 특허권의 침해 여부까지, 즉 침해금지청구권의 존부나 손해배상채무의 존부와 같은 권리관계까지 확인하거나 확정할 수는 없다.[12)]

### 2. 권리범위확인심판의 종류

권리범위확인심판의 종류는 실무상 두 가지로 분류된다. 먼저 그 실시형태(확인대상발명)가 어느 특허의 권리범위에 속한다는 특허권자 또는 전용실시권자 쪽에서 제기하는 '적극적 권리범위확인심판'이 있다. 그리고 그 실시형태(확인대상발명)가 어느 특허의 권리범위에 속하지 아니한다고 주장하는 이해관계인 측이 제기하는 '소극적 권리범위확인심판'이 있다.[13)]

### 3. 권리범위확인심판 취소소송

특허심판원의 권리범위확인심판에 대하여는 30일 이내에 특허법원에 심결취소소송을 제기할 수 있다. 권리범위확인심판은 행정심판의 일종이므로 심결취소소송은 성질상 행정소송이라는 것이 통설·판례의 입장이다.[14)]

### 4. 관련 규정

특허법은 권리범위 확인심판에 관하여 다음과 같은 규정을 두고 있다.

#### 가. 특허법 제135조(권리범위 확인심판)

> ① 특허권자 또는 전용실시권자는 자신의 특허발명의 보호범위를 확인하기 위하여 특허권의 권리범위 확인심판을 청구할 수 있다.

---

12) 특허법원 지적재산소송실무연구회, 지적재산소송실무(전면개정판), 박영사(2010), 335-336면.

13) 명지대학교 산학협력단, 권리범위확인심판제도 개선에 관한 연구, 법원행정처(2017. 5.), 7면.

14) 특허법원 지적재산소송실무연구회, 지적재산소송실무(전면개정판), 박영사(2010), 4면.

② 이해관계인은 타인의 특허발명의 보호범위를 확인하기 위하여 특허권의 권리범위 확인심판을 청구할 수 있다.
③ 제1항 또는 제2항에 따른 특허권의 권리범위 확인심판을 청구하는 경우에 청구범위의 청구항이 둘 이상인 경우에는 청구항마다 청구할 수 있다.

## 나. 특허법 제163조(일사부재리)

이 법에 따른 심판의 심결이 확정되었을 때에는 그 사건에 대해서는 누구든지 동일 사실 및 동일 증거에 의하여 다시 심판을 청구할 수 없다. 다만, 확정된 심결이 각하심결인 경우에는 그러하지 아니하다.

## 다. 특허법 제164조(소송과의 관계)

① 심판장은 심판에서 필요하면 직권 또는 당사자의 신청에 따라 그 심판사건과 관련되는 특허취소신청에 대한 결정 또는 다른 심판의 심결이 확정되거나 소송절차가 완결될 때까지 그 절차를 중지할 수 있다.
② 법원은 소송절차에서 필요하면 직권 또는 당사자의 신청에 따라 특허취소신청에 대한 결정이나 특허에 관한 심결이 확정될 때까지 그 소송절차를 중지할 수 있다.
③ 법원은 특허권 또는 전용실시권의 침해에 관한 소가 제기된 경우에는 그 취지를 특허심판원장에게 통보하여야 한다. 그 소송절차가 끝났을 때에도 또한 같다.
④ 특허심판원장은 제3항에 따른 특허권 또는 전용실시권의 침해에 관한 소에 대응하여 그 특허권에 관한 무효심판 등이 청구된 경우에는 그 취지를 제3항에 해당하는 법원에 통보하여야 한다. 그 심판청구서의 각하결정, 심결 또는 청구의 취하가 있는 경우에도 또한 같다.

## 라. 특허법 제186조(심결 등에 대한 소)

① 특허취소결정 또는 심결에 대한 소 및 특허취소신청서 · 심판청구서 · 재심청구서의 각하결정에 대한 소는 특허법원의 전속관할로 한다.
② 제1항에 따른 소는 다음 각 호의 자만 제기할 수 있다.
1. 당사자
2. 참가인
3. 해당 특허취소신청의 심리, 심판 또는 재심에 참가신청을 하였으나

신청이 거부된 자

③ 제1항에 따른 소는 심결 또는 결정의 등본을 송달받은 날부터 30일 이내에 제기하여야 한다.

⑥ 특허취소를 신청할 수 있는 사항 또는 심판을 청구할 수 있는 사항에 관한 소는 특허취소결정이나 심결에 대한 것이 아니면 제기할 수 없다.

⑧ 제1항에 따른 특허법원의 판결에 대해서는 대법원에 상고할 수 있다.

### 5. 권리범위확인심판의 효력

#### 가. 일사부재리의 효력

권리범위확인심판은 그 심결의 효력과 관련하여 일사부재리의 효력을 규정한 특허법 제163조 이외에는 별도의 규정이 없다. 그래서 특허심판원의 다른 종류의 심판과는 달리 기속력, 형성적 효력 등 다른 효력 규정이 없다.[15)]

#### 나. 기속력의 인정 여부

##### (1) 학 설

##### (가) 기속력 긍정설

권리범위확인심판에 대하여 기속력을 인정하여야 한다는 견해는 다

---

15) 이에 반하여 특허분쟁과 관련된 특허심판원의 다른 심판제도들에 대하여는 일정한 효력을 부여하는 규정이 있다.

특허법 제133조 제3항은 특허의 등록무효심판에 관하여, “특허를 무효로 한다는 심결이 확정된 경우에는 그 특허권은 처음부터 없었던 것으로 본다. 다만, 제1항 제4호에 따라 특허를 무효로 한다는 심결이 확정된 경우에는 특허권은 그 특허가 같은 호에 해당하게 된 때부터 없었던 것으로 본다.”라고 규정하여, 특허무효심결이 확정되면 그 특허는 무효가 된다.

특허법 제136조 제10항은 특허의 정정심판에 관하여, “특허발명의 명세서 또는 도면에 대하여 정정을 한다는 심결이 확정되었을 때에는 그 정정 후의 명세서 또는 도면에 따라 특허출원, 출원공개, 특허결정 또는 심결 및 특허권의 설정등록이 된 것으로 본다.”고 규정하여, 특허정정심결이 확정되면 그 특허의 내용이 달라지게 된다.

특허법 제176조는 특허거절결정 등의 취소심판에 관하여, 제1항에서 “심판관은 제132조의17에 따른 심판(필자 주: 특허거절결정 또는 특허권의 존속기간의 연장등록거절결정에 대한 불복심판을 말한다)이 청구된 경우에 그 청구가 이유 있다고 인정할 때에는 심결로써 특허거절결정 또는 특허권의 존속기간의 연장등록거절결정을 취소하여야 한다.”고 규정하고, 제3항에서 “제1항 및 제2항에 따른 심결에서 취소의 기본이 된 이유는 그 사건에 대하여 심사관을 기속한다.”라고 규정하여, 그 기속력을 인정하고 있다.

음과 같다.

① 대법원 판결[16)]이 '권리범위확인심판은 권리의 효력이 미치는 범위를 구체적인 사실관계에서 확정하는 것'이라고 판시하고 있는 점, 소송경제와 법적 분쟁의 감소를 위하여 필수적이라는 점을 근거로 기속력을 인정해야 한다는 견해[17)]

② 최근 권리범위확인심판의 필요성이 더욱 높아진 상황에서 이러한 심판에 대한 심결이 그 이후의 침해소송 법원을 구속하도록 하여 권리범위확인심판의 효율성을 높일 필요가 있다는 견해[18)]

(나) 기속력 부정설

권리범위확인심판은 기속력이 없다는 견해는 다음과 같다.

① 권리범위확인심판의 대세적 효력은 이 심판이 본질적으로 행정처분인 까닭에 행정처분의 공정력으로부터 파생되어 나오는 당연한 효과라고 보는 것이 합당하고, 이 심판은 본질적으로는 행정청이 당해 특허권 등의 의미를 보충해석한 행정처분이며 사법적 판단이 아니므로, 그 결론이 민사소송인 침해소송을 기속할 이유가 없다고 하는 견해[19)]

② 현행 권리범위확인심판제도는 권한배분의 원칙에도 어긋날 뿐만 아니라 세계적으로 유래를 찾아보기 힘든 제도이며, 법적 성질에 대한 논의가 위와 같이 모순되는 기반에 자리 잡은 제도의 취지를 합리적으로 이해하는 데에 초점을 맞추어 온 점 등에 비추어 보면, 이 제도를 권한분배의 원칙에 재구성하는 방향으로 나아가지 않고 오히려 침해소송에 대한 기속력을 인정하여 공고화하는 것은 법관에 의하여 재판을 받을 권리를 침해하는 것으로서 위헌의 여지까지 있다는 견해[20)]

16) 대법원 1971. 11. 23. 선고 71후18 판결.

17) 곽태철, "권리범위확인심판에 관한 연구", 재판자료(제56집), 법원도서관(1992), 549면 .

18) 특허청 연구보고서(대표연구자 정차호), 권리범위확인심판의 활용성 및 실효성 제고방안 연구, 특허청(2015. 7.), 26-31면.

19) 장수길, "특허관련심판제도에 관한 몇 가지 검토", 인권과 정의 제176호, 대한변호사협회(1991. 4.), 78면.

20) 이숙연, "권리범위확인심판을 중심으로 본 특허 침해쟁송제도와 그 개선방안에

③ 현행 특허법은 특허법원으로 하여금 심결의 당부만을 판단하여 그 심결을 확정시키는 데 관여하게 할 뿐 모든 실체적, 절차적 판단의 종국을 특허심판원의 심결에 의하도록 하고 있어서, 이러한 제도를 특허법원으로 하여금 심결의 당부가 아니라 특허의 유·무효와 권리범위에 포함되는지 여부에 대하여 직접적으로 판단을 할 수 있도록 개선하여 그 판결에 기속력을 인정한다면 몰라도, 지금의 제도를 그대로 둔 채 권리범위확인심결에 기속력을 인정한다면, 당해 특허발명을 침해하였는지 여부에 대하여 법관에 의한 재판을 받을 권리를 침해하게 되어 헌법위반의 문제가 발생할 수 있다는 견해[21]

④ 권리범위확인심판에 대한 심결은 근본적으로 행정청이 법적 견해를 표명하는 것일 뿐이어서 일반적인 행정처분과는 달리 그 확정으로 새로운 법률관계가 형성되거나 소멸되는 형성적 효력을 상정하기도 어렵다는 견해,[22]

⑤ 권리범위확인심판의 법적 성질을 구체적으로 문제된 확인대상발명과의 관계에 있어서 권리의 효력이 미치는지 여부를 확인하는 권리관계의 확정을 목적으로 하는 것이라고 보더라도, 이러한 권리관계의 확정은 당해 심판절차 내에서의 권리관계를 확정하는 것에 지나지 않아 별도의 법률적 근거가 없는 이상 권리범위확인심결이 특허침해소송 등에 기속력을 갖지 못한다고 보아야 하며, 만일 기속력을 인정한다면, 특허발명의 침해 여부에 대해 법관에 의한 재판을 받을 권리(헌법 제27조 제1항)를 침해하여 헌법에 위반될 여지가 있다는 견해[23]

**(2) 판례의 입장**

판례는 권리범위확인심판의 기속력을 부정하는 입장이다.

---

대한 고찰", 법조 제643호, 법조협회(2010), 10면.

21) 박정희, "권리범위확인심판제도의 폐지 필요성에 대한 고찰", 특허소송연구 제3집, 특허법원(2005), 444면.

22) 권동주, "상표에 관한 권리범위확인심판의 심결의 취소를 구할 소의 이익의 유무", 대법원판례해설 제88호, 법원도서관(2011), 361면.

23) 손천우, "실시자가 특허침해의 소로 제소된 이후에 특허권자를 상대로 동일한 실시품을 확인대상발명으로 하여 청구한 소극적 권리범위확인심판의 확인의 이익", LAW & TECHNOLOGY 제12권 제2호, 서울대학교 기술과법센터(2016. 3.), 10면.

즉, 대법원 2002. 1. 11. 선고 99다59320 판결은 “민사재판에 있어서 이와 관련된 다른 권리범위확인심판사건 등의 확정심결에서 인정된 사실은 특별한 사정이 없는 한 유력한 증거자료가 되는 것이나, 당해 민사재판에서 제출된 다른 증거내용에 비추어 관련 권리범위확인심판사건 등의 확정심결에서의 사실판단을 그대로 채용하기 어렵다고 인정될 경우에는 이를 배척할 수 있다.”고 판시하였다.

대법원 2018. 2. 8. 선고 2016후328 판결[24)]도 “특허법 제135조가 규정하고 있는 권리범위확인심판은 특허권 침해에 관한 민사소송과 같이 침해금지청구권이나 손해배상청구권의 존부와 같은 분쟁 당사자 사이의 권리관계를 최종적으로 확정하는 절차가 아니고, 그 절차에서의 판단이 침해소송에 기속력을 미치는 것도 아니다.”라고 판시하였다.

#### (3) 사　　견

권리범위확인심판의 기속력에 관하여는 명문의 근거가 없으므로 기속력을 부정하는 견해가 타당하다고 생각한다.

## Ⅲ. 민사소송에서의 확인의 이익

### 1. 소의 이익

널리 소의 이익은 국가적·공익적 견지에서는 무익한 소송제도의 이용을 통제하는 원리이고, 당사자의 견지에서는 소송제도를 이용할 정당한 이익 또는 필요성을 말한다.[25)] ‘이익이 없으면 소 없다’는 법언이 지적하듯이 소송제도에 필연적으로 내재하는 요청이며 이에 의하여 법원은 본안판결을 필요로 하는 사건에만 그 정력을 집중할 수 있게 되고, 또 불필요한 소송에 응소하지 않으면 안 되는 상대방의 불이익을 배제할 수 있다.[26)]

주의할 것은 소의 이익을 지나치게 넓히면 국가의 적정한 재판권의 행사를 저해하고 남소를 허용하는 결과가 되고, 반면 이를 과도하게 좁

24) 이 논문의 대상판결이다.
25) 이시윤, 신민사소송법, 박영사(2002), 184-185면.
26) 이시윤, 신민사소송법, 박영사(2002), 185면.

히면 법원의 본안판결부담을 절감하게 되지만 당사자의 헌법상 보장된 재판을 받을 권리를 부당하게 박탈하는 결과가 된다.[27]

따라서 소의 이익을 판단함에 있어서는 소 이외의 다른 민사분쟁의 해결수단, 행정적 구제·입법적 구제가 있느냐나 민사사법권의 한계를 기준으로 신중히 정해야 한다.[28]

소의 이익 제도가 헌법 제27조의 재판을 받을 권리와의 관계에서 위헌이 아니냐가 문제되나, 재판을 받을 권리는 법률상 재판을 받을 이익을 가질 것을 전제로 하는 것으로, 이러한 이익의 유무에 관계없이 본안에 대해 재판을 받을 권리를 보장한 것이라고는 볼 수 없으므로 위헌이라 할 수 없다.[29]

### 2. 확인의 이익

논리적으로 확인의 대상은 무제한이기 때문에 확인의 소에 의하는 것을 정당화시킬 일정한 이익이 존재하는 경우에 소의 이익을 인정하여야 한다. 따라서 확인의 소에 있어서는 소의 이익의 관념이 특히 중요한 의미를 갖는다.[30]

민사소송에서 확인의 소에 있어서의 확인의 이익은 권리 또는 법률상의 지위에 현존하는 불안·위험이 있고, 그 불안 위험을 제거함에는 확인판결을 받는 것이 가장 유효·적절한 수단일 때에 인정된다.[31]

확인의 이익이 인정되기 위해서는 다음 세 가지 요건을 갖추어야 한다.[32]

① 법률상의 이익

② 현존하는 불안

---

27) 이시윤, 신민사소송법, 박영사(2002), 185면.
28) 이시윤, 신민사소송법, 박영사(2002), 185면.
29) 이시윤, 신민사소송법, 박영사(2002), 185면.
30) 이시윤, 신민사소송법, 박영사(2002), 194면.
31) 이시윤, 신민사소송법, 박영사(2002), 197면.
32) 이시윤, 신민사소송법, 박영사(2002), 197-199면.

③ 불안제거에 유효 · 적절한 수단(방법선택의 적절성)

### 3. 확인의 소의 보충성

민사소송에서 확인의 소의 판결이 확정되면 권리 또는 법률관계의 존부에 관한 기판력이 인정될 뿐이므로 분쟁을 근본적으로 해결하는데 미흡하고 소송경제적인 측면에서도 바람직하지 않을 수 있기 때문에 확인의 소는 이행의 소나 형성의 소를 제기할 수 없는 경우 보충적으로 허용된다.[33)]

이행청구권에 기하여 이행청구의 소를 곧바로 제기할 수 있는데도 그 청구권 자체의 존재확인의 소를 구하는 것은 원칙적으로 허용되지 않는다. 예컨대, A에 대하여 1,000만원의 채권을 갖고 있는 B가 그 지급을 구하는 이행의 소를 제기하지 않고 1,000만원 채권존재확인의 소를 제기하는 것은 허용되지 않는다. 따라서 확인의 소는 이행의 소를 제기할 수 없을 때 보충적으로 허용된다는 점에서, 이를 확인의 소의 보충성이라고 한다.[34)]

대법원 1994. 11. 22. 선고 93다40089 판결은 "소송상 청구는 구체적인 권리 또는 법률관계만을 대상으로 하고, 확인의 소에 있어서 확인의 이익은 소송물인 법률관계의 존부가 당사자 간에 불명확하여 그 관계가 즉시 확정됨으로써 그 소송의 원고의 권리 또는 법률적 지위에 기존하는 위험이나 불안정이 제거될 수 있는 경우에 확인의 이익이 있으며, 이행의 소를 제기할 수 있는데도 그 이행청구권 자체의 존재확인청구를 허용하는 것은 불안 제거에 실효성이 없고 소송경제에 비추어 원칙적으로 허용할 것이 못된다."고 판시하였다.

형성의 소를 제기할 수 있는 경우에 확인의 소를 제기한 경우에도 마찬가지로 확인의 이익은 부정된다.[35)] 예컨대, 이혼청구를 할 수 있는데

---

33) 강수미, "채무부존재확인의 소의 확인의 이익에 관한 고찰 : 판례를 중심으로", 민사소송 제18권 제2호, 한국민사소송법학회(2015), 112면.

34) 이시윤, 신민사소송법, 박영사(2002), 198-199면.

이혼권의 존재확인을 구하는 소는 확인의 이익이 없다.

### 4. 확인의 이익에 관한 판례의 태도

① 낙찰 부동산에 대한 소유권이전청구권 가등기 이전의 부기등기가 민사소송법 제661조 제1항 제2호 소정의 '경락인이 인수하지 아니한 부동산 위의 부담의 기입'임의 확인을 구하는 경락인의 청구는 그 등기의 명의인을 상대로 직접 말소등기절차이행청구의 소를 제기할 수 있는 이상 권리보호의 이익이 없어 부적법하다.[36]

② 근저당권설정자가 근저당권설정계약에 기한 피담보채무가 존재하지 아니함의 확인을 구함과 함께 그 근저당권설정등기의 말소를 구하는 경우에 근저당권설정자로서는 피담보채무가 존재하지 않음을 이유로 근저당권설정등기의 말소를 구하는 것이 분쟁을 유효·적절하게 해결하는 직접적인 수단이 될 것이므로 별도로 근저당권설정계약에 기한 피담보채무가 존재하지 아니함의 확인을 구하는 것은 확인의 이익이 있다고 할 수 없다.[37]

## Ⅳ. 대상판결 분석

### 1. 문제의 제기

대상판결과 같이 이미 특허권에 관한 침해소송이 제기되어 계속 중임에도 불구하고 별도로 소극적 권리범위확인심판을 청구하는 경우에 그 권리범위확인심판청구에 확인의 이익이 있다고 보아야 하는가.

### 2. 대상판결의 논거

대상판결의 논거는 크게 보아서 다음의 두 가지이다.

① 권리범위확인심판은 간이하고 신속하게 확인대상발명이 특허권의

35) 이시윤, 신민사소송법, 박영사(2002), 199면.
36) 대법원 1999. 9. 17. 선고 97다54024 판결.
37) 대법원 2000. 4. 11. 선고 2000다5640 판결.

객관적인 효력범위에 포함되는지를 판단함으로써 당사자 사이의 분쟁을 사전에 예방하거나 조속히 종결시키는 데에 이바지한다는 점에서 고유한 기능을 가진다.

② 특허법은 권리범위확인심판과 소송절차를 각 절차의 개시 선후나 진행경과 등과 무관하게 별개의 독립된 절차로 인정됨을 전제로 규정하고 있다.[38)]

### 3. 대상판결에 대한 비판

가. 대상판결에서 들고 있는 위 논거들은 이미 법원에 침해소송이 계속 중이어서 그 소송에서 특허권의 효력이 미치는 범위가 다투어지고 있음에도 불구하고 그와 별개로 특허심판원에 권리범위확인심판을 제기하여 그 특허권의 효력이 미치는지 여부의 확인을 구하는 경우에 그 확인의 이익이 있다고 볼 것인지 여부에 관한 답은 될 수 없는 것이라고 생각한다. 대상판결의 사안의 쟁점은 위와 같은 경우가 확인의 소에서의 보충성의 원칙에 위반되는지 여부이다. 그런데 대상판결에서는 이에 관하여는 침묵한 채 권리범위확인심판제도의 고유한 기능 내지 권리범위확인절차의 독립성만을 언급하고 있다. 그러나 이것들은 확인의 이익 여부와는 무관한 사항들이다. 대상판결에서는 위와 같은 사안에서 확인의 소의 보충성의 원칙이 인정되는지 여부에 관하여 판단을 하였어야 한다.

나. 대상판결의 사안은 이미 법원에 침해소송이 계속 중이어서 그 소송에서 특허권의 효력이 미치는 범위가 다투어지고 있음에도 불구하고 그와 별개로 특허심판원에 권리범위확인심판을 제기하여 그 특허권의 효력이 미치는지 여부의 확인을 구한 경우이다. 이때 권리범위확인심판에

---

38) 특허법 제164조 제1항은 심판장이 소송절차가 완결될 때까지 심판절차를 중지할 수 있다고 규정하고, 제2항은 법원은 특허에 관한 심결이 확정될 때까지 소송절차를 중지할 수 있다고 규정하며, 제3항은 법원은 침해소송이 제기되거나 종료되었을 때에 그 취지를 특허심판원장에게 통보하도록 규정하고, 제4항은 특허심판원장은 제3항에 따른 특허권 또는 전용실시권의 침해에 관한 소에 대응하여 그 특허권에 관한 무효심판 등이 청구된 경우에는 그 취지를 제3항에 해당하는 법원에 통보하여야 한다고 규정하고 있다.

서 어떠한 결론이 내려진다하여도 거기에는 아무런 기속력이 없기 때문에 법원은 침해소송에서 권리범위확인심판의 결론과 다른 내용으로 판결을 할 수 있다.

다. 대상판결은 침해자인 Y가 먼저 특허권자인 X를 상대로 소극적 권리범위확인심판 청구를 제기하였는데 뒤늦게 X가 Y를 상대로 하여 침해소송을 제기하여 두 절차가 동시에 계속되게 된 경우와는 사안이 다르다. 이와 같은 경우에도 권리범위확인심판청구가 확인의 이익이 없게 되었으므로 본안판단에 들어가지 않고 각하하여야 한다는 견해도 있을 수 있고, 그렇게 되면 권리범위확인심판제도라는 특허법상의 제도는 사실상 무력화되는 결과가 초래된다.[39)·40)] 그러나 대상판결의 사안은 이러한 사안이 아니다. 먼저 침해소송이 제기되어 2015. 3. 3. 변론종결되었는데 2015. 3. 6.에 비로소 소극적 권리범위확인심판이 청구되었다. 그리고 2015. 4. 7. 침해소송의 본안판결이 선고된 이후인 2015. 9. 30.에 권리범위확인심판의 심결이 내려졌다. 이러한 대상판결의 사안의 경우에 한하여, 이미 침해소송의 본안판결이 선고되어 그에 관한 불복소송절차에서 특허권의 유무효가 종국적으로 판단될 것이고 거기에는 기판력도 있으므로, 그 권리범위확인심판청구에는 확인의 이익이 존재하지 않게 되었다고 판단하는 것조차도 과연 위법한 것일까?

라. 대상판결의 논리가 부당한 것임은 좀 더 사안을 단순화시켜 보

---

39) 김승조, "침해소송 제기 후 청구된 소극적 권리범위확인심판에서 확인의 이익", 특허판례연구, 박영사(2017), 807면은, "이 사건 특허법원 판결의 논거는 모든 권리범위확인심판의 확인의 이익을 부정하여 사실상 권리범위확인심판제도의 폐지를 의미한다", "이 사건 특허법원 판결은 개별사건의 해석을 통하여 권리범위확인심판제도를 폐지하겠다는 사실상의 입법행위를 하고 있어 권한배분의 원칙을 어기고 있다", "특허법이 규정하고 있는 제도는 법 개정에 의하여 폐지될 수 있을지언정 사법부의 해석에 의해 폐지될 수는 없는 것이다."라고 비판한다.

40) 이수완, "특허침해소송 중이라도 권리범위확인심판 청구이익 인정되어야", 특허와 상표 924호, 대한변리사회(2018. 2. 20.), 7면은, "이 사건 특허법원 판결은 특허침해소송이 계류 중인 경우 권리범위확인심판을 청구할 수 없게 막음으로써 그 의도와 무관하게 당사자, 특허심판원, 변리사들에게 심각한 권익 침해의 문제점을 야기하였다. 권리범위확인심판제도의 변경은 특허법 개정을 통하여 이루어져야 함에도 불구하고 판결을 통하여 법 해석론으로 이루고자 한 것이다."라고 비판한다.

면 쉽게 알 수 있다. 만약 X가 Y를 상대로 제기한 침해소송이 X의 승소로 확정된 이후에 비로소 Y가 X를 상대로 소극적 권리범위확인심판 청구를 제기한 경우를 생각하여 보자. 대상판결의 논리에 의하면 이러한 경우에도 Y가 제기한 소극적 권리범위확인심판은 그 자체로 독립하여 언제나 심판 청구의 이익이 있으므로 특허심판원은 그 권리범위확인심판에 대하여 본안에 들어가 판단을 하여야만 하고, 그 심결에 대하여 취소소송이 제기되면 법원도 이에 대하여 본안판단을 하여야만 한다. 이미 침해소송에서 특허권의 무효 여부 및 침해에 따른 손해배상 여부에 관하여 기판력이 있는 판결이 확정되었으므로 뒤늦게 제기된 권리범위확인심판 청구의 결론이 어떠하든 X와 Y 사이의 이 사건 특허분쟁의 실질적 승패는 뒤바뀔 수 없다. 하지만 대상판결의 논리에 따르면 이 경우에도 특허심판원은 전혀 무익한 권리범위확인심판청구에 대하여 본안판단을 하여야 하고, 그 심결에 대한 취소소송이 제기되면 법원도 이에 대한 본안판단을 하여야 한다. 이것은 당사자들 사이에서조차 아무런 의미 없는 무익한 소송인데, 특허심판원 및 법원이 이를 각하하지 못하고 본안판결까지 하여야 한다는 셈이다. 이는 국가기관의 역량을 낭비하고, 상대방에 대하여도 불필요한 응소 부담을 주는 결과가 된다. 이러한 경우는 확인의 이익이 없음을 이유로 각하함이 마땅하다.

마. 대상판결의 사안에서 침해소송을 담당한 서울고등법원은 2015. 12. 3.에 X들의 청구를 기각하였고, 대법원은 그에 대한 상고를 2018. 2. 8.에 기각하여 침해소송이 확정되었다. 그런데 뒤늦게 제기된 이 사건 권리범위확인심판 심결취소소송에 대한 대법원의 파기환송 판결은 침해소송 상고기각일과 같은 날인 2018. 2. 8.에 선고되었다. 그리고 그 파기환송심인 특허법원은 2018. 8. 24.에 권리범위확인심판 심결취소청구를 기각하는 판결을 선고하였다. 그런데 위 특허법원의 파기환송심 절차는 경제적으로 보면 아무런 실익이 없는 무의미한 절차이다. 이미 특허권의 효력 범위에 관한 침해소송이 확정되었기 때문이다. 위 파기환송심은 특허권의 침해에 따른 손해배상 여부, 특허권의 존속 여부에 아무런 영향

도 미칠 수 없고, 그저 대법원에서 파기환송하였기 때문에 그 절차적 후속 조치를 취한 것에 불과하다. 이는 국민의 세금으로 운영되는 국가기관인 특허법원이 아무런 경제적 실익도 없는 무익한 절차를 진행한 셈이 된다. 이것은 소송경제에 정면으로 반한다. 확인의 소에서 보충성의 원칙이 정립된 이유는 바로 이러한 무익한 소송을 방지하자는 것이다.

## Ⅴ. 행정소송이므로 확인의 이익을 달리 보아야 한다는 주장

### 1. 형성의 소 또는 행정소송이므로 확인의 이익을 달리 보아야 한다는 주장

"권리범위확인심판의 심결취소의 소는 심결의 취소라는 효력을 발생하는 점에서 형성의 소의 특성을 가지고 있다고 보아야 하고 이 경우 심결취소소송은 특허법상 명문의 규정에 근거한 것으로 원칙적으로 소의 이익을 긍정하여야 한다. 더구나 취소의 대상이 되는 권리범위확인심판이 갖는 확인의 성격에 기인하여 심결취소의 소를 확인의 소로 보는 경우에는 확인의 소에서 일반적으로 요구되는 보충성이 문제가 되나 행정소송의 경우에는 일반 민사소송의 확인의 소에서 요구되는 보충성의 원칙을 요구하지 않는 것으로 근래에 판례가 변경된 점 등에 비추어 보아도 권리범위확인심판 심결취소의 소에서 보충성의 원칙을 들어 소의 이익을 부정할 수는 없다."는 주장이 있다.[41] 이에 관하여 살펴보기로 한다.

### 2. 행정소송에서의 확인의 이익에 관한 전원합의체 판례

확인의 소의 보충성의 원칙은 행정소송에서의 무효확인소송에서도 적용되어 왔으나, 대법원은 2008. 3. 20. 선고 2007두6342 전원합의체 판결로 견해를 변경하였다. 그 요지는 다음과 같다.

"가. 항고소송인 행정처분에 관한 무효확인소송(이하 '무효확인소송'이라 한다)을 제기하려면 행정소송법 제35조에 규정된 '무효확인을 구할 법

41) 김관식, "침해소송이 계속 중인 경우 권리범위확인심판 심결취소소송의 소의 이익", 특허판례연구, 박영사(2017), 786면.

률상 이익'이 있어야 하는바, 그 법률상 이익은 당해 처분의 근거 법률에 의하여 보호되는 직접적이고 구체적인 이익이 있는 경우를 말하고 간접적이거나 사실적, 경제적 이해관계를 가지는 데 불과한 경우는 여기에 해당되지 아니한다.[42]

그런데 종래 대법원은, 행정소송법 제35조에 규정된 '무효확인을 구할 법률상 이익', 즉 무효확인소송의 확인의 이익이 인정되려면, 판결로써 분쟁이 있는 법률관계의 유·무효를 확정하는 것이 원고의 권리 또는 법률상의 지위에 관한 불안·위험을 제거하는 데 필요하고도 적절한 경우라야 한다고 제한적으로 해석하였다. 이에 따라 행정처분의 무효를 전제로 한 이행소송 등과 같은 구제수단이 있는 경우에는 원칙적으로 소의 이익을 부정하고, 다른 구제수단에 의하여 분쟁이 해결되지 않는 경우에 한하여 무효확인소송이 보충적으로 인정된다고 하는 이른바 '무효확인소송의 보충성'을 요구하여 왔다. 그 결과 무효인 행정처분의 집행이 종료된 경우에 부당이득반환청구의 소 등을 청구하여 직접 이러한 위법상태를 제거하는 길이 열려 있는 이상 그 행정처분에 대하여 무효확인을 구하는 것은 종국적인 분쟁 해결을 위한 필요하고도 적절한 수단이라고 할 수 없어 소의 이익이 없다고 판시하여 왔다.[43]

이와 같은 종래의 대법원 판례 취지에 비추어 보면, 한국토지공사로부터 이 사건 토지를 매수하여 그 위에 이 사건 건물을 신축한 이후 이 사건 하수도원인자부담금 부과처분(이하 '이 사건 처분'이라 한다)에 따라 이를 납부한 원고로서는 이 사건 처분의 무효를 주장하여 부당이득반환청구의 소로써 직접 이러한 위법상태의 제거를 구할 수 있으므로, 이 사건 처분에 대하여 무효확인을 구하는 원고의 예비적 청구는 소의 이익이

42) 대법원 2001. 7. 10. 선고 2000두2136 판결 등.

43) 대법원 1963. 10. 22. 선고 63누122 판결, 대법원 1976. 2. 10. 선고 74누159 전원합의체 판결, 대법원 1988. 3. 8. 선고 87누133 판결, 대법원 1989. 10. 10. 선고 89누3397 판결, 대법원 1993. 12. 28. 선고 93누4519 판결, 대법원 1998. 9. 22. 선고 98두4375 판결, 대법원 2001. 9. 18. 선고 99두11752 판결, 대법원 2006. 5. 12. 선고 2004두14717 판결 등.

없게 된다. 따라서 대법원으로서는 원심판결을 파기하고 제1심판결 중 예비적 청구에 관한 부분을 취소한 후 이 부분 소를 각하할 수밖에 없는데, 과연 이러한 결론이 옳은 것인지 여부에 관하여는 의문이 있으므로, 아래에서는 이와 관련된 종래 대법원 판례의 당부 및 이러한 예비적 청구에 관하여 원고에게 소의 이익이 있는지 여부를 직권으로 살펴본다.

나. 행정소송법 제35조는 "무효등 확인소송은 처분등의 효력 유무 또는 존재 여부의 확인을 구할 법률상 이익이 있는 자가 제기할 수 있다"고 규정하고 있다. 그런데 위에서 본 바와 같이 종래의 대법원 판례가 무효확인소송에 대하여 보충성이 필요하다고 해석한 것은, 무효확인소송이 확인소송으로서의 성질을 가지고 있으므로 민사소송에서의 확인의 소와 마찬가지로 위와 같은 확인의 이익(이하 '보충성에 관한 확인의 이익'이라 한다)을 갖추어야 한다는 데에 근거를 둔 것이다. 그러나 이는 행정처분에 관한 무효확인소송의 성질과 기능 등을 바탕으로 한 입법정책적 결단과도 관련이 있는 것으로서 결국은 행정소송법 제35조를 어떻게 해석할 것인지 하는 문제에 귀결된다.

행정소송은 행정청의 위법한 처분등을 취소·변경하거나 그 효력 유무 또는 존재 여부를 확인함으로써 국민의 권리 또는 이익의 침해를 구제하고, 공법상의 권리관계 또는 법 적용에 관한 다툼을 적정하게 해결함을 목적으로 하는 것이므로, 대등한 주체 사이의 사법상 생활관계에 관한 분쟁을 심판대상으로 하는 민사소송과는 그 목적, 취지 및 기능 등을 달리한다.

또한 행정소송법 제4조에서는 무효확인소송을 항고소송의 일종으로 규정하고 있고, 행정소송법 제38조 제1항에서는 처분등을 취소하는 확정판결의 기속력 및 행정청의 재처분 의무에 관한 행정소송법 제30조를 무효확인소송에도 준용하고 있으므로 무효확인판결 자체만으로도 실효성을 확보할 수 있다.

그리고 무효확인소송의 보충성을 규정하고 있는 외국의 일부 입법례와는 달리 우리나라 행정소송법에는 명문의 규정이 없어 이로 인한 명시적 제한이 존재하지 않는다. 이와 같은 사정을 비롯하여 행정에 대한 사법통제, 권익구제의 확대와 같은 행정소송의 기능 등을 종합하여 보면, 행정처분의 근거 법률에 의하여 보호되는 직접적이고 구체적인 이익이 있는 경우에는 행정소송법 제35조에 규정된 '무효확인을 구할 법률상 이익'이 있다고 보아야 하고, 이와 별도로 무효확인소송의 보충성이 요구되는 것은 아니므로 행정처분의 무효를 전제로 한 이행소송 등과 같은 직접적인 구제수단이 있는지 여부를 따질 필요가 없다고 해석함이 상당하다.

이와 다른 취지로 판시한 종전 대법원판결들[44]은 이 판결의 견해에 배치되는 범위 내에서 이를 변경하기로 한다.

다. 이 사건에 관하여 보면, 원고로서는 부당이득반환청구의 소로써 직접 위와 같은 위법상태의 제거를 구할 수 있는지 여부에 관계없이 이 사건 처분의 근거 법률에 의하여 보호되는 직접적이고 구체적인 이익을 가지고 있어 행정소송법 제35조에 규정된 '무효확인을 구할 법률상 이익'을 가지는 자에 해당한다. 따라서 이 사건 처분에 대하여는 그 무효확인을 구할 수 있다고 보아야 하므로, 이를 구하는 예비적 청구에 관한 소는 적법하다."

### 3. 비　판

행정소송법상 무효확인소송의 보충성을 요구하지 않는다는 위 전원합의체판결은'행정처분의 근거 법률에 의하여 보호되는 직접적이고 구체적인 이익이 있는 경우에 행정소송법 제35조에 규정된 무효확인을 구할 법률상 이익이 있고', 이와 별도로 무효확인소송의 보충성이 요구되는 것이 아니라는 취지이다.[45]

---

44) 대법원 1963. 10. 22. 선고 63누122 판결, 대법원 1976. 2. 10. 선고 74누159 전원합의체 판결, 대법원 1988. 3. 8. 선고 87누133 판결, 대법원 1989. 10. 10. 선고 89누3397 판결, 대법원 1993. 12. 28. 선고 93누4519 판결, 대법원 1998. 9. 22. 선고 98두4375 판결, 대법원 2001. 9. 18. 선고 99두11752 판결, 대법원 2006. 5. 12. 선고 2004두14717 판결 등.

45) 손천우, "실시자가 특허침해의 소로 제소된 이후에 특허권자를 상대로 동일한 실시품을 확인대상발명으로 하여 청구한 소극적 권리범위확인심판의 확인의 이익",

그러나 권리범위확인심판에는 '근거가 되는 행정처분'이 존재하지 않고, 심결 자체가 처분이 된다. 그리고 권리범위확인심결에 의해 보호되는 직접적이고 구체적인 이익에 관한 법률적 근거는 어디에도 없다. 행정처분의 무효확인소송을 통해 처분의 무효를 확인받게 되면, 당사자는 권리구제라는 목적을 달성할 수 있게 된다. 그러나 권리범위확인심판에서 심결을 받아도 당사자는 법적으로 아무런 구제도 받을 수 없다. 권리범위확인심판에도 일사부재리라는 효력이 있다고 주장할 수도 있을 것이나, 확정된 권리범위확인심결의 일사부재리 효력은 심결의 효력일 뿐이지, 심결에 의해 보호되는 직접적이고 구체적인 이익에 대한 근거는 될 수 없다. 따라서 위 전원합의체판결의 '무효확인소송'에 대한 논거가 '권리범위확인심판의 심결'에 직접 적용되기는 어렵다고 생각한다.

## Ⅵ. 입법취지를 고려해야 한다는 주장

### 1. 입법취지를 고려하면 항상 확인의 이익을 인정하여야 한다는 주장

"침해소송이 별도로 존재함에도 불구하고 특허법이 권리범위확인심판제도를 굳이 둔 입법취지는 침해금지청구나 손해배상청구에 이르지 아니하고 화해가 성립하는 등 분쟁을 해결하는 권리범위확인심판의 기능 등을 고려한 것이고, 권리범위확인제도는 실제 많이 이용되고 있는 제도이므로"권리범위확인심판청구의 확인의 이익을 인정하여야 한다는 주장이 있다.[46] 이에 관하여 살펴본다.

### 2. 비　　판

특허심판원에 제기되는 권리범위확인심판의 연도별 청구건수는 아래 표와 같다.

---

LAW & TECHNOLOGY 제12권 제2호, 서울대학교 기술과법센터(2016. 3.), 22면.

46) 김승조, "침해소송 제기 후 청구된 소극적 권리범위확인심판에서 확인의 이익", 특허판례연구, 박영사(2017), 806면.

| 구 분 | 2015 | 2016 | 2017 | 2018 |
|---|---|---|---|---|
| 특 허 | 691 | 632 | 671 | 512 |
| 실용신안 | 53 | 47 | 29 | 20 |
| 디 자 인 | 138 | 149 | 136 | 151 |
| 상 표 | 93 | 101 | 90 | 158 |
| 합 계 | 975 | 929 | 926 | 841 |

출처: 특허청, 지식재산통계연보.

한편, 특허법원과 대법원의 연도별 특허사건[47] 접수건수는 아래 표와 같다.

| 구 분 | 2015 | 2016 | 2017 | 2018 |
|---|---|---|---|---|
| 특허법원(제 1 심) | 878 | 991 | 863 | 878 |
| 대 법 원(상고심) | 240 | 320 | 324 | 250 |

출처: 대법원, 사법연감.

위 표를 보면, 권리범위확인심판청구건수는 상당히 활발히 이용되고 있음을 알 수 있다. 하지만, 활발히 이용되고 있다는 점이 권리범위확인심판청구의 소송요건인 확인의 이익이 없는 경우에까지 본안판단을 하여야만 한다는 논거가 될 수는 없다고 생각한다.

## Ⅶ. 이미 특허권에 관한 침해소송이 제기되어 계속 중임에도 불구하고 별도로 소극적 권리범위확인심판을 청구하는 경우에는 그 권리범위확인심판청구에 확인의 이익이 부정된다고 보는 견해

### 1. 해석에 의하여 확인의 이익을 부정하여야 한다는 견해

이는 "권리범위확인심판제도가 특허법에서 인정되고 있고, 이에 대한 심결의 취소를 특허법원에 제기할 수 있다고 명문의 규정을 두고 있는 현행법 하에서 아무리 그 결과가 중도반단적인 것에 불과하더라도 해석으로 이를 부인할 수는 없는 것이다. 그러나 실시자가 특허침해의 소

47) 이 수치는 권리범위확인심결의 취소 사건 이외에도 다른 다양한 특허사건을 모두 포함한 것이다.

로 제소된 이후에 특허권자를 상대로 동일한 실시품을 확인대상발명으로 하여 청구한 소극적 권리범위확인심판의 경우는 이를 달리 보아야 한다. 그것은 국가의 인적·물적 시설을 이용하여 동시에 두 곳에서 관련문제를 심리해야 하는지 혹은 할 수 있는지에 대한 문제이고, 이것은 입법의 문제가 아니라 해석의 문제이다. 말하자면 종래 중도반단적인 판단에 불과하여 확인의 이익이 없었음에도 어쩔 수 없이 용인되던 권리범위확인심판이, 침해소송과 동시에 제기됨으로써 이제 그러한 심판을 그대로 용인할 수 있는지 여부에 대한 판단은 해석의 영역으로 넘어온 것이다. 결론적으로 이야기하면 심판의 이익이 없다고 보아야 할 것이다."라는 취지의 주장이다.[48]

### 2. 민사재판결과에 대한 회피수단에 불과하다는 견해

이는 "침해사건이 제기되어 소가 계속 중에 있거나, 침해사건에 대한 판결이 선고된 경우에는 특허권 등의 침해 여부 판단에 관한 사회적 자원을 침해사건에 집중시키는 것이 바람직하고 효율적이다. 게다가 침해사건의 피고가 동일한 실시품을 대상으로 원고를 상대로 별소나 반소를 제기하게 되면 중복제소로 금지됨에도 불구하고 별소나 반소로 구하는 침해소송의 중간확인적인 권리범위만을 구하는 소극적 권리범위확인심판을 허용하는 것은 확정된 민사재판결과에 대한 회피수단을 묵인하는 것이다."라는 주장이다.[49]

### 3. 권리범위확인심판제도의 남용이라고 보아야 한다는 주장

"관련 침해소송절차에서 특허권의 침해 여부에 대한 판단이 임박했음에도 피고에게 예상되는 불리한 판단을 회피하거나 그와 다른 판단을

48) 명지대학교 산학협력단, 권리범위확인심판제도 개선에 관한 연구, 법원행정처(2017. 5.), 129면.

49) 손천우, "실시자가 특허침해의 소로 제소된 이후에 특허권자를 상대로 동일한 실시품을 확인대상발명으로 하여 청구한 소극적 권리범위확인심판의 확인의 이익", LAW & TECHNOLOGY 제12권 제2호, 서울대학교 기술과법센터(2016. 3.), 20면.

받기 위해 권리범위확인심판을 청구하는 경우에는 신속한 권리구제를 추구하고자 하는 권리범위확인심판제도를 남용한 것으로 볼 수 있다. 침해소송이 먼저 제기되어 충분한 심리가 진행되고 있거나, 진행된 이후(특히 변론종결된 이후) 청구된 권리범위확인심판은 그 제도의 본래 목적 범위를 벗어나는 것으로 확인의 이익을 부정해야 할 것이다."라는 취지의 주장이다.[50]

## Ⅷ. 권리범위확인심판제도와 유사한 외국의 입법례 및 운영례

### 1. 미　　국

미국은 2011년에 개정특허법(Leahy-Smith America Invents Act, AIA)이 공표됨에 따라 특허청(USPTO)의 특허무효심판 및 특허무효심사 제도가 전면적으로 개편되었다. 개정법에 의하여 '특허심판원(Patent Trial and Appeal Board, PTAB)'이 신설되었다.[51] 그러나 위와 같이 개정하면서도 미국은 특허심판원(USPTAB)에서의 권리범위확인심판제도는 채택하지 아니하였다.[52]

미국에서는 실무상 특허권자가 침해자를 상대로 먼저 침해소송을 제기하는 것이 일반적이지만, 특허침해 혐의자, 실시자 등이 특허권자를 상대로 특허권의 무효, 집행불가, 비침해에 대한 확인을 구하는 소를 법원에 먼저 제기하는 경우도 있다. 이와 같이 특허침해 혐의자가 선제공격의 수단으로 연방지방법원에 특허권자보다 먼저 확인의 소를 제기하는

50) 손천우, "실시자가 특허침해의 소로 제소된 이후에 특허권자를 상대로 동일한 실시품을 확인대상발명으로 하여 청구한 소극적 권리범위확인심판의 확인의 이익", LAW & TECHNOLOGY 제12권 제2호, 서울대학교 기술과법센터(2016. 3.), 22면.

51) 송현정, 미국특허쟁송실무에 관한 연구, 대법원 사법정책연구원(2016), 169면.

52) 특허심판원(PTAB)은 이전의'특허불복 및 저촉절차심의위원회(Board of Patent Appeals and Interferences, BPAI)'를 대체한 것이다. 특허심판원은 ① 출원심사의 최종거절이유통지(final Office Action)에 대한 불복, ② 개정특허법(AIA) 이전의 당사자계 재심사(IPX)의 심사결과에 대한 불복, ③ 개정특허법(AIA)의 파생절차(derivation proceeding), ④ 결정계재심사(EPX)의 심사결과에 대한 불복, ⑤ 개정특허법(AIA)의 등록 후 무효심판(PGR) 및 당사자계 무효심판(IPR) 절차, ⑥ 개정특허법(AIA)의 영업방법 특허에 관한 등록후무효심판(CBMR) 절차를 수행한다.

특허무효 확인소송은 특허침해 혐의자가 특허분쟁을 해결할 수 있는 가장 공격적이고 예방적인 접근방식이다.[53)] 이 경우 특허침해 혐의자는 특허권자보다 우선해서 관할 연방지방법원을 선택할 수 있기 때문에 원고에게 유리한 재판지 및 제소 시기를 선택할 수 있는 이점이 있다.

## 2. 영 국

### 가. 특허청의 유권해석(Opinion) 제도

영국 특허청은 신속하고 효과적인 분쟁해결을 위한 대안적 분쟁 해결절차로 2005. 10. 1.부터 특허침해 및 유효성에 대한 공적 견해를 발표하는 '유권해석 제도(Opinion Service)'를 시행하고 있다.[54)] 영국 법원의 높은

---

53) 송현정, 미국특허쟁송실무에 관한 연구, 대법원 사법정책연구원(2016), 225면.

54) 영국 특허법 제74A조 (1)항은 "특허권 소유자 또는 그 외 누구든지 (a) 어떤 특정 행위가 특허침해를 구성하는지 또는 그러한 행위가 이루어진다면 특허 침해를 구성할 것인지; (b) 특허발명이 신규하지 아니하거나 그 특허발명이 자명하여 특허를 받을 수 없는지에 대하여 특허청장에게 오피니언 발행을 청구할 수 있다."라고 규정하고 있고, 제74A조 (2)항은 "74A(1)은 특허의 존속기간이 만료하거나 포기된 경우에도 적용된다."라고 규정하고 있다.

Patents Act 2004

Section 74A Opinions as to validity or infringement

(1) The proprietor of a patent or any other person may request the comptroller to issue an opinion—

(a) as to whether a particular act constitutes, or (if done) would constitute, an infringement of the patent;

(b) as to whether, or to what extent, the invention in question is not patentable because the condition in section 1(1)(a) or (b) above is not satisfied.

(2) Subsection (1) above applies even if the patent has expired or has been surrendered.

(3) The comptroller shall issue an opinion if requested to do so under subsection (1) above, but shall not do so—

(a) in such circumstances as may be prescribed, or

(b) if for any reason he considers it inappropriate in all the circumstances to do so.

(4) An opinion under this section shall not be binding for any purposes.

(5) An opinion under this section shall be prepared by an examiner.

(6) In relation to a decision of the comptroller whether to issue an opinion under this section—

(a) for the purposes of section 101 below, only the person making the request

소송비용과 소송 기간의 장기화에 대한 염려로 인하여 마련된 이 제도는 2004년 발효된 특허법 개정 내용 중의 하나이다.[55)]

### 나. 유권해석 제도의 내용

누구든지 특허권의 유효 및 침해에 대한 특허청의 유권해석을 구할 수 있다. 이해관계가 없는 제3자도 청구할 수 있다. 이와 같이 유권해석 제도는 특허침해 여부에 대한 소견 제시 요청에 따라 법적 구속력이 없는 소견서를 제시하는 서비스이다.

즉, 누구든 200파운드의 수수료를 지급하고, 특허청에 "어떤 특정 행위가 특허침해에 해당되는지 여부, 당해 특허 발명이 신규성이 있는지 여부, 진보성이 있는지 여부"에 관한 소견서를 요청할 수 있다.

유권해석 신청인은 제기된 문제에 관해 관심을 가지는 당사자를 밝힐 의무가 있지만, 특허 변리사를 통해 익명으로 소견을 요청할 수도 있다. 유권해석 신청인이 특허권자가 아닌 경우, 특허청은 해당 특허권자에게 이러한 유권해석 요청이 접수되었음을 통보한다. 특허청은 유권해석 요청에서 제기된 문제가 충분히 검토되었던 문제이거나 요청이 하찮거나 번잡한 것일 경우에는 유권해석을 거부할 수 있다.

### 다. 유권해석 결과에 대한 불복과 법적 구속력

특허법의 규정에 따라, 유권해석은 법적 구속력이 없다.[56)] 즉, 유권해석 결과로 인하여 특허가 취소되거나 유권해석 결과를 이용하여 손해배상 등 법적 구제절차를 청구할 수 없다.

특허청 심사관의 심리 결과 침해사항이 없다거나 그 특허가 무효라는 유권해석이 내려질 경우, 특허권자는 그 유권해석일로부터 3개월 내에 수수료 50파운드를 납부하여 유권해석의 재검토를 요청할 수 있다.

---

under subsection (1) above shall be regarded as a party to a proceeding before the comptroller; and

(b) no appeal shall lie at the instance of any other person.

55) 특허청 산업재산보호정책과, 우리기업 해외진출을 위한 해외지식재산권보호 가이드북(영국), 2018, 213면.

56) 영국 특허법 제74A조 (4)항은 "이 조항에 의한 오피니언은 어떠한 목적을 위한 구속력을 가져서는 아니 된다."라고 규정하고 있다.

여기서도 제3자는 재검토 요청이 있음이 공고된 지 4주 내에 그 요청과 관련해서 의견을 제출할 수 있다. 이 재검토의 결과도 구속력이 없고, 유권해석과 마찬가지로 현재 검토 중인 사안에 기초하여 누구든 법정 소송을 제기하는 것을 막을 수는 없다.[57)]

유권해석제도에는 일사부재리 원칙이 적용된다. 즉, 유권해석을 청구하는 자는 이전의 절차에서 검토되었던 사안에 대하여 동일한 청구를 할 수는 없다.

그 이전의 절차는 영국 특허청에서의 절차, 영국 법원에서의 절차 및 유럽특허청에서의 절차를 말한다.

영국 또는 유럽특허청에서 절차가 진행 중인 경우 상황에 따라서 유권해석 청구가 거부될 수 있다.

대상 특허와 관련하여 법원에서 소송이 진행 중인 경우에는 (법원이 특별히 허락하는 경우를 제외하고는) 특허청에 비침해 확인을 청구할 수 없다.

특허청에 비침해 확인 청구가 이루어진 후 법원에 침해소송이 제기된 경우 법원은 해당 절차를 중지할 수 있다.

### 3. 독 일

독일에는 권리범위확인심판청구제도가 없다. 독일 특허청에는 이의신청(opposition to the patent) 제도가 있는데, 제한적으로 권리범위확인심판청구와 유사한 기능을 할 뿐이다.

이의신청은 기본적으로 제3자에 대한 지식재산권의 출원과 심사에 대한 결정에 대해 불복하는 경우 사용된다.[58)] 즉, 특허가 공고된 후 3개월 이내에 누구든지(침해사건의 경우 피고만 가능) 특허등록결정에 대하여 특허청(patent office)에 이의신청을 할 수 있다. 이의신청 기간 만료 전에

57) 특허청 산업재산보호정책과, 우리기업 해외진출을 위한 해외지식재산권보호 가이드북(영국), 2018, 215면.

58) 특허청 산업재산보호정책과, 우리기업 해외진출을 위한 해외지식재산권보호 가이드북(독일), 2009, 138면.

서면으로 이의를 제기하고 그 이유를 구체적으로 기재하여 제출하여야 한다.

3개월이 지난 후라도 당해 특허 침해를 이유로 소송을 당한 자가 소송을 당한 후 3개월 이내에 참가신청을 하는 경우에는 당해 특허의 이의신청에 대한 심리에서 상대방으로 참가할 수 있다.

또한 특허권자로부터 침해중지를 요청받은 후 침해에 해당하지 않는다는 확인을 구하는 소를 제기한 자도 소를 제기한 후 3개월 이내에 서면으로 참가신청을 하는 경우에 이의신청에 대한 심리에 참가할 수 있다.

구두심리(hearing)는 당사자의 요청에 의하여 또는 특허부(Patent Division)의 직권으로 개최될 수 있다.

특허부는 당해 특허를 유지할 것인지 아니면 취소할 것인지, 그리고 유지할 경우 그 정도를 결정할 수 있으며, 이의신청이 취하되는 경우에도 직권으로 심리를 진행할 수 있다.

### 4. 오스트리아

#### 가. 구법 규정

오스트리아 구 특허법 제163조는 제6항은 소극적 권리범위확인심판 제도만을 두고 있었고, 이 심판에서 특정한 제품이나 방법이 특허의 권리범위에 있지 않다는 구속력 있는 심결이 있을 경우 특허권자는 당해 제품이나 방법에 관하여는 심판청구인에 대하여 특허침해를 이유로 소를 제기할 수 없다고 규정하였다. 구 실용신안법, 구 디자인법, 구 상표법에도 같은 조항이 있었다.

#### 나. 위헌결정

오스트리아 헌법재판소는 1973년에 위와 같은 법률조항들이 헌법 제94조에 정하고 있는 헌법상의 권한배분의 원칙에 반한다고 판단하였다. 이에 따라 위 조항들은 모두 폐지되었다.

#### 다. 현행 규정

오스트리아 특허법 제163조는 확인구제(declaration relief)라는 제목

아래 다음과 같은 규정을 두고 있다.[59)]

① 제163조 제1항은 "업으로 제품을 제조, 판매하거나 방법을 사용하는 자 또는 그렇게 하려고 계획하는 자는 누구든지 특허권자 또는 전용실시권자를 상대로 특허청에 그 제품 또는 방법이 전적으로 또는 부분적으로 특허권의 권리범위에 속하는지 여부의 확인을 구할 수 있다"고 규정하여 소극적 권리범위확인심판을 규정하고 있다.

② 제163조 제2항은 "특허권자 또는 전용실시권자는 업으로 어떤 제품을 생산하거나 시장에 유통시키거나 방법을 사용하는 자를 상대로 그

---

59) Section 163. Requests for Declaratory Decisions

(1) Any person who industrially produces, puts on the market, offers for sale or uses an object, applies a process industrially or intends to take such measures may request a declaratory decision at the Patent Office against the patentee or the exclusive licensee, that the object or the process is covered neither wholly nor partly by the patent.

(2) The patentee or the exclusive licensee may request a declaratory decision at the Patent Office against any person who industrially produces, puts on the market, offers for sale or uses an object, applies a process industrially or intends to take such measures, that the object or the process is covered wholly or partly by the patent.

(3) Requests under subsection 1 and 2 shall be rejected if the opposing party proves that an action for infringement in respect of the same object or the same process was brought before court prior to the submission of the request for a declaratory decision and is pending before court between the same parties.

(4) The request for a declaratory decision shall be related to only one patent plus its additional patents. The request shall be accompanied by a precise and clear description of the object or process, and drawings where necessary, in four copies. One copy of the description, and of the drawings if any, shall be attached to the final decision.

(5) When judging the scope of protection of the patent, which is the subject matter of the declaratory proceedings, the Patent Office shall take into consideration the contents of the grant files and the prior art proved by the parties.

(6) The procedural costs shall be borne by the requesting party, if the opposing party has not provoked the request by its conduct and has acknowledged the claim within the time limit set for its counterstatement.

(7) In addition the provisions governing contestation proceedings shall apply to the declaratory proceedings.

제품 또는 방법이 전적으로 또는 부분적으로 특허권의 권리범위에 속하는지 여부의 확인을 구할 수 있다"고 규정하여 우리의 적극적 권리범위 확인심판을 규정하고 있다.

③ 제163조 제3항은 "동일한 당사자 사이에서 동일한 소송물을 대상으로 하는 소송이 계속 중에 있거나 화해로 해결되었거나 판결이 난 후에는 위 심판을 청구할 수 없고, 침해소송 제기 후 청구된 심판은 기각되어야 한다."고 규정하고 있다.

위 제3항의 규정에 따라 오스트리아에서는 권리범위확인심판과 침해소송이 서로 모순되는 결론이 내려질 수 없다.

### 5. 일 본

#### 가. 과거의 권리범위확인심판제도

일본은 1885년에 특허법을 시행할 당시부터 소극적 권리범위확인심판제도를 도입하였다. 그리고 1896년에 적극적 권리범위확인심판 제도도 도입하였다.

#### 나. 권리범위확인심판제도의 폐지와 판정제도의 도입

일본은 1959년에 특허법 개정으로 권리범위확인심판제도를 폐지하고 판정제도를 새로 도입하였다.

판정제도는 당사자의 청구에 기초하여 심리대상물(침해혐의물)이 특허 · 등록실용신안 · 등록의장 · 등록상표의 권리범위에 속하는지 여부에 대하여 특허청이 판정하는 제도를 말한다.[60)]

---

60) 일본 특허법 제71조 ① 특허발명의 기술적 범위에 관해서는 특허청에 대하여 판정을 구할 수 있다. ② 특허청 장관은, 전항의 규정에 의한 요구가 있었을 때에는, 3명의 심판관을 지정하여, 그 판정을 하게 하여야 한다. (③항 생략) ④ 전항에 있어서 대체하여 준용하는 제135조의 규정에 의한 결정에 대해서는 불복을 제기할 수 없다.

特許法 第71条

① 特許発明の技術的範囲については´ 特許庁に対し´ 判定を求めることができる°

② 特許庁長官は´ 前項の規定による求があつたときは´ 三名の審判官を指定して´ その判定をさせなければならない°

③ 생략

산업재산권의 분쟁(침해사건 등)에서는 침해대상물이 권리범위에 속하는지 여부가 주요한 쟁점으로 되지만, 그 판단을 당사자 사이에서 하는 것이 반드시 용이하지는 않기 때문에, 판정제도는 이 판단작업을 권리등록을 한 특허청에서 하도록 하기 위해 창설되었다고 한다.

다. 판정제도의 법적 성질

판정은 특허발명의 기술적 범위에 대한 특허청의 공적인 견해의 표명이다. 이는 감정(鑑定)적 성질을 갖는 것이고, 아무런 법적 구속력이 없다. 그러나 고도의 전문적, 기술적인 행정관청인 특허청이 실시하는 감정이므로, 특단의 사정이 없는 한 법원에서도 이를 존중하고 있다.[61]

판정은 법적 구속력이 없으므로, 판정결과에 대하여 불복신청을 할 수는 없다.

또한 소의 이익 등 민사소송법상의 원칙이 적용되지 않기 때문에 신청에 대하여 이해관계는 요구되지 않는다.

나아가 피청구인이 판정의 이용에 대하여 동의할 것도 요구되지 않으므로 특허청은 피청구인의 실제 실시물건이 아닌 청구인이 일방적으로 신청한 가상사례에 대하여 판정을 하는 것도 가능하다고 해석되고 있다.

판정은 원칙적으로 권리의 설정등록 후라면 권리의 소멸 후에도 청구할 수 있지만, 권리 소멸 후 20년이 경과하고 그 시점에서 해당 특허권에 관한 손해배상청구권이나 고소권 등이 이미 시효로 소멸한 경우 또는 심판사건이 계속하고 있지 않은 경우에는 그렇지 않다.

라. 판정 제도의 이용 현황

판정 제도의 이용 현황을 보면, 판정의 청구건수는 1997년까지는 연간 20건 정도에 그쳤고, 심사기간에 2~3년이 소요되었지만, 1998년의 운용개선 및 이용 캠페인, 1999년의 법 개정 등을 계기로 하여 급격하게

---

④ 前項において読み替えて準用する第135条の規定による決定に対しては´ 不服を申し立てることができない°

61) 특허청 산업재산보호정책과, 우리기업 해외진출을 위한 해외지식재산권보호 가이드북(일본), 2009, 217면.

증가하였다. 2006년경에는 100건 전후이다가, 최근에는 약 50건 내외에 이르고 있다고 한다.

## Ⅸ. 결 론

현행법상 권리범위확인심판청구제도는 법적인 제도로 인정되는 것이므로 특별한 사정이 없는 한 확인의 이익이 인정되어야 한다. 하지만, 이미 침해소송이 제기되어 그 침해소송에서 특허권의 권리범위가 다투어지고 이에 관한 판결이 내려진 이후에 그와 동일한 권리범위에 관한 권리범위확인심판청구는 확인의 이익이 없다고 보아야만 한다.

이와 달리 권리범위확인심판청구는 침해소송의 제기 여부와 무관하게 언제나 확인의 이익이 있다고 판시한 대상판결에 대하여는 찬성할 수 없다.

일본, 오스트리아, 영국과 같이 법률의 개정에 의하여 입법적으로 해결하는 것이 근본적인 해결책일 것이다. 그러나 법률개정 이전에라도 대상판결의 사안과 같이 확인의 이익이 없음이 명백한 경우에는 확인의 이익이 없다고 선언해주는 것이 소송경제에 부합하는 합리적 해석이라고 생각한다. 대상판결의 사안과 같이 무익한 권리범위확인청구를 허용하는 것은 상대방 당사자에게 불필요한 응소부담을 주고 법적 분쟁상태를 연장시켜 경제적으로 손실이 되기 때문이다.

[Abstract]

# After an infringement lawsuit has been filed in the court and the scope of the patent right has been contested in the infringement proceedings, shall an administrative lawsuit to confirm the same scope of the patent right, filed to the Intellectual Property Trial and Appeal Board of the KIPO, be regarded as having benefit of lawsuit for confirmation?



Kim, Hyung Du*

Korean patent law recognizes the administrative trial to confirm scope of patent rights, filed to the Intellectual Property Trial and Appeal Board (IPTAB) of the Korean Intellectual Property Office (KIPO), as a legal system.

Benefits of lawsuit are required for the judgment on the merits and subject to the ex officio investigation of the court. If it is proved there is a defect in the benefit of lawsuit, the court shall dismiss the case.

A benefit of lawsuit means a certain proper benefit, legal or economical, which concerned parties to the specified lawsuit may expect in the proceedings. It is represented by the legal axiom, "With no benefit, there is no lawsuit."

Korean Supreme Court Decision 2016Hu328, rendered on February 8, 2018, ruled that a case, filed for administrative trial to confirm scope of patent rights to the IPTAB, always has the benefit of lawsuit for confirmation, because Korean patent law recognizes the administrative trial to confirm scope of patent rights, filed to the IPTAB, as a legal system.

But I disagree with that ruling. After an infringement lawsuit has been

* Presiding Judge, Seoul High Court.

filed in the court and the scope of the patent right has been contested in the infringement proceedings, an administrative lawsuit to confirm the same scope of the patent right, filed to the KIPO, shall be regarded as having no benefit of lawsuit for confirmation. It is because there is no legally binding force in the ruling of the IPTAB on the administrative trial to confirm scope of patent rights.

If any conclusion is reached at the IPTAB on the administrative trial to confirm scope of patent rights, there is no legally binding force, so the court may decide in the infringement case different from the conclusion of the IPTAB. In such a case, the IPTAB shall dismiss it because the administrative trial to confirm scope of patent rights has benefit of lawsuit for confirmation.

The Japanese Patent Law introduced a legal system for administrative trial to confirm scope of patent rights at the Japan Patent Office (JPO), and then abolished it, and introduced a new system in which the JPO gives only advisory opinion on the technical scope of patent rights. No appeal shall be available against the advisory opinion. The UK Patent Law also does not have a system for administrative trial to confirm scope of patent rights at the Intellectual Property Office (IPO), but only the Opinion Service. The opinion of the IPO shall not be binding for any purposes. No appeal shall lie at the instance of any other person.

Austrian patent law has a system for administrative trial to confirm scope of patent rights at the Austrian Patent Office (APO), but the law provides for a dismissal of the administrative trial to confirm scope of patent rights if an infringement lawsuit is filed in the court.

The fundamental solution to this issue may be the revision of patent law. But even before the revision of the patent law, in cases where it is crystal clear that there is no benefit of lawsuit for confirmation, declaring that there is no benefit of lawsuit for confirmation may be a reasonable interpretation in line with the litigation economics.

[Key word]

- patent right
- administrative trial to confirm scope of patent rights
- action on confirm of the scope of patent rights
- litigation for confirmation of nullity
- benefit of lawsuit
- benefit of lawsuit for confirmation
- legally binding force
- patent infringement
- opinion service
- Korean Intellectual Property Office (KIPO)
- Intellectual Property Trial and Appeal Board of KIPO (IPTAB)

## 참고문헌

[단 행 본]

명지대학교 산학협력단, 권리범위확인심판제도 개선에 관한 연구, 법원행정처(2017. 5.).

송현정, 미국특허쟁송실무에 관한 연구, 대법원 사법정책연구원(2016).

이시윤, 신민사소송법, 박영사(2002).

특허법원 지적재산소송실무연구회, 지적재산소송실무(전면개정판), 박영사(2010).

특허청 연구보고서(대표연구자 정차호), 권리범위확인심판의 활용성 및 실효성 제고방안 연구, 특허청(2015. 7.).

특허청 산업재산보호정책과, 우리기업 해외진출을 위한 해외지식재산권보호 가이드북(독일), 2009.

______, 우리 기업 해외진출을 위한 해외지식재산권보호 가이드북(영국), 2018.

______, 우리 기업 해외진출을 위한 해외지식재산권보호 가이드북(일본), 2009.

[논 문]

강수미, "채무부존재확인의 소의 확인의 이익에 관한 고찰 : 판례를 중심으로", 민사소송 제18권 제2호, 한국민사소송법학회(2015).

곽태철, "권리범위확인심판에 관한 연구", 재판자료(제56집), 법원도서관(1992).

권동주, "상표에 관한 권리범위확인심판의 심결의 취소를 구할 소의 이익의 유무", 대법원판례해설 제88호, 법원도서관(2011).

김관식, "침해소송이 계속 중인 경우 권리범위확인심판 심결취소소송의 소의 이익", 특허판례연구, 박영사(2017).

김승조, "침해소송 제기 후 청구된 소극적 권리범위확인심판에서 확인의 이익", 특허판례연구, 박영사(2017).

박정희, "권리범위확인심판제도의 폐지 필요성에 대한 고찰", 특허소송연구 제3집, 특허법원(2005).

손천우, “실시자가 특허침해의 소로 제소된 이후에 특허권자를 상대로 동일한 실시품을 확인대상발명으로 하여 청구한 소극적 권리범위확인심판의 확인의 이익”, LAW & TECHNOLOGY 제12권 제2호, 서울대학교 기술과법센터(2016. 3.).

이수완, “특허침해소송 중이라도 권리범위확인심판 청구이익 인정되어야”, 특허와 상표 제924호, 대한변리사회(2018. 2. 20.).

이숙연, “권리범위확인심판을 중심으로 본 특허 침해쟁송제도와 그 개선방안에 대한 고찰”, 법조 제643호, 법조협회(2010).

장수길, “특허관련심판제도에 관한 몇 가지 검토”, 인권과 정의 제176호, 대한변호사협회(1991. 4.).

# 소송탈퇴에 관하여

오 정 후*

## 요 지

민사소송법 제80조와 제82조 제2항에 따라 원고의 탈퇴로 그에 대하여 소송이 종료하고 소송계속이 소멸한다고 보는 것은 옳지 않다. 제82조 제2항에서 판결이 탈퇴자에게도 효력이 있다고 하는데, 판결이 확정된 후에야 후소법원이 탈퇴자의 신소를 심판할 때 판결주문의 모순을 피하기 위하여 어떤 구속을 받는지 알 수 있다. 이것은 곧 판결의 모순을 피하기 위하여 독립당사자참가인과 피고 사이의 소송이 끝날 때까지 원고가 다시 소를 제기할 수 없도록 하여야 한다는 것을 뜻한다. 그래서 탈퇴자로서는 독립당사자참가인과 피고 사이의 청구에 대한 판결이 확정될 때까지 다시 소를 제기할 수 없는데, 탈퇴 후 6월 이내에 소를 제기하지 않으면 최초의 소제기로써 시효가 중단되었다고 볼 수 없다고 새기는 것은 앞뒤가 맞지 않는다.

대상판결의 사안에서 원고가 인수승계인과 피고 사이의 청구에 대한 판결이 확정될 때까지 다시 소를 제기할 수 없었으므로 판결이 확정된 시점, 곧 그가 다시 소를 제기할 수 있게 된 시점부터 6월 내에 실제로 소를 제기하였다면 그로서는 최선을 다한 것이라 하겠다. 그래서 채권의 소멸시효는 최초의 소제기시에 중단되었다고 볼 것이다.

현행 민사소송법의 소송탈퇴 규율은 불충분하다. 탈퇴자의 청구 또는 그에 대한 청구에 대하여 판결을 하여야 하는지 아닌지, 그리고 판결을 하지 않는다면 남은 당사자와 독립당사자참가인 사이의 청구에 대한 판결이 탈퇴자에게도 효력이 있다는 것이 무슨 뜻인지 명확하게 규정하는 것이 바람직할

* 서울대학교 법학대학원 교수. 법학박사.

것이다. 이때 독립당사자참가 소송에서 원고가 탈퇴하는 경우와 피고가 탈퇴하는 경우가 같지 않다는 점을 충분히 고려하여야 한다. 그러나 당사자의 행위에 의한 소송승계에서는 피고가 탈퇴하는 것이 독립당사자참가에서 피고가 탈퇴하는 것과 다르고 오히려 원고의 탈퇴와 비슷하다.

[주 제 어]
- 소송승계
- 소송탈퇴
- 독립당사자참가
- 탈퇴자에 대한 판결의 효력

## 대상판결 : 대법원 2017. 7. 18. 선고 2016다35789 판결

[사안의 개요]

1. 대상판결의 사건 이전 소송의 경과

갑이 2011. 6. 20. 을을 피고로 하여 약정금 1억 4천만원의 지급을 구하는 소를 제기하였다. 소송 진행 중이던 2011. 9. 26. 갑은 병에게 약정금채권을 양도하였다고 주장하며 병에 대한 소송인수를 신청하였고, 법원이 2011. 9. 30. 소송인수결정을 하였다. 같은 날 갑은 을의 승낙을 받아 소송에서 탈퇴하였다. 그 후 제1심법원은 갑의 병에 대한 채권양도가 소송수행만을 목적으로 한 것이어서 무효라는 이유로 병의 소가 부적법하다고 보아 소를 각하하였고, 항소법원도 같은 이유로 항소를 기각하였다. 그러자 병이 상고하였는데, 상고법원은 갑과 병 사이의 채권양도가 무효이더라도 그 때문에 병의 소가 부적법하게 되는 것은 아니므로 병의 청구를 기각하였어야 하는데도 소를 각하한 것은 잘못이라고 보았다. 그러나 상고법원은 불이익변경금지의 원칙에 따라 병에게 더 불리한 판결을 할 수 없어 청구기각판결을 선고할 수 없다고 하며 2014. 10. 27. 상고를 기각하였다.[1)]

2. 이 사건 소송의 경과

2015. 1. 19. 갑은 을을 피고로 하여 다시 약정금 1억 4천만원의 지급을 구하는 소를 제기하였다. 제1심에서는 갑이 승소하였으나,[2)] 항소법원은 갑이 전 소송에서 탈퇴한 것이 소취하와 같다고 보아 갑의 채권은 시효로 소멸하였다고 하면서 청구를 기각하였다.[3)] 그러자 갑이 상고하면서 소송탈퇴를 소취하와 같다고 볼 근거가 없다는 것을 상고이유로 주장하였다. 소송탈퇴는 민법 제170조 제1항의 '소송의 각하, 기각 또는 취하' 가운데 어느 경우에도 해당하지 않는다는 것이다. 갑은 병에 대한 소각하판결이 확정된 때부터 6월 내에 자신이 다시 소를 제기하였으므로 약정금 채권의 소멸시효는 민법 제170조 제2항에 따라 최초의 재판상 청구로 인하여 중단된 것으로 보아야 한다고 주장하였다. 대상판결에서 상고법원은 소송탈퇴가 소취하와 다르다고

---

1) 대법원 2014. 10. 27. 선고 2013다43192 판결.
2) 의정부지방법원 고양지원 2015. 8. 19. 선고 2015가합373 판결.
3) 서울고법 2016. 7. 22. 선고 2015나27912 판결.

보고, 인수승계인에 대한 채권양도가 무효라는 이유로 인수승계인에 대한 소각하 또는 청구기각의 판결이 확정된 후 6월 내에 탈퇴한 원고가 전과 같은 소송상의 청구를 하였으면 최초의 청구로 인한 시효중단의 효력이 유지된다고 하면서 원심판결을 파기하고 사건을 환송하였다.

## 〔研　　究〕

### Ⅰ. 머 리 말

연구대상판결의 사건과 전 소송의 경과에는 민사소송법의 논점이 여럿 있다. 그러나 대상판결에서는 아무래도 소송탈퇴의 성격이 무엇이며, 탈퇴자에게도 판결의 효력이 있다는 것이 어떤 것인가, 이 두 가지가 핵심이다. 원고 갑의 소송탈퇴가 소취하와 같다고 보면[4] 갑의 청구는 소멸시효의 완성으로 기각될 것이고, 청구기각판결이나 소각하판결이 확정된 경우와 마찬가지로 볼 것이라면 소멸시효가 최초의 청구로 중단되었다고 볼 것이기 때문이다. 그래서 이 글에서는 여러 논점 가운데 소송탈퇴의 법적 성격과 탈퇴자에 대한 판결의 효력, 그리고 소송탈퇴가 소멸시효에 미치는 영향만을 살피기로 한다.

### Ⅱ. 소송탈퇴의 법적 성격과 탈퇴자에 대한 판결의 효력

민사소송법은 3가지 경우에 탈퇴를 규정한다. 첫째는 선정당사자에 관련된 경우이고(동법 제53조 제3항), 둘째는 독립당사자참가(동법 제80조), 마지막은 소송인수의 경우이다(동법 제82조 제3항). 선정당사자의 경우는 탈퇴한 것으로 본다고만 할 뿐 판결의 효력 문제를 따로 정하지 않는다. 선정자가 선정행위 후 당사자의 지위를 잃더라도 실체법상의 권리법률관계의 당사자라고 주장되는 점이 변하지 않으므로 다른 사람이 선정당사자가 되어 받는 판결은

4) 피고의 소송탈퇴는 소취하에 견주어 볼 여지가 없다. 이 사건에서는 원고가 소송탈퇴한 경우의 시효중단의 효력이 문제가 되므로 소취하와 비교하게 된 것이다. 아래에서 소송탈퇴의 성격에 대하여 살필 때에는 피고의 소송탈퇴까지 아울러 생각한다.

소송담당의 법리에 따라 그에게 효력이 있다(동법 제218조 제3항). 그러니 탈퇴자에 대한 판결의 효력을 따로 규정할 필요도 없다. 소송인수의 경우는 독립당사자참가에서의 탈퇴에 관한 조문을 준용하도록 하므로 결국 문제가 되는 것은 독립당사자참가에서의 탈퇴이다. 아래에서는 우선 독립당사자참가에서의 탈퇴(동법 제80조)의 법적 성격에 대한 여러 학설을 검토하고(Ⅱ. 1.), 참고로 독일 민사소송법의 소송탈퇴 제도를 살핀 후(Ⅱ. 2.), 우리 민사소송법의 소송탈퇴가 어떤 제도이고 탈퇴자에 대한 판결의 효력이 어떤 것인지 생각하여 본다(Ⅱ. 3.). 마지막으로 당사자의 행위에 의한 소송승계[5]의 경우에 독립당사자참가의 경우와 차이가 있는지 본다(Ⅱ. 4.).

### 1. 독립당사자참가에서의 탈퇴에 대한 여러 학설의 검토

민사소송법 제80조는 독립당사자참가 가운데 권리주장참가에서 원고나 피고는 상대방의 승낙을 받아 소송에서 탈퇴할 수 있는데, 다만 판결은 탈퇴한 당사자에 대하여도 효력이 있다고 정한다. 여기서 탈퇴의 법적 성격은 무엇이며, 판결이 탈퇴자에게도 효력이 있다는 것이 무슨 뜻인지 생각하여 보자.

탈퇴의 성격에 관하여는 대개 4가지 견해를 소개한다.[6] 각각 조건부 청구포기·인낙설, 소송수행권 처분설, 임의적 소송담당설, 법정소송담당설이다. 그런데 각 견해의 내용을 살피기 전에 이름만 보아도 이들 견해에 대하여 의문이 든다.

(1) 조건부 청구포기·인낙설을 보자.[7] 소송행위에는 원칙적으로 조건이나 기한을 붙일 수 없다.[8] 소송은 수많은 소송행위로 이루어지는데,

5) 대개 참가승계와 인수승계를 '특정승계'라고 하는데, 이 용어가 옳지 않음은 졸고, "소송계속 중 선정당사자가 자격을 잃은 사건에서 나타난 몇 가지 민사소송법적 문제", 민사소송 제12권 제1호(2008. 5.), 72면 이하 참조.

6) 정동윤·유병현·김경욱, 민사소송법, 제6판(2017), 법문사, 1077면 이하에서는 법정효과설, 병용설, 청구존속설, 실질적 당사자설 등도 소개한다.

7) 강현중, 민사소송법 제7판(2018), 박영사, 885면.

8) 김홍규·강태원, 민사소송법, 초판(2008), 삼영사 338면 이하; 이시윤, 신민사소송법, 제12판(2018), 박영사, 398면; 정동윤·유병현·김경욱, 앞의 책, 471면 이하;

그저 소송행위가 여러 개 있다는 것만이 아니고 한 소송행위는 그 전의 모든 소송행위를 기초로 한다. 예컨대 답변서의 제출은 원고의 소장 제출, 재판장의 소장심사, 소장 송달이 있었기 때문에 하는 것이고 앞선 소송행위 모두를 기초로 삼은 것이다. 법원의 판결 선고는 원고의 소제기부터 변론종결에 이르기까지 원·피고와 법원이 한 모든 소송행위를 기초로 한 소송행위이다. 그런데 하나의 소송행위에 조건이나 기한이 붙어 있어서 특정 사건의 발생으로 효력이 소멸하거나(해제조건), 또는 어느 시점까지만 효력이 있다면(종기) 그 소송행위 이후의 모든 소송행위는 어떻게 된다는 말인가? 반대로 특정 사건이 생겨야만 소송행위의 효력이 있다거나(정지조건), 어느 시점부터 효력이 있다고 한다면(시기) 그 사건이 있기 전까지, 또는 그 시점이 되기 전까지 법원과 상대방이 마음 놓고 소송행위를 할 수 있을까? 가령 청구의 포기에 정지조건이 붙어 있다면 조건이 성취되어 소송계속이 소멸할지, 조건의 불성취가 확정되어 소송이 진행될지 모르는 상황에서 피고와 법원이 무엇을 기초로 소송행위를 하라는 말인가? 반대로 해제조건이 붙어 있다면 청구의 포기로 일단 소송계속이 소멸하였다가 조건이 성취되면 소송계속이 부활한다는 말인가? 이러한 문제 때문에 소송행위에는 법원과 상대방의 지위를 불안하게 하는 기한을 붙이지 못하고, 조건도 원칙적으로 붙이지 못한다고 한다.[9)]

그러나 예외적으로 소송행위에 조건을 붙일 수 있는 경우가 있다. 청구의 선택적·예비적 병합, 피고의 예비적 항변과 같은 예비적 주장과 예비적 반소 등이다.[10)] 예비적 병합은 '주위적 청구의 인용을 해제조건으

---

호문혁, 민사소송법, 제13판(2016), 법문사, 445면 이하; Rosenberg/Schwab/Gottwald, Zivilprozessrecht, 17. Aufl., München 2010, § 65 Rn 23 ff. 상세하게는 Stein/Jonas/Kern, Kommentar zur Zivilprozessordnung, 23. Aufl., Tübingen, Bd. 2(2016), vor 128 Rn. 293 ff.

9) 같은 이유로 소송행위의 철회에도 제한이 있다. 김홍규·강태원, 앞의 책, 336면 이하; 송상현·박익환, 민사소송법, 신정7판(2014), 법문사, 317면 이하; 이시윤, 앞의 책, 399면 이하; 정동윤·유병현·김경욱, 앞의 책, 467면 이하.

10) 예비적 공동소송도 해제조건부라고 하여야 할 터인데, 여기서는 본문에 적은 여러 제도와 달리 해제조건이 무엇인지 명확하게 알 수 없다. 그래서 본문에 예비적 공동소송은 적지 않았다. 그밖에도 주위적 피고에 대한 청구나 주위적 원고의 청구가 인용되는 경우 예비적 피고에 대한 청구 또는 예비적 원고의 청구는 본안을 심

로 예비적 청구에 소송계속이 생기는' 청구병합 형태이다. 선택적 병합은 '어느 한 청구의 인용을 해제조건으로 모든 청구에 소송계속이 생기는' 것이다. 예비적 항변은 '앞선 항변이 받아들여지는 것을 해제조건으로 항변을 제출하여 두는' 것이다. 예비적 반소는 '원고의 청구가 인용되지 않는 것을 해제조건으로 반소를 제기'하는 것이다. 이들은 모두 조건의 성취 여부가 소송 내부에서 결정되는 것이라고 한다.

그런데 엄밀히 살피면 위의 조건은 모두 해제조건이며,[11] 최소한 하나의 청구나 주장은 조건이 없는 상태이고 그에 대한 법원의 판단이 다른 청구나 주장의 심리의 조건을 이룬다는 것을 알 수 있다.[12] 법원이 주위적 청구를 인용할지, 피고의 앞선 항변을 받아들일지 모르는 상황이므로 이런 것은 성취가 불확실한 사건, 곧 조건이지만, 소제기나 항변이라는 것 자체가 법원의 판단을 구하는 행위이니 그것에 대하여 법원의 판단을 받지 않겠다고 하는 것이 소송을 불안하게 하지는 않는다. 소송물에 대하여 법원의 판단을 받지 않겠다는 것은 예컨대 소취하로도 가능한데, 소취하가 소송을 불안하게 한다고 하는 사람은 없지 않은가? 제1심법원이 주위적 청구를 인용하면 해제조건 성취로 예비적 청구에 대한 소송계속이 소급적으로 소멸하지만, 항소심에서 주위적 청구가 기각되면 해제조건 불성취가 확정되어 예비적 청구도 심리된다. 이렇게 심급별로 법원의 판단, 곧 조건의 성취여부가 다를 수 있기는 하나, 법원의 재판이 확정될 때까지 바뀔 수 있다는 것은 민사소송법의 상소제도에서 당연한 것이므로 그 점이 상대방이나 법원을 불안하게 한다고 할 수도 없다.

조건이 '법원의 판단'이라는 것에서 한 가지를 더 알 수 있다. 조건을 붙일 수 있는 소송행위가 취효적 행위라는 것이다. 여효적 소송행위

---

리하지 않고 기각한다는 것 등 민사소송법학의 관점에서 여러 가지 문제가 있다.

11) 또 해제조건 성취로 이들 소송행위는 소급적으로 효력을 잃는다. 청구에 대한 소송계속이 소급적으로 소멸하고, 항변도 처음부터 하지 않은 것이 된다. 법원이 청구에 대하여 재판하지 않고 항변을 고려하지 않아도 재판누락이나 판단누락이 아니다.

12) Jauernig/Hess, Zivilprozessrecht, 30. Aufl., München 2011, § 30 Rn. 26.

는 절차를 직접 형성하고 상대방이 소송행위를 할 때 기초로 삼을 소송 상황을 만드는 것이어서 조건을 붙일 수 없다. 또 소송을 종료시키는 행위인 소취하, 상소의 취하, 청구의 포기와 인낙 등은 절차의 안정성을 위하여 조건을 붙일 수 없다고 강조한다.[13] 이들은 여효적 소송행위이기도 하다.

조건부 청구포기·인낙설은 여효적 소송행위인 청구의 포기나 인낙에 조건을 붙인다고 한 점에서 이미 문제가 있다. 그리고 설사 지극히 예외적으로 여효적 소송행위에 해제조건을 붙일 수 있다고 하더라도 이것은 납득하기 어렵다. 원고가 탈퇴하는 경우가 조건부 청구포기일 것인데, 독립당사자참가인의 패소를 해제조건으로 청구를 포기하는 경우 해제조건이 성취되면 청구포기가 효력을 잃으니 원고의 청구에 대한 소송계속이 부활하는가? 피고가 탈퇴한다면 조건부 청구인낙일 터인데, 원고와 독립당사자참가인의 청구를 모두 인낙하여 두고 독립당사자참가인과 원고 사이의 소송에서 원고가 승소한다면 독립당사자참가인에 대한 인낙이 해제조건 성취로 효력을 잃고, 독립당사자참가인이 승소한다면 원고에 대한 인낙이 해제조건 성취로 효력을 잃는다는 것인가? 어느 쪽이든 인낙이 효력을 잃으면 그 부분에 대하여 소송계속이 부활하는가? 또 피고에게만 청구를 하는 편면참가의 경우에는 독립당사자참가인과 원고 사이에 청구가 없다. 이 경우에는 무엇이 조건이라는 말인가? 그리고 양면참가에서 원고가 독립당사자참가인에 대하여 승소한다고 하여 피고의 원고 청구 인낙이라는 결과로 이어지는 것도 아니다. 원고와 독립당사자참가인의 피고에 대한 청구가 모두 기각되어야 할 상황[14]에서도 독립당사자참

---

13) Rosenberg/Schwab/Gottwald, a.a.O., § 65 Rn. 25 ff에서는 소제기나 상소제기 등의 신청, 공격방어방법의 제출에 조건을 붙일 수 있다고 한다. 모두 법원의 판단을 받을 대상이다. 상세한 것은 Rosenberg/Schwab/Gottwald, a.a.O., § 65 Rn 23 ff. 또 Stein/Jonas/Kern, a.a.O., Bd. 2, vor 128 Rn. 293 ff. Rn. 297에서 소송을 종료시키는 행위에 조건을 붙일 수 없다고 하면서 소취하, 상소취하만 들었는데, 독일 민사소송법과 달리 우리 민사소송법에서는 청구의 포기와 인낙도 당사자가 소송을 종료시키는 행위이어서 본문에 이들도 함께 적었다.

14) 예컨대 대법원 2007. 10. 26. 선고 2006다86573,86580 판결의 사건에서 피고 수

가인과 원고 사이의 관계에서는 독립당사자참가인의 청구가 기각되어 원고가 승소할 것이기 때문이다. 이것은 독립당사자참가인과 원고 사이의 소송에서 참가인의 청구가 기각되어 형식적으로 원고가 승소하였다는 것일 뿐이지, 원고가 피고에 대하여 주장한 권리가 존재한다는 것은 아니다.

(2) 다음으로, 소송수행권 처분설[15)]은 소송수행권(Prozessführungsbefugnis)이 당사자적격이라는 것을 간과한 것이다. 이 견해는 탈퇴가 소송수행권을 포기하는 것이라고 하는데, 당사자적격이라는 소송요건을 포기할 수 있을까? 불가능한 일이지만 굳이 당사자적격의 포기라고 할 만한 상황을 상정하여 본다면 '자신이 권리자라거나 상대방이 자신에 대한 의무자라는 주장을 하지 않기로 한다'는 것일 텐데, 그러면 소각하가 될 뿐이다. 특히 독립당사자참가에서 피고가 탈퇴하는 경우, 피고가 탈퇴하였다고 하여 '본안에 대하여 판결을 받기에 가장 적합한 사람'이 아니게 되는가? 또 이 견해를 취하는 분은 소송수행권 처분설이 유력하다고 하면서도 탈퇴가 조건부 예고적 청구의 포기 또는 인낙이라고도 하는데,[16)] −청구의 포기와 인낙에 조건을 붙일 수 없다는 문제점을 떠나서도− 이것은 본안에 관한 것이지, 소송요건인 소송수행권(당사자적격)에 관한 것이 아니다. 따라서 탈퇴가 소송수행권 포기라고 하면서 동시에 청구의 포기나 인낙이라고 할 수 없다.

(3) 또 임의적 소송담당설과 법정 소송담당설이 있다. 임의적 소송담당설은 탈퇴자가 참가인과 잔존 당사자 사이의 소송의 결과에 자기의

---

산업협동조합은 어업권을 보유할 의사가 전혀 없었고 원고와 독립당사자참가인 중 법원이 어업권을 이전하라고 하는 쪽에 어업권을 이전할 생각이었다. 전형적으로 피고가 탈퇴할 만한 상황이다. 실제로 이 사건에서 피고가 탈퇴하지 않았지만, 그가 탈퇴하였다고 가정하여 보자. 항소법원과 상고법원은 원고와 독립당사자참가인 모두 피고에게 어업권 이전등록을 구할 권리가 없다고 하여 청구를 모두 기각하였다. 이 사건은 양면참가였고 독립당사자참가인의 원고에 대한 청구는 '원고는 별지 목록 기재 각 어업권이 참가인의 소유임을 확인한다'였는데, 독립당사자참가인이 피고에게 어업권 이전등록을 구할 권리가 없다고 판단된 상황에서 이것이 인용될 수 없다는 것은 자명하다.

15) 김홍규 · 강태원, 앞의 책, 752면. 그런데 이 책에서는 소송수행권 처분설이 등장하여 유력시된다고 할 뿐, 출처를 밝히지 않는다.

16) 김홍규 · 강태원, 앞의 책, 751면.

청구 또는 자기에 대한 청구를 맡기는 것, 곧 탈퇴자가 참가인과 잔존 당사자에게 소송수행권을 부여하는 것이라고 한다.[17] 법정소송담당설은 소송탈퇴가 타인의 소송수행의 결과가 본인에게 귀속되는 것으로서 실체법상의 권리자에 갈음하여 타인이 소송수행권을 가지는 것이라고 하면서, 법률의 규정에 의하여 제3자가 소송수행권을 가지는 법정소송담당이라고 한다.[18]

소송담당자는 본안을 이루는 실체법상의 권리법률관계의 당사자라고 주장하거나 주장되지 않는 사람이 자신의 이름으로 당사자가 되어 소송을 수행하는 것이고,[19] 소송담당자가 받은 판결은 그 다른 사람에게도 효력이 있다(민사소송법 제218조 제3항). 원고가 탈퇴하였을 때 독립당사자참가인이 원고의 실체법적 법률관계를 소송상 주장하고 그를 위하여 소송행위를 하는가? 피고가 탈퇴하였다면 누가 피고의 실체법상 법률관계를 소송상 주장하고 피고를 위하여 소송행위를 한다는 말인가?[20] 극단적인 경우를 가정하여 보자. 탈퇴한 피고를 위하여 원고나 독립당사자참가인이 상소를 제기할까? 승소한 사람이라면 어차피 그럴 필요가 없고, 패소한 사람이 자신을 위하여 상소하면 독립당사자참가의 특성 때문에 불이익변경금지 원칙의 적용이 배제되는 경우가 있어서 피고가 상소하지 않아도 피고에 대한 판결이 바뀔 수 있다.[21] 그러나 이 경우에도 패소한 원고나 독립당사자참가인이 '피고를 위하여' 상소라는 소송행위를 하는 것은 아니다. 피고

---

17) 이시윤, 앞의 책, 821면; 정동윤 · 유병현 · 김경욱, 앞의 책, 1078면.

18) 주석 민사소송법/장석조, 제8판(2018), 한국사법행정학회, 619면.

19) 이시윤, 앞의 책, 157면.

20) 소송담당설은 판결이 탈퇴자에게도 효력이 있다는 점에만 주목하는데, 소송행위를 누가 하느냐라는 문제는 생각하지 않은 것 같다. Jauernig/Hess, a.a.O., § 18 Rn. 12는 당사자의 개념을 평가절하하여서는 안 된다고 하면서, 소송에는 필수적으로 일련의 소송행위가 필요한데 이런 소송행위가 없이는 소송이 수행될 수 없다고 한다. 소송에서 당사자는 스스로 또는 대리인을 통하여 변론을 하고 신청을 하는 등의 소송행위를 한다는 것이 중요하다. 그리고 당사자는 증인신문이 아니라 당사자신문의 대상이 되는데, 소송담당설에서 탈퇴한 사람의 청구 또는 그에 대한 청구에 관하여 잔존 당사자가 과연 당사자신문의 대상이 된다고 생각할까?

21) 졸고, "독립당사자참가와 불이익변경금지 원칙의 배제", 민사판례연구 제34권, 809면 이하 참조.

가 탈퇴하든, 탈퇴하지 않든 어차피 독립당사자참가의 특성상 그런 결과가 되는 것이기 때문이다. 그리고 원고가 피고에 대하여 권리가 있는지 판단할 때 독립당사자참가인이 증거방법이 된다면, 반대로 독립당사자참가인이 피고에 대하여 권리가 있는지에 대하여 원고가 증거방법이라면, 그들은 증인신문의 대상이 될까, 당사자신문의 대상이 될까? 소송담당설에 따르면 당사자신문의 대상이 될 텐데, 과연 그렇게 볼 수 있을까?

오히려 원고가 탈퇴하였다면 원고의 청구는 법원의 심판대상이 아니게 되고[22] 이에 대하여 잔존 당사자와 법원 누구도 소송행위를 하지 않는다. 설사 원고의 청구가 법원의 심판대상이라고 하더라도 독립당사자참가인은 원고의 청구가 기각되도록 노력하였으면 하였지, 원고의 청구가 인용되는 것을 목적으로 소송을 수행하지는 않을 것이다.[23] 피고가 탈퇴하였을 때에는 피고에 대한 각 청구가 법원의 심판대상이고, 원고는 피고가 독립당사자참가인에 대하여 승소하도록 소송행위를 할 수 있고 독립당사자참가인은 피고가 원고에 대하여 승소하도록 소송행위를 할 수 있다. 그러나 그것은 '피고를 위하여' 하는 것이 아니고 최종적으로 자신이 피고에 대하여 승소하기 위하여 하는 것이다. 독립당사자참가인 입장에서는 피고가 원고에 대하여 승소하도록 소송행위를 하는 것은 결국 자신이 피고에 대하여 승소하기 위한 것이고, 원고 입장에서 피고가 독립당사자참가인에 대하여 승소하도록 소송행위를 하는 것은 최종적으로 자신이 피고에 대하여 승소하기 위한 것이다. 민사소송에서 형식적 당사자 개념에 따른 당사자란 그의 이름으로 권리보호를 요구하는 사람과 그 상

---

22) 정동윤 · 유병현 · 김경욱, 앞의 책, 1076면. 또 이시윤, 앞의 책, 841면은 (독립당사자참가가 아니고 참가승계와 인수승계에 대한 부분에서이지만) 탈퇴한 원고와 피고 사이의 소송관계는 종료한다고 한다. 판례도 이에 대하여 소송종료선언을 한다고 한다. 대법원 2011. 4. 28. 선고 2010다103048 판결. 그러나 소송종료선언 판결은 민사소송법상 문제가 있다. 졸고, "소송계속에 관하여", 서울대학교 법학 제54권 제1호(2013. 3.), 173면 이하 참조.

23) 그렇다고 피고가 원고의 청구가 인용되도록 하기 위한 소송행위를 하지도 않을 것이다. 게다가 만약 피고가 원고를 위한 소송담당자라고 하는 것은 대립당사자구조를 무너뜨리는 것이어서 있을 수 없다.

대방인데,[24)] 잔존 당사자는 탈퇴자의 소송상 지위에 대신 서서 보호를 요구하지도 않고 상대방의 보호요구에 맞서 대신 방어를 하지도 않는다. 그런데도 탈퇴를 소송담당이라고 하는 것은 설득력이 없다.[25)]

특히 임의적 소송담당설에서 탈퇴자와 대립하는 입장인 당사자가 그의 소송담당이라고 하는 것은 이해관계 대립 때문에 안 된다. 민사소송법(제53조 선정당사자)이나 특별법(증권관련 집단소송법 제11조)에서 규정하는 것처럼 임의적 소송담당의 요건에는 공동의 이해관계가 있기 때문이다.

탈퇴와 소송담당의 공통점은 판결이 탈퇴자에 대하여서도 효력이 있다는 점 정도뿐이다. 그러나 그것이 탈퇴가 소송담당이라고 볼 근거가 되지는 않는다. 탈퇴가 소송담당이라면 판결이 당연히 탈퇴자에게 효력이 있을 것이므로 민사소송법 제80조 제2문을 따로 둘 필요가 없을 것이다. 오히려 탈퇴가 소송담당이 아니기 때문에 이 조문을 둘 필요가 있는 것 아닐까?

### 2. 독일 민사소송법의 소송탈퇴 제도 소개

독일 민사소송법에서 당사자가 소송에서 탈퇴하는 형태[26)]로서 참고할 만한 것은 채권자를 정하는 소송(Gläubigerstreit)과 간접점유자 지명(Urheber-

---

24) Jauernig/Hess, a.a.O., § 22 Rn. 3.

25) 소송담당자 가운데 가사사건에서 당사자가 된 검사는 소송물을 이루는 실체법상의 법률관계와 이해관계가 전혀 없는 경우이다. 이때 검사가 실체법상의 법률관계의 당사자 본인이 승소하도록 소송을 수행하는 것은 아닐 것이다(이시윤, 앞의 책, 159면 이하는 검사가 실제로 기판력의 범위에 속하는 이해관계인의 이익을 충실히 대변하기 어려우므로 이해관계인에게 직권으로 기일통지를 하여 소송참가의 기회를 보장하도록 입법하는 것이 바람직할 것이라고 한다). 그러나 검사가 실체법상의 당사자의 패소를 위하여 노력하는 것 또한 아니다. 가사소송의 당사자가 된 검사는 공익의 대표자로서 올바른 판결이 내려질 수 있도록 소송을 수행한다고 하여야 할 것이다. 이처럼 소송담당자가 반드시 실체법상의 법률관계의 당사자의 승소를 위하여 소송을 수행한다고 할 수는 없지만, 최소한 패소하도록 하기 위하여 소송을 수행하는 것 역시 아니다.

26) 독일 민사소송법 제75조는 피고가 소송에서 나가도록 하는 것을 entlassen이라고 하고, 제76조는 einbinden이라고 한다. 두 경우를 다르게 번역하여야 하는지 생각하여 보았는데, 우리 민사소송법이 독립당사자참가와 당사자의 행위에 의한 승계 외에 선정당사자의 경우에도 탈퇴라는 표현을 쓰는 점을 보면 탈퇴라는 용어가 특정한 형태에만 한정되는 것은 아니다. 그래서 독일 법의 Entlassung과 Entbindung 모두 탈퇴라고 하였다.

benennung bei Besitz), 소유권방해에서 권리자의 지명(Urheberbenennung bei Eigentumsbeeinträchtigung)이다. 이들 제도는 이 글의 관심사인 독립당사자참가나 참가승계, 인수승계와 다른 제도이므로 전체를 비교할 수는 없으나, 적어도 우리 민사소송법의 소송탈퇴에서 어떤 점이, 왜 논란이 되는지 찾는 데 시사하는 바가 있기 때문에 여기에 소개한다.

(1) 독일 민사소송법 제75조는 피고가 된 채무자가 채권을 주장하는 제3자에게 소송고지를 하고 그에 따라 제3자가 소송에 참가하면 피고는 소송에서 탈퇴하겠다는 신청을 할 수 있다고 정한다. 피고는 다투고 있는 양 채권자를 위하여 채권액을 공탁하면서 반환청구권을 포기하며, 그 때까지 피고가 채권을 부당하게 다투어 소송비용을 증가시켰다면 그것을 부담하라는 재판을 받는다. 피고가 처음부터 채권의 존재는 인정하였지만 누가 채권자인지만 문제 삼았다면 그는 소송비용을 부담하지 않는다.[27] 피고가 탈퇴한 후 소송은 채권자들 사이에서 계속 진행되는데, 법률에 의하여 원고와 제3자 사이의 채권의 귀속에 대한 분쟁으로 바뀐다. 이것은 이전 소송을 계속하는 것이 아니라 새로운 소송물에 대한 새로운 분쟁이다. 원고가 전에 피고에 대하여 소송상 유리한 위치에 있었다면 그 위치를 잃고, 제3자가 피고의 지위에 서서 그의 항변을 주장할 수 있게 되는 것도 아니다. 판결에서는 이긴 사람이 공탁물을 받을 권리가 있다고 선언하며, 진 사람은 공탁비용도 포함하여 채무자의 소송비용까지 —채무자가 부당하게 채권을 다투었다고 하여 부담하는 부분을 제외하고— 부담한다.[28] 또 채무자가 소송에서 탈퇴하겠다는 신청에 대하여서도 법원이 판결을 하는데, 신청을 인용하는 것은 종국판결, 신청을 배척하는 것은 중간판결이다. 종국판결은 피고에 대하여 그 심급을 종료시키고, 중간판결에 대하여서는 즉시항고[29]할 수 있다.[30]

---

27) Stein/Jonas/Jacoby, a.a.O., Bd. 1(2014), § 75 Rn. 11.

28) Münchener Kommentar zur Zivilprozessordnung/Schultes, 5. Aufl., München 2016, Bd. 1, § 75 Rn. 12 u. Rn. 15; Stein/Jonas/Jacoby, a.a.O., Bd. 1(2014), § 75 Rn. 12 f.

29) 독일 민사소송법은 2001년 개정시에 보통항고와 즉시항고를 모두 즉시항고(제567조)로 바꾸었다.

원고와 제3자가 모두 채권자가 아니고 제4의 사람이 채권자인 상황도 있을 것이다. 이에 대하여서는 견해가 나뉜다. 독일 민사소송법 제75조는 채권자를 정하는 소송의 특별한 형태를 정하는 것이어서 제3자는 독일 민사소송법 제64조의 주참가인(Hauptintervenient)처럼 최초의 원고에 대한 원고의 입장이 된다고 보고 제3자가 패소하면 원고가 승소하고 공탁물을 받게 된다는 견해가 있다. 이것은 피고의 공탁이 제3자가 아니면 원고가 채권자라는 승인이기 때문이라고 한다. 이것은 원고에게 유리한 구성이다. 그렇다고 하여 이것이 제3자에게 불리한 것은 아니고 피고에게 불리한 것이다. 왜냐 하면, 채무자가 채권액을 공탁하고 반환청구권을 포기하는 것에는 채무승인의 의사가 들어 있다고 보아 채권이 존재하는지는 심리하지 않기 때문이다. 그리고 이 소송에 관여하지 않은 사람(제4의 사람)이 채권자일 가능성을 심리하지 않고 원고 또는 제3자에게 공탁물을 귀속시키기 때문에 그런 사람에게 불리한 것이다.[31] 원고와 제3자 사이에 본안판결이 선고되지 않는다면 피고에게 공탁물을 돌려주게 되는데, 피고는 경우에 따라 원고와 제3자에게 공탁물 반환에 대한 동의를 받아야 할 수도 있다.[32] 다른 견해는 원고와 제3자 모두 채권자가 아니라면 탈퇴한 피고에게 새로운 소송 없이 공탁물을 돌려주어야 한다고 본다.[33]

원고와 제3자 사이의 판결에 대하여서는 이들만이 상소할 수 있다. 피고는 당사자가 아니기 때문이다.[34] 그리고 이들 사이의 판결이 피고에게도 효력이 있다는 견해가 있고,[35] 반면 피고에게는 기판력이 문제되지 않는다고 하면서 설사 기판력이 있다고 하더라도 실제 그런 상황이 생기

30) MünchKomm-ZPO/Schultes, a.a.O., Bd. 1, § 75 Rn. 9; Stein/Jonas/Jacoby, a.a.O., Bd. 1(2014), § 75 Rn. 10.

31) Stein/Jonas/Jacoby, a.a.O., Bd. 1(2014), § 75 Rn. 13.

32) Stein/Jonas/Jacoby, a.a.O., Bd. 1(2014), § 75 Rn. 14.

33) MünchKomm-ZPO/Schultes, a.a.O., Bd. 1, § 75 Rn. 14.

34) Stein/Jonas/Jacoby, a.a.O., Bd. 1(2014), § 75 Rn. 16. 그런데 Rn. 15에서는 피고가 패소자에게서 소송비용을 받을 권리에 관하여서는 탈퇴 후에도 소송에 남아 있다고 한다. 그러나 본안에 관하여서는 아니다.

35) MünchKomm-ZPO/Schultes, a.a.O., Bd. 1, § 75 Rn. 15.

지 않는다는 견해가 있다.[36)]

(2) 독일 민사소송법 제76조의 간접점유자 지명은 점유자라고 하여 피고가 된 사람이 본안에 관한 변론 전에 간접점유자를 지명하는 서면을 제출하고 소송고지를 하면서 그 사람을 소환하여 진술시키라는 신청을 하는 것이다. 이 진술이 있을 때까지 또는 진술을 할 기일의 종료시까지 피고는 본안에 대한 변론을 거부할 수 있다. 지명된 사람이 피고의 주장이 옳다고 인정하면 그는 피고의 동의를 받아 그의 당사자 지위에 설 수 있고, 피고는 신청에 따라 소송에서 탈퇴한다. 이 신청을 배척하는 판결은 중간판결이고, 이 신청을 인용하는 판결은 종국판결이다.[37)] 원고와 간접점유자 사이의 판결은 본안에 관하여 피고에 대하여서도 효력이 있고 집행가능하다. 곧 피고가 직접점유자로 남아 있으면 승소한 원고가 그 판결로 피고에 대하여 집행할 수 있다는 말이다. 이때 피고를 집행문에 명시하여야 하는데, 승계집행문을 내어주는 절차를 밟을 필요는 없다고 한다. 피고가 소송에서 탈퇴한 사실을 기록에서 알 수 있기 때문이다. 그러나 이것은 피고에 대하여 소송계속이 있었던 본안에 한하며, 나중에 변경된 소송물이나 소송비용 부분에서 판결은 피고에게 효력이 없다.[38)]

독일 민사소송법 제77조는 타인의 소유권이나 다른 물권을 방해하였다고 하여 방해배제나 부작위청구의 소의 피고가 된 사람이 제3자의 권리를 행사하는 과정에서 권리방해가 일어났다고 주장하는 경우 제76조를 준용한다고 한다.

(3) 독일 민사소송법은 피고가 소송에서 탈퇴할 수 있다고 정하지만, 그의 신청에 따라 법원이 판결을 하도록 한다. 따라서 피고의 탈퇴신청의 성격이 무엇인지 논할 필요도 없고, 탈퇴의 요건이 갖추어졌는지에 대하여 다툼이 있다면 상소로써 다툴 수 있으며, 판결이 확정되면 당연

36) Stein/Jonas/Jacoby, a.a.O., Bd. 1(2014), § 75 Rn. 17.

37) MünchKomm-ZPO/Schultes, a.a.O., Bd. 1, § 76 Rn. 10; Stein/Jonas/Jacoby, a.a.O., Bd. 1(2014), § 76 Rn. 18.

38) Stein/Jonas/Jacoby, a.a.O., Bd. 1(2014), § 76 Rn. 21 f. 반면 MünchKomm-ZPO/Schultes, a.a.O., Bd. 1, § 76 Rn. 12는 판결의 효력이 피고에게 유리하게도 작용한다고 본다.

히 번복할 수 없으므로 탈퇴당사자가 소송에 복귀할 수 있는가라는 문제가 생기지도 않는다. 동법 제75조의 판결이 피고에게도 효력이 있다는 견해에 따르면 양 채권자 모두에게 채권이 없다는 판결은 피고에게도 효력이 있다. 판결이 피고에게 효력이 없다는 견해에 따를 때에도 피고의 공탁물은 원고나 제3자 가운데 한 사람에게 반드시 귀속하게 되어 있고 피고는 공탁물의 반환을 구할 권리를 포기하였으므로 피고에 대한 강제집행의 문제가 없다. 한편 동법 제76조는 명시적으로 피고에게 본안판결의 효력이 있다고 선언하고, 집행가능하다는 것도 명시적으로 선언한다.

우리 민사소송법 제79조~제82조는 특정 분쟁의 경우에만 한정되는 독일 민사소송법 제75조~제77조의 제도보다 적용 범위가 훨씬 넓어서 수많은 상황에서 이용될 수 있고, 피고뿐만 아니라 원고도 탈퇴할 수 있다. 그 점에서 이미 해석상 어려움이 생길 소지가 크다. 그런데다가 당사자의 탈퇴를 여효적 소송행위로 정하고[39] 판결이 탈퇴자에게도 효력이 있

39) 소송탈퇴는 여효적 소송행위인데 인수승계의 경우에 소송인수결정이 있은 후 탈퇴할 수 있다고 하므로, 인수결정을 상급심에서 다투어 결과가 바뀌면 여효적 행위인 탈퇴의 효력이 어떻게 되는지에 대하여 논란이 있다. 대상판결의 사건 이전 소송에서도 이런 문제가 있었다(이로 인하여 발생할 수 있는 여러 가지 문제에 대하여 양진수, 앞의 글, 16면 이하. 인수승계의 경우뿐만 아니라 참가승계의 경우에도 참가가 부적법하다면 탈퇴가 유효한지에 대한 논란이 있다). 이 논란에서 법원의 재판인 소송인수결정이 여효적 행위인 소송탈퇴의 요건처럼 취급되는데, 과연 그렇게 볼 수 있을까? 또 소송인수결정이 중간적 재판이어서 종국판결과 함께 상소할 수 있다고 하는데, 탈퇴 후 시간이 많이 지난 다음에 상급심에서 인수신청에 대한 판단이 바뀌면 탈퇴의 효력이 새삼 문제가 되어 소송이 불안하게 된다. 당사자변경과 청구변경이 소송에 미치는 영향은 매우 다르다. 청구변경에 대한 판단은 종국판결과 함께 상소하여 상급심의 판단을 받도록 하여도 되지만, 당사자변경의 경우에는 한참 후에 당사자변경 여부가 번복될 수 있도록 하는 것은 곤란하다. 이러한 방식은 여러 사람의 소송상 지위를 불안하게 하기 때문이다. 민사소송법 제70조에서 예비적 공동소송에서 항상 모든 당사자에 대하여 판결을 하도록 한 것은 민사소송법학상 문제가 있지만[주 10) 참조], 어쨌든 그 의도는 당사자의 지위를 불안하게 하지 않으려는 것이다. 청구에 대하여서는 해제조건의 성취로 판결을 하지 않아도 문제가 없는데 소송의 당사자가 되었던 사람이 해제조건의 성취로 판결도 받지 않고 소송이 끝난다거나 심급에 따라 판결을 받기도 하고 받지 않기도 한다면 지위가 불안할 수 있다고 하여 그렇게 규정한 것이다. 그런데 예비적 피고가 소송과 관련하여 겪을 수 있는 불안이 당사자변경이 한참 후에 번복되는 경우의 혼란보다 클까? 예비적 공동소송의 문제점에 대하여 비판하는 것은 차치하고, 일단 이런 제도를 도입하는 이상 당사자 지위가 불안하게 될 위험을 고려하는데

다고 하면서도 그 내용을 정하지 않아서 이들 조문을 새길 때 논란이 있는 것이다.

### 3. 독립당사자참가에서의 탈퇴에 대한 검토

Ⅱ. 1.에서 살핀 바와 같이 독립당사자참가에서 탈퇴의 성격이 무엇인가에 대한 견해 네 가지 모두에 동의할 수 없다. 그렇다면 과연 탈퇴의 성격과 탈퇴자에 대한 판결의 효력을 어떻게 보아야 할까?

(1) 우선 원고가 탈퇴하는 경우와 피고가 탈퇴하는 경우를 달리 보아야 하지 않을까 싶다. 원고가 탈퇴하는 경우와 피고가 탈퇴하는 경우는 소송상 매우 다른 상황이기 때문이다.

피고가 탈퇴하는 경우를 먼저 본다. 우선 피고가 탈퇴하더라도 피고에 대한 각 청구는 법원의 심판대상이다. 독립당사자참가인이 피고에게만 청구를 하는 편면참가에서 피고가 탈퇴한 경우에는 피고에 대한 청구에 판결을 하지 않는다면 판결을 할 대상이 전혀 없다는 결과가 된다. 위 Ⅱ. 2.에서 본 독일 민사소송법 제75조는 피고 탈퇴시 원고와 제3자 사이의 소송은 법률에 의하여 새로운 소송으로 바뀐다고 하는데, 우리 민사소송법의 독립당사자참가의 탈퇴에는 그런 규정도 없으니 판결을 할 대상이 없다고 할 수밖에 없다. 양면참가의 경우에도 피고에 대한 청구에 판결을 할 필요가 있다. 가령 원고와 독립당사자참가인이 각각 피고에 대하여 소유물반환청구(① 청구와 ② 청구라고 하자)를 하였고 독립당사자참가인이 원고에게 소유권확인청구(③ 청구라고 하자)를 하였는데 피고가 탈퇴하였다고 하자. 법원이 ③ 청구를 기각한다면 ② 청구도 기각될 상황이다. 그러나 그렇다고 하여 ① 청구가 반드시 인용된다는 것은 아니다. 독립당사자참가인이 소유자가 아니라는 것이지, 원고가 소유자라는 것도, 소유물반환청구권이 있다는 것도 아니기 때문이다. ③ 청구를 인용한다고 하여도 ① 청구는 확실히 기각되겠지만 ② 청구가 반드시 인용되는 것은 아니다. 독립당사자참가인이 소유자이더라도 소유물반환청구

---

당사자변경에 이런 불안 요소를 둔 것이 과연 옳은지 의문이다.

권이 인정되지 않을 수 있기 때문이다. 양면참가에서 법원의 심판대상은 독립당사자참가인이 원고에게 한 청구뿐이고 원고와 참가인이 피고에 대하여 한 청구는 아니라는 견해가 있는데,[40] 독립당사자참가인의 소유권 확인청구가 인용되든 기각되든, 독립당사자참가인이나 원고의 소유물반환 청구가 결과적으로 반드시 인용되지는 않는다는 점을 고려하면 피고 탈퇴시에는 피고에 대한 청구를 판단할 필요가 있다는 것을 알 수 있다.

또 피고 탈퇴시에 피고에 대한 청구가 법원의 심판대상이 아니라고 보는 것은 탈퇴자에 대한 판결의 효력에 집행력도 포함된다고 새기는 것과 맞지 않는다는 문제점이 있다.[41] 집행력은 피고에 대한 청구에서만 생각할 수 있다. 양면참가라고 하더라도 독립당사자참가인이 원고에게 이행청구를 하는 경우는 거의 상정하기 어렵기 때문이다. 또 독립당사자참가인과 원고 사이에 참가인의 권리를 확인한다는 판결이 선고된다고 하여 참가인이 피고에 대한 집행권원을 얻는 것은 아니다. 설사 독립당사자참가인이 원고에게 이행청구를 할 수 있는, 특수한 상황이 있다고 하더라도 원고에 대한 집행권원으로 탈퇴자인 피고의 재산에 강제집행을 할 수는 없다. 탈퇴한 피고는 원고와 독립당사자참가인 사이의 소송의 결과를 받아들이겠다는 것이니 집행권원이 필요 없다고 생각할 수도 있겠지만, 만약 피고가 사망하고 피고의 상속인이 임의이행을 하지 않는다면 승소한 원고나 독립당사자참가인은 결국 다시 소송을 할 수밖에 없다는 결과가 된다.[42] 민사소송법 제80조 단서에서 판결이 탈퇴자에게도 효

40) 주석 민사소송법/장석조, 617면의 조건부 포기·인낙설 소개 부분에 원고의 피고에 대한 청구와 독립당사자참가인의 피고에 대한 청구는 소멸하고 독립당사자참가인의 원고에 대한 청구(확인청구)만 남는다고 한다.

41) 이시윤, 신민사집행법, 제6판(2013), 박영사, 82면; 법원실무제요 민사소송(Ⅰ), 법원행정처(2005), 317면에서는 탈퇴자에 대하여서는 판결을 하지 않는다고 하면서도 탈퇴자에 대한 강제집행에서 무엇이 집행권원이 되어야 하는지가 문제된다고 한다. 그래서 잔존 당사자 간의 판결의 주문에 탈퇴자의 이행의무를 선언하여야 한다고 본다. 그러면서 탈퇴자에 대하여 강제집행하려면 승계집행문이 필요하다고 한다. 피고의 이행의무를 선언하였는데 승계집행문이 필요하다는 것은 판결서의 당사자란에 피고가 당사자로 적히지 않기 때문이라고 보인다. 반면 위 Ⅱ. 2. (2)에서 본 독일 민사소송법 제76조에서는 승계집행문을 내어주는 절차를 거칠 필요 없이 집행문에 피고를 적는다고 한다.

력이 있다고 한 것은 이런 사태를 막고자 하는 의도도 있을 터이다. 그 점을 감안한다면 역시 피고에 대하여 이행판결을 선고하는 것이 옳을 것이다.

그런데 지금까지 살핀 것에서는 피고에 대한 청구를 모두 판단할 필요가 있다는 결론이 나오지 않는다. 위의 예에서 ③ 청구를 인용하면서 ② 청구도 인용한다면 ① 청구를 명시적으로 기각할 필요가 있을까? ③ 청구를 기각하면서 ① 청구를 인용하는 경우에 ② 청구를 명시적으로 기각할 필요가 있을까? 만약 ①, ②, ③ 청구를 모두 기각할 상황이라면 ③ 청구는 명시적으로 기각하겠지만 ① 청구와 ② 청구에 대하여서는 어떻게 하여야 할까? 세 번째 경우에는 ① 청구와 ② 청구에 대하여서도 판결을 하여야 한다. 위에도 적었듯이 ③ 청구를 기각한다고 하여 반드시 ① 청구를 인용하는 것은 아닌데, ③ 청구에 대한 기각판결만을 하면 원고는 형식적으로 독립당사자참가인에 대하여 승소한 것이므로 불복이 없어서 상소할 수 없다. ① 청구에 대한 기각판결이 있어야 원고가 상소를 통하여 ① 청구에 대한 집행권원을 얻을 가능성이 있다. 또 ② 청구에 대하여 기각판결을 하지 않으면 ③ 청구에 대하여 기각판결을 받았을 뿐인 독립당사자참가인의 불복은 그의 소유권확인청구에서 패소하였다는 것일 뿐이다. 이 경우는 독립당사자참가의 특성 상 불이익변경금지 원칙의 적용이 배제되는 상황도 아니어서, 상소심에서 ③ 청구에 대한 판결을 인용으로 바꾸어도 ② 청구가 상소심의 심판대상이 되지는 않는다. ③ 청구에 대한 판결을 기각에서 인용으로 바꾸어도 하급심에서 ② 청구를 묵시적으로 기각한 것과 모순이 없기 때문이다. 따라서 ② 청구에 대하여 명시적으로 기각판결을 하여야 독립당사자참가인이 상소하여 집행

---

42) 조건부 포기 · 인낙설에 따라 피고의 탈퇴를 조건부 청구인낙이라고 볼 수 있다면야 독립당사자참가인이 원고에게 한 청구만 심판대상으로 삼고 그 결과에 따라 인낙조서를 작성하여 집행력을 인정한다고 할 수 있을 것이다. 그러나 위 Ⅱ. 1. (1)에서 살핀 바와 같이 조건부 포기 · 인낙설은 따를 수 없으므로, 판결이 탈퇴자에게도 집행력이 있다면 그것은 현실적으로 피고에 대한 청구에 대하여 판결을 선고한다는 뜻이다.

권원을 얻을 가능성이 있다. 이 점을 생각하면서 보면 두 번째 경우에도 ② 청구를 기각하여야 한다. 상소심에서 ③ 청구를 인용하고 ① 청구를 기각하는 내용으로 판결을 바꾸어도 ② 청구의 기각과 판결주문의 모순이 없어서 ② 청구에 대한 판결이 바뀌지 않기 때문이다. ② 청구에 대하여 독립당사자참가인의 불복이 있어야 상소로써 ② 청구에 대한 판결의 변경을 신청할 수 있다. 첫 번째 경우도 원고가 ③ 청구에 대한 판결에만 불복이 있으므로 상소로써 ③ 청구를 기각할 것을 구할 수 있는데, 설사 ③ 청구가 기각되어도 하급심에서 ① 청구를 묵시적으로 기각한 것과 모순되지 않으므로 ① 청구는 상소심의 판단대상이 되지 않는다. 따라서 피고 탈퇴시에는 모든 청구에 대하여 판결을 하여야 한다.

(2) 법원이 무엇을 근거로 피고에 대한 청구를 판단하여야 할지 본다. 피고는 탈퇴 후 방어를 위한 소송행위를 하지 않을 것이지만, 소송탈퇴는 소취하와 달리 탈퇴시까지 한 소송행위의 효력이 유지된다. 그러므로 탈퇴 전에 피고가 제출한 방어방법과 원고, 독립당사자참가인이 제출한 공격방법을 심리하여 법원이 판결을 선고하면 된다. 양면참가라면 3개의 청구에 대하여, 편면참가라면 2개의 청구에 대하여 판결을 선고할 것인데, 이들 청구에 대한 판결은 독립당사자참가의 특성 상 주문에 모순이 없어야 한다. 이때 탈퇴한 피고가 승소할 수도 있다. 가령 원고승소판결이 선고된다면 피고는 원고에 대하여서는 패소하지만 독립당사자참가인에 대하여서는 형식적으로 승소하게 되는 것이다. 원고와 독립당사자참가인의 청구가 모두 기각되어 형식적으로 피고가 전부승소하게 될 수도 있다. 원고나 독립당사자참가인이 상소하면 판결 전체가 확정되지 않고 상소심으로 이심될 것인데, 상소심의 판단이 하급심과 다르면 상소하지 않은 피고에 대하여 판결이 유리하게 바뀔 수도 있다. 원고승소판결에 대하여 독립당사자참가인이 상소하였고 상소법원이 그의 상소를 인용한다고 하자. 독립당사자참가인이 승소하기 위하여서는 원고승소판결이 취소되어야 하므로, 불이익변경금지 원칙의 적용이 배제되어 피고가 원고승소판결에 대하여 상소하지 않았는데도 형식적으로 피고가 원고에 대하

여 승소하게 된다.[43] 결국 피고에 대하여서는 탈퇴를 하더라도 탈퇴하지 않은 경우와 마찬가지로 법원이 당사자의 공격방어방법을 심리하여 판결을 내리게 되고, 판결은 당연히 당사자들과 탈퇴한 피고에게 효력이 있다.

(3) 원고가 탈퇴한 경우를 살핀다. 원고 탈퇴시에는 실무상 원고의 청구 및 원고에 대한 청구에 대하여 판결을 하지 않으므로 위와 같이 설명할 수 없다. 피고의 경우와 달리 원고의 경우에는 판결을 하는 것이 좋은지도 의심스럽다. 대상판결 사안의 전 소송에서처럼 갑이 채권양도가 유효하다고 생각하여 채권양수인 병으로 하여금 소송을 인수하게 하고 탈퇴하였는데, 법원이 채권 자체는 존재하나 채권양도가 무효라고 판단하여 원고승소판결을 선고할 수 있을까? 피고가 탈퇴하였을 때 원고와 독립당사자참가인의 청구 모두 이유 없다고 하여 기각하면 형식적으로 피고가 승소하는 결과가 되는데, 이때에는 탈퇴자가 승소한다고 하여도 원고, 피고, 독립당사자참가인의 사실상, 실체법적 상황에 변화를 가져오지 않으니 문제가 없다. 그런데 원고가 탈퇴하였을 때 원고승소판결을 선고하면 당사자들의 상황에 변화가 생긴다. 이런 판결이 우리 민사소송에서 용인된다고 할 수 있는지 의문이다. 그래서 원고가 탈퇴하였을 때 그의 청구와 그에 대한 청구에는 판결을 하지 않는 것에는 동의할 수 있다. 다만 이때 민사소송법 제80조 단서의 '판결이 효력이 있다'라는 조문을 어떻게 새겨야 하는지가 문제된다.

(4) 탈퇴한 원고의 경우에 민사소송법 제80조 단서의 판결의 효력이 기판력이라고 하자니 기판력의 물적 범위는 소송물로 한정된다는 문제가 있다. 대상판결 사안의 전 소송이 독립당사자참가라고 가정하면, 독립당사자참가인과 피고 사이의 소송물은 독립당사자참가인이 피고에게서 1억 4천만원을 받을 권리가 있는가이다. 누가 승소하든 '참가인이 피고에게서 1억 4천만원을 받을 권리가 있는가'라는 문제에 기판력이 있다. 대상판결의 사건에서 원고의 피고에 대한 청구는 '원고가 피고에게서 1억 4천만원을 받을 권리가 있는가'이다. 소송물이 달라서 여기에 대하여는 독립당사

43) 졸고, "독립당사자참가와 불이익변경금지 원칙의 배제", 809면 이하.

자참가인과 피고 사이의 판결의 기판력이 없다. 탈퇴한 원고에 대하여 집행력이 문제가 되는 상황은 상정하기 어렵지만, 설사 원고에 대하여 집행력이 필요한 상황이 있다고 하더라도 집행력의 범위는 기판력의 범위와 같으므로 기판력과 같은 문제가 있다.

이 조문의 판결의 효력이 참가적 효력이라는 견해도 있는데,[44] 이것도 따르기 어렵다. 참가적 효력은 피참가인이 패소하였을 때 보조참가인과 피참가인 사이의 새로운 소송에서 문제가 되는 것이다. 보조참가인이 피참가인의 승소를 돕기 위하여 노력하였는데도 피참가인이 패소하였을 때 서로에게 책임을 떠넘기는 것을 막는 것이다.[45] 보조참가인은 자기가 소송행위를 할 수 있었던 부분에만 책임을 진다는 면에서 제한되기는 한다(민사소송법 제77조). 그런데 탈퇴한 원고는 다른 당사자의 승소를 돕기 위하여 노력한 것도 아니고, 오히려 탈퇴한 후 다른 사람들의 소송행위의 결과에 터 잡은 판결이 원고에게 효력이 있는데 이것을 참가적 효력이라고 할 수 없다. 소송고지를 받고 보조참가하지 않은 사람에게도 참가적 효력이 있는데(동법 제86조), 보조참가하여 피참가인의 승소를 위하여 소송행위를 할 수 있었는데도 하지 않은 사람은 피참가인의 패소시 책임을 함께 지는 것이다. 탈퇴한 원고가 그와 비슷하다고 볼 수 있기는 하다. 독립당사자참가의 원고도 탈퇴하지 않고 소송행위를 할 수 있었는데 탈퇴하였으니 판결에 의하여 구속되는 것을 피할 수 없다고 말이다. 그러나 원고가 탈퇴하지 않았더라도 그는 다른 당사자가 승소하도록 돕는 입장은 아니었을 것이다. 그러니 그에게 피참가인 패소시의 책임을 피할 수 없다고 하는 것은 옳지 않다. 또 참가적 효력은 패소한 피참가인과 보조참가인 또는 소송고지를 받은 사람 사이에서 작용하는데,[46] 독립당사자참가 소송에서

---

44) 주석 민사소송법/장석조, (I), 619면 이하에 참가적 효력설과 다른 학설도 소개되어 있는데, 참가적 효력설은 누구의 견해인지 알 수 없다.

45) 김홍규 · 강태원, 앞의 책, 728면; 송상현 · 박익환, 앞의 책, 666면 이하; 이시윤, 주 8)의 책, 794면; 정동윤 · 유병현 · 김경욱, 앞의 책, 1045면; 호문혁, 앞의 책, 918면.

46) 김홍규 · 강태원, 앞의 책, 729면; 송상현 · 박익환, 앞의 책, 667면; 이시윤, 주 8)의 책, 794면; 정동윤 · 유병현 · 김경욱, 앞의 책, 1045면 이하; 호문혁, 앞의 책, 918면.

탈퇴한 원고에게 패소당사자에 대한 관계에서만 전소판결의 효력이 있다고 하면 되는지도 의문이다.

나아가 참가적 효력은 주문에 포함된 것만이 아니고 판결이유의 내용에도 인정된다.[47] 탈퇴한 원고와 다른 당사자 사이에 새로운 소송이 생긴다면 전소의 판결이유에까지 구속을 받아야 할까? 원고가 탈퇴하지 않았다면 독립당사자참가의 특성상 여러 청구에 대한 판결이 서로 모순되지 않아야 한다는 제한이 있었을 것이다. 그러나 이것이 판결이유까지 모순되어서는 안 된다는 것은 아니다.[48] 그런데 탈퇴하면 판결이유에까지 구속되어야 한다는 것은 앞뒤가 맞지 않는다. 따라서 동조의 판결의 효력이 참가적 효력이라고 할 수도 없다.

(5) 탈퇴하여 판결도 받지 않은 원고에 대한 판결의 효력은 위에 언급된 '독립당사자참가의 특성상 여러 분쟁의 모순 없는 해결이 필요하므로 여러 청구에 대한 판결주문이 서로 모순되지 않아야 한다'는 것이라고 생각된다. 대상판결의 전 소송에서 승계인이 승소하였다고 가정하여 보자. 원고가 전 소송에서 탈퇴하고 피고에게 약정금을 청구하는 후소를 제기하였는데, 전 소송의 판결은 '승계인은 피고에게서 1억 4천만원을 받을 권리가 있다'는 것에 기판력이 있다. 후소의 소송물은 이와 달리 '원고는 피고에게서 1억 4천만원을 받을 권리가 있는가'이지만, 후소법원은 전소판결과 모순되는 판결을 하지 못한다는 제한을 받는다. 원고의 청구를 기각하는 것은 전소판결의 주문과 모순되지 않으니 상관없으나, 원고가 피고에게서 약정금 1억 4천만원을 받을 권리가 있다는 판결은 전소판결의 주문과 충돌하기 때문에 할 수 없다. 말하자면, 원고가 독립당사자참가 소송에서 탈퇴하지 않고 판결을 받았을 때와 같은 제한을 후소에서도 받아야 한다는 것이다. 원고가 이러한 제한을 원하지 않는다면 소취하를 하였으면 된다.[49] 그런데 소취하를 하지 않고 탈퇴를 한 이상 이

47) 김홍규 · 강태원, 앞의 책, 729면; 송상현 · 박익환, 앞의 책, 667면 이하; 이시윤, 주 8)의 책, 795면; 정동윤 · 유병현 · 김경욱, 앞의 책, 1046면 이하; 호문혁, 앞의 책, 918면 이하.

48) 졸고, "독립당사자참가와 불이익변경금지 원칙의 배제", 814면 이하.

정도의 제한은 받아들이라고 하여도 무방할 것이다. 대상판결의 전 소송에서는 승계인이 패소하였으므로 대상판결의 사건에서는 원고가 승소하든, 패소하든 전 소송의 판결주문과 모순될 위험이 없다.

(6) 지금까지 살핀 것을 정리하면, 독립당사자참가의 탈퇴는 민사소송법의 다른 제도로는 설명할 수 없는, 독자적인 제도라 할 것이다. 탈퇴자는 당사자의 지위를 잃어서 소송행위를 할 수 없는 한편, 탈퇴 후의 소송비용도 부담하지 않는다.[50] 그러나 당사자가 아니면서도 판결이 그에게 효력이 있다.[51] 여기서 생각하여야 할 점은, 판결이 탈퇴자에게도

---

49) 양진수, 앞의 글, 10면에서는 탈퇴의 법적 성격을 어떻게 보든 탈퇴를 소취하와 동일시할 수 없다고 한다. 여기서는 판결이 탈퇴자에게도 효력이 있다는 것이 어떤 것인지는 밝히지 않았으나, '판결의 효력을 받는 이상' 탈퇴는 소취하와 다르다고 한다.

50) 독일 민사소송법에는 탈퇴자의 비용부담에 관한 규정이 있으나, 우리 민사소송법에는 그런 규정이 없다. 일단 민사소송법의 원칙에 따르면 탈퇴자는 탈퇴 전 자신이 야기한 소송비용을 부담한다고 할 수는 있을 것이나 그 이후에 발생한 소송비용을 부담한다고 할 수는 없을 것이다. 가령 독립당사자참가의 피고가 탈퇴한 후 원고나 독립당사자참가인에 대하여 패소판결을 받더라도 자신이 탈퇴한 후에 발생한 소송비용을 피고가 부담한다고 할 수는 없을 것이다.

51) 소송탈퇴의 법적 성격에 대한 잠재적 당사자설은 탈퇴가 당사자로서 적극적인 행위를 하지 아니하겠다는 의미라고 파악하여 탈퇴자는 소송의 잠재적 당사자로 남고 그의 청구나 그에 대한 청구도 잠재적으로 남아 있는 것으로 보아 판결에 탈퇴자를 표시하고 이유에 간단히 설시함으로써 집행권원의 문제를 명확히 할 수 있다고 한다[정영환, 신민사소송법, 세창출판사 (2009), 812면 이하]. 그러나 위 Ⅱ. 3. (3)에 적었듯이 독립당사자참가의 피고의 경우라면 모를까, 원고가 탈퇴한 경우에 원고에 대하여 판결을 선고하는 것이 옳은지, 심지어 원고승소판결을 선고할 수 있는지 의심스럽다. 또한 탈퇴자가 복귀의사표시에 의하여 바로 소송에 복귀할 수 있다고 하는데, 직접 소송을 형성하는 행위인 여효적 소송행위인 탈퇴를 번복할 수 있다는 것은 수긍하기 어렵다. 그리고 소송탈퇴자의 복귀가 탈퇴한 선정자가 소송에 복귀할 수 있는 것과 같은 상황이므로 허용되어야 한다는 견해도 있는데[이시윤, 주 8)의 책, 821면], 선정자는 탈퇴하더라도 그의 청구 또는 그에 대한 청구에 관하여 선정당사자가 소송을 수행하고 판결을 받는다. 선정행위를 취소하면 선정자가 다시 당사자가 되는데, 누가 당사자이든 청구 면에서는 변함없이 소송을 수행하고 판결을 받게 된다. 반면 독립당사자참가에서 원고가 탈퇴한 경우에는 그에 관련된 청구에 판결을 하지 않는데 복귀를 허용한다면 다시 정상적으로 판결을 하여야 한다. 피고의 경우에는 탈퇴하여도 비록 판결은 하지만 평범한 경우처럼 소송을 수행하고 판결을 받는 것은 역시 아닌데, 복귀를 허용하면 다시 정상적으로 소송을 수행하고 판결을 받아야 할 상황이 된다. 이 상황은 선정자 탈퇴의 경우와 다르다.

효력이 있다고 하려면 탈퇴자의 청구 또는 그에 대한 청구에 대한 소송계속도 소멸하지 않는다고 하여야 한다는 점이다. 피고가 탈퇴한 경우에는 피고가 탈퇴 전에 제출한 방어방법과 다른 당사자의 공격방법을 근거로 피고에 대한 청구에도 판결을 하여야 한다. 당연히 피고에 대한 청구의 소송계속도 소멸하지 않는다. 원고가 탈퇴한 경우에는 그의 청구와 그에 대한 청구에 판결을 하지는 않지만, 그렇다고 소송계속이 완전히 소멸하였다고 하면 곤란하다. 원고가 탈퇴 후 다시 소를 제기하여 독립당사자참가인-피고 사이의 소송과 원고-피고 사이의 새로운 소송이 동시에 진행된다면 후소법원의 판결이 전소법원의 판결주문과 모순되는 문제가 생길 수 있다. 이것은 독립당사자참가 제도의 특성과 소송탈퇴의 규정에 맞지 않는다. 위에 적었듯이 원고가 이런 결과를 원하지 않았다면 탈퇴가 아니라 소취하를 하였어야 한다. 따라서 원고의 탈퇴 후에도 판결의 모순을 막기 위하여 그의 청구에 소송계속이 있어서 중복된 소제기가 금지된다고 하여야 한다. 물론 이것은 소송계속을 '특정 소송상 청구에 대하여 판결절차로써 심리할 수 있는 상태'[52]라고 정의하는 것에 맞지 않는다는 문제가 있다. 그러나 탈퇴한 원고의 청구에 대하여 판결을 하지 않으면서도 그 청구에 대한 (장래 있을 수 있는) 판단이 다른 당사자들 사이의 판결과 모순되지 않아야 한다는 제약이 있다고 하는 것과, 그의 청구에 대하여 판결절차가 진행되는 상태는 아니지만 다른 당사자들 사이의 소송의 제약을 받아 중복된 소제기의 금지가 적용된다는 것을 견주어 볼 때 후자가 더 심각한 문제라고 할 수 없을 것이다. 오히려 전자를 보장하려면 중복된 소제기의 금지라는, 소송계속의 효력을 인정할 수밖에 없다.

필수적 공동소송이나 독립당사자참가에서 당사자 일부가 상소하지 않으면 단순한 상소심 당사자라고 한다. 필수적 공동소송이나 독립당사자참가에서 합일확정 또는 모순 없는 판결의 요청 때문에 당사자 일부에 대하여 판결이 분리확정될 수 없어서 함께 상소심으로 이심되지만 상소

52) 이시윤, 주 8)의 책, 262면; 호문혁, 앞의 책, 138면.

하지 않은 사람은 소송행위를 하지도 않고 소송비용을 부담하지도 않는다. 그리고 상소하지 않았는데도 판결이 그에게 유리하게 바뀔 수도 있다.[53] 탈퇴자의 지위가 이와 비슷하다고 할 수 있을 것이다. 그러나 상소심 당사자에 대하여 소송이 종료한 것은 아니다. 상소심 당사자는 부대상소하여 보통의 당사자의 지위가 될 가능성이 있고, 증인신문의 대상이 되지 않는다. 반면 탈퇴한 당사자는 소송행위를 할 수 없으니 당사자가 아니다. 그리고 탈퇴한 원고는 잔존 당사자 사이의 소송에서 당사자신문이 아니라 증인신문의 대상이 될 것이다.

### 4. 당사자의 행위에 의한 소송승계에서의 탈퇴

참가승계든, 인수승계든 당사자의 행위에 의한 소송승계에서 원고가 탈퇴하는 경우는 위 Ⅱ. 3.에서 다룬 것과 같다.

그런데 독립당사자참가에서와 달리 참가승계나 인수승계에서는 피고가 탈퇴하였을 때 피고에 대하여 판결을 할 필요가 있는가라는 문제가 있다. 피고 쪽으로 참가승계를 하는 것은 현실적으로 생각하기 어려우나, 제도상으로는 가능하다. 실제로는 인수승계를 하는 경우가 대부분일 것이다. 면책적 채무인수가 있었다고 주장하며 피고가 소송인수신청을 하고 자신은 탈퇴한다면 원고와 승계인 사이에 소송이 진행될 것인데, 이때 피고의 소송상 지위는 인수승계인이 승계하였으므로 원고와 피고 사이에 판단할 대상이 없기도 하고, 독립당사자참가에서 피고가 탈퇴한 경우와 달리 원고와 승계인이 피고에 대하여 서로의 권리를 주장하며 대립하는 것도 아니다.

또 당사자의 행위에 의한 소송승계에서는 피고가 탈퇴한 경우에 피고에 대하여 판결을 하는 것이 바람직한지 의문이라는 것도 독립당사자참가에서 원고가 탈퇴한 경우와 마찬가지이다. 피고가 면책적 채무인수

---

53) 김홍규 · 강태원, 앞의 책, 749면; 송상현 · 박익환, 앞의 책, 692면 이하; 이시윤, 주 8)의 책, 752면, 817면 이하; 정동윤 · 유병현 · 김경욱, 앞의 책, 1007면 이하, 1073면; 호문혁, 앞의 책, 869면, 944면 이하.

를 주장하며 소송인수를 신청하고 탈퇴하였는데, 법원의 심리 결과 채무인수가 무효라고 하자. 피고가 여전히 채무자라고 판단하였다면 법원이 채무자에게 이행을 명하는 판결을 선고할 수 있을까?

따라서 당사자의 행위에 의한 소송승계의 경우에는 피고가 탈퇴한 경우에도 원고 탈퇴와 마찬가지로 그에 대하여 판결을 하지 않을 것이다.

## Ⅲ. 탈퇴자의 후소와 시효중단

독립당사자참가의 피고는 탈퇴하더라도 그에 대한 청구에 대하여 판결을 받으므로 탈퇴시 판결의 효력을 특별히 따질 필요가 없다. 문제가 되는 것은 원고, 그리고 참가승계나 인수승계에서 원고나 피고가 탈퇴하는 경우이다. 판결은 탈퇴자에게도 효력이 있다고 하지만 그 효력은 위 Ⅱ. 3. (5)에 적은 바와 같이 '전소판결의 주문과 모순되는 내용의 판결을 할 수 없다'는 제한 정도이다. 대상판결의 사안에서처럼 원고가 탈퇴한 후 승계인이 청구기각판결을 받았고 원고가 6월 내에 다시 소를 제기하였다면 탈퇴자에 대한 판결의 효력으로 처음의 소제기로 인한 시효중단의 효력이 유지될까?

먼저 탈퇴는 소취하와 다르다. 독립당사자참가에서 원고가 –본안판결을 받은 적이 없이– 소취하를 하였다면 소급적으로 소송계속이 소멸하여 소가 제기되지 않은 것이 되므로(민사소송법 제267조) 원고는 취하 후 바로 다시 소를 제기할 수 있다. 그리고 그가 다시 소를 제기하였을 때 후소법원을 구속할 판결이 없다. 그런데 원고가 탈퇴를 하였다면 위 Ⅱ. 3. (5)와 (6)에 적은 것처럼 판결 확정 후 원고가 다시 소를 제기하였을 때 후소법원은 독립당사자참가인과 피고 사이의 청구에 대한 판결의 주문과 모순되는 판단을 하여서는 안 된다. 만약 원고가 시효중단을 위하여 탈퇴 후 6월 내에 다시 소를 제기한다면 아직 독립당사자참가인과 피고에 대한 판결이 확정되지 않은 상태일 수 있다. 이런 때 후소법원은 어떻게 하여야 한다는 말인가? 후소법원이 아무런 구속도 받지 않는 상태에서 판결을 하였다가 독립당사자참가인과 피고 사이의 청구에 대한 판결의 주문과 충돌하는 일이 생겨서는 안 된다. 그러니 탈퇴자의 청구 또는 그에 대한 청구에 대하여 소송계속이 남아 있어서 원고의 별소는 중복된 소제기가 된다고 하여야 할 것이다. 그리고 독립당사자참가인과 피고 사이의 판결이 확정되어야 후소법원이 판결주문의 모순을 피하기 위하여 받는 구속력의 내용도 구체적으로 정하여질 것이므로, 그때가 되어야 원고가 비로소 다시 소를 제기할 수 있다고 할 것이다.

따라서 대상판결의 사안에서 탈퇴한 갑은 인수승계인 병과 을 사이의 청구에 대한 판결이 확정된 다음에야 비로소 다시 소를 제기할 수 있었고, 그로부터 6월 내에 다시 소를 제기하였다면 민법 제170조 제2항에 따라 소멸시효는 처음 소를 제기한 때에 중단된 것으로 보아야 할 것이다.

## Ⅳ. 맺 음 말

민사소송법 제80조와 제82조 제2항의 해석론으로서 원고의 탈퇴로 그에 대하여 소송이 종료하고 소송계속이 소멸한다고 보는 것은 옳지 않다. 제82조 제2항에 따라 판결이 탈퇴자에게도 효력이 있는데, 판결이 확정된 후에야 후소법원이 탈퇴자의 청구를 심판할 때 판결주문의 모순을 피하기 위하여 어떤 구속을 받는지 알 수 있다. 이것은 곧 판결의 모순을 피하기 위하여 독립당사자참가인과 피고 사이의 소송이 끝날 때까지 원고가 다시 소를 제기할 수 없도록 하여야 한다는 것을 뜻한다. 그래서 탈퇴자로서는 독립당사자참가인과 피고 사이의 청구에 대한 판결이 확정될 때까지 다시 소를 제기할 수 없는데, 탈퇴 후 6월 이내에 소를 제기하지 않으면 최초의 소제기로써 시효가 중단되었다고 볼 수 없다고 새기는 것은 앞뒤가 맞지 않는다.

대상판결의 사안에서 갑은 인수승계인 병과 을 사이의 청구에 대한 판결이 확정될 때까지 다시 소를 제기할 수 없었으므로 판결이 확정된 시점, 곧 그가 다시 소를 제기할 수 있게 된 시점부터 6월 내에 실제로 소를 제기하였다면 그로서는 최선을 다한 것이라 하겠다. 그래서 채권의 소멸시효는 최초의 소제기시에 중단되었다고 볼 것이다.

소송탈퇴를 어떻게 이해하여야 할지 생각하다 보니 민사소송법이 이에 대하여 충분히 규율하지 않은 것이 아닌가 하는 생각이 들었다. 탈퇴자의 청구 또는 그에 대한 청구에 대하여 판결을 하여야 하는지 아닌지, 그리고 판결을 하지 않는다면 남은 당사자와 독립당사자참가인 사이의 청구에 대한 판결이 탈퇴자에게도 효력이 있다는 것이 무슨 뜻인지 명확하게 규정하는 것이 바람직할 것이다. 그밖에 소송비용 부담의 문제나 당사자변경에 대한 불복 등도 상세하고 명확하게 규정할 필요가 있다고 보인다. 이때 독립당사자참가 소송에서 원고가 탈퇴하는 경우와 피고가 탈퇴하는 경우가 같지 않다는 점을 충분히 고려하여야 할 것이다. 한편 당사자의 행위에 의한 소송승계에서는 피고가 탈퇴하는 것이 독립당사자참가에서 피고가 탈퇴하는 것과 다르고 오히려 원고의 탈퇴와 비슷하다는 것도 잊어서는 안 될 것이다.

독일 민사소송법 제75조부터 제77조는 적용대상이 한정되어 있으니 탈퇴 후의 소송상황, 소송비용 부담, 판결의 효력, 집행에 관련된 문제 등을 명확하게 규정할 수 있는데, 우리 민사소송법의 독립당사자참가와 참가승계, 인수승계는 다양한 경우에 이용될 수 있어서 조문을 명확하게 만드는 것이 상대적으로 어렵기는 할 것이다. 그래도 지금의 규정보다 더 명확하고 상세하며 실무에 도움이 되는 내용으로 개정하는 것이 바람직할 것이다.

[Zusammenfassung]

# Zur Entlassung der Partei aus dem Rechtsstreit

Oh, Jung Hoo*

Angesichts der §§ 80 u. 82 Abs. 2 ZPO ist es nicht zuzustimmen, dass mit der Entlassung des Klägers aus dem Rechtsstreit der Prozess sowie die Rechtshängigkeit seines Klageanspruchs für ihn ende. Nach § 82 Abs. 2 wirkt das zwischen den verbliebenen Parteien erlassene Urteil auch gegen die entlassene Partei. Erst nach dem Rechtskräftigwerden des Urteils des ersten Prozesses kann das Zweitgericht die erneute Klage des Klägers unter Berücksichtigung der Wirkung des ersteren Urteils entscheiden. Das bedeutet, dass der Einwand der Rechtshängigkeit in diesem Fall gegeben sein muss. Daher kann und darf der entlassene Kläger bis zum Rechtskräftigwerden des Urteils nicht erneut klagen. Es wäre also widersprüchlich, wenn er zum Zweck der Verjährungsunterbrechung binnen 6 Monaten nach seiner Entlassung erneut Klage zu erheben hätte. Demnach ist die Verjährungsfrist zum Zeitpunkt der ersten Klageerhebung unterbrochen anzusehen.

Die koreanische ZPO lässt hinsichtlich der Entlassung der Prozesspartei sehr viel zu wünschen übrig. Hat das Gericht den Klageanspruch des entlassenen Klägers bzw. den Anspruch gegen den entlassenen Beklagten zu erkennen? Wenn nicht, auf welche Weise wirkt das Urteil gegen die entlassene Partei? Um solche Fragen und viele andere zu beantworten, bedürfte die ZPO detailierterer Regelungen. Dabei ist es zu beachten, dass bei der Intervention als selbstständige Partei durch die Entlassung des Klägers und die des Beklagten völlig andere Situationen entstehen. Jedoch ist die

* Professor Dr. jur, School of Law, Seoul National University.

Entlassung des Beklagten bei der Prozessübernahme eher der des Klägers ähnlich.

[Schlüsselwörter]

- Prozessübernahme
- Entlassung der Prozesspartei
- Intervention als selbstständige Partei
- Urteilswirkung gegen die entlassene Partei

## 참고문헌


강현중, 민사소송법 제7판(2018), 박영사.

김홍규 · 강태원, 민사소송법, 초판(2008), 삼영사.

법원실무제요 민사소송, 법원행정처(2005).

송상현, 민사소송법, 초판(1990), 박영사.

송상현 · 박익환, 민사소송법, 신정7판(2014), 법문사.

이시윤, 신민사소송법, 제12판(2018), 박영사.

______, 신민사집행법, 제6판(2013), 박영사.

정동윤 · 유병현 · 김경욱, 민사소송법, 제6판(2017), 법문사.

정영환, 신민사소송법, 초판(2009), 세창출판사.

주석 민사소송법/집필자, 제8판(2018), 한국사법행정학회.

호문혁, 민사소송법, 제13판(2016), 법문사.

양진수, "승계가 무효임을 이유로 한 원고 인수참가인의 청구기각 또는 소각하 판결이 확정된 후 탈퇴원고가 다시 소를 제기하는 경우 원고의 최초 소제기로 인한 소멸시효 중단효의 운명", 대법원판례해설 제113호(2017년 하), 법원도서관.

오정후, "독립당사자참가와 불이익변경금지 원칙의 배제", 민사판례연구 제34권(2012).

______, "소송계속에 관하여", 서울대학교 법학 제54권 제1호(2013. 3.).

______, "소송계속 중 선정당사자가 자격을 잃은 사건에서 나타난 몇 가지 민사소송법적 문제", 민사소송 제12권 제1호(2008. 5.).

Jauernig/Hess, Zivilprozessrecht, 30. Aufl., München 2011.

Rosenberg/Schwab/Gottwald, Zivilprozessrecht, 17. Aufl., München 2010.

Münchener Kommentar zur Zivilprozessordnung/Bearbeiter, 5. Aufl., München.

Stein/Jonas/Bearbeiter, Kommentar zur Zivilprozessordnung, 23. Aufl., Tübingen.

# 파산절차와 소송수계에 관한 실무상 쟁점

김 규 화*


■요 지■

파산선고 전에 계속된 파산재단에 관한 소송, 채권자취소소송은 파산선고가 있으면 중단되고 파산관재인이 소송수계할 수 있다. 파산절차와 소송수계에 관하여는 파산관재인의 수계의무 및 상대방의 수계신청권 인정 여부, 소송수계 시 법원의 허가 요부, 법원의 속행명령 인정 여부 등 논의가 필요한 여러 실무상 쟁점이 있다.

파산선고 후 제기된 파산재단에 관한 소송이나 채권자취소소송은 부적법하다. 제1, 2 대상판결은 이러한 소송도 파산관재인의 소송수계의 대상이 되는지가 문제된 사안이다.

제1 대상판결은 파산선고가 있은 후 제기된 파산채권에 관한 소송은 부적법하고, 파산선고 당시 법원에 소송이 계속되어 있음을 전제로 한 파산관재인의 소송수계신청 역시 부적법하다고 판시하였다. 소송수계는 소송중단사유의 발생을 전제로 한 개념이므로, 제1 대상판결의 결론은 '당사자적격 있는 자 사이에서 계속된, 수계의 전제가 되는 중단된 소송이 없는 경우'에는 소송수계가 불가능하다는 원칙적인 입장에 근거한 것으로서, 타당하다.

반면 제2 대상판결은 파산선고가 있은 후 채권자가 제기한 부적법한 채권자취소소송이라도 파산관재인이 이를 수계할 수 있고, 나아가 부인의 소로 변경할 수 있다고 보았다. 제2 대상판결은 부적법한 소송의 수계, 소송절차 중단(사유) 발생 및 그 해소와 무관한 형태의 소송수계도 가능함을 시사하였다는 점에서 의미가 있으나, 제2 대상판결에서 제시된 논거는 결론을 뒷받침


* 대구지방법원 상주지원 판사.

하기에 충분하지 않다고 생각되고, 결론의 타당성에도 의문이 있다.

제2 대상판결의 논거 중 채무자회생법이 이러한 소송수계를 명시적으로 금지하지 않았다는 점, 소송수계의 필요성이 있다는 점은 제1 대상판결에도 마찬가지로 적용될 수 있는 근거이고, 파산선고로 인한 당연승계사유가 발생하는지 여부의 측면에서 '채권자취소소송'이 다른 소송유형과 구별되는 구조적 특성이 있다는 점을 고려하더라도 그로 인해 소송수계의 쟁점에서 해당 소송유형만을 달리 취급하여야 할 할 논리적 필연성은 없으므로, 그러한 사정이 제1 대상판결과 정반대의 결론을 내려야 하는 결정적인 이유는 될 수 없다. 오히려 제2 대상판결의 결론대로 파산선고 후 제기된 부적법한 채권자취소소송을 파산관재인이 소송수계하여 부인의 소로 변경할 수 있게 된다면, 부인의 소 제기 시 법원의 허가를 받도록 한 채무자회생법 등에 관한 법률의 취지를 잠탈할 가능성이 있고, 부인권 행사기간의 제척기간 준수시점 판단과 관련된 혼란이 발생할 수 있으며, 부적법한 채권자취소소송의 처리와 관련된 혼선, 1심 각하판결에 불복하여 소송수계신청과 동시에 항소하는 경우의 심급이익의 박탈문제 등 여러 후속문제가 발생할 수 있다는 점에서 굳이 소송수계를 인정할 실익도 적다. 이러한 후속문제에 관하여도 논의가 진행될 필요가 있다.

[주 제 어]
- 채무자회생법
- 파산절차
- 소송중단
- 수계
- 채권자취소소송
- 부인의 소
- 수계신청권
- 수계거절권
- 수계의무
- 속행명령

## 제1 대상판결 : 대법원 2018. 6. 15. 선고 2017다289828 판결(채무부존재확인)

### 1. 사실관계[1] 및 소송의 경과

가. A는 甲재단에게 14억 원을 대여하였고, 그 대여금채권 중 일부를 B에게 양도하고 10억 원을 B로부터 지급받았다. A는 甲재단을 상대로 남은 4억 원의 대여금 및 그 지연손해금의 지급을 구하는 소를 제기하였고, 2012. 12. 14. 그 청구를 인용하는 판결이 선고되어 2013. 1. 경 확정되었다(이하 '이 사건 확정판결'이라 한다).

나. 한편 A와 B 사이의 채권양도계약이 당시 A의 기망행위가 있었음을 이유로 취소되었다.

다. A는 2015. 3. 25. 乙에게 ① '甲재단에 대한 대여금채권(또는 부당이득금 반환채권)'과 ② '이 사건 확정판결 사건의 채권 및 이자'를 양도하고 채권양도사실을 甲재단에게 통지하였다(이하 위 채권을 '이 사건 양수금채권'이라 한다).[2]

라. 甲재단은 乙을 상대로 이 사건 양수금채권과 관련된 甲재단의 채무가 부존재한다고 주장하며 2016. 12. 5. 채무부존재확인의 소를 제기하였다. 그런데 소장 부본이 피고 乙에게 송달되기 전인 2016. 12. 14. 원고 甲재단에 대한 파산선고가 내려졌으며, 2017. 1. 12.에야 피고 乙에게 소장 부본이 송달되었다.

마. 甲재단의 파산관재인은 이 사건 소에 관하여 2017. 2. 7. 원고 甲재단의 지위를 이어받고자 소송수계신청을 하였다.

바. 한편, 甲재단에 대한 파산절차에서 乙은 2017. 1. 9. 이 사건 양수금채권을 파산채권으로 신고하였고, 2017. 2. 9. 파산관재인이 이의하자 乙은 2017. 2. 17. 채권조사확정재판을 신청하였다.

1) 판례의 취지를 이해하기에 필요한 범위에서 사실관계를 단순화하였다.
2) 이 사건 양수금 채권은 파산절차에서 파산채권으로 취급되었는데, ① 부분은 집행력 있는 집행권원이나 종국판결이 없는 소위 '무명의채권', ② 부분은 집행력 있는 집행권원이나 종국판결이 있는 소위 '유명의채권'으로 분류할 수 있을 것이다.

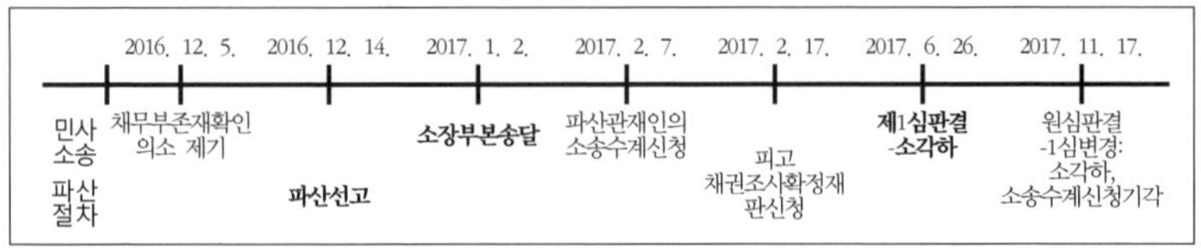


## 2. 1심 및 원심의 판단

### 가. 1심-인천지방법원 부천지원 2017. 6. 26. 선고 2016가합103391 판결

제1심법원은, 이 사건 소송의 계속은 甲재단에 대한 파산선고일 이후에 피고 乙에게 소장부본이 송달되면서 발생하였으므로, 파산선고 당시 이의채권에 대한 소송이 계속 중인 경우로 볼 수 없어 채무자 회생 및 파산에 관한 법률(이하 '채무자회생법'이라 한다) 제464조에 따라 원고 甲재단의 파산관재인이 그 소송의 수계를 신청하여 채권의 확정을 구하는 방법으로 다툴 수 없다고 보고, 이 사건 소는 파산채권을 채무자회생법에 따르지 않고 일반 민사소송으로 다투는 소송일 뿐만 아니라 甲재단은 파산채권에 대한 관리처분권이 없어 소송의 당사자가 될 수 없어 부적법하다고 보았다.

이에 따라 1심 법원은 원고 甲재단의 파산관재인의 소를 각하하는 판결을 선고하였는데, 판결이유에서 소송수계할 대상이 존재하지 않아 소송수계신청이 부적법하다는 점을 설시하면서도 주문에서 파산관재인의 소송수계신청을 기각한다고 설시하지 않고, 원고의 표시도 소송수계신청인인 파산관재인을 그대로 표시하였다.

### 나. 원심의 판단-서울고등법원 2017. 11. 17. 선고 2017나2045149 판결

원심(항소심)은 1심과 대체로 그 취지를 같이 하여, 이 사건 소의 소장부본이 피고 乙에게 송달될 당시 원고 甲재단이 파산선고에 따라 채무부존재확인의 소를 구할 당사자적격을 상실한 상태였고, 파산선고 당시 이 사건 소송이 법원에 계속되어 있지 않았으며 이에 따라 중단되는 소송절차도 없었던 이상 원고 甲재단의 파산관재인이 그 지위를 이어받는 소송수계를 할 수 없다고 보았다. 이에 따라 1심판결을 변경하여, 원고 甲재단의 소를 각하하고, 소송수계신청인인 파산관재인의 소송수계신청을 기각하는 판결을 선고하였다.

### 3. 제1 대상판결의 요지: 상고기각

가. "원고와 피고의 대립당사자 구조를 요구하는 민사소송법의 기본원칙상 사망한 사람을 피고로 하여 소를 제기하는 것은 실질적 소송관계가 이루어질 수 없어 부적법하다. 소 제기 당시에는 피고가 생존하였으나 소장 부본이 송달되기 전에 사망한 경우에도 마찬가지이다(대법원 2015. 1. 29. 선고 2014다34041 판결, 대법원 2017. 5. 17. 선고 2016다274188 판결 참조). 사망한 사람을 원고로 표시하여 소를 제기하는 것 역시 특별한 경우를 제외하고는 적법하지 않다(대법원 2016. 4. 29. 선고 2014다210449 판결 참조)."

나. "파산선고 전에 채권자가 채무자를 상대로 이행청구의 소를 제기하거나 채무자가 채권자를 상대로 채무 부존재 확인의 소를 제기하였더라도, 만약 그 소장 부본이 송달되기 전에 채권자가 채무자에 대하여 파산선고가 이루어졌다면 이러한 법리는 마찬가지로 적용된다. 파산재단에 관한 소송에서 채무자는 당사자적격이 없으므로, 채무자가 원고가 되어 제기한 소는 부적법한 것으로서 각하되어야 하고(채무자회생법 제359조), 이 경우 파산선고 당시 법원에 소송이 계속되어 있음을 전제로 한 파산관재인의 소송수계신청 역시 적법하지 않으므로 허용되지 않는다."

다. "…이 사건 채권양도에 기한 피고의 채권은 파산선고 전의 원인으로 생긴 재산상의 청구권이므로, 채무자인 원고가 피고를 상대로 그 채무의 부존재 확인을 구하는 이 사건 소는 파산재단에 관한 소송이다. 따라서 이 사건 소는 부적법한 것으로서 각하되어야 하고, 원고 소송수계신청인의 소송수계신청 역시 부적법하다."

## 제2 대상판결 : 대법원 2018. 6. 15. 선고 2017다265129 판결(사해행위취소 등)

### 1. 사실관계 및 소송의 경과[3)]

가. 채무자 D는 그 소유 각 부동산에 관하여, ① 2014. 2. 25. 피고 1에

---

3) 각 판결문을 통하여 알 수 없는 내용은, 심영진, "채무자에 대한 파산선고 후 파산채권자가 채권자취소의 소를 제기한 경우, 파산관재인이 소송수계 후 부인의 소로 변경할 수 있는지 여부", 대법원판례해설 제115호, 법원도서관, 2018, 128면 이하를 참고하였다.

게 '2014. 2. 24.자 매매예약' 또는 '2014. 2. 25.자 매매예약'을 원인으로 한 소유권이전청구권 가등기를, ② 2014. 6. 30. 피고 2에게 '2014. 6. 24.자 매매'를 원인으로 한 소유권이전등기를 각 마쳐주었다.

나. 채무자 D는 파산 및 면책신청을 하여 2015. 7. 6. 파산선고를 받았고, 파산관재인이 선임되었다.

다. 파산채권자인 원고 P는 파산선고 후인 2015. 9. 30. 채무자 D와 피고들 사이에 체결된 위 각 매매예약 및 매매계약이 사해행위에 해당한다고 주장하면서 피고들을 상대로 위 각 사해행위의 취소와 위 가등기 및 소유권이전등기의 말소를 구하는 소를 제기하였다.

라. 파산관재인은 2016. 5. 19. 원고 P의 지위를 이어받는 취지의 소송수계신청서를 제출하고, 같은 날 채무자회생법 제391조 제1호에서 정한 부인권 행사를 이유로 위 각 가등기 및 소유권이전의 말소등기절차 이행을 구하는 내용의 청구취지 및 청구원인변경신청서를 제출하였다.

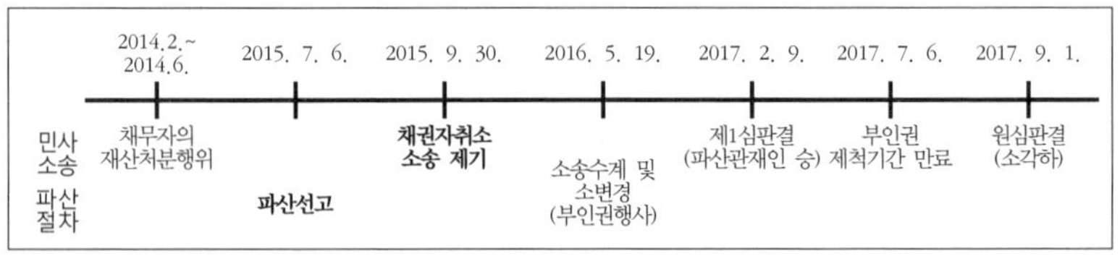


### 2. 1심 및 원심의 판단

#### 가. 1심-광주지방법원 해남지원 2017. 2. 9. 선고 2015가단3812 판결

1심은 원고 P의 소송수계인인 파산관재인의 청구취지를 선해하여 부인등기절차의 이행을 구하는 것으로 보고,[4] 원고 P의 소송수계인인 파산관재인의 청구를 인용하는 판결을 선고하였다.

#### 나. 원심의 판단-광주지방법원 2017. 9. 1. 선고 2017나52756 판결

원심(항소심)은 다음과 같은 이유로, 원고 소송수계인의 소송수계 후 교환적으로 변경된 부인의 소를 각하하였다.

"채무자회생법 제391조, 제396조에 의하면, 채무자가 파산선고를 받은 후

---

4) 원고 소송수계인은 항소심 1차 변론기일에서 부인등기절차의 이행을 구하는 것으로 청구취지를 정정하였다.

에는 파산선고 전에 채무자가 한 사해행위는 파산관재인에 의한 부인권 행사(총채권자에 대한 평등변제를 목적으로 함)의 대상이 될 뿐이고, 파산채권자가 이에 대한 채권자취소소송(개별적 강제집행을 전제로 하여 개개의 채권에 대한 책임재산의 보전을 목적으로 함)을 제기할 수는 없다(대법원 2010. 9. 9. 선고 2010다37141 판결 참조). … 따라서 채무자와 피고들 사이에 체결된 위 각 매매예약 등이 사해행위라고 주장하면서 채무자의 파산선고 후에 제기된 이 사건 소는 부적법하다"[5])

### 3. 제2 대상판결의 요지 : 원심파기, 1심 취소 및 관할법원 이송판결

가. "채무자가 채권자에 대한 사해행위를 한 경우에 채권자는 민법 제406조에 따라 채권자취소권을 행사할 수 있다. 그러나 채무자에 대한 파산선고 후에는 파산관재인이 파산재단을 위하여 부인권을 행사할 수 있다. 파산절차가 채무를 채권자들에게 평등하고 공정하게 변제하기 위한 집단적·포괄적 채무처리절차라는 점을 고려하여 파산선고 후에는 파산채권자가 아닌 파산관재인으로 하여금 부인권을 행사하도록 한 것이다. 따라서 파산선고 후에는 파산관재인이 총 채권자에 대한 평등변제를 목적으로 하는 부인권을 행사하여야 하고, 파산절차에 의하지 않고는 파산채권을 행사할 수 없는 파산채권자가 개별적 강제집행을 전제로 개별 채권에 대한 책임을 보전하기 위한 채권자취소의 소를 제기할 수 없다(대법원 2010. 9. 9. 선고 2010다37141 판결 참조). 이러한 맥락에서 채무자회생법은 파산채권자가 제기한 채권자취소소송이 파산선고 당시 계속되어 있는 때에는 그 소송절차는 수계 또는 파산절차의 종료에 이르기까지 중단되고 파산관재인이 이를 수계할 수 있다는 규정을 두고 있다"

나. "파산선고 후에는 파산채권자가 수익자나 전득자를 상대로 채권자취소의 소를 제기할 수 없지만 채권자취소의 소를 제기한 경우에도 마찬가지로 파산관재인이 소송수계를 할 수 있다고 보아야 한다(대법원 2013. 6. 27.자 2013마4020 결정 참조). 상세한 이유는 다음과 같다.

(1) 채무자회생법 제406조, 제347조 제1항이 파산선고 당시 법원에 계속되어 있는 채권자취소소송을 파산관재인이 수계할 수 있도록 정한 것은, 파

5) 다만, 소송수계신청의 적법 여부에 관하여는 명시적으로 판단하지 않고, 원고의 표시도 소송수계인인 파산관재인을 그대로 표시하였다.

산채권자의 채권자취소권이라는 개별적인 권리행사를 파산채권자 전체의 공동 이익을 위하여 직무를 수행하는 파산관재인의 부인권 행사라는 파산재단 증식의 형태로 흡수시킴으로써 파산채무자의 재산을 공정하게 환가·배당하는 것을 목적으로 하는 파산절차에서의 통일적인 처리를 도모하기 위한 것이다(대법원 2016. 7. 29. 선고 2015다33656 판결 참조). 그런데 이러한 필요성은 파산선고 당시 채권자취소소송이 법원에 계속되어 있는 경우뿐만 아니라 파산선고 이후에 채권자취소의 소가 제기된 경우에도 마찬가지이다.

**(2)** 채무자회생법 제396조 제1항은 「부인권은 소, 부인의 청구 또는 항변의 방법으로 파산관재인이 행사한다.」라고 정하고 있다. 여기서 말하는 '소'란 반드시 파산관재인이 새로이 부인의 소를 제기하는 경우만을 의미하는 것이 아니라 파산관재인이 기존의 소송을 수계하여 부인의 소로 변경하는 방법으로 부인권을 행사하는 것도 포함한다. 채무자회생법 제406조, 제347조 제1항이 파산채권자가 제기한 채권자취소의 소가 파산선고 당시 법원에 계속되어 있는 경우 그 소송절차의 중단과 파산관재인의 소송수계에 관하여 정하고 있는 것이 파산채권자가 파산선고 이후에 제기한 채권자취소의 소를 파산관재인이 수계하여 부인의 소로 변경하는 것을 금지하고 있는 취지라고 볼 수 없다.

**(3)** 채권자취소소송은 파산선고를 받은 채무자를 당사자로 하는 것은 아니므로 채무자에 대한 파산선고가 있더라도 당사자에게 당연승계사유가 발생하는 것은 아니다. 다만 그 소송결과가 파산재단의 증감에 직접적인 영향을 미칠 수 있기 때문에 파산채권자가 제기한 채권자취소소송이 파산선고 당시 법원에 계속되어 있는 때에는 그 소송절차가 중단되고 파산관재인이 소송을 수계할 수 있도록 특별히 정한 것이다. 따라서 소송계속 중 당사자의 사망 등 당연승계사유가 발생한 경우와는 구별되므로, 이러한 경우를 규율하기 위해 마련된 민사소송법 규정이 파산채권자가 제기한 채권자취소의 소에 대해서도 그대로 적용된다고 보기 어렵다.

따라서 파산채권자가 파산선고 후에 제기한 채권자취소의 소가 부적법하더라도 파산관재인은 이러한 소송을 수계한 다음 청구변경의 방법으로 부인권을 행사할 수 있다고 보아야 한다. 이 경우 법원은 파산관재인이 수계한 소송이 부적법한 것이었다는 이유만으로 소송수계 후 교환적으로 변경된 부인의 소마저 부적법하다고 볼 것은 아니다."

**다.** "부인의 소는 파산계속법원의 관할에 전속한다[채무자회생법 제396조

제3항, 제1항(2016. 12. 27. 법률 제14472호로 개정되기 전에는 '파산계속법원'이 아닌 '파산법원' 이었다)]. 따라서 채권자취소소송이 계속 중인 법원이 파산계속법원이 아니라면 그 법원은 관할법원인 파산계속법원에 사건을 이송하여야 한다. 파산채권자가 제기한 채권자취소소송이 항소심에 계속된 후에는 파산관재인이 소송을 수계하여 부인권을 행사하더라도 채무자회생법 제396조 제3항이 적용되지 않고 항소심법원이 소송을 심리·판단할 권한을 계속 가진다(대법원 2017. 5. 30. 선고 2017다205073 판결 참조). 그러나 제1심법원에 계속 중이던 채권자취소소송을 파산관재인이 수계하여 부인의 소로 변경한 경우에는 채무자회생법 제396조 제3항이 적용된다."

라. "(중략) 이 사건 채권자취소의 소는 채무자에 대한 파산선고 후에 제기된 것이어서 부적법하다. 그러나 채무자의 파산관재인인 원고 소송수계인이 제1심에서 위 소송을 적법하게 수계한 다음 부인의 소로 청구를 변경하는 방법으로 부인권을 행사하였다. 이로써 종전 청구의 소송계속이 소멸하고 부인의 소가 심판의 대상이 되었다."

마. "부인의 소는 파산계속법원의 전속관할에 속한다. 따라서 원심으로서는 부인의 소에 관한 본안판단을 한 제1심판결을 취소하고 사건을 관할법원인 파산계속법원에 이송하였어야 한다. 그런데도 원심은 제1심판결이 전속관할을 위반하였음을 간과한 채 원고 소송수계인이 수계한 위 소송이 부적법한 소였다는 이유만으로 교환적으로 변경된 부인의 소를 각하하였다. 이러한 원심의 판단에는 전속관할에 관한 법리를 오해한 잘못이 있다."[6]

---

6) 이상과 같은 판단하에 대법원은 원심판결을 파기하고, 제1심판결을 취소하며, 이 사건을 관할법원인 광주지방법원으로 이송하는 판결을 하였다. 사건을 환송받은 광주지방법원은 이를 단독사건으로 재배당하였고, 1심 법원은 2019. 1. 16. 원고 소송수계인의 청구를 모두 인용하는 부인판결을 선고하였으며(2018가단534834), 2019. 8. 30. 피고들의 항소를 모두 기각하는 판결이 선고되어(광주지방법원 2019나51955), 위 부인판결이 확정되었다.

〔研　　究〕

## Ⅰ. 서　　론

민사소송법은 제233조부터 제247조에 걸쳐 소송절차의 중단과 중지, 소송절차의 수계에 관하여 규정하고 있고, 당사자의 파산과 소송수계에 관하여서는 '파산선고 당시 소송이 계속 중'이었음을 전제로 채무자회생법에 규정이 마련되어 있다.

파산재단에 관한 소송에서는 파산관재인이 당사자가 되므로(채무자회생법 제359조), 파산선고 후에 파산채권자가 파산절차에 의하지 않고 파산채권에 관한 소송을 제기하거나, 채권자취소소송을 제기하는 경우 이는 부적법하다. 그리고 채무자회생법은 당사자가 파산선고를 받은 때에 소송이 계속 중인 경우를 상정하여 소송수계를 규정하고 있으므로, 파산선고 후 계속되어 당초부터 부적법한 파산재단에 관한 소송이나 채권자취소소송의 경우는 파산관재인 등이 소송을 수계할 수 없는 것으로 해석할 여지가 있었다.

그런데 2018. 6. 15. 선고된 제1, 2 대상판결은 파산선고 후에 제기된 파산재단에 관한 소송이나 파산채권자가 제기한 채권자취소소송 모두 부적법하다고 보면서도 이에 대한 소송수계가 가능한지 여부에 관하여는 다른 결론을 내렸다. 파산재단에 관한 일반적 소송을 다룬 제1 대상판결은, '파산한 채무자가 원고가 되어 제기한 파산재단에 관한 소송(채무부존재확인)은 부적법하여 각하되어야 하고 파산선고 당시 법원에 소송이 계속되어 있음을 전제로 한 파산관재인의 소송수계신청 역시 적법하지 않으므로 허용될 수 없다'고 본 반면, 채권자취소권에 관한 제2 대상판결은 '파산채권자가 파산선고 후에 제기한 채권자취소의 소가 부적법하더라도 파산관재인은 이러한 소송을 수계한 다음 청구변경의 방법으로 부인권을 행사할 수 있다'고 판시한 것이다.

두 대상판례를 연구대상으로 선정한 것을 계기로 파산절차와 소송수계에 관한 쟁점을 두루 검토하는 과정에서 견해의 대립이 있음에도 불구하고 실질적 논의가 부족한 쟁점이 적지 않다는 것을 확인할 수 있었다. 이하에서는 ① 파산절차에 관련된 소송중단 및 소송수계의 일반론을 살펴보고, ② 소송유형별 소송수계와 관련된 세부쟁점을 살펴본 뒤 제1 대상판결의 의의를 검토한다. 이어서 ③ 부인권과 채권자취소소송의 관계를 개관한 뒤, ④ 부적법한 소송의 수계 가부, 소송중단 없는 소송의 수계 가부의 관점에서 제2 대상판결의 의의와 타당성, 문제점을 검토하기로 한다.

## Ⅱ. 파산선고에 따른 소송중단 및 소송수계

### 1. 소송유형별 개관

소송절차가 진행되는 중에 당사자가 파산선고를 받은 경우, 채무자가 파산선고 전부터 수행하던 소송절차는 어떻게 되는가?

파산선고가 내려지면 파산자의 재산은 파산재단을 구성하고(채무자회생법 제382조 제1항), 파산재단에 대한 관리처분권은 파산자로부터 파산관재인에게로 이전되며(채무자회생법 제384조), 파산재단에 관한 소송에 있어서는 파산관재인이 당사자적격을 갖게 된다(채무자회생법 제359조).[7] 파산선고 후에 제기되는 신소송뿐만 아니라, 파산선고 전에 제기되어 파산선고 당시 파산자가 수행하던 파산재단에 관한 소송에서도 당사자적격은 오로지 법정소송담당자인 파산관재인에게만 인정되므로, 파산선고에 의하여 파산선고 당시 계속 중인 파산재단에 관한 소송의 당사자적격은 파산자에게서 파산관재인으로 이전되고, 소송의 당사자도 파산자에서 파산관재인으로 교체되어야 하는데, 이를 소송법상

7) 이러한 관리처분권의 이전은 파산자나 채권자에 의하여 파산재단에 속하는 재산의 산일·은닉·처분을 막기 위한 파산선고의 효력에 따른 것이나, 파산선고에도 불구하고 파산재단에 대한 실체법상의 권리는 여전히 파산자에게 남아 있고, 다만 파산관재인이 법정소송담당자로서 당사자적격을 갖게 되는 것이다. 법정소송담당자인 파산관재인이 소송수행권을 행사하여 판결을 받으면 그 기판력은 당사자가 아니었던 실체법상 권리주체인 파산자에게도 미친다(민사소송법 제218조 제3항). 이상 정준영, "신도산법의 파산절차가 소송절차에 미치는 영향", 도산관계소송(편집대표 고영한·강영호), 한국사법행정학회, 2009, 305면 이하 참조.

파산선고에 의한 파산재단에 관한 소송의 당연승계라고 부를 수 있을 것이다.[8] 이러한 당연승계인의 소송절차의 관여를 보장하기 위하여 소송절차의 중단과 수계가 필요하게 된다. 파산선고가 있으면 파산재단에 관한 소송절차는 중단되는데(민사소송법 제239조), 그 수계와 수계 이후의 소송절차에 관하여는 파산재단에 관한 소송이 '파산재단에 속하는 재산에 관한 소송'인지, '파산채권으로 될 채권에 관한 소송'인지 여부에 따라 그 취급이 다르다.[9] 파산재단에 관한 소송의 두 유형에 관하여, 거칠게 말하면 전자는 그 소송의 승패가 직접 파산재단의 증감에 의미가 있는 소송이고, 후자는 파산절차에 의해 배당받을 파산자의 채무에 관한 소송이라고 할 수 있을 것이다.[10]·[11] 그리고 '파산채권으로 될 채권에 관한 소송'도 파산채권자가 집행권원이나 종국판결이 있는지 여부에 따라 그 수계절차와 수계 이후의 소송절차가 다르다.

한편 "채무자"가 파산선고 전부터 수행하던 소송은 아니지만, 파산채권자가 수행하던 채권자취소소송에 대하여는 채무자회생법이 명문의 규정을 두어 그 중단 및 파산관재인의 소송수계를 인정하고 있다(채무자회생법 제406조, 제347조). 한편, 채권자대위소송에 대하는 명문의 규정은 없으나 통설은 채권자취소권과 마찬가지로 그 중단 및 소송수계를 인정하고 있고, 판례도 같은 입장이다.

이상과 같은 파산선고에 따른 소송중단 여부 및 소송수계 가부와

8) 정준영(주 7), 308-309면.

9) 서울회생법원 재판실무연구회, 법인파산실무, 박영사, 2019, 82면.

10) 伊藤 眞 外 5, 條解 破産法, 弘文堂, 2014, 897면. 이러한 취지에서 파산재단에 관한 소송을 '적극재산에 관한 소송'(=파산재단에 속하는 재산에 관한 소송)과 '소극재산에 관한 소송'(=파산채권으로 될 채권에 관한 소송)이라는 용어를 사용하여 구분하는 견해도 있다. 정준영(주 7), 324면 이하. 임채웅, 로앤비 온라인주석서(2015. 7. 15.)에서도 제347조에 관한 항목에서, '파산재단에 관한 소송'을 '파산재단에 속하는 재산(적극재산)에 관한 소송'과 '파산채권(소극재산)에 관한 소송'으로 분류하면서 양자는 그 수계절차가 다르다고 기술하고 있다.

11) 예를 들어, 파산자가 채권자인 경우 상대방이 제기한 채무부존재확인소송은 파산재단에 속하는 재산에 관한 소송에 해당하지만(대법원 1999. 12. 28. 선고 99다8971 판결), 파산자가 제기한 채무부존재확인소송은 파산채권으로 될 채권에 관한 소송에 해당한다. 법인파산실무(주 9), 82면.

관련된 내용을 소송유형별로 표로 정리하면 아래와 같다.

<table>
<tr><th colspan="2">구 분</th><th>중단 여부</th><th>소송수계 가부</th></tr>
<tr><td rowspan="2">파산재단에 관한 소송</td><td>파산재단에 속하는 재산에 관한 소송</td><td rowspan="2">중단 (민소 제239조)</td><td>중단 즉시 채무자 수계 가능 (채무자회생법 제347조 제1항)</td></tr>
<tr><td>파산채권으로 될 채권에 관한 소송</td><td>중단 후 채권조사결과를 기다려 이의채권에 관한 소송만 채무자 수계 가능 (채무자회생법 제464조, 제466조)</td></tr>
<tr><td colspan="2">채권자취소소송</td><td>중단 (채무자회생법 제406조 제1항)</td><td>중단 즉시 채권자 수계 가능 (채무자회생법 제406조 제2항, 제347조 제1항)</td></tr>
<tr><td colspan="2">채권자대위소송</td><td>중단 (유추적용)</td><td>上同(유추적용)</td></tr>
<tr><td colspan="2">파산재단과 관계없는 소송[12)]</td><td colspan="2">중단되지 않음</td></tr>
</table>

## 2. 파산재단에 관한 소송절차의 중단 및 수계

### 가. 소송절차의 중단 및 수계절차의 구분

파산재단에 관한 소송에서는 채무자는 당사자적격을 상실하고 파산관재인이 법정소송담당으로서 당사자적격을 가진다(채무자회생법 제359조). 따라서 파산선고 후에는 채무자는 파산재단에 관한 소송을 제기할 수 없고, 파산관재인만이 이를 제기할 수 있다. 파산선고 당시 파산재단에 관한 소송이 계속 중이었다면 이러한 소송절차는 채무자회생법에 따른 수계절차가 이루어지기 전까지 중단된다(민사소송법 제239조).

파산재단에 관한 소송은 ① '파산재단에 속하는 재산 그 자체에 관한 소송'과 ② '파산채권으로 될 채권에 관한 소송'으로 구별되는데, 그 유형에 따라 수계절차가 다르다.

12) 개인파산의 경우 이혼 기타 신분관계에 관한 소송, 법인파산의 경우 회사설립무효의 소송, 회사해산의 소송, 합병무효의 소송, 채무자에 대한 주주지위 확인의 소, 주식의 명의개서 청구의 소, 주주총회 결의의 효력에 관한 소송 등 조직법상의 다툼은 파산선고가 있어도 채무자가 여전히 당사자로 되는 것이므로 소송절차가 중단되지 않고, 자유재산에 관한 소송도 채무자가 그 관리처분권을 잃지 않으므로 중단되지 않는다. 법인파산실무(주 9), 84면.

### 나. 파산재단에 속하는 재산 그 자체에 관한 소송

파산자의 적극재산에 관한 소송으로서, 그 소송의 결과에 따라 파산재단의 증감에 영향이 있는 소송이다. 파산자가 채권자 또는 물권자인 경우의 소송으로서, 환취권 및 별제권에 관한 소송도 이에 포함된다.[13)·14)]

파산재단에 속하는 재산이란 파산선고 당시에 채무자에게 속한 적극재산으로서 압류가 가능한 것을 말하는바(채무자회생법 제382조 제1항), 법률적으로 파산재단에 속하지 아니하는 재산이라 하더라도 파산관재인이 사실상 파산재단 소속 재산으로 인정하여 점유하고 있는 재산을 포함한다.[15)]

파산선고로 인하여 파산재단의 관리처분권은 파산관재인에게 이전하게 되므로(채무자회생법 제384조), 파산재단에 속한 재산에 관한 소송에 관하여는 파산

---

13) 정준영(주 7), 324면.

14) 구체적으로 보면, 파산자가 원고가 되어 제기한 소송으로, 파산자가 채권자인 채권에 관한 소송인 물품대금지급청구, 소유권이전등기청구 등과 파산자가 물권자인 물권에 대한 소송인 소유물반환청구, 소유권에 기한 방해배제청구, 저당권말소등기회복청구, 파산자의 소유부동산에 설정된 저당권말소청구(이는 별제권에 대한 소송이다) 등이 있을 수 있다. 파산자가 피고가 된 소송, 즉 파산관재인이 사실상 파산재단 소속 재산으로 인정하여 점유하고 있는 재산의 귀속이 다투어지는 소송으로, 파산자가 채권자인 채권에 관한 소송인 채무부존재확인청구, 파산자가 물권자인 물권에 관한 소송인 물건인도청구 및 소유권이전등기말소청구(환취권의 전형적인 형태이다), 파산자 소유 물건상의 질권, 저당권 등의 담보물권 확인의 소(별제권의 유무에 관한 것) 등이 있을 수 있다. 이상 정준영(주 7), 325면.

15) 이 경우 실체적 권리자가 환취권을 행사할 수 있고, 환취권 행사에 의한 소송, 즉 소유권에 기한 인도청구소송 등은 결국 파산재단에 관한 소송에 포함된다. 참고로, 환취권은 채무자회생법에 의하여 창설되는 권리가 아니라 목적물에 대하여 제3자가 가지는 실체법상 권리의 당연한 효과이므로 어떠한 권리가 있으면 환취권이 발생하는가는 민법, 상법 그 밖의 실체법의 일반원칙에 의하여 결정된다. 환취권의 기초가 되는 권리로서는 소유권뿐 아니라 용익권(지상권 등)이나 점유권 외에, 채무자에 대한 임대인 또는 임치인 등이 가지는 계약상의 반환청구권 등도 포함되지만, 파산선고 전에 채무자로부터 물건을 매수한 자가 가지는 목적물의 인도청구권과 같이, 파산재단 소속 물건에 대한 채권적 인도청구권은 파산채권이 될 뿐이다. 즉, 채권적 청구권이 환취권의 기초가 되는지 여부는 그 권리의 성질에 비추어 판단하여야 한다. 매매계약에 기한 인도청구권과 같이 어느 재산이 파산재단에 속하는 것을 전제로 하여 그 이행을 구하는 채권적 청구권은 채무자회생법 제426조에 의하여 파산채권이 될 뿐, 환취권을 구성하지 않으나, 어느 재산이 채무자에게 속하지 않는, 즉 파산재단에 속하지 않는 것을 주장하여 채권의 내용으로서 물건의 인도를 구하는 경우의 채권적 청구권은 환취권의 내용이 된다. 이상 법인파산실무(주 9), 82면, 460면.

관재인이 당사자가 되고, 파산선고 당시 법원에 계속되어 있는 소송은 파산관재인 또는 상대방이 이를 수계할 수 있다(채무자회생법 제347조 제1항).

### 다. 파산채권으로 될 채권에 관한 소송

#### (1) 소송절차의 중단과 수계

파산채권에 관한 소송은 파산관재인이 당연히 수계하는 것이 아니라, 상대방의 채권신고와 그에 대한 채권조사의 결과에 따라 처리하게 된다.[16)]

당사자가 파산선고를 받은 때에 파산재단에 관한 소송절차는 중단되고(민사소송법 제239조), 채무자에 대하여 파산선고 전의 원인으로 생긴 재산상의 청구권인 파산채권은 파산절차에 의하지 아니하고는 행사할 수 없으므로(채무자회생법 제423조, 제424조), 파산채권에 관한 소송이 계속하는 도중에 채무자에 대한 파산선고가 있게 되면 소송절차는 중단되고, 파산채권자는 파산사건의 관할법원에 채무자회생법이 정한 바에 따라 채권신고를 하여야 한다. 채권조사절차에서 그 파산채권에 대한 이의가 없어 채권이 신고한 내용대로 확정되면 위 계속 중이던 소송은 부적법하게 된다.[17)]

채권조사절차에서 그 파산채권에 대한 이의가 있어 파산채권자가 그 권리의 확정을 구하고자 하는 때에는 이의자 전원을 소송의 상대방으로 하여 위 계속 중이던 소송을 수계하고 청구취지 등을 채권확정소송으로 변경하여야 한다(채무자회생법 제464조).[18)·19)] 파산선고 당시 이미 이의채권에 관하여

16) 개인파산의 경우, 파산선고를 하면서 채권신고기간 및 채권조사기일을 추후에 정하기로 결정하고 채무자의 재산상태를 조사한 후 파산재단으로써 파산절차의 비용을 충당하기에도 부족하다고 인정되면 실무상 채권신고 및 채권조사절차를 거치지 않고 파산폐지 결정을 하고 있는바, 채권조사절차가 없기 때문에 채권확정의 소송도 진행될 수 없다. 따라서 이러한 경우 파산채권에 관한 소송은 파산선고로 인하여 중단되기는 하지만 수계절차를 거치지 않은 상태로 유지되다가 파산절차가 종료된 후 채무자가 다시 당사자로서 소송을 진행하게 되는 경우도 있을 것이다. 강상효, "파산선고로 인하여 채권자대위소송이 중단 및 수계되는지 여부", 재판과 판례 제22집, 대구판례연구회 (2013), 476면 이하.

17) 대법원 2010. 8. 26. 선고 2010다31792 판결. 이 경우 수소법원은 파산관재인으로 하여금 소송절차를 수계하도록 한 다음 각하판결을 하는 실무례가 있다. 파산채권자의 소취하를 유도하는 경우도 많다고 한다. 법인파산실무(주 9), 88면.

18) 대법원 2010. 8. 26. 선고 2010다31792 판결.

소송이 계속 중인 경우에 새로이 조사확정재판 등을 제기하도록 하는 것은 비용과 시간의 측면에서 비경제적이고, 종래 소송의 경과를 무시하는 것이 되어 불합리하므로, 이러한 경우 조사확정재판과 이에 대한 이의의 소를 제기하는 대신에 중단된 소송을 수계하도록 한 것이다.[20] 이 경우에도 파산채권에 대한 조사 결과 파산채권자표에 기재된 사항에 한하여 수계신청이 가능하고 그곳에 기재되지 않은 사항을 주장하는 수계신청은 부적법하여 각하되어야 한다(채무자회생법 제465조).[21]

### (2) 집행력 있는 집행권원이나 종국판결 있는 파산채권의 경우

집행력 있는 집행권원이나 종국판결[22] 있는 파산채권에 관하여는 채무자가 할 수 있는 소송절차에 의하여만 이의를 주장할 수 있다. 구체적으로는 집행력 있는 집행권원에 대하여는 재심의 소, 청구이의의 소 등으로써, 미확정의 종국판결의 경우에는 상소로써 이의를 주장하여야 한다.[23] 집행력 있는 집행권원이 있는 채권은 강제집행에 착수할 수 있는 지위에 있고, 종국판결을 얻은 채권은 권리의 존재에 관하여 고도의 추정력이 있는 재판을 받은 것이므로 이를 존중하기 위함이다.

---

19) 청구취지의 변경은 ① 파산채권자가 원고가 되어 이행의 청구를 하고 있었다면 "원고는 채무자 ○○○에 대하여 금 ○○○원의 파산채권이 있음을 확인한다"로, 반대로 채무자가 원고가 되어 파산채권자를 상대로 채무부존재확인 청구소송을 하고 있었다면 파산채권자가 소송의 수계신청을 한 다음 반소로서 "반소원고는 채무자 ○○○에 대하여 금 ○○○원의 파산채권이 있음을 확인한다"라는 청구를 하여야 한다. 법인파산실무(주 9), 334면.

20) 법인파산실무(주 9), 329면.

21) 대법원 2000. 11. 24. 선고 2000다1327 판결.

22) 여기서 '종국판결'은 대체로 미확정의 종국판결(가집행선고부 1심, 항소심 판결)일 것이다. 본안판결의 확정 등으로 소송이 종료된 후에는 파산이 선고되더라도 승계인은 민사소송법 제218조에 따라 기판력을 받게 되므로, 소송절차의 중단이나 수계의 문제는 생기지 않기 때문이다. 정갑주, "파산· 회생절차가 소송절차에 미치는 영향 개관", 민사법의 새로운 전개 : 환도 정환담교수 정년기념논문집, 2006, 339면 이하.

그렇다고 하더라도 확정판결에 대한 재심의 소송이 계속되어 있는 경우가 있을 수 있고, 기판력의 기준 시 이후에 생긴 사정이 있으면 소극적확인의 소를 제기할 수 있으므로[條解 破産法(주 10), 912면], 수계대상을 미확정의 종국판결에 한정할 것은 아니다.

23) 법인파산실무(주 9), 337면.

이러한 파산채권에 관하여 파산선고 당시 법원에 소송이 계속되어 있는 경우 이의자가 그 파산채권을 보유한 파산채권자를 상대방으로 하는 소송절차를 수계하여야 한다(채무자회생법 제466조). 이 경우 소송의 형태는 채권확정의 소로 변경되어야 할 것이다.[24)]

### 3. 채권자취소소송에 관한 소송절차의 중단 및 수계

파산채권자가 제기한[25)] 사해행위취소소송이 파산선고 당시 법원에 계속되어 있는 때에는 그 소송절차는 수계 또는 파산절차의 종료에 이르기까지 중단된다(채무자회생법 제406조 제1항). 사해행위취소소송은 파산선고를 받은 채무자가 그 당사자가 아니라는 점에서 '파산재단에 속하는 재산 그 자체에 관한 소송'은 아니지만 그 소송의 결과가 파산재단에 직접적인 영향이 있고, 이를 부인소송으로 변경하여 파산관재인이 통일적으로 수행할 필요가 있기 때문이다. 중단된 소송의 수계에 관하여는, '파산재단에 속하는 재산 그 자체에 관한 소송'의 수계에 관한 제347조의 규정을 준용하도록 규정하고 있는바(제2항), 파산관재인이 중단된 사해행위취소소송을 수계할 수 있다는 점에 관하여는 의문이 없다.[26)]

---

24) 대법원 1999. 7. 23. 선고 99다22267 판결 : "당사자가 파산선고를 받은 때에는 파산선고 전의 원인으로 생긴 재산상의 청구권에 해당하는 파산채권에 관한 소송절차는 중단되고, 이와 같이 파산채권에 관하여 파산선고 당시 소송이 계속하는 경우에 파산사건의 관할법원에 파산채권의 신고를 하였으나 파산관재인, 파산채권자 또는 파산자 등의 이해관계인의 이의가 있어 파산채권자가 그 채권의 확정을 요구하려고 할 때에는 별도로 파산사건의 관할법원에 파산채권확정의 소를 제기하는 대신에 종전의 소송이 계속 중인 법원에 신고된 파산채권에 관한 이의자를 상대로 하여 소송절차의 수계신청을 하여야 하며, 파산채권에 관한 제1심의 종국판결 선고 후에 파산선고가 있은 경우에는 반대로 신고된 파산채권에 관한 이의자가 소송절차의 수계신청을 하여야 하는 것이고, 이 경우 소송의 형태는 채권확정의 소로 변경되어야 한다."

25) 법 제406조는 파산채권자가 제기한 소송만 중단된다고 규정하고 있으나, 재단채권자가 제기한 사해행위취소소송도 역시 중단된다고 보는 것이 실무례이다. 참고로 일본 파산법 제45조 제1항은 재단채권자가 제기한 사해행위취소소송 역시 중단된다고 명시하고 있다. 법인파산실무(주 9), 83면.

26) 대법원은 파산채권자가 제기한 채권자취소소송의 중단과 파산관재인의 소송수계를 규정한 채무자회생법 제406조, 제347조의 취지와 관련하여, "(전략) 이는 채권자취소소송이 파산선고를 받은 파산채무자를 당사자로 하는 것은 아니지만 소송

파산관재인이 사해행위취소소송을 수계한 경우, 그 성질을 소송법상 당연승계와 마찬가지로 볼 것인지(나아가 당연승계한 경우와 마찬가지의 효과를 부여할 것인지)에 관하여, 국내에서는 대체로 이를 부정하는 견해가 우세해 보인다.[27)·28)] 이는 파산관재인의 수계거절권, 상대방의 수계신청권, 수계 전 보전처분의 효과 등과 어느 정도 논리적 관련성이 있는 문제이다. 어찌되었든, 파산관재인은 소송수계 후에는 부인의 소로 소를 변경하여야 한다.

한편, 채권자취소소송의 계속 중에 채무자에 대하여 파산선고가 있었는데 법원이 그 파산선고 사실을 알지 못한 채 파산관재인의 소송수계가 이루어지지 아니한 상태 그대로 소송절차를 진행하여 판결을 선고하였다면, (그 판결은 유효하나) 채무자의 파산선고로 소송절차를 수계할 파

결과가 파산재단의 증감에 직접적인 영향을 미칠 수 있을 뿐만 아니라, 파산채권자는 파산절차에 의하지 아니하고는 개별적인 권리행사가 금지되는 점 등을 고려하여, 파산채권자가 파산채무자에 대한 파산선고 이후에는 채권자취소권을 행사할 수 없도록 하기 위한 것이다. 그 대신 채무자회생법은 파산관재인이 파산채무자에 대한 파산선고 이후 파산채권자가 제기한 채권자취소소송을 수계할 수 있다고 규정하여, 파산채권자의 채권자취소권이라는 개별적인 권리행사를 파산채권자 전체의 공동의 이익을 위하여 직무를 행하는 파산관재인의 부인권 행사라는 파산재단의 증식의 형태로 흡수시킴으로써, 파산채무자의 재산을 공정하게 환가·배당하는 것을 목적으로 하는 파산절차에서의 통일적인 처리를 꾀하고 있다. 이는 부인권이 파산채무자가 파산채권자를 해함을 알고 한 행위를 부인하고 파산채무자로부터 일탈된 재산의 원상회복을 구할 수 있는 권리라는 점에서 채권자취소권과 동일한 목적을 가지고 있기 때문이다"라고 판시한 바 있다(2016. 7. 29. 선고 2015다33656 판결).

다만, 위 대법원 판시 중 '채권자취소권과 부인의 소가 동일한 목적을 갖고 있다'고 설시한 부분은 비판을 받기도 하였는데, 그 자세한 내용에 관하여는 전원열, "부인권과 제척기간 : 대법원 2016. 7. 29. 선고 2015다33656 판결", 법조 통권 제720호(2016. 12.), 법조협회, 485면 이하 참조.

27) 정준영(주 7) 309면; 심영진(주 3) 131면 등. 다만, 일본에서는 파산관재인이 채무자와 별도의 법주체성(견해의 대립 있음)을 가지나, 효과의 측면에서 채권자의 당연승계인의 지위에 선다고 보는 견해가 유력한 것으로 보인다. 濟藤秀夫 外 2, 注解 破産法(上), 青林書院, 1998, 556면.

28) 제2 대상판결은, 판결이유에서 "채권자취소소송은 파산선고를 받은 채무자를 당사자로 하는 것은 아니므로 채무자에 대한 파산선고가 있더라도 당사자에게 당연승계사유가 발생하는 것은 아니다"고 판시하였다. 그 법적효과의 측면은 별론으로 하고, 성질에 관하여는 판례와 다수설이 일치하는 것으로 보인다.

산관재인이 법률상 소송행위를 할 수 없는 상태에서 심리되어 선고된 것이므로 여기에는 마치 대리인에 의하여 적법하게 대리되지 아니한 경우와 마찬가지의 위법이 있게 된다.[29)]

### 4. 채권자대위소송에 관한 소송절차의 중단 및 수계

채권자대위소송에 관하여 명문의 규정은 없지만, 사해행위취소소송과 마찬가지로 소송절차가 중단되고 파산관재인이 수계할 수 있다고 해석되고 있다.[30)] 판례도, 채권자대위소송의 목적이 채무자의 책임재산 보전에 있고 채무자에 대하여 파산이 선고되면 그 소송 결과는 파산재단의 증감에 직결된다는 점은 채권자취소소송에서와 같으며 채권자대위소송의 구조와 채무자회생법의 관련 규정의 취지 등에 비추어 보면 민사소송법 제239조, 채무자회생법 제406조, 제347조 제1항이 유추적용되어 그 소송절차는 중단되고 파산관재인이 이를 수계할 수 있다고 하여,[31)] 같은 입장이다.

### 5. 소결–각 대상판결의 소송유형 및 앞으로 논의할 쟁점

이상과 같이 소송유형별 중단 및 수계에 관한 일반론을 간략히 살펴보았다. 제1 대상판결은 '파산재단에 관한 소송' 중 '파산채권으로 될 채권에 관한 소송'의 중단 및 수계에 관한 것이고, 제2 대상판결은 채권자취소소송의 중단 및 수계에 관한 것이다. 각 대상판결은 파산선고 후 제기된 민사소송의 수계에 관하여 다른 결론을 내렸는바, 파산절차와 소송수계에 관하여 견해 대립이 있는 부분을 소송수계의 국면별로 살펴보

---

29) 대법원 2014. 1. 29. 선고 2013다65222 판결 등.

30) 법인파산실무(주 9), 83면. 일본의 구 파산법에서도 우리나라와 마찬가지로 채권자대위소송의 중단·수계에 관하여 명문의 규정이 없었는데, 파산선고 당시 계속 중이던 채권자대위소송절차는 중단되고 파산관재인이 원고로서 수계할 수 있다는 것이 실무이자 다수설이었다고 한다[정준영(주 7), 340면]. 한편 2004년(평성 16년) 개정된 일본 신 파산법에서는 이러한 실무의 입장과 다수설을 받아들여 제45조에서 이를 명문화하였다. *條解 破産法*(주 10), 367면.

31) 대법원 2013. 3. 28. 선고 2012다100746 판결.

고, 각 대상판결의 의의, 나아가 그 결론과 논거의 타당성에 대하여 검토하기로 한다.

## Ⅲ. 소송유형별 소송수계와 관련된 실무상 쟁점

### 1. 수계의무와 상대방의 수계신청권

#### 가. 문제의 소재

민사소송법, 채무자회생법은 파산선고로 인한 소송절차의 중단에 관하여 “중단된다”고 일의적으로 규정하고 있는 반면, 소송절차의 수계에 관하여는 “수계하여야 한다” 또는 “수계할 수 있다”로 규정하고 있다.[32)·33)] 법조문의 문구에 따라 수계신청권자의 수계의무, 상대방의 수

---

32) 파산선고 관련 소송절차의 중단 및 수계를 규정한 조문을 옮겨 보면 아래와 같다.

| | |
|---|---|
| 파산재단에 관한 소송 공통 | **민사소송법 제239조(당사자의 파산으로 말미암은 중단)**<br>당사자가 파산선고를 받은 때에 파산재단에 관한 소송절차는 중단된다. 이 경우 「채무자 회생 및 파산에 관한 법률」에 따른 수계가 이루어지기 전에 파산절차가 해지되면 파산선고를 받은 자가 당연히 소송절차를 수계한다.<br>**민사소송법 제240조(파산절차의 해지로 말미암은 중단)**<br>「채무자 회생 및 파산에 관한 법률」에 따라 파산재단에 관한 소송의 수계가 이루어진 뒤 파산절차가 해지된 때에 소송절차는 중단된다. 이 경우 파산선고를 받은 자가 소송절차를 수계하여야 한다. |
| 파산재단에 관한 소송 중 파산재단에 속하는 재산에 관한 소송수계 | **채무자회생법 제347조(파산재단에 속하는 재산에 관한 소송수계)**<br>①파산재단에 속하는 재산에 관하여 파산선고 당시 법원에 계속되어 있는 소송은 파산관재인 또는 상대방이 이를 수계할 수 있다. 제335조제1항의 규정에 의하여 파산관재인이 채무를 이행하는 경우에 상대방이 가지는 청구권에 관한 소송의 경우에도 또한 같다. |
| 파산재단에 관한 소송 중 이의 있는 파산채권에 관한 소송수계 | **채무자회생법 제464조(이의채권에 관한 소송의 수계)**<br>이의채권에 관하여 파산선고 당시 소송이 계속되어 있는 경우 채권자가 그 권리의 확정을 구하고자 하는 때에는 이의자 전원을 그 소송의 상대방으로 하여 소송을 수계하여야 한다.<br>**채무자회생법 제466조(집행권원이 있는 채권에 대한 이의주장방법)**<br>①집행력 있는 집행권원이나 종국판결 있는 채권에 관하여 이의가 있는 자는 채무자가 할 수 있는 소송절차에 의하여만 이의를 주장할 수 있다.<br>②제1항의 규정에 의한 파산채권에 관하여 파산선고 당시 법원에 소송이 계속되어 있는 경우 이의자가 같은 항의 규정에 의한 이의를 주장하고자 하는 때에는 이의자는 그 파산채권을 보유한 파산채권자를 상대방으로 하는 소송절차를 수계하여야 한다. |

계신청 시 본래 수계신청권자의 수계거절권 등을 인정 또는 부정하면 충분한가? 위와 같은 규정에도 불구하고, 학설은 대립하고 있으며, 그 결론이 법조문 규정과 대체로 일치하지 않고 있다.

한편, 채무자회생법은 「이 법에 규정이 없는 때에는 민사소송법 및 민사집행법을 준용한다」고 규정하고 있고(제33항), 민사소송법 제241조는 「소송절차의 수계신청은 상대방도 할 수 있다」고 규정하고 있다. 채무자회생법 제347조와 같이 파산관재인 외에 상대방에게도 수계신청권이 있다는 점이 명시되어 있는 경우 외에 제464조, 제466조와 같이 당해 규정에 상대방의 수계신청권이 명시되어 있지 않은 경우, 채무자회생법 제347조를 준용하는 제406조가 적용되는 경우에도 상대방의 수계신청권이 인정되는가? 상대방의 수계신청 시 수계신청을 받은 자는 이를 거절할 수 없는가? 이에 관하여도 견해의 대립이 있다.

이하에서 각 소송유형별로 나누어 살펴본다.

나. 파산재단에 관한 소송

**(1) 파산재단에 속하는 재산 그 자체에 관한 소송**

파산재단에 속하는 재산 그 자체에 관한 소송에 관한 수계신청은 파산관재인은 물론 상대방도 할 수 있다(채무자회생법 제347조).[34] 파산관재인은 상대방의 수계신청을 거절할 수 없고, 수소법원은 민사소송법 제244조에 의해 직권으로 수계적격자를 찾아 속행명령을 할 수 있다고 한다.[35]

이 유형의 소송수계에 관하여 우리와 유사한 규정[36]을 두고 있는

| 채권자취소소송<br>(채권자대위소송에 유추적용) | **채무자회생법 제406조(채권자취소소송 등의 중단)**<br>① 「민법」 제406조제1항이나 「신탁법」 제8조에 따라 파산채권자가 제기한 소송이 파산선고 당시 법원에 계속되어 있는 때에는 그 소송절차는 수계 또는 파산절차의 종료에 이르기까지 중단된다.<br>②제347조의 규정은 제1항의 경우에 관하여 준용한다. |
|---|---|

33) 한편 민사소송법은 당사자의 사망(제233조), 법인의 합병(제234조), 소송능력의 상실 및 법정대리권의 소멸(제235조), 수탁자의 임무종료(제236조), 소송담당자의 자격상실(제237조)과 관련하여, "수계하여야 한다"고 규정하고 있다.

34) 법문상 명확하고, 통설 및 실무도 마찬가지의 입장이다.

35) 법인파산실무(주 9), 86면, 정준영(주 7), 321면.

일본에서도, 일방당사자의 파산에 의해 그때까지 소송진행의 결과가 무위가 되는 것을 감수할 합리적 이유가 없으므로, 상대방은 언제라도 수계신청을 할 수 있고 파산관재인은 설령 소송상태가 불리한 경우라도 이를 거절할 수 없다고 해석하는 데 견해가 일치하는 것으로 보인다.[37)]

그렇다면 파산관재인의 소송수계는 권리에 그치지 않고 의무라고 할 것인가? 민사소송법과 달리 채무자회생법 제347조는 소송수계를 파산관재인의 '의무'로 명시하고 있지는 않다. 소송의 진행에 따라 파산관재인과 상대방 중 이익이 있는 자가 수계신청을 하면 충분하다는 사고방식에 기인한 것으로 보인다. 그러나 쌍방이 수계신청을 하지 않는 경우, 소송절차의 중단이 장기간 지속될 수 있다. 파산관재인은, 상대방이 수계신청을 하지 않는 경우 설령 파산재단에 적극적인 이익을 초래할 수 없는 경우라도, 선관주의의무(채무자회생법 제361조 제1항)의 관점에서, 자신이 스스로 수계를 신청한 후에 적절한 방식으로 소송을 종결시키는 것이 상당한 경우도 있을 것이다.[38)] 위와 같은 논의와 법문의 규정을 종합하여 볼 때, 파산관재인에게 소송수계의무가 있는 것은 아니나 파산관재인의 선관주의의무, 상대방의 수계신청권과 결합하여 사실상 의무의 성격을 가지게 되는 것이라고 보는 것이 상당하다.

**(2) 파산채권으로 될 채권에 관한 소송**

**(가) 수계의 대상이 되는 소송**

파산채권자가 채권신고를 하였고 채권조사기일에서 파산관재인이나 다른 파산채권자의 이의가 있는 경우,[39)] 그 이의가 있는 파산채권을 소

36) 우리 채무자회생법 제347조 제1항 전단에 대응하는 일본 신파산법 제44조 제2항의 규정은 아래와 같다.

"파산관재인은, 전항의 규정(우리 민사소송법 제239조에 대응)에 의해 중단된 소송절차 중 파산채권과 관계되지 아니한 것을 수계할 수 있다. 이 경우에는 수계의 신청은 상대방도 할 수 있다."

37) 條解 破産法(주 10), 363면. 일본 구 파산법은 더욱 우리 채무자회생법 제347조 제1항과 비슷한데, 이에 대한 해석을 놓고도 상대방의 수계신청권을 인정하고 파산관재인은 수계를 거절할 수 없다고 보는 데 견해가 일치하였던 것으로 보인다. 注解 破産法(上)(주 27), 368면.

38) 條解 破産法(주 10), 363면.

송물로 하는 소송이 수계대상이 된다. 이 경우 소송을 수계하지 않고 별도의 채권조사확정재판을 신청하는 것은 허용되지 않는다(채무자회생법 제462조).[40)]

(나) 집행권원 등이 없는 파산채권(무명의채권)에 관한 소송수계

1) 소송수계에 관하여 원래 예정된 모습

이의 있는 파산채권이 집행력 있는 집행권원이나 종국판결이 있는 채권(이하 '유명의채권'이라 한다)이냐 아니냐(이하 '무명의채권'이라 한다)에 따라 파산채권의 확정을 구하기 위한 소를 제기하고 소송을 수계하여야 할 자가 다르게 규정되어 있다.

무명의채권에 관하여 파산선고 당시 소송이 계속되어 있는 경우 채권자가 그 권리의 확정을 구하고자 하는 때에는 그 파산채권자가 '이의자 전원'을 그 소송의 상대방으로 하여 소송을 수계하여야 한다(채무자회생법 제464조). 이는 고유필수적공동소송이므로, 이의자 중 일부를 상대방으로 한 수계신청은 부적법하다.[41)]

2) 상대방의 수계신청권 인정 여부

이의를 당한 당해 파산채권자가 아니라 상대방 즉, 이의자 중 1인 또는 전원도 수계신청을 할 수 있는가? 예를 들어 계속 중인 소송의 원고가 채권신고를 하고 파산관재인 등으로부터 이의를 받자 채권회수를 체념해 버리고 당해소송의 수계신청을 하지 않는 경우이다.

이에 대하여 이의채권에 관한 소송의 수계는 파산재단에 속하는 재산에 관한 소송수계와는 달리 이의채권의 확정을 위하여 특별히 인정되는 것이므로 허용되지 않는다는 견해,[42)] 소송절차의 수계신청은 상대방

---

39) 법인파산실무(주 9), 330면. 파산채권자가 채권신고를 하지 않거나, 채권조사기일에서 파산관재인이나 다른 파산채권자의 이의가 없어 신고한 대로 채권이 확정되는 경우, 파산절차에서 배당을 받을 수 없게 되거나, 파산채권자표 확정의 효력(채무자회생법 제460조)에 따라 파산절차 내부에서 다툴 수 없는 불가쟁의 효력을 받게 되어 파산채권에 대한 소송을 유지할 필요가 없게 되므로, 계속 중이던 파산채권에 관한 소송은 소의 이익이 없어 부적법하게 되기 때문이다.

40) 대법원 1991. 12. 24. 선고 91다22698, 22704 판결(구 회사정리법 하에서 소송수계를 하여야 할 경우 정리채권확정의 별소를 제기하는 것은 부적법하다고 본 사례).

41) 법인파산실무(주 9), 332면.

42) 법인파산실무(주 9), 332면.

도 할 수 있다는 점(민사소송법 제241조)을 들어 파산관재인만 이의자로 있는 경우 파산관재인이 한 수계신청도 적법하다고 보는 견해 등이 있다.[43] 이 쟁점에 관한 본격적인 논의는 찾지 못하였다.

이 유형의 소송수계에 관하여 우리와 거의 동일한 규정[44]을 두고 있는 일본에서의 논의는 어떠한가? 이의자 등으로부터 소송절차의 수계신청도 가능하지만, 채권의 확정을 구할지 여부는 이의를 받은 파산채권자의 자유임을 고려하여, 채권자가 반대하면 이의자 등으로부터의 수계신청은 각하[45]되어야 하며, 속행명령도 할 수 없다는 견해가 다수설이다[46] 이에 대하여, 이의자 등 측에서는 채권조사의 신청을 제기할 수 없음을 고려할 때 당해 파산채권자에 대하여 수계를 신청하도록 촉구할 수 있을 뿐 직접 수계신청할 수는 없고, 같은 이유에서 속행명령의 여지도 없다고 하는 견해도 있다.[47] 어느 견해이든지 상대방(이의자 중 1인 또는 전원)의 수계신청권 자체에 대하여 부정적인 입장이거나, 적어도 원래 수계신청권자(여기서는 이의를 당한 당해 파산채권자)의 수계거절권을 인정하는 것이다.

생각건대, 무명의채권에 관한 이의 시 중단된 소송이 "없는" 경우라면, 파산채권자는 파산채권에 관한 조사를 위한 일반조사기일 또는 특별조사기일로부터 1월 이내에 이의자 전원을 상대로 조사확정재판을 신청할 수 있으나(채무자회생법 제462조), 파산관재인이나 이의자가 조사확정재판을 신청하는 방법으로 채권의 확정을 구할 수는 없는 것과의 균형상, 중단된 소

---

43) 서울중앙지방법원 파산부 실무연구회, 법인파산실무, 박영사, 2014, 250면.

44) 우리 채무자회생법 제464조에 대응하는 일본 신 파산법 제127조 제1항의 규정은 아래와 같다.

"이의 등이 있는 파산채권에 관하여 파산절차개시 당시 소송이 계속되어 있는 경우에, 파산채권자가 그 금액 등의 확정을 요구하고자 하는 때에는, 이의자 등의 전원을 당해 소송의 상대방으로 하여, 소송절차의 수계신청을 하여야 한다."

45) 소송수계신청이 부적법하면 이를 결정으로 '기각'하여야 하는 우리 민사소송법(제243조)과 달리, 일본 민사소송법에서는 소송수계신청이 부적법한 경우 이를 결정으로 '각하'하도록 규정하고 있다(제128조 제1항).

46) 條解 破産法(주 10), 901면; 注解 破産法(上)(주 27).

47) 伊藤 眞, 林, 住友隆行 등. 다만, 이 견해도 파산채권자가 이의자등의 수계신청에 대하여 이의하지 않고 응소한다면, 수계신청을 유지해야 할 것이라고 한다.

송이 "있는" 경우라도 파산관재인이나 이의자는 중단된 소송에 대한 수계신청권이 없다고 해석하는 것이 타당하다. 즉, 파산재단에 속하는 재산에 관한 소송과 달리, 파산채권으로 될 채권에 관한 소송은 파산절차 특유의 채권조사절차, 배당절차가 존재하는 특성으로 인하여 민사소송법 제241조가 적용되지 않는다고 할 것이다. 이의를 당한 파산채권자가 소송수계를 하지 않고 방치하는 경우, 해당 파산채권자는 배당에서 제외되므로(채무자회생법 제512조), 본래 수계신청권자 이외에 상대방에게 소송수계신청권을 인정하여서라도 소송을 조기에 종결하여야 할 실익도 크지 않아 보인다.[48)]

(다) 집행권원 등이 있는 파산채권(유명의채권)에 관한 소송수계

1) 소송수계에 관하여 원래 예정된 모습

집행력 있는 집행권원이나 종국판결 있는 채권에 관하여 이의가 있는 파산관재인이나 파산채권자는, 파산선고 당시 법원에 소송이 계속되어 있는 경우라면 그 이의를 관철하기 위해 그 파산채권을 보유한 파산채권자를 상대방으로 하는 소송절차를 수계하여야 한다(채무자회생법 제466조 제2항).

2) 상대방의 수계신청권 인정 여부

이의자(파산관재인 또는 다른 파산채권자)가 아니라 상대방(당해 파

---

48) 일본의 신 파산법에서는 무명의채권 및 유명의채권에 관한 수계신청에 관하여 파산채권사정신청의 기간제한(일반조사기간 또는 특별조사기간의 말일 또는 일반조사기일 또는 특별조사기일로부터 1월의 불변기간 내) 규정인 제125조 제2항을 준용하고 있어 그 기간이 지나면 더 이상 수계신청으로 다툴 수 없게 되는 반면, 우리는 채무자회생법 제462조 제5항에서 채권조사확정재판 신청에 관한 기간제한(일반조사기일 또는 특별조사기일부터 1월 이내)을 두었음에도 불구하고 이를 수계신청에 관하여 준용하고 있지 않다(반면, 회생절차에서는 수계의 시기를 1월로 제한하는 규정을 준용하고 있다. 채무자회생법 제172조 제2항).

일본의 신 파산법에 따르면, 기간 내에 수계신청을 하지 않는 경우 당해 파산채권에 대한 채권신고가 없었던 경우와 마찬가지의 상태가 된다고 해석된다고 하고, 그 소송은 파산절차가 종료될 때까지 중단되고 파산절차가 종료한 후가 되면 파산자가 당연히 수계한다고 해석된다고 한다. *條解 破産法*(주 10), 904면 참조.

우리는 명문의 규정이 없는 이상 채권신고가 없었다고 할 수는 없고, 배당공고가 있은 날부터 기산하여 14일이 경과할 때까지는 소송을 수계하고 이를 증명하여 배당에 참가할 수 있으나, 기간이 경과하면 배당에서 제외될 뿐이라 할 것이다.

산채권자)도 수계신청을 할 수 있다고 볼 것인가? 유명의채권에 관하여는 소제기 책임이 전환되어 있는 것이므로 당해 파산채권자가 이로 인한 이익을 포기하고 직접 수계신청을 하는 것을 불허할 이유가 없어 이를 허용한다고 본다면, 이의자는 본래 수계신청권자로 예정되지 않은 당해 파산채권자의 수계신청을 거부할 수 없다고 보아야 하는지도 문제된다.

우선 상대방(당해 파산채권자)의 수계신청권과 관련하여, 상대방이 그러한 유리한 입장을 포기하는 것은 자유이므로 당해 파산채권자로부터 수계신청이 있는 경우에도 적법하다는 견해가 있다.[49] 예를 들어, 채권자가 1심에서 가집행선고부 승소판결을 받아 채무자가 패소하였고 항소심 계속 중에 채무자가 파산선고를 받은 경우, 그 채권은 유명의채권이나, 채권조사기일에 이의가 진술되었다면 채권자가 이를 배당수령하기 위하여는 조기에 파산채권을 확정할 필요가 있으므로, 채권자로부터 수계의 신청이 가능하다고 한다.[50]

생각건대, ① 당해 파산채권자가 소제기 책임의 전환으로 인한 이익을 포기하는 것은 가능하다고 보아야 하는 점, ② 무명의채권과 달리 유명의채권의 경우 파산관재인 또는 다른 파산채권자가 이의를 진술하고, 채무자가 할 수 있는 소송절차에 의하여 이의를 주장하여도, 그 이의가 이유 있다고 하는 판결이 확정되지 않는 한 배당에 참가할 수 있기는 하나(채무자회생법 제466조 제1항),[51] 위 이의에 의한 소 제기(중단된 소송이 없는 경우) 또는

49) 법인파산실무(주 9), 338면; 條解 破産法(주 10), 914면.

50) 日本 大判 1930. 12. 20.(민집 9-155). 條解 破産法(주 10), 914면에서 재인용.

우리나라와 마찬가지로 수계신청 기간에 별도의 제한을 두지 않았던 구 파산법 시행 시의 판례로 보인다.

일본 신 파산법에 따르면, 유명의채권에 관하여도 파산채권사정신청의 기간제한과 마찬가지의 기간(일반조사기간 또는 특별조사기간의 말일 또는 일반조사기일 또는 특별조사기일로부터 1월의 불변기간) 내에 수계신청을 하지 않으면, 이의자가 다른 파산채권자인 경우는 이의가 없었던 것으로 간주하고 이의자가 파산관재인인 경우는 파산관재인이 그 파산채권을 인정하는 것으로 간주한다고 명시적으로 규정하였다(제129조). 따라서 일본 신 파산법 시행 이후에는, 유명의채권에 대하여 이의자가 기간 내 수계신청을 하지 않으면 당해 유명의 파산채권은 존재하는 것으로 파산채권자표가 '확정'되게 되므로, 파산채권자가 배당수령을 위하여 굳이 중단된 소송을 수계할 실익은 감소하게 되었다.

소송의 수계(중단된 소송이 있는 경우)가 있는 때는 배당액을 소송이 확정될 때까지 임치 또는 공탁하게 되므로(채무자회생법 제519조 제1호, 제528조 제1호) 배당금의 조기수령을 위하여 당해 파산채권자로서도 조기에 소송을 수계할 필요가 있는 점, ③ 이의자의 수계신청기간에 제한을 두고 기간 도과 시 이의 부진술 내지 파산채권 인정을 간주하는 일본의 신 파산법과 달리 우리 채무자회생법은 이의자의 수계신청기간의 제한을 두고 있지 않으므로, 이의자가 파산절차에서 뒤늦게 수계신청을 하는 경우 당해 파산채권자의 배당금 수령이 상당히 지연될 우려가 있는 점 등에 비추어 볼 때, 상대방(당해 파산채권자)의 수계신청권도 인정된다고 봄이 타당하다.

그렇다면 상대방(당해 파산채권자)로부터 수계의 신청을 받은 이의자는 파산채권자의 수계를 거절할 수 있는가? 상대방(당해 파산채권자)의 수계신청권을 인정하는 취지와 근거로 볼 때, 이를 거절할 수 없다고 보아야 할 것이다.

(라) 미확정 1심 판결이 원고의 일부패소인 경우의 수계신청권자

예를 들어, 甲의 乙에 대한 1억 원의 금전지급청구소송에 관하여 7,000만 원의 지급을 명한 1심 판결에 대해 甲, 乙 모두 항소하고, 항소심 계속 중에 乙이 파산선고를 받은 경우, 소송절차는 중단되는데, 이 경우 수계신청권자는 어떻게 되는가? 이 경우 보통 甲은 1억 원 전부에 대해 채권신고를 하고, 乙의 파산관재인은 전액을 인정하지 않고 이의를 하였을 것이다.

원칙적으로는 유명의채권인 7,000만 원에 대하여는 이의자인 乙의 파산관재인이 수계의 신청을 해야 하고, 무명의채권인 3,000만 원에 대하여는 甲이 수계신청을 해야 한다.[52] 다만, 유명의채권의 경우 앞서 본 것과 같이 이의자의 상대방인 파산채권자에게도 수계신청을 할 수 있고 이의자는 이를 거절할 수 없다고 보는 것이 타당하므로, 甲이 1억 원 전부에 대하여 수계신청을 하는 것도 가능할 것이다. 반면, 乙의 파산관재인

51) 법인파산실무(주 9), 602면.

52) 條解 破產法(주 10), 914면의 사례 인용.

은 앞서 본 것과 같이 무명의채권 부분에 대한 수계신청권이 없다고 보는 것이 타당하므로, 1억 원 전부에 대하여 수계신청을 하는 것은 허용되지 않고 7,000만 원 부분에 한하여만 수계신청이 가능할 것이다.

### 다. 채권자취소소송

#### (1) 문제의 소재

파산관재인이 채권자취소소송을 반드시 수계해야 하는지, 파산관재인뿐 아니라 상대방도 수계신청을 할 수 있는지, 상대방도 수계신청을 할 수 있다면 파산관재인은 상대방의 수계신청에도 불구하고 수계를 거절할 수 있는지 여부 등이 문제된다. 채권자취소소송의 수계에 관하여는 상대방의 수계신청권을 명시적으로 규정한 채무자회생법 제347조가 준용되므로, 이 쟁점에 관하여는 일응 상대방도 수계신청을 할 수 있다는 전제 아래 파산관재인이 이를 거절할 수 있는지를 중심으로 논의가 이루어지고 있다.

채권자취소소송은 파산자가 수행하던 소송이 아니므로 파산자의 당사자적격을 이어받은 파산관재인이 파산재단에 관한 소송을 수계하는 것과 다르고, 파산관재인이 중단된 채권자취소소송을 반드시 수계하고 부인의 소로 변경하여야 한다면 파산관재인이 부인권 행사를 위하여 부인의 소가 아닌 더 간이한 방법(부인청구, 부인의 항변)을 택할 기회가 박탈되는 것은 아닌지 등의 문제가 있다.

#### (2) 견해의 대립

##### (가) 국내의 논의

###### 1) 수계거절권 긍정설[53)]

채권자취소소송에 관하여 상대방의 수계신청이 있는 경우 파산관재인은 종전의 소송상태를 판단하여 수계를 거절할 수 있다고 보는 견해이다. 그 이유로는, ① 원고(파산채권자) 패소의 판결은 채무자를 구속하지

53) 법인파산실무(주 9), 91면, 정준영(주 7), 338면 이하; 정갑주(주 22), 348면 이하; 전원열, 사해행위취소 및 부인권제도에 관한 개선방안 연구, 법원행정처, 2017, 245면.

않는데도 파산관재인이 불리한 소송상태를 승계하도록 하는 것은 부당하고, ② 파산관재인은 파산재단 전체를 고려하여 위 소송이 파산재단에 유익한 경우에만 수계하여야 하고, 어느 채권자가 제기한 소송에 관하여 파산관재인에게 불리한 소송상태를 승계하도록 하는 것은 부당하다는 점, ③ 조문 자체가 "할 수 있다"고 되어 있어 파산관재인에게 재량을 주는 취지로 되어 있는 점, ④ 채권자취소권의 범위가 부인권의 범위보다 넓은 경우가 있을 수 있어서(가령, 전득자에 대한 부인의 소) 기존의 채권자취소소송을 유지할 필요가 있는 점 등을 들고 있다.

2) **수계거절권 부정설**[54)]

파산관재인이 수계를 거절할 수 있다면 기판력을 받을 수 있는 상대방의 이익을 부당하게 해치게 되고, 상대방은 별소인 부인의 소에도 대응해야 되므로 상대방에게 불이익하다는 점, 상대방에게도 수계신청권이 있고(민사소송법 제241조), 수소법원은 파산관재인이 소송절차를 수계하지 않는 경우 직권으로 속행명령을 할 수 있다는 점 등을 근거로 하여, 파산관재인은 상대방의 소송수계신청을 거절할 수 없다고 한다.

**(나) 일본에서의 논의**[55)]

우리 채무자회생법과 규정 내용이 같았던 일본 구 파산법하에서는 상대방의 수계신청을 파산관재인이 거절할 수 있다는 견해가 통설이었고, 사해행위취소권과 달리 파산법상의 부인권을 행사하는 관재인은 채권자 1인의 이익 범위에 한하지 않고 보다 큰 이익을 가지므로, 전자가 행한 소송상태에 구속되어야 하는 것은 아니라는 점을 주된 근거로 하였다. 하급심 판결은 상대방의 소송수계신청은 허용되지 않는다고 거듭 판시하였는데,[56)] 그 주된 근거로 '파산 당시 사해행위취소소송이 계속되어 있다는 우연의 사유에 의해 관재인이 어쩔 수 없이 소송수행할 수밖에 없게

54) 전병서, 도산법(제3판), 문우사, 2016, 156면; 정문경, "부인권 행사에 관한 실무상 몇 가지 쟁점", 도산법연구 제2권 제2호, 사단법인 도산법연구회(2011), 54-55면.

55) 정준영(주 7), 337면 이하; 條解 破産法(주 10), 336면 이하; 注解 破産法(上)(주 27), 558면 이하 참조.

56) 日東京地決 1974. 9. 19.(判時 771, 66); 日東京地判 1975. 10. 29.(判時 818, 71).

하고, 또한 종전의 소송수행의 결과에 구속되게 하는 것은 불합리하다'는 점을 들었다. 이에 대하여, 소송절차 중단 후 수계신청권을 일방 당사자에게만 한정하는 것은 종전 사해행위취소소송을 수행하여 원고 패소로 끝나면 기판력의 이익을 받을 수 있는 타방 당사자의 이익을 부당하게 해하는 것으로 된다는 점(즉, 당사자의 이익)과 파산관재인이 수계를 거절한다는 이유로 다시 별소인 부인소송에 대응하여야 한다고 하면 부당하다는 점(즉, 소송경제)을 고려한다면, 상대방에게도 수계신청권이 있고, 파산관재인은 수계를 거절할 수 없다고 해석하는 견해도 있었다. 다만, 이 견해에 의하더라도 파산관재인의 부인권의 보호라는 견지에서, 파산관재인은 수계한 소송절차에 있어서 종전의 소송수행결과에 구속되지 아니한다고 해석하고 있었다. 즉 수계한 경우라도 소송절차 자체의 수계와 소송내용에의 구속을 구별하여, 당사자의 이익, 소송경제 등을 고려하여 전자만을 수계할 수 있는 것이고, 또한 당해 소송 중에 사해행위취소권과 요건을 달리하는 부인권을 행사하는 것도 가능하다고 해석하였다.

한편 일본의 신 파산법은 구 파산법과 달리 상대방의 소송수계신청권을 명시적으로 규정하였다.[57] 신 파산법 시행 이후에는 상대방의 소송수계신청권을 긍정하는 점에 관하여는 견해가 일치하나, 파산관재인의 수계거절권을 인정할지 여부에 관하여는 여전히 견해가 나뉘고 있는 것으로 보인다.[58]

---

57) 신 파산법 제45조(채권자대위소송 및 사해행위취소소송의 취급)
① 민법 제423조(채권자대위소송) 또는 제424조(사해행위취소소송)의 규정에 따라 파산채권자 또는 재단채권자가 신청한 소송이 파산절차개시 당시 계속하는 때에는 그 소송절차는 중단된다.
② 파산관재인은 전항의 규정에 따라 중단한 소송절차를 수계할 수 있다. 이 경우에는 수계의 신청은 상대방도 할 수 있다. (이하 생략)

58) 수계거절권을 부정하는 견해 중에서는, 파산관재인이 불리한 내용의 종전 소송상태를 원칙적으로 이어받지만 수계한 후에 독자적인 공격방어방법(요건을 달리하는 부인권의 행사 등)을 제출할 수 있고, 합리적 이유가 있으면 종전에 파산채권자가 행사한 자백의 철회 등도 할 수 있다고 해석하는 견해가 유력하다고 한다. 條解 破産法(주 10), 380면.

### (3) 검토-수계거절권 긍정설

수계거절권을 부정하는 견해는 소송상대방의 기판력을 받을 이익을 핵심적인 논거로 들고 있고, 일부 견해는 파산채권자가 패소판결을 받아 확정되었다면 그 효력이 파산관재인에게도 미친다는 전제에서, 중단되어 있는 사해행위취소소송에서 파산채권자의 상대방(수익자, 전득자)이 소송절차에서 형성한 이익과 기판력을 받을 이익을 높게 평가하고 있다.[59] 그러나 파산채권자가 패소판결을 받아 확정되더라도, 채권자취소권과 부인권은 당사자, 요건과 효과 등이 다르기 때문에 파산관재인은 부인의 소 등을 제기할 수 있다고 보아야 한다.[60] 극단적으로 말해, 모든 파산채권자가 사해행위취소소송에서 패소판결을 확정받았다고 하더라도 파산관재인은 채무자회생법상의 부인권을 행사할 수 있다고 보아야 한다. 파산채권자의 소송상대방이 기판력을 받을 이익은, 파산관재인이 소송절차를 수계하여 이를 '부인의 소'로 변경하기 전까지는 구체화된 것이 아니다. 파산채권자가 사해행위취소의 (패소)확정판결을 받은 경우에도 파산관재인이 부인권을 별도로 행사할 수 있는데, 하물며 파산채권자가 확정적으로 패소한 것이 아니라 단지 불리한 소송상태에 있다는 사정만으로 소송상태를 강제로 이어받게(그리고 부인소송으로 이행하게) 함으로써 파산관재인이 총채권자의 이익을 위하여 별도의 부인소송 내지 부인청구를 할 기회를 박탈하는 것은 타당하지 않다고 생각된다.

다음으로, 수계거절권 부정설에 따라 파산관재인이 상대방의 소송절차수계신청을 거절할 수 없다고 보더라도 파산관재인에게 소송수계를 강제하면서까지 보호하고자 하는 상대방의 이익을 구체적으로 실현할 수 있는지는 미지수이고, 오히려 수계를 강제함으로써 상대방의 이익실현에

59) 일본에서 수계거절권을 부정하는 견해가 그러하다(종전친언 등). 이 견해는 한 채권자에 의해 적법하게 수행되어 확정된 사해행위취소소송은 유리하든 불리하든 파산관재인에게 효력이 미치고, 다만 파산법상의 부인소송은, 사해행위취소소송과 요건 · 효과를 달리 하는 점이 있어 그 차이나는 지점에 관하여는 패소판결의 기판력이 미치지 않으므로, 파산관재인이 다른 요건[제162조①(2)]에 의거한 부인소송을 제기하는 것만 가능하다고 한다. *條解 破産法*(주 10), 382면.

60) 법인파산실무(주 9), 92면.

방해가 되고 더 복잡한 문제가 발생할 가능성도 배제할 수 없다. 예를 들어, 상대방의 소송수계신청에 따라 파산관재인이 소송수계를 한 후에 소송상태가 불리하다거나 비용·시간이 많이 든다는 이유로 소를 취하하거나, 부인권을 행사하는 것으로 소를 변경하지 않고 있으면 어떻게 되는가? 채무자회생법 제492조 제12호가 파산관재인의 '권리의 포기'를 법원의 허가 사항으로 규정하고 있고, 소의 취하도 여기에 준하는 것으로 본다면 법원의 허가를 통해 이를 통제할 가능성도 있겠지만, 상대방의 수계신청이 있었다고 하여 파산관재인이 소송을 수계한 뒤 소를 취하하는 것을 법원이 반드시 불허해야 한다고 볼 것도 아니다.[61] 상대방은 통상 소취하로서 부인권행사도 하지 않을 것으로 예상하고 소취하에 동의하는 경우가 많을 것인데, 이후 다시 파산관재인이 부인의 소, 부인의 청구[62]를 하는 것을 막을 뚜렷한 방법이 없고, 이러한 경우 소송의 상대방으로서는 수계신청을 파산관재인이 거절하고 부인의 소, 부인의 청구를 별도로 한 경우와 비교하였을 때 중단된 사해행위취소소송이 실체 판단 없이 종결되었다는 점을 제외하고는 별다른 실익이 없다. 소송의 상대방이 소취하에 동의하지 않고 파산관재인이 청구의 변경을 하지 않아 사해행위취소소송에 관한 패소판결을 받은 경우 다시 부인의 소, 부인의 청구를 제기하는 것은 불허해야 하는가? 명시적으로 소변경을 하지 않았음에도 이를 부인권을 행사한 것으로 보아 부인권에 관한 패소판결로서 기판력이 미친다고 자연스럽게 해석할 수 있는가? 채권자취소소송의 소송중단과 수계는 파산절차에 관련된 다른 소송절차와 그 중단과 수계를 인정한 취지가 다르고, 소송수계 후에 요건과 효과가 다른 소변경까지 동반되어야 한다는 특징이 있어,[63] 소송수계를 강제하는 것만으로는 그 소

61) 게다가 기존에 채권자취소소송을 담당하는 재판부(주로 지방법원 민사부가 될 것이고, 부인의 소로 변경한 뒤에야 파산계속법원의 관할에 전속한다)와, 파산관재인의 행위 허가를 담당하는 재판부(파산사건을 담당하는 법원이 될 것이다)가 달라서, 서로 유기적인 통제가 쉽지 않을 것이다.

62) 부인의 청구는 부인의 소와 달리 법원의 허가사항이 아니라고 보는 것이 실무례라고 한다. 법인파산실무(주 9), 549면.

63) 파산채권으로 될 채권에 관한 소송이 중단되고 이를 수계한 뒤 채권확정소송으

송의 상대방의 이익을 보호하는 데 충분하지 않다. 역설적으로 채권자취소소송의 중단 시 소송수계에 이어 부인소송으로의 소변경을 예정하고 있다는 점, 그리고 채무자회생법이 부인소송으로의 소변경을 강제할 아무런 규정을 두고 있지 않다는 점이 파산선고로 인하여 중단된 채권자취소소송에 관한 파산관재인의 수계신청권이 의무로서의 성격보다 권리로서의 성격에 가깝다는 점을 방증하고 있다고 생각된다.

이상과 같은 이유로, 파산관재인은 상대방의 소송절차수계신청을 거절할 수 있다고 봄이 타당하다.

### 2. 소송수계 시 법원 허가의 요부

#### 가. 문제의 소재

채무자회생법은 파산관재인이 '소의 제기'를 하려면 법원의 허가를 받도록 규정하고 있고(제492조 제10호), 판례는 이를 제소의 적법요건으로 보고 있는바,[64)·65)] 파산관재인의 소송수계신청 및 소의 변경에도 법원의 허가가 필요한가?

#### 나. 학계 및 실무의 견해

파산관재인의 소 제기 허가신청이 있으면 법원은 일반적으로 파산관

---

로 변경하는 경우가 있으나, 이는 다만 파산절차의 특징에 따라 청구취지만 변경하는 것이므로 그 변동의 폭이 크지 않다. 일본에서는 상고심에 파산채권으로 될 채권에 관한 소송이 계속 중인 상태에서 파산선고가 있더라도 청구변경을 위해 파기환송할 필요 없다는 것이 통설 및 판례(일본 최고재판소 1986. 4. 11. 민집 40-3-558)이다. *條解 破産法*(주 10), 903면.

64) 대법원 1990. 11. 13. 선고 88다카26987 판결은 "법원의 허가를 받지 않고 한 본조 각호의 행위는 원칙적으로 무효이고, 특히 파산관재인이 본조 제10호에 의하여 소를 제기하거나, 본조 제11호에 의한 재판상 화해를 함에 있어서는 위 법원의 허가 등은 민사소송법 제51조에서 정한 소송행위에 필요한 수권에 해당하여 제소의 적법요건이 된다."면서 법원의 허가 없이 재판상 화해를 한 경우 구 민사소송법 제422조 제1항 제3호(현행 민사소송법 제451조 제1항 제3호)의 재심사유에 해당한다고 판시하였다. 법인파산실무(주 9), 455면.

65) 반면 일본 판례는 법원의 허가 등이 소의 적법요건이 아니라는 입장이다. 윤남근, 파산관재인 : 그 법률상지위와 권한을 중심으로, 재판자료 82집(상), 법원도서관, 1999, 215면.

재인의 청구가 법률적으로 성립가능한가, 증거자료를 확보되어 있는가, 승소할 가능성 및 집행가능성은 있는가, 파산재단으로서 경제성이 있는가 등을 검토하여 허가 여부를 결정하게 된다.[66] 그렇다면 중단된 소송을 수계하고 경우에 따라 채권확정소송(파산채권으로 될 채권에 관한 소송의 경우), 부인의 소(채권자취소소송의 경우)로 변경하는 데 있어서도 법원의 허가가 필요하다고 보아야 하지는 않은가?

이에 관하여 국내에서는 별다른 논의가 이루어지고 있지는 않은 것으로 보이나, 계속된 소송의 수계에는 법원의 허가가 필요하지 않는 반면, 소 취하의 경우는 제490조 제12호에 따라 법원의 허가가 필요하다는 견해가 있다.[67] 일본에서도 우리 채무자회생법 제492조에 대응하는 파산법 제78조[68]의 해석과 관련하여, 민사소송의 제기, 독촉절차의 신청, 보전절차의 신청, 반소제기, 독립당사자참가, 공동소송참가, 재심의 소는 물론, 부인의 청구에도 재판소의 허가가 필요하다고 보는 반면, 계속된 소송의 수계, 소의 변경, 파산관재인의 피고로서 응소 등은 재판소의 허가가 필요하지 않다고 한다.[69]·[70]

실무에서는, 부인의 소, 부인의 청구에 대한 이의의 소, 파산채권조사확정재판에 대한 이의의 소를 제기하기 위하여 법원의 허가를 받아야 한다고 보고 있는 반면, 부인의 청구 및 그 취하에 대하여는 법원의 허가가 필요하지 않다고 보고 있으나, 소송수계 일반에 관하여 법원의 허가가

---

66) 법인파산실무(주 9), 453면.

67) 심활섭, 로앤비 온라인주석서(2015. 7. 15.), 제492조 부분.

68) 일본 신 파산법 제78조(파산관재인의 권한)
② 파산관재인이 다음에 정한 행위를 하기 위하여는 재판소의 허가를 얻어야 한다.
10. 소의 제기

69) 條解 破産法(주 10), 635면.

70) 참고로, 우리는 파산관재인의 1심 패소판결에 대한 항소 시에도 법원의 허가가 필요하다고 보고 있으나[법인파산실무(주 9), 329면], 일본에서는 항소·상고에 대한 법원의 허가가 필요 없다는 견해가 유력해 보인다. 특별청산에 관한 요허가사항을 정한 구 상법 445조의 '소 제기'에 관하여, 항소·상고의 신청은 포함되지 않는다고 한 일본 최고재판소 1986. 7. 18.(판시 1207-119). 條解 破産法(주 10), 635면.

필요한지에 관하여는 명확한 기준이 정해지지 않은 것으로 보인다.[71)]

### 다. 검 토

법률의 문언상 소송의 수계, 소 변경을 제492조 제10호의 '소의 제기'에 포함되는 것으로 해석하는 것은 어렵다고 생각된다. 파산재단에 관한 소송의 경우, 파산관재인은 소송수계에 따라 파산자가 수행한 소송상태를 유불리에 무관하게 이어받아야 할 입장에 있으므로 법원의 허가를 거치더라도 수계여부에 관하여 다른 판단을 할 여지가 크지 않다. 채권자취소소송에서 파산관재인의 수계거절권을 긍정하는 전제에서, 채권자취소소송이 중단된 경우 이를 수계하여 부인의 소를 제기하는 경우 실질적으로 처음부터 부인의 소를 제기하는 것과 마찬가지라는 점에서 이를 '소의 제기'에 준하는 것으로 보자는 견해가 있을 수 있으나,[72)] '소송수계'와 '부인의 소로의 변경' 중 어느 시점에 법원의 허가를 필요로 하는지가 명확하지 않고, 다른 소송유형과 달리 이 경우에만 법원의 허가가 필요하다는 입장을 취해야 할 논리적 근거가 부족하다. 판례는 소 제기 시 법원의 허가를 제소요건으로 보아 이를 얻지 않으면 부적법하다는 입장인바, 이에 관하여 소송유형별로 법원의 허가가 필요한 경우와 아닌 경우를 구분하는 것은 파산관재인의 임무 수행에 혼선을 초래하고 법률상 불안을 고조시킬 우려도 있다. 실질적으로 '허가'를 얻지 않더라도 법원에 사전보고하고 소송을 수계하는 경우가 대부분일 것이므로 그 정도의 통

---

71) 한편 서울회생법원에서는 파산선고 당시 법원에 계속되어 있는 채권자취소소송이나 채권자대위소송의 경우 상대방의 소송수계신청이 있더라도 파산관재인은 종전 소송상태를 판단하여 수계를 거절할 수 있다고 해석하고 있으므로 파산관재인이 그 채권자취소소송이나 채권자대위소송을 수계할 때에는 소의 제기에 준하여 법원의 허가를 받아야 한다고 보고 있다고 한다. 법인파산실무(주 9), 454면.

72) 채권자취소소송에 대한 파산관재인의 수계거절권 인정 여부에 따라, (반드시 그런 것은 아니지만) 소송수계에 법원의 허가가 필요한지 여부에 대한 결론도 달라질 것이다. 파산관재인의 수계거절권을 부정한다면(즉, 파산관재인에게 중단된 채권자취소소송을 수계할 의무가 있다고 본다면), 법원의 허가는 필요 없는 것이 되지만(어차피 허가하여야 하므로), 파산관재인의 수계거절권을 긍정한다면 파산관재인의 소송수계 및 부인의 소로의 변경 과정에 법원이 허가로서 개입할 가능성이 있게 되기 때문이다.

제만 두어도 족하고, 법원의 허가를 매개로 하여 통제할 필요가 있는 사안에 대하여는 같은 조 제16호(그 밖에 법원이 지정하는 행위)에 따라 법원의 허가를 요하는 사항으로 지정하면 충분하다고 생각된다.

### 3. 소송수계를 하지 않을 경우의 법원의 조치

#### 가. 문제의 소재

중단된 소송의 유형별로 본래 소송수계신청을 할 자, 그 상대방의 수계신청 가부 및 이에 대한 수계거절 가부에 관하여는 앞서 살펴보았다. 그런데 만일 본래의 수계신청권자는 물론 상대방도 수계신청을 하지 않는 경우, 법원으로서는 직권으로 속행명령을 하여 중단상태를 해소하고 소송절차가 수계되도록 할 수 있는가? 속행명령을 할 수 없는 경우라면, 중단된 소송은 어떻게 처리되는가?

#### 나. 속행명령의 인정 여부

**(1) 파산재단에 관한 소송**

중단된 소송이 파산재단에 속하는 재산 그 자체에 관한 소송인 경우에는 법원이 속행명령을 할 수 있다는 데는 의문이 없다. 파산관재인은 물론 상대방에게도 수계신청권이 있고, 파산관재인은 파산자를 당연승계한 경우로서 종전에 형성된 소송 상태를 그대로 이어받을 의무가 있으며, 소변경도 필요 없어 속행명령으로 소송중단 상태를 해소하는 것만으로도 소송을 실질적으로 진행할 수 있기 때문이다.

중단된 소송이 파산채권으로 될 채권에 관한 소송인 경우는 어떠한가? 무명의채권에 관한 소송의 경우, 상대방(이의자)의 수계신청권을 부정하는 견해가 타당하고, 법원도 본래 수계신청권자인 이의를 받은 파산채권자의 수계신청이 없는 이상 속행명령을 하는 것은 허용되지 않는다고 볼 것이다.[73] 유명의채권에 관한 소송의 경우, 상대방(파산채권자)의 수계신청권을 긍정하는 견해가 타당하지만, 속행명령은 허용되지 않는다고 보

73) 법인파산실무(주 9), 92면.

아야 한다. 상대방(파산채권자)은 수계신청을 하더라도 배당에서 제외되지 않지만, 이의자가 뒤늦게 수계신청을 하는 경우 당해 파산채권자는 배당에서 제외되는 것은 아니지만 그 금액이 임치 및 공탁되므로 상대방(파산채권자)이 파산채권의 조기확정을 통하여 배당금을 수령하기 위한 이익을 보호하기 위해서 상대방(파산채권자)의 수계신청권을 긍정하는 것인바, 이의자도 상대방(파산채권자)도 수계신청을 하지 않는 경우 상대방(파산채권자)은 배당금을 정상적으로 수령할 수 있어 굳이 중단된 소송을 속행하게 할 이유가 없기 때문이다. 속행명령을 하더라도, 채권확정소송으로의 소변경까지 강제할 수는 없다는 점에서도 파산채권으로 될 채권에 관한 소송의 중단상태를 해소하는 실익이 크지 않다.

**(2) 채권자취소소송**

파산채권자가 제기한 채권자취소소송이 파산선고로 중단되어 있고, 파산관재인이 이를 수계하지 않는 경우 법원은 속행명령을 할 수 있는가? 이에 관한 본격적인 논의는 없지만 파산관재인의 수계거절권을 긍정하는 이상 속행명령도 할 수 없다고 보는 견해가 있고,[74] 일본에서는 파산관재인의 수계거절권을 부정하는 논리의 연장선에서 속행명령을 할 수 있다는 견해도 있다고 한다.[75] 생각건대, 파산관재인의 수계거절권을 인정하는 견해가 타당하고, 속행명령을 하더라도 파산관재인의 의사에 반하여 부인의 소로 변경하는 것을 강제할 수 없다는 측면에서 한계가 존재하므로 법원이 속행명령을 하면서까지 무리해서 중단상태를 해소할 실익도 적다고 판단된다. 속행명령을 할 수 없다고 보는 것이 타당하다.

다. 중단된 소송의 처리

파산재단에 속하는 재산 그 자체에 관한 소송을 제외하고는 법원이 속행명령을 할 수 없고, 이들 소송은 파산절차가 계속되는 한 중단된 상태로 있게 된다. 중단된 소송이 수계되지 않고 있는 사이에 파산취소, 파

---

74) 법인파산실무(주 9), 92면.

75) 條解 破産法(주 10), 380-381면. 다만, 일본의 하급심판례는 속행명령을 부정한다고 한다.

산폐지, 종결 등에 의하여 파산절차가 종료되면 수계절차를 거칠 필요 없이 채무자(파산재단에 관한 소송) 또는 기존의 채권자취소소송의 원고가 이를 당연히 수계하여(민사소송법 제239조) 소송이 다시 진행된다.[76)]

### 4. 소송수계 이후의 조치

#### 가. 청구취지의 변경 등

중단된 소송이 파산재단에 속하는 재산 그 자체에 관한 소송이라면 별도의 소 변경 절차가 필요 없으나, 파산채권으로 될 채권에 관한 소송인 경우는 채권확정소송으로 변경되어야 하고,[77)] 채권자취소소송인 경우에는 부인의 소로 변경되어야 한다.

위와 같은 소 변경은 중단된 소송이 상고심 계속 중인 경우에도 할 수 있는가?[78)] 소 변경은 사실심 변론종결 시까지 하여야 하는 것이 원칙

---

76) 파산자가 자연인인 경우 면책을 얻었다면 당해 채권은 소멸하거나 자연채무가 되어 기각판결을 하게 될 것이고, 법인의 경우 잔여재산이 없어 완전히 소멸하는 경우가 보통이므로 그 단계에서 두 당사자의 대립구조가 붕괴되기 때문에, 소송절차는 종료될 것이다. *條解 破産法*(주 10), 900면.

77) 중단된 소송이 채무자(파산자)가 (무명의) 파산채권자를 상대로 한 소극적확인소송(채무부존재확인소송)인 경우, 파산채권자가 피고로서 중단된 소송을 수계한 뒤 파산채권자가 원고의 지위에서 이의자 등을 피고로 하여 채권확인의 소로 교환하기 위해 '반소'를 제기하여야 하는가? 우리나라에서는 반소를 제기하여야 한다는 견해[법인파산실무(주 43), 250면. 박태준, 로앤비 온라인주석서(2015. 7. 15.) 중 채무자회생법 제464조], 굳이 필요하지는 않다는 견해[심태규, "채권조사확정재판에 대한 이의의 소에 관한 실무상 문제점", 사법논집 제66집, 법원도서관(2018), 399, 400면)]가 대립한다. 한편, 일본에서는 반소를 제기해야 한다는 견해가 다수설이나, 파산채권의 일정액의 존부에 관한 점이 다투어지고 있고 이의도 그 점에 관하여 있었던 경우에는 굳이 채권존재확인의 반소를 제기할 필요 없이 청구기각을 신청하면 족하다는 견해도 유력하다[*條解 破産法*(주 10), 903면].

78) 상고이유서 제출기간이 경과하지 않았고 소송당사자가 상고이유서를 아직 제출하지 않은 경우에 문제될 것이다. 소송절차의 중단 중에도 판결선고는 가능한바(민사소송법 제247조 제1항), 상고심에서 상고이유서 제출기간이 경과한 후에 소송당사자가 파산선고를 받은 경우라면 수계절차를 거치지 않고 변론 없이 판결을 할 수 있으며, 상고심 계속 중 소송당사자가 상고이유서를 제출한 이후라면 파산선고를 받은 경우 파산관재인이 소송을 수계할 필요성이 더 이상 존재하지 않으므로 소송수계신청은 기각되어야 한다는 것이 판례이다(대법원 2001. 6. 26. 선고 2000다44928, 44935 판결, 대법원 2007. 9. 21. 선고 2005다22398 판결).

이지만(민사소송법 제262조), 파산채권으로 될 채권에 관한 소송인 경우에 채권확정소송으로의 변경은 상고심에서도 할 수 있다는 견해가 있다.[79] 채권자취소소송이 항소심의 변론종결 이후에 중단되고 파산관재인이 수계한 경우라면, 파산관재인이 부인의 소로 변경하고 그에 따라 새로운 주장을 할 기회를 보장할 필요가 있으므로, 항소심에서는 변론을 재개해야 할 것이고, 상고심에서는 부득이 파기환송을 해야 할 것이다.[80]

### 나. 소송상태의 승계

수계 후 소송에서 당사자는 종전 소송상태를 승계하므로 종전 소송수행의 결과를 전제로 소송행위를 하지 않으면 안된다. 채권자취소소송에 관하여도 파산관재인이 수계를 거절하거나 별소를 제기하지 않고 이를 일단 수계한 이상 취소채권자의 종전 소송수행결과에 구속된다고 해석해야 할 것이다.[81] 다만, 부인권은 파산절차개시 후에만 행사가능한 공격방법이어서 이를 행사하는 것은 방해받지 아니한다.[82]

### 다. 채권자취소소송을 본안으로 하는 보전처분

채권자취소소송을 본안으로 하는 보전처분이 파산선고 전에 있은 경우, 파산선고 전에 제기된 채권자취소소송을 수계하거나 부인의 소를 제기한 파산관재인은 보전처분채권자의 지위를 승계한다.[83] 즉, 가압류 · 가처분 집행의 효력을 원용하여 그 채권자로서의 지위를 주장할 수 있다고 할 것이다.[84] · [85]

---

79) 條解 破産法(주 10), 903면. 일본 최고재판소 1986. 4. 11. 판결(민집 40-3-558). 새로운 증거조사의 필요도 없는 법률심인 상고심에서 소변경을 인정해도 상고심의 구조에 반하는 것은 아니고, 소의 변경을 위해서만 원판결을 파기하여 사실심에 환송하는 것은 소송경제에 반하기 때문이라고 한다. 이러한 소변경이나 반소제기는 파산채권의 확정절차에 수반하는 특수한 것이어서, 일본 민사소송법 제143조 제1항 단서, 제300조 제1항("항소심에서 반소는 상대방의 동의를 받은 경우에 한하여 제기할 수 있다")는 제한도 받지 않는다고 한다(広島高裁 1996. 12. 2. 判 タ 1008-258).

80) 條解 破産法(주 10), 379면.

81) 정준영(주 7), 338면.

82) 법인파산실무(주 9), 334면.

83) 가처분에 관하여, 정준영(주 7), 339면; 법인파산실무(주 9), 90면.

84) 日大判 1936. 7. 11.(민집 15, 1367)의 입장이다. 정준영(주 7), 337면.

### 5. 소결-제1 대상판결의 의의

제1 대상판결의 사안은 파산채권으로 될 채권에 관한 소송에 관한 것이다. 만일 소장 부본이 피고에게 송달되어 소송계속이 발생한 다음에 원고(파산채무자)가 파산선고를 받았다면, 파산재단에 관한 소송절차는 중단되고 파산채권은 파산절차에 의하지 아니하고는 행사할 수 없게 되므로, 파산채권자는 파산사건의 관할법원에 채무자회생법이 정한 바에 따라 채권신고를 하여야 하고, 파산채권에 관한 이의가 있으면 무명의채권 부분(사안에서 10억 부분)은 파산채권자가 이의자인 파산관재인을 상대로 소송을 수계하여 채권확정소송[86]으로 소를 변경하고, 유명의채권 부분(사안에서 4억 부분)은 이의자인 파산관재인이 파산채권자를 상대로 소송을 수계한 뒤 필요한 경우 채권확정소송으로 소를 변경하여야 했을 것이다.[87]·[88]

그런데 해당 사안에서는 소장 부본이 피고에게 송달되기 전, 즉 소송계속이 발생하기 전에 원고(파산채무자)에 대한 파산선고가 있었으므

---

85) 즉, 사해행위취소소송을 본안으로 하는 채권자가 신청한 가압류·가처분의 집행 후에 파산관재인이 중단된 소송을 수계하거나 부인의 소를 제기하는 경우, 이 부인소송은 위 보전처분의 본안소송이 될 수 있다. 파산관재인이 당해 가압류·가처분채권자의 권리·지위를 승계할 의사를 표명한 때에는, 그 보전처분에 관한 권리·지위도 파산관재인에게 승계되는 것이므로, 보전처분 취소소송의 피고적격도 파산관재인에게 인정된다고 할 것이다. *條解 破産法*(주 10) 378면.

86) 청구취지는 "원고는 채무자 ○○○에 대하여 금 ○○○의 파산채권이 있음을 확인한다"가 될 것이고 이를 위하여 파산채권자는 원칙적으로 반소를 제기하여야 할 것이다.

87) 1심 종국판결 선고 후에 파산선고가 있은 경우 신고된 파산채권에 관한 이의자가 소송절차의 수계신청을 하여야 하는 것이고, 이 경우 소송의 형태는 채권확정의 소로 변경되어야 한다(대법원 1999. 7. 23. 선고 99다22267 판결).

88) 다만, 해당 사안에서 확정판결에 기한 채권에 관하여 피고 乙이 승계집행문까지 부여받았는지는 명확하기 않고, 승계집행문을 받지 않았다는 이유로 이를 무명의 파산채권처럼 취급하려는 견해도 있을 수 있는바, 그 경우라면 이 사건 양수금채권 전체를 무명의 파산채권으로 보고 파산채권자가 소송을 수계한 뒤 채권확정소송의 반소를 제기하였어야 할 것이다. 이처럼 유명의 파산채권과 무명의 파산채권의 구분에 관하여 실무에서도 명확한 기준이 정립되지 않은 것으로 보이는 반면 어떠한 결론을 취하느냐에 따라 이후의 절차가 판이하게 달라지는 어려움이 있는바, 실무에서는 절차상 난점을 극복하기 위하여 조정 또는 화해권고의 방법을 택하는 경우도 있다고 한다.

로, 파산재단에 관한 소송절차는 중단되지 않고 소송을 수계할 여지도 없게 된다. 즉, 소송 계속 전 파산선고가 있는 경우, 파산채무자는 이미 당사자적격을 상실하였으므로, 이를 당사자로 한 소송은 사망자를 상대로 한 소송과 마찬가지로 부적법하여 각하되어야 하고, 수계의 여지도 없다.[89]

한편 "소 제기 후 소송 계속 전"에 파산선고가 있는 경우, 채무자는 이미 당사자적격을 상실하여 당사자적격이 있는 파산관재인에게 다시 소송을 제기하도록 요구하는 것은 불편과 비용을 초래하므로 소송경제상 중단제도를 유추하여 중단 및 그에 따른 수계를 인정하는 것이 타당하다는 견해도 존재한다.[90] 그러나 명문의 규정 없는 이상 인정할 수는 없다고 생각된다.[91]

제1 대상판결도 원칙적인 입장에 서서, 파산선고로 인하여 당사자적격을 상실한 원고가 제기한 소는 부적법하고, 파산선고 당시 법원에 소송이 계속되어 있음을 전제로 한 파산관재인의 소송수계신청 역시 부적법하다고 판시하였다. 제1 대상판결은 '당사자적격 있는 자 사이에서 중

89) 정준영(주 7), 314면.

90) 정갑주(주 22), 341면.

91) 그리고 파산채권으로 될 채권에 관한 소송은 파산재단에 속하는 재산 그 자체에 관한 소송의 경우와 달리 소송수계가 인정되는 경우 채권조사확정재판을 신청할 수 없는 제한(채무자회생법 제462조 제1항 단서)을 받는다는 점에서도 문제가 있다. 즉, 파산선고 당시 계속 중이던 파산채권에 관한 소송은, 파산선고로 인해 중단되나 채권신고 및 이에 대한 이의절차를 거쳐야 하므로 즉시 수계할 수 있는 것은 아니며, 수계가 가능한 경우에는 채권조사확정재판 절차를 택할 수 없는바, 수계의 필요성만으로 파산선고 후 계속된 소송의 수계를 인정하기는 어렵다. 파산선고 후에 계속된 파산채권에 관한 소송도 수계할 수 있다고 한다면, 채권조사확정재판 절차는 (파산선고 당시 파산채권에 관한 소송이 계속되는 경우와 마찬가지로) 금지되는 것인지, 원래의 권리인 채권조사확정재판 절차 신청도 가능하다고 볼 것인지가 불분명해진다. 금지된다고 본다면 왜 부적법한 수계 대상인 소송의 존재로 인해 원래 가능하였던 절차가 금지되는 것인지 논리적 · 법적 근거가 부족하고, 둘 다 가능하다고 본다면 파산선고 당시 소송이 계속 중인 경우에도 기존 소송에 대한 수계만 가능하였는데 파산선고 이후에 부적법한 소송이 계속되면 두 가지 방법 모두 가능하게 됨으로써 채무자회생법의 제한 취지를 잠탈하는 것은 아닌지 하는 의문이 든다. 어느 모로 보나, 파산선고 후 계속된 부적법한 파산채권에 관한 소송에 대하여는 수계를 인정하기 어려워 보인다.

단된 소송이 없는 경우'의 수계에 관한 일반론을 재차 설시한 것으로 평가할 수 있을 것이고, 그 논거와 결론은 타당해 보인다. 다만, 무명의채권 부분에 대한 이의자(파산관재인)의 소송수계신청이 적법한지에 관하여는 명시적 판단을 하지 않았는바, 해당 쟁점을 보론에서라도 판단해 주었더라면 후속 사건에서도 많은 참고가 될 수 있었을 것이라는 점에서 아쉬움이 있다.

## Ⅳ. 채권자취소소송의 수계와 부인권행사–제2 대상판결

### 1. 채권자취소권과 부인권

채권자취소권은 채무자가 재산을 감소시키는 행위를 하는 경우 채권자가 그 행위를 취소시킴으로써 채무자의 책임재산을 회복시킬 수 있는 실체법상의 권리이고, 부인권은 도산절차에서 채무자가 도산절차 개시 이전에 행한 채권자를 해하는 행위의 효력을 도산절차와의 관계에서 부정하여 채무자로부터 일탈한 재산을 회복시키는 채무자회생법상의 권리이다.

두 권리 모두 로마법상의 파울루스 소권(actio Pauliana)에 기원을 두고 있는 제도로 일견 유사한 점이 많으나, 엄밀히 말하면 권리의 성격, 성립요건, 인정범위, 대상, 효과, 행사방법 등 다양한 범위에 걸쳐 차이가 있다. 거칠게 말하면 부인권은 채권자취소권에 비해 인정범위가 넓고,[92] 성립요건은 완화되어 있다고 볼 수 있으며, 이러한 특성은 채무자의 책임재산 감소를 수반하는 (협의의) 사해행위가 아니라 채권자들 사이의 평등을 해하는 편파행위에서 비교적 뚜렷하다.[93] 한편 대법원은 사

---

92) 채권자취소권의 범위가 더 넓은 경우도 존재하는데, 예를 들어 사해행위의 전득자가 악의이고 수익자가 선의인 경우 채권자는 전득자를 상대로 채권자취소권을 행사할 수 있지만(다수설 · 판례), 파산선고가 있는 경우 파산관재인은 전득자를 상대로 부인권을 행사할 수는 없다. 전득자의 전자에 대하여도 부인의 원인이 있어야 하기 때문이다(채무자회생법 제403조). 법인파산실무(주 9), 540면; 전원열(주 53), 240면.

93) 지창구, "채권자취소권이라는 틀을 통하여 본 부인권", 저스티스 통권 제135호, 한국법학원, 2013, 83면.

실상 편파행위에 해당하는 기존 채권자에 대한 변제, 대물변제, 담보제공 등과 관련하여 '통모' 내지 '유일한 재산에 대한 담보제공' 등의 전제조건을 붙여 이를 사해행위에 해당한다고 보아 민법상 채권자취소권의 인정범위를 넓힘으로써 두 권리의 차이를 좁히고 있고, 민법개정시안[94]을 통하여 두 권리를 통일적 · 일원적으로 이해하고 규율하려는 시도가 있기도 하였다.[95]·[96]

어쨌든 현재로서는 두 제도가 통일적 · 일원적으로 규율되어 있다고 보기는 어렵고, 채무자의 책임재산을 회복한다는 목적을 공유한다는 점을 제외하고는 상당한 차이점이 있다. 이하에서는 두 제도의 공통점 · 차이점을 중심으로 그 성질, 성립요건, 인정범위, 대상, 효과 등을 간략히 살펴보기로 한다.

---

94) 법무부 민법개정위원회가 2009년 출범하여 2010년 제2기 민법개정위원회에서부터 채권법에 관한 개정안을 준비하기 시작하였고, 그중 제5분과위원회에서 채권자취소권에 관한 개정작업을 수행하여 2011. 2. 11. 제5분과위원회 제23차 회의에서 최초 초안이 발표되었다. 이후 분과위원회 회의, 실무위원회 회의, 분과위원장단 회의를 거쳐 2013년 민법개정위원회 전체회의에서 개정시안을 확정하였다. 전원열(주 53), 321면.

95) 채권자취소권과 부인권이 동일한 목적을 갖고 있다는 전제에서 두 권리에 관한 규정을 통일적· 일원적으로 구성하자는 견해로 김재형, "채권자취소권에 관한 민법개정안 : 개정안에 관한 기본구상과 민법개정위원회의 논의 과정을 중심으로", 민사법학 제68호, 한국사법행정학회(2015), 53면.

96) 채권자취소권에 관한 민법개정시안의 내용 중 특징적인 부분을 요약하면 아래와 같은바[전원열(주 53), 331면 이하], 채권자취소권과 부인권을 통일적 · 일원적으로 규율하려는 시도가 어느 정도 성과를 거두었으나, 여전히 두 제도 사이에는 차이가 있음을 알 수 있다.

① 채권자가 수익자의 악의에 대한 증명책임을 부담하고, 채무자와 수익자 사이에 특수한 관계가 존재하는 경우에 수익자의 악의를 추정, ② 취소의 대상은 여전히 '법률행위', ③ 취소대상행위의 유형으로 편파행위에 관한 명문의 규정은 두지 않음, ④ 무상행위에 대한 특례 규정 신설, ⑤ 원상회복의 범위 규정 신설, ⑥ 채무자 앞으로 원상회복된 재산에 대한 강제집행 규정 신설(종래 판례 명문화), ⑦ 가액 배상 시 채무자의 반환청구권에 대한 압류간주 규정, 상계 · 전부 · 추심 기간 제한 설정 및 다른 채권자의 압류 · 가압류 · 배당요구 시 공탁 규정 신설, ⑧ 원상회복에 응한 수익자의 반환청구권 등 규정 신설, ⑨ 전득자에 대한 채권자취소권을 별도로 규정(채무자회생법상 부인권 행사요건과 일치).

### 2. 양 제도의 공통점 · 차이점[97)]

#### 가. 목적상의 차이

채권자취소권의 목적은 책임재산을 확보하여 전체 채권자들이 변제받을 재산을 늘리는 데 있다. 그런데 도산절차상의 부인권은 위 목적에 더하여 특정채권자만이 먼저 변제받는 것을 막고 모든 채권자들이 공평하게 변제받도록 하여 채권자평등의 원칙을 관철하는 것도 확실한 추가 목적이 된다. 후자의 목적을 위하여 채무자회생법은 (협의의) 사해행위 외에 편파행위도 부인의 대상으로 하고 있는 것이다. 채권자취소권이 행사되는 상황에서는 편파행위를 취소하지 못하더라도 다른 채권자들의 채권도 존속하고 그에 대한 채무자의 책임도 존속하므로, 채무자의 책임재산이 늘어나 채무자가 무자력 상태를 벗어나면 이론적으로 채권자는 이행청구와 개별집행절차를 통하여 자신의 채권의 만족을 얻을 수 있는 반면, 도산절차에서는 면책 내지 채무면제 제도가 있기 때문에 도산절차가 종결되면 채권자로서는 더 이상 채무자의 재산에 집행할 가능성이 봉쇄되므로, 특정채권자가 먼저 변제받음으로 인하여 다른 채권자들이 받는 손해가 비도산상황에서 편파행위가 있는 경우에 비하여 훨씬 크기 때문이다.[98)]

#### 나. 행사주체 및 법적성질, 행사방식

채권자취소권은 개별 채권자가 도산절차 외에서 행사하는 것인 반면 부인권은 파산관재인으로 행사주체가 한정되어 있다(채무자회생법 제396조 제1항). 파산채권자는 부인권을 대위하여 행사할 수 없고,[99)] 법원에 파산관재인에게 부인권 행사를 명하도록 신청할 수 있을 뿐이다(채무자회생법 제396조 제2항).

채권자취소권은 형성권이고, 소송의 형태는 형성소송과 이행소송이

97) 이 장의 설명에 관하여, 법인파산실무(주 9), 541면 이하; 전원열(주 53), 230면 이하를 참조하였다.

98) 지창구(주 93), 91면; 전원열(주 26), 497-499면. 파산의 경우, 개인 채무자는 잔존채무를 면책받고 법인 채무자는 법인 자체가 소멸하게 될 것이다. 회생절차의 경우, 면책절차가 별도로 있는 것은 아니지만 회생절차가 변제계획에 따라 마쳐지고 나면, 회생계획상 감액된 채권은 더 이상 이행을 강제할 수 없게 된다.

99) 대법원 2002. 9. 10. 선고 2002다9189 판결.

결합된 것으로 재판상행사만 가능하며, 그 효과는 상대적이라는 것이 통설·판례이다. 부인권은 그 자체로는 형성권이나, 부인의 소송에 관하여는 이행·확인소송이라는 것이 통설·실무의 입장이며, 부인의 소송 외에도 부인의 청구, 항변 등으로도 주장할 수 있다. 따라서 채권자취소소송에서는 '취소한다'는 형성판결의 주문이 청구취지에 포함되는 반면, 부인소송의 경우 소송물이 부인권 자체가 아니라 부인권 행사의 효과로 발생하는 이행 또는 확인청구권이 되고, 청구취지에 '부인한다'는 점을 기재할 필요 없이 금전반환 또는 부인등기절차의 이행 등 부인의 효과로 발생하는 법률효과만을 기재하면 족하며, 부인의 주장은 공격방어방법이므로 청구원인에 기재되고 판결이유 중에서 판단된다.[100]

채권자취소소송의 경우 취소판결의 확정에 따라 수익자 등의 가액배상의무가 발생하여 수익자 등은 판결확정일 다음날부터 지연손해금을 배상할 의무를 지고, 소송촉진 등에 관한 특례법에 따른 이율은 적용되지 않는 반면,[101] 부인소송의 경우 부인의 의사표시 시에 부인의 효력이 발생하므로[102] 수익자 등은 부인의 효력 발생 시[103]로부터 소송촉진 등에 관한 특례법 상의 지연손해금을 배상할 의무를 지게 되고, 원상회복을 명하는 이행판결에 대해 가집행 선고도 가능하다.[104]·[105]

100) 고의부인, 위기부인, 무상부인 등 부인의 유형에 따라 별개의 소송물을 형성하는 것이 아니므로, 파산관재인은 변론종결일까지 부인의 유형 및 주장을 변경할 수 있으며, 법원도 당사자가 주장하는 부인의 유형에 구속되지 않고 다른 유형을 인정할 수 있다.

101) 장래이행을 구하는 소에 해당하기 때문이다. 대법원 2002. 3. 26. 선고 2001다72968 판결, 대법원 2002. 6. 24. 선고 2000다3583 판결 등 참조. 민사법정이율인 연 5%의 비율에 의한 지연손해금만을 인정한다.

102) 부인권행사의 효력발생시기에 대하여 판결확정시설, 의사표시설 등의 대립이 있으나, 실무는 의사표시설의 입장을 취하고 있다. 법인파산실무(주 43), 416면.

103) 부인의 소장(채권자취소소송을 수계하여 부인의 소로 변경한 경우 소 변경의 서면)을 송달받은 때.

104) 대법원 2000. 3. 13.자 99그90 결정.

105) 부인의 소가 아닌 부인의 청구의 경우에는 판결이 아니므로 가집행선고를 할 수 없다. 다만, 소송촉진등에 관한 특례법 제3조 제1항의 적용은 긍정하는 것이 실무례이다.

### 다. 대상 및 성립요건

채권자취소권은 조문상 '법률행위'를 대상으로 하는 데 비하여, 부인권은 단지 '행위'라고 규정하고 있어 그 대상을 넓히고 있으며, 성립요건·대항요건의 부인(채무자회생법 제394조), 집행행위의 부인(채무자회생법 제395조)도 가능하다.

채권자취소권은 원칙적으로 채권자의 총 책임재산의 감소를 초래하는 (협의의) 사해행위를 취소대상으로 하는 반면, 부인권에서는 사해행위뿐만 아니라 편파행위에 해당하는 담보제공, 채무소멸에 관한 행위도 그 취소대상으로 삼고 있으며, 부인의 대상이 되는 행위의 성격과 시기에 따라 고의부인, 위기부인, 무상부인 등으로 나누어 그 성립요건을 다르게 정하고 있다.[106]

### 라. 전득자의 선의·악의 요건

전득자에 대하여 부인권을 행사하려면, 전득자가 전득 당시 각각 그 전자에 대한 부인의 원인이 있음을 안 때라야 한다(채무자회생법 제403조 제1항 제1호). 따라서 수익자에 대하여 부인의 원인이 있어야 하고, 중간전득자가 있는 경우 중간전득자에 대하여도 채무자회생법 제403조의 요건을 충족하여야 한다.[107] 반면 채권자취소소송에 있어서는 전득자가 전득 당시 채무자와 수익자 사이의 사해성을 인식하였는지만 문제되고 그 법률행위에 관한 수익자의 사해성 인식 여부는 문제되지 않는다. 즉, 수익자가 선의이고 전득자가 악의인 사안에서 부인권은 행사할 수 없지만, 채권자취소권은 행사할 수 있다는 것이 판례·통설이다.[108]

### 마. 관할, 행사기간

채권자취소소송의 관할이 임의관할인 데 비하여, 부인의 소는 파산계속법원의 전속관할에 속한다. 따라서 파산선고 전 제기된 채권자취소소송이 1심 계속 중인 경우 파산관재인이 수계하여 부인의 소로 청구취

---

106) 부인권의 유형별 요건 등에 대한 상세한 사항은, 법인파산실무(주 9), 510면 이하 참조.

107) 법인파산실무(주 9), 540면.

108) 전원열(주 53), 240면.

지를 변경하면, 당초 소 제기를 받은 법원은 관할법원인 파산계속법원으로 사건을 이송하여야 한다.

채권자취소권의 행사기간은 채권자가 취소원인을 안 날로부터 1년, 취소대상 법률행위가 있은 날로부터 5년이고(민법 제406조 제2항), 위 각 기간은 제척기간으로 해석된다. 반면 부인권은 파산선고가 있은 날부터 2년, 부인대상 행위를 한 날부터 10년 내에 행사하여야 하며(채무자회생법 제405조), 위 각 기간 역시 제척기간으로 해석된다. 파산선고 전에 계속되어 중단된 채권자취소소송을 파산관재인이 수계하여 청구변경의 방법으로 부인권 행사를 한 경우, 특별한 사정이 없는 한 그 제척기간 준수 여부는 중단 전 채권자취소소송이 법원에 처음 계속된 때를 기준으로 판단하여야 한다는 것이 판례이다.[109)]

### 3. 제2 대상판결에 대한 검토

#### 가. 문제의 소재

채무자회생법은 파산채권자가 제기한 사해행위취소소송이 '파산선고 당시 법원에 계속되어 있는 때'에 한하여 그 소송절차의 중단 및 수계를 규정하고 있고(제406조), 파산선고 후에 파산채권자는 채권자취소소송을 제기할 수 없으며 이를 제기하는 경우 부적법하다.[110)]

그런데 파산선고 후에 파산채권자가 제기한 부적법한 사해행위취소소송이 각하되지 않고 있는 사이에 파산관재인이 이를 수계하는 것이 가능한가? 또한 소송절차의 수계는 본래 중단되어 있는 소송절차를 속행시키는 절차상 개념이라는 점에서, 애초에 중단되지도 않은 사해행위취소소송의 수계가 가능한지도 문제된다.

---

109) 대법원 2016. 7. 29. 선고 2015다33656 판결. 이에 대한 상세한 비판에 관하여는, 전원열(주 26) 참조.

110) 대법원 2010. 9. 9. 선고 2010다37141 판결. 제406조를 준용하고 있는 개인회생절차에서의 부인권에 관한 판례이다. 제2 대상판결은 파산절차에서도 파산채권자가 채권자취소의 소를 제기할 수 없음을 명확히 하였다.

나. 부적법한 소송의 수계 가부

우리 민사소송법은 당사자의 사망(제233조), 법인의 합병(제234조), 소송능력의 상실 또는 법정대리권의 소멸(제235조), 수탁자의 임무 종료(제236조), 소송담당자의 자격상실(제237조), 당사자의 파산(제239조), 파산절차의 해지(제240조) 등으로 인한 소송절차의 중단과 중단 시의 수계를 규정하고 있고, 중단된 소송이 적법할 것을 명시적으로 규정하고 있지는 않다. 채무자회생법의 경우도 마찬가지이다.

중단된 소송이 적법하든 부적법하든 중단의 해소를 위하여 소송수계가 필요한 경우가 있으므로, 부적법한 소송의 경우에도 수계를 인정할 수 있다고 생각된다. 예를 들어, 제척기간이 도과하여 부적법한 소송이 당사자 사망으로 인하여 중단된 경우, 소송중단 상태를 해소하여 각하판결을 하기 위하여라도 소송수계가 필요하다고 할 것이다. 또한 파산채권에 관한 소송이 계속하는 도중에 채무자에 대한 파산선고가 있어 소송절차가 중단된 사안에서, 파산채권자가 채무자회생법이 정한 바에 따라 한 채권신고에 대하여 이의가 없어 신고한 대로 채권이 확정되는 경우, 파산절차에서 이를 다툴 수 없으므로 기존에 계속 중이던 소송은 소의 이익이 없어 각하되어야 하는데, 이를 위하여 파산관재인으로 하여금 소송절차를 수계하도록 할 수 있다는 것이 우리나라의 다수설로 보인다.[111)]

기존 대법원 판례 중에도 부적법한 소송의 수계를 긍정한 듯한 사례가 있다.[112)]

---

111) 정준영(주 7), 331면; 법인파산실무(주 9), 88면.

112) 이하 두 판례는 심영진(주 3), 133면 이하에 소개된 사례이다.

① 대법원 2014. 6. 26. 선고 2013다17971 판결 : 어음금청구소송의 계속 중(1심 및 2심에서 원고의 청구가 기각되었다), 피고 甲에 대해 회생절차가 개시되고 그 어음금채권 중 원금 부분이 회생채권으로 시인되어 확정되었는데(지연손해금 부분만 이의가 되었다), 상고심에서 피고의 관리인 乙이 소송수계신청을 한 사례이다. 대법원은 어음금청구소송 중 원금 청구 부분은 회생절차에서 신고한 내용대로 확정되어 회생채권자표에 기재된 이상 소의 이익이 없어 부적법하게 되었고, 그에 따라 이 부분이 적법함을 전제로 한 원심의 결론이 더 이상 유지될 수 없다는 이유로 이 부분에 관한 원심판결을 파기하고 제1심판결을 취소, 이 부분 소를 각하하였는데, 관리인의 소송수계신청을 받아들여 판결문에도 피고를 '甲의 소송수계인

### 다. 중단 없는 소송의 수계 가부

#### (1) 견해의 대립

그렇다면 소송절차가 중단되어 있지 않았는데도 이를 수계하는 것이 가능한가? 이에 관한 일반론에 관하여 본격적인 논의가 있지는 않았던 것으로 보인다.

파산선고 후에 제기되어 중단된 바 없는 채권자취소소송의 수계를 인정하더라도 민사소송법상의 '소송절차의 중단 및 소송수계'에 관한 법리와 충돌하는 것이 아니라는 견해가 있다.[113] 그 근거로, ① 민사소송법상 '소송절차의 중단 및 소송수계'에 관한 법리는 '당연승계'를 전제로 한 개념이어서 당사자의 사망 등 승계원인의 발생과 동시에 법률상 당연히 당사자의 변경, 즉 소송의 승계가 이루어지는 경우에 실체적 권리관계의 변동을 소송에 반영시켜 수계적격자에게 구 당사자의 소송상의 지위를 인계시키기 위한 것인 반면, 채권자취소소송 계속 중 채무자에 대해 파산선고가 되어도 채무자는 당사자가 아니므로 '당연승계'가 발생하는 것이 아니라는 점, ② 채무자회생법 제406조가 이러한 경우 소송절차의 중단 및 수계가 이루어지도록 한 것은 당사자를 파산관재인으로 교체하여 부인권을 행사하도록 하기 위한 소송법상의 기술에 불과한 점, ③ 민사소송법상 당연승계의 경우에도, 신당사자의 재판받을 권리를 보장하기 위하여 소송절차를 중단할 필요가 없어 소송절차가 중단되지 않는 경우(예 : 중단사유가 생긴 당사자면에 소송대리인이 있는 경우)에도, 소송수계신청이 가능한 점[114]·[115] 등을 들었다.

---

회생회사 甲의 관리인 乙'로 표시하였다.

② 대법원 2015. 2. 12. 선고 2013다51216 판결 : 채권자취소소송 계속 중 채무자에 대한 파산선고가 내려졌고, 파산관재인이 소송을 수계하여 청구변경의 방법으로 부인권을 행사한 사안이다. 피고가 당초 채권자취소소송이 제척기간 도과로 부적법하다는 항변과 함께 채권자취소소송 자체가 부적법한 이상 파산관재인에 의한 수계도 허용되지 않는다고 주장하며 상고하였으나, 파산관재인의 수계신청에 따라 교환적으로 변경된 부인의 소의 적법 여부만 판단한 원심이 정당하다는 이유로 상고를 기각한 사례이다.

113) 심영진(주 3), 135면 이하.

114) 대법원 1972. 10. 31. 선고 72다1271, 1272 판결.

(2) **판례의 태도**

판례가 '중단 없는 소송의 수계 가부'에 관하여 일반적으로 긍정하는 입장에 서 있다고 평가하는 것은 타당하지 않아 보인다. 위 근거 ③에서 든 판례는 당초 수계적격자의 소송관여를 위해 절차를 중단할 필요가 없어 중단되지 않은 사안에 대한 것이었다는 점에서, 당사자적격 있는 자 사이에 이루어진, 중단의 전제가 되는 소송절차 자체가 없었던 경우에도 이를 수계할 수 있다고 판시한 것으로는 보이지 않기 때문이다.

제2 대상판결이 "파산선고 후에는 파산채권자가 수익자나 전득자를 상대로 채권자취소의 소를 제기할 수 없지만 채권자취소의 소를 제기한 경우에도 마찬가지로 파산관재인이 소송수계를 할 수 있다고 보아야 한다"면서 참조판례로 설시한 대법원 2013. 6. 27.자 2013마4020 결정[116]의 사안도 제2 대상판결과 마찬가지의 사안에 대한 판시였다는 점에서 대법원이 종래부터 중단 없는 소송의 수계를 긍정하는 입장에 서 있었다고 볼 여지도 있다.

한편, 대법원이 중단 없는 소송의 수계를 부정하는 입장에 서 있다고 볼 만한 판례도 있다(다만 아래 판례를 소송중단과 관련된 것이 아니라, 수계대상인 소송에 당사자대립구조가 존재하였는지와 관련된 것에 불과하다고 볼 여지도 있다).

대법원은 소 제기 전 이미 사망한 사람을 원고로 하여 제기한 소는 처음부터 부적법한 것이어서, 그 재산상속인들의 소송수계신청은 허용될 수 없으므로 소송절차 수계신청은 기각되어야 한다고 판시하였고,[117] 사망자를 피고로 하는 소제기는 원고와 피고의 대립당사자 구조를 요구하는 민사소송법상의 기본원칙이 부적법한 것으로서 실질적 소송관계가 형

115) 이 경우 구 당사자로 표시하여 판결이 선고된 때에는 소송수계인을 당사자로 하여 판결경정을 하면 된다. 대법원 2002. 9. 24. 선고 2000다49374 판결.

116) 종합법률정보 등을 통하여 해당 사건의 결정문을 확인하는 것은 불가능하였다. 해당 소송은 파기환송 후에 화해권고결정으로 확정되었다(서울중앙지방법원 2013나484호).

117) 대법원 1979. 7. 24.자 79마173 결정.

성될 수 없어, 이러한 소에 대하여 제1심판결과 항소심판결이 선고되었다고 할지라도 그 판결은 당연무효이고 그 판결에 대한 사망자인 피고의 상속인들의 상소나 소송수계신청은 부적법하다고 판시하였다.[118)·119)]

(3) 검 토

생각건대, '소송절차의 중단'은 사건이 법원에 계속 중 당사자나 소송행위자에게 소송수행을 할 수 없는 사유가 생겼을 때 새로운 소송수행자가 소송에 관여할 수 있을 때까지 법률상 당연히 절차의 진행을 정지하여 그 당사자의 이익을 보호하는 제도이고,[120)] '소송절차의 수계'는 소송절차의 중단을 전제로 한 개념이라는 점[121)]에서, 중단의 전제가 되는 소송절차 자체가 없었던 경우에 수계를 일반적으로 긍정하기는 어려워 보인다. 즉, '당사자적격 있는 자 사이에 이루어진 중단된 소송이 없는 경우'라면 제1 대상판결이 일반적으로 설시하고 있는 것과 같이 소송수계가 불가능하다고 보아야 할 것이다.

그럼에도 불구하고, 제2 대상판결은 채권자취소소송 제기 당시 파산채권자가 당사자적격을 이미 상실하였으므로 '당사자적격 있는 자 사이에 이루어진 중단된 소송이 없는 경우'에 해당하는 사안임에도 불구하고, 여러 이유를 들어 수계신청을 적법하다고 보았다. 이에 대하여는 그 논거와 결론의 측면에서 다소 아쉬운 부분이 있는데, 이에 대하여는 항을 바꾸어 논의한다.

---

118) 대법원 2015. 1. 29. 선고 2014다34041 판결.

119) 반면, 원고가 사망자의 사망사실을 모르고 그를 피고로 표시하여 소를 제기한 경우, 사망자의 상속인으로 당사자표시정정을 하는 것이 허용된다고 하는 것이 판례이다(대법원 2006. 7. 4.자 2005마425 결정). 그러나 이는 소송의 중단·수계의 문제가 아니라, 당사자표시정정의 문제이다. 즉, 여러 사정을 종합하여 볼 때 사망자의 상속인이 처음부터 실질적인 피고였고 다만 당사자표시만이 잘못된 것이어서 그 소송은 당초에 중단된 적이 없었기 때문이다.

120) 편집대표 민일영(주석 민사소송법(제8판) Ⅲ, 572면, 한국사법행정학회, 2018.

121) 이시윤, 신민사소송법(제10판), 박영사, 2016, 451면. "수계신청이란 당사자측에서 주장된 절차가 계속 진행되도록 속행을 구하는 신청이다(소송상의 지위를 물려받는 '승계'와는 다름)"이라고 기술되어 있다.

### 라. 제2 대상판결의 논거에 대한 비판적 검토

#### (1) 제2 대상판결이 제시하는 논거

제2 대상판결은 파산선고 후에는 파산채권자가 수익자나 전득자를 상대로 채권자취소의 소를 제기할 수 없지만 채권자취소의 소를 제기한 경우에도 마찬가지로 파산관재인이 소송수계를 할 수 있다고 보아야 한다면서, ① 채무자회생법이 파산선고 당시 계속 중이던 채권자취소소송을 파산관재인이 수계할 수 있도록 정한 것은 파산채권자의 개별적 권리행사를 파산관재인의 부인권 행사라는 파산재단 증식의 형태로 흡수시킴으로써 파산절차에서의 통일적인 처리를 도모하기 위한 것인데, 이러한 필요성은 파산선고 이후에 채권자취소의 소가 제기된 경우에도 마찬가지인 점, ② 채무자회생법 제396조 제1항에서 부인권의 행사방법 중 하나로 정한 '소'란 반드시 파산관재인이 새로운 소를 제기하는 경우만을 의미하는 것이 아니라 파산관재인이 기존의 소송을 수계하여 부인의 소로 변경하는 방법으로 부인권을 행사하는 것도 포함하는데, 채무자회생법 제406조, 제347조 제1항이 '파산채권자가 제기한 채권자취소의 소가 파산선고 당시 법원에 계속되어 있는 경우'에 관하여 규정하고 있는 것이 파산선고 이후에 제기된 채권자취소의 소를 파산관재인이 수계하여 부인의 소로 변경하는 것을 금지하는 취지라고 볼 수 없는 점, ③ 채권자취소소송은 채무자에 대한 파산선고가 있더라도 당사자에게 당연승계사유가 발생하는 것은 아니지만 그 소송결과가 파산재단의 증감에 직접적인 영향을 미칠 수 있기 때문에 소송절차의 중단 및 수계를 특별히 정한 것으로서 소송계속 중 당사자의 사망 등 당연승계사유가 발생한 경우와는 구별되므로, 민사소송법 규정이 파산채권자가 제기한 채권자취소의 소에 대해 그대로 적용된다고 보기는 어려운 점을 들었다.

이를 간단히 요약하면, ① 논거는 '수계 필요성 논거'로, ② 논거는 '조문해석 논거'로, ③ 논거는 '구조적 특성 논거'라고 바꿔 말할 수 있고, ①·② 논거는 제1 대상판결의 사례(파산재단에 관한 소송)에도 대입해 보아도 상당 부분 준용될 수 있는 논거여서 결국 위 ③ 구조적 특성 논

거가 핵심이라고 할 수 있다.[122)]

(2) **'구조적 특성 논거'에 대한 비판적 검토**

제2 대상판결은 채권자취소소송은 파산선고가 있더라도 당연승계사유가 발생하는 것이 아니라는 점에서, 당사자의 사망 등 당연승계사유가 발생한 경우를 규정한 민사소송법 규정이 그대로 적용되지 않는다고 하였다. 그러나 파산선고가 당연승계사유로 작용하는 파산재단에 관한 소송이든 그렇지 않은 채권자취소소송에 관한 소송이든, 소송 계속 전의 파산선고로 인해 본래의 당사자적격자(파산채무자 또는 채권자)가 당사자적격을 상실하였고, 파산선고 당시 중단된 소송이 없다는 점에서는 근본적으로 구조가 동일하다.

채권자취소소송 계속 중 파산선고가 있었음에도 소송절차 중단을 간과한 채 판결이 내려졌다면, 이는 무효라고 볼 수는 없고 대리인에 의하여 적법하게 대리되지 않았던 경우와 마찬가지로 대리권 흠결을 이유로 상소 또는 재심에 의하여 그 취소를 구할 수 있을 뿐이라는 것이 판례이다.[123)] 파산채권자의 파산채무자에 대한 소송 중 파산선고가 있었음에도 소송절차 중단을 간과한 채 판결이 내려진 사안에서도 위와 마찬가지로 이를 당연무효로 볼 수는 없고 상소 또는 재심에 의하여 그 취소를 구할 수 있다는 것이 판례이다.[124)·125)]

채권자취소소송 계속 전 파산선고가 있었음에도 취소채권자에게 당

---

122) 제2 대상판결에 대한 대법원 판례해설에서도, 제1·2 대상판결이 결론을 달리한 이유를 분석하면서 제1 대상판결은 '파산선고를 받은 채무자'가 소송당사자로서 파산관재인과 관계에서 당연승계에 관한 법리가 적용되는 반면 제2 대상판결은 '파산선고를 받은 채무자'가 수계 전이든 후든 소송당사자가 아니고 당연승계에 관한 법리가 적용되지 않는다는 점이 고려된 것으로 보인다고 추측하였다. 심영진(주 3), 180면.

123) 대법원 2013. 6. 13. 선고 2012다33976 판결. 채권자취소소송 계속 중 개인회생절차 개시결정이 내려진 사실을 간과하고 소송수계가 이루어지지 않은 상태로 소송절차를 진행하여 선고한 판결의 효력에 관한 판례이다.

124) 대법원 2013. 9. 12. 선고 2012다95486, 95493 판결.

125) 소송계속 중 당사자가 사망한 사안에 관한 대법원 1995. 5. 23. 선고 94다28444 판결, 소송계속 중 회사인 일방 당사자의 합병에 의한 소멸 사안에 관한 대법원 2002. 9. 24. 선고 2000다49374 판결도 결론이 같다.

사자적격 없음을 간과한 채 판결이 내려졌다면 그 효력은 어떠한가? 소 제기 전의 당사자가 사망한 경우[126]와 마찬가지로 무효라고 할 것이고, 파산채권자와 파산채무자 사이의 소송계속 전 파산선고가 있었던 경우도 마찬가지라고 할 것이다.[127]·[128]

그런데 당사자적격 있는 자가 당사자적격 없는 자가 제기한 소송을 "수계"하는 경우에 관하여만 결론을 달리하는 이유에 대해서 위 '구조적 특성 논거'가 충분한 답이 될 수 있는지 의문이다. 적어도, 파산선고가 해당 소송에 '당연승계사유'로 작용하는지 아닌지 여부에 따라 결론을 달리해야 할 필연성이 있다고 보기 어렵다.

**(3) '수계 필요성 논거'에 대한 비판적 검토**

제2 대상판결은 파산채권자의 개별적 권리행사를 파산관재인의 부인권 행사라는 형태로 흡수시킴으로써 파산절차에서의 통일적인 처리를 도모하기 위할 필요성이 있고, 이러한 필요성은 파산선고 이후에 채권자취소의 소가 제기된 경우에도 마찬가지라는 점을 근거로 들었다. 그러나 이러한 통일적 처리 및 수계의 필요성은 파산재단에 관한 소송에도 마찬가지라는 점에서 핵심적인 논거가 될 수 없다.

파산절차에서의 통일적인 처리를 도모하기 위하여 파산선고 이후에 제기된 부적법한 채권자취소소송을 수계하도록 할 필요성이 실제로 존재하는지도 의문이다. 파산선고 당시 계속된 채권자취소소송의 경우는 이미 당사자 사이에 쟁점에 대한 상당한 공방이 이루어졌을 가능성이 높고 이를 무위로 돌리기보다는 파산관재인으로 하여금 수계하여 부인의 소로 변경할 수 있도록 할 필요성이 있다. 그러나 파산선고 이후에 채권자취

---

126) 대법원 1980. 5. 26. 선고 80다735 판결, 1995. 5. 23. 선고 94다28444 판결, 2015. 1. 29. 선고 2014다34041 판결. 소송수계도 허용되지 않는다.

127) 당사자적격이 없음을 간과하고 행한 판결은 정당한 당사자로 될 사람에게 그 효력이 미치지 아니한다는 의미에서 판결은 무효로 된다는 것이 통설이다. 이시윤(주 121), 163면.

128) 파산관재인 중 일부만을 당사자로 한 판결이 당사자적격을 간과한 것으로서 파산재단에 효력이 미치지 않는다고 한 판례로, 대법원 2009. 9. 10. 선고 2008다62533 판결.

소소송이 제기된 경우라면 수계할 만한 가치가 있는 소송상태가 있는 경우는 드물 것이고, 파산관재인은 채권자취소소송에 관한 검토 없이 제척기간 내라면 얼마든지 부인권을 행사할 수 있고 사해행위취소소송은 각하될 운명이라는 점에서, 굳이 당사자적격이 없는 자가 제기한 부적법한 채권자취소소송을 수계대상에 포함시키지 않더라도 파산절차에서의 통일적인 처리를 도모하는 데는 문제가 없다.

파산선고 후에 제기된 채권자취소소송을 파산관재인이 수계할 수 있게 하면 파산관재인이 신소 제기에 따른 비용, 노력 등의 번거로움을 피할 수 있고, 법원의 입장에서도 채권자취소소송의 제기 시점이 파산선고 전인지 후인지 따져볼 필요 없어 직권조사의 부담이 줄어들며, 법원이 채권자취소소송이 파산선고 후에 제기되었다는 점을 간과하여 소송절차를 진행하는 사이 부인권 행사기간이 도과하고 이후에 부적법한 수계신청임이 밝혀져 파산관재인이 더 이상 부인권을 행사할 수 없게 되는 불합리를 피할 수 있다는 장점을 들어 판례의 입장이 타당하다고 보는 견해도 있다.[129] 그러나 이러한 주장에 대하여는, 중단된 소송이 없다면 파산관재인이 원칙으로 돌아가 신소를 제기하는 등의 방법에 의하여야 하는 것은 당연하고 그것이 부당한 제약이라고 볼 수 없는 점, 파산선고 시점과 채권자취소소송 계속 시점은 법원 입장에서 객관적으로 명확하게 확인할 수 있는 사항에 대한 것이어서 직권조사의 부담이 과도하다고 볼 수 없고, 파산관재인으로서도 부인권 행사의 제척기간 내라면 기존 소송을 수계하지 않고 얼마든지 소, 청구, 항변 등의 방법으로 부인권을 행사할 수 있으며,[130] 부적법한 수계신청 및 부인권 행사 제척기간 도과에 따른 책임은 파산관재인이 마땅히 부담해야 할 것이라는 점 등을 들어 반박이 가능하다.

**(4) '조문 해석 논거'에 대한 비판적 검토**

법조문 해석은 문언의 한계를 넘을 수 없는바, 제2 대상판결이 「채

---

129) 심영진(주 3), 137-138면에 제시된 근거이다.

130) 반면, 파산채권으로 될 채권에 관한 소송의 경우는 파산선고 당시 소송이 존재하는 경우에는 채권조사확정재판 절차 등을 이용할 수 없고 기존 소송을 수계하는 것만 가능하다.

무자회생법 제406조, 제347조 제1항이 '파산채권자가 제기한 채권자취소의 소가 파산선고 당시 법원에 계속되어 있는 경우'에 관하여 규정하고 있는 것이 파산선고 이후에 제기된 채권자취소의 소를 파산관재인이 수계하여 부인의 소로 변경하는 것을 금지하는 것으로 볼 수 없다」고 설시한 부분은 그 해석의 타당성에 더욱 의문이 든다. 채무자회생법 제406조 제1항은 '파산채권자가 제기한 소송이 파산선고 당시 계속되어 있는 때'에 소송절차가 수계 또는 파산절차의 종료에 이르기까지 중단된다고 명확하게 규정하고 있고, 같은 조 제2항이 준용하는 제347조는 파산재단에 속하는 재산에 관한 소송수계에 관한 규정으로서 여기서도 '파산선고 당시 법원에 계속되어 있는 소송'을 수계대상으로 한정하고 있기 때문이다. 즉, '파산채권자가 제기한 소송이 파산선고 당시 계속되어 있을 것'은 단순한 예시적 문구에 불과한 것이 아니라 소송수계의 요건을 정한 것으로 해석해야 한다.

파산재단에 속하는 재산에 관한 소송의 수계에 관하여도 채권자취소소송과 같은 조문(제347조)이 적용되고, 파산선고 후에 계속된 소송이라도 수계필요성이 있는 것은 마찬가지이다. 그리고 파산선고 이후 당사자적격 없는 자 사이에 소송이 계속되었고 소송이 중단된 바도 없다는 점에서는 근본적 구조도 동일하다. 파산선고가 당연승계사유로 작용하느냐 아니냐의 미묘한 차이점을 근거로 결론을 달리하는 것은 문언의 범위를 넘는 해석으로 보인다.

### 마. 제2 대상판결의 결론에 따르는 문제점

#### (1) 수계의 필요성을 상쇄하는 여러 문제점들

제2 대상판결의 논거를 거칠게 요약하면, 채무자회생법의 법규정에도 불구하고 파산선고 후 채권자취소소송을 파산관재인이 수계할 수 있도록 할 필요성이 있고, 본래 파산선고가 당연승계 사유로 작용하지 않는 당사자 사이의 소송이어서 다른 소송유형과 다르게 취급하여도 무방하다는 것이다. 그런데, 파산선고 후 제기된 채권자취소소송에 대하여도 파산관재인이 이를 수계하여 부인의 소로 변경할 수 있다는 제2 대상판결의 결론에 따르는 경우 아래와 같은 문제점이 발생하고, 이러한 문제점은 소송수계를 인정하는 데서 오는 이점을 상당 부분 상쇄한다고 보인다.

**(2) 소 제기 시 법원의 허가를 받도록 한 채무자회생법의 취지 잠탈**

파산관재인이 부인의 소를 제기하려면 법원의 허가를 받아야 하고, 이는 제소요건이므로 허가를 얻지 않으면 각하된다. 그러나 소송수계와 소 변경에는 앞서 보았듯이 법원의 허가가 필요 없는 것으로 해석되는바, 파산선고 후 제기된 채권자취소소송의 경우에도 소송수계가 가능하다면 파산관재인이 부인의 소를 제기할 때 법원의 허가를 받도록 한 채무자회생법의 취지를 잠탈하는 측면이 있다. 파산선고 당시 계속된 채권자취소소송만 수계대상으로 삼는 경우, 파산선고와 동시에 그 수계대상인 소송이 한정되게 되는 반면, 파산선고 후 제기된 채권자취소소송도 수계대상으로 삼는 경우 파산채권자의 수만큼 수계대상이 늘어날 수도 있고 이를 법원이 쉽게 파악하기도 어려워 이를 이용하는 부인소송에 관한 법원의 감시에 사각지대가 발생할 가능성이 있다.

**(3) 부인권 행사의 제척기간 준수시점 판단과 관련된 혼란**

대법원은 파산선고 당시 계속 중인 채권자취소소송을 수계하여 부인권을 행사한 경우에 특별한 사정이 없는 한 중단 전 채권자취소소송이 법원에 처음 계속된 때를 기준으로 제척기간 준수를 판단하여야 한다는 입장이다.[131] 그런데 파산선고 후 제기된 채권자취소소송을 수계하여 부인권을 행사한 경우에는 제척기간 준수 기준을 언제로 삼을 것인지 혼란이 발생한다.

이 경우에도 수계 대상인 채권자취소소송이 계속된 때를 기준으로 삼는다면, 부적법하여 각하되어야 할 운명의 채권자취소소송이 파산선고

131) 대법원 2016. 7. 29. 선고 2015다33656 판결. 이에 대하여는 ① 부인의 소와 채권자취소소송이 동일한 목적을 가진다고 볼 수 없고, ② 채권자취소소송을 수계하여 진행되는 부인의 소의 경우 부인권의 제척기간이 적용될 일이 없게 되어 사실상 채무자회생법이 정한 부인권의 제척기간을 잠탈하게 된다는 점, ③ 파산관재인이 파산선고 후 별도로 부인의 소, 청구 등을 제기할 수 있으므로 굳이 무리해서 수계의 경우에만 부인권행사 시의 제척기간 준수시점을 앞당길 이유가 없다는 점 등을 들어 비판하는 견해가 있다. 이에 대한 상세한 내용은 전원열(주 26) 참조.

후 2년 내에 있었고 아직 각하되지 않은 채 남아있었다는 우연적 사정에 의해 파산관재인의 부인권 행사의 제척기간이 제한 없이 연장되어 부당하고,[132] 파산관재인이 소송을 수계하여 부인소송으로 변경한 시점을 기준으로 삼는다면 이 경우에만 다른 결론을 취하는 논리적 근거가 부족하다는 난점이 있다.

**(4) 부적법한 채권자취소소송의 처리 문제, 심급의 이익**

파산선고 후 제기된 부적법한 채권자취소소송이 있는 경우, 파산채권자가 취하하지 않으면 법원은 이를 각하하여야 할 것인데, 파산관재인의 수계 가능성에 대비하여 이를 각하하지 않고 그대로 두어야 하는가? 각하판결에 불복하여 파산채권자가 항소하고 파산관재인이 수계하거나, 파산관재인이 수계와 동시에 항소하면서 소변경을 하는 경우 부인소송은 2심부터 진행이 되게 되는데,[133] 상대방의 심급의 이익이 부당하게 박탈될 가능성을 감수하면서 굳이 이러한 수계를 인정할 필요가 있는 것인지도 의문이 든다.

바. 소결–제2 대상판결의 의의

제2 대상판결은 파산선고 이후에 파산채권자가 소를 제기하여 부적법한 경우에도 이를 파산관재인이 수계할 수 있다고 보고, 수계 후 청구변경의 방법으로 부인권을 적법하게 행사할 수 있음을 명확히 한 판결이다. 부적법한 소송의 수계가 가능하다는 점을 정면으로 판시하였다는 점, 종래 소송수계는 소송절차의 중단사유의 발생을 전제로 하여 이를 해소하는 수단으로서 이해되었으나 이와 무관한 형태의 소송수계도 가능하다는 점을 판시하였다는 점에서 의미가 있다.

제2 대상판결은 수계대상인 소송유형이 다른 제1 대상판결과 상반된

132) 극단적인 경우로, 파산선고 2년 내에 제기되어 계속된 채권자취소소송이 각하되지 않은 채 있으면 파산관재인이 파산선고 5년 후에 이를 수계하여 부인의 소를 행사하는 것도 가능하게 된다.

133) 파산선고로 중단된 채권자취소소송이 항소심 계속 중인 경우, 파산관재인이 소송을 수계하여 부인권을 행사하더라도 채무자회생법 제396조 제3항이 적용되지 않고 항소심법원이 소송을 심리·판단할 권한을 계속 가진다(대법원 2017. 5. 30. 선고 2017다205073 판결).

결론을 내렸는데, 제2 대상판결이 제시하고 있는 논거와 결론의 타당성에는 의문이 있다. 제2 대상판결의 사안에서는 파산관재인이 부적법한 소송을 수계하여 부인권을 행사하고 이에 따라 심리가 진행되는 사이에 부인권 행사의 제척기간이 도과해버려, 항소심에서 파산관재인의 소를 각하한 시점에는 더 이상 별도로 부인권을 행사할 수 없게 되었으므로, 구체적 타당성 측면에서 파산관재인을 구제할 필요성이 있다는 측면이 함께 고려되었을 것으로 보이고, 최근 채권자취소소송과 부인의 소를 동일한 목적을 가진 제도로 보는 듯한 판례의 인식도 결론에 영향을 미쳤을 가능성이 있다. 그러나 채권자취소소송과 부인의 소는 그 목적이 완전히 동일하다고는 볼 수 없고, 법적성질, 성립요건, 인정범위, 대상, 효과 등도 분명히 다르다.

제2 대상판결의 결론에 따라 파산선고 후 제기된 부적법한 채권자취소소송에 대한 수계를 인정하는 경우, 부인의 소 제기 시 허가를 받도록 한 채무자회생법의 취지 잠탈 가능성, 부인권 행사 기간의 제척기간 준수시점 판단과 관련된 혼란, 부적법한 채권자취소소송의 처리 문제 및 상대방의 심급의 이익 침해 가능성 등의 문제점이 발생할 수 있다. 이에 대하여는 앞으로 논의가 필요하다고 생각된다.

## V. 결 론

파산절차와 민사소송 사이의 관계, 파산선고가 민사소송 절차에 미치는 영향에 관하여는 종래에도 많은 연구가 있었으나, 파산선고로 인한 소송수계와 관련된 쟁점에 관하여는 통설적이라고 할 만한 견해가 확립되어 있지 않고, 수계신청권자, 수계거절권, 수계가 없는 경우의 법원의 조치 등 세부적인 쟁점별로 학설, 판례가 충분히 축적되지 않은 것으로 보인다. 소송중단의 해소라는 관점에서 보면 소송수계는 평이한 쟁점이지만, 파산절차라는 특수한 제도와 결합되어 운용되는 상황에서는 그 이해와 운용이 쉽지만은 않다. 본 연구의 전반부에서는 이러한 소송수계의 세부 쟁점에 관한 국내외 학설과 판례를 소개하고, 나름의 견해를 제시하기 위하여 시도해 보았다.

제1, 2 대상판결은, 파산선고 후 제기된 파산채권자의 파산채권에 관한 소송, 사해행위의 취소소송이 부적법하다는 점을 확인하면서도, 수계가 가능한지 여부에 관하여는 다른 결론을 내렸다. 제1 대상판결은 '당사자적격 있는 자 사이에서 중단된 소송이 없는 경우'의 수계에 관한 일반론을 재차 확인한 판결로서 논거와 결론이 타당해 보인다. 제2 대상판결은 부적법한 소송의 수계, 중단 없는 소송의 수계가 가능하다는 점을 명시적으로 판시하였다는 점, 채무자회생법의 명문의 규정에도 불구하고 수계의 필요성이 있으면 이를 확장하여 적용할 수 있다는 점을 확인하였다는 점 등에서 의의가 있지만, 그 논거와 결론의 타당성에 관하여는 의문이 없지 않다. 제2 대상판결의 결론에 따라 파산관재인이 소송을 수계한 경우에 제척기간 준수시점을 언제로 볼 것인지, 부적법한 채권자취소소송의 처리를 어떻게 할 것인지, 상대방의 심급이익 박탈 가능성은 없는지 등과 관련된 쟁점에 대하여도 추후 연구가 이루어지기를 기대한다.

[Abstract]

# Practical Issues Involving Bankruptcy Procedures and Takeover of Lawsuit

Kim, Kyu Hwa*

When bankruptcy is declared, a lawsuit against a bankruptcy estate, which has been in progress before a declaration of bankruptcy, and a creditor's revocation suit are suspended and a trustee in bankruptcy may take over such lawsuits. When it comes to bankruptcy procedures and takeover of lawsuits, there are several issues requiring further discussion, which include a bankruptcy trustee's duty of takeover, acceptance of an opposing party's right to apply for a takeover, a court permission for takeover of lawsuits, and acceptance of continuation order from a court.

A lawsuit against a bankruptcy estate or a creditor's revocation suit filed after a declaration of bankruptcy is unlawful. The first and the second Supreme Court Decisions concern whether such lawsuits fall under the cases to be taken over by a trustee in bankruptcy.

The first Supreme Court Decision ruled that a lawsuit against a bankruptcy estate filed after a declaration of bankruptcy was unlawful, and a bankruptcy trustee's application for taking over a lawsuit on the grounds that the lawsuit had been in progress at the time bankruptcy was declared was also unlawful. Since the takeover of lawsuit is a concept affected by the occurrence of reasons to suspend a lawsuit, the first Supreme Court Decision is reasonable based on the principled stance that taking over a lawsuit is impossible 'in the case where there is no suspended lawsuit

* Judge, Sangju Branch Court of Daegu District Court.

which has been in progress between the parties having standing to sue and becomes a prerequisite for takeover.'

On the other hand, the second Supreme Court Decision found that even an illegitimate revocation suit filed by a creditor after a declaration of bankruptcy may be taken over or changed to an avoidance suit by a trustee in bankruptcy. The second Supreme Court Decision is meaningful in that it suggested the possibility of taking over an illegitimate lawsuit or a lawsuit irrelevant to the occurrence and the removal of suspension of(reason for) litigation proceedings, however, the grounds suggested in the second Supreme Court Decision are considered insufficient to support the conclusion and there is some doubt about the validity of the conclusion.

Some of the grounds suggested in the second Supreme Court Decision are also applicable to the first Supreme Court Decision, in that the Debtor Rehabilitation and Bankruptcy Act does not explicitly prohibit the lawsuit from being taken over and there is the necessity of taking over the lawsuit. Besides, even if it is considered that a 'creditor's revocation suit' is structurally distinguished from other types of litigation in terms of whether or not the reason for a rightful takeover arises from a declaration of bankruptcy, this cannot be a decisive reason to reach the conclusion opposing the first Supreme Court Decision because the logical inevitability of different treatment of such a lawsuit from the issues involving a takeover of lawsuit is not found. On the contrary, in the case where a trustee in bankruptcy is allowed to take over an illegitimate revocation suit filed by a creditor after a declaration of bankruptcy and change it to an avoidance suit, pursuant to the conclusion from the second Supreme Court Decision, granting the takeover of such a lawsuit is of little practical use because it might cause several follow-up issues that include the possibility of deviating from the purpose of the Debtor Rehabilitation and Bankruptcy Act stipulating the court permission required to file an avoidance suit, the probability of confusion about deciding the lapse of limitation period for exercising the avoidance power, any confusion related to a settlement of an illegitimate revocation suit filed by a creditor, and the issue of removing the three trial system benefit in case of an appeal, along with the application for takeover of lawsuit, to protest against a decision of dismissal of lawsuit at the first instance. These follow-up issues also require further discussions.

[Key word]

- The Debtor Rehabilitation and Bankruptcy Act
- Bankruptcy procedures
- Suspension of lawsuit
- Takeover of lawsuit
- Creditor's revocation suit
- Avoidance suit
- A right to apply for a takeover
- A right to refuse a takeover
- Duty of takeover
- Continuation order

## 참고문헌

[단 행 본 및 주석서]

서울중앙지방법원 파산부 실무연구회, 도산절차와 소송 및 집행절차, 박영사, 2011.

______, 법인파산실무, 박영사, 2014.

서울회생법원 재판실무연구회, 법인파산실무, 박영사, 2019.

이시윤, 신민사소송법(제10판), 박영사, 2016.

전병서, 도산법(제3판), 문우사, 2016.

전원열, 사해행위취소 및 부인권제도에 관한 개선방안 연구, 법원행정처, 2017.

편집대표 민일영, 주석 민사소송법(제8판) Ⅲ, 한국사법행정학회, 2018.

伊藤眞 外 5, 條解 破産法, 弘文堂, 2014.

濟藤秀夫 外 2, 注解 破産法(上), 青林書院, 1998.

온라인주석서, 로앤비온주(2015. 7. 15.) : 집필자 임채웅 · 심활섭 · 박태준.

[논문 · 평석]

강상효, "파산선고로 인하여 채권자대위소송이 중단 및 수계되는지 여부", 재판과 판례 제22집, 대구판례연구회, 2013.

김재형, "채권자취소권에 관한 민법개정안 : 개정안에 관한 기본구상과 민법개정위원회의 논의과정을 중심으로", 민사법학 제68호, 한국사법행정학회, 2015.

심영진, "채무자에 대한 파산선고 후 파산채권자가 채권자취소의 소를 제기한 경우, 파산관재인이 소송수계 후 부인의 소로 변경할 수 있는지 여부", 대법원판례해설 제115호, 법원도서관, 2018.

심태규, "채권조사확정재판에 대한 이의의 소에 관한 실무상 문제점", 사법논집 제66집, 법원도서관, 2018.

윤남근, "파산관재인 : 그 법률상지위와 권한을 중심으로, 재판자료 제82집(상), 법원도서관, 1999.

전원열, "부인권과 제척기간 : 대법원 2016. 7. 29. 선고 2015다33656 판결", 법조 통권 제720호(2016. 12.), 법조협회.

______, "파산선고 후 제기된 사해행위취소의 소를 파산관재인이 수계할 수 있는지 여부", 법조 통권 제736호(2019. 8.), 법조협회.

정갑주, "파산·회생절차가 소송절차에 미치는 영향 개관", 민사법의 새로운 전개 : 환도 정환담교수 정년기념논문집, 2006.

정문경, "부인권 행사에 관한 실무상 몇 가지 쟁점", 도산법연구회 제2권 제2호, 사단법인 도산법연구회, 2011.

정준영, "신도산법의 파산절차가 소송절차에 미치는 영향", 도산관계소송(편집대표 고영한 · 강영호), 한국사법행정학회, 2009.

지창구, "채권자취소권이라는 틀을 통하여 본 부인권, 저스티스 통권 제135호, 한국법학원, 2013.

# 외국중재판정의 승인집행에서의 준거법결정*

장 준 혁**


## 요 지

대법원 2018. 7. 26. 선고 2017다225084 판결에서는 외국 중재판정의 승인집행에 관한 뉴욕협약(1958)상 방식요건과 중재판정 승인집행 거절사유의 해석, 그리고 중재지 법원의 전환판결이 있을 때의 처리가 문제되었다.

협약 제2조 제1항, 제2항은 중재합의의 방식요건을 실질법적으로 규정한다. 이것은 국제적 강행법규의 개입도 배제하는 남김 없는 규정으로 해석된다. 그래서 약관으로 중재합의를 체결하는 경우, 약관의 제시·설명을 방식요건으로 요구하는 국내법규가 국제적 강행법규로서 개입할 여지는 없다. 대상판결은 결과적으로 마찬가지 입장에 선 셈이 되었으나, 이 점을 설시하지는 않았다.

협약 제5조 제1항 a호 전단의 "무능력"의 승인집행 거절사유는 임의대리와 표현적 임의대리의 불성립도 포함한다. 그래서 승인국 국제사법이 정하는 준거법으로 이 거절사유의 존부를 판단해야 한다. 그런데 대상판결은 "무능력"이라는 체계개념의 의미를 밝히는 것이 문제의 핵심임을 간과하여, 위 두 가지 점을 설시하지 않았다. 오히려 본계약에 관한 임의대리 내지 표현적 임의대리가 성립했으므로 법률상 당연히 중재합의에 관한 임의대리 내지 표현적 임의대리도 성립한다고 설시했다. 그래서 불필요하게 실질재심사 금지원


* 이 글은 민사판례연구회 제421회 연구회(2019. 5. 20.)의 발표원고를 수정·보완한 것으로, 국민대 법학논총 제32권 제3호(2020. 2.), 219 293면에 게재된 글을 부분적으로 축약하고 철자 오류를 수정한 것이다. 논문으로 완성할 수 있도록 가르침을 주신 석광현 교수님께 깊이 감사드린다.

** 성균관대학교 법학전문대학원 교수.

칙을 위반했다. 또, 본계약에 관한 임의대리와 표현적 임의대리가 불성립하면 거절사유가 된다는 것처럼 설시하여, 협약 제5조가 거절사유의 한정적 열거임을 부정하는 셈이 되었다.

협약 제5조 제1항 a호 후단은 중재합의의 불성립과 무효를 거절사유로 규정한다. '실질적'인 성립 · 유효성은 준거법 결정기준도 규정한다. 전반부는 당사자자치를 허용하는데, 묵시적 준거법합의의 한계를 명시하지 않지만, 제반 사정으로부터 분명히 인정되는 것에 한정해야 한다. 또, 본안의 실체준거법, 중재지, 중재기관 등에 대한 합의로부터 섣불리 후단 전반부의 묵시적 합의를 끌어내려 해서는 안 된다. 그런 의사해석은 후단 후반부의 적용에 대한 당사자들의 정당한 기대를 침해하게 된다. 그리고 오히려 경직적 규칙이 될 수 있다. 즉, 중재합의의 실질적 성립·유효성에 대한 준거법합의는 하지 않고, 실체준거법, 중재지, 중재기관 등에 관해서만 합의하려 하는 당사자에게, '나는 중재합의의 실질적 성립·유효성의 준거법을 지정하고자 묵시적 의사표시를 하는 것이 아니다'라는 부인문구를 일일이 붙이도록 강제하는 결과가 될 것이다. 대법원 2016. 3. 24. 선고 2012다84004 판결은 본안의 실체준거법합의와 중재지 및 중재기관의 합의가 모두 한 법역을 가리켰지만, 그렇다 하여 그 법역을 가리키는 '중재합의의 실질적 성립·유효성의 준거법합의'가 있다고 의사해석하기를 거절했다. 타당한 선례이다. 그런데 대상판결은 이를 정면으로 뒤집었다.

협약 제5조 제1항 a호는 당사자자치가 없으면 중재지법을 지정한다. 이는 총괄지정(국제사법지정)으로 해석되어야 한다. 이렇게 하여, 하나의 구체적 사건에서 중재지와 승인국들 간의 국제적 판단일치를 제고할 수 있다. 중재지 중재저촉법이 초국가법(transnational law)을 지정하는 태도도 수용할 수 있다. 대상사안에서도 무리하게 묵시적 준거법합의를 발견할 것이 아니라, 중재지인 미국의 중재저촉법에 따라 '중재합의의 실질적 성립·유효성'의 준거법을 정했어야 한다.

협약은 중재합의의 당사자에 대한 구속력도 실질법적으로 규율한다. 그런데 대상판결은 이 문제를 중재합의의 실질적으로 유효한 성립의 문제와 혼동했다. 그래서 협약 제5조 제1항 a호 후단에 의하여 정해지는 '중재합의의 실질적 성립·유효성'의 준거법이 이 문제를 규율한다고 설시했다. 이는 명백한 오류이다.

중재지인 외국법원의 전환판결이 있더라도, 원칙적으로 외국중재판정만이 승인집행되어야 하고, 외국중재판정 승인집행법에 의하여야 한다. 대상판결에서도 그렇게 처리했는데, 이렇게 규율되어야 한다는 설시가 있었으면 좋았을 것이다. 한편, 전환재판절차의 소송비용 상환명령과 같은, 전환판결 고유의 내용은, 판결로서 승인집행해야 한다. 대상판결도 총론적으로는 그렇게 설시했으나, 민사소송법 제217조 제1항 각호의 승인요건을 검토한 흔적이 없다.

[주 제 어]

- 외국중재판정의 승인집행
- 중재합의의 방식
- 약관의 제시·설명의무와 편입통제
- 중재합의 체결에서의 임의대리
- 중재합의의 실질적 성립·유효성의 준거법
- 이중집행가능선언 금지원칙
- 전환판결의 승인집행

대상판결 : 대법원 2018. 7. 26. 선고 2017다225084 판결[공2018하, 1836]

[사실관계][1)]

주식회사 샤니(피고)는 최근에 그 구매담당자(A)의 대리로 Crane Walnut Shelling Inc.(원고)와 계약을 체결하여 제빵원료(호두 등)을 공급받았다. 피고는 이번에도 같은 제빵원료가 일정 수량 필요하다. 원고는 피고가 원하는 제빵 원료의 명세, 가격, 인도기한, 선적조건을 파악했다.[2)] A는 원고와 아래와 같이 교신했는데, 굳이 자신의 대리인 자격과 피고를 대리한다는 점을 일일이 명시하지는 않은 듯하다.[3)]

(1) 원고는 피고의 소요 품목을 피고가 희망하는 기한과 선적조건으로 공급하겠다는 취지의 문서(그 제목은 "주문서")를 A에게 보냈다. 여기에 "원고 매매계약 확인서의 표준약관이 적용"된다고 기재했다. 그러나 원고는 그 약관을 송부하거나 설명하지 않았다. 이 약관은 (3)의 문서 이면에 기재된 것과 동일한 것으로 보인다. "주문서"에는 이 "제안은 2010. 3. 23. 화요일까지 유효하며 그 이후에는 확인을 요"한다는 기재도 있었다.

(2) 위 기한 내에, A는 원고의 제안내용에 대해서는 아무런 이의도, 특정적 언급도 없이, "원고가 당사를 위하여 제안한 2차 추가 연간수량을 구매할 의사가 있음을 확인"한다고 하면서, 피고의 부서인 'SPC 유통본부'의 이름으로 답신 전자메일을 보냈다. 그리고 주문서에 'SPC 주식회사 유통본부'의 접수인을 날인하여 원고에게 발송했다.

(3) 원고는 "매매계약 확인서"를 A에게 전자메일로 송부하면서, "이를 검토하여 서명한 뒤" 보내 달라고 요청했다. 이 서면에는 피고의 위 전자메일 일자를 "주문일자"로 기재했다. "7일 이내에 서명하여 반송하지 않거나 호두를 인도받으면 구매인은 본 매매계약 확인서의 뒷면에 규정된 조건을 수락한 것으로 간주됩니다"는 기재도 있었다. 이면의 약관에는 매매계약상의 분쟁은 중재로 해결하며, 중재지는 미국 캘리포니아주, 중재절차는 국제상업회의소(International Chamber of Commerce, ICC)의 중재규칙으로 한다는 중재조항

1) 1심판결에 의함. 거래문서에서 따옴표로 인용하는 부분은 1심판결에 인용된 것임.
2) 그 경위는 대상판결문만 보아서는 알 수 없다.
3) 이번 계약 직전에, 그의 대리로 원피고 간에 동종 거래가 체결되었고, 이행되었다고 한다.

이 있었다. 캘리포니아주법(국제물품매매협약[4]은 배제)을 계약준거법으로 선택하는 조항도 있었다. 그러나 이번에도 원고가 약관의 내용을 설명해 준 일은 없다.

(4) 피고나 A가 매매계약 확인서에 서명하여 송부하지 않은 상태로, '승낙간주에 대한 7일의 유예기간'이 지났다.

(5) 그 후 A는 원고를 대리하여 계약 체결 거절을 통보했다.

이 사건 계약과 중재합의가 성립했는지, 그리고 언제 성립했는지는 분명하지 않다. 세 가지 가능성이 있다. 첫째, 피고의 (2)의 전자메일이 원고에게 송달된 때. 그런데 (2)의 전자메일은 계약체결에의 동의가 아니라, 단순히 원고를 계약교섭을 위하여 붙들어 두는 취지였을 가능성도 있다. 원고도 그렇게 이해했거나 의심했을 가능성도 있다. 둘째, 원고가 (3)에서 제시한 승낙거절기한이 도과한 때. 만약 Cal.주법이 '기존의 거래관계 있는 당사자 간에는 청약자가 승낙거절기한을 정하여 청약할 수 있고, 청약수령자가 그 기한 내에 아무런 의사표시를 하지 않으면 승낙간주된다'는 규율을 가지고 있다면, Cal.법에 의하여 그렇게 승낙간주되었을 것이다. 셋째, 계약과 중재합의가 아예 성립하지 않았을 수도 있다.

원고의 입장은 다음과 같다. 본계약(주계약),[5] 실체준거법약정(Cal.법 선택), 중재약정(Cal.주, ICC 중재규칙 선택)이 동시에 체결되었다. A의 계약 체결은 적법한 임의대리이거나 적어도 표현적 임의대리[6]로 행해졌다. 본계약이 이미 성립했으므로, 피고가 이를 일방적으로 철회할 수 없다. 중재합의와 실체준거법합의도 같다.

피고는 의사합치와 임의대리, 표현적 임의대리의 성립을 부정하며, 원고

---

4) '국제물품매매계약에 관한 국제연합 협약'(United Nations Convention on Contracts for the International Sale of Goods). 1958년 성립. 미국에 대해서는 1988. 1. 1., 한국에 대해서는 2005. 3. 1. 발효.

5) 실체관계에 관한 계약을 말한다. 실체준거법약정, 그 실질적 성립·유효성의 준거법을 선택하는 합의, 중재합의, 그 실질적 성립·유효성의 준거법을 선택하는 합의, 관할합의, 관할합의의 실질적 성립·유효성을 선택하는 합의, 중재절차에 관한 합의, 민사소송절차에 관한 합의 등과 구별하기 위하여 "주"계약이나 "본"계약이라 한다.

6) 국제사법에서는 법정대리는 항상 그 발생원인인 법률관계 준거법에 의할 뿐이다. Looschelders(2004), Anh zu Art 12, Rn. 2. 한국 국제사법 제18조에 의한 표현대리와 무권대리의 준거법 결정도 표현적 임의대리(scheinbare Vollmacht)와 표현적 무권대리(fehlende Vollmacht)에 국한된다.

의 약관이 합의의 내용으로 편입되지 못했다는 입장이다.

원고의 신청으로, 중재지를 캘리포니아주, 중재규칙을 ICC 중재규칙으로 하는 중재가 진행되었다. 원고는 피고의 본계약 이행거절로 인한 계약파기를 이유로 손해배상 등을 구했다. 중재인은 중재합의가 유효하게 성립했다고 인정하고, 캘리포니아법에 따라 실체판단을 하여, 손해배상, 판정 전 지연이자[7]의 지급을 명하고, 변호사비용 및 중재비용의 지급도 명했다.

Cal.주 법원은 원고의 신청에 따라, 중재판정을 캘리포니아주법 내로 받아들이는 집행가능선언(exequatur)을 내리면서, 판정 후 판결 전 지연이자와 재판절차의 변호사비용 지급도 명했다.

[소송의 경과]

1. 1심판결: 수원지방법원 성남지원 2016. 6. 8. 선고 2015가합204812 판결[8](청구인용)

원고는 한국에서 중재판정의 집행을 허가하는 집행판결을 청구하고, 캘리포니아주 법원의 승인판결에만 있는 주문에 관해서도 집행판결을 청구한다. 원고는 본건 표준약관이 합의내용으로 편입되어 본계약, 실체준거법약정 및 중재합의가 성립했다고 주장한다. 피고는 본계약 불성립, 약관의 편입 실패, 중재합의 불성립을 주장한다. 또, 1심판결문에는 분명히 나타나 있지 않으나,[9] 실체준거법합의와 중재합의의 실질준거법 합의도 불성립했다고 주장했을 것으로 생각된다.

1심판결은 청구를 전부 인용했다. 판결이유에서 다음과 같이 설시했다.

표준약관은 합의내용으로 편입되었다. 그래서 표준약관에 포함된 중재합의와 실체준거법합의도 합의내용으로 편입되었다. 중재합의의 성립의 준거법

---

7) 1심, 원심, 대법원 판결은 이를 "이자"라고 부른다. 물론 영미법은 지연이자를 가리켜서도 "interest"라고 부른다. 그러나 이것은 용어의 문제일 뿐, 그 본질은 지연이자이다.

8) 미공간.

9) 1심판결문은 "원고와 피고 사이에 중재합의가 성립되었는지 여부에 대한 판단의 준거법은 캘리포니아주법이 되어야 한다는 점에 관하여 당사자 사이에 다툼이 없"다고 기록한다. 그러나 피고가 자신의 이익에 반할 가능성이 높은 사후적 준거법 합의를 감행했다는 이 서술은 믿기 어렵다. 오히려 약관에서 캘리포니아를 실체준거법 소속국 및 중재지로서 언급하는 데 대하여, 피고는 그 약관의 '합의(실체준거법합의, 중재합의)로의 편입'을 부정했다.

은 캘리포니아주법으로 판단된다. 원피고 간에 그 점에 다툼이 없고, 본계약 준거법 합의로부터 중재합의의 성립준거법 합의를 도출할 수 있기 때문이다. 뉴욕협약 제5조 제1항 a호 후단 전반부에 의해, 중재합의 성립의 준거법에 따라 중재합의는 유효하게 성립한 것으로 판단된다. 따라서 "서면 중재합의의 존재"라는 요건이 충족된다.

본계약도 유효하게 체결되었다.

캘리포니아주 판결의 집행허가는 중재판정과 중복되지 않는 부분에 한정된 것이므로 문제가 없다.

### 2. 원심판결: 서울고법 2017. 4. 4. 선고 2016나2040321 판결[10](항소기각)

2심은 항소를 전부 기각하였다. 판결이유에서는 1심판결의 판지를 약간 다듬었다. 대법원도 2심판결을 지지하면서 인용하고 있으므로, 대법원 판결와 함께 살핀다.

### 3. 대법원 판결(상고기각)

피고의 상고이유는 다음과 같다. 첫째, 뉴욕협약이 요구하는 중재합의의 방식요건이 불충족되었다. 둘째, 중재조항에 대한 의사합치가 없었고, 임의대리와 표현적 임의대리가 불성립하여, 뉴욕협약 제5조 제1항 a호에 따라 중재판정의 승인집행이 거절되어야 한다. 셋째, 중재지 법원의 판결에서 판정후 지연이자와 그 판결절차의 소송비용 배상을 면한 부분이 민사소송법 제217조가 정하는 승인집행요건을 충족하더라도, 중재지 법원의 승인판결의 승인집행은 이중집행가능선언 불가원칙에 저촉된다. 그러나 대법원은 원심판단을 모든 면에서 지지하여 상고를 기각했다.

#### 가. 중재합의 및 본계약 체결에 관한 임의대리 및 표현적 임의대리의 준거법 결정

"[2.] 가. 소외 1[11]의 대리행위에 관한 판단(상고이유 제2점)

**피고 직원인 소외 1의 행위로 인하여 본인인 피고가 제3자에 대하여 의무를 부담하는지 여부는 피고의 주된 영업소이자 대리행위지**인 대한민국 법

10) 하급심 판결공보 미수록. 대법원 종합법률정보(glaw.scourt.go.kr) 수록.

11) 평석자 주: 피고의 구매담당자 A를 가리킨다.

**에 의하여 판단하여야 한다**(**국제사법 제**18**조 제**2**항**).

원심은 판시 사정을 종합하여 다음과 같이 판단하였다. 피고의 구매 담당자인 소외 1은 피고를 대리하여 **이 사건 계약이나 중재계약을 체결할 대리권을 가지고 있었거나**, **적어도** 원고가 소외 1에게 그와 같은 대리권이 있었다고 믿을 만한 정당한 이유가 인정된다. **중재합의 조항이 포함된 이 사건 계약은 표현대리가 성립하므로** 원고와 피고 사이에 효력이 있다.

원심판결 이유를 관련 법리와 기록에 비추어 살펴보면, 원심의 위와 같은 판단에 상고이유 주장과 같이 민법 제126조의 '권한을 넘은 표현대리'에 관한 법리를 오해한 잘못이 없다."[12)]

## 나. 관련 법률관계에 대한 약정으로부터 중재합의에 관한 준거법약정을 발견하는 의사해석

"외국 중재판정의 승인 및 집행에 관한 협약(이하 '뉴욕협약'이라고 한다) **제**5**조 제**1**항 에이**(a)**호 후단은** 외국 중재판정의 승인과 집행의 거부사유 중 하나로 '**당사자가 준거법으로서 지정한 법에 따라 또는 그러한 지정이 없는 경우에는 판정을 내린 국가의 법에 따라 중재합의가 유효하지 않은 경우**'를 **들고 있다**. 위 규정에 따르면 중재합의의 성립과 유효성 판단의 준거법은 일차적으로 당사자들이 준거법으로 지정한 법이 되고, 그 지정이 없는 경우에는 중재판정을 내린 국가의 법이 된다(대법원 2016. 3. 24. 선고 2012다84004 판결 등 참조).

아래에서 보는 바와 같이 이 사건 계약의 내용으로 편입된 이 사건 표준약관 제12조는 미국 캘리포니아주 법을 이 사건 **계약의 준거법으로 규정하고**, 제13조는 이 사건 계약에서 발생하는 모든 분쟁은 국제상업회의소의 중재규칙에 따라 **미국 캘리포니아주 로스몰리노스에서 중재로 최종 해결하도록 규정한다**. **따라서** 원고와 피고는 **중재합의의 준거법으로 미국 캘리포니아주 법을 지정하였다고 볼 수 있다**.

원심이 같은 취지에서 이 사건 중재합의의 준거법을 미국 캘리포니아주 법이라고 판단한 것은 앞서 본 법리에 따른 것이어서 정당하다. 거기에 상고이유 주장과 같이 중재합의의 묵시적 준거법 지정에 관한 법리를 오해하는 등의 잘못이 없다."[13)]

---

12) 강조표시는 필자.
13) 강조표시는 필자.

## 다. 이중집행가능선언 불가원칙의 내용

"[2.] 라. 이중집행판결 배제의 의미와 외국재판의 승인요건 충족에 관한 판단(상고이유 제4점)

1) 뉴욕협약에 따른 이중집행판결 배제의 의미

가) 뉴욕협약은 중재판정이 최종적임을 증명하도록 하는 대신에 중재판정이 구속력이 있을 것을 요구함으로써[뉴욕협약 제5조 제1항 이(e)호], 이른바 **이중집행판결 또는 이중집행허가**(double exequatur)**를 받을 필요성을 제거하였다**. 이는 외국에서 중재판정의 승인과 집행을 신청하는 당사자가 중재판정이 최종적인 것임을 증명하기 위해 중재판정지국에서 별도로 집행판결 또는 집행가능선언 등의 절차를 거칠 필요 없이 집행을 구하는 국가에서만 집행판결을 받으면 된다는 의미이다. **이를 중재판정지국에서 확인판결을 받았다고 하여 집행국에서 집행판결을 구할 수 없다는 취지로 볼 수는 없다.**

나) 원심이 일부 인용한 제1심판결 이유와 기록에 의하면 다음 사실을 알 수 있다.

원고는 국제중재재판소에 피고를 상대로 이 사건 계약 파기에 따른 손해배상금, 중재판정 전 이자, 변호사 비용 및 중재비용의 지급을 구하는 중재신청을 하였다. 국제중재재판소는 2014. 3. 18. 중재판정(이하 '이 사건 중재판정'이라고 한다)을 하였다. 이 사건 중재판정에서는 피고가 원고에게 **손해배상금** 미화(이하 생략함) 726,023.50달러, **중재판정 전 이자** 258,384.09달러, **중재절차와 관련하여 원고가 지출한 비용과 변호사 보수** 332,507.19달러, **중재판정비용** 75,000달러를 지급하도록 하였다.

피고는 미국 캘리포니아주 동부연방지방법원(이하 '이 사건 미국 법원'이라고 한다)에 이 사건 표준약관의 **중재조항의 효력 등을 다투는 소송**을 제기하였는데, 원고는 위 소송절차에서 이 사건 중재판정의 승인과 위 미국법원 **소송절차에서 지출한 변호사 보수, 중재판정일부터 위 미국 법원 판결일까지 중재판정에 대한 판결 전 이자의 지급**을 구하는 신청을 하였다.

이 사건 미국 법원은 2015. 1. 23. ① 이 사건 중재판정의 승인 신청을 인용하고, ② 원고는 피고로부터 10%의 이율로 **판결 전 이자**를 받을 권리가 있으며, ③ 원고가 지출한 **변호사 보수** 중 148,058.50달러를 지급받을 권리가 있다는 취지의 재판(이하 '이 사건 미국 법원의 재판'이라고 한다)을 하였고, 위 재판은 그대로 확정되었다.

원고는 이 사건 **중재판정에 의한 강제집행과**, 이 사건 미국 **법원의 재**

**판 중 위 ②와 ③에 관한 지급을 명하는 부분의 강제집행 허가를 구하는** 이 사건 소를 제기하였다.

다) 이러한 사실관계를 앞서 본 법리에 비추어 살펴보면, 원고가 이 사건 **중재판정에 관하여 중재판정지국인 미국에서 승인판결을 받았다고 하더라도 집행국인 대한민국에서 이 사건 중재판정에 대한 집행판결을 구할 수 없는 것은 아니**라고 할 것이다. 나아가 원고는 이 사건 미국 법원의 재판 중 이 사건 중재판정 승인 부분을 제외한 나머지 부분, 즉 금전의 지급을 명하는 부분에 대하여만 집행판결을 구하고 있을 뿐이므로 위 나머지 부분에 대해서는 이중집행판결의 문제가 발생할 수 없다. 이 부분 상고이유 주장은 받아들일 수 없다.

2) 외국재판의 승인 요건

원심은 판시 사정을 종합하여 이 사건 미국 **법원의 재판은** 민사소송법 제217조 제1항 각호에서 **규정하는 요건을 모두 충족하였다**고 판단하였다.

원심판결 이유를 관련 법리와 기록에 비추어 살펴보면, 원심판단에 상고이유 주장과 같이 국제재판관할권, 외국재판의 승인에 관한 법리 등을 오해한 잘못이 없다."[14]

## 〔硏　　究〕

## Ⅰ. 논점의 개관

### 1. 약관의 제시·설명의무의 연결기준 : 방식준거법으로서의 적용과 국제적 강행법규로서의 개입

이 사건 중재합의는 원고가 만든 약관에 들어 있었다. 그런데 대상판결을 보면, 약관 작성자("사업자")인 원고는 1차 발송 서신에서는 이 약관을 원용했을 뿐, 제시("명시")하지도 설명하지도 않았다. 그리고 2차 발송 서신에서는 제시만 하고 설명은 하지 않았다. 다음 질문이 제기된다. 한국의 '약관의 규제에 관한 법률'(이하 약관규제법) 제3조 제2항~제4항이 대상사안에 적용되는가? 그래서 약관의 제시, 즉 교부 내지 이에 준하는 조치와 "설명"을 거쳐 체결될 것을 요하고, 이를 불충족하면 일부무효(약

14) 강조표시는 필자.

관의 편입 부정, 즉 약관조항대로 유효하게 성립하지는 못함)의 제재가 부과되는 것인가? 그래서 사실심에 환송하여 1, 2차 서신 외의 방법(다른 서면, 구두)으로 제시, 설명했는지 심리해야 하는가?

먼저, 약관의 제시·설명의무와 그 위반의 효과(편입통제)가 중재합의의 방식, 실질적 성립·유효성, 효력 중 어느 문제인지 성질결정해야 한다. 그래서 뉴욕협약이 실질법적 규율을 둔 문제(방식, 효력)와 준거법지정규칙만 둔 문제(실질적 성립·유효성)를 구별해야 한다. 다음으로, 약관의 제시·설명의무와 편입통제에 관한 한국 약관규제법의 규율이 국제적 강행법규로서 대상사안에 특별연결되고자 하는지와, 혹시 뉴욕협약이 그 여지를 봉쇄하는지 해석해야 한다. Ⅱ.에서 다룬다.

### 2. 중재합의의 체결을 위한 임의대리와 표현적 임의대리의 성질결정 및 연결

중재합의의 체결을 위한 임의대리와 표현적 임의대리가 뉴욕협약이 정하는 중재판정 승인집행거절사유와 관련하여 어떻게 다루어져야 하는지 문제된다.

첫째, 임의대리와 표현적 임의대리의 불성립이 뉴욕협약상 제5조 제1항 a호 전단의 "무능력"에 속하는지, 후단이 말하는 중재합의의 "무효"에 속하는지 문제된다.

둘째, 임의대리와 표현적 임의대리가 전단의 "능력" 문제라면, 법정지 중재저촉법[15]에 의해 준거법을 정해야 한다. 따라서 한국의 중재저촉법상 임의대리와 표현적 임의대리의 연결기준이 문제된다. 국제사법상 임의대리의 효력에는 표현적 임의대리도 포함된다.[16] 한국 국제사법 제18조 제2항~제4항의 체계개념도 마찬가지로 해석된다. 그런데 중재의 특수성으로 인하여, '중재합의'의 임의대리와 표현적 임의대리는 '일반적 국제사법'

---

15) 중재와 관련하여 문제되는 저촉법(국제사법)을 중재저촉법이라고 부른다. 중재인, 중재지 법원, 승인국 법원 등이 따라야 하는 저촉법을 총칭한다.

16) Looschelders(2004), Anh zu Art 12, Rn. 2.

과 달리 연결되어야 하는 점이 있는지 문제된다.

본 평석에서는 첫째의 문제만 다룬다(Ⅲ). 둘째 문제의 검토는 다른 기회로 미룬다.

### 3. 중재합의의 실질적 성립·유효성의 연결기준

이 사건 중재합의가 원고의 1차 서신에 대한 피고의 회신(또는 다른 의사표시·거동)에 의하여 유효하게 성립했는가? 그렇지 않더라도 원고의 2차 서신에 대한 피고의 침묵(또는 다른 의사표시·거동)에 의하여 유효하게 성립했는가? 중재합의의 실질적 성립·유효성의 준거법을 정하고, 이를 적용하여 중재합의가 실질적으로 유효하게 성립했는지 판단해야 한다.[17]

중재합의의 실질적 성립·유효성의 준거법은 뉴욕협약의 맥락에서는 제5조 제1항 a호 후단에 의하여 정하게 되어 있다. 준거법합의를 묵시적으로 하는 데 어떤 한계가 있는지, 특히 본계약에 대한 준거법합의나 중재지 또는 중재기관의 합의로부터 '중재합의의 실질적으로 유효한 성립의 준거법'에 대한 묵시적 합의가 추정 또는 추단되는지 등이 문제된다. 후단 후반부의 중재지법 지정이 사항규정지정인지, 총괄지정(국제사법지정)인지도 문제된다. Ⅳ.에서 검토한다.

### 4. 중재합의의 구속력

중재합의가 뉴욕협약 하에서 방식 및 실질 면에서 유효하게 성립했으면, 뉴욕협약이 스스로 정하는 한계 내에서 구속력을 가진다. 당사자도 이에 따라야 하고, 체약국도 중재합의의 구속력을 인정할 의무를 진다. 중재합의의 효력의 핵심은 체약국들의 국가법원의 본안재판권을 배제하고 중재인에게 재판권을 부여하는 데 있다. 그런데 피고는 중재합의를 자신이 임의로 철회했다고 주장한다. 법리적으로는, 중재합의는 일방당사

---

17) 본계약의 실질적 성립·유효성에 대해서도 마찬가지 문제가 제기된다. 그러나 뉴욕협약 하에서도 승인국 법원은 중재인의 본안판단이 적절했는지 심사할 수 없다. 즉, 실질(본안)의 재심사(révision au fond)는 금지된다.

자가 임의로 철회할 수 있다는 견해로 이해된다. 이것은 부당한데, 대상 판결이 이 점을 분명히 지적하지 못하고, 성질결정에 혼란을 일으켰다. 이 점을 간략히 언급한다(Ⅴ).

### 5. 중재합의의 공정성에 대한 국제적 강행법규와 공서조항의 개입 가능성

중재합의가 약관에 들어 있는 경우, 약관에 의한 중재합의의 효력에 대한 약관규제법의 공정성 통제의 개입 가능성과, 약관에 의한 중재합의의 성립·유효성 내지 효력에 대한 공서양속의 심사 가능성도 문제된다.

첫째, 외국중재판정을 승인집행할 때, 승인국의 국제적 강행법규가 중재합의의 실질적 성립·유효성 문제에 특별연결될 수 있다.[18] 한국 약관규제법의 공정성통제도 국제적 강행법규에 해당할 여지가 있다. 원고의 약관이 정하는 중재합의에, 한국 약관규제법상의 공정성통제(내용통제)를 받을 만한 내용이 있는지 문제된다. 그런데 이 문제는 대상사안에서 실제로 쟁점이 되거나 판단받은 흔적이 없다. 본 평석에서는 검토를 생략한다.

둘째, 한국 약관규제법이 정하는 편입통제 내지 공정성통제가 이 사건 중재합의에 적용되지 않더라도, 이에 어긋나게 중재합의가 성립한 점은 공서양속(뉴욕협약 제5조 제2항 b호)의 승인거절사유를 발동시킬 수 있는지 문제된다. 논리적 가능성은 열려 있으나, 대상사안에서 실제로 쟁점이 되거나 각급 법원이 판단한 흔적이 없다. 그러므로 본 평석에서도 검토를 생략한다.

### 6. 중재지의 전환판결이 있을 때 승인집행 대상과 승인집행의 준거법

중재지 법원이 중재판정을 판결로 전환하는 전환판결을 내려, 중재지국 법질서에서는 중재판정상 채권이 판결로 흡수(merge)되는 경우가 있다. 중재판정과 전환판결 중 어느 것이 승인집행의 대상이 되는가? 승인집행의 요건과 절차는 어떻게 되는가? 중재판정 승인집행의 요건과 절차

18) Thorn & Grenz(2011), p. 193.

에 따라야 하는가? 아니면 외국판결 승인집행의 요건과 절차에 따라야 하는가? 요건에 관해서는 중재판정 승인집행의 요건을 적용하되, 형식상으로는 전환판결이 승인집행대상이 되고, 절차도 외국판결 승인집행절차에 따르는 경우가 있을 수 있는가?

중재지의 전환판결과 승인국의 집행가능선언은 모두 "exequatur"에 해당한다. 형식적 승인집행대상, 승인집행의 요건, 절차 중 어느 하나에 관해서라도 외국 '판결'의 승인집행 문제로 다룬다면, 이것은 이중집행가능선언 금지칙에 저촉될 것이다. 이 점에 유의하면서 해결책을 검토한다(Ⅵ).

## Ⅱ. 중재합의의 방식에 관한 뉴욕협약의 규율과 그 완결성

### 1. 중재합의의 방식에 관한 뉴욕협약의 실질법적 규율

뉴욕협약은 중재합의의 방식을 직접, 즉 실질법적으로 규율한다. 서면성을 요구하고(제2조 제1항),[19] 서면요건의 구체적 내용도 정한다(제2항). 그것만 갖추면 충분하다.[20] 이 점은 중재합의의 승인(구속력 인정)과 중재판정의 승인집행 단계에서 같다. 그래서 방식요건 충족 여부가 제5조 제1항 a호 후단에 의하여 정해지는 준거법에 의해 검토될 일은 없다.[21]

---

19) 중재합의가 서면화된 것으로는 불충분하고 "중재합의 자체가 서면으로 이루어져야 한다"고 해석하는 견해가 유력하다. 석광현(2007a), 137면.

20) 제2항은 '허용되는 방식'의 한정적 열거이다. 김갑유(2004), 182면. 그러나 국내법이 이보다 방식요건을 완화하는 것을 금지하는 통일은 아니다. 뉴욕협약 제2조 제1항, 제2항이 국제중재합의의 방식요건을 실질법적으로 통일한 것에는 의문이 없지만, 이보다 중재합의의 방식요건을 완화하는 국내법적 규율을 배제하는 통일은 아니기 때문이다. 물론, 뉴욕협약의 외국중재판정 승인집행 법제와 타 조약이나 국내법의 외국중재판정 승인집행 법제는 별개의 법제이므로, 해당되는(승인집행에 유리한) 어느 하나의 법제에 일관되게 따라야 한다(뉴욕협약 제7조 제1항). 방식 문제만 국내법에 따르고 나머지 문제는 뉴욕협약에 따르는 방법도 없지 않다. 승인국 국내법이, 방식 요건만 완화한 형태로, 뉴욕협약을 베껴 뉴욕협약과 별개의 국내법제를 마련하면 된다.

21) 이것이 압도적 다수설이다. 한편, 이탈리아 대법원 Cordi di Cassazione (Sez. I)의 1980년 4월 15일 제2448호 판결(Lanificio Walter Banci S.a.S. v. Bobbie Brooks Inc.)은, 중재판정의 집행 단계에서는 제2조 제2항이 적용되지 않고 오히려 방식 흠결도 제5조 제1항 a호 후단에 의하여 정해지는 준거법에 의하여 판단되어야 하고, 절차상으로도 거절사유로 된다고 해석하였다. 판정의 승인집행은 편제상 제3

제4조는 표면상으로는 증거제출책임만 규정하지만, 입증책임도 정하는 취지로 해석된다.[22] 요컨대, 뉴욕협약은 중재합의의 방식에 대해 법정증거주의를 정한다.

요컨대, 중재합의의 방식에 대한 뉴욕협약의 규정은 자기완결적이다.[23] 제2조 제1항, 제2항이 직접 규정하는 서면요건이 충족되면 충분하고, 다른 법이 정하는 방식요건 불충족을 이유로 승인집행을 거절할 수는 없다. 그러나 국내법으로 중재합의나 중재판정의 승인에 유리하게 규율하는 것은 허용되므로(제7조 제1항), 이 완결성은 편면적이다. 즉, 뉴욕협약이 정하는 방식요건의 불충족에도 불구하고 승인국이 국내법(순수한 국내법이나 다른 국제조약)에 의해 승인집행하는 것은 허용된다.

서면방식 외의 다른 방식요건은 요구되지 않는다는 취지가 뉴욕협약의 행간에 담겨 있는 것으로 해석된다. 논리적으로는, 서면방식 외의 방식요건에 관하여 뉴욕협약에 규정의 흠결이 있다고 해석할 여지도 있을 것이다. 그러나 법통일협약 내의 입법적 흠결은 되도록 좁게 해석하고, 흠결이 있더라도 가급적 법통일협약 자체의 해석론으로 해결하는 것이 타당하다고 생각된다.[24]

### 2. 약관의 제시·설명의무와 편입통제의 법적 성질

한국 약관규제법은 약관의 작성자("사용자")에게 약관의 제시의무와

---

조~제5조에만 의한다고 본 결과이다. 이상은 van den Berg(1981), pp. 284-287을 따름.

22) 목영준 · 최승재(2018), 316면.

23) 대법원 1990. 4. 10. 선고 89다카20252 판결(GKN/국제상사)도, 뉴욕협약이 제2조에서 중재합의의 방식에 대해 스스로 직접적이고 자기완결적인 규율을 한다고 설시한다. 다만 이 설시는 성질결정을 그르친 바탕 위에서 나왔다. 중재합의가 기재된 서면은 있더라도 실제로 그런 합의가 있었는지, 아니면 "단순히 부동문자로 인쇄된…예문에 불과"하고 현실적(실제의) 합의는 없었는지의 문제는 중재합의의 실질적 성립·유효성 내지 해석의 문제이다. 그러나 대법원은 이를 방식 문제로 잘못 성질결정했다. 한편, 석광현, 전게논문(2007), 137면은 뉴욕협약의 실질법적 규율이 '서면요건'에 관해서만 완결적이라고 본다.

24) 그 논거의 상세는 장준혁, "외국중재판정의 승인집행에서의 준거법결정", 국민대 법학논총 제32권 제3호(2020. 2.), 234-237면.

설명의무를 지운다(제3조 제1항, 제2항). 이를 어기면 약관이 계약내용으로 삼아지지 않는다(제4항). 약관의 제시·설명의무의 부과와 그 제재로서의 편입통제는 계약의 실질적 성립·유효성과 방식 중 어느 문제인가?

국내 학설은 나뉜다. 유력설은 약관의 편입통제를 항상 약관의 내용에 대한 의사합치 유무에 대한 규율로 보아, 계약의 실질적 성립·유효성(국제사법 제29조)의 문제의 일부로 취급한다. 그리고 약관에 포함된 중재합의의 편입통제도 마찬가지로 성질결정한다. 즉, 중재합의의 '실질적' 성립·유효성의 문제로 다룬다.[25] 중재합의의 방식 문제로 보는 견해도 보인다.[26] 한편, 일반적으로는 전설(前說)에 따라 성질결정하면서도, 뉴욕협약 사안에서는 한국 약관규제법의 편입통제가 중재합의의 성립 문제에 적용될 가능성을 일체 배제하는 견해도 있다.[27]

생각건대, 약관의 제시·설명의무와 편입통제는 구체적 입법례의 내용에 따라 구별해야 한다. 그리고 '편입통제'라는 제재(위반의 법률효과)의 '형식'이 똑같더라도, 어떤 의무의 위반에 대하여 편입통제의 제재가 정해진 것인지에 따라 법적 성질이 달리 정해질 수 있다.

독일민법 제305조 제2항은 고객에게 약관을 지시할 의무와, 고객의 인식가능성을 보장할 의무를 사용자에게 지운다. 그리고 고객이 동의해야만 약관이 계약으로 편입된다고 규정한다. 약관을 지시하고 설명하여 약관내용에 대한 상대방의 인식을 가져오도록 할 책무를 정하는 입법례이다. 이것은 의사합치라는 실질적 성립·유효요건을 엄격히 정한 것으로 분류되고 있다.[28] 그런데 뉴욕협약 제2조 제1항, 제2항은 "의사합치" 요건도 실질법적으로 통일적 규율을 하는 것이어서, 제5조 제1항 a호 후단에 의하여 요건을 강화할 수 없다는 견해도 있다.[29] 이 견해에 따르면, 뉴욕

25) 김갑유(2004), 180, 185면; 석광현(2007b), 274면.

26) 김갑유(2004)도 182-184면에서는 "중재합의의 방식"의 제목 하에서 제시·설명의무와 편입통제의 부과 여부와 강도를 논의한다.

27) 석광현(2007a), 136면; 석광현(2013), 322면.

28) Schack(2017), Rn. 1336.

29) Ibid.

협약 사안에서 중재합의의 실질적 성립·유효요건을 규율할 때, 독일민법 제305조 제2항, 제305c조가 적용될 여지는 없다.[30)]

한국 약관규제법은 일정한 내용의 약관은 사용자가 반드시 제시·설명해야 하고, 그런 제시·설명행위가 누락되면 곧바로 계약내용으로의 편입이 통제된다고 정한다. 이 경우에 상대방(고객)이 다른 경로로 그 약관의 내용을 지득했더라도 그 약관은 계약의 내용이 되지 못한다.[31)] 이것은 의사합치의 유무(합의의 실질적 성립·유효성)의 판단을 까다롭게 하는 차원을 넘는다. 오히려 일정한 형태(약관의 형태)와 내용의 계약조건이 계약의 내용이 되려면, 반드시 제시·설명을 거쳐야 한다.[32)] 이것은 당사자가 따라야 하는 절차(법률행위의 절차[33)]), 즉 방식을 정하는 법규로 성질결정해야 한다. 현대의 요식주의는 서면주의가 대표적이지만, 그에 국한되는 것은 아니다. 일정한 형태(약관의 형태)와 내용[34)]의 계약조건이 계약의 내용이 되려면 약관의 제시와 설명을 거쳐야 한다고 요구하고, 이것이 결여되면, '실제로 의사불합치에 이르렀는지' 따지지 않고 곧바로 불성립이나 무효로 하는 것이면, 방식법규로 분류해야 한다. 약관의 제시·설명의무가 고객의 실제의 동의 내지 인식가능성 확보를 목적으로 한다는 이유만으로, 법률행위의 실질적 성립·유효성 문제에 속한다고 할 것은 아니다. 오히려 '계약조건을 숙지하고 동의하도록 보장하기 위해 일정한 방식을 밟아 계약체결하도록 하는 것'은, 방식법규가 전형적으로 추구하

---

30) Ibid.

31) 예컨대, 갑 은행의 고객 을이 갑 은행의 A지점에서 한 금융상품에 가입할 때 그 은행의 약관을 제시, 설명받아, 이 약관의 내용을 숙지했다. 그 후 을이 갑 은행의 B지점에서 똑같은 금융상품에 가입할 때 그 약관을 제시, 설명받지 못했다. 이런 경우에 그 약관은 두 번째 계약의 내용이 되지 못한다. 그 약관에 포함된 중재합의나 관할합의는 그 자체가 별개의 계약(절차법적 계약)이므로, 약관의 편입통제로 인하여 중재합의나 관할합의는 아예 성립하지 못한다.

32) 한국 약관규제법의 이런 엄격성에 대해서는 입법론적 비판이 있다. 김진우(2011).

33) '절차'라 하면 사법절차(司法節次, Verfahren)을 연상시킬 소지가 있다. 그러나 법률행위의 절차란 곧 법률행위의 방식을 말한다.

34) 한국 약관규제법의 해석상, 널리 주지된 내용의 약관조항은 제시·설명의무의 대상이 되지 않는다.

는 규율목적, 즉 방식목적에 해당한다. 한국 약관규제법의 해석상 고객이 약관을 제시, 설명받지 않았더라도 약관내용을 숙지했으면 '제시 · 설명의무의 해태'로 보지 않는 경향도 있지만,[35] 이러한 '제시·설명의무와 편입통제의 해석상 완화'도 방식법규로의 성질결정을 방해하지 않는다. 방식요건을 엄격히 부과하느냐 완화하느냐도 방식 문제이기 때문이다.

한편, 당사자들이 특정 약관에 의하여(양 당사자가 상이한 약관을 사용했으면[36] 그중 어느 것에 의하여) 실로 의사합치에 이르렀는지도 문제된다. 약관의 제시·설명이 적절히 행해졌거나 그렇지 못한 것이, 의사합치에도 영향을 줄 수 있다. 그러나 이것은 한국 약관규제법 제3조 제4항 소정의 법률효과가 아니다. 오히려 약관규제법 바깥의 규율이다.

### 3. 제2조 제1항, 제2항과 제5조 제1항 a호 후단의 관계

구체적으로는 설명방법이 나뉜다. 일설은 뉴욕협약 제2조 제1항, 제2항이 규정하는 방식요건의 불충족도 제5조 제1항 a호 후단의 "무효"에 해당한다고 설명한다.[37] 다른 문헌은 제2조의 방식요건이 충족되는 중재합의일 것을 제5조 제1항 a호가 전제하고 있을 뿐이라고 설명한다.[38]

어느 쪽으로 설명하든 결과는 다르지 않다. 제5조 제1항 a호 후단에 포함된 '법률저촉규정'은 '실질적'인 불성립 · 무효만 다루고, 방식요건의 불충족은 다루지 않는다. 그래서, 제5조 제1항 a호 후단에 의한 중재합의 "무효"(실질적 성립·유효성) 여부의 준거법이 제2조 제1항, 제2항보다 방식요건을 완화하더라도, 제2조 제1항, 제2항 불충족(방식흠결)을 만회할 수 없다.[39]

---

35) 중재합의를 규정한 약관에 관한 판례: 대법원 1990. 4. 10. 선고 89다카20252 판결(GKN/국제상사)[집38(1)민, 172;공1990, 1043]; 대법원 2001. 10. 12. 선고 99다45543, 45550 판결(공2001, 2438)의 1심판결[김갑유(2004), 174면에 요지 소개]. 김갑유, 전게논문, 184면은 이를 지지하기도 하고, 의문시하기도 하여, 일관성이 없다.

36) 그 복수의 약관이 계약서 '서식'에 포함된 것일 때, 이 문제상황을 "서식 다툼(battle of forms)"이라고 부른다.

37) 대법원 2016. 3. 24. 선고 2012다84004 판결(동진쎄미켐/Y).

38) Mistelis/Di Pietro, in Mistelis(2010), New York Convention, art. V, note 3.

39) Ibid.

### 4. 뉴욕협약은 국제적 강행법규의 개입을 배제하는가

뉴욕협약 제5조 제1항 a호 후단의 거절사유는 이에 규정된 저촉규칙에 의하지 않고 국제적 강행법규의 특별연결에 의해서도 성립할 수 있는가? 뉴욕협약 제2조 제1항, 제2항이 준수되었음에도, 서면요건에 관한 국내법(가령 법정지법)의 방식법규가 국제적 강행법규로서 개입하여 방식상 부적법이 되게 할 수 없다는 점에는 다툼이 없다.

그런데 서면방식 외의 방식요건(약관의 제시·설명의무도 이에 속함)을 정하는 국제적 강행법규가 끼어들어, 방식상 부적법의 결론을 끌어낼 수 있는지에 대해서는 국내외에서 논의를 찾기가 쉽지 않다.[40] 당면한 논점은, 한국의 약관규제법이 정하는 제시·설명이 없으면, 약관 형태의 중재조항이 합의내용의 일부로 편입되지 못하여, 뉴욕협약상 중재판정 승인집행 거절사유가 될 수 있는지이다. 이에 관한 논의가 잘 눈에 띄지 않는다. 한국 약관규제법이 제시·설명의무를 방식법규로 규정한 것이 워낙 독특한 입법례여서 그런 듯하다.

대체적 경향은 뉴욕협약이 중재합의의 일체의 형태의 방식에 대하여 국제적 강행법규의 개입을 배제함을 당연시하는 것으로 보인다.[41] 이것이 타당하다고 생각된다. 한국 약관규제법에서 약관의 제시·설명의무와 편입통제를 정한 규정이 국제적 강행법규로서의 적용의지를 가지고 마련되었더라도, 뉴욕협약 제2조 제1항, 제2항은 이런 국제적 강행법규까지

---

40) 석광현(2007a), 136면; 석광현(2013), 322면은 뉴욕협약이 중재합의에 대한 '서면방식 외의 방식요건'에 대해서는 아무런 규율도 하지 않고, 국내법(법정지 국제사법)에 맡겨져 있다고 해석한다. 이 견해는, '서면주의 외의 방식' 문제에 관해서는 '법률관계에서 출발하여 준거법을 정하고 적용하는' 데 뉴욕협약이 전혀 관여하지 않는다고 보므로, 그런 방식을 요구하는 국제적 강행법규가 개입하여 방식요건을 강화하는 것도 허용하는 입장으로 이해된다.

41) 뉴욕협약 하에서 중재합의의 "방식"에 관한 문헌의 서술을 보면, 서면방식 외의 방식에 관한 언급이 아예 없는 것이 보통이다. 예컨대 Schack(2017), Rn. 1336, 1337-1342; Di Pietro(2011), pp. 73 f. 한편, 서면방식 외의 방식은 제외하고, 서면방식에 한정하여 뉴욕협약이 국제적 강행법규의 특별연결을 배제한다는 견해도 있다. 석광현(2007), 136면; 석광현(2013), 322면.

포괄하여, 중재합의의 방식에 관한 일국의 국제적 강행법규의 특별연결을 일체 배제하는 취지를 내포한다고 해석해야 한다. 요컨대, 중재합의가 뉴욕협약 제2조 제1항, 제2항의 방식요건을 충족하는 한, 그 중재합의는 방식상 유효한 것으로 취급되어야 하고, 서면방식이나 기타의 방식을 부과하는 일국(가령 법정지국)의 국제적 강행법규가 개입하여 '방식상 부적법'으로 만들 수는 없다.[42] 중재합의의 승인(제3조)과 중재판정의 승인 양쪽에서 그렇다.

### 5. 소결 및 대상판결의 검토

뉴욕협약은 중재합의의 방식을 스스로 실질법적으로 규율한다. 약관의 제시·설명의무와 그 위반의 효과는 방식 문제이다. 뉴욕협약 제5조 제1항 a호 후단의 법률저촉규칙은 '중재합의의 실질적 성립·유효성'에만 해당되고, 중재합의의 방식에는 해당이 없다. 한국 약관규제법의 해당 실질법규는 국제적 강행법규로서의 적용의지를 가진 것일 수 있으나, 뉴욕협약은 그 개입을 배제하는 취지로 해석된다.

종래 한국의 판결례에서는 중재합의를 담은 약관의 제시·설명의무와 편입통제가 중재합의의 방식 문제인지, 중재합의의 실질적 성립·유효성의 문제인지 명확히 하지 않았다.

대상판결의 사안에서도 한국 약관규제법이 요구하는 정도의 제시·설명이 있었을 가능성도 있다. 그런 사안이었다면, 위 두 논점의 논의의 실익은 없을 것이다. 그러나 원고회사가 한국 약관규제법의 요구를 충족시킬만한 수준의 제시·설명을 하지 않았을 가능성이 높다.[43] 그런데도 원심판결과 대상판결은 개의치 않고 중재합의의 유효한 성립을 인정했

42) 그렇게 하면 뉴욕협약 위반이 된다. Di Pietro(2011), p. 74.

43) 민사판례연구회 제421회 연구회(2019. 5. 20.)에서의 토론에 의하면, 대상판결에서 언급하지는 않으나, 이 사건 계약에 앞서 동일 당사자 간에 동종 계약이 이 사건과 비슷한 과정을 통하여 체결되었고, 원만히 이행되었다고 한다. 그런데 그 선행거래에서도 똑같이 Crane Walnut Shelling Inc.의 표준약관이 원용되었는지, 그 선행거래에서는 그 크레인 월넛 셸링 社가 자신의 약관을 (주) 샤니에게 제시하고 설명했는지는 확인하지 못했다.

다. 상고인이 이 점을 상고이유로 다투었는데도 이렇게 판단한 것이라면, 결과적으로 대상판결은 '뉴욕협약이 적용되는 중재합의의 성립을 위해서는 한국 약관규제법의 제시 · 설명의무 준수가 요구되지 않는다'는 입장에 선 셈이다. 즉, 약관의 제시·설명의무와 편입통제를 방식 문제로 보고, 또 한국 약관규제법의 그 규율을 국제적 강행법규가 아니라고 보는 견해를 채택한 것과 결과적으로 마찬가지이다. 이런 태도를 의식적으로 피력한 것인지 알 수 없어, 판례로 보기는 어려우나, 사실심과 대법원의 실무에서 이런 식의 처리가 엿보인다고 할 수는 있다.

## Ⅲ. 중재합의 체결에 관한 "무능력"의 준거법 지정

### 1. 문제제기

뉴욕협약 제5조 제1항 a호 전단은 중재합의의 당사자의 "모종의 무능력(some incapacity)"을 중재판정 승인집행 거절사유의 하나로 규정한다. 여기에서 "무능력"이라 함이 무엇을 가리키는지, 이 문제들을 승인국(승인집행이 구하여지는 국가)법에 맡기는 것이 사항규정지정인지 총괄지정(국제사법지정)인지 문제된다. 여기까지는 뉴욕협약의 해석 문제이다. 한국이 승인국인 경우, 한국 중재저촉법의 연결기준이 어떠한지 문제된다. 한국 중재저촉법이 외국법(가령 자연인의 본국법, 법인이나 법인격 없는 단체의 설립준거법)을 지정한다면 그것이 총괄지정인지, 그렇다면 그 외국의 중재저촉법 규칙은 어떤 연결기준을 정하는지가 차례로 문제된다.

위 문제들은 특히 임의대리와 표현적 임의대리와 관련하여 까다롭다. 그 이유는 제2조 제3항과 제5조가 체계개념의 문언적 표현을 달리하고 있고, 그것도 다양한 종류의 체계개념들을 포괄하는 축어적 문언을 사용하기 때문이다. 먼저, 뉴욕협약에 의하여 중재합의의 형식적, 실질적으로 유효한 성립을 인정하여 구속력을 인정하는 단계에서는, 임의대리와 표현적 임의대리의 불성립은 제2조 제3항이 말하는 "무효, 부작동[44] 또는

44) 외교부가 작성하여 "공포"(헌법 제6조 제1항)용으로 공보에 실은 번역에서는 "실효"라 한다. "inoperative"를 실효(失效, cease to be effective)의 의미로 해석한 것

이행불능(null and void, inoperative or incapable of being performed)"에 포괄된다. 그런데 중재판정이 내려지고 중재지국 외의 국가에서 그 승인집행이 구하여지는 단계에서는, 똑같은 문제가 다른 이름으로 불리운다. 제5조에서는 제2조 제3항의 위 표현이 쓰이지 않고(제5조 제1항 a호 후단도 "null and void"라 하지 않고 "not valid"라 하여 표현을 구별한다), 사유가 더 세분되어 있다.[45)]

그렇다면 중재합의 체결을 위한 임의대리와 표현적 임의대리는 뉴욕협약 제5조의 맥락에서 어떤 문제로 성질결정되어야 하는가? 뉴욕협약 제5조 제1항 a호가 말하는 '중재합의의 실질적 유효성립'의 문제인가? 동항 a호 전단이 말하는 '중재합의를 적법하게 체결할 능력'의 문제인가? 아니면 외국중재판정 승인거절사유를 한정적으로 열거하는 뉴욕협약 제5조에 명문으로 규정되어 있지 않은 다른 법률관계여서, '중재합의를 체결할 임의대리나 표현적 임의대리'의 불성립은 아예 뉴욕협약상 승인거절사유가 될 수 없는 것인가? 이것은 법률관계의 성질결정의 문제이며, 뉴욕협약 제5조 제1항 a호가 사용하는 체계개념의 해석에서 답을 찾아야 한다.

### 2. 뉴욕협약 교섭의 연혁과 제5조 제1항 a호 전단의 규정

뉴욕협약 제5조 제1항 a호 전단이 언급하는 "무능력"을 독일, 일본, 한국 등의 국제사법의 체계개념 분류에 따라 이해하면, 권리·행위능력(특별권리능력, 특별행위능력 포함), 의사능력만을 가리킨다고 해야 할 것이다. 그러나 국제조약의 해석에 있어 '최선의 체계개념 분류에 따른다'는 일반원칙은 아직 없다. 오히려 뉴욕협약 성립에 이르는 논의경과는 다음

---

은, 문언의 의미를 지나치게 좁힌 것이다. 물론 "부작동(inoperative)"이라는 표현은 법률용어로서 엄밀하지도, 친숙하지도 않다. 그러나 교섭국들은 포괄적 표현을 쓰고자 의도적으로 이 용어를 택했다. 뉴욕협약 문언의 함축성에 주목하고, 중재법의 체계를 이해하고 있으면, 이 점은 문언만 보고도 눈치챌 수 있다.

45) 김갑유(2004), 180면은 '중재판정의 승인집행'이 아니라 '중재합의의 구속력'("중재계약의 효력")을 따질 때 제5조 제1항 a호(그것도 후단)가 적용된다고 서술하는 착오에 빠졌다.

과 같았다. 첫째, 당사자가 적법하게 "대변되었(represented)"는지의 문제에 초점을 두었다.[46] 둘째, 전단의 제안국인 네덜란드는 그 예로 국가나 공법인(public body)이 중재에 합의할 수 있는지(허부), 회사가 적법하게 대변되었는지를 들었고, 전단을 둠으로써 이 문제들을 다루게 된다는 데 다툼이 없었다.[47]

### 3. 학설과 판례

#### 가. 연결기준

전단은 승인국의 저촉규정에 따라 "무능력"의 준거법을 정하게 한다. 즉, 총괄지정(국제사법지정)의 취지이다.[48] 이 점은 의문이 없다.

전단의 "[당사자]에게 적용되는 법률에 따라(under the law applicable to them)"의 의미도 문제이다. 속인법 결정기준은 각 승인국에 맡기지만, '속인법'을 지정해야 한다는 점은 통일된 것인가? 그렇게 보지 않고, 성질결정과 연결기준 모두 법정지(승인국)에 맡겨진다고 해야 한다. 아래에 적듯이, 여기에서 말하는 "무능력"이 다양한 법률문제들을 포괄적으로 지칭하기 때문이다.

#### 나. "무능력"의 의미

세계적 통설은 중재합의 체결을 위한 임의대리와 표현적 임의대리가 뉴욕협약 제5조 제1항 a호 전단이 말하는 "무능력" 문제에 속한다고 한다.[49]

---

46) van den Berg(1981), pp. 275 f.

47) van den Berg(1981), p. 276.

48) van den Berg(1981), p. 276("협약의 기초자들은 당사자에게 적용될 법-환언하면 '속인법'-이 어떻게 결정되어야 하는지의 문제를 열어 두었다. 그러므로 이 문제는 중재판정의 집행이 구하여지는 법원의 법[질서]의 법률저촉규칙에 의하여 해결되어야 한다."); 이호원(1986), 674면.

49) Court of Cassation Dubai, 25 June 1994, 1 Int ALR N-62 (1998); Corte di cassazione, 23 April 1997, *Dalmine SpA v M & M Sheet Metal Forming Machinery AG*, XXIVa YBCA 709 (1999); Spain, Tribunal Supremo, 17 February 1998, Union de Cooperativas Agricolas Epis Centre (France) v La Palentina SA (Spain), XXVII YBCA 533 (2002); Greece, Areios Pagos, Decision No. 88 of 14 December 1977,

그러나 한국에서의 주류적 논의는 제5조 제1항 a호의 교섭연혁에 전혀 유념하지 않는 듯하며, "무능력"이 권리·의사·행위능력 외의 문제를 가리킨다는 점에 무관심하다. 능력만을, 혹은 아무 이유 없이 더 좁혀 행위능력만을 가리킨다는 문리해석을 당연시할 뿐이다.[50)]

그렇다면 한국에서의 주류는 중재합의 체결에서의 임의대리와 표현적 임의대리를 어떻게 취급하는가? 두 가지 해결이 보인다. 하나는 '중재합의의 실질적 성립·유효성'의 문제라 하여, 제5조 제1항 a호 후단에 따라 정한[51)] 준거법에 따라 임의대리 내지 표현적 임의대리의 성부를 판단한 후, 둘 다 불성립하면 승인집행 거절사유로 삼는 견해이다.[52)] 다른 하나는 뉴욕협약 제5조 제1항 a호 전단의 문제가 아니라고 하면서도, 오히려 뉴욕협약 제5조 내의 중재저촉규칙에 유념하지 않고 아예 한국의 일반적 국제사법(중재저촉법 아닌 일반적 민상사저촉법)에 의하여 준거법을 정하는 견해이다. 대법원은 일찍이 대법원 1990. 4. 10. 선고 89다카20252 판결(GKN/국제상사)에서 후자로 해석했고, 대상판결에서도 이런 해석을 유지했다.

사실 한국 내 후자의 견해는 논리적으로도 이해하기 어렵다. 그 주장내용을 액면 그대로 이해하면, 중재합의 체결에 있어서의 임의대리나 표현적 임의대리의 불성립은 뉴욕협약 제5조 제1항이 규정하는 어떤 거절사유도 아니고,[53)] 독립적인 거절사유이므로, 한국 국제사법에 따라 준

---

*Agrimpex SA v J F Braun & Sons Inc.*, IV YBCA 269 (1979). 이상의 해외 판례는 모두 Mistelis/Di Pietro, in Mistelis(2010), New York Convention, art. V, note 4에서 재인용.

50) 이호원(1986), 673, 674면; 김갑유(2004), 179면.

51) 김갑유(2004), 180면은, 후단 후반부로 직행하면 안 되고, 우선적으로 후단 전반부에 따라야 한다고 강조하기까지 한다.

52) 김갑유(2004), 180면.

53) 목영준·최승재(2018), 321면은 뉴욕협약 제5조 제1항 a호 전단이 "행위능력 결여"만을 승인집행거절사유로 규정한다고 서술한다. 또, 동호 후단에 관한 서술을 보면, 임의대리의 불성립이나 표현적 임의대리의 불성립을 전혀 언급하지 않는다. 같은 책, 321-323면. 판례: 대법원 1990. 4. 10. 선고 89다카20252 판결(GKN/국제상사) 등.

거법을 정하여 그 성부를 따진다는 것이다. 그런데 임의대리나 표현적 임의대리의 불성립이 제5조에 규정되어 있지 않다면, 그 논리적 귀결로서, 그것은 거절사유가 안 된다고 해야 한다. 제5조의 거절사유 목록은 한정적 열거이기 때문이다. 그러나 후설은 이런 의문에 답하지 않는다. 제5조의 어느 부분을 근거로 중재합의에 대한 임의대리와 표현적 임의대리의 불성립이라는 거절사유를 인정하는지 밝히지도 않는다.

### 4. 학설과 판례의 검토

중재합의 체결을 위한 임의대리와 표현적 임의대리를 뉴욕협약 제5조 제1항 a호 전단의 "무능력" 문제의 일부로 해석하는 것이 타당하다.

첫째, 위에서 적은 대로, 교섭과정에서 이 점이 분명히 의식되었다.

둘째, 뉴욕협약 제5조 제1항 a호 전단은 "모종의 무능력(some incapacity)"라는 모호한 표현을 쓴다. 여기에서 말하는 "무능력"이 엄밀한 의미의 능력, 즉 권리능력과 행위능력만을 가리키는 것이었다면, "모종의(some)"라는 단어를 넣어 모호하게 표현할 필요가 없었을 것이다. 오히려 "모종의 무능력"이라고 표현함으로써, 여러 가지 문제들이 포괄될 수 있게 한 것으로 풀이함이 타당할 것이다.

셋째, 임의대리제도는 역사적으로 늦게 발달했으며 로마법의 학문적, 비판적 계수의 산물이다. 국제중재제도가 지중해무역계에서 확립된지 수백년이 지난 뒤에야, 대리점, 위탁매매, 간접대리 등으로부터 독립하여 임의대리 제도가 고안되었다. 판덱텐법학보다 훨씬 오래 전에 확립된 중재법의 조문이 임의대리를 따로 언급하지 않고 다른 문제들과 묶어 다루는 것을 꼭 어색하게 여길 필요는 없다.

넷째, 임의대리와 표현적 임의대리가 '합의의 실질적 성립·유효성' 문제에 가깝다고 보기 어렵다. 많은 입법례에서는 임의대리와 '임의대리로 행해진 법률행위의 실질적 성립·유효성'을 구별하여 따로 연결하고 연결기준도 달리한다. 헤이그국제사법회의에서도 '대리점·임의대리의 준거법에 관한 헤이그협약'(1978)(약칭 헤이그대리협약, 한국 미가입)을 따로 만들었고, 계약에 대해서는 미루다가 '헤이그 국제상사계약준거법 원칙'(2015)[54]을 만들었다. 유럽연합에서도 '계약상 채무의 준거법에 관한 이사회 · 유럽의회 규정'(2008)[55]을 만들었지만, 이것은 임의대리는 다루지 않고, 임의대리의 준거법 결정은 헤이그대리협약이나 회원국 국내법에 맡긴다. 한국 '국제사법'이 계약 사안을 어떻게 다루는지를 보더라도, '합의의 실질적 성립·유효성' 문제는 계약의 실질적 성립·유효성 문제로 다루어 계약준거법에 따르는 것을 원칙으로 하되(제29조 제1항), 부분적으로는 '실제의 동의를 했는지' 여부가 의심되는 당사자의 속인법에 연결한다(동조 제2항). 그러나 임의대리와 무권적 임의대리에 대해서는 제18조에서 따로 규정을 둔다. 그리고 제18조가 채용하는 연결기준을 보면, '임의대리로 체결한 계약의 준거법'에 부종적으로 연결하는 것이 전혀 없다. 그러한 연결은 2001년 국제사법 개정시에 제18조를 신설할 때 기초자들이 이를 부분적으로 채택할지 고려했지만 명시적으로 채용을 거절한 일이 있다. 즉, 무권대리인의 상대방에 대한 책임에 한해서는, 대리행위지법주의를 골자로 하는 제18조 제2항을 준용하는 해결방안과, '임의대리로 행한 법률행위의 준거법'에 연결하는 해결방안이 검토되었는데, 전자가 채택되었다.[56]

다섯째, 중재합의의 임의대리와 표현적 임의대리를 '합의의 실질적 성립·유효성' 문제의 일부로 다루면, 연결기준이 부적절해지는 경우가 있다. 즉, 제5조 제1항 a호 후단 전반부에 의할 때에는, 임의대리와 표현적 임의대리까지도 '대리행위로 체결된 계약'의 실질준거법에만 연결하게 된다. 임의대리와 표현적 임의대리의 준거법을 따로 정하지 않고 이렇게 처리하면, 최밀접관련 원칙과 멀어지고, 어색하다. 뉴욕협약이 체약국에

54) Principles on Choice of Law in International Commercial Contracts

55) 정식 명칭은 '계약상 채무의 준거법에 관한 2008. 6. 17. 유럽의회 및 이사회 규정 (EC) 제593/2008호(Rome I)' [Regulation (EC) No 593/2008 of the European Parliament and of the Council of 17 June 2008 on the law applicable to contractual obligations (Rome I)]. 공식 약칭은 로마 제1규정(Rome I Regulation).

56) 석광현(2013), 230면.

게 이런 중재저촉법적 해결을 일률적으로 강요할 이유가 없다.

제5조 제1항 a호 전단의 “무능력”에 포섭되는 문제들로 다음의 것들을 예시할 수 있다. 일반적 권리능력, 일반적 행위능력, 해당 법률관계의 준거법에 의하는 문제들인 특별권리능력과 특별행위능력. 법인의 준거법에 의해 ‘법인의 일반적 권리능력’이 제한되는지 여부[예컨대 영미의 월권(ultra vires)이론에 의한 일반적 권리능력 제한]. 외인법적 규제가 효력법규적 의미도 가지는 것. 법인의 대표(법인의 대표자의 대표권에 대한 제한 포함). 법인의 의사결정의 요건과 절차에 대한 법적 규율. 조합원 1인에 의한 ‘조합의 대표 내지 대리’, 임의대리와 표현적 임의대리.

### 5. 대상판결의 검토

원심판결은 ‘본계약이 유효하게 성립되었고 본계약에 대하여 임의대리 내지 표현적 임의대리가 성립했는지’ 심리, 판단하고, 이것이 긍정됨을 이유로, 중재합의에 대해서도 임의대리 내지 표현적 임의대리가 성립했다고 판단했다. 대법원은 이런 원심 판단을 지지했다. 여기에는 다음의 문제가 있다.

첫째, 대상판결에는 중재합의에 관한 임의대리와 표현적 임의대리의 불성립이 ‘왜’ 중재판정 승인집행 거절사유가 되는지의 설시가 없다. 즉, 뉴욕협약의 어느 조문이 규정하는 거절사유인지 전혀 언급하지 않는다. 그래서 마치 뉴욕협약의 승인집행 거절사유 규정(제5조)이 한정적 열거가 아닌 것처럼 보여지게 했다.

둘째, 대상판결에는 임의대리와 표현적 임의대리의 준거법 결정을 ‘어느 나라’의 국제사법에 따라 할지 검토한 흔적이 없다. 즉, 뉴욕협약 제5조 제1항 a호 전단이 ‘승인국 국제사법’에 따르도록 하기 때문에 한국 국제사법에 의하여 준거법을 정하는 것인데, 그 점을 의식한 흔적이 없다. 법률심에 걸맞지 않게, 논점을 건너뛰었다. 단지, 결과적으로 ‘한국’ 국제사법에 따랐으므로, 위 판단누락이 ‘판결의 결론에 영향을 미치는’ 일을 우연히 모면했을 뿐이다.

셋째, 외형적으로 중재합의가 본계약서 내에 포함되었다는 이유로 중재합의의 독립성을 무시했다. 즉, 대법원은 임의대리 및 표현적 임의대리의 준거법을 결정하여 임의대리 내지 표현대리의 성부를 판단함에 있어, 중재합의와 본계약의 양쪽을 묶어 다루었다. 아마도 본계약에 대해서도 임의대리 내지 표현적 임의대리가 성립했다고 설시함으로써, 동일 문서로 체결한 중재합의에 대해 임의대리 내지 표현적 임의대리가 성립했다는 판단이 힘을 얻는다고 생각한 듯하다. 그러나 이는 대법원이 중재합의의 독립성(분리원칙)에 불철저했음을 보여줄 뿐이다.

넷째, 뉴욕협약이 명문으로 규정하지는 않지만, 뉴욕협약상으로도 실질재심사의 금지가 원칙이다.[57] 그래서 임의대리, 표현적 임의대리의 성부(成否) 판단은 중재합의에 대해서만 해야 한다. 그러나 원심과 대법원은 본계약에 관해서도 이 문제를 판단했다. 이것은 불필요한 실질재심사이다. 대법원은 계약서의 외형에 얽매인 결과, 아무 정당한 이유도, 실익도 없이 실질재심사 금지원칙을 위반했다.

요컨대, '본계약에 약관이 편입되었으므로 약관에 포함된 중재조항대로 중재합의가 성립했다'는 대상판결의 논리는, 중재합의의 독립성을 무시하고, 불필요하게 실질재심사를 통하여 중재합의의 유효한 성립 판단에 이른 것이다. 어느 나라 국제사법에 따라 임의대리와 표현적 임의대리의 준거법을 정할지의 논점도 간과했다. 나아가 뉴욕협약 제5조가 거절사유의 한정적 열거가 아닌 것처럼 보이게 했다.

이런 결점에도 불구하고, 다음의 점은 눈여겨볼 만하다. 중재합의에 관한 임의대리와 표현적 임의대리의 준거법 결정과 성부를, 중재합의의 실질적 성립·유효성의 준거법에 따라 하지 않은 점이다. 결과적으로 이 문제들이 중재합의의 실질적 성립·유효성의 문제가 아니라고 본 셈이 되었다. 그러나 의식적으로 이런 해석론을 채용한 것 같지는 않다.

57) Fouchard/Gaillard/Goldman/Savage(1999), para. 1693; 석광현(2007b), 252-253면.

## Ⅳ. 중재합의의 실질적 성립·유효성의 준거법 지정

### 1. 적용법조

뉴욕협약 제5조는 외국중재판정의 승인집행 거절사유를 한정적으로 열거한다. 뉴욕협약 제5조 제1항과 제2항의 두문(頭文, 도입문, chapeau)이 이 점을 분명히 한다.[58] 제1항 a호 전단은 "모종의 무능력(some incapacity)"을 규정한다. 후단은 중재합의의 성립·유효요건의 결여[조문의 표현으로는 "무효(not valid)"]를 규정한다. 그런데 후단의 '중재저촉법적' 규율 부분은 중재합의의 '실질적' 성립·유효성의 연결기준만 규정한다. 준거법합의가 있으면 약정준거법에 의하고(전반부), 준거법합의가 없으면 중재지법에 맡긴다(후반부). 후단이 말하는 중재합의의 "무효"에는 제2조 제1항, 제2항이 정하는 방식요건의 흠결도 포함된다. 그래서 중재합의가 방식상 부적법한 경우에도 a호 후단에 의하여 승인거절할 수 있다. 그러나 a호 후단의 법률저촉규칙은 중재합의의 실질적 성립·유효성에만 해당된다.

뉴욕협약은 중재합의의 방식에 대해서는 직접 자기완결적으로 규정한다. 그러나 중재합의의 '실질적으로 유효한 성립' 문제에 대해서는 저촉법적(간접적) 규율만 한다. 즉, 직접(실질법[59]적으로) 규율하지 않고, 어느 법에 의할지만 정한다.

중재합의의 실질적 성립·유효성에 대한 규율은 판단주체와 절차적 단계에 따라 다를 수 있다. 중재지의 법원이 어떻게 규율할지는 중재지의 국내법에 맡겨져 있다. 중재판정을 승인집행하는 단계 전에, 중재지국

58) Fouchard/Gaillard/Goldman/Savage(1999), para. 1693; Mistelis/Di Pietro, in Mistelis (2010), New York Convention, art. V, note 1 (p. 15); 석광현(2007b), 252면.

59) 절차저촉법(절차를 어느 나라의 법에 맡길지 규율하는 법)에 대한 관계에서는 절차법도 실질법이라 할 수 있다(절차 문제를 직접 규율하는 법). 절차저촉법의 대원칙은 '절차는 법정지법에 따른다'(법원은 자신의 절차법을 따른다)는 것이다. 그러나 실체관계와의 관련이 크거나 고유의 '실질'(실체) 문제가 있는 문제들을 위시하여, 절차 문제를 외국법에 의할지도 때때로 문제된다. 중재합의는 절차적 법률행위이므로 중재합의의 유효한 성립도 절차의 문제이지만, 여기에는 중재합의 고유의 실질(실체) 문제가 있다.

외의 타국이 어떻게 판단할지의 문제는, 뉴욕협약 제2조 제3항이 실질법적으로 규율한다.[60)]

뉴욕협약은 당사자가 준거법을 선택했으면 그 법에 의하고, 그런 준거법선택이 없으면 중재지국의 법에 의하도록 규정한다. 이 두 점은 뉴욕협약 제5조 제1항 a호 후단에 차례로 규정되어 있다. 전반부는 '당사자자치를 인정하는 법률저촉규칙'을 스스로 규정한 것이다. 후반부는 어느 나라의 법이 준거국제사법이 되는지만 규정한 것이다.

### 2. 제5조 제1항 a호 후단과 중재합의의 "무효"의 의미

중재합의가 실질적으로 유효하게 성립하지 못했으면, 뉴욕협약 제5조 제1항 a호 후단이 규정하는 "제2조에서 언급(규정)하는 합의(the agreement referred to in article Ⅱ)"가 "무효(not valid)"인 경우로서 외국중재판정 승인집행거절사유가 된다. 제5조 제1항 a호 후단의 "무효"는 '불성립이나 무효'의 의미로 확대해석하는 데 다툼이 없다.[61)] 다만 방식요건은 제2조 제

---

60) 중재지국 외의 체약국이 '유효하게 성립한 중재합의의 효력'에 얼마나 구속되는지도, 제2조 제3항이 실질법적으로 규율한다.

61) Corte di Appello di Napoli (Salerno Section), 1978년 2월 13일, G.A. Pap. - KG Holzgrosshandlung v. Giovanni G. Pecoraro[van den Berg(1981), p. 288에서 재인용]; van den Berg(1981), pp. 287[이에 속하는 문제로 "동의의 결여(불실표시, 강압, 사기, 부당한 영향)"을 예시], 288(일방이 사회경제적으로 지배적 지위에 있음을 이유로 한 무효도 제5조 제1항 a호에 의하여 준거법을 정하여 판단); 석광현(2007b), 273면. 특이한 반대설로, *Island Territory of Curacao v. Solitron Devices, Inc.,* 356 F.Supp. 1, 11 (S.D.N.Y. 1973). 뉴욕협약에 의한 승인집행이 문제된 사건이었으므로, 제5조 제1항 a호 후단에 따라 중재합의의 실질적 성립·유효성의 준거법을 정하여 그 법에 따라 그 사건에서의 사기가 중재합의의 실질적 성립·유효성을 부정케 하는지 판단하여야 했다. 그러나 미국 연방대법원의 Prima Paint Corp. v. Flood & Conklin Mfg. Co., 388 U.S. 395, 404, 87 S.Ct. 1801, 1806 (1967)에 따라야 한다는 이유를 들어, 이를 거절했다. Prima Paint 판결에서는, 본계약서의 조항으로 중재합의를 했으면 '중재합의 체결상의 사기(fraud)'도 법원이 아니라 오로지 중재인이 판단할 문제라고 하고, 다만 당사자들이 이 문제를 중재의 대상에서 제외하는 합의를 했으면 그렇지 않다(법원이 그런 사기의 존부와 효과에 대하여 판단할 수 있다)고 설시하기는 했다. 그러나 Prima Paint는 뉴욕주를 중재지로 하는 중재합의의 유효한 성립 여부가 다투어진 사안으로서, 중재지 법원이 심사할 논점의 범위[연방 중재법(Arbitration Act, 9 U.S.C.) §4의 해석문제]를 좁게 해석한 판례였다. 뉴욕남부지구 연방지방법원은, 이런 맥락을 무시하고, 뉴욕협약 제5조

1항, 제2항이 이미 실질법적으로 규율하므로, 제5조 제1항 a호 후단이 지정하는 법에 맡길 필요가 없다. 이 점은 교섭과정에서 명백히 전제되었다.[62)]

이런 확장해석이 해석의 한계를 넘는다고 우려할 것은 아니다. 뉴욕협약이 판덱텐법학의 용어체계를 엄격히 따랐다고 여기는 것이 오히려 무리일 것이다. “무능력”도 그렇듯이, “무효”도 독일보통법학의 엄격한 개념·용어체계에서 빌려온 표현은 아닌 것으로 보인다. 오히려 다른 언어권에서는 불성립, 무효, 취소 등을 “무효”라고 뭉뚱그려 말하곤 한다. 실무가들의 언어관용도 그렇다. 무엇보다 뉴욕협약의 실무친화적 성격과, 법통일조약으로서의 성격을 고려할 때, “무효”라는 표현에 너무 구애받아서는 안 된다.

후단 후반부의 총괄지정을 받은 국가가 중재합의의 실질적 성립·유

---

제1항 a호 후단에 따르지 않고, Prima Paint 판례를 ‘뉴욕협약에 의한 외국중재판정 승인집행시 심사범위’ 문제에 끌어 쓴 것으로 보인다. 물론 승인국 국내법으로 뉴욕협약보다 승인집행 친화적으로 규율하는 것은 승인국의 자유이다(뉴욕협약 제7조 제1항). 그러나 뉴욕남부지구법원이 ‘중재지 법원의 심사권한’ 제한에 관한 판례를 독자적으로 확대적용하여 ‘외국중재판정 승인집행 거절사유’를 대폭 축소하는 것은, 아무리 영미법계라 하더라도 사법권의 한계 일탈이 아닌가 생각된다. 한편, 뉴욕남부지구법원이 ‘뉴욕협약 제5조 제1항 a호 후단의 거절사유가 전환판결의 승인집행에 대해서까지 관철되는 것은 아니고, 뉴욕주의 외국금전판결승인집행법상의 거절사유가 전환판결 승인집행의 맥락에서는 각별히 좁게 해석되어야 한다’는 해석론을 설시한 취지라고 볼 가능성도 논리적으로는 열려 있다. 그러나 그런 해석론도 마찬가지로 부당하다. ‘전환판결을 판결로서 승인집행’한다는 형식에 편승하여 뉴욕협약의 거절사유 관련 규율을 무력화하는 결과를 가져오게 되는데, 이런 내용의 국내법 형성을 갑자기 판례로 감행하는 것은 사법권의 한계를 넘지 않나 생각된다. 더구나, 뉴욕남부지구법원이 Island Territory of Curacao 판결에서 위 두 가지의 ‘매우 급격한 법형성’을 할 것인가 라는 문제를 제기하거나 논의한 흔적이 전혀 없다. 단지 피고에게, 연방대법원의 Prima Paint 판례도 모르냐고 윽박지르고 있다. 이를 볼 때, 단순히 ‘중재지 법원의 개입'과 '외국중재판정의 승인집행 거절’의 맥락 차이를 간과한 오판례라고 해야 할 것이다. 그러므로 뉴욕남부지구법원의 Island Territory of Curacao 판결의 이 부분 판지는 진지하게 검토할 가치도 없다.

62) 뉴욕협약 제5조 제1항 a호에서 실질적 성립·유효성 문제를 언급하게 된 계기는 네덜란드의 수정제안이었다. 네덜란드는 후단에서, 당사자들이 “서면으로 유효하게 합의했”(have validly agreed in writing)어야 한다고 규정하자고 제안했다. 논의 결과, 중재합의가 “유효하지 않”(not valid)으면 승인집행을 거절할 수 있다고 규정하기로 했다. van den Berg(1981), p. 283.

효성의 문제를 더 세분하여 준거법결정하는 것은 자유이다. 한국 국제사법 제29조 제2항은 각 당사자의 '유효한 동의'를 별개의 연결대상으로 삼는다.

국제사법에서 법률관계나 법률문제를 나눌 때, 적법성도 법률행위의 일반적 유효요건에 포함된다. 효력법규 위반 여부도 이에 속한다. 그래서 약관의 내용통제(공정성 요건과 전부 또는 일부무효의 제재)도 뉴욕협약 제5조 제1항 a호 후단이 정하는 준거법에 의한다.

### 3. 제5조 제1항 a호 후단 전반부의 지정취지

뉴욕협약 제5조 제1항 a호 후단 전반부에서 묵시적 당사자자치의 한계를 밝히려면, 먼저 a호 후단 전반부가 이렇게 스스로 중재저촉법규를 규정하는 입법적 의의를 생각해야 한다.

이 부분은 뉴욕협약이 스스로 법률저촉규칙을 정한 것이고, 법률관계에서 출발하는 연결방식에 관해서는 완결적으로 정한 것이다. 그래서 준거국제사법의 문제와 준거법결정의 문제가 한꺼번에 입법적으로 해결되어 있다. 즉, 사항규정지정이다.[63] 대상판결도 그렇게 해석하는 입장에 섰다.

이런 해석은 당사자자치의 본질 내지 기능에 근거한다. 당사자자치의 법률효과를 총괄지정(국제사법지정)으로 정하는 것도 불가능하지는 않으나, 그것은 당사자자치의 이론적 근거와 잘 어울리지 않는다. 연결기준을 명쾌하게 정하기 어려운 경우에 궁여지책(Verlegenheitslösung)으로 당사자자치를 허용하는 것으로 당사자자치의 이론적 근거를 설명하는 것이 타당한데(소수설),[64] 총괄지정은 준거법결정을 다시 미궁에 빠뜨릴 수 있기 때문이다. 한편, 다수설(의사자치설)은 당사자자치의 이론적 근거를 의사자치로 설명하는데,[65] 이 견해에 따르더라도 제5조 제1항 a호의 당사

63) 석광현(2007b), 273면.
64) 이호정(1981), 280면.
65) 이런 사고방식의 연장선상에서, '한 명의 사람은 주권자로서 국가의 지배를 자유

자자치는 사항규정지정으로 풀이해야 한다. 의사자치설에 의하면, 당사자자치란 '국가가 당사자의사 외의 연결기준을 정하여 사인(私人)을 지배하는 것'으로부터 벗어날 자유를 의미한다. 이 자유가 관철되려면 당사자의사로써 연결이 종결되어야 한다. 그렇게 하지 않으면, 다시 어떤 국가의 국제사법에 의해 당사자자치가 뒤집어질 가능성이 남기 때문이다.

그래서 어느 법을 중재합의의 실질적 성립·유효성의 준거법으로 할지 실제로 합의하면, 곧바로 그에 의해 이 문제의 준거법이 정해진다. 준거국제사법을 어떻게 정할지를 따지지 않고, 또 어떤 연결기준이 최밀접관련 기준이라는 궁극적 기준에 맞는지도 더 따지지 않는다. 뉴욕협약이 스스로 연결기준을 정하며(준거국제사법 결정 문제의 규율), 당사자의 합의에 맡기는 것으로 최밀접관련 탐구를 종결시켜버린다(준거법 결정 문제의 규율). 뉴욕협약 제5조 제1항 a호 후단 전반부는 이런 획일적 해결을 한다. 어느 나라의 중재저촉법에 의할지, 또 중재저촉법에서 최밀접관련원칙을 어떻게 구현할지를 엄밀히, 꼼꼼히 따지기보다, 아예 뉴욕협약 스스로 당사자의사에 맡겨 버리는 것이다. 당사자자치의 인정근거에 대해 다수설처럼 의사자치(국가를 넘어설 자유)라 하든, 소수설처럼 궁여지책(확실히 타당한 연결기준을 정하는 어려움의 타개)라 하든, 뉴욕협약의 이 규정의 입법취지는 마찬가지로 설명될 수 있다. '준거국제사법을 정하고 그것이 채택하는 연결기준을 따르는' 것으로 하면, 저촉법적 판단을 개별 국가의 중재저촉법이 어떻게 정하느냐에 일일이 따라가야 하여 번잡해지고, 연결기준도 불확실해질 수 있다. 뉴욕협약 스스로 당사자자치를 정해 버림으로써 이런 어려움을 손쉽게 타개한 것이다.

요컨대, 뉴욕협약 제5조 제1항 a호 후단 전반부는 협약 스스로 당사자자치라는 연결기준을 정하여 연결을 끝맺으려 한다. 당사자자치를 규정하는 법률저촉규칙이 항상 그렇듯이, 이는 실질법만을 지정하는 취지, 즉 사항규정지정이라고 해석되어야 한다.[66] 여기에 이견이 없다. 그래서

---

롭게 벗어날 근원적인 자유권을 가진다'고 이론구성하여, 주권재민 사상을 '개인의 주권'으로 확대하는 학설도 있다. Basedow(2012).

당사자의 준거법합의로 준거법결정을 간단히 종결지을 수 있다.

### 4. 제5조 제1항 a호 후단 전반부에서 묵시적 당사자자치의 한계

#### 가. 문제제기

뉴욕협약 제5조 제1항 a호 후단 전반부가 정하는 당사자자치는 묵시적인 합의로도 행해질 수 있다는 것이 통설이다.[67] 그런데 여기에서 준거법합의를 얼마나 묵시적으로 할 수 있는지, 그 한계가 문제된다. 즉, 묵시적 준거법합의를 발견하는 의사해석에 대한 한계가 문제된다.[68] 한계가 조문상 명시되어 있지 않음을 이유로, 후단 전반부 스스로 한계를 정하는 것은 없고, '후단 전반부의 준거법합의'의 실질적 성립·유효성의 준거법에 일임되어 있다고 할 것인가?

#### 나. 묵시적 당사자자치의 한계를 규정하는 입법례

묵시적 준거법합의는 '계약의 내용 기타 제반 사정으로부터 분명히 확인되는 것에 한한다'는 취지의 한계를 명시하는 입법례가 많다. '계약상 채무의 준거법에 관한 로마협약'(1980)[69] 제3조 제1항 2문[70]이 그 시초로 보인다. 그 후신인 '계약상 채무의 준거법에 관한 2008년 6월 17일 유럽의회·이사회 규정 제593/2008호'(로마 제1규정)[71] 제3조 제1항 2문도 마

66) 이것이 통설이다. 대표적으로 석광현(2007b), 116면.

67) 대표적으로 석광현(2007b), 116면.

68) 물론, 준거법합의에 대하여 방식요건을 정할 수도 있고, 이 점에 관하여 각국법이 상이하면, '준거법합의의 방식'을 어느 법에 의할지도 문제된다. 그러나 '준거법합의의 방식'을 정하여 적용하려 하면, 오히려 번잡해지고, 유리의 원칙(favor negotii)에 의하여 방식 문제의 규율이 느슨해지는 것이 여기에서 타당한지도 문제이다. 그래서 대개의 입법례는, 국제사법규정 스스로 '당사자자치의 서면 방식'을 정하거나(예: 한국 국제사법 제38조 제2항, 제49조 제2항), 특별한 방식을 요구하지는 않되 '준거법합의의 실질적 성립·유효성'의 차원에서만 다룬다. 후자의 형태로 규율하는 경우에는, 한편으로는 저촉규정 스스로 묵시적 당사자자치의 한계(즉 묵시적 당사자치를 발견하는 의사해석의 한계)를 정하고(예: 한국 국제사법 제25조 제1항), 다른 한편으로는 준거법합의의 실질적 성립·유효성의 준거법을 지정하는 저촉규정을 둔다(예: 한국 국제사법 제25조 제5항).

69) Convention on the Law Applicable to Contractual Obligations. 약칭 로마협약.

70) "선택은 명시적이거나 계약조문 또는 사건의 주변사정에 의하여 합리적인 확실성을 가지고 증명되어야 한다."

찬가지로 규정한다.[72] 유럽연합의 통일 국제사법 입법들에서 당사자자치를 허용할 때에는 정형적으로 이 규정을 본받고 있다.[73] 한국 국제사법 제25조 제1항 단서도 "묵시적인 선택은 계약내용 그 밖에 모든 사정으로부터 합리적으로 인정할 수 있는 경우에 한한다"는 한계를 규정한다. 이 부분은 2001년 국제사법 개정시에 로마협약을 모델로 하면서 그 제3조 제1항 2문[74]을 본받아 신설한 것이다. 헤이그신탁협약(1985)[75] 제6조 제1항 2문,[76] 헤이그계약준거법원칙(2015)[77] 제4조 1문[78]도 마찬가지로 묵시적 당사자자치의 한계를 규정한다.

다. 검 토

뉴욕협약 제5조 제1항 a호 후단 전반부는 묵시적 준거법선택의 한계에 대하여 침묵한다. 후단 후반부가 "어떤 지시"(any indication)도 없으면 중재지법을 지시하는 것도, 전반부의 준거법합의를 묵시적으로 하는 데 아무 제한이 없다는 취지가 아니라, 주관적 연결이 불가하면 객관적으로 연결한다는 취지일 뿐이다. 뉴욕협약을 만든 1958년은 아직 묵시적 준거법선택의 한계를 명문화하는 국제입법례들이 나오기 전이었고, 뉴욕협약이

71) Regulation (EC) No 593/2008 of the European Parliament and of the Council of 17 June 2008 on the law applicable to contractual obligations (Rome I).

72) "선택은 명시적으로 행해지거나 계약조항이나 사건의 정황에 의해 분명히 밝혀져야 한다."

73) 비계약적 채무의 준거법에 관한 2007년 7월 11일 유럽의회·이사회 규정 제864/2007호(약칭 로마 제2규정)[Regulation (EC) No 864/2007 of the European Parliament and of the Council of 11 July 2007 on the law applicable to non-contractual obligations (Rome Ⅱ)] 제14조 제1항 말문 등.

74) "선택은 명시적이거나 계약조항 또는 사건의 정황으로부터 합리적 확실성 있게 밝혀져야 한다."

75) '신탁의 준거법과 승인에 관한 헤이그협약'(Convention of 1 July 1985 on the Law Applicable to Trusts and on their Recognition). 대한민국 미가입.

76) "선택은 명시적이거나, 신탁을 설정하는 서면이나 신탁을 증명하는 서면의 조항에 묵시적으로 들어 있거나 필요한 경우에는 사건의 주변사정을 고려하는 해석을 한 결과 그렇게 인정되어야 한다."

77) Hague Principles on Choice of Law in International Commercial Contracts. 이것은 조약은 아니다.

78) "준거법의 합의나 그 수정은 명시적으로 행해지거나 계약조문 또는 주변 사정으로부터 분명히 드러나야 한다."

선도적으로 입법한 것도 아니다. 아무튼 이 문제는 해석에 맡겨져 있다.

분명히 확인되지 않은 합의를 인정하다 보면, 실질적으로는 판사가 적절하다고 생각하는 해결을 당사자들에게 부과할 위험이 있다. 즉, 판사가 적절하다고 생각하는 내용대로 합의했다고 의제될 가능성이 생긴다. 로마협약 제5조 제1항 단서, 한국 국제사법 제25조 제1항 단서 등의 입법례는 이렇게 법관의 의사해석 권한이 '합의의 의제'로 흐를 가능성을 차단하기 위한 것이다. 이런 필요는 뉴욕협약 제5조 제1항 a호 후단 전반부의 맥락에서도 마찬가지로 있다. 더구나, 묵시적 합의가 '의제적 합의'여서는 안 되며, 현실적으로 존재하는 합의여야 한다는 점은 논리적으로 이미 분명하다. 현실적 합의만이 인정되도록 하기 위해서는, 한국 국제사법 제25조 제1항 단서와 같은 제한이 있다고 하는 것이 적절하다고 생각된다. 이보다 나은 해결방법은 아직까지는 보이지 않는다.

### 5. 제5조 제1항 a호 후단 전반부의 의사해석 기준

#### 가. 문제제기, 학설 및 판례

본안이나 분쟁해결절차에 관한 합의에서 중재합의의 실질에 대한 묵시적 준거법합의를 간취할 가능성은 어떻게 되는가? 본계약 준거법을 합의하면서 동시에 중재지나 중재기관을 특정한 중재합의도 했고, 두 합의가 같은 법역을 가리키면, 위와 같은 의사해석이 용이한가? 학설은 본계약준거법의 약정이 있는 경우를 중심으로 논의한다.

다수설은 주계약의 준거법만으로는 충분한 의사해석자료가 되지 못한다고 한다.[79] 즉, 본계약의 준거법합의가 있다 하여, '정형적'으로 중재합의의 실질적 성립·유효성의 준거법으로 같은 법역의 법을 선택하는 합의도 있다고 하는 데에는 반대한다.

---

79) Ph. Fouchard, L'arbitrage commercial international (Dalloz, 1965), no. 125; Peter Schlosser & Jörg Pirrung, Das Recht der internationalen privaten Schiedsgerichtsbarkeit (Mohr, 1975), no. 212[이상 van den Berg(1981), p. 293에서 재인용]; van den Berg(1981), p. 293.

제1소수설은, 중재합의가 외형상 본계약서 내에 들어 있는 경우에, 주계약의 준거법약정이 중재약정에도 "적용"된다고 하거나,[80] "그 법을 중재조항의 준거법으로 묵시적으로 지정하였다고 추정"한다.[81] 본계약의 준거법합의가 명시적이냐 묵시적이냐는 묻지 않는다.[82] 주된 근거로 드는 것은 분리원칙의 기능적 완화 필요성이다. 즉, 중재합의의 본계약으로부터의 독립성(분리원칙)을 인정하면서도, 중재합의가 본계약서에 담긴 경우에는 본계약 준거법합의를 "일반적인 계약준거법 선택"이라고 부르면서, 여기에 드러난 당사자의사에 가깝게 해결해야 한다고 주장한다.[83] 이론적으로는 분리원칙이 타당하지만, 소박한 당사자의사를 파악할 때에는 분리원칙에 얽매여서는 안 된다는 것이다. 또, 본계약 준거법합의 쪽으로 동조시키지 않으면 후단 후반부에 의하여 중재지 실질법을 적용하게 되는데, 그것은 추단적 당사자의사와 동떨어진 것이라고 한다.[84]

제2소수설은 중재지 또는 특정 법역에 소재하는 중재기관을 선택한 것으로부터 묵시적 합의를 간취하는 쪽으로 의사해석을 정형화한다.[85]

대법원 2016. 3. 24. 선고 2012다84004 판결의 사안에서는 본계약준거법의 명시적 합의(Cal.주법 선택)가 있었으나, 본계약과 동시에 체결된 중재합의에서는 중재지도, 중재기관도 언급하지 않았다. 분쟁발생 후에 신청인이 미국중재협회(AAA)를 중재기관으로 하고 캘리포니아주를 중재지로 하여 중재신청을 했다. 피신청인은 이런 중재기관 및 중재지 지정

80) Hans-Viggo von Hülsen, Die Gültigkeit von internationalen Schiedsvereinbarungen (Berlin: Schweizer, 1973), S. 101[van den Berg(1981), p. 293에서 재인용]; Bermann (2015), paras. 692-694. 심지어 Bermann(2015), para. 690은 이 경우에 중재조항이 "계약(서)의 조항들(clauses in the contract)" 중 하나이므로, 이런 결론이 "논리적으로" 당연하다고 한다. 버먼은 "계약"(본계약)과 "계약서"(본계약서)를 혼동하는 듯하다. 즉, 외형상 본계약서 내에 중재합의가 함께 들어 있는 것일 뿐인데, 이 점에 결정적 무게를 두어야 한다고 주장한다.

81) 석광현(2007b), 116-117면.

82) 석광현(2007b), 117면.

83) Bermann(2015), para. 692("a general contractual choice of law").

84) Bermann(2015), para. 694.

85) 이호원(1986), 675면(특정 법역에 있는 중재기관의 선택으로부터 정형적으로 추단).

에 동의했다. 그러나 대법원은 본안의 약정준거법으로부터도, 중재지합의로부터도, '중재합의의 실질적 성립·유효성의 준거법'에 관한 병행적 합의를 발견하지 않았다(제1, 제2소수설을 모두 배척). 분쟁이 발생한 후의 중재기관·중재지의 합의는, 분쟁의 존재와 의미에 대한 인식을 가지고 하는, 보다 신중한 합의라 할 여지가 있었지만, 그럼에도 제2소수설을 따르지 않았다. 심지어 두 소수설이 지적하는 사정이 중첩되었음에도 다수설을 고수했다. 그래서 뉴욕협약 제5조 제1항 a호 후단 후반부에 의하여 중재지법에 따랐다. 결과만 보면 제1, 제2소수설과 달라지지 않았으나, 대법원이 후단 전반부가 아니라 후반부에 따른 점에 주목하여야 한다.

나. 학설 및 판례의 검토

본안준거법, 분쟁해결절차, 중재합의의 실질적 성립·유효성은 별개의 문제이다. 그러므로 앞의 두 개에 대한 합의가 있다 하여, 나머지 것에 대한 합의도 있다고 너무 쉽게 추단해서는 안 된다. 물론, 사안에 따라서는 묵시적 합의가 있을 수 있다. 그러나 개별적 사안별로 판단할 일이지, 정형화할 일이 아니다.

여기에서의 묵시적 의사 발견은 본계약 준거법의 묵시적 합의보다도 신중히 해야 한다. 본계약은 계약의 필수적 요소 외에 여러 부수적 논점이 있고, 이에 관한 합의에서 묵시적 준거법지정의사가 드러날 수 있다. 그러나 중재합의의 핵심적 요소는 '중재에 의하여 분쟁을 해결한다'(중재재판권 부여, 국가재판권 배제)는 것뿐이다. 중재지 또는 중재기관의 합의가 없이도 중재합의는 실질적으로 유효하게 성립한다는 것이 다수설이다. 게다가 중재절차의 내용에 관해서도 당사자가 편의에 따라 자유롭게 합의할 수 있다. 중재에서는 국경을 자유롭게 넘어가서 이런저런 나라의 법들을 편의상 끌어 쓸 수 있다. 그런데 당사자가 편의상 어느 나라의 절차법제를 끌어 쓴다 하여, '중재절차의 실질적 성립·유효성'이라는 중대한 문제에 대한 묵시적 준거법선택의 실마리로 삼기는 조심스럽다. 개별 사건별 의사해석이라 해도 그렇다.

중재합의의 내용이 될 수 있는 중재절차의 문제로서 비교적 중요성이 높은 것은 중재지의 합의이다. 어느 나라의 사법질서의 틀 내에서 그곳 법원의 관여를 받으며 중재를 할 것인가, 또 어느 나라의 법원으로부터 중재판정의 취소, 확인 등을 받을 것이냐와 관련되기 때문이다. 그러나 중재합의와 기능적으로 유사한 것이 전속적 국제재판관할합의인데, 여기에서 합의법정지가 가지는 의미만큼, 중재합의에서 중재지가 중요한 것은 아니다. 오히려 중재합의는 모든 국가법원의 재판권을 배제시키고, 비국가적인 중재재판권을 발생시키는 재판권 부여·배제의 합의여서, 특정 국가와의 연관성이 적다. 그런데 전속적 국제재판관할합의를 놓고도, 그것이 어느 법정지를 지정했다는 이유로 '합의법정지법을 국제재판관할합의의 실질적 성립·유효성의 준거법으로 묵시적으로 합의했다'고 의사해석을 몰고 가려는 시도는 드물다. 오히려, 진취적인 유력설도, '합의법정지의 국제사법'에 맡겨 합의의 실질적 성립·유효성의 준거법을 정하려 한다.[86] 이렇게 '묵시적 준거법합의'를 섣불리 발견하려 하지 않고 분쟁해결지의 국제사법을 총괄지정하는 태도에 대응되는 것이, 상술한 다수설이다. 다수설은 뉴욕협약 제5조 제1항 a호 후단 전반부의 묵시적 합의를 무리하게 발견하는 시도를 경원시하고, 후반부에 의하여 중재지법을 총괄지정한다(총괄지정이라는 점은 아래 6 참조).

소수설의 근거로 당사자들이 사전에 중재합의의 실질적 성립·유효성의 준거법합의를 할 실익을 느끼는 경우가 비교적 드물다는 점을 들기도 한다.[87] 그러나 이는 설득력이 약하다. 첫째, 중재합의의 실질적 성립·유효성의 준거법 여하는 객관적으로 논의의 실익이 적지 않다. 약관규제법상의 공정성 통제 등 각국 실질법이 다양하다. 이런 중요한 문제를 놓고, 당사자들이 '따로' 합의하지 않았다는 이유로 '본계약 준거법과 똑같

86) 2018년 국제사법 개정안 제8조 제1항 제1호도 바로 그렇게 한다. 2005년 헤이그 관할합의협약 제6조 a호, 제9조 a호도 합의법정지법을 지정한다. 그리고 이 협약의 공식해설보고서인 Hartley/Dogauchi 보고서는 제9조 a호의 합의법정지법 지정이 총괄지정(국제사법지정)임을 분명히 한다. Hartley/Dogauchi(2007), para. 183의 fn. 219. 이 보고서가 제6조 a호에 대해서는 이 점을 명시적으로 언급하지 않으나, 마찬가지로 해석해야 한다.

87) van den Berg(1981), p. 292.

은 법에 따르기로 합의한 것으로 취급하겠다'고 몰아가서는 곤란하다. 둘째, 당사자들이 분쟁 발생 전에 중재합의의 준거법합의를 할 실익을 느끼고 그 합의를 하지 않은 상황은 그 상황 그대로 받아들여야 한다. 즉, 당사자는 중재합의의 실질적 성립·유효성의 준거법 문제에 관심이 없었거나, 교섭하는 데 열의가 없었거나, 중재지의 중재저촉법에 맡기려 했을 수 있다. 관심이 없었는데 어떻게 묵시적 약정을 했다는 것인가? 승인국 법원은 무리한 의사해석을 할 것이 아니라, 묵시적 약정도 없는 상황이 빈발함을 자연스러운 일로 받아들이고 중재지의 중재저촉법에 맡기면 된다. 중재지 법원도 마찬가지이다. 또, 중재합의를 승인하는(제3조 제3항) 중재지 외의 국가도 마찬가지이다.

소수설은 다수설이 경직적으로 분리원칙에만 얽매인다고 비판하나,[88] 오히려 소수설이 경직적이다. 소수설은 '본계약 준거법합의를 중재합의에까지 적용'하거나 '본계약 준거법합의로부터 중재합의의 실질적 성립·유효성에 대한 준거법합의를 정형적으로 추단'하기 때문이다. 두 소수설이 주장하는 의사해석준칙은, 특히 중재합의의 당사자에게도 부당한 부담을 지우게 된다. 즉, 어느 법역의 법을 본계약준거법으로 지정하거나, 그곳을 중재지로 지정하거나, 그곳에 있는 중재기관을 지정하는 당사자에게 '중재합의의 실질적 성립·유효성에 대해서도 같은 준거법을 정하는 취지는 아니다'라는 의사표시(부인문구)를 할 부담을 지우게 된다. 이것은 과도한 부담이다. 이런 문구를 넣을지 교섭하여 합의하기도 부담되고, 일방적으로 그런 통보를 하기도 부담스럽다. 이런 요구는 당사자자치의 이념을 배반한다. 중재합의의 주인이며, 중재합의의 실질준거법합의를 할지에 대해서도 주인이어야 하는 당사자에게, 이런 과도한 부담과 불편을 지우는 것은 부당하다.

법원은 처음에는 가벼운 마음으로 후단 전반부의 묵시적 준거법합의를 발견하려 할지 모르나, 판결례가 누적되면, 경직적인 의사해석준칙을

---

88) 예컨대 Bermann(2015), paras. 690, 692.

만들어 고착시키는 결과가 될 것이다. 두 소수설이 주장하는 의사해석규칙이 반복하여 설시되면, 이것이 의사해석규칙에 그치지 않고, 가부간에 명확한 의사표시를 할 것을 요구하는 '의사표시 강제'규칙에 가까와질 소지가 있다. 그런 규칙이 뉴욕협약 제5조 제1항 a호 후단 전반부 내에 들어 있다고 해석하는 데 귀착될 것이다. 개별 사안별 의사해석이라 하더라도 위험성이 크다. 조약규정의 해석론이 비대화되어 조약문언의 자연적 의미(자연적 해석원칙, plain meaning rule)를 크게 넘어서는 결과에 이를 위험이 따른다. 그러므로 구체적 사건에서 후단 전반부의 묵시적 합의를 인정하는 일에는 매우 신중해야 하고, 묵시적 합의의 발견이 구체적 사안에 관한 개별적인 사실판단에 불과함을 강조할 필요가 있다.

### 다. 소결 및 대상판결의 검토

후단 전반부의 당사자자치의 의사해석은 기본적으로 약정준거법에 맡겨지지만, 후단 전반부가 스스로 일정한 의사해석기준을 함축할 수 있다.

첫째, 후단 전반부는 묵시적 준거법합의도 허용하지만, '묵시적 준거법합의는 명확히 인정되는 것에 한하여 인정해야 한다'는 제한이 후단 전반부에 함축되어 있다고 해석하여야 한다.

둘째, 의사해석을 정형화하여 의사해석을 용이하게 하는 지침이 후단 전반부에 함축되어 있다고 하기는 조심스럽다. 특히, 본계약의 준거법약정이나, 중재지나 중재기관의 합의로부터, '중재합의의 실질적 성립·유효성'에 대해서도 같은 법역의 법을 지정하는 묵시적 합의를 발견하기 조심스럽다.

대상판결은 실체관계 준거법약정 및 중재지, 중재규칙의 지정으로부터, 중재합의의 실질적 성립·유효성에 대한 묵시적 준거법합의를 발견했다. 이런 의사해석은 다분히 기계적인 느낌이 든다. 묵시적 준거법합의는 원래 신중히 인정해야 하며, 중재합의의 실질적 성립·유효성의 묵시적 준거법합의를 인정하는 일은 한층 더 신중해야 한다는 문제의식은 보이지 않는다. 외형상 중재합의가 본계약서의 한 조항으로 되어 있으면 중재합의의 독립성에 연연할 것이 아니라는 관점까지 드러나, 더욱 위험해 보인다.

대상판결은 선례로부터도 이탈했다. 대법원 2016. 3. 24. 선고 2012다84004 판결은 본계약의 준거법합의와 중재지, 중재기관 합의가 모두 같은 법역을 가리킴에도, 그 법역을 가리키는 후단 전반부의 묵시적 합의를 인정하기를 분명히 거절했다. 그런데 이런 신중한 태도는 대상판결에서는 전혀 보이지 않는다. 대상판결에서는 2016년 판결로부터 태도를 돌변하였다. 이는 매우 의문스럽다. 대법원 2016년 판결과 대상판결의 사안은 매우 비슷하다. 2016년 사안에서는 중재지와 중재기관의 합의가 사후적으로 행해진 차이가 있으나, 이 점은 오히려 중재지와 중재기관의 합의가 신중히 성립했음을 보여준다. 그래서 묵시적 합의 인정에 약간 보탬이 될 수 있는 요소이지, 방해되는 요소가 아니다. 그런데도 2016년 판결은 병행적인 묵시적 합의를 인정하기를 거절했다. 오히려 대상사안에서는 중재지와 중재기관의 합의가 사전적 합의였고, 그것도 약관에 의한 합의였으므로, 묵시적 합의를 인정하는 데 한층 신중했어야 했다. 그런데 거꾸로 묵시적 합의를 너무 쉽게 인정하고 말았다.

대상판결은 선례도 무시하고, 전혀 주저함이 없이 기계적, 경직적이고 획일적인 의사해석준칙을 만들어 내었다. 중재합의의 필수적 요소가 무엇인지, 중재합의의 본질은 다른 중재절차문제에 대한 합의와 얼마나 크게 다른지를 간과했다. 중재합의와 전속적 국제재판관할합의의 기능적 유사성도 간과했다. 중재합의의 독립성을 경시하기까지 했다. 당사자에게 '나는 후단 전반부의 묵시적 준거법합의를 하는 것이 아님을 분명히 해둔다'는 부인문구(disclaimer) 식의 의사표시를 하도록 부담지우는 이상한 결과가 되고 말았다.

대상판결은 '당사자의사의 존중'(합의에 유리하게, favor negotii)을 근거로 생각한 것 같기도 하다. 그러나 이 맥락에서 "favor negotii"를 내세우는 것은 잘못이다. 뉴욕협약 제5조 제1항 a호 후단 은 당사자의 준거법합의를 허용하고, 그것이 있으면 '중재지법 지정'에 우선시킬 뿐이다.

후단 전반부의 합의가 없으면 후반부에 의하여 중재지법(중재지의 중재저촉법)을 지정하면 된다. 그렇게 하도록 조약으로 정해 놓았다. a호 후단은, 준거법합의를 명시적으로 허용하는 점을 제외하면, 전속적 국제재판관할합의의 실질적 성립·유효성의 준거법 결정기준과도 비슷하다. 그러므로 a호 후단 후반부에 의하는 것을 아쉬워할 아무 이유가 없다. 여기에서 "favor negotii"를 내세우는 것은, 마치 후반부가 없는 듯이 '묵시적 준거법합의라도 인정하지 않으면 어떻게 하나' 염려하는 셈이다. 이런 염려에 빠져 전반부의 비중을 무단히 부풀려서는 곤란하다.

대상판결에서도 2016년 판결처럼 중재지법이 총괄지정된다고 판단했어야 한다. 그래서 중재지의 중재저촉법을 조사하기 위하여 사실심에 환송했어야 한다. 미국의 전환판결에 중재저촉법적 판단이 담겨 있고 그것이 정확하면, 환송심은 이를 참고할 수 있다. 이렇게 해결하는 것이, 무리하게 묵시적 준거법합의의 한계를 넓히는 것보다 법적 안정성에 더 도움될 수 있다.

### 6. 중재지법의 총괄지정(뉴욕협약 제5조 제1항 a호 후단 후반부)

#### 가. 문제제기 및 학설

뉴욕협약 제5조 제1항 a호 후단 후반부의 저촉규칙은 준거법을 사항규정지정하는가, 아니면 총괄지정(국제사법지정)하는가? 전자라면, 이 규정에 의해 준거법 결정이 끝난다. 후자라면, 지정된 법역(法域)이 어떤 법역의 법을 지정하는가에 따라 준거법이 확정된다.

이 논점을 본격적으로 검토하는 문헌은 찾기 어렵다. 대개는 별다른 문제의식 없이 사항규정지정임을 당연시한다.[89] 해외 판례에도 사항규정

---

89) Schack(2017), Rn. 1332; 석광현(2007b), 274면. Bermann(2015), para. 694도 사항규정지정으로 여기면서, 그렇기 때문에 후단 후반부가 적용되는 경우를 최소화해야 한다고 주장한다. 반덴버그도 사항규정지정 쪽으로 기우는 듯하다. 그는 후단 후반부도 "통일적 저촉규칙"을 채택한 것이라고 하는데[van den Berg(1981), pp. 277, 282, 291], 저촉법(국제사법) 통일조약이 통일성을 극대화하려면, 그 통일적 저촉규칙이 사항규정지정하는 것이어야 하기 때문이다.

지정으로 보는 것이 있다.[90)]

대상판결도 그렇듯이, 대법원은 뉴욕협약 제5조 제1항 a호 후단 후반부를 사항규정지정의 취지로 취급한다.[91)] 그러나 이론적 근거를 제시한 적이 없고, 중재지법 지정이 사항규정지정이냐 총괄지정이냐의 문제를 의식한 흔적도 없다. 문제의식 없이 일정한 태도가 반복되는 것이므로, 관행(법원실무)은 있지만 그것이 규범적 확신에 의해 뒷받침되는 것은 아니고, 이런 실무상 태도를 가리켜 판례라고 하기 곤란하다.

나. 학설 및 대상판결의 검토

뉴욕협약 제5조 제1항 a호 후단 후반부의 중재지법 지정은 총괄지정(국제사법지정)으로 해석해야 한다. 즉, 중재지의 중재저촉법이 '중재합의의 실질적 성립·유효성'의 준거법을 정하는 데 따라야 한다. 스위스 국제사법전 제178조 제2항은 당사자들이 선택한 법, 주계약을 비롯한 본안("쟁송물")의 준거법, 법정지법("스위스법")을 선택적(택일적)으로 지정한다. 중재지의 중재저촉법이 어떤 태도인지를 확인하여, 그에 따르면 된다.

중재지법의 지정은 총괄지정이므로, 중재지 국제사법(중재저촉법)이 어느 법을 지정하든 그에 따른다. 체약국법이든 아니든 불문한다. 또, 중재지 국제사법(중재저촉법)에 의한 타국법 지정이 총괄지정이든, 사항규정지정이든 그에 따라야 한다. 중재지에 따라서는 외국법 적용의 여지를 열어두지 않을 수도 있다. 그런 경우에는 중재지 실질법에 의해야 한다. 중재지법의 태도를 '그때그때의 법정지법을 지정'하는 숨은 저촉규정으로

---

90) Oberlandesgericht Hamburg, 1964년 10월 14일(BGH 1969년 3월 6일에서 상고기각): 피신청인은 중재합의가 사회경제적으로 지배적인 지위의 남용으로 무효여서 뉴욕협약 제5조 제1항 a호에 의하여 중재판정 승인집행 거절사유가 된다고 항변했다. 중재지 실체법이 이를 이유로 유효성을 문제삼지 않는다는 이유로 이 항변을 배척했다. van den Berg(1981), p. 288에서 재인용. Corte di Appello di Napoli (Salerno Section), 1978년 2월 13일, G.A. Pap. - G Holzgrosshandlung v. Giovanni G. Pecoraro: 중재합의 체결에 있어서 사기가 행해져 뉴욕협약 제5조 제1항 a호에 의하여 중재판정의 승인집행을 거절할지 문제되었다. 중재지 실체법 하에서 사기의 하자가 인정되는지 판단했다. van den Berg(1981), p. 288에서 재인용.

91) 대법원 2016. 3. 24. 선고 2012다84004 판결.

풀이하여 한국법으로의 직접반정(국제사법 제9조 제1항)을 이유로 한국법에 의해서는 안 된다. 그 이유는 다음과 같다. 일반적으로 반정(反定)을 이야기할 때에는 각국이 대등한 입장이고, 어느 나라가 본안재판을 하고 어느 나라가 승인집행할지가 열려 있다. 그러나 여기에서는 '당사자의 합의로 정한 중재지에서 판단하고 타국이 승인집행한다'는 일방적인 흐름만 있다. 그래서 승인국은 중재지에서 그곳의 중재저촉법에 따라 어떻게 판단했는지를 파악하여 그대로 따라야 한다. 그렇게 하기 위해 중재지법을 총괄지정하는(그렇게 뉴욕협약 제5조 제1항 a호 후단 후반부를 해석하는) 것이다.

중재지법 지정이 사항규정지정이라는 설과 총괄지정이라는 설이 갈리면, 승인국들 간의 통일성은 그만큼 저하될 것이다. 그러나 개별 사건에서 일부 승인국이라도 중재지법에 완벽하게 동조함으로써(이것은 중재지법의 총괄지정으로 가능) 얻어지는 득이 실보다 크다고 생각된다. 오히려 개별 사건별로 보면, 이 문제의 준거법 결정에 대한 국제적 판단일치가 더 제고될 것이다. 전 체약국이 총괄지정으로 해석하는 것이 최선이겠지만, 일부 체약국이 먼저 나서서 총괄지정으로 해석하는 과도기적 상황도 나쁠 것이 없다. 승인국들 간의 판단일치보다, 중재지국과 승인국 간의 판단일치가 더 중요하기 때문이다. 구체적으로 살피면 다음과 같다.

첫째, 중재합의의 실질적 성립·유효성은 중재인 스스로도 판단하게 되지만, 중재지 법원이 종종 개입한다. 중재합의가 방소항변으로 제출되었을 때, 중재에 불응하는 당사자에게 중재절차에 임할 것을 명할 때, 중재취소청구에 대하여 재판하거나 중재판정을 확인하거나 집행가능성을 인정할 때, 중재지 법원이 중재합의의 성립·유효성을 판단하게 된다. 중재지 법원이 적용하는 법은 자신의 중재저촉법(중재지국이 체결, 비준하거나 가입한 조약 포함)이다. 제5조 제1항 a호 후단 후반부를 총괄지정으로 해석하면, 중재지 외의 법역에서 판정의 승인집행을 판단할 때에도 중재지의 중재저촉법에 따르게 된다. 이로써 구체적 사안에서의 국제적 판단일치가 제고된다.

둘째, 많은 나라의 중재저촉법은 이 문제의 준거법으로 중재지법을 지정할 것이다.[92] 만약 중재지와 승인국의 중재저촉법이 모두 이 연결기준을 가지고 있다면, 결국 중재지 실질법에 항상 따르게 된다. 중재지법의 '총괄지정'도 이런 결과를 방해하지 않는다.

셋째, 중재지에 따라서는, 중재합의의 실질적 성립·유효성 문제를 비국가법으로서의 초국가법(탈국가법)(transnational law)에 맡기는 견해[93]가 우세할 수도 있다. 그런 경우에 적절히 적응할 수 있다. 제5조 제1항 a호 후단 후반부를 중재지법의 총괄지정(중재지의 중재저촉법의 지정)으로 해석하면, 중재지 중재저촉법이 초국가법을 지정하는 해결을 채택하더라도 어색하게 여길 것 없이 그에 따르면 된다.

넷째, 중재합의와 기능적으로 유사한 '전속적 국제재판관할합의'의 경우에, 그 합의의 실질적 성립·유효성의 준거법으로 합의법정지법을 총괄지정(국제사법지정)하는 것이 현대의 유력설 내지 통설이다. 즉, 합의법정지의 국제사법이 정하는 준거법에 따른다. 2005년 헤이그 관할합의협약[94] 제9조 a호도 승인국이 전속적 국제재판관할합의의 "무효" 여부를 판단할 때 합의법정지법에 따르도록 규정하는데, 이 지정취지가 총괄지정임을 공식 해설보고서가 분명히 밝히고 있다.[95] 2018년 국제사법 개정안도 이를 본받아, 아예 합의법정지법을 총괄지정함을 명시한다(제8조 제1항 제1호).

다섯째, 중재합의의 실질적 성립·유효성에 대하여 중재인이 명시적으로 판단한 경우, 승인국이 그 판단(이 논점에 대하여 판단한 부분)을 승인하는 것도 하나의 해결방법이 될 수 있다. 그만큼 승인집행거절사유를 축소하는 것이다. 실제로 중재합의와 비슷한 기능을 하는 전속적 국제재판관할합의의 실질적 성립·유효성 문제에 관하여, 2005년 헤이그 관할합

---

92) Schack(2017), Rn. 1332도 독일 중재저촉법을 그렇게 해석한다.

93) 이에 관해서는 우선 Fouchard/Gaillard/Goldman/Savage(1999), no. 420 참조.

94) Convention on Choice of Court Agreements. 2015. 10. 1. 발효. 현 체약국은 유럽연합과 그 전 회원국(다만 덴마크와 영연합왕국은 따로 비준), 싱가폴, 몬테네그로. 대한민국은 교섭에도 참여했으나, 서명, 비준은 안 함.

95) Hartley/Dogauchi(2007), para. 183의 fn. 219.

의협약은 이러한 규율을 입법적으로 채용하고 있다(제9조 a호 단서절). 뉴욕협약 사안에서도, 승인국의 국내법으로 그런 승인법리를 발달시켜 적용해도 된다. 제5조의 거절사유는 승인국이 거절사유로 삼을 "수 있"는("may") 것이지, 거절사유로 삼아야 하는 것이 아니기 때문이다.

### 7. 소결 및 대상판결의 검토

뉴욕협약 제5조 제1항 a호 후단 전반부의 당사자자치의 의사해석은 기본적으로 약정준거법에 맡겨지지만, 뉴욕협약이 스스로 한계와 의사해석기준을 정할 수 있다. 다음과 같은 기준이 후단 전반부에 내포되어 있다고 해석할 수 있다. 첫째, 묵시적 준거법합의는 명확히 인정되는 것에 한정한다. 둘째, 본계약의 준거법합의나, 중재지 또는 중재기관의 합의로부터, 중재합의의 실질적 성립·유효성의 준거법에 대한 묵시적 합의를 발견하는 규율이 후단에 들어 있다고 하기는 매우 곤란하다.

후단 후반부는 중재지의 중재저촉법을 지정하는 총괄지정(국제사법지정)으로 풀이해야 한다. 그래서 중재지의 중재저촉법이 어떻게 정하느냐에 따라야 한다. 그 법이 어느 나라의 법을 지정하든, 택일적 연결주의를 취하든, 초국가적 상인법을 지정하든, 초국가적 중재법질서를 따르게 하든, 그에 따라야 한다.[96] 그렇게 함으로써, 중재지 법원과 승인집행국 법원 간에 이 문제에 대한 국제적 판단일치를 완벽하게 달성할 수 있다. 이렇게 함으로써, 적어도 개별 중재사건에 관한 한, 중재지와 여러 승인국들 간에 국제적 판단일치가 고도화될 수 있다.

대상사안에서도 무리하게 묵시적 준거법합의를 발견할 것이 아니라, 중재지인 미국의 중재저촉법에 따라 '중재합의의 실질적 성립 · 유효성'의 준거법을 정했어야 한다. 미국 중재저촉법을 조사, 확인하기 위하여 파기환송했어야 한다.

---

96) 뉴욕협약 제5조 제1항 a호 후단 후반부의 총괄지정의 효력에는, 한국 국제사법 제9조 제1항과 같은 제한이 없다.

## Ⅴ. 중재합의의 구속력과 재판권 배제·부여효

### 1. 중재합의의 직접적, 완결적 규율

중재합의의 실질적 성립·유효성과, 중재합의의 효력으로서의 구속력 및 재판권 배제·부여효는 구별된다. 흔히 전자를 "중재합의"의 문제라 하나,[97] 이것은 편의상의 약칭에 불과하다.[98]

중재합의의 실질적 성립·유효성과, 구속력 및 재판권 배제·부여효는 본질이 다르다. 전자에서는 계약(실체관계)과 절차법의 요소가 비슷한 비중을 가진다. 그러나 후자는 절차법적 요소가 압도한다. 그래서 후자는 저촉법적 규율을 하지 않고 중재절차법이나 법원절차법이 스스로(즉 직접) 사항규정을 두어 규율하는 것이 보통이다. 설사 그것에 대하여 저촉규정을 두더라도, 그것이 지시하는 법규는 계약법적 성질을 가지지 않으므로, 전자와 함께 묶을 필요가 없다.

뉴욕협약도 양 문제를 본질상 차이에 맞게 따로 규율한다. 먼저, '중재합의의 실질적 성립·유효성'에 대해서는 저촉법적(간접적) 규율만 한다(제5조 제1항 a호 후단).[99]

다음으로, 국제중재합의의 '구속력'과 '재판권 배제·부여'의 효력에 대해서는, 뉴욕협약이 – 법률저촉법적으로가 아니라 – 직접적으로 규율한다.[100] 그 완결성이 높아, 국제적 강행법규의 개입 가능성 외에는, 법률저촉법적 규율의 여지는 없다. 즉, 제2조 제1항, 제2항의 방식요건을 갖

---

97) 그래서 뉴욕협약 제5조 제1항 a호 후단에 의하여 정해지는 '중재합의의 실질적 성립·유효성'의 준거법을 "중재합의의 준거법"이라고 부르기도 한다. 예: 本間靖規·中野俊一郎·酒井一(2012), 239면(中野俊一郎 집필부분).

98) 중재합의의 실질은 '중재합의의 실질적으로 유효한 성립'보다 넓은 개념이다. 예컨대 중재합의의 '해석'도 중재합의의 실질에 속한다. Schack(2017), Rn. 1333 참조.

99) 다만 Schack(2017), Rn. 1336은 '중재합의의 실질적 성립·유효성' 중에서도 "의사합치" 요건은 제2조 제1항, 제2항에서 – 방식 문제와 함께 – 남김없이 직접 규율한다고 해석한다.

100) 뉴욕협약이 '중재지 외의 체약국에서의 중재합의의 효력' 문제를 모두 다루는 것은 아니다. 중재합의를 이유로 내려진 제소금지명령의 승인은 아마도 뉴욕협약의 규율사항이 아닐 것이다.

추었고 제2조 제3항이나 제5조의 예외사유가 없는 중재합의는, 중재합의의 당사자를 구속하고(일방적 임의철회 불가), '중재지 외의 체약국' 법원은 자신의 재판권이 배제됨을 인정하고 중재판정부의 재판권을 인정해야 한다.[101] 다만 중재합의의 효력에도 예외는 있다. 중재합의의 승인집행 단계에서는 제2조 제3항이–'실질적 성립·유효성' 문제와 함께–직접 규정한다. 중재판정의 승인집행 단계에서는 공서위반의 예외(제5조 제2항 b호)가 있다.

### 2. 대상판결의 검토

대상판결은 중재합의의 구속력(일방적 철회가능성)도 중재합의의 실질적 성립·유효성의 준거법에 의할 사항이라고 설시했다. 즉, 뉴욕협약 제5조 제1항 a호 후단이 중재합의의 효력 준거법을 정하며, 어느 나라의 법이 그 준거법이 되는지에 따라 이런 철회자유가 인정될 수도 있는 것처럼 설시했다. 이런 설시는 대법원에서 반복되고 있다.[102]

대법원의 착오는 다음 둘 중 하나이거나, 둘 다일 수 있다.

첫째, 대법원은 뉴욕협약 제5조 제1항 a호 후단이 "중재합의"의 준거법을 정한다고 문헌에서 표현하는 것을 보고, 문자에 얽매인 나머지, 이것이 '중재합의의 실질적 성립·유효성' 외에 중재합의의 '효력'까지도 규율한다고 착각했을 수 있다. 즉, 중재합의의 '실질적으로 유효한 성립'(제5조 제1항 a호 후단)과 '효력' 문제를 혼동한 것이다.

둘째, 대법원은 피고(중재에서는 피신청인)가 중재합의의 철회자유를 주장하는 것을 보고, '중재합의의 효력준거법이 어떻게 정해지느냐에 따라 철회자유가 인정될지도 모르고, 마침 뉴욕협약 제5조 제1항 a호 후단의 저촉규정이 있으니 그에 따라 준거법을 정하자'고 생각한 것 같기도 하다. 그러나 이것은 변명이 되지 않는다. 오히려 중재합의의 효력 문제가 뉴욕협약 내에서 완결적으로 규율되고 저촉법적으로 규율되는 일이 없음을 분명히 했어야 한다.

---

101) 중재인과 중재지 법원에 대한 구속력은 뉴욕협약이 규율하지 않는다.
102) 대법원 1990. 4. 10. 선고 89다카20252 판결(GKN/국제상사).

## Ⅵ. 중재지 법원의 전환판결의 취급

### 1. 문제제기

국내적 중재판정의 승인집행의 요건을 외국중재판정의 그것보다 관대하게 정하는 경향이 있다. 영미법계를 비롯하여, 중재지 법원이 내국중재판정을 판결로 전환(convert)시키는 입법례가 많다. 이런 법제에서는, 중재지 법원의 집행가능선언이 있으면 그 국가에서는 중재판정상의 채권이 판결채권으로 바뀐다. 즉, 내국 중재판정은 판결(전환판결)의 내용으로 흡수(merge)된다.[103] 미국에서도 그렇다. 미국을 중재지로 하는 중재판정 선고 후 1년 내에 관할 연방법원에 신청하여 확인명령(order of confirmation)을 받을 수 있고, 그 후에는 중재지 내에서는 이것이 집행권원이 된다.

중재지 법원이 전환판결을 내렸을 때, 한국에서 승인집행 대상이 되는 것은 중재판정인가, 아니면 중재판정을 흡수한 판결인가, 혹은 둘 다인가? 전환판결이(그것도 또는 그것만이) 승인집행대상이 된다면, 그 경우 승인집행의 요건은 '외국중재판정 승인집행법'과 '외국판결 승인집행법' 중 어느 쪽에서 찾아야 하는가? 이 두 문제는 국제적 통일법인 뉴욕협약의 해석상으로도 문제되고, 그 비체약국의 중재판정 승인집행을 위한 자율법(순수 국내법) 해석론[104]으로도 문제된다.

### 2. 국내외의 학설과 판례

승인집행의 대상과 요건의 문제를 묶어 논의하는 경향이 있다. 즉, 중재판정을 뉴욕협약에 따라 승인집행하느냐, 중재지 판결을 (승인국의) 외국판결 승인집행법에 따라 승인집행하느냐를 따진다.

통설은 중재지 법원의 전환판결이 있더라도 중재판정만이 타국에서

---

103) 영국의 1950년 중재법(Arbitration Act) 제26조 등.

104) 목영준 · 최승재(2018), 298면은 한국의 입법자가 '외국' 중재판정의 승인집행을 조약으로만 하기로 결단한 것처럼 서술하는 것은 오기로 보인다. 한국 중재법은 국내법(자율법)에 의한 승인집행도 규정한다(중재법 제39조 제2항: 외국판결 승인집행법 준용).

승인집행대상이 되고, 전환판결은 승인집행될 수 없다고 한다.[105] 그 논거는 다음과 같다. 첫째, 중재지 법원의 전환판결(집행판결)의 흡수(merger)효는 중재지에서만 효력을 가질 뿐,[106] 역외효를 가지지 않으므로,[107] 전환판결이 타국에서 승인집행되는 것은 논리적으로 불가능하다. 둘째, 뉴욕협약 제5조 제1항 e호가 중재지 법원에서 중재판정의 구속력이 부정되지 않을 것을 외국중재판정 승인집행의 요건으로 요구하는데, 이는 중재지 법원이 집행가능선언이나 확인재판(판결, 결정, 명령 등의 형식 불문)을 내린 후에도 중재판정이 뉴욕협약에 의하여 승인집행될 수 있음을 보여준다. 셋째, 뉴욕협약이 중재판정의 집행 촉진을 목적으로 하므로, 뉴욕협약은 전환판결 후에는 이 협약에 의한 중재판정 승인집행이 불가능하다는 입장에 섰을 리가 없다.[108]

반대설로, 중재판정은 타국에서 승인집행될 수 없고, 전환판결이 승인집행될 수 있을 뿐이라는 견해도 있다. 중재지 법원의 전환판결의 흡수효는 역외적 효력도 가짐을 근거로 든다.[109]

절충적 견해로, 전환판결에 불구하고 중재판정이 승인집행될 수 있음을 받아들이면서도, 뉴욕협약에 의해 중재판정을 승인집행을 구하는 대신, 승인국의 외국판결 승인집행법에 따라 중재지의 전환판결의 승인집행을 구할 수 있다는 견해도 있다. 즉, 당사자는 중재판정의 승인집행을 구할지, 중재지 판결의 승인집행을 구할지 선택할 수 있는 선택권을 가진

---

105) Martin Domke, The Law and Practice of Commercial Arbitration (Mundelein: Callaghan, 1968-1979), Sec. 39.03; E. Minoli, "L'esecuzione delle sentenze arbitrali stranieri in Italia", 12 Rassegna dell'Arbitrato (1972), p. 77; Peter Schlosser & Jörg Pirrung, Das Recht der internationalen privaten Schiedsgerichtsbarkeit (Tübingen: Mohr, 1975), no. 782; George R. Delaume, Transnational Contracts: Applicable Law and Settlement of Disputes (Dobbs Ferry: Oceana 1978-1980), Sec. 13.15; OGH Hamburg 1978년 7월 27일[이상은 van den Berg(1981), p. 347에서 재인용]; van den Berg(1981), ibid.

106) OGH Hamburg 1978년 7월 27일[van den Berg(1981), p. 347에서 재인용].

107) van den Berg(1981), p. 347.

108) OGH Hamburg 1978년 7월 27일[van den Berg(1981), p. 347에서 재인용].

109) J. Robert, Arbitrage civil et commercial (Paris: Recueil Sirey, 1967), no. 459[van den Berg(1981), p. 347의 주 313에서 재인용].

다는 견해이다.[110]

### 3. 학설의 검토

중재지의 전환판결이 있더라도 중재판정은 여전히 뉴욕협약에 의하여 승인집행될 수 있음은 명백하다. 이는 외국판결이나 외국중재판정의 승인집행 요건의 구비 여부는 항상 승인국이 스스로 심사한다는 '이중집행가능선언 불가원칙'(L'exequatur sur l'exequatur ne vaut)[111]의 논리적 귀결이다. 즉, 승인국이 중재지 법원의 판결에 종속될 아무런 이유가 없다. 또, 함부르크 고등법원이 지적하듯이, 제5조 제1항 e호는 전환판결 후에도 중재판정이 뉴욕협약에 의한 승인집행 대상임을 전제하고 있다. 뉴욕협약이 여기에서 이중집행가능선언 불가칙에 대한 예외를 두어 승인국의 사법주권(司法主權)을 중대하게 제약한다고 해석할 근거가 없다.

그렇지만 승인국이 '뉴욕협약에 의하여 중재판정을 승인집행시킬 당사자와 타 체약국의 권리'를 해치지 않으면서,[112] 국내법(외국판결 승인집행법)으로 중재지의 전환판결을 승인집행하는 것은 자유이다. 뉴욕협약은

---

110) *Island Territory of Curacao v. Solitron Devices, Inc.*, 356 F.Supp. 1 (S.D.N.Y. 1973); 489 F.2d 83 (2d Cir. 1973)(같은 사건의 2심), cert. denied, 416 S.Ct. 986 (1974); Bermann(2015), para. 736. 국내에도 이에 가까운 견해가 있다. 장문철(1997)은 전환판결이 내려진 후에도, 외국중재판정의 승인집행요건을 뉴욕협약에 따라 검토한다(657-668면). 한편, 중재판정이 전환판결에 흡수된 것을 승인집행하려면 외국판결 승인집행법의 요건을 심사해야 한다고 서술한다(674면). 이 문헌이 정확히 어떤 입장인지는 분명하지 않다. 중재판정이 전환판결에 흡수된 것을 승인집행하기 위해서는 뉴욕협약과 외국판결 승인집행법상의 승인집행요건이 모두 충족되어야 한다는 견해로 풀이될 여지도 있다. 또, 중재판정을 뉴욕협약에 의하여 승인집행하든, 그것이 전환판결에 흡수된 것을 판결로서 외국판결 승인집행법에 따라 승인집행하든 상관없고, 당사자 내지 법원이 선택할 수 있게 하는 견해로 이해될 여지도 있다.

111) Schack(2017), Rn. 1444 참조. 장준혁(2020), 274면과 영문초록에서 "exequatur"의 철자를 오기한 것을 수정한다.

112) Schack(2017), Rn. 1444는 외국판결 승인집행법에 따라 전환판결을 승인집행하는 것을 불허하는 근거로, 이중집행가능선언 불가원칙과 함께 이 점을 든다. 그래서 외국중재판정의 승인과 외국판결의 승인을 엄격히 분리하고, 중재판정의 내용이 전환판결로 흡수된 부분을 판결로서 승인집행하는 것은 철저히 불허할 것을 주장한다.

국내법에 의한 승인집행에 영향을 미치지 않기 때문이다(제7조 제1항). 승인국이 자발적으로 국내법으로 마련한 승인집행법제가 전환판결 승인집행이라는 응용형태라 하여 달리 취급할 이유는 없다. 그러나 뉴욕협약에 의하여 중재판정이 승인집행되는 결론이 뒤집어지면 안 된다. 한편, 뉴욕협약보다 승인집행에 유리하게 규율하는 것은 상관없지만(제7조 제1항), 뉴욕협약의 규율결과가 사실상 뒤집히는 만큼 법적 안정성이 저해되는 부작용이 따른다. 국내법이 이를 감수하고 승인집행에 유리하게 규율하려는 취지일 때에만 그렇게 해석해야 한다. 결국, 유리의 원칙(제7조 제1항)이 개입하여 전환판결을 승인집행하는 경우에도, 승인집행요건은 뉴욕협약의 승인집행 요건(소극적 요건인 거절사유 포함)과 대체로 일치시키는 해석이 무난하다.[113] 승인국의 외국판결 승인집행법 내에서 '전환판결의 승인집행요건'에 대한 법률흠결을 확인하고, 뉴욕협약의 승인집행요건 규정(제2조, 제4조~제6조)을 유추적용하면 된다. 준용규정을 둘 수도 있다.

그런데 승인국법을 그렇게 해석 또는 입법할 실익이 있는지는 별문제이다. 일부 국가에서는 그렇게 할 뚜렷한 실익이 있다.

첫째, 외국에서 내려진 중재판정과 판결에 대하여 선고일로부터 단기간(가령 1~3년)의 집행기한을 정하고 이를 고수하는 국가(주로 영미법계, 중화인민공화국도 같다)가 있다. 그런 국가들은, 고식적인 집행기한 제도를 피하는 유용한 방법으로, 중재판정 대신 전환판결을 집행하면 되기 때문이다. 그래서 그런 나라에서는 이중집행가능선언 불가원칙에 대한 예외를 만들어, 전환판결의 승인집행도 허용하는 시도를 할 만하다. 맞춤형 예외라 할 수 있다. 그러나 한국법은 그런 집행기한을 알지 못한다. 그러므로 이 점에서도 '전환판결도 승인집행될 수 있다'고 할 실익이 없다.

---

113) 영미법계의 학설을 보면, 외국중재판정의 집행기한을 극복하기 위하여 '외국(중재지) 전환판결을 외국판결로서 승인집행'하는 방법을 따를 때 '승인집행의 요건'을 어떻게 할지 논의하는 예를 찾기 어렵다. 이것은 이해 못할 바는 아니다. 먼저, 판결의 승인집행요건이 뉴욕협약보다 덜 엄격한 것은 상관없다(뉴욕협약 제7조 제1항). 다음으로, 판결의 승인집행요건이 더 엄격한 경우에도, 집행국법이 정하는 '외국중재판정의 집행기한'이 이미 도과한 경우에는, 보다 엄격한 요건 하에서라도 판결을 승인집행하는 편이, '승인집행에 더 유리'하다(제7조 제1항).

둘째, 한국이나 미국처럼 뉴욕협약을 승인국법상 "상사(商事)"로 인정되는 사건에만 적용한다는 선언을 한 국가가 승인국인 경우에도, '전환판결도 승인집행될 수 있다'고 할 실익이 있다. 그런 나라에서는 비상사(非商事) 사안의 중재판정은 뉴욕협약으로 승인집행될 수 없다. 국내법에 의해서는 승인집행될 수 있지만, 그런 법제가 없다면(미국 연방법이 그렇다), '중재지에서 이루어진 분쟁해결'을 승인집행하는 유일한 방법은 전환판결의 승인집행이다. 그래서 미국에서는 전환판결도 승인집행대상이 된다고 할 또 하나의 이유가 있다.[114] 그러나 한국 중재법(제39조 제2항)은 뉴욕협약이 적용되지 않는 외국중재판정의 승인집행에 대하여 외국판결 승인집행법을 준용하므로,[115] 이런 실익도 없다.

셋째, 미국에서는 연방의회의 입법권을 남김없이 행사하기를 당연시하지 않는다. 오히려, '큰 정부를 경계해야 한다는 요청'과 주의 권력과의 균형을 존중하여, 연방의회의 입법권은 드물게 행사된다. 이것이 미국에서 말하는 "연방주의(federalism)"이다. 그래서 '순수한 국내법으로 외국중재판정을 승인집행하는 연방법제'는 없고, 그런 입법의 추진력도 약하다.[116] 연방의회가 입법하려 하더라도, 연방정부의 과도한 확대를 경계하는 주(州)들과 시민들의 반발을 불러와, 입법이 쉽지 않을 것이다. 연방

114) *Island Territory of Curacao v. Solitron Devices, Inc.*, 356 F.Supp. 1 (S.D.N.Y. 1973): 이 사건 정부계약은 미국법상 "상사"에 해당하지만, 설사 그렇지 않아 뉴욕협약에 의하여 외국(네덜란드 안틸레스)중재판정이 승인집행될 수 없더라도, 승인국(여기에서는 뉴욕주-연방법원도 소재지 주의 외국판결 승인집행법을 적용한다)의 외국판결 승인집행법에 의하여 중재지의 전환판결을 승인집행할 수 있다.

115) 중재법 제39조 제2항의 준용규정에는 민사소송법 제217조의2와 민사집행법 제26조 제2항의 언급이 빠져 있는데, 이 규정들을 준용하지 않을 아무 이유가 없다. 그러므로 이 규정들도 유추적용된다고 해석해야 한다.

116) 외국중재판정의 승인집행에 관해서는 뉴욕협약과 미주간협약의 2개 조약이 있고 미국이 양 협약의 체약국이다. 또, "상사" 외의 사안의 국제적 중재판정의 승인집행에 관해서는 미국이 주도하여 ICSID조약(Convention on the Settlement of Investment Disputes betwen States and Nationals of Other States)을 비롯한 다른 조약들을 만들었다. 그래서 '조약관계 없는 외국의 중재판정을 승인집행'하는 국내입법의 필요가 별로 절실하지 않다. 그래서인지, 연방 중재법에 '순수한 국내법으로 외국중재판정을 승인집행'하는 조문을 신설하려는 움직임은 잘 눈에 띄지 않는다.

정부가 조약을 교섭, 체결하는 일도 마찬가지로 경계심을 불러일으킨다. 그래서 일반적인 민상사 분야에서 외국판결 승인집행법제를 연방입법으로든, 국제조약으로든 갖추는 데 대하여 저항이 크다.[117] 이런 분위기 하에서, 뉴욕협약이 '주법에 의한 외국(중재지)의 전환판결 승인집행'을 배제한다는 해석은 반발을 불러올 수 있다. 그런데 중재지 법원의 전환판결을 주법에 따라 승인집행하는 데 대하여 뉴욕협약이 전혀 방해하지 않는다고 해석하면,[118] 그만큼 연방법 비대화(미국 기준으로)에 대한 반발을 피하는 데 큰 도움이 될 수 있다. 뉴욕협약을 상사사건에만 적용한다는 선언을 한 미국에서, 경계선상의 사안을 "상사"에 속한다고 해석하는 데 힘을 쏟더라도,[119] 괜스레 '거대한 연방법'에 대한 경계심을 불러일으킬 뿐 별로 환영받지도 못할 것이다. 주법에 의하여 전환판결을 승인집행할 수 있으면, 법원으로서는 아예 뉴욕협약에 의한 중재판정 승인집행의 판단을 생략할 실익도 느낄 수 있다.[120]

한편, 중재판정의 내용을 흡수한 중재지의 전환판결을 독립적으로(즉 판결로서) 승인집행대상으로 삼음으로써 괜스레 문제가 생기기도 한다. 예를 들어, 외국을 중재지로 합의한 중재합의의 체결과정에서 사기, 중대한 착오 등이 있었고, 피신청인이 중재인과 중재지 법원에서 이를 다투었지만 모두 배척되었다 하자. 그런데 한국 법원이 뉴욕협약 제5조

117) 헤이그국제사법회의에서 2005년 관할합의협약(Convention on Choice of Court Agreements)과 2019년 외국판결 승인집행협약(민상사의 외국판결 승인집행에 관한 협약, Convention on the Recognition and Enforcement of Foreign Judgments in Civil and Commercial Matters)이 타결되기까지 난항을 겪은 데에는, 미국 실무계의 무관심과 반발도 중요하게 작용했다. 또, 미국은 2005년 관할합의협약에 서명만 한 상태로, 비준이 미루어지고 있다.

118) 그렇게 해석한 선도적 판례로 *Island Territory of Curacao v. Solitron Devices, Inc.*, 489 F.2d 1313 (2d Cir. 1973), cert. denied, 416 S.Ct. 986 (1974).

119) Island Territory of Curacao 사건의 1심에서는 그렇게 하였다(해당 계약이 정부계약이지만 상사에 속한다고 판단). *Island Territory of Curacao v. Solitron Devices, Inc.*, 356 F.Supp. 1, 13 (S.D.N.Y. 1973).

120) 예컨대 Island Territory of Curacao 사건의 2심에서 그렇게 하였다. *Island Territory of Curacao v. Solitron Devices, Inc.*, 489 F.2d 1313, 1323 (2d Cir. 1973), cert. denied, 416 S.Ct. 986 (1974).

제1항 a호 후단에 의하여 심사한 결과, '중재합의의 실질적 성립·유효성'이 부정된다 하자. 그렇다면 이 사건 중재판정은 승인집행될 수 없다. 그런데 여기에서, '중재합의가 무효라도 중재판정에 대하여 재판할 중재지 법원의 국제재판관할은 영향받지 않는가'라는 문제가 제기된다. 영향 없다고 해석하면, 중재지 법원의 전환판결이 승인집행되기 위한 간접관할의 관문을 쉽게 통과하게 된다. 그래서 중재합의가 무효여서 중재판정부의 재판권이 부정되어 중재판정이 승인집행되지 못하는 것과 균형이 깨어진다. 한편, 중재합의의 무효가 중재지 법원의 국제재판관할에 영향을 미친다고 해석하더라도, 중재지에 다른 간접관할사유가 인정되는 한, 전환판결을 일반적인 민상사의 이행판결과 마찬가지로 취급해야 하지 않느냐 라는 문제가 제기된다. 전환판결은 '중재판정에 대한 집행가능선언'이지만, 이것은 기능적으로는 '중재판정을 소송원인으로 하는 본안에 관한 이행판결'와 대등하므로, 후자처럼 취급하여 피고상거소지, 계약사건이면 의무이행지 등에 간접관할을 인정하여 승인집행해야 하지 않느냐 라는 것이다. 그런데 이런 처리는 중재지에서 전환판결을 청구받은 피고의 절차적 권리를 위협한다. 그래서 결국 '중재합의의 무효가 중재지 법원의 국제재판관할에 미치는 영향'에 대해 어떻게 해석하든, 절차적 공서위반(민사소송법 제217조 제1항 제3호)을 이유로 전환판결의 승인집행을 거절해야 할 것으로 생각된다. 결국 전환판결을 승인집행하는 방법도 있다고 함으로써, 전환판결을 얻은 원고에게 실익 없이 헛된 희망을 심어 주고, 요행으로(한국법원의 간접관할, 절차적 공서위반 등의 판단이 어긋날 경우) 승인집행에 성공할 기회만 제공하게 된다.

결국, 전환판결로 중재판정을 흡수한 부분은 승인집행될 수 없다고 해야 할 것 같다. 한국법원은 이중집행가능선언 불가원칙에 충실하는 것으로 충분하다. 법은 필요한 한도로 최소화하여 명확성을 제고하는 것이 좋다. 불필요하게 법을 늘리거나 복잡하게 만들 필요가 없다. 승인집행의 대상은 항상 중재판정이며, 승인집행의 요건과 절차는 항상 중재판정 승인집행절차에 따라야 한다고 해석하면 된다. 외국 중재지에서는 그곳 법원이 내린 전환판결에 의하여 '중재판정이 판결로 흡수'되었더라도 상관할 필요가 없다. 아예 상관하지 말아야 한다고 해석함이 좋다. 중재판정으로 확정한 권리의 소멸시효기간을 전환판결로써 중단시키는 부분도 중재판정의 효력의 일부라고 하는 것으로 충분하다.[121)]

구체적으로는, 전환판결에 대한 집행판결 청구소송은 소의 이익이 없다고 해야 한다. 원고가 청구취지를 '중재판정에 대한 집행판결 청구'로 변경하지 않는 한, 소는 각하되어야 한다. 혹여 외국중재판정 승인집행제도에 무지한 채 소박하게 외국판결 승인집행제도만 믿은 원고를 배려하여, 원고의 시간과 비용(인지대 등)을 아껴주는 차원에서, '뉴욕협약과 동일한 요건하에 전환판결의 승인집행을 구할 권리'를 인정하는 것이 좋은가? 굳이 그럴 필요는 없을 것이다. 그렇게 해석하면, 위와 같은 폐해를 낳을 것이다.

중재판정의 주문에는 없고 전환판결의 주문에만 포함된 판단은 어떻게 취급할 것인가? 대상을 나누어야 한다.

첫째, 중재판정으로 이행을 명한 이자채권이나 지연이자채권이 선고 후 구체화된 부분은, 중재판정의 일부이다. 전환판결이 그 부분의 이행판결을 내렸더라도, 판결로서의 그 승인집행은 중재합의와 상충되어 불가하다.[122)] 전환판결은 중재판정 선고 후 전환판결 선고시(또는 변론주의의 제한에 따라 변론종결시)까지 판정채권의 이행이 없었음을 '확인'하는 의미만을 가진다.[123)]

둘째, 전환판결 고유의 내용을 이루는 부분도 있다. 전환재판절차의 비용상환명령이 그 예이다. 이것은 전환재판을 함으로써 비로소 생겼다.

---

121) 만약 한국에서도 본 평석자가 지금 간취하지 못한 실익이 발견된다면 어떻게 할 것인가? 그때에는 주저 없이, '중재판정이 전환판결에 흡수된' 부분이 중재판정으로서만이 아니라 판결로서도 승인집행될 수 있게 해야 할 것이다.

122) Schack(2017), Rn. 1446.

123) 그 한도에서만 판결로 승인될 여지가 있다. 그러나 간접관할은 따로 갖추어야 한다. 중재합의만으로는 중재지법원의 간접관할이 인정되지 않는다. 그런데 Schack(2017), Rn. 1446은, 그 판결부분을 승인집행하는 것도 중재합의와 충돌하여, 중재지 법원의 간접관할이 인정될 수 없다고 주장한다.

그러므로 중재판정의 일부를 이룰 수 없고, 중재판정에 부수하여 함께 승인집행될 수도 없다. 전환판결의 이 부분은 민사소송법 제217조, 제217조의2, 민사집행법 제27조, 제28조에 따라 승인집행된다.[124)]

전환판결 고유의 판단부분을 승인집행할 때에는 간접관할도 판단해야 한다. 어느 나라든, 그 나라에서의 내외국 중재판정의 승인집행에 대하여 전속적 국제재판관할을 가진다고 해야 한다.[125)] 이것은 중재저촉법에 특유한 규율도, 중재친화적 해석론도 아니다. 단지 영토적 사법권의 속지적 독점에서 도출되는 논리적 귀결일 뿐이다. 그러나 그 외의 승인요건은 특별히 완화되지 않는다. 송달의 적법성과 적시성(民訴 제217조 제1항 제2호), 공서양속(제3호), 상호보증(제4호)은 전환판결 자체만을 놓고 일반원칙에 따라 판단해야 한다. 상호보증은 종종 결정적인 장벽이 될 것이다. 판결국이 뉴욕협약 체약국이라는 이유만으로, '판결'의 승인집행에 관해서도 상호보증이 생기는 것은 아니다.

### 4. 소 결

중재지 법원이 중재판정을 흡수하는 전환판결을 내렸더라도, 타국에서의 승인집행의 대상은 중재판정이고 승인집행의 준거법은 외국중재판

---

124) 중재법의 2016. 5. 29. 개정 전에는 중재판정의 집행가능선언도 판결로 하도록 했으므로, 전환판결 고유의 채권의 집행청구소송을 중재판정 집행청구소송과 병합하는 데 문제가 없었다. 그러나 2016. 5. 29.에 중재판정의 집행가능선언은 결정으로 하도록 개정되어, 판결절차와 결정절차를 병합하기 어렵다는 문제에 부딪치게 되었다. 집행가능선언의 형식을 집행"결정"으로 전환하는 데 관한 학설 및 입법론적 검토에 관해서는 석광현(2010), 151-193면, 162-178면.

125) 그러나 *Island Territory of Curacao v. Solitron Devices, Inc.*, 356 F.Supp. 1 (S.D.N.Y. 1973), p. 10은 판결국이 중재지라는 것만으로 국제재판관할을 인정하는 대신, 그곳을 중재지로 하는 중재합의의 존재(그 실질적 유효성은 더 이상 다툴 수 없다고 보았음), 그곳의 법을 본안준거법으로 삼는 준거법합의, 그곳을 주소지로 간주하고 그곳에 송달수령인도 두기로 하면서 이 부분의 합의는 취소불가능하다고 하는 합의를 종합하여, 중재합의의 당사자들이 그곳의 법원의 국제재판관할에 복종하기로 합의했다고 인정했다(New York Civil Practice Law and Rules [CPLR] § 5305(a)(3)이 규정하는 합의관할 인정). 또, 판결국에 주소와 송달수령인을 취소불가능한 형태로 둔다는 합의만 언급하면서, 이것이 국제재판관할합의의 의미를 가진다고 설시하기도 했다(p. 5).

정 승인집행법이어야 함이 엄연한 원칙이다. 이중집행가능선언 불가원칙이 이런 규율을 요구한다. 전환판결에 의하여 판정채권의 소멸시효가 중단되고, 그 사이 이자·지연이자가 추가되더라도, 승인집행의 대상은 여전히 중재판정이고, 승인집행의 준거법도 외국중재판정 승인집행법이어야 한다. 판정채권의 시효소멸을 막기 위하여 중재지나 제3국에서 다시 이행판결을 받은 경우에도 같다.

한편, 외국판결 승인집행법에 따라 전환판결을 승인집행하는 방법으로, 뉴욕협약보다 유리하게 승인집행하는 결과에 이르는 것은 허용된다(제7조 제1항). 그런데 법적 안정성을 다소 허물면서 이런 예외를 인정할 실익이 있는지가 관건이다. 승인국법이 외국중재판정에 대한 집행가능선언에 대하여 단기의 기한을 정하고 있다면, 그 가혹함을 피할 필요가 있다. 그 한도에서는 '전환판결 선고일 내지 확정일로부터 기산한 집행가능선언 기한'은 준수되었다 라고 할 실익이 있다. 그래서 전환판결도 승인집행의 대상으로 삼을 수 있게 할 이유가 있다. 그러나 법적 안정성을 고려하여, 예외는 최소한에 머무르게 해야 한다. 한국법에는 집행가능선언에 대한 단기의 기한이 없으므로, 한국에서는 이 예외는 필요 없다.

전환재판절차의 소송비용 상환명령처럼, 전환판결 고유의 부분도 있다. 이것은 판결로서 민사소송법 제217조, 제217조의2에 따라 승인집행해야 한다.

### 5. 대상판결의 검토

중재판정의 내용을 이루는 부분의 승인집행요건에 관해서는, 대상판결은 '뉴욕협약'에 의하여 '중재판정'에 대하여 집행가능선언을 했다. 이 사건 중재판정에 대하여 중재지 법원이 전환판결을 내렸음에도, 전환판결만이 승인집행의 대상이라고 하지 않았다. 이것은 타당하다.

한편, 중재판정만이 아니라 중재판정이 전환판결에 흡수된 부분이 판결로서도 승인집행될 수 있는지, 이 경우 승인집행의 준거법은 무엇인지의 문제는 제기되지 않았다. 이 부분에 대해서는 원고가 외국판결로서 집행판결을 청구하지 않았기 때문이다.

한편, 대상판결은 전환재판절차에서 독립적으로 발생한 채무인 소송비용 상환명령을 민사소송법 제217조에 의하여 승인집행한다고 밝혔다. 그러나 민사소송법 제217조, 제217조의2 소정의 승인요건을 엄격히 검토한 흔적은 보이지 않는다. 특히 송달의 적법성은 까다로운 문제일 수 있는데, 전혀 언급이 없다.

## Ⅶ. 결 론

대상판결에 대한 평가를 종합하면 아래와 같다.

첫째, 대상사안에서는 한국 약관규제법이 중재합의가 담긴 약관의 제시·설명의무와 그 위반시의 편입통제가 뉴욕협약의 어느 부분에 의하여 어떻게 다루어지는지 분명히 할 기회가 있었다. 이것이 방식법규이고, 뉴욕협약은 방식에 관한 한 국제적 강행법규의 개입 여지도 남기지 않음을 분명히 설시했어야 한다. 그러나 원심과 대법원은 이렇게 설시할 기회를 놓쳤다. 한국 약관규제법이 요구하는 제시·설명 내지 설명이 없었음에도 중재합의의 유효한 성립에 아무런 영향이 없는 것으로 처리하기는 했다. 그러나 논거의 적절한 설시가 없었다.

둘째, 대상판결은 '중재합의에 관한 임의대리 및 표현적 임의대리' 문제를 적절히 다루지 못했다. 이것은 뉴욕협약 제5조 제1항 a호의 "무능력"에 속한다. 이 조문에 의해 비로소, 뉴욕협약이 적용되는 중재판정의 승인집행 거절사유가 된다. 그리고 이 조문에 의해 비로소, 승인국(법정지) 국제사법에 따르게 된다. 그런데 원심판결과 대상판결은 이 세 가지 점의 판단을 누락하고, 다음과 같이 설시하는 잘못에 빠졌다. 첫째, 뉴욕협약이 적용되는 중재판정의 승인집행 사안에서 왜 '중재합의에 관한 임의대리 및 표현대리'의 불성립이 거절사유가 되는지 근거를 들지 않았다. 그래서 뉴욕협약이 판정 승인집행 거절사유를 한정적으로 열거한다는 점을 중요하게 다루지 않은 흠이 있다. 둘째, '본계약에 대한 임의대리와 표현적 임의대리'의 성부를 불필요하게 재심사했다. 이는 실질재심사 금지원칙으로부터의 불필요한 이탈이다. 셋째, '본계약에 대한 임의대리 내지 표현적 임의대리'가 성립하면, '외형상 본계약서 내에 기재된 중재합의'에 대한 임의대리 내지 표현적 임의대리도 법률상 당연히 성립하는 것처럼 설시했다. 이는 중재합의의 독립성(분리원칙)을 함부로 가볍게 무시한 것이다.

셋째, 대상판결이 중재합의의 실질적 성립·유효성의 준거법을 정하는 합의(뉴욕협약 제5조 제1항 a호 후단 전반부)를 묵시적으로 할 수도 있다고 설시한 것은 타당하다. 그러나 준거법합의가 없으면 중재지법에 의하면 되므로, 무리하게 묵시적 합의를 찾으려 할 필요가 없고, 묵시적 당사자의사는 제반 사정으로부터 분명히 인정되는 것에 한정해야 한다. 그런데 대상판결은 묵시적 합의의 한계를 밝히지 않았을 뿐 아니라, 무리하고 경직적인 의사해석준칙을 채용했다. 즉, 본계약 준거법약정과 중재지 및 중재기관의 약정이 동일한 법역을 가리킴을 이유로, '중재합의의 실질적 성립·유효성'의 준거법으로도 같은 법을 지정하는 묵시적 준거법약정을 인정했다. 이는 중재합의의 독립성(분리원칙)을 허문 것이며, 실체관계, 중재절차, 중재합의의 실질적으로 유효한 성립의 문제들의 이질성을 간과한 것이다. 대상판결보다 2년 앞서 대법원 2016. 3. 24. 선고 2012다84004 판결은 이런 기계적, 경직적 의사해석을 거절했는데, 대상판결은 이 선례에 정면으로 어긋나는 의사해석을 하여 혼란을 낳았다.

넷째, 대상판결은 중재합의의 구속력도 적절히 다루지 못했다. 뉴욕협약은 중재합의의 유효한 성립과 구속력 문제를 구별하여, 후자에 대해서는 뉴욕협약 스스로 실질법적 규율을 한다. 그런데 대상판결은 두 문제를 혼동하여, 중재합의의 구속력을 중재합의의 실질적 성립·유효성의 준거법에 맡겼다. 대법원 1990. 4. 10. 선고 89다카20252 판결에서도 나타났던 오류가 반복되었다.

다섯째, 대상판결은 중재지 법원의 전환판결이 내려져 있음에도, 외국중재판정 승인집행법에 따라 중재판정의 승인집행에 관하여 판단했다. 그리고 전환판결 고유의 부분에 관해서는 민사소송법 제217조에 따라 판결로서 승인집행해야 한다고 판단했다. 이러한 두 개의 판단은 타당하다. 그러나 후자의 부분에 관하여 민사소송법 제217조의 승인요건을 엄격히 심사한 흔적이 보이지 않는다.

[Abstract]

# Determining the Applicable Law in the Recognition and Enforcement of Foreign Arbitral Awards

Jang, Junhyok*

The Supreme Court decision of 26 July 2018, Case No. 2017da225084 presents important issues regarding the conditions for the recognition and enforcement of arbitral awards under the New York Convention on the Recognition and Enforcement of Foreign Arbitral Awards of 1958. However, the Supreme Court's reasoning reveals a few important questions omitted or improperly dealt with.

The New York Convention, art. II, paras. 1 and 2 are the substantive provisions on the formality requirement for an agreement to arbitrate. These provisions should be understood as the only applicable rules on this issue, even excluding any possibility of the intervention of overriding mandatory rules. Consequently, there is no room to apply the rules of the state requested which impose a duty to present and explain the general conditions of contract on the party who prepared it, even as overriding mandatory rules. In effect, the decision reviewed here took the same position, when it failed to attend to this issue and simply neglected to opine whether the court of the State requested should apply its rules providing for the conditions of incorporating the general conditions of contract.

The first part of article V, para. 1 (a) of the New York Convention provides for the refusal ground of "incapacity", which covers representation and apparent representation by an agent. So the existence or non-existence

* Professor, Law School, Sungkyunkwan University.

of this refusal ground should be decided according to the law applicable under the private international law of the requested State. However, the decision under examination failed to see that the meaning of "incapacity" is the key to the deliberation of this refusal ground. Instead, the Supreme Court delved into the merits to uphold the representation or the apparent representation in entering into the main contract, and held that, as the necessary consequence, the representation or apparent representation was constituted. It was an unnecessary violation of the prohibition of review on the merits, and the Court appeared to ignore the fact that article V enumerates the available ground of refusal.

The New York Convention mentions, in art. V, para. 1(a), second and third parts, the failure of valid constitution of an agreement to arbitrate, as another refusal ground. The law applicable to this refusal ground should be determined pursuant to the above provision. The second part of art. V.1(a) allows party autonomy. While this provision is silent on the limit to the implicit choice of law, it should be clearly identifiable, at least from the surrounding circumstances. A special care should be taken in finding an implicit, parallel choice of law to this issue from the choice of law applicable to the merits or the choice of an arbitral seat or an arbitral institution. Above all, the matter subjects are the matters of different nature from the valid constitution of an arbitration agreement. A mechanical rule of finding an implicit choice of law to the valid constitution of an arbitration, pointing to the same State as the State of which the law is chosen as the law applicable to the substance, or as the State of the agreed arbitral seat or institution, will turn out a rigid rule, subverting the justified expectation of the parties on the applicability of the third part of art. V.1(a). Such rule of interpretation will have the effect of requiring a disclaimer of any choice of law on this issue, from a party interested in agreeing to the law applicable to the substance, the arbitral seat, the arbitral institution, etc. but not in choosing the law applicable to the valid constitution of an arbitration agreement. The Supreme Court decision of 24 March 2016, Case no. 2012da84004 was correct in declining to find such a parallel choice of law, but the Supreme Court, in the case under review, went against its own precedent without a good reason.

The third part of art. V.1(a) refers to the law of the arbitral seat. It is submitted that this should be interpreted as the whole reference, i.e., as the reference to the private international law of the designated State. This interpretation will help pursue the ideal of the international uniformity of decisions. The designated State may even have a conflict-of-laws rule, specific to the arbitration context, pointing to a transnational, non-state law to govern this issue. The requested State will experience no practical problem in accommodating this foreign view, if the reference is made to the private international law of the State of the arbitral seat. In the case under review, the Court would better have relied on the third part of art. V.1(a), instead of finding a party autonomy (art. V.1(a), second part) on weak grounds. Then the conflicts rule of the arbitral seat, the conflicts rules of the United States applicable in arbitration context, would have been relied on, and would have come closer to the cross-border uniformity of decisions. The absence of a party autonomy here will create no disaster, but will provide a solid solution of following the choice of law rules of the arbitral seat. An over-emphasis of "favor negotii" is not a good way to approach in finding a party autonomy.

The New York Convention provides a substantive rule on the binding force of an arbitration agreement, the prohibition of a unilateral revocation at will, in particular. However, the decision reviewed confused the effect of an arbitration agreement with its validity. As a result, the Court erroneously held that the freedom or prohibition of a unilateral revocation should be determined by the law applicable to the valid constitution of an arbitration agreement, determined by the second or third part of art. V.1(a).

Finally, an arbitral award is sometimes merged into a confirmation order issued by the court of the arbitral seat, and this raises the question of determining the object of recognition and enforcement and the applicable rules. It is submitted that the law of the recognition and enforcement of foreign arbitral awards should always provide the sole basis of recognition and enforcement and the refusal grounds, even where the court decision should, as an exception, serve as the object of recognition and enforcement. This solution will prevent the availability of recognition and enforcement under the New York Convention from being overturned by a subsequent exequatur or confirmation order rendered in the State of the arbitral seat. Indeed, the principle of "l'exequatur sur l'exequatur ne vaut" requires that the requested State should be entitled to decide the enforceability of foreign arbitral awards by itself. Meanwhile, the exequatur or confirmation order may also have a part which cannot be reduced to the arbitral award. A typical example is an order to compensate for the procedural costs accrued in the exequatur proceedings. This part should be recognized and enforced under the law of recognition and enforcement of foreign judgments, i.e., articles 217 and 217-2 of the Civil Procedure Act. In this context, a rule of indirect jurisdiction should be upheld by way of interpretation of the national rules of the requested State: the State of the arbitral seat has international jurisdiction to rule on the arbitral award issued by the arbitral tribunal seated in that State.

[Key word]

- Recognition and enforcement of foreign arbitral awards
- Formal requirements for an arbitration agreement
- Duty to present and explain the general conditions of contract and their exclusion
- Unauthorized representation in entering into an arbitration agreement
- Law applicable to the valid constitution of an arbitration agreement
- Exclusion of double exequatur
- Recognition and enforcement of a confirmation order

## 참고문헌


김갑유, "중재합의의 유효성판단과 그 준거법: 대법원 2001. 10. 12. 선고, 99다45543판결", 인권과 정의 제331호(2004), 173-185면.

김진우, "국제계약규범에서의 계약조항의 편입", 법조 2011년 12월호(제663호), 87-126면.

목영준 · 최승재, 상사중재법, 개정판, 박영사, 2018.

석광현, "국제상사중재에서 중재합의의 준거법", 한양대 법학논총 제24권 제1호(2007. 3.), 119-151면. [석광현(2007a)]

______, 국제상사중재법연구 제1권, 박영사, 2007. [석광현(2007b)]

______, "외국중재판정의 승인·집행제도의 개선방안", 국제사법연구 제16호(2010), 151-193면.

______, 국제사법 해설, 박영사, 2013.

이호원, "외국중재판정의 승인과 집행", 재판자료 제34집 섭외사건의 제문제(하)(1986), 653-708면.

이호정, 국제사법, 경문사, 1981.

장문철, "외국중재판정과 외국판결에 대한 집행청구소송에 관한 평석: 라이센스계약 관련 중재판정과 이를 승인한 캘리포니아주 산타클라라 카운티법원의 판결에 대해 국내에서 선고한 집행판결에 관해서", 국제사법연구 제2호(1997), 653-675면.

Basedow, Jürgen, 장준혁 역, "준거법선택과 당사자자치의 이론", 성균관법학 제24권 제3호(2012. 9.), 149-189면.

van den Berg, Albert Jan, The New York Arbitration Convention of 1958, Kluwer, 1981.

Bermann, George A., "International Arbitration and Private International Law", Recueil des cours, Tome 381(2015), pp. 41-478. = International Arbitration and Private International Law, Brill/Nijhoff, 2017.

Blackaby, Nigel, Constantine Partasides, Alan Redfern & Martin Hunter, Redfern and Hunter on International Arbitration, 5th ed., Oxford University Press, 2009.

Di Pietro, Domenico, "Applicable laws under the New York Convention", in Franco Ferrari & Stephan Kröll eds., Conflict of Laws in International Arbitration, Sellier, 2011, pp. 63−79.

Gaillard, Emmanuel & John Savage eds., Fouchard, Gaillard, Goldman on International Commercial Arbitration, Kluwer, 1999.

Hartley, Trevor & Masato Dogauchi, Explanatory Report on the 2005 Hague Choice of Court Agreements Convention, 2007, in Permanent Bureau of the Conference, ed., Proceedings of the Twentieth Session, Tome III, Choice of Court, Intersentia, 2010, pp. 784−862.

Looschelders, Dirk, Internationales Privatrecht: Art. 3-46, Springer, 2004.

Mistelis, Loukas A., Concise International Arbitration, Kluwer, 2010.

Schack, Haimo, Internationales Zivilverfahrensrecht, 7. Aufl., Beck, 2017.

Thorn, Karsten & Walter Grenz, "The effect of overriding mandatory rules on the arbitration agreement", in Franco Ferrari & Stephan Kröll eds., Conflict of Laws in International Arbitration, Sellier, 2011, pp. 187−210.

本間靖規・中野俊一郎・酒井一, 國際民事手續法, 第2版, 有斐閣, 2012.

# 신탁재산관리인의 선임요건과 지위*

李 縯 甲**


■요 지■

신탁법 제17조 제1항은 "수탁자와 수익자 간의 이해가 상반하여 수탁자가 신탁사무를 처리하는 수행하는 것이 적절하지 아니한 경우" 이해관계인의 청구에 의하여 법원이 신탁재산관리인을 선임할 수 있다고 정하고 있다. 신탁재산관리인은 구 신탁법상 수탁자의 임무가 사임 또는 해임에 의해 종료된 경우에만 선임할 수 있었는데(구 신탁법 제16조), 신탁법을 개정하면서 위와 같이 수탁자와 수익자 사이의 이해상반이 있는 경우에도 선임할 수 있도록 바꾸었다. 이와 같이 선임된 신탁재산관리인은 "선임된 목적범위 내에서" 수탁자와 동일한 권리 · 의무가 있다(제17조 제4항 본문). 이들 규정에 대해서는 해석상 불분명한 점이 있었는데, 대법원은 2018. 9. 28. 선고 2014다79303 판결에서 이 문제를 다루었다. 이에 따르면 우선 신탁법 제17조 제1항의 이해상반은 수탁자와 수익자 사이의 이해상반을 의미하는 것으로, 수탁자와 그 밖의 이해관계인, 또는 이해관계인들 사이에서의 이해상반을 의미하는 것이 아니다. 신탁법 제17조 제1항의 이해상반은 행위의 객관적 성질을 기준으로 하여야 하고, 그 행위의 동기나 결과를 고려하여서는 아니 된다. 또한 이해상반을 이유로 하는 신탁재산관리인은 특정 행위에 관하여 수탁자와 동일한 권한을 가지나, 그 외의 신탁사무 처리에 관한 모든 권한은 수탁자에게 유보되어 있다. 이러한 판단은 타당하지만, 신탁재산관리인이 처리하여야 할 행위를 특정하지 아니한 신탁재산관리인 선임결정의 효력에 관하여, 대상판결


---

* 이 글은 강원법학 제59권(2020)에 약간의 수정을 거쳐 게재되었다.

** 연세대학교 법학전문대학원 교수.

은 이를 유효하다고 전제하고 있으나, 필자는 그 결정에 따른 형성력이 생기지 않는다고 생각한다.

[주 제 어]
- 신탁
- 신탁재산관리인
- 이해상반
- 수탁자
- 이해상반금지원칙

## 대상판결 : 대법원 2018. 9. 28. 선고 2014다79303 판결

[사안의 개요]

1. 주식회사 중일(후에 주식회사 삼화이엔디로 상호 변경, 이하 '삼화이엔디')은 1995. 6. 29. 자신을 위탁자 겸 수익자, 한국부동산신탁 주식회사를 수탁자로 하여, 성남시 분당구 야탑동 341 지상에 지하 4층, 지상 7층 규모의 성남(분당)여객자동차터미널 및 복합건물을 신축하여 이를 임대·관리하는 내용의 신탁계약(이하 '이 사건 신탁')을 체결하였다. 한국부동산신탁은 위 신탁계약에 따라 위 토지상에 위 상가건물을 신축, 2000. 11. 29. 소유권보존등기를 마쳤다.

2. 소외 A는 위 상가건물 중 구분점포 299호, 피고2는 같은 건물 중 구분점포 294호에 관하여 각 임대차계약을 체결하고 임대보증금을 지급하였다. A와 피고2는 한국부동산신탁이 2003. 6. 2. 파산선고를 받은 후 각 임대차계약을 해지하였다. A는 2013. 10.경 피고1에게 위 임차보증금반환채권을 양도하였다.

3. 법원은 2011. 10. 24. B를 이 사건 신탁의 신수탁자로 선임하였다.

4. 신탁채권자 중 일부가 "수탁자가 신탁채권자 중 1인인 기술신용보증기금만의 이익을 위하여 신탁재산을 관리하여 수탁자와 수익자 간의 이해가 상반된다는 이유"로 법원에 신탁재산관리인의 선임을 신청하였고, 이에 법원이 2012. 11. 30. 변호사 C를 이 사건 신탁의 신탁재산관리인으로 선임하였다. 그 선임결정의 주문은 "위탁자 삼화디엔씨와 한국부동산신탁 사이에 1995. 6. 29. 체결되고 2011. 10. 24. 신수탁자로 B가 선임된 신탁계약에 따른 신탁사무에 관하여 변호사 C를 신탁재산관리인으로 선임한다."로 되어 있다. 그 후 법원은 C를 해임하고 2014. 6. 24. 원고를 이 사건 신탁의 신탁재산관리인으로 선임하였다. 그 결정의 주문은 "위탁자 삼화디엔씨와 한국부동산신탁 사이에 1995. 6. 29. 체결되고 2011. 10. 24. 신수탁자로 B가 선임된 신탁계약에 따른 신탁사무 중 신수탁자와 수익자 사이의 이해가 상반되는 범위 내에서, 변호사 D(원고)를 신탁재산관리인으로 선임한다."고 되어 있다.

5. 수탁자 B는 2013. 10. 10. 피고들과 사이에 위 각 임차보증금 반환채무의 변제에 갈음하여 각 임대목적물인 위 각 구분점포의 소유권을 이전해

주기로 하는 대물변제계약을 체결하고, 그에 따라 2013. 10. 28. 각 소유권이전등기를 마쳐 주었다.

6. 신탁재산관리인 D는 위 각 대물변제계약은 신탁재산관리인이 아닌 수탁자가 체결하여 효력이 없고, 신탁법 제34조가 정하는 “수익자의 이익에 반하는 행위”로서 법원의 허가를 받지 아니하여 효력이 없다고 주장하면서 피고들을 상대로 위 각 구분점포에 관한 소유권이전등기의 말소를 구하는 소를 제기하였다.

[소송의 경과]

제1심(수원지방법원 성남지원 2013가단41942)은 “수탁자와 수익자 간의 이해가 상반되어 신탁사무를 수행하는 것이 적절하지 않은 경우 이해관계인은 신탁법 제17조 제1항에 따라 법원에 신탁재산관리인의 선임을 청구할 수 있고, 이익이 충돌하여 선임된 신탁재산관리인은 … 해당 신탁사무의 수행에 대하여 권한을 행사할 수 있으며, 수탁자는 이익이 충돌하는 범위 내에서 수탁자로서의 권한을 행사할 수 없다.(생략은 필자, 이하 같음)”고 전제한 다음, 사실관계로부터 “수탁자 B가 특정 채권자를 위하여 신탁재산을 관리한다는 이유로 원고가 신탁재산관리인으로 선임된 점, 이 사건 각 대물변제 계약 역시 신탁재산의 특정 채권자와 한 계약인 점, … 신탁재산 처분에 대하여 수익자가 반대하고 있는 점” 등을 들어 “이 사건 각 대물변제 계약은 수탁자와 수익자 간의 이해가 충돌하는 경우여서 수탁자 B가 그 권한을 행사할 수 없는 것”이므로 위 각 대물변제계약이 무효라고 판단하고 원고 승소 판결을 선고하였다. 이 판결에 대하여 피고들이 항소하였다.

원심(수원지방법원 2014나16668)은 “신탁재산관리인이 선임된 경우 … 수탁자와 수익자 간의 이해가 상반되는 범위 내에서는 신탁재산관리인에게 수탁자와 동일한 권리·의무 및 해당 소송의 당사자적격이 있으나, 그 외의 범위 내에서는 여전히 수탁자에게 신탁재산에 관한 권리·의무 및 해당 소송의 당사자적격이 있다”고 전제하고, 위 대물변제 계약시점에 근접한 2012. 5. 15. 당시 위 대물변제로 소멸하는 임차보증금반환채권의 금액보다 위 각 대물변제로 소유권이 이전되는 각 구분점포의 시가가 적으므로(299호의 임차보증금은 170,016,000원인데 그 시가는 129,000,000원이고, 294호의 임차보증금은 85,904,000원인데 그 시가는 64,000,000원이다) 위 각 대물변제계약은 수익자에게 이익이 되는 행위이고 수탁자와 수익자의 이해가 상반되는 행위라고 할 수 없어 신탁재산관리인에게 그 행위의 효력을 다투는 소를 제기할 당사자적격이 없다고 판단하고 원고의 소를 각하하였다. 이에 대하여 원고가 상고하였다.

[대상판결의 요지]

대상판결은 다음과 같은 법률론을 설시하였다. 우선 신탁법 제17조 제1항에 따라 신탁재산관리인을 선임하기 위한 요건인 "이해상반"의 의미에 관하여, "행위의 객관적 성질상 수탁자와 수익자 사이에 이해의 대립이 생길 우려가 있어 수탁자가 신탁사무를 수행하는 것이 적절하지 아니한 경우를 의미하고, 수탁자의 의도나 그 행위의 결과 실제로 이해의 대립이 생겼는지 여부는 묻지 아니한다. 수탁자는 수익자의 이익을 위하여 신탁사무를 처리해야 하는 충실의무를 부담할 뿐이므로(신탁법 제33조), 수익자 아닌 이해관계인, 예를 들어 신탁채권자나 위탁자 등과의 관계에서 이해의 대립이 생길 우려가 있는지 여부는 신탁법 제17조 제1항의 이해상반을 판단할 때에 고려할 사항이 아니다."고 판단하였다. 그리고 위 규정에 의해 선임된 신탁재산관리인의 권한에 관하여, "선임된 목적범위 내인 '수탁자와 수익자 간의 이해가 상반되어 수탁자가 신탁사무를 수행하는 것이 적절하지 아니한 경우'에 한하여 수탁자와 동일한 권리 · 의무가 있고, 그 외의 사항에 관하여는 수탁자가 여전히 신탁재산에 대한 권리와 의무의 귀속주체로서 신탁법 제31조에 따른 권한을 가진다."고 판단하였다.

대법원은 이 법리를 전제로 위 각 대물변제계약을 체결하는 행위는 수탁자와 수익자 간의 이해가 상반되는 행위가 아니므로, 원심의 판단은 그 이유 설시에 부적절한 점은 있으나 그 효력을 다투는 원고의 이 사건 소 제기가 부적법하다고 본 결론은 정당하다고 판단하여 상고를 기각하였다.

## 〔硏　　究〕

### Ⅰ. 서　　론

신탁법 제17조 제1항[1]은 "수탁자와 수익자 간의 이해가 상반하여 수탁자가 신탁사무를 처리하는 수행하는 것이 적절하지 아니한 경우" 이해관계인의 청구에 의하여 법원이 신탁재산관리인을 선임할 수 있다고 정하고 있다. 신탁재산관리인은 구 신탁법상 수탁자의 임무가 사임 또는 해임에 의해 종료된 경우에만 선임할 수 있었는데(구 신탁법 제16조), 신탁법을 개정하면서 위와 같이 수탁자와 수익자 사이의 이해상반이 있는 경우에도 선임할 수 있도록 바꾸었다. 이와 같이 선임된 신탁재산관리인은 "선임된 목적범위 내에서" 수탁자와 동일한 권리·의무가 있다(제77조 제4항 본문). 위 규정은 이해상반의 의미와 그 권리의무의 범위 등에 관한 여러 해석상의 문제를 내포하고 있었는데, 종래 이에 관한 논의는 신탁법 개정 과정에서 이루어진 정도에 그치고,[2] 본격적인 검토는 이루어지지 아니하였다. 대상판결은 이에 관한 최초의 판례라고 할 수 있다. 아래에서 대상판결에 대한 평석을 겸하여 신탁재산관리인의 선임요건과 지위에 관한 약간의 견해를 덧붙이고자 한다.

### Ⅱ. 신탁재산관리인의 선임요건

#### 1. 신탁재산관리인의 의의

신탁재산관리인은 신탁법 제19조에 의하여 수탁자의 임무가 종료되었으나 신수탁자가 선임되지 않은 경우 또는 "수탁자와 수익자 간의 이해가 상반되어 신탁사무를 수행하는 것이 적절하지 아니한 경우" 법원에 의해 선임된다(제17조 제1항). 신탁재산관리인은 그 선임의 목적 범위 내에서 수

---

1) 아래에서 법명을 따로 적지 않은 조문은 모두 신탁법의 그것이다.
2) 법무부, 신탁법 해설, 2012, 151면 이하.

탁자와 동일한 권리 · 의무가 있다(제17조 제4항). 즉 신탁재산관리인은 수탁자가 없거나 이해상반이 있는 경우 수탁자에 갈음하여 신탁재산을 관리처분하는 지위에 있는 자이다. 신탁재산관리인이 처리할 권한을 가지는 사무에 대하여 수탁자는 그 사무처리의 권한이 없다.

전술한 바와 같이 구 신탁법에서 신탁재산관리인은 "수탁자가 사임하거나 해임된 경우"에만 선임될 수 있었는데, 신법에서는 그 밖의 사유로 수탁자의 임무가 종료된 경우, 그리고 수탁자와 수익자 간의 이해가 상반되는 경우에도 선임될 수 있다고 바꾸었다. 이와 같이 이해상반을 이유로 선임되는 신탁재산관리인 제도는 영국이나 일본 신탁법에는 없는 것으로, 미국 신탁법에서만 찾을 수 있다. 미국의 경우 이해상반이 생길 수 있는 특정한 행위나 소송을 하기 위하여 임시로 수탁자의 지위를 가지는 자를 법원이 선임할 수 있다. 수탁자가 사임하거나 그를 해임하기에는 적당하지 않고 특정 거래 또는 특정 소송에 한하여 수탁자 대신 수탁자의 지위에서 행위할 사람이 필요한 경우 이용된다. 이를 특정사건 수탁자(trustee ad litem), 특별목적 수탁자(trustee for special purpose), 특별수인인(special fiduciary)이라고 부른다. 이 제도는 종래 여러 주에서 판례로 인정되어 오다가[3] 제3차 리스테이트먼트에 수록되었다[Restatement (Third) of Trusts § 37 comment g]. 모범신탁법전이 채택된 주에서는 Uniform Trust Code 제802조 제( i )항에 의해 실정법상 근거가 마련되어 있다.[4]

### 2. 이해상반의 의미

#### 가. 이해상반의 당사자

대상판결의 사안에서 문제된 신탁재산관리인은 이해상반을 이유로 선임되었다. 여기의 이해상반은 "수탁자와 수익자 간"의 이해상반만 가리

3) In re Goldman, 196 Misc.2d 968, 764 N.Y.2d 175 (Sur. Ct. 2003); Getty v. Getty, 252 Cal. Rptr. 342 (Ct. App. 1988); Selig v. Morrison, 230 Ark. 216, 321 S.W.2d 769 (1959) 등.

4) 다만 우리 신탁법 개정에 있어서 미국 신탁법을 본받아 이 제도를 도입하였는지 여부는 명확하지 않다.

키고, 그 밖의 이해관계인들 사이의 이해상반, 예컨대 신탁재산에 대한 채권자 사이의 이해상반은 포함하지 않는다. 이는 제17조 제1항의 문언에 비추어 명백하다.

신탁법 제34조 제1항은 금지되는 이해상반행위를 열거하고 있는데, 그중 제5호는 "수익자의 이익에 반하는 행위"라고 정하고 있다. 이를 문자 그대로 읽으면 이 사건 원심 판단에서와 같이 수익자에게 이익이 되는지 아니면 손해가 되는지에 따라 이해상반 여부가 결정된다고 오해할 수 있다. 그러나 제34조 제1항 제5호는 같은 항 제1호부터 제4호까지 열거된 행위와 동일한 이유로 금지되는 것으로서, 수탁자와 수익자의 이해가 상반하는 행위로서 같은 항 제1호부터 제4호까지 열거되지 아니한 것을 포괄하는 규정이다.[5] 제34조 제1항은 이해상반행위 금지 원칙(no conflict rule)을 구체화한 규정으로서, 이익향수 금지 원칙(no profit rule)을 정한 제36조와 함께 충실의무(제33조)의 핵심적인 내용을 이룬다. 이해상반행위 금지 원칙은 수탁자로 하여금 수익자와 이해가 대립될 우려가 있는 행위를 하여서는 아니 되고, 그러한 우려가 생길 수 있는 상황을 회피 내지 제거하도록 하여야 한다는 것으로서, 수탁자와 수익자 사이의 이해 대립을 전제로 한다. 제17조 제1항에서 "수탁자와 수익자 간"이라고 정한 것은 이를 보다 명확하게 하기 위한 것이다. 단순히 신탁재산의 관리에 있어서 더 많은 이익을 낼 수 있었는데 그렇게 하지 못하였다는 것은 충실의무의 문제가 아니라 선관주의의무(제32조)의 문제일 뿐이다.

또한 제1심 판결에서와 같이 수탁자가 "신탁채권자 중 일부에 대해서만 유리하게" 신탁사무를 처리한다고 하더라도 그러한 사정을 들어 이해상반이 있다고 할 수 없다. 제1심 법원은 신탁채권자 중 일부와 사이에서만 대물변제가 이루어졌다는 사정을 들어 이해상반이 있다고 판단하였으나, 이는 신탁채권자 사이에서 공평한 대우의 문제이지, 수탁자와 수익자 사이의 이해상반의 문제라고 할 수 없다. 제1심 법원은 위 신탁재

5) 법무부, 신탁법해설, 2012, 278-279면.

산관리인 선임결정이 내려진 이유에 현혹되어 이 사건 대물변제를 이해상반행위로 판단하였는지도 모른다. 즉 수탁자 B가 특정 채권자에게만 유리하게 신탁사무를 처리한다는 이유로 신탁재산관리인 C가 선임되었으니, 특정 채권자에게만 유리하게 신탁사무를 처리하는 경우에는 B에게 신탁사무 처리의 권한이 없다고 판단한 것으로 추측할 수 있다. 그러나 이 판단은 신탁법 제17조 제1항의 문언이나 이해상반행위 금지원칙의 취지에 비추어 타당하다고 할 수 없다.

따라서 대상판결에서 충실의무가 수탁자와 수익자 사이의 이해대립을 전제로 하는 의무이므로 수탁자가 "수익자 아닌 이해관계인, 예를 들어 신탁채권자나 위탁자 등과의 관계에서 이해의 대립이 생길 우려가 있는지 여부"는 제17조 제1항의 이해상반 판단에서 고려할 것이 아니라고 한 것은 일반론으로서 타당하다. 즉 수탁자와 신탁채권자, 수탁자와 위탁자 사이의 이해상반이 있다고 해서 제17조 제1항의 요건이 갖추어진다고 할 수 없다. 다만 이 사건에서 수탁자와 신탁채권자, 수탁자와 위탁자 사이에서 이해 대립이 생길 우려가 있었다는 주장이 있었는지 명확하지 않다.제1심은 신탁채권자 사이의 이해 대립을 고려하였고, 원심은 수익자에게 불이익이 생기는지 여부에 따라 이해상반 여부를 판단한 것으로 보일 뿐이다. 따라서 위 판시가 이 사건의 사안에 적합한 것이었는지에 대해서는 의문이 있다.

### 나. 이 사건 신탁재산관리인 선임결정의 효력

이 사건에서는 두 차례 신탁재산관리인 선임결정이 있었다. 대상판결에서는 그 결정의 효력에 대해서는 별도로 언급하지 않고 있으나, 일응 그 결정이 모두 유효한 것을 전제로 판단하고 있다고 생각된다. 그러나 위 각 신탁재산관리인 선임결정에 의하여 수탁자의 권한이 제한되고 신탁재산관리인에게 일정한 범위 내에서 신탁재산의 관리처분권이 생기는 효력이 생겼다고 볼 수 있는지에 대해서는 의문이 있다.

신탁재산관리인은 수탁자와 수익자 사이의 이해가 대립될 우려가 있는 경우 선임되고, 그 선임에 의해 그 선임의 목적범위 내에서 수탁자와 동일한 권리·의무가 있다. 이로써 수탁자는 신탁재산관리인의 권한에 속하는 행위를 할 권한을 잃게 되나, 그 외의 권한은 여전히 수탁자에게 유보되어 있다. 신탁재산관리인의 임무는 이해상반 상태가 해소되면 종료된다(제19조 제1항). 예컨대 이해상반행위인 법률행위나 소송행위를 마치면 그로써 신탁재산관리인의 임무는 종료된다. 이와 같이 신탁재산관리인은 한시적이고 제한적인 범위 내에서만 수탁자의 권한을 행사하는 지위에 있는 것이다. 따라서 신탁재산관리인의 선임결정에 있어서는 그가 행사할 권한의 범위를 명백히 정해 주어야 한다. 즉 그가 할 수 있는 특정한 법률행위 또는 소송행위를 결정의 주문에서 특정하여야 하는 것이다. 이는 이사와 법인 사이의 이해가 상반될 경우 선임되는 특별대리인(민법 제64조, 민사소송법 제64조, 제62조), 미성년자와 친권자 사이, 피후견인과 후견인 사이의 이해가 상반될 경우 선임되는 특별대리인(민법 제921조, 제949조의3, 민사소송법 제62조)이 특정한 법률행위 또는 소송행위에 관하여만 선임되고, 그 선임결정(심판)의 주문에서 특별대리인이 할 수 있는 법률행위 또는 소송행위를 특정하여야 하는 것과 마찬가지다.[6)]

이 사건의 각 신탁재산관리인 선임결정에서는 그 주문에서 신탁재산관리인이 할 수 있는 행위를 특정하지 아니하였다. 판례 중에는 민법 제921조에 따른 특별대리인의 선임결정에서 그 주문에 특별대리인이 처리할 법률행위를 적시하지 아니한 채 특정인을 특별대리인으로 선임한다는 내용만 기재하더라도 그 결정이 당연무효로 되는 것은 아니고 그 사건의 선임신청서에서 신청의 원인으로 기재한 특정의 법률행위에 관해서는 특별대리인의 권한이 미친다고 한 것이 있다(대판 1996. 4. 9. 96다1139). 이 견해의 당부에 관해서 의문이 없는 것은 아니나,[7)] 그 타당성을 인정하더라도 이 사건에서 신탁재산관리인은 "수탁자가 신탁채권자 중 일부의 이익만을 위하여 행위한다"는 이유로 신청되었던 것이므로, 위 판례가 적용될 여지는 없

6) 법원행정처, 실무제요 가사Ⅱ, 318면; 법원행정처, 실무제요 소년·비송(제2판), 380면.

7) 결정의 주문에 그 행위가 특정되지 않은 이상 그 결정을 무효로 보아야 한다는 견해로, 신영호, "민법 제921조의 특별대리인 제도", 이화숙 외, 가족법판례해설, 세창출판사, 2009, 352면 참조.

다. 위 각 선임결정은 신탁재산관리인의 권한이 어느 범위에서 인정되는가에 관하여 명확하지 않고, 따라서 그 결정의 내용이 불명확한 하자가 있다고 할 수 있다. 이를 "장래 처리해야 할지도 모르는 수탁자와 수익자 간의 이해가 상반되는 행위 전부"에 대하여 유효하다고 보면 이는 신탁재산관리인이 가지는 권한의 限時性에 반한다. 또한 신탁법 제17조 제1항은 이해상반 여부의 분쟁에 관하여 법원이 공권적 판단을 내려 분쟁을 종식시키는 의미를 가지는데, 위와 같이 해석하면 구체적인 사안에 따라 이해상반인지 여부에 관하여 수익자와 수탁자 사이에 분쟁이 계속 발생하는 것을 막을 수 없어, 위 규정의 취지를 크게 훼손하게 된다. 그러므로 위 각 결정은 당연무효라고는 할 수 없어도, 적어도 그 형성적 효력은 발생하지 아니하였다고 보아야 한다. 즉 위 각 결정에 의하여 수탁자의 권한이 제한되고 신탁재산관리인에게 수탁자에 갈음하여 신탁사무를 처리할 권한이 부여되었다고 할 수 없다.

### 다. 이해상반 판단의 기준

이와 같이 위 각 신탁재산관리인 선임결정의 형성력이 인정되지 않는다고 보면, 그로부터 곧바로 이 사건 원고에게 당사자적격이 인정되지 않는다는 결론에 이를 수 있다. 그러므로 "행위의 객관적 성질상 수탁자와 수익자 사이에 이해의 대립이 생길 우려가 있어 수탁자가 신탁사무를 수행하는 것이 적절하지 아니한 경우를 의미하고, 수탁자의 의도나 그 행위의 결과 실제로 이해의 대립이 생겼는지 여부는 묻지 아니한다."는 설시는 굳이 필요하였다고 할 수 없다. 위 각 선임결정의 효력이 인정된다고 하더라도, 이 사건에서 핵심적인 쟁점은 신탁법 제17조 제1항의 이해상반이 누구와 누구 사이의 이해상반을 의미하는가이지, 이해상반을 형식적으로 이해할 것인가 아니면 실질적으로 이해할 것인가는 아니었다. 이 점에서도 위와 같은 일반론의 설시가 필요하였다고는 할 수 없다.

그럼에도 불구하고 대법원이 이러한 설시를 한 것은 전술한 바와 같이 위 각 신탁재산관리인 선임결정이 유효함을 전제로, 이해상반행위에 대해서는 신탁재산관리인에게 신탁재산의 관리처분권이 생겼다고 이해하였던 때문이 아닌가 추측된다. 이러한 이해가 타당하다면 그 다음 단계의 문제로서 이 사건에서 문제된 대물변제가 과연 이해상반행위인가를 판단해야 하기 때문이다. 또한 향후 이 문제에 관하여 생길 수 있는 분쟁에 관하여 법원이 적용할 해석원칙을 정립하려는 목적도 있었을 것이다. 그렇다면 신탁법 제17조 제1항에서 정한 "이해상반"을 위와 같이 이해하는 것이 타당한가?

이해상반을 이유로 본래 권한을 가진 자의 권한을 제한하고 다른 자로 하여금 그 권한을 행사하도록 한 예로는 민법 제64조의 특별대리인, 민법 제921조, 제949조의3의 특별대리인, 민사소송법 제62조, 제64조의 특별대리인, 상법 제394조 제1항, 제563조 등이 있다. 민법 제64조의 해석론에서는 그다지 논의되지 않지만,[8] 민법 제921조, 제949조의3의 해석론에서는 종래 형식적 판단설과 실질적 판단설, 실질관계를 고려한 형식적 판단설 등이 주장되어 왔다.[9] 판례의 주류는 형식적 판단설을 취한 것으로 이해되어 왔다(대판 1993. 4. 13. 92다54524 등). 즉 민법 제921조의 이해상반행위는 "행위의 객관적 성질상 친권자와 그 자 사이에 또는 친권에 복종하는 수인의 자 사이에 이해의 대립이 생길 우려가 있는 행위"를 가리키고, "친권자의 의도나 그 행위의 결과 실제로 이해의 대립이 생겼는가의 여부는 묻지 아니한다."고 한다. 대상판결의 판시는 민법 제921조의 해석론으로 유지해 오던 견해를 신탁법 제17조 제1항의 해석론으로 받아들인 것으로 보인다.

신탁법 제34조에 의해 금지되는 이해상반행위는 반드시 수탁자가 당해 거래의 당사자인 경우(이른바 직접거래)뿐 아니라 수탁자 아닌 제3자가 거래의 당사자이지만 간접적으로 수탁자와 수익자의 이해상반이 있는 경우(이른바 간접거래), 나아가 경합행위도 포함한다.[10] 제34조 제1항에서

---

8) 다만 민법주해 I, 694면(崔基元), 주석민법(제3판), 총칙(1), 731면(朱基東)은 이익상반행위를 "법인의 이익을 해할 염려가 있는 모든 재산적 거래"라고 하여 형식에 구애되지 않고 실질적으로 파악하려는 것이 아닌가 추측된다.

9) 상세는 윤진수 편집대표, 주해친족법 제2권, 1087면 이하(權載文) 참조.

10) 최수정, 신탁법, 박영사, 2016, 340-344면.

"누구의 명의로도"라는 문언은 이를 가리키는 것이다. 그러므로 신탁법 제34조에서 금지되는 이해상반행위인지 여부의 판단에서는 그 거래의 형식뿐 아니라 실질도 함께 고려하여야 한다고 이해할 수 있다.

그렇다고 하여 신탁법 제17조 제1항에 의한 신탁재산관리인 선임을 위한 요건으로서 이해상반을 실질적 판단설에 따라 이해하여야 하는 것은 아니다. 그 이유는 다음과 같다.

첫째, 이해상반행위 금지원칙에 비추어 행위의 객관적 성질상 이해상반하는 행위라면 더 나아가 그 행위의 동기나 결과를 고려하지 않고 이해상반으로 파악하는 것이 타당하다. 신탁에서 이해상반행위 금지원칙은 단순히 이해상반의 결과를 제거하여야 할 의무에 그치지 않고, 이해상반이 생길 수 있는 상황을 회피하여야 할 의무로 이해되어 왔다.[11] 즉 이 의무는 수탁자의 의무위반행위를 예방하기 위하여 부과되는 것이다. 만약 형식적으로는 이해상반이 있으나 실질은 수익자의 이익을 위한 의도였다거나, 결과적으로 수익자에게 이익이 되었다거나 하는 사유로 이해상반성을 부정하게 되면 그러한 예방적 효과를 얻기 어렵게 될 수 있다. 이와 동일한 법리는 영국에서부터 18세기부터 인정되어 왔는데, 그에 따르면 수탁자의 자기거래는 수탁자가 수익자에게 이익이 될 것으로 생각하였다거나, 거래의 조건이 공평하였다거나, 수탁자 자신에게 결과적으로 아무런 이익이 없다고 하더라도 허용되지 않는다.[12] 이 법리는 행위의 객관적 성질상 이해의 상반이 있는 행위인 신탁법 제34조 제1항 제1호 내지 제4호에 해당하는 행위의 해석에서뿐 아니라 제17조 제1항의 이해상반 판단에서도 적용되어야 할 것이다.

둘째, 행위의 객관적 성질상 이해의 상반이 있으나 실질적으로 그러하지 않다는 주장이 있다고 하더라도(주로 수탁자가 아닌 이해관계인이 청

---

11) Restatement (Second) Trusts, § 170(1), comments b, h, l; 四宮和夫, 信託法(新版), 231−233면.

12) Hanbury & Martin, *Modern Equity*, 17th ed., p. 612; Moffat, *Trusts Law*, 5th ed., p. 453; Restatement (Third) of Trusts, § 78 comment b; Uniform Trust Code § 802 comment. 미국법에서는 이를 "no-further-inquiry rule"이라고 한다.

구한 경우 비송사건절차법 제43조에 의해 수탁자가 그러한 의견을 진술할 것이다) 수탁자의 의도나 예상되는 결과에 관한 증명은 매우 곤란할 것이고 그 증명을 위해 절차가 지연될 우려도 있다. 이 경우 일단 신탁재산관리인을 선임하여 그에게 당해 행위에 관한 권한을 주는, 신속하고 획일적인 사무처리가 신탁재산의 관리처분에 보다 효율적일 것이다. 신탁재산관리인이 선임되면 수탁자는 당해 행위를 할 권한을 상실하게 되고 그로써 당해 행위를 하여 얻을 수 있는 보수를 받지 못하는 등의 불이익이 있을 수 있다. 그러나 그렇다고 하더라도 수탁자는 자기의 이익보다 수익자의 이익을 우선하여야 하는 지위에 있으므로 신속히 이해상반 상태를 해소하기 위해 그러한 불이익을 감수하도록 요구한다고 해서 크게 부당하다고 할 수 없다.

셋째, 행위의 객관적 성질상 이해의 상반이 없으나 실질적으로 이해상반의 우려가 있는 경우에는 신탁재산관리인이 선임되지 않고 수탁자가 당해 행위를 하더라도 그 행위의 효력에는 영향이 없다. 따라서 신탁재산관리인을 선임하여 당해 행위를 하게 하더라도 아무런 차이가 없다. 수탁자가 문제되는 행위의 당사자 또는 그 대리인이 아닌 경우(간접거래),[13] 또는 경합행위, 기회유용행위의 경우에는 행위의 객관적 성질상 이해의 상반이 없으나 실질적으로 이해상반의 우려가 있게 된다. 그러나 그와 같은 사정은 수탁자가 수익자에 대하여 부담하는 채권적 의무인 충실의무에 반한다는 것일 뿐으로, 신탁법 제34조 제1항을 임의규정으로 해석하는 한,[14] 이를 대외적으로 제3자에 대하여 주장할 근거는 없다. 이 유형의 이해상반행위는 수탁자가 하더라도 유효하고, 다만 신탁법 제75조에 의해 취소될 수 있을 뿐이라고 보아야 한다.[15] 이는 신탁재산관리

---

13) 수탁자 개인의 채무에 대하여 신탁재산을 담보로 제공하는 행위, A신탁의 신탁재산에 속하는 채무에 관하여 B신탁의 신탁재산을 담보로 제공하는 행위 등.

14) 제34조 제1항을 강행규정으로 해석하는 견해도 있으나, 같은 조 제2항에서 신탁행위로 허용될 수 있다고 정하고 있으므로 그 견해는 타당하지 않다. 같은 취지: 최수정, "수탁자의 이익상반행위의 효력", 한양법학 제26권 제1집, 341면.

15) 결론에서 같은 취지: 최수정, "수탁자의 이익상반행위의 효력," 한양법학 제26권 제1집, 351-353면; 노혁준, "수탁자 의무위반행위의 사법적 효력과 수익자취소권",

인이 당해 행위를 한 경우에도 달라지지 않는다. 예컨대 수탁자의 채무 담보를 위하여 신탁재산에 관하여 그 채권자와 하는 담보권설정행위는 수탁자가 하든 신탁재산관리인이 하든 수탁자와 수익자 간의 이해가 실질적으로 대립하게 되는 점에서 차이가 없고, 그 행위가 유효하고 수익자가 신탁법 제75조에 의해 취소할 수 있다는 점에서도 차이가 없다. 이와 같이 실질적으로 이해상반의 우려가 있다는 이유로 신탁재산관리인을 선임하더라도 당해 행위가 유효하고 신탁법 제75조에 의해 취소될 수 있다는 점에서 달라지지 않는다면, 굳이 실질적으로 이해상반의 우려가 있다고 하여 신탁재산관리인을 선임할 필요가 없고, 이를 위한 법리로서 실질적 판단설을 따라야 할 이유도 없다.

넷째, 민법 제921조의 해석론에서 실질적 판단설은 거래안전보다 제한능력자의 보호에 더 중점을 두는 견해라고 할 수 있다.[16] 우리 민법의 제한능력자 제도는 거래의 안전보다 제한능력자의 보호를 중심에 두고 있으므로(민법 제5조 제2항, 제141조 단서 참조),[17] 실질적 판단설은 민법 제921조의 해석에서 일정한 설득력을 가질 수 있다. 그러나 신탁의 수익자는 제한능력자와 같은 정도로 보호되어야 할 이유가 없다. 신탁의 수익자는 수탁자에 대한 채권자의 지위에 있고, 다만 신탁재산으로부터 생기는 이익을 향수할 자로서 수탁자의 신탁재산 관리처분권 행사에 일정한 제한을 가할 수 있을 뿐이다. 따라서 민법 제921조의 해석에서 실질적 판단설이 타당하다고 하더라도, 그 논거를 신탁법 제17조 제1항의 해석에 끌어올 수는 없다.

그러므로 신탁법 제17조 제1항의 "이해상반"을 행위의 객관적 성질만을 기준으로 판단하고, 수탁자의 의도나 그 행위의 결과를 고려하지 않아야 한다는 대상판결의 견해는 타당하다고 할 수 있다.

---

증권법연구 제17권 제2호, 68면.

16) 이를 뚜렷이 보여 주는 견해로 김형석, "후견인의 이해상반행위 금지", 일감법학 제32호, 20면 참조.

17) 양창수 · 김재형, 계약법(제2판), 박영사, 2015, 612면.

## Ⅲ. 신탁재산관리인의 지위

### 1. 신탁재산관리인의 권리

신탁법 제17조 제4항에 의하면 신탁재산관리인은 그 선임된 목적범위 내에서 수탁자와 동일한 권리가 있다.

우선 신탁재산관리인의 권한은 "선임된 목적범위" 내로 제한되고, 그 외의 권한은 여전히 수탁자에게 남아 있다. "선임된 목적범위"가 어디까지인지는 선임결정의 주문에 따라 판단한다. 신탁재산관리인의 권한은 선임결정의 주문에 기재된 사무의 처리에 관련된 범위로 국한되며, 수탁자는 그 범위에서 신탁재산의 관리처분권과 사무처리 권한을 상실하지만 그 외의 범위에서는 여전히 종래 가지던 권한을 잃지 않는다. 예컨대 특정한 매매에 관하여 선임된 신탁재산관리인은 그 계약의 체결에 관련된 사무를 처리할 권한을 가질 뿐이고, 특정한 소송에 관하여 선임된 신탁재산관리인은 그 소송의 수행에 관련된 사무를 처리할 권한을 가질 뿐이다. 그 사무의 처리가 종료되면 신탁재산관리인의 임무는 종료하고, 수탁자는 다시 신탁재산의 완전한 관리처분권과 사무처리권한을 회복한다. 사안에 따라서는 신탁재산관리인이 한 행위가 "선임된 목적범위" 내의 행위인가 다툼이 생길 여지도 있는데, 선임결정의 주문, 당해 행위의 성질이나 통상의 처리방법 등을 고려하여 판단하여야 할 것이다.

이와 같이 신탁재산관리인과 수탁자는 각자 그 사무처리의 범위가 다르고 각각 그 범위 내에서 동일한 권리를 가지기 때문에, 동일한 사무를 처리하는 공동수탁자에 관한 규정(제50조, 제51조)은 적용되지 않는다. 또한 신탁재산관리인이 수탁자의 복대리인으로 되는 것도 아니므로, 신탁재산관리인의 행위에 대하여 수탁자는 책임을 지지 아니한다. 즉 민법 제121조, 제122조는 적용이 없다.

신탁재산관리인의 권한에 대해서는 민법 제118조의 제한이 미치지 않는다. 구 신탁법상 신탁재산관리인은 수탁자가 사임 또는 해임한 경우

선임될 수 있었는데(제16조), 그 권한의 범위에 관해서는 아무런 규정이 없었다. 동일한 규정을 두었던 일본 구 신탁법에서는 신탁재산관리인의 권한은 그 선임결정에서 정한 바에 따르나, 그 결정에서 정해지지 아니하였으면 민법 제118조에 따라 신탁재산의 보존행위 또는 신탁재산의 성질을 변하지 아니하는 범위에서 그 이용 또는 개량행위로 제한되고, 이를 넘는 경우 법원의 허가를 받아야 한다는 견해가 통설이었다(이 견해는 현행 일본 신탁법 제66조 제4항으로 입법화되었다).[18] 그런데 이해상반을 이유로 신탁재산관리인이 선임된 경우에도 그와 같이 해석하게 되면, 이해상반행위의 처리라는 신탁재산관리인의 사무를 원활히 수행할 수 없게 될 우려가 있다. 예컨대 신탁재산을 수탁자가 매수하는 사무의 처리를 위해 신탁재산관리인이 선임되었음에도 그 계약에 따른 처분행위를 위해 다시 법원의 허가를 받아야 하는 불편함이 있게 된다. 이를 고려하여 신법에서는 "수탁자와 동일한 권리 · 의무가 있다"고 정하여, 신탁재산관리인이 처분행위를 하는 경우에도 원칙적으로 법원으로부터 별도의 허가를 받을 필요가 없다고 한 것이다.

수탁자와 동일한 권리가 있다고 한다면, 신탁재산의 소유권도 신탁재산관리인에게 있다는 의미인가? 즉 신탁재산관리인이 선임되면 수탁자에게서 신탁재산관리인 앞으로 신탁재산의 소유권이 이전되어야 하는가? 법문에 "수탁자와 동일한 권리가 있다"고 규정되어 있고, 수탁자는 신탁재산에 관한 권리의 귀속주체이므로(제31조) 이를 긍정하는 견해도 있을 수 있다. 그러나 이는 타당하지 않다. 전술한 바와 같이 수탁자와 동일한 권리가 있다고 정한 취지는 당해 특정 행위와 관련하여 신탁재산의 관리처분권을 신탁재산관리인에게 부여함으로써 신탁사무의 처리를 원활하게 하려는 데 있다. 이를 위하여 신탁재산의 소유권을 수탁자에게서 신탁재산관리인에게로 이전시켜야 할 필요는 없으며, 단지 수탁자의 관리처분권을 제한하면 충분하다고 생각된다. 이러한 해석이 신탁재산관리인의 지

18) 四宮和夫, 信託法(新版), 有斐閣, 1989, 274면; 松本 崇, 信託法, 第一法規, 1972, 238면 등.

위가 한시적이고 제한적이라는 앞의 설명과도 부합한다. 또한 현행 부동산등기법도 이 견해에 입각하고 있다고 할 수 있다. 부동산등기법 제83조 제1호에 의하면 수탁자의 임무가 종료되고 신수탁자가 선임된 경우 신수탁자는 단독으로 신탁재산에 속하는 부동산의 권리이전등기를 신청할 수 있다. 그런데 이 규정은 신탁재산관리인이 선임된 경우에는 적용되지 않는다(부동산등기법 제83조의3). 즉 신탁재산관리인의 성명과 주소는 신탁등기의 일부를 이루는 신탁원부에 기재되지만(부동산등기법 제83조의3, 제81조), 신탁재산관리인이 단독으로 신탁재산인 부동산에 관하여 자기 앞으로 소유권이전등기를 할 방법은 없다. 이는 신탁재산관리인이 선임되더라도 신탁재산의 소유권은 여전히 수탁자에게 남아 있음을 전제로 하는 것이다.[19]

신탁재산관리인이 선임된 후 수탁자의 자기거래는 신탁재산관리인이 당해 신탁재산의 관리처분권자로서 일방 당사자가 되고, 수탁자가 상대방 당사자가 되는 형식으로 이루어지게 된다. 예컨대 신탁재산을 고유재산으로 하는 매매에서는 신탁재산관리인이 매도인, 수탁자가 매수인으로 된다. 그리고 매매목적물인 신탁재산에 관한 소유권이전등기는 등기의무자인 신탁재산관리인으로부터 등기권리자인 수탁자 개인에게로 경료되는 것이다. 수탁자가 제3자의 대리인으로 되는 경우(제34조 제1항 제4호) 신탁재산관리인이 선임되면 신탁재산관리인과 제3자가 법률행위의 당사자로 된다. 이 경우 신탁재산에 관한 소유권이전등기는 등기의무자인 신탁재산관리인으로부터 등기권리자인 매수인 앞으로 마쳐지게 된다. 이와 같이 보면 "수탁자와 동일한 권리"를 가진다는 것은 특정한 행위를 할 권한, 그리고 그 행위에 기한 신탁재산의 처분권이 신탁재산관리인에게 인정된다는 의미일 뿐이고, 신탁재산관리인 선임과 동시에 신탁재산의 소유권 귀속에 변

19) 다만 신탁재산관리인은 특정한 행위와 관련하여서만 선임될 수 있는 것이므로, 수탁자 명의의 모든 신탁재산인 부동산에 관한 신탁원부에 신탁재산관리인의 성명과 주소가 기재되어야 하는 것은 아니라고 생각된다. 즉, 예컨대 특정 부동산의 매매에 관하여 신탁재산관리인이 선임된 경우 그 부동산에 관한 신탁원부에만 신탁재산관리인의 성명과 주소가 기재되면 충분하다. 이에 관한 등기실무의 개선이 필요하다고 생각된다.

동이 생긴다는 의미는 아닌 것이다.

신탁재산관리인의 권한에 대해서는 법원이 다시 제한을 가할 수 있다. 즉 법원은 특정 사무에 관하여 신탁재산관리인을 선임하는 경우에도 특정한 행위에 관하여는 법원의 허가를 받도록 정할 수 있다(제17조 제2항). 신탁재산관리인은 법원의 허가를 받아야 하는 사항에 관하여 허가를 받지 않고 한 경우 그 행위는 무권리자의 행위로서 효력이 없다(제17조 제4항 단서).

신탁법 제17조 제5항은 "제1항에 따라 신탁재산관리인이 선임된 경우 신탁재산에 관한 소송에서는 신탁재산관리인이 당사자가 된다."고 정하고 있다. 임무 종료를 이유로 신탁재산관리인이 선임된 경우에는 문언 그대로 신탁재산관리인이 신탁재산에 관한 모든 소송에서 당사자가 된다고 해석된다.[20] 반면 이해상반을 이유로 선임된 경우에는 그 선임결정이 신탁재산에 관한 특정 소송의 당사자가 되는 것을 내용으로 하는 것이 아닌 한 신탁재산관리인이 신탁재산에 관한 소송에서 당사자가 되는 것은 아니라고 해석하여야 한다. 예컨대 신탁재산관리인이 수탁자의 신탁재산 매수에 관하여 선임된 경우, 그 임무는 그 매매에 따른 권리의 이전이 마쳐지면 종료되고, 그 후 위 매매와 관련하여 소송이 제기되더라도 이미 종료된 신탁재산관리인의 지위가 회복되는 것은 아니다. 그 소송에 이해상반의 우려가 있다면 신탁재산관리인을 새로 선임하는 절차를 거쳐야 할 것이다. 이와 달리 신탁재산관리인의 권한이 위 소송에도 미친다고 해석하면 선임결정의 주문에서 정한 특정 행위가 이미 종료되어 이해상반이 해소되었는데도 신탁재산관리인의 임무가 종료되지 아니한 것이 되는데, 이는 제19조 제1항의 문언에 반할 뿐 아니라 특정 행위에 관하여 한시적으로 선임되는 신탁재산관리인 제도의 취지에도 어긋난다.

한편 보수청구권(제47조)이나 비용상환청구권(제46조) 등도 그가 처리할 수 있는 권한을 가진 신탁사무에 관한 범위에서 인정된다.[21]

---

20) 따라서 민사소송법 제236조에서 정한 바에 따라 중단된 소송절차는 신탁재산관리인이 이를 수계하였다가, 새로운 수탁자가 선임되면 그가 다시 수계하게 된다.

21) 이 사건의 각 신탁재산관리인에게도 보수청구권이나 비용상환청구권이 인정될

### 2. 신탁재산관리인의 의무

신탁재산관리인의 의무 역시 그 선임된 목적범위 내에서 수탁자의 그것과 동일하다(제17조 제4항 본문). 선임결정에서 정해진 특정 법률행위 또는 소송행위를 처리할 의무, 그 사무의 처리에 있어서 선량한 관리자의 주의를 다할 의무(제32조), 충실의무(제33조, 제34조), 공평의무(제35조), 분별관리의무(제37조) 등 수탁자가 당해 사무를 처리함에 있어 부담하였을 모든 의무를 신탁재산관리인도 부담한다. 또한 선임결정에서 정해진 특정 사무의 처리에 관하여 보수를 받을 수 있는 경우를 제외하고 원칙적으로 신탁재산으로부터 어떠한 이익도 누릴 수 없다(제36조). 이러한 의무를 다하지 못하여 지게 되는 원상회복·손해배상의무(제43조 제1항)나 이익반환의무(제43조 제3항) 역시 선임결정에서 정한 특정 행위에 관련된 범위에서 수탁자와 마찬가지로 부담하게 된다.

## Ⅳ. 결　　론

이상의 논의를 요약하면 다음과 같다.

1. 신탁법 제17조 제1항의 이해상반은 수탁자와 수익자 사이의 이해상반을 의미하는 것으로, 수탁자와 그 밖의 이해관계인, 또는 이해관계인들 사이에서의 이해상반을 의미하는 것이 아니다. 대상판결은 이를 잘 지적하고 있다.

---

수 있는가? 부정하여야 할 것이다. 보수청구권은 신탁사무 처리의 대가로서, 비용상환청구권은 신탁사무 처리에 관하여 지출한 비용을 보전하기 위하여 인정되는 것이다. 어느 것이나 신탁재산관리인에게 신탁사무 처리의 권한이 있음을 전제로 한다. 그러나 이 사건 각 신탁재산관리인은 수탁자와 수익자 간의 이해상반이 있어 선임된 것이 아니므로 신탁사무를 처리할 권한이 없다. 따라서 위 규정에 의한 보수청구권이나 비용상환청구권은 인정될 수 없다고 보아야 한다. 다만 부당이득이나 사무관리가 성립되는 경우 그 법리에 따른 부당이득반환청구권이나 비용상환청구권이 인정될 여지는 있다. 또 법원이 결정으로 신탁재산에서 보수를 지급받을 수 있다고 정한 경우(제17조 제6항)에도 보수청구권은 인정된다고 보아야 할 것이다.

2. 이해상반을 이유로 하는 신탁재산관리인 선임결정에서는 신탁재산관리인이 처리하여야 할 행위를 특정하여야 하고, 이를 특정하지 아니한 경우 그 결정에 따른 형성력은 발생하지 않는다. 대상판결의 사안에서 내려진 신탁재산관리인 선임결정에도 불구하고 원고(신탁재산관리인)에게는 아무런 권한도 부여되지 아니하였다고 보아야 한다.

3. 신탁법 제17조 제1항의 이해상반은 행위의 객관적 성질을 기준으로 하여야 하고, 그 행위의 동기나 결과를 고려하여서는 아니 된다. 대상판결에서 반드시 필요한 것은 아니었다고 생각되지만, 이 부분 판시도 타당하다.

4. 이해상반을 이유로 하는 신탁재산관리인은 특정 행위에 관하여 수탁자와 동일한 권한을 가지나, 그 외의 신탁사무 처리에 관한 모든 권한은 수탁자에게 유보되어 있다. 대상판결의 이 부분 판시도 타당하다.

대상판결의 사안을 돌이켜 생각해 보면 이 일련의 사건은 수탁자와 수익자 간의 이해상반이 있다고 할 수 없는데도 신탁재산관리인을 선임한 법원의 결정에서 비롯되었다고 할 수 있다. 그 후 대상판결의 제1심이나 원심도 이 결정에 잘못이 없음을 전제로 하여 신탁법 제17조 제1항을 해석하였다. 대상판결에 의해 비로소 신탁재산관리인의 선임요건과 그 지위에 관한 핵심적인 법리가 정립되었다고 할 수 있다. 이로써 이에 관한 하급심의 혼란도 제거될 수 있으리라 예측된다. "행위의 객관적 성질"에 따라 이해상반 여부를 판단한다고 해도 구체적인 사안에 따라 다툼은 생길 수 있을 것인데, 이는 장래 판례의 축적에 의해 정리될 수 있을 것이라고 생각된다.

[Abstract]

# Requirements for Appointment of Trust Asset Administrator and Its Rights and Duties: A Case Study

Lee, Yeonkab*

According to Korean trust code Article 17 Section 1, the court may appoint a trust asset administrator if the trustee is deemed unable to perform its duties properly due to conflicts between trustee and beneficiary. Recent Supreme Court case of September 28, 2019(case number 2014da79303) tried to clarify the requirements for the appointment of the trust asset administrator and its rights and duties. In this article, the author analyzes the case and makes suggestions regarding the appropriate interpretation of the clause.

In this case, some creditors of the trustee applied to the court for appointment of the trust asset administrator, accusing the trustee performed its powers in favor of other creditors. The court accepted the application. Afterwards, the trustee made a contract with some creditors and the trust asset administrator sued them for restoration arguing the contract is void because the trustee did not have relevant power. The lower court turned down the suit and the Supreme Court affirmed.

First issue was the requirement for the appointment of the trust asset administrator. The Court appropriately declared that the trust asset administrators should be appointed only if (1) there are probability of conflicts (2) between trustee and beneficiary. The author agrees with the Court's opinion, and adds that the probability of conflict should be decided objectively, not subjectively, according to the purport of the 'no-conflict rule.'

Second issue was whether the appointment decree was void or not.

* Professor, Yonsei Law School.

The Court did not answer to this issue clearly, but it presumed the validity of the decree implicitly. The author disagrees. Because the asset administrator is allowed to have powers limited in purview and time, the appointment decree should describe the exact range of the powers given to the administrator. For example, the court should specify the action or contracts which the administrator could do. In this case the decree did not say anything about the scope of the administrator's powers. Therefore, the author argues that, although this decree might not be void, it did not have the effect as it supposed to have.

[Key word]

- trust
- trust asset administrator
- no-conflict-rule
- objective nature
- trustee

## 참고문헌

법무부, 신탁법 해설, 법무부, 2012.
양창수 · 김재형, 계약법(제2판), 박영사, 2015.
윤진수 편집대표, 주해친족법 제2권, 박영사, 2015.
이화숙 외, 가족법판례해설, 세창출판사, 2009.
최수정, 신탁법, 박영사, 2016.

四宮和夫, 信託法(新版), 有斐閣, 1989.
松本 崇, 信託法, 第一法規, 1972.

Hanbury & Martin, *Modern Equity*, 17th ed., Sweet & Maxwell, 2005.
Graham Moffat, *Trusts Law*, 5th ed., Cambridge Univestiry Press, 2009.

김형석, "후견인의 이해상반행위 금지", 일감법학 제32호, 2015.
노혁준, "수탁자 의무위반행위의 사법적 효력과 수익자취소권", 증권법연구 제17권 제2호, 2016.
최수정, "수탁자의 이익상반행위의 효력", 한양법학 제26권 제1집, 2015.

# 담보신탁을 근거로 한 체육필수시설의 매매와 매수인의 권리 · 의무 승계*·**

최 준 규***

## 요 지

대상판결은 담보신탁에 기초하여 체육필수시설의 매각이 이루어진 경우, 체육시설법 제27조 제2항 제4호가 적용되어 매수인은 체육시설업자의 권리 · 의무를 승계한다고 보았다. 필자는 다음과 같은 이유에서 대상판결의 결론에 찬성한다.

첫째, 담보신탁에도 체육시설법 제27조 제2항이 적용된다고 보아야 회원 보호라는 체육시설법의 입법취지가 달성될 수 있다. 위 조항의 입법론적 타당성이나 회원의 보호필요성에 의문이 있더라도, 위 조항을 위헌이라고 볼 수 없고 담보신탁을 체육시설법 제27조 제2항 제4호에 포함시키는데 법문언상 아무런 문제가 없는 이상, 해석자로서는 가급적 법규범의 권위를 존중하는 방향으로 법률을 해석해야 한다.

둘째, 체육시설법 제27조 제1항은 사업자의 자발적 의사에 따라 체육시설이 이전된 경우를 주로 염두에 두고 회원을 보호하기 위해 마련된 규정이고, 제27조 제2항은 사업자의 자발적 의사와 무관하게 체육시설이 이전된 경

---

* 이 글은 2019. 2. 14. 법경제학회 학술대회, 2019. 2. 18. 민사판례연구회 월례회에서 발표한 원고를 수정 · 보완한 것으로서, 사법 제48호(2019)에 이미 게재되었다. 논문내용 개선에 도움이 되는 귀중한 지적을 해 주신 신용락 변호사님, 윤진수 교수님, 최지현 교수님, 김기홍 판사님께 감사드린다.

** 이 논문은 서울대학교 법학발전재단 출연 아시아태평양법 연구소의 2019학년도 학술연구비 지원을 받았음.

*** 서울대학교 법학전문대학원 부교수.

우 회원을 보호하기 위해 마련된 규정이라고 해석함이 법률체계와 부합한다.

셋째, 필자의 생각에 대해서는, 매수인은 수탁자로부터 체육시설을 승계취득하는 것인데 수탁자가 위탁자로부터 승계하지 않은 권리·의무를 매수인이 새롭게 승계하는 것은 불합리하다는 반론이 있을 수 있다(법형식에 주목하는 관점). 그러나 담보신탁의 실질에 주목한다면 매수인을 통상의 전득자와 달리 취급하는 것도 충분히 가능하다. "누구도 자신이 가진 것 이상을 줄 수 없다"는 법원칙이 언제나 절대적으로 지켜져야 하는 원칙은 아니다. 비슷한 맥락에서 담보신탁의 수익자를 회생절차에서 회생담보권자로 취급할 수도 있다.

그런데 체육시설법 제27조 제2항은 다음과 같은 점에서 비효율적이고, 입법론의 관점에서 개선이 필요하다. 첫째 위 조항에 따라 회원은 공시제도가 충분히 갖추어지지 못한 상황에서 사실상 최우선변제권을 누리게 된다. 이러한 회원의 권리는 체육필수시설에 대한 담보거래에 심각한 장애요소가 된다. 둘째 회생절차에서 회원의 변제비율을 어떻게 정하는 것이 공정·형평의 원칙에 부합하는지 불명확하다. 이러한 불명확성으로 인해 회생계획안의 작성 및 인가과정에서 거래비용이 증가할 수 있다. 입법론으로는 체육시설법 제27조 제2항을 보완하여 회원이 공시요건을 갖춘 시점을 기준으로 우선변제권을 부여하거나, 위 조항을 폐지하고 유상보증이나 보험제도를 통해 회원을 보호하는 방안을 강구하는 것이 바람직하다.

[주 제 어]

- 회원제 골프장
- 담보신탁
- 체육시설법
- 회생절차
- 해석론과 입법론의 관계

## 대상판결 : 대법원 2018. 10. 18. 선고 2016다220143 전원합의체 판결

### [사안의 개요]

베네치아코리아 주식회사(이하 'A회사')는 X토지에 베네치아코리아 컨트리클럽(이하 'A골프장')을 건설하여 운영하면서 하나은행(이하 'B은행')을 비롯한 금융기관들로부터 대출을 받았다. A회사는 위 대출금채무를 담보하기 위하여 수탁자인 B은행과 사이에 위 금융기관들을 우선수익자로 하여 X토지 및 X토지 위에 놓인 A골프장 건물들(이하 '이 사건 신탁부동산')에 관한 담보신탁계약을 체결하고, B은행 앞으로 소유권이전등기를 마쳐주었다.

이후 A회사가 대출금채무를 이행하지 않자 B은행은 이 사건 신탁부동산에 관한 공매절차를 진행하였다. 그 공매절차에서 C가 낙찰자로 선정되어 B은행이 C와 매매계약을 체결하였으나 C는 그 매매계약을 제대로 이행하지 않았다. 이후 B은행은 수의계약 방식으로 피고회사와 다시 매매계약을 체결하였다.[1] 이에 따라 피고회사는 이 사건 신탁부동산에 관하여 소유권이전등기를 마친 뒤, 피고신탁회사와 사이에 피고3을 우선수익자로 하여 X토지에 관한 담보신탁계약을 체결한 뒤, 피고신탁회사 앞으로 소유권이전등기를 마쳐주었다.

A골프장의 회원인 원고들은 피고회사를 상대로 입회금반환을 구하고, 그 입회금반환채권을 피보전채권으로 하여 피고신탁회사 및 피고3에 대하여 사해행위취소 및 원상회복을 구하는 소를 제기하였다.

### [소송의 경과]

#### 1. 제1심[2] 및 원심판결[3] : 원고 청구기각

1심법원은 피고회사가 A회사의 원고들에 대한 입회금반환채무를 승계하

---

1) 매각대상 체육필수시설의 감정가는 700억 원 상당이었지만 피고회사와 체결한 매매계약상 매각대금은 14억 1000만 원에 불과했다. 한편 입회금반환채권 총액은 약 500억 원 상당이었다. 감정가와 실제 매매가격 사이에 위와 같이 현저한 차이가 발생한 이유는 분명하지 않다. 추측건대 매수인 입장에서 ① 입회금반환채무를 승계할 위험을 고려하였거나, ② (입회금반환채무를 승계하지 않는 경우) 별도로 인허가를 받아야 할 위험을 고려하였기 때문으로 사료된다. 후자의 위험을 고려한다면 매매가격은 골프장 부지가 아니라 통상의 임야나 대지 가격을 기준으로 정해질 수 있다.

2) 대구지방법원 김천지원 2015. 6. 16. 선고 2014가합1556 판결.

3) 대구고등법원 2016. 4. 21. 선고 2015나22107 판결.

지 않는다고 보아, 원고들의 청구를 모두 기각하였다. 원심법원도 1심법원과 같은 입장을 취하여 원고들의 항소를 모두 기각하였다.

### 2. 대상판결 : 파기환송

대법원은 피고회사가 입회금반환채무를 승계한다고 보아 원심판결을 파기환송하였다. 이에 대해서는 대법관 조희대, 권순일, 이기택, 민유숙, 이동원의 반대의견이 있었고, 다수의견에 대한 대법관 김소영, 김재형, 조재연의 보충의견이 있었다. 각 의견의 요지와 근거를 정리하면 다음과 같다.

#### [다수의견]

다수의견의 요지는 다음과 같다.

체육시설의 설치 및 이용에 관한 법률(이하 '체육시설법') 제27조 제1항은 "체육시설업자가 사망하거나 그 영업을 양도한 때 또는 법인인 체육시설업자가 합병한 때에는 그 상속인, 영업을 양수한 자 또는 합병 후 존속하는 법인이나 합병에 따라 설립되는 법인은 그 체육시설업의 등록 또는 신고에 따른 권리 · 의무(제17조에 따라 회원을 모집한 경우에는 그 체육시설업자와 회원 간에 약정한 사항을 포함한다)를 승계한다"라고 정하고 있다. 그리고 같은 조 제2항은 "다음 각 호의 어느 하나에 해당하는 절차에 따라 문화체육관광부령으로 정하는 체육시설업의 시설 기준에 따른 필수시설을 인수한 자에게는 제1항을 준용한다"라고 정하면서, 제1호로 "민사집행법에 따른 경매", 제2호로 "채무자 회생 및 파산에 관한 법률(이하 '채무자회생법')에 의한 환가", 제3호로 "국세징수법 · 관세법 또는 지방세징수법에 따른 압류 재산의 매각"을 열거하고 그 다음 항목인 제4호에서 "<u>그 밖에 제1호부터 제3호까지의 규정에 준하는 절차</u>"(강조는 필자, 이하 같음)를 명시하고 있다. 이처럼 체육시설법 제27조 제1항은 상속과 합병 외에 영업양도의 경우에도 체육시설업의 등록 또는 신고에 따른 권리 · 의무를 승계한다고 정하고, 제2항은 경매를 비롯하여 이와 유사한 절차로 체육시설업의 시설 기준에 따른 필수시설(이하 '체육필수시설')을 인수한 자에 대해서도 제1항을 준용하고 있다. 위와 같은 방법으로 체육시설업자의 영업이나 체육필수시설이 타인에게 이전된 경우 영업양수인 또는 체육필수시설의 인수인 등은 체육시설업과 관련하여 형성된 공법상의 권리 · 의무뿐만 아니라 체육시설업자와 회원 간의 사법상 약정에 따른 권리 · 의무도 승계한다. 한편 체육시설업자가 담보 목적으로 체육필수시설을 신탁법에 따라 담보신탁을 하였다가 채무를 갚지 못하여 체육필수시설이 공개경쟁입찰방식에 의한 매각(이하 '공매') 절차에 따라 처분되거나 공매 절차에서 정해진 공매 조건에 따라 수의계약으로 처분되는 경우가 있다. 이와 같이 체육필수시설에 관한 담보신탁계약이 체결된 다음 그 계약에서 정한 공매나 수의계약으로 체육필수시설이 일괄하여 이전되는 경우에 회원에 대한 권리 · 의무도 승계되는지 여부가 문제이다. 이러한 경우에도 체육시설법 제27조의 문언과 체계, 입법 연혁과 그 목적, 담보신탁의 실질적인 기능 등에 비추어 체육필수시설의 인수인은 체육시설업자와 회원 간에 약정한 사항을 포함하여 그 체육시설업의 등록 또는 신고에 따른 권리 · 의무를 승계한다고 보아야 한다.

다수의견은 다음과 같은 근거를 들고 있다.

① 체육필수시설이 일괄하여 인수인에게 이전되는 경우 회원에 대한 권리 · 의무도 승계된다고 보는 것이 법률의 목적에 부합한다. 체육시설법 제27조는 사업의 인허가와 관련하여 형성된 체육시설업자에 대한 공법상의 관리체계를 영업주체의 변동에도 불구하고 유지하게 하려는 취지와 함께, 체육시설업자와 이용관계를 맺은 다수 회원의 이익을 보호하기 위하여 일반적인 영업양도[4]나 경매 절차 등[5]에 대한 특례를 인정한 것이다. 담보신탁계약에 따른 공매는 체육필수시설을 포괄적으로 이전한다는 점에서 체육시설법상의 영업양도와 마찬가지로 회원에 대한 권리 · 의무의 승계를 인정할 필요가 있다. 또한 담보신탁계약에 따른 공매 절차가 유찰되어 최종 공매 조건으로 체결되는 체육필수시설에 관한 수의계약의 경우에도 공매로 체육필수시설이 이전되는 경우와 마찬가지로 회원에 대한 권리 · 의무의 승계를 인정할 필요가 있다.

② 담보신탁에 따른 공매나 수의계약으로 체육필수시설이 이전된 경우에도 회원에 대한 권리 · 의무의 승계를 인정하는 것이 문언해석에 부합한다.

③ 다수의견은 입법자의 의사에도 부합한다. 체육시설법 제27조 제1항, 제2항에 관한 입법과정이나 입법자료를 보면, 체육필수시설이 영업양도, 경매나 이와 유사한 방식으로 이전되는 때에는 체육시설의 회원을 보호하기 위

4) 체육시설법 제27조 제1항에서 권리 · 의무의 승계를 규정하고 있다.
5) 체육시설법 제27조 제2항에서 권리 · 의무의 승계를 규정하고 있다.

하여 회원에 대한 권리·의무의 승계를 인정하고자 하였던 것으로 볼 수 있다.

④ 담보신탁의 기능에 비추어도 다수의견이 타당하다.

– 담보신탁에 따른 공매는 민사집행법에 따른 경매 절차 등과 다음과 같은 점에서 본질적으로 유사하다. ⓐ 채권자의 채권을 변제하기 위해서 채무자의 의사와 무관하게 채무자의 재산을 처분하는 강제적이거나 비자발적인 환가절차이다. ⓑ 법원의 감독이나 허가를 받거나 법원 또는 관청이 절차를 주관하는 등 당사자들의 의사만으로 절차의 진행이 좌우되는 것은 아니다. ⓒ 우선적으로 불특정 다수를 대상으로 한 공개경쟁입찰방식 등을 거친다. ⓓ 일정한 요건 아래에 임의매각이나 수의계약 방식에 의한 처분도 허용된다(채무자회생법 제492조, 제496조에 따른 임의매각, 국세징수법 제62조에 따른 수의계약, 관세법 제210조 제3항에 따른 수의계약, 지방세징수법 제72조에 따른 수의계약).

– 또한 담보신탁은 소유권 등 권리이전형 담보의 일종인 '양도담보'와 유사한 측면이 있다. 대출금 채무를 담보하기 위하여 체육필수시설에 대해 양도담보나 가등기가 설정된 경우 그 양도담보나 가등기담보가 실행될 때 체육시설법 제27조 제2항 제1호나 제4호가 적용될 여지가 있는데, 그렇다면 담보신탁을 근거로 한 공매와 수의계약도 양도담보의 실행과 마찬가지로 체육시설법 제27조 제2항이 적용될 수 있다.

– 담보신탁계약에 따른 공매나 수의계약은 법원이나 금융위원회의 감독을 받는다는 점에서 일반적인 매매와 다르다.

– 채무자회생법에 따른 파산관재인에 의한 환가와 담보신탁을 근거로 한 수탁자에 의한 수의계약은 그 절차와 방식 등 여러 면에서 유사하므로, 위 두 절차에 대한 체육시설법 제27조 제2항의 적용 여부가 달라져서는 안 된다.

⑤ 이익형량의 관점에서도 다수의견이 타당하다. 담보신탁에 따른 환가의 경우에도 회원들의 보호필요성은 존재한다. 또한 체육필수시설의 인수인은 체육시설법 제27조 제2항에 따라 승계될 회원규모 등을 충분히 예측할 수 있다. 따라서 담보신탁을 근거로 한 공매와 수의계약이 체육시설법 제27조 제2항 제4호에서 정하는 절차에 포함된다고 해석하더라도, 담보신탁의 우선수익자에게 예상할 수 없는 손해가 발생한다고 볼 수 없다. 체육시설에 담보신탁을 설정하는 이유 중 하나는 위탁자인 체육시설업자가 도산상태에 빠

진 경우에도 이른바 도산격리 효과에 따라 수탁자와 수익자를 보호하기 위해 일반채권자들이 신탁재산에 대해 채권 행사를 할 수 없도록 하는 것이다. 그러나 담보신탁의 도산격리 효과를 부분적으로 수정해서라도 회원들의 권익 보호라는 체육시설법 제27조의 입법취지를 우선하여 실현하는 것이 이익형량의 관점에서도 타당하다.

[대법관 조희대, 대법관 권순일, 대법관 이기택, 대법관 민유숙, 대법관 이동원의 반대의견]

반대의견의 요지와 근거는 다음과 같다.

담보신탁계약에서 정한 공개경쟁입찰방식이나 수의계약 방식에 의한 매매(이하 '담보신탁을 근거로 한 매매')에 따라 체육필수시설을 인수한 자는 그 체육시설업의 등록 또는 신고에 따른 권리 · 의무를 승계하지 않고, 이와 같은 매매 절차는 체육시설법 제27조 제2항 제4호에서 정하는 "그 밖에 제1호부터 제3호까지의 규정에 준하는 절차"에도 해당하지 않는다고 보아야 한다.

① 담보신탁을 근거로 한 매매는 법적 성격이 체육시설법 제27조 제1항에서 규정하는 영업양도나 합병과는 전혀 다르다. 또한 체육시설법 제27조 제2항 제1호 내지 제3호에서 규정하는 민사집행법에 따른 경매 절차 등과도 그 시행 주체, 절차, 매매대금의 배분 방식 등에서 성격을 달리한다.

② 채무자의 재산이 어떤 사유로 제3자에게 처분된다고 하더라도, 채무자가 부담하던 의무는 그 재산의 소유권을 취득한 제3자에게 승계되지 않는 것이 일반적인 법 원칙이다. 체육시설법 제27조가 체육시설업자의 의무를 승계하는 근거 규정을 둔 것은 이와 같은 법 원칙에 대한 예외를 정한 것이므로, 그 예외 규정의 해석이 명확하지 않은 경우에는 일반적인 법 원칙으로 돌아가야 하는 것이지 예외 규정을 확장해석해서는 아니 된다.

③ 체육시설법 제27조 제2항 제4호는 같은 항 제1호부터 제3호까지 정한 절차와 본질적으로 유사한 절차를 염두에 둔 규정이므로, 적어도 그 절차 자체에 관하여 법률에 구체적 규정을 두고 있고, 법원, 공적 기관 또는 공적 수탁자가 그 절차를 주관하는 등의 근거를 갖추었을 때 적용된다고 보는 것이 문리해석상으로도 자연스럽다.

④ 담보신탁된 재산의 매매에는 체육시설법 제27조 제2항을 적용하지

않는 것이 입법자의 의사에 부합한다. 입법 과정에서 논의가 있었다 하더라도 법률 조항으로 규정하지 않았다면, 그 논의의 타당성 유무에도 불구하고 결국 법률 조항으로 규정하지 않은 영역의 문제는 법률의 적용대상에서 배제한다는 입법자의 의사가 표현된 것으로 보아야 한다.

⑤ 체육시설법 제27조 제2항의 입법취지에는 '거래 안전의 도모'도 포함되므로,[6] 위 조항은 문언 그 자체로 엄격하게 해석하여야 한다.

⑥ 거래당사자들의 예측가능성 확보라는 점에서도 반대의견이 타당하다. 다수의견에 따르면, 당사자가 선택한 어떠한 매각 절차가 위 제1호부터 제3호까지 정한 절차와 어느 정도로 얼마만큼이나 유사해야 하는지, 그래서 같은 항 제4호에 해당하여 그 매각 절차로 입회금반환채무가 승계되는지를 전혀 예측할 수 없다.

⑦ 담보신탁의 특성 등을 고려하면, 다수의견은 신탁재산의 매매를 통해 체육필수시설을 취득한 제3자에게 신탁재산과 절연된 위탁자의 부담을 곧바로 전가해 버리는 결과를 낳으므로 부당하다. 신탁재산은 위탁자의 재산과 분리되고 그 소유자인 수탁자의 고유재산과도 독립되어, 위탁자에 대하여 회생절차나 파산절차가 개시되는 때에도 수익자의 지위 또는 신탁재산에 대한 담보권은 영향을 받지 않는다. 따라서 독립한 신탁재산에 대해 담보물권을 설정하거나 수익권을 취득한 채권자는 담보제공자의 도산위험으로부터 절연된 강력한 담보를 취득할 수 있다. 그런데도 우선수익권의 가치를 평가하면서 위탁자가 회원들에 대하여 부담하는 입회금반환채무까지 당연히 고려하여야 한다면, 위탁자의 신용상 위험으로부터 신탁재산을 분리하고자 하는 신탁제도의 취지에 정면으로 반할 수 있다.

⑧ 다수의견은 '담보신탁을 근거로 한 매매 절차에서 회원에 대한 입회금반환채무의 승계를 부정한다면, 체육시설업자 등이 체육시설법 제27조 제2항의 적용을 회피하는 길을 열어 주고, 입회금으로써 경제적 가치가 증가된 체육시설을 취득한 자가 그 입회금반환채무를 인수하지 않는다는 불합리한 결과가 초래된다'고 주장한다. 그러나 담보신탁계약의 체결이 회원들을 비롯한 이해관계인을 해하는 사해신탁에 해당하는 때에는 신탁법 제8조에 따라

6) 그러나 이러한 주장이 타당한지는 의문이다. 필자가 인터넷을 통해 확인할 수 있는 입법자료상으로는 체육시설법 제27조 제2항의 입법취지(보다 정확히 표현하면 구 체육시설법 제30조 제2항의 입법취지)에 거래 안전의 도모는 포함되어 있지 않다.

사해신탁을 이유로 취소와 원상회복을 구할 방법이 따로 마련되어 있다. 다수의견은 '체육필수시설에 양도담보나 가등기담보를 설정한 다음 귀속정산이나 처분정산의 방식으로 이들 담보권을 실행할 수 있는데, 이러한 절차가 체육시설법 제27조 제2항에 열거된 절차에 포함된다'고 주장한다. 그러나 양도담보나 가등기담보의 실행이 체육시설법 제27조 제2항에 열거된 절차에 포함된다는 근거를 찾기 어렵다.

⑨ 다수의견을 따른다면 사회경제적으로 바람직하지 못한 결과가 발생한다. 다수의견을 따른다면, 골프장 체육필수시설에 대한 담보신탁을 근거로 한 매매 절차에서 매수 의사를 가진 자들로서는 입회금반환채무의 승계를 고려하여 위 골프장의 자산 가치를 평가하게 되는데, 통상 그 자산 가치가 떨어지게 되고 경우에 따라 '0'에 수렴하는 경우도 발생할 수 있다. 다수의견을 따라 회원들의 이익만을 도모하는 결과, 골프장 체육필수시설에 대한 매각 자체가 어려워지고, 매각이 이루어지지 아니한 채 시간만 경과하게 되어 해당 골프장을 둘러싸고 얽혀 있는 채권자들의 경제적 이해관계가 사적 영역에서는 해결할 방법이 없게 됨으로써 회생이나 파산절차를 통한 해결 외에 대안을 찾기 어렵게 될 것이다.

### [다수의견에 대한 대법관 김소영, 대법관 김재형의 보충의견]

다수의견에 대한 대법관 김소영, 김재형의 보충의견은 주로 반대의견에 대한 재반박을 하고 있다.

① 반대의견은 적어도 그 절차 자체에 관하여 법률에 구체적 규정을 두고 있고 법원 등이 그 절차를 주관하는 등의 근거를 갖추었을 때 체육시설법 제27조 제2항 제4호가 적용된다고 보는 것이 문리해석상으로도 자연스럽다고 주장한다. 그러나 이는 문리해석의 범위를 벗어나서 전형적인 목적론적 축소해석에 해당한다. 반대의견이 체육시설법 제27조 제2항 제4호가 적용되는 근거로 들고 있는 것은 같은 항에서 명시적으로 정하고 있는 문언이 아니다. 반대의견의 이러한 주장은 법률 조항에서 명시하지 않은 내용을 추가함으로써 그 적용을 배제하는 방향으로 이루어지는 해석이다. 이는 엄밀한 의미에서 문리해석이라기보다는 목적론적 해석이라고 보아야 한다.

② 반대의견은 담보신탁을 근거로 한 공매나 수의계약이 체육시설법 제27조 제2항 제1호부터 제3호까지 열거한 절차와는 법적 성격이 다르다고 주

장한다. 이는 체육시설법 제27조 제2항에서 열거한 절차가 담보신탁을 근거로 한 공매나 수의계약과 달리 법률에서 정한 절차라는 점을 근거로 하고 있다. 그러나 법률에서 정한 절차라는 것과 그 절차의 법적 성질은 별다른 관계가 없을 뿐만 아니라, 담보신탁을 근거로 한 공매나 수의계약의 법적 성질이 민사집행법에 따른 경매나 파산관재인의 임의매각에 의한 환가 등과 본질적으로 다르다고 볼 수도 없다.

③ 반대의견은 담보신탁을 근거로 한 공매나 수의계약에는 체육시설법 제27조 제2항을 적용하지 않는 것이 입법자의 의사에 부합하고 다수의견이 법률해석의 한계를 뛰어넘어 입법작용에 이른다고 주장한다. 그러나 체육시설법 제27조 제2항 제4호는 '준하는 절차'라는 포괄적 용어를 사용하였으므로 입법자의 의사는 이와 같은 개방적이고 포괄적인 입법 형식에 투영되어 있다고 보아야 한다.

④ 반대의견은 체육시설법 제27조 제2항의 입법취지에 '거래 안전의 도모'도 포함됨을 이유로 위 조항을 엄격하게 해석하여야 한다고 주장한다. 그러나 담보신탁을 근거로 한 공매나 수의계약에 체육시설법 제27조 제2항 제4호를 적용한다고 하더라도 거래 안전을 해한다고 볼 수 없다. 예를 들어 골프장 시설을 매수하려는 자는 회원권과 입회금반환채무 등의 존재를 충분히 예상할 수 있다. 또한 체육시설법령에서 회원모집의 방법, 모집 총금액, 회원모집계획서의 제출 등을 규정하고 있으므로 회원을 모집한 체육시설업의 체육필수시설을 인수하려는 자는 체육시설법 제27조 제2항에 따라 승계되는 회원규모 등을 얼마든지 예측할 수 있다.

⑤ 반대의견은 다수의견이 회원들의 이익만을 도모하는 결과 골프장 운영 회사의 회생이나 파산절차를 통한 해결 외에 대안을 찾기 어렵게 될 것이라고 주장한다. 그러나 채무초과 상태에 빠진 회사를 둘러싼 채권자들의 이해관계는 회생이나 파산절차를 통해서 해결하는 것이 우리 법체계에 부합하는 정상적인 방식이다.

### [다수의견에 대한 대법관 조재연의 보충의견]

다수의견에 대한 대법관 조재연의 보충의견은 ① 회원제골프장을 둘러싼 당사자들의 이익상황과 ② 체육시설법 제27조 제2항의 입법취지를 분석하면서 다음과 같은 이유를 들어 다수의견을 정당화하고 있다.

골프장 사업자는 골프장이 완성되지 않은 공사 진행 단계에서도 회원 모집을 하여 그 수입금을 골프장 건설에 투자할 수 있고, 골프장 개장 후 운영 중에도 시 · 도지사 등에게 회원모집계획서를 작성 · 제출하고 추가로 회원을 모집하여 그 수입금을 활용할 수 있다(체육시설법 제17조). 회원제 골프장의 대부분은 골프장 건설 또는 개보수에 소요되는 비용을 회원 모집을 통하여 조달하는 것이 일반적인 현실이다. 따라서 골프장의 물적 시설에는 회원들이 입회금으로 납부한 자금이 화체되어 있다.

체육시설법 제27조 제2항은 체육필수시설 인수자로 하여금 종전 사업자로부터 인허가권을 양도받거나 새로 인허가 절차를 밟아야 하는 부담과 비용을 덜어주고, 그대신 기존 회원들에 대한 의무를 승계하도록 하려고 마련된 것이다. 이러한 조항이 없다면 골프장 사업부지 낙찰자는 인허가권을 별도로 취득해야 하므로 결국 골프장 사업부지에 대한 낙찰금액이 저감되어 채권자들의 손실로 이어지고, 적지 않은 금액의 입회금을 지급함으로써 골프장 건설의 경제적 비용을 분담한 회원제 골프장의 회원들은 사업자가 변경되는 경우 법적으로 전혀 보호를 받지 못하게 된다.

체육시설법 제27조 제2항 제1호 내지 제3호는 각 절차의 법률적 공통점을 중시하여 규정하였다기보다는 그 기능이나 효과 면에 착안하여 규정한 것으로 보아야 한다. 왜냐하면, 제2항의 핵심 내용은 체육필수시설이 이전되는 경우에는 제1항과 마찬가지로 인허가권 및 회원에 대한 의무도 당연승계 되도록 하려는 데 있기 때문이다. 따라서 제4호의 "그 밖에 제1호부터 제3호까지의 규정에 준하는 절차"라 함은 절차의 기능적 측면에 방점을 두어 '채무자의 의사에 불구하고 체육필수시설의 이전이 일어나는 환가절차'를 의미하는 것으로 새겨야 하고, 제4호의 절차를 제1호 내지 제3호에 열거된 각 절차의 법률적, 제도적 성질과 공통성이 있는 절차로 엄격히 한정해서 해석할 일은 아니다. 그렇게 해석하면 이 조항의 핵심 취지에서 빗나가게 된다.

## 〔研　　究〕

### Ⅰ. 들어가며

대상판결의 논점은 담보신탁에 따른 신탁목적물 매각시 체육시설법 제27조 제2항 제4호가 적용되어 매수인이 매도인의 권리 · 의무를 승계하는지 여부이다. 비교적 간단해 보이는 이 논점에 관하여 종래 팽팽한 견해 대립이 있었고, 대법원 판례의 입장은 분명하지 않았다. 대상판결은 이에 관한 논란을 종식시키고 거래계의 불명확성을 제거하였다는 점에서 의의가 크고, 검토의 가치가 있다. 또한 대상판결의 논점은 ① 회원제 골프장이 회생절차에 들어간 경우 법률관계, ② 담보신탁의 법적 성격 및 회생절차상 지위, ③ '대항력'과 '우선변제권'이라는 민법상 개념이 도산절차에서 어떠한 의미를 갖는지, ④ 법해석론과 입법론 사이의 관계 등과도 밀접한 관련이 있다. 대상판결에서 대법관들이 벌인 치열한 논리적 쟁투(爭鬪)는 그 자체로 음미할 가치가 있을 뿐만 아니라, 위와 같은 인접 또는 관련문제까지 같이 염두에 두고 검토할 필요가 있다고 생각한다. 이 글에서는 이러한 문제들에 관하여 고민해본다.

### Ⅱ. 문제의 배경

우리나라 회원제 골프장[7]의 특징으로 대체로 다음과 같은 점이 지적된다.[8] 골프장 사업자는 적은 자본으로 사업을 시작한다. 즉 최초 자

---

7) 골프장은 그 영업을 위해 등록이 필요한 체육시설의 일종으로서 회원제 골프장과 대중 골프장으로 나누어진다(체육시설법 제10조 제1항 제1호, 동법 시행령 제7조 제1항). 회원제 골프장은 사단법인형, 주주형, 예탁형 등 다양한 형태로 존재한다. 그 중 대다수를 차지하는 유형은 예탁형 회원제 골프장이다. 예탁형은 골프장 운영자와 회원이 입회계약을 체결하고, 회원이 골프장 운영자에게 입회금을 예탁한 뒤 골프장을 이용하는 형태이다. 회원은 입회계약이 종료되면 골프장 운영자에 대하여 입회금반환채권을 갖는다.

8) 나청, "회원제 골프장 회생사건의 실무상 쟁점 정리", 도산법연구회 2018년 8월 월례회 발표문, 4-5면(http://dosanbub.org/conference?bc_seq=2&b_cate=&method=view&page=1&b_

본금으로 토지계약금을 지불하고 토지사용승낙서를 받은 뒤 이를 가지고 제2금융권 대출을 받고, 이후 시공사를 선정해 다시 제1금융권 대출로 전환하며, 공사가 30% 내외로 진행되면 회원권을 미리 분양하여 이를 가지고 토지대금과 공사비를 지급한다. 따라서 대부분의 회원제 골프장은 입회금반환채권 만기에 돌려 줄 입회금을 실제로 갖고 있지 않다. 체육시설법에 따라 회원[9]에 대한 채무가 승계되지 않으면 회원들은 입회금을 돌려받지 못할 가능성이 크다.

한편, 골프장 사업자는 입회금뿐만 아니라 대출로도 사업자금을 마련한다. 사업자는 이러한 대출을 받기 위해 골프장 부지와 시설 등 부동산을 담보로 제공한다. 물적담보 제공 방식으로 저당권 설정보다 담보신탁이 선호된다.[10] 담보신탁이 선호되는 주된 이유는—설정비용이 저렴하고 매각절차가 효율적인 점 등도 있지만—판례가 인정하는 담보신탁의 도산격리효과 때문이다. 저당권자는 채무자가 회생절차에 들어가면 회생담보권자가 되어 회생절차에 참가할 수 있을 뿐이고(채무자회생법 제141조) 회생절차와 무관하게 자신의 담보권을 자유롭게 실행할 수는 없다. 그러나 담보신탁의 경우 담보목적물은 수탁자의 재산이지 회생재단에 포함되는 것이 아니므로 신탁수익자가 자유롭게 우선수익권을 실행할 수 있다.[11]

---

seq=84&search_key=&search_word=에서 검색가능. 최종검색일 2019. 1. 30.).

9) 회원은 "체육시설업자의 시설을 일반이용자보다 우선적으로 이용하거나 유리한 조건으로 이용하기로 체육시설업자(제12조에 따른 사업계획 승인을 받은 자를 포함한다)와 약정한 자"를 말한다(체육시설법 제2조 제4호). 판례는 체육시설법상 회원은 법령이 정한 소정의 절차에 따라 유효하게 회원의 자격을 취득한 자를 의미하고, 단순히 담보 목적으로 회원권을 받은 자는 여기에 해당하지 않는다고 한다. 대법원 1999. 10. 22. 선고 99다20513 판결 등.

10) 박종수, "신탁재산의 공매와 체육시설업의 승계—대법원 2012. 4. 26. 선고 2012다4817 판결을 중심으로—", 법조 704(2015), 253면에 따르면 2014년 기준으로 전국 230개 회원제 골프장 중 31.7%에 해당하는 73개 골프장이 자금조달수단으로 담보신탁을 활용하였다고 한다.

11) 대법원 2001. 7. 13. 선고 2001다9267 판결; 대법원 2003. 5. 30. 선고 2003다18685 판결; 대법원 2017. 11. 23. 선고 2015다47327 판결. 그러나 이러한 판례의 입장에 대해서는 근본적인 재검토가 필요하다고 생각한다. 우선 윤진수, "담보신탁의 도산절연론 비판", 비교사법 25-2(2018), 697면 이하; 정소민, "담보신탁의 법리에 관한 비판적 고찰", 선진상사법률연구 85(2019), 87면 이하 참조.

예탁형 회원제 골프장은 2000년 이후 급속하게 증가하였다. 그러나 2008년 금융위기 이후 회원권 가치의 급락에 따른 입회금 반환청구 건수의 증가, 대중제 골프장 및 스크린 골프장 증가에 따른 경쟁의 심화, 무거운 세금부담 등으로 인해 많은 회원제 골프장이 재정적 어려움을 겪고 있다.[12] 그에 따라 회원제 골프장이 회생절차에 들어가거나, 담보신탁이 실행되어 체육필수시설인 골프장 부지와 시설이 제3자에게 인수되는 일이 많아졌다. 대상판결의 사실관계는 이러한 배경 하에 발생한 것이다. 담보신탁에 근거한 매각절차에서의 매수인이 매도인의 권리 · 의무를 승계하는지에 관하여 종래 승계긍정설[13]과 승계부정설[14]이 대립하여 왔다. 문화체육부와 법제처는 회원권익 보호에 초점을 맞추어 승계긍정설에 입각한 유권해석을 한 바 있다.[15] 한편 대법원 판례 중 휘트니스 클럽 시설을 부동산 신탁에 기한 공매로 취득한 양수인이 휘트니스 클럽 회원계약에 따른 채무를 승계하지 않는다고 본 것이 있지만,[16] 대상판결이 적절히 지적하는 것처럼 해당 사건에서 담보신탁의 위탁자는 체육시설업자가 아니었다. 대상판결은 담보신탁을 근거로 한 체육필수시설의 매매의 경우-공매든 수의계약이든 불문하고-매수인이 매도인의 권리 · 의무를 승계한다고 본 최초의 대법원 판결이다.

---

12) 나청(주 8), 5면; 이석희 · 임재만, "회원제 골프장 도산과 회원 권리 보호", 부동산연구 27-2(2017), 60면.

13) 박종수(주 10), 268－271면; 이상규, "체육시설의 신탁공매에 따른 소유권 이전과 체육시설업자의 권리 · 의무의 승계 여부", 건설법무 2(2016), 90－91면; 이승섭, "골프장시설에 관한 담보신탁과 골프장 회원의 권리 보호", 법학연구 28-4(2017), 165－169면. 대상판결 선고 이후 대상판결에 찬동하는 평석으로는 조건주, "골프장 부동산 공매에서 회원 계약 승계 인정 여부", 법률신문 제4652호(2018. 11.). 재판연구관의 찬성취지 평석으로는 박재억, "체육필수시설 담보신탁을 근거로 한 매각절차와 인수인의 체육시설업자 권리 · 의무 승계 여부", 사법 47(2019), 441－446면.

14) 나청(주 8), 24－25면; 김장훈 · 홍정호, "골프장 회생절차의 실무상 쟁점", BFL 81(2017), 57－58면. 대상판결 선고 이후 대상판결 반대의견에 찬동하는 평석으로는 최수정, "부동산담보신탁상 신탁재산 처분의 성질과 효과", 선진상사법률연구 85(2019), 57면 이하.

15) 문화체육관광부, 『법령 해석 회신(신탁공매)』(스포츠산업과-1333), 2016. 8. 1.; 법제처 2010. 12. 30.자 유권해석(안건번호 10-0419).

16) 대법원 2012. 4. 26. 선고 2012다4817 판결.

## Ⅲ. 관련 당사자들의 이익상황 분석

대상판결에 대한 검토에 들어가기 전에 대상판결과 같은 사실관계에서 관련 당사자들이 놓인 이익상황을 살펴보기로 한다. 크게 보면 4가지 유형의 이해관계인-채무자(골프장 회사 겸 위탁자), 담보신탁의 수익자, 매수인, 회원-이 등장한다. 담보신탁에 따른 매각절차에서 매수인이 매도인의 권리 · 의무를 승계하는지 여부에 따라 위 이해관계인들의 이익상황은 다음과 같이 달라질 수 있다.

### 1. 채무자의 경우

매수인의 입회금반환채무 승계 여부에 따라 채무자의 이해관계가 달라질 것은 없어 보인다. 매수인이 부담을 승계하고 그 대신 승계되는 부담의 범위만큼 매각가격이 낮아지는 경우와 매수인이 부담을 승계하지 않는 경우, 채무자가 담보신탁의 수익자와 회원에 대해서 부담하는 채무의 총합은 동일하기 때문이다.

그러나 현실적으로 채무자는 불승계를 선호할 수 있다. 그 이유는 다음과 같다. ① 입회금반환채무가 승계되지 않으면 채무자는 담보신탁을 활용하여 체육시설로부터 보다 많은 금융의 이익을 누릴 수 있다. 채무자가 재정적 위기상황에 있을 때 이러한 금융의 이익(회생자금)은 채무자의 회생에 큰 도움이 될 수 있다.[17] ② 입회금반환채무가 승계된다면 체육시설의 매수인은 나타나지 않을 수 있다. 체육시설의 매각자체가 이루어지지 못하는 상황이라면 재정적 위기상황에 놓인 채무자는 회생절차

17) 물론 본문과 같은 주장에 대해서는, 이러한 채무자의 이익은 '**입회금반환채무가 승계되지 않음에 따라 채무자가 회원권을 분양하여 자금을 조달함에 있어 입는 불이익**'에 의해 상쇄된다는 비판이 가능하다(이 점을 예리하게 지적하여 주신 익명의 심사위원께 감사드린다). 조심스럽지만, 채무자와 회원 사이의 정보불균형, 회원권 분양계약 체결시점에서 수분양자들이 미래에 닥칠 수 있는 불이익을 충분히 고려하지 못할 가능성(낙관주의) 등을 고려할 때, 위와 같은 불이익이 상쇄된 후에도 채무자에게는 여전히 이익이 남아 있을 여지가 있다고 사료된다.

로 들어갈 수밖에 없다. 그런데 회생절차가 개시되면 금융기관으로부터 추가대출을 받는 것이 어려워지고, 기존 거래처와 거래관계를 유지하는 것도 어려워지는 것이 현실이다. 그렇기 때문에 채무자는 대체로 회생절차로 들어가는 것보다 회생절차 외부에서 기업구조조정이 이루어지는 것을 선호한다. 입회금반환채무가 승계되지 않으면 회생절차 외부의 기업구조조정이 활발히 이루어질 수 있다.

### 2. 담보신탁의 수익자(채권자)의 경우

매수인의 입회금반환채무 승계 여부에 따라 담보신탁의 수익자의 이해관계는 현저히 달라진다. 입회금반환채무가 승계되면 매각대금이 그만큼 감소할 것이고 따라서 신탁수익자는 감소된 매각대금에 대해서만 우선변제권을 누린다. 신탁수익자 입장에서 더 큰 문제는 담보신탁 설정 시점에서 자신이 담보신탁 목적물로부터 확보할 수 있는 우선변제권의 범위를 예상하기 어렵다는 것이다. 매수인이 승계해야 할 입회금반환채무는 그 채무가 담보신탁 설정 전에 발생한 것에 국한되지 않고, 담보신탁 설정 후에 발생한 것도 포함하기 때문이다. 이 점에서 입회금반환채권을 갖고 있는 회원은 민법상 유치권자와 비슷한 측면이 있다. 유치권자는 목적물에 대한 매각대금에서 우선변제를 받을 권리는 없지만 목적물 매수인에 대하여 인도를 거절할 수 있으므로, 목적물 매각시 현실적으로 유치권자의 피담보채권 액수를 고려하여 목적물의 매각대금이 감소하게 된다. 목적물에 대한 저당권이 설정된 후 경매로 인한 압류의 효력 발생 전에 유치권이 성립된 경우에도 유치권자는 그 저당권의 실행절차에서 목적물을 매수한 사람을 포함하여 목적물의 소유자 기타 권리자에 대하여 대세적인 인도거절권능을 행사할 수 있다.[18] 유치권이 저당권의 효력을 사후적으로 침해하는 것처럼, 체육시설법에 따라 대항력을 갖게 된 입회금반환채권자로 인해 저당권이나 담보신탁의 수익권의 효력이 침

18) 대법원 2009. 1. 15. 선고 2008다70763 판결 등.

해될 수 있는 것이다.

매수인이 입회금반환채무를 승계하면 채권자는 담보신탁을 활용할 유인이 줄어든다. 설령 담보신탁을 설정하더라도 위와 같은 위험을 감안하여 목적물의 담보가치를 낮게 잡을 것이다. 그에 따라 채무자가 누릴 수 있는 금융의 이익은 줄어든다. 물론 담보신탁의 수익자는 담보계약서에 채무자의 담보가치 유지의무 조항(ex. 채무자는 담보신탁 설정 후 추가로 입회금반환채무를 부담해서는 안 된다는 취지의 조항, 채무자가 이러한 의무를 위반한 경우 채무자에 대한 제재 조항)을 추가함으로써 채무자로 하여금 담보신탁 설정 당시 우선수익권의 가치를 유지하도록 강제할 수 있다. 그러나 이러한 약정은 계약당사자 사이에서 채권적 효력만 있을 뿐이다. 따라서 채무자가 위 약정을 위반하더라도 입회금반환채무는 모두 매수인에게 승계된다.

### 3. 매수인의 경우

매수인 입장에서 자신이 승계하는 부담의 범위를 사전에 정확히 알 수 있다면, 자신이 매도인의 의무를 승계하는지 여부에 따라 이해관계가 크게 달라질 것은 없어 보인다. 승계 여부 및 범위에 따라 매각대금을 조정하면 되기 때문이다. 그러나 현실적으로 매수인이 부담승계 여부에 관하여 이해관계가 없다고 단정하기 어렵다.

우선 승계하는 부담의 범위가 정확히 공시되는 것은 아니므로[19] 매

19) 신용락, "베네치아CC 회원계약 승계 인정의 의미와 전망", 법률신문 제4654호 (2018. 12.)에 따르면, ① 담보신탁에 따른 대출은 회원권 분양 전에 토지취득 단계에서 먼저 이루어지고, ② 체육시설업자가 회원모집계획서를 제출한 후 모집방법을 달리하거나 모집상황을 제대로 보고하지 않은 경우에도 회원계약은 유효하다는 것이 판례의 입장이므로(대법원 2009. 7. 6. 선고 2008다49844 판결), 신탁에 근거한 공매 단계에서 회원권 발행 상황을 정확히 파악할 수 없다고 한다. 또한 2000. 1. 28. 체육시설법 시행령 제17조 제3호의 개정을 통해, 공정 50% 이상인 경우에는 설치투자비 총액 한도의 제한을 받지 않고 회원모집액을 늘릴 수 있게 되어 재무상황이 악화된 골프장사업자는 회원모집계획서 제출 및 보고 없이 무기명회원권 등을 남발하면서 연명해가는 것이 현실이라고 한다.

그러나 조건주(주 13)는 "체육시설법 제17조, 같은 법 시행령 제17조, 제18조,

수인 입장에서는 승계하지 않는 경우에 비해 승계하는 경우 위험을 추가로 부담하게 된다. 나아가 매수인으로서는 만약 회원들에 대한 의무를 그대로 승계해야 한다면, −설령 그 부담만큼 공제하여 물건을 싸게 살 수 있더라도−담보신탁에 근거한 매각절차에 쉽사리 참가하지 않을 수 있다. 회원제 골프장보다는 대중제 골프장의 수익성이 더 좋은 것이 우리 현실이므로,[20] 골프장 시설을 매수하여 사업을 하려는 자는 대중제 형태의 골프장 운영을 염두에 두고 있을 가능성이 크기 때문이다. 매도인의 종전 영업형태인 회원제 골프장을 그대로 이어받아 운영해야만 한다면, 회원제 골프장의 향후 수익 전망이 좋지 않기 때문에 매수희망자들은 매수를 꺼릴 것이다.[21]

다만 매도인의 의무를 승계하는 매수인은 골프장 영업에 관하여 별

---

같은 법 시행규칙 제17조의2, 제19조는 회원모집의 시기, 방법, 절차와 모집 총금액, 회원모집계획서의 제출, 회원모집결과의 보고 등에 관하여 정하고 있으므로, 체육필수시설을 인수하려는 자는 공공기관의 정보공개에 관한 법률에 의한 정보공개청구나 체육시설에 대한 실사 등을 통하여 필요한 정보를 확인한 뒤에 손익을 미리 계산하여 인수가격을 정할 수 있다. 이에 대법원이 체육시설법 제27조 제3항, 제1항에 의하여 보호받는 회원은 체육시설법 제17조 등 관련 법령이 정한 소정의 절차에 따라 유효하게 회원의 자격을 취득한 자로 제한하고 있다는 점(대법원 2004. 10. 28. 선고 2004다10213 판결, 대법원 1999. 10. 22. 선고 99다20513 판결 참조)까지 감안하면, 체육필수시설의 인수자가 예측할 수 없는 손해를 입는다고 보기는 어렵다"고 한다.

필자의 견해로는, "회원이 대항력을 누리기 위한 필요조건으로서 공시제도"가 마련되지 않는 이상 공시의 불완전성 문제는 해소될 수 없다고 생각한다. 본문 Ⅴ. 3. 참조.

20) 회원제골프장이 대중제골프장에 비해 영업이익률과 당기순이익률이 현저히 낮은 주된 이유는 적용되는 세금과 세율의 차이 때문이라고 한다. 김장훈 · 홍정호(주 14), 51면.

21) 김장훈 · 홍정호(주 14), 52면에 따르면 "회생절차를 신청하는 대부분의 골프장은 대중제 전환을 목표로 하고 있으며, 회원에 대한 입회금 반환채무의 권리 감축을 하지 않고도 입회금을 반환할 수 있는 재정적 여유가 있는 골프장의 상당수도 회원모집 당시 부여한 과도한 혜택으로 인한 손실 누적 등을 이유로, 회원권을 소멸시키고 대중제골프장으로 전환을 계획하거나 실현한 사례가 나타나고 있다"고 한다.

참고로 전국 골프장 운영현황은 다음과 같다. 김건오, "체육시설의 설치 · 이용에 관한 법률 일부개정 법률안(이장우의원 대표발의) 검토보고", (2017), 6면 참조(http://likms.assembly.go.kr/bill/bill Detail.do? billId=PRC_N1Y7H0O4O1V7I1Z6R4W1N0Z6Q0C3Q8. 최종검색일 2019. 2. 18.)

도로 인허가를 받는 등의 절차를 거치지 않아도 되는 장점을 누린다. 이러한 장점은 매수인이 독자적으로 허가를 받기까지 시간과 비용이 많이 들고, 허가를 받을지 여부가 불확실할수록 더 두드러질 것이다. 가령 매수인이 매도인의 의무를 승계하지 않지만 인허가를 담당하는 행정관청에서-종전 회원들의 민원 등을 이유로 회원들에 대한 충분한 권리구제가 이루어지기 전까지-매수인에게 골프장 운영과 관련한 인허가를 내주지 않는다면(이러한 행정청의 행위가 위법인지 여부는 별론으로 하고), 매수인 입장에서는 차라리 의무승계와 함께 매도인의 인허가권도 일괄하여 이전받는 것을 선호할 수 있다. 행정청의 인허가 거부 또는 지연으로 인한 위험이 없으므로 매수인은 신속하게 골프장 영업을 계속할 수 있기 때문이다.

#### 4. 회원의 경우

입회금반환채무가 승계되지 않는다면 회원들은 자력(資力)이 없는 경우가 보통인 채무자에 대하여 일반채권자의 지위에 놓이게 된다. 신탁재산의 매각대금은 신탁수익자인 채권자에 대한 채무변제에 우선적으로 사용될 것이고, 변제 및 비용공제 후 잔존 매각대금이 있다면 채무자(위탁자)에게 반환되어 채무자(위탁자)에 대한 일반채권자들의 책임재산에 포함될 것이다. 회원들이 이러한 채무자의 책임재산을 통해 입회금을 돌려받을 가능성은 희박하다.

입회금반환채무가 승계된다면 회원들은 오로지 매수인에 대해서만 회원으로서의 권리를 주장할 수 있다(따라서 회원들은 주택임대차에서 대항력을 갖춘 임차인과 비슷한 법적 지위에 있다고 말할 수도 있다).[22] 매수인은 매도인에 비해 자력(資力)이 충분할 가능성이 많다. 또한 채무 승계

| 구 분 | 2011 | 2012 | 2013 | 2014 | 2015 |
|---|---|---|---|---|---|
| 대중제 골프장 | 187 | 210 | 232 | 247 | 265 |
| 회원제 골프장(제주도 포함) | 223 | 227 | 228 | 226 | 218 |

22) 체육시설법 제27조 제1항에 따른 양수인의 기존 회원에 대한 채무인수는 면책적 채무인수에 해당한다. 대법원 2016. 5. 27. 선고 2015다21967 판결.

를 예정한 매수인이라면 매매목적물 가액에서 자신이 승계하는 부담을 제외한 잔존가액 상당액만을 매매대금으로 지급하였을 것이다. 자력을 갖춘 매수인에 의해 골프장이 정상적으로 운영된다면 회원들로서는 굳이 입회금을 반환받지 않고 회원으로서의 지위를 계속 유지할 수도 있다.

그런데 앞서 언급한 것처럼 입회금반환채무가 승계된다면 신탁을 통한 매각자체가 성사되지 않을 수 있다. 이 경우 결국 채무자에 대한 회생절차가 개시되어 회원들의 채권에 대하여 권리감축이 이루어질 가능성이 크다. 한편, 입회금반환채무가 승계되지 않더라도 담보신탁에 근거한 매각이 이루어져 회원들이 매수인으로부터 한 푼도 변제받지 못하는 방식의 구조조정보다는, 신탁채권자와 회원들 사이의 회생절차 내부 또는 외부 합의를 통해 회원들의 권리가 일정 부분 감축되는 방식의 구조조정이 이루어질 수 있다. 위 두 상황만 놓고 비교한다면, 부담의 승계 여부가 장기적으로 회원들에게 미치는 영향은 결국 회생절차 등에서 회원들의 권리가 어느 정도 감축되는지에 달려 있다.[23] 부담이 승계된다면 회원들은 회생계획안 작성과정에서 이를 협상의 레버리지로 활용하여 자신들의 변제비율을 높이려 할 것이다. 부담이 승계되지 않는다면 회원들은 회생계획안 작성과정에서 수세적 위치에 놓일 수밖에 없고, 회생계획안 성사를 위해 가급적 양보를 하려할 것이다. 회생계획안이 부결되면 다른 채권자들(담보신탁의 수익권자 포함)은 신탁공매를 통한 구조조정을 시도할 수 있고, 이 경우 회원권의 가치는 사실상 0에 가까워지기 때문이다.[24] 따라서 부담이 승계된다면 회원들의 변제비율은 그렇지 않은 경우에 비해 올라갈 가능성이 있다. 다만 회원들의 버티기(hold-up)로 인해 회생계획안 작성 및 인가에 종전보다 많은 시간과 비용이 들 수도 있다.

23) 판례에 따르면, 회생절차에서 변제계획을 수립할 때 회원들을 담보권자에 준하여 취급하지 않고 일반회생채권자로 취급한다. 대법원 2016. 5. 25.자 2014마1427 결정. 이에 관해서는 본문 Ⅴ. 2.에서 살펴본다.

24) 신용락(주 19).

### 5. 소 결

네 당사자들의 복잡한 이익상황은 체육시설법 제27조의 해석론과 입법론을 검토할 때에도 염두에 둘 필요가 있다. 아래에서는 이러한 이익상황 분석을 토대로 대상판결을 평가하고, 체육시설법 제27조에 대한 입법론을 고민해 본다.

## Ⅳ. 대상판결의 검토

결론부터 말하면 필자는 대상판결의 다수의견에 찬성한다. 다수의견이 타당하다고 생각하는 근거 및 다수의견에 대하여 예상되는 반론에 대한 재반론은 이미 대상판결의 판결문에 상당부분 소개되어 있다. 아래에서는 최대한 중복을 피하면서 필자 나름의 생각을 밝힌다.

### 1. 입법취지 및 법규범의 권위(authority) 존중

이 문제는 결국 회원보호라는 체육시설법의 입법취지를 어디까지 관철시킬 수 있는가와 관련된다. 법문언상으로는 담보신탁에 근거한 신탁목적물의 매각이 "「민사집행법」에 따른 경매, 「채무자 회생 및 파산에 관한 법률」에 의한 환가, 「국세징수법」·「관세법」 또는 「지방세징수법」에 따른 압류 재산의 매각"에 준하는 절차인지, 아니면 "채무자가 자신의 재산을 제3자에게 매각하는 것"에 준하는 절차인지가 문제된다.

다수의견은 담보신탁에 근거한 매매가 전자와 유사하다고 하고, 반대의견은 후자와 유사하다고 한다. 담보신탁에 근거한 매매는 채무자의 의사와 무관한 채권자의 채권만족을 위한 비자발적 환가라는 점에서는 전자와 유사하고, 법률의 규정에 의해 권리변동이 일어나지 않고 당사자 사이의 사적 계약에 의해 권리변동이 일어난다는 점에서는 후자와 유사하다. 다수의견은 전자의 유사성에 주목하고, 소수의견은 후자의 유사성에 주목한다. 또한 다수의견은 회원보호라는 입법취지가 '담보신탁이라는 거래형식'을 통해 잠탈되는 것을 경계하는 반면, 소수의견은 체육시설법에 따른 권리·의무의 승계규정 자체가 거래안전을 해하는 '예외규정'이므로 예외규정의 적용범위를 가급적 축소시키려고 한다.

이러한 문제에 정답은 없다고 생각한다. 법문언은 "그 밖에 제1호부터 제3호까지의 규정에 준하는 절차"라고 규정하고 있어 두 견해를 모두 포용할 수 있을 정도로 개방적이고 모호하다. 입법자료 등을 통해 이 쟁점과 직접 관련된 입법자의 의사를 확인할 수도 없다(입법자가 담보신탁에 대해서는 아예 생각하지 못했다고 보는 것이 현실적인 추론일 것이다).[25] 입법자료를 통해서는 회원보호를 위해 위와 같은 조항을 만들었다는 입법자의 '일반적' 의사만 확인될 뿐이다.[26] 담보신탁에 근거한 매각은 그 실질에 있어 저당권자의 신청에 따른 담보권 실행을 위한 경매와 별 차이가 없다. 그러나 법형식의 측면에서는 수탁자가 소유자로서－집행법원

---

25) 대상판결 사안처럼 해석의 대상이 되는 법률문언이 모호한 경우 해당 법률을 만든 '과거' 입법자의 의사에 해석자가 반드시 구속되어야 하는지도 의문이다. 필자는 현재 다수의 입법자의 의사가 과거 입법자의 의사와 다르고, 전자도 법률문언의 가능한 의미의 범위 내에 있다면 과거 입법자의 의사가 아무리 명확하더라도 해석자는 이에 구속되어서는 안 된다고 생각한다. 조금 다른 각도에서 말하자면, 역사적 해석보다는 목적론적 해석이 우위에 있어야 한다. 이에 관해서는 최준규, "출산 경력의 불고지가 혼인취소 사유에 해당하는지 여부", 가족법연구 31-2(2017), 351-353 참조. 이 글의 주제와 직접 관련이 없어 상론할 여유는 없지만, "국회가 국민의 대표기관인 국회가 오랜 시간 노사 양측의 상충하는 이해관계를 조정하고 각계각층의 다양한 의견을 수렴하여 마련한 개정 근로기준법 부칙 조항과 모순이 생긴다는 점"을 고려하여 휴일근로에 따른 가산임금과 연장근로에 따른 가산임금의 중복지급을 부정한 대법원 판례(대법원 2018. 6. 21. 선고 2011다112391 전원합의체 판결)는 '현재 다수의 입법자의 의사를 존중하는 해석'이라는 관점에서 정당화될 수 있다고 필자는 생각한다. 참고로 신탁법에 따른 신탁재산매각의 경우에도 권리·의무가 승계된다는 조항을 추가하는 체육시설법 개정안이 2017. 4. 17. 이장우 의원 등 11인에 의해 제안되어 현재 국회 계류 중이다. (http://likms. assembly.go.kr/bill/bill Detail.do?billId=PRC_N1Y7H0O4O1V7I1Z6R4W1N0Z6Q0C3Q8. 최종검색일 2019. 2. 18.) 위 법률이 통과되지 않은 이상 위 개정안 내용이 현재 다수 입법자의 의사라고 단정할 수 없다. 그러나 적어도 이를 추론할 단서는 될 수 있다.

26) 상속, 영업양도, 합병으로 인한 승계 조항에 더하여 경매, 환가, 압류재산 매각 및 이에 준하는 절차로 인한 승계 조항이 추가된 것은 체육시설법이 2003. 5. 29. 법률 제6907호로 개정될 때였다. 당시 개정 법률안의 제안 이유에 따르면, 이러한 개정의 목적은 "체육시설 회원 등의 권익을 보호하려는 것"이었다. 국회 의안정보시스템(http://likms.assembly.go.kr/bill) 참조. 위 개정법률의 부칙(제6907호)은 별도의 경과규정 없이 공포 후 3월이 경과한 날부터 시행한다고 규정하고 있다.

의 관여 없이－제3자에게 매도하는 것이므로 민사집행법에 따른 부동산 경매와 다르다. 실질과 형식 중 어느 것을 더 중시할 것인지에 관하여 하나의 정답이 있는 것은 아니다. 또한 A라는 목표(회원보호)를 달성하기 위해 그 목표와 충돌하는 다른 이해관계들(거래안전, 담보권자 보호, 골프장의 원활한 회생)이 일부 희생되는 것을 감수하는 법률조항이 있는 경우, 이 법률조항을 적극적으로 적용할 것인지 가급적 신중하게 적용할 것인지도 사람마다 생각이 다를 수 있는 문제이다.

그럼에도 불구하고 두 의견 중 하나를 선택해야 한다면 필자는 다수의견에 기운다. 그 핵심이유 중 하나는 반대의견과 같이 보면 체육시설법의 입법취지('회원보호')가 너무 쉽게 무력화되고, 법규범의 권위(authority)[27]가 너무 쉽게 허물어진다는 것이다. 판례가 인정하는 담보신탁의 도산격리 효과도 채권자에게 매우 큰 매력인데 거기에 덧붙여 부담이 붙어있지 않은 상태로 신탁목적물을 매각할 수 있게 된다면, 채권자로서는 담보신탁을 활용하지 굳이 저당권을 설정받을 이유가 없다. 부담이 붙어있지 않은 이른바 '깨끗한' 물건은 그렇지 않은 물건에 비해 보다 높은 가격으로 쉽게 매각될 수 있으므로 채무자나 매수인도 신탁에 근거한 매매를 선호할 것이다. 매수인은 별도로 인허가를 취득해야 하는 위험을 부담하지만, 매수인이 법에 따른 의무를 승계하지 않는 것이 대법원 판례로 인해 명백해졌음에도 불구하고 행정청이 종전 회원들에 대한 권리보호 조치를 취하지 않았다는 이유로 매수인에 대하여 인허가를 거부하는 것은 그 자체로 위법의 소지가 있다. 위법여부를 떠나 매수인의 이러한 위험은 최소화되는 것이 법치주의 · 법치행정의 원리에도 부합한다. 즉, 채무자, 채권자, 매수인은 모두 부담 불승계를 선호하고 회원만

---

27) 권위라는 말은 매우 다양한 맥락에서 다양한 뜻으로 쓰일 수 있다. 본문에서 권위는 "구속력 있는 지시를 발휘할 수 있는 권능", "의무를 부과할 수 있는 규범적 권능"이라는 뜻으로 사용하였다. 규범의 내용과 관계없이 그 규범자체가 수범자에게 규범을 이행할 근거나 이유를 부여하는 경우, 본문과 같은 의미에서의 '권위'가 존재한다고 말할 수 있다. 이를 실천적 권위(practical authority)라고 부르기도 한다. 조홍식, "환경분쟁조정의 법정책－라즈의 권위의 이론에 의존하여－", 서울대법학 52-3(2011), 130면 참조.

부담 승계를 선호할 가능성이 크다. 반대의견을 따를 경우 회원보호라는 체육시설법 제27조의 입법취지 달성은 사실상 불가능해진다. 담보신탁계약에 기한 공매라는 손쉬운 우회로를 통해, 회원보호를 위해 포괄규정까지 마련한 체육시설법의 규범력이 가볍게 무시되는 것이다. 반대의견은 사해신탁을 이유로 한 취소와 원상회복 청구를 통해 회원을 보호할 수 있다고 하나, 이는 불충분하고 우원(迂遠)한 권리구제방법이고 이러한 구제수단으로는 회원을 적절히 보호할 수 없기 때문에 바로 체육시설법 제27조가 입법된 것이다. 체육시설법의 입법목적, 그 목적을 달성하기 위해 체육시설법이 선택한 수단이 적절한 것인지는 별론으로 하고,[28] 일단 위와 같은 조항이 입법된 이상 그리고 위 법률이 위헌이라고 볼 수도 없는 이상[29] 사법부는 가급적 그 법률의 권위가 존중되는 방향으로 법을 해석

28) 체육시설법 제27조의 문제점에 관해서는 본문 Ⅴ.에서 살펴본다.

29) 참고로 헌법재판소는 구 체육시설법(2003. 5. 29. 법률 제6907호로 개정되기 전의 것) 제30조 제3항 중 제1항의 영업양도 시 그 양수인이 체육시설업자와 회원간에 약정한 사항을 승계하는 부분을 준용하는 부분(현행 체육시설법 제27조 제1항에 상응하는 부분이다)이 합헌이라고 판단하였다(헌법재판소 2010. 7. 29. 선고 2009헌바197결정). 합헌이라고 본 근거는 다음과 같다. ① 입회금은 실사 및 정보공개에 따라 양수인 및 경락인이 파악할 수 있을 뿐만 아니라 입회금은 체육시설의 설치자금으로 사용되어 체육 시설의 가치를 증가시켰으므로 체육시설의 승계인이 그 부채까지 승계하는 것은 양수인 에게 부당한 부담을 지우는 것이라거나 담보가치가 하락한다고 단정할 수 없다. ② 해당 조항은 입회금이 체육시설의 설치자금으로 사용된 점을 고려하여 회원들의 기여도와 법적 지위를 보장함으로써 체육시설의 설치이용을 장려하려는 것이며, 근저당권자나 양수인, 경락인에게 부당한 피해를 입히는 것도 아니므로 일반적인 영업양도와 달리 취급하더라도 불합리하거나 자의적 차별이라고 보기 어렵다.

필자는 현행 체육시설법 제27조 제2항의 위헌여부가 문제되더라도 마찬가지로 합헌결정이 나올 것으로 생각한다. 즉 위 조항이 문제가 있기는 하나 위헌이라고 보기는 어렵다고 생각한다. 천경훈, "골프장 부지의 양도와 회원권 승계", 민사재판의 제문제 22(2013), 232면은 체육시설법 제27조가 "위헌이라고까지 할 정도는 아니더라도 균형을 잃은 바람직하지 않은 입법이라고 생각되고, 적어도 법체계상 매우 이례적으로 회원을 우대하는 입법임에는 틀림이 없다"고 한다.

참고로 헌법재판소 1997. 8. 21. 선고 94헌바19, 95헌바34, 97헌가11(병합) 결정은 근로자의 퇴직금 전액에 대하여 질권자나 저당권자에 우선하는 변제수령권을 인정하는 근로기준법 조항에 대하여 다음과 같은 이유를 들어 헌법불합치 선고를 하였다. 현재는 최종 3개월분의 임금과 재해보상금에 대해서만 최우선변제권이 인정된다(근로기준법 제38조 제2항).

해야 한다. 문제되는 두 해석방법 모두 법률문언의 가능한 의미 내에 있고 두 해석방법 모두 합헌적 법률해석의 범위 내에 있다면, 사법부의 해석재량은 가급적 해당 법률의 입법취지 및 그 법률의 권위를 존중하는 방향으로 행사되어야 한다.[30] 만약 법해석자가 골프장 회원의 보호필요

"이 사건 법률조항은 임금과는 달리 "퇴직금"에 관하여는 아무런 범위나 한도의 제한 없이 질권이나 저당권에 우선하여 그 변제를 받을 수 있다고 규정하고 있으므로, 도산위기에 있는 기업일수록, 즉 자금의 융통이 꼭 필요한 기업일수록, 금융기관 등 자금주는 자금회수의 예측불가능성으로 말미암아 그 기업에 자금을 제공하는 것을 꺼리게 된다. 그 결과 이러한 기업은 담보할 목적물이 있다고 하더라도 자금의 융통을 받지 못하여 그 경영위기를 넘기지 못하고 도산을 하게 되며 그로 인하여 결국 근로자는 직장을 잃게 되므로 궁극적으로는 근로자의 생활보장이나 복지에도 좋은 결과를 낳지 못한다. 또한 근로자의 퇴직 후의 생활보장 내지 사회보장을 위하여서는, 기업금융제도를 훼손하지 아니하고 기업금융을 훨씬 원활하게 할 수 있으며 오히려 어떤 의미에서는 새로운 기업금융제도를 창출할 수 있는, 종업원 퇴직보험제도의 개선, 기업연금제도의 도입 등 사회보험제도를 도입, 개선, 활용하는 것이 보다 적절할 것이다. 그럼에도 불구하고 이 사건 법률조항은 근로자의 생활보장이라는 입법목적의 정당성만을 앞세워 담보물권제도의 근간을 흔들고 기업금융의 길을 폐쇄하면서까지 퇴직금의 우선변제를 확보하자는 것으로서 부당하다고 아니할 수 없다. 그렇다면 이 사건 법률조항은 근로자의 생활보장 내지 복지증진이라는 공공복리를 위하여 담보권자의 담보권을 제한함에 있어서 그 방법의 적정성을 그르친 것이며 침해의 최소성 및 법익의 균형성 요청에도 저촉되는 것이므로 과잉금지의 원칙에도 위배된다고 할 것이다."

회원의 입회금채권 보호필요성이 근로자의 퇴직금채권 보호필요성보다 크지 않다면, 위 헌법불합치결정과 비슷한 논리로 체육시설법 제27조 제2항도 위헌이라고 볼 여지가 없지는 않다. 그러나 ① 초기투자자 보호의 필요성, ② 회원이 사실상 최우선변제권을 누릴 수 있기는 하지만, '최우선변제권자'는 아니고 따라서 회생절차에서 회원의 채권이 상당부분 감축될 여지가 있는 점(이에 반해 최우선변제권이 인정되는 퇴직금 채권의 경우, 퇴직금 채권을 대폭 감액하는 회생계획안은 공정 · 형평에 반한다고 판단될 가능성이 크다) 등을 고려할 때, 체육시설법 조항이 위헌이라고 단정하기는 어렵다고 사료된다.

30) 참고로 판례는 ① 체육시설법 제27조에서 정한 영업양도는 "장차 체육시설의 설치공사를 완성하여 체육시설업을 등록할 것을 목적으로 조직화한 인적 · 물적 조직을 그 동일성을 유지하면서 일체로서 이전하는 것"을 포함한다고 보고(대법원 2004. 10. 28. 선고 2004다10213 판결 등 참조), ② "체육시설의 설치공사를 완성하여 체육시설업을 등록할 것을 목적으로 행해지고 있는 영업을 종전 영업자로부터 승계받아 계속하려는 단일한 의도로, 영업용 자산의 일부를 담보권 실행을 위한 경매 절차에서 낙찰받는 방법으로 취득하고, 나머지 영업용 자산, 영업권 등을 종전 영업자로부터 별도 양도 · 양수계약으로 잇달아 취득함으로써, 사회 통념상 전체적으로 보아 종전의 영업이 동일성을 유지한 채 일체로서 이전한 것과 마찬가지로 볼 수 있는 특별한 사정이 인정되는 경우에도 위 규정에서 말하는 영업양도에 해당한다"고 판단하였다(대법원 2006. 11. 23. 선고 2005다5379 판결 참조).

성이 떨어진다고 생각하여 담보신탁은 "제1호부터 제3호까지의 규정에 준하는 절차"에 포함되지 않는다고 해석한다면, 이는 해석론과 입법론을 혼동한 것이다. 골프장 회원의 보호필요성 및 보호강도는 기본적으로 입법부가 다수 국민의 선호를 고려하여 민주주의의 원리에 따라 결정할 정책적 문제이기 때문이다. 이에 따라 일단 입법이 이루어졌다면 사법부의 해석재량은 가급적 그 입법의 권위를 존중하는 방향으로 행사되는 것이 바람직하다.

### 2. 체계해석의 관점

체육시설법 제27조의 체계해석이라는 관점에서 보아도, 체육시설법 제27조 제2항 제4호의 "그 밖에 제1호부터 제3호까지의 규정에 준하는 절차"는 재정적 어려움에 처해 있는 채무자 소유의 체육시설에 대하여 채무자의 의사와 무관하게 그 소유자가 바뀌는 절차로 해석함이 자연스럽다. 반대의견은 담보신탁에 근거한 매매의 경우 법률행위에 의한 권리변동이라는 점에서, 체육시설법 제27조 제2항 제1호부터 제3호까지의 규정과 본질적으로 다르다고 주장한다. 그러나 민사집행법에 의한 환가의

---

판례가 이처럼 일반적인 영업양도의 개념보다 확대하여 영업양도 개념을 해석하는 것도 회원을 두텁게 보호하고자 하는 체육시설법 제27조의 입법목적을 고려한 것이다. 그런데 체육시설법 제27조 제1항은 "영업을 양수한 자"라고만 규정하고 있을 뿐이고, 제27조 제2항 제4호처럼 "영업양수에 준하는 절차로 필수시설을 인수한 자"를 별도로 규정하지 않고 있다. 따라서 대상판결 사안과 달리 위 영업양도 판결의 경우 법관의 '유추' 내지 '적극적 법해석'을 정당화할 수 있는 좀 더 강한 논거가 필요하다. 다른 각도에서 말하면 위 사안에서 영업양도 해당성을 부정하더라도, －입법취지 잠탈의 문제는 발생하지만－ 법률의 권위가 쉽게 허물어진다고 말하기 어렵다. 체육시설법 제27조가 갖는 여러 부작용을 고려할 때 위 조항은 매우 신중하게 해석·적용되어야 한다는 점을 들어 위 2005다5369 판결에 반대하는 견해로는 천경훈(주 29), 241. 이러한 비판도 나름 일리가 있다. 그럼에도 불구하고 필자는 입법취지 잠탈을 막기 위해 판례와 같이 영업양도 개념을 확대하는 것에 공감이 간다. 위 판결은 현행 체육시설법 제27조 제1항과 같은 조항만 있었고, 제2항과 같은 조항은 없었던 상황에서 나온 것이다. 현재는 담보권 실행을 위한 경매절차에서도 매도인의 권리·의무가 승계되므로 위와 같은 논란이 생길 여지는 없다. 체육시설법 제27조 제2항이 입법됨으로 인해 영업양도에 따른 포괄적 인수와 체육필수시설의 개별적 인수 사이의 차이는 희박해졌다.

경우에도 동산에 대한 강제집행의 경우 법원은 필요하다고 인정하면 직권으로 또는 압류채권자, 배당을 요구한 채권자 또는 채무자의 신청에 따라 일반 현금화의 규정에 의하지 아니하고 다른 방법으로 압류물을 매각하게 할 수 있고(민사집행법 제214조 제1항), 다른 방법에 수의계약이 포함됨은 물론이다. 또한 채무자 회생 및 파산에 관한 법률(이하 '채무자회생법')에 의한 환가의 경우 파산관재인은 법원의 허가를 받아 민사집행법에 따른 환가방법이 아닌 다른 환가방법(영업양도 등)으로 환가할 수 있다(채무자회생법 제496조 제2항). 국세징수법에 의한 환가의 경우에도 수의계약으로 압류재산을 매각할 수 있다(국세징수법 제62조). 따라서 제1호 내지 제3호에 따른 권리변동의 경우에도 법률행위에 의한 권리변동이 있을 수 있다. 제1호 내지 제3호에 의한 환가와 담보수탁자의 환가는 법원(또는 국가)의 감독 유무나 강도에서 차이가 있을 수 있지만, 이는 상대적 차이에 불과하다.

민사집행법, 채무자회생법, 국세징수법 등에 의한 자산의 환가는 채무자가 경제적 어려움에 처한 상황에서 채무자의 의사와 무관하게 책임재산이 환가되는 전형적 상황이다. 체육시설법 제27조 제2항은 이러한 전형적 사례들을 우선 열거한 뒤, 그 밖에 입법자가 미리 예상하기 어려운 다양한 환가방법을 제4호의 일반조항에 포섭시킴으로써 회원보호라는 입법목적을 빈틈없이 관철시키는 구조라고 해석하는 것이 반대의견보다 훨씬 자연스럽다. 이렇게 해석하는 것이 체육시설법 제27조 제1항과도 균형이 맞다. 체육시설법 제27조 제1항 중 상속, 합병에 관한 부분은 상속, 합병이 포괄승계라는 점을 고려할 때 확인적 취지의 규정에 불과하다. 따라서 체육시설법 제27조 제1항의 실익은 영업양도 부분에 있는데 이는 '채무자의 자발적 의사에 따라' 체육시설업이 '포괄적으로 이전'된 경우 회원을 보호하는 규정이다. 반대의견처럼 권리이전의 '법적 형식'에 주목하여 담보신탁에 근거한 매각을 체육시설법 제27조 제2항 제4호의 적용범위에서 제외하는 것은 비본질적 요소를 지나치게 강조하는 견해로서 법률조항 전체의 체계와 맞지 않는다. 다수의견처럼 해석하면 반대의견의 지적처럼 어떤 절차가 체육시설 제27조 제4호에 해당하는지 여부가 다소 불명확해질 수는 있으나,[31] 그렇다고 해서 반대의견처럼 비본질적 요소를 기준으로 삼을 수는 없다.

반대의견에 찬성하는 학설 중에는 회원이 수탁자에 대하여 입회금 반환채권을 행사할 수 없는 이상, 수탁자로부터 필수시설을 매수한 인수인에 대하여 입회금 반환채권을 행사할 수 없는 것은 법의 일반원칙("누구도 자신이 가진 것 이상을 줄 수 없다")에 비추어 당연하다는 견해도 있다.[32] 그러나 실질을 중시하여 회생절차에서 담보신탁의 도산격리효과가 부정될 수 있는 것처럼(하지만 판례는 도산격리효과를 인정한다), 담보수탁자로부터의 승계취득자를 통상의 매수인으로부터의 전득자와 동일하게 취급할 수 없다는 주장도 충분이 가능하다. 법의 일반 원칙은 신성불가침의 영역이 아니고, 타당한 근거가 있다면 수정될 수 있는 것이다. 특히 담보신탁처럼 융합적(hybrid) 법제도의 경우 유연한 법해석론은 가능하고 오히려 바람직할 수 있다.

### 3. 초기투자자 보호 내지 재산적 투자의 침전(沈澱)?

그러나 필자는 다수의견(및 다수의견에 대한 보충의견)이 들고 있는 근거 중 "회원들이 납입한 자금으로 체육시설의 경제적 가치가 증가하였다"거나 "골프장의 물적 시설에는 회원들이 입회금으로 납부한 자금이 화체되어 있다"는 부분은 적절한 표현이 아니고, 이러한 근거가 직접적으로 대상판결의 결론을 정당화할 수는 없다고 생각한다.

다수의견은 "만일 담보신탁을 근거로 한 공매 절차에서 회원에 대한

---

31) 가등기담보 등에 관한 법률이 적용되는 부동산의 가등기담보나 양도담보에 관해서는－대상판결의 다수의견이 지적하는 것처럼－제4호가 적용될 수 있다고 사료된다. 同旨 최수정(주 14), 77면.

그렇다면 (동산)양도담보를 통해 양도담보권자가 (대외적) 소유권을 취득한 후 이를 제3자에게 처분한 경우에도 체육시설법 제27조 제2항 제4호가 적용되는가? 대상판결의 취지에 따르면 긍정하는 것이 타당해 보이지만, 논란의 여지가 없지 않다. 입법론으로는 체육시설법 제1호 내지 제3호처럼 회원에 대한 권리·의무를 승계하는 경우를 구체적으로 열거하는 입법형식을 취하는 것이 바람직하다는 견해도 있다. 조건주(주 13) 참조.

32) 최수정(주 14), 71면.

입회금반환채무의 승계를 부정한다면, 체육시설업자나 금융회사가 체육시설법 제27조 제2항의 적용을 회피하는 길을 열어 주고, 회원들의 입회금을 받아 체육시설의 경제적 가치가 증가되었는데도 이러한 체육필수시설을 취득한 자가 그 입회금반환채무를 인수하지 않는다는 불합리한 결과가 초래된다"고 한다. 그러나 초기 투자를 통해 골프장의 물적시설에 실질적 기여를 하였다고 해도 회원은–다른 유형의 초기 투자자와 마찬가지로–일반채권자에 불과하다. 민법상 유치권이 인정되는 등의 경우가 아닌 한 위와 같은 사정만으로 매수인에 대한 회원의 '대항력'이 자동적으로 정당화될 수 없다. 이러한 대항력을 인정하기 위해 민법은 '유치권의 대상인 물건과 유치권의 피담보채권 사이의 견련관계'를 요구하고 있다(민법 제320조 제1항). 이러한 경우에는 채권자의 재산적 투자가 그 물건에 침전되어 있다고 말할 수 있다.[33] 그러나 체육시설회원의 대항력이 정당화되는 이유는 체육시설법 제27조라는 실정법 때문이지 회원의 입회금이 체육시설에 침전되어 있기 때문이 아니다. 대상판결의 결론이 정당화될 수 있는 이유는 체육시설법 제27조가 회원보호를 위해 마련된 것이고 대상판결 사안에서도 이러한 입법취지를 존중하는 방향으로 법률을 해석하는 것이 바람직하기 때문이지, 회원들이 납입한 입회금이 체육시설의 가치증가에 기여했기 때문이 아니다. 초기투자자 보호라는 명제는 대립하는 이해당사자들 사이의 이익형량의 기준으로서 실정법을 해석하는 데 유용한 고려요소가 될 수 있지만,[34] 그 자체가–실정법상 근거 없이–특정 권리자의 우선권을

---

33) 양창수 · 김형석, 민법Ⅲ, (2018), 347–348면은 목적물의 제작 · 수리 · 개량 · 보관 · 운송 등에 재료 또는 노력의 제공을 포함하여 넓은 의미에서 비용을 지출한 경우, 그로 인한 재산적 출연이 물건에 침전되어 있으므로 물건 자체로써 그 출연에 관한 채권의 담보로 하기에 적절하고, 이러한 채권은 물건 또는 그 가치의 변형물이라고 한다.

34) 가령 특정채권자에 대한 변제가 편파행위로서 부인의 대상이 되는지 검토할 때, 그 특정채권자가 초기투자자이고 채무자의 책임재산이 그 특정채권자의 초기투자를 통해 형성되었거나 그 대상(代償, surrogate)이라면 편파행위에 해당하지 않는다고 봄이 타당할 수 있다. 이는 초기투자자 보호라는 명제가 '간접적'으로 고려될 수 있는 사례이다. 이에 관해서는 대법원 2016. 9. 23. 선고 2015다223480 판결 및 이 판결에 대한 대법원 재판연구관의 평석인 김세용, "대주단의 자금으로 진행

정당화하는 독립논거로 작동할 수는 없다.[35)]

다수의견에 대한 대법관 조재연의 보충의견은 체육시설법 제27조의 입법취지를 설명하면서, 골프장의 물적 시설에는 회원들이 입회금으로 납부한 자금이 '화체'되어 있다고 한다. 그러나 이러한 이유를 들어 체육시설법 제27조의 입법목적(ratio legis)이 정당화될 수 있는지 의문이다. 이는 체육시설법 제27조의 해석론을 좌우할 문제가 아니고 입법론의 측면에서 검토될 문제이므로 본문 Ⅴ.에서 살펴본다.

### 4. 담보신탁의 도산격리 효과와의 관계

대상판결의 다수의견은 담보신탁이 양도담보와 유사하고, 담보신탁의 도산격리효과는 체육시설법 제27조의 입법목적을 달성하기 위해 제한될 수 있다고 한다. 이러한 논거는―판례와 달리―담보신탁의 도산격리효과를 부정하고 담보신탁의 우선수익자를 위탁자에 대한 회생절차에서 회생담보권자로 취급해야 한다는 주장[36)]과 일맥상통하는 점이 있다. 만약 담보신탁의 도산격리효과가 부정된다면 이는 대상판결의 다수의견을 뒷받침하는 강력한 논거가 될 수 있다. 그러나 현재 판례의 태도처럼 담보신탁의 도산격리효과를 인정하더라도, 대상판결의 다수의견을 정당화하는데 별 문제는 없다. 달리 말하면 다수의견의 결론과 담보신탁의 도산

되는 건물신축분양사업에서 시행사가 대주단 및 시공사와의 일련의 사업약정에 따라 건물을 담보신탁한 것이 사해행위가 되는지 여부", 대법원판례해설 109(2017), 90면 이하 참조.

35) 이에 대하여 ① 회원들은 골프장 시설을 조성하는데 결정적 기여를 하였고, ② 입회계약은 계속적 계약으로서 회원은 스스로 탈회하거나 회원권을 양도하지 않는 이상 평생 시설을 이용할 수 있다는 점에서, 회원보호의 필요성이 인정된다는 반론이 있다. 김기홍, "골프장 회원의 법적 지위에 관한 연구", 서울대석사논문(2019), 48-50면. 가치평가의 문제이기는 하나 위와 같은 사정만으로 회원보호의 필요성이 정당화될 수 있는지 의문이다. 은행의 대출금이 골프장 시설조성에 결정적 기여를 하였다고 은행이 당연히 골프장 시설에 대하여 물적 권리를 취득하는 것이 아닌 것처럼 회원의 입회금이 결정적 기여를 하였다고 해서 회원의 대항력이 당연히 인정되어야 하는 것은 아니다. 또한 계속적 계약에 따른 회원의 강력한 권리는 그 '계약상대방'에 대해서만 행사할 수 있는 것이 원칙이다.

36) 윤진수(주 11), 697면 이하.

격리효과를 인정하는 현재 판례의 입장은 양립가능하다.

따라서 담보신탁의 도산격리 효과를 부분적으로 수정해서라도 체육시설법 제27조의 입법취지를 우선하여 실현하는 것이 이익형량의 관점에서 타당하다는 다수의견의 논거(다수의견 근거 중 ⑤번 참조)나 승계긍정설을 취하면 담보신탁의 도산격리효과에 반하므로 타당하지 않다는 반대의견의 논거(반대의견 근거 중 ⑦번)는 모두 적절치 못한 측면이 있다. 담보신탁의 도산격리 효과 인정여부와 매수인의 채무승계 여부는－논리적으로 서로 관련이 없는 것은 아니지만－별도의 차원에서 검토할 수 있는 문제이기 때문이다. 입회금반환채무의 승계 여부는 체육시설법의 해석을 통해 결정하면 족하고 그 결과 담보신탁의 도산격리 효과가 제한된다고 하더라도 특별히 문제될 것은 없다. 반대의견처럼 담보신탁의 도산격리 효과를 이유로 채무승계를 부정한다면 이는 비본질적인 것이 본질적인 것을 결정하는 결과, 즉 꼬리가 몸통을 흔드는 격이 될 것이다.[37)]

### 5. 대상판결이 미칠 영향

대상판결이 앞으로 채무자, 채권자, 매수인, 회원들에게 미칠 영향은 복합적이고 중층적이다. 신탁공매의 경우 부담이 승계되지 않는다고 믿었던 매수인이나 신탁수익자는 큰 손실을 입을 수 있다. 뜻밖의 과도한 채무를 부담하게 된 매수인은 회생절차에 들어갈 수도 있다. 신탁목적물에 대하여 충분한 담보가치를 확보하지 못하게 된 신탁수익자는 피담보채권의 변제기 연장을 거절하는 등 채권의 조기회수 절차에 나서거나 추가 담보를 요구할 가능성이 있다. 그 결과 채무자인 골프장 영업자는 골프장 운영에 어려움을 겪을 수 있다. 어느 시나리오가 전개되든 골프장 회원 입장에서 환영할 만한 상황은 아니다.

대상판결은 골프장 회생절차에도 많은 영향을 미칠 수 있다. 골프장

---

37) 최수정(주 14), 80면은 "위탁자의 도산위험으로부터의 절연은 신탁설정의 중요한 유인이 되므로, 그에 상응하는 효과가 인정되어야 한다"면서 반대의견에 찬동하는데 이에 대해서도 본문과 동일한 내용의 비판을 할 수 있다.

사업자가 담보신탁을 활용하여 회생자금을 마련하는 것은 사실상 불가능하게 되었다. 이미 담보신탁이 설정된 골프장 시설을 제3자에게 공매하는 방식의 구조조정도 불가능해졌다. 회생자금 또는 구조조정 자금을 마련하기 위해 채권자에게 제공할 수 있는 담보로는 회원제 골프장을 대중제 골프장으로 전환하여 장래 발생할 것으로 기대되는 수익(장래채권) 정도가 남는다. 그런데 이러한 장래채권은 현재 판례의 입장에 따르면 그리 매력적인 담보물이 아니다.[38] 또한 회원제 골프장이 대중제 골프장으로 전환하려면 회원들의 권리가 전부 또는 상당부분 감축되어야 한다.[39] 회생계획안 작성과정에서 회원들의 권리감축비율 또는 변제비율을 어떻게 정할 것인지에 관하여—담보신탁에 기한 공매의 경우 부담의 승계 여부가 불명확했던—종전보다 변제비율을 높게 잡아야 한다고 회원들이 주장할 가능성이 크다. 무엇이 공정하고 형평에 맞는 회생계획인지에 관하여[40] 하나의 정답이 있는 것은 아니지만, 회원들에 대한 변제비율이 종

38) 판례는 "장래 발생하는 채권이 담보목적으로 양도된 후 채권양도인에 대하여 회생절차가 개시되었을 경우, 회생절차개시결정으로 채무자의 업무의 수행과 재산의 관리 및 처분 권한은 모두 관리인에게 전속하게 되는데(채무자 회생 및 파산에 관한 법률 제56조 제1항), 관리인은 채무자나 그의 기관 또는 대표자가 아니고 채무자와 그 채권자 등으로 구성되는 이른바 이해관계인 단체의 관리자로서 일종의 공적 수탁자에 해당한다 할 것이므로, 회생절차가 개시된 후 발생하는 채권은 채무자가 아닌 관리인의 지위에 기한 행위로 인하여 발생하는 것으로서 채권양도담보의 목적물에 포함되지 아니하고, 이에 따라 그러한 채권에 대해서는 담보권의 효력이 미치지 아니한다"는 입장이다(대법원 2013. 3. 28. 선고 2010다63836 판결). 따라서 위 장래의 매출채권이 담보목적으로 포괄적으로 양도되었더라도 대중제 골프장으로 전환한 사업자가 다시 회생절차에 들어가면 그 시점 이후의 매출채권은 더 이상 담보대상에 포함되지 않는다.

39) 회원들의 권리가 그대로 인수되는 것이 매각조건이라면 골프장 부지와 시설을 인수할 자를 찾기는 현실적으로 어려울 것이다.

40) 채무자회생법 제217조(공정하고 형평한 차등)

① 회생계획에서는 다음 각호의 규정에 의한 권리의 순위를 고려하여 회생계획의 조건에 공정하고 형평에 맞는 차등을 두어야 한다.

1. 회생담보권
2. 일반의 우선권 있는 회생채권
3. 제2호에 규정된 것 외의 회생채권
4. 잔여재산의 분배에 관하여 우선적 내용이 있는 종류의 주주·지분권자의 권리
5. 제4호에 규정된 것 외의 주주·지분권자의 권리

전보다 높아질 가능성이 있다. 그러나 채권자들에 대한 변제 재원(財源) 자체의 한계를 고려할 때 회원들에게 돌아갈 몫이 의미 있는 정도로 상승할지는 불확실하다. 오히려 협상과정에서 회원들의 버티기(hold-up)로 인해 회생절차가 지연될 위험도 있다.

정리하면 대상판결로 인해 당해 사건에서 회원들의 권리가―반대의견에 비해―크게 보호되는 점은 분명하다. 그러나 장기적·전체적 관점에서 보았을 때 회원들에게 유리한 방향으로 상황이 전개될 것인지는 분명치 않다.[41] 회원들의 변제비율이 종전보다 상승하더라도, 회원들과 신탁수익자들이 나눠가질 전체 파이의 크기가 줄어들 수도 있다. 골프장 시설을 바탕으로 회생자금을 마련하는 것이 어려워졌고, 효율적이고 신속한 구조조정이 어려워진 측면이 있기 때문이다.

## Ⅴ. 여론(餘論) : 체육시설법 제27조에 대한 입법론상 의문

대상판결이 회원보호를 위해 취한 해석론이 타당함에도 불구하고, 이러한 대상판결의 입장이 전체적·장기적 관점에서 회원에게 유리한 방향으로 작용하지 않을 수 있는 핵심 이유는 체육시설법 제27조 자체가 갖는 문제점 때문이다.[42] 문제가 있는 법률의 입법취지를 최대한 존중해서 그 법률의 적용범위를 넓혔기 때문에 결국 문제가 확대된 것이다. 필자는 체육시설법 제27조가 악법(惡法)이거나 위헌법률이라고 생각하지는

41) 대상판결로 인해 장기적으로 가장 큰 이익을 보는 이해관계인은, 재정적 어려움을 겪고 있지 않던 기존 회원제 골프장이라고 사료된다. 자력이 충분하지 못한 사업자가 담보신탁을 활용해 골프장 사업에 신규진출하는 것이 이제 어려워졌기 때문이다.

42) 매도인의 권리·의무의 승계규정은 공중위생관리법 제3조의2, 관광진흥법 제8조에도 있다. 따라서 공중위생영업(숙박업, 목욕장업, 이용업, 미용업, 세탁업, 건물위생관리업)을 양수하거나 공중위생영업 관련 시설 전부를 인수하는 경우, 관광사업을 양수하거나 주요 관광사업 시설 전부를 인수하는 경우 양수인은 양도인의 권리·의무를 승계한다. 가령 콘도회원들은 이러한 법률에 따른 혜택을 누릴 수 있다. 위 규정들도 본문에서 지적한 문제를 갖고 있는 것은 마찬가지이다.

그 밖에 도시가스사업법 제7조 제2항, 화학물질관리법 제37조 제2항 등도 매수인의 권리·의무 승계 규정을 두고 있는데, 위 조항들은 해당 사업의 '공적규제 필요성'이라는 조금은 다른 각도에서 이해할 필요가 있다고 사료된다.

않지만, 체계정합성이 떨어지는 비효율적인 법이라고 생각한다. 그 이유는 다음과 같다.

### 1. 불완전한 공시, 시간에서 앞선 자가 권리에서 앞선다는 원칙 위배

담보권의 핵심은 우선권(priority)이고 우선권은 공시(public notice)가 뒷받침되었을 때 정당화될 수 있다. 권리자의 보호필요성이 사회적으로 긴절하게 요구되는 경우 입법을 통해 공시를 생략하고 우선변제권을 부여할 수도 있지만(가령 근로자의 임금채권 등에 대한 최우선변제권, 소액임차인의 최우선변제권), 그러한 예외적 상황이 아닌 이상 특정 권리자에게 우선권을 부여하려면 공시제도를 먼저 마련하는 것이 순서이다. 공시제도가 제대로 마련되지 않으면 담보제도를 통한 신용거래는 원활하게 이루어질 수 없다. 그런데 앞서 언급한 것처럼 회원들의 권리에 대한 공시방법이 현행법제하에서 제대로 갖추어졌는지는 의문이다.

보다 심각한 문제는 체육시설법 제27조에 의한 회원의 우선권은 회원의 권리취득 순서와 무관하다는 것이다. 즉 이 경우 시간에서 앞선 자가 권리에서도 앞선다(Prior tempore potior jure.)는 법의 일반 원칙이 적용되지 않는다. 이와 비슷한 예로 유치권이 있는데 유치권 제도가 부동산 담보거래와 경매에 심각한 장애요소로 작용한다는 점, 이러한 문제를 해결하기 위해 판례가－때로는 해석론의 한계를 뛰어넘으면서 과감하게－유치권의 효력을 제한하려는 시도를 해 온 점[43]을 굳이 여기서 상세히 언급할 필요는 없을 것이다. 아래에서는 이와 관련된 대법원 판시를 다소 길지만 전부 인용하기로 한다.

> 우리 법에서 유치권제도는 무엇보다도 권리자에게 그 목적인 물건을 유치하여 계속 점유할 수 있는 대세적 권능을 인정한다(민법 제320조 제1항, 민사집행법 제91조 제5항 등 참조). 그리하여 소유권 등에 기하여 목적물을 인도받고자 하는 사람(물건의 점유는 대부분의 경우에 그 사용수익가치를

---

43) 대법원 2013. 2. 28. 선고 2010다57350 판결; 대법원 2005. 8. 19. 선고 2005다22688 판결; 대법원 2014. 12. 11. 선고 2014다53462 판결 참조.

실현하는 전제가 된다)은 유치권자가 가지는 그 피담보채권을 만족시키는 등으로 유치권이 소멸하지 아니하는 한 그 인도를 받을 수 없으므로 실제로는 그 변제를 강요당하는 셈이 된다. 그와 같이 하여 유치권은 유치권자의 그 채권의 만족을 간접적으로 확보하려는 것이다. 그런데 우리 법상 저당권 등의 부동산담보권은 이른바 비점유담보로서 그 권리자가 목적물을 점유함이 없이 설정되고 유지될 수 있고 실제로도 저당권자 등이 목적물을 점유하는 일은 매우 드물다. 따라서 어떠한 부동산에 저당권 또는 근저당권과 같이 담보권이 설정된 경우에도 그 설정 후에 제3자가 그 목적물을 점유함으로써 그 위에 유치권을 취득하게 될 수 있다. 이와 같이 저당권 등의 설정 후에 유치권이 성립한 경우에도 마찬가지로 유치권자는 그 저당권의 실행절차에서 목적물을 매수한 사람을 포함하여 목적물의 소유자 기타 권리자에 대하여 위와 같은 대세적인 인도거절권능을 행사할 수 있다. 따라서 부동산 유치권은 대부분의 경우에 사실상 최우선순위의 담보권으로서 작용하여, 유치권자는 자신의 채권을 목적물의 교환가치로부터 일반채권자는 물론 저당권자 등에 대하여도 그 성립의 선후를 불문하여 우선적으로 자기 채권의 만족을 얻을 수 있게 된다. 이렇게 되면 유치권의 성립 전에 저당권 등 담보를 설정받고 신용을 제공한 사람으로서는 목적물의 담보가치가 자신이 애초 예상 · 계산하였던 것과는 달리 현저히 하락하는 경우가 발생할 수 있다. 이와 같이 유치권제도는 "시간에서 앞선 사람은 권리에서도 앞선다"는 일반적 법원칙의 예외로 인정되는 것으로서, 특히 부동산담보거래에 일정한 부담을 주는 것을 감수하면서 마련된 것이다.

유치권은 목적물의 소유자와 채권자와의 사이의 계약에 의하여 설정되는 것이 아니라 법이 정하는 일정한 객관적 요건(민법 제320조 제1항, 상법 제58조, 제91조, 제111조, 제120조, 제147조 등 참조)을 갖춤으로써 발생하는 이른바 법정담보물권이다. 법이 유치권제도를 마련하여 위와 같은 거래상의 부담을 감수하는 것은 유치권에 의하여 우선적으로 만족을 확보하여 주려는 그 피담보채권에 특별한 보호가치가 있다는 것에 바탕을 둔 것으로서, 그러한 보호가치는 예를 들어 민법 제320조 이하의 민사유치권의 경우에는 객관적으로 점유자의 채권과 그 목적물 사이에 특수한 관계(민법 제320조 제1항의 문언에 의하면 "그 물건에 관한 생긴 채권"일 것, 즉 이른바 '물건과 채권과의 견련관계'가 있는 것)가 있는 것에서 인정된다. 나아가 상법 제58조에서 정하는 상사유치권은 단지 상인 간의 상행위에 기하여 채권을 가지는 사람이 채무자와의 상행위(그 상행위가 채권 발생의 원인이 된 상행위일 것이 요구되지 아니한다)에 기하여 채무자 소유의 물건을 점유하는 것만으로 바로 성립하는 것으로서, 피담보채권의 보호가치라는 측면에서 보면 위와 같이 목적물과 피담보채권 사이의 이른바 견련관계를 요구하는 민사유치권보다 그 인정범위가 현저하게 광범위하다.

이상과 같은 사정을 고려하여 보면, 유치권제도와 관련하여서는 거래당사자가 유치권을 자신의 이익을 위하여 고의적으로 작출함으로써 앞서 본 유치권의 최우선순위담보권으로서의 지위를 부당하게 이용하고 전체 담보권 질서에 관한 법의 구상을 왜곡할 위험이 내재한다. 이러한 위험에 대처하여, 개별 사안의 구체적인 사정을 종합적으로 고려할 때 신의성실의 원칙에 반한다고 평가되는 유치권제도 남용의 유치권 행사는 이를 허용하여서는 안 될 것이다. (대법원 2011. 12. 22. 선고 2011다84298 판결)

과연 회원들의 입회금반환채권이 부동산담보 거래에 일정한 부담을 주는 것을 감수하면서도 보호해야 할 '특별한 가치'가 있는 것인지, 부동산에 대한 유치권을 폐지하자는 논의가 있는 상황에서[44] 오히려 유치권과 유사한 제도를 창설하는 법률이 정당화될 수 있는 것인지 의문이다.

## 2. 공정하고 형평에 맞는 변제비율?

회원들은 입회금반환채권과 관련하여 '사실상' 최우선변제권을 누릴 뿐 실체법상 우선변제권을 갖고 있지는 않다. 이 점에서 회원들은 유치권자와 비슷하고, 또한 최우선순위 대항력은 갖고 있지만 우선변제권은 갖지 못한 주택임대차보호법상 임차인과도 비슷하다. 그렇다면 이러한 법적 지위에 있는 회원들은 골프장 사업자가 회생절차에 들어간 경우 회생계획에서 어떻게 취급되어야 하는가?

판례는 입회금반환채권을 일반회생채권에 해당한다고 보면서 ① 입회금 반환채권 원금 및 개시 전 이자의 17%를 현금으로 변제하는 외에

44) 법무부는 2013. 7. 17. 등기된 부동산에 대한 유치권을 폐지하고 그 대신 저당권설정청구권을 인정하는 취지의 유치권에 관한 민법개정안을 국회에 제출한 바 있다. 이는 법무부 민법개정위원회 내부의 치열한 논의 끝에 마련된 시안이었다. 권영준, "유치권에 관한 민법 개정안 소개와 분석", 서울대법학 57-2(2016), 139면 이하. 그러나 위 개정안은 19대 국회 임기만료로 자동폐기되었다.

는 모두 소멸하는 것으로 하고, ② 역시 일반회생채권인 담보신탁의 우선수익자의 채권은 원금의 67.13%를 현금으로 변제하는 외에 나머지 미변제 원금채무의 변제에 갈음하여 출자전환 신주를 배정하도록 정하였으며, ③ 역시 일반회생채권인 일반 대여금채권은 원금 및 개시 전 이자의 6.81%만을 현금으로 변제하도록 정한 회생계획안이 채무자회생법 제217조 제1항(공정하고 형평한 차등), 제218조(평등의 원칙)에 위배되지 않는다고 판단하였다.[45] 즉 일반회생채권 사이에서 담보신탁 우선수익자>회원>일반 대여금채권자 순으로 차등을 두는 것이 가능하다고 본 것이다.

이러한 결론은 수긍할 수 있다. 회원의 입회금반환채권은 인수인의 책임재산에 대하여 권리를 주장할 수 있을 뿐, 채무자의 책임재산에 대하여 우선변제권을 갖는 것은 아니기 때문이다.[46]·[47] 그런데 다른 각도에서 생각해 보면, 입회금반환채권이 회생채권이라는 이유만으로 입회금반환채권의 변제율을 회생담보권과 같거나 비슷하게 설정한 회생계획안이 공정 · 형평의 원칙에 반한다고 말할 수 있는지 의문이 있다. 회원들이 대항력을 행사할 수 있는 체육시설은 체육시설 사업자의 회생을 위해 필수적인 물건이다. 회원들이 체육시설법 제27조에 따라 누릴 수 있는 권리를 포기하지 않으면 대중제 골프장으로의 전환은 어렵고, 따라서 골프장의 회생은 어려워진다. 이러한 상황에서 회원들이 대항력을 포기한 대가로 회원들의 입회금반환채권의 변제비율을 회생담보권과 비슷하게 설정해 주는 것이 위법하다고 단정할 수 있는가? 가령 채무자의 회생에 필수적인 물건을 점유하고 있는 유치권자에 대하여 관리인이 회생계획인가 전에－법원의 허가를 받아(채무자회생법 제132조 참조)－유치권자의 피담보채권(회생채권이다)을 먼저 변제하고 그 물건을 인도받을 수 있는 것 아닌가?[48] 최우

45) 대법원 2016. 5. 25.자 2014마1427 결정.

46) 同旨 나청(주 8), 37; 김장훈 · 홍정호(주 14), 55면.

47) 인수주의가 아니라 소멸주의를 원칙으로 하여 진행되는 유치권에 의한 경매절차에서, 유치권자는 일반채권자의 지위에서 배당요구를 할 수밖에 없다는 점도 참조가 된다. 대법원 2011. 6. 15.자 2010마1059 결정.

48) 나아가－회생채무자가 당장 유치권자의 피담보채권 전액을 변제하기에 충분한 자력을 갖추지 못한 경우도 많으므로－유치권자가 채무자 회생에 필수적인 유치물

선 순위 대항력을 갖추었지만 우선변제권이 없는 임차인에 대하여 해당 부동산에 대한 후순위 저당권자와 동일하게 변제비율을 100%로 정한 회생계획안이 공정·형평의 원칙에 위배된다고 단정할 수 있는가? 체육시설법 제27조와 유사한 취지의 관광진흥법 제8조에 의해 골프장 회원과 유사한 대항력을 누리는 콘도미니엄 회원들의 경우 회생계획에서 사실상 '전액 변제'의 회생계획안이 짜여진다고 하는데,[49] 유독 골프장 회원의 경우 입회금채권을 전액변제하는 회생계획안이 '위법'하다고 말할 수 있는가?[50] 회생계획에 따른 변제금은 우선변제권이 설정된 목적물을 매각해서 마련하기보다 채무자의 영업을 통해 창출되는 현금흐름으로부터 충당되는 경우가 많다. 또한 회생계획과 상관없이 회생절차 내에서 수시변제되는 공익채권의 경우 회생담보권이 설정된 목적물의 매각대금과 관련하여 회생담보권보다 우선하는 것은 아니지만[51] 사실상 회생담보권자보다 우선하여 자기채권의 만족을 얻을 수 있다. 이러한 사정들을 고려할 때,

---

을 반환하면 유치권자를 (담보목적물을 확보하지 못한, 그러나 우선변제권을 갖는) 회생담보권자로 취급하자는 입법론도 일본에서 주장된다. 生田次郎, "留置権と倒産法", 金融担保法講座 4(1986), 140면. 유치권에 우선변제권을 인정하고 도산절차에서도 별제권/회생담보권으로 취급하자는 (일본의) 입법론도 있다. 松岡久和, "留置権に関する立法論", 倒産実体法, 別冊 NBL69 (2002), 106-108면.

49) 최효종·김소연, "2010년대 골프장 회생절차에 대한 실증연구", 법조 67-6(2018), 473-474면.

50) 그러나 실제 골프장 회생계획에서 변제비율은 담보신탁의 수익자〉회원인 것으로 보인다. 주요 골프장 회생계획에서 신탁채권자와 회원채권자의 변제비율은 다음과 같다. 최효종·김소연(주 49), 479면.

| 구 분 | 가산노블리제 | 안성Q | 아델스코트 | 이븐데일 | 레이크힐스순천 |
|---|---|---|---|---|---|
| 신탁채권자 | 48.38% | 67% | 50.4% | 100% | 66.9% |
| 회원채권자 | 0% | 17% | 10%(쿠폰) | 11% | 41.9%+17%(쿠폰) |

이는 신탁채권자들이 회생채권자에 불과하지만, 담보신탁의 도산격리효과를 인정하고 따라서 담보신탁의 수익자는 회생절차의 제약을 받지 않고 임의로 신탁목적물(골프장 부지)을 환가할 수 있다는 점을 고려하여 도출된 결론이다. 만약 담보신탁의 도산격리효과를 부인하여 신탁수익자를 회생담보권자로 취급하는 경우, 즉 신탁수익자가 신탁목적물을 임의매각할 수 없는 경우, 담보신탁의 수익자〉회원이라는 우선 순위가 반드시 관철되어야 하는가? 담보신탁의 수익자=회원인 회생계획안은 공정·형평의 원칙에 반하는 회생계획안인가?

51) 대법원 1993. 4. 9. 선고 92다56216 판결.

회원들을 회생담보권자에 준하여 취급하는 회생계획안도 충분히 가능한 것 아닌가? 채무자의 사업계속을 전제로 하지 않고 책임재산(골프장 부지)을 골프장 부지로서가 아니라 통상의 대지로서 환가하는 파산절차에서는 회원이 일반채권자로서 배당받는 것이 당연하지만, 채무자의 사업계속을 전제로 하는 회생절차에서는 회원이 채무자의 사업계속을 통해 발생하는 현금흐름으로부터 사실상 우선변제를 받는 것(즉 회원을 마치 공익채권자처럼 취급하는 것)도 충분히 가능하지 않은가? 의문이 남는다.[52)]

만약 필자의 위와 같은 의문에 합리성이 있다면 공정하고 형평에 맞는 변제비율이 무엇인지는 분명하지 않다. 이러한 불명확성이 증가할수록 법원 입장에서는 어떠한 회생계획안이 채무자회생법 제217조 제1항(공정하고 형평한 차등), 제218조(평등의 원칙)에 위배하였다고 판단하는 것이 쉽지 않게 된다. 이러한 사정들은 모두 회생계획을 둘러싼 협상절차, 회생계획 인가절차 등과 관련한 거래비용을 증가시켜 비효율을 낳는다. 법원이 적법하다고 인정하는 변제비율의 범위가 광범위해질수록, 당사자들 사이의 집단적 합의는 더 어려워지기 때문이다.[53)]

회원들을 진정으로 보호하고자 한다면 입회금반환채권과 관련하여

---

52) 이러한 의문이 있기 때문에 필자는 회원을 회생담보권자에 준하여 취급하자는 주장에도 일정 부분 공감이 간다. 박용석, "회원제 골프장의 회생절차에 있어서 회원의 권리", 도산법연구 6-3(2016). 89-90면. 일본에서도 상사유치권과 관련하여 비슷한 논의를 찾을 수 있다. 회사갱생절차에서 상사유치권자는 유치적 권능은 있지만 우선변제권은 없는데, 이러한 상사유치권자를 갱생절차에서 최우선순위 갱생담보권자로 취급할 수 있는 것이다. 伊藤眞, 会社更生法, (2012), 200면(다만 이토 마코토 교수 본인이 이러한 주장을 정면으로 하는 것은 아니고, 이러한 사고방식이 있다고 '소개'하고 있다). 나아가 민사재생절차에서 상사유치권자는 우선변제권이 없는 별제권자임에도 불구하고, 민사재생절차 개시 후 유치권자가 자신이 점유하는 유치물을 피담보채권의 변제에 충당하는 합의 즉, <u>유치권자의 도산절차상 우선변제권을 사실상 인정하는 취지의 합의가 유효하다</u>는 일본 판례도 참조가 된다. 日最判 2011(平成 23). 12. 15.(民集 65.9.3511). 이 판례는 이러한 합의가 "별제권 행사에 부수하는 합의"로서 효력이 있다고 한다.

53) 합의는 합의에 참여하는 당사자들에게 자신이 상대방보다 유리한 위치에 있다는 생각(이를 <u>상대적 낙관주의</u>－relative optimism－라 한다)이 작을수록 쉽게 이루어질 수 있다. 박세일, 법경제학, (2002), 660-674면. 회원들에 대한 '적법한 변제비율'의 범위가 0%부터 100%까지라면, 그 범위가 40～50%인 경우에 비해 협상에 기초한 합의가 이루어지기 어렵다.

도산절차상 우선변제권까지 인정하는 것이 바람직하다. 회원들을 그렇게까지 보호할 생각이 아니라면 체육시설법 제27조를 폐지하여 회원들에게 대항력을 부여하지 않고 회원들의 입회금반환채권은 일반회생채권으로서 – 상거래채권처럼 – 금융채권보다 우대하는 정도로 취급함이 간명하다.

### 3. 대 안?

그렇다면 체육시설 회원은 어떻게 보호하는 것이 체계정합적인가?[54] 일단 생각해 볼 수 있는 방법은 공시제도를 갖추고 대항력과 함께 회원들의 권리취득 순서에 따른 우선변제권도 함께 인정하는 것이다. 즉 주택임차인이나 상가임차인처럼 체육시설 회원을 보호하는 것이다. 입법자가 체육시설회원의 '우선권'을 보호하기로 기왕 마음먹었다면 위와 같은 방법을 취하는 것이 정도(正道)이다. 가령 일정 요건을 갖춘 회원이 입회금반환채권을 등기부에 등록함으로써 우선변제권을 취득하는 방법을 생각해 볼 수 있다(물적 등기부를 통해 권리관계가 공시되는 부동산을 제외한 기타 시설, 영업권 등 영업재산 일체에 대해서는 인적 등기부를 통해 권리관계를 공시하는 방법을 생각해 볼 수 있다).[55]

---

54) 학설 중에는 체육시설의 보호대상으로 현실에서 주로 문제되는 유형이 골프장 회원이라는 사실에 주목하여, 체육시설 회원의 보호 필요성 자체에 의문을 표하는 경우도 있다. 천경훈(주 29)의 226면 각주 39("입법주체들이 골프장 회원권을 가지고 있는 경우가 많거나 최소한 그에 감정이입을 쉽게 할 수 있을 정도로 동질적인 집단에 속해 있었기 때문"). 필자도 이러한 생각에 기본적으로 공감한다. 나아가 입법자가 현상에 대한 대증요법(對症療法)에 치우친 나머지 법체계에 대한 고민, 그 법이 장래 가져올 효과에 대한 고민은 소홀했던 것 아닌가 하는 아쉬움도 든다.

55) 매도인의 영업 또는 영업용 주요 자산 양도시 – 그것이 영업양도의 형식을 띠고 있지 않는 경우에도 – 매도인의 권리 · 의무 일체가 이전되는 법규정을 마련한다면, 매도인의 영업전체(인허가권 포함)에 대하여 담보를 설정할 수 있게 하는 법적 장치도 함께 마련하는 것이 바람직하다. 영업재산 전체에 대하여 담보권의 효력이 미치고, 이 담보권이 실행되면 영업재산 전체가 매각된다는 것이 공시될 필요가 있기 때문이다. 영업재산 전체에 대한 담보를 인적(人的) 등기부를 통해 공시하는 제도를 만든다면 이 등기부에 담보권뿐만 아니라 체육시설 회원들의 채권도 함께 공시하는 방안을 생각해 볼 수 있는 것이다. 이에 관해서는 프랑스 상법상 영업재산 담보제도도 참고가 된다. 우선 원용수, "프랑스 상법상 영업재산의 양도 · 담보 및 이용대차제도의 어제와 오늘", 법학연구 21-2(2010), 133면 이하.

만약 위와 같은 정도로 체육시설 회원을 두텁게 보호하는 것이 정책적으로 적절치 않다고 생각한다면, 체육시설 회원의 보호문제는 초기 투자자로서 상인이 아닌 소비자를 어떠한 방식으로 보호하는 것이 적절한가라는 일반명제의 차원에서 접근해야 한다. 이러한 초기 투자자 겸 소비자를 보호하는 정공법은 ① 투자자 모집시 투자의 위험을 투자자에게 충분히 고지하도록 강제하는 영업행위 규제조치의 마련, ② 유상보증 또는 보험제도의 활용,[56] ③ 투자자를 모집한 사업자가 장래에 발생시킬 매출채권 등 장래의 채권 및 동산에 대하여 초기 투자자가 강력하고 안정적인 담보권을 취득할 수 있도록 뒷받침하는 제도적 장치의 마련 등을 생각해 볼 수 있다.

## Ⅵ. 결론에 갈음하여

대상판결에서 법해석이 어려워진 배경에는 체계정합성이 떨어지는 부적절한 법률조항이 놓여 있다. 문제가 놓인 테이블 자체를 뒤엎을 수 없는 법해석자로서는 이미 주어진 제약조건하에서 최선의 해결책을 찾을 수밖에 없다. 대상판결의 다수의견은 그러한 측면에서 법원이 내릴 수 있는 최선의 결론이었다고 필자는 생각한다.

물론 다수의견에 따르더라도 여러 사회적 부작용이 발생할 수 있고, 과연 장기적으로 체육시설 회원이 보호될 것인지도 지켜볼 문제이다.

---

56) 가령 주택도시기금법에 의해 설립된 주택도시보증공사는 주택건설사업자들로부터 보증료를 받고 주택에 대한 분양보증 업무를 수행한다. 참고로 이용료를 선불로 받은 체육시설업자가 폐업, 휴업 등으로 영업을 계속할 수 없게 되는 경우 이용료를 반환받지 못한 이용자들을 보호하기 위해, 체육시설업자의 보증보험 가입을 의무화하는 취지의 체육시설의 설치 · 이용에 관한 법률 개정안이 김정우 의원 등 13인에 의해 2018. 3. 26. 제안되어 현재 국회 계류 중이다. (http://likms.assembly.go.kr/bill/billDetail.do?billId=PRC_H1I8O0R3I2V6L1Z6Q0Y9A4B9D3S8U9. 최종검색일 2019. 2. 18.) 미리 지급한 이용료뿐만 아니라 입회금의 경우에도 비슷한 보호장치를 마련할 수 있다. 물론 이러한 제도를 설계할 때에는 보험가입을 의무화하는 것이 현실적으로 필요한 업종과 그 규모를 세부적으로 규정하여, 보험의 보호를 받을 필요가 없는 소비자들에게 요금인상의 형태로 보험료가 부당전가되지 않도록 배려할 필요가 있다.

또한 체육시설법의 입법취지를 존중한 대상판결의 결론은 향후 체육시설법이 적용되는 상황이 발생할 여지 자체를 봉쇄한 측면이 있다. 담보신탁이 신규로 설정될 가능성이 낮고, 기존에 설정된 담보신탁에 기초하여 매각이 이루어질 가능성도 낮기 때문이다. 체육시설법상 회원보호 조항은 사실상 사문화될 수 있다. 법률의 입법취지를 존중하는 해석이 오히려 법조항을 사문화시키는 역설적 상황이 발생할 수 있는 것이다. 그러나 이는 자생적 거래질서와 배치되는 부적절한 입법이 초래한 결과로서 입법론의 영역일 뿐, 해석론에서 다룰 문제는 아니라고 사료된다. 해석론과 입법론은 구별되는 것이다.

다만 그럼에도 불구하고 법해석학에 일차적 관심을 갖는 우리는 입법론에도 관심을 가질 필요가 있다. 입법론에 관심을 갖는다면 우리는 해석론의 세계에서 벌어지는 치열한 견해대립이 갖는 의의와 한계를 좀 더 정확히 파악할 수 있다. 전체 맥락(context) 속에서 해석론이 놓인 위치를 알 수 있는 것이다. 또한 해석론에서 견해대립이 갖는 무게도 상대화해서 바라볼 수 있다. 해석론에서의 견해대립은 논리의 싸움이라는 성격뿐만 아니라 힘의 대결이라는 성격도 갖고 있고, 이러한 힘의 대결에서 승리를 거둔 의견이라고 해서 논리적 허점이나 약점이 없는 것은 아니다. 법해석은 논리와 이성적 판단의 문제이기도 하지만, 이익형량에 기초한 결단의 문제이기도 하다. 대상판결의 다수의견이 갖는 정당성은 이처럼 제한된 맥락하에 이해할 필요가 있다.

대상판결은 채무자, 담보권자, 체육시설 회원, 시설매수인 사이의 충돌하는 이해관계를 어떻게 조정하는 것이 바람직한지, 제한된 자원을 그들 사이에서 어떻게 배분하는 것이 공평한지에 관하여 많은 시사점을 준다. 또한 대상판결은 법해석론과 입법론의 상호관계에 대해서도 생각할 계기를 제공해 준다. 위 두 쟁점에 관하여 향후 활발한 논의가 이루어지기를 기원하며 졸고(拙稿)를 마친다.

[Abstract]

# Sale of Sports Facilities Based on the Trust for Security Purposes, and Transfer of Membership Contract

-Subject case: Supreme Court en banc Decision 2016Da220143 Decided October 18, 2018-

Choi, Joon Kyu*

The recent Korean Supreme Court en banc Decision 2016Da220143 rendered on October 18, 2018 (hereinafter "subject case") ruled that, when the sale of the essential sports facilities was conducted by the trustee of collateral trust, the rights and duties of sports facilities operator are transferred to the buyer by applying Article 27 Parag. (2) Subparag. 4 of the Sports Facilities Act (hereinafter "Act"). This paper agrees with the conclusion of the ruling for the following reasons:

① The legislative purpose of the Act, which is to protect the members of sports facilities, can only be achieved, if Article 27 Parag. (2) of the Act is applied to the trust for security purposes. Even if there is a question about the legislative validity of the foregoing clause or the necessity of protection of the members, a judge should interpret the law to respect the authority of the law to the fullest possible extent, except where the law is unconstitutional or the collateral trust at issue is beyond the permissible meaning of the words of Article 27 Parag. (2) Subparag. 4 of the Act.

② Article 27 Parag. (1) of the Act is intended to protect the members of sports facilities mainly considering the situation where the sports facilities are sold according to the voluntary will of the operator. Therefore, it con-

* Associate Professor, Seoul National University School of Law.

forms to the legal framework to interpret Article 27 Parag. (2) of the Act as having been introduced to protect the members when the sports facilities are sold irrespective of the operator's will.

③ In a rebuttal to my opinion, one might argue that, with his focus on the form of collateral trust, a buyer's inheritance of the rights and duties that the trustee did not inherit from the trustor is unreasonable, as the buyer acquires the sports facilities by succession from the trustor ("no one can give more than what he has"). However, focusing on the substance of collateral trust, it is possible to treat the buyer, who is the successor of the trustee, differently from the ordinary third party acquiring the property from the buyer, who had purchased the pertinent property from the seller. In a similar vein, beneficiaries of collateral trusts can be treated as rehabilitation-secured creditors in the rehabilitation process.

However, Article 27 Parag. (2) of the Act is inefficient in terms of the following points and needs to be improved from the legislative perspective.

First, according to the foregoing clause, the members will enjoy the de facto right to receive repayment of the deposit in preference to any other creditors, even if the requirements of public announcement are not satisfied. This will be a serious hindrance to collateral transactions of essential sports facilities.

Second, it is unclear how to determine the repayment ratio of the members' claims in the rehabilitation proceedings so that it is in line with the principle of fair and equal treatment in the Article 217 of the Debtor Rehabilitation and Bankruptcy Act. This uncertainty can lead to increased transaction costs in drafting and authorizing the rehabilitation plan.

From the standpoint of legislation, a desirable resolution would be to ① supplement Article 27 Parag. (2) of the Act to treat the members as secured-creditors based on the time at which the members meet the requirements of public announcement, or ② abolish the foregoing clause and protect the members through a guarantee or the insurance scheme.

[Key word]

- membership golf course
- trust for the security purpose
- Sports Facilities Act
- rehabilitation process
- the relationship between de lege lata and de lege ferenda

## 참고문헌

박세일, 법경제학, (2002).
양창수 · 김형석, 민법Ⅲ, (2018).

김기홍, "골프장 회원의 법적 지위에 관한 연구", 서울대석사논문(2019).
권영준, "유치권에 관한 민법 개정안 소개와 분석", 서울대법학 57-2(2016).
김세용, "대주단의 자금으로 진행되는 건물신축분양사업에서 시행사가 대주단 및 시공사와의 일련의 사업약정에 따라 건물을 담보신탁한 것이 사해행위가 되는지 여부", 대법원판례해설 109(2017).
김장훈 · 홍정호, "골프장 회생절차의 실무상 쟁점", BFL 81(2017).
나 청, "회원제 골프장 회생사건의 실무상 쟁점 정리", 도산법연구회 2018년 8월 월례회 발표문.
박용석, "회원제 골프장의 회생절차에 있어서 회원의 권리", 도산법연구 6-3(2016).
박재억, "체육필수시설 담보신탁을 근거로 한 매각절차와 인수인의 체육시설업자 권리 · 의무 승계 여부", 사법 47(2019).
박종수, "신탁재산의 공매와 체육시설업의 승계－대법원 2012. 4. 26. 선고 2012다4817 판결을 중심으로－", 법조 704(2015).
신용락, "베네치아CC 회원계약 승계 인정의 의미와 전망", 법률신문 제4654호 (2018. 12.).
원용수, "프랑스 상법상 영업재산의 양도 · 담보 및 이용대차제도의 어제와 오늘", 법학연구 21-2(2010).
윤진수, "담보신탁의 도산절연론 비판", 비교사법 25-2(2018).
이상규, "체육시설의 신탁공매에 따른 소유권 이전과 체육시설업자의 권리 · 의무의 승계 여부", 건설법무 2(2016).
이석희 · 임재만, "회원제 골프장 도산과 회원 권리 보호", 부동산연구 27-2(2017).
이승섭, "골프장시설에 관한 담보신탁과 골프장 회원의 권리 보호", 법학연구 28-4(2017).
정소민, "담보신탁의 법리에 관한 비판적 고찰", 선진상사법률연구 85(2019).

조건주, “골프장 부동산 공매에서 회원 계약 승계 인정 여부”, 법률신문 제4652호(2018. 11.).
조홍식, “환경분쟁조정의 법정책－라즈의 권위의 이론에 의존하여－”, 서울대 법학 52-3(2011).
천경훈, “골프장 부지의 양도와 회원권 승계”, 민사재판의 제문제 22(2013).
최수정, “부동산담보신탁상 신탁재산 처분의 성질과 효과”, 선진상사법률연구 85(2019).
최준규, “출산 경력의 불고지가 혼인취소 사유에 해당하는지 여부”, 가족법연구 31-2(2017).
최효종 · 김소연, “2010년대 골프장 회생절차에 대한 실증연구”, 법조 67-6(2018).

伊藤眞, 会社更生法, (2012).
生田次郎, “留置権と倒産法”, 金融担保法講座 4(1986).
松岡久和, “留置権に関する立法論”, 倒産実体法, 別冊 NBL 69(2002).

# 국제인권조약의 효력, 적용, 해석

장 태 영*

■ 요 지 ■

대상판결은 기존 판례를 변경하여 양심적 병역거부권을 인정하였다. 그러나 대상판결, 특히 제2다수보충의견은 효력, 적용, 해석이라는 국제인권조약의 이슈 전반에 대하여 진일보한 판시를 하였다는 점에서 더 큰 의미가 있다. 대상판결은 사법부에 의한 국제인권조약의 국내적 실행에 있어 획기적인 선례가 될 것이다. 국제인권조약에 관한 대상판결의 중요 판시와 그 의의를 살펴보면 다음과 같다.

○ 자유권규약은 헌법 제6조 제1항에 따라 국내법과 같은 효력이 인정되고, 국내법체계상 위상은 법률과 같다. 제2다수보충의견은 국제법과 국내법이 함께 대한민국 내 전체로서의 법질서를 형성하고, 국제인권조약이 '법'이라는 점을 다시 한 번 일깨워주었다.

○ 법원은 특별한 입법조치가 없더라도 법원쟁송에서 법률과 동위인 자유권규약의 권리규정을 재판규범으로 직접적용할 수 있다. 제2다수보충의견은 적어도 자유권규약의 권리규정에 대하여는 간접적용과 비자기집행성 법리를 배척하였다고 평가할 수 있다.

○ 제2다수보충의견은 국제인권조약을 국내법에 부합하게 해석하려는 '역합치적 해석'을 배척하고, '국제인권조약 합치적 해석'을 전면에 내세웠다. '합치적 해석'을 사법부의 책무라고 설명하고 국제인권기구의 해석을 유력한 기준으로서 최대한 존중할 것을 주문하였다. 국제인권기구의 해석을 존중하는 것이 법원의 해석 권한을 내려놓는 것은 아니다. 국내법으로써 국제법상 의

* 서울서부지방법원 판사.

무불이행을 정당화할 수 없다는 국제법상 원칙은 물론 대한민국의 특유한 현실이 '항변사유'가 될 수 없다는 점도 분명히 밝혔다. 인권은 인류 전체의 문제이다. 대상판결은 인권의 보편성이 원칙적으로 문화적 상대주의보다 우위에 있다고 전제하였다고 볼 수 있다.

○ 제2다수보충의견은 자유권규약의 해석에서 채택시점의 초안자의 의사보다는 현재시점에서 발견할 수 있는 당사국의 입장·실행과 국제법의 발전·진화 내용을 충분히 고려하는 유럽인권재판소의 '살아있는 문서' 이론을 수용하였다. 이에 따라 자유권규약에 명시되지 않은 권리라도 해석상 도출할 수 있게 된다.

○ 제2다수보충의견은 자유권규약의 해석에서 견해 등을 최대한 존중하고 그에 부합하게 국내법을 해석하는 것이 국제법 존중주의에 합치된다고 보았다. 그런데 이를 뛰어넘어 견해를 받아들일 국제법상 의무가 있다는 판시까지 하였으나, 이러한 판시의 타당범위는 다소 제한적으로 해석할 수밖에 없다.

[주 제 어]

- 2016도10912 전원합의체 판결(제2다수보충의견), 양심적 병역거부
- 헌법 제6조 제1항, 국제인권조약, 자유권규약
- 국제인권조약의 국내법적 효력
- 재판규범, 직접적용/간접적용
- 자기집행적/비자기집행적 조약
- 국제법 합치적 해석/역합치적 해석
- 인권의 보편성/문화적 상대주의
- 국제법의 발전, '살아있는 문서' 이론 및 동적 해석
- 견해의 법적 구속력/설득적 권위

## 대상판결 : 대법원 2018. 11. 1. 선고 2016도10912 전원합의체 판결 (공2018하, 2401)

[사안의 개요]

1. 피고인(오○○, 1984년생)은 '여호와의 증인' 신도이다. 피고인은 아버지의 영향으로 13세 때 침례를 받고 '여호와의 증인' 신앙에 따라 생활하여 왔다.

2. 피고인은 2013. 7. 18. '육군 39사단에 현역병으로 2013. 9. 24.까지 입영하라'는 경남지방병무청장 명의의 현역병입영통지서를 받았다. 그러나 피고인은 종교적 신념에 의한 '양심'을 이유로 입영하지 않았다. 검사는 2013. 10. 28. 피고인에 대하여 구 병역법(2013. 6. 4. 법률 제11849호로 개정되기 전의 것) 제88조 제1항을 적용하여 병역법위반 혐의로 기소하였다.

3. 병역법은 수차례 개정되었으나 제88조 제1항의 실질적 내용에는 변함이 없다. 현행 병역법 제88조 제1항은 다음과 같다(밑줄은 필자가 추가, 이하 같다).

> **제88조**(입영의 기피 등)
> ① 현역입영 또는 소집 통지서(모집에 의한 입영 통지서를 포함한다)를 받은 사람이 정당한 사유 없이 입영일이나 소집일부터 다음 각 호의 기간이 지나도 입영하지 아니하거나 소집에 응하지 아니한 경우에는 3년 이하의 징역에 처한다.

4. 자유권규약과 자유권규약 선택의정서(이 논문의 말미에 약어 등을 정리한 '용어표'를 첨부하였다)는 대한민국에서 1990. 7. 10. 조약 제1007호와 조약 제1008호로 발효하였다. 2019. 12. 1. 현재 대한민국은 제22조(노동조합의 결성 및 결사의 자유)에 대하여만 유보(reservation)를 하고 있다. 자유권규약 제8조, 제18조는 다음과 같다.

> **자유권규약**
>
> **제8조**
> 3. (a) 어느 누구도 강제노동을 하도록 요구되지 아니한다.

(c) 이 항의 적용상 "강제노동"이라는 용어는 다음 사항을 포함하지 아니한다.

(ii) 군사적 성격의 역무 및 양심적 병역거부가 인정되고 있는 국가에 있어서는[1] 양심적 병역거부자에게 법률에 의하여 요구되는 국민적 역무

**제18조**

1. 모든 사람은 사상, 양심 및 종교의 자유에 대한 권리를 가진다. 이러한 권리는 스스로 선택하는 종교나 신념을 가지거나 받아들일 자유와 단독으로 또는 다른 사람과 공동으로, 공적 또는 사적으로 예배, 의식, 행사 및 선교에 의하여 그의 종교나 신념을 표명하는 자유를 포함한다.
2. 어느 누구도 스스로 선택하는 종교나 신념을 가지거나 받아들일 자유를 침해하게 될 강제를 받지 아니한다.
3. 자신의 종교나 신념을 표명하는 자유는, 법률에 규정되고 공공의 안전, 질서, 공중보건, 도덕 또는 타인의 기본적 권리 및 자유를 보호하기 위하여 필요한 경우에만 제한받을 수 있다.
4. 이 규약의 당사국은 부모 또는 경우에 따라 법정 후견인이 그들의 신념에 따라 자녀의 종교적, 도덕적 교육을 확보할 자유를 존중할 것을 약속한다.

[소송의 경과]

### 1. 제1심판결(창원지방법원 통영지원 2014. 2. 12. 선고 2013고단845 판결)-유죄, 징역 1년 6월

피고인은 종교적 양심에 따라 입영을 거부하였으므로 병역법 제88조 제1항에서 정한 정당한 사유(이하 '정당한 사유')가 있다고 주장하였다. 제1심법원은 기존 대법원 판결과 헌법재판소 결정에 따라 피고인의 주장을 배척하였다.

### 2. 원심판결(창원지방법원 2016. 6. 23. 선고 2014노466 판결)-항소기각

원심법원은 기존 대법원 판결 등에 따라 피고인의 항소를 기각하였다.

---

1) 과거 자유권규약에서 양심적 병역거부권을 도출하기 어렵다는 해석의 근거가 되는 조항이다.

### 3. 대상판결-원심판결 파기환송[2)]

#### 가. 피고인의 상고이유 요지와 쟁점

피고인은 헌법 제19조와 자유권규약 제18조에서 양심적 병역거부권이 도출되고 양심적 병역거부자를 처벌하는 것은 과잉금지원칙에 위반되므로, 양심적 병역거부는 정당한 사유에 해당한다고 주장하였다. 사건의 쟁점은 양심적 병역거부가 정당한 사유에 해당하는지 여부이다.

#### 나. 다수의견, 별개의견, 반대의견 요지

**(1) 다수의견(8인)**[3)]

진정한 양심에 따른 병역거부는 정당한 사유에 해당한다. 피고인의 입영거부는 진정한 양심에 따른 것으로서 정당한 사유에 해당할 여지가 있다. 이를 심리하지 아니한 채 유죄를 인정한 원심판결에는 법리를 오해한 잘못이 있다. 따라서 원심판결을 파기하고, 사건을 원심법원에 환송한다.

**(2) 별개의견(1인)**[4)]

헌법재판소의 병역법 제5조 제1항(병역종류조항, 양심적 병역거부자에 대한 대체복무제를 규정하지 않음)에 대한 헌법불합치결정[5)]으로 대체복무제 도입이 예정되었다. 그럼에도 양심적 병역거부자에게 현역입영을 강제하는 것은 최소침해의 원칙에 어긋난다. 따라서 진정한 종교적 신념에 따른 병역거부는 정당한 사유에 해당한다. 다수의견의 결론에는 찬성하나, 논거에는 견해를 달리한다.

**(3) 반대의견(4인)**[6)]

기존 대법원 판결에서 제시된 법리는 여전히 타당성이 인정되므로 그대로 적용·유지되어야 한다. 양심적 병역거부자에게 다소간 불합리한 면이 있더라도, 이는 입법 절차를 통해 시정해야 한다. 원심법원이 유죄로 판단한

---

2) 대상판결에 대한 대법원 재판연구관의 판례해설로는, 배상원, "양심적 병역거부와 병역법 제88조 제1항의 정당한 사유", 사법 제47호(사법발전재단, 2019) 참조.
다만, 저자는 '다수의견이 밝힌 법리적 측면의 검토에 집중한다'고 밝혔고, 대상판결의 국제인권조약 관련 논의는 언급되지 않았다.

3) 대법원장 김명수, 대법관 권순일, 김재형, 조재연, 박정화, 민유숙, 김선수, 노정희.

4) 대법관 이동원.

5) 헌법재판소 2018. 6. 28. 선고 2011헌바379 등 결정.

6) 대법관 김소영, 조희대, 박상옥, 이기택.

것은 정당하다.

다. 국제인권조약[7]의 효력, 적용, 해석에 관한 주요 판시[8]

**(1) 다수의견에 대한 대법관 박정화, 대법관 김선수, 대법관 노정희의 보충의견(이하 '제2다수보충의견')**

편의상 이 논문의 주된 연구대상인 제2다수보충의견을 먼저 살펴본다. 제2다수보충의견은 자유권규약의 관점에서 다수의견을 보충하였다(번호는 필자가 추가, 이하 같다).

> 가. … ① 자유권규약의 경우에는 헌법 제6조 제1항에 의해 국내법과 동일한 효력을 가지고 ⑤ 직접적인 재판규범이 될 수 있다는 점에서 차원을 달리한다. 대법원이나 헌법재판소도 ③-㉠ 자유권규약의 법률적 효력을 인정하고 있다.
>
> 나. … ② 세계인권선언은 법적 구속력이 없었기에 그 내용을 구속력 있게 하기 위한 국제적인 노력의 결과물로서 1966년 자유권규약 … ① 자유권규약은 국회의 동의를 얻어 체결된 조약이므로 헌법 제6조 제1항의 규정에 따라 국내법적 효력을 가지며, ③-㉡ 그 효력은 적어도 법률에 준한다. …
>
> ⑥, ⑦ 자유권규약 제2조는 가입국에게 어떠한 종류의 차별도 없이 이 규약에서 인정되는 권리들을 존중하고 확보할 의무, 자유를 침해당한 사람에 대해 구제조치를 받도록 확보할 의무 등을 규정하고 있다. 우리나라가 자유권규약에 가입한 것은 위와 같은 의무를 이행하겠다는 의사를 국제사회에 명확히 약속한 것이다.
>
> 다. … ⑤, ⑥ 자유권규약 제18조는 특별한 입법조치 없이 우리 국민에 대하여 직접적용되는 ③-㉢ 법률에 해당한다는 것이 대법원과 헌법재판소의 견해이다.
>
> 라. 자유권규약은 … 제28조 이하에서 이를 보장하고 실현하기 위해 위원회를 설치하여 권한과 임무를 부여하고, 각 가입국이 이행해야 할 의무도 규정하고 있다. 따라서 ⑨, ⑰-㉠ 자유권규약에 의해 보장되는 자유와 권리의 구

7) 「국가인권위원회법」 제2조 제1호는 '인권'을 "「대한민국헌법」 및 법률에서 보장하거나 대한민국이 가입·비준한 국제인권조약 및 국제관습법에서 인정하는 인간으로서의 존엄과 가치 및 자유와 권리를 말한다"고 규정한다.

이 논문에서 '국제인권조약'은 인권최고대표부 제시한 '핵심 국제인권조약' 중 대한민국이 가입 · 비준한 조약을 포괄하는 용어로 사용한다.

8) 다소 긴 내용이지만 판시를 그대로 인용하되, 참조판결의 사건번호와 조약 영문명 등은 생략한다.

체적 내용과 보장의 정도 등을 해석함에 있어서는 규약 전체 조항과 규약에 따른 위원회의 활동 및 가입국이 이행해야 할 의무 내용 등도 고려하여야 한다. …

(3) … 개인통보제도를 규정한 선택의정서에 가입하였다는 것은 당사국 내에 있는 개인의 진정에 대한 유엔자유권규약위원회의 심사권을 인정한다는 것이고, 이는 그 심사결과에 따르겠다는 의미를 포함한다. 따라서 ⑰-㉡ 선택의정서 가입국은 보편적이고 다자간에 체결된 자유권규약에 따라 유엔자유권규약위원회가 내린 개인통보에 대한 견해를 받아들일 국제법상 의무를 진다고 보아야 한다. …

마. … 자유권규약 제18조에 양심적 병역거부에 관한 권리가 포함되어 있다는 점은 … 이제는 확립된 국제적 기준이 되었다고 평가할 수 있다. ⑭ 보편적 국제인권규약인 자유권규약을 해석하면서 '규약 자체에 명시된 권리'만을 자유권규약이 인정한 권리라고 좁게 보는 것은 자유권규약 준수에 관한 실질적인 국제법적 의무를 외면하는 것이다.

또한 자유권규약이 위원회를 설치하여 자유권 보장을 이행하고 실현하기 위한 활동을 인정하며 이를 위해 필요한 조치 및 관련 가입국의 의무 등을 규정하고 있는 점에 비추어 보더라도, ⑭ 자유권규약의 내용은 그 규약의 명시적인 표현으로만 제한하여 해석할 것이 아니다. … 우리나라 헌법 제37조 제1항에서 "국민의 자유와 권리는 헌법에 열거되지 아니한 이유로 경시되지 아니한다."라고 규정하였듯이, ⑭, ⑮ 자유권규약에 명문의 규정이 없더라도 현대 민주주의 국가들의 시대정신에 맞게 자유권규약을 해석하여 기본적 인권을 도출할 수 있다고 보는 것은 지극히 타당하다.

자유권규약과 같은 국제인권규약의 경우, ⑨ 법원은 헌법상 기본권을 해석할 때는 물론 법률을 해석할 때도 규약에 부합하도록 노력하여야 한다. ⑨ 국제인권규약에 조화되도록 법률을 해석하는 것은 ⑫ 보편적 인권의 관점에서 사법부가 지켜야 할 책무이다. 특히 ⑫ 자유권규약의 경우 인권이 단순한 국내문제가 아니라 전세계적·보편적인 문제라는 당위성에서 만들어진 국제인권규약으로서, ⑤, ⑥, ⑦ 대부분 개인에게 직접 권리를 부여하는 조항으로 규정되어 있다는 점에서 더욱 그러하다.

그렇다면 양심적 병역거부는 헌법 제6조 제1항에 기하여 국내법과 동일한 효력이 인정되는 자유권규약 제18조에 따라 병역법 제88조 제1항에서 정한 '정당한 사유'에 해당한다고 보아야 한다. …

바. … 국제법 존중주의 원칙상 자유권규약 등 보편적 국제규약에 대한 ⑨, ⑰-㉠ 국제기구의 해석은 유력한 법률해석의 기준이 되어야 한다 …

사. 반대의견의 주된 논거 중의 하나는 우리나라의 역사적·종교적·문화적 배경의 특수성과 국가안보 현실의 엄중한 특수성이다. 그러나 ⑥, ⑦, ⑩, ⑫ 국제인권규약은 모든 가입국에 동일한 일반적인 규범을 창설한다는 점에서 객관적 성격의 규범창설규약이다. 이러한 규범은 다른 가입국의 이행상태와 무관하게 당해 가입국에 의해 적용되어야 하며, 또한 ⑫ 가입국의 특수한 사정이 지나치게 과대평가되어서는 안 된다. ⑥, ⑦, ⑫ 국제인권규약에 대해서는 전통적인 조약에서의 상호주의가 적용되지 아니한다. '조약법에 관한 비엔나협약' 제27조는 '국내법과 조약의 준수'라는 제목으로 "어느 가입국도 조약의 불이행에 대한 정당화의 방법으로 그 국내법 규정을 원용해서는 아니 된다."라고 규정하고 있으므로, ⑩ 국내법적 상황을 근거로 국제법적 의무위반을 정당화할 수도 없다. 이러한 국제법 위반상태를 해소하기 위해서라도 ⑨, ⑰-㉠ 국제인권기구의 결정 또는 권고를 최대한 존중하고 그에 부합하도록 법률을 해석하는 것이 헌법상 국제법 존중주의에 합치되는 것이다. ⑫ 인권은 보편적인 권리이고 ⑮ 시간이 지날수록 발전하는바, 국제사회에서 경제적으로 성공한 국가로 평가되는 ⑫ 우리나라가 그 특수성에 집착하여 자유권규약의 준수의무를 부정하는 해석을 하는 것은 국제법 존중의무를 외면하는 것이다. …

### (2) 반대의견

반대의견은 다음과 같이 판시하였다.

라. 다수의견의 결론이 갖는 문제점

(1) ⓫ 양심적 병역거부의 역사적 · 종교적 · 문화적 배경

… 우리의 역사적 · 종교적 전통이나 경험을 토대로 할 때 기독교적 이념이나 교리에 기초한 양심적 병역거부의 주장은 대다수 구성원이 쉽게 받아들이기 어려운 것으로 보인다.

마. 양심적 병역거부와 관련된 국내외 상황

(1) ❽ 국내의 규범적 상황

…최근까지 국내에서 전개된 위와 같은 사정을 종합해 보더라도, 아직 종전 대법원 전원합의체 판결의 취지를 변경해야 할 만한 국내에서의 명백한 여건 변화가 있다고 보이지는 않는다.

(2) 국제 규범적 상황

… (나) 그러나 ⓭ 자유권규약 제18조는 물론, 자유권규약의 다른 어느 조문에서도 양심에 따른 병역거부를 할 수 있는 권리를 인정함으로써 이를 기본적 인권의 하나로 명시하고 있지 않다. 자유권규약 제8조의 문언 등에 비추

어 볼 때 자유권규약은 가입국으로 하여금 양심적 병역거부를 반드시 인정할 것을 요구하고 있지도 않다. … ⑯ 유엔자유권규약위원회가 그와 관련된 권고안을 제시하였다 하더라도 이것이 어떠한 법률적 구속력을 갖는다고 볼 수도 없다.

… ⓫ 개별 국가의 역사와 안보환경, 사회적 계층 구조, 정치적, 문화적, 종교적 또는 철학적 가치 등 국가별로 상이하고도 다양한 여러 요소에 기반한 국내에서의 정책적 선택이 더욱 존중되어야 함이 당연하다.

… ⑯ 자유권규약위원회의 견해가 국내에서는 규범력을 인정받기 어려운 것일 뿐만 아니라 그 판단의 핵심 근거 중의 하나가 ❽ 종래 대법원은 물론, 헌법재판소 판결례에서 일관되게 부인해 온 이른바 '양심적 병역거부권'이어서 국내의 규범체계와는 정합성이 떨어지는 논리이다. 따라서 이를 중요하게 참작할 만한 국제 규범적 상황 변화의 증거로 볼 수 없다.

(다) 기록에 나타난 유엔인권위원회 및 유엔인권이사회에서의 회원국에 대한 결의 내용, 유엔인권고등판무관실의 우리나라에 관한 조사보고서 결과, 유럽연합의회가 채택한 유럽연합기본권헌장의 취지, 유럽인권협약에 관한 해석에 기초한 유럽인권법원의 회원국 관련 사건에서의 판례 취지 등 … ❽ 우리나라의 규범적 현실과는 거리가 있는 내용들로서 이와 달리 판단되지는 않는다.

(3) ⓫ 우리의 국가안보 현실

… 한반도의 특수한 안보상황을 고려 …

### (3) 다수의견에 대한 대법관 권순일, 대법관 김재형, 대법관 조재연, 대법관 민유숙의 보충의견(이하 '제1다수보충의견')

제1다수보충의견은 반대의견에 대하여 다음과 같이 반박하였다.

마. … 다수의견은 기독교 신앙을 추구하거나 서구사회에서 양심적 병역거부를 인정하고 있으므로 우리나라도 양심적 병역거부를 인정하여야 한다는 것이 아니다. ⑫ 우리나라의 고유한 역사와 문화를 간과하고 있지도 않다. 다수의견은 양심의 자유의 중요성과 그 보장을 강조할 뿐이다. ⑫ 민주주의와 인권을 추구하는 한 양심의 자유가 가지는 중대한 의미와 가치는 시대와 지역, 종교와 문화의 차이를 넘어서는 보편적인 것이다. 이러한 양심의 문제를 종교의 문제로 한정지어 비판하는 것은 이 사건의 본질에서 벗어난 것이다. ⑫ 양심적 병역거부 문제를 서구사회 전반에 걸친 기독교 전통이나 문화와

결부시키는 것도 적절하지 않다. …

바. … 다수의견이 외국이나 국제사회의 입장을 그대로 따르자는 것은 아니다. ⑷ 대한민국 헌법을 비롯한 전체 법질서에 비추어 볼 때 양심적 병역거부를 인정하여야 한다는 것이다. 다만 병역법상 정당한 사유를 해석할 때 같은 문제를 놓고 고민해 온 국제사회의 경험과 태도변화를 고려할 수 있다는 점을 언급하고자 한다. …

⒃ 자유권규약에 관한 유엔자유권규약위원회 등의 해석은 존중되어야 하지만, 그것이 규정 자체는 아니기 때문에 법적 구속력이 있는 것은 아니고, 유럽연합과 유럽인권법원의 입장을 일반적으로 승인된 국제법규 또는 국제관습법이라고 볼 수는 없다. 그러나 위와 같은 ⑷ 국제사회의 태도변화는 우리나라에서 양심적 병역거부가 병역법 제88조 제1항의 정당한 사유에 해당하는지를 판단하는 데에 중요한 시사점을 제공한다. ⑿ 양심의 자유와 그 적용 문제는 인류의 보편적인 문제이기 때문이다.

사. … ⑿ 양심적 병역거부자들을 형사처벌하지 않는다고 하여 국가안전보장과 국토방위에 위협이 된다고 보기는 어렵다.

### (4) 판시의 쟁점별 정리

제2다수보충의견, 반대의견, 제1다수보충의견 중 필자가 번호와 밑줄로 강조한 판시를 쟁점별로 정리하면 다음 표(이하 '쟁점표')와 같다.

[쟁점표]

| 항목 구분 | | 제2다수 보충의견 | 반대의견 | 제1다수 보충의견 |
|---|---|---|---|---|
| 효력 | 국제인권조약의 효력 | ① | | |
| | 세계인권선언의 효력 문제 | ② | | |
| | 국제인권조약의 국내법체계에서의 위상 | ③-㉠<br>③-㉡<br>③-㉢ | | |
| 적용 | 국제인권조약의 간접적용 문제 | | | ⑷ |
| | 국제인권조약의 재판규범성과 직접적용 | ⑤ | | |
| | 국제인권조약에 대한 비자기집행성 법리 문제 | ⑥ | | |

| | 자유권규약 제2조의 재판규범성과 직접적용 문제 | ⑦ | | |
|---|---|---|---|---|
| 해석 | 국내법적 관점에 경도된 국제인권조약의 해석 및 역합치적 해석 문제 | | ❽ | |
| | 국제법적 관점에 의한 국제인권조약 해석 및 국제인권조약 합치적 해석 | ⑨ | | |
| | 국내법에 의한 국제법상 의무불이행의 정당화 불가 | ⑩ | | |
| | 특유한 국내현실에 근거한 국제인권조약의 해석 문제 | | ⓫ | |
| | 인권의 보편성과 문화적 상대주의 간 긴장관계 | ⑫ | | ⑿ |
| | 국제인권조약에 명시되지 않은 권리의 배제 문제 | | ⓭ | |
| | 국제인권조약에 명시되지 않은 권리의 해석 | ⑭ | | |
| | 유럽인권재판소의 ‘살아있는 문서’ 이론 | ⑮ | | |
| | 국제인권기구의 견해 등의 법적 구속력 문제 | | ⓰ | ⒃ |
| | 국제인권기구의 견해 등의 존중 내지 법적 구속력 인정 | ⑰-㉠<br>⑰-㉡ | | |

## 〔研　　究〕

### Ⅰ. 서　　론

#### 1. 국제법에 열려 있는 국내법체계와 우리의 현실

헌법 전문과 제5조 제1항은 ‘국제평화주의’를 천명한다. 그리고 제6조 제1항은 “헌법에 의하여 체결·공포된 조약과 일반적으로 승인된 국제법규는 국내법과 같은 효력을 가진다”고 규정한다. 국제법[9]이 국내법

9) 일반적으로 국제법의 법원(法源)을 설명하면서 ICJ의 재판규범을 규정한 「국제사법재판소규정」 제38조 제1항을 언급한다.

체계에 변형 없이 수용된다는 이 규정은 제헌 헌법부터 현행 헌법까지 거의 그대로 유지되어 왔다. 제6조 제1항은 '국제법 존중주의' 원칙도 선언하였다고 해석한다.[10)]

한편 인권최고대표부는 '핵심 국제인권조약'으로서 9건의 협약과 9건의 관련 선택의정서를 제시한다.[11)] 대한민국은 2019. 12. 1. 현재까지 그 중 자유권규약 포함 7건의 협약과 4건의 관련 선택의정서를 가입·비준하였다.

선조들은 '법'에서부터 국제화를 주문하였다. 법원은 증거를 통한 객관적 사실인정을 바탕으로 법을 해석·적용하고 유권적인 판단을 내린다. 법원은 이러한 판단 작용, 특히 법의 해석·적용 과정에서 선조들이 주문한 '국제법에 열려 있는 국내법체계'를 항시 유념하여야 한다.

그런데 우리 현실은 사실상 국제법에 닫혀 있다. 국제인권조약의 경우 더욱 그러하다. 대한민국은 국제인권조약의 '불모지'에 가깝다. '양심적 병역거부'라는 이슈만 보아도 그러하다. 대한민국은 양심적 병역거부에 관한한 '집요한 자유권규약 위반국가'였다. 국제인권기구의 결의, 일반논평, 정기보고서에 대한 최종견해, 개인통보사건의 견해에 대하여 무시하거나 침묵하였다. 양심적 병역거부자인 국민이 다른 국가에서 난민으로 인정받기도 하였다.[12)] 2006년 '윤여범, 최명진 개인통보사건'의 견해에서 대한민국의 자유권규약 위반이 인정되었다.[13)] 이 견해가 중요한 선례가 되어 유럽인권재판소 '*Bayatyan* 사건'에 원용되기도 하였다.[14)]

---

10) 헌법재판소 2011. 8. 30. 선고 2007헌가12등 결정, 헌법재판소 2011. 8. 30. 선고 2008헌가22등 결정 참조.

11) The Office of the High Commissioner for Human Rights, The Core International Human Rights Instruments and their monitoring bodies. 〈https://www.ohchr.org/EN/ProfessionalInterest/Pages/CoreInstruments.aspx〉(2019. 12. 1. 방문)

12) RRT Case No. 071843748, [2008] RRTA 37.
호주난민심사원(Refugee Review Tribunal)은 2008. 2. 양심적 병역거부자인 대한민국 국민에 대하여 난민의 지위를 인정하고, 「난민의 지위에 관한 협약」에 따른 보호를 받을 수 있다고 판단하였다.

13) *Yeo-Bum Yoon, Myung-Jin Choi v. Republic of Korea,* Communications Nos. 1321-1322/2004, U.N. Doc. CCPR/C/88/D/1321-1322/2004 (23 January 2007).

자유권규약위원회의 통계자료에 의하면, 대한민국은 견해 총 1,155건(위반 인정 975건, 위반 불인정 180건) 중 자유권규약 위반이 가장 많이 인정된 당사국이다.[15] 위반이 인정된 견해의 대부분이 양심적 병역거부자에 관한 것이지만, 가볍게 생각할 문제가 아니다.

사법부 내에 국제법이 법원쟁송의 재판규범이라는 인식마저 부족한 측면이 있다. 전반적으로 국제법을 생경해 한다. 입법, 행정은 물론 사회 전반이 그러하다. 국제법이 '상징적인 의미', '장식적 역할'에만 그쳤던 것도 사실이다. 국제인권조약에 대한 관심은 더더욱 부족하다. 사법부는 인권을 보장하고 실현하는 중대한 임무를 맡았다. 사법부마저 국제인권조약과 국제사회의 동향에 무관심해서는 아니 된다.

### 2. 경제·통상에서 현실로 다가오는 인권 문제

국제사회에서 국제인권조약을 추상적 담론 정도로, '장식품' 정도로 논의한다고 생각한다면 오산이다. 국제연합은 이미 오래전부터 법의 지배, 경제발전, 인권 간의 관련성을 강조하여 왔다.[16] 인권은 그야말로 '현실'이 되고 있다. 국제인권조약 위반은 강력한 제재와 국가적 손실로 직결된다.

국제사회는 인권 보호를 '지속가능한 발전'의 전제조건으로 인식한다. 인권침해로 생산된 물건을 이제는 팔수도, 살수도 없게 된다. 저작권 위반의 물건처럼 인권침해의 물건 역시 하자가 있다고 간주되고 거래가 금지될 것이다. 물론 인권을 내세워 보호무역을 실시하고, 선진국에 유리한 통상체제를 형성한다는 지적도 가능하다. 그러나 국제사회에서 '인권 없이 무역 없다'는 기조는 약화되지 않을 것이다. 무역에 사활이 걸린 대

---

14) *Bayatyan v. Armenia* [GC], Application No. 23459/03 (7 July 2011), para. 105.

15) Statistical survey of individual complaints dealt with by the Human Rights Committee. 〈https://www.ohchr.org/EN/HRBodies/CCPR/Pages/CCPRIndex.aspx〉 (2019. 12. 1. 방문)

16) We the Peoples : the role of the United Nations in the twenty-first Century, Report of the Secretary-General, U.N. Doc. A/54/2000, para. 84 참조.

한민국은 국제인권조약의 준수에도 사활을 걸어야 한다.

통상조약에는 특히 노동문제가 연계되고 있다. 이러한 연계는 점차 강화될 가능성이 높다. 예컨대, 「대한민국과 유럽연합 및 그 회원국 간의 자유무역협정」 '제13장 무역과 지속가능한 발전' 중 제13.4조는 국제노동기구의 협약을 비준하기 위한 지속적인 노력을 규정한다. 그런데 대한민국은 국제노동기구의 8개 핵심협약 중 4개만을 비준하였다. 유럽연합이 다양한 경로로 대한민국에 나머지 핵심협약의 비준을 요청한 것은 주지의 사실이다. 유럽연합은 협의로써 문제가 해결되지 않을 경우 제13.15조에 따라 전문가 패널의 소집을 요청할 수 있고, 2019. 7. 4. 실제로 그 소집을 요청하기도 하였다.[17] 국제인권조약을 서구 위주 국제사회의 고담준론 정도로 치부하여서는 아니 된다. 국제인권조약을 무시한 대가는 현실에서 곧바로 나타날 것이고, 강도는 더욱 가혹해질 것이다.

### 3. 사법부의 국제화와 국제인권조약에 대한 인식 제고

물론 국제법이 법원쟁송과 헌법소송에서 조금씩 반영되기 시작하였다. 법률가는 물론 국민 전체의 인식도 점차 변화하고 있다. 2013. 9. 11.까지 국제인권조약이 인용된 판결을 전수 조사한 연구자료에 의하면, 법원은 양적, 질적 측면 모두에서 국제인권조약을 재판규범으로 적용하는 범위를 넓혀왔다.[18] 그럼에도 아직 부족한 부분이 있는 것은 아닌지 고민할 필요가 있다. 국제화를 대한민국의 미래로 제시한 헌법정신을 충실히 구현하는 데 사법부가 앞장서야 한다. 법원 전체의 국제인권조약을 비롯한 국제법에 대한 인식은 한층 더 제고되어야 한다. 이러한 측면에서 대상판결, 특히 제2다수보충의견에는 의미 있고 주목해야 할 많은 판시가 있다.

---

17) 고용노동부 2019. 7. 4.자 보도자료(유럽연합, 우리 정부에 전문가 패널 소집 공식 요청-국제노동기구(ILO) 핵심협약 비준 등 이행 요구-).

18) 김영훈 외 공동집필, "국제인권법의 국내이행과 법원", 국제인권법실무연구 재판자료 제130집(법원도서관, 2015), 73면.

### 4. 이 논문의 구성

대한민국은 자유권규약을 포함한 국제인권조약을 준수하기로 선언하였다. 대한민국의 사법부, 입법부, 행정부 모두가 국제인권조약을 충실히 실행할 의무를 부담한다는 점에는 이론이 있을 수 없다. 사법부의 관점에서 그리고 구체적인 법원쟁송에서 '국제인권조약의 국내적 실행'과 관련하여 발생하는 이슈는 '효력, 적용, 해석' 3가지로 나눌 수 있다. 이하에서는 국제인권조약의 효력, 적용, 해석 순서에 따라 쟁점표의 항목을 중심으로 대상판결을 분석한다. 국제인권조약 그중에서도 자유권규약의 효력, 적용, 해석이라는 쟁점에 한하여 설명하고, 국제법 일반이론과 양심적 병역거부 자체에 관한 헌법상·형법상 쟁점의 분석은 제외한다.

## Ⅱ. 국제인권조약의 효력

### 1. 국제인권조약의 국내법으로서의 효력(판시 ①)

조약은 헌법 제6조 제1항에 따라 '국내법과 같은 효력'을 가진다. 국제인권조약이 대한민국 내에서 국내법과 같은 '효력'이 있다는 점 자체에는 특별한 문제가 없다.

### 2. 세계인권선언의 국내법적 효력(판시 ②)

#### 가. 기존 판결례

헌법재판소는 세계인권선언에 대하여 '선언적인 의미가 있을 뿐, 법적 구속력은 없다'라고 여러 차례 판시하였다.[19] 하급심 판결에서도 '국내법적 효력은 없다'는 판시,[20] '권고적 효력밖에 없다'는 판시[21]를 발견

19) 헌법재판소 1991. 7. 22. 선고 89헌가106 결정, 헌법재판소 2005. 10. 27. 선고 2003헌바50 등 결정, 헌법재판소 2007. 8. 30. 선고 2003헌바51 등 결정, 헌법재판소 2008. 12. 26. 선고 2005헌마971 등 결정, 헌법재판소 2008. 12. 26. 선고 2006헌마462 결정.

20) 예컨대, 부산지방법원 2006. 5. 12. 선고 2005나12749 판결(상고기각 확정) 참조.

21) 서울고등법원 1992. 2. 14. 선고 89구16296 판결(확정). 같은 취지로 서울고등법

할 수 있다. 제2다수보충의견도 "법적 구속력이 없었기에"라는 판시 ②에서 이와 유사한 취지를 드러냈다.

### 나. 세계인권선언의 국제관습법화와 규범성

#### (1) 세계인권선언의 영향력

세계인권선언은 제2차 세계대전 이후 태어난 신생국은 물론 전 세계 국가의 헌법상 기본권규정과 인권 법령에 커다란 영향을 미쳤다. 세계인권선언은 아프가니스탄, 베냉, 부르키나파소, 부룬디, 캄보디아, 차드, 코로로, 코트디부아르, 적도기니, 에티오피아, 가봉, 기니, 아이티, 말라위, 말리, 모리타니, 니카라과, 니제르, 포르투갈, 루마니아, 르완다, 상투메 프린시페, 세네갈, 소말리아, 스페인, 토고 등의 헌법에 명시되어 있다.[22] 그중 스페인 헌법 제10조 제2항, 포르투갈 헌법 제16조 제2항, 루마니아 헌법 제20조 제1항, 상투메 프린시페 헌법 제17조 제2항, 아이티 헌법 제19조에는 '기본권규정은 세계인권선언에 따라 해석한다'는 취지의 규정을 두고 있다.

국제인권조약, 지역인권조약으로서 유럽인권협약, 미주인권협약, 인간과 인민의 권리에 관한 아프리카 헌장에서 세계인권선언을 빠짐없이 거론한다. 이들 조약의 전문은 '세계인권선언의 내용을 인정하고, 고려하고, 유념하고, 유의하고, 기억한다'고 선언한다.

#### (2) 국제관습법화된 세계인권선언의 내용

세계인권선언의 국내법적 효력을 부정한 기존 판결례는, 만약 세계인권선언이라는 국제문서 자체에 법적 구속력이 인정되지 않았다는 취지라면 수긍할 수 있는 측면이 있다. 세계인권선언은 국제연합 총회 결의로 채택되었는데,[23] 결의 자체에 법적 구속력이 인정된다고 보기는 어렵기 때문이다.[24]

---

원 1991. 8. 21. 선고 90구2767 판결도 참조.

22) Hurst Hannum, "The Status of the Universal Declaration of Human Rights in National and International Law", 25 Ga. J. Int'l & Comp. L. 287 (1996), 313면 이하.

23) Universal Declaration of Human Rights, U.N. Doc. A/RES/217A(Ⅲ)(10/12/1948).

24) 정인섭, 신국제법강의-이론과 사례(제9판), 박영사(2019), 73면; 인권최고대표부

다만, 세계인권선언에 담긴 내용으로서 기본적 인권과 자유에 어떠한 국내법적 효력도 인정되지 않는다는 취지라면, 이는 적절하지 않다. 세계인권선언의 내용은 국제관습법으로 자리 잡았다는 것이 지배적인 의견이다.[25)·26)] ICJ 재판관은 이미 1971년 '*South West Africa* 사건'의 개별의견에서 세계인권선언의 내용은 국제관습법이 되었다고 밝혔다.[27)]

한편 '*South West Africa* 사건'의 개별의견은 평등권은 세계인권선언의 채택 이전부터 국제관습법에 해당한다고 보았다.[28)] 물론 1948년 채택 당시부터 세계인권선언의 내용 전부가 국제관습법이 되었다고 보기는 어렵다.[29)] 채택 이후 점차 국제관습법화된 것이지, 국제관습법만을 담아 세계인권선언을 채택한 것은 아니다. 제2다수보충의견이 판시 ②와 같이 "세계인권선언은 법적 구속력이 없었기에"라고 과거형으로 표현한 것은 이러한 국제법의 진화 과정을 참작한 것으로 추정한다.

### (3) 세계인권선언의 규범성

자유권규약과 사회권규약은 세계인권선언에 간직된 보편적 인권을 조약으로 성문화한 것이다. 이들 3건의 국제문서를 '국제인권장전'(International Bill of Human Rights)이라고 부르기도 한다.[30)] 세계인권선언의 내용은

---

(국제인권법연구회 역), 국제인권법과 사법-법률가(법관, 검사, 변호사)를 위한 인권편람(2014), 14면.

25) 정인섭, 신국제법강의-이론과 사례(제9판), 박영사(2019), 889면; 김대순, 국제법론(제20판), 삼영사(2019), 863면.

26) Hurst Hannum, "The Status of the Universal Declaration of Human Rights in National and International Law", 25 *Ga. J. Int'l & Comp. L.* 287 (1996); 인권최고대표부(국제인권법연구회 역), 국제인권법과 사법-법률가(법관, 검사, 변호사)를 위한 인권편람(2014), 5면.

27) Legal Consequences for States of the Continued Presence of South Africa in Namibia (South West Africa) notwithstanding Security Council Resolution 276 (1970), Advisory Opinion, I.C.J. Reports 1971, 16, Separate Opinion of Vice-President Ammoun.

28) 위의 ICJ Advisory Opinion.

29) 정인섭, "헌법 제6조 제1항상 일반적으로 승인된 국제법규의 국내 적용 실행", 서울국제법연구 제23권 제1호(서울국제법연구원, 2016), 68면.

30) Human Rights Committee, General Comment No. 26 - Issues relating to the continuity of obligations to the International Covenant on Civil and Political Rights, U.N. Doc. CCPR/C/21/Rev.1/Add.8/Rev.1 (8 December 1997), para. 3.

국제관습법이 되었다는 것이 국내외의 유력한 견해이다. 헌법 제6조 제1항에 따라 세계인권선언의 내용은, 자유권규약과 사회권규약을 비롯한 후속 국제인권조약을 통해 구체화되었다 하더라도, 국내법과 동일한 효력을 가진다.

덧붙여 세계인권선언은 국제인권조약, 지역인권조약, 각종 인권선언·결의, 전 세계 국가의 국내법상 인권규정의 '어머니'와 같은 존재이다. 보편적 인권의 보장을 사명으로 하는 법원이 세계인권선언에 대하여 굳이 '효력이 없다'고 언급하는 것은 부적절하고 불필요한 오해만 살 수 있다.

### 3. 국내법체계상 국제인권조약의 위상(판시 ③-㉠, ㉡, ㉢)

#### 가. 국제인권조약의 위상과 실질적인 의의

헌법 제6조 제1항은 '국내법과 같은 효력'이라고 규정하였을 뿐, 구체적인 내용은 정하지 않는다. 보다 중요한 사항은 효력의 '내용'이다. 국내법체계상 국제인권조약의 '위상', 즉 헌법, 법률, 시행령, 시행규칙 등과의 관계에서 국제인권조약이 어디에 위치하고, 어떠한 우열관계를 형성하는지가 관건이다. 국제인권조약의 위상은 다음 3가지 측면에서 실질적인 의의를 가진다.

**(1) 법원쟁송과 헌법소송에서의 재판규범성**

헌법재판소가 헌법소송에서 심판대상의 위헌 또는 기본권침해 여부를 판단함에 있어 재판규범, 즉 '헌법재판규범'이 되는 것은 헌법이다.[31)·32)] 국제인권조약이 헌법과 동위인지 여부는 헌법재판규범성을 결정한다. 헌법과 동위라면 헌법소송에서 직접 국제인권조약 위반 여부를 판단하고 이에 따라 곧바로 위헌·기본권침해 여부를 판단할 수 있다. 동위가 아

---

31) 위헌법률심판과 헌법재판소 제68조 제2항에 의한 헌법소원심판의 심사기준은 '헌법의 모든 규정'과 '헌법원칙'이 된다. 헌법재판소, 헌법재판실무제요 제1개정증보판(2008), 143, 144면 참조.

32) "관습헌법도 헌법의 일부로서 성문헌법의 경우와 동일한 효력을 가진다"고 판시한 헌법재판소 2004. 10. 21. 선고 2004헌마554 등 결정 참조.

니라면, 국제인권조약 위반 여부를 판단하더라도 곧바로 위헌·기본권침해 여부를 결정할 수는 없다. 후술하듯 헌법재판소는 조약에 대한 헌법의 우위를 인정한다. 이에 따라 헌법재판소가 국제인권조약을 헌법재판규범으로 직접적용할 수는 없다. '참고적'으로 고려하거나 국제법 존중주의의 헌법원칙을 '우회로'로 거친다. 이른바 '간접적용'을 하고 있다.

헌법소송과 달리 법원쟁송에서는 국제인권조약을 단지 참고적으로 고려하거나 '우회로'를 거쳐 간접적용할 필요가 없다. 재판규범으로 '직접적용'하면 된다.

**(2) 국제인권조약과 국내법의 충돌과 규범통제의 심사기관**

국제인권조약의 위상은 국제인권조약과 국내법이 충돌하는 경우 일방이 타방에도 불구하고 적용되는지, 타방을 무효화시킬 수 있는지, 이러한 충돌이 어떠한 심판절차를 거쳐 해소되는지에 대한 해답을 준다.

먼저 국제인권조약이 법률/시행령과 동위이고 이보다 하위에 있는 시행령/시행규칙과 충돌한다면, 전자가 후자에 우선하고, 후자는 효력이 인정될 수 없다. 예컨대, 대법원은 지방자치단체가 제정한 조례가 「1994년 관세 및 무역에 관한 일반협정」이나 「정부조달에 관한 협정」에 위반되는 경우 무효라고 판단하였다.[33]

헌법은 '법률'의 위헌 여부는 헌법재판소가, '명령·규칙'의 위헌·위법 여부는 대법원이 심사권한을 갖도록 권한을 분배하였다.

어떤 조약이 법률과 동위라면, 당해 조약을 심판대상으로 하는 헌법소송에서 헌법재판소가 헌법에 따라 위헌·기본권침해 여부를 판단할 수 있다(헌법 제111조 제1항). 여기서 조약은 헌법과 동위일 수 없고 헌법재판규범이 될 수 없으므로, 다른 조약을 헌법재판규범으로 하여 심판대상인 조약에 대하여 위헌 여부를 판단할 수는 없다. 덧붙여 조약의 체결행위와 시행령·시행규칙 동위 조약을 심판대상으로 하는 헌법소원심판도 가능하다. 이에 관하여는 후술한다.

---

33) 대법원 2005. 9. 9. 선고 2004추10 판결; 대법원 2008. 12. 24. 선고 2004추72 판결.

어떤 조약이 시행령 · 시행규칙과 동위라면, 당해 조약이 재판의 전제가 된 법원쟁송에서 최종적으로 대법원이 헌법과 법률에 따라 규범통제를 할 수 있다(헌법 제107조 제2항). 여기서 법률 동위 조약은 규범통제의 재판규범으로 적용될 수 있다. 즉 대법원은 법률 동위 조약을 재판규범으로 하여 심판대상인 시행령 · 시행규칙 동위 조약에 대하여 위법 여부를 판단할 수 있다.

**(3) 국제인권조약의 해석권한**

재판에서 법률조항의 의미 · 내용과 적용 범위를 정하는 권한, 즉 법령의 해석 · 적용 권한은 사법권의 본질적 내용이다. 법령의 해석 · 적용 권한은 대법원을 최고법원으로 하는 법원에 전속한다.[34] 국제인권조약을 비롯한 조약 전반에 대하여 법률 또는 법률 하위의 효력을 인정한다면, 대한민국 내에서 국제인권조약의 해석권한은 법원에 전속하게 된다.

나. 국내법체계상 국제인권조약의 위상

**(1) 국회 동의 조약과 국회 비동의 조약의 위상**

대체로 국회 동의(헌법 제60조 제1항)를 받은 조약에는 법률 동위의 효력이 인정된다고 본다. 법률과 법률 동위 조약 사이에는 신법 우선의 원칙,[35] 특별법 우선의 원칙[36]을 적용할 수 있다. 그런데 조약 중 상당수가 국회 동의를 받지 않는다. 국제인권조약 중 「아동의 권리에 관한 협약」 역시 마찬가지이다. 국회 비동의 조약에 대하여는 법률 하위의 효력이 인정된다는 다수설[37]과 법률 동위의 효력이 인정될 수 있다는 소수설[38]이 대립한다.

---

34) 대법원 2001. 4. 27. 선고 95재다14 판결.

35) Second periodic reports of States parties due in 1996(Republic of Korea), U.N. Doc. CCPR/C/114/Add.1 (20 August 1998), para. 9.

36) 예컨대, 대법원 2006. 4. 28. 선고 2005다30184 판결. 같은 취지로, 대법원 1986. 7. 22. 선고 82다카1372 판결, 대법원 2004. 7. 22. 선고 2001다67164 판결 참조.

37) 예컨대, 전종익, "조약의 국내법상 지위와 고시류조약", 서울국제법연구 제22권 제1호(서울국제법연구원, 2015. 6.).

38) 예컨대, 정인섭, "조약의 국내법적 효력에 관한 한국 판례와 학설의 검토", 서울국제법연구 제22권 제1호(서울국제법연구원, 2015. 6.).

헌법재판소 결정 중에 국회 비동의 조약에 대하여 "법률적 효력"을 갖는다고 판시한 사례가 있다.[39] 하급심 결정 중에 "국회의 동의를 요하는 조약은 법률과 동일한 효력을, 국회의 동의를 요하지 않는 조약은 대통령령과 같은 효력을 인정하는 것이라고 해석함이 타당"하다고 판시한 사례도 있다.[40] 판결례 수(數) 자체가 적어 국회 비동의 조약의 위상에 관한 확립된 판례라고 보기는 어렵다.[41]

결론적으로 국회 비동의 조약에도 법률 동위의 효력을 인정할 수 있다고 생각한다. 국회 동의가 없다는 이유만으로 법률 동위의 효력을 인정할 수 없다는 주장은 타당하지 않다. 다수설은 국회 비동의 조약 자체와 조약 실무에 대한 오해에 기초한 측면이 있다.[42] 조약 내용과 체결 전 국내입법에 관한 준비·정리 과정 등을 살펴 조약마다 위상을 달리 판단할 필요가 있다.

참고로 독일기본법 제59조 제2항 전문과 후문에 의하면 입법부의 관여 여부에 따라 조약의 국내법적 위상과 효력에 차이가 발생한다. 그러나 우리 헌법은 이러한 규정을 두지 않았다.

#### (2) 국제인권조약에 법률 우위의 효력을 인정하는 학설

국제인권조약에 법률 우위의 효력을 인정하는 학설이 있다.[43] '자유권규약은 헌법적 차원의 법규범이다'라는 주장,[44] '국제인권조약은 헌법과 동일하거나 최소한 법률보다 우위이다'라는 주장,[45] '국제인권조약상 권리

---

39) 헌법재판소 2003. 4. 24. 선고 2002헌마611 결정.

40) 서울고등법원 2006. 7. 27.자 2006토1 결정, 서울고등법원 2013. 1. 3.자 2012토1 결정.

41) 국회 비동의 조약에 대한 법원과 헌법재판소의 입장이 불분명하다는 학설로, 정인섭, 조약법강의, 박영사(2019), 440면.

42) 보다 상세한 내용은, 정인섭, 조약법강의, 박영사(2019), 446면 이하; 정인섭, "조약의 국내법적 효력에 관한 한국 판례와 학설의 검토", 서울국제법연구 제22권 제1호(서울국제법연구원, 2015. 6.), 40면 이하 참조.

43) 박찬운, "국제인권조약의 국내적 효력과 그 적용을 둘러싼 몇 가지 고찰", 법조 제56권 제6호(법조협회, 2007. 6.), 151면.

44) 이명웅, "국제인권법과 헌법재판", 저스티스 통권 제83호(한국법학원, 2005), 184면.

45) 류성진, "헌법재판에서 국제인권조약의 원용가능성 : 미국, 남아프리카 공화국, 우리나라의 사례를 중심으로", 아주법학 제7권 제1호(아주대학교 법학연구소, 2013), 18면.

를 헌법 또는 법률 차원에서 보장하는지에 따라 헌법 또는 헌법 하위의 효력이 인정된다'는 주장[46]과 같이 다양한 내용이 제기된다. 네덜란드 또는 룩셈부르크처럼 조약에 법률 우위 나아가 헌법 우위의 효력을 인정하는 국가도 있다.[47] 국제인권조약이 가지는 '헌법 유사 기본권규정의 성격', '내용 자체의 중대성'은 충분히 인정할 수 있다.

그러나 대한민국에서 조약에 헌법과 같은 효력을 인정하기는 어렵다. 헌법재판소는 헌법과 동일한 효력을 가지는 '헌법적 조약'은 인정할 수 없다고 본다.[48] 대법원은 "조약이나 국제법규가 국내법에 우선한다는 것이 아[니다]"라고 판시한 적이 있다. '국내법'이 무엇을 의미하는지 명확한 판시는 하지 않았지만, 맥락상으로는 국내법률(부정수표단속법)과의 관계를 설명하였다고 추정할 수 있다.[49]

국제인권조약이라고 하여 의회가 제정한 법률보다 상위의 위상을 인정하는 것은 국민주권의 원칙에 어긋난다.[50] 헌법 제6조 제1항과 아울러 부칙(제10호, 1987. 10. 29.) 제5조의 해석상 헌법은 조약에 대한 우위를 전제하고 있다.[51] 헌법 동위의 효력을 부여한다면, 국제인권조약의 체결 · 가입은 사실상 헌법 개정과 다름이 없는데 국회 동의만으로 그 효력이 발생하여 국민이 배제된 채 헌법 개정이 실행되고 만다.[52] 국내법체계가 헌법과 법률 사이에 존재하는 새로운 위상의 규범을 예정하였다고 보기도 어렵다.

---

46) 오승진, "국제인권조약의 국내 적용과 문제점", 국제법학회논총 제56권 제2호(대한국제법학회, 2011), 124면.

47) 정인섭, 신국제법강의-이론과 사례(제9판), 박영사(2019), 118면.

48) 헌법재판소 2013. 11. 29. 선고 2012헌마166 결정.

49) 대법원 2005. 5. 13.자 2005초기189 결정. 이를 원용한 하급심 판결로 서울행정법원 2018. 6. 29. 선고 2017구합80912 판결, 서울행정법원 2018. 6. 29.자 2018아11604 결정.

50) 윤진수, "여성차별철폐협약과 한국가족법" 법학 제46권 제3호(서울대학교 법학연구소, 2005), 86면.

51) 헌법재판소 2013. 11. 29. 선고 2012헌마166 결정 참조.

52) 전종익, "헌법재판소의 국제인권조약 적용", 저스티스 제170-2호(한국법학원, 2019), 534면.

국내인권조약의 내용상 중대성이 인정되고 이로써 국내법률과 비교하여 어떤 사실상 우위가 인정될 여지는 있겠지만, 형식적 위상까지 고양할 수 있는 법적 근거는 부족하다. 국제인권조약에 법률 우위의 효력을 인정하는 주장은 기존 판결례에서 국제인권조약을 제대로 적용, 해석하지 않고 '국제법 회피 논리'를 펴는 데 따른 '반작용'의 성격도 일부 있다고 생각한다.

**(3) 제2다수보충의견의 자유권규약의 위상에 관한 '다양한' 판시**

자유권규약은 헌법 제6조 제1항에서 정한 '헌법에 의하여 체결·공포된 조약'에 해당하고 국회 동의를 받았다. 다수설에 의하든, 소수설에 의하든 '법률 동위'의 효력이 인정된다. 대상판결 이전부터 대법원과 헌법재판소는 자유권규약은 법률 동위라거나 이를 전제로 한 판시를 하였다.[53]

제2다수보충의견은 "법률에 해당"(판시 ③-㉢) 외에 "법률적 효력"(판시 ③-㉠)과 "적어도 법률에 준한다"(판시 ③-㉡)와 같이 '뉘앙스'가 조금 다른 듯한 표현도 사용하였다. "법률적 효력"이라는 판시는 대상판결 이전 헌법재판소 결정[54]과 하급심 판결[55]에서 이미 언급된 적이 있다. "법률에 준한다"는 판시는 조세조약 관련 하급심 판결에서 빈번히 나타난다.[56] "법률적 효력"과 "법률에 준한다"는 판시를 혼용한 헌법재판소 결정[57]과 하급심 판결[58]도 있다. 후행 판결이 유사한 쟁점의 선행 판결을 참고하면서 같은 용어의 사용이 반복되었다고 추정한다. 제2다수보충의견과 기존 판결례의 전체 맥락을 보면, 표현상의 일부 차이가 있을 뿐, '법률 동위'라는 설시로서 특별한 차이가 없다. 다만, "법률에 준한다"는

53) 대법원 1999. 3. 26. 선고 96다55877 판결, 대법원 2004. 7. 15. 선고 2004도2965 전원합의체 판결, 대법원 2007. 12. 27. 선고 2007도7941 판결 및 헌법재판소 1998. 7. 16. 선고 97헌바23 결정, 헌법재판소 1998. 10. 29. 선고 98헌마4 결정, 헌법재판소 2001. 4. 26. 선고 99헌가13 결정 참조.

54) 헌법재판소 2013. 11. 28. 선고 2012헌마166 결정 참조.

55) 서울중앙지방법원 2004. 1. 9. 선고 201고단3598 판결.

56) 예컨대, 서울행정법원 2014. 2. 28. 선고 2013구합57143 판결, 울산지방법원 2013. 11. 7. 선고 2013구합554 판결 참조.

57) 헌법재판소 2001. 9. 27. 선고 2000헌바20 결정.

58) 제주지방법원 2017. 8. 11. 선고 2017고단16 판결.

판시는 조약에 따라 국내법체계상 위상이 달라질 수 있다는 학설을 의식한 것으로 추정한다. 재판규범으로 원용된 조약의 국내법체계상 위상을 명확히 판시하는 것이 바람직하다.

## Ⅲ. 국제인권조약의 적용

### 1. 재판규범인 국제인권조약의 직접적용

#### 가. 법원쟁송의 재판규범성과 직접적용(판시 ⑤)

전통적으로 국제재판소의 관점에서 국내법은 '사실'이다.[59] 그러나 국제법은 국내법에 따라 수용·변형되어 국내재판소의 관점에서 '법'이 될 수 있다.

헌법에 따라 국내법과 같은 효력이 인정되는 조약은 법원쟁송의 재판규범이 될 수 있다. 그리고 재판규범인 이상 특별한 사정이 없는 한 직접적용할 수 있다. 법원은 재판규범으로서 국제인권조약을 당연히 알아야 하고, 당사자에게 자유권규약에서 정한 권리를 주어야 한다.

국제인권조약은 민사뿐 아니라 형사, 행정을 비롯한 모든 분야의 법원쟁송에서 재판규범으로 직접적용될 수 있다. 예컨대, 민법 제750조(불법행위의 내용) '위법행위', 국가배상법 제2조(배상책임) '법령 위반', 행정소송법 제4조(항고소송) '행정청의 위법한 처분' 및 '부작위 위법', 민사소송법 제423조(상고이유) 및 형사소송법 제383조(상고이유) '법률, 명령, 규칙의 위반', 민사소송법 제417조(판결절차의 위법으로 말미암은 취소) '법률에 어긋남', 형사소송법 308조의2(위법수집증거의 배제) '적법한 절차에 따르지 아니함' 등이 쟁점이 된 법원쟁송에서 국제인권조약은 '법'으로서 직접적용될 수 있다.

국제인권조약상 권리가 침해된 개인은 침해자에 대하여 손해배상청구를 할 수 있다. 손해배상청구의 권원 자체는 민법, 국가배상법 등이 되겠지만, 위법성을 판단함에 있어 국제인권조약이 직접적용될 수 있다.[60]

59) Case concerning certain German interests in Polish Upper Silesia, PCIJ (1926) Series A - No. 7, 19.

국제인권조약은 형사사건에서 구성요건해당성, 위법성, 책임의 인정·조각 여부와 관련하여 직접적용될 수 있다. 형사사법절차에서 피의자·피고인에게 정당한 권리가 보장되었는지, 수사기관이 적법절차를 준수하였는지 여부가 쟁점인 사건에서도 마찬가지이다. 제2다수보충의견은 구성요건해당성 조각사유인 정당한 사유에 양심적 병역거부가 포함된다고 판단하면서 자유권규약을 직접적용하였다. '박태훈 판결'[61]에서 대법원은 피고인을 국가보안법위반죄로 처벌하는 것이 자유권규약에 위반되지 않는다고 판단하였다.[62)·63)] 대한민국은 제4차 정기보고서에서 국제인권조약이 재판규범으로 원용된다고 밝혔고, 실제 사례로 '2006도755 판결'을 들었다.[64] 이 판결에서 대법원은 제3자 개입금지를 규정한 구 노동쟁의조정법 제13조의2가 '자유권규약 제19조, 사회권규약 제8조에 위배되는지 여부'를 검토하였다.[65] 국제인권조약은 아니지만 「세계무역기구 설립을 위한 마라케쉬협정」에 따라 높은 관세율이 적용되고 포탈한 세액이 증가하여 관세범이 가중처벌된 사례도 있다.[66]

국제인권조약을 위반한 행정청의 처분 또는 부작위에 대하여 항고소송을 제기할 수 있다. '안학섭 판결'[67]에서 대법원은 구 국방경비법에 따

---

60) 일본국 하급심 판결 중에 자유권규약은 직접 국내법적 효력을 가지고 자유권규약에 위반되는 행위는 위법성을 띠며 위반자는 원칙적으로 손해배상의무를 부담한다고 판시한 사례가 있다. 東京高等裁判所 平成12年(ネ)第1759号(平成12年10月25日) 참조.

61) 서울형사지방법원 1989. 12. 22. 선고 89고합1221 판결(제1심), 육군고등군사법원 1993. 5. 11. 선고 91노292 판결(항소심), 대법원 1993. 12. 24. 선고 93도1711 판결(상고심).

62) 자유권규약이 처음으로 언급된 대법원 판결이다.

63) 박태훈이 제기한 개인통보에 대하여 자유권규약위원회는 자유권규약 제19조의 표현의 자유가 침해되었고, 효과적인 구제조치를 제공하라는 견해를 대한민국에 송부하였다. *Tae Hoon Park v. Republic of Korea*, Communication No. 628/1995, U.N. Doc. CCPR/C/64/D/628/1995 (1998).

64) Fourth periodic reports of States parties due in 2010(Republic of Korea), U.N. Doc. CCPR/C/KOR/4 (4 November 2013), para. 22.

65) 대법원 2008. 11. 13. 선고 2006도755 판결.

66) 대법원 1997. 9. 9. 선고 97도1501 판결. 관련 헌법소원심판청구로, 헌법재판소 1998. 11. 26. 선고 97헌바65 결정 참조.

67) 서울고등법원 1998. 9. 10. 선고 98누7413 판결(원심), 대법원 1999. 1. 26. 선고

라 유죄판결을 받은 안학섭에 대한 보호관찰처분의 취소소송에서 위 처분이 자유권규약에 반하지 않는다는 판단을 하였다. 처분의 위법 여부에 있어 자유권규약을 직접적용한 것으로 볼 수 있다. 외국인에 대한 출입국 관련 처분에 대한 취소소송에서 국제인권조약을 직접적용한 사례를 쉽게 찾아볼 수 있다.[68]

나. 사법(私法)관계에 대한 직접적용 여부

대법원은, 헌법상 기본권규정은 민법 제2조, 제103조, 제750조, 제751조 등의 내용을 형성하고 그 해석기준이 되어 간접적으로 사법관계에 효력을 미친다는 '간접적용설'을 채택한다.[69] 헌법상 기본권규정과 유사한 국제인권조약상 권리규정은 사법관계에 간접적용되는가?

자유권규약위원회는 일반논평 제31호에서 사인이나 사적 단체에 의한 자유권규약상 권리를 침해하는 행위로부터도 개인을 보호할 수 있어야 자유권규약 제2조가 완전히 이행될 수 있다고 설명한다.[70] 국제인권조약상 권리규정에 '대국가적 성격', '방어권적 성격'이 있기는 하다.

그러나 개인을 권리주체로 하는 국제인권조약상 권리규정이 국내법에 수용되어 법률과 같은 효력을 가지는 이상 사법관계에도 직접적용할 수 있다. 예컨대, 어떤 사람이 타인에게 자유권규약에서 정한 권리침해로서 생명침해(제6조), 굴욕적인 취급(제7조), 노예매매(제8조)를 한 경우, 손해배상청구소송에서 자유권규약상 권리규정을 위법성 판단의 재판규범으로 직접적용할 수 있다.

이러한 쟁점이 논의된 국내 사례는 발견하지 못하였다. 다만, 일본국 하급심 판결 중에 간접적용을 채택한 사례가 있다. 오사카고등재판소는 '京都朝鮮学園 사건'에서 「모든 형태의 인종차별 철폐에 관한 국제협

98두16620 판결(상고심).

68) 예컨대, 인천지방법원 2018. 8. 21. 선고 2018구단50045 판결(확정) 참조.

69) 대법원 2010. 4. 22. 선고 2008다38288 전원합의체 판결.

70) Human Rights Committee, General Comment No. 31 - The Nature of the General Legal Obligation Imposed on States Parties to the Covenant, U.N. Doc. CCPR/C/21/Rev.1/Add.13 (26 May 2004).

약」은 사인 간 관계를 직접규율하지는 않으므로 그 취지가 일본국 민법 제709조와 같은 개별규정의 해석 · 적용을 통하여 다른 헌법권리와 사적자치 원칙과의 조화를 도모하면서 실현된다고 보았다.[71] 그리고 사인 간 권리충돌에 자유권규약이 직접적용되지는 않지만 불법행위 여부를 검토하는 기준이 된다고 판단한 사례도 있다.[72]

### 2. 간접적용이라는 접근방식의 오 · 남용 경계(제1다수보충의견의 판시 (4))

재판규범인 국제인권조약의 실무상 적용 방식으로는 간접적용이 바람직하다는 견해가 있다. 간접적용은 국내법을 해석하는 보조수단 정도로 국제인권조약을 활용한다는 것이다. 간접적용은, 취지는 일부 수긍할 수 있어도, 결론적으로 동의하기 어렵다.

동일한 재판규범인데 국내법은 직접적용하지만, 국제인권조약은 왜 간접적용하는지 논리적 근거를 찾기 어렵다. 경제 · 통상 관련 조약은 직접적용하면서도, 국제인권조약은 왜 간접적용하는지도 의문이다. 국제인권조약은 법률과 중첩되고 추상적인 내용이 많다는 근거를 제시하기도 한다. 그러나 법률 상호간에 내용이 중첩된 경우와 법률의 규정이 모호하여 해석이 엇갈린 경우를 얼마든지 찾아볼 수 있다.

재판규범이되 직접적용하지 않는다는 접근방식에는, 국제법은 국내법에 대한 보충적 기능을 수행한다거나, 국내법으로 사건을 해결하면 족하고 국제법은 참고 정도만 하면 된다는 인식이 숨어 있다. 특히 국제사회의 해석과 법원의 해석이 다른 경우, 국제사회의 해석을 쉽게 배척하는 논리로 남용될 우려도 있다. 당사자의 국제인권조약 관련 주장을 배척하는 사건에서는 국제인권조약의 재판규범성과 직접적용을 애써 외면하려는 '국제법 회피 논리'가 엿보이곤 한다.

제1다수보충의견의 판시 (4)에는 이러한 '간접적용'의 잔상이 있다.

---

71) 大阪高等裁判所 平成25年(ネ)第3235号(平成26年07月08日). 最高裁判所 平成26年(オ)第1539号, 平成26年(受)第1974号(平成26年12月09日) 상고기각.

72) 静岡地方裁判所浜松支部 平成24年(ワ)第627号(平成26年09月08日).

제1다수보충의견은 헌법을 비롯한 국내법에 비추어 양심적 병역거부를 인정하였다는 점을 강조한다. 국제법은 함께 고려할 수 있다는 정도의 의견을 밝혔다. 국내법을 해석하면 양심적 병역거부를 인정할 수 있는데, 국제사회의 자유권규약 해석도 살펴보면 다수의견의 해석을 뒷받침한다는 취지이다. 자유권규약을 재판규범으로 명확히 인식하고 적용한 것은 아니다.[73] 반면 제2다수보충의견은 재판규범인 자유권규약을 직접적용하고 해석하여 정당한 사유에 양심적 병역거부가 포함된다고 판단하였다.

### 3. 국제인권조약에 대한 비자기집행성 법리의 수용에 대한 비판(판시 ⑤, ⑥, ⑦)

'비자기집행성 법리' 역시 '국제법 회피 논리'로 오·남용될 수 있다. 법원과 헌법재판소의 일부 판결례에서 비자기집행성 법리를 의식한 판시를 발견할 수 있다. 미국의 판례상 법리가 무비판적으로 대한민국에 '수입'된 것은 아닌지, 국제인권조약의 재판규범성과 직접적용을 회피하기 위한 법리로 잘못 활용된 것은 아닌지 곱씹어 볼 필요가 있다.

#### 가. 미국판례상 법리로서 자기집행적·비자기집행적 조약의 준별

미국연방헌법은 조약은 '국가 최고법'이라고 규정한다.[74] 일반적으로 조약은 헌법보다는 하위지만 연방법률과는 동위라고 해석한다. 초기에는 영국의 이원론[75]에 영향을 받은 주(州)가 조약 이행을 위한 국내입법이 없는 경우 연방정부가 체결한 조약을 제대로 적용하지 않았다. 모든 주에 대하여 조약이 연방법률과 동일한 효력으로 적용될 수 있도록 조약은

73) 다만, 대상판결의 평석에 의하면 다수의견은 '새로운 법리로 무죄 취지의 결론을 도출하였고 새로운 접근방법은 국내외적으로 유례가 없다'는 것이므로, 굳이 국제인권조약의 직접적용에 나아갈 현실적 필요성이 낮았을 수도 있다. 실제로 다수의견 자체에는 국제인권조약에 관한 어떠한 판시도 없다. 배상원, "양심적 병역거부와 병역법 제88조 제1항의 정당한 사유", 사법 제47호(사법발전재단, 2019), 458면 참조.

74) U.S.C.A. Const. Art. Ⅵ cl. 2.

75) 영국의 이원론에 관하여는, 김대순, 국제법론(제20판), 삼영사(2019), 274면 이하 참조.

'최고법'이라는 헌법 규정을 둔 것이다.[76)]

그런데 미국연방대법원은 전통적으로 의회의 관여 없이 법원이 직접 적용할 수 있는 '자기집행적 조약'(self-executing treaty)과 이행법률이 있어야만 국내에서 집행이 가능한 '비자기집행적 조약'(non self-executing treaty)을 준별하는 입장을 견지하여 왔다. *Restatement* 역시 자기집행성이 인정되는 경우에 한하여 조약 규정이 법원에서 직접적용될 수 있다고 설명한다.[77)] 미국은 애초부터 자유권규약 제1조부터 제27조까지 자기집행성이 없다는 선언을 하였다.[78)] 미국연방대법원은 '*Alvarez-Machain* 사건'에서 자유권규약은 미국을 구속하지만, 비자기집행성 선언에 따라 자유권규약은 연방법원에서 집행가능한 의무를 창설하지 않는다고 판단하였다.[79)]

비자기집행적 조약이라고 해서 미국 국내법상 아무런 의미가 없는 것은 아니다. 비자기집행적 조약은 국내법의 해석기준으로 작용한다.[80)] 당해 조약을 위반하는 경우 미국은 국제법 위반의 책임을 부담하게 되므로, '합치의 추정'에 따라 동일한 주제를 규율하는 국내법을 해석한다.[81)] 국제인권조약의 간접적용은 비자기집행적 조약의 미국 국내법에 대한 영향과 유사한 측면이 있다.

### 나. 비자기집행성 법리가 엿보이는 판결례 등

기존 판결례 중에 비자기집행성 법리를 명시한 사례는 발견할 수 없다. 다만, 일부 판결례에 비자기집행성 법리를 전제하거나 암시하는 판시가 있다. 이로 인하여 비자기집행성 법리가 수용되었다는 '오해'가 발생

---

76) Jordan J. Paust, "Self-executing Treaty", 82 American Journal of International Law 760 (1980), 764.

77) Restatement (Fourth) of Foreign Relations Law § 310 Self-Executing and Non-Self-Executing Treaty Provisions (2018).

78) United Nations Treaty Collection, Multilateral Treaties Deposited with the Secretary-General, Chapter Ⅳ Human Rights. 〈https://treaties.un.org/Pages/ViewDetails.aspx?src=TREATY&mtdsg_no=IV-4&chapter=4&clang=_en〉 (2019. 12. 1. 방문).

79) *Sosa v. Alvarez-Machain*, 542 U.S. 692, 735 (2004).

80) Jordan J. Paust, "Self-executing Treaty", 82 American Journal of International Law 760 (1980), 782.

81) 정인섭, 조약법강의, 박영사(2019), 424면.

하기도 한다.

헌법재판소는 "[국제기구의 면제 규정은] 성질상 국내에 바로 적용될 수 있는 법규범으로서 위헌법률심판의 대상"이라고 판시하였다.[82] '성질상 국내에 바로 적용될 수 있는'이라는 문구를 뒤집어보면, '성질상 바로 적용될 수 없는' 조약 규정도 상정할 수 있다는 입장을 엿볼 수 있다.

특히 '손종규 판결'[83]이 자기집행성 여부에 따라 자유권규약 규정의 직접적용 여부를 검토하였다고 평가되기도 한다.[84] 자유권규약위원회는 개인통보사건의 견해에서 손종규에 대한 처벌(제3자 개입을 금지한 구 노동쟁의조정법 제13조의2 위반)은 자유권규약상 표현의 자유(제19조 제2항)를 침해하였다고 판단하면서 각종 구제조치를 촉구하였다.[85]·[86] 그런데 견해에 따른 조치가 이행되지 않자 손종규는 대한민국을 상대로 손해배상 등을 청구하였다. 대법원은 자유권규약 제19조 제2항, 제2조 제3항에 관하여 다음과 같이 판시하면서 손종규의 청구를 기각한 원심판결이 정당하다고 판단하였다.

> 원고를 [구 노동쟁의조정법 제13조의2] 위반의 죄로 처벌한 것이 [자유권규약] 제19조의 취지에 반하여 표현의 자유를 침해한 것이라고 볼 수는 없다 …
>
> [자유권규약 제2조 제3항은] … 효과적인 구제조치를 받을 수 있는 법적 제도 등을 확보할 것을 당사국 상호간의 국제법상 의무로 규정하고 있는 것이고, 국가를 상대로 한 손해배상 등 구제조치는 국가배상법 등 국내법에 근거하여 청구할 수 있는 것일 뿐, 위 규정에 의하여 별도로 개인이 위 국제규

82) 헌법재판소 2001. 9. 27. 선고 2000헌바20 결정.

83) 서울지방법원 1996. 5. 30.선고 95가단185632 판결(제1심), 서울지방법원 1996. 11. 15. 선고 96나27512 판결(항소심), 대법원 1999. 3. 26. 선고 96다55877 판결(상고심).

84) 이 판결에 대한 대법원 재판연구관의 평석으로는, 유남석, "시민적 및 정치적 권리에 관한 국제규약의 직접적용가능성", 판례실무연구 제Ⅲ권(박영사, 1999) 참조.

85) *Jong-Kyu Sohn v. Republic of Korea,* Communication No. 518/1992, U.N. Doc. CCPR/C/54/D/518/1992 (1995).

86) '손종규 개인통보사건'의 견해는 자유권규약위원회에 의하여 대한민국의 자유권규약 위반이 최초로 인정된 사건이다.

약의 당사국에 대하여 손해배상 등 구제조치를 청구할 수 있는 특별한 권리가 창설된 것은 아니라고 해석된다.

‘손종규 판결’에 대한 한 평석은 ‘조약이 직접적용될 수 있는지 여부는 별도로 검토’한다는 설명과 함께 대법원이 자유권규약 제19조 제2항은 직접적용할 수 있지만, 제2조 제3항은 직접적용할 수 없다는 입장을 취하였다고 평가하였다.[87]·[88] 이 평석에는 제19조는 자기집행적, 제2조는 비자기집행적이라는 판단이 깔려 있다.

제2다수보충의견은 판시 ⑤에서 ‘자유권규약은 직접적인 재판규범이 될 수 있다’, ‘자유권규약 제18조는 특별한 입법조치 없이 직접적용된다’고 하였다. ‘손종규 판결’이 제19조에 한하여 직접적용을 인정한 것과 달리 전자의 판시와 같이 자유권규약 전반에 대하여 직접적인 재판규범이 될 수 있다고 명시한 점은 고무적이다. 다만, 후자의 판시에 대하여는 ‘손종규 판결’과 유사하게 제18조와 같은 권리규정에 한하여 직접적용한다는 여지를 남겨두었다는 평가도 가능하다. 권리규정 외 제2조와 같은 규정은 입법조치가 있어야 직접적용될 수 있다는 의미로 해석될 여지가 있는 것이다. 그리고 ‘특별한 입법조치 없이’라는 부분을 뒤집어 보면 특별한 입법조치가 필요한 조약 규정이 존재할 수 있다는 점을 인정하였다는 지적도 가능하다. 그렇지만 적어도 권리규정에 대하여 비자기집행성 법리를 명확히 배척하였다는 점에서는 상당한 의미가 있다.

### 다. 국제인권조약에 대한 비자기집행성 법리의 근거 부재

당사국 내에서 조약을 어떠한 방식으로 실행할지, 국내재판소에서 어떻게 적용할지 문제는 당해 국가가 결정할 사항이다. 국제법은 국제법의 국내적 실행 방법에 관여하지 않는다.[89] 다만, 국가가 선택한 국내적

---

87) 유남석, “시민적 및 정치적 권리에 관한 국제규약의 직접적용가능성”, 판례실무연구 제Ⅲ권(박영사, 1999), 220, 227면.

88) 같은 취지로, 하정훈, “손종규 국가배상 사건-국제법과 국내법의 관계 : 대법원 1999. 3. 26. 선고 96다55877 사건”, 인권판례평석(국제법인권법연구회), 박영사(2017), 238면 이하.

89) 인권최고대표부(국제인권법연구회 역), 국제인권법과 사법-법률가(법관, 검사,

실행 방법이 조약을 제대로 이행하지 못하는 것이었고, 조약 위반으로 평가된다면 국제법상 책임을 부담하게 된다.

대한민국 내 사법부가 국제인권조약에 대하여 비자기집행성 법리를 채택하든, 채택하지 않든 국제법은 여기에 관여하지 않는다. 그러나 이러한 국제법의 태도를 국제법의 국내실행을 위해서는 반드시 국내입법의 도움을 받아야 한다는 결론으로 연결하여서는 아니 된다. 그리고 국내적으로 볼 때, 국내법에서든, 사법적 판단에서든, 실제 관행에서든 비자기집행성 법리에 관한 명확한 근거를 찾아볼 수 없고, 특별한 필요성도 인정하기 어렵다. 그 이유는 다음과 같다.

ⅰ) 헌법은 일원론을 채택하였고, 자기집행적 · 비자기집행적 조약의 준별을 상정하지 않았다. 국제법이 국내법으로 수용 · 적용되는 과정에 국회 동의 외에 '입법부의 실질적 관여'를 예정하지 않았다. 조약의 비자기집행성을 인정한다면, 헌법이 예정하지 않은 이원론을 채택한 것과 같다.[90] 미국의 경우 비자기집행성 법리가 확립되었지만, 미국연방헌법의 취지와 헌법제정자의 의도에 반한다는 지적을 받곤 한다.[91] 제헌 헌법의 초안에 참여한 유진오 교수는 '헌법에서 국제조약은 국내법과 동일한 효력이 있다고 규정하였으므로 다시 그에 관해 법률을 제정할 필요는 없다'라고 설명하였다.[92] 법원이 헌법에 따라 국내법으로 수용된 국제인권조약을 직접적용하지 않으려면 분명한 법적 근거를 제시하여야 한다. 그러나 이러한 법적 근거는 찾아볼 수 없다.

ⅱ) 물론 어떤 조약은 국내법이 제정되지 않는다면 국내이행이 다소 곤란한 경우가 있다. 조약에서 국내법의 제정을 예정하는 경우도 있다.

---

변호사)를 위한 인권편람(2014), 26면 참조.

90) 오승진, "국제인권조약의 국내 적용과 문제점", 국제법학회논총 제56권 제2호(대한국제법학회, 2011), 121면.

91) Jordan J. Paust, "Self-executing Treaty", 82 American Journal of International Law 760 (1980), 765, 766.

92) 유진오, 헌법해의, 명세당(1949), 106면 참조, 정인섭, "조약의 국내법적 효력에 관한 한국 판례와 학설의 검토", 서울국제법연구 제22권 제1호(서울국제법연구원, 2015), 30면에서 재인용.

이 경우 조약 이행을 위한 법률을 제정하기 마련이다. 그렇더라도 당해 조약은 헌법에 따라 이미 국내법과 같은 효력이 인정되는 것이다. 조약은 일체로서의 국내법체계를 형성한다. 조약과 조약의 이행을 위해 제정한 법률을 비교하였을 때, 법률이 보다 구체적일 것이다. 그렇다고 조약이 무의미해지는 것은 아니다. 조약에는 근본 목적과 본래의 취지가 담겨 있다. 이행법률에 규정된 권리 · 의무의 내용과 범위를 정하는 기준이 될 수 있다. 법원으로서는 법원쟁송에서 조약과 이행법률 모두를 적용, 해석할 수 있고, 그러한 필요성도 인정된다.[93)]

iii) 이행법률의 방법을 선택한 사례가 있더라도, 당해 조약을 충실히 실행하기 위한 선택일 뿐, 행정부나 입법부가 '국제인권조약'에 대해서까지 비자기집행성 법리를 채택하였다고 보기는 어렵다. 자유권규약의 이행법률을 제정한 적도 없다. 일부 판결례에서 비자기집행성 법리에 부합하는 듯한 판시가 나타나고 있지만, 확립된 판례라고 할 수는 없다. 자기집행성 여부를 판명할 구체적인 기준도 마련되지 않았다.

iv) 대한민국이 국제인권조약의 비자기집행성을 염두에 두었다고 볼 수 없다. 비자기집행성 법리에서 말하는 '국가의 주관적 의도', 즉 조약의 구속력을 받기 전에 비자기집행성을 인정하는 어떤 의사도 내보이지 않았다. 오히려 제1차 정기보고서,[94)] 제2차 정기보고서,[95)] 제3차 정기보고서[96)]에서 지속적으로 자유권규약은 '추가적인 입법 없이' 국내법으로서 효력이 인정된다는 의견을 밝혔다.[97)]

---

93) 예컨대, 「국제적 아동탈취의 민사적 측면에 관한 협약」을 이행하는 데 필요한 사항을 규정하는 「헤이그 국제아동탈취협약 이행에 관한 법률」이 제정되었다. 아동반환청구에 관한 대법원 2018. 4. 17.자 2017스630 결정은 위 이행법률과 함께 위 협약을 함께 설시하고 있다.

94) Initial reports of States parties due in 1991(Republic of Korea), U.N. Doc. CCPR/C/68/Add.1 (20 September 1991), para. 5.

95) Second periodic reports of States parties due in 1996(Republic of Korea), U.N. Doc. CCPR/C/114/Add.1 (20 August 1998), para. 9.

96) Third periodic report(Republic of Korea), U.N. Doc. CCPR/C/KOR/2005/3 (21 February 2005), para. 11.

97) 대한민국이 국제인권조약에 가입하면서 비자기집행성을 선언하고 국내적 적용을

v) 자유권규약 중 특히 제2조의 비자기집행성 및 법적 성격이 논란이 되고 있다. 후술하겠지만, 제2조 역시 재판규범으로 법원쟁송에서 직접적용할 수 있다고 생각한다.

결론적으로 국제인권조약에 비자기집행성 법리를 적용하거나 자기집행적·비자기집행적 조항으로 구분할 명확한 근거는 없다. 오히려 대한민국은 자기집행성을 전제로 국제인권조약을 실행하려는 의사를 가졌고, 이에 따라 행동하였다. 법원은 법원쟁송에서 자기집행성 여부를 검토할 필요 없이 국제인권조약을 재판규범으로 직접적용할 수 있다.

라. 자유권규약 제2조 제3항에 관한 '손종규 판결'의 문제점 등

**(1) 논란이 된 판시**

권리규정인 자유권규약 제19조에 대하여는 '손종규 판결'도 직접적용을 인정하였다. 자기집행성과 직접적용 여부가 문제되는 조항은 특히 제2조이다. 그중 제2조 제3항은 당사국에 대하여 개인의 권리침해에 대한 효과적인 구제조치를 확보하고, 권한 있는 당국에 의하여 개인의 권리가 결정되고 집행될 것을 확보하도록 규정한다.

'손종규 판결'에는 제2조 제3항 나아가 자유권규약 전반의 법적 성격에 관하여 논란을 야기할 만한 판시가 있다. "당사국 상호간의 국제법상 의무로 규정", "개인이 위 국제규약의 당사국에 대하여 손해배상 등 구제조치를 청구할 수 있는 특별한 권리가 창설된 것은 아니"라는 판시이다. 특히 전자의 판시가 법원에서 비자기집행성 법리를 수용하였다는 평가를 가중시켰을 가능성이 있다. 이하에서는 전자 및 후자의 판시에 나타난 문제점과 유의하여야 할 사항을 검토한다.

**(2) "당사국 상호간의 국제법상 의무로 규정"이라는 판시의 문제점**

결론적으로 "당사국 상호간의 국제법상 의무로 규정"이라는 판시는 적절하지 않다. 이를 전제로 직접적용을 부정하였다면 이러한 결론 역시 타당하지 않다. 그 이유는 다음과 같다.

---

배제하겠다는 의사를 표시하지 않았다는 지적으로, 오승진, "국제인권조약의 국내적용과 문제점", 국제법학회논총 제56권 제2호(대한국제법학회, 2011), 123면.

i) 국제인권조약은 일방 당사국이 타방 당사국에 어떠한 권리 · 의무를 가지는지 정하기보다는 인간의 기본적 권리와 자유를 확인하고 보장한다. 인권은 국가 간 법률관계를 설정함으로써 인정되는 것이 아니다. 자유권규약위원회가 일반논평 제24호에서 밝힌 바와 같이, 자유권규약은 국가 간 상호적인 의무를 연결하는 '망'이 아니다. 자유권규약은 직접 개인에게 권리를 인정하므로, 국가 간 상호주의 원칙은 적용될 여지가 없다.[98] 한편 다자조약에서 어느 당사국이 중대한 위반행위를 한 경우 관계 당사국은 다자조약의 종료를 주장할 수 있다(비엔나협약 제60조 제2항). '전통국제법'의 상호주의가 반영되어 있다. 그러나 이러한 규정은 인도적 성질의 조약에 포함된 인신의 보호에 관한 규정 등에는 적용되지 않는다(같은 조 제5항). 인권 관련 조약에는 상호주의가 통용될 수 없기 때문이다.[99] "대부분 개인에게 직접 권리를 부여하는 조항으로 규정되어 있다"와 "상호주의가 적용되지 아니한다"는 제2다수보충의견의 판시는 일반논평 제24호를 연상시킨다.

ii) 비자기집행성 법리의 시초가 된 '*Foster* 사건'을 보면, 조약에 대하여 국가 간 '계약'(contract)이라는 용어를 사용한다.[100] 19세기에는 조약, 특히 양자조약을 계약의 관점에서 고찰하였다. 당시 국제법의 '눈'에는 오직 국가만이 있었다. 인권은 국내문제였고, 인권과 국적과의 연계성이 강하게 작용하였다. 국가 간 '계약'이라는 관념은 당사자가 아닌 개인에게 어떠한 권리 · 의무도 인정할 수 없다는 결론으로 이어진다. 국가 내 입법부가 개인을 위하여 따로 법률을 제정하지 않는 한, 당해 조약을 국내에서 직접적용하기 어렵다는 발상은 어쩌면 자연스러울 수도 있다. 그러나 현재 국제인권조약을 국가 간 계약 정도로 보지는 않는다. 한편

---

98) Human Rights Committee, General Comment No. 24 - Issues relating to reservations made upon ratification or accession to the Covenant or the Optional Protocols thereto, or in relation to declarations under article 41 of the Covenant, U.N. Doc. CCPR/C/21/Rev.1/Add.6 (11 November 1994), para. 17.

99) 김대순, 국제법론(제20판), 삼영사(2019), 212면.

100) *Foster v. Neilson*, 27 U.S. 253, 314 (January 1, 1829).

자유권규약위원회는 일반논평 제26호에서 자유권규약은 임시적 성격의 조약이 아니고 당사국이 자유권규약을 폐기하거나 탈퇴하는 것은 국제법상 허용되지 않는다고 판단하였다.[101] 제2다수보충의견이 적절하게 설명하고 있듯이, 국제인권조약은 '개인에게 직접 권리'를 부여하고, '객관적 성격의 규범창설'에 해당한다.

iii) 자유권규약위원회는 일반논평 제31호에서 다음과 같이 제2조를 설명한다. 모든 당사국은 다른 당사국이 자유권규약상 의무를 이행하는지에 대한 법적 이해관계를 가진다. 인간의 기본적 권리에 관한 원칙은 대세적 의무에 해당한다. 한 당사국이 다른 당사국에 자유권규약상 의무의 준수를 요청하는 것은 정당한 공동체 이익의 반영이다. 제2조는 당사국의 모든 기관과 모든 지역에서 전체적인 구속력을 가진다. 제2조에 대한 유보는 자유권규약과 양립할 수 없다. 자유권규약상 권리의 향유자는 개인이다. 제2조 제3항에 따른 구제조치에는 권리침해를 받은 개인에 대한 사죄, 재발방지 보장, 관련 법률 및 관행의 변경, 가해자 처벌, 원상회복, 손해전보 등이 포함될 수 있다.[102] 그리고 자유권규약위원회는 일반논평 제29호에서 제2조 3항은 당사국에 자유권규약의 어떠한 위반에 대하여도 구제조치를 마련할 것을 요구하는 것이고, 이는 전체로서의 자유권규약에 내재하는 의무라고 보았다.[103] 이러한 일반논평에 의하면, 제2조가 '개인의 권리'와 무관하다고 보기 어렵다.

iv) 개인이 단지 국제법의 객체라는 전통 관념은 타파되고 있다. 개인은 국제인권조약의 권리 주체이다.[104] 국제연합은 2005년 총회 결의로

101) Human Rights Committee, General Comment No. 26 - Issues relating to the continuity of obligations to the International Covenant on Civil and Political Rights, U.N. Doc. CCPR/C/21/Rev.1/Add.8/Rev.1 (8 December 1997), paras. 3-5.

102) Human Rights Committee, General Comment No. 31 - The Nature of the General Legal Obligation Imposed on States Parties to the Covenant, U.N. Doc. CCPR/C/21/Rev.1/Add.13 (26 May 2004).

103) Human Rights Committee, General Comment No. 29 - Derogations during a State of Emergency, U.N. Doc. CCPR/C/21/Rev.1/Add.11 (31 August 2001), para. 13.

104) 백범석 · 이주영, "국제인권법상 피해자의 권리와 피해자 중심적 접근", 국제법학회논총 제63권 제1호(대한국제법학회, 2018), 167면 이하 참조.

「국제인권법의 중대한 위반행위와 국제인도법의 심각한 위반행위의 피해자 구제와 배상에 대한 권리에 관한 기본원칙과 가이드라인」을 채택하였다.[105) 위 기본원칙은 전문에서 자유권규약 제2조를 피해자가 인권침해로부터 구제를 받을 수 있는 권리를 보장하는 조항으로 언급한다. 그리고 피해자의 권리를 평등하고 효과적인 정의에 대한 접근, 피해에 대한 적절하고 효과적이며 신속한 배상, 위반행위와 배상 메커니즘과 관련한 정보에 대한 접근으로 나누어 설명한다.[106) 제2조에는 피해자를 위한 권리 규정으로서의 성격이 분명히 나타나고 있다.

v) 참고로 「영사관계에 관한 비엔나협약」 제36조 제1항 (b)는 파견국의 국민이 체포·구금되는 경우 파견국의 영사기관에 통보할 것을 요청하면 접수국의 당국은 지체 없이 통보한다고 규정한다. '*LaGrand* 사건'에서 미국은 영사통보·접견권은 국가의 권리이지 개인의 권리가 아니라고 주장하였다. 사실 위 협약은 영사기관의 효과적인 기능을 확보하기 위한 것으로 대체로 파견국과 접수국 간 권리·의무를 규정한다. 그러나 ICJ는 문언의 명확성에 비추어 개인의 권리를 창설한다고 판단하였다.[107)

vi) 사회권규약 제2조 제1항은 사회권규약상 권리의 '완전한 실현을 점진적으로 달성'하기 위하여 '자국의 가용 자원이 허용하는 최대한도까지 조치'를 취할 것을 약속한다고 규정한다. 제3항에 따라 개발도상국은 '국가 경제를 고려하여' 경제적 권리를 어느 정도까지 비자국민에게 보장할지 결정할 수 있다. 그러나 자유권규약 제2조는 사회권규약 제2조와 사뭇 다른 문언으로 규정한다. 당사국은 발효 즉시, 가용 자원에 대한 고

---

105) Resolution adopted by the General Assembly on 16 December 2005, Basic Principles and Guidelines on the Right to a Remedy and Reparation for Victims of Gross Violations of International Human Rights Law and Serious Violations of International Humanitarian Law, A/RES/60/147 (21 March 2006).

106) 피해자 권리의 자세한 내용에 관하여는, 백범석·이주영, "국제인권법상 피해자의 권리와 피해자 중심적 접근", 국제법학회논총 제63권 제1호(대한국제법학회, 2018) 참조.

107) LaGrand (*Germany v. United States of America*), Judgment, I.C.J. Reports 2001, 466, para. 77.

려와 무관하게 자유권규약상 모든 권리를 완전히 실현할 수 있는 조치를 확보하여야 한다.[108)]

요컨대, 제2조는 국내법적 효력이 인정되고, 대한민국은 자신의 관할권에 있는 개인에 대하여 자유권규약상 권리를 존중·확보하고 권리실현에 필요한 조치를 취할 의무를 부담하며, 권리침해를 받은 개인에 대하여 효과적인 구제조치를 확보할 의무를 부담한다. 그 이면으로 개인은 대한민국에 자유권규약상 권리실현에 필요한 조치와 효과적인 구제조치의 확보에 관한 권리를 행사할 수 있다. 다만, 제2조로써 별도의 손해배상청구권까지 창설된 것은 아니다. 이미 대한민국에는 권리실현과 구제조치를 위한 일반적인 제도 자체는 마련되어 있다고 평가할 수 있다.

따라서 제2조는 자유권규약상 권리규정과 마찬가지로 직접적용할 수 있다. 자유권규약상 권리를 보장하기 위한 대한민국의 다양한 국내적 실행은 제2조에 기초한다. 이러한 대한민국의 실행 또는 부작위에 대한 평가가 법원쟁송에서 문제가 된다면 제2조는 당연히 재판규범이 될 수 있다고 생각한다. 그리고 법원은 자유권규약상 권리를 침해받은 개인에 대하여 자유권규약 제2조 제3항까지 충분히 고려하여 효과적인 구제를 받을 수 있도록 하여야 한다. 개인은 권리침해자를 상대로 자유권규약 제2조 및 권리규정과 더불어 관련 국내법, 예컨대, 국가배상법, 불법행위법(민법)에서 정하는 구제조치를 청구할 수 있다. 자유권규약의 권리침해에 대한 구제조치는 오직 자유권규약에서 말하는 구제조치 속에서만, 오직 국내법체계에서 말하는 구제조치 속에서만 가능하다는 논리는 타당하지 않다. 법원쟁송에서 적용할 재판규범으로서 국제법과 국내법이 따로 존재하는 것도 아니다. 법원은 자유권규약 전부가 국내법체계에 그대로 스며들어 형성된 '전체로서 법질서'를 고려하는 것이다.[109)]

---

108) Human Rights Committee, General Comment No. 31 - The Nature of the General Legal Obligation Imposed on States Parties to the Covenant, U.N. Doc. CCPR/C/21/Rev.1/Add.13 (26 May 2004), paras. 5, 14, 15.

109) 이와 달리 자유권규약 제2조 제2항 및 제3항은 직접적용되기 어렵다는 주장으로, 김태천, "개인통보 제도에 따른 국내적 구제방안 : 자유권규약위원회의 '견해'

덧붙여 국내법률에는 목적이나 기본이념에 관한 추상적인 규정을 두는 경우가 많다. '국가/지방자치단체는 ○○을 실현하기 위하여 제도적 장치를 마련한다/필요한 재원을 마련하여야 한다'는 조항도 흔히 찾아볼 수 있다. 이러한 조항은 재판규범에서 제외되어야 하는가? 이러한 조항은 다른 국가기관의 관여와 협력 없이는 법원쟁송에서 직접적용될 수 없는가? 물론 국민에게 특정한 내용의 권리나 구체적인 청구권까지 부여하기는 어렵겠지만, 법원은 이러한 조항도 법원쟁송에서 적용할 수 있다. 실제로 많은 법원쟁송에서 관련 법률의 목적과 취지에 관한 조항까지 충분히 고려하여 권리·의무의 내용과 범위를 해석하고 있다. 나아가 국가/지방자치단체가 정당한 이유 없이 장기간 제도적 장치를 마련할 의무를 해태한다면 국민은 위와 같은 조항을 재판규범으로 하여 부작위위법확인청구를 할 수 있다고 생각한다. 국제인권조약에 나타난 '촉진', '존중', '약속', '발전'에 관한 규정이나 '필요한 조치와 절차의 확보'에 관한 규정도 다르지 않다.

**(3) 비자기집행성 법리와 손해배상청구 권원의 해석과의 구별**

"별도로 개인이 위 국제규약의 당사국에 대하여 손해배상 등 구제조치를 청구할 수 있는 특별한 권리가 창설된 것은 아니"라는 판시는 그 자체로 부적절하다고 보기는 어렵다. 다만, 다음과 같은 사항을 지적하고자 한다.

i) 만약 개인의 권리를 창설·부여하지 않는 규정은 비자기집행적이거나 직접적용할 수 없다는 전제를 세우고 있다면, 이는 부적절하다. 자기집행성 여부나 직접적용 여부와 권리의 창설·부여 여부는 별개의 문제이다. 권리규정만이 자기집행적이고 직접적용되는 것은 아니다. 더욱이 앞서 보듯 제2조에는 '권리규정'으로서의 성격도 포함되었다.

ii) 비자기집행성 법리는, 국제인권조약의 특정 조항이 개인에 대한 국내 구제수단이나 손해배상청구의 새로운 권원으로는 인정되지 않는다

---

를 중심으로", 법조 제56권 제12호(법조협회, 2007), 115면 이하.

는 '해석'과는 구별해야 한다. 미국을 보더라도, 자기집행성 여부와 청구원인(訴因, cause of action)은 별개의 국면으로 파악한다.[110] *Restatement*는 당해 조약에 자기집행성을 인정하더라도 이러한 사정만으로 개인에게 사법상 소권을 창설하는 것은 아니라고 설명한다.[111]

iii) 사실 '손종규 판결'은 문언만 놓고 보면, 자유권규약 제2조 제3항에 대하여 '비자기집행성'을 선언한 것이 아니라, 새로운 손해배상청구의 권원을 창설하는 조항이 아니라고 '해석'한 것으로 충분히 선해할 수 있다. 제2조 제3항의 해석상 새로운 유형과 내용의 손해배상청구권이 마련되지는 않았다고 판단한 것이다. 그렇다고 제2조 제3항이 단지 원망(願望)이나 불명확한 개념으로 구성되지도 않았다. 반드시 의회의 관여나 입법조치를 기다려서만 실행될 수 있는 사항도 아니다.[112]

ⅳ) '문명국가'인 대한민국에는 민법, 국가배상법을 비롯하여, 자유권규약상 권리침해에 대한 사법적 구제조치가 실현될 수 있는 국내법이 이미 확보되었다고 평가할 수 있다. 특히 불법행위법은 '고의 또는 과실로 인한 위법행위'라는 포괄적인 일반조항을 두고 있다(민법 제750조). 가해행위의 위법성 요건은 '피침해법익과 가해행위의 상관적 고려'에 의하여 판단한다. 위법성을 포착할 수 있는 범위가 상당히 넓다. 실제로 불법행위법은 오래전부터 우리가 명확히 표현하지 못하는 많은 부분의 법익 침해까지 구제하여 왔다.[113] 후술하는 견해의 법적 구속력과 견해의 이행 문제를 제외하고, 대한민국에 제2조에서 정한 구제조치 자체가 확보되지 못하였다고 평가하기는 어렵다. 사실 기초적인 구체조치를 위한 국내법마저 제

---

110) *Armstrong v. Exceptional Child Center, Inc.*, 135 S.Ct. 1378, 1383 (March 31, 2015).

111) Restatement (Fourth) of Foreign Relations Law § 311 Private Enforcement of Treaties (2018).

112) 이근관, "자유권규약위원회 견해(view)의 규범적 효력에 관한 고찰", 서울국제법연구 제13권 제1호(서울국제법연구원, 2006), 16면.

113) '불법행위법은 관련 분야들에 끊임없는 생명력을 제공하는 뿌리와 같은 규범'이라는, 권영준, "불법행위법의 사상적 기초와 그 시사점-예방과 회복의 패러다임을 중심으로-", 저스티스 제109호(한국법학원, 2009), 103면 참조.

정하지 않은 국가는 일부 후진국을 제외하고는 찾기 어렵다.

### 4. 법원과 헌법재판소의 국제인권조약 적용의 비교

국제인권조약의 국내적 실행을 설명하면서 법원과 헌법재판소 각각의 국제인권조약 적용을 특별한 구분 없이 언급하는 경우가 있다. 헌법재판소가 국제인권조약을 참고적으로, 간접적으로 고려한다고 해서 이를 법원의 국제인권조약에 대한 접근방식으로 오해하여서는 아니 된다. 법원과 헌법재판소의 국제인권조약 적용을 비교하면, 양자의 접근방식은 다를 수밖에 없다.

#### 가. 국제인권조약과 헌법소송

##### (1) 심판대상으로서 국제인권조약

먼저 조약이 헌법소송의 심판대상이 될 수 있다는 점을 간략히 살펴본다. 조약 자체의 위헌 또는 기본권침해 여부가 헌법소송의 쟁점이 되는 경우이다.

##### (가) 위헌법률심판 또는 헌법재판소법 제68조 제2항에 의한 헌법소원심판

조약이 위헌법률심판('헌가' 사건) 또는 헌법재판소법 제68조 제2항에 의한 헌법소원심판('헌바' 사건)의 심판대상으로서 '법률'에 해당하는지 여부가 문제된다. '법률'의 해당 여부는 제정 형식, 명칭이 아니라 당해 규범의 효력을 기준으로 판단한다. '법률'에는 국회의 의결을 거친 형식적 의미의 법률뿐만 아니라 법률과 동일한 효력을 갖는 조약도 포함된다.[114] 심사권한은 헌법재판소에 전속한다.

국제인권조약은 아니지만, 「대한민국과 아메리카합중국간의 상호방위조약 제4조에 의한 시설과 구역 및 대한민국에서의 합중국 군대의 지위에 관한 협정」[115]과 국제통화기금협정[116]의 위헌 여부가 문제된 헌법소송이 있었다. 하급심 결정 중에 청구권협정에 대하여 위헌법률심판제

114) 헌법재판소 2013. 2. 28. 선고 2009헌바129 결정; 헌법재판소 2013. 3. 21. 선고 2010헌바70 등 결정.

115) 헌법재판소 1999. 4. 29. 선고 97헌가14 결정.

116) 헌법재판소 2001. 9. 27. 선고 2000헌바20 결정.

청을 한 사례가 있다.[117)]

(나) 헌법재판소법 제68조 제1항에 의한 헌법소원심판

조약이 헌법재판소법 제68조 제1항에 의한 헌법소원심판('헌마' 사건)의 심판대상으로서 '공권력의 행사'에 해당하는지 여부가 문제된다. 헌법재판소는 '공권력'이란 입법권·행정권·사법권을 행사하는 모든 국가기관·공공단체 등의 고권적 작용이라고 정의한다. 「대한민국과 일본국 간의 어업에 관한 협정」이라는 조약의 체결행위도 공권력의 행사로서 심판대상에 해당한다고 판단한 사례가 있다.[118)] 「대한민국과 미합중국 간의 자유무역협정」이 국민투표권을 침해한다고 주장한 헌법소원심판사건이 있었으나, 헌법재판소는 청구인의 기본권이 현재 직접 침해받게 될 가능성을 인정하기 어려워 심판청구가 부적법하다고 판단하였다.[119)] 심판대상에는 해당한다는 전제 하의 각하 결정이라고 생각한다.

위 어업협정과 자유무역협정은 모두 국회 동의를 받아 다수설에 의하든, 소수설에 의하든 '법률' 동위의 효력이 인정된다. 다수설에 따라 국회 비동의 조약으로서 법률 하위의 효력을 가지는 조약에 대한 헌법소원심판이 가능한가? 헌법재판소는 행정부에서 제정한 명령·규칙도 별도의 집행행위를 기다리지 않고 직접 기본권을 침해한다면 심판대상이 된다고 본다.[120)] 시행령·시행규칙 동위 조약이 직접 국민의 기본권을 침해하는 경우 심판대상에 해당한다고 해석할 수 있다.

(다) 조약을 심판대상으로 하는 헌법소송에서 고려할 사항

조약이 헌법소송의 심판대상이 된 사례는 아직까지는 드물다. 조약 자체와 조약의 영향력에 대한 인식이 제고된다면, 조약을 심판대상으로 삼는 헌법소송은 증가할 가능성이 높다. 국제적으로는 일응 적법하게 체결된 조약이, 국내적으로는 위헌 또는 기본권을 침해한다고 결정되는 사

---

117) 서울행정법원 2010. 6. 18.자 2009아3734 결정(본안사건 서울행정법원 2009구합36644).

118) 헌법재판소 2001. 3. 21. 선고 99헌마139 등 결정.

119) 헌법재판소 2013. 11. 29. 선고 2012헌마166 결정.

120) 헌법재판소 1997. 6. 26. 선고 94헌마52 결정.

례가 증가할 수 있다. 이 경우 대한민국은 조약의 국제법적 구속력에서 적법하게 벗어나기 전까지 대외적으로 조약에서 정한 국제법상 의무를 준수해야 한다. 그런데 대내적으로 대한민국의 국가기관과 지방자치단체는 위헌결정과 헌법소원의 인용결정에 기속된다(헌법재판소법 제47조 제1항, 제75조 제1항). 이와 관련하여 대한민국이 대외적으로 조약에 관한 정비작업을 이행할 수 있는 시간을 허여하기 위하여 헌법재판소가 입법개선시한과 유사하게 조약개선시한 내지 조약탈퇴시한을 명하는 방안을 생각해 볼 수 있다. 헌법재판소의 위헌 또는 기본권침해 결정 이후 대한민국이 당해 조약에 대하여 어떠한 후속조치를 취해야 하는지 연구와 대비가 필요하다.

**(2) 헌법재판규범으로서 국제인권조약**

헌법재판소는, 결정에는 명시하지 않더라도, 국제인권조약 자체는 물론 국제인권기구의 결의, 일반논평, 견해를 충분히 검토한다고 알려져 있다. 그러나 위헌 또는 기본권침해 여부의 본안 판단에서 국제인권조약의 내용을 논리적으로 풀어내기가 쉽지 않다. 국제인권조약은 헌법과 동위가 아니므로 원칙적으로 헌법재판규범이 될 수 없다. 위헌법률심판이나 헌법소원심판에서 국제인권조약의 위반 여부만으로 곧바로 위헌 또는 기본권침해 여부를 결정할 수는 없다.

헌법재판소 결정을 분석하면, 헌법재판소가 국제인권조약의 내용을 전개하는 방식은 다음과 같이 크게 3가지로 분류할 수 있다.[121]

ⅰ) 직접 국제인권조약 위반 여부를 검토하는 등 마치 국제인권조약에 헌법재판규범성을 인정하는 취지로 볼 수 있는 판시[122]

ⅱ) 국제인권조약을 헌법 해석에 관한 참고적·보충적 자료처럼 언급하거나 참고적 고려를 하는 판시[123]

---

121) 전종익, "헌법재판소의 국제인권조약 적용", 저스티스 제170-2호(한국법학원, 2019), 514면 이하; 이재강, "헌법재판소의 인권조약 적용[지정토론문]", 저스티스 제170-2호(한국법학원, 2019), 545면 이하 참조.

122) 헌법재판소 1998. 7. 16. 선고 97헌바23 결정, 헌법재판소 1998. 10. 29. 선고 98헌마4 결정.

123) 헌법재판소 1991. 4. 1. 선고 89헌마160 결정, 헌법재판소 1999. 5. 27. 선고 97헌마137 등 결정, 헌법재판소 1999. 12. 23. 선고 98헌마363 결정, 헌법재판소

iii) 국제인권조약 위반은 헌법원칙인 '국제법 존중주의' 위반에 해당할 수 있고, 이로써 헌법 위반에 해당할 수 있다고 전제하는 판시[124)]

i) 접근방식은 국제인권조약이 헌법과 동위는 아니므로 적절하지 않다. ii) 접근방식은 헌법재판소 결정에서 보다 빈번하게 나타나는 편이다. 헌법상 기본권규정과 국제인권조약상 권리규정은 유사성이 높기 때문에 기본권 해석에서 국제인권조약은 충분히 참고할 수 있다. 다만, 헌법재판소가 '참고한다'는 의미가 무엇인지 상당히 불명확하다. 그리고 국제인권조약에 대한 헌법재판소의 해석과 국제사회의 해석이 일치하는 경우에는 후자를 중요한 논거로 고려하는 반면, 일치하는 않는 경우에는 무시하거나 축소하는 등 선별적인 입장이 나타날 수 있다.

iii) 접근방식은 특히 위헌법률심판 또는 헌법재판소법 제68조 제2항에 의한 헌법소원심판에서 보다 논리적인 측면이 있다. 국제법 존중주의와 같은 헌법원칙은 위헌법률심판의 심사기준이 되기 때문이다. iii) 접근방식은, 사법(私法)관계에 헌법상 기본권규정이 간접적용되는 것과 유사하게, 국제인권조약이 헌법 제6조 제1항(국제법 존중주의의 헌법원칙)을 매개·도관으로 헌법소송에 간접적용되는 것이다. 다만, iii) 접근방식 역시 명확하지 않은 부분이 있다. 국제인권조약의 어떠한 규정을 위반하더라도 곧바로 국제법 존중주의에 위반된다는 것인지, 위반은 어느 정도에 이르러야 위헌을 선언할 수 있다는 것인지 모호하다. 국제인권조약의 핵심인 권리규정이 아닌 다른 규정을 위반하여도, 권리규정이더라도 중대한 위반이 아닌 경미한 위반에도 국제법 존중주의 위반, 즉 위헌을 결정할 수 있는지 기준이 확립되지 않았다.

---

2003. 5. 15. 선고 2001헌가31 결정, 헌법재판소 2003. 11. 27. 선고 2002헌마193 결정, 헌법재판소 2004. 12. 16. 선고 2002헌마478 결정, 헌법재판소 2007. 8. 30. 선고 2004헌마670 결정, 헌법재판소 2015. 5. 28. 선고 2013헌바129 결정, 헌법재판소 2015. 5. 28. 선고 2013헌마619 결정.

124) 헌법재판소 1991. 7. 22. 선고 89헌마160 결정, 헌법재판소 2001. 4. 26. 선고 99헌가13 결정, 헌법재판소 2005. 10. 27. 선고 2003헌바50 등 결정, 헌법재판소 2011. 8. 30. 선고 2007헌가12 등 결정, 헌법재판소 2014. 5. 29. 선고 2010헌마606 결정.

나. 법원쟁송과 헌법소송에서의 국제인권조약의 적용 비교

법원쟁송에서 국제인권조약은 재판규범으로 직접적용된다. 헌법소송과는 분명한 차이가 있다. 법원은 '매개 · 도관'을 거쳐 국제인권조약을 간접적용할 필요가 없다. 한편 법원쟁송에서 법률 동위의 국제인권조약이 심판대상이 될 수는 없다. 법률 동위의 조약에 대한 위헌심사는 헌법재판소에 전속한다. 물론 법률 하위의 조약이 존재한다면, 대법원이 최종적으로 위헌 · 위법 여부에 관한 규범통제를 할 수 있다.

헌법상 기본권규정과 사법관계에 관한 법원쟁송, 국제인권조약과 법원쟁송, 국제인권조약과 헌법소송과의 관계를 다음과 같이 간략하게 도식화할 수 있다.

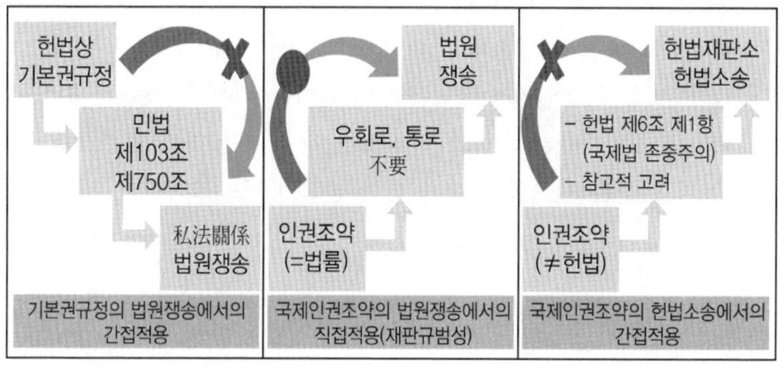


## Ⅳ. 국제인권조약의 해석

### 1. 대한민국 내 국제인권조약의 해석 권한

법령의 해석 · 적용 권한은 법원에 전속한다. 따라서 대한민국 내에서 법률 동위든, 법률 하위든 조약의 최종적인 해석 권한은 법원에 있다. '강제징용 판결'에서 반대의견은 "청구권협정의 의미 · 내용과 적용 범위는 법령을 최종적으로 해석할 권한을 가진 최고법원인 대법원에 의하여 최종적으로 정하여질 수밖에 없다"라고 판단하였다.[125] "구체적 분쟁에 관

125) 대법원 2018. 10. 30. 선고 2013다61381 전원합의체 판결 중 대법권 권순일, 대

하여 조문[GATT 협정]의 해석권한은 헌법 제101조에 의하여 사법권이 귀속되는 법원에 있는 것"이라고 판시한 하급심 판결도 있다.[126] 한편 헌법재판소가 헌법소송의 심판대상으로서 국제인권조약의 위헌 여부를 판단하는 과정에서 국제인권조약을 해석하거나 적용 범위를 판단하더라도, 법원은 여기에 구속되지 않는다.[127]

참고로 미국 역시 조약의 해석권한은 법원에 있다. 다만, *Restatement*는 미국법원은 일반적으로 행정부의 해석을 상당히 고려한다고 설명한다.[128]

### 2. 법원의 국제인권조약 해석의 문제점

#### 가. 문제점 1—국내법적 관점에만 경도된 해석(반대의견의 판시 ❽)

기존 판결례에서 나타나는 해석의 문제점 중 하나는 국제인권조약이라는 국제법을 오로지 기존의 국내법적 관점에서 해석한다는 것이다. 특히 다음과 같이 '국제인권조약의 규정은 헌법상 기본권규정·국내법률 규정과 대체로 같다. 따라서 헌법·국내법률의 해석만 하면 충분하다. 국제인권조약의 해석은 살펴볼 필요가 없다/참고적으로 고려하면 족하다'라는 논지가 나타난다.

> [자유권규약] 제18조의 규정은, 우리 헌법 제19조의 양심의 자유, 제20조의 종교의 자유의 해석상 보장되는 기본권의 보호 범위와 동일한 내용을 규정하고 있다고 보이므로 앞서의 판단에서 본 바와 같이 위 규약의 조항으로부터 피고인에게 예외적으로 이 사건 법률조항의 적용을 면제받을 수 있는 권리가 도출된다고도 볼 수 없다.[129]

헌법 해석상 양심적 병역거부권이 도출되지 않는다고 이미 판단하였

---

법관 조재연의 반대의견.

126) 서울고등법원 2008. 3. 21. 선고 2007누18729 판결(확정).

127) 대법원 2009. 2. 12. 선고 2004두10289 판결; 대법원 2008. 10. 23. 선고 2006다66272 판결 참조.

128) Restatement (Fourth) of Foreign Relations Law § 306 Interpretation of Treaties (2018).

129) 대법원 2004. 7. 15. 선고 2004도2965 전원합의체 판결.

고, 자유권규약 제18조는 헌법 제19조와 동일한 내용의 규정이므로, 자유권규약 제18조의 해석상으로도 양심적 병역거부권이 도출되지 않는다는 결론은 당연하다는 것이다. 자유권규약 제18조에 대한 국제사회의 해석이나 실행은 언급하지 않았다. 살펴볼 필요성이 없기 때문이다. 다음과 같은 헌법재판소 결정도 마찬가지이다.

> 강제노역금지에 관한 [자유권규약]과 우리 헌법은 실질적으로 동일한 내용을 규정하고 있다 할 것이므로, [구 형법 제314조(업무방해) 중 "또는 위력" 부분] 또는 그에 관한 대법원의 해석이 우리 헌법에 위반되지 않는다고 판단하는 이상 위 규약 위반의 소지는 없다 … [130]
>
> [구치소 수용자에 대한 신문기사 삭제행위]가 청구인의 인간의 존엄성을 침해한 것이라 볼 만한 자료도 없으며, 앞에서 알 권리의 침해여부에 관하여 판단한 바와 같은 이유로 … 국제인권규약 위배주장은 이유가 없다.[131]

반대의견의 판시 ❽은 이러한 기존 판결례와 궤를 같이 한다. 반대의견은 '국내의 규범적 상황'으로서 양심적 병역거부권을 부정한 기존 대법원 판결과 헌법재판소 결정을 강조하였다. 국제사회의 해석을 받아들이기 어렵다거나 참작할 만한 국제규범의 변화가 아니라는 대목에서는 '국내의 규범체계와는 정합성이 떨어지는 논리', '우리나라의 규범적 현실과는 거리가 있는 내용'이라는 근거를 제시하였다. 국제인권기구의 해석이나 국제사회의 규범적 상황은 우리의 그것과 다르니 받아들일 수 없다는 논거를 들었다. 우리의 해석과 국제사회의 해석이 같으면 참고적으로 고려하겠지만, 다르면 받아들이지 않겠다는 선별적 입장과 무엇이 다르겠는가? 학설 역시 법원과 헌법재판소의 이러한 입장에 대하여 '국제인권조약을 국내법에 맞추어 해석하는 경향',[132] '국내적 해석기준을 고집하는 경향',[133] '우리는 우리 식대로 해석'[134]이라고 비판하여 왔다.

130) 헌법재판소 1998. 7. 16. 선고 97헌바23 결정.
131) 헌법재판소 1998. 10. 29. 선고 98헌마4 결정.
132) 오승진, "국제인권조약의 국내 적용과 문제점", 국제법학회논총 제56권 제2호(대한국제법학회, 2011), 127면.
133) 정인섭, 신국제법강의-이론과 사례(제9판), 박영사(2019), 946면.

일본국 학자가 '인권조약의 활용을 방해하는 근원적인 문제'라고 제시한 일본국의 태도 역시 우리와 다르지 않다.

> 일본 정부와 최고재판소의 공통된 생각은 헌법에 의한 인권보장의 범위와 국제인권조약에 의한 인권보장의 범위는 실질적으로 동일하므로 양자 간의 저촉은 발생하지 않는다 … 인권조약의 비준에 의해서도 일본 국내의 인권보장을 위해 새롭게 추가되어야 할 것은 아무것도 없다라는 결론으로 이어진다.[135)]

최고재판소의 다음과 같은 판시는 앞서 본 우리의 일부 판결례를 연상케 한다.

> 표현의 자유를 보장하는 헌법 제21조에 위반되지 않았다는 점은 앞서 살펴본 바와 같으므로, 이 사건 검정이 자유권규약 제19조에 위반된다는 논지는 채용할 수 없다.[136)]
>
> 헌법 제21조 제1항에 위반되지 아니한 이상, 자유권규약 제19조에 위반되지 않는다는 것도 명백하다.[137)]

법원과 헌법재판소의 일부 판결례에는, 국내재판소가 국제법의 효력과 적용 자체는 인정하더라도 국제법과 국내법의 충돌을 피하기 위하여, 국제법에 합치하게 국내법을 해석하는 것이 아니라 국내법에 합치하게 국제법을 해석하는 '역합치적 해석'(reverse consistent interpretation)의 경향이 나타난다고 평가할 수 있다.[138)]

대한민국 법원이나 일본국 재판소에서 나타나는 '국내법적 관점 위

134) 박찬운, "양심적 병역거부 : 국제인권법적 현황과 한국의 선택", 저스티스 제141호(한국법학원, 2014), 25면.

135) 히가시자와 야스시(東澤靖), "재판규범으로서의 국제인권법-사법에 의한 국제인권법의 실현을 향하여-", 서울국제법연구 제13권 제1호(서울국제법연구원, 2006), 79면.

136) 最高裁判所 平成06年(オ)第1119号(平成09年08月29日).

137) 最高裁判所 平成10年(分ク)第1号(平成10年12月01日).

138) '역합치적 해석'에 관하여는, ILA, "Mapping the Engagement of Domestic Courts with International Law", Study Group on Principles on the engagement of domestic courts with international law (Johannesburg Conference, 2016), para. 58 참조.

주의 해석'은, 비교적 안정적이고 위계가 분명한 국내법체계와 오랜 기간 많은 선례가 쌓여 형성된 국내 법리에 갑자기 이질적인 법과 법리가 침입하는 데 따른 방어기제나 신중론이 작동한 것일지도 모른다. 더욱이 국제인권기구의 역량에 대한 의문이 제기될 수 있고, 보다 신뢰할 수 있고 친근한 자신의 법원과 재판소에서 확립된 기존 해석론에 더 쉽게 경도될 수 있다. 어쩌면 자연스럽고 불가피한 현상일 수도 있다. 우리가 좀 더 적극적으로 국제질서의 형성에 참여하고, 국제사회의 해석을 국내에 널리 홍보하며, 우리의 국제법 해석론도 자신 있게 국제사회에 알릴 필요가 있다.

### 나. 문제점 2–문화적 상대주의와 '판단의 재량' 이론에 경도된 해석(반대의견의 판시 ⓫)

#### (1) 특유한 국내현실과 문화적 상대주의에 기초한 대한민국의 대응과 해석

대한민국의 특유한 국내현실을 내세워 국제사회의 해석을 애써 무시하거나, 일종의 예외를 설정하려는 문제점도 있다. 우리의 현실이 다른 국가와 다르고 엄중하니 우리만의 해석을 유지해야 한다는 것이다. 이러한 입장은 국가별 역사, 전통, 문화에 따른 특수성을 강조하고 전 세계 국가에서 인권을 동일한 잣대에서 적용, 해석하기 어렵다는 '문화적 상대주의'(cultural relativism)와 맥을 같이한다.

특유한 국내현실은 대법원과 헌법재판소가 국제사회의 해석을 받아들이지 않는 논거로 널리 활용하였다. 특히 '분단'과 '안보'를 자주 그리고 중요하게 언급하였다. 반대의견 역시 '우리나라의 역사적 · 종교적 · 문화적 배경의 특수성과 국가안보 현실의 엄중한 특수성'을 주된 논거로 들었다. 판시 ⓫에서는 '우리의 정책적 선택'은 존중되어야 한다고 강조하였다. 다음의 기존 판결례 역시 마찬가지이다.

> 국가별로 상이하고도 다양한 여러 요소에 기반한 정책적 선택이 존중되어야 한다. … 남북한 사이에 평화공존관계가 정착되고, 우리 사회에 양심적 병역거부자에 대한 이해와 관용이 자리 잡음으로써 그들에게 대체복무를 허용

> 하더라도 병역의무의 이행에 있어서 부담의 평등이 실현되며 사회통합이 저해되지 않는다는 사회공동체 구성원의 공감대가 형성되지 아니 … [139)·140)]

대한민국은 정기보고서와 개인통보사건에 대한 의견에서 분단국가라는 특수한 안보 상황, 국민적 합의 부족, 국민 간 형평성 등을 양심적 병역거부권을 부정하는 중요한 논거로 제시하였다.[141)] 그러나 자유권규약위원회는 대한민국의 자유권규약 위반을 반복적으로 판단하였다. 자유권규약위원회는 정당한 논거라고 보기 어렵다는 판단에도 불구하고 대한민국이 기존 입장을 되풀이한다는 점을 견해에서 이례적으로 지적하기도 하였다.[142)]

결론적으로, '대한민국의 국내현실이 다른 국가와 달리 특수하다. 따라서 대한민국 내에서는 자유권규약에서 양심적 병역거부권이 도출되지 않는다고 해석한다/양심적 병역거부권의 법적 구속력이 인정되지 않는다/양심적 병역거부자를 처벌해도 자유권규약 위반이 아니다'라는 논지는 타당하지 않다. 자유권규약에는 당사국의 특유한 현실에 따라 자유권규약을 달리 적용·해석할 수 있다는 어떠한 규정도 두고 있지 않다. 인권의 보편성을 기본 정신으로 하는 국제인권조약의 취지에도 반한다.

**(2) 유럽인권재판소의 '판단의 재량' 이론**

대한민국은 국제질서에 상대적으로 생경한 신생국이고, 핵무기를 보유한 북한과 마주한 분단국가라는 현실에 놓여 있기는 하다. 그리고 전

---

139) 대법원 2007. 12. 27. 선고 2007도7941 판결. '우리나라의 특수한 현실적 안보상황을 고려한 국방의 의무'를 강조한 대법원 2004. 7. 15. 선고 2004도2965 전원합의체 판결도 참조.

140) 같은 취지로 헌법재판소 2011. 8. 30. 선고 2008헌가22 등 결정; 헌법재판소 2018. 6. 28. 선고 2011헌바379 등 결정 중 재판관 안창호, 재판관 조용호의 병역종류조항에 대한 반대의견 및 처벌조항에 대한 합헌의견; 헌법재판소 2005. 10. 27. 선고 2003헌바50 등 결정.

141) *Yeo-Bum Yoon, Myung-Jin Choi v. Republic of Korea*, Communications Nos. 1321-1322/2004, U.N. Doc. CCPR/C/88/D/1321-1322/2004 (23 January 2007), paras. 4.3-4.5.

142) *Young-kwan Kim et al. v. Republic of Korea*, Communication No. 2179/2012, U.N. Doc. CCPR/C/112/D/2179/2012 (14 January 2015), para. 7.2.

세계를 아우르는 '세계인권재판소'를 설립 · 시행할 수 있을 정도의 균일한 인권기준을 적용 · 해석한다는 것은 아직 요원하다.

이에 비하여 유럽은 민주주의의 핵심 가치와 기독교 문화를 대체로 공유하고 있다. 그렇기에 유럽인권재판소와 같은 법적 구속력이 있는 인권이행 · 감시체제를 마련할 수 있었다. 그렇다고 유럽인권재판소가 당사국의 다양성을 완전히 무시하지는 못한다. 유럽인권재판소는 '판단의 재량' 이론(margin of appreciation doctrine), 즉 당사국의 문화적 · 역사적 · 철학적 차이와 유럽인권재판소의 보충적 역할을 고려하여 유럽인권협약을 당사국의 국내적 상황에 따라 어떻게 적용할 것인지 당사국에 일정한 재량이 있고 이를 존중할 필요가 있다는 이론을 채택하고 있다.[143] 이에 따라 유사한 사안임에도 당사국별로 사뭇 상이한 결론에 도달하기도 하였다.[144] 대한민국의 정책적 선택과 입법재량을 강조하는 반대의견의 판시 ⓫과 일부 기존 판결례는 '판단의 재량' 이론을 따르고 있다고 평가할 수도 있다.

### 다. 문제점 3-문언과 명시적 권리에 한정된 해석(반대의견의 판시 ⓭)

국제인권조약의 문언과 명문으로 규정된 권리에 한정하는 해석도 문제다. 법령해석의 출발점이 문언해석이기는 하다. 문언 자체가 명확한 개념으로 구성되어 있다면 원칙적으로 다른 해석방법은 활용할 필요가 없거나 제한될 수밖에 없다.[145] 국제인권조약상 권리규정은 헌법상 기본권규정과 마찬가지로 추상적인 문언으로 구성된다. 문언만으로 헌법상 기본권규정의 구체적인 내용과 보호범위를 정하지는 않는다.

그런데 유독 국제인권조약의 해석에서는 '문언'과 '권리의 명시 여부'에 집착하는 경향이 있다. 국제인권조약상 권리를 부정 · 축소하려는 '근거를 위한 근거'에 가깝다. 자유권규약위원회와 유럽인권재판소 모두 자

143) 시초는 *Handyside v. The United Kingdom*, Application No. 5493/72 (7 December 1976)라고 알려져 있다.

144) 김대순, "유럽인권재판소의 '판단의 재량' 독트린 : 법의 지배에 대한 위협인가?", 국제법학회논총 제58권 제2호(대한국제법학회, 2013), 33면 이하 참조.

145) 대법원 2009. 4. 23. 선고 2006다81035 판결 참조.

유권규약 제18조와 유럽인권협약 제9조는 물론 자유권규약과 유럽인권협약 어디에도 명시되지는 않았지만, 양심적 병역거부권이 해석상 도출된다고 판단하였다. 반면 법원과 헌법재판소는 기존 판결례에서 '양심적 병역거부권을 명시하지 않았다'는 점을 양심적 병역거부권(을 인정하는 국제사회의 해석)을 부정하는 논거로 제시하여 왔다.[146)]

국제인권조약을 적용하면서 해석자료를 문언에 한정하는 방식은 자연스럽게 국제인권기구의 결의, 일반논평, 견해도 고려하지 않는 입장으로 연결될 수밖에 없다. 문언상 당해 권리는 나타나 있지 않다는 점이 명백하기 때문이다. 그러나 이러한 해석방법에 대하여는 '국제인권조약의 해석 포기'라는 비판까지 있다.[147)]

### 3. 국제인권조약 해석의 지향점

#### 가. 비엔나협약에 따른 해석과 국제법적 관점의 해석(판시 ⑨, ⑩)

**(1) 조약 해석의 기본으로서 비엔나협약**

대법원은 '강제징용 판결'에서 다음과 같이 처음으로 조약의 해석방법을 판시하였다. 비엔나협약 제31조, 제32조를 거의 그대로 반영한 것이다.[148)]

> 조약은 전문 · 부속서를 포함하는 조약문의 문맥 및 조약의 대상과 목적에 비추어 그 조약의 문언에 부여되는 통상적인 의미에 따라 성실하게 해석되어야 한다. 여기서 문맥은 조약문(전문 및 부속서를 포함한다) 외에 조약의 체결과 관련하여 당사국 사이에 이루어진 그 조약에 관한 합의 등을 포함하며, 조약 문언의 의미가 모호하거나 애매한 경우 등에는 조약의 교섭 기록 및

146) 대법원 2007. 12. 27. 선고 2007도7941 판결. 헌법재판소 2005. 10. 27. 선고 2003헌바50 등 결정; 헌법재판소 2011. 8. 30. 선고 2008헌가22 등 결정; 헌헌법재판소 2018. 6. 28. 선고 2011헌바379 등 결정 중 재판관 안창호, 재판관 조용호의 병역종류조항에 대한 반대의견 및 처벌조항에 대한 합헌의견.

147) 황필규, "법원에서의 국제인권조약 적용 현황 및 평가 토론", 법원의 국제인권기준 적용 심포지엄, 국가인권위원회 · 사법정책연구원 · 대한변호사협회 · 국제인권네트워크 · 인권법학회(2019. 8. 14. 지정토론), 163면.

148) 대법관 김재형, 대법관 김선수의 다수의견에 대한 보충의견 중 "조약의 해석기준에 관한 다수의견은 비엔나협약의 주요 내용을 반영한 것으로서, 조약 해석에 관한 일반원칙과 다르지 않다"는 판시 참조.

체결 시의 사정 등을 보충적으로 고려하여 그 의미를 밝혀야 한다.

국제인권조약의 해석에서도 조약에 관한 기본규범인 비엔나협약이 가장 중요하게 고려되어야 한다. 자유권규약위원회는 자유권규약의 해석에서, 비엔나협약 제31조에서 정한 '통상적 의미'에 유념하고, 제32조에서 정한 '해석의 보충적 수단'을 고려하며, 자유권규약의 '*travaux préparatoires*', 즉 교섭기록을 검토하여 왔다.[149] 제31조 제3항에 따라 당사국의 추후 관행으로서 당사국의 유보, 해석선언,[150] 각종 코멘트도 고려하였다.[151]

일본국 하급심 판결 중에는 자유권규약의 해석은 국제관습법을 법전화한 비엔나협약에서 정한 해석원칙에 의한다고 명시한 사례가 있다.[152]

### (2) 국제법적 관점의 해석과 국제인권조약 합치적 해석

#### (가) 국제법적 관점의 해석

국제인권조약은 당사국 내 인권법령을 보충하는 정도의 목적으로 마련된 것이 아니다. 인권은 국내문제가 아니라 인류 전체의 문제로서 국경을 비롯한 모든 장벽을 허물고 전 세계 어디에서나 동일한 인권기준을 마련하는 데 목적이 있다.[153] 전 세계의 수많은 국가들은 헌법상 기본권 규정을 제정하고도 유사한 내용의 국제인권조약에 왜 가입하는가? 인간이라면 누려야 할 기본적 권리와 자유의 '국제적 공통기준'을 마련하였기 때문이다.[154]

---

149) *J. B. et al. v. Canada,* Communication No 118/1982, U.N. Doc. CCPR/C/28/D/118/1982 (1986), para. 6.3.

150) 해석선언은 조약의 의무 내용을 변경하려는 의사 없이 조약 규정의 의미를 명확히 하거나 구체화하려는 의도에서 발표되는 당사국의 일방적 성명이다. 정인섭, "조약의 체결·비준에 대한 국회의 조건부 동의", 법학 제49권 제3호(서울대학교 법학연구소, 2008), 170면.

151) Manfred Nowak, U.N. on Covenant on Civil and Political Rights : CCPR Commentary, N.P. Engel (1993), XXIV.

152) 東京地方裁判所 平成07年(行ウ)第16号(平成10年07月31日).

153) 재판관 한병채, 재판관 이시윤은 이미 1990년에 "우리나라는 1990. 7. 10. 발효한 [자유권규약 및 사회권규약]에 가입하게 되었으며, 이제부터 기본권의 문제는 국내문제라기보다는 국제적 차원의 문제로 부상이 된 것을 잊어서는 안 된다"라고 판시하였다. 헌법재판소 1990. 9. 10. 선고 89헌마82 결정 중 반대의견.

154) 정인섭, 신국제법강의 - 이론과 사례(제9판), 박영사 (2019), 947면.

국제연합은 1990년 총회 결의에 따라 냉전 종식 후 처음으로 세계인권회의를 주최하였다.[155] 세계인권회의는 1993년 비엔나선언(Vienna Declaration and Programme of Action)을 통해 '인권의 증진과 보호는 국제사회의 정당한 관심사항'이라고 천명하였다.[156] 국제연합은 비엔나선언에 따라 1994년 총회 결의에서, 인권최고대표부는 인권이 '국제문제'라는 점을 인식하고 인권의 보편적 존중·준수를 위하여 활동할 것을 주문하였다.[157]

국제인권조약은 비엔나협약의 해석원칙(제31조 해석의 일반규칙, 제32조 해석의 보충적 수단)에 따라 '국제법적'으로 해석하여야 한다. 이러한 국제법적 해석에도 불구하고 국제인권기구의 해석을 받아들일 수 없다는 논지라면 타당성이 있다. 오히려 국제사회도 우리의 해석에 관심을 가지고, 국가별 실행 사례로 검토할 필요성을 느낄 것이다. 그러나 '국내법령에 의하면 대한민국에서는 다르게 해석'해야 하므로 우리만의 해석을 유지한다는 논지는 타당하지 않고, 국제사회를 설득하기도 어렵다. 국제인권조약에 가입한 것은 국제적 공통기준을 수락하겠다고 약속한 것이다. 당사국이 독자적 해석을 고집한다면 이는 조약가입의 의의를 망각한 것이고, 책임 있는 당사국으로서 취할 태도도 아니다.[158]

국제사회와 대한민국, 국제인권기구와 국내기구 사이에 서로 해석이 다를 수 있다. 국제인권기구 내에서, 국내기구 내에서도 조금씩 다른 해석을 할 수 있다. 추상적 문언으로 표현될 수밖에 없는 '법'의 속성상 불가피하면서도 자연스러운 현상이다. 국제인권조약의 경우에는 더욱 그러하다. 누구든 '해석경쟁'에서 더 합리적이고 타당한 해석을 내놓으면 된다. 만약 국내기구가 국제인권기구의 해석과 다른 해석을 내놓는다면, 그 해석은 국내법이 아닌 국제법의 관점에서 이루어져야 한다. 국내의 실행

---

155) World Conference on Human Rights, U.N. Doc. A/RES/45/155 (18 December 1990).

156) United Nations General Assembly, Vienna Declaration and Programme of Action, U.N. Doc. A/CONF.157/23 (12 July 1993), para. Ⅰ.4.

157) High Commissioner for the promotion and protection of all human rights, U.N. Doc. A/RES/48/141 (7 January 1994).

158) 정인섭, "법조인의 국제인권의식 함양", 법률가의 윤리와 책임, 박영사(2003), 499면.

과 현실보다는 국제사회의 그것이 더 중요한 탐구 대상이어야 한다.[159)]

(나) **국제인권조약 합치적 해석**

다수 국가의 실행에 의하면, 국제법과 국내법의 차이를 최소화하고 양자의 조화를 위하여 국내적 차원의 노력을 기울인다.[160)] 예컨대, 영국 법원은 '의회가 국제법을 위반하려는 의도를 갖지 않는다'는 추정에 기초하여 되도록 국내법을 국제법에 합치하게 해석한다.[161)] 미국법원도 의회 법률을 가능하면 국제법에 위배되지 않게 해석하는 입장을 취한다.[162)] 국내법규에 대한 여러 해석이 가능한 경우 법관은 되도록 미국의 '국제의무'에 부합하는 해석을 선택한다. 물론 '국제의무'에는 비자기집행적 조약에 따른 국제의무도 포함된다.[163)]

이러한 국제법 합치적 해석은 헌법에 규정되기도 한다. 앞서 보듯 스페인, 포르투갈, 루마니아, 상투메 프린시페, 아이티의 헌법은 기본권규정을 세계인권선언 내지 국제인권조약과 조화롭게 해석한다는 취지의 규정을 두고 있다. 그 이외에 말라위, 세이셸, 남아프리카공화국, 구 유고슬라비아의 헌법은 헌법 규정을 국제법 내지 국제법상 의무와 부합하게 해석한다는 취지의 규정을 두고 있다.[164)]

헌법재판소는 '국제법 존중주의'의 헌법원칙을 인정하고 있고, 다음과 같이 '국제법의 취지를 되도록 살릴 수 있는' 헌법 해석도 강조하였다.[165)]

---

159) 예컨대, 정치범불인도 원칙에 관하여 판단하면서 국제법의 발전·진화, 국제사회의 동향, 학설의 의견을 설명하는 등 국제법적 관점의 해석을 잘 드러내 판결로 서울고등법원 2006. 7. 27.자 2006토1 결정, 서울고등법원 2013. 1. 3.자 2012토1 결정 참조.

160) 국제법 합치적 해석의 연혁과 의의에 관하여는, 박배근, "국내법의 국제법 합치 해석에 관한 일고", 국제법평론 제46호(삼우사, 2017) 참조.

161) 김대순, 국제법론(제20판), 삼영사(2019), 257, 258면.

162) 예컨대, *Murray v. Schooner Charming Betsy*, 6 U.S. 64, 118 (February 1, 1804).

163) Rebecca Crootof, "Judicious Influence : Non-Self-Executing Treaties and the Charming Betsy Canon", 120 Yale Law Journal 1784 (2011), 1801면 이하 참조.

164) Hurst Hannum, "The Status of the Universal Declaration of Human Rights in National and International Law", 25 Ga. J. Int'l & Comp. L. 287 (1996), 355면 이하.

165) 헌법재판소 2005. 10. 27. 선고 2003헌바50 등 결정.

> 헌법에 의하여 체결·공포된 조약을 물론 일반적으로 승인된 국제법규를 국내법과 마찬가지로 준수하고 성실히 이행함으로써 국제질서를 존중하여 항구적 세계평화와 인류공영에 이바지함을 기본이념의 하나로 하고 있으므로(헌법 전문 및 제6조 제1항 참조), 국제적 협력의 정신을 존중하여 될 수 있는 한 국제법규의 취지를 살릴 수 있도록 노력할 것이 요청됨은 당연하다.

학설은 헌법상 기본권규정의 해석은 국제인권조약의 규정과 조화롭게 할 필요성이 있고[166] 나아가 법률도 국제인권조약과 조화되도록 해석하여야 한다고 지적한다.[167] 제2다수보충의견의 판시 ⑨는 헌법상 기본권규정과 법률에 대한 '국제인권조약 합치적 해석'을 인정하였다고 볼 수 있다. 나아가 국제인권조약 합치적 해석이 '사법부의 책무'임을 강조하였고, '국제인권기구의 결정을 최대한 존중하고 그에 부합하도록 법률을 해석'해야 한다는 구체적이고 실질적인 해석방법도 제시하였다.

### 나. 국제법상 의무불이행에 대한 국내법의 원용 불가

국제인권조약을 국내법적 관점에서만 해석하고 국제인권조약을 국내법에 합치하게 해석하는 접근방식에 대하여, 국제인권기구와 다른 당사국은 대한민국의 국제법상 의무불이행으로 간주할 수 있다. '국내법'은 국제법상 의무불이행을 정당화하는 사유가 될 수 없다. 국가가 자신의 행위가 국내법에 부합한다고 항변함으로써 국제법 위반에서 회피할 수 없다는 점은 확립된 원칙이다.

비엔나협약 제27조는 조약의 불이행을 정당화하기 위하여 국내법을 원용해서는 아니 된다고 규정한다. 국제연합 총회에서 채택된 「국가의 권리의무에 관한 선언 초안」[168] 제13조는 "모든 국가는 조약 및 다른 국제법의 법원으로부터 발생한 의무를 성실하게 이행하여야 할 의무를 지며, 그러한 의무의 불이행에 대해 자국의 헌법 또는 국내법을 원용할 수

---

166) 오승진, "국제인권조약의 국내 적용과 문제점", 국제법학회논총 제56권 제2호(대한국제법학회, 2011), 136; 박찬운, "국제인권조약의 국내적 효력과 그 적용을 둘러싼 몇 가지 고찰", 법조 제56권 제6호(법조협회, 2007. 6.), 172면.

167) 정인섭, 신국제법강의-이론과 사례(제9판), 박영사(2019), 947면 참조.

168) United Nations General Assembly, U.N. Doc. A/RES/375(Ⅳ) (6 December 1949).

없다"고 규정한다.[169] 마찬가지로 국제연합 총회에서 채택된 「국제위법행위에 대한 국가책임에 관한 국제법위원회 초안」[170] 제3조는 "국가행위의 국제위법성의 결정은 국제법에 의하여 정하여진다. 이는 동일한 행위가 국내법상 적법하다는 결정에 의하여 영향 받지 아니한다", 제32조는 "의무를 준수하지 못한 이유로 국내법 규정을 원용할 수 없다"라고 규정한다.[171]

PCIJ는 국가는 국제법상 의무의 범위를 제한하기 위하여 국내법을 원용할 수 없다고 판시하였다.[172] ICJ 역시 국내법의 규정 또는 불비를 사유로 조약상 의무위반을 정당화할 수 없다는 점을 분명히 하였고, 비엔나협약 제27조의 내용은 국제관습법에 해당한다고 판단하였다.[173]

제2다수보충의견은 판시 ⑩에서 국내법을 내세워 국제법 위반을 항변할 수 없다는 국제법의 원칙을 확인하였다. 조약의 불이행에 대한 정당화 사유로 국내법을 원용할 수 없는데, 법원의 조약에 대한 소극적, 부정적 해석을 원용할 수 없다는 점은 더욱 명확하다는 지적도 있다.[174]

### 다. 인권의 보편성과 문화적 상대주의의 긴장관계 및 인권의 우월성(판시 ⑫)

#### (1) 문화적 상대주의와 국내문제로서의 인권이라는 전통적 관점

국제사회가 인권의 보편적 적용을 주창하는 과정에서 문화적 상대주의에 의한 반론이 제기되어 왔다.[175] 특히 제3세계와 사회주의 진영에서 인권은 지역의 전통과 문화에 부합하게 '조정'될 수 있다는 입장을 표명

169) 번역문은 서울국제법연구원 편집부, "'국제위법행위에 대한 국가책임'에 관한 국제법위원회 주석", 서울국제법연구 제8권 제2호(서울국제법연구원, 2001), 38면에 의한다.

170) United Nations General Assembly, U.N. Doc. A/RES/56/83 (28 January 2002).

171) 번역문은 서울국제법연구원 편집부, "'국제위법행위에 대한 국가책임'에 관한 국제법위원회 초안", 서울국제법연구 제8권 제2호(서울국제법연구원, 2001)에 의한다.

172) Free Zones of Upper Savoy and the District of Gex, PCIJ (1930) Series A - No. 24, 12.

173) Questions relating to the Obligation to Prosecute or Extradite (*Belgium v. Senegal*), Judgment, I.C.J. Reports 2012, 422, para. 113.

174) 김영식, "국제인권법의 시각에서 바라본 양심적 병역거부와 법원의 실무에 관한 검토", 국제인권법실무연구 재판자료 제130집(법원도서관, 2015), 270면.

175) 인권의 보편성과 상대성에 관하여는, 박찬운, 인권법(개정판), 한울(2011), 63면 이하 참조.

하기도 하였다. '보편적 인권'은 결국 서구 중심의 문화와 사상이 반영된 것이고 이를 서구 이외의 지역에 강요하는 것이라는 지적도 제기되었다.

전통적인 국제법 관점에서는 인권도 특정 국가 영토 내의 국내문제였다. 국민은 국가의 처분 하에 있었다. 영토나 국적과 같은 '연결고리'도 강조되었다. 국내문제 불간섭은 주권평등의 당연한 귀결이고 현재에도 국제질서의 기본원칙이다. 과거에는 인권 역시 불간섭의 대상이라는 주장도 있었다.

**(2) 문화적 상대주의에 대한 인권의 보편성의 우위**

그러나 국가의 특수성이 강조되는 이상 인권의 보편성은 달성하기 어렵다. PCIJ의 판시처럼, 국내문제라는 개념은 본질적으로 상대적인 것으로 국제관계의 발전에 따라 그 범위가 달라질 수 있다.[176] 국내문제는 점차 축소되고 있다. 영토와 국적의 연결고리는 희미해지고 있다. 결론적으로 인권은 더 이상 국내문제라고 보기 어렵다.

세계인권회의는 1993년 비엔나선언에서 '국가적, 지역적 특수성과 다양한 역사적, 문화적, 종교적 배경을 염두에 두는 한편, 정치적, 경제적, 문화적 체제와 무관하게 모든 인권과 기본적 자유를 증진하고 보호하는 것이 국가의 의무'라고 천명하였다. 국제공동체는 인권을 공평하고 동등한 방식으로 대우하여야 한다는 점도 밝혔다.[177] 문화적 특수성을 염두에 두어야 하나 문화적 체제와 무관하게 인권을 보장하는 것이 '의무'라고 명시하였다는 점에서, 비엔나선언은 원칙적으로 '인권의 문화에 대한 우위'를 인정했다. 제1다수보충의견은 판시 ⑿에서 우리의 고유한 문화를 간과하지 않으면서도 문화의 차이를 넘어서는 보편적 인권을 추구해야 한다고 판단하였다. 판시 ⑿는 비엔나선언의 정신을 반영하고 있다.

인권의 보편성을 우위에 두는 입장은 국제인권조약에 명시되기도 하였다. 1989년 채택된 「아동의 권리에 관한 협약」 제24조 제3항은 "당사

176) Nationality Decrees Issued in Tunis and Morocco, PCIJ (1923) Advisory Opinion No. 4, 24.

177) United Nations General Assembly, Vienna Declaration and Programme of Action, U.N. Doc. A/CONF.157/23 (12 July 1993), para. Ⅰ.5.

국은 아동의 건강을 해치는 전통관습을 폐지하기 위하여 모든 효과적이고 적절한 조치를 취하여야 한다"고 규정한다. 당사국에서 널리 인정되고 전통적으로 행하였던 관습이더라도, 아동의 건강을 해친다면 당사국은 이를 폐지할 의무가 있다.

대한민국이 유보 없이 국제인권조약에 가입한 이상, 국내현실의 특수성을 앞세우는 입장은 국제사회에서 수용되기 어렵다. 자국민의 인권을 무시하는 일부 국가가 '국내법상 문제가 없다', '국내현실에 비추어 불가피하다'라고 주장하는 것과 무엇이 다른가? 국제사회가 다양한 국제인권조약에 합의한 것은 전 세계 모든 인간에게 보편적 기준에 따른 인권이 보장되길 희망하고 약속하였기 때문이다. 제2다수보충의견은 판시 ⑫에서 인권은 더 이상 국내문제가 아닌 국제문제로서 당사국의 특수한 사정이 과대평가되어서는 아니 된다며 인권의 보편성을 강조하였다. 대한민국이 특수성에 집착하는 것은 결국 국제법 존중의무를 외면하는 것이라고 보았다. 특유한 국내현실을 강조하는 기존 판결례에 대한 적절한 지적이다.

### (3) 서구 중심의 문화와 사상을 강요하는 것인가?

국제인권조약 관련 법리는 서구에서 발전하기 시작하였고, 과거 국제인권조약의 초안·채택을 서구에서 주도하기는 하였다. 그러나 국제인권이 서구의 사상이므로 수용하기 어렵다는 주장에는 동의하기 어렵다.[178] 오히려 국제인권의 핵심을 이루는 민족자결, 인종차별금지, 천연자원에 대한 권리와 같은 개념은 서구가 아닌 제3세계 국가를 중심으로 발전하였다.[179] 국제질서는 일방주의에서 벗어나 점차 다자주의에 의해 형성되고 있다. 대한민국이 국제질서의 형성·유지에 적극적으로 참여하는 것이 중요하지 '서구 중심의 질서'이니 받아들이기 어렵다는 입장은 타당하지도, 바람직하지도 않다. 제1다수보충의견이 판시 ⑫에서 국제인권조약의 해석을 서구의 기독교 전통이나 문화와 결부시키지 않아야 한

178) 정인섭, "법조인의 국제인권의식 함양", 법률가의 윤리와 책임, 박영사(2003), 501면.
179) 정인섭, 신국제법강의-이론과 사례(제9판), 박영사(2019), 888면.

다고 판단한 것은 큰 의미가 있다. 서구만의 인권, 대한민국만의 인권이 존재하는 것은 아니다.

**(4) 국제인권조약에 대한 유보 문제로의 회귀와 대한민국 유보의 문제점**

원칙적으로 '문화는 인권에 영향을 미친다. 다만, 인권이 문화에 앞선다'고 생각한다. 물론 국제인권조약이 당사국의 다양성을 완전히 무시한다고 볼 수는 없다. 국제인권조약 중 국내현실, 관습에 비추어 도저히 받아들일 수 없는 사항이 있다면, '유보'를 할 수 있기 때문이다. 물론 비엔나협약 제19조에 따라 국제인권조약의 '대상 및 목적과 양립할 수 없는 유보'는 가능하지 않다. ILC는 조약의 존재의의를 해하는 방식으로 조약의 목적에 필요한 본질적 요소에 영향을 미친다면 조약과 양립불가능한 유보라고 본다.[180] 자유권규약위원회는 일반논평 제24호에서 양립불가능한 유보를 한 국가는 유보 없이 자유권규약에 가입한 것으로 간주된다고 보았다.[181]

문화적 상대주의와 인권의 보편성 사이의 긴장관계는 국제인권조약에 대한 유보 문제로 회귀하는 측면이 있다. 전자를 강조하는 입장은 유보를 넓게 인정하겠지만, 후자를 강조하는 입장은 유보를 좁게 인정할 것이다. 어떤 국가가 자신의 전통과 문화에 입각하여 자유권규약의 일부에 대한 유보를 하였을 때, 양립가능성에 대한 평가에 따라 유보가 수락될 수도, 효력이 없다고 판단될 수도 있다. 이러한 판단에서 인권의 보편성이 우선 고려되겠지만, 문화적 상대주의도 균형적으로 참작될 여지가 있다. 일반논평 제24호에 의하면 이러한 판단 권한은 자유권규약위원회 자신에게 있다. 다만, ILC는 조약상 감시기구 이외에 조약의 당사국도 유

180) ILC, Guide to Practice on Reservations to Treaties (2011) in Report of the ILC, U.N. Doc. A/66/10, para. 3.1.5.

181) Human Rights Committee, General Comment No. 24 - Issues relating to reservations made upon ratification or accession to the Covenant or the Optional Protocols thereto, or in relation to declarations under article 41 of the Covenant, U.N. Doc. CCPR/C/21/Rev.1/Add.6 (11 November 1994), para. 18.

보의 수락 가능성을 판단할 수 있다고 본다.[182)]

대한민국은 자유권규약 중 제22조에 대한 유보를 유지하고 있다.[183)] 그러나 제18조에 대하여는 어떠한 유보도, 해석선언도 하지 않았다. 제18조의 내용과 적용범위를 축소하려는 우리의 태도는 더더욱 수용되기 어려운 것이다.

참고로 제22조 유보에 대한 다른 당사국의 입장을 살펴본다. 독일은 대한민국이 국내법으로써 제22조에 따른 의무를 제한하려는 의도를 가지지 않은 것으로 해석하고 있다. 네덜란드와 체코는 제22조 유보가 자유권규약과 양립하지는 않지만, 대한민국과의 관계에서 자유권규약이 효력을 발생하는 데 방해가 되지는 않는다고 선언하였다. 영국은 대한민국이 유보의 법적 효과를 충분히 설명하지 않아 수락 또는 이의의 입장을 취할 수 없어 이를 표명할 권리를 유보하였다.[184)] 당사국의 특수성에 따른 유보를 통해 국제인권조약의 보편적 해석 · 적용으로부터 일부 벗어날 수 있다 하더라도, 대한민국의 제22조 유보와 같이 추상적이고 모호한 유보는 다른 당사국과 국제인권기구로부터 수락되기 어려운 측면이 있다. 국제인권조약을 회피한다는 오해만 살 수 있다. 유보를 채택할지 여부에 관한 숙고가 필요한 것은 물론이고, 유보를 하더라도 국제사회에 구체적이고 명확한 의미를 밝혀 두는 것이 필요하다.

### 라. 명문의 규정에 한정되지 않는 인권과 국제법의 발전·진화(판시 ⑭)

#### (1) 명문의 규정에 한정되지 않는 인권의 내용

국제인권조약은 다소 추상적이고 모호할 수밖에 없다.[185)] 국제인권

182) ILC, Guide to Practice on Reservations to Treaties (2011) in Report of the ILC, U.N. Doc. A/66/10, para. 3.2.4.

183) United Nations Treaty Collection, Multilateral Treaties Deposited with the Secretary-General, Chapter Ⅳ Human Rights. 〈https://treaties.un.org/Pages/ViewDetails.aspx?src=TREATY&mtdsg_no=IV-4&chapter=4&clang=_en〉 (2019. 12. 1. 방문).

184) 위의 United Nations Treaty Collection.

185) 자유권규약의 규정은 헌법의 기본권규정과 비교하여 결코 구체성이 떨어지지 않는다는 견해도 있다. 오승진, “국제인권조약의 국내 적용과 문제점”, 국제법학회논총 제56권 제2호(대한국제법학회, 2011), 129면.

조약에 당해 조약의 목적에 부합하고 인간의 존엄성에 필요한 모든 인권을 빠짐없이 열거하고, 미래에 태어날 인권까지 모두 예상하여 포함시켜 둘 수는 없다. 제2다수보충의견이 판시 ⑭에서 명시된 권리에 한정된 해석은 국제법상 의무를 외면하는 것이라고 판단한 것은 타당하면서도 당연하다.

헌법 제37조 제1항은 "국민의 자유와 권리는 헌법에 열거되지 아니한 이유로 경시되지 아니한다"라고 규정한다. 헌법에 명시되지 아니한 권리라도 인간의 존엄과 가치를 위하여 필요한 것일 때에는 모두 보장하겠다고 천명한 것이다. 생명권[186]이나 일반적 행동자유권과 명예권[187]을 예로 들 수 있다. 헌법 제37조 제1항의 정신에 비추어 보더라도, 문언에 한정된 국제인권조약의 해석방법은 옳지 않다.

#### (2) 법의 발전 · 진화 가능성

##### (가) 법의 동태적이고 탄력적인 성격

법은 사회변화에 연동하고 변화한다. 예컨대, 인격권에 관한 법리의 발전과정을 되돌아보면, 인격권은 '권리의 다발'(bundle of rights)[188]로서 탄력적이고 능동적으로 변화한다는 점을 쉽게 알 수 있다. 또한 '여성종원 판결'[189]에서 대법원은 종중 구성원을 성년 남성으로 제한하는 종래 관습법이 '법질서의 변화' 등을 통하여 규범으로서의 효력을 상실하게 되었다고 판단하였다. 대법원은 「여성에 대한 모든 형태의 차별철폐에 관한 협약」, 민법, 여성발전기본법의 제·개정과 그 내용을 검토하여 실질적인 양성평등을 향한 법질서의 변화를 논증하였다.

---

186) 헌법재판소 1996. 11. 28. 선고 95헌바1 결정; 헌법재판소 2010. 2. 25. 선고 2008헌가23 결정.

187) 헌법재판소 2002. 1. 31. 선고 2001헌바43 결정.

188) 예컨대, 영미법계 법률가는 재산권을 '권리의 다발'로 이해하고, 소유권을 단일한 권리가 아닌 여러 개의 권리가 복합적으로 합쳐진 것이라는 관념이 자연스럽다고 한다. 이와 관련하여, 서울대학교 산학협력단(책임연구원 권영준), 민사법 기본원리의 재판을 통한 실현에 대한 연구, 대법원 정책연구용역자료(2015), 154면 이하 참조.

189) 대법원 2005. 7. 21. 선고 2002다1178 전원합의체 판결.

(나) 국제법의 발전과 진화

국제법 역시 탄력적이고 능동적으로 변화한다. 예컨대, 주권면제를 살펴본다. 국가는 다른 국가의 국내재판소의 관할권으로부터 면제를 향유한다. 과거에는 국가의 행위를 공법적 행위(*acta jure imperii*)와 사법적 행위(*acta jure gestionis*)로 구분하지 않고 모두에 대하여 주권면제를 인정하는 '절대적 주권면제'에 기초하였다. 그런데 시간이 흐르면서 후자에 대하여는 주권면제를 인정하지 않는 '제한적 주권면제'가 국제관습법으로 발전하였다.

이는 국내재판소의 판결에도 나타나고 있다. 미국연방대법원은 1812년 절대적 주권면제를 인정하였다.[190] 우리 법원은 1975년 절대적 주권면제에 따른 판단을 하였다.[191] 1985년 판결에서는 절대적 주권면제를 인정하면서도, 제한적 주권면제로의 변화 가능성이 엿보였다.[192] 현재 대한민국을 포함한 거의 모든 국가의 국내재판소는 제한적 주권면제를 적용하고 있다.

나아가 강행규범 위반의 경우 당해 국가가 주권면제를 향유할 수 없다는 주장이 유력하게 제기되고 있다. 미국 외국주권면제법은 다른 국가가 주권면제를 향유할 수 없는 사유로 'Terrorism exception'을 규정하기도 한다.[193] 다만, ICJ는 강행규범 위반 여부가 주권면제 여부에 영향을 미칠 수는 없다고 판단하였다.[194] 유럽인권재판소도 강행규범 위반으로 주권면제가 부인된다는 일관된 국제법이 존재한다고 보기는 어렵다고 판단하였다.[195] 현재 '진화 도중'에 있는 강행규범 위반과 주권면제에 관

---

190) *The Schooner Exchange v. McFaddon,* 11 U.S. 116 (Feb. 24, 1812).

191) 대법원 1975. 5. 23.자 74마281 결정.

192) 서울민사지방법원 1985. 9. 25. 선고 84가합5303 판결(확정)은 "사업상의 행위에 관련된 소송에 관하여 국가의 주권면제를 인정하지 않는 사례를 찾아볼 수 있다고는 하나 그와 같은 경향이 아직 국제관습법의 지위에 이르렀다고는 보여지지 않[는다]"라고 판시하였다.

193) 28 U.S.C.A. § 1605A (Terrorism exception to the jurisdictional immunity of a foreign state).

194) Jurisdictional Immunities of the State (*Germany v. Italy* : Greece intervening), Judgment, I.C.J. Reports 2012, 99.

195) *Al-Adsani v. the United Kingdom*, Application No. 35763/97(21 November 2001).

한 국제법이 향후 어떻게 발전할지 두고 볼 일이다.[196]

인권최고대표부는 양심적 병역거부권이 명시되지는 않았지만 해석상 인정되는 '파생적 권리'라고 설명한다.[197] 양심적 병역거부권 역시 국제법의 발전과 진화의 측면에서 고찰할 수 있다. 양심적 병역거부권의 인정을 주저하던 자유권규약위원회가 1990년대 이후 입장을 선회하게 된 데에는 국제사회의 변화와 국제법의 발전이 큰 영향을 미쳤다.[198] 자유권규약위원회와 유럽인권재판소 모두 시간의 경과와 민주주의의 발전에 따라 동태적·발전적으로 국제인권조약을 해석한다는 전제 하에 종전 입장을 변경하고 양심적 병역거부권을 인정하였다.[199] 국제인권조약에서 정한 인권과 자유는 대체로 권리의 다발로 볼 수 있다. 과거에는 인식하지도 못했던 권리가 새롭게 발견되고, 잉태만 되었던 권리가 향후 태어날 수도 있다.

#### (3) 유럽인권재판소의 '살아있는 문서' 이론(판시 ⑮)

##### (가) '살아있는 문서' 이론의 배경

어떤 권리가 국제인권조약에 명시되지 않은 데에는 다양한 이유가 개재하였을 수 있다. 그런데 명문의 권리로 한정하는 해석방법에 의하면, 새로운 권리는 물론 형성 중에 있던 권리도 태어날 수 없어 국제법의 발전과 진화가 봉쇄된다.

한편 비엔나협약은 제32조에서 해석의 보충적 수단을 규정하고 있다. 보충적 수단으로 교섭기록을 고려하고 국제인권조약을 초안한 'founding fathers'의 의사를 탐색해 볼 수 있다. 조약 해석의 실무상 교섭기록은 상당히 중요하게 고려된다. 그런데 채택 당시라는 과거의 교섭기록과 초안

---

196) 참고로 피고 일본국을 상대로 강제동원 및 강제노역으로 인한 손해배상을 청구한 사건에서 재판권을 행사할 수 없다며 소를 각하한 판결로, 부산지방법원 2016. 8. 10. 선고 2015가합47368 판결(확정) 참조.

197) United Nations The Office of the High Commissioner for Human Rights, Conscientious Objection to Military Service (HR/PUB/12/1, 2012), 7.

198) 정인섭, "「시민적 및 정치적 권리에 관한 국제규약」과 군장병 인권", 법학 제48권 제4호(서울대학교 법학연구소, 2007), 54면.

199) 김영식, "양심적 병역거부 : 대법원 2007. 12. 27. 선고 2007도7941 판결", 인권판례평석(국제법인권법연구회), 박영사(2017), 75면.

자의 의사에 중점을 둘 경우 국제법의 발전과 진화는 더딜 수밖에 없다. 특히 초안자는 생각하지 못하였고 교섭조차 이루어지지 않은 경우 현재 시점에서 권리로 인정받기가 쉽지 않다.

(나) '살아있는 문서' 이론의 탄생과 적용

유럽인권재판소는 유럽인권협약에 관한 '살아있는 문서' 이론(living instrument doctrine)을 채택하고 있다. 주로 당사국(초안자)의 의사를 탐구하는 의사주의나 문언을 중요시하는 문언주의로는 국제사회의 변화와 국제법의 발전에 탄력적으로 대응하기 어려웠다. 이에 따라 목적주의가 더욱 주목을 받게 되었고, 이러한 배경 하에서 '살아있는 문서' 이론이 자연스럽게 유럽인권재판소에 수용되었다.

시초가 된 판결은 '*Tyrer* 사건'이다. 영국소년법원은 폭행죄를 범한 15세 소년 Tyrer에 대하여 태형 3대를 명하였다. 유럽인권재판소는 Tyrer에 대한 태형이 '고문, 비인간적인 또는 굴욕적인 대우나 처벌'을 금지하는 유럽인권협약 제3조를 위반하였다고 판단하였다. 유럽인권협약은 '살아있는 문서'이므로 현재의 제반 사정의 관점에 따라 해석하여야 한다고 판시하면서, 유럽인권협약의 해석은 당사국의 형벌정책에 관한 발전 내용과 일반적으로 수용되는 국제인권기준으로부터 영향을 받는다고 설명하였다.[200)]

양심적 병역거부권에 관한 기존 선례를 변경한 '*Bayatyan* 사건' 역시 다음과 같이 '살아있는 문서' 이론을 중요한 해석방법으로 원용하고, 그 의미를 더욱 구체화하였다. 즉 유럽인권협약은 '살아있는 문서'이므로 현재의 제반 사정과 현재의 민주국가에서 지배적인 사상에 비추어 해석하여야 한다.[201)] 당사국의 변화된 사정을 유념하고, 국제인권기준으로 부상하는 콘센서스에 부응하여야 한다. 유럽인권협약의 개념을 해석함에 있어 유럽인권협약 외 다른 국제법의 원리와 관련 국제기구의 해석도 고려

---

**200)** *Tyrer v. the United Kingdom,* Application No. 5856/72 (25 April 1978), para. 31.

**201)** *Bayatyan v. Armenia* [GC], Application No. 23459/03 (7 July 2011), para. 102.

하여야 한다.[202)]

이러한 해석방법에 따라 유럽인권재판소는, 자유권규약위원회가 일반논평 제22호[203)]를 통해 양심적 병역거부권을 인정하는 것으로 해석을 변경하고 대한민국의 자유권규약 위반을 인정한 '윤여범, 최명진 개인통보사건'의 견해를 고려하였다.[204)] 유럽인권재판소는 당사국 절대 다수의 실행과 관련 국제문서가 진화하였고, 유럽 외 다른 지역에서도 양심적 병역거부권에 관한 콘센서스가 형성되었다고 판단하였다.[205)] 유럽인권협약 제9조는 더 이상 제4조 제3항 (b)와 연계되지 않고, 청구인의 주장은 제9조의 관점에서만 검토된다고 보았다.[206)] 이에 따라 제9조에 명시되지는 않았지만, 양심적 병역거부권이 도출될 수 있다는 결론에 이르렀다.

**(4) ICJ의 유사한 판시**

ICJ 역시 '살아있는 문서' 이론의 정신을 따르고 있다. '*Gabčíkovo-Nagymaros Project* 사건'에서 조약은 정적인 것이 아니라 새롭게 형성되는 국제법에 적응할 수 있고, 새로운 규범이 조약의 실행에 영향을 미친다고 판단하였다.[207)] '*South West Africa* 사건'에서는 조약체결 당시 당사국의 의사에 기초한 해석의 중요성을 염두에 두면서도 상당한 시간의 경과를 거치면서 발생한 국제법의 발전과 제반 사정을 고려하지 않을 수 없다고 판단하였다. 국제문서는 해석시점에 지배적인 전체 법체계에 비추어 적용되어야 한다고 보았다.[208)]

---

202) 위의 유럽인권재판소 판결, para. 102.

203) Human Rights Committee, General Comment No. 22 - Art. 18, U.N. Doc. CCPR/C/21/Rev.1/Add.4 (27 September 1993), para. 11 참조.

204) 위의 유럽인권재판소 판결, paras. 103-105.

205) 위의 유럽인권재판소 판결, para. 108.

206) 위의 유럽인권재판소 판결, para. 109.
이는 '윤여범, 최명진 개인통보사건'에서 자유권규약위원회가 자유권규약 제8조가 양심적 병역거부를 배제하거나 인정하는 것은 아니라고 판단하고 제18조의 관점에서만 검토한 것과 유사하다.

207) Gabčíkovo-Nagymaros Project (*Hungary v. Slovakia*), Judgment, I.C.J. Reports 1997, 7, para. 112.

208) Legal Consequences for States of the Continued Presence of South Africa in Namibia (South West Africa) notwithstanding Security Council Resolution 276

### (5) '살아있는 문서' 이론을 수용한 제2다수보충의견의 판시 등

제2다수보충의견은 판시 ⑮에서 '현대 민주주의 국가들의 시대정신에 맞는 해석'과 '인권의 발전'을 언급하면서 명문의 규정이 없더라도 새로운 인권이 도출될 수 있다고 판단하였다. 판시 ⑮는 유럽인권재판소의 '살아있는 문서' 이론을 수용하고, '동적 해석' 내지 '발전적 해석'을 추구였다. '살아있는 문서' 이론은 과거 조약 초안자의 의사보다는 현재 발견할 수 있는 당사국의 입장과 실행, 국제사회에서 발전·출현하고 있는 콘센서스를 중요시한다. 조약의 문언을 목적론적으로 해석하도록 유도한다. 제2다수보충의견은, 국제인권조약의 해석에 있어 과거 채택시점에 고정되지 않고 법과 사회의 발전을 고려하며 현실 적합성을 확보함으로써 효과적인 인권보장이 가능하다는 점을 분명히 밝힌 것이다.[209)]

최고재판소도 유사한 측면의 판시를 한 적이 있다. 일본국 「성동일성 장해자의 성별의 취급의 특례에 관한 법률」 제3조 제1항 제4호는 성별취급변경심판의 요건으로 '생식선이 없거나 생식선의 기능이 영구적으로 결여된 상태'를 규정한다. 최고재판소는 위 규정이 위헌은 아니라고 판단하였다. 다만, 보충의견에서 세계보건기구가 2014년 생식능력상실을 요건으로 하는 성별취급변경에 반대하는 성명을 발표하고, 유럽인권재판소가 2017년 생식능력상실을 요건으로 하는 성별취급변경이 유럽인권협약에 위배된다고 판단한 국제사회의 동향을 거론하였다. 이에 따라 위헌의 의심이 있다는 점을 부인하기 어렵고, 향후 인격과 개성을 존중하는 관점에서 적절한 대응이 필요하다고 덧붙였다.[210)]

영국상원(House of Lords)도 '*Sepet* 사건'에서 국제인권조약은 초안자의 의사에 영원히 구속되는 것은 아니고, 현재의 국제법적 관점을 보여주는 다양한 자료를 고려하여야 한다고 판시하였다. 자유권규약에서 양심적 병역거부권이 도출된다는 주장을 배척하면서도, 위 주장이 '미래의

---

(1970), Advisory Opinion, I.C.J. Reports 1971, 16, para. 53.

209) 정경수, "국내법원의 국제인권법규 해석-병역법 위반 사건을 중심으로-", 홍익법학 제16권 제1호(2015), 825면 참조.

210) 最高裁判所 平成30年(ク)第269号(平成31年01月23日).

국제 콘센서스'를 반영할 수 있기에 이러한 결론이 주저된다는 점을 인정하였다.[211)]

### 4. 국제인권기구의 견해 등의 법적 구속력 여부(반대의견의 판시 ⓰, 제1다수보충의견의 판시 ⑯, 판시 ⑰-㉠, ㉡)

국제인권기구의 결의, 일반논평, 최종견해, 견해가 국제인권조약의 해석자료가 된다는 점에는 이론이 없다. 법적 구속력까지 인정할 수 있는가?

#### 가. 결의, 일반논평, 최종견해 및 견해의 법적 구속력 여부

##### (1) 결　　의

결의에 그 자체로 법적 구속력을 인정하기는 어렵다. 인권최고대표부에서 발간한 문헌에서도 인권위원회와 인권이사회의 결의는 국제법상 구속력이 없다고 밝혔다. 다만, 특히 콘센서스로 채택된 결의의 경우 '거부하기 어려운 도덕적 강제력'을 가진다고 설명한다.[212)] 도덕적 강제력은 주관적 동기를 설명할 수는 있겠지만, 법적 구속력과 같은 의미라고 볼 수는 없다. 물론 결의의 내용이 별도의 요건을 갖추어 국제관습법이 되거나 조약에 반영됨으로써 '국제법'이 될 수는 있다.

헌법재판소는 국제인권기구의 권고 등에 대하여 '국제적 협력의 정신을 존중하여 되도록 그 취지를 살릴 수 있도록 노력'하여야 한다고 판시하나, 법적 구속력을 인정한 것은 아니다.[213)] 반면 결의, 일반논평, 견해 등을 포괄하는 '국제연합 인권권고'는 실체적·절차적 법률에 기초하고 있고 헌법상 국제협력 정신을 존중하여야 한다는 점에서 당사국에서 이행되어야 한다고 주장하는 학설이 있다.[214)]

---

211) *Sepet (FC) and Another (FC) v. Secretary of State for the Home Department*, [2003] UKHL 15, paras. 11, 20.

212) United Nations The Office of the High Commissioner for Human Rights, Conscientious Objection to Military Service (HR/PUB/12/1, 2012), 18.

213) 헌법재판소 1991. 7. 22. 선고 89헌가106 결정.

214) 황필규, "유엔인권권고 이행 메커니즘 확립 방안", 제2회 유엔인권권고 분야별 이행사항 점검 심포지엄, 대한변호사협회·사단법인 유엔인권정책센터(2012 12. 6.

인권위원회와 인권이사회는 양심적 병역거부권의 인정을 촉구하는 각종 결의를 채택하였다.[215] 대한민국은 그중 다수의 결의에 찬성하였다. 결의에 찬성하고서는 양심적 병역거부권을 부정하는 입장을 장기간 유지한 것은 국제인권기구와 다른 당사국의 입장에서는 모순에 가깝다. 헌법재판소 결정 중 소수의견에서 양심적 병역거부권을 인정할 필요성의 논거로 위와 같은 결의 찬성을 언급한 사례도 있다.[216] 적어도 모순이나 언행불일치라는 평가를 받지 않으려면, 결의에 불가피하게 찬성하더라도 토론 과정에서 대한민국의 어떤 입장이나 의견 정도는 밝혀두는 것이 필요했다고 생각한다. 최소한의 입장마저 제대로 표명하지도 않은 채, 다수의 결의에 계속 찬성하면서 이와 반대되는 행동을 유지한 것은 신의성실하고 책임 있는 당사국의 태도라고 보기 어렵다.

일본국 하급심 판결 중에 다음과 같이 유럽인권재판소 판결과 국제연합 결의를 '해석지침'이라고 판시한 사례가 있다. 유럽인권재판소 판결이 비엔나협약 제31조 제3항 (c)에 해당한다고 볼 수는 없다. 그러나 유럽의 많은 국가가 가입한 지역인권조약의 중요성과 유럽인권협약상 권리규정 및 자유권규약상 권리규정의 관련성에 의하면, 유럽인권재판소 판결에 포함된 법원칙과 법이념은 자유권규약 14조 제1항에 관한 해석지침이 될 수 있다. 그리고 '피구금자 보호원칙'이라는 국제연합 결의가 비엔나협약 제31조 제3항 (b)에 해당한다고 볼 수는 없다. 그러나 전문가에 의하여 초안되고 신중한 심의 이후 적극적 반대 없이 채택된 점을 고려하면, 위 결의는 국제적 표준으로서의 의미를 가지며 해석지침이 될 수 있다.[217]

**(2) 일반논평**

일반논평 역시 그 자체로 법적 구속력을 인정하기는 어렵다. 다만,

---

발표), 151−153면.

215) 인권위원회 결의로 1987/46 결의, 1989/59 결의, 1993/84 결의, 1995/83 결의, 1998/77 결의, 2000/34 결의, 2002/45 결의, 2004/35 결의와 인권이사회 결의로 2012년 20/2 결의 및 2013년 24/17 결의 참조.

216) 헌법재판소 2004. 8. 26. 선고 2002헌가1 결정 중 재판관 김경일, 재판관 전효숙 재판관의 반대의견.

217) 高松高等裁判所 平成08年(ネ)第144号(平成09年11月25日).

일반논평은 자유권규약에 의하여 설립된 국제인권기구인 자유권규약위원회가 내린 유권해석이라는 점에서 긴요한 '해석자료'임은 분명하다.

일본국 하급심 판결 중에 일반논평에 법적 구속력을 인정할 수는 없다고 명시한 사례가 있다.[218] 다만, 일반논평은 조약의 적용 후에 형성된 관행이므로, 조약의 해석에 관한 당사국의 합의를 확립하는 것[비엔나협약 제31조 제3항 (b) 참조] 내지 해석의 보충적 수단(비엔나협약 제32조 참조)에 준하는 것으로서 자유권규약의 해석에서 상당한 정도로 존중되어야 한다고 판시한 사례가 있다.[219]

**(3) 정기보고서에 대한 최종견해와 개인통보사건의 견해**

결의와 일반논평이 당사국 전반을 대상으로 하는 반면, 정기보고서에 대한 최종견해와 개인통보사건의 견해는 개별 당사국을 대상으로 한다. 최종견해는 대한민국의 전반적인 인권 현황을 대상으로 하는 반면, 견해는 대한민국의 특정한 사건을 대상으로 자유권규약의 해석과 더불어 자유권규약의 위반 여부, 구제조치 등을 정한다. 이하에서는 특히 견해를 중심으로 본다.

(가) 자유권규약위원회의 입장

자유권규약위원회는 일반논평 제33호에서 다음과 같이 견해와 견해에 따른 당사국의 의무에 관한 의견을 밝혔다. 개인통보제도가 사법기구의 기능에 이르지는 못하더라도, 자유권규약위원회 구성의 불편부당성과 독립성, 자유권규약 문언의 해석이라는 기능, 결정의 확정적 성격에 의하면 사법적 판단의 성격을 가진다. 견해는 자유권규약 자체에 의하여 설립된 자유권규약위원회가 내린 유권적 결정이다. 비엔나협약 제26조는 당사국은 조약을 성실하게 이행하여야 한다고 규정한다. 자유권규약 및 자유권규약 선택의정서에 가입하여 '신의칙에 따라 행동하여야 하는 당사국의 의무'라는 관점에서 견해의 성격이 결정된다. 당사국은 견해를 실행하기 위하여 자신의 권한 내에 있는 수단을 반드시 활용하여야 한다.[220]

---

218) 大阪高等裁判所 平成20年(ネ)第639号(平成20年11月27日).
219) 大阪地方裁判所 平成14年(ワ)第12008号(平成16年03月09日).

자유권규약위원회는 견해에 법적 구속력이 있다고까지는 표명하지 않았다. 다만, 당사국은 자유권규약 및 자유권규약 선택의정서를 준수할 의무가 있고, 자유권규약위원회와 견해는 두 조약에 의하여 마련되었다는 점에서 신의성실하게 자유권규약위원회의 견해를 이행하여야 한다는 접근 방식을 취하였다. 한편 인권최고대표부는 자유권규약위원회의 다수의견은 유권적 해석으로서 당사국에 의한 적절한 고려 대상에 해당한다고 설명한다.[221)]

(나) 기존 판결례의 입장

헌법재판소는 국제인권기구의 해석은 권고적 효력만 있을 뿐 법적 구속력은 없다고 본다.[222)] 최근 헌법소원심판청구에서 다음과 같이 견해에 대하여 정리된 판시를 하였다.[223)] 자유권규약 해석의 '중요한 참고기준으로 존중'하여야 하지만, 법적 구속력이 없다는 결론은 기존 결정과 같다.

> 자유권규약위원회의 견해는 규약을 해석함에 있어 중요한 참고기준이 된다고 할 수 있고, 규약의 당사국은 그 견해를 존중하여야 한다. … 자유권규약위원회의 견해(views)를 존중하고, 그 이행을 위하여 가능한 범위에서 충분한 노력을 기울여야 한다.
>
> 다만, … 견해(views)의 법적 효력에 관하여 명시적으로 밝히고 있지 않고, 개인통보에 대한 자유권규약위원회의 심리는 서면심리로 이루어져 증인신문 등을 하지 않으며 심리가 비공개로 진행되는 점 등을 고려하면 … 법적 구속력이 인정된다고 단정하기는 어렵다.

법원 역시 자유권규약위원회의 해석, 권고 내지 견해에는 법적 구속

---

220) Human Rights Committee, General Comment No. 33 - The Obligations of States Parties under the Optional Protocol to the International Covenant on Civil and Political Rights, U.N. Doc. CCPR/C/GC/33 (5 November 2008), paras. 11-16.

221) United Nations The Office of the High Commissioner for Human Rights, Conscientious Objection to Military Service (HR/PUB/12/1, 2012), 12.

222) 헌법재판소 2011. 8. 30. 선고 2008헌가22 등 결정; 헌법재판소 2018. 6. 28. 선고 2011헌바379 등 결정 중 재판관 안창호, 재판관 조용호의 병역종류조항에 대한 반대의견 및 처벌조항에 대한 합헌의견.

223) 헌법재판소 2018. 7. 26. 선고 2011헌마306 등 결정.

력이 없다고 본다.[224] 다만, 하급심 판결 중에 국제법 존중주의 등을 고려하여 견해에 대하여 일종의 '간접적인 효력'을 인정한 사례와 견해에 따른 조치를 이행할 국제법상 의무를 부담한다고 판시한 사례가 있다.[225]·[226]

(다) 기타 사례 및 학설

영국상원은 '*Sepet* 사건'에서 국제인권기구의 결의와 권고는 동기와 목적에 대하여는 공감할 수 있더라도, 그 자체로 국제법상 법적 구속력을 창설할 수는 없다고 판단하였다.[227]

일본국 하급심 판결 중에 일반논평과 견해(다만, 일본국은 자유권규약 선택의정서의 당사국이 아니다)가 자유권규약 해석의 보충적 수단이라고 판시한 사례가 있다.[228]·[229] 다만, 위 판결들이 비엔나협약 제32조에서 정한 해석의 보충적 수단으로 인정한 것인지는 불분명하다. 이와 달리 다음과 같이 일반논평과 견해가 비엔나협약 제32조에 포함된다고 명시한 판결도 있다. 즉 비엔나협약에 의하면 자유권규약의 해석을 위한 보충적 수단은 (1) 자유권규약의 준비작업 단계의 기록, (2) 자유권규약위원회의 출판물(일반논평, 정기보고서의 심사 요약, 견해), (3) 동종의 다른 조약과 그 판례법이 있다. 자유권규약위원회는 자유권규약의 실효성 확보를 위하여 자유권규약 자신이 설립한 감독기관이고, 준사법기관으로서 발(發)

---

224) 대법원 2017. 7. 11. 선고 2017도6997 판결; 대법원 2014. 12. 11. 선고 2014도7972 판결; 대법원 2011. 10. 13. 선고 2008도7651 판결; 대법원 2011. 10. 13. 선고 2010도775 판결; 대법원 2011. 10. 13. 선고 2007도11280 판결; 대법원 2007. 12. 27. 선고 2007도7941 판결; 대법원 2007. 11. 29. 선고 2007도8187 판결; 대법원 2004. 7. 15. 선고 2004도2965 전원합의체 판결; 서울지방법원 1996. 5. 30.선고 95가단185632 판결, 서울지방법원 1996. 11. 15. 선고 96나27512 판결('손종규 판결'의 제1심, 항소심).

225) 제주지방법원 2017. 8. 11. 선고 2017고단16 판결(제주지방법원 2019. 5. 24. 2017노474 판결로 항소기각, 대법원 2019도8441 상고심 계속 중).

226) 대전지방법원 1999. 4. 1. 선고 99고합6 판결. 다만, 대전고등법원 1999. 11. 19. 선고 99노231 판결로 제1심판결 파기(확정).

227) Sepet (FC) and Another (FC) v. Secretary of State for the Home Department, [2003] UKHL 15, para. 11.

228) 大阪高等裁判所 平成04年(ネ)第1290号(平成06年10月28日). 유럽인권협약의 내용과 관련 판결도 해석의 보충적 수단이 된다고 판시하였다.

229) 東京高等裁判所 平成10年(行コ)第150号(平成11年12月27日).

하는 판단적 의견은 해석기준이 된다.[230)]

ICJ는 '*Ahmadou* 사건'에서 국제인권조약에 의하여 설립된 독립적인 국제인권기구의 해석에는 '커다란 비중'을 두어야 한다고 판시하였다.[231)] 한편 ILA는 2004년 다음과 같은 연구결과를 보고하였다.[232)] 국제인권기구의 산물은 다수의 국내재판소에서 헌법과 인권 규정의 해석에 있어 '관련성 있는 해석자료'가 되었다. 일반적으로 국내재판소는 국제인권기구의 해석에 구속되지는 않으려고 한다. 그러나 대부분의 국내재판소는 쟁점 권리의 의미와 권리침해의 여부를 판단함에 있어 국제인권기구의 해석에 '상당한 비중'을 부여하고 있다.

Nowak은 콘센서스에 기초한 자유권규약위원회의 결정과 결의는 국제법상 구속력은 없더라도 '고도'의 의미가 부여되고, 일반논평과 견해는 자유권규약에 대한 유권적 해석으로 인정된다고 보았다.[233)] 국내학설도 견해의 법적 구속력을 인정하는 입장도 있지만,[234)] 대다수는 법적 구속력을 부정한다.[235)] 다만, 견해가 가지는 중요성과 영향력 자체는 공통적으로 인정하고 있다.[236)·237)]

---

230) 東京高等裁判所 平成12年(ネ)第1759号(平成12年10月25日).

231) Ahmadou Sadio Diallo (*Republic of Guinea v. Democratic Republic of the Congo*), Judgment, I.C.J. Reports 2010 (November 30), 639, para. 66.

232) ILA, "Final Report on the Impact of Findings of the United Nations Human Rights Treaty Bodies", Committee on International Human Rights Law and Practice (Berlin Conference, 2004), para. 175.

233) Manfred Nowak, U.N. on Covenant on Civil and Political Rights : CCPR Commentary, N.P. Engel (1993), XXIV.

234) 조용환, "국제법에 비추어 본 제3자 개입금지 규정의 효력", 민주사회를 위한 변론 제5호(민주사회를 위한 변호사모임, 1995), 180면 이하.

235) '준(準)법적 구속력'이 인정된다는 견해도 있다. 박찬운, "양심적 병역거부 : 국제인권법적 현황과 한국의 선택", 저스티스 제141호(한국법학원, 2014), 24면 참조.

236) 법적 구속력을 부정하면서도 견해가 가지는 영향력에 관한 여러 학설을 정리한 선행 연구결과로, 김태천, "개인통보 제도에 따른 국내적 구제방안 : 자유권규약위원회의 '견해'를 중심으로", 법조 제56권 제12호(법조협회, 2007), 110면 이하 참조.

237) 정인섭, "헌법재판소 판례의 국제법적 분석", 헌법실무연구 제5권(헌법실무연구회, 2004. 12.), 588면; 강재원, "양심적 병역거부자에 대한 형사처벌의 위헌성 : 헌법재판소 2011. 8. 30. 선고 2008헌가22 등 결정", 인권판례평석(국제법인권법연구회), 박영사(2017), 64면.

(라) 대상판결의 판시 등

반대의견의 판시 ⓰과 제1다수보충의견의 판시 ⑯은 국제인권기구의 해석이나 견해에 법적 구속력이 없다고 본다. 제2다수보충의견은 판시 ⑰－㉠에서 국제인권조약의 '해석'에 있어서 '국제인권기구의 활동을 고려하여야 한다'거나 '권고를 최대한 존중하는 것이 국제법 존중주의에 합치된다'고 하였다. 법적 구속력까지 인정하였다고 보기는 어려운 판시이다. 그런데 판시 ⑰－㉡에서는 '톤'을 달리하여 '견해를 받아들일 국제법상 의무'가 있다고 판단하였다. 문언상으로는 법적 구속력을 인정하였다고 볼 수 있다. 고무적이기는 하나 이례적인 것도 사실이다. 이 판시에 대하여는 항을 바꾸어 후술한다.

결의, 일반논평, 최종견해는 물론 견해 모두에 대하여 그 자체로 법적 구속력을 인정하기는 어렵다. 견해는 특정 당사국에 대한 사법적 성격의 결정과 유사한 측면이 있지만, 자유권규약 선택의정서가 견해의 법적 구속력까지 상정하였다고 볼 수는 없다. 앞서 본 국내외 학설, 비교법적 실행, 국제재판소의 판단에 의하더라도, 견해의 법적 구속력을 인정하는 경우는 드물다. 다만, 당사국은 자유권규약과 자유권규약 선택의정서에 가입하여 당해 조약의 목적과 정신을 구현할 의무가 있고, 특히 자유권규약 선택의정서에 가입함으로써 자유권규약위원회의 심사권을 인정하였다. 당사국은 신의칙에 따라 견해를 존중하고 되도록 견해에 따른 후속 조치를 이행하여야 한다. 결국 현재의 국제법 발전 단계에서는, 국내재판소에 대하여 견해는 상당한 설득적 권위를 가지는 중요한 해석자료라고 보는 것이 정당하다고 생각한다.[238)]

나. '견해를 받아들일 국제법상 의무'를 받아들일 국내법상 준비가 되었는가?

**(1) 견해에서 당사국에게 촉구하는 조치의 구체적인 내용**

자유권규약위원회가 대한민국을 비롯한 당사국의 자유권규약 위반을 인정한 경우, 일반적으로 견해 말미에 다음과 같이 기재한다.

---

238) 같은 취지로, 이근관, "자유권규약위원회 견해(view)의 규범적 효력에 관한 고찰", 서울국제법연구 제13권 제1호(서울국제법연구원, 2006), 6, 7면.

자유권규약위원회는 자유권규약 선택의정서 제5조 제4항에 따라 대한민국이 자유권규약 ㅇㅇ조를 위반하였다는 견해를 밝힌다. 대한민국은 통보자에게 자유권규약 제2조 제3항에 따라 적절한 보상, 형사기록의 말소 등을 포함하여 효과적인 구제조치를 이행할 의무가 있다. 자유권규약위원회는 ㅇㅇ법 제ㅇㅇ조를 자유권규약에 합치하도록 개정할 것을 권고한다. 대한민국은 유사한 위반이 장래에 다시 발생하지 않도록 할 의무가 있다. 당사국은 자유권규약 위반시 효과적인 구제조치를 제공할 의무가 있음을 상기하면서 자유권규약위원회는 ㅇㅇ일 이내에 견해 이행을 위하여 실시한 조치에 관한 정보를 수령하기를 기대한다. 또한 견해를 공표할 것을 요청한다.[239)]

자유권규약위원회는 통보자에 대한 보상 등을 포함한 구제조치의 이행, 관련 국내법률의 개정, 위반 재발방지, 견해의 이행을 위한 조치의 보고, 견해의 공표를 주문한다. 이행조치의 보고와 견해의 공표는 절차적 측면이 강하고 실행하는 데 큰 어려움이 없다. 구제조치와 관련 국내법률의 개정이 관건이다. 견해에서 자유권규약 위반이 인정된 '근원'은 '국내법률'(예컨대, 병역법, 국가보안법)이므로, 당해 국내법률이 개정된다면 위반사례가 재발하지는 않을 것이다. 국내법률의 개정은 입법부의 권한이고, 사법부와 직접 관련되는 사항은 구제조치이다.

**(2) 자유권규약위원회의 견해의 이행 촉구 등**

견해에는 법적 구속력이 없으므로, 당사국은 견해에서 표명된 개별적·일반적 조치를 실시할 '법적 의무'까지는 부담하지 않는다.[240)] 실제로 대한민국은 견해에서 요청된 조치 중 공표 등을 제외하고 대부분을 실행하지 않는다고 평가할 수 있다. 이에 따라 '손종규 판결'과 같이 통보자

---

239) *Yeo-Bum Yoon, Myung-Jin Choi v. Republic of Korea*, Communications Nos. 1321-1322/2004, U.N. Doc. CCPR/C/88/D/1321-1322/2004 (23 January 2007), *Keun-Tae Kim v. Republic of Korea*, Communication No. 574/1994, U.N. Doc. CCPR/C/64/D/574/1994 (4 January 1999), *Tae Hoon Park v. Republic of Korea*, Communication No. 628/1995, U.N. Doc. CCPR/C/64/D/628/1995 (3 November 1998) 중 일부를 수정한 것이다.

240) 김태천, "개인통보 제도에 따른 국내적 구제방안 : 자유권규약위원회의 '견해'를 중심으로", 법조 제56권 제12호(법조협회, 2007), 110면 참조.

가 대한민국을 상대로 손해배상을 포함한 구제조치를 청구하는 소를 제기하기도 한다. 양심적 병역거부자로서 통보자인 김종남 등도 대한민국을 상대로 손해배상을 청구하였으나, 모두 패소하였다.[241] 문제는 통보자에 대하여 대부분 유죄판결(예컨대, 병역법위반, 국가보안법위반)이 선고·확정되었다는 것이다. 견해의 법적 구속력이 없고 확정판결이라는 '장벽'까지 있는 것이다. 견해의 조치를 이행할 수 있도록 정하는 특별한 입법도 없다.

자유권규약위원회는 1999년부터 대한민국의 제2차 정기보고서에 대한 최종견해에서 개인통보사건을 다시 법원에 보낼 것이 아니라 즉시 견해를 이행할 것을 촉구하였다.[242] 제3차 정기보고서에 대한 최종견해에서 견해의 이행을 위한 국내적 제도가 없다는 점에 우려를 표명하였다.[243] 대한민국은 제4차 정기보고서에서 견해로 확정판결을 무효화할 수는 없고 입법조치가 없는 한 현행 국내법체계에서는 실효성 있는 구제수단을 마련하기 어렵다고 밝혔다.[244] 자유권규약위원회는 이에 대한 최종견해에서 다시 우려를 표명하였고, 견해에 완전한 효력을 부여하는 체제를 수립하고 견해를 이행할 것을 촉구하였다.[245]

### (3) 제2다수보충의견의 판시 ⑰-ⓛ과 견해 이행의 국내적 제약

견해에서 자유권규약상 권리침해가 인정된 통보자가 구제조치를 청구하더라도, 법원으로서는 견해의 법적 구속력이 없으므로 견해와 달리

241) 서울중앙지방법원 2014. 6. 11. 선고 2013가합565833 판결(제1심), 서울고등법원 2015. 4. 29. 선고 2014나2029214 판결(항소심), 대법원 2015. 8. 19. 선고 2015다216499 판결(상고심).

242) Concluding observations of the Human Rights Committee : Republic of Korea, U.N. Doc. CCPR/C/79/Add.114 (1 November 1999), para. 21.

243) Human Rights Committee, Concluding observations of the Human Rights Committee : Republic of Korea, U.N. Doc. CCPR/C/KOR/CO/3 (28 November 2006), para. 7.

244) Fourth periodic reports of States parties due in 2010(Republic of Korea), U.N. Doc. CCPR/C/KOR/4 (4 November 2013), para. 28.

245) Human Rights Committee, Concluding observations on the fourth periodic report of the Republic of Korea, CCPR/C/KOR/CO/4 (3 December 2015), paras. 6, 7.

권리침해가 없다거나 위법성이 없다고 판단할 수 있다. '손종규 판결'과 '김종남 판결' 모두 권리침해가 없다고 판단하였다.

그런데 제2다수보충의견은 판시 ⑰-ⓛ에서 견해를 받아들일 의무가 있다고 언급하였다. 그러나 견해에 따를 의무가 있다고 하더라도, 다음과 같이 넘기 어려운 제약이나 충돌이 발생한다.

i) 통보자가 청구원인으로 제시해야 할 사항이기는 하나, 손해배상청구의 대상이 되는 구체적인 행위와 실제 행위자가 무엇인지 문제된다. 형사처벌을 가능케 한 법률을 제·개정한 입법부, 법률을 집행한 행정부, 유죄판결을 선고한 사법부 중 무엇을 대상으로 삼아야 하는지 명확하지 않다. 사후적으로 견해에서 권리침해라고 밝혀지기는 하였으나, 입법부, 행정부, 사법부의 각 작용이 권리침해의 의도와 목적으로 이행되었다고 보기는 어렵고, 이러한 측면에서 위법성이 있다고 단정하기 어려운 측면도 있다.

ii) 법원이 통보자의 손해배상청구를 인용하는 것은 사실상 기존 유죄판결의 기판력에 반하고,[246] 사실상 재심의 효과를 발생시킨 것은 아닌지 문제된다. 현재 '판결에 대한 헌법소원'은 인정되지 않는데, 자유권규약위원회를 통해 우회적으로 '판결에 대한 국제소원'이 인정되는 상황이 연출될 수 있다. 한편 유럽인권재판소는 체약국의 법원 판결에 대하여 유럽인권협약 위반을 선언할 수 있고, 체약국은 이에 따라야 할 의무가 있다.[247] 그러나 자유권규약에는 유럽인권협약과 같은 수준의 기속 체제는 마련되지 못하였다. 자유권규약위원회가 당사국의 국내재판소 판결을 '파기'하는 권한을 행사하게 된다는 지적도 가능하다.

iii) 개인에 대한 형사처벌을 할 수 있도록 규정하고 유죄판결에서 적용된 법률이 결국 국제인권조약과 충돌하는 것으로 판명되어 국내법체계상 불안정이 발생한다. 자유권규약위원회가 법률의 특정 조항이 국제인권조약에 위배된다며 개정을 촉구하는 경우에는 더욱 그러하다. 다른

246) 같은 취지로 정인섭, 신국제법강의-이론과 사례(제9판), 박영사(2019), 947면.
247) 유럽인권협약 제46조 제1항 참조.

개인에 대하여 당해 법률을 계속 집행하고 법원이 유죄판결을 선고하는 것은 국제인권조약의 집요한 위반을 야기할 수 있다. 그런데 국제인권조약에 위배되는 법률을 해소하기 위해서 어떠한 절차를 밟을 수 있는지 의문이다. 국제인권조약이 헌법과 동위가 아닌 이상, 법원이 국제인권조약의 위반만으로는 당해 법률에 대한 위헌법률심판제청을 할 수 없다. 다만, 국제인권조약의 위반과 아울러 '위헌'까지 개재해 있다면 위헌법률심판제청이 가능할 수 있다. 물론 법원이 직접 당해 법률에 대하여 규범통제를 할 수는 없다. 입법부의 당해 법률에 대한 개선 노력을 기다릴 수밖에 없는 측면도 있다. 현존하는 국내법과 그 해석만으로는 이러한 모든 문제를 포괄적으로 해결하기가 쉽지 않다.

따라서 판시 ⑰–ⓛ은 법원이 견해에 나타난 자유권규약에 관한 유권적 해석을 최대한 존중하고 받아들일 필요가 있다는 측면에서는 의미가 있으나, 견해에서 촉구된 구제조치까지 완전히 이행하려고 한다면 기판력, 재심을 비롯한 다른 국내법체계와 충돌한다. 결국 판시 ⑰-ⓛ으로써 견해의 전면적인 법적 구속력을 선언하였다고 보기에는 실제상의 한계가 있다. 견해를 최대한 이행하는 것이 당사국으로서 취할 정당한 태도라는 점을 강조하고 미래의 지향점을 제시한 것으로 선해할 수 있다. 그리고 양심적 병역거부에 관한 다수의 견해가 반복되어 국제사회의 관점에서는 대한민국이 '집요한 위반국가'처럼 되었다는 사정도 고려한 것으로 추정한다.

**(4) 입법조치의 필요성**

이처럼 사법부가 견해에 따른 구제조치를 실행하는 데에는 일정한 한계가 있다. 행정부가 견해에 따라 보상을 포함한 구제조치를 실행하더라도, 확정된 유죄판결과 상충된다는 문제가 완전히 해소되지는 않는다.

통보자가 국가를 상대로 별도의 소송을 제기하지 않더라도 곧바로 구제조치를 받을 수 있는 법률이 제정되어야 한다는 의견이 제기된다.[248] 국가인권위원회는 이미 2003년 국무총리 등에게 '견해를 이행할

수 있도록 하는 특별법의 제정'을 권고하기도 하였다.[249)]

한편 양심적 병역거부자로서 개인통보를 제기하여 자유권규약 위반이 인정된 견해의 통보자인 정민규, 김종남은 국회를 상대로, 견해에서 정한 구제조치를 이행하는 법률을 제정하지 아니한 입법부작위의 위헌확인을 구하는 헌법소원심판청구를 하였다. 그러나 헌법재판소는 견해를 존중하여야 한다는 점을 감안하더라도 국회에 구제조치를 그대로 이행하는 법률을 제정할 구체적인 입법의무가 발생하였다고 보기는 어렵다고 판단하여 심판청구가 부적법하다고 보았다.[250)]

## Ⅴ. 결　　론

대상판결, 특히 제2다수보충의견에 관한 연구결과를 정리 · 요약하고 필자의 견해를 덧붙이면 다음과 같다. 대상판결은 기존 판례를 변경하고 양심적 병역거부권을 인정하였다는 점도 의미 있지만, 국제인권조약의 효력, 적용, 해석 전반에 관한 진일보한 판단을 하였다는 점에서 보다 큰 의미가 있다고 생각한다. 제2다수보충의견은 법원의 재판실무가 점차 변화하고 법원이 '*de facto* 국제인권재판소'로 거듭나는 과정에서 중요한 이정표가 될 것으로 믿는다.

### 1. 국제인권조약의 효력

제2다수보충의견은 자유권규약이 헌법 제6조 제1항에 따라 국내법과 같은 효력이 인정되고, 국내법체계상 위상은 법률과 같다는 점을 확인하였다(판시 ①, ③-㉠, ㉡, ㉢). '법률 동위의 효력'을 다양한 표현으로 설시하였지만 실질적인 차이는 없다.

세계인권선언의 내용에 대하여 마치 국내법적 효력이 없다는 오해를

248) 정인섭, "국제인권규약 가입 10년의 회고", 국제인권법 제3호(국제인권법학회 2000), 31면.

249) 국가인권위원회 2003. 12. 8.자 결정(유엔인권협약 개인통보제도에 따른 국내구제절차마련 특별법제정 및 고문방지협약 제21조와 제22조에 대한 수락선언 권고).

250) 헌법재판소 2018. 7. 26. 선고 2011헌마306 결정.

야기할 수 있는 판시가 있다(판시 ②). 세계인권선언이라는 국제문서에 그 즉시 법적 구속력이 인정된 것은 아니라는 취지라면 수긍할 수 있는 측면이 있다. 세계인권선언의 내용은 국제관습법이 되었으므로 헌법 제6조 제1항에 따라 자유권규약과 마찬가지로 국내법적 효력이 있다.

국제인권조약의 국내법체계상 위상은 i) 법원쟁송과 헌법소송에서의 재판규범성, ii) 국제인권조약과 국내법의 충돌과 규범통제의 심사기관, iii) 국제인권조약의 해석권한이라는 측면에서 실질적인 의의를 가진다.

### 2. 국제인권조약의 적용

아쉽게도 대상판결의 다수의견 자체에서는 자유권 규약이 한 번도 언급되지 않았다. 제1다수보충의견이 설명하고 있듯이(판시 ⑷), 국내법만으로 사건을 해결하면 충분하고, 자유권규약은 참고적으로 고려하면 된다는 입장이 반영되었다.

그러나 제2다수보충의견은 자유권규약을 재판규범으로 직접적용할 수 있다고 판시하였다(판시 ⑤). 한편 자유권규약은 대부분 개인에게 직접 권리를 부여하는 조항으로 되어 있고 제18조는 특별한 입법조치 없이 직접적용된다고 판시하였다. 다만, 권리규정 외 제2조와 같은 규정에 대하여는 명확한 입장을 나타내지 않으려는 듯한 의도가 엿보인다. 제2조의 재판규범성과 직접적용 문제는 대상판결의 직접적인 쟁점이 아니므로 다소간 애매한 상태로 빗겨간 것으로 추정한다. 그럼에도 제2다수보충의견이 자유권규약의 전반적인 재판규범성과 직접적용을 명시한 것은 큰 의미가 있다.

'손종규 판결'을 비롯한 일부 판결례에서 비자기집행성 법리를 전제한 듯한 판시를 하였다. 그러나 국제인권조약을 자기집행적 규정과 비자기집행적 규정으로 구분하는 것은 법적 근거가 없고, 구분할 필요성도 없다. 제2다수보충의견은 적어도 권리규정에 대하여는 비자기집행성 법리를 명확히 배척하였다.

### 3. 국제인권조약의 해석

반대의견에는 국제인권조약을 국내법에 부합하게 해석하려는 '역합치적 해석'의 경향이 나타났다(판시 ❽). 당사국의 특유한 국내현실, 특히 국가안보를 중요한 논거로 제시하고 당사국의 정책적 판단이 존중되어야 한다고 판시함으로써 유럽인권재판소의 '판단의 재량' 이론을 따른다고 평가할 수 있다(판시 ⓫). 그리고 명시된 권리와 문언에 한정하여 자유권규약상 권리규정의 내용과 적용범위를 해석하려는 입장도 나타냈다(판시 ⓭).

이와 달리 제2다수보충의견은 '국제인권조약 합치적 해석'을 전면에 내세웠다(판시 ⑨). 국내법으로써 국제법상 의무불이행을 정당화할 수 없다는 국제법상 확립된 원칙도 확인하였다(판시 ⑩). 제2다수보충의견과 제1다수보충의견 모두 원칙적으로 인권의 보편성이 문화적 상대주의보다 우위에 있다고 전제하였다(판시 ⑫, ⑿). 제2다수보충의견은 자유권규약의 해석에서 채택시점의 초안자의 의사보다는 현재시점에서 발견할 수 있는 당사국의 입장·실행과 국제법의 발전·진화 내용을 충분히 고려하는 유럽인권재판소의 '살아있는 문서' 이론을 수용하였다(판시 ⑮). 이에 따라 자유권규약에 명시되지 않았더라도 제18조에서 양심적 병역거부권을 도출할 수 있다고 판단하였다(판시 ⑭).

반대의견과 제1다수보충의견 모두 국제인권기구의 견해 등의 법적 구속력을 인정할 수 없다고 하였다(판시 ⒃, ⓰). 국내외 학설과 당사국의 실행 역시 대체로 중요한 해석자료로 상당한 비중을 부여할 수는 있더라도, 법적 구속력까지는 인정하기 어렵다고 본다. 제2다수보충의견은 이러한 대다수의 입장과 유사하게 자유권규약의 해석에서 견해 등을 최대한 존중하고 그에 부합하게 국내법률을 해석하는 것이 국제법 존중주의에 합치된다고 보았다(⑰-㉠). 그런데 이를 뛰어넘어 견해를 받아들일 국제법상 의무가 있다는 판시까지 하였다(⑰-㉡). 그러나 견해에는 자유권규약의 해석뿐 아니라 대한민국에 촉구하는 각종 구제조치까지 포함된다. 통보자 대부분에 대하여 견해 이전에 유죄판결이 확정되어 기판력, 재심

등 국내법체계와 견해가 충돌하는 문제가 남아 있다. 견해를 받아들일 국제법상 의무가 있다는 판시의 타당범위는 다소 제한적으로 해석할 수 밖에 없다.

| 용 어 표 | |
|---|---|
| United Nation | 국제연합 |
| Permanent Court of International Justice | PCIJ |
| International Court of Justice | ICJ |
| Universal Declaration of Human Rights | 세계인권선언 |
| International Covenant on Civil and Political Rights | 자유권규약 |
| Optional Protocol to the International Covenant on Civil and Political Rights | 자유권규약 선택의정서 |
| Human Rights Committee | 자유권규약위원회 |
| International Covenant on Economic, Social and Cultural Rights | 사회권규약 |
| General Comment | 일반논평 |
| Periodic Report / Concluding Observation | 정기보고서/최종견해 |
| Individual Communication / View | 개인통보/견해 |
| The Office of the High Commissioner for Human Rights | 인권최고대표부 (인권고등판무관실) |
| Commission on the Human Rights | 인권위원회 |
| Human Rights Council | 인권이사회 |
| Convention for the Protection of Human Rights and Fundamental Freedoms | 유럽인권협약 |
| European Court of Human Rights | 유럽인권재판소 |
| Vienna Convention on the Law of Treaties | 비엔나협약 |
| International Labour Organization | 국제노동기구 |
| International Law Commission | ILC |
| International Law Association | ILA |
| 대한민국과 일본국 간의 재산 및 청구권에 관한 문제의 해결과 경제협력에 관한 협정 | 청구권협정 |

[Abstract]

## Domestic legal effect, Application and Interpretation of International Human Rights Treaties

Jang, Tae-Young*

In a landmark *en banc* Decision 2016Do10912, the Supreme Court decriminalized conscientious objection, and more importantly, rendered step forward judgement about domestic legal effect, application and interpretation of International Human Rights Treaties like the ICCPR. The key holdings and significance of the Decision(*esp.* 2nd Concurring Opinion) are as follows:

o The ICCPR has an identical effect as that of a domestic law and can directly function as an adjudicatory norm. The ICCPR constitutes a law that directly applies without any legislative measure. The Decision rejected 'Indirect Application' of International Human Rights Treaties and 'Self-executing/Non Self-executing Treaty' doctrine.

o A court should endeavor to interpret constitutional fundamental rights as well as statutes in accordance with International Human Rights Treaties. The Decision clarified that construing laws in harmony with International Human Rights Treaties, in other words 'Consistent Interpretation' is a responsibility that the judiciary ought to uphold.

o Narrowly interpreting that 'rights only explicitly provided for in the ICCPR' are acknowledged is neglecting the international legal duty on the compliance of the ICCPR. The contents therein cannot be narrowly interpreted to only explicit provisions.

o It is tenable to deem that fundamental human rights are derivable

* Judge, Seoul Western District Court.

through interpretation of the ICCPR in line with the spirit of times within democratic nations, even if there is no explicit provision in the ICCPR. It can be said that The Decision adopted 'Living Document Theory.'

o Fundamental human rights are significant and universal value that transcends periodic, regional, religious, and cultural differences, and extenuating circumstances of a signatory should not be overestimated. Linking the issue of conscientious objection with the Christian-based tradition or culture of the West is inappropriate.

o The Decision maintained the stance that the interpretation of the UNHRC only has validity as a recommendation and not a legally binding force, but it emphasized that the Views should be regarded with utmost respect. The Decision also mentioned that signatories to the Optional Protocol ought to be deemed as having a duty under international law to accept the Views. However, this holding has more or less limited meaning because of conflict with domestic law, *res judicata* etc.

[Key word]

- Supreme Court *en banc* Decision 2016Do10912(2nd Concurring Opinion), Conscientious Objection to Military Service
- Article 6, Paragraph 1 of the Constitution, International Human Rights Treaty, ICCPR
- Domestic legal effect
- Adjudicatory Norm, Direct/Indirect Application
- Self-executing/Non Self-executing Treaty
- Consistent Interpretation/Reverse Consistent Interpretation
- Universality of Human Rights/Cultural Relativism
- Evolution of International Law, Living Document Theory and Dynamic Interpretation
- Legal binding/Persuasive Authority of Views

## 참고문헌

### 1. 단 행 본

김대순, 국제법론(제20판), 삼영사(2019).
박찬운, 인권법(개정판), 한울(2011).
서울대학교 법학대학, 법률가의 윤리와 책임, 박영사(2003).
서울대학교 산학협력단(책임연구원 권영준), 민사법 기본원리의 재판을 통한 실현에 대한 연구(대법원 정책연구용역자료, 2015).
인권최고대표부(국제인권법연구회 역), 국제인권법과 사법-법률가(법관, 검사, 변호사)를 위한 인권편람(2014).
정인섭, 신국제법강의-이론과 사례(제9판), 박영사(2019).
______, 조약법강의, 박영사(2019).
헌법재판소, 헌법재판실무제요 제1개정증보판(2008).

Manfred Nowak, U.N. on Covenant on Civil and Political Rights : CCPR Commentary, N.P. Engel (1993).
United Nations The Office of the High Commissioner for Human Rights, Conscientious Objection to Military Service (HR/PUB/12/1, 2012).

### 2. 논 문

강재원, "양심적 병역거부자에 대한 형사처벌의 위헌성 : 헌법재판소 2011. 8. 30. 선고 2008헌가22 등 결정", 인권판례평석(국제법인권법연구회), 박영사(2017).
권영준, "불법행위법의 사상적 기초와 그 시사점-예방과 회복의 패러다임을 중심으로-", 저스티스 제109호(한국법학원, 2009).
김대순, "유럽인권재판소의 '판단의 재량' 독트린 : 법의 지배에 대한 위협인가?" 국제법학회논총 제58권 제2호(대한국제법학회, 2013).
김영식, "양심적 병역거부 : 대법원 2007. 12. 27. 선고 2007도7941 판결", 인권판례평석(국제법인권법연구회), 박영사(2017).

김영훈 외 공동집필, “국제인권법의 국내이행과 법원”, 국제인권법실무연구 재판자료 제130집(법원도서관, 2015).

김태천, “개인통보 제도에 따른 국내적 구제방안 : 자유권규약위원회의 ‘견해’를 중심으로”, 법조 제56권 제12호(법조협회, 2007).

류성진, “헌법재판에서 국제인권조약의 원용가능성 : 미국, 남아프리카 공화국, 우리나라의 사례를 중심으로”, 아주법학 제7권 제1호(아주대학교 법학연구소, 2013).

박배근, “국내법의 국제법 합치해석에 관한 일고”, 국제법평론 제46호(삼우사, 2017).

박찬운, “양심적 병역거부 : 국제인권법적 현황과 한국의 선택”, 저스티스 제141호(한국법학원, 2014).

______, “국제인권조약의 국내적 효력과 그 적용을 둘러싼 몇 가지 고찰”, 법조 제56권 제6호(법조협회, 2007. 6.).

배상원, “양심적 병역거부와 병역법 제88조 제1항의 정당한 사유”, 사법 제47호(사법발전재단, 2019).

백범석 · 이주영, “국제인권법상 피해자의 권리와 피해자 중심적 접근”, 국제법학회논총 제63권 제1호(대한국제법학회, 2018).

서울국제법연구원 편집부, “‘국제위법행위에 대한 국가책임’에 관한 국제법위원회 초안”, 서울국제법연구 제8권 제2호(서울국제법연구원, 2001).

______, “‘국제위법행위에 대한 국가책임’에 관한 국제법위원회 주석”, 서울국제법연구 제8권 제2호(서울국제법연구원, 2001).

오승진, “국제인권조약의 국내 적용과 문제점”, 국제법학회논총 제56권 제2호(대한국제법학회, 2011).

유남석, “시민적 및 정치적 권리에 관한 국제규약의 직접적용가능성”, 판례실무연구 제Ⅲ권(박영사, 1999).

윤진수, “여성차별철폐협약과 한국가족법” 법학 제46권 제3호(서울대학교 법학연구소, 2005).

이근관, “자유권규약위원회 견해(view)의 규범적 효력에 관한 고찰”, 서울국제법연구 제13권 제1호(서울국제법연구원, 2006).

이명웅, “국제인권법과 헌법재판”, 저스티스 통권 제83호(한국법학원, 2005).

이재강, “헌법재판소의 인권조약 적용[지정토론문]”, 저스티스 제170-2호(한국법학원, 2019).

전종익, "헌법재판소의 국제인권조약 적용", 저스티스 제170-2호(한국법학원, 2019).

______, "조약의 국내법상 지위와 고시류조약", 서울국제법연구 제22권 제1호(서울국제법연구원, 2015. 6.).

정경수, "국내법원의 국제인권법규 해석-병역법 위반 사건을 중심으로-", 홍익법학 제16권 제1호(2015).

______, "헌법 제6조 1항상 일반적으로 승인된 국제법규의 국내 적용 실행", 서울국제법연구 제23권 제1호(서울국제법연구원, 2016).

______, "조약의 국내법적 효력에 관한 한국 판례와 학설의 검토", 서울국제법연구 제22권 제1호(서울국제법연구원, 2015. 6.).

______, "조약의 체결·비준에 대한 국회의 조건부 동의", 법학 제49권 제3호(서울대학교 법학연구소, 2008).

______, "「시민적 및 정치적 권리에 관한 국제규약」과 군장병 인권", 법학 제48권 제4호(서울대학교 법학연구소, 2007).

______, "헌법재판소 판례의 국제법적 분석", 헌법실무연구 제5권(헌법실무연구회, 2004. 12.).

______, "국제인권규약 가입 10년의 회고", 국제인권법 제3호(국제인권법학회 2000).

조용환, "국제법에 비추어 본 제3자 개입금지 규정의 효력", 민주사회를 위한 변론 제5호(민주사회를 위한 변호사모임, 1995).

하정훈, "손종규 국가배상 사건-국제법과 국내법의 관계 : 대법원 1999. 3. 26. 선고 96다55877 사건", 인권판례평석(국제법인권법연구회), 박영사(2017).

황필규, "법원에서의 국제인권조약 적용 현황 및 평가 토론", 법원의 국제인권기준 적용 심포지엄, 국가인권위원회·사법정책연구원·대한변호사협회·국제인권네트워크·인권법학회(2019. 8. 14. 지정토론).

______, "유엔인권권고 이행 메커니즘 확립 방안", 제2회 유엔인권권고 분야별 이행사항 점검 심포지엄, 대한변호사협회·사단법인 유엔인권정책센터(2012 12. 6. 발표).

히가시자와 야스시(東澤靖), "재판규범으로서의 국제인권법-사법에 의한 국제인권법의 실현을 향하여-", 서울국제법연구 제13권 제1호(서울국제법연구원, 2006).

Hurst Hannum, "The Status of the Universal Declaration of Human Rights in National and International Law", 25 Ga. J. Int'l & Comp. L. 287 (1996).

Jordan J. Paust, "Self-executing Treaty", 82 American Journal of International Law 760(1980).

# 附　　　錄

「信託法의 諸問題」

# 附錄에 부치는 말

우리 연구회는 2019년 8월 24일 서울 서초구 사평대로 108 소재 반포원에서 제42회 하계 심포지엄을 열고 "信託法의 諸問題"라는 주제로 여러 쟁점들을 검토하고 논의하는 기회를 가졌다. 이 附錄은 그 모임에서 발표된 논문들을 다시 수정 · 보완한 것이다. 심포지엄은 다음과 같은 일정으로 진행되었다.

09:20~09:50 參加者 登錄 -------------------- 하모니 홀

09:50~09:55 開 會 辭 -------------------- 尹眞秀 會長

09:55~11:55 제1세션 : 主題發表와 討論 -------------------- 하모니 홀

(1) 신탁에 대한 몇 가지 오해

-------------------- 이연갑(연세대학교 법학전문대학원 교수)

(2) 주식신탁 사례 연구-상사신탁 · 민사신탁의 경계를 넘어 신탁법과 회사법의 교차-

-------------------- 김태진(고려대학교 법학전문대학원 교수)

12:00~13:40 午 餐 -------------------- 라벤더 홀

13:40~15:40 제2세션 : 主題發表와 討論 -------------------- 하모니 홀

(3) 신탁 재산과 관련하여 발생한 각종의 납세의무는 누가 부담하여야 하는가?-몇 가지 개별 세목에 관한 검토를 중심으로-

-------------------- 윤지현(서울대학교 법학전문대학원 교수)

(4) 담보신탁 관련 최근 판례 동향

-------------------- 임기환(서울중앙지방법원 부장판사)

15:40 ~15:55 기념촬영 및 휴식

15:55~17:55 제3세션 : 主題發表와 討論 ················ 하모니 홀

(5) 신탁의 변용적 계수 및 그 법리적 과제들

······························ 오영걸(서울대학교 법학전문대학원 교수)

(6) 종합토론

17:55~18:15 會員總會 ································ 하모니 홀

18:15~18:20 閉 會 辭 ································ 尹眞秀 會長

18:30~21:00 晩 餐 ································ 6층 테라스

# 신탁에 대한 몇 가지 오해

李 縯 甲*

■요 지■

지난 20여 년간 우리나라 신탁업의 양적 성장은 주목할 만한 현상 중 하나이다. 2019년 상반기 현재 영업신탁의 수탁고는 924조원으로서, 이는 2012년에 비하여 두 배 이상 증가한 것이다. 대법원 판례나 신탁법 연구자의 수도 크게 증가하였다. 그럼에도 불구하고 실무가나 학자들 사이에서 신탁에 대하여 제대로 이해하고 있다고 보기 어려운 예들이 있다. 이 글은 그 중 몇 가지를 들어 신탁의 의미와 신탁과 신탁 아닌 제도 사이의 관계에 관하여 생각해 본 것이다.

우선 관리신탁 등 일부 영업신탁에서 수탁자의 권한을 위탁자에게 부여하는 예가 많이 보인다. 물론 우리 신탁법도 위탁자에게 신탁사무 감독을 위한 권한을 부여하고 있으나, 수탁자 고유의 권한이라고 할 수 있는 신탁재산의 관리처분에 관한 직접적 간섭은 정하지 않고 있다. 물론 신탁행위로 법이 정한 것 이상의 권한을 위탁자에게 줄 수는 있다. 그러나 수탁자에게 속하는 권한 중 핵심적인 것을 위탁자에게 주게 되면, 경우에 따라서는 과연 신탁을 설정할 의사로써 당해 법률관계를 성립시킨 것인지 의문이 생길 수 있다. 신탁은 신탁재산의 관리처분권을 그 재산권과 함께 모두 수탁자에게 귀속시키는 것을 전제로 하기 때문이다.

두 번째로 실무가나 학자들 중에는 신탁을 법인과 유사한 것으로 이해하는 예가 있다. 그러나 우리 신탁법은 신탁재산의 귀속주체를 수탁자로 정하고 있으므로, 신탁을 법인으로, 수탁자를 법인의 대표자로 이해하게 되면 우

* 연세대학교 법학전문대학원 교수.

리 신탁법의 구조와 맞지 않게 된다. 사업신탁과 같이 법인과 기능적 유사성을 가질 수 있는 경우에 법인에 관한 이론을 제한적으로 유추하는 것은 생각해 볼 수 있으나, 그 경우에도 신탁법의 규정에 반하는 해석은 곤란하다.

셋째, 국민신탁법은 국민신탁을 법인이라고 규정하고 있음에도 불구하고, 국민신탁을 신탁이라고 잘못 이해하는 예가 종종 보인다. 국민신탁에 적용될 법리는 법인법이고, 신탁법은 아니며, 국민신탁이 수탁자가 되어 신탁이 설정될 경우에만 신탁법이 적용되어야 하는 것이다.

[주 제 어]

- 신탁
- 수탁자
- 수탁자의 권한
- 법인
- 국민신탁

## Ⅰ. 서　론

지난 10여 년간 신탁법상 신탁의 발전은 괄목상대할 만하다. 2019. 6. 현재 수탁고 총액은 약 924조원이고, 그 중 금전신탁이 469조원, 재산신탁(부동산, 금전채권, 유가증권 등의 신탁)이 454조원을 차지한다. 이는 2012년 말의 수탁고(약 438조원)에 비하면 두 배 이상 성장한 것이다.[1] 관련 사건도 늘어 공간된 판례의 수나 발표 논문도 따라서 증가하였다. 종합법률정보를 검색해 보면 신탁법의 해석적용이 문제된 대법원 사건의 수는 선고일 기준으로 2000년부터 2009년까지 62건이었으나, 2010년부터 2019년까지는 94건으로 증가하였다.

이와 같은 양적 성장에도 불구하고, 과연 신탁이 무엇인지, 신탁과 신탁 아닌 것 사이의 경계는 어디쯤에서 그어야 하는 것인지는 여전히 명확하지 않다. 자세한 것은 아래에서 보는 바와 같지만, 이 문제는 신탁의 근본문제임에도 불구하고 많은 실무가나 학자들로부터 등한시되어 왔다고 할 수 있다. 이는 우리 신탁 제도의 발전을 위해 결코 바람직한 현상이라고 할 수 없다. 이 글은 하계 심포지엄의 첫 번째 주제로서, 신탁에 대한 몇 가지 오해에 대하여 두서없이 살펴보려고 한다.

## Ⅱ. 잘 익은 열매만 따먹기(cherry picking)

1. 이 글을 준비하는 과정에서 필자의 눈에 띈 신문기사가 하나 있다. 그 중 일부를 전재하면 다음과 같다.

> **부동산 큰손들 '종부세' 부담 '관리신탁'으로 피한다**(이데일리, 2019. 5. 23.)
>
> "서울에 거주하는 고액 부동산 자산가 A씨는 강남에 상업용 빌딩 건물과 아파트 3채를 보유 중이다. 올해부터 종합부동산세율이 크게 올라 고민 중이던 A씨는 최근 은행에서 세무 상담을 받고 보유 부동산 중 하나를 관리신탁에 맡기기로 결정했다. 실질 소유주는 A지만 형식상 신탁할 부동산 명의를 은행

1) 금융감독원, 신탁관련통계(2019년 2분기) 참조.

이 이전하면 해당 부동산은 종부세 합산 과세 대상에서 제외된다는 얘기를 들어서다. … 최근에는 관리신탁 재산이 종부세 합산 과세에서 배제된다는 이점에 고가 주택 등을 신탁재산으로 맡기는 경우가 늘고 있다. … 이 같은 행위는 일종의 편법이지만 사실상 법상으로는 막을 방법이 없다. 실질 소유가 바뀌지 않지만 형식상으로 신탁회사가 일정 수수료를 받으며 형식상 명의가 바뀌기 때문이다." (생략은 필자)

요컨대 "실질적"으로 부동산을 소유하면서도 그 소유에 따르는 의무(종합부동산세)의 부담을 피할 수 있다는 것이다. 소유 명의를 수탁자(신탁회사)에 넘겨야 하는 것이 마음에 걸리지만, 수탁자가 그 부동산을 함부로 처분할 가능성이 없고(믿을 만한 신탁회사이므로), 나아가 소유 명의를 넘긴 후에도 여전히 "실질적"으로 소유할 수 있다면 그보다 더 좋을 수 없다. 종합부동산세로 고민하는 사람들에게는 눈이 번쩍 뜨이는 소식이 아닐 수 없다.

이 기사에서 말하는 관리신탁은 실무계에서 "을종 부동산관리신탁"이라고 부르는 것이다. 그 대표적인 계약서의 내용 중 일부를 옮기면 다음과 같다. 여기에서 "갑"은 위탁자, "을"은 수탁자(신탁회사)이다.

제 1 조(소유권이전 및 신탁의 등기) ① "갑"은 신탁계약 체결 후 바로 그 소유 부동산을 신탁재산으로 하기 위하여 그 소유권을 "을"에게 이전하고 신탁의 등기를 하여야 한다.

제 3 조(신탁재산의 유지관리) "을"은 신탁부동산의 소유권만을 관리하고, 그 이외의 사무관리는 "갑", 수익자 또는 "갑"이 지정하는 자로 한다.

제 4 조(협의사항) ① 이 신탁재산의 전부 또는 일부에 대하여 멸실, 훼손 또는 공용징수 등의 사유에 의하여 보상금 혹은 이에 준하는 금전 및 기타를 수수한 때에는 "을"은 수익자와 협의하여 처리하기로 한다.

② 이 신탁계약 후 사회정세 또는 경제변동으로 현상유지가 현저하게 불리한 때에는 "을"은 "갑"과 이 신탁재산의 처리를 협의하기로 한다.

제 9 조(중도해지 및 책임부담) 본 신탁계약은 신탁기간 중에는 중도해지 할 수 없다.

제10조(계약의 변경) 본 신탁계약은 "갑", "을" 및 수익자의 합의에 의하여 신탁계약 조항을 변경할 수 있다.

제11조(신탁의 종료 및 원본의 교부 등) ① 본 신탁계약은 신탁기간 만료시 또

는 중도해지에 의하여 종료하며 신탁종료시에는 "을"은 지체 없이 "을"이 정한 신탁수지 계산방법에 의한 최종계산서를 작성하여 "갑"에게 제출하기로 한다.

② 신탁재산은 전①항의 최종계산서 작성 후 "을"이 정하는 신탁재산 교부방법으로 신탁 종료 후 2주일 이내에 수익자에게 신탁계약서 또는 수익권증서와 상환으로 교부하기로 한다.

제14조(소송수속) "을"은 "갑" 또는 수익자로부터의 소송수속 신청을 승낙하여 이에 응하거나 그 스스로의 판단으로 소송수속을 할 수 있다. 이 경우에는 "을"은 적당하다고 인정되는 변호사를 선임하여 일체의 사항을 위임할 수 있으며, 변호사의 보수 및 소송에 관련된 일체의 비용은 "갑"과 수익자가 연대하여 부담하기로 한다.

이 계약의 특약인 "처분조건 및 신탁보수등에 관한 약정"에서는 다음과 같이 정하고 있다.

1. 이 신탁은 을종관리 및 처분신탁으로서 등기상 소유권명의 보존 및 처분행위의 일체를 신탁한 것으로 한다.
2. 이 신탁의 수익자는 "갑"으로 한다.
5. 신탁부동산의 처분시 명도책임은 "갑"에게 있으며 "갑"의 명도책임 해태로 인하여 "을"이 입는 손해는 "갑"의 부담으로 한다.

요약하자면, 수탁자는 위탁자로부터 신탁재산인 부동산의 소유권을 이전받은 다음 그 "소유권"만 관리하고, 그 외의 신탁사무는 모두 위탁자가 한다는 것이다. 게다가 다른 수익자는 없고 위탁자가 단독수익자이다. "소유권만 관리한다"는 것이 어떤 의미인지 문언상으로는 명백하지 않은데, 위의 기사에서 미루어 보건대 아마도 수탁자 앞으로 소유권이전등기와 신탁등기를 하고 그 상태로 두었다가 신탁이 종료하면 위탁자에게 다시 소유권이전등기를 하는 것 이상의 내용이 있는 것 같지는 않다.

위탁자 외의 수익자가 있는 경우에도 위탁자에게 신탁사무의 처리에 관한 권한을 맡기는 예가 있다. 담보신탁의 경우, 통상의 계약서에는 예컨대 신탁재산인 부동산에 대한 임대차계약은 수탁자 명의로 하고(제10조 제2항), 위탁자는 수탁자의 사전 승낙 없이는 신탁부동산에 대하여 임대차를 하지 못한다(제9조 제2항)고 되어 있으나, 실제로는 특약으로 위탁자가 자기 이름으로 신탁된 부동산에 관한 임대차계약을 체결하고, 임차인으로부터 보증금 및 차임을 받도록 하는 예가 많다. 이 때 수탁자는 "위탁자에게 임대차계약을 체결할 수 있는 권한이 있고, 그 임대차계약에 따르는 일체의 의무는 위탁자가 부담한다"는 취지의 확인서를 임차인에게 발급해 준다.[2) 신탁 설정 전에 체결되어 있던 임대차의 경우 임대인 명의를 수탁자로 변경하더라도 차임은 위탁자가 계속 수령하고, 신탁기간 중 임대차가 종료한 경우 보증금반환채무도 위탁자가 계속 부담한다고 약정한다(제10조 제2항).

위의 예들은 위탁자 외의 수익자가 있는 경우이든 그렇지 않은 경우이든, 원래 수탁자에게 속하며 수탁자가 하여야 할 권한을 위탁자가 행사하고, 그에 따른 의무도 위탁자가 부담하도록 정한 것이다.

2. 신탁법 제2조에 의하면 신탁은 위탁자가 수탁자에게 특정의 재산을 이전하거나 담보권의 설정 그 밖의 처분을 하고 수탁자로 하여금 수익자의 이익 또는 특정의 목적을 위하여 그 재산의 관리, 처분 등 신탁 목적의 달성을 위하여 필요한 행위를 하게 하는 법률관계이다. 이에 따라 수탁자에게는 "신탁재산의 관리, 처분 등을 하고 신탁 목적의 달성을 위하여 필요한 모든 행위를 할 권한이 있다"(제31조 본문). 이에 응하여 수탁자는 위탁자가 아니라 "수익자의 이익을 위하여" 신탁사무를 처리하여야 한다(제33조). 즉 수탁자에게 신탁사무 처리의 모든 권한이 부여되는 반면, 그 권한은 수익자의 이익을 위하여 행사되어야 한다. 이와 같이 신탁의 중심을 차지하고 있는 것은 수익자와 수탁자 사이의 법률관계이다. 영미의 전통적인 신탁법리는 설령 생전신탁이라고 하더라도 위탁자에게 수탁자의 신탁사무 이행을 소송상 강제할 원고적격조차 인정하지 않음으로써[3) 이를 철저하게 관철하려고 하였다. 원래 유언신탁이 주를 이루던 시대에

2) 장현학 · 김재태, "신탁부동산의 임대차 관계에서 임차인의 권리보호에 관한 연구", 주거환경 제16권 제3호(2018), 82면.

3) Re Astor's ST [1952] Ch 534.

신탁법리가 발전하였기 때문이기도 할 것이다.

3. 그러나 우리 신탁법은 제정 당시부터(거슬러 올라가자면 1922년 일본 신탁법이 우리나라에 적용된 때부터) 위탁자에게 일정한 권한을 인정하였다. 일본은 신탁업을 규제하기 위한 전제로서 신탁법을 제정하였고, 당시의 신탁은 생전신탁이 주를 이루었다. 따라서 위탁자에게 신탁 설정 후에도 신탁사무의 처리에 관한 일정한 "이해관계"가 있다고 생각하였던 것이다.[4] 나아가 신탁이 계약에 의해 설정되는 경우가 대부분이었으므로 위탁자가 계약당사자의 지위에서 일정한 권한을 행사할 수 있다고 정당화하는 것도 가능했을 것이다.

2012년 신탁법 개정시에 위탁자에게 인정할 권한의 범위를 줄여야 한다는 견해가 있었으나, 위탁자의 권한이 위탁자의 상속인에게 승계되는 것을 부정하는 선에서 그쳤다. 뿐만 아니라 위탁자의 권한은 결과적으로 구법의 그것에 비하여 그 범위가 넓어졌다. 신탁법이 인정하고 있는 위탁자의 권한은 다음과 같다.

- 수탁자 사임에 대한 승낙권(사임을 위해서는 수익자의 승낙도 필요하다)(제14조 제1항)
- 수탁자 해임권(수익자와 합의가 필요하고, 위탁자가 단독으로는 할 수 없다)(제16조 제1항)
- 수탁자 해임청구권(제16조 제3항)
- 신탁재산관리인 선임청구권(제17조 제1항)
- 신수탁자 선임권(수익자와 합의가 필요하고, 위탁자가 단독으로는 할 수 없다)(제21조 제1항)
- 신수탁자 선임청구권(제21조 제2항)
- 신탁관리인 선임청구권(제67조 제1항)
- 서류열람, 설명요구권(제40조)
- 원상회복, 손해배상청구권(제43조)
- 신탁재산 강제집행에 대한 이의권(제22조 제3항)

---

4) 四宮和夫, 信託法(新版), 341면.

- 신탁변경권(수익자와 수탁자의 합의가 필요하다)(제88조 제1항)
- 신탁변경청구권(제88조 제3항)
- 신탁종료권(수익자와 합의가 필요하나, 위탁자가 단독수익자인 경우에는 단독으로 신탁을 종료시킬 수 있다)(제99조 제1항, 제2항)
- 신탁종료청구권(제100조)

그 밖에 신탁철회권, 수익자지정권도 신탁행위로 정하면 위탁자 또는 위탁자가 지정한 자에게 부여할 수 있다. 이들 권한을 크게 (1) 수탁자의 해임에 관한 권한, (2) 신탁의 종료 내지 변경에 관한 권한, 그리고 (3) 신탁재산의 보호에 관한 권한으로 나눌 수 있다. 이들 권한 중 어느 것도 수탁자에게 속하는 신탁재산의 관리처분에 관한 권한을 사전적으로 제한하지 않는다. 또 수탁자 해임권이나 선임권, 신탁 종료권은 원칙적으로 위탁자가 단독으로는 할 수 없다.

4. 영국의 경우 전술한 바와 같이 위탁자는 신탁이 설정된 뒤에는 신탁재산의 관리처분에 관하여 아무런 관여도 할 수 없는 것이 원칙이다. 다만 철회권, 수익자에게 분배되지 아니하고 남은 신탁재산의 분배권 등은 위탁자에게 신탁조항에 의해 유보될 수 있다. 신탁재산의 투자에 관한 일반적 권한은 수탁자에게 있으나, 신탁조항에서 그에 대한 제한을 정할 수는 있다. 그러나 과연 어떤 권한이 어느 정도까지 위탁자에게 유보될 수 있는지는 명확하지 않다. 한편 판례는, 위탁자가 신탁재산을 실효적으로 지배(effective control)하거나[5] 신탁재산의 단독수익자인 경우[6] 위탁자에게 신탁 설정의 의사가 없었다고 보고, 수탁자도 이를 알고 있었다면 허위표시(sham)로 보아 그 효력을 인정하지 않는다. 또 "최소한의 핵심적 의무(irreducible core)"도 수탁자에게 부과되지 않는 경우에는 신탁관계가 존재하지 않는다고 판단한다.[7]

---

5) Rahman v Chase Bank (CI) Trust Co Ltd [1991] JLR 103.

6) Midland Bank v Wyatt [1995] 1 FLR 697.

7) Armitage v Nurse [1998] Ch 241, 253. "최소한의 핵심적 의무"가 무엇인지에 관해서는 논란이 있을 수 있으나, 이 판결에서는 "정직하고 성실하게 수익자의 이익

영국의 판례법이 원칙적으로 적용되지만 입법을 통해 이와 같은 신탁법리의 적용을 배제한 국가들도 있다. 케이먼 제도(Cayman Islands), 영국령 버진 아일랜드(British Virgin Islands) 등 조세피난처로 알려진 나라들이 그 예이다. 이들 국가의 신탁법은 수탁자에게 광범위한 권한을 유보하는 것을 허용한다. 예컨대 케이먼 제도 신탁법 제14조는 다음과 같은 권한이 위탁자에게 유보되더라도 그 신탁이 무효로 되지는 않는다고 정한다.

- 신탁을 철회하거나 신탁조항을 변경할 권한
- 신탁재산의 분배에 관한 권한
- 수익권의 일부
- 신탁이 전부 또는 일부 소유한 회사의 이사 또는 임원이 될 권한
- 신탁재산의 매수, 보유 또는 매도에 관하여 수탁자에게 구속력 있는 지시를 할 권한
- 수탁자, 신탁보호자 또는 수익자를 지명, 추가 또는 배제할 권한
- 준거법과 법정지를 변경할 권한
- 위탁자 또는 신탁조항에서 특정한 다른 자의 동의가 있는 경우에만 수탁자가 권한을 행사할 수 있도록 제한할 권한

이와 유사한 규정은 바하마(Bahama) 신탁법 제3조 제2항, 쿡 제도(Cook Islands) 국제신탁법 제13C조,[8] 저지(Jersey) 신탁법 제9A조, 건지(Guernsey) 신탁법 제15조제1항 등에서도 찾아볼 수 있다.[9] 이에 따르면 신탁조항에 위와 같은 권한들을 위탁자에게 유보하면 위탁자는 신탁재산의 관리처분에 관한 모든 결정을 직접 할 수 있게 된다.

미국에서는 위탁자가 생존하는 동안에는 유일한 수익자, 사망한 후에는 자녀 등에게 수익권(위탁자의 사망을 조건으로 하는 조건부 권리이다)이 인정되며 위탁자가 생존하는 동안 언제든지 신탁을 종료시킬 수 있는

---

을 위하여 신탁사무를 처리할 의무(duty to perform the trust honestly and in good faith for the benefit of the beneficiaries)"로 충분하다고 한다.

8) 두 신탁법에서는 수탁자가 단독수익자로 되는 것도 허용한다.

9) 규정의 상세는 Paolo Panico, *International Trust Laws*, 2nd ed., 2017, 8-34 참조.

이른바 철회가능신탁(revocable trust)의 유효성이 널리 인정되고 있다.[10] 다만 이와 같이 위탁자가 수익자를 겸하는 신탁의 신탁재산은 위탁자의 채권자에 대한 관계에서는 위탁자의 재산으로 다루어진다.[11] 한편 알래스카를 비롯한 일부 주에서는 이른바 "자산보호신탁(asset protection trust)"의 유효성을 인정하는 법률을 제정하였다.[12] 이에 따르면 신탁 설정 후에 채권을 취득한 채권자에 의하여 사해신탁으로 취소되지 않는 한, 신탁재산은 위탁자의 채권자를 위한 책임재산이 되지 않는다. 또 역외신탁에서와 마찬가지로 신탁재산의 분배에 관한 거부권, 신탁재산의 분배에 관한 지시권, 수탁자 해임권, 공동수탁자가 될 수 있는 권한, 신탁재산 분배권 등을 유보할 수 있다.

역외신탁이나 미국의 자산보호신탁법에서는 신탁재산의 관리처분에 관하여 유보될 수 있는 권한을 열거하는 방식을 쓰고 있다. 반면 싱가포르 수탁자법 제90조 제5항(2004년 개정), 홍콩 신탁법 제41X조(2013년 개정)는 포괄적으로, 신탁재산의 "투자에 관한 일체의 권한과 자산관리기능(any and all the powers of investment or asset management functions)"을 위탁자에게 유보하더라도 신탁이 무효로 되지 않는다고 정하고 있다. 문언의 반대해석으로, 수익자에 대한 신탁이익의 분배에 관한 권리는 위탁자에게 유보할 수 없다. 버진 아일랜드 신탁법(VISTA)에서는 수탁자가 신탁재산인 버진 아일랜드 회사의 주식에 관하여 행사할 수 있는 권한과 의무, 책임을 크게 제한하여, 수탁자는 위 회사의 경영에 관여할 수 없고, 오로지 주식을 보유할 의무만 부담하도록 정하였다(제3조). 이는 싱가포르나 홍콩 신탁법의 그것과 유사한 태도라고 할 수 있다.

---

10) 유언검인에 따르는 시간과 비용을 줄이기 위해서 주로 이용되고 있다. 즉 위탁자가 철회가능신탁을 설정하는 주된 목적이 정당한 의무를 회피하기 위해서가 아니라는 점 주목된다. Donovan Waters, "Trusts: Settlor Reserved Powers", *Estates, Trusts & Pensions Journal*, vol. 25 (2006), 250.

11) Uniform Trust Code § 602(a).

12) 2019년 8월 현재 17개 주에서 이른바 역내 자산보호신탁(domestic asset protection trust)을 인정하는 법을 제정하였다.

5. 우리 신탁법의 해석으로서, 위탁자와 수탁자의 신탁계약에서 신탁법에 규정된 것 이상의 권한을 위탁자에게 부여한다면, 그 신탁은 유효한 것인가? 제31조 단서는 신탁행위로 수탁자의 권한을 제한할 수 있다고 정하고 있다. 또 위탁자에게 법이 정한 것 이상으로 권한을 부여하였다고 하여 그 신탁을 무효로 하는 규정도 없다. 그렇다면 계약자유의 원칙에 따라 신탁행위로 수탁자의 신탁재산 관리처분 등 신탁사무 처리에 관한 모든 또는 주된 권한을 제한하고 이를 위탁자에게 부여하는 것도 불가능하지 않을지 모른다. 그러나 위탁자에게 수탁자의 권한을 더 많이 부여할수록, 위탁자는 신탁재산을 "자기 소유인 것과 마찬가지"로 관리처분할 수 있게 되고, 수탁자는 점점 본래의 수탁자에서 위탁자의 단순한 대리인에 불과한 지위에 있게 될 것이다. 이러한 신탁은 위탁자에게 신탁의 법률관계를 성립시킬 의사가 없어 신탁으로서의 효력이 부정될 수 있다.[13)]

위탁자의 의사가 무엇이었는지는 물론 법률행위 해석의 문제이다. 그러나 만약 신탁을 설정할 의사가 아니라 위임이나 임치, 또는 대리권을 수여할 의사에 불과하다면 그로 인해 성립한 법률관계를 신탁이라고 부를 수 없고, 따라서 신탁법이 적용될 수 없다. 그렇다면 신탁과 다른 법률관계를 성립시킬 의사는 어떻게 다른가, 즉 신탁과 다른 법률관계의 차이는 무엇인가?

(1) 수탁자 앞으로 신탁재산의 소유권 이전

신탁에서는 반드시 수탁자에게 신탁재산에 관한 권리를 귀속시켜야 한다. 신탁재산이 부동산 등 물건이면 그 소유권을, 채권 등 권리이면 그 권리를 완전히 수탁자에게 이전하여야 한다. 위임에서도 사무처리의 방법으로 목적물의 소유권을 수임인에게 이전하는 방식이 불가능하지 않다. 그러나 그 경우에도 그 목적물이 수임인의 고유재산과 분리되지 않고, 수임인의 채권자를 위한 책임재산이 된다.

---

13) 최수정, 신탁법, 195면.

(2) 수탁자의 신탁재산에 대한 관리처분권

수탁자에게 신탁재산에 대한 관리처분권이 인정되는 것은 위탁자가 자기 소유 재산에 대한 관리처분권을 수탁자에게 수여하기 때문이 아니라, 수탁자에게 신탁재산의 소유권이 귀속되기 때문이다. 따라서 영미에서와 달리 위탁자에게 신탁재산의 관리처분권이 "유보"되는 것이 아니다. 위임에서는 위임인이 수임인에게 사무를 위탁한 후에 그 사무를 자신이 처리하더라도 아무런 문제가 없지만, 신탁에서는 위탁자가 스스로 신탁재산의 관리처분을 할 수 없는 것이 원칙이다. 신탁재산의 소유권이 수탁자에게 이전되었고, 따라서 그에 따르는 모든 권능도 수탁자에게 속하기 때문이다. 신탁법 제31조는 이러한 원칙과 예외의 관계를 잘 표현하고 있다. 신탁법이 정한 원칙은, 수탁자는 누구의 간섭도 받지 않는 자율적인 재량에 따라 신탁재산을 관리처분하는 것이고, 신탁행위로 그에 대한 예외를 정할 수 있다는 것이다. 신탁행위로 수탁자의 권한을 제한하는 것은 어디까지나 예외이므로, 예외를 확장하여 원칙을 잠탈할 정도에까지 이르는 것은 허용되지 않는다. 즉 수탁자에게는 신탁재산에 관한 소유권이 귀속될 뿐 아니라, 그에 대한 지배(control)도 귀속되어야 한다.

(3) 수탁자와 수익자 사이의 법률관계

수탁자의 이러한 자율적 재량은 오로지 수익자의 이익을 위해서만 행사되어야 하는 것이다. 신탁이 위탁자와 수익자 사이의 계약에 의해 성립되더라도 그 중심이 되는 법률관계는 수탁자와 수익자 사이의 그것이다. 신탁법이 정하는 수탁자의 의무는 수익자의 이익 보호를 그 목적으로 하고 있다. 반면 수익자는 수탁자의 의무 이행을 강제할 권리를 가진다. 수익자는 수탁자가 그 의무를 위반하면 그에 대한 책임을 물을 수 있다. 이와 같이 신탁관계의 핵심에는 수탁자의 의무와 그에 대응하는 수익자의 권리가 자리 잡고 있다. 제3자를 위한 위임에서도 수익자는 직접 수임인에 대하여 권리를 행사할 수 있으나, 계약 당사자로서의 권리는 행사할 수 없다. 그러나 신탁의 수익자는 위탁자가 행사할 수 있는 권리는 물론, 그가 행사할 수 없는 권리까지도 행사할 수 있다(신탁의 목적에 반하는 행위의 취소권). 수익자의 권리 중에서도 핵심적인 것들은 신탁행위로도 제한할 수 없다(제61조).

수탁자의 신탁재산 관리처분권을 위탁자에게 부여하는 경우, 그 범위가 넓을수록 수탁자의 자율적인 재량권은 축소된다. 만약 신탁재산의 관리처분권 중 핵심적인 것을 위탁자에게 부여하게 되면(예컨대 위탁자에게 신탁재산의 투자에 관한 배타적 결정권을 부여하거나, 수탁자에게 신탁재산의 관리처분에 관하여 구체적, 개별적인 지시를 할 권한을 부여하거나, 위탁자의 동의 없이는 신탁재산의 관리처분을 일체 하지 못하도록 하는 등) 수탁자에게 어떤 의미 있는 권한이 남지 않게 될 수도 있다. 신탁을 설정하면서 한편 수탁자로부터 신탁재산의 관리처분권을 실질적으로 박탈하는 것은 한 손으로 준 것을 다른 손으로 빼앗는 것, 앞문으로 나갔다가 뒷문으로 들어오는 것과 다름이 없다. 이는 위탁자에게 신탁을 성립시킬 의사가 있었는지 의심하게 할 만한 사정이 될 수 있다. 또 신탁조항에서 위탁자에게 명시적으로 어떤 권한을 부여하지 않았다고 하더라도, 실제 신탁사무의 처리에 있어서 수탁자가 위탁자의 구체적, 개별적 지시에 따르기만 하고 아무런 자율적 판단을 하지 아니하였다면 위와 마찬가지로 볼 수 있다. 반면 신탁조항에서 위탁자에게 많은 권한이 부여되었다고 하더라도, 실제 신탁사무의 처리에 있어서 수탁자가 자율적 판단을 거쳐 신탁사무를 처리하였다면, 위탁자에게 신탁 설정의 의사가 없었다고 단정할 수 없다.

수탁자의 의무의 관점에서 보아도 위와 같은 신탁은 문제가 있다. 전술한 바와 같이 신탁은 수탁자의 수익자에 대한 의무(선관의무, 충실의무 등)와 그에 대한 수익자의 권리를 핵심적인 내용으로 한다.[14] 만약 수

14) 위탁자가 스스로를 수탁자로 정하여 신탁을 설정하는 것도 가능하므로, 수탁자의 권한이 위탁자에게 전부 유보되더라도 아무런 문제가 없는 것이 아닌가 하는 의문도 생길 수 있다. 그러나 위탁자가 수탁자의 지위를 겸하는 경우에도, 반드시 자신 외에 수익자가 존재하여야 한다. 수탁자가 단독수익자로 되는 신탁은 허용되지 않기 때문이다. 따라서 수탁자의 수익자에 대한 의무와 수탁자에 대한 수익자의 권리라는 신탁의 핵심적 법률관계는 여전히 남게 된다. 또한 위탁자의 지위와 수탁자의 지위가 동일인에게 속할 수 있다고 하더라도, 수탁자로서의 권리의무와

탁자의 신탁재산 관리처분권이 실질적으로 수탁자에게서 박탈된다면, 수탁자는 신탁재산 관리처분에 관하여 수익자에게 어떠한 의무도 부담하지 않는 상황도 생길 수 있다. 그 경우 선관의무나 충실의무 위반도 생각할 수 없고, 따라서 수익자는 수탁자에 대하여 어떠한 책임도 지지 않는 결과가 될 수도 있다.[15] 이는 우회적인 방법으로 수익자의 권리를 제한하는 것으로, 탈법행위로서 그 효력이 부정되어야 한다.[16]

6. 이상의 설명은 수탁자의 권한과 의무(그리고 그에 대응하는 수익자의 권리)가 실질적으로 모두 박탈되는 경우를 전제로 한 것이다. 전술한 바와 같이 위탁자에게 법이 정한 것 이상의 권한이 유보되었더라도 그것만으로 신탁 설정의 의사가 없다거나 탈법행위에 해당한다고 할 수 없다. 더구나 신탁 설정의 의사나 탈법행위 해당 여부는 사실인정에 크게 의존하는 것으로, 구체적 사정에 따라 또 법원에 따라 다른 판단이 내려질 수도 있다. 그러므로 신탁재산의 관리처분에 관한 권한 중 어느 권한이 위탁자에게 부여되면 어떻게 된다는 식의 단정적인 기준은 세울 수 없다. 다만 위탁자에게 유보된 권한을, 수탁자와 수익자 사이의 법률관계에 직접 영향을 미치는 정도에 따라 세부적으로 달리 볼 수는 있을 것이다. 예를 들면 신탁을 종료시킬 수 있는 권한은 신탁이 존속 중인

---

위탁자로서의 권리의무는 구별되어야 하는 것이다.

15) 역외신탁법에서는 위탁자에게 권한을 유보하고, 그 권한의 행사에 따른 수탁자는 신탁위반으로 인정하지 않는 규정들을 두고 있다. 케이먼 제도 신탁법 제15조, 저지 신탁법 제9A조 제3항, 건지 신탁법 제15조 제3항, 버뮤다 신탁법 제2A조 제3(a)항 등.

16) 대결 2003. 1. 27. 2000마2997은 위탁자가 수탁자의 신탁재산에 대한 관리처분권을 공동행사하거나 수탁자가 단독으로 관리처분을 할 수 없도록 실질적인 제한을 가하는 내용의 신탁재산 관리방법의 변경은 신탁법의 취지나 신탁의 본질에 반하여 허용할 수 없다고 한다. 이 결정은 위탁자와 수탁자 사이에서 분양형 토지신탁계약이 체결된 후 수탁자가 수분양자들로부터 받은 돈을 다른 곳에 전용하자 위탁자가 "수탁자 명의 예금계좌에 아파트 분양수입금을 보관하되 이를 인출할 때에는 미리 위탁자의 동의를 받도록 하는 내용"으로 신탁재산 관리방법의 변경을 신청한 사안에 대한 것이다. 사견으로는 이 정도의 권한이 위탁자에게 부여되었다고 하여 신탁의 본질에 반한다고 할 수 있는가에 대해서는 의문이 남는다. 같은 취지: 임채웅, "수동신탁 및 수탁자의 권한제한에 관한 연구", 법조 제614호 (2007), 33면.

동안에는 수탁자와 수익자 사이의 법률관계에 직접 영향을 미치지 않는다. 신탁조항을 변경할 권한은 그 변경의 내용에 따라 달라질 수 있다. 수익자를 변경할 수 있는 권한은 그 행사로 수익권이 상실되지만, 수탁자와 수익자 사이의 법률관계에 영향을 미치지는 않는다. 수탁자를 해임하고 신수탁자를 선임할 권한은 적어도 간접적으로는 수탁자의 권한 행사와 의무 이행에 대하여 효과적인 억제수단이 될 수 있다. 수탁자로 하여금 신탁사무 처리에 위탁자의 승낙을 받도록 하거나 위탁자의 지시에 따라서만 신탁사무를 처리하여야 한다는 신탁조항, 또는 수탁자의 관여 없이 위탁자가 직접 신탁사무를 처리할 수 있다는 신탁조항은 수탁자와 수익자의 법률관계에 직접 영향을 미치는 것으로, 신탁 설정 의사의 부존재 또는 탈법행위 판단의 설득력 있는 근거가 될 수 있다. 물론 그 경우에도 이러한 판단이 가벼이 내려져서는 아니 됨은 물론이다. 이는 무엇보다 수익자의 이익을 해칠 수 있기 때문이다. 그러나 적어도 우리 신탁법은 신탁을 설정하면 신탁재산의 관리처분권을 포함한 지배권이 모두 수탁자에게 이전되는 것을 원칙으로 하고 있다. 신탁재산의 독립성, 수탁자의 충실의무 등 신탁 고유의 법리는 모두 이를 전제로 하고 있는 것이다. 그러므로 개별적인 사정을 종합하여 위탁자에게 부여된 권한의 범위가 지나쳐서, 위탁자가 신탁을 설정하기 전과 거의 다름없이 계속 실질적으로 신탁재산을 자기 소유인 것으로 지배한다면, 이는 우리 신탁법이 정하는 신탁의 본질에 반하는 것이라고 보아야 한다.[17)]

7. 위탁자의 관점에서 보면, 아무리 수탁자에게 소유권을 이전하였다고 하더라도 여전히 자기 소유인 것과 마찬가지로 이를 지배하고 싶어하는 것은 당연하다. 자기가 죽은 후에도 지배하고 싶은 것이 사람의 속성인데, 살아 있을 때라면 어련하겠는가. 신탁재산의 소유권을 수탁자에

---

17) 헤이그 신탁협약에서는 신탁재산이 수탁자의 “지배(control)” 아래 있으면 위 협약에서의 신탁에 해당한다고 정하고 있다. 수탁자가 신탁재산을 “지배”하지 않는 법률관계는 헤이그 신탁협약에서 정한 정의에 따르더라도 신탁이라고 할 수 없어서, 신탁으로서 승인을 받을 수 없다.

게 이전하여 채권자의 공취를 피하고, 동시에 지배권은 잃지 않을 수 있다면 얼마나 좋겠는가. 한편 신탁재산의 관리처분에 관한 권한이 있다는 것은 그에 따르는 의무와 그 위반에 대한 제재(손해배상이나 이익반환 등)의 위험을 감수하여야 하는 것을 의미하기도 한다. 이는 동전의 양면과도 같으니, 수탁자로서는 이 위험을 회피하려면 신탁재산의 관리처분에 관한 권한을 위탁자나 다른 사람에게 떠넘기면 된다고 생각할 수도 있다. 그러므로 위탁자에게 신탁사무 처리의 권한을 폭넓게 부여하는 신탁은 위탁자나 수탁자 어느 쪽에도 이익이 되는 장사인 것이다. 그러나 이러한 신탁도 신탁이라고 하려면 우리 신탁법이 정하고 있는 신탁 개념을 그 임계점을 넘어 확장하여야 한다. 그리고 이는 신탁과 유사한 기능을 하는 다른 법률관계 사이의 경계를 무의미하게 만들어, 결국 신탁 개념의 해체를 가져올 수도 있다. 뿐만 아니라 이러한 체리피킹을 함부로 허용하면 신탁제도에 대한 신뢰가 추락하고 그 도덕적 기반도 무너질 수 있다. 위와 같은 신탁은 신탁 제도의 남용으로서, 원칙적으로 허용되어서는 아니 되리라고 생각된다.

## Ⅲ. 신탁과 법인

1. 신탁에 대한 두 번째 오해는 신탁을 신탁이 아닌 것, 즉 법인으로 보려는 일부 학자와 실무가들의 경향이다. 신탁은 신탁행위에 의해 성립하는 법률관계이다. 신탁은 위임, 임치 등과 마찬가지로 재산을 관리하는 방법의 하나이다. 그럼에도 불구하고 신탁을 법인 또는 그에 준하는 권리주체로 인정해야 한다는 견해가 없지 않다. 특히 세법 연구자들 중에서는 위탁자나 수탁자, 수익자 등 신탁관계인이 아닌 신탁을 납세의 무자로 보아야 한다는 주장을 빈번히 볼 수 있다.[18] 또 명확하지는 아니하나, 신탁이 일종의 단체적 법률관계이며 수익권은 사원권이라는 견

18) 한원식, "신탁소득의 납세의무자에 대한 연구", 조세법연구 제19권 제2호(2013), 245면 이하; 김성균, "신탁세제 개정 관련 신탁과세이론의 재검토", 중앙법학 제19집 제2호(2017), 211면 이하.

해,[19] 또는 수탁자는 주식회사의 대표이사와 같은 역할을 한다는 견해[20]도 신탁을 권리주체로서 보려는 맥락에서 주장된 것이라고 추측된다.

2. 그런데 신탁을 법인과 마찬가지로 권리주체로 인정하려는 경향은 우리나라에 국한된 것이 아니다. 우선 조세와 관련하여 미국은 오래 전부터 신탁을 법인과 유사하게 다루어 왔다.[21] 일본에서도 수익자가 없는 신탁이나 수익증권발행신탁, 법인이 위탁자가 되는 신탁에 대하여 수탁자에게 법인세를 부과한다.[22]

영국은 물론[23] 미국에서도 전통적인 견해는 신탁의 권리주체성을 부정한다. 이는 곧 수탁자가 신탁의 대리인이 아니라는 법리와 직결된다.[24] 최근에는 이러한 전통적 견해를 바꾸려는 시도가 이루어지고 있다. 미국 신탁법 제3리스테이트먼트는 신탁을 권리주체(entity)로 인정하는 명시적인 규정을 두지는 아니하였으나, 수탁자가 수탁자의 지위에서 행위한 경우 상대방은 신탁의 "대표자"(representative)적 지위에서의 수탁자를 상대로 소를 제기할 수 있다고 정하고 있다(제105조). 이 방법에 의해 신탁채권자는 수탁자의 고유재산뿐 아니라 신탁재산에 대해서도 압류할 수 있게 된다. 모범신탁법전(UTC)은 한걸음 더 나아가, 수탁자가 자신이 수탁자임을 명시한 경우 수탁자는 그와 계약을 체결한 상대방에 대하여 고유재산으로 책임을 부담하지 않는다고 정하였다(제1010조 제(a)항). 이는 실질적으로 수탁자를 신탁의 대리인으로 보는 것과 다르지 않고, 이는 적어도 수탁자의 책임을 제한하는 국면에서는 신탁을 하나의 권리주체로 보려는 견해와 다

19) 이중기, 신탁법, 4-14.

20) 안성포, "신탁재산과 부가가치세의 납세의무자", 상사판례연구 제31권 제2호 (2018), 124면.

21) 이에 대한 소개는 김성균, "수익증권발행신탁 세제", 중앙법학 제16집 제4호 (2014), 252면 이하.

22) 이에 대한 소개는 한원식, 위 글, 260-263면.

23) 일반적으로 L. Smith, "Trust and Patrimony", *Revue Generale de Droit*, vol. 38 (2008), 379면 이하.

24) 대표적인 판례로는 Taylor v. Davis, 110 U.S. 330.

르지 않다. 일본은 개정 신탁법에서 자연인인 수탁자가 사망하여 신탁이 종료되는 경우 그 신탁재산을 법인으로 간주하는 규정을 두었으나(제74조 제1항), 일반적으로 신탁에 독자적인 법주체성을 인정하거나 수탁자를 신탁의 대리인으로 보는 규정은 두지 않았다. 다만 개정 신탁법의 수익자집회(제72조 이하) 등 여러 규정들이 회사법의 규정을 참고하여 신설되었다.

3. 민법은 자연인과 법인 외에는 권리주체성을 인정하지 않고 있으나, 법인의 실질을 가지는 경우 민사소송법상 당사자능력(민사소송법 제52조)과 부동산의 등기능력(부동산등기법 제26조)이 인정된다. 일정한 목적에 바쳐진 재산에 법인격을 부여한 것이 재단법인이므로, 일정한 목적에 바쳐진 재산이나 법인격을 가지지 않은 것은 비법인재단이 된다. 비법인 재단의 재산 귀속에 관해서 민법은 규정을 두지 않고 있어, 부동산 외의 재산에 대하여 신탁으로 설명하는 견해[25]와 비법인재단 자체에 속한다는 견해[26]가 있음은 주지하는 바와 같다.

4. 신탁이 법인과 유사한 기능을 하는 경우가 있음에도 불구하고,[27]

25) 곽윤직, 민법총칙(제7판), 129면.

26) 이은영, 민법총칙, 251; 백태승, 민법총칙(제3판), 223면.

27) 특히 사업신탁과 회사의 유사점에 대한 분석으로 노혁준, "주식회사와 신탁에 관한 비교 고찰", 증권법연구 제14권 제2호(2013), 627면 이하. 기업조직이 갖추어야 할 속성으로 재산분리(asset partitioning)를 들고, 재산분리기능의 관점에서 회사와 신탁의 유사성을 설명하고 있다. H. Hansmann, U. Mattei, "The Functions of Trust Law: A Comparative Legal and Economic Analysis", *New York University Law Review*, vol. 73 (1998), 454면 이하도 유사한 논의를 전개하고 있다. 그러나 위 글에서도 지적하고 있는 바와 같이, 신탁에서의 재산분리는 회사에서의 재산분리와 같지 않다. 수탁자와 계약한 제3자, 또는 수탁자의 불법행위로 손해를 입은 자는 신탁재산에 대해서만 압류할 수 있는 것이 아니다. 신탁법은 누구든 신탁재산에 대하여 강제집행할 수 없는 것(즉 수탁자의 고유재산에 강제집행하는 것)을 원칙으로 하고, 다만 "신탁사무 처리에 관한 채권"에 기한 경우에는 예외적으로 신탁재산의 강제집행을 허용한다. 수탁자는 그 채무를 고유재산으로 이행하고, 신탁재산으로부터 보전받을 수 있다. 수탁자가 이 책임을 면하려면, 채권자와 개별적으로 유한책임의 약정을 하거나 유한책임신탁을 설정하여야 한다. 요컨대 "신탁재산의 독립성"은 수탁자의 고유채권자가 신탁재산을 압류할 수 없다는 것이지, 신탁채권자가 고유재산에 압류할 수 없다는 뜻이 아니다.

우리 신탁법의 해석으로서 신탁을 법인과 유사한 것으로, 또는 수탁자를 "신탁의 대리인"과 유사한 것으로 보는 견해는 타당하지 않다. 무엇보다 신탁재산에 관한 모든 권리가 수탁자에게 속한다고 정한 제31조, 수탁자가 여럿인 경우 신탁재산이 수탁자들의 합유에 속한다고 정한 제50조 제1항에 반한다. 또 신탁이 법인이고 수탁자가 신탁의 대리인이라면, 신탁법이 정하고 있는 수탁자와 수익자 사이의 법률관계(제33조 내지 제36조)는 설명하기 어렵게 된다. 수탁자가 신탁의 대리인이라면 선관의무 등의 의무는 신탁에 대하여 부담하는 것이지, 수익자에 대하여 부담하는 것이 아니기 때문이다. 신탁이 독립된 권리주체라면 신탁재산은 이미 신탁에 속한 재산이므로 분별관리의무(제37조)는 아무런 의미가 없다. 수탁자를 신탁의 대리인과 같이 취급하는 경우 최대의 이점은 수탁자가 고유재산에 의한 책임을 면할 수 있게 되는 것인데, 이는 수탁자의 책임 제한의 문제로서 다루면 충분하다. 또 납세의무자가 누구인가의 문제는 세법 고유의 법리가 적용될 수 있는 것으로, 세법상 신탁을 독립된 권리주체로 다룬다고 하여 신탁법상으로도 동일하게 다루어야 하는 것은 아니다.

## Ⅳ. 국민신탁법 유감

1. 신탁에 대한 세 번째 오해는 신탁이 아닌 것을 신탁이라고 부르는 것이다. 「문화유산과 자연환경자산에 관한 국민신탁법」(이하 "국민신탁법")이 그 예이다. 이 법 제2조 제1호는 "국민신탁"을 "제3조의 규정에 따른 국민신탁법인이 국민·기업·단체 등으로부터 기부·증여를 받거나 위탁받은 재산 및 회비 등을 활용하여 보전가치가 있는 문화유산과 자연환경자산을 취득하고 이를 보전·관리함으로써 현세대는 물론 미래세대의 삶의 질을 높이기 위하여 민간차원에서 자발적으로 추진하는 보전 및 관리행위"라고 정의하고 있다. 나아가 위 법에 따라 설립된 자연환경국민신탁과 문화유산국민신탁은 법인이다(제3조 제2항). 위 법의 해설서에는 다음과 같이 기재되어 있다.[28]

"국민신탁법은 '신탁'이라는 관점에서 신탁법의 특별법에 해당하고 비영리 민간 부문의 사적 자치를 토대로 한다는 관점에서 민법을 일반법으로 원용한다. 따라서 국민신탁의 법체계를 이행함에 있어서는 국민신탁법에 특별한 규정이 없는 법률관계는 신탁법을 원용하며 신탁법에 특별한 규정이 없는 법률관계는 민법을 적용한다. 국민신탁법 시행령과 국민신탁법인 정관의 운용에는 기본적으로 국민신탁법, 신탁법 및 민법이 적용된다."[29]

2. 국민신탁법인은 문화유산이나 자연환경자산(이를 "보전재산"이라고 한다. 위 법 제2조 제4호)을 취득하여 이를 보전·관리하여야 하고, 이를 매각하거나 담보로 제공하는 등 처분할 수 없다(제10조 제2항). 여기의 취득의 방법은 매매나 증여일 수도 있고, 신탁일 수도 있다.[30] 국민신탁법인이 보전재산을 신탁의 방법으로 취득하는 경우에는 국민신탁법인이 수탁자, 보전재산의 소유자가 위탁자가 되는 신탁이 설정된다. 그 경우 비로소 신탁법이 적용될 수 있다. 그 외의 경우에는 신탁법이 적용될 여지가 없다. 국민신탁법 자체에서 민법 중 사단법인에 관한 규정을 준용한다는 규정은 있어도(제18조), 신탁법을 준용한다는 규정은 없다. 즉 "신탁"이라는 용어는 사용하고 있으나, 국민신탁은 법인이지 신탁이 아닌 것이다.

3. 주제에서는 약간 벗어나지만, 국민신탁법인이 신탁의 방법으로 보전재산을 취득한 경우 생길 수 있는 문제에 대하여 간략히 검토한다.

(1) 이 신탁은 수익자가 있는 신탁인가? "일반 국민"이 수익자라는

---

28) 환경부, 문화유산과 자연환경자산에 관한 국민신탁법령 및 해설, 71면.

29) 자연환경국민신탁, 제2차 국민신탁기본계획(안)에서도 "국민신탁은 신탁이다"라고 하면서 신탁법 제2조를 인용하거나(1면), "신탁자산"이라는 용어를 사용하고 있다(22면). 나아가 "국민신탁법인이 받는 증여(기부)는 영구신탁이다"는 요령부득의 설명도 보인다(44면).

30) 취득하지 아니하고 보전·관리할 수도 있다는 견해로, 임채웅, "환경보호수단으로서의 신탁에 관한 연구", 법조 제642호(2010), 45면. 실제로 국가나 지방자치단체 소유의 문화재 등의 관리위탁을 받기도 한다. 그 경우의 법률관계는 위임이지 신탁이 아니다.

견해도 생각할 수 있으나,[31] 이는 신탁법리에 비추어 허용될 수 없다. 만약 국민 모두가 수익자라면, 신탁법이 정하는 수익자의 권한을 국민 누구나 행사할 수 있어야 하고, 그 중 핵심적인 것들은 신탁행위로도 제한할 수 없다(제61조). 그렇다면 국민 누구나 법원에 수탁자인 국민신탁법인의 해임을 청구할 수 있고(제16조 제3항), 국민신탁법인에 대하여 그가 신탁받은 보전재산에 관하여 장부의 열람 또는 복사를 청구(제40조)할 수 있다는 말인가? 또 국민신탁법인이 신탁사무를 처리하다가 비용이 발생하면 국민 누구나에 대해서도 그 비용을 청구할 수 있다(제46조 제4항)는 것인가? 도저히 납득할 수 없는 결론에 이를 것이다. 문화유산이나 자연환경의 보전은 시민 개개인이 아니라 공익에 기여하는 것이므로, 위와 같은 신탁을 수익자 있는 신탁이라고 할 수 없다. 신탁원부에 그러한 취지의 기재가 있더라도, 이는 공익을 위한 신탁이라는 의미로 선해함이 마땅할 것이다.

(2) 이 신탁은 공익신탁인가? 신탁법상 신탁은 수익자 있는 신탁과 수익자 없는 신탁(목적신탁)으로 나눌 수 있고, 목적신탁은 다시 사익목적신탁과 공익목적신탁으로 나눌 수 있다. 우리 법은 사익목적신탁도 금지하지 않는다. 한편 공익을 목적으로 하는 신탁은 공익신탁법이 규율하고 있는데, 이에 따르면 공익신탁이 이용될 수 있는 공익사업에 문화의 증진(공익신탁법 제2조 제1호 가목), 환경 보호(같은 법 제2조 제1호 카목)가 포함되어 있다. 공익사업을 목적으로 하는 신탁을 인수하려는 수탁자는 법무부장관의 인가를 받아야 한다(같은 법 제3조 제1항). 그렇다면 국민신탁법인이 보전재산을 수탁하려면 사전에 법무부장관의 인가를 받아야 한다. 그러나 국민신탁법 어디에도 국민신탁법인이 수탁한 경우 법무부장관의 인가를 받은 것으로 한다는 등의 규정이 없다. 국민신탁은 실제로도 국민신탁이 보전재산을 수탁하면서 법무부장관의 인가를 받지는 않는다. 그렇다고 이 신탁이 사익을 목적으로 하는 신탁이라고 할 수 없다. 그렇다면 이 신탁은 인가 없는 공익신탁으로서 효력이 없다고 보아야 할 것인가? 국민신탁법을 근거로 국민신탁법

31) 실제 국민신탁법인이 수탁한 신탁의 신탁원부에 "일반 국민"이라고 기재된 예도 있다.

인이 수탁하는 경우 별도의 인가를 받을 필요가 없다는 취지로 해석할 여지도 있으나, 명확하지 않다.[32] 그렇게 해석하는 경우에도 공익신탁인 이상 법무부장관의 인가와 감독을 전제로 한 규정을 제외한 공익신탁법의 규정이 유추되어야 하는 것이 아닌가 생각된다.

(3) 신탁관리인을 두어야 하는가? 법무부장관의 인가를 받지 않더라도 유효하다면, 그 성질이 공익신탁인 한 공익신탁법에 따라 신탁관리인을 두어야 한다(공익신탁법 시행령 제3조 제1항 제5호). 공익신탁법이 적용되지 않는다고 하더라도 신탁법 제67조 제1항("수익자가 존재하지 아니하는 경우")에 따라 신탁관리인을 둘 수 있는데, 실제로 국민신탁법인이 수탁한 신탁 중에는 신탁관리인을 둔 것도 있다.[33] 신탁관리인을 두게 되면 신탁관리인은 신탁법상 수익자가 할 수 있는 모든 재판상 또는 재판외 행위를 할 수 있다(제68조 제1항). 신탁관리인을 둔 위 예에서 과연 이 법리를 알고서 그와 같이 정한 것인지 알 수 없다.[34]

(4) 신탁의 존속기간을 "永久"로 정하는 것이 허용되는가? 영미에서는 사익신탁은 영구적으로 존속할 수 없는 것이 원칙이고, 예외적으로 공익신탁만 이를 허용한다.[35] 일본은 신탁법을 개정하면서 수익자 연속신탁에 대해서만 신탁설정시부터 30년의 존속기간 제한을 두었다(제91조). 우리 법에는 명확한 규정이 없는데, 학설로는 지상권의 존속기간에 관한 민법 제281조, 제280조를 유추하여 원칙적으로 30년으로 하여야 한다는 견해,[36] 구체적인 사정을 고려하여 선량한 풍속 기타 사회질서 위반으로

32) 영국의 내셔널 트러스트는 공익신탁위원회(Charity Commission)의 감독을 받는다. The Charities (National Trust) Order 2005.

33) 임채웅, 위 글(주 29), 40-41면.

34) 다만 신탁관리인을 수탁자와 동일인으로 정한 것으로 보아, 아마도 신탁관리인이 어떤 제도인지 전혀 알지 못한 채 그와 같이 처리한 것이 아닌가 추측된다.

35) Jonathan Garton, Moffat's Trusts Law, 6th ed., 2015, 909-911. 다만 미국에서는 영구구속금지원칙(Rule against perpetuities)을 폐지하는 주가 늘고 있다. Stewart E. Sterk, Jurisdictional Competition to Abolish the Rule Against Perpetuities: R.I.P. for the R.A.P., Cardozo Law Review, vol. 24 (2003), 2097. 역외신탁에서는 모두 이 원칙을 폐기하였다. 이 원칙에 관한 상세한 소개는 김현진, "수익자연속신탁과 Dead Hand Rule", 가족법연구 제31권 제2호, 66면 이하.

무효로 할 수 있다는 견해[37] 등이 있다. 이 논의는 사익신탁에 한정된 것이고, 공익신탁에 대해서는 별도의 논의가 없는데, 공익신탁에서는 재산권이 장기간 유통되지 않음으로 인한 사회적 불이익을 상쇄할 만한 공익이 인정되므로, 영구존속도 허용된다고 보아야 할 것이다.[38] 국민신탁법인이 수탁한 신탁이 법무부장관의 인가가 없더라도 인가 없는 공익신탁으로서 유효하다면, 마찬가지로 해석해야 할 것이다.

## Ⅴ. 결　론

신탁은 종래 매우 탄력적인 제도라고 알려져 있다. 신탁이 여러 목적을 위하여 다양하게 쓰일 수 있는 제도라는 것이다. 그렇다고 하여 신탁의 개념이 탄력적인 것은 아니다. 신탁의 개념은 한쪽으로는 법인, 다른 한쪽으로는 위임(대리) 사이에 있는 것이다. 신탁에 그 고유한 내용을 담지 않은 채 한편으로는 법인 법리에, 다른 한편으로는 위임(대리) 법리에 근접시키려고 하게 되면 신탁은 독자적인 의미나 내용을 가지지 못하게 될 것이다. 최근 국내외에서 일어나는 현상을 보면 이것이 단순한 기우가 아닌 듯하다. 신탁의 본질에 대한 성찰이 학자나 실무가 모두에게 요구되는 시대가 아닌가 생각된다.

---

36) 최현태, "복지형 신탁 도입을 통한 민사신탁의 활성화-수익자연속신탁을 중심으로", 재산법연구 제27권 제1호(2010), 19면.

37) 최수정, 위 책(주 13), 206.

38) 四宮和夫, 위 책(주 4), 152.

[Abstract]

# Misunderstandings of Trust

Lee, Yeonkab*

Trust business has been booming for the last 20 years. Most of trusts settled according to Korean trust law are commercial trusts, which are created with companies(banks, insurance companies, and trust companies) authorized by the government as trustees. As of summer of 2019, the value of the assets held in commercial trusts amounts to about 924 trillion won(approximately 800 billion US dollars), which has doubled since 2012. Supreme Court cases have also increased dramatically since 2000 compared to previous decades. Despite this astounding development, many lawyers still do not understand the trust concept right. In other words, there are misunderstandings of trust among Korean lawyers. In this article, the author tries to diagnose the reality and make suggestions to clear these misunderstandings.

First, in some commercial trusts wide range of powers are reserved to settlors. Korean trust code allows some powers, which are not directly infringe the management powers of trustee, to be held by settlors. But recently there are arrangements which look like trusts but reserve almost all powers regarding the management of the trust to settlors. The author suggests that, although these arrangements might not be void as trusts per se, there are some cases which are doubtful whether the settlor's intention is really to make trusts or just to misuse the trust form as a facade for other arrangements such as mandate etc. The author argues the cherry picking behaviour of some settlors and trustees should not be tolerated because

* Professor, Yonsei Law School.

otherwise it would obscure the lines between the trusts and other asset management arrangements and it would make the trusts surrounded by suspicion and mistrust eventually.

Second, some scholars argue that the structure of the commercial trusts are similar to that of corporations, so that law of corporation could be employed to explain the structure of trusts. They contend that the trust should be treated as a legal entity, the trustee as an agent of the trust. The author disagrees to this idea. Korean trust code stipulates that the trust property belongs to the trustee in Aricle 31. Morover, if the trust is a legal entity, the rights of beneficiaries should be against the trust itself, not the trustee. This construction of the trust code is baseless.

Third, there are misnaming of trusts, the Korean National Trust Act of 2006 being the best example. This Act created the "Natural Heritage Trust" and "Cultural Heritage Trust", but the Article 3 section 2 of this Act provides that theses trusts are "legal persons". Therefore, these so-called trusts are not trusts at all. Despite this obvious provision, there is widespread misunderstanding, that these trusts are trusts in trust law, even among the staffs of these so-called trusts.

The author points out that the trust stands in the middle ground between mandate and legal person. If you push the trust to the limit, it could dessolve into either mandate or legal person eventually and disappear. One might think that is inevitable and trust is doomed in Korean legal system, but unless the trust code is repealed, the trust should be given its proper meaning and usage according to the law.

[Key word]

- trust
- trustee
- trustee powers
- corporation
- national trust

## 참고문헌

최수정, 신탁법, 박영사, 2016.

四宮和夫, 信託法(新版), 有斐閣, 1989.

Jonathan Garton, *Moffat's Trusts Law*, 6th ed., Cambridge University Press, 2015.

Paolo Panico, *International Trust Laws*, 2nd ed., 2017.

김성균, "신탁세제 개정 관련 신탁과세이론의 재검토", 중앙법학 제19집 제2호, 2017.

노혁준, "주식회사와 신탁에 관한 비교 고찰", 증권법연구 제14권 제2호, 2013.

임채웅, "수동신탁 및 수탁자의 권한제한에 관한 연구", 법조 제614호, 2007.

______, "환경보호수단으로서의 신탁에 관한 연구", 법조 제642호, 2010.

장현학 · 김재태, "신탁부동산의 임대차 관계에서 임차인의 권리보호에 관한 연구", 주거환경 제16권 제3호, 2018.

한원식, "신탁소득의 납세의무자에 대한 연구", 조세법연구 제19권 제2호, 2013.

H. Hansmann, U. Mattei, "The Functions of Trust Law: A Comparative Legal and Economic Analysis", *New York University Law Review*, vol. 73 (1998), 454.

# 주식신탁 사례연구*

## —상사신탁 · 민사신탁의 경계를 넘어 신탁법과 회사법의 교차—

김 태 진**

■요 지■

신탁업계에서 금전신탁과 부동산신탁이 주류라면, 주식신탁은 그야말로 비주류다. 특히 주식신탁은 신탁업자가 아무리 활성화하고 싶어도 주식의 취득과 의결권 행사에 법률상 제한이 있어 원활하게 설계하거나 널리 이용되지 못하였다. 따라서 주식취득제한과 의결권 행사를 제한한 부분은 향후 개정될 필요가 있다.

이러한 문제의식을 바탕으로 실제 발생한 일본의 주식신탁 분쟁 사례(일본, 동경고등재판소의 2016년 판결)를 살펴보았다.

대상 사건의 1심 판결은 본건 유언신탁이 신탁재산 부존재로 인해 신탁의 효력이 발생하지 않았다고 본 데 비하여, 2심 판결은 유언신탁이 일단 발효하였으나 목적달성 불능으로 인해 종료하였다고 보았다. 관련된 쟁점으로는 주식양도시 이사회 승인을 요하는 정관규정의 적용과 신탁의 성립, 이사의 충실의무 위반 여부, 주주권의 귀속문제 등을 본문에서 검토하였다.

그 밖에도 이 글에서는 일반론으로서, 상사신탁과 민사신탁의 준별론을 주장하는 견해를 비판적으로 검토하였다. 개별 신탁유형마다 각 신탁의 특성

---

* 이 논문은 2019년 8월 24일 민사판례연구회 하계학술대회에서 제2주제로 발표되었고 한국연구재단 학술등재지인 「법학논총」(전남대학교 법학연구소) 제39권 제4호(2019년 11월 30일)에 게재된 논문을 수정, 보완한 것입니다. 학술대회와 논문심사 과정에서 유익한 의견을 주신 많은 분들께 감사의 뜻을 전합니다.

** 고려대학교 법학전문대학원 교수.

에 맞추어 유연하게 대응하면 되고 그 과정에서 약간의 수정이 가해질 수는 있지만 종래의 민사신탁 법리로부터 독립된 별도의 상사신탁 법리를 창설할 필요까지는 없을 것이다.

마지막으로 활용가능한 주식신탁의 사례 및 관련하여 쟁점사항을 다루었다.

[주 제 어]
- 주식신탁
- 유언신탁
- 유언대용신탁
- 주식의 양도
- 이사회 승인

## I. 서　설

### 1. 문제의식의 공유

주식신탁은 국내 신탁업계에서 매우 희귀한 신탁이다.

주식신탁은 말 그대로 주식을 신탁재산으로 하는 신탁을 의미한다.

국내 금융투자업자(은행, 증권, 보험, 11개 부동산전업신탁자)의 신탁 규모는 2019년 5월 기준으로 923조 6,618억 원 수준인데, 이 중 금전신탁(특정, 불특정 포함)이 전통적으로 상당 부분을 차지하고 있고(473조 7,463억 원), 기타 부동산신탁, 증권신탁, 금전채권신탁, 동산신탁 등을 아우르는 (광의의) 재산신탁이 449조 7,723억 원 상당을 차지하고 있다.[1) (광의의) 재산신탁 중에는 부동산관리신탁, 담보신탁, 처분신탁, 토지신탁, 분양관리신탁 등의 부동산 신탁이 가장 비중이 크고(265조 5,985억 원), 증권신탁은 약 5조원(4조 9,731억 원) 상당의 규모로 파악된다(이 중에 주식신탁이 어느 정도 규모인지는 정확히 파악할 길이 없으나 그다지 많지 않다는 것은 업계 관계자들의 공통된 인식이다).[2)]

금전신탁과 부동산신탁이 국내 신탁업계의 주류를 이루고 있는 반면 주식신탁은 그야말로 비주류다. 국내에서 주식신탁은 재산신탁(유가증권 관리신탁)의 일종으로서, 드물게는 종합재산신탁에서 금전 외 재산 중에 주식이 포함된 경우도 있을 수 있겠다. 여기서 유가증권 관리신탁이란 수탁자가 국채나 사채, 주식 등의 유가증권의 관리를 행하는 신탁으로서 자익신탁과 타익신탁 모두 가능하며 주식을 신탁재산으로 할 경우 일반 적으로는 위탁자가 수탁자에 대해 의결권 행사의 지시권한을 갖는다.[3)]

---

1) 금융투자협회 "업권별 신탁규모" (2019. 5.기준) http://freesis.kofia.or.kr/ 참조. 2016년 8월 말 기준으로 신탁규모는 200.4조 수준인 것에 비해 상당히 증가하였음을 알 수 있다.

2) 앞의 자료 참조.

3) 公益財団法人トラスト未来フォーラム編, 『信託の理論と実務入門』, 日本加除出版(株), 2017, 230－231면. 여러 유가증권을 보유한 회사가 번잡한 유가증권관리업

그 밖에도 주식신탁은 신탁재산인 주식의 속성상 수탁자의 의결권 행사를 수반하게 되므로 회사 경영권을 이전하는 측면에서 일종의 가업 승계를 위한 수단으로 활용하는 방안도 연구된 바 있으며[4] 향후 이 점에 착목한 '가업(기업)승계신탁'도 점차 늘어날 것으로 예상된다.[5]

물론 '주식'이라는 단어가 포함된 신탁으로서 주가관리형의 '자사주신탁'이 있지만, 이는 위탁자인 상장회사가 주가안정 및 경영권 방어 등을 위해 수탁자에게 금전을 신탁하고, 수탁자는 위탁자의 운용지시에 따라 위탁자의 상장주식에 위 금전을 운용하며, 신탁계약 해지(만기/중도)시 신탁원본 및 운용수익을 수익자에게 지급하는 형태의 신탁이므로 엄밀히는 유가증권신탁이라고 하기보다는 특정금전신탁으로 분류된다.[6]

이처럼 주식 신탁이 활성화되지 못한 가장 큰 이유는 무엇일까. 여러 이유가 있겠으나 신탁업자에게 부과된 주식 소유 규제와 의결권 행사 규제가 아마도 한 몫을 했으리라 미루어 짐작된다.

우선 주식소유규제부터 보면, 법률상 발행주식총수의 20% 이상 주식을 소유하게 되면 금융위원회 승인을 받아야 된다.[7] 또 발행주식총수의 15%를 초과하여서는 신탁업자는 의결권을 행사할 수도 없다.[8]

---

무를 일원화하기 위하여 사용하기도 하고, 향후의 파산위험에 대비하여 별도로 보관하기 위해 이용하기도 한다. 그 밖에 유가증권운용신탁 등이 있다.

4) 예컨대, 김상훈, "유언대용신탁을 활용한 가업승계", 기업법연구 제29권 제4호, (사)한국기업법학회, 2015. 12.; 김순석, "사업신탁을 활용한 중소기업의 경영권 승계방안", 법학논총 제38권 제2호, 전남대학교 법학연구소, 2018. 5. 101-138면; 伊藤伸彦=岩本恭幸=桁田由貴=高橋康平, 「(第6回・完) 中小企業の事業承継の可能性を広げる株式の信託」, NBL 第1053号(2015. 1.), 69-76면 등.

5) 예컨대 2019년 7월경 ㈜하나은행이 주식신탁상품을 '기업승계신탁'으로 출시하였는데, 여기서의 기업승계신탁은 유언대용신탁의 형태로 위탁자가 생전에 본인 소유의 주식을 신탁하여 생전에는 위탁자 본인의 의사에 따라 의결권 행사를 지시하고 수익권을 행사하다가 위탁자 사후에는 지정된 사후수익자에게 신탁재산에 대한 의결권 행사 지시권 및 수익권을 부여하고 신탁재산을 관리, 운용 등을 통해 안정적으로 위탁자의 가업을 승계하는 것을 목적으로 한다(하나은행 기업승계신탁계약 제1조).

6) 금융투자협회, 앞의 자료(주 1) 참조[은행권이 4,291억 원, 증권사가 1조 8,199억 원 규모의 자사주신탁이 있다(2019. 5. 기준)].

7) 예컨대, 금융산업의 구조개선에 관한 법률[법률 제15018호, 시행 2017. 10. 31.] 제24조 제1항 제1호.

따라서 가업승계신탁 내지는 상속관련 신탁 등을 신탁업자가 아무리 활성화하고 싶어도 주식의 취득과 의결권 행사의 한계가 있어 주식신탁을 원활하게 설계할 수 없었다.[9] 그 결과 주식을 자기 계산으로 보유하는 위탁자(실질주주)의 입장에서도 해당 주식의 의결권이 15% 이내로 제한받는 결과가 되어 주식신탁을 선호하지 않았다.[10] 그러나 이 문제는 관련 법령이 개정되어 규제가 완화되어야만 해결될 성질의 것이므로 이 글에서는 주식신탁과 관련한 문제의식만 공유하기로 한다.

### 2. 이 글의 목적과 구성

이에 이 글은 이러한 문제의식을 바탕으로 실제 발생한 주식신탁 분쟁 사례(일본, 동경고등재판소의 2016년 판결)를 통해 신탁법적 쟁점을 검토하고자 한다. 이 글의 검토대상인 주식신탁은 신탁법이 상정한 보편적인 신탁의 형태, 즉 위탁자가 자신이 소유한 주식을 신탁재산으로 하여 신탁한 경우를 전제한 것으로서, 수탁자가 신탁사무처리과정에서 신탁재산의 운용의 일환으로 주식을 사후적으로 취득하는 경우와는 구별된다. 후자의 경우 신탁재산으로 주식을 취득하는 것이 가능한지가 문제된 바 있지만 신탁재산 운용의 관점에서 현재는 prudent investor rule에 따라 가능하다고 보는 것이 통설이다(다만 이에 대해 비판적인 견해도 있다[11]).

다만 주식신탁은 그 이름에서부터 민사와 상사를 모두 아우르고 있

8) 「자본시장과 금융투자업에 관한 법률」 제112조 제3항 제1호.

9) 그 밖에도 신탁업자가 행사한 의결권에 대해 그 의결권 행사공시를 하여야 한다: 동법 제7항(신탁업자는 합병, 영업의 양도·양수, 임원의 선임 등 경영권의 변경과 관련된 사항에 대하여 제2항에 따라 의결권을 행사하는 경우에는 대통령령으로 정하는 방법에 따라 인터넷 홈페이지 등을 이용하여 공시하여야 한다).

10) 예컨대 비상장회사의 대주주가 재산상속 등을 위하여 그 회사 주식을 일괄 신탁한다면 수탁자의 의결권이 15%를 초과하지 않는 범위 내에서만 행사할 수 있게 되므로 결국 그 신탁계약 종료시까지 대주주의 경영권 또한 15%로 제한되는 결과가 된다. 따라서 위탁자가 주주로서의 의결권을 회복하기 위해 주주총회 개최 전에 주식신탁계약을 해지하는 예도 종종 있다.

11) Getzler, Joshua, "Fiduciary investment in the shadow of financial crisis: Was Lord Eldon right?", 3 *Journal of Equity 219* (2009).

으므로 이러한 특성에 비추어 먼저 민사신탁과 상사신탁의 구별에 관한 등장배경 및 구별기준, 실익 등을 제시하고 이에 대한 사견을 정리한 다음(Ⅱ.항), 민사신탁과 상사신탁의 경계를 넘어 이 사건 주식신탁 사례를 중심으로 그 사실관계 및 관련 쟁점 중에서 신탁법적 쟁점이면서 동시에 주식에 관한 회사법적 고찰이 불가피하게 수반된 몇 가지 쟁점을 살펴보기로 한다(Ⅲ.항). 이어서 주식신탁의 활성화를 위해 다양한 주식신탁 유형을 구체적으로 제안한 다음 예방법학적 차원에서 쟁점을 정리해보기로 한다(Ⅳ.항). 마지막으로 결론과 향후의 과제를 정리하면서 이 글을 맺고자 한다(Ⅴ.항).

그러나 기존 주주가 보유주식을 제3자에게 명의신탁한 경우[12] 혹은 파킹(parking) 목적의 신탁이나 탈법행위를 위해 주식신탁을 악용하는 경우, 주식신탁계약이 무효인 경우[13] 등에 대한 고찰은 이 글의 대상에서는 제외하기로 한다.

## Ⅱ. 상사신탁과 민사신탁 구별론에 대해

### 1. '상사신탁'의 등장배경

신탁의 세계에서 민사와 상사의 구분은 쉽지 않다.

'민사신탁'이라고 종종 접하기는 하나 이 용어는 일본에서 2000년 무

---

12) 주식의 명의신탁과 주식신탁을 비교한 문헌으로, 서울대학교 금융법센터(노혁준 · 김지평), "주식신탁의 활용방안 연구", 법무부 연구용역보고서, 2015. 9. 30., 112, 113면.

13) 종업원지주제도의 일환으로 체결된 주식신탁계약이 무효라고 본 사례: 大阪高裁 昭和58年10月27日決定 高民集36卷3号250頁(대상회사 종업원은 종업원지주제도에 의하여 주식을 취득할 수 있으나 주식신탁계약을 체결하지 않는 자는 주식을 취득할 수 없으므로 주식을 취득하기 위하여 주식신탁계약이 강제되고 주주로서 계약을 체결할지 여부를 선택할 자유가 없으며, 또 신탁기간은 주주 지위를 상실할 때까지로 정하고 있어 계약의 해제도 인정되지 않는다. 따라서 대상회사의 주주는 신탁계약의 수탁자－공제회의 이사-에 의한 의결권 행사가 있어도 자신이 주주로서 의결권을 행사할 방도가 없게 된다. 그리고 주식신탁제도가 대상회사 관여하에 창설되었음은 기록상 명백하므로 신탁계약은 주주의 의결권을 포함한 공익권의 자유로운 행사를 저지하기 위한 것으로 밖에 볼 수 없고 위탁자 이익 보호를 현저하게 결하여 회사법의 정신에 비추어 무효로 해석해야 한다고 결정했다).

렵 구 신탁법을 개정하고자 하는 논의가 시작될 때에 학자들 및 법제심의회에서 '상사신탁' 혹은 '영업신탁'에 대비하는 용어로서 사용되기 시작하였다고 한다.[14)]

영업으로 수탁자가 신탁을 인수하는 행위를 할 경우 이는 기본적 상행위에 해당하는데 종래에는 '영업신탁'을 사실상 '상사신탁'과 동의어로 사용하기도 했다.

실무상 민사신탁은 신탁은행이나 신탁회사 등과 같이 신탁업을 규제하는 법령에 따라 감독기관의 엄격한 감독을 받으며 신탁의 수탁을 업을 하는 신탁업자가 수탁자가 아닌 경우를 뜻하는 것으로 보고 있다.[15)]

그러나 영업신탁과 상사신탁은 항상 일치하는 개념은 아니다. 신탁업자는 유언신탁, 장애인부양신탁 등을 영업으로 인수하는 것도 가능하므로 영업신탁 속에 민사신탁이 존재할 수도 있다. 이와 같이 '영업신탁'자체를 신탁재산 내지는 신탁목적, 또는 수탁자의 권한범위 등에 따라 민사신탁과 상사신탁으로 구분되기도 한다: 따라서 상사신탁의 개념을 영업신탁보다 좁게 정의하는 견해도 있다.[16)]

뒤에서 구별기준에 대해 다시 살펴보겠으나, 일응 신탁의 발상지인 영미에서 처음 발달한 신탁 형태를 민사신탁이라고 한다면 이러한 민사신탁이 널리 보급된 이후에 자본주의경제가 발달함에 따라 미국에서 주로 집단적 투자를 위해 등장한 것을 상사신탁으로 구별할 수 있다.

영미는 민사신탁과 상사신탁이 병존하나, 일본은 처음부터 상사신탁의 형태가 도입되었고 특히 금전신탁을 중심으로 금융분야에서 주로 이용되어 왔기 때문에 영미식 민사신탁 형태는 매우 드물다.[17)]

일본의 경우 신탁이 증여형의 모습으로 이용되지 못한 데에는 먼저

---

14) 河合保弘, 『民事信託超入門』, 日本加除出版(株), 2016, 8면; 道垣内弘人, 『信託法(現代民法　別巻)』, (有斐閣, 2018), 10－11면.

15) 新井誠＝大垣尚司編, 『民事信託の理論と実務』, 日本加除出版(株), 2016, 1면.

16) 三菱信託銀行信託研究会編, 『信託の法務と実務』(4改訂版), (金融財政事情研究会, 2003), 19頁; 김태진, "신탁수익권과 강제집행－수익권에 대한 압류의 효력범위에 관한 고찰－", 비교사법 제24권 제2호, 한국비교사법학회, 2017. 5. 참조.

17) 神田秀樹＝折原誠, 『信託法講義』(弘文堂, 2014), 7頁.

신탁제도가 일본에서 시작할 무렵 '불행한 역사'가 있었다는 데에 이유를 찾기도 한다.[18)]

일본에서 '신탁'이라는 단어는 신인관계를 한층 더 가중시키기 위해 1886년경 고안된 단어이며[19)] 실제 '英吉利法律学校(영국법률학교, 현재 일본 中央大学의 전신임)'의 의사록에는 trust의 번역으로 '신탁'이라는 단어가 사용되었다.[20)]

그러다가 1905년경 「담보부사채신탁법」으로서 법적 제도로서 신탁이 처음 도입되었고,[21)] 이후 담보부사채가 적극적으로 발행됨에 따라 '신탁'이라는 명칭을 붙인회사들이 약 500개 정도 설립되었으나[22)] 실상은 신탁회사라는 이름을 걸고 악덕고리대금업자들로서(그중 상당수는 자금력 부족으로 파탄상태에 빠진 것들도 있었다) 신탁이라는 명목하에 일반 시민들로부터 금전을 모아 이를 횡령, 착복하는 범죄행위가 빈발하여 신탁업을 규제할 필요성이 대두되었다. 결국 신탁업은 주무대신으로부터 면허를 받은 자에 한정하기로 하여 1922년 규제법인 신탁업법과 당사자 사이의 법률관계를 정한 실체법인 신탁법을 각기 분리하여 제정하게 되었다.[23)] 악덕신탁업자를 규제할 목적으로 자본금이 큰 신탁은행이나 특별한 허가를 받은 신탁회사 이외에는 신탁의 수탁자가 되는 것을 허용하지 않는 방향으로 신탁법 및 신탁업법이 제정되었다. 실체법인 신탁법 초안은 사법성의 주도로 이루어졌는데 초기에는 1882년 인도 신탁법과 1872년 캘리포니아주 민법 중 신탁에 관한 규정을 참조하여 초안이 작성되었으나,[24)] 그 후 기초작업이 진행되면서 원래의 내용에서 영국의 판례와 학

18) 河合, 앞의 책, 4-5면.
19) 栗木西越雄, 『信託法・財団抵当法の研究』, 5-6頁; 道垣内, 앞의 책, 10면.
20) 道垣内, 앞의 책, 10면.
21) 당시 러일전쟁 후 부흥을 위한 외자유치 목적으로 국제금융의 중심지인 런던시장에서 담보부사채를 발행하기 위해서 도입되었다고 한다(상동, 10면).
22) 상동, 11면(451개로 분석한 문헌도 있고 474개로 파악한 문헌도 있다).
23) 상동, 11-12면. 신탁업법과 신탁법으로 분리, 입법된 데에는 당시 大蔵省과 司法省의 주도권 싸움이 가장 큰 영향을 미쳤다.
24) 이연갑, "신탁법상 수탁자의 의무와 권한", 선진상사법률 통권 제48호, 법무부, 2009, 31면.

설을 참조한 내용으로 변경되어 제정되었다.[25)]

이와 같은 역사적 배경이 있었기에 신탁은 위험한 것이니 누구라도 수탁자가 될 수 있는 것이 아니라, 신탁은행이나 신탁업 인가를 받은 신탁회사 이외에는 수탁자가 될 수 없다는 선입견도 굳어졌다.[26)]

또 일본에서의 신탁은 '상사신탁'을 의미하는 것이 되었다. 더구나 이때의 신탁은 대부분 자익신탁이므로 신탁을 설정하더라도 권리를 이전했다고는 누구도 인식하지 않았다(증여세도 발생하지 않는다).[27)] 따라서 신탁이란 위탁자 자신의 재산을 운용하여 증가시킬 목적으로 수탁자가 영업으로 하는 자산운용수단이라는 인식이 굳어지게 되었다. 한국 역시 일본과 유사한 상황이라 할 수 있다.

실생활에서의 신탁은 자본시장법에 따른 신탁업 인가를 받은 신탁업자들이 수탁자가 되어 신탁상품을 판매하거나, 혹은 거래구조상 관련자들과 책임을 단절시키기 위해 일종의 도구로서 신탁의 구조를 사용하는 예가 대다수이며 거의 전부가 상사신탁이다.

그러나 앞으로는 이전 세대가 경험하지 못했던 고령화사회가 되고, 또 사회적으로 캥거루 자녀[28)] 등의 문제가 대두되는 만큼 일반 신탁의

---

25) 道垣内, 앞의 책, 11면.
26) 河合, 앞의 책, 6면.
27) 河合, 앞의 책, 5-6면.
28) 이른바 '캥거루족(캥거루 자녀)'이란 대학을 졸업하고 직장을 가진 후에도 부모에게 경제적으로 의존하는 성인인 자녀를 일컫는 말이다(그러나 실제로 캥거루는 전체 수명 12~18년 중에서 6~12개월 정도만 육아낭에서 새끼를 보호하고 다 큰 새끼를 주머니에 넣어 다니지는 않는다). 유사한 예로써, 노년복지를 어느 정도 갖춘 영국에서는 부모의 퇴직연금을 빨아먹고 사는 아이들이라는 의미로 키퍼스(KIPPERS: Kids in Parents' Pockets Eroding Retirement Savings; 원래는 kipper는 영국, 아일랜드에서 많이 먹는 훈제청어를 의미한다), 미국에서는 대학에 가거나 직장생활을 하기 위해 부모 곁을 떠났다가 실직이나 생활비 절약 등을 이유로 다시 부모의 집으로 돌아와서 생활하는 사람들을 일컫어 '부메랑 세대(boomerng generation)', 일본에서는 결혼 적령기가 지났으나 부모에게 의존하여 독신생활을 하는 사람들을 '식객독신(居候独身)' 등으로 부른다.
https://www.thefreelibrary.com/KIPPERS+are+eating+up+their+parents%27+retirement+savings.-a0110210374; https://en.wikipedia.org/wiki/Boomerang_Generation ; https://news.ameba.jp/entry/20180929-226/

활용방안이 더욱 기대된다.

## 2. 구별기준

민사신탁과 상사신탁[29]의 구별과 관련하여, 일본의 神田 교수가 신탁이 사용되는 형태에 따라 분류한 구별기준을 이하 정리해 보았다.[30]

"① 민사신탁

원인이 되는 경제행위는 장기에 걸친 재산관리제도와 결합된 증여(gift)이며 주로 재산의 관리 승계를 위하여 이용되는 신탁이다. 위탁자, 수탁자, 수익자가 각 1인인 3당사자 구조이며 위탁자와 수익자가 다른 타익신탁이 기본형이다. 위탁자가 자기가 소유한 재산을 수탁자에게 신탁하고, 수탁자가 이를 신탁재산으로 하여 수익자를 위해 관리 또는 처분 등을 행하며 신탁이 종료하면 수익자에게 그 재산을 인도하는 구조로써 위탁자가 소유했던 재산을 수탁자가 맡아 관리하면서 수익자에게 이전한다. 가족신탁(family trsut), 개인신탁(personal trust) 등이 있다.

② 상사신탁

원인이 경제행위는 민사신탁과 같은 재산의 무상양도가 아니라 대가의 교환이 수반되는 거래(deal), 즉 상거래이다. 상사신탁은 주로 재산의 관리, 운용(투자)에 이용되는 신탁이며, 신탁을 활용하여 자산 운용이나 유동화를 한다. 상사신탁 역시 위탁자, 수탁자, 수익자의 3 당사자관계이나 민사신탁과 달리 각 당사자가 복수인 경우가 많고 특히 수익자가 다수인 경우가 많다. 또한 위탁자와 수익자가 동일인인 자익신탁이 많다.

상사신탁을 기능적으로 분류하면 (ⅰ) 운용형, (ⅱ) 전환형, (ⅲ) 예금형, (ⅳ) 사업형 등이 있다.

(ⅰ) 운용형 : 상사신탁의 기본형이며 운용(투자) 목적으로 이루어진다. 투자자

---

29) 신탁제도가 오늘날 상사적인 측면(commercial context)에서 활용되는 경우로서, (ⅰ) 보험이나 도산 상황에서 일정한 금전을 분별관리할 필요가 있는 경우, (ⅱ) 담보가 실행되거나 소송이 제기되는 등 분쟁과 관련된 경우, (ⅲ) 연금(pension)처럼 종업원들의 이익을 보호하기 위하여 장치가 필요한 경우, (ⅳ) 투자신탁 등 집단적인 투자구조를 설계하는 경우 등을 들기도 한다: Janet Hoskin and Chris Thomas, *Commercial trusts*, Out-Law Guide (Pinsent Masons), Aug. 3, 2011.
https://www.pinsentmasons.com/out-law/guides/commercial-trusts#.WL6JFrAP7uo.mailto (2019. 8. 23. 최종방문)

30) 神田, 앞의 책, 5-7면.

는 수익자가 되어 투하자금 범위 내에서 리스크를 분담한다. 실적배당형

(ii) 유동화형 : 신탁의 전환기능을 이용하여 각종 자산의 유동화, 증권화를 할 목적으로 이루어지는 신탁이다. 투자자는 수익자가 되어 투하자금 범위 내에서 리스크를 분담한다. 금전채권신탁,

(iii) 예금형 : 이자증식 목적(저축목적)으로 이루어지는 신탁이다. 수익자는 예금자의 지위에 있다. 수탁자가 원본반환을 보증하고 배당에 대해 예정(예상)배당제가 채용되므로 수익자는 실질적으로 리스크를 부담하지 않는다. 일본의 경우 합동운용지정 금전신탁, 대부신탁 등이 있다.

(iv) 사업형 : 사업을 행하는 것을 목적으로 하는 신탁이다. 사업자는 수익자가 되며 사업리스크(투하자금을 상회하는 리스크)를 부담한다. 토지신탁 등이 여기에 해당한다."

### 3. 구별론에 대한 비판적 고찰

#### 가. 구별론에 따른 구별의 실익

일반 거래 관계에서 민사와 상사를 구분하는 가장 큰 실익은 적용 법률을 정함에 있다(민법과 상법 중 상사에 해당한다면 상사소멸시효 혹은 상사이율이 적용된다).

그러므로 상사신탁과 민사신탁을 구별하는 실익은 아마도 민사신탁에 대비시켜 상사신탁 개념의 독자성 내지는 법리의 차별성을 주장하기 위함으로 이해된다.[31]

원래 신탁은 십자군신탁 "조건부 증여"가 그 본질이고 기본적으로는 위탁자와 수익자가 분리되는 타익신탁이 기본형이다.[32]

神田 교수는 민사신탁의 경우 신탁재산의 존재와 위탁자의 의사가 본질적 요소이지만 상사신탁은 이것들이 필수요소가 아니라고 보면서 상사신탁은 위탁자의 의사보다는 시장(market)의 의사가 더 중요하며 위탁자는 시장의 의사에 따라 성립되는 신탁관계에서 상대적으로 결정되는 존재에 불과하며 상사성을 가지는 모종의 조치(arrangement)가 본질적 요소라고 지적한다.[33] 또한 수탁자의 역할이 민사신탁의 경우 재산의 관리,

---

31) 이와 같이 분석한 글로, 新井誠, 『信託法〔第4版〕』, (有斐閣, 2014), 54면.
32) 河合, 앞의 책, 5면.

보전 또는 처분에 그친다면 상사신탁은 이러한 재산의 관리, 보전 또는 처분을 넘는 범위까지도 미친다는 차이가 있다고 보면서 일본의 구 신탁법 제1조가 본래 규율대상으로 삼은 민사신탁과 일본에서 널리 이용되고 있는 상사신탁은 구별되며 상사신탁과 민사신탁은 그 용도가 달라 적용되어야 할 법리도 달라져야 하기 때문에, 민사신탁을 염두에 두고 입법된 구 신탁법의 규정이나 종래의 해석론을 상사신탁 분야에 그대로 적용한다면 타당한 결론을 도출하기 어렵다고 주장한다.[34)]

나. 비판적 검토

민사신탁과 상사신탁의 준별은 나름대로의 실익이 있을 수 있다.

그러나 신탁법은 민법, 상법 등과 더불어 사법 체계 일체를 이루고 있으므로 상사신탁으로 분류된다고 하여 마치 민법과는 전혀 이질적인 법리가 갑자기 생겨나는 것도 아니고 나아가 민사신탁이라 하여 상법의 내용은 일체 배제되어야 하는 것도 아니므로 구별론이 본질적 차이에 근거한 것인지 의문이다.

만약 계약에 의한 신탁 설정이라면 계약해석의 법리에 준해서, 유언신탁이나 유언대용신탁처럼 위탁자의 재산 이전 내지는 그 처분이 주된 목적이라면 재산을 처분하고자 하는 위탁자의 의사를 존중하는 방향으로, 그리고 집합투자 내지는 유동화 구조하에서 이용되는 신탁이라면 다수의 수익자가 존재하고 또 수익자의 특성이나 개성이 중요하지 않으므로 집단법 내지는 조직법의 법리에 준하여 각기 해석하면 될 것으로 생각된다.[35)] 때로는 신탁재산 그 자체를 마치 하나의 entity처럼 취급하는 단체법적 법논리가 더 적합할 수도 있다.[36)] (물론 Langbein 교수는 신탁의 재

33) 상동.

34) 神田秀樹, 「日本の商事信託—序説」 落合誠一=江頭憲治郎=山下友信 『現代企業立法の軌跡と展望』(商事法務研究会, 1995), 587−588頁; 新井, 앞의 책, 54−55면 재인용.

35) 能見善久 교수의 견해를 참고하였다: 能見善久, 「現代信託法講義(1)−(8・完)」, 信託 199号(1999) 4-19頁, 200号(1999) 87-102頁, 202号(2000) 7-20頁, 203号(2000) 4-21頁, 205号(2001) 4-12頁, 206号(2001) 13-23頁, 208号(2001) 45-59頁, 211号(2002) 26-38頁; 新井, 앞의 책, 57頁에서 재인용.

36) 따라서 현행 신탁법은 수익증권발행신탁 내지는 유한책임신탁이라는 형태를 마

산적 측면이 갖는 특성에도 불구하고 위탁자와 수탁자에 의한 계약으로 신탁을 파악하였으며[37) Hansmann 교수는 계약적인 측면이 과하게 강조되면 현대 신탁이 갖는 기능적인 측면이 경시될 수 있음을 지적하면서[38] 특정다수의 수익자로부터 자금을 모아 운용되는 신탁에서는 다수의 수익자 집단과 수탁자 사이의 관계를 중시하는 등 수익자 관점이 계약적인 접근방식에 추가시켜 기존 신탁법리를 수정할 수도 있다.[39])

마찬가지로 일본의 학자 중에도 명시적으로 상사목적을 위한 신탁이 과연 종래의 전통적인 신탁의 틀을 뛰어넘는 유형인지, 그리하여 민사신탁의 법리로는 규율할 수 없다고 보는 구별론이 타당한지 의문을 제기하는 견해(新井 교수)가 있다.[40]

동 교수에 따르면 영국와 미국의 이른바 상사목적의 신탁이 이용되는 다양한 유형을 분석한 결과 영미의 상사신탁이라 하여 결코 특별한 독자적인 법리가 적용되는 것은 아니며, 신탁설정시 당사자들의 주관적인 목적은 다를 수 있지만, 거기에 적용되는 규범은 상사목적 신탁이라 하여도 역시 고전적인 민사신탁을 포함한 일반 신탁법리로써 해결하고 있다.[41]

더구나 일본에서 실무상 '상사신탁'으로 불리는 것들(예컨대 자산유동화, 증권화를 위한 신탁)이 영미에서 이용되는 상사목적 신탁과 내용이나 기능면에서 모두 공통된다는 사실이다.[42] 따라서 개별 신탁유형마다 각 신탁의 특성에 맞추어 유연하게 대응하면 되고 그 과정에서 약간의 수정이 가해질 수는 있지만 종래의 민사신탁 법리로부터 독립된 별도의 상사신탁 법리를 창설할 필요까지는 없다고 지적하는바[43] 타당한 지적이라

---

련하여 단체법적, 조직법적 규율을 마련하고 있다.

37) Langbein, John H., *The Contractarian Basis of the Law of Trusts*, 105 Yale L. J. 625 (1995).

38) Hansmann, Henry and Mattei, Ugo, *The Function of Trust Law: A Comparative Legal and Economic Analysis*, 73 N.Y.U.L Rev. 434 (1998) at 471.

39) *Id.*

40) 新井, 앞의 책, 472면.

41) 상동, 479면.

42) 상동, 479면.

43) 상동, 479, 480면.

생각된다.

신탁은 하나의 신탁법 체계 안에서 머물면서 다양한 모습으로 설계되는 것이므로 민사신탁, 상사신탁을 구별하여 상사신탁만의 독자적인 법리를 구축하기보다는 신탁 본래의 기본구조나 특성 안에서 필요할 때마다 유연하게 해석하는 것이 적절하다. 상사신탁, 민사신탁의 이론적 구별이 중요하기보다는 당해 신탁구조를 이해하여 법적 쟁점을 추출한 다음 거기에 적용될 법률이 무엇인지를 탐구하는 것이 더 중요하다. 상사신탁과 민사신탁이라는 구분은 어디까지나 이를 위한 편의상 분류에 불과하다. 행정적인 규제 차원에서 접근한다면 영업신탁과 그렇지 않은 일반신탁으로 구분해서 영업신탁에 대해 규제하는 것이 바람직하고, 해석론의 관점에서는 일반 신탁이라면 신탁재산을 중심으로 수익자 보호를 염두에 두지만, 상사신탁이라면 집단적, 조직적 형태로서 획일화된 거래라는 점에서 접근할 필요가 있다.

다음에서 검토할 주식신탁 사건은 전형적인 민사신탁인 유언신탁을 바탕으로 해서 신탁재산인 주식과 관련하여 상법(회사법)이 적용된 사안이다. 민사신탁, 상사신탁의 구별을 뛰어넘어 회사법과 신탁법이 교차하는 영역이기도 하다.

## Ⅲ. 주식신탁 사례 연구 - 일본의 '上野百貨店 판결(東京高判 · 2016)' 검토

### 1. 사실관계[44]

#### 가. 대상회사

대상회사(주식회사 上野百貨店)는 1951년 설립된 주식회사로서 부동산임대업 등을 목적으로 하고 발행주식총수 48만 주이며 주식양도제한(이사회 승인을 요한다는 정관 규정)이 있었다. 3인 이상의 이사로 구성된 이사회(이사 임기는 각 2년)와 2인의 감사(임기 1년)가 설치되어 있다. 특

44) 東京高判平成28 · 10 · 19 平成28年(ネ)第1474号, LEX/DB 文献番号25545772. 사실관계 중 관련이 있는 것만 정리함.

히 동경 내 공원부지 내에 위치한 지하 1층 지상 3층의 건물 중 1개 층을 제외한 나머지 부분을 소유하면서 임대수익을 얻고 있다(다만 현재는 위 3층 건물이 철거되고 다른 건물이 건축되었다). 위 공원부지에 대해 동경으로부터 사용허가를 얻은 주체는 대상회사가 아니라 중소기업등협동조합법에 따라 설립된 이 사건 조합(上野広小路商業協同組合)은 위 3층 건물 중 1개 층을 소유하고 있다. 한편 위 3층 건물이 노후되면서 재건축 논의를 하는 와중에 조합이 가진 대상회사 주식(20만 4,900주)과 대상회사가 소유하는 위 3층 건물 지하1층을 2003년경 서로 교환하였고 조합보유주식은 대상회사의 자기주식이 되었으나 주주명부상 명의개서는 이루어지지 않았다(이하 '조합 주식'이라 함).

나. 갑의 사망과 유언, 유언신탁

대상회사 발행한 주식 19만 7,000주를 소유한 주주인 갑(1933년생)은 대상회사 창업자의 양자인 소외 H의 처이며 장남 E, 차남 F가 있었다.

장남 E의 가족으로는, 처 C와 장녀 D(1989년생; 손녀)가 있다.

한편 차남 F의 가족은 처 G와 장남 B(2004년생; 손자)가 있다.

장남 E는 대상회사 주식 중 약 10%에 해당하는 47,900주를 보유하고 있었고 회사 대표이사로 재직하던 중 2008년 3월경에 사망하였다.

E 사망 후 대표이사에 취임한 소외인 P1은 대상회사를 조합 중심으로 경영하였고 이에 과반수 주식을 보유하는 갑, C, D는 처음에는 이에 대항하려고 하였으나 2008년 8월 중순경 C가 변심하여 P1에 협조하는 쪽으로 돌아섰다.

갑은 2008년 8월 17일 다음과 같은 내용의 자필증서유언을 작성한 뒤 2008년 9월경에 사망하였다. 갑의 사망당시 갑의 법정상속인은 D(대습상속) 및 F 2명이다(갑의 추정상속인은 2008년 3월까지는 장남 E와 차남 F이었다).

> 내 재산 중 주권은 F의 자식인 B에게 준다. 19만 7,000주이다. (*이하 '이 사건 주식' 이라 함)
> 내 부동산은 6분의 1은 X2에게, 6분의 1은 P5에게, 6분의 4는 F에게 준다.
> C와 D는 상속인에서 폐제[45]한다.
> 주권은 B가 성인이 될 때까지 변호사 X1이 신탁관리하고 주권의 권리행사는 전부 위 변호사가 행사한다. 변호사 X1을 유언집행자로 지정한다.
> 약속을 지켜주십시오.

한편 갑은 C가 자신의 의향을 반하여 계속 행동하는 것을 보고 2008년 9월 1일 절연장을 송부한 바 있다.

갑 사망 후 X1은 유언집행자로 취임하여 유언에 지정된 수탁자로서 유언신탁에 따라 이 사건 주식 중 14만 4,700주에 관한 주권의 점유를 취득하였다. 나머지 5만 2,300주에 대해서는 상속개시당시 주식의 귀속 여부가 다투어지고 있어 나중에 갑의 유산임을 확인하는 판결이 추후 확정되었다.

(실은 갑이 유언서를 작성한 2008년 8월 17일 이 사건 주식의 유언신탁에 의한 X1으로의 신탁과 관련하여 주식양도 승인 결의가 있었으나, 이 이사회 결의는 일부 이사들에게 소집통지를 하지 아니한 절차상 위법이 있어 무효가 되었다. 소집통지를 하지 아니한 일부 이사들은 실은 2008년 8월 12일 주주총회 결의로써 해임되었으나 2010년 2월 25일 이들에 대한 해임결의부존재확인판결이 확정되었다.

또한 2008년 8월 27일에는 갑측 인사를 이사직에서 해임한다는 주주총회가 개최되었으나 이 총회결의 역시 자기주식인 조합 주식에 대해 조합이 의결권을 행사하고 또 갑의 일부 주식에 대해서는 의결권을 행사하지 못하게 하는 등 중대한 절차상 하자가 인정되어 2010년 4월 1일 부존재확인판결이

45) 일본 민법 892조(유류분을 가진 추정상속인이 피상속인을 학대하거나 중대한 모욕 등을 가한 경우 혹은 추정상속인이 기타 현저한 비행이 있는 때에는 피상속인은 그 추정상속인의 폐제(廢除)를 가정재판소에 청구할 수 있다. 이러한 심판청구는 피상속인이 생전에 할 수도 있고(生前廢除), 유언서에 폐제한다는 취지를 기재함과 동시에 유언집행자를 지정하여 상속개시 후 유언집행자가 행할 수도 있다).

확정되었다. 2008년 8월 27일 주주총회에서는 갑을 이사직에서 해임한다는 결의도 있었으나 C가 절연장을 받게 되자 다른 출석주주들에게 사정하여 주주총회 의사록상으로는 C가 기권한 것으로 하여 갑에 대한 해임안건은 부결된 것으로 기재되고 그 후 대상회사는 갑의 해임의안은 부결된 것으로 처리하였다.)

### 다. 그 후의 경과

X은 유언집행자로서 동경가정재판소에 D의 폐제를 신청하였으나 2010년 4월 15일 신청각하심판이 있었고 그 후 확정되었다.

2008년 8월 17일자 및 같은 달 27일자 해임결의, 그리고 일부 이사에 대해 이사직무집행정지 및 직무대행자선임가처분결정이 발령되었는바, 갑 사망 후 해임결의가 이루어지지 않은 이사로 C 만 남게 되어 C가 위 직무대행자(변호사임)와 함께 이사회를 운영하는 상태가 2010년 2월25일 경까지 사실상 지속된다(도중에 2009년 8월 26일 C도 이사를 사임한다).

### 라. 이사회의 이 사건 주식신탁 승인의 건 부결

2009년 5월 26일경 수탁자이며 유언집행자인 변호사 X1은 회사에 대해 본건 유언신탁의 수탁자로서 본건 주식의 수탁자로 양도한 데에 대해 승인을 구하였으나 회사의 이사회(C, 직무대행자 및 당시 감사인 X1 출석)는 주식양도를 승인하지 않고서 그 안건을 부결시켰다(엄밀히는 직무대행자는 기권하고 C가 반대함으로 인하여 결국 부결된 것임).

### 마. 손자 B의 수익권포기와 이 사건 유류분반환합의

2011년 2월 16일 손자 B의 친권자인 F(부), G(모)는 손자 B를 대리하여 수탁자에 대해 본건 유언에 근거한 신탁 수익권을 포기한다는 취지의 의사표시를 하였다(이하 '이 건 수익권포기').

2011년 10월 13일 손자 B는 F 및 D와의 사이에서 갑의 상속에 관하여 F, D가 유류분이 있고 손자 B는 D에 대해 유류분반환분으로서 본건 대상회사 주식 중 9만 8,273주를 인도하고 F는 B에 대해 유류분반환청구를 포기하기로 하여 B가 대상회사 주식 중 잔여분 9만 8,727주를 보유하고 B, F 및 D는 갑의 상속에 관하여 그 밖에 어떠한 채권채무가 없

음을 확인하는 등의 합의를 했다(이하 본건 유류분반환합의).[46)]

### 바. 위 유류분반환합의에 따른 주식양도와 이사회 승인

손자 B를 대리한 F 및 G (B의 부모) 및 D(사촌누나; 손녀)는 2011년 12월 9일 경 대상회사에 대해 손자 B가 본건 유언에 의하여 본건 대상회사 주식 중 9만 8,727주를 취득하고 법정상속인인 D가 9만 8,273주를 취득하였다는 취지로 통지하여 주식양도를 승인하여 줄 것을 구한바, 2012년 1월 18일 개최된 이사회에서 위 주식양도가 승인되었고 그러한 취지로 주주명부에 명의개서가 이루어졌다.

위 이사회 결의는 (나중에 결의부존재판결이 확정되는) 2010년 4월 1일자로 선임된 대표이사에 의하여 소집통지가 발송되었으므로 뒤에 결의부존재판결 확정 이후 이사회 결의의 효력이 무효라고 볼 리스크가 있다.

한편 위 이사회 결의 전에 X는 해임되었으므로 위 이사회에 출석할 수 없었고 유류분반환합의가 있음을 전혀 알지 못하였다.

### 사. 수탁자 X1이 소 제기에 이른 경과

그 후 2010년 4월 1일 주주총회가 개최되어 X1에 대한 감사해임 및 C 등을 이사로 선임하는 결의가 있었다. 이 주주총회결의에 대해 효력을 다투는 소송이 별도로 제기되어 2008년 8월 27일자 주주총회 결의의 효력을 다투는 소송과 병합심리되었고 해당되는 결의 전부에 대해 결의부존재확인판결이 선고되어 2014년 5월 13일 확정되었다(주된 이유는 자기주식인 조합주식에 대해 조합이 의결권을 행사한 점, 이 사건 주식 19만

46) 이 글에서는 유류분반환합의가 이미 성립된 사안이므로 유류분권자와 유언신탁 사이의 관계에 대해서는 따로 다루지 않았지만 유류분 반환청구권과 유언신탁의 관계에 대해서는 다양한 의견이 있을 수 있다. 신탁으로 유류분제도의 적용을 배제할 수 있는지 여부, 만약 배제할 수 없다면 유류분 반환에 의하여 수탁자 지위가 소멸하고 본건 유언신탁이 종료하는 것인지, 수탁자가 관리하는 신탁재산이 일부 유류분권리자에게 이전되고 남는 신탁재산에 대해서만 이 사건 유언신탁이 계속되는 것인지, 수탁자가 관리하는 신탁재산의 범위는 변동되지 않고 수익권과 신탁종료 후 잔여재산권리귀속자의 지위가 일부 유류분권리자에게 이전되는 것인지, 유류분권리자에게 이전될 구체적인 분량은 어떻게 산정할지 등 여러 쟁점이 있다. 신탁제도와 유류분반환청구권과의 관계를 다룬 문헌으로서 예컨대 엄복현, "신탁제도와 유류분반환청구권과의 관계", 가족법연구 제32권 제3호(2018), 163-184면.

7,000주 전부에 대해 X1에게 소집통지를 하지아니한 점 등의 절차상 하자를 이유로 하고 있다[47]). 위 확정판결 이후 X1은 다시 감사직에 복귀하였고 2014년 5월 28일 개최된 이사회에서 별건소송의 판시내용을 들어 자신이 유언집행자로서 이 사건 주식의 주주로서 권한을 행사할 수 있음을 주장하였으나 받아들여지지 않았다.

이후 대상회사의 대표이사는 유류분합의 내용을 반영하여 손자 B, D, C(망 E 보유 주식 중 절반) 등에게 감사선임의 안건을 담아 주주총회 소집통지를 하였고 2014년 6월 10일 개최된 주주총회에서 가결되었다(X1을 감사로 하는 의안은 부결되었다). 이 사건 조합 및 나머지 주주들은 결석하였다.

이에 주주총회 소집통지를 수령하지 못한 수탁자 X1이 공동원고 중 1인이 되어 위 2014년 6월 10일자 일체의 주주총회 결의에 대해 결의부존재확인을 구하면서 예비적으로 결의취소의 소를 제기하기에 이르렀다.

### 2. 판시사항

#### 가. 동경지방재판소

동경지방재판소의 2016년 2월 10일자 판결에 의하면 먼저 이 사건 주식의 의결권을 행사할 수 있는 자가 누구인지를 중심으로 전개하고 있다.

그리고 본건 유언의 내용은 B가 성인이 될 때까지 원고 X1(수탁자)에 대해 이 사건 주식을 신탁하고, 그 관리 및 주주로서의 권리를 행사하도록 할 것을 의도한 것으로 해석되는바, 신탁은 일본 회사법에서 말하는 '양도'에 해당한다고 해석되며(제2조 제17호), 피고인 대상회사의 이사회는 본건 A주식의 원고 X1에 대한 신탁에 의한 양도를 승인하지 않았으므로 본건 주식은 회사와의 관계에서는 본건 유언에 근거하여 신탁의 수탁자 X1에게 귀속하지 않는다고 인정함이 상당하다고 판단하였다.[48]) 이사회

47) 그런데 이 별건소송에 대한 판시내용 중에는 "X1은 유언집행자로서의 지위에 근거하여 이 사건 주식의 주주로서 권한을 행사할 수 있다"는 판단이 있고, 상고심에서도 상고기각결정 이유 요지에 '상고이유는 이유 불비의 위법을 들고 있지만 실질은 사실오인 혹은 단순한 법령위반을 주장한 것이므로' 상고수리신청 불수리결정을 내렸다.

48) 東京地判平成28・2・10 半時2325号 52頁(平成26年(ワ)第15509号, LEX/DB 文献

승인을 얻지 못하였으므로 이 사건 주식은 대상회사와의 관계에서 수탁자에게 귀속된다고 볼 수 없고, 또 B가 수익권을 포기한 이상 유언신탁은 그 목적을 달성할 수 없어 종료하였다고 해석하였다.

신탁행위에 있어서 지정된 신탁 종료사유, 잔여재산수익권자가 있다고 인정할 수 없다고 본 것이다.

또 원고 측에서는 갑의 유언은 손자가 성년이 되는 것을 기한으로 하는 이 사건 주식의 종기부 유언신탁 및 시기부 유증이라 할 수 있는데, 이 사건 수익권 포기 및 유류분반환합의 등으로 인하여 유언신탁을 종료시키고 유증을 즉시 실행함으로서 유언 집행을 방해하는 행위에 해당하여 무효라고 주장하였으나 1심 재판소는 신탁의 수익자는 수탁자에 대해 수익권을 포기한다는 취지의 의사표시를 할 수 있는 이상 수익권 포기가 유언의 집행을 방해하는 행위로 보기는 어렵다고 판시하였다.

나. 동경고등재판소 : 항소기각

동경고등재판소의 입장은 1심과 다르다. 본건 유언신탁은 신탁행위(일본 신탁법 제2조 제2항)인 본언 유언의 개별 조항, 본건 유언 중의 기타 기재내용 전체와의 관련, 앞서 인정된 본건 유언작성 당시의 사정 및 유언자인 갑이 처한 상황(본건 조합 측의 인물과의 대립, C, D와의 대립 등) 등을 종합적으로 고려하면 다음과 같은 내용으로 해석함이 상당하다고 보았다.

| |
|---|
| A 신탁재산: 이 사건 주식 |
| B 신탁의 목적:(신탁법 제2조 제2항) B를 위한 본건 주식의 보존, 관리 |
| C 수탁자: 1심 원고 X1 |
| D 수익자: B(손자) |
| E 수익권의 주요 내용: 1심피고로부터 자익권에 관한 급부(배당 등)를 받고 이를 수익자에게 교부한다. 공익권(의결권, 주주제안권, 장부열람권, 소송제기권 등)은 수탁자가 자신의 판단에 의하여 행사한다. |
| F 신탁행위의 정함에 따른 신탁종료사유: B의 성인 |
| G 신탁행위로 지정한 잔여재산 귀속권리자: B |

番号25534014).

본건 유언의 내용으로 보면 본건 유언은 상속개시시 이 사건 주식을 본건 유언신탁 수탁자인 1심원고에게 취득시키고, 본건 유언신탁종료시에 이 사건 주식을 잔여재산의 귀속권리자인 B에게 취득시키는 것을 의도한 것으로 추인된다. 그리고 신탁행위로 정하는 신탁종료사유(B의 성인)가 발생하기 전에 별도로 (일본) 신탁법 163조 소정의 신탁종료사유가 발생한 경우에는 당해 별도의 신탁종료사유에 의해 신탁이 종료하는 것으로 해석된다. 또 본건 유언의 내용에 의하면 본건 유언신탁에서는 신탁종료사유가 무엇이든지간에 잔여재산의 귀속권리자는 B로 해석된다.

이 사건 주식양도승인의 건이 부결된 이상 본건 유언신탁은 수탁자 X1이 주식을 신탁받는 것이 불가능하여 신탁수탁자의 역할을 수행할 수 없기 때문에 신탁의 목적달성불능에 의해 종료되었다고 판시하였다(일본 신탁법 제163조 제1호).

### 3. 유언신탁의 성립을 위해 어느 정도의 기재가 필요한가

유언은 자연인의 최종적인 의사표시로서 최대한 존중되어야 한다. 동경고등재판소는 자필증서유언에 기재된 문언 및 이 문언에 추가하여 유언자가 유언서 작성당시 처한 상황(관계당사자의 이익대립) 등을 종합적으로 고려하여 구체적인 기재가 없음에도 불구하고 유언신탁설정의 의사를 인정하였다.[49]

그러나 이 사안에서는"변호사 X1이 신탁관리하고 주권의 권리행위는 전부 위 변호사가 행사한다"라는 문구밖에 기재되어 있지 않아 경영권을 둘러싸고 친족들 사이에 갈등이 더욱 심화되었다고 할 수 있다.

유언에 의해 신탁을 설정하는 경우에도 민법에서 정한 유언의 방식과 요건을 갖추어야 한다. 따라서 유언신탁의 경우 유언에 신탁설정의사 기타 중요 신탁요소가 직접 언급되어 있어야 하고, 5가지의 유언방식(자필증서, 녹음, 공정증서, 비밀증서 및 구수증서) 중 한 가지의 방식으로 유언이 이루어져야 한다(민법 제1065조).

---

49) 新井誠, 「自筆証書遺言の内容に基づく遺言信託成立・発効の成否」, 私法判例リマークス 第56号(2018〈上〉) (2018), 74頁.

물론 이 사안의 경우 신탁설정의 의사를 부정하는 것이 더 자연스러운 해석이라는 지적도 있다.[50] 사안과 같은 문구만으로 과연 B가 성인이 될 때는 신탁종료사유로 정하고 손자가 신탁종료시 잔여재산귀속권리자로 지정되었다고까지 인정할 수 있는지는 의문을 제기한다.

그렇다면 여기서 또 다른 쟁점은 어느 정도로 구체적인 정함이 있어야 신탁설정의 의사로 볼 수 있는지도 문제된다.

원칙적으로 유언신탁의 경우 재산을 이전받을 수탁자, 수익자, 수익권의 내용 등 신탁설립에 필요한 신탁요소를 모두 갖추어야 한다.[51] 그러나 상세히 기재할 필요는 없고 신탁설정의사를 추단할 수 있는 단어 혹은 문구가 있으면 충분하고 '신탁' 혹은 '수탁자'라는 형식적 또는 기술적인 표현을 사용할 필요는 없다.[52]

이와 같이 유언신탁의 경우 위탁자의 의사를 탐구하여 가능한 신탁의 성립을 긍정하는 것이 해석론으로서 바람직하겠지만, 기왕에 유언신탁을 설정하고자 한다면 전문가의 도움을 받아 좀더 명확하게 유언신탁의 내용을 정할 필요가 있다.

유언에 의한 신탁 설정과 관련해서 신탁은행 등은 유언신탁에서의 유언 중에 유언집행자 지정을 받고 또 당해 유언 중에 급부에 관한 신탁조항을 별도로 규정해 둔다.[53]

### 4. 이사회 승인을 얻지 못한 이 사건 주식신탁의 효력

#### 가. 쟁점의 정리

다음으로 이사회 승인을 얻지 못한 주식신탁의 효력을 살펴본다.

주식신탁이 유효한 신탁으로 성립한 것인지는 2가지 측면에서 각기 검토할 필요가 있다. 먼저 신탁법의 관점에서 별도의 신탁재산의 이전행

---

50) 新井, 앞의 책, 77면.

51) 이중기, 앞의 책, 38면.

52) 상동, 39면.

53) 新井誠＝大垣尚司編, 『民事信託の理論と実務』, 日本加除出版(株), 2016, 6면.

위 없이도 신탁은 성립하는지를 검토한다.

다음으로는 상법상 정관에서 정하고 있는 주식양도제한 사유인 이사회 승인을 받지 못한 경우의 효력에 대해 살펴본다. 이사회 승인을 얻지 못한 사유가 주식양도인과 주식양수인 사이의 주식양도의 효력에 어떠한 영향을 미치는지, 그리고 신탁의 경우에도 주식양도와 마찬가지로 볼 수 있는지가 문제된다.

### 나. 신탁의 성립과 신탁재산 요부-신탁계약의 법적 성질

일본의 구 신탁법 제1조는 '본법에 있어서 신탁으로 칭하는 것은 재산권의 이전 기타 처분을 하여 타인으로 하여금 일정한 목적에 따라 재산의 관리 또는 처분을 하도록 하는 것이다'라고 규정하고 있다. 특히 '처분을 하여'라는 표현과 관련하여 구 신탁법 시절부터 신탁은 재산권의 처분이 있어야만 성립한다는 요물계약설이 강력하게 주장되었다. 그리고 한국의 현행 신탁법에서도 이와 유사한 표현이 여전히 남아 있어 특히 신탁은 재산권의 처분이 있어야만 성립하는지 여부가 문제될 수 있다.

신탁법은 신탁계약의 방법에 의해 설정되는 신탁은 위탁자가 될 자가 수탁자가 될 자와의 사이에 당해 수탁자에 대해 재산의 양도, 담보권의 설정 기타 재산의 처분을 한다는 취지 및 당해 수탁자가 일정한 목적에 따라 재산의 관리 또는 처분 및 기타 당해 목적 달성을 위해 필요한 행위를 해야 한다는 취지의 계약을 체결하는 방법에 의한 신탁이며(일본 신탁법 제3조 제1호), 그 효력은 신탁계약의 체결에 의해 발생한다는 취지를 정하고 있다(일본 신탁법 제4조 제1항).

일본의 구 신탁법 시절에는 신탁의 효력발생과 관련하여 낙성계약설, 요물계약설이 대립하고 있었다.[54] 특히 신탁계약은 목적물인 신탁재산의 실질적인 이전에 의해 성립하고 효력이 발생한다는 이른바 요물계약설이 유력하였으나 신탁법은 이를 부정하는 방향으로 법률개정이 이루어졌다. 그 결과 개정된 신탁법하에서는 확고하게 낙성계약설[55]을 취하

---

54) 新井, 앞의 책, 119-120면.

55) 예컨대 이중기, 앞의 책, 31, 33면("설정자와 수탁자가 직접 계약을 체결하는 경우 신탁계약 체결에 의해 신탁이 설정되게 되고 그 구체적인 효력발생시기는 계약

고 있다. 다만 일본의 개정 신탁법이 취하는 낙성계약설은 정확히는 구 신탁법에서의 낙성계약설과 달리 신탁계약의 체결시점에 신탁계약은 발효한다고 보는 입장이다. 구 신탁법하에서의 낙성계약설은 신탁계약의 체결에 의해 신탁계약은 성립하며 발효하는 것은 신탁재산의 이전시점이라고 보았다.

그러나 신탁계약이 적법한 방식에 의하여 체결되었음에도 불구하고 신탁양도의 효력이 발생하지 않았음을 들어 신탁계약이 성립되지 않았고 법적 구속력이 없는 신탁의 예약이 있는 상태에 불과하며 위탁자는 언제든지 의사표시의 철회가 가능하다고 보는 것은, 신탁재산의 처분에 대비하여 준비행위를 개시하고 있는 수탁자의 기대에 반하며 관계당사자의 합리적 의사에 비추어 자연스러운 해석이 아니므로 적어도 실무적으로는 수용하기 어렵다는 비판이 있었다.[56)]

그러나 일본의 개정 신탁법에서는 신탁계약의 효력 발생으로 신탁이 유효하게 성립한다는 새로운 낙성계약설을 취했다. 개정 신탁법의 당시 입안담당자는 당시 학설이나 실무와 결정적으로 다른 대응을 채택한 이유로서, 다음과 같이 설명하고 있다:

> "신탁계약을 낙성계약으로 하는 것은 수탁자 기타 신탁관계자에게 있어서 타당한 결론이 되는 경우가 적지 않다. 예컨대 신탁계약을 요물계약으로 하는 경우 당사자 합의만 있고 신탁재산의 처분이 이루어지지 않은 단계라면 신탁계약의 효력이 발생하지 않은 것이 되기 때문에 위탁자는 언제든지 신탁설정의 의사표시를 철회할 수 있는데, 그렇게 되면 신탁재산의 처분을 받을 것을 예상하고 각종 준비행위를 하고 있던 수탁자 기타 관계자의 이익이 현저하게 손상되는 일이 되지 않을 수 없다."
>
> "원래 신탁계약을 낙성계약으로 하는 경우라도 신탁재산의 분별관리의무(일본 신탁법 제34조) 혹은 그 관리운용에 관한 선관주의의무(제29조 제2

---

의 정함에 따르게 된다." "위탁자는 수탁자에 대한 재산권의 이전 없이 신탁을 설정하여 수탁자에게 의무를 부과시킬 수 있는가 하는 문제가 발생하는데, 위탁자와 수탁자사이의 계약은 특별한 방식을 요구하는 것은 아니므로 당사자 사이에는 재산권의 이전이 없이 신탁이 설정되고 수탁자의 의무가 부과될 수 있다").

56) 福田雅之＝池袋真実＝大矢一郎＝月岡崇, 『詳解 新信託法』(清文社, 2007), 80면.

항) 등은 현실에서 신탁재산의 처분이 되지않는 한 실제상 적용될 여지가 없다고 생각된다.[57)]"

즉 신탁계약이 이미 체결된 이상 신탁양도의 효력발생여부를 불문하고 수탁자에게 충실의무 기타 의무를 부담하도록 하여도 통상 문제가 없으므로 신 신탁법은 전통적인 계약, 유언에 의한 신탁설정의 경우 낙성계약, 즉 계약에 의한 신탁설정의 경우 신탁계약의 체결에 의하여, 유언에 의한 신탁설정의 경우에는 유언의 효력발생에 의하여 신탁의 효력이 발생하는 것임을 명백히 한 것이다(일본 신탁법 제4조 제1항, 제2항). 다만 신탁행위에 정지조건 또는 시기부가 부착되어 있는 경우 당해 정지조건이 성취되거나 당해 시기가 도래한 때부터 효력이 발생한다(동조 제4항). 그러나 신탁선언에 의한 법률관계를 명확히 하기 위하여 공정증서 등의 작성 등 일정한 요식성이 갖추어진 때에 신탁의 효력이 발생한다.

이에 비해 우리나라 현행 신탁법은 신탁계약의 법적 성질에 대하여 학설대립이 계속되고 있는 점을 고려하여 일본 신탁법과 달리 신탁의 효력발생시기에 관한 규정을 따로 두지 않고 신탁계약의 법적 성질 및 효력발생시기에 대하여는 학설과 판례의 해석에 맡긴다는 입장을 취하였다.[58)] 그럼에도 불구하고 현행 신탁법하에서는 아무래도 새로운 낙성계약설이 더 지지받고 있는 듯하다.

신탁은 신탁설정의사와 신탁재산, 그리고 수익자를 요소로 하며 일반적 수탁자에게 신탁재산이 이전되었을 때 신탁이 설정되었다거나 유효하다고 설명하는 것은 계약과 트러스트를 구분하는 영미법계의 입장일 뿐, 대륙법계의 계약에 의한 신탁 설정의 경우에까지 당연히 유효한 내용은 아니다.[59)] 위탁자가 신탁을 통해 의도한 바를 실현하기 위해서는 재산권의 이전 기타 처분이 필수적이라 하더라도 이것이 논리적으로 신

57) 寺本昌弘, 『逐条解説ー新しい信託法』[補訂版], 商事法務, 2008, 42면. 같은 취지로 神田, 책, 33면.

58) 법무부, 『신탁법 해설』, 법무부, 2012, 29면.

59) 최수정, 앞의 책, 175면.

탁계약의 성립요건이나 효력요건과 직결되는 것은 아니다. 유언신탁은 위탁자의 의사표시와 법률이 정하는 효력요건의 발생으로 신탁이 성립하며, 계약에 의한 경우는 위탁자와 수탁자의 의사표시가 합치함으로써 신탁이 성립한다고 본다.[60] 그리고 신탁법 제2조는 신탁을 정의하는 것일 뿐 법률관계를 창설하는 방식은 전적으로 제3조에 의한다. 따라서 신탁계약의 성질을 요물계약이 아니라 법률에 별도의 정함이 없는 한 계약의 원칙적인 모습인 낙성계약이라고 보고 있다.

다만 이 사안에서는 수탁자가 주권을 이미 소지하고 있으므로 재산권이 수탁자에게 이전되었다고 해석된다.

다. 이사회 승인과 주식 신탁

**(1) 문 제 점**

유언은 유언자가 사망한 때부터 효력이 발생한다(민법 제1073조 제1항). 그러나 성질상 허용되지 않는 경우를 제외하고는 조건이나 기한을 붙일 수 있다. 만약 유언에 정지조건이 붙은 경우 그 조건이 유언자의 사망 후에 성취된 때에는 그 조건이 성취된 때부터 효력이 생긴다. 해제조건이 붙은 경우라면 유언은 유언자가 사망한 때 효력이 발생하고 그 조건이 유언자의 사망 후에 성취되면 효력을 잃는다. 그 밖에 유언자의 의사표시만으로는 유언자가 사망한 때에 완전한 효력이 발생하지 않는 경우도 있다. 예컨대 재단법인 설립하는 경우에는 유언자가 사망한 때에 바로 재단법인이 성립하지 않으며 유언집행자 또는 상속인이 주무관청의 허가를 얻어 설립등기를 하여야만 비로소 성립한다.[61]

그렇다면 이 사건 주식신탁의 신탁재산인 주식에 부착된 이사회 승인요건의 의미를 조건부 신탁으로 보아야 하는지 의문이다.

---

60) 최수정, 앞의 책, 175-176면. 수탁자의 신탁인수나 신탁재산 인도 여부는 신탁의 성립에 영향을 미치는 요소가 아니다. 다만 신탁재산이 없으면 신탁재산에 관한 수탁자의 의무가 발생한다고 볼 수 없으므로 신탁재산이 신탁의 성립요건은 아니지만 수탁자의 의무를 발생시키는 실질적인 전제가 된다. 같은 취지로, 안성포, "신탁방식에 관한 비교법적 검토-소유권 개념과 수익권의 법적 성질을 중심으로", 법학논총 제37권 제1호(2017), 165면.

61) 송덕수, 『민법강의』, 1966면.

일본 신탁법에는 신탁행위가 정지조건부인 때에는 당해 정지조건의 성취에 의해 그 효력이 발생한다는 명문의 정함이 있다(제4조 제4항). 그러나 우리 신탁법은 이 점을 침묵하고 있다.

**(2) 정관상 이사회 승인에 의한 주식양도제한**

주식은 통상의 채권과 달리 '일체성'이 인정된다. '일체성'이라 함은, 주주로서의 지위에 근거한 여러 권리 중 개별 권리만을 별도로 독립적으로 처분할 수 없다는 의미이며 주식을 소유한 주주가 갖는 주주권 중 주주총회에서의 의결권만을 또는 이익배당청구권만을 분리하여 제3자에게 양도할 수 없다.[62] 따라서 수탁자에게 의결권을 행사하게 할 목적으로 주식을 신탁하는 것은 가능하나 의결권만의 신탁은 무효이다.[63]

원래 주식의 양도는 주권발행 이후라면 주식양도에 관한 의사표시의 합치와 주권의 교부가 있어야 한다.[64] 이로써 주주명부의 명의개서와 관계없이 주주가 된다.[65]

그런데 상법은 주식양도를 제한할 수 있도록 정하고 있는바 법률상 허용된 방법은 바로 주식 양도에 대해 이사회 승인을 거치도록 정관에 규정을 두는 방법이다(상법 제335조 제1항 단서). 물론 정관에서 정하고 있는 주식양도의 제한은 공시되어야 하며(주권 및 주식청약서 등의 기재사항이며 등기사항이다) 계약에 의한 제한(주주간 계약에 의한 양도제한합의 등)과 달리 조직법·사단법적 효력을 갖는다.[66]

이와 같이 상법이 정관상 주식양도제한을 허용한 배경은 회사의 경영권이 타인에게 넘어가는 것을 방지하고, 기존의 주주구성을 유지하며

62) 神田秀樹, 「株式の不思議」 前田重行＝神田秀樹＝神作裕之編 『前田庸先生喜寿記念 企業法の変遷』(有斐閣, 2009), 129-130頁(다만 형식적으로 주주권 일체가 동일인에게 귀속되어 있다면, 실질로서 그중 일부를 계약 등에 의하여 제3자에게 귀속시키는 것까지 금지시키는 것은 아니라고 본다).

63) 道垣内, 앞의 책, 36면.

64) 상장회사 주식은 정관에 주식양도제한 규정을 둘 수 없다(한국거래소 유가증권시장 상장규정 제29조 제1항 제7호). 한편 전자등록부에 기재된 주식의 양도나 입질은 전자등록부에 등록하여야 그 효력이 발생한다(상법 제356조의2 제2항).

65) 김홍기, 『상법강의(제4판)』(박영사, 2019), 416면.

66) 권기범, 앞의 책, 589면.

회사로 하여금 주주구성에 관한 선택권을 주자는 데에 있다.[67)]

다만 인적 신뢰관계에 있는 자로 주주를 한정하는 목적이라면 주주간 주식양도에 제한을 부과할 필요는 없을 것이나, 이와 같이 법률로 주주간 양도에도 회사의 승인을 요하도록 규정한 이유는 실은 이 조항이 도입될 당시 1966년 상법 개정 당시 외국자본에 의해 탈취방지 등의 목적으로 공개형 회사에 의한 이 제도의 이용도 가능하게 하고자 하는 의도가 있었기 때문이라고 한다(물론 폐쇄형 회사라고 하더라도 주주간 지분비율의 변동에 회사는 관심을 가진다).[68)]

특히 폐쇄형 주식회사는 인적 신뢰관계가 있는 자로 주주를 한정하고자 하는 요청이 강하므로 상장회사가 아닌 회사의 경우 이러한 정관상 주식양도제한 규정을 두는 예가 많다.[69)] 이사가 1인 혹은 2인으로 구성된 주식회사(자본금 총액이 10억 원 미만이어야 함)에서는 이사회가 없으므로 주주총회가 그 역할을 수행하지만(상법 제383조 제4항), 그러한 경우 외에는 이사회 승인과는 별개로 주식 양도시 주주총회의 승인 혹은 대표이사의 승인을 요구하는 정관 규정은 무효로 보는 것이 국내 통설이다.[70)] 그러나 구체적인 사안에서 이사회가 승인 여부를 대표이사에게 위임하는 것은 금지할 필요가 없다고 본다.[71)]

한편 이사회 승인을 요하는 정관의 규정에도 불구하고, 총주주의 동의가 있는 경우라면 정관의 규정과 관계없이 회사에 대하여 효력이 있다고 해석된다.[72)] 주식양도 제한의 취지가 주주들이 원하지 않는 자가 주주로 들어오는 것을 막는 데 있기 때문이며(주식을 양도하는 주주 이외의

---

67) 상동.

68) 江頭憲治郎, 『株式会社法(第7版)』(有斐閣, 2017), 234頁.

69) 일본의 경우에도 상장회사가 아닌 회사 중 대다수는 이러한 정관상 양도제한규정을 두고 있다(江頭, 앞의 책, 233면).

70) 예컨대 김홍기, 앞의 책, 425면. 그러나 독일 주식법은 정관 규정으로 주주총회산 감사회도 승인기관으로 정할 수 있도록 허용하고 있다: 김정호, 『회사법(제5판)』, 법문사, 2019, 211면.

71) 김건식 · 노혁준 · 천경훈, 『회사법(제3판)』, 박영사, 2018, 205면.

72) 이에 대해, 조문의 규정으로 보나 주주의 이익을 회사의 이익과 동일시할 수 없는 점에서 볼 때 의문을 제기하며 반대하는 입장도 있다(정찬형, 앞의 책, 791면).

다른 주주를 보호하기 위한 규정임), 총주주의 동의가 있다면 다른 주주의 보호문제가 없기 때문이다.[73)]

상법은 정관에 규정을 두어 주식의 양도시 이사회의 승인을 요구할 수 있도록 함으로써 폐쇄적인 주주의 구성을 유지하고자 하는 회사들이 자율적으로 주식의 양도를 제한할 수 있는 길을 열어주는 한편, 이로 인해 주식의 환금성 내지는 주주의 투하자본 회수가능성을 상실하지 않도록 회사에 대해 당초 예정된 양수인에 갈음하여 주식을 양수할 자를 지정하여 줄 것을 청구하는 방법과 회사가 대신하여 주식을 매수하여 줄 것을 청구하는 방법 등 2가지 환가방법을 마련하고 있다.[74)]

이사회는 자유롭게 승인 또는 거부를 결정할 수 있는데 이사회 승인을 요구하는 기본 취지는 회사의 경영자들이 주주의 인적 구성을 폐쇄적으로 유지할 수 있게 하기 위함이다.[75)]

그러나 상법은 이사회의 승인거부에 상대적 효력만을 부여하여 이사회 승인 없이 양도하는 것도 가능하며, 이사회 승인 없이 양수한 자는 이사회에 양수의 승인을 구하고 승인하지 않을 경우 새로운 양수인을 지정하여 줄 것을 청구하거나 회사에 주식매수를 청구할 수 있도록 하고 있다.

정관의 양도승인 규정은 주식의 "양도"에 한하여 적용된다. 이때의 양도는 특정승계를 의미하며, 매매에 의한 주식양도, 증여에 의한 주식양도 등 개별적인 법률행위에 의한 주식양도에 적용된다.[76)] 그러나 상속, 합병 등과 같은 포괄승계에 대해서는 적용되지 않는다.[77)]

입질 등 주식의 담보제공은 제한되지 않으나, 담보권의 실행으로 주식을 취득하는 자는 이사회 승인을 받아야 한다.[78)]

한편 양도담보의 경우 견해가 나뉘는데, 등록양도담보든, 약식양도담

73) 정동윤, 『상법(상)(제6판)』(법문사, 2012), 481면; 최준선, 앞의 책, 318면. 이것이 일본의 통설과 판례이기도 하다.

74) 이철송, 앞의 책, 382면.

75) 상동.

76) 김홍기, 앞의 책, 427면.

77) 이철송, 앞의 책, 385면.

78) 김건식, 앞의 책, 204면; 이철송, 앞의 책, 385면.

보든 추후 담보권 실행시에 비로소 적용된다는 견해도 있을 수 있으나, 적어도 등록양도담보에는 성립시에 적용된다고 보아야 한다(약식양도담보 역시 성립시 주식의 소유권이 이전되나 이사회 승인은 회사에 대한 관계에서 추후 권리행사시 얻으면 된다)고 설명한다.[79] 나아가 주권의 선의취득시에도 양도제한규정이 적용되어 선의취득자가 회사에 대하여 승인을 청구하여야 한다.[80]

유언신탁의 경우에도 신탁재산의 신탁은 특정승계로서 여기서의 '양도'에 포함된다고 생각된다.

**(3) 이사회 승인 없는 주식 신탁의 효력: 견해의 정리**

이 사건에 대해, 정지조건부 신탁이므로 이사회 승인을 받지 못하여 신탁설정의 의사는 기능하지 못하게 되었고, 유언의 나머지 부분에 흡수된 것으로 보아 정지조건불성취로 인해 목적달성불능에 의해 발효되지 않았고 나머지는 유증의 문제로 처리되었어야 한다는 의견도 있다.[81] 정지조건부 유증에서는 유언자 사망시 수유자는 정지조건부 권리를 취득하고, 조건성취에 의해 완전한 권리를 취득하는바, 본건 유언에서는 갑의 사망에 의해 손자 B는 정지조건부권리를 취득하지만 그것이 어디까지나 기대권이며 회사의 양도승인이 있기까지는 이 사건 주식은 수탁자에게 신탁양도되지 않았다고 해석하는 입장이다.[82] 그렇게 볼 경우 이 사건 유루분반환합의 등은 당사자에 의한 사후적인 처리문제에 불과하다.

그러나 유언에 의한 경우라 하여도 당사자들의 합의에 의한 주식의 양도의 경우에 준하여 단독행위로서의 유언과 그에 따른 주권 교부로 일응 효력이 발생한다고 볼 수 있지 않을까. 여기서 정관의 규정에 반하여 이사회 승인 없이 주식을 양도한 경우 회사에 대하여 효력이 없다(상법 제335조 제2항)는 내용을 어떻게 해석할 것인지 검토해 본다.

---

79) 권기범, 앞의 책, 593면.

80) 권기범, 앞의 책, 593면. 선의취득자는 양도제한이 붙어있는 주식을 승인 없이 취득하는 것으로 이해한다. 양도제한의 취지가 주권에 기재되어 있으므로 이렇게 해석하여도 선의취득자에게 불이익은 없다.

81) 新井, 앞의 책, 76-77면.

82) 新井, 앞의 책, 76면.

회사의 승인이 없는 한 당사자 사이에서도 양도의 효력이 발생하지 않는다고 보아야 한다는 견해(절대적 효력설)도 존재하기는 한다.[83] 이 견해는 상대적 효력설을 취하게 되면 주식취득자가 주주명부상의 주주에 대해 의결권 행사에 관한 지시를 하는 것이 가능하게 되어 양도제한의 취지가 몰각될 우려가 있음을 근거로 한다.

그러나 명부상 주주가 제3자의 지시에 따라 의결권을 행사할 위험은 이 경우에만 국한하여 발생하는 것이 아니므로 그것이 절대적 효력설을 취할 이유는 되지 못한다.[84]

국내 통설은 회사와의 관계에서 양도가 무효임을 뜻하며, 주식양도인과 양수인 사이에서의 효력은 유효하다고 보고 있다.[85] 따라서 주식양도의 효력을 회사에 대하여 주장하지 못하고, 회사도 그 효력을 인정할 수 없다.[86] 일본의 통설 역시 회사에 대한 관계에서는 효력이 없고 양도 당사자 사이에서 유효하다는 상대적 효력설이다.[87]

일본 회사법상 정관상 이사회 승인을 요하는 양도제한주식에 대해 회사의 승인이 없는 한 주주명부의 명의개서를 청구할 수 없다(회사법 제134조).

상법 제335조의7에서 주식의 양수인도 회사에 대해 그 취득의 승인을 청구할 수 있고 승인거절시 양도상대방의 지정 또는 주식의 매수를 청구할 수 있음을 규정하고 있는바 이는 당사자 사이에서는 양도가 유효함을 전제로 한 것이다.[88]

앞서 본 바와 같이 상법은 이사회의 승인거부에 상대적 효력을 인정하고 있으므로 이사회 승인 없이 양도하는 것 자체는 가능하며, 이사

83) 小野寺千世, 「定款による株式譲渡制限に関する立方論的考察」, 筑波14号 456頁 (1991); 江頭, 앞의 책, 241면에서 재인용.

84) 江頭, 앞의 책, 241면.

85) 상대적 효력을 인정하는 것이 국내 통설이다. 예컨대 김정호, 앞의 책, 212면; 김홍기, 앞의 책, 426면; 이철송, 앞의 책, 386면; 정찬형, 『상법강의(상)(제21판)』 (박영사, 2018), 790면; 홍복기 · 박세화, 앞의 책, 257면 등. 한편 양도인과 양수인 사이에 채권적 효력이 인정된다는 입장(장덕조, 190면)도 같은 취지로 해석된다.

86) 홍복기 · 박세화, 앞의 책, 257면.

87) 江頭, 앞의 책, 241면.

88) 대법원 2008. 7. 10. 선고 2007다14193 판결.

회 승인 없이 양수한 자는 이사회에 양수의 승인을 구하고 승인하지 않을 경우 새로운 양수인을 지정하여 줄 것을 청구하거나 회사에 주식매수를 청구할 수 있도록 하고 있음에 비추어 보더라도 이사회 승인이 주식양도(주식신탁)의 효력이 발생하기 위한 조건은 아니라고 생각한다.

라. 사안의 경우

1심 판결은 본건 유언신탁이 신탁재산 부존재로 인해 신탁의 효력이 발생하지 않았다고 본 데 비하여, 2심 판결은 유언신탁이 일단 발효하였으나 목적달성 불능으로 인해 종료하였다고 보고 있다. 즉 유언에 의해 주식신탁은 성립하였고 효력도 발생하였음을 전제한다. 앞서 본 것처럼 2심 판결은 수탁자, 수익자가 각각 존재하고 이 사건 주식을 신탁재산으로 하여 수익자를 위한 주식의 보존, 관리를 신탁목적, 수익자의 성년을 신탁행위로 정해 둔 신탁종료사유로하여 수익자를 신탁생위에 있어서 잔여재산귀속권리자로 하는 신탁의 성립을 인정한 다음, 당해 주식이 양도제한주식이라는 점, 수익자의 친권자에 의해 이 건 수익권 포기가 이루어진 점 등에 비추어 신탁목적달성 불능에 의해 종료한 것으로 해석하고 있다(물론 1심 판결도 신탁종료를 언급하고 있기는 하다).

5. 양도승인을 부결시킨 이사(들)의 의무 위반 여부

한편, 주식신탁에 대해 정관상 주식양도제한 규정에 의해 이사회 승인이 요구된다고 할 때 이사들이 수탁자에 대한 신탁에 의한 양도를 승인하지 않은 것이 혹시라도 이사의 충실의무 등을 위반한 것인지가 문제될 수 있다. 사안을 보면 당시 이사회 승인이 부결된 데에는 C의 의사가 결정적이었다.

우리 상법의 관점에서 볼 때 상법 제335조 제1항에 따라 이사회 승인이 필요하다고 할 뿐 승인 여부에 대한 기준을 두고 있지는 않다.

정관상 이사회 승인 여부를 결정하는 기준을 별도로 정하고 있는 경우에는 그러한 정관규정을 따르면 된다.[89] 물론 이 경우 특정 사유시 반드시 승인을 거절하여야 한다는 등의 정관규정은 허용되지 않지만, 합

리적인 범위 내에서 이사회의 승인 또는 거절기준을 미리 정관으로 정하는 것은 무방하기 때문이다.[90)]

그러나 정관에 이에 관한 아무런 규정을 두지 않은 경우 이사회에 전적인 재량권이 인정되는지 여부에 대해서는 견해의 대립이 있다.

(i) 이사회의 승인 여부는 전적으로 이사회의 재량으로 보아, 어느 쪽으로 결정하든 승인청구를 한 주주 또는 양수인과의 관계에서 합리성이나 공정성을 요구하지 않으며,[91)] 거절에 반드시 정당한 이유가 필요한 것도 아니라고 해석한다.[92)] 이 견해가 국내에서는 다수설로 이해된다. 이 견해에 의하더라도 이사회 승인 또는 승인거절에 대해 이사는 회사에 대하여 주의의무를 부담한다는 점을 부인하는 것은 아니다(밑줄 부분은 필자가 추가).[93)] 따라서 승인을 거절할 이유가 없는데 승인을 거절하여 주식매수청구를 받게 된 경우 회사에 대한 관계에서 책임문제가 발생할 수 있다고 본다(상법 제390조).[94)]

(ii) 반면, 충실의무에 따라 회사에 이익이 되는 방향으로 합리적으로 결정해야 한다는 견해가 있다.[95)] 이사회는 자의적인 결정을 해서는 안되며 우선적으로 회사의 이익을 고려하되 부차적으로 해당 주주의 이익도 감안하면서 주주평등의 원칙에 입각하여 승인 또는 거절의 의사결정을 하여야 한다는 입장인데 위반시 충실의무 위반으로 구성한다.[96)] 따라서 회사에 손해가 되는 양수인에 대하여는 거절하여야 하나 거절의 실

89) 권기범, 앞의 책, 594면.
90) U. Hüffer, AktG, § 68, Rn. 14; Sailer-Coceani, Münchener Handbuch des Gesellschaftsrechts, Bd. 4(Aktiengesellschaft), 14, Rn. 21a; Bezzenberger, in Schmidt/Lutter, AktG, § 68, Rn. 29.; 권기범, 앞의 책, 594면(각주 522)에서 재인용.
91) 이철송, 앞의 책, 387면.
92) 김건식, 앞의 책, 205면. 그 이유로서, 양도승인이 거절되는 경우 주주는 양도상대방의 지정이나 주식의 매수를 청구할 수 있으므로 주주에게 특별히 불리한 점이 없음을 들고 있다.
93) 이철송, 앞의 책, 387면.
94) 이철송, 앞의 책, 387-388면.
95) 지지하는 입장: 정동윤, 앞의 책, 235면; 권기범, 앞의 책, 594-595면.
96) 권기범, 앞의 책, 595면.

질적 근거까지 적시할 의무는 없다고 본다.[97)]

이사회가 주식양도 승인할 것인지 부결시킬 것인지는 이사회의 권한이고 결국 이사들의 재량의 여지가 큰 것은 사실이나 그렇다고 하여 전적으로 재량사항으로 볼 수는 없고, 이사들은 이론적으로 승인 여부를 결정할 때에 스스로 회사에 대한 선관주의의무, 충실의무 등을 부담한다고 이해된다. 따라서 (ⅱ)설에 입각하여 판단하여야 한다고 본다. 또한 이사가 양도당사자인 경우에는 양도인, 양수인 어느 쪽이라도 결의에 대해 특별이해관계인에 해당한다고 해석해야 한다.[98)] 그렇다면 이 사건 2009년 5월 26일자 주식신탁 승인의 건을 부결한 이사회 결의가 과연 적법 타당한 것인지는 여전히 의문이 남는다.

### 6. B, D가 이 사건 주식에 관한 주주인지 여부(주주권 귀속 여부)

원래 주식을 양도할 때에는 주권의 교부가 필요한데 上野百貨店사건에서 주권은 수탁자 X1이 소지한 채 반환을 사실상 거부하고 있는 상태이다.

그렇다면 이 사건 유류분반환 합의만으로 이 사건 주식 중 일부가 B에서 D로 이전되는 것이 가능한지가 문제된다.

원고 측에서는 주권을 점유개정 등을 한 사실도 없으므로 유류분반환 합의에도 불구하고 손자, 손녀 누구도 이 사건 주식을 취득할 수 없다고 주장했다.

이때 주식의 유증은 상법 제335조 제1항의 '양도'에 해당하지 않으므로 주권이 교부되지 않더라도 유언이 효력을 발생함으로써 당연히 주식양도의 효력이 발생한다고 보는 견해가 있을 수 있다.[99)] 더구나 1심 재판소는 유류분반환청구권을 행사하면 법률상 당연히 반환의 효력이 발생되므로 손자와 손녀는 이 사건 주식을 준공유하게 된다고 보았다. 따라

---

97) 권기범, 앞의 책, 595면(현재 독일에서는 회사에 이익이 되는 방향으로 결정해야 한다는, 이른바 이사회의 의무적 재량으로 보는 것이 통설과 판례이다).

98) 江頭, 앞의 책, 237면.

99) 1심 재판소의 판시내용이다.

서 주권의 교부 없이 유류분반환합의만으로도 주식이 이전되며 특히 이 사건 유류분반환 합의는 주식 준공유자 사이에서 준공유를 해소하기 위한 목적으로 이루어진 합의로 해석하였고 주권의 교부는 필요 없다고 보았다.

반면 고등재판소는 주식의 이전을 위해 주권의 교부가 필요하다는 것을 전제하면서도, 이 사건의 경우 유언집행자는 유류분 분쟁에 관하여는 권한이 없고 이미 이 사건 주식에 대해 유언신탁이 종료하여 청산수탁자로서 청산절차가 행하여져야 하나 수탁자는 귀속권리자에 대해 잔여재산을 급부하는 등 청산절차를 실행하지 않았다는 사실에 주목했다.

유언신탁의 청산절차가 제대로 실행되었다면 이 사건 주식은 전부 B에게 귀속되었을 것이 확실한 이상 장래 청산수탁자로부터 급부를 받아 B로부터 D에게로 이 사건 주식 중 일부를 양도한다는 합의로서 유효하다고 해석하였다. 원래 신탁종료시 잔여재산의 권리이전시기는 신탁종료와 동시에 물권적으로 이전되는 것이 아니라 청산수탁자가 청산사무가 종결되고 잔여재산급부행위(주권교부)가 실행되어야 비로소 이전되는 것이다. 그런데 수탁자는 청산절차가 조기에 그리고 용이하게 실행가능함에도 불구하고 신탁종료를 부인한 채 청산수탁자로서 의무를 다하지 않고 있다. 이러한 수탁자가 스스로 잔여재산급부의무(주권교부)의 불이행 사실을 넘어서서 B, D의 주주 지위를 다투는 것은 신의칙 위반으로 판단한 것이다.

즉 신탁이 종료되어 조속히 청산업무를 수행하지 않는 수탁자는 자신의 의무 불이행이 원인이 되어 주권을 교부받지 못하더라도 그들의 주주권을 부인할 수 없다고 본 것이다.

## Ⅳ. 주식신탁의 설계

### 1. 활용가능한 주식신탁의 예시

주식을 상당히 소유한 대주주라면 주식신탁의 어떤 점에 끌릴까?

일단은 상속으로 인해 주식이 분산되어 경영상 교착상태가 발생하지 않기를 희망할 것이며, 또 경영자 본인이 고령으로 인해 인지장애(치매)나 혹은 지병 등으로 인해 경영판단을 내릴 수 없게 되는 경우의 경영공백 등을 일종의 리스크관리 차원에서 방지하고자 할 유인이 분명히 존재한다.

실제로 하나은행의 경우 하나은행을 수탁자로 하여 2019년 8월 22일 현재 3건의 유언대용신탁 형식의 주식신탁 사례가 존재하는바 대상 주식은 상장주식, 비상장주식 혹은 상장주식과 비상장주식이 혼재된 형태 모두 가능하다. 이때의 위탁자는 창업주 개인인 경우이거나 주식을 다량으로 보유한 개인투자자이며 원본수익자는 위탁자 본인이고 사후 수익자는 자녀들로 되어 있다. 그리고 의결권 행사시 위탁자와 사전 협의하고 위탁자의 지시에 따라 행사하는 형태이다(하나은행 기업승계 신탁계약서 제14조). 구체적으로는 다음과 같은 활용방안이 가능하므로 이하 이 글의 목적에 맞게 정리하여 소개한다(유언신탁은 유언을 집행하여야 하는 만큼 경영상 공백이 있을 수 있어 보다 활용도가 높은 유언대용신탁의 형태의 예시이다).[100)]

#### ① 시기부(始期付) 주식신탁: 위탁자의 행위능력상실이나 사망에 의한 경영리스크 관리 목적

**[사 례 ①]**
A주식회사 경영자이자 최대주주인 갑은 현재 65세이고 장남 을(35세)을 자신의 후계자로 결정하였으나 아직 주식의 대부분을 본인이 소유하고 있어 만약 본인이 치매에 걸린 경우 의결권 행사가 불가능해질 것을 우려한다. 주식증여에 따른 세금부담이나 장래의 혹시 모를 사태를 고려하여 아직은 장남에게 주식을 이전하고 싶지는 않다. 을과 차남 병(30세)의 관계는 양호하다. 병은 회사 주식이나 부동산보다는 현금을 상속받기를 희망한다. 수탁자는 후계자인 을로 한다. 생전에는 갑 본인이 이익을 누리고 싶다.

100) 河合保弘, 『民事信託超入門』, 日本加除出版(株), 2016, 196-215면의 내용을 간추렸고 수정을 가하였다. 이와 유사한 사례를 소개한 문헌으로 伊藤伸彦ほか · 前掲(주 4) 73-76頁.

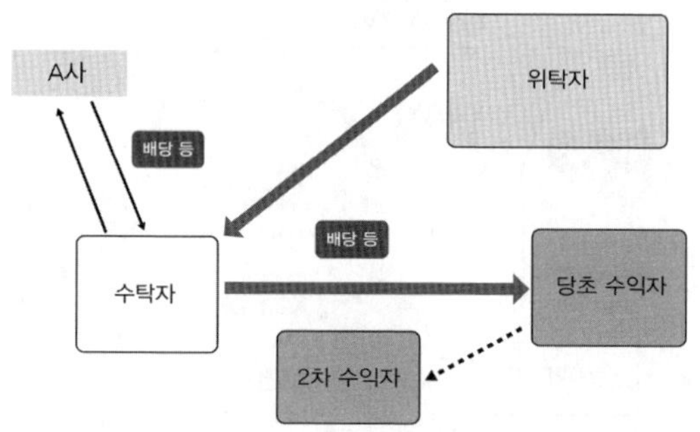


이 경우 "갑이 치매 등 인지장애상태가 된 경우" 등의 조건을 부착하여 시기부 주식신탁계약을 체결할 수 있다(1차 수익자 갑, 2차 수익자 을). 회사에 시기부 주식신탁계약을 체결하였음을 통지하고 갑이 치매 등 인지장애상태가 되면 신탁계약을 효력을 발생하게 되며 을은 수탁자로서 의결권 행사가 가능하게 된다. 또한 유언을 통해 병에게는 현금(예금 등)을, 나머지는 을에게 상속시킨다. 갑의 사망시 을이 수익권을 상속받으면 수탁자 겸 수익자가 되므로 신탁을 종료시키거나 수탁자를 변경하여 신탁을 그대로 유지할 수도 있겠다.

② 주식 매년 증여신탁: 조건부 증여의 실현

[**사　례** ② ]
A주식회사의 경영자인 갑은 현재 70세이고 장녀 을(43세)이 회사의 등기이사 겸 상무로 재직 중이다. 을을 후계자로 하기 위해 증여세 비과세 범위 내에서 주식을 생전 증여하였으나 아직 본인 소유 주식이 상당수 남아 있다. 매년 주식을 을에게 증여하고 싶지만 본인이 치매에 걸리게 되면 이것이 불가능해질 것을 우려한다. 차녀 병은 현재 회사와 아무런 관련이 없다. 을은 독신이고 병의 자녀로 정(10세)이 있어 갑은 장래에 정으로 하여금 회사를 승계시킬 생각도 있다. 갑은 오랫동안 같이 일한 회사 임원이며 현재 부사장인 X를 전폭 신뢰하고 있어 후계자 교육 및 양성을 X에게 맡기고 싶다.

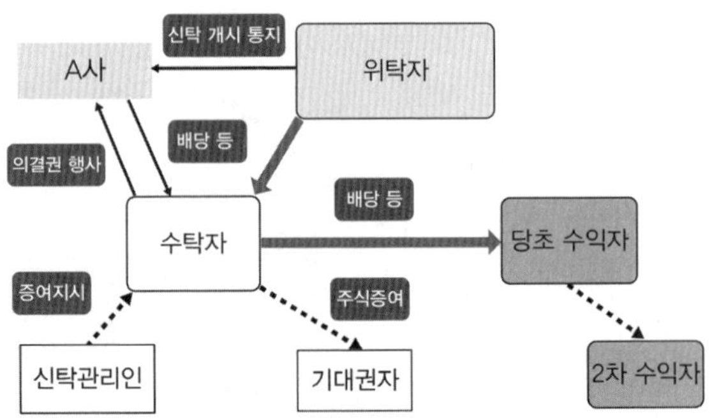


이 경우에도 일단 "갑이 치매 등 인지장애상태로 판정받은 경우 신탁의 효력이 발생한다" 등의 조건이 부착된 주식신탁계약을 체결하고 갑이 위탁자 겸 수익자, 후계자 후보인 을이 수탁자, 부사장인 X를 수익자의 대리인(*신탁관리인: 신탁법 제67조)으로 지정한 다음 "수익자 대리인(신탁관리인)이 필요하다고 인정한 때에 주식을 을에게 증여할 수 있음"을 신탁행위로 정해 둔다(증여시에는 증여대상 주식분에 해당하는 신탁을 해제한다). 갑 사망시 신탁행위의 정함에 의해 수익권이 을에게 상속된다. 만약 을이 후계자로서 승계하지 않는 경우라면 2차 수익자를 변경할 수 있도록 하고, 또 갑의 의사로 손자인 정을 차차기 후계자로 하기 위해 수익자연속신탁(신탁법 제59조, 제60조)으로 정할 수도 있다.

③ 후계자지정형 신탁: 수익자지정권을 부여하여 신중하게 후계자를 결정

[**사　　례** ③]
A주식회사의 경영자인 갑은 현재 65세이고 후계자를 정하고 싶지만 회사의 이사로 재직 중인 장녀 을(33세)과 장남 병(30세) 중 어느 쪽을 자신의 후계자로 삼을 지를 결정하지 못한 상태이다. 그 와중에 갑의 건강상태가 악화되었고 갑은 치매가 되기 전 단계에서 오랫동안 회사에 함께 근무하여 온 전무이사 정(58세)에게 본인 소유 주식에 관한 의결권의 행사를 맡기고 자신이 사망한 후에는 이사회 결의(현재 이사 총원 7인; 이사 전원은 신뢰할 만한 인물임을 전제)를 통해 회사에 가장 적합한 자를 후계자를 지정하도록 하고 싶다.

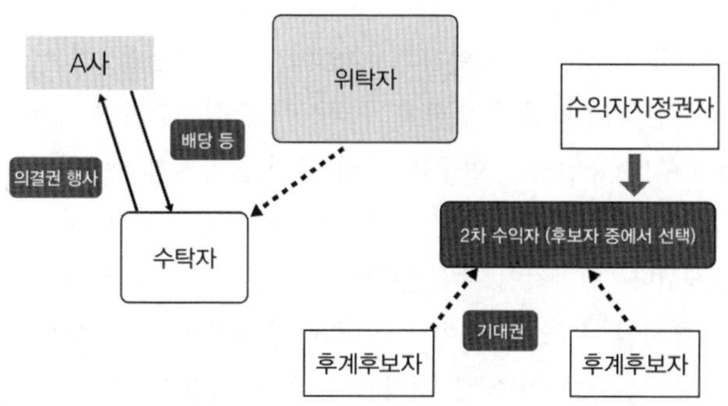


이 경우 갑은 위탁자 겸 수익자, 수탁자는 정으로 하고, 수익자지정권을 "A회사(실질적으로는 A회사의 이사회)"가 갖도록 하는 주식신탁계약을 체결할 수 있다. 주식신탁은 신탁 성립과 동시에 효력이 발생하여 수탁자인 정이 갑의 지시를 받아 의결권을 행사하게 된다. 갑 사망 후에는 A회사의 이사회는 2명의 후계자 후보 중 더 적합한 자를 수익자로 지정하게 된다(후계자 결정). 후계자를 선정할 때 탈락 후보자를 2차 수익자로 정하여 만일의 사태에 대비할 수도 있겠다.

## 2. 주식신탁의 특수성

주식이라는 특수성으로 인하여 주식신탁의 경우 미리 검토되어야 할 사항이 있다.

① 먼저 당사자들이 처한 상황을 고려하여 주식신탁 구조를 설계할 필요가 있다. 예컨대 주가가 너무 높다면 증여세 등이 부담이 될 수 있고, 또 후계자 선정을 위해 후보군에 속하는 자들의 경영능력을 어느 정도 검증할 필요가 있다.

② 또한 上野百貨店사건에서 보듯이 비상장회사의 대부분은 주식양도에 관한 이사회 승인을 요하는 규정을 정관에 마련한 예가 대다수이므로, 대상 회사의 이사를 겸하고 있는 상속인들 사이에 분쟁이 발생하여 이사회 승인을 얻지 못하여 주식신탁의 성립 여부 내지는 종료 여부가 문제될

가능성은 매우 크다고 본다. 그러므로 분쟁의 소지를 미연에 방지하기 위해서는 주식신탁의 경우에는 이사회 승인이 필요 없음을 정관에 규정해 두거나, 대주주인 피상속인이 생전에 주식신탁을 설정함과 동시에 혹은 순차로 이사회로부터 승인을 받아두는 등의 조치를 생각해 볼 수 있다.

③ 다음으로, 신탁재산인 주식의 의결권을 행사할 자를 누구로 지정할 것인가가 문제된다. 일반적인 주식신탁의 기본형이라면 수탁자가 주식에 관한 의결권을 행사할 수 있는 것이 원칙이나, 수탁자 이외의 자(예컨대 위탁자 혹은 수익자, 현 경영진)에게 수탁자에 대한 의결권 행사를 지시할 수 있는 권한을 부여하는 것도 가능하다. 이때 법적으로는 의결권자는 수탁자이지만 의결권 행사에 관한 지시권을 제3자가 가지게 되는 형태가 된다.

다만 제3자가 이러한 의결권 행사에 관한 지시권을 가지지만 실제 의결권을 행사하는 것은 수탁자라는 측면에서, 수탁자와 지시권한자 사이의 내부적 법률관계에서 정한 계약상 구속력을 당해 의결권 행사에 어느 정도로 인정할 것인지가 문제될 수 있다. 이 문제는 주주간계약이나 혹은 의결권구속계약에서 특정 방향으로 의결권을 행사하도록 계약상 정해 둔 경우 이러한 계약을 위반하여 이루어진 의결권이 행사된 경우와 매우 유사하다. 따라서 주주간계약을 둘러싼 유사한 논의가 적용되므로 이 글에서는 이 점은 생략하기로 한다.[101)]

따라서 수탁자가 경영권을 장악하였음을 기화로 이른바 위탁자·수익자에 대해 배신행위를 할 위험성에 대비하여 미리 수탁자 변경권(예비적으로 제2수탁자를 누구로 할 것인지를 미리 지정할 수도 있다) 등의 조치를 신탁계약에 명시할 필요가 있다.

④ 그 밖에 유언신탁으로 복수의 회사 주식을 일괄하여 신탁하는 것이 가능한지가 문제될 수 있다. 특히 창업자가 주된 사업 회사 이외에도 관련된 사업을 영위하는 회사를 다수 보유하는 경우도 있다. 원칙적으로 신탁재산으로서 복수의 회사 주식을 일괄하여 신탁하는 것 자체는

---

101) 서울대학교 금융법센터, 앞의 보고서, 125면.

가능하다고 생각한다. 다만 유언신탁의 내용이 어느 정도로 구체적이고 명확한지에 달려있다. 특정 사업 관련된 주식이라고만 언급하면 이때의 사업관련성의 범위가 어디까지인지를 먼저 획정하여 적용대상을 정해야 한다. 그러나 분쟁의 소지를 없애기 위해서는 각 회사별로 주식신탁의 대상인지 여부를 명확히 하는 것이 더 바람직하다.

⑤ 또한 이 글에서는 상세히 다루지 못하였으나 유언신탁 혹은 유언대용신탁과 유류분권리자에 의한 유류분반환청구간의 관계를 고려할 필요가 있다.

특히 주식은 주주총회에서의 의결권 행사를 통해 회사의 경영권에도 영향을 미치므로 주식신탁으로 인해 주식을 상속받지 못하게 된 상속인들의 유류분반환청구와 관련해서 검토가 필요하다.

⑥ 마지막으로 위탁자의 의도가 실질적으로 다음 세대에게 주식을 증여하는 것이 주된 목적인지, 아니면 향후 불가피하게 치매 등의 인지장애가 발생할 위험에 대한 경영권 안정화 장치가 주된 목적인지에 따라 주식신탁의 구조는 달리 설계될 수 있다. 특히 후계자 결정과 관련해서는 수익자지정권 혹은 수익자 변경권을 신탁행위로 정해둠으로써 미연에 방지할 수도 있겠다.

종래에는 가족 특히 (미성년인) 자를 부양해야 한다는 정책적인 관점에서 상속이나 유류분 등의 문제를 살펴보았으나 앞으로 다가올 고령화사회에서는 종전과는 다른 시각에서 접근해야 하지 않을까싶다. 이미 상속은 (미성년인) 자를 부양한다는 의미는 많이 희석되었다. 오히려 중소기업 등을 경영하고 있는 대주주 겸 경영자와 가족이 직면하게 될 문제는 상속으로 인해 주식이 분산되는 것을 방지한다는 것뿐 아니라, 주식의 수익이 위탁자 생존시까지 적절하게 급부되어야 하고 또 고령으로 인한 질병이나 치매 등의 상황에서도 안심하고 여생을 맡길 수 있는 보호장치(간호, 보살핌 등)가 더 시급하다.[102]

---

102) 新井誠＝神田秀樹＝木南敦編, 『信託法制の展望』(日本評論社, 2011)[第10章 事業信託による事業承継(安藤朝規)] 349頁.

## Ⅳ. 결　　어

신탁업계에서 금전신탁과 부동산신탁이 주류라면, 주식신탁은 그야말로 비주류다. 특히 주식신탁은 신탁업자가 아무리 활성화하고 싶어도 주식의 취득과 의결권 행사에 법률상 제한이 있어 원활하게 설계하거나 널리 이용되지 못하였다. 따라서 주식취득제한과 의결권 행사를 제한한 부분은 향후 개정될 필요가 있다.

이러한 문제의식을 바탕으로 실제 발생한 일본의 주식신탁 분쟁 사례(일본, 동경고등재판소의 2016년 판결)를 살펴보았다.

대상 사건의 1심 판결은 본건 유언신탁이 신탁재산 부존재로 인해 신탁의 효력이 발생하지 않았다고 본 데 비하여, 2심 판결은 유언신탁이 일단 발효하였으나 목적달성 불능으로 인해 종료하였다고 보았다. 관련된 쟁점으로는 주식양도시 이사회 승인을 요하는 정관규정의 적용과 신탁의 성립, 이사의 충실의무 위반 여부, 주주권의 귀속문제 등을 본문에서 검토하였다.

그런데 신탁의 일반론으로서, 상사신탁과 민사신탁의 준별론을 주장하는 견해도 있다. 민사신탁에 대비시켜 상사신탁 개념의 독자성 내지는 법리의 차별성을 주장하기 위함으로 이해되지만, 신탁법은 민법, 상법 등과 더불어 사법 체계 일체를 이루고 있으므로 상사신탁으로 분류된다고 하여 마치 민법과는 전혀 이질적인 법리가 갑자기 생겨나는 것도 아니고 나아가 민사신탁이라 하여 상법의 내용은 일체 배제되어야 하는 것도 아니므로 민사신탁과 상사신탁의 구별론이 신탁의 관점에서 볼 때 본질적 차이에 근거한 것인지는 의문이다. 이 글에서 검토한 上野百貨店事件의 경우에도 민사신탁이지만 동시에 상법(회사법)의 쟁점이 진지하게 논의되었다.

본래 신탁(trust)이란 누군가(위탁자)의 가족 혹은 소중한 사람에 대한 사랑을 바탕으로, 또 다른 누군가(수탁자)를 절대적으로 신뢰하기에 비로소 성립할 수 있는 제도에서 출발하였음을 떠올려 보자. 신탁제도의 출발이 사랑과 신뢰라면, 개인이 자유롭게 자신의 재산을 어떻게 활용, 처분할 것인지를 다양하게 구상하고 그가 원하는 대로 재산을 활용 혹은 승계시키는 신탁의 구조를 설계할 수도 있도록 조력할 필요가 있다.

개별 신탁유형마다 각 신탁의 특성에 맞추어 유연하게 대응하면 되고 그 과정에서 약간의 수정이 가해질 수는 있지만 종래의 민사신탁 법리로부터 독립된 별도의 상사신탁 법리를 창설할 필요까지는 없다고 생각한다.

마지막으로 이 글에서는 활용가능한 주식신탁의 사례 및 관련하여 쟁점사항을 다루었다. 이러한 논의가 향후 주식신탁이 활성화되는 데에 도움이 되기를 바란다. 민간의 영역에서 신탁제도가 널리 이용되어 법과 제도가 누군가가 바라는 바를 이루게 해 주고 나아가 그가 생각한 것을 그대로 현실로 만들어 줄 수 있기를 기대한다.

[Abstract]

# Case Study on Stock Trust

## −Review under Cross-regulation of Trust Law and Corporate Law Beyond All Boundaries Between Civil Trust and Commercial Trust−

Kim, Tae Jin*

In the Korean trust business market, a stock trust is not common comparing with monetary trust and real estate trust. Particularly, the main reason that the stock trust is not widely used is the regulatory restrictions to trust companies in terms of share acquisition and voting right, which the trust business is currently strictly regulated by the Korean Capital Market Act.

This paper does not examines the regulatory issue or try to propose any idea for amendment to the relevant laws or refining financial policies. With critical awareness of these regulatory restrictions, this paper mainly examines the virtual dispute in connection with stock trust in 2016 (which happened in Japan) and provides in depth analysis on legal issues focusing on corporate law, such as the requirement of share transfer crossing over trust law.

[Key word]

- Stock Trust
- Will Trust
- Share Transfer
- Approval of Board of Directors

* Professor, Korea University School of Law.

## 참고문헌

### 1. 국내 문헌

권기범, 『現代會社法論 (제7판)』, 삼영사, 2017.
김건식 · 노혁준 · 천경훈, 『회사법 (제3판)』, 박영사, 2018.
김홍기, 『상법강의(제4판)』, 박영사, 2019.
송덕수, 『신민법강의(제10판)』, 박영사, 2017.
이중기, 『신탁법』, 삼우사, 2007.
이철송, 『會社法講義(第27版)』, 박영사, 2019.
장덕조, 『회사법』, 법문사, 2014.
최수정, 『신탁법』, 박영사, 2016.
최준선, 『회사법(제13판)』, 삼영사, 2018.
홍복기 · 박세화, 『회사법강의(제6판)』, 법문사, 2018.

이계정, "신탁의 기본 법리에 관한 연구-본질과 독립재산성", 서울대학교 법학박사학위논문, 2016. 2.
이연갑, "신탁법상 신탁의 구조와 수익자 보호에 관한 비교법적 연구", 서울대학교 법학박사학위논문, 2009. 2.

김상훈, "유언대용신탁을 활용한 가업승계", 기업법연구 제29권 제4호, (사)한국기업법학회, 2015. 12.
김순석, "사업신탁을 활용한 중소기업의 경영권 승계방안", 법학논총 제38권 제2호, 전남대학교 법학연구소, 2018. 5.
서울대학교 금융법센터(노혁준 · 김지평), "주식신탁의 활용방안 연구", 법무부 연구용역보고서, 2015.
안성포, "신탁방식에 관한 비교법적 검토-소유권 개념과 수익권의 법적 성질을 중심으로", 법학논총 제37권 제1호, 전남대학교 법학연구소, 2017. 2.
엄복현, "신탁제도와 유류분반환청구권과의 관계"가족법연구, 제32권 제3호, (사)한국가족법학회, 2018. 11.
이근영, "신탁법상 재산승계제도와 상속", 법학논총 제32권 제3호, 전남대학교 법학연구소, 2012. 12. 207-236면.
이진기, "상속의 이념과 방향-민법 상속편 개정, 어떻게 할 것인가?-", 비교사법 제26권 제1호 (통권 제84호), (사)한국비교사법학회, 2019. 2.

## 2. 해외 문헌

新井誠＝大垣尚司編,『民事信託の理論と実務』, 日本加除出版(株), 2016.
新井誠編,『信託法実務判例研究』, 有斐閣, 2015.
新井誠,『信託法』,〔第4版〕, 有斐閣, 2014.
河合保弘,『民事信託超入門』, 日本加除出版(株), 2016.
神田秀樹＝折原誠,『信託法講義』, 弘文堂, 2014.
木内清章,『商事信託の組織と法理』, 信山社, 2014.
寺本昌弘,『逐条解説ー新しい信託法』[補訂版], 商事法務, 2008.
道垣内弘人,『信託法(現代民法 別巻)』, 有斐閣, 2018.
公益財団法人トラスト未来フォーラム編,『信託の理論と実務入門』, 日本加除出版(株), 2017.

新井誠,「自筆証書遺言の内容に基づく遺言信託成立・発効の成否」, 私法判例リマークス 第56号(2018〈上〉) (2018).
伊藤伸彦＝岩本恭幸＝松田由貴＝高橋康平,「(第6回・完) 中小企業の事業承継の可能性を広げる株式の信託」, NBL 第1053号(2015. 1.).
仲卓真,「株式が相続された場合における株主名簿の名義書換の要否(1)」, 民商法雑誌 第155巻 第1号(4月号) (2019).
仲卓真,「株式が相続された場合における株主名簿の名義書換の要否(2・完)」, 民商法雑誌 第155巻 第2号(6月号) (2019).
神田秀樹, 日本の商事信託ー序説 常夫先生古稀記念「現代企業立法の軌跡と展望」.
神田秀樹,「信託業に関する法制のあり方」ジュリスト1164号, 1999.
山田裕子,「事業承継目的の株式信託について」, 信託法研究 第38号(2013).

Getzler, Joshua, *Fiduciary investment in the shadow of financial crisis: Was Lord Eldon right?* 3 Journal of Equity 219 (2009).
Hansmann, Henry and Mattei, Ugo, *The Function of Trust Law: A*

*Comparative Legal and Economic Analysis*, 73 N.Y.U.L Rev. 434 (1998).

Langbein, John H., *The contractarian basis of the law of trusts*, *The Yale Law Journal* 105.3 (Dec 1995).

# 담보신탁 관련 최근 판례 동향

임 기 환*

## 요 지

부동산 담보신탁은 저당권을 대체하는 수단으로서 부동산 담보 시장에서 큰 비중을 차지하고 있다. 저당권과 달리 도산격리 효과가 인정되는 등 여러 이점이 있기 때문이다. 도산절연성을 인정한 2001다9267 판결 이래로 대법원은 기본적으로 담보신탁의 '신탁'으로서의 외형을 중시하여, 담보신탁에는 신탁 자체의 법리가 적용되고 그 구체적인 내용은 신탁계약에서 정한 바에 따른다는 입장을 취하여 왔다. 그런데 담보신탁에 관하여 실정법에서는 별다른 규정을 두고 있지 않고, 신탁계약의 내용도 미흡한 경우가 많아 이와 관련한 분쟁이 끊이지 않고 있다.

담보신탁과 관련한 재판에서 가장 중요한 고려요소 중의 하나는, 경제적으로 그 실질이 유사한 저당권(또는 양도담보)과 담보신탁을 그 법적 효과에서도 얼마나 유사한 것으로 취급할 것인지 여부이다.

대법원은 2017년과 2018년에 담보신탁과 관련하여 전원합의체 판결을 1건씩 선고하였다. 그 외에도 최근 2년 사이에 담보신탁과 관련한 여러 건의 대법원판결이 선고되었다. 2017년 전합판결은 우선수익권이 경제적으로 금전채권의 담보로서 기능한다 하더라도 엄연히 신탁계약상 별개의 권리이고 금전채권과 관계에서 부종성과 수반성이 인정되지 않는다고 하였다. 그러나 이후 2018년 전합판결에서는 담보신탁의 경제적 실질을 중시하여 저당권 등 담보물권과 마찬가지로 취급하여야 한다는 입장을 취하였다.

대법원은 기본적으로 담보신탁과 담보물권을 구별하면서도, 구체적인 사

* 서울중앙지방법원 부장판사.

안에서는 신탁계약이나 법령의 해석을 통해 가장 합리적인 결론을 찾으려 하고 있고, 그 결과 결국 양자를 동일시하는 입장과 마찬가지의 결론이 내려지는 경우도 용인하고 있는 것으로 보인다. 다만 담보신탁과 담보물권의 구별의 근원이라고 할 수 있는 '도산격리'의 문제에서는 여전히 엄격한 구별을 하고 있다.

대법원의 이러한 입장은 구체적인 사건의 합리적 해결에는 유리한 면이 있지만, 예측가능성의 측면에서는 담보신탁 거래에 참여한 당사자들에게 불안요소가 될 수도 있다. 당사자들이 담보신탁계약을 체결할 때에 여러 상황을 대비한 보다 정밀한 내용의 계약서를 작성하여야 할 필요가 있다.

[주 제 어]
• 담보신탁
• 도산격리
• 우선수익권
• 질권
• 부종성
• 수반성
• 체육필수시설
• 공매
• 입회보증금반환채무

## Ⅰ. 들어가는 말

1. 신탁제도는 대륙법계인 우리나라 법제에 잘 어울리지 않는 제도라고 오랜 기간 인식되어 왔다. 신탁의 법리는 실무가들에게 여전히 낯설고, 기존 물권 이론과 조화롭게 해석되기 어려운 면도 많다. 우리나라에서 종래 '신탁'과 관련해서는 '명의신탁'과 같이 '신탁법상의 신탁'과는 거리가 먼 기형적인 제도만이 발달하였을 뿐이다.[1)]

그러나 현재에 이르러 '신탁법상의 신탁'의 일종, 즉 '명의신탁'과 달리 실정법의 틀 안에 있는 제도인 '부동산 신탁'은 시장에서 무시할 수 없는 비중을 차지하게 되었다. 그 중에서도 특히 "부동산 담보신탁(이하 '담보신탁'이라고만 한다)"은 저당권을 대체하는 수단으로서 부동산 신탁 중 가장 큰 비중을 차지하고 있다.[2)] 담보신탁이 시장에서 널리 이용되는 이유로는, 저당권에 비하여 대출액은 물론 환가액도 고가(高價)인 경우가 많다는 점, 거래비용이 저렴하다는 점, 집행이 편리하고 그 절차가 유연하다는 점, 도산격리 효과가 인정된다는 점 등이 거론된다. 담보신탁 수탁고는 특히 요 몇 년 사이에 급속도로 증가하고 있다고 한다.[3)]

문제는 이처럼 시장에서 크게 활성화되어 있는 담보신탁에 관하여 신탁법을 비롯한 실정법에서는 별다른 규정을 두고 있지 않고, 그 구체적인 내용은 거의 전적으로 신탁계약에 맡겨져 있다는 점이다. 그런데

---

1) 명의신탁 법리의 복잡성과 그로 인한 끊임없는 분쟁의 폐해에 관해서는 굳이 많은 설명이 필요 없을 것이다. 이는「부동산 실권리자명의 등기에 관한 법률」이 제정된 이후에도 마찬가지이다. 최근에도 대법원 2019. 6. 20. 선고 2013다218156 전원합의체 판결에서 명의신탁 문제를 다루었다.

2) 금융감독원이 발표한 신탁 관련 통계에 따르면(금융감독원 홈페이지 참조), 2018년 말 기준으로 은행・증권・보험사의 부동산신탁 수탁고는 251.2조 원(그중 담보신탁은 163.9조 원), 부동산신탁회사의 부동산신탁 수탁고는 206.8조 원(그중 담보신탁은 125조 원)에 이른다. 2016년 말 기준으로 국내은행의 부동산담보대출액이 739조여 원 정도이다.

3) 2019. 5. 19.자 한국경제 기사('신탁 활용해 종부세 절반 줄인다'…다주택 자산가 '은밀한 절세 전략')에 의하면, 2017년 2월과 2019년 2월을 비교하여 담보신탁 수탁고가 40% 증가하였다고 한다. 근저당권에 비하여 다주택자 대출규제를 피할 수 있다는 장점 등에 기인한 것으로 분석하고 있다.

그 신탁계약의 내용이라는 것은 막상 구체적인 분쟁 상황에서는 별 도움이 되지 않는 경우가 많아 결국 '법원이 관련 법령과 신탁계약의 내용을 어떻게 해석할 것인지'에 따라 분쟁의 결과가 좌우되곤 한다. 이러한 불명확성은 담보신탁과 관련한 분쟁이 끊이지 않는 중요한 이유 중의 하나라고 생각한다.

위와 같은 해석 과정에서 가장 자주 등장하는 고려요소 중의 하나는 경제적으로 그 실질이 유사한 저당권(또는 양도담보)과 담보신탁을 그 법적 효과에서도 얼마나 유사한 것으로 취급할 것인지 여부이다. 이는 이미 담보신탁[위탁자가 아닌 제3자(채권자)가 수익자로 지정되는 타익신탁형]의 도산절연성을 인정한 대법원 2001. 7. 13. 선고 2001다9267 판결에서부터 핵심쟁점으로 논의되었던 요소이다.[4] 이하에서 소개할 최근의 대법원 판결들에서도 이러한 요소는 여전히 중요 쟁점으로 다루어지고 있다.

---

4) 이 판례는 "신탁법상의 신탁은 위탁자가 특정의 재산권을 수탁자에게 이전하거나 기타의 처분을 하고 수탁자로 하여금 수익자의 이익을 위하여 또는 특정의 목적을 위하여 그 재산권을 관리, 처분하게 하는 법률관계를 말하므로, 신탁자가 어음거래약정상의 채무에 대한 담보를 위하여 자기 소유의 부동산에 대하여 수탁자와 담보신탁용 부동산관리 · 처분신탁계약을 체결하고 채권자에게 신탁원본 우선수익권을 부여하고서, 수탁자 앞으로 신탁을 원인으로 한 소유권이전등기를 경료하였다면, 위탁자의 신탁에 의하여 신탁부동산의 소유권은 수탁자에게 귀속되었다고 할 것이고, 그 후 신탁자에 대한 회사정리절차가 개시된 경우 채권자가 가지는 신탁부동산에 대한 수익권은 회사정리법 제240조 제2항에서 말하는 '정리회사 이외의 자가 정리채권자 또는 정리담보권자를 위하여 제공한 담보'에 해당하여 정리계획이 여기에 영향을 미칠 수 없다고 할 것이므로 채권자가 정리채권 신고기간 내에 신고를 하지 아니함으로써 정리계획에 변제의 대상으로 규정되지 않았다 하더라도, 이로써 실권되는 권리는 채권자가 신탁자에 대하여 가지는 정리채권 또는 정리담보권에 한하고, 수탁자에 대하여 가지는 신탁부동산에 관한 수익권에는 아무런 영향이 없다고 할 것이다."라고 하였다(밑줄은 필자가 삽입. 이하 같다).

이 판례를 비롯하여 도산절연성을 긍정하고 있는 대법원의 입장을 비판하는 대표적인 견해로는 윤진수, "담보신탁의 도산절연론 비판", 비교사법 제25권 제2호(2018. 5.), 697면 이하가 있다. 이 논문에서는 담보신탁을 저당권이나 양도담보와 마찬가지로 취급하여 도산절연성을 부정하여야 한다고 주장하고 있다. 양형우, "담보신탁계약에 의한 공매 등 매각절차에서 골프장시설을 취득한 자의 입회보증금반환채무 승계 여부-대법원 2018. 10. 18. 선고 2016다220143 전원합의체 판결-", 홍익법학 제20권 제1호(2019), 901면; 정소민, "담보신탁의 법리에 관한 비판적 고찰", 선진상사법률연구 통권 제85호(2019. 1.), 110면도 같은 입장이다.

2. 2017년과 2018년에 담보신탁과 관련한 전원합의체 판결이 1건씩 선고되었다. 그 외에도 최근 2년 사이에 담보신탁과 관련한 여러 건의 대법원판결이 선고되었다. 이는 그만큼 담보신탁과 관련된 분쟁이 많다는 사실을 반증하는 것이라고 보인다. 이하에서는 우선 전원합의체 판결들을 중심으로 살펴보고, 나머지 판결들에 관해서도 간략히 살펴보기로 하겠다.

참고로 이 글에서 '담보신탁'이라는 용어의 의미에 관해서는, 대법원 2017. 6. 22. 선고 2014다225809 전원합의체 판결의 다수의견이 설명한 대로, '위탁자가 금전채권을 담보하기 위하여 그 금전채권자를 우선수익자로, 위탁자를 수익자로 하여 위탁자 소유의 부동산을 신탁법에 따라 수탁자에게 이전하면서 채무불이행 시에는 신탁부동산을 처분하여 우선수익자의 채권 변제 등에 충당하고 나머지를 위탁자에게 반환하기로 하는 내용의 부동산 신탁'이라고 전제하고 논의하기로 하겠다.[5)]

## Ⅱ. 대법원 2017. 6. 22. 선고 2014다225809 전원합의체 판결(이하 '2017년 전합판결')

### 1. 사안의 개요

가. 논의에 필요한 범위에서 사안을 단순화하면 아래와 같다.

(1) A(토지구획정리사업조합)는 B와 사이에 시행대행계약을 체결하고, B(시행사, 도급인)는 대형건설사인 C(시공사, 수급인)와 이 사건 아파트 신축 도급계약을 체결하였다. 이 사건 아파트의 분양수입금은 C가 관리하는 예금계좌로만 지급받았다.

---

5) 이계정, "담보신탁과 분양보증신탁에 관한 연구", 사법 제41호(2017. 9.) 92면에서는 전형적인 담보신탁의 표지로서 ① 채권담보의 목적일 것, ② 채권자가 수익자가 되는 타익신탁일 것, ③ 수익자에게 처분요청권이 부여될 것의 세 가지라고 하고 있다. 다만 거래 실무에서 수익권은 채권자의 우선수익권과 위탁자의 수익권을 나누어 규정하는 경우가 일반적이고 이는 엄밀히 말하면 '타익신탁과 자익신탁의 결합형 담보신탁'이라 할 수 있지만, 우선수익자인 채권자가 주된 수익자이므로 타익신탁의 일종으로 보아도 무방할 것이라고 하고 있다(위 논문 99-101면).

(2) 그러던 중 A는 사업비 조달을 위하여 B로부터 총 220억 원(이 사건 대여금)을 차용하였다. 그 재원은 위 예금계좌에 입금되어 있던 이 사건 아파트 분양수입금이었다(실질적인 대주가 C라고 볼 수 있는 사정이다).

(3) 위 220억 원의 지급을 담보하기 위하여 A, B, C는 아래와 같은 내용으로 합의(이 사건 합의)를 하였다. 이에 따라 A(위탁자)는 D(한국토지신탁, 수탁자)와 사이에 A 소유의 체비지를 신탁하는 내용의 이 사건 담보신탁계약을 체결하고,[6] D는 B를 우선수익자로 하는 우선수익권증서를 발행·교부하였으며, 위 우선수익권에 관하여 C의 질권이 설정되었다.[7]

① A는 D와 사이에 담보물인 A 소유 체비지에 관하여 담보신탁계약을 체결하고, 우선수익자를 B로 하여 수익권증서를 발급한다.

② B는 수익권증서상 우선수익권에 C를 1순위 질권자로 하는 질권을 설정하여 C에게 수익권증서를 제출한다.

(4) A가 변제기 내에 이 사건 대여금을 변제하지 못하고 있던 중 B의 채권자인 E는 B에 대한 269억 원의 채권을 청구채권으로 하여 B의 A에 대한 이 사건 대여금채권에 관한 압류 및 전부명령(이 사건 전부명령)을 받았다.

(5) 이후 A는 위 체비지에 대하여 환지처분 공고를 한 다음 이를 제3자들에게 처분하였고, 그 제3자들 명의로 소유권보존등기가 마쳐졌다.

나. 이 사건 소송에서 당사자들의 주장 및 쟁점의 정리

(1) 우선수익권에 관한 질권자인 C(원고)는 'A가 담보신탁 목적물인 위 체비지를 수탁자인 D 앞으로 등기되도록 하지 않고 제3자에게 처분함으로써 C의 질권이 침해되었다'라고 주장하며, A(피고)를 상대로 담보물 가치 훼손에 따른 손해배상을 구하였다.[8]

---

6) 체비지 대장에 D가 양수인으로 기재되었다.

7) C는 B의 우선수익권에 관해서만 질권을 설정하였을 뿐, <u>위 우선수익권이 담보하고 있는 B의 A에 대한 이 사건 대여금채권 자체에 관해서는 질권설정 등의 아무런 권리확보 조치를 취하지 않았다</u>.

8) 이와 별도로 수탁자인 E는 체비지를 취득한 제3자들을 상대로도 진정명의 회복을 원인으로 한 소유권이전등기 청구소송을 제기하였다. 이 소송에서, 당초 체비지 대장에 양수인으로 기재된 D가 환지처분된 토지를 원시취득한 것으로 인정되

이에 대하여 A는 '이 사건 전부명령으로 인하여 A는 더 이상 B에 대하여 대여금채무를 부담하지 아니하므로 그 담보물인 우선수익권은 소멸하고, A는 B에 대하여 더 이상 담보물의 가치를 유지하여야 할 의무를 부담하지 아니하는데, A는 이러한 합리적인 신뢰에 기하여 체비지를 매각한 것이다'라고 주장하며, 담보물가치 훼손으로 인한 불법행위책임이 없다고 다투었다.

**(2)** A(위탁자)에게 담보물가치 훼손으로 인한 불법행위책임이 인정되기 위해서는 그 전제로서 C의 질권, 보다 직접적으로는 그 질권의 목적물인 우선수익권이 유효하게 성립하고 있어야 한다. 그런데 B의 우선수익권은 B의 A에 대한 이 사건 대여금채권을 담보하기 위한 것이었고, 이 사건 전부명령으로 인하여 B는 이 사건 대여금채권의 채권자로서의 지위를 상실하였다(이 사건 대여금 채권의 채권자는 전부권자인 E가 되었다). 이러한 상황에서 여전히 C가 우선수익권에 관한 질권자로서의 지위를 유지한다고 볼 수 있는지 여부가 이 사건의 핵심쟁점이다.

### 2. 대법원의 판단

**가.** 이 사건 원심은 아래와 같이 판단하여 C(원고)가 질권자로서의 지위를 상실하였다고 보았다(**원고 청구 기각**).

부동산담보신탁은 신탁계약으로서의 성질과 <u>비전형 담보물권의 성질을 겸유</u>한다. 우리 민법상 담보물권은 피담보채권에 부종하며(민법 제361조), 이와 같은 강한 부종성은 부동산담보신탁계약에 기하여 채권자인 수익자가 취득하는 수익권에도 적용된다. 한편 참가인의 피고에 대한 이 사건 대여금채권을 담보하기 위한 목적에서 우선수익권이 부여되었더라도, 이는 담보물권과 그 성격에 차이가 있으므로 이 사건 전부명령에 따른 위 채권의 이전에 당연히 수반하여 전부채권자인 E에게 이전된다고는 볼 수 없다.

---

어 D가 승소하였다. 이에 따르면 결과적으로 A의 질권이 침해된 것은 아니라고 볼 수 있는데, 이 부분에 대한 논의는 이 사건 쟁점과 직접적으로는 관련이 없으므로 일단 <u>담보물가치의 훼손이 있음을 전제로 논의를 전개</u>하기로 한다.

그러므로 B의 우선수익권은 B가 피담보채권인 이 사건 대여금채권을 상실함으로 인하여 그 부종성에 따라 소멸한다. 위 우선수익권을 목적으로 하는 C의 권리질권 역시 그 목적물의 소멸로 인하여 소멸되었다. 결국 이 사건 전부명령이 확정됨으로써 B의 우선수익권 및 그에 대한 C의 질권이 모두 소멸한 후에는, A가 위 체비지를 임의매각하고 그 매각대금을 약정된 계좌에 입금하지 아니하더라도, C에 대하여 담보권의 침해 내지 담보가치의 훼손이 발생할 수 없다.

나. 대법원은 우선 아래와 같은 법리를 설시하여, 피담보채권이 전부된 경우라 하더라도 담보신탁의 우선수익권이 곧바로 소멸되는 것은 아니라고 하였다. 이 점에 대해서는 대법관들의 견해가 다르지 아니하였다.

위탁자가 금전채권을 담보하기 위하여 그 금전채권자를 우선수익자로, 위탁자를 수익자로 하여 위탁자 소유의 부동산을 신탁법에 따라 수탁자에게 이전하면서 채무불이행 시에는 신탁부동산을 처분하여 우선수익자의 채권 변제 등에 충당하고 나머지를 위탁자에게 반환하기로 하는 내용의 담보신탁을 해 둔 경우, 특별한 사정이 없는 한 우선수익권은 경제적으로 금전채권에 대한 담보로 기능할 뿐 금전채권과는 독립한 신탁계약상의 별개의 권리가 된다. 따라서 이러한 우선수익권과 별도로 금전채권이 제3자에게 양도 또는 전부되었다고 하더라도 그러한 사정만으로 우선수익권이 금전채권에 수반하여 제3자에게 이전되는 것은 아니고, 금전채권과 우선수익권의 귀속이 달라졌다는 이유만으로 우선수익권이 소멸하는 것도 아니다.

다. 다만 대법원은 구체적으로 이 사건에서 C가 질권자로서의 지위를 유지하고 있는지 여부에 대해서는 이를 계약 해석의 문제로 보았다.

다수의견은 담보신탁계약 체결 당시 A, B, C 사이의 이 사건 합의 내용에 근거하여 C가 여전히 질권자로서의 지위를 유지한다고 보았다. 반대의견은 이를 달리 해석하여 이 사건 전부명령에 따라 담보신탁계약이 종료되었으므로 B의 우선수익권은 소멸하였고 C의 질권도 소멸하였다고 보았다.

(1) 이 부분 다수의견(파기환송)은 아래와 같다.

이 사건 담보신탁계약의 특약사항 제13조 제2항에서는 '이 사건 합의에서 정한 기한 내에 위탁자(A)가 대출원리금을 전액 상환하지 아니할 경우 우선수익권에 관한 질권자(C)가 신탁재산의 환가를 요청할 수 있다'고 정하였고, 제7조 제5항에서는 '신탁재산을 처분하는 경우 처분대금은 위탁자(A)와 우선수익자(B), 질권자(C) 간에 이 사건 합의서에 따라 수납하기로 하며, 처분대금 완납 시 위 합의에서 정한 계좌로 입금을 완료하여야 한다' 라고 정하면서, 같은 조 제6항에서는 '신탁재산의 처분대금 완납 사실 확인 후 질권자는 신탁해지에 동의하기로 한다'라고 정한 사실을 알 수 있다. 앞에서 본 이 사건 합의와 이 사건 담보신탁계약, 우선수익권에 대한 질권 설정계약의 내용 및 위 각 계약의 체결 경위와 위 담보신탁계약의 특약사항의 규정 내용, 위탁자와 수탁자가 우선수익권에 대한 질권 설정계약에 동의한 사실관계 등에 비추어 보면, 이 사건 담보신탁계약의 당사자들과 C는, 위탁자가 대출원리금을 전액 상환하지 아니할 경우 우선수익권에 대한 질권자인 C가 이 사건 대여금채권의 귀속 주체와 상관없이 우선수익권을 행사할 수 있는 것으로 약정하였다고 봄이 타당하다.

(2) 이에 대한 반대의견(상고기각)은 아래와 같다.

이 사건 우선수익권은 채무자인 A의 채무불이행 시 수탁자에게 신탁부동산의 처분을 요청할 수 있는 권리 및 신탁부동산을 처분한 대금에서 우선수익자인 B의 대여금채권을 A의 수익채권에 우선하여 변제받을 수 있는 권리를 그 내용으로 한다. 그러므로 이 사건 우선수익권은 담보물권은 아니지만 신탁계약에 의하여 자신의 대여금채권에 대한 우선변제를 요구할 수 있는 권리이므로 그 대여금채권과 분리하여 우선수익권에 대해서만 질권을 설정하는 것은 원칙적으로 허용되지 아니한다고 보아야 한다. (C로서는 우선수익권에 대한 질권 설정 계약 시 대여금채권에 대하여도 함께 질권을 설정하였어야 한다.)

구 신탁법 제55조는 "신탁행위로 정한 사유가 발생한 때 또는 신탁의 목적을 달성하였거나 달성할 수 없게 된 때에는 신탁은 종료한다."고 규정하고 있다. 뿐만 아니라, 이 사건 담보신탁계약에서도 신탁기간의 만료를 신탁종료 사유의 하나로 들면서, 신탁기간은 신탁계약 체결일로부터 '우선수익자의 채권 소멸 시까지'로 정하고 있다. 앞서 본 사실관계에 의하면, 이 사건 전부명령이 확정됨으로써 우선수익자인 B의 위탁자인 A에 대한 이 사건 대여금채권이 소멸한 이상, 이 사건 담보신탁계약은 신탁기간의 만료로 인하여 종료되었을 뿐만 아니라 구 신탁법 제55조에 의한 법정종료사유도 발생하였다 할 것이다. 따라서 B는 더 이상 수탁자에 대하여 이 사건 담보신탁계약에 기한 우선수익자로서의 권리를 행사할 수 없고, C 역시 우선수익권에 대한 질권자로서의 권리를 행사할 수 없다고 보아야 한다.

### 3. 대법원 판결의 의미

가. 담보신탁 우선수익권의 성질에 관하여는 종래 변칙담보물권으로 이해하는 견해와 신탁계약상의 권리로 이해하는 견해가 있었다. 후자의 입장이 다수설이었고, 판례도 명확하지는 않으나 후자의 입장을 전제로 한 것이라고 이해되고 있었다.[9] 대상판결의 반대의견도 아래와 같이 설명하였다.[10]

우선수익권은 구 신탁법이나 신탁법에서 규정한 법률 용어는 아니나, 거래계에서는 통상 부동산담보신탁계약에서 우선수익자로 지정된 채권자가 채무자의 채무불이행 시에 신탁재산을 처분한 대금에서 자신의 채권을 위탁자인 채무자나 그 밖의 다른 채권자들에 우선하여 변제받을 수 있는 권리를 지칭한다. 이러한 우선수익권의 법적 성질에 관하여 학계에서는 담보신탁은 형식은 신탁이지만 그 실질은 담보이므로 담보물권의 법리가 함께 적용되며 우선수익권을 변칙담보물권으로 이해하는 견해와 물권법정주의와의 관계에서 법률에 명문의 규정이 없는 이상 채권자는 담보신탁을 통하여 담보권을 얻는 것이 아니라 신탁이라는 법적 형식을 통하여 도산 절연 및 담보적 기능이라는 경제적 효과를 달성하게 되는 것일 뿐이므로 그 우선수익권은 우선 변제적 효과를 채권자에게 귀속시킬 수 있는 신탁계약상의 권리로 이해하는 견해 등이 대립되고 있다. 판례는 후자의 입장을 취하고 있다(대법원 2014. 2. 27. 선고 2011다59797 판결, 대법원 2016. 5. 25. 자 2014마1427 결정 등 참조).

대상판결의 다수의견은 우선수익권이 변칙담보물권이 아니라 신탁계약상의 권리로서 신탁의 법리가 적용되어야 한다는 점과 피담보채권과

9) 최수정, "부동산담보신탁상 우선수익권의 성질과 우선수익권질권의 효력-대법원 2017. 6. 22. 선고 2014다225809 전원합의체 판결을 계기로-", 인권과 정의, 제470호(2017. 12.), 47-52면.

10) 다수의견에 대한 보충의견에서도 대법원 2013. 6. 27. 선고 2012다79347 판결 등을 거론하며 담보신탁계약의 우선수익권을 담보물권이 아닌 신탁계약상의 권리로 파악하는 것이 판례의 입장이라고 설명하고 있다.

관계에서 부종성과 수반성이 인정되지 않는다는 점을 분명히 하였다. 이 사건 원심은 우선수익권이 '비전형 담보물권'으로서의 성질을 겸유한다고 하여 피담보채권과의 부종성을 인정하였는데(수반성은 인정하지 않았다), 이는 잘못되었다는 점을 명확히 한 것이다.

나. 그러나 이처럼 우선수익권을 담보물권처럼 볼 수 없고 부종성과 수반성을 모두 인정할 수 없다고 하여 곧바로 문제가 해결되는 것은 아니다. 우신수익권이 '신탁계약상의 권리'라는 것은 그 구체적인 내용도 결국 신탁계약에 맡겨져 있다는 것인데, 다수의견과 반대의견은 위와 같은 우선수익권의 기본적인 성질에 관해서는 그 입장을 같이 하면서도, 이 사건 담보신탁계약의 해석을 달리하여 반대의 결론에 이르렀다.

그렇다면 과연 이 사건 담보신탁계약에서 당사자들은 질권자(C)의 지위까지 고려하여 우선수익권에 관하여 어떻게 정해 놓았는지 살펴 볼 필요가 있는데, 사실 피담보채권(이 사건 대여금채권)만이 따로 전부나 양도된 경우에 B의 우선수익권 및 그에 설정된 C의 질권이 어떻게 되는지에 관해서는 계약 체결 당시 미처 고려하지 못하였던 것으로 보이고, 이에 관한 직접적인 내용은 없다고 보인다.[11)]

다만 다수의견이 거론한 아래와 같은 특약사항(구체적으로 제7조 제5항과 제6항, 제13조 제2항)을 주목하여 볼 필요가 있다.[12)]

---

11) 사실 당사자들이 이러한 상황을 미리 예상하였다면, 굳이 이와 관련된 조항을 따로 둘 것도 없이 C가 이 사건 대여금채권에 관해서도 질권을 설정함으로써 피담보채권과 우선수익권의 귀속이 달라짐에 따른 문제를 원천적으로 차단하였을 것이다. 앞서 본 것처럼, 반대의견도 이 점을 지적하고 있다.

한상곤, "부동산담보신탁의 수익권에 관한 고찰", 경희법학 제49권 제1호, 2014, 17면에서도 피담보채권과 수익권이 분리될 경우 분쟁을 야기할 수 있으므로 양자가 함께 이전되도록 계약서에 명기하거나 제도적인 보완이 필요하다고 하고 있다.

최승재 · 김용진, "2017년 부동산 담보신탁의 주요 판례 분석", 상사판례연구 제31집 제2권(2018. 6. 30.), 64면에서는 "통상 실제 거래사례에서는 우선수익권과 대여금채권이 분리될 위험이 있으므로, 우선수익권의 질권설정자는 우선수익권과 함께 대여금채권에 대하여도 질권을 설정하도록 하고 있다."라고 설명한다.

12) 계약서의 일반조항에는 크게 주목할 만한 내용이 없다(일반적인 담보신탁계약과 크게 다르지 않다).

■ 특약사항

제7조[처분방법]

① 수탁자는 위탁자 및 우선수익자, 질권자가 동의하는 경우 본 신탁계약 제19조 및 제21조에도 불구하고 신탁부동산에 대한 채권자의 이익을 해하지 않는 범위 내에서 적정하다고 인정되는 방법으로 신탁부동산을 처분할 수 있다.

② 수탁자는 우선수익자가 질권자의 동의를 득하여 요청하는 경우 본 신탁계약 제19조 및 제21조에도 불구하고 우선수익자 또는 우선수익자가 지정하는 자에게 소유권을 이전할 수 있으며 위탁자는 이에 대하여 이의를 제기하지 아니한다. 이 경우 처분금액은 우선수익자의 잔여 채권금액으로 하되, 신탁재산의 처분에 따른 우선수익자와 채무자, 질권자 간의 정산은 따로 하고 수탁자에게 어떠한 이의도 제기하지 아니한다.

⑤ 신탁재산을 처분하는 경우 처분대금은 위탁자와 우선수익자, 특약 제13조 제1항의 '질권자' 간에 2009년 1월 일자로 체결한 '합의서'에 따라 수납하기로 하며, 처분대금 완납 시 '합의서'에서 정한 계좌로 입금을 완료하여야 한다.

⑥ 제5항의 처분대금 완납 사실 확인 후 질권자는 신탁해지에 동의하기로 한다.

제13조[질권자등]

① 수익권증서상 수익자 또는 우선수익자를 당사자로 하는 질권이 설정되었거나 기타 권리침해사항이 발생한 경우 해당 당사자는 질권 또는 권리침해사항을 해결한 후 권리를 행사할 수 있다.

② 특약 제7조에도 불구하고 위탁자와 우선수익자, 질권자 간에 2007. 12. 27.자로 체결한 합의서 및 2009. 1. ○자로 체결한 추가합의서에서 정한 기한 내에 위탁자가 대출원리금을 전액 상환하지 아니할 경우 제1항의 질권자가 신탁재산의 환가를 요청할 수 있다. 이에 위탁자 및 우선수익자는 수탁자에게 이의를 제기하지 않기로 한다.

다수의견은 이러한 특약사항 및 이 사건 합의(이 사건 담보신탁계약은 이 사건 합의에 따른 것인데 이 사건 합의는 결국 C의 질권 만족을 위한 것이라고 볼 수 있다) 등을 종합하여 '이 사건 담보신탁계약의 당사자들과 C는, 위탁자가 대출원리금을 전액 상환하지 아니할 경우 우선수익권에 대한 질권자인 C가 **이 사건 대여금채권의 귀속 주체와 상관없이** 우선수익권을 행사할 수 있는 것으로 약정하였다'고 보았다. 즉 이 사건에서 이 사건 대여금채권이 E에게 전부되어 피담보채권이 E에게 넘어갔음에도 불구하고 C는 이 사건 담보신탁계약에서 정한 바에 따라 여전히 우선수익권의 질권자로서의 지위를 보유한다고 본 것이다.

이러한 다수의견의 입장은 이 사건에서 가장 보호되어야 할 당사자는 실질적인 자금출연자인 C라는 점을 고려한 해석이라고도 보인다. 그러나 이에 대해서는 위와 같은 조항들은 우선수익권에 대한 질권의 실효성을 높이기 위한 조항들일 뿐이고 이 조항들로부터 바로 다수의견과 같은 해석이 도출될 수 있는지 의문이라는 비판이 있다.[13)]

다. 이와 달리 반대의견은 C가 더 이상 우선수익권에 대한 질권자로서의 권리를 행사할 수 없다고 보았는데, 그 이유는 아래와 같이 이해된다.

우선 반대의견은 담보신탁에서 피담보채권(이 사건 대여금채권)과 분리하여 우선수익권에 대해서만 질권을 설정하는 것은 원칙적으로 허용되지 않는다고 보았다. 원칙적으로 허용되지 않는다는 것이므로 신탁계약에서 달리 정할 경우에는 예외적으로 허용되는 경우도 있을 수 있음을 염두에 둔 것으로 보인다. 이 사건 담보신탁계약은 우선수익권에 대해서만 C의 질권이 설정된 상황을 전제로 하고 있는 것이므로 위와 같은 예외적인 경우에 해당한다고 볼 여지는 있다고 생각된다.

다음으로 반대의견은 이 사건처럼 우선수익권에 대해서만 질권이 설정된 경우 피담보채권만이 제3자에게 양도되거나 전부되었다면 이는 신탁의 종료 사유에 해당한다고 보았다. 그 근거로 두 가지를 들었는데, 첫 번째는 구 신탁법 제55조이고, 두 번째는 이 사건 담보신탁계약의 내용이다. 구 신탁법(2011. 7. 25. 법률 제10924호로 전부 개정되기 전의 것) 제55조는 "신탁행위로 정한 사유가 발생한 때 또는 신탁의 목적을 달성하

13) 권영준, "2017년 민법 판례 동향", 서울대학교 법학 제59권 제1호(2018. 3.), 461면.

였거나 달성할 수 없게 된 때에는 신탁은 종료한다."라고 규정하고 있는데,[14] 피담보채권과 우선수익권의 귀속주체가 분리된 경우는 '신탁의 목적을 달성할 수 없는 경우'에 해당한다고 볼 여지가 있다.[15] 또한 이 사건 담보신탁계약 제2조는 신탁기간을 '신탁계약 체결일로부터 우선수익자의 채권 소멸시까지'로 정하고 있고, 제25조는 '신탁기간의 만료'를 신탁 종료 사유 중의 하나로 정하고 있는데, 이 사건 전부명령으로 인하여 우선수익자인 B의 채권(이 사건 대여금채권)이 소멸하였으므로 이 사건 담보신탁계약은 신탁기간 만료로 종료되었다고 본 것이다. 다만 이에 대해서는 이 사건 대여금채권이 절대적으로 소멸한 것이 아니라 B에 대한 관계에서 상대적으로 소멸한 것일 뿐이므로 신탁기간이 만료된 경우에 해당하지 않는다는 반론도 가능할 것이다(다수의견에 대한 보충의견이 이를 지적하는 것으로 보인다).

라. 결국 대상판결의 의미는 아래와 같이 정리해 볼 수 있을 것이다.

대상판결이 밝힌 핵심 법리는 '담보신탁의 우선수익권이 변칙담보물권이 아니라 신탁계약상의 권리로서 신탁의 법리가 적용되어야 하고, 피담보채권과 관계에서 부종성과 수반성이 인정되지 않는다'는 것이다. 이는 종래의 판례와 다수설의 입장을 받아들인 것으로서 그 법리 자체로는 명확하다. 그러나 문제는 실제 분쟁 사안에서 이러한 법리만으로는 당사자 사이의 관계를 규율하기가 쉽지 않다는 것이다. 구체적으로 피담보채권의 양수인(또는 전부권자)과 우선수익권자(또는 그 양수인이나 질권자) 사이의 관계, 채무자(위탁자)의 이중변제 문제 등에 관하여 명확한 답을 주지 않는다.

위와 같은 법리만으로 문제 해결이 어렵다는 인식에서 다수의견과 반대의견 모두 구체적인 해결을 신탁계약의 내용에서 찾았던 것으로 보인다. 그런데 실제로 이 사건에서 당사자들은 피담보채권과 우선수익권

---

14) 현행 신탁법 제98조에서도 이러한 내용을 신탁의 종료사유 중 하나로 규정하고 있다.

15) 최수정, 전게논문(주 9), 54-55면.

의 귀속주체가 분리되는 상황까지는 미처 생각하지 못하였던 것으로 보이고, 신탁계약에서 이 점을 분명히 규정하고 있지도 않았다. 다수의견은 구체적 타당성을 고려하여 C가 여전히 질권을 행사할 수 있다는 방향으로 계약을 해석한 것으로 생각되나, 반대의견의 입장도 충분히 수긍할 만한 점이 있다.[16] 대상판결로부터 '우선수익권에 질권을 설정하려면 반드시 우선수익권의 피담보채권에 대해서도 함께 질권을 설정하는 것이 안전하다'는 메시지를 얻을 수 있다면, 대상판결이 보다 의미가 있게 되지 않을까 생각해 본다.

한편 흥미로운 점은 다수의견에 대한 보충의견이 '반대의견의 입장은 결국 담보신탁의 우선수익권을 담보물권으로 이해하는 견해와 실질적으로 다르지 않다'라고 비판하고 있다는 점이다. 반대의견이 결과적으로 부종성을 인정하는 것과 마찬가지 아니냐는 인식에서 비롯된 것으로 보인다. 그러나 정작 다수의견의 결론 역시 수반성을 인정하는 것과 마찬가지여서[17] 이 또한 우선수익권을 담보물권으로 이해하는 견해와 상통하는 점이 있다고 보인다.

---

16) 최수정, 전게논문(주 9)과 권영준, 전게논문(주 13)에서는 모두 반대의견의 입장이 타당하다고 하고 있다.

오상민, "부동산 담보신탁의 우선수익권에 관한 소고(대법원 2017. 6. 22. 선고 2014다2258209 전원합의체 판결에 대한 비판적 검토)", 2018 변호사(제51집)에서도 다수의견을 비판하며 반대의견을 지지하고 있다. 오상민 변호사는 이 논문에서 "신탁계약으로 우선수익권에 담보적인 특성을 부여하였다면 그러한 한도 내에서 개별 우선수익권의 독자성은 부정되어야 한다."고 하고 있다.

반면 이계정, 전게논문(주 5), 108-109면에서는 원인채권이 상대적으로 소멸한 것을 가지고 신탁종료 사유가 된다고 보기는 어렵다고 하면서 다수의견의 결론이 타당하다는 취지의 입장을 밝히고 있다.

17) 실제로 관련사건인 대법원 2015다53001 사건의 원심(서울고등법원 2015. 7. 16. 선고 2013나52037 판결)은 우선수익권을 비전형 담보물권으로 파악하면서 부종성과 수반성이 인정된다고 하였고 그에 따라 전부채권자인 E가 이 사건 대여금채권의 채권자로서의 지위뿐만 아니라 우선수익권자로서의 지위도 가진다고 하였으며 다만 그 우선수익권은 C의 질권의 부담을 안고 있는 것이어서 C는 여전히 질권을 행사할 수 있다고 하였다. 즉 이론구성은 다르지만 그 결론에 있어서는 이 사건 다수의견과 같다.

## Ⅲ. 대법원 2018. 10. 18. 선고 2016다220143 전원합의체 판결(이하 '2018년 전합판결')

### 1. 사안의 개요

가. 논의에 필요한 범위에서 사안을 단순화하면 아래와 같다.

(1) A는 자신 소유의 이 사건 사업부지에 이 사건 골프장을 건설하여 운영하는 사업을 하기 위해 B은행으로부터 대출을 받기로 하였다. 그 대출금채무를 담보하기 위하여 A(위탁자)는 B와 사이에 이 사건 사업부지에 관한 담보신탁계약을 체결하였는데, B가 수탁자 겸 우선수익자로 되었다. 이에 따라 2007. 11. 30. 이 사건 사업부지에 관하여 B 앞으로 신탁을 원인으로 한 소유권이전등기가 마쳐졌다.

(2) 이후 골프장 클럽하우스 등의 건물이 신축되었고, 건물에 관하여도 마찬가지 내용으로 A와 B 사이에 담보신탁계약이 체결되었다. 이에 따라 2012. 7. 12. 위 건물에 관하여 B 앞으로 신탁을 원인으로 한 소유권이전등기가 마쳐졌다(이 사건 사업부지와 위 건물을 합하여 '이 사건 신탁부동산'이라 한다). 한편 위 건물에 관하여는 B의 신탁등기에 앞서 B를 근저당권자로 하는 근저당권설정등기가 마쳐졌다.

(3) A는 2008. 1. 21. 관할 시장으로부터 이 사건 골프장 설치 사업의 시행자로 지정되어 실시계획 인가를 받았고, 2013. 12. 5. 관할 도지사에게 체육시설업(골프장업)의 조건부등록을 하였다.

(4) A가 대출금채무의 이행을 지체하여 B는 2013. 5.경 이 사건 신탁부동산에 관한 공매절차를 진행하였다. 이 사건 신탁부동산의 감정가는 700억 원 정도였는데(토지 629.5억여 원, 건물 70.6억여 원)[18] 수차례 유찰된 끝에 2014. 5. 22.경 14.1억 원에 낙찰되었다. 그러나 위 낙찰자는 대금을 납부하지 아니하였고, 이에 B는 2014. 5. 27.경 C와 사이에 매

18) 당시 이 사건 골프장의 회원들이 낸 회원보증금 액수는 총 515억 원 정도였고, 골프장 건물에 설정된 B의 근저당권의 실제 피담보채무액은 176.6억 원 정도였다(채권최고액은 209.5억 원).

매대금을 위 낙찰금액과 같은 14.1억 원으로 하여 수의계약 방식으로 이 사건 매매계약을 체결하였다. C는 이 사건 신탁부동산에 관한 소유권이전등기를 마쳤다.

나. 이 사건 소송에서 당사자들의 주장 및 쟁점의 정리

(1) 원고들은 A에게 회원보증금을 내고 이 사건 골프장의 회원으로 가입한 사람들 중의 일부이다. 원고들은 C(피고)를 상대로 이 사건 소송을 제기하여, C가 골프장 회원들에 대한 입회금반환채무를 승계하였다고 주장하며 입회금반환청구를 하였다. 이에 대하여 C(피고)는 담보신탁에 기한 공매나 수의계약의 경우에는 매수인이 입회금반환채무를 승계하지 않는다고 주장하며 다투었다.

(2) 체육필수시설(이 사건 골프장도 이에 해당한다)에 관한 담보신탁계약이 체결된 다음 그 계약에서 정한 공매나 수의계약으로 체육필수시설이 일괄하여 이전되는 경우에 회원에 대한 권리·의무도 승계되는지 여부가 이 사건의 핵심쟁점이다. 구체적으로 담보신탁에 기한 공매나 수의계약이 「체육시설의 설치·이용에 관한 법률」(이하 '체육시설법') 제27조[19] 제2항 제4호에서 규정하고 있는 '그 밖에 제1호부터 제3호까지의 규정에 준하는 절차'에 해당한다고 볼 수 있는지가 문제된다.

## 2. 대법원의 판단

가. 이 사건 원심은 피고의 주장을 받아들여 원고의 청구를 기각하

---

19) **체육시설법 제27조(체육시설업 등의 승계)**

① 체육시설업자가 사망하거나 그 영업을 양도한 때 또는 법인인 체육시설업자가 합병한 때에는 그 상속인, 영업을 양수한 자 또는 합병 후 존속하는 법인이나 합병에 따라 설립되는 법인은 그 체육시설업의 등록 또는 신고에 따른 권리·의무(제17조에 따라 회원을 모집한 경우에는 그 체육시설업자와 회원 간에 약정한 사항을 포함한다)를 승계한다.

② 다음 각 호의 어느 하나에 해당하는 절차에 따라 문화체육관광부령으로 정하는 체육시설업의 시설 기준에 따른 필수시설을 인수한 자에게는 제1항을 준용한다.

1. 「민사집행법」에 따른 경매
2. 「채무자 회생 및 파산에 관한 법률」에 의한 환가
3. 「국세징수법」·「관세법」 또는 「지방세징수법」에 따른 압류 재산의 매각
4. 그 밖에 제1호부터 제3호까지의 규정에 준하는 절차

③ 제12조에 따른 사업계획 승인의 승계에 관하여는 제1항과 제2항을 준용한다.

였다. 그 구체적인 이유는 아래에서 보는 대법원판결 반대의견의 이유와 크게 다르지 않으므로 따로 적지 않는다.

나. 대법원 다수의견(파기환송)

체육시설법 제27조의 문언과 체계, 입법 연혁과 그 목적, 담보신탁의 실질적인 기능 등에 비추어 담보신탁에 기한 공매나 수의계약으로 체육필수시설을 인수한 자도 체육시설업자와 회원 간에 약정한 사항을 포함하여 그 체육시설업의 등록 또는 신고에 따른 권리 · 의무를 승계한다고 판단하였다. 그 구체적인 이유로 아래와 같은 사정을 들었다.[20]

(1) 체육필수시설이 일괄하여 인수인에게 이전되는 경우 회원에 대한 권리 · 의무도 승계된다고 보는 것이 법률의 목적에 부합한다.

체육시설법 제27조는 체육시설업자와 이용관계를 맺은 다수 회원의 이익을 보호하기 위하여 일반적인 영업양도나 경매 절차 등에 대한 특례를 인정한 것이다. 담보신탁계약에 따른 공매는 체육필수시설을 포괄적으로 이전한다는 점에서 체육시설법상의 영업양도와 마찬가지로 회원에 대한 권리 · 의무의 승계를 인정할 필요가 있다. 또한 그 공매 절차가 유찰되어 최종 공매 조건으로 체결되는 체육필수시설에 관한 수의계약의 경우에도 마찬가지로 회원에 대한 권리 · 의무의 승계를 인정할 필요가 있다.

(2) 담보신탁에 따른 공매나 수의계약으로 체육필수시설이 이전된 경우에도 회원에 대한 권리 · 의무의 승계를 인정하는 것이 문언해석에 부합한다.

체육시설법 제27조 제2항 제4호는 "그 밖에 제1호부터 제3호까지의 규정에 준하는 절차"라는 매우 포괄적인 규정을 두어 같은 항 제1호부터 제3호까지 명시되지 않은 다른 절차도 적용대상이 될 수 있음을 명시하고 있다.

(3) 이러한 해석은 입법 연혁과 경위에서 알 수 있는 입법자의 의사

20) 분량 관계상 이 부분 판시사항 중 필자가 보기에 핵심적인 부분만을 요약하여 정리하였다.

에도 부합한다.

'민사집행법에 의한 경매 등에 따른 승계' 조항에 관한 입법과정이나 입법자료를 보면, 체육필수시설이 영업양도, 경매나 이와 유사한 방식으로 이전되는 때에는 체육시설의 회원을 보호하기 위하여 회원에 대한 권리·의무의 승계를 인정하고자 하였던 것으로 볼 수 있다.

(4) 담보신탁의 기능 등에 비추어 그에 따른 공매 등은 저당권 등 담보권 실행을 위한 경매 절차 등과 구별하여 다루어야 할 만큼 실질적인 차이가 없다.

담보신탁을 근거로 한 공매 절차와 체육시설법 제27조 제2항 제1호부터 제3호까지 정하고 있는 민사집행법에 따른 경매 절차 등은 본질적으로 유사하다. ① 채무자의 의사와 무관하게 채무자의 재산을 처분하는 강제적이거나 비자발적인 환가절차이다. ② 법원의 감독이나 허가를 받는 등 당사자들의 의사만으로 절차의 진행이 좌우되는 것은 아니다. ③ 우선적으로 불특정 다수를 대상으로 한 공개경쟁입찰방식 등을 거친다. ④ 일정한 요건 아래에 임의매각이나 수의계약 방식에 의한 처분도 허용된다.

담보신탁을 근거로 한 공매 절차는 수탁자 앞으로 신탁재산의 소유권이 이전된 다음 절차가 진행되고, 신탁재산이 공매로 처분되어도 그 제한물권은 소멸하지 않는다는 점에서 저당권 등 담보권 실행을 위한 경매 절차와 차이가 있다. 그러나 그것을 이유로 양자가 본질적으로 다르다고 할 수는 없다.

소유권 이전의 설정 방식과 관련하여 담보신탁은 소유권 등 권리이전형 담보의 일종인 '양도담보'와 유사한 측면이 있다. 대출금 채무를 담보하기 위하여 체육필수시설에 대해 양도담보나 가등기가 설정된 경우 그 양도담보나 가등기담보가 실행될 때 체육시설법 제27조 제2항 제1호나 제4호가 적용될 여지가 있는데, 이를 긍정한다면 담보신탁과 양도담보는 채권담보 목적으로 설정되고 설정 당시 소유권이전등기가 이루어진다는 점에서 실질적으로 같으므로, 담보신탁을 근거로 한 공매와 수의계약도 양도담보의 실행과 마찬가지로 체육시설법 제27조 제2항이 적용될 수 있다.

신탁사무는 법원의 감독을 받는다. 다만 신탁의 인수를 업으로 하는 경우는 신탁사무에 대해 법원의 감독을 받지 않지만, 자본시장과 금융투자업에 관한 법률 제415조에 따라 금융위원회의 감독을 받아야 하고, 신탁법에 규정된 법원의 감독권한사항에 대하여는 여전히 법원의 감독을 받는다. 담보신탁계약에 따른 공매나 수의계약도 법원이나 금융위원회의 감독을 받는다는 점에서 일반적인 매매와는 다르다.

(5) 담보신탁을 근거로 한 공매 절차에서 도산격리 효과를 일부 제한하여 체육필수시설의 인수인에 대해 입회금반환채무를 포함한 권리·의무의 승계를 인정하는 것이 이익형량의 관점에서도 타당하다.

체육시설에 관한 담보신탁계약에서 미리 그 시설의 처분방법을 정하고 처분에 따른 매매계약의 내용을 공매 공고를 통해 미리 공개하고 있다. 따라서 담보신탁을 근거로 한 공매와 수의계약은 체육시설법 제27조 제2항 제1호에서 제3호까지의 절차와 마찬가지로 예측할 수 있는 공정한 절차이다.

체육시설법 제17조, 같은 법 시행령 제17조, 제18조, 같은 법 시행규칙 제17조의2, 제19조는 회원모집의 시기, 방법, 절차와 모집 총금액, 회원모집계획서의 제출 등에 관하여 정하고 있으므로, 체육필수시설의 인수인은 체육시설법 제27조 제2항에 따라 승계될 회원규모 등을 충분히 예측할 수 있다.

담보신탁의 도산격리 효과를 부분적으로 수정해서라도 회원들의 권익 보호라는 체육시설법 제27조의 입법 취지를 우선하여 실현하는 것이 이익형량의 관점에서도 타당하다.

### 다. 대법원 반대의견(상고기각)

반대의견은 담보신탁을 근거로 한 매매에 따라 체육필수시설을 인수한 자는 그 체육시설업의 등록 또는 신고에 따른 권리·의무를 승계하지 않고, 이와 같은 매매 절차는 체육시설법 제27조 제2항 제4호에서 정하는 "그 밖에 제1호부터 제3호까지의 규정에 준하는 절차"에도 해당하지 않는다고 보았다. 그 구체적인 이유로 아래와 같은 사정을 들었다.[21)]

(1) 담보신탁을 근거로 한 매매는 체육시설법 제27조 제1항, 제2항에서 열거한 법률행위나 절차와 그 법적 성격이 다르므로 이들 법률행위나 절차와 구별되어야 한다.

우선 담보신탁을 근거로 한 매매는 그 법적 성격이 체육시설법 제27조 제1항에서 규정하는 영업양도나 합병과는 전혀 다르다. 또한 체육시설법 제27조 제2항 제1호 내지 제3호에서 규정하는 민사집행법에 따른 경매 절차 등과도, 그 시행 주체, 절차, 매매대금의 배분 방식 등에서 그 성격을 달리한다. 위 제1호부터 제3호까지 정한 절차는 법령에 의해 매각되는 절차이고 그 매각조건을 당사자의 협의로 정할 수 없고 법령에서 정하거나 법령에 근거한 법원 또는 관계기관이 정하도록 규정한 절차이다.

(2) 명확한 법률상 근거 없이 의무를 부과할 수 없다.

채무자의 재산이 어떤 사유로 제3자에게 처분된다고 하더라도, 채무자가 부담하던 의무는 그 재산의 소유권을 취득한 제3자에게 승계되지 않는 것이 일반적인 법 원칙이다. 체육시설법 제27조가 체육시설업자의 의무를 승계하는 근거 규정을 둔 것은 이와 같은 법 원칙에 대한 예외를 정한 것이므로, 그 예외 규정의 해석이 명확하지 않은 경우에는 일반적인 법 원칙으로 돌아가야 하는 것이지 예외 규정을 확장해석해서는 아니 된다.

(3) 담보신탁을 근거로 한 매매에 체육시설법 제27조를 적용하여 권리 · 의무의 승계를 인정할 수 없는 것은 문리해석상 당연한 결과이다.

담보신탁된 부동산을 공개경쟁입찰방식으로 매매하는 것을 거래계에서 흔히 '공매'라고 호칭하고 있기도 하나, 이러한 공매는 법률상 일반 매매와 전혀 다를 바 없는 매매 그 자체일 뿐이다. 체육시설법 제27조가 법률상 매매의 경우에 적용되지 않는다는 점에 대해서는 아무런 의문이

21) 분량 관계상 이 부분 판시사항 중 필자가 보기에 핵심적인 부분만을 요약하여 정리하였다.

없다. 다수의견은 매매 중 유독 신탁재산의 처분과 관련된 매매에만 권리·의무의 승계를 인정하는 것이어서 부당하다.

(4) 담보신탁된 재산의 매매에는 체육시설법 제27조 제2항을 적용하지 않는 것이 입법자의 의사에 부합한다.

입법 과정에서 논의가 있었다 하더라도 법률 조항으로 규정하지 않았다면, 그 논의의 타당성 유무에도 불구하고 결국 법률 조항으로 규정하지 않은 영역의 문제는 법률의 적용대상에서 배제한다는 입법자의 의사가 표현된 것으로 보아야 한다.

(5) 체육시설법 제27조 제2항의 입법 취지에는 '거래 안전의 도모'도 포함되므로, 위 조항은 문언 그 자체로 엄격하게 해석하여야 한다.

다수의견과 같이 체육시설법 제27조 제2항 제4호를 넓게 해석하면, 당해 부동산 거래에 큰 부담을 주게 되고 거래가격이 낮아져서 담보채권자 등이 채권의 만족을 제대로 얻을 수 없는 문제가 발생한다.

(6) 절차 간 유사성을 기초로 하는 다수의견은 체육필수시설의 매각절차에 임하는 당사자에게 입회금반환채무의 승계 여부에 관해 명확한 예측 가능성을 부여해 주지 못한다.

(7) 다수의견은 신탁재산의 매매를 통해 체육필수시설을 취득한 제3자에게 신탁재산과 절연된 위탁자의 부담을 곧바로 전가해 버리는 결과를 낳으므로 부당하다.

담보신탁을 근거로 한 매매 절차에서 수탁자 명의의 체육필수시설을 인수하였음에도, 위탁자인 기존 체육시설업자의 공법상 지위나 회원에 관한 권리·의무가 체육필수시설의 법률상 소유자인 수탁자를 거치지 않고 당연히 체육필수시설의 인수인에게 승계된다고 보아야 할 법적 근거를 찾기 어렵다. 신탁재산은 위탁자의 재산과 분리되고 그 소유자인 수탁자의 고유재산과도 독립되어, 위탁자에 대하여 회생절차나 파산절차가 개시되는 때에도 수익자의 지위 또는 신탁재산에 대한 담보권은 영향을 받지 않는다. 따라서 독립한 신탁재산에 대해 담보물권을 설정하거나 수익권을 취득한 채권자는 담보제공자의 도산위험으로부터 절연된 강력한 담보를 취득할 수 있다. 그런데도 우선수익권의 가치를 평가하면서 위탁자가 회원들에 대하여 부담하는 입회금반환채무까지 당연히 고려하여야 한다면, 위탁자의 신용상 위험으로부터 신탁재산을 분리하고자 하는 신탁제도의 취지에 정면으로 반할 수 있다.

(8) 담보신탁계약의 체결이 회원들을 비롯한 이해관계인을 해하는 사해신탁에 해당하는 때에는 신탁법 제8조에 따라 사해신탁을 이유로 취소와 원상회복을 구할 방법이 따로 마련되어 있다.

(9) 다수의견을 따르면 사회경제적으로 바람직하지 못한 결과가 발생한다.

다수의견을 따라 회원들의 이익만을 도모하는 결과, 골프장 체육필수시설에 대한 매각 자체가 어려워지고, 매각이 이루어지지 아니한 채 시간만 경과하게 되어 해당 골프장을 둘러싸고 얽혀 있는 채권자들의 경제적 이해관계가 사적 영역에서는 해결할 방법이 없게 됨으로써 회생이나 파산절차를 통한 해결 외에 대안을 찾기 어렵게 될 것이다.

### 3. 대법원 판결의 의미

가. 이 사건 쟁점인 '담보신탁계약에 의한 공매 등 절차에서 골프장 시설을 취득한 자가 입회보증금반환채무를 승계하는지 여부'에 대해서는 이미 오래전부터 실무와 학계에서 승계긍정설과 승계부정설의 견해 대립이 있었다. 문화체육부와 법제처는 법령해석 회신이나 유권해석을 통해 승계긍정설의 입장을 취하였다.[22] 이 판결 전까지 법원의 입장은 어느 한 쪽에 있다고 단정하기 어려운 상황이었다.

이러한 상황에서 대법원은 오랜 기간의 심리 끝에 승계긍정설을 취하였다. 학계에서 견해대립이 치열하였던 만큼 대법원에서도 치열한 논쟁이 벌어졌고(반대의견을 취한 대법관 5명) 그 내용은 고스란히 판결문에

---

22) 문제의 배경과 종전의 견해 대립 등에 관하여는 최준규, "담보신탁을 근거로 한 체육필수시설의 매매와 매수인의 권리·의무 승계—대상판결: 대법원 2018. 10. 18. 선고 2016다220143 전원합의체 판결", 사법 제48호(2019. 6.), 373–374면 참조.

반영되었다.[23] 앞으로 담보신탁계약에 기한 공매나 수의계약 등 절차에서 불확실성이 제거되었다는 점만으로도 대법원판결에 큰 의미를 부여할 있다고 생각한다. 사실 이 사건 사안만 보더라도, 감정가 700억 원인 골프장을 C가 불과 14억 1,000만 원에 매수할 수 있었던 것은 515억 원에 달하는 입회보증금반환채무가 승계될 수도 있다는 위험을 어느 정도 고려하였기 때문이라고 보이는데, 그러한 불확실성이 없었다면 이 사건 골프장의 회생에 보다 도움이 되었을 것으로 생각된다.

나. 피상적으로 보면 이 문제는 결국 체육시설법 제27조 해석의 문제이다. 많은 법령이 그러하듯 체육시설법 제27조도 이 문제에 대해서 명확히 규정하지 못하고 있고 '그 밖에 제1호부터 제3호까지의 규정에 준하는 절차'라는 애매한 규정을 두어 분쟁을 야기한 측면도 있다. 사실 체육시설법의 규정 내용만 놓고 보면 승계긍정설로도 해석이 가능하고 승계부정설로도 해석이 가능하며, 어느 한 견해가 절대적으로 우월하다고 보기는 어렵다.

결국 실질적으로 이 문제는, 담보신탁의 우선수익권과 저당권 등의 담보물권을 얼마나 유사한 것으로 볼 것인지에 대한 인식의 차이에 따라 결론이 달라질 수밖에 없다고 생각된다.

다수의견은 담보신탁의 경제적 측면에서의 실질에 중시하여, 담보신탁계약에 따른 공매 등과 저당권 등 담보권 실행을 위한 경매 등이 실질적인 차이가 없다고 보았다. 그러면서 다수의견은 이 국면에서는 담보신

---

23) 대법원 판결이 선고된 이후 실무계와 학계에서 많은 평석이 발표되었는데, 이를 보면 이 문제가 여전히 치열하게 다투어지는 주제라는 점을 알 수 있다.

다수의견을 지지하는 견해로는 조건주, "골프장 부동산 공매에서 회원 계약 승계 인정 여부", 법률신문 제4652호(2018. 11. 15.); 양형우, 전게논문(주 4); 권영준, "2018년 민법 판례 동향", 서울대학교 법학 제60권 제1호(2019. 3.); 최준규, 전게논문(주 22) 등이 있다.

반대의견을 지지하는 견해로는 최수정, "부동산담보신탁상 신탁재산 처분의 성질과 효과−대법원 2018. 10. 18. 선고 2016다220143 전원합의체 판결에 대한 비판적 검토−", 선진상사법률연구 통권 제85호(2019. 1.); 이훈종 "체육필수시설에 관한 담보신탁계약에 따른 공매와 회원에 대한 권리·의무의 승계", 법조 제68권 제2호(2019. 4.) 등이 있다.

탁의 도산격리 효과도 일부 제한되어야 한다고 하였다. 다수의견이 앞서 본 2017년 전합판결에서 밝힌 '담보신탁 우선수익권은 경제적으로 금전채권에 대한 담보로 기능할 뿐 금전채권과는 독립한 신탁계약상의 별개의 권리가 된다'는 법리를 수정한 것은 아니다. 또한 2001다9267 판결(주 4) 이래로 대법원의 확고한 입장인 담보신탁의 도산격리를 부정하는 것도 아니다.[24] 다수의견은 이러한 기존의 법리를 수정하지 않으면서 체육시설법 제27조 해석의 국면에서는 담보신탁의 실질을 보다 중시한 것으로 이해된다. 아울러 판결 이유에 명시하지는 않았지만, 감정가 700억 원인 골프장을 C가 불과 14억 1,000만 원에 매수하였다는 사정, 즉 구체적 타당성의 측면도 고려한 것이 아닌가 하는 생각이 든다.

이와 달리 반대의견은 종전 대법원판결들이 밝힌 신탁 자체의 법리에 보다 주목한 것으로 보인다. 반대의견이 '담보신탁을 근거로 한 매매절차에서 수탁자 명의의 체육필수시설을 인수하였음에도, 위탁자인 기존 체육시설업자의 공법상 지위나 회원에 관한 권리·의무가 체육필수시설의 법률상 소유자인 수탁자를 거치지 않고 당연히 체육필수시설의 인수인에게 승계된다고 보아야 할 법적 근거를 찾기 어렵다'고 한 것도 이러한 인식에 기초한 것으로 보인다.[25]

---

24) 다수의견에 의하더라도 골프장이 회생절차에 들어가게 되면 담보신탁의 도산격리 효과에 따라 담보신탁 자체는 영향을 받지는 않는다. 다만 어차피 회생절차와 독자적으로 담보신탁계약에 따른 공매절차를 진행하더라도, 다수의견에 의하면 입회금 반환채무가 승계될 수밖에 없으므로, 채권자(우선수익권자) 입장에서는 도산격리 효과를 온전하게 누리지는 못한다. 이러한 의미에서, 다수의견에 따르면 사실상 도산격리 효과가 일부 제한되는 것과 마찬가지의 결과가 될 수 있다고 생각된다.

이와 관련하여 최준규, 전게논문(주 22), 388면에서는 "담보신탁의 도산격리효과를 부정한다면 이 사건 다수의견을 뒷받침하는 강력한 논거가 되겠지만, 도산격리 효과를 인정하더라도 다수의견을 정당화하는데 별 문제가 없다."고 하면서 "담보신탁 도산격리 효과 인정 여부와 매수인의 채무승계 여부는 별도의 차원에서 검토될 수 있는 문제이다."라고 하고 있다. 일리 있는 지적이라고 생각된다.

권영준, 전게논문(주 23), 314면에서도 "다수의견의 결론과 담보신탁 도산격리 효과에 관한 기존 법리는 양립 가능하다."고 하고 있다.

25) 최수정, 전게논문(주 23), 82면에서는 "다수의견은 신탁재산을 유효하게 취득하고 처분한 수탁자의 존재와 그 법률효과를 완전히 배제하였다는 점에서 부당하다. 이미 신탁설정시에 체육시설업의 등록에 따른 공법 및 사법상의 권리·의무가 단

## Ⅳ. 그 밖의 대법원판결들

### 1. 대법원 2017. 11. 23. 선고 2015다47327 판결 [공2018상,8]

#### 가. 판시사항

신탁자가 그 소유의 부동산에 채권자를 위하여 저당권을 설정하고 저당권설정등기를 마친 다음, 그 부동산에 대하여 수탁자와 부동산 신탁계약을 체결하고 수탁자 앞으로 신탁을 원인으로 한 소유권이전등기를 해 주어 대내외적으로 신탁부동산의 소유권이 수탁자에게 이전하였다면, 수탁자는 저당부동산의 제3취득자와 같은 지위를 가진다. 따라서 그 후 신탁자에 대한 회생절차가 개시된 경우 채권자가 신탁부동산에 대하여 갖는 저당권은 채무자회생법 제250조 제2항 제2호의 '채무자 외의 자가 회생채권자 또는 회생담보권자를 위하여 제공한 담보'에 해당하여 회생계획이 여기에 영향을 미치지 않는다. 또한 회생절차에서 채권자의 권리가 실권되거나 변경되더라도 이로써 실권되거나 변경되는 권리는 채권자가 신탁자에 대하여 가지는 회생채권 또는 회생담보권에 한하고, 수탁자에 대하여 가지는 신탁부동산에 관한 담보권과 그 피담보채권에는 영향이 없다(대법원 2003. 5. 30. 선고 2003다18685 판결 참조).

#### 나. 이 판결의 의미

담보신탁의 도산격리 효과를 인정하여 온 대법원판결들의 연장선상에 있는 판결이다.

이미 구 회사정리법 관련하여 "정리담보권자는 회사정리절차 개시 전에 정리회사로부터 저당부동산에 대한 소유권을 취득한 제3취득자가 있다고 하더라도 그 부동산에 대하여는 정리계획으로 변경되기 전의 당초 약정에 기한 피담보채권에 기초하여 채권최고액을 한도로 저당권을 실행할 수 있고, 한편 근저당권의 목적이 된 부동산의 제3취득자는 근저당권의 피담보채무에 대하여 채권최고액을 한도로 당해 부동산에 의한 담보적 책임을 부담하는 것이므로, 제3취득자로서는 채무자 또는 제3자의 변제 등으로 피담보채권이 일부 소멸하였다고 하더라도 잔존 피담보채권이 채권최고

---

절된 상태에서 수탁자로부터 신탁재산을 매수한 자에게 회원에 대한 입회금반환채무를 강제하는 것은 법해석의 범주를 벗어난 것이다."라고 하고 있는데, 이러한 견해도 반대의견과 같은 취지라고 보인다.

액을 초과하는 한 담보 부동산에 의한 자신의 책임이 그 변제 등으로 인하여 감축되었다고 주장할 수 없다."고 한 판결이 있었다(대법원 2007. 4. 26. 선고 2005다38300 판결). 또한 "신탁자가 자기 소유의 부동산에 대하여 수탁자와 부동산관리신탁계약을 체결하고 수탁자 앞으로 신탁을 원인으로 한 소유권이전등기를 경료해 주어 대내외적으로 신탁부동산에 관한 소유권을 수탁자에게 완전히 이전한 다음 수탁자로 하여금 신탁부동산에 관하여 다시 신탁자의 채권자의 채권을 위하여 근저당권설정등기를 경료하도록 하였다면, 수탁자는 결국 신탁자를 위한 물상보증인과 같은 지위를 갖게 되었다고 할 것이고 그 후 신탁자에 대한 회사정리절차가 개시된 경우 채권자가 신탁부동산에 대하여 갖는 근저당권 등 담보권은 회사정리법 제240조 제2항에서 말하는 '정리회사 이외의 자가 정리채권자 또는 정리담보권자를 위하여 제공한 담보'에 해당하여 정리계획이 여기에 영향을 미칠 수 없다고 할 것일 뿐만 아니라 채권자가 정리채권 신고기간 내에 신고를 하지 아니함으로써 정리계획에 변제의 대상으로 규정되지 않았다 하더라도, 이로써 실권되는 권리는 채권자가 신탁자에 대하여 가지는 정리채권 또는 정리담보권에 한하고, 수탁자에 대하여 가지는 신탁부동산에 관한 담보권과 그 피담보채권에는 아무런 영향이 없다."고 한 판결도 있었다(대법원 2003. 5. 30. 선고 2003다18685 판결).

이 사건은 신탁자가 그 소유 건물에 관하여 채권자 앞으로 근저당권을 설정하고 등기까지 마친 다음 수탁자와 담보신탁계약을 체결하고 수탁자 앞으로 신탁을 원인으로 한 소유권이전등기를 마쳐 주었고, 이후 신탁자에 대하여 회생절차가 개시된 사안이다. 대법원은 이러한 경우에도 위 판례들의 법리를 적용하여 담보신탁의 수탁자가 저당부동산의 제3취득자와 같은 지위를 갖게 된 경우에도 도산격리의 효과가 인정된다고 하였다. 아울러 이 사건 회생계획에 대한 인가결정 후 이 사건 건물이 담보신탁계약의 해지로 다시 신탁자에게 소유권이 귀속되었다고 하더라도 달리 볼 수 없다고 하였다.[26]

---

26) 이 사건의 원심(부산고등법원 2015. 7. 23. 선고 2014나3511 판결)은 "이 사건 근저당권설정등기 당시 이 사건 건물은 신탁자 소유였고, 이 사건 회생계획 인가결정시 이 사건 건물의 소유권이 수탁자 앞으로 이전되어 있었으나 회생계획 확정시에는 다시 신탁자 앞으로 소유권이 귀속되어 있었으므로, 이 사건 건물에 설정된 이 사건 각 근저당권을 회생계획의 효력이 미치지 않는 채무자 이외의 자가

2. 대법원 2018. 7. 12. 선고 2018다204992 판결 [공2018하,1597]

가. 사실관계

(1) A는 이 사건 아파트를 신축·분양하는 시행사 겸 시공사이다. A는 2008. 11. 28. B(신탁회사)와 이 사건 아파트에 관하여 A를 위탁자, B를 수탁자, C(대출은행)를 1순위 우선수익자로 하는 담보신탁계약을 체결하였다.

(2) D(수분양자)는 2008. 10. 20. A와 이 사건 아파트 △△호에 관한 이 사건 분양계약을 체결하였다.

(3) A와 B 등은 분양수입금 등 사업과 관련한 수입금 일체를 B 명의의 자금관리계좌에 입금하기로 하는 등의 이 사건 사업약정(D와 같은 수분양자는 당사자가 아니다)을 체결하였다. 이에 따라 A는 이 사건 분양계약에 따른 분양대금을 B 명의로 개설된 자금관리계좌로 입금받았다.

(4) 이후 이 사건 분양계약이 해제되자, 원고는 D에 대한 판결금 채권에 기초하여 2016. 1. 8. D를 채무자, B를 제3채무자로 하여 'D가 B가 분양한 이 사건 아파트 △△호에 대한 분양권을 취득함으로써 분양계약이 해제될 경우에 지급받을 분양대금반환채권 중 2억여 원'에 대하여 채권압류 및 추심명령을 받았고, 그 무렵 B에게 송달되었다. 원고는 '분양계약 해제에 따라 수분양자인 D가 수탁자인 B를 상대로 직접 분양대금반환을 구할 수 있다'고 주장하며, B를 상대로 이 사건 추심금소송을 제기하였다.

나. 이 사건의 쟁점

(1) 이 사건에서 문제되는 담보신탁계약은 단순히 위탁자인 A가 금융기관인 C로부터 대출을 받으면서 이를 담보할 목적으로 B와 사이에 체결된 것이 아니라, A의 부동산개발 및 분양사업(선분양)과 연계하여 체결된 것이다. 이러한 경우 종래 담보신탁계약을 체결하면서 분양 관련한

---

회생채권자를 위하여 제공한 담보라고 할 수 없다."라고 하였으나, 대법원은 위와 같이 달리 판단하여 원심을 파기하였다.

특약이나 별도의 자금관리대리사무계약을 체결하는 경우가 많이 있었다.[27] 이러한 형태의 사업의 경우 선분양의 위험(시행자의 부도 등)으로부터 수분양자를 보호할 수 있는지 여부가 문제가 된다. 이 사건은 주택법이나 「건축물의 분양에 관한 법률」이 적용되지 아니하여 분양보증이 강제되지 아니하는 사안이다.[28]

구체적으로 수분양자(D)가 위탁자(A)와 분양계약을 체결하고 그 분양대금은 수탁자인 B의 계좌로 입금한 경우 나중에 분양계약이 해제되었을 때 D가 직접 B를 상대로 분양대금의 반환을 구할 수 있는지 여부가 이 사건의 쟁점이다. 아울러 이 사건의 직접 쟁점은 아니지만, 만약 직접 청구를 못한다면 D가 A를 대위하여 B를 상대로 분양대금 반환을 구할 수 있는지 여부도 문제된다. 이 문제는 결국 수분양자가 우선수익자에 우선하여 분양대금을 반환받을 수 있는지 여부의 문제로 귀착된다.

---

27) 오상민, "담보신탁 및 자금관리대리사무에서 신탁회사의 분양대금반환책임", 변호사 제44집(2013), 234-235면에서는 아래와 같이 설명하고 있다.

"시행사가 신탁방식에 의하여 부동산개발 사업을 진행하고 금융기관 대출을 일으키는 경우 신탁회사가 사업주체가 되는 '토지신탁'과 시행사가 사업주체가 되는 '담보신탁 및 자금관리대리사무의 방식'으로 구별된다. 그런데 시행사가 사업주체의 지위를 유지하면서 담보신탁 및 자금관리대리사무의 방식으로 부동산 개발 사업을 진행할 경우 시행사가 대출금융기관의 대출금과 수분양자가 납입한 분양수입금의 관리를 전담하게 되는데, 대출금융기관으로서는 시행사의 자금집행업무를 공신력 있는 제3자인 신탁회사에게 맡겨 자금집행업무의 투명성과 적법성을 담보하는 것이 일반적이다. 이 경우 시행사는 신탁회사와 자금관리대리사무계약을 체결하여 대출금융기관의 통제 하에 신탁회사가 금융기관의 대출금과 분양수입금 등의 사업자금을 사전에 약정한 항목과 순서에 따라 관리하도록 한다."

28) 주택의 분양과 관련하여서는 주택법, 주택 이외의 건축물(오피스텔, 상가건물 등)의 분양에 관하여는 「건축물의 분양에 관한 법률」이 적용되어 신탁으로 분양보증이 결부되어 있다고 한다[이계정(주 5), 111면].

건축물의 분양에 관한 법률이 적용되는 사업장의 경우 분양관리신탁 및 자금관리대리사무 방식을 적용해야 하는데 분양관리신탁은 시행사가 사업주체가 된다는 점에서 담보신탁 방식과 유사하지만 건축물의 분양에 관한 법령은 분양관리신탁계약서에 수분양자 보호를 위한 일정한 조항을 반영해야 한다고 규정하고 있는 점에서 담보신탁 방식과 차이가 있다고 한다. 일반적으로 담보신탁 및 자금관리대리사무 방식을 적용하는 사업장은 ① 건축물의 분양에 관한 법률이 제정되어 시행되기 이전(2005. 4. 23.)의 사업장, 건축물의 분양에 관한 법률이 시행된 이후에는 ② 동 법률이 적용되지 않는 사업장 또는 ③ 동 법률이 적용되는 사업장이더라도 사용승인 이후 후분양하는 사업장이라고 한다(오상민, 각주 27, 237면).

(2) 이와 관련하여 과거 대법원 2009. 7. 9. 선고 2008다19034 판결[공2009하,1413]은 수분양자에 대하여 분양대금 반환채권의 우선권이 인정된다는 듯한 판단을 한 바 있고,[29] 이후 특히 수분양자가 분양자(위탁자)를 대위하여 수탁자를 상대로 분양대금의 반환을 구하는 사건들에서 하급심 판결들이 엇갈리는 등 실무에 혼선이 있었다.

대법원은 이러한 대위 청구 사례에 관해서는 이미 대법원 2014. 12. 11. 선고 2013다71784 판결[공2015상, 103][30] 등 여러 건의 판결을 통해, 대위

---

29) 이 판결의 사안은 다음과 같다. 상가건물을 리모델링하여 분양하는 사업을 하려는 시행사(위탁자)는 수탁자와 사이에 담보신탁계약을 체결하고, 자금 관리에 관한 대리사무계약도 체결하였다. 수탁자는 분양수입금을 입금받아 우선수익자인 대출금융기관의 대출원리금 상환 및 사업비에 사용하였다. 이후 분양이 저조하자 우선수익자의 요청에 따라 수탁자가 신탁부동산의 공매절차를 진행하였고 기존 수분양자 중 일부가 공매에 참가하여 매수자로 결정되었다. 시행사는 공매 참가한 수분양자와 사이에 분양계약을 합의해제하였고, 위 참가자의 시행사에 대한 분양대금반환채권과 공매대금을 상계처리하기로 하는 내용으로 매매계약이 체결되었다. 공매에 참가하지 아니한 수분양자에 대한 분양대금은 공탁되었다. 이렇게 상계·공탁되고 남은 나머지 공매대금은 우선수익자에게 배당되었다. 이에 제2순위 우선수익자가 상계·공탁이 신탁계약 위반이라고 주장하며 수탁자를 상대로 손해배상청구를 하였다.

대법원은 "원심은 미분양건물을 처분하여 정산하는 경우와 달리 이미 분양된 건물 부분을 처분하여 정산하는 경우에 있어서 수분양자에 대하여 부담하는 분양대금 반환채무는 이 사건 부동산담보신탁계약 제21조 제1항에서 정한 1순위로 정산하여야 하는 채무 또는 그보다 앞선 순위로 정산하여야 할 채무에 해당하는 것으로 보아야 한다고 전제한 다음, 수탁자(피고)가 위탁자의 요청을 받아 이미 분양된 건물 부분인 102호를 매각한 대금으로 먼저 수분양자에 대한 분양대금과 상계하거나 공탁한 행위는 위 신탁계약 제21조의 정산의무를 위반하여 제2순위 우선수익자(원고)의 우선수익권을 침해한 것이라고 볼 수 없다고 판단하여 원고의 이 부분 손해배상청구를 배척하였다. …위와 같은 원심의 판단은 정당한 것으로서 수긍할 수 있고, 거기에 이 사건 신탁계약 제21조의 해석에 관한 법리오해 등의 위법이 없다."라고 하였다.

30) 분양계약을 해제한 수분양자 甲이 분양대금 반환채권을 보전하기 위해 분양자 乙 주식회사를 대위하여 그로부터 분양수입금 등의 자금관리를 위탁받은 수탁자 丙 주식회사를 상대로 사업비 지출 요청권을 행사한 사안에서, 원심이 피대위채권 존부 관련하여 "(가) 이 사건 담보신탁계약과 이 사건 대리사무 약정은 그 계약 체결의 목적이나 규율내용이 전혀 다른 별개의 계약으로 보아야 하고, 이 사건 대리사무 약정에 따라 丙이 관리하는 분양수입금은 애초부터 이 사건 담보신탁계약에서 정하고 있는 '신탁부동산의 처분대금이나 이에 준하는 것'에 해당한다고 볼 수 없다."라고 한 판단과 "(나) 丙이 이 사건 담보신탁계약상 신탁 원본에 편입되는 이 사건 분양대금을 취득하였음을 전제로 하여 이 사건 분양계약의 해제로 乙

청구를 하는 것 자체는 가능하나(보전의 필요성 인정), 피대위채권은 인정되지 아니한다는 취지로 판단하였다. 즉 분양계약의 해제는 담보신탁계약에 아무런 영향이 없고, 자금관리 대리사무계약 측면에서도 우선수익자의 확인이나 동의요건을 충족하지 못하는 이상, 분양대금 상당의 반환을 구하기 위한 사업비 지출을 요청할 수 없다는 것이다.[31] 다만 우선수익자의 확인이나 동의의 요건이 언제 충족되었다고 볼 것인지, 구체적인 계약 내용상 우선수익자의 권리와 수분양자의 권리(분양계약 해제에 따른 분양대금 반환청구권) 중 어느 것이 우선하는지, 나아가 수분양자가 위탁자를 대위하여 우선수익자를 상대로 위와 같은 확인이나 동의의 의사표시를 구하는 소를 제기할 수 있는지 등에 관해서는 아직 명확한 입장이 없는 것으로 보인다.

이 사건은 위와 같은 대위 청구가 아니라, 수분양자가 수탁자를 상대로 직접 분양대금의 반환을 구하는 사안인데, 이 부분에 관해서도 그 동안 대법원의 명확한 판시가 없었다.

다. 대법원의 판단 및 그 의미

(1) 대법원은 '이른바 삼각관계에서 급부가 이루어진 경우'에 관한 기존 대법원판결의 법리[32]를 소개한 다음, 아래와 같이 판시하여 분양계

이 丙에게 이 사건 분양대금반환청구를 할 수 있다는 甲의 주장은 이유 없고, 또한 설령 이 사건 분양대금이 이 사건 담보신탁계약의 신탁 원본에 해당한다고 하더라도 이 사건 담보신탁계약 제21조에서 정한 정산 순위의 제한을 받지 않고 우선 청구할 수 있다고 볼 수는 없다."라고 한 판단이 모두 타당하다고 하였다.

31) 김지훈, "분양계약 해제 시 담보신탁 법률관계와 관련한 대법원 판결의 동향-대법원 2018. 7. 12. 선고 2018다204992 판결 등을 중심으로", BFL 제94호, 서울대학교 금융법센터(2019), 57면.

32) "계약의 한쪽 당사자가 상대방의 지시 등으로 급부과정을 단축하여 상대방과 또 다른 계약관계를 맺고 있는 제3자에게 직접 급부를 하는 경우(이른바 삼각관계에서 급부가 이루어진 경우), 그 급부로써 급부를 한 계약당사자가 상대방에게 급부를 한 것일 뿐만 아니라 그 상대방이 제3자에게 급부를 한 것이다. 따라서 계약의 한쪽 당사자는 제3자를 상대로 법률상 원인 없이 급부를 수령하였다는 이유로 부당이득반환청구를 할 수 없다. 이러한 경우에 계약의 한쪽 당사자가 상대방에게 급부를 한 원인관계인 법률관계에 무효 등의 흠이 있거나 그 계약이 해제되었다는 이유로 제3자를 상대로 직접 부당이득반환청구를 할 수 있다고 보면, 자기 책임 아래 체결된 계약에 따른 위험부담을 제3자에게 전가하는 것이 되어 계약법의 원

약의 해제에도 불구하고 B(수탁자)가 분양대금을 보유하는 것이 D(수분양자)에 대한 관계에서 부당이득이 되는 것은 아니라고 하였다.

D가 이 사건 분양계약에 따라 B의 계좌에 분양대금을 입금한 것은 이른바 '단축급부'에 해당하고, B는 A와의 이 사건 사업약정에 따라 D로부터 정당하게 분양대금을 수령한 것이다. 수분양자인 D는 이 사건 사업약정의 당사자가 아니고, 또한 D와 A의 분양계약이 해제되었다고 하더라도 B와 A가 맺은 사업약정의 효력에 영향을 미치지는 않는다. 따라서 분양계약이 해제된 것만으로 곧바로 B가 D로부터 수령한 분양대금을 보유할 원인이 없어지지 않고, 나아가 D에게 분양대금을 부당이득으로 반환할 의무가 생기는 것은 아니다.

또한 아래와 같은 원심의 판단이 타당하다고 하여, D가 제3자를 위한 계약의 수익자에 해당한다고 볼 수도 없다, 즉 D가 B를 상대로 직접 계약의 이행으로서 분양대금의 반환을 구할 수도 없다고 판단하였다.

원심은 다음과 같은 사실을 인정하고 있다. 이 사건 신탁계약 제21조 제1항에 신탁기간 종료 전 우선수익자의 요청으로 신탁부동산을 처분한 경우 처분대금의 정산순위를 정하고 있는데, '신탁계약과 관련된 비용 및 보수'가 1순위로 규정되어 있다. 이 사건 사업약정 제20조 제1항과 이 사건 추가약정 제6조는 자금관리계좌에 입금된 자금의 집행순서를 정하고 있는데, '신탁처리비용' 등이 1순위로 규정되어 있다.

원고는 D와 A 사이에 체결된 이 사건 분양계약이 해제됨에 따라 D가 B에 대하여 직접 분양대금반환채권을 가진다고 주장하였으나, 원심은 다음과 같은 이유로 배척하였다.

이 사건 신탁계약과 이 사건 사업약정은 A와 B 등 사이에 체결된 것이 분명할 뿐만 아니라, 이 사건 신탁계약과 사업약정 관련 규정의 문언, 체계, 취지 등에 비추어 이 사건 신탁계약 제21조 제1항, 이 사건 사업약정 제20조 제1항은 신탁사업에 드는 비용의 부담주체를 정한 것이거나 비용 지출순서, 지출방법, 절차 등을 정한 것에 불과하다. 따라서 원고가 들고 있는 위 조항들은 이 사건 신탁계약 등의 당사자가

리에 반하는 결과를 초래할 뿐만 아니라 수익자인 제3자가 상대방에 대하여 가지는 항변권 등을 침해하게 되어 부당하다(대법원 2003. 12. 26. 선고 2001다46730 판결, 대법원 2017. 7. 11. 선고 2013다55447 판결 등 참조)."

아닌 제3자로 하여금 수탁자인 B에 대한 권리를 직접 취득하게 하는 것을 목적으로 한 규정이라고 해석할 수 없다.

(2) 이 판결은 대위 청구 사례에 관한 기존 대법원판결들의 연장선상에서, 수분양자와 위탁자 사이의 분양계약이 위탁자와 수탁자 사이의 담보신탁계약 및 자금관리대리 사무계약과 별개의 계약이라는 전제하에, 수분양자가 직접 수탁자를 상대로 분양대금의 반환을 구할 수는 없다는 점을 명확히 밝혔다. 이 사건의 구체적인 계약 내용은 일반적인 거래 실무에서의 계약 형태와 크게 다르지 않다고 보이므로, 특별한 사정이 없는 한 일반적인 법리라고 보아도 좋을 것이다.

한편 이 사건에서 대법원이 기존의 2008다19034 판결(주 29)과의 관계에 관하여 명확한 입장을 밝히지 아니한 점은 다소 아쉽다. 이 사건 원심[33]은 "원고가 제시하는 대법원 2009. 7. 8. 선고 2008다19034 판결은 부동산담보신탁의 우선수익자가 수탁자를 상대로 제기한 손해배상청구사건에서, 수탁자가 분양된 신탁부동산을 매각한 후 매매대금을 정산하면서 그 매각대금채권과 분양계약해제로 인한 분양대금반환채무를 상계하거나 공탁한 것이 정당한지 여부가 쟁점인 사안으로서, 수분양자가 수탁자에 대하여 직접 분양계약 해제로 인한 분양대금반환채권 등을 가지는지 여부가 쟁점인 이 사건과는 그 기초가 되는 사실관계와 쟁점이 상이하다. 따라서 위 대법원 판결을 이 사건에 원용하기에는 적절하지 않은 것으로 보인다."라고 하였는데, 대법원도 같은 입장에 있는 것이 아닌가 추측된다.[34]

---

33) 서울고등법원 2017. 11. 23. 선고 2016나2080282 판결

34) 이와 관련하여 김지훈, 전게논문(주 31), 61-62면에서는 아래와 입장을 밝히고 있다.

"2008다19034 판결과 그 이후의 대법원판결의 가장 큰 차이점은, 2008다19034 판결은 공매절차 진행으로 분양계약이 해제될 수밖에 없는 상황에서 공매대금을 정산하는 과정에서 신탁회사가 상계·공탁한 행위가 적법한 업무처리였는지 여부가 문제된 사안인 데 반하여, 그 이후 대법원판결 사안은 수분양자가 스스로 분양계약을 해제하고 신탁회사를 상대로 분양대금의 직접 또는 대위청구를 한 사안이라는 점이다. …수분양자가 스스로 해제를 선택하여 분양대금 완납시 소유권을 이전받을 권리를 포기한 경우와 달리 어쩔 수 없이 해제를 할 수밖에 없는 때에는 예외적으로 분양대금 반환에 대하여 우선권을 인정하는 것이 타당하다고 생각해 볼

### 3. 대법원 2018. 12. 27. 선고 2018다237329 판결(공보불게재)

#### 가. 사실관계

(1) A(위탁자, 수익자)와 B(수탁자)는 2015. 3. 20.경 이 사건 오피스텔에 관하여 담보신탁계약을 체결하고(우선수익자는 A에게 대출을 해 준 금융기관) 신탁등기를 마쳤다.

(2) 이 사건 신탁계약 특약사항 제6조 제1항은 '분양(매매)대금을 완납한 수분양자(매수자)에 대하여 우선수익자의 수분양자(매수자) 앞 소유권이전 서면요청이 있는 경우, 수탁자는 수분양자(매수자)로부터 붙임의 확약서를 징구한 다음, 신탁부동산의 소유권을 수분양자(매수자)에게 직접 이전할 수 있다'라고 규정하고 있다.[35)]

(3) A의 채권자인 C는 이 사건 오피스텔에 관하여 A가 B에 대하여 가지는 신탁수익청구권에 대하여 압류 및 추심명령을 받았고, 위 압류 및 추심명령은 2016. 7. 11. B에게 송달되었다.

(4) A는 2016. 10. 18. 이 사건 오피스텔을 매수인들에게 매도하였고, A와 우선수익자는 B에게 특약사항 제6조 제1항을 근거로 매수인들에 대하여 소유권을 직접 이전하여 줄 것을 요청하였다.

(5) 이에 B는 2016. 10. 18. 매수인들에게 해당 호실 오피스텔에 대한 이 사건 소유권이전등기를 마쳐 주었고, A는 매수인들로부터 수령한 매매대금 중 일부를 우선수익자에 대한 채무변제와 신탁보수 지급에 사용하였다.[36)]

---

수도 있겠다. …결국 2008다19034 판결은 공매가 먼저 진행되는 바람에 분양계약의 해제를 초래한 것이므로, 공매를 진행한 측(우선수익자)에 '어느 정도'의 책임이 있고, 이러한 경우 공매대금에서 우선적으로 분양대금 부분을 상계해 주더라도 그리 '위법'한 것으로 보이지는 않는다는 정도의 의미만 가진 판결이 아닐까 생각된다. 따라서 208다19034 판결은 이와 사안이 동일한 경우에만 제한적으로 적용 가능한 것으로서 일반론으로 적용하기는 어려운 것으로 보인다."

35) 이러한 특약은 둔 것은, 앞서 본 2018다204992 판결 사안과 마찬가지로, 위탁자가 이 사건 오피스텔을 타에 분양하여 그 분양대금으로 우선수익자에 대한 채무를 변제하는 방식을 당사자들 사이에 예정하고 있었기 때문인 것으로 보인다(각주 27 참조).

나. 이 사건의 쟁점

(1) 이 사건처럼 담보신탁계약에서 위탁자의 분양을 예정하고 있는 경우(분양계약의 당사자는 위탁자와 수분양자임) 위탁자는 수분양자에게 분양된 부동산에 관한 소유권이전등기를 마쳐 주기 위하여 그 부분에 관한 신탁을 일부 해지하여야 하는데,[37] 이와 같이 신탁계약이 해지된 후에는 본래 '신탁재산귀속'을 원인으로 하여 위탁자 앞으로 소유권이전등기를 한 다음 다시 '분양계약'을 원인으로 하여 매수인 앞으로 소유권이전등기가 이루어지게 된다. 이러한 경우 담보신탁계약에서 특약으로 '우선수익자의 서면요청이 있는 경우 수탁자는 매수인으로부터 확약서를 징구한 다음 신탁부동산의 소유권을 매수인에게 직접 이전할 수 있다'는 취지의 특약을 하는 경우가 있는데, 그 구체적인 의미에 관하여 판례(대법원 2012. 7. 12. 선고 2010다19433 판결)는 "수탁자로 하여금 분양목적물에 관한 소유권이전등기를 위탁자에게 하는 대신 매수인에게 직접 하게 하는 것도 허용하는 취지를 규정하는 것일 뿐이고, 이와 달리 위 특약사항을 매수인에게 수탁자에 대한 소유권이전등기청구권을 직접 취득하게 하기 위한 규정으로 볼 수는 없다."라고 하고 있다.

한편 판례(대법원 2016. 3. 24. 선고 2013다15654 판결)는 "신탁행위로 수익자를 신탁재산의 귀속권리자로 정한 경우 수익자의 채권자가 수익자의 수탁자에 대한 신탁수익권의 내용인 급부청구권을 압류하였다면, 특별한 사정이 없는 한 그 압류의 효력은 수익자가 귀속권리자로서 가지는 신탁원본의 급부청구권에 미친다."라고 하였다.

(2) 따라서 본래 이 사건에서 A가 매수인들(수분양자들)에게 해당 오피스텔에 관한 소유권이전등기를 마쳐 주기 위해서는, 일단 그 부분 신탁계약을 해지하여 B로부터 신탁재산 귀속을 원인으로 한 소유권이전등기를 받은 다음 다시 매수인들에게 이전등기를 마쳐 주었어야 한다. 그

---

36) 매매대금 합계 12억 원 중 715,020,349원은 우선수익자에 대한 채무 변제에, 3천만 원은 B에 대한 신탁 보수 지급에 각 사용하였으며, 나머지 매매대금은 A가 보유하였다.

37) 이때 우선수익자는 그 신탁 일부 해지의 의사표시에 관하여 동의의 의사표시를 하기로 하는 묵시적 약정을 한 것으로 볼 수 있다는 것이 판례(대법원 2010. 12. 9. 선고 2009다81289 판결)의 태도이다.

리고 이 경우 C의 위 압류 및 추심명령의 효력은 'A의 B에 대한 신탁재산 귀속을 원인으로 한 소유권이전등기청구권'에 미치므로, B가 위 압류 및 추심명령에도 불구하고 A에게 소유권이전등기를 마쳐 주었다면 이는 불법행위가 될 수 있다.

그런데 이 사건에서는 위와 같은 특약사항 제6조 제1항이 있으므로, 이를 근거로 B가 위 압류 및 추심명령에도 불구하고 매수인들에게 직접 소유권이전등기를 마쳐 준 것이 정당화될 수 있는지 여부가 문제된다.

다. 대법원의 판단 및 그 의미

(1) 대법원은 아래와 같이 판단하여 B의 불법행위가 성립한다고 보았다.

이 사건 신탁계약 특약사항 제6조 제1항은 신탁계약의 종료에 따른 소유권이전의 절차를 간편하게 처리하기 위한 합의사항에 불과할 뿐 이를 B에게 신탁부동산의 처분권을 부여하는 조항으로 해석할 수는 없다. 따라서 이 사건 소유권이전등기는 특약사항 제6조 제1항에 의하여 신탁계약의 종료에 따른 B의 A에 대한 소유권이전등기의무와 이 사건 매매계약에 따른 A의 매수인들에 대한 소유권이전등기의무가 단축되어 이행된 것에 불과하고, 그와 달리 B가 신탁계약에서 정한 바대로 이 사건 오피스텔을 처분하여 그에 따른 소유권이전등기를 한 것으로 볼 수는 없다.

그런데 이 사건 압류 및 추심명령의 효력은 A의 이 사건 오피스텔에 관한 소유권이전등기청구권에 대하여 미치므로, 결국 압류 및 추심명령이 B에게 송달된 후 B가 매수인들에게 이 사건 소유권이전등기를 마쳐준 것은 압류 및 추심명령의 효력을 위반한 불법행위에 해당한다.

(2) 이 쟁점에 관해서는 종래 하급심에서 다소 엇갈린 듯한 판시가 있어서 실무에서도 혼란이 있었던 것으로 보이는데,[38] 대법원은 담보신

38) 서울고등법원 2012. 4. 25. 선고 2011나54602 판결은 분양관리신탁계약이 체결되고 '신탁계약 종료로 인해 위탁자가 수탁자에 대하여 가지는 신탁재산 귀속을 원인으로 한 소유권이전등기청구권'에 관하여 가압류가 된 사안이기는 한데, 이 판결에서는 위와 같은 특약사항 등을 근거로 피고가 수분양자들에게 직접 소유권이전등기를 마쳐 준 것은 신탁계약에 따른 것일 뿐 신탁계약 종료로 인한 것이 아니어서 수탁자가 가압류결정을 위반하였다고 볼 수 없다고 하였다.

다만 담보신탁이 아닌 분양관리신탁 사안에서도 이 대법원 판결의 취지가 그대

탁 관계에서 수탁자가 위와 같은 특약사항을 근거로 매수인들에게 직접 소유권이전등기를 마쳐 주는 것은 '신탁계약에 따른 신탁재산의 처분'이 아니라 '신탁계약의 종료에 따른 신탁재산의 귀속'이라는 점을 분명히 하였다.

### 4. 대법원 2018. 9. 28. 선고 2017다273984 판결[공2018하,2060]

#### 가. 판시사항

집합건물법 제18조의 입법 취지와 공용부분 관리비의 승계 및 신탁의 법리 등에 비추어 보면, 위탁자의 구분소유권에 관하여 신탁을 원인으로 수탁자 앞으로 소유권이전등기가 마쳐졌다가 신탁계약에 따른 신탁재산의 처분으로 제3취득자 앞으로 소유권이전등기가 마쳐지고 신탁등기는 말소됨으로써, 위탁자의 구분소유권이 수탁자, 제3취득자 앞으로 순차로 이전된 경우, 각 구분소유권의 특별승계인들인 수탁자와 제3취득자는 특별한 사정이 없는 한 각 종전 구분소유권자들의 공용부분 체납관리비채무를 중첩적으로 인수한다고 봄이 타당하다. 또한 등기의 일부로 인정되는 신탁원부에 신탁부동산에 대한 관리비 납부의무를 위탁자가 부담한다는 내용이 기재되어 있더라도, 제3취득자는 이와 상관없이 종전 구분소유권자들의 소유기간 동안 발생한 공용부분 체납관리비채무를 인수한다고 보아야 한다.

#### 나. 이 판결의 의미

전 구분소유자의 공용부분 체납관리비채무는 구분소유권의 특별승계인에게 승계된다(대법원 2001. 9. 20. 선고 2001다8677 전원합의체 판결). 나아가 구분소유권이 순차로 양도된 경우에는 현재 구분소유권을 보유하고 있는 최종 특별승계인뿐만 아니라 그 이전의 구분소유자들도 현재 구분소유권의 보유 여부와 상관없이 공용부분에 관한 종전 구분소유자들의 체납관리비채무를 부담한다(대법원 2008. 12. 11. 선고 2006다50420 판결).

이 사건은 구분소유권이 위탁자, 수탁자, 제3취득자(신탁재산의 처분에 의함) 순으로 이전된 사안이다. 대법원은 이러한 경우에도 위와 같은 기존 법리에 따라 수탁자와 제3취득자 모두 각 종전 구분소유권자들의

---

로 적용되어야 하는지 여부는 분명하지 않다. 이 문제는 결국 분양관리신탁계약의 구체적 내용에 따라 달리 판단되어야 할 것으로 보인다.

공용부분 체납관리비채무를 중첩적으로 인수한다고 보았다. 수탁자는 대내외적으로 완전한 소유자이므로 이는 당연한 결론이라고 할 수 있다.

그런데 문제는 신탁계약에서 관리비를 위탁자가 납부하기로 하였고 이러한 내용이 신탁원부에 기재된 경우이다. 이러한 사안에서 대법원 2012. 5. 9. 선고 2012다13590 판결(공보 불게재)은 "등기의 일부로 인정되는 신탁원부에 신탁부동산에 대한 관리비 납부의무를 위탁자가 부담한다는 내용이 기재되어 있다면 수탁자는 이로써 제3자에게 대항할 수 있다."라고 하여 수탁자는 해당 구분건물의 대내외적 소유자라 하더라도 제3자인 관리주체를 상대로 관리비채무를 부담하지 않는다고 보았다. 이 사건도 위와 같은 신탁원부의 기재가 있는 경우인데, 이 사건의 원심(서울고등법원 2017. 9. 27. 선고 2017나2016806 판결)은 신탁원부의 기재를 근거로 수탁자가 관리비 납부의무를 부담하지 아니하고 위탁자의 관리비채무를 승계하지 아니하였으므로 수탁자의 승계인인 위 제3취득자도 그 채무를 승계하지 않는다고 하였다. 그러나 대법원은 제3취득자는 위와 같은 신탁원부의 기재에도 불구하고 종전 구분소유권자들의 관리비채무를 승계한다고 보았다.

사실 위 2012다13590 판결의 결론에 대해서는 '관리비를 위탁자가 부담한기로 한다는 내용이 신탁원부에 기재되었다고 하여 이를 가지고 제3자에게 대항하는 것이 과연 가능한지' 등에 관하여 의문이 제기될 수 있다.[39] 이 사건 대법원판결은 이 문제에 대해서는 직접적으로 다루지

---

39) 김상훈, "신탁공시와 대항력의 범위: 대법원 2012. 5. 9. 선고 2012다13590 판결에 대한 평석", 법무법인 바른 상속신탁연구회, 상속신탁연구 : 가사 상속 신탁의 이론과 실무(2016), 148-149면에서는 아래와 같이 서술하여 위 2012다13590 판결을 비판하고 있다.

"신탁원부는 사실상 위탁자와 수탁자 간의 계약서의 내용에 불과한 것으로서 당사자 사이의 약정으로 얼마든지 신탁원부의 내용을 다르게 만들 수 있다. 그런데 신탁원부에 기재된 모든 내용을 제3자에게 대항할 수 있다고 하는 것은 법률이 예정한 대항력의 범위를 지나치게 확장시킨 것으로서 거래의 안전이라는 측면에서도 바람직하지 않다. 원래는 건물의 소유자인 수탁자가 관리비지급채무를 부담하는 것인데, 관리비지급채무를 위탁자가 부담하는 것으로 위탁자와 수탁자가 약정하면 건물의 관리주체는 위탁자에게만 관리비지급청구를 할 수 있다는 것은 관리주체에게 지나치게 불리하여 부당하다. 위탁자가 유일한 재산을 신탁한 경우 관리주체로서는 결국 관리비를 징수할 수 없는 상황에 처하게 된다. 이에 대하여 신탁

아니하고 '설령 수탁자가 관리비채무를 부담하지 않는다고 하더라도 제3취득자는 이를 승계한다'는 입장을 취한 것으로 보인다. 그 근거를 자세히 밝히지 아니한 점이 아쉽기는 하지만, 집합건물법의 취지를 관철하고 구체적 타당성을 도모하기 위한 선택이었다고 생각된다.

### 5. 대법원 2019. 3. 28. 선고 2018다44879, 44886 판결[공2019상,965]

#### 가. 판시사항

주택임대차보호법 제3조(대항력 등) 제1항이 적용되는 임대차는 반드시 임차인과 주택의 소유자인 임대인 사이에 임대차계약이 체결된 경우에 한정되지는 않고, 주택의 소유자는 아니지만 주택에 관하여 적법하게 임대차계약을 체결할 수 있는 권한(적법한 임대권한)을 가진 임대인과 사이에 임대차계약이 체결된 경우도 포함된다(대법원 1995. 10. 12. 선고 95다22283 판결, 대법원 2008. 4. 10. 선고 2007다38908, 38915 판결 등 참조).

주택에 관한 부동산담보신탁계약을 체결한 경우 임대권한은 특별한 약정이 없는 한 수탁자에게 있는 것이 일반적이지만, <u>위탁자가 수탁자의 동의 없이 임대차계약을 체결한 후 수탁자로부터 소유권을 회복한 때</u>에는 위 임대차계약에 대하여 위 조항이 적용될 수 있음이 분명하다.

#### 나. 이 판결의 의미

(1) 사실관계 요지는 아래와 같다.

A는 2013. 12. 24. B(신탁회사)와 A 소유인 이 사건 주택에 관하여 위탁자 A, 수탁자 B, 수익자 C(금융기관)로 된 담보신탁계약을 체결하였고, 같은 날 B에 신탁을 원인으로 한 소유권이전등기를 마쳤다. 위 담보신탁계약에서는 'A(위탁자)가 이 사건 주택을 계속 점유·사용하되, B(수탁자)의 사전 승낙이 없는 경우에는 임대차 등 권리설정 행위를 하지 못

---

등기를 한 경우에는 신탁원부를 볼 수 있으므로 이를 통해 관리비 지급채무의 주체를 확인할 수 있어서 거래의 안전은 문제되지 않는다는 반론이 있을 수 있다. 그러나 수탁자와 거래하는 신탁채권자들이 거래할 때마다 신탁원부(신탁에 따라서는 그 양이 100페이지를 넘는 경우도 있다)를 상세히 확인하고 거래한다는 것은 사실상 기대하기 어려운 상황에서 신탁원부에 이렇게 광범위한 공시력과 대항력을 인정하는 것은 의문이다."

한다'고 정하였다. 원고는 2014. 1. 27. A와 이 사건 주택에 관하여 이 사건 임대차계약을 체결하였고, 같은 날 이 사건 주택을 인도받고 전입신고를 마쳤다. 그러나 당시 A는 B의 승낙을 받지 않았다. A는 2014. 4. 8. 이 사건 주택에 관하여 신탁재산의 귀속을 원인으로 한 소유권이전등기를 마쳤고(접수번호 1), C는 같은 날 이 사건 주택에 관하여 근저당권설정등기를 마쳤다(접수번호 2).

(2) 이 사건의 쟁점은 이러한 사실관계에서 원고의 임차권이 C의 근저당권에 우선한다고 볼 수 있는지 여부이다(구체적으로 원고가 대항력을 취득하는 시점이 임대인인 A가 신탁재산 귀속을 원인으로 한 소유권이전등기를 마친 즉시인지, 아니면 소유권이전등기를 마친 때 비로소 적법한 인도 및 전입신고가 있다고 보아 그 다음날 대항력을 취득하는 것으로 볼 것인지 여부가 문제된다[40]).

대법원은 "A는 이 사건 임대차계약 체결 당시 수탁자인 B의 승낙이 없이는 이 사건 주택을 임대할 수 없었지만, 2014. 4. 8. 이 사건 주택에 관하여 신탁재산의 귀속을 원인으로 한 소유권이전등기를 마침으로써 적법한 임대권한을 취득하였다."고 보았다. 그리고 원고가 이미 2014. 1. 27. 이 사건 주택을 인도받고 전입신고를 마친 상태였으므로, A가 이 사건 주택에 관하여 소유권이전등기를 마친 즉시 임차권의 대항력을 취득하였

40) 주택임대차보호법상 대항력 발생시기는 '주택의 인도와 주민등록을 마친 다음날'이다. 이와 관련하여 대법원은 '주택의 소유자가 아닌 자가 주택을 임대하고 그 이후 소유권이전등기를 마쳤는데 전입신고(주민등록)와 인도는 소유권이전등기 전에 이미 되어 있었던 사안'에서 ① 그 주민등록에 의하여 표상되는 점유관계가 임차권을 매개로 한 점유임을 제3자가 인식할 수 있었던 경우(例를 들어 甲 소유 주택을 乙이 丙에게 임대하여 丙이 주민등록을 마치고 이후 乙이 소유권을 취득한 경우 제3자 입장에서 丙의 주민등록만으로 그것이 임차권을 매개로 한 점유하는 점을 알 수 있다)에는 임대인의 소유권취득 즉시 대항력을 취득하고(대법원 2001. 1. 30. 선고 2000다58026,58033 판결), ② 위와 같은 사정을 제3자가 인식하기 어려운 경우(例를 들어 자기 소유 주택에 주민등록을 하고 살다가 타에 매도하면서 임대차계약을 체결하였고 그 이후 매수인 앞으로 이전등기가 마쳐진 경우에는 제3자가 종전 소유자의 주민등록만으로 그것이 임차권을 매개로 한 점유인지 여부를 알기 어렵다)에는 임대인의 소유권취득 다음날 대항력을 취득한다고 보았다(대법원 2000. 2. 11. 선고 99다59306 판결).

고, C의 근저당권설정등기는 원고가 대항력을 취득한 다음에 이루어졌으므로, 원고의 임차권은 C의 근저당권에 우선한다고 보았다.[41)]

C는 당초 우선수익권의 형태로 담보를 보유할 때는 원고의 임차권에 우선하였는데, 담보신탁이 해지되고 근저당권의 형태로 담보를 보유하는 바람에 우선권을 상실하게 되었다. C가 이러한 위험을 무릅쓰고 담보 형태를 변경하지는 않았을 것으로 보이는데, 앞으로 금융기관 입장에서는 주의를 요한다고 할 것이다.

## Ⅴ. 맺 음 말

도산절연성을 인정한 2001다9267 판결 이래로 대법원은 기본적으로 담보신탁의 '신탁'으로서의 외형(소유권이 대내외적으로 수탁자에게 완전히 이전되고 신탁계약에 따라 채권자가 우선수익권을 원시취득한다는 점)을 중시하여, 담보신탁에는 신탁 자체의 법리가 적용되고 그 구체적인 내용은 신탁계약에서 정한 바에 따른다는 입장을 취하여 온 것으로 보인다. 2017년 전합판결도 그 연장선상에서, 우선수익권이 경제적으로 금전채권의 담보로서 기능한다 하더라도 엄연히 신탁계약상 별개의 권리이고 금전채권과 관계에서 부종성과 수반성이 인정되지 않는다고 하였다. 그러나 이후 2018년 전합판결에서는 담보신탁의 경제적 실질을 중시하여 저당권 등 담보물권과 마찬가지로 취급하여야 한다는 입장을 취하였다.

이러한 전합판결들의 입장은 언뜻 보면 서로 모순되는 것처럼 보이기도 한다. 그러나 2017년 전합판결의 결론 자체는 담보신탁의 우선수익권을 담보물권과 같은 것으로 이해하는 입장(부종성과 수반성 인정)과 마

41) (주 40)의 ①의 경우와 마찬가지라고 본 것으로 이해된다.

다만 이 사건에서 C는 단순한 제3자가 아니라 신탁계약관계를 잘 알고 있는 우선수익자로서, 신탁관계가 유지되는 동안은 원고(수탁자인 B의 승낙을 받지 못하였다)가 C에게 대항할 수 없다는 사정을 잘 알고 있었을 것으로 보이는데, 이러한 특수성을 고려하면 기존의 일반적인 ①의 경우와는 달리 취급할 필요도 있었을 것으로 보인다. 그러나 어찌 되었건 대법원은 이러한 경우에도 마찬가지라고 하였다.

찬가지가 된다. 이는 계약을 해석할 때 구체적 타당성의 측면까지 고려한 결과라고 생각된다.[42] 또한 2018년 전합판결도 대법원의 기존 입장을 변경한 것은 아니며, 체육시설법의 해석의 국면에서 법의 취지와 구체적 타당성 등을 고려하여 도출한 결론이라고 보인다.

결국 대법원은 기본적으로 담보신탁과 담보물권을 구별하면서도, 구체적인 사안에서는 신탁계약이나 법령의 해석을 통해 가장 합리적인 결론을 찾으려 하고 있고, 그 결과 결국 양자를 동일시하는 입장과 마찬가지의 결론이 내려지는 경우도 용인하고 있는 것으로 보인다. 다만 담보신탁과 담보물권의 구별의 근원이라고 할 수 있는 '도산격리'의 문제에서는 여전히 엄격한 구별을 하고 있는 것으로 보인다.

대법원의 이러한 입장은 구체적인 사건의 합리적 해결에는 유리한 면이 있지만, 예측가능성의 측면에서는 담보신탁 거래에 참여한 당사자들에게 불안요소가 될 수도 있다고 보인다. 근본적으로는 담보신탁 관련

---

42) 대법원판결의 이러한 경향은 대법원 2014. 2. 27. 선고 2011다59797,59803 판결[공2014상,691]에서도 엿볼 수 있다고 한다[정소민, 전게논문(주 4), 110-112면].

위 판결은 "채무자 甲 주식회사와 채무자가 아닌 乙 등이 甲 회사의 丙 은행에 대한 대출금 채무를 담보하기 위하여 자신들이 소유한 부동산들을 신탁하였는데, 그 후 우선수익자인 丙 은행의 청구로 신탁부동산들이 처분되어 처분대금에서 丙 은행에 배분할 수익금을 공제하여 지급하는 방식으로 대출금 채무를 상환하게 된 사안에서, 자신의 채무를 담보하기 위하여 부동산을 신탁하는 위탁자는 신탁부동산의 처분대금이 채무의 변제에 충당된다는 것을 당연한 전제로 하는 반면, 다른 사람의 채무를 담보하기 위하여 부동산을 신탁하는 위탁자는 채무자가 신탁한 부동산의 처분대금으로 채무가 전부 변제된다면 자신이 신탁한 부동산이나 그에 갈음하는 물건은 그대로 반환된다는 것을 전제로 하여 신탁계약을 체결하였다고 봄이 당사자의 의사에 부합하는 점 등에 비추어 우선 甲 회사가 신탁한 부동산 부분의 처분대금에서 丙 은행에 대한 수익금을 공제하는 방식으로 대출금을 상환하여야 한다고 본 원심판단을 정당하다고 한 사례"이다. <u>대법원은 담보신탁이 담보물권의 성격을 갖지는 않는다는 전제하에, 신탁계약 해석을 통해 이러한 결론에 이르렀는데, '채무자와 물상보증인의 공동저당'의 법리를 적용하더라도 마찬가지 결론</u>에 이르게 된다.

정소민 교수는 위 논문에서 "대법원은 당사자들의 가정적 의사에 기대어 신탁계약의 보충적 해석을 통해 위와 같은 결론에 이르렀지만, 이는 먼 길을 돌아온 느낌을 지울 수 없고, 차라리 담보신탁을 실질적인 담보거래로 보고 그 성질이 허용하는 범위 내에서 담보법의 법리를 유추적용할 수 있다고 하는 것이 간명하다."고 지적하고 있다.

내용의 법제화가 필요하다고 보이나, 이를 당장 기대하기 어려운 현 상황에서는 당사자들이 담보신탁계약을 체결할 때에 여러 상황을 대비한 보다 정밀한 내용의 계약서를 작성하여야 하지 않을까 생각해 본다.

[Abstract]

## Trends of Supreme Court Decision about Collateral Trust

Lim, Ki Hwan*

In Korea collateral trusts have taken up a large portion of the mortgage market as a means of replacing traditional mortgages. This is because, unlike mortgages, the insolvency protection is granted to collateral trusts. Since its ruling in 2001da9267, which admitted insolvency protection, the Supreme Court has basically taken the position that collateral trusts should be governed by the principal of the law of trusts not by the principal of the law of collateral. But in Korea, there are no provisions in the statutory law regarding collateral trusts and contents of collateral trust contracts are often insufficient. For this reason, conflicts over collateral trusts have continued.

One of the most important considerations in a trial relating to collateral trusts is how much to treat a collateral trusts as traditional mortgages.

In 2017 and 2018, the Supreme Court ruled on collateral trusts by en banc decision one by one. In addition, several recent Supreme Court decisions on collateral trusts have been sentenced over the past two years. 2017 en banc decision stated that even if the beneficiary's right was economically served as collateral for monetary bonds, it was strictly a separate right in the trust contract and didn't have appendant and/or dependence nature. But 2018 en banc decision took the position that collateral trusts should be treated just like mortgages. This ruling emphasized the economic realities of the collateral trusts.

In my view, the Supreme Court basically distinguishes between collater-

* Presiding Judge, Seoul Central District Court.

al trusts and mortgages, but in specific cases seeks to find the most reasonable conclusion through an interpretation of a trust contract or statute. As a result, the Supreme Court also accepts conclusions based on views that treat collateral trusts and mortgages equally. However, the Supreme Court still makes a strict distinction between collateral trusts and mortgages when it comes to the issue of 'insolvency protection.'

This position of the Supreme Court is advantageous for the rational resolution of specific cases, but in terms of predictability, it may be anxiety for the parties involved in collateral trust transactions. When parties enter into a collateral trust agreement, it is necessary to prepare a more precise contract for various situations.

[Key word]

- collateral trust
- insolvency protection
- beneficiary's right
- mortgage

## 참고문헌

권영준, "2017년 민법 판례 동향", 서울대학교 법학 제59권 제1호(2018. 3.).

_____, "2018년 민법 판례 동향", 서울대학교 법학 제60권 제1호(2019. 3.).

김상훈, "신탁공시와 대항력의 범위: 대법원 2012. 5. 9. 선고 2012다13590 판결에 대한 평석", 법무법인 바른 상속신탁연구회, 상속신탁연구 : 가사 상속 신탁의 이론과 실무(2016).

김지훈, "분양계약 해제 시 담보신탁 법률관계와 관련한 대법원 판결의 동향－대법원 2018. 7. 12. 선고 2018다204992 판결 등을 중심으로", BFL 제94호, 서울대학교 금융법센터(2019).

양형우, "담보신탁계약에 의한 공매 등 매각절차에서 골프장시설을 취득한 자의 입회보증금반환채무 승계 여부－대법원 2018. 10. 18. 선고 2016다220143 전원합의체 판결－", 홍익법학 제20권 제1호(2019).

오상민, "담보신탁 및 자금관리대리사무에서 신탁회사의 분양대금반환책임", 변호사 제44집(2013).

_____, "부동산 담보신탁의 우선수익권에 관한 소고(대법원 2017. 6. 22. 선고 2014다2258209 전원합의체 판결에 대한 비판적 검토)", 변호사 제51집(2018).

윤진수, "담보신탁의 도산절연론 비판", 비교사법 제25권 제2호(2018).

이계정, "담보신탁과 분양보증신탁에 관한 연구", 사법 제41호(2017. 9.).

이훈종, "체육필수시설에 관한 담보신탁계약에 따른 공매와 회원에 대한 권리·의무의 승계", 법조 제68권 제2호(2019. 4.).

정소민, "담보신탁의 법리에 관한 비판적 고찰", 선진상사법률연구 통권 제85호(2019. 1.).

조건주, "골프장 부동산 공매에서 회원 계약 승계 인정 여부", 법률신문 4652호(2018. 11. 15.).

최수정, "부동산담보신탁상 우선수익권의 성질과 우선수익권질권의 효력－대법원 2017. 6. 22. 선고 2014다225809 전원합의체 판결을 계기로－", 인권과 정의, 제470호(2017. 12).

_____, "부동산담보신탁상 신탁재산 처분의 성질과 효과－대법원 2018. 10.

18. 선고 2016다220143 전원합의체 판결에 대한 비판적 검토-", 선진상사법률연구 통권 제85호(2019. 1.).

최승재, 김용진, "2017년 부동산 담보신탁의 주요 판례 분석", 상사판례연구 제31집 제2권(2018. 6. 30.).

최준규, "담보신탁을 근거로 한 체육필수시설의 매매와 매수인의 권리 · 의무 승계-대상판결: 대법원 2018. 10. 18. 선고 2016다220143 전원합의체 판결", 사법 제48호(2019. 6.).

한상곤, "부동산담보신탁의 수익권에 관한 고찰", 경희법학 제49권 제1호(2014).

# 신탁의 변용적 계수 및 그 법리적 과제들*·**

오 영 걸***


## 요 지

우리 민사법체계는 대륙법 전통에 따라 개념적 명확성과 체계적 정합성을 요구한다. 그 결과 영미신탁제도를 우리 사법체계의 토양 위에 정착시키기 위해서는 변용적 수용(modified transplant)이 불가피하다. 따라서 우리 입법자는 영미신탁제도를 계수할 때 여러 부분에서 이를 변용·수용하였다. 한편 그러한 변용적 수용으로 인하여 (대륙법체계와의 관계에서) 적잖은 개념적, 법리적 그리고 체계적 문제점을 낳았다. 지면의 한계로 인하여 이 글에서는 변용적 수용이 낳은 법이론적 문제점 중 다음 세 가지를 다룬다: (1) 신탁행위의 성질과 그 성립 및 발효시기의 문제; (2) 신탁재산의 독립성과 수익자의 취소권을 둘러싼 제3자적 대항력 문제; 마지막으로 (3) 이익취득금지위반의 효과와 그 이론적 기초문제. 이 주제들은 사실 영미신탁법과 대륙법신탁법을 비교분석함에 있어서 가장 핵심적인 부분에 속하는 것들이기도 하다.

이들 문제에 대한 필자의 견해는 각각 다음과 같다: (1) 신탁행위는 일괄적으로 단독행위체계로 통일시키는 것도 고려할 여지가 있고 그 성립 및


* 이 논문은 서울대학교 법학 제60권 제4호(2019. 12.)에 게재된 것임을 밝힌다.

** 이 글은 민사판례연구회 하계심포지엄(2019년 8월 24일 개최)에서 발표된 것을 수정·보완한 것이다. 특히 발표기회를 주신 윤진수 민사판례연구회 회장님, 토론을 맡아 주신 정문경 판사님, 그리고 심도 있는 코멘트를 해 주신 석광현 교수님, 이연갑 교수님, 그리고 이계정 교수님 등께 감사의 말씀을 올린다. 마지막으로 많은 부분에서 법리논증이 미진하였음에도 불구하고 귀중한 조언과 개선점을 제시해 주신 세 분의 심사위원 교수님들께 진심으로 감사드린다.

*** 서울대학교 법학전문대학원 조교수.

발효시기는 단독행위 일반원리에 따른다. (2) 영미와 달리 우리 물권법체계 하에서 수익자는 신탁재산에 대하여 물권을 가진다고 보기 어렵다. 수익자가 수탁자의 개인채권자등보다 우선하는 이유는 신탁재산의 독립성에 있는데 우리 대륙법하에서는 비법인재단, 파산재단, 조합재산, 한정승인상속재산과 같은 맥락에서 이해될 수 있으나 사익목적신탁에 한하여 그 존속기한이 설정되어야 할 것으로 보인다. 나아가 신탁위반처분의 효과는 수익자에게 취소권을 부여하는 것보다는 이를 무효로 파악하는 것이 보다 체계정합적이라고 할 수 있다. 마지막으로 (3) 이익취득금지위반의 효과는 채권적이며 이는 우리 사법체계에서 드물게 행위불법에 기초한 반환책임을 수용한 것으로 볼 수 있다. 한편, 신탁법 제36조는 개정될 필요성이 있어 보인다.

[주 제 어]
- 신탁행위
- 단독행위체계
- 신탁재산의 독립성
- 이익취득금지원칙
- 수익자의 취소권
- 물권
- 채권

## Ⅰ. 서 론

재산을 운영하는 데 굳이 그 권원을 운영자에게 이전할 필요는 없다. 그럼에도 불구하고 신탁제도는 관련재산권을 운용주체인 수탁자에게 이전하도록 정의되어 있다.[1] 그렇다면 신탁은 언제 성립되고 그 효력을 발생하는 것인가? 이는 신탁행위(즉, 계약, 유언 및 자기선언)가 언제 성립 및 발효하는가의 문제이기도 하다. 한편, 규정내용상 명확한 자기선언신탁의 경우를 제외하면 우리 실무와 학계는 아직 명확한 답을 내리지 못하고 있는 듯하다. 특히 이원적 신탁행위체계(즉, 합의인 계약 그리고 단독행위인 유언과 자기선언)를 취하는 우리 대륙법제에선 사실상 그 혼란이 더욱 가중되어 있다. 이는 신탁의 성립에 관하여 영미의 일원적 단독행위체계를 우리가 변용·수용하여 발생한 문제인데 이에 관하여는 아래 Ⅱ.에서 상론한다.

여하튼 성립 및 발효된 신탁은 계속해서 우리를 당혹케 한다. 왜냐하면 관련재산권이 수탁자에게 귀속되었음에도 불구하고, 그의 개인채권자 등은 수탁자에게 "속한" 신탁재산에 대해 강제집행할 수 없고, 그의 사망시 상속재산에 포함되지도 않기 때문이다. 이는 신탁재산의 독립성이라는 명목하에 인정되고 있다. 결국 신탁재산이라는 재산체에 법인격은 없지만 수탁자에게 속하면서 별개의 재단법인에 가까운 독립성을 부여받고 있는 셈이다. 이로 인하여 대륙법률가들은 다시 한 번 혼란을 겪는다. 신탁재산독립성에 대하여 (단순히 법정되었다는 이유를 넘어) 납득할 만한 법리적 체계정합적 설명이 필요한 이유이기도 하다. 그렇다면 자신

---

1) 제2조(신탁의 정의) 이 법에서 "신탁"이란 신탁을 설정하는 자(이하 "위탁자"라 한다)와 신탁을 인수하는 자(이하 "수탁자"라 한다) 간의 신임관계에 기하여 위탁자가 수탁자에게 특정의 재산(영업이나 저작재산권의 일부를 포함한다)을 이전하거나 담보권의 설정 또는 그 밖의 처분을 하고 수탁자로 하여금 일정한 자(이하 "수익자"라 한다)의 이익 또는 특정의 목적을 위하여 그 재산의 관리, 처분, 운용, 개발, 그밖에 신탁 목적의 달성을 위하여 필요한 행위를 하게 하는 법률관계를 말한다.

에게 귀속되었음에도 불구하고 수탁자가 수익할 수 없는 이러한 독립된 신탁재산의 이익은 누가 향유하는가? 바로 제3자인 수익자가 한다–신탁재산의 소유자(동산/부동산의 경우) 혹은 채권자(채권일 경우)가 아님에도 불구하고. 나아가 수탁자가 신탁약정에 위반하여 신탁재산을 제3자에게 이전할 경우 수익자는 수탁자와 그 제3자 사이의 처분을 취소할 수 있다.[2] 이런 수익권능과 제3자적 대항력은 수익자가 신탁재산에 대하여 단순한 채권을 넘어 물권도 갖는다는 주장이 지속적으로 제기되어 온 이유이기도 하다. 이는 신탁법이론 영역에서 오랫동안 다투어진 해묵은 테마이자 아직 해결을 보지 못한 혼돈의 영역이다.[3] 정리하자면, 여기서는 다음의 두 가지가 문제된다. 첫째, 수탁자에게 속하면서 재단법인과 유사한 독립성을 인정한 규율을 우리는 어떻게 받아들여야 할 것인가? 둘째, 수익자는 신탁재산에 대하여 물권을 갖는가? 영미신탁법은 수익자에게 신탁재산에 관한 물권적 권리를 정면으로 인정한다. 따라서 수익자가 수탁자의 개인채권자 등보다 우선하고 제3양수인으로부터 신탁재산을 추급할 수 있는 것이다. 우리 신탁법은 동일한 결과를 신탁재산독립성과 수익자의 취소권으로 변용 및 수용하여 많은 법리적 문제점을 낳았는데 이에 관하여는 아래 Ⅲ.에서 다룬다.

위에서 수탁자는 (자신에게 귀속되었으나) 독립된 신탁재산으로부터 이익을 향유할 수 없다고 하였다. 이는 신탁법 제36조에서 규율하는 이익취득금지원칙에 기초한다. 하지만 이 규정을 자세히 들여다볼 경우, 취득이 금지되는 것은 단순히 "신탁재산으로부터의 이익"이 아니라 "신탁의 이익"이다. 즉, 그 범위에 있어서 더욱 포괄적이다. 따라서 신탁을 운용하는 과정에서 얻은 기회와 정보를 이용하여 취득한 이익 혹은 신탁사무처리 중 제3자로부터 받은 비밀커미션과 뇌물 등도 포함된다. 한편, 신탁

---

2) 신탁법 제75조.

3) 학설의 대립에 관하여는, 정순섭, "신탁의 기본구조에 관한 연구", **신탁법의 쟁점** 제1권 (정순섭・노혁준 편저)(서울대학교 금융법센터, 2005); 이계정, "신탁의 수익권의 성질에 관한 연구", **민사법학** 77(2016), 121–139면 참조.

재산 자체로부터 발생하는 이익은 곧바로 신탁재산의 손실로 이어지기 때문에 이에 대해 수탁자에게 원상회복 혹은 배상책임을 부과하는 것은 충분히 이해된다.[4] 문제는 신탁을 운용하는 과정에서 얻은 기회를 통한 이익 혹은 제3자로부터 취득한 비밀커미션 또는 뇌물 등에 있다. 우리 신탁법 제43조 제3항은 신탁재산에 '전혀 손해가 발생하지 않더라도' 수탁자가 얻은 이득 전부를 신탁재산에 반환토록 하고 있다. 이처럼 손해에 기초하지 않은 반환책임은 대륙법체계하에서 납득하기 어려운 면이 있다. 영미법상 이익취득금지의무에 위반하여 일정한 이익을 취득한 경우 그 이익에 대하여 의제신탁(constructive trust)이 성립된다. 우리 법제하에서는 이러한 법기술을 수용하기 어려워 제43조 제3항과 같은 변용수용이 이루어졌는데 이를 설명할 수 있는 이론적 근거를 밝힐 필요가 있다. 이 문제는 아래 Ⅳ.에서 다룬다.

영미신탁법은 독일의 판덱텐(Pandekten) 또는 프랑스의 인스티투찌오네(Institutione)식의 민사법체계를 기초로 발전한 제도가 아니다. 이런 이유로, 영미신탁제도는 여러 측면에서 우리 대륙법적 상식에 어긋난다. 특히 개념적, 법리적, 그리고 체계적 차원에서 발생하는 여러 충돌은 신탁제도의 도입을 한층 어렵게 한다.[5] 그럼에도 불구하고 우리 입법자는 신탁의 유용성을 인정하여 신탁법을 도입하였다. 하지만 우리 민사법체계는 대륙법 전통에 따라 개념적 명확성과 체계적 정합성을

4) 신탁법 제43조 제1항.

5) 독일은 아직 영미적 개념의 신탁제도를 도입하지 않았으나 독자적인 Treuhand (소위 신탁법상의 신탁과 대비되는 민법상의 신탁제도)를 발전시켜 왔다. 이에 관하여는 Richard Helmholz & Reinhard Zimmermann, *Itinera Fiduciae: Trust and Treuhand in Historical Perspective,* Duncker & Humbolt (1998) 참조. 프랑스는 2007년 Fiducie라는 이름으로 영미신탁을 민법전에 변용수용하였다(프랑스 민법전 제2011 내지 2031조 참조). 한편 프랑스의 Fiducie가 영미적 관점에서 진정한 신탁제도라고 볼 수 있는지에 대해 회의적 시각을 보내는 견해도 있다. 프랑스 신탁에 관한 자세한 것은 Paul Matthews, "The French Fiducie: And Now For Something Completely Different?", 21(1) *Trust Law International* (2007), 17-42면 참조. 이계정, **신탁의 기본 법리에 관한 연구-본질과 독립재산성**(경인문화사, 2017), 91-100면; 심인숙, "프랑스 제정법상 신탁개념 도입에 관한 소고", **중앙법학** 13-4(2011), 257-291면 참조.

요구한다. 그 결과 영미신탁제도를 우리 사법체계의 토양 위에 정착시키기 위해서는 변용적 수용(modified transplant)이 불가피하다. 따라서 우리 입법자는 영미신탁제도를 계수할 때 여러 부분에서 이를 변용수용한 것이다. 한편 그러한 변용적 수용으로 인하여 (대륙법체계와의 관계에서) 적잖은 개념적, 법리적 그리고 체계적 문제점을 낳았다. 지면의 한계로 인하여 이 글에서는 변용적 수용이 낳은 법이론적 문제점 중 앞에서 언급된 세 가지만 다룬다. 다시 말해서, (1) 신탁행위의 성질과 그 성립 및 발효시기의 문제. (2) 신탁재산의 독립성과 수익자의 취소권을 둘러싼 제3자적 대항력 문제. 마지막으로 (3) 이익취득금지위반의 효과와 그 이론적 기초문제. 이 주제들은 사실 영미신탁법과 대륙법신탁법을 비교분석함에 있어서 가장 핵심적인 부분에 속하는 것들이기도 하다.

이들 문제에 대한 필자의 견해는 각각 다음과 같다: (1) 신탁행위는 일괄적으로 단독행위체계로 통일시키는 것도 고려할 여지가 있고 그 성립 및 발효시기는 단독행위 일반원리에 따른다. (2) 영미와 달리 우리 물권법체계하에서 수익자는 신탁재산에 대하여 물권을 가진다고 보기 어렵다. 수익자가 수탁자의 개인채권자 등보다 우선하는 이유는 신탁재산의 독립성에 있는데 우리 대륙법하에서는 비법인재단, 파산재단, 조합재산, 한정승인상속재산과 같은 맥락에서 이해될 수 있으나 사익목적신탁에 한하여 그 존속기한이 설정되어야 할 것으로 보인다. 나아가 신탁위반처분의 효과는 수익자에게 취소권을 부여하는 것보다는 이를 무효로 파악하는 것이 보다 체계정합적이라고 할 수 있다. 마지막으로 (3) 이익취득금지위반의 효과는 채권적이며 이는 우리 사법체계에서 드물게 행위불법에 기초한 반환책임을 수용한 것으로 볼 수 있다. 한편, 신탁법 제36조는 개정될 필요성이 있어 보인다. 아래에서는 이 문제들을 차례로 살피고자 한다.

## Ⅱ. 신탁행위의 설정방식과 그 성립 및 발효시기

### 1. 신탁행위의 이원적 설정방식

현행 신탁법하에서 신탁적 법률관계는 계약, 유언 그리고 자기선언이라는 세 가지 방법에 의하여 성립할 수 있다.[6] 그리고 신탁관계를 창설하는 법률행위를 통칭 신탁행위라고 한다.[7] 결국 신탁행위라는 하나의 법률술어 내에 이질적 성질의 계약과 단독행위(유언과 자기선언)가 함께 포섭되어 있는 것이다. 사법분야에서 동일한 명칭의 법률관계가 계약과 단독행위 양자 모두에 걸치는 경우는 드물다. 매매처럼 계약이면 계약, 또는 유언처럼 단독행위면 단독행위다. 혹자는 한 가지 예외를 들 수도 있을 것이다. 바로 증여다. 증여는 계약으로 이루어지는 경우(즉, 증여계약)와 유언으로 이루어지는 경우(즉, 유증)로 나뉠 수 있다. 하지만 증여와 신탁은 전혀 다르다. 증여와 유증의 경우 수증자와 수유자가 관련재산권을 취득하면 법률관계는 마무리된다. 따라서 특별한 경우가 아니라면 그 후 아무런 법률관계도 남지 않는다. 신탁은 정반대로 수탁자가 신탁재산을 무상으로 취득한 때 본격적으로 법률관계가 시작된다. 따라서 신탁관계가 어떻게 성립되고 그 성질이 무엇인가의 문제는 매우 중요하다. 신탁법률관계가 성립된 후 신탁법이 규율하지 않는 부분에서 어느 관련 민법규정을 적용할 것인가라는 문제와 특히 수탁자의 책임성질을 결정짓는 중요한 잣대가 되기 때문이다. 우리  신탁법은 앞에서 언급된 바와 같이 이원적 체계(즉, 계약과 단독행위)를 취하고 있다. 따라서 시작부터 신탁이라는 동일한 법률개념을 가진 법률관계가 서로 다른 성립방식을 통해 이루어져 그 성질 또한 통일적으로 설명할 수 없게 된다. 그 결과 신탁행위의 성립과 발효시기 또한 달라진다. 이러한 이원적 체계는 영미법상 일원적 단독행위체계를 변용적으로 수용한 결과이다.[8] 한편, 우

---

6) 신탁법 제3조 제1항 제1호 내지 제3호 참조.

7) 임채웅, 신탁행위의 연구, **저스티스** 99(2007), 93면; 최수정, **신탁법**(박영사, 2016), 173면.

리 법제하에서도 유언과 자기선언은 단독행위이므로 결국 변용수용된 것은 계약을 통해 신탁이 성립된다는 부분이다.

### 2. 계약신탁의 법리적 문제점

신탁적 법률관계가 계약관계라는 사고는 일견 대륙법률가에게 자연스럽게 다가올 수 있다. 하지만 자세히 들여다 볼 경우 계약적 접근은 우리에게 적잖은 법리적 질문을 던지고 있다. 우선 이 계약이 낙성계약인지 요물계약인지 분명하지 않아 종래 학설대립[9]이 있어 왔다. 그 이유는 다음과 같다. 우리 계약법은 특별한 경우가 아닌 한 기본적으로 낙성계약을 원칙으로 한다. 따라서 신탁적 법률관계 또한 이 원칙에 따라 낙성계약에 기초한다고 해야 할 것이다. 하지만 신탁에서는 수탁자가 신탁재산을 운용하여야 하기 때문에 최소한 수탁자가 신탁재산을 취득하여야 하고, 나아가 우리 신탁법 제2조에서도 "신탁을 설정하는 자(이하 "위탁자"라 한다)와 신탁을 인수하는 자(이하 "수탁자"라 한다) 간의 신임관계에 기하여 위탁자가 수탁자에게 특정의 재산(영업이나 저작재산권의 일부를 포함한다)을 이전하거나 담보권의 설정 또는 그 밖의 처분을 하고…"라고 규정하고 있어 신탁계약을 요물계약으로 파악해야 한다는 주장이 제기되어 왔다.[10] 우리 판례[11]는 "신탁법상 신탁은 위탁자가 수탁자에게 특정의 재산권을 이전하여 수탁자로 하여금 신탁목적을 위하여 그 재산권을 관

---

8) 동아시아에서 이러한 변용적 수용은 일본에서 처음 이루어졌고 우리가 그것을 받아들인 것이다. 한편, 단독행위체계의 법리적 문제점을 논한 기록은 일본신탁법입법자료상 발견되지 않고 신탁행위는 계약과 유언을 포함하는 것으로 설명되고 있을 뿐이다. 이에 관하여는 山田 昭, **日本立法資料全集 2: 信託法 信託業法**(信山社, 1991), 249-250면 참조.

9) 임채웅, 신탁행위의 연구, **신탁법연구**(박영사, 2009), 3-34면, 특히 28면 이하 참조; 최수정, "신탁계약의 법적 성질", **민사법학** 45-1(2009), 477면 이하 참조.

10) 홍유석, **신탁법**(전정판)(법문사, 1999), 83면; 최동식, **신탁법**(법문사, 2006), 63면; 이중기, **신탁법**(삼우사, 2007), 94면. 이중기 교수님은 직접적으로 요물계약이라는 표현 대신 신탁효력발생의 실질적 전제라는 표현을 사용하고 있는데, 필자의 해석으로는 단순히 낙성계약만으로는 부족하고 신탁재산의 이전까지 요한다는 취지인 것으로 파악된다.

11) 대법원 2006. 9. 22. 선고 2004다50235판결.

리 처분하게 하는 것이어서, 신탁의 효력으로서 신탁재산의 소유권이 수탁자에게 이전"된다고 판시하고 있는데, 다소 명확하진 않으나 요물계약에 가깝게 판단하고 있는 듯하다. 한편, 위 판례는 이 문제에 대하여 아직 분명한 입장을 밝히고 있지 않은 것으로 봐야 한다는 주장도 있다. 이에 의하면 신탁법 제2조는 신탁을 정의하려는 것일 뿐 이를 요물계약의 근거로 볼 수 없다고 한다.[12)]

필자는 요물계약설과 낙성계약설 모두 법리적으로 문제점을 안고 있다고 생각된다. 우선 요물계약설에 대해서는 다음과 같은 비판이 제기될 수 있다. 첫째, 우리 신탁실무의 수탁자 대부분은 신탁재산운용에 관하여 보수를 받는 수탁자다. 만일 위탁자가 신탁설립의 의사표시를 하고 관련 재산권을 수탁자에게 이전하지 않는다면 수탁자로서는 위탁자에 대하여 재산이전에 관하여 아무런 청구도 할 수 없다. 왜냐하면 신탁이 아직 그 효력을 발생하지 않았기 때문이다. 같은 이유로 위탁자로서도 아무런 의무를 부담하지 않기 때문에 신탁재산을 이전하지 않은 데 대한 책임이 없다. 둘째, 반대로 위탁자가 신탁재산이 될 재산에 관한 권원을 수탁자에게 이전하였으나 수탁자가 이를 수령거절하거나 협조를 하지 않을 경우 위탁자로서도 수탁자에게 수령지체에 관한 책임을 물을 수 없다. 셋째, 가령 위탁자의 신탁설정의사만을 신뢰하여 수탁자가 일정한 준비행위에 돌입하였으나 위탁자가 그 의사를 번복할 경우 체약상과실책임이 성립되는 경우가 아니라면 수탁자는 불측의 피해를 입게 된다.[13)] 넷째, 기존의 낙성계약설에서 가한 비판처럼, 우리 신탁법 제2조는 "…하는 법률관계"라고만 할 뿐, 그 효력발생에 반드시 관련재산권이 이전될 것을 분명하게 밝혔다고 보기 어렵다. 다섯째, 넷째 논거와 관련하여, 만일 요물계약설에 따라 신탁법 제2조를 "요물계약"을 담고 있는 규정이라고 볼 경우, 유언과 자기선언에 의한 신탁을 부정할 수밖에 없다. 왜냐하면 이들 경우에 요물계약이라는 개념을 상정하기 어렵기 때문이다. 여섯째, 요물

12) 최수정, 전게서, 176면.
13) 日本法務省民事局参事官, 信託法改正要綱試案：補足説明(東京: 法務省, 2005), 4면.

계약설은 제2조가 의미하는 것은 어디까지나 신탁재산이 수탁자에게 이전되어야 신탁이 효력을 발생한다는 것일 수도 있다. 따라서 유언신탁의 경우에는 수탁자로 지명된 자가 신탁재산을 이전받을 때 신탁은 그 효력을 발생한다고 주장할 수도 있다. 그렇게 될 경우 유언집행자와 수탁자 사이의 관계에 대하여 앞의 첫 번째 그리고 두 번째 비판이 다시 그대로 적용된다. 일곱째, 위탁자가 관련재산권을 수탁자에게 이전하기 전에 수탁자가 위탁자로부터 유용한 정보를 획득한 후 신탁재산이 이전되지 않았음을 이유로 수탁자의 지위를 거절할 경우 위탁자는 수탁자의 관련정보이용행위로부터 불측의 손해를 볼 수 있다.[14)]

한편, 요물계약설과 낙성계약설 양자에 대하여 다음과 같은 비판이 제기될 수 있을 것이다. 이는 대부분 신탁의 성립에 계약과 단독행위(특히 유언신탁)라는 이질적 성질의 법률행위를 신탁행위라는 하나의 범주에 포섭시킨 결과 발생한 문제들이다. 첫째, 일정기간 지속된 신탁법률관계를 일정한 사유로 마무리할 경우 계약신탁에서는 마땅히 신탁해지라고 해야 할 것이다. 하지만 유언신탁의 경우 동일한 사유로 신탁이 종료되더라도 당해 신탁관계가 해지되었다고 할 수 없다. 그 성질이 단독행위이기 때문이다. 동일한 내용의 계속적 신탁관계가 단지 설정방식의 차이 때문에 양자를 법률적으로 다르게 부르는 현상은 다소 체계적이지 못하다. 여기서 주목할 부분이 있는데 바로 우리 신탁법은 해지라는 용어를 사용하고 있지 않다는 것이다. 신탁의 성립방식을 불문하고 일괄적으로 종료라는 표현을 사용하고 있다.[15)] 신탁설정방식에 계약이 포함되었음에도 불구하고(신탁법 제3조 제1항 제1호) 우리 입법자는 법리적으로 신탁을 단순히 계약으로 파악하기 어렵다는 고민을 담고 있는 것은 아닌지 추측해본다. 둘째,

14) 기존의 낙성계약설에서도 요물계약설의 이 부분을 신랄하게 비판한다. 자세한 것은, 新井誠, 信託法(3版)(有斐閣, 2008), 124면; 최수정, 전게서, 176면 참조.

15) 예컨대 신탁법 제98조 및 제99조 등. 이에 대한 유일한 예외로 신탁법 제3조 제2항을 들 수 있다. 이 조문에서는 신탁선언에 의해 창설된 신탁은 위탁자가 해지권을 유보할 수 없다고 정하고 있다. 그러나 신탁선언 자체가 단독행위이기 때문에 애당초 해지는 문제되지 않는다. 다음 신탁법 개정 시 법문의 수정이 요구된다.

그리고 보다 중요한 이유로서, 동일한 의무위반에 대하여 신탁이 계약에 의해 성립된 경우 그 책임의 성질은 계약책임이 될 것이다. 하지만, 동일한 내용의 의무위반을 하였음에도 불구하고 당해 신탁이 유언에 의하여 성립된 경우에는 비계약적 책임이 된다. 예컨대, 수탁자가 선관의무[16]를 위반하여 신탁에 손해가 발생한 경우 계약신탁에서는 계약책임적 성질을 갖는 반면 유언신탁에서는 비계약적 책임이 된다. 신탁이라고 불리는 동일한 법률관계에서 동일한 내용의 의무를 위반하였음에도 불구하고 그 책임의 성질을 달리할 수밖에 없는 결과는 체계적으로, 법리적으로 문제가 없지 않다. 셋째, 신탁법 제16조에서는 위탁자와 수익자는 합의하여 또는 위탁자가 없으면 수익자 단독으로 수탁자를 해임할 수 있도록 규정되어 있다. 그렇다고 신탁이 종료되는 것은 아니다. 계약의 당사자 일방인 수탁자가 해임되었음에도 불구하고 그와의 합의에 의하여 성립된 신탁이 계속 존속된다는 것은 계약법리상 다소 이해되기 어려운 면이 있다.[17] 나아가 그 종료되지 않고 존속하는 기존의 신탁관계에 수익자는 심지어 새로운 수탁자를 선임할 수 있는 고유의 권한까지 보유한다.[18] 이렇게 선임된 수탁자가 존속하는 신탁관계에 참여하여 신탁사무를 인수할 경우 이미 존재하지 않은 위탁자와의 계약은 물론 해임되거나 임무가 종료된 전 수탁자와의 사이에 채무인수 혹은 계약지위의 이전합의가 있었다고도 보기 어렵다. 물론 수익자와 체결되었다고 볼 수도 있으나 이는 어디까지나 이미 성립된 신탁을 인수한다는 것이지 이를 통하여 새로운 신탁관계가 설정되는 것은 아니다. 그리고 기존의 신탁관계조차 수탁자의 부재로 전혀 그 존재가 영향을 받지 않는다는 측면을 고려하면 신탁의 성립을 좌우하는 요소로는 사실상 위탁자의 의사만이 남게 된다.

16) 신탁법 제32조.

17) 반대로 민법상 위임계약의 경우 수임인을 해임한다는 것은 사실상 위임계약을 해지하게 되는 것이고 나아가 만일 수임인이 사망 혹은 파산선고를 받을 경우 당해 위임계약은 종료된다(민법 제690조). 이는 계약상대방이 존재하지 않게 되는 것이므로 계약관계의 성질상 당연하다.

18) 신탁법 제21조는 위탁자가 없으면 수익자는 단독으로 신수탁자를 선임할 수 있도록 규정하고 있다.

넷째, 공익신탁을 설정할 경우, 위탁자가 공익목적에 공하기 위하여 일정한 독립적 재산체를 형성한다는 의사가 핵심인데 이의 성립을 위하여 (효력발생은 별론) 수탁자의 동의가 필요하다는 것도 다소 수긍하기 어려운 면이 없지 않다.

### 3. 단독행위체계로의 이행 및 그 성립과 발효시기

앞에서 우리는 신탁이 계약이라는 관념이 갖는 법리적 문제점을 살펴보았다. 그리고 신탁을 계약관계로 설정한 것은 신탁의 원류인 영미신탁법상의 단독행위체계를 변형하여 수용한 결과라는 점도 앞서 언급하였다. 따라서 영미에서는 우리의 이원적 성립체계가 겪는 법리적 문제점을 안고 있지 않다. 사실 신탁을 수용한 기타 법제에서도 최대한 체계를 획일화하려는 노력이 엿보인다. 본 절에서는 기타 법역에서는 신탁의 성립체계를 어떻게 다루는지 간략히 살펴보고자 한다. 특히 영미법계인 영국, 혼합법계인 스코틀랜드, 그리고 유럽민사법공통기준안(DCFR)[19]상의 신탁규범을 각각 살펴본다.

#### 가. 비교법적 관점

우선 영국의 경우를 살펴보면, 일원적 단독행위체계를 취하고 있다.[20] 즉 신탁은 위탁자의 단독적 의사표시(unilateral manifestation of intent),

---

19) 유럽민사법공통기준안(이하 "공통기준안")은 2009년에 완성되었고 유럽민사법분야와 관련된 모델법 중 최근의 성과라고 할 수 있다. 이를 완성한 단체는 Study Group on a European Civil Code (SGECC) 그리고 European Research Group on Existing EC Private Law (Aquis Group)이다. 이들 연구단체는 유럽대륙 및 영국의 최정예학자로 구성되어 있다. 유럽민사법공통기준안은 총 10편으로 구성되어 있다. 즉, 제1편 총칙; 제2편 계약과 기타법률행위; 제3편 채무와 그에 대응하는 채권; 제4편 각종계약 및 그 권리의무; 제5편 사무관리; 제6편 불법행위; 제7편 부당이득; 제8편 부동산소유권의 취득과 상실; 제9편 동산담보물권; 제10편 신탁. 유럽대륙이 영국을 제외하면 거의 대륙법역이라는 점을 감안할 때 신탁이 대륙법제하에서도 그 중요성이 증가하고 있음을 반증한다. 유럽민사법공통기준안에 관한 자세한 것은, Christian Von Bar & Eric Clive(eds.), *Principles, Definitions and Model Rules of European Private Law: Draft Common Frame of Reference* (OUP, 2010) 참조.

20) 사실 대부분의 영미법체계를 취하는 나라에서 신탁은 계약과 구별되는 단독행위체계로 구성되어 있다. 단 영미권에서 유일하게 신탁을 계약으로 파악하고자 하는 미국학

유언(will), 그리고 자기선언(self-declaration) 세 가지 방법에 의하여 성립될 수 있다. 이처럼 세 가지 성립방식은 그 성질이 모두 단독행위다. 이 단독행위로 신탁설정의사, 신탁재산, 수익자라는 세 가지 요소만 명확히 밝히면 신탁은 성립된다.[21] 그렇다고 이 단계에서 신탁이 그 효력을 발생하는 것은 아니다. 신탁의 효력은 관련재산권이 수탁자에게 귀속되었을 때 발생한다. 이렇게 영국신탁법은 신탁의 성립(creation of trusts)과 발효(constitution of trusts)를 구분 짓는다. 따라서 생전신탁으로서 상대방인 수탁자가 있을 경우에는 신탁설정에 관한 위탁자의 단독적 의사표시에 의하여 신탁은 성립되며 관련재산권이 수탁자에게 귀속되었을 때 신탁은 효력을 발생한다. 유언에 의해 신탁을 설정할 때에도 유언자가 유언을 완성한 때 신탁은 성립된다. 이 경우에 있어서도 신탁설정의사, 신탁재산, 수익자가 유언에 명확히 기재되어야 함은 물론이다. 그리고 유언신탁이 효력을 발생하는 시기는 관련 재산이 수탁자에게 귀속되는 시기다. 한편, 영국에서는 피상속인이 사망하였다고 하여 그의 재산이 바로 상속인에게 당연승계되지 않는다. 피상속인의 모든 재산은 우선 그의 유언집행인에게 귀속되어 피상속인의 상속사무(예컨대 채무변제 또는 상속인에 대한 재산분배)를 처리한다. 영국실무에서는 통상 수탁자를 유언집행인(administrator/executor)으로 선임하기 때문에 유언신탁의 경우 피상속인의 사망 시 관련재산권이 수탁자에게 귀속되는 경우가 대부분이다.[22] 따라서 유언신탁은 통상 상속인의 사망 시에 그 효력을 발생한다. 마지막으로 자기선언에 의한 신탁은 선언 즉시 그 효력을 발생한다. 관련재산권이 이미 위탁가자이자 수탁자인 본인에게 귀속되어 있기 때문이다. 이

---

자로는 John Langbein을 들 수 있다. 자세한 것은, John Langbein, "The Contractarian Basis of the law of Trusts", 105 *Yale Law Journal* (1995) 627면 이하 참조. 하지만 이 주장은 심한 비판을 받았고 영미권 실무와 학계의 지지를 받지는 못하였다.

21) Jamie Glister and James Lee, *Hanbury & Martin: Modern Equity* (21th ed.) (Sweet & Maxwell, 2018), 79면.

22) Roger Kerridge, *Parry and Kerridge: The Law of Succession* (12th ed.) (Sweet & Maxwell, 2008), 400면.

처럼 영국에서 신탁관계는 수탁자가 타인인 경우의 생전신탁이든, 유언이든, 수탁자가 자신인 자기선언이든 그 신탁관계 설정에 있어서는 일관적으로 단독행위체계를 취하고 있어 신탁을 계약으로 봄으로써 발생하는 문제점 그리고 신탁이라는 동일한 법률관계 내에서 성질이 충돌되는 현상은 발생하지 않는다.

혹자는 영미법국가는 우리와 체계를 달리하기 때문에, 다시 말해서 대륙법적 마인드가 없기 때문에 참고의 가치가 떨어진다고 할 수도 있을 것이다. 따라서 이 부분 이하에서는 대륙법적 요소를 가지며 신탁제도 또한 도입한 스코틀랜드의 경우를 살펴본다.[23] 스코틀랜드의 신탁을 살펴보면 역시 단독행위체계를 취하고 있다. 스코틀랜드는 혼합법역(mixed jurisdiction)으로서 로마법전통과 영국법전통을 함께 융합한 매우 흥미로운 법역이다. 비록 민법전은 없으나 스코틀랜드는 로마대륙법적 사법체계 위에 신탁제도를 정착 및 발전시킨 법역이다.[24] 그럼에도 불구하고 신탁은 계약이 아니라는 입장을 취한다.[25] 그 성립방식에 있어서도 단독행위체계를 취하고 있다: 즉, 수탁자에 대한 의사표시, 유언 그리고 자기선언. 특히 주목할 만한 부분은 첫 번째의 방식을 통해 성립되는 경우이다. 즉, 수탁자가 있는 생전신탁을 설정할 경우 위탁자의 신탁설정의사표시가 수탁자에게 도달한 때 신탁의 효력이 발생한다는 점이다.[26] 이 점에서 영국법과 다르다. 그리고 수탁자가 신탁을 거절하지 않으면 그 효력이 발생되는데, 이때 수탁자가 위탁자에 대하여 갖는 관련 재산의 이전청구권은 첫 신탁재산을 구성할 수 있다.[27] 대륙법상 상대방 있는 단

23) 스코틀랜드의 신탁법에 관한 간략한 설명은, K.G.C Reid, National Report for Scotland in David J. Hayton et al.(eds.), *Principles of European Trusts Law* (Kluwer Law International, 1999), 67-82면 참조.

24) Reinhard Zimmermann et al.(eds.), *Mixed Legal Systems in Comparative Perspective: Property and Obligations in Scotland and South Africa* (OUP, 2004).

25) George L Gretton and Andrew J M Steven, *Property, Trusts and Succession* (2nd ed.) (Bloomsbury, 2013), 343-344면.

26) K.G.C. Reid, 전게논문, 75면 참조.

27) K.G.C. Reid, 전게논문, 83면 참조.

독행위의 효력발생 시기와 신탁재산을 위탁자에 대한 채권적 이전청구권으로 설정한 부분이 매우 절묘하다. 결론적으로 혼합법역인 스코틀랜드 신탁법하에서도 신탁은 단독행위체계로 성립되면 우리의 계약신탁 및 이원적 체계에 따른 문제는 발생하지 않는다.

흥미로운 것은 유럽민사법공통기준안(DCFR)은 앞서 소개한 영국과 스코틀랜드법을 받아들인 것처럼 보인다. 이 기준안 제X-2.102조는 수탁자가 있는 생전신탁의 경우를 다루고, 제X-2.103조는 자기선언과 유언에 의한 경우를 다루고 있다. 유언과 자기선언에 관한 후자의 규정은 특별히 언급될 필요가 없어 보인다. 반면에 전자 제X-2.102조 제1항을 살펴보면 "…위탁자의 신탁설정의 의사표시에 따라 신탁재산이 수탁자적 지위를 인수한 자에게 이전되거나 당해 의사표시에서 지명한 수탁자에게 이전된 때 신탁은 효력을 발생한다"라고 규정하여 영국법적 입장을 취하고 있다. 반면에 당해 조문 제3항에서는 "위탁자가 신탁설정에 관한 자신의 단독적 의사에 구속된다는 뜻을 수탁자로 지명된 자에게 표시한 경우, 수탁자로 선임된 자는 위탁자에 대하여 신탁재산을 이전할 것을 청구할 수 있는데 이때 이 채권적 이전청구권을 신탁재산으로 하는 신탁이 그 효력을 발생한다"라고 정하고 있다. 여기서 주목할 점은 수탁자가 자신의 단독적 의사표시에 구속되겠다고[28] 한다면 수탁자로 선임된 자가 갖는 채권적 이전청구권이 첫 번째 신탁재산이 된다는 것이다.[29] 이는 곧 자신의 의사표시가 수탁자로 지명된 자에게 도달되면 신탁관계는 성립되고 이와 동시에 발생된 채권적 청구권을 첫 신탁재산으로 하는 신탁이 그 효력을 발생한다는 것을 의미한다. 이는 앞에서 살펴본 스코틀랜드의 입장과 같다. 결국 위탁자가 신탁설정의 의사표시를 수탁자에게 표시하지

---

28) 이는 의사표시의 해석문제이나 서면으로 작성될 경우 이러한 의사를 어렵지 않게 인정할 수 있을 것이다.

29) 낙성계약설을 기초로 신탁관계는 위탁자와 수탁자의 합의로 그 효력을 발생하며 이때 수탁자가 위탁자에 대하여 갖는 이전청구권을 첫 신탁재산이라고 보는 입장도 있다. 최수정, 전게서, 176면 참조. 이 입장은 비록 단독행위체계를 취한 것은 아니지만 수탁자의 위탁자에 대한 채권적 청구권을 첫 신탁재산으로 파악한 측면에서 민사법공통기준안의 태도와 궤를 같이하고 있다.

않더라도 신탁은 성립될 수 있다. 하지만 신탁의 효력은 신탁재산이 수탁자에게 이전되어야 발생한다. 만일 위탁자가 신탁설정의 의사표시를 수탁자에게 직접 한 경우에는 상대방 있는 단독행위처럼 수탁자에게 그 의사가 도달될 때 신탁은 효력을 발생하고 이때 수탁자가 위탁자에 대하여 갖는 신탁재산의 이전청구권이 바로 첫 번째 신탁재산이 되는 것이다. 결국 유럽민사법공통기준안상의 신탁법 또한 단독행위체계를 취하고 있는 것이다. 이를 더욱 뒷받침하는 것은 민사법공통기준안 제X.-4:101조다. 이 조문에 따르면 "신탁을 해석함에 있어서 단독의사표시의 해석에 관한 해석원칙을 위반하여서는 안 된다"라고 정하고 있다. 이러한 단독행위체계는 신탁의 성립방식을 통일시킨 결과 계약관계와는 다른 별개의 독립된 법률관계라는 것을 나타내기도 한다. 따라서 계약규범이 적용될 여지가 없다.[30]

### 나. 단독행위체계의 정립을 위한 시도

앞에서 살펴본 대로, 우리 신탁법은 영미신탁법상의 단독행위체계 중 수탁자가 있는 생전신탁의 경우만을 톡 떼어내 이를 위탁자와 수탁자 사이의 계약관계로 전환하였다. 이러한 변용적 수용은 일응 수탁자가 존재하는 생전신탁을 대륙법적 체계에 맞도록 적절히 변형하여 수용한 것처럼 보인다. 하지만 이로 인하여 당해 계약의 성질론을 둘러싸고 오랫동안 논쟁이 펼쳐졌다. 특히 요물계약설을 채택하기에는 극복할 법리적 장애가 만만치 않다. 낙성계약설을 취한다 하더라도, 신탁의 이원적 체계가 가져오는 문제점을 고스란히 안고 있다. 특히 수탁자의 책임성질의 비통일성은 체계적 정합성을 결한다. 필자는 신탁행위를 일원적 단독행위체계로 전환하는 것도 시도할 가치가 있다고 본다. 이 경우 수탁자가 있는 생전신탁은 상대방 있는 단독행위로 보는 것이다. 따라서 그 효력

30) 물론 대륙법하에서 채권총칙이 적용될 가능성은 있다. 왜냐하면 채권총칙은 계약관계에만 한정된 규범체계로 구성된 것은 아니기 때문이다. 반면에, 계약설을 취하더라도 과연 현행 민법상 계약에 관한 규정이 적용될 수 있는 경우가 많을지 의문이다. 앞으로 실증적 연구(empirical research)가 요구되는 부분이다.

이 수탁자에게 도달될 때 신탁이 효력을 발생하고 수탁자가 위탁자에 대하여 갖는 관련 재산에 대한 채권적 이전청구권이 바로 첫 신탁재산이 되게 하는 것이다. 유언신탁일 경우에도 마찬가지로 피상속인의 사망 시 당해 신탁은 효력을 발생하고 유언에서 지명된 수탁자가 유언집행인에 대하여 갖는 관련 재산에 대한 이전청구권이 첫 신탁재산이 되는 것이다. 자기선언에 의한 신탁의 경우에는 신탁법 제3조 제2항에 따라 공정증서를 작성할 때 효력을 발생한다. 신탁재산이 이미 자신에게 귀속되어 있기 때문이다. 이렇게 단독행위체계를 취할 경우 신탁행위는 일원적으로 설명된다. 무엇보다 계약적 접근(요물계약이든 낙성계약이든)을 취함으로써 발생할 수 있는 상기 법리적 문제들이 극복된다. 특히 수탁자가 의무위반으로 인하여 부담하는 책임들은 단순히 신탁법상 부과한 책임이 되기 때문에 계약책임과 비계약책임의 혼란도 피할 수 있다. 사실 이원적 체계로 인한 문제를 해결할 수 있는 또 하나의 방법은 있다. 바로 의사표시에 기한 신탁설정방법 중 계약신탁만 인정하고 유언신탁과 자기선언에 의한 신탁을 폐지하는 것이다. 실로 프랑스가 2007년에 민법전에 도입한 신탁제도(fiducie)는 의사표시에 기한 신탁의 경우 계약에 의해서만 성립할 수도 있도록 하였다.[31] 이 부분은 물론 입법적 결단의 문제다. 생각건대 유언신탁과 자기선언에 의한 신탁의 유용성과 우리 입법자가 2011년 신탁법 개정 시 자기선언에 의한 신탁설정방식을 도입한 점을 고려하면 기존의 설정방식을 폐지하는 것은 적절하지 않다고 본다. 따라서 유언신탁과 자기선언에 의한 신탁은 존속시키고 계약신탁부분만 상대방 있는 단독행위로 전환하는 편이 낫다고 판단된다.[32] 하지만 단독행위

31) 프랑스 민법 제2012조 참조.

32) 이로써 수탁자가 우리 신탁법 제16조에 따라 해임되어도 신탁이 존속될 수 있는 이유를 설명할 수 있게 된다. 이는 예컨대, 위임관계 등 계약관계에서 타방 당사자의 해임으로 당해 계약관계가 해소되는 것과 대비된다. 한편 본문에서는 신탁의 창설에 있어서 일원적 단독행위체계도 나름 타당성이 있다는 논지를 피력할 뿐 그 후 신탁이 계약적 합의에 의하여 그 내용이 변경될 수 있는 것까지 부정하지 않는다. 따라서 신탁법 제88조(신탁당사자의 합의 등에 의한 신탁변경)는 단독행위체계하에서도 여전히 그 의미를 상실하지 않는다.

체계는 현재 패러다임과 너무 괴리되어 있다는 문제점이 있다. 실은 필자도 앞으로 신탁행위가 통일적으로 단독행위체계로 전환될 것이라고 생각되지 않는다. 하지만 현재의 계약적 접근의 문제점을 다른 시각에서 되짚어 보고 새로운 가능성을 진단해보는 것도 의미가 없지 않다고 사료된다.[33)]

만일 단독행위체계를 취한다면 신탁은 결국 위탁자의 단독행위인 신탁행위를 통해 일정한 목적(사익과 공익)에 바쳐질 독립성을 갖는 신탁재산체를 창설하는 법률행위가 된다. 수탁자 또한 신탁사무라는 직무를 맡고 있는 기관(office)이라는 점을 고려한다면 신탁은 재단법인을 창설하는 행위와 유사해진다. 신탁에는 법인격이 없고, 사익에도 공해질 수 있다는 차이가 있을 뿐이다. 그리고 이렇게 단독행위로 창설된 독립적 신탁재산은 수탁자의 개인채권자 등과 일정한 경우 제3양수인으로부터도 보호되는데 여기서 우리는 또 다른 변용적 수용과 조우하게 된다. 항을 바꾸어 다룬다.

## Ⅲ. 신탁의 제3자적 대항력

### 1. 영미의 물권모델에서 신탁재산의 독립성 및 수익자의 취소권으로

신탁제도의 매력은 역시 자산운용자인 수탁자에게 권원을 이전하였음에도 불구하고 신탁재산을 일정한 제3자로부터 보호할 수 있다는 데 있다. 여기서 제3자란 수탁자의 개인채권자(나아가 그의 상속인 또는 이혼 배우자)등 그리고 수탁자가 신탁을 위반하여 처분한 재산을 양수한 제3양수인을 말한다. 신탁법은 제3장에서 신탁재산의 독립성을 규정하고 있다. 특히 제22조 내지 제24조에서는 신탁재산을 수탁자의 개인채권자와 그의 상속권자 등으로부터 보호하고 있다.[34)] 수탁자가 신탁재산의 소유권(동산

---

33) 물론 이 논점은 앞으로 더욱 깊이 연구하여 그 내용을 확장할 필요성이 있다. 하지만 이 글은 주된 변용적 수용의 내용을 총체적으로 다루고 있으므로 이 부분에 관한 보다 상세한 논의는 추후 연구과제로 미루어 보충할 예정이다.

34) 신탁법 제22조(강제집행 등의 금지) ① 신탁재산에 대하여는 강제집행, 담보권 실행 등을 위한 경매, 보전처분(이하 "강제집행등"이라 한다) 또는 국세 등 체납

과 부동산일 경우), 채권, 혹은 지적재산권의 귀속권리자임에도 불구하고 그가 채무불이행, 파산, 혹은 사망할 경우에는 그의 개인채권자보다 신탁의 수익자를 우선보호하고 있는 것이다. 또한 신탁재산의 권원은 수탁자에게 귀속되었으므로 그의 처분을 통해 제3자가 당해 재산을 취득하는데 아무런 하자가 없어 보임에도 불구하고 우리 신탁법 제75조는 일정한 요건하에서 수익자로 하여금 취소권을 행사하여 이를 되찾을 수 있도록 하고 있다.[35)]

앞에서 언급된 제3자적 대항력은 영미신탁법에서도 모두 인정되고 있다. 하지만 영미에서 수익자가 수탁자의 개인채권자보다 우선하는 이유와 수탁자에 의하여 위법처분된 신탁재산을 제3자로부터 되찾을 수 있는 이유는 바로 수익자는 수탁자에게 귀속된 신탁재산에 대하여 물권적 권리를 보유하고 있기 때문이다.[36)] 한편 우리 입법자는 영미에서 수익자의 신탁재산에 대한 물권적 권리를 통해 인정되는 이들 효력을, 각각 신탁재산의 독립성과 수익자의 취소권이라는 법기술로 전환하여 변용수용하였다. 아마도 수익권이 물권이라고 정면으로 인정하기 어려웠기 때문이라고 사료된다. 실제로 우리 신탁법은 지속적으로 수익채권이라는 표현만을 사용하고 있기도 하다.[37)] 하지만 영미법의 영향 그리고 수익자가

---

처분을 할 수 없다. 다만, 신탁 전의 원인으로 발생한 권리 또는 신탁사무의 처리상 발생한 권리에 기한 경우에는 그러하지 아니하다.

제23조(수탁자의 사망 등과 신탁재산) 신탁재산은 수탁자의 상속재산에 속하지 아니하며, 수탁자의 이혼에 따른 재산분할의 대상이 되지 아니한다.

제24조(수탁자의 파산 등과 신탁재산) 신탁재산은 수탁자의 파산재단, 회생절차의 관리인이 관리 및 처분 권한을 갖고 있는 채무자의 재산이나 개인회생재단을 구성하지 아니한다.

35) 제75조(신탁위반 법률행위의 취소) ① 수탁자가 신탁의 목적을 위반하여 신탁재산에 관한 법률행위를 한 경우 수익자는 상대방이나 전득자(轉得者)가 그 법률행위 당시 수탁자의 신탁목적의 위반 사실을 알았거나 중대한 과실로 알지 못하였을 때에만 그 법률행위를 취소할 수 있다.

36) *Baker v. Acher-Shee* [1927] A.C.844 HL; *IRC v. Berill* [1982] 1 All ER 867. 특히 수익자의 제3양수인을 구속할 때, 그 제3자가 선의이며 유상으로 신탁재산을 취득하지 않는 한 의제수탁자가 되어 원수익자와 제3양수인 사이에 의제신탁이 성립된다(*Foskett v. McKeown* [2001] 1 AC 102, 127). 영국법상 의제신탁 및 그 비판에 대해서는 오영걸, “의제신탁의 이해”, **비교사법** 18-4(2011), 22−23면 참조.

일정한 요건하에서 제3자에 대하여 취소권으로 대항할 수 있다는 점에서 종래 수익자의 권리를 물권으로 혹은 단순히 채권적 권리를 넘는 권리로서 구성하려는 시도가 우리 [38] 그리고 일본[39]에서 지속적으로 제기되어 왔다. 필자는 다음과 같은 이유에서 수익자는 신탁재산에 대하여 물권을 갖지 않는다고 본다. 첫째, 우리 법은 물권법정주의를 채택하고 있다.[40] 따라서 법률 혹은 관습법에 의하지 않을 경우 물권을 임의로 창설할 수 없다. 그런데 우리 신탁법이든 관습법이든 수익자가 신탁재산에 대하여 물권을 갖는다고 인정하고 있지 않다. 오히려 신탁법은 앞에서 언급한 바와 같이 명시적으로 수익채권이라는 용어를 통해 수익권은 채권이라는 태도를 취하고 있다. 둘째, 우리 민사법하에서 물권을 취득하기 위해서는 물권적 합의가 요구된다. 하지만 수익자가 수익권을 취득하는 경우 물권행위가 이루어지는 경우는 없다. 우리 신탁법도 물권행위를 요구하지 않는다.[41] 셋째, 물권취득의 형식적 요건과 관련하여 수익자는 신탁재산이 동산일 경우에도 점유를 반드사 하는 것이 아니며 부동산일 경우 우리 부동산등기법상 수익권이라는 물권을 등기할 수도 없다. 넷째, 금전으로 된 신탁재산을 수탁자가 점유하고 있을 경우 수익자가 이에 대하여 어떻게 물권적 권리를 갖는지 상상하기 어렵다. 다섯째, 채권의 물권화사례를 우리는 부동산임대차 법률관계에서 발견할 수 있는데 혹시 수익자의 신탁재산에 관한 채권도 이렇게 채권이 물권화된 한 예시로 파악할 수 없는가 하는 질문이 제기될 수도 있다. 하지만 채권의 물권화경향은 부동산에 한정된 것이어서 모든 종류의 신탁재산에 균일적으로 적용되기 어

37) 예컨대, 제63조, 제66조 4항, 제79조 제1항 제1호, 그리고 제89조 제1항 제2호 등.

38) 우리의 학설대립에 관하여 자세한 것은, 이계정, 전게서, 116-120면 참조; 정순섭, 전게논문, 23-50면, 특히 30-39면 참조.

39) 일본의 학설대립에 관하여 자세한 것은, 新井誠, 전게서, 39면 이하 참조.

40) 민법 제185조.

41) 이는 수익권의 당연취득을 규정한 신탁법 제56조 제1항을 보아도 자명하다. 제56조(수익권의 취득) ① 신탁행위로 정한 바에 따라 수익자로 지정된 자(제58조 제1항 및 제2항에 따라 수익자로 지정된 자를 포함한다)는 당연히 수익권을 취득한다. 다만, 신탁행위로 달리 정한 경우에는 그에 따른다.

렵다. 무엇보다 부동산의 임차인을 보호하려는 강력한 정책적 배경에서 인정되는 것을 자산운영이나 투자목적 하에 설정한 신탁관계에 그대로 적용할 수는 없을 것이다. 왜냐하면 후자의 경우 임차인만큼 보호하여야 할 필요성이 적기 때문이다. 여섯째, 우리 신탁법에서 수익자의 제3자에 대한 취소권을 규정하고 있다고 하여 곧바로 이를 두고 수익자의 권리가 물권적 성질을 갖는다고 볼 수 없다. 이는 본말이 전도된 사고다. 왜냐하면 수익자가 신탁재산에 대하여 물권적 권리를 갖는다면 그 물권을 바로 제3양수인에 대하여 행사하면 된다. 굳이 취소권을 통해서 행사할 필요가 없다. 우리 법제에서 물권자가 물권을 보유하고 있는 상태에서 당해 물권을 행사하기 위해 취소권을 먼저 행사하여야 하는 경우는 없다. 예컨대, 같은 맥락에서 저당권자는 목적 부동산을 양수한 자에 대하여 저당권을 바로 주장할 수 있는 것이다. 당해 저당권을 제3자에게 주장하기 위해 전 소유자와 양수인 사이의 소유권 이전에 관한 처분을 취소할 필요가 전혀 없다.

요컨대, 수익자의 취소권은 수익자가 신탁재산에 대하여 물권을 보유하고 있다는 근거가 될 수 없다. 결론적으로 채권설에 대해서도 나름 비판이 제기될 수 있지만 최소한 우리 법체계하에서 수익자는 신탁재산에 관하여 물권을 갖는다고 해석되기 어렵다. 수익자는 수탁자에 대하여 신탁재산에 관한 일정한 이익을 청구할 수 있는 채권자적 지위만 누린다.[42] 이처럼 수익자는 신탁재산에 대하여 채권자적 지위만 갖는다고 보아야 하기 때문에 우리 입법자가 수익자의 신탁재산에 대한 물권에 기초를 둔 영미모델을 그대로 수용하여 제3자적 대항력을 규율하지 않은 부분은 타당하다. 그러나 영미모델을 대체하여 도입한 신탁재산독립성원칙(수탁자의 개인채권자 등과의 관계에서)과 수익자의 취소권(제3양수인과의 관계에서)이라는 변용적 수용이 체계적으로 법리적으로 문제가 없는지 검토할 필요가 있다.

42) 우리 판례도 채권설을 취하고 있는 것으로 판단된다. 대법원 2002.4.12. 선고 2000다70460판결; 대법원 2014.11.27. 선고 2012두26852 참조.

### 2. 신탁재산의 독립성

우선 신탁재산의 독립성을 살펴본다. 신탁재산에는 법인격이 없다. 하지만 우리 신탁법 제3장의 규율을 살펴보면 신탁재산은 거의 재단법인에 버금가는 독립성을 향유하고 있다.[43] 특히 수탁자의 개인채권자가 신탁재산에 대하여 강제집행할 수 없는 점(신탁법 제22조), 수탁자의 상속재산과 이혼지 분할대상재산으로부터의 제외되는 점(신탁법 제23조), 나아가 수탁자의 개인파산시 그의 파산재단에 속하지 않는다는 점(신탁법 제24조)에서 신탁재산은 비록 수탁자에게 귀속되어 있으나 그 자체 상당한 독립성을 향유하고 있음을 알 수 있다. 그 독립성 정도에 있어서 사실상 재단법인에 가깝다고 할 수 있다. 혹자는 재단법인은 등기하여야 하므로[44] 그 독립적 성격이 더욱 명확하다고 생각할 수도 있다. 하지만, 신탁재산이 등기등록가능재산일 경우 이를 신탁재산으로 등기하여야 한다는 점[45] 그리고 동산의 경우 재단법인이든 신탁이든 그 공시방법이 불완전하다는 점은 같다. 예컨대, 재단이사 책상 위에 재단귀속 펜 한 자루와 이사의 개인소유 펜 한 자루가 놓여 있을 때 사실상 어느 펜이 재단의 것이고 어느 것이 재단이사

---

43) 한편, 신탁재산에 대하여 법인격을 부여할지 여부는 입법정책의 문제고 미국에서는 인정되는 경우도 있다. 이에 관하여 자세한 것은, 이중기, “제정법상 신탁에 관한 미국의 새로운 통일법과 유한책임신탁의 비교”, **선진상사법률연구** 제59호(법무부, 2012) 참조; 아울러 신탁법에 관한 프랑스의 선구적 연구자였던 Pierre Lepaulle도 신탁에 법인격을 인정하는 것이 여러 법리적 문제를 가장 깔끔하게 해결할 수 있어 이를 선호하는 주장을 펼치기도 하였다. 이에 관하여는 Bibliographie: Roberto Molina Pasquel, *La propriété dans le trust. Essai de droit comparé* (Grafica Panamericana, Mexico, 1951), *Revue internationale de droit comparé* (1952), 377−378면 참조.

44) 민법 제33조.

45) 제4조(신탁의 공시와 대항) ① 등기 또는 등록할 수 있는 재산권에 관하여는 신탁의 등기 또는 등록을 함으로써 그 재산이 신탁재산에 속한 것임을 제3자에게 대항할 수 있다.

② 등기 또는 등록할 수 없는 재산권에 관하여는 다른 재산과 분별하여 관리하는 등의 방법으로 신탁재산임을 표시함으로써 그 재산이 신탁재산에 속한 것임을 제3자에게 대항할 수 있다.

③ 제1항의 재산권에 대한 등기부 또는 등록부가 아직 없을 때에는 그 재산권은 등기 또는 등록할 수 없는 재산권으로 본다.

개인의 것인지 불명확할 것이다. 이는 수탁자가 신탁사무를 처리하는 사무실 책상 위에 신탁재산인 펜 한 자루와 수탁자 개인의 펜 한 자루가 놓여 있는 경우에도 다르지 않다. 결국 재산의 대외적 공시차원에서 보면 재단법인과 신탁재산은 크게 다를 바 없다. 재단법인이 등기가 되어 법인격을 갖추었다고 하여 신탁재산에 비해 재단법인재산의 공시가 더욱 완벽한 것은 아니다. 이 두 경우에 차이가 있다면 바로 재단은 별개의 법인격체로서 존재하는 반면, 신탁은 수탁자에게 귀속되어 별개의 인격체로서 존재하지 않으면서 여전히 별개 법인격체를 갖춘 것에 거의 버금가는 독립성을 향유한다는 점이다. 비록 수탁자는 신탁채무에 대하여 개인적으로 책임을 지는 것이 원칙이지만 수탁자는 신탁재산으로부터 상환을 받을 수 있다는 점[46] 나아가 현행신탁법은 수탁자가 신탁재산만으로 신탁채무에 관한 책임을 부담하는 유한책임신탁을 도입한 점[47]을 고려하면 "독립성 측면"에서 신탁은 재단법인과 거의 같아진다. 그리고 재단법인의 이사와 신탁의 수탁자는 모두 기관적 성질을 갖는다는 점에서도 동일하다.

한편, 신탁은 공익과 사익 모두에 이용될 수 있는 반면, 재단법인은 목적의 비영리성을 요구한다.[48] 그렇다면 혹시 신탁제도와 재단법인제도

46) 제46조(비용상환청구권) ② 수탁자가 신탁사무의 처리에 관하여 필요한 비용을 고유재산에서 지출한 경우에는 지출한 비용과 지출한 날 이후의 이자를 신탁재산에서 상환(償還)받을 수 있다.

47) 제114조(유한책임신탁의 설정) ① 신탁행위로 수탁자가 신탁재산에 속하는 채무에 대하여 신탁재산만으로 책임지는 신탁(이하 "유한책임신탁"이라 한다)을 설정할 수 있다. 이 경우 제126조에 따라 유한책임신탁의 등기를 하여야 그 효력이 발생한다.

② 유한책임신탁을 설정하려는 경우에는 신탁행위로 다음 각 호의 사항을 정하여야 한다.

1. 유한책임신탁의 목적
2. 유한책임신탁의 명칭
3. 위탁자 및 수탁자의 성명 또는 명칭 및 주소
4. 유한책임신탁의 신탁사무를 처리하는 주된 사무소(이하 "신탁사무처리지"라 한다)
5. 신탁재산의 관리 또는 처분 등의 방법
6. 그 밖에 필요한 사항으로서 대통령령으로 정하는 사항

48) 민법 제32조.

가 법리적으로 양립할 수 없는 것은 아닌지 문제된다. 우선 공익신탁과 (공익)재단법인은 양립할 수 있으나 공존할 필요는 없을 수도 있다. 사실 영국에서는 재단법인제도가 없고 오로지 공익신탁만 존재한다.[49] 프랑스는 2007년 신탁제도를 민법전에(제2011조 내지 제2031조) 도입하였으나 공익신탁을 설정할 수는 없다. 이처럼 공익신탁과 공익재단법인은 사실 양자 중 하나만 존재하여도 무방할 정도로 '기능적으로' 겹친다.[50]·[51] 단 공익을 위한 메커니즘은 많을수록 사회적 이익에 공하는 면이 크다. 따라서 기존의 공존체계를 인정하는 것이 유익하다. 문제는 사익신탁 중 재산승계의 목적을 위한 수익자연속신탁[52]과 비공익목적신탁[53]의 경우에 있어서 신탁재산체가 법인격이 없으면서 사실상 그에 가까운 독립성을 누리는 것이 법리적으로 문제가 없는가 하는 것이다. 왜냐하면 일정재산의 출연을 통해 독립적인 재단법인을 창설하는 경우에는 이들 사익목적을 위해 이용할 수는 없는 반면 신탁을 통해서는 독립재산체를 창설하여 이들 사익목적을 위해 이용할 수 있기 때문이다. 사적 목적을 위하여 독립재산체를 영구적으로 향유한다는 측면에서 보면 신탁은 단지 이름만 바꿨을 뿐 재단법인이 금지한 이들 사익목적을 위한 독립재산체창설을 허용하고 있는 셈이다.[54] 이 부분은 사실상 입법적 결단의 문제인데 우리 입법자는 신탁을 도입하였다. 사실 정도의 차이는 있으나 사익목적을 도모하기 위해 특정 법률주체에 속하면서 동시에 어느 정도 독립적 재산체로서의 지위

---

49) 영국공익신탁법에 관하여는 The Charities Act 2011 참조.

50) 양자의 성립절자상의 차이는 양자의 유사성을 부정할 수 있는 본질적인 부분이라고 보기 어렵다. 공익신탁성립절차도 재단법인설립의 경우처럼 어렵게 설정할 수 있고 반대로 재단법인의 성립을 공익신탁처럼 쉽게 설정할 수도 있는 것이다.

51) 한편, 법인과 신탁의 차이에 관한 자세한 것은, 이중기, "법인과 비교한 신탁의 특징－공익신탁에의 활용을 중심으로", **서울대학교 법학** 55-2(2014), 511－553면; 회사법인과 이 차이에 관하여는, 노혁준, "주식회사와 신탁에 관한 비교 고찰－재산분리기능을 중심으로", **증권법연구** 14-2(2013), 627－658면 참조.

52) 신탁법 제60조 참조.

53) 우리 신탁법 제3조 제1항 단서에 의하면 비공익목적신탁은 계약과 유언으로 설정할 수 있다.

54) 따라서 독일이 아직 영미의 신탁을 도입하지 않은 것도 충분히 이해가 되는 부분이다.

를 갖는 경우는 이미 우리 사법분야에 존재해 왔다. 예컨대, 조합재산의 경우 조합원의 합유에 속하지만[55] 실질적으로 조합이라는 단체의 재산이므로 조합원 각자의 개인적인 재산과는 구별되는 독립된 별개의 재산체를 구성한다.[56] 또한 파산재단의 경우를 들 수 있다. 파산재단은 그 명칭에도 불구하고 법인격이 없다. 채무자는 비록 파산재단에 속하는 모든 재산에 관한 권리를 보유하지만 이는 파산채권자의 공동의 만족에 공하기 위해 바쳐진 독립적 재산과도 같다. 파산선고 후 채무자가 취득한 재산이 파산재단에 속하지 않은 점을 고려하면 파산재단은 채무자의 기타 개인재산(즉, 파산재단을 구성하지 않는 재산)과는 구별되는 독립재산체라고 할 수 있다. 나아가 상속인이 상속으로 인하여 취득할 재산의 한도에서 피상속인의 채무와 유증을 변제할 것을 조건으로 상속을 승인하는 경우, 즉, 한정승인이 있는 경우에 상속재산과 고유재산이 분리되어 전자를 독립적인 재산체라고 볼 수 있다.[57] 한편, 비교신탁법 차원에서 보더라도 대륙법적요소를 갖는 캐나다 퀘벡주,[58] 스코틀랜드,[59] 프랑스,[60] 유럽민사

55) 민법 제704조.

56) 곽윤직 편집대표, **민법주해** 제16권(박영사, 1997), 52-53면; 우리 민법 제715조(조합채무의 상계금지)도 이러한 독립성 원칙을 반영하고 있다.

57) 한정승인제도가 실제로 상속재산의 파산과 거의 유사한 기능을 하지만 여전히 상속재산을 공평하게 분배하는 역할을 충분히 하지 못하기 때문에 입법론적으로 한정승인제도를 폐지하고 상속재산의 파산제도로 보완하는 것이 바람직하다는 주장도 제기되고 있다, 윤진수, **친족상속법강의** 제2판(박영사, 2018), 471면.

58) 캐나다 퀘벡주 민법 제1261조 참조. 캐나다 퀘벡주는 신탁재산을 수탁자, 위탁자 그리고 수익자 누구에게도 귀속되지 않는 것으로 파악하는데 법인이 아니면서 누구에게도 속하지 않는다는 것은 타당하지 않다. 물론 수탁자가 (동시에 수익자가 아닌 한 영원히) 수익을 할 수 없으니 수탁자를 당해 신탁재산의 소유권자(신탁재산이 동산/부동산인 경우) 혹은 채권자(신탁재산이 채권일 경우)라고 하기 어렵다는 사고는 한편 이해되기도 하다. 하지만, 수탁자를 당해 재산권의 귀속권자로서 보고 바로 이 귀속권자의 지위로부터 수익할 수 있는 권능이 있다고 하여야 한다(귀속권자로서의 수익권능). 예컨대, 신탁재산인 부동산의 임대료를 우선 취득할 수 있는 것은 수탁자이고 신탁재산이 채권일 경우에 그 채권을 채무자에 대하여 청구할 수 있는 자 또한 수탁자이다. 수익자는 당해 임대료 또는 채권을 청구할 수 없다. 그리고 신탁에 따라 수탁자가 신탁수익자에게 당해 취득한 이익을 배분하여야 하는 것은 신탁의 설정내용에 따라 그 후에 이루어지는 부분이다.

59) K.G.C. Reid, 전게논문 67, 68면 참조.

60) 프랑스 민법 제2011조 참조.

법공통기준안[61]상의 신탁법, 그리고 유럽신탁법원칙(Principles of European Trust Law)[62]까지 모두 신탁재산에 대하여 (법인격은 없으나) 독립성을 부여하고 있다.[63] 신탁이 이렇게 독립된 재산체를 형성하였다고 하여 이를 곧 법주체인 재단법인과 같다고 할 수 없다.[64] 사법상 독립재산체는 개인의 고유재산과 재단법인 사이에 존재하는 개념이라고 할 수 있다.

이처럼 일정한 재산체가 어느 법률주체에 귀속되었으나 독립성을 갖는 경우는 우리 사법체계가 알지 못하는 것은 아니다. 단지, 현행 신탁법의 문제는 앞에서 언급한 상속목적 수익자연속신탁과 비공익목적신탁을 위한 독립적 재산체을 영구히 설정할 수 있도록 했다는 데 있다. 즉, 이들 사익목적 신탁의 존속기한이 없는 현행법하에서 재력가들은 자신의 자손을 위하여 신탁을 영구히 설정할 수 있는 셈이다. 이는 바로 재단법인제도가 경계하는 것으로서 재단법인이 사익에 이용될 수 없는 이유이기도 하다. 비교법적으로도 영국에서는 사익목적신탁의 경우 그 존속기간을 125년으로 한정하였고,[65] 프랑스 또한 사익목적신탁의 존속기간을 33년으로 제한하고 있으며,[66] 일본의 경우 사익목적신탁의 존속기한을 신탁을 설정한 때로부터 30년이 경과한 때 현존하는 수익자가 신탁상 정함에 따른 수익권을 취득한 경우에는 당해 수익자가 사망한 때까지 또는

---

61) DCFR 제X.-1: 202조 제(1)항 및 제(2)항 참조.

62) 유럽신탁법원칙 제1조 (신탁의 주된 특징들) 제1항: 신탁에 있어서 수탁자인 자는 그의 고유재산과는 분리된 재산들을 보유하며 이 재산들 (신탁재산)을 수익자라 불리는 다른 자의 이익 혹은 일정한 목적의 달성을 위하여 운용하여야 한다. (In a trust, a person called the "trustee" owns assets segregated from his private patrimony and must deal with those assets (the "trust fund") for the benefit of another person called the "beneficiary" or for the furtherance of a purpose).

63) 신탁재산이 독립된 별개의 재산체라는 개념은 영어로 통상 separate patrimony라고 칭한다. 이에 관한 자세한 것은 Remus Valsan(ed.), *Trusts and Patrimony* (Edinburgh University Press, 2015); 권철, "프랑스 민법상의 'patrimoine'개념에 관한 고찰－법인격과 재산의 관계에서 본 학설사와 실정법", **민사법학** 63-2(2013), 45-80면 참조.

64) 대법원 2007.9.20. 선고 2005다48956판결; 이연갑, **신탁법상 수익자 보호의 법리**(경인문화사, 2014), 51면; 이러한 신탁재산의 독립성을 수탁자의 인격을 차용한 것으로 설명하는 견해로, 이중기, **신탁법**(삼우사, 2007), 4면 이하 참조.

65) Perpetuities and Accumulations Act 2009, 제5조 제1항 참조.

66) 프랑스 민법전 제2018조 제2호 참조.

당해 수익권이 소멸한 때까지로 설정하고 있다.[67] 요컨대, 사익목적을 위한 독립재산체의 창설을 신탁을 통해 도입한 것은 현행법 체제하에서 법리적으로 이례적인 것은 아니나, 이를 가산의 영구적 보전 등의 사익목적을 위해 영원히 존속케 할 수 있는 여지를 남긴 현행법의 입법태도는 우리 민법상 재단법인제도가 금지하고자 하는 부분을 우회적으로 회피할 수 있도록 한다는 점에서 다소 수긍하기 어려운 면이 있다. 따라서 재산상속을 위한 수익자연속신탁과 비공익목적신탁의 경우에는 그 존속기한을 입법을 통해 제한할 필요가 있다고 생각된다.

### 3. 수익자의 취소권

수탁자가 신탁에 위반하여 신탁재산을 처분한 경우 일정한 요건하에서 신탁법 제75조는 수익자에게 당해 처분을 취소할 수 있는 권리를 부여하고 있다. 이는 앞에서도 언급되었듯이, 영미신탁법상 수익자가 신탁재산에 대하여 갖는 물권에 기해 제3자를 구속하는 내용을 변용수용한 것이다.[68] 과연 이러한 접근방법이 우리 현행법에서 체계정합적인지 고찰할 필요가 있다. 왜냐하면 구조적으로 채권자취소권과 매우 유사하기 때문이다. 이에 관하여 필자는 수익자의 취소권은 적절하지 못하다고 논한 적이 있다.[69] 여기서는 그 결론만을 간략히 적고 마무리하고자 한다. 즉, 독립된 재산체를 관리하는 기관이 일정한 제한에 위반하여 당해 독립재산체를 이루는 재산에 대한 처분행위를 한 경우에 취소권을 부여하는 것은 적절하지 못하다. 왜냐하면 우리 법은 그 경우 일반적으로 그

67) 일본 신탁법 제91조.

68) 이 경우 의제신탁이 성립되어 제3자는 의제수탁자로서 양수한 신탁재산을 반환할 책임을 부담하는데 구 일본신탁법의 입법자는 의제신탁을 통해 수익자가 제3양수인에 대하여 추급할 수 있는 법리는 대륙법률가들에게 이질적이라는 이유로 그 직접수용을 거부하였다. 대신 1922년에 제정된 구 일본신탁법은 제31조(현행 일본신탁법 제27조)를 우리 구신탁법 제52조(현행 신탁법 제75조)가 계수하였다. 일본의 입법경위를 자세히 소개한 우리 문헌으로는 이연갑, 전게서, 196−199면 참조.

69) 오영걸, "신탁법상 수익자의 취소권−패러다임 전환가능성을 위한 소고−", 안암법학 38(1999), 199−225면 참조.

효력을 무효로 판단하고 있기 때문이다.[70] 즉, 조합원의 동의 없이 조합채권을 이전한 사안에서 우리 대법원은 "만약 조합채권이라면 다른 조합원의 동의 없이 한 양도임이 기록상 명백한 이 사건에서는 그 양도행위가 무효하고 할 것"이라고 판시[71]하였다. 나아가 채무자가 파산재단에 속하는 재산의 보유자이지만 일정한 제한에 위반하여 파산재단에 속하는 재산에 관한 법률행위를 한 경우 우리 '채무자 회생 및 파산에 관한 법률' 제329조 제1항에서는 파산선고 후 채무자가 파산재단에 속하는 재산에 관하여 행한 법률행위는 파산채권자에게 대항할 수 없다고 규정하고 있다. 즉 파산채권자가 당해 채무자의 법률행위를 취소하지 않고 직접 파산재단구성재산으로 환취할 수 있음을 규정함으로써 채무자의 법률행위를 무효로 전제하여 규정하고 있다.[72]

요컨대, 수익자는 신탁재산에 대하여 물권을 가지지 않으며 신탁재산과 관련하여 수탁자에게 채권적 권리만을 갖는다고 해석된다. 나아가, 신탁의 제3자 대항력을 수익자의 물권에 기초하지 않은 부분은 타당한 결단이었다. 하지만 이를 대체하여 변용수용한 신탁재산의 독립성원칙은 그 자체로 타당하나 그 독립성을 영구히 누릴 수 있도록 존속기간을 정하지 않은 측면에서는 다소 아쉽다. 마지막으로 신탁재산의 제3양수인에 대하여 인정되는 취소권은 법기술적 측면에서 이를 무효로 전환하는 것(단 거래안전을 위하여 선의 제3자에게는 대항할 수 없다고 보아야 할 것이다)이 우리 법하에서 한층 체계정합적 접근이라고 보여진다. 지금까지 우리는 신탁의 설정에 관한 변용적 수용 및 그 문제점과, 신탁의 제3자적

70) 물론 아래에서 보는 바와 같이 경우에 따라 그 무효가 절대적인 경우와 상대적인 경우로 나뉜다. 필자는 이들의 공통분모이자 핵심요소인 '무효'라는 효과에 기초하여 논지를 펴고 있음을 밝힌다.

71) 대법원 1990. 2. 27. 선고 88다카11534판결; 그밖에 조합재산인 면허권을 권한 없이 양도한 경우도 무효라고 판시하였다(대법원 1991. 5. 15. 자 91마186 결정). 이 경우 그 효력은 절대적 무효이다.

72) 그러나 파산관재인 측에서 당해 거래가 채무자의 총채권자를 위하여 긍정적이라고 판단하면 이를 추인할 수 있으므로 여기서의 무효는 일종의 상대적 무효이다[전병서, **도산법**(법문사, 2006), 102면].

대항력에 관한 변용적 수용 및 그 문제점을 살펴보았다. 이하에서는 이러한 독립적인 신탁재산을 운용하는 주체인 수탁자가 부담하는 의무에 관하여 이루어진 변용적 수용 및 그 문제점에 대해 고찰해 보고자 한다.

## Ⅳ. 이익취득금지위반의 효과: 행위불법으로의 이행

### 1. 사전적 예방조치로서의 이익취득금지원칙

신탁관계에서 수탁자는 수익자의 이익을 위하여 신탁사무를 처리하여야 한다는 충실의무를 부담한다.[73] 그리고 그 내용으로서 가장 핵심적인 부분은 바로 이익충돌행위금지의무(the no-conflict rule)와 이익향수금지의무(the no-profit rule)라고 할 수 있다. 신탁법 제34조[74]와 36조[75]에서 이들 의무를 규정하고 있다. 전자는 자기거래행위금지의무를 정하고 있고 후자는 수익자가 신탁의 취지 또는 그 정함에 반하여 어떠한 이익도 도모할 수 없도록 하기 위하여 마련된 규정이다. 신탁관계에서 신탁재산

---

73) 신탁법 제33조.

74) 제34조(이익에 반하는 행위의 금지) ① 수탁자는 누구의 명의(名義)로도 다음 각 호의 행위를 하지 못한다.

1. 신탁재산을 고유재산으로 하거나 신탁재산에 관한 권리를 고유재산에 귀속시키는 행위
2. 고유재산을 신탁재산으로 하거나 고유재산에 관한 권리를 신탁재산에 귀속시키는 행위
3. 여러 개의 신탁을 인수한 경우 하나의 신탁재산 또는 그에 관한 권리를 다른 신탁의 신탁재산에 귀속시키는 행위
4. 제3자의 신탁재산에 대한 행위에서 제3자를 대리하는 행위
5. 그 밖에 수익자의 이익에 반하는 행위

② 제1항에도 불구하고 수탁자는 다음 각 호의 어느 하나에 해당하는 경우 제1항 각 호의 행위를 할 수 있다. 다만, 제3호의 경우 수탁자는 법원에 허가를 신청함과 동시에 수익자에게 그 사실을 통지하여야 한다.

1. 신탁행위로 허용한 경우
2. 수익자에게 그 행위에 관련된 사실을 고지하고 수익자의 승인을 받은 경우
3. 법원의 허가를 받은 경우

③ 제1항에도 불구하고 수탁자는 상속 등 수탁자의 의사에 기하지 아니한 경우에는 신탁재산에 관한 권리를 포괄적으로 승계할 수 있다. 이 경우 해당 재산의 혼동에 관하여는 제26조를 준용한다.

75) 제36조(수탁자의 이익향수금지) 수탁자는 누구의 명의로도 신탁의 이익을 누리지 못한다. 다만, 수탁자가 공동수익자의 1인인 경우에는 그러하지 아니하다.

은 수탁자에게 귀속되어 있다. 그만큼 신탁재산은 수탁자에 의하여 남용될 위험에 노출되어 있다. 따라서 우리 신탁법은 충실의무를 구성하는 핵심적인 의무로서 이 두 가지를 명문으로 규정하여 수탁자의 자기거래행위와 이익취득행위를 사전에 금지하여 수탁자의 신탁재산 또는 신탁관계의 남용을 미연에 방지하고자 하는 것이다. 그렇지 않을 경우 수탁자는 신탁재산을 운용하는 과정에서 자신의 이익취득에 현혹되어 신탁의무를 적절히 수행하기 어려울 것이기 때문이다. 따라서 우리 신탁법은 영미신탁법상에서 인정되는 이 두 의무를 그대로 수용한 것이고 그 실질적 내용에 있어서 아무런 변경도 가해지지 않았다.[76] 변용적 수용은 그 위반 시의 효과에서 이루어졌다.

### 2. 의제신탁에서 채권적 반환의무로: 사법상 행위불법에 기한 배상책임의 수용

우리 신탁법 제43조 제3항은 "수탁자가 제33조부터 제37조까지의 규정에서 정한 의무를 위반한 경우에는 신탁재산에 손해가 생기지 아니하였더라도 수탁자는 그로 인하여 수탁자나 제3자가 얻은 이득 전부를 신탁재산에 반환하여야 한다"라고 규정하고 있다. 한편, 이익충돌금지의무에 위반하여 이익을 취득한 경우에도 제36조에서 규정하는 이익향수금지의무를 위반한 것이기 때문에 이 문제는 사실상 이익취득금지의무위반인 경우로 모아진다. 특히 수탁자가 신탁재산으로부터 이익을 취득한 경우에는 신탁재산에 손해가 발생한 경우이므로 이때는 제43조 제1항[77]의 원상회복 또는 손해배상의무가 문제 될 것이다. 제43조 제3항은 이와 달리

---

76) 이익충돌행위금지의무에 관하여는 *Aberdeen Rly v. Blaikie Bros* (1854) 1 Macq. 461 HL (Lord Cranworth L.C 판시내용 참조); 이익취득금지의무에 관하여는 *Keech v Sandford* (1726) Sel Cas 61; Bray v Ford (1896) AC 44 HL 참조.

77) 제43조(수탁자의 원상회복의무 등) ① 수탁자가 그 의무를 위반하여 신탁재산에 손해가 생긴 경우 위탁자, 수익자 또는 수탁자가 여럿인 경우의 다른 수탁자는 그 수탁자에게 신탁재산의 원상회복을 청구할 수 있다. 다만, 원상회복이 불가능하거나 현저하게 곤란한 경우, 원상회복에 과다한 비용이 드는 경우, 그 밖에 원상회복이 적절하지 아니한 특별한 사정이 있는 경우에는 손해배상을 청구할 수 있다.

신탁재산에 손해가 발생하지 않은 경우를 전제로 수탁자의 이익반환책임을 부과하고 있다. 변용적 수용차원에서 우리가 주목할 점은 다음 두 가지다. 첫째는 법문의 규정에서 수탁자의 반환책임은 채무적 성질임이 분명하다는 것이고, 둘째는 '신탁재산에 손해가 생기지 아니하였더라도' 반환책임을 묻고 있다는 것이다.

영미신탁법하에서 수탁자가 이익취득금지의무에 위반하여 이익을 취득한 경우 이 이익에 대해서는 의제신탁과[78] 이익반환채무(account of profits)가 성립된다. 주로 문제되는 사례는 수탁자가 신탁사무를 처리하면서 취득한 정보 또는 기회를 신탁이 아닌 자신을 위해서 사용하여 이익을 취득한 경우, 그리고 수탁자가 신탁사무를 처리하는 과정에서 제3자로부터 비밀수수료 또는 뇌물이라는 이익을 취득한 경우와 관련된다. 신탁법적 맥락에서 이들 문제를 정면으로 다룬 우리 판례는 아직 없어 보인다. 그러나 신탁이 활용됨에 따라 향후 이러한 문제가 반드시 발생할 것으로 예상되어 논의가치는 충분하다고 본다. 여하튼 이들 경우에 비록 신탁재산에는 결과적으로 아무런 손해가 발생하지 않더라도 영미신탁법은 수탁자가 당해 기회 또는 정보를 통해 얻은 이익[79] 또는 그 수수료/뇌물[80] 위에 의제신탁을 성립시킨다. 그 결과 수탁자는 이들 이익을 의제수탁자로서 원신탁의 수익자를 위해 신탁적으로 보유하게 된다. 결국 당해 재산은 원 신탁재산 내로 편입되어진다. 여기서 유의할 점은 바로 의제신탁이 성립되기 때문에 수익자는 수탁자가 보유한 이익에 대하여 수익권을 갖게 된다는 것이고 신탁재산에 대한 수익권은 영미법하에서 물권이므로 수익자는 당해 이익에 대하여 물권적 권리를 취득한다는 것이다. 결국 대륙법적 시각에서 볼 경우 이 사례에서 성립되는 의제신

---

78) 의제신탁이라 함은 법원이 판례법에 의거 부과하는 신탁이다. 오영걸, "의제신탁의 이해", **비교사법** 18-4(2011), 13-14면 참조.

79) *Williams v Barton* [1927] 2 Ch 9; *Keech v Sandford* (1726) Sel Cas 61.(이상 신탁에 속해야 할 기회를 통해 수탁자가 이득은 취한 경우).

80) *Attorney-General for Hong Kong v Reid* [1994] 1 AC 324 (수탁자가 뇌물을 취득한 사례); *FHR European Ventures LLP v Cedar Capital Partners LLC* [2014] UKSC 45, [2015] AC 250 (수탁자가 비밀수수료를 취득한 경우).

탁은 다름 아닌 법정물권의 부여라고 할 수 있다. 하지만 우리 법제하에서는 법원이 당사자의 의사여하를 불문하고 신탁의 성립을 의제할 수 없을뿐더러 수익자에게 물권을 부여한다는 것은 앞에서도 언급하였듯이 우리 물권법제하에서는 무리가 따르기 때문에 이러한 영미의 태도를 그대로 수용하기 어렵다.[81)] 나아가 의제신탁과는 별도로 수탁자는 이익반환채무 또한 부담한다. 이는 수익자 또는 신탁재산에 손해가 발생했는지 여부와 무관하게 오로지 수탁자가 얻은 이익만을 중심으로 그로 하여금 채무적 반환책임을 부담하도록 하는 구제수단이다(personal remedy).[82)] 하지만 우리의 부당이득법리와 불법행위법리는 모두 손해의 발생을 전제로 하기 때문에 수탁자가 순수하게 이익만을 취득한 경우, 우리 현행법상의 법리로는 설명하기 어려운 부분이 있다. 따라서 현행 신탁법 제43조는 일종의 법정반환채무를 인정하게 되었고 또 이렇게 하는 것이 우리 체계에 보다 적합한 구제수단 혹은 효과라고 할 수 있다.[83)]

한편, 위와 같은 이익에 대하여 신탁법은 수탁자에게 신탁재산에 반환토록 하는 법정책임(채무)을 부과하였지만 신탁재산에 손해가 없는 경우에도 이를 반환토록 한 것의 법리적 근거는 어디에 있는지 묻지 않을 수 없다.[84)] 왜냐하면, 손해배상은 손해의 전보를 위한 것이기에 현실적인 손해발생을 전제하기 때문이다.[85)] 그리고 부당이득법리와 관련하여서는 침해부당이득을 고려해볼 수 있을 텐데 부당이득법은 법률상 원인 없는

---

81) 한편, 신탁재산에 대한 수익권에 물권적 성질이 있다고 보는 입장에선 이득반환청구권을 이러한 영미의 법리가 변형되어 수용된 것으로 보기도 한다, 이에 관하여는 이계정, 전게서, 194면.

82) 영미법상 이익반환채무에 관한 자세한 것은, Graham Virgo, *The Principles of Equity & Trusts* ($3^{rd}$ edn) (OUP, 2019), 525면 이하 참조.

83) 우리 입법자는 이를 일종의 신탁법상의 법정책임으로 보고 있다(법무부, **신탁법 개정안해설**(2010), 339-340면 참조). 한편, 일본신탁법 제40조 제3항은 손해를 추정하는 입법기술을 택하고 있어 우리 신탁법 제43조 제3항와 상이하다. 즉, 앞에서 언급된 수익자의 취소권의 경우와 달리 일본신탁법의 영향은 보이지 않는다.

84) 구 신탁법에서는 이러한 규정을 두지 않아 학설의 대립이 있었다. 이에 관한 것은 최수정, 전게서, 355면.

85) 민법 제390조, 제393조 그리고 제750조 등; 대법원 2003. 4. 8. 선고 2000다53038 판결.

이득을 취함과 동시에 타인에게 손해가 발생할 것이 요구되기 때문에[86] 수탁자의 이익반환책임의 법리적 근거로 적용되기 어렵다. 특히 수탁자가 신탁사무처리 중 비밀커미션 혹은 뇌물을 수령한 경우에 이는 애당초 신탁의 이익이거나 신탁이 누릴 수 있는 잠재적 이익에 해당하지 않아 도저히 신탁의 손해로 볼 여지가 없는 것이다. 한편, 준사무관리[87]도 생각해볼 수 있을 것이다. 하지만 신탁의 기회를 무단으로 이용한 사례에서는 그 적용가능성이 있다 하더라도 수탁자가 비밀커미션 혹은 뇌물을 취득한 경우까지 신탁사무를 위한 것으로 볼 수 있다는 것은 타당하지 않다. 따라서 제43조 제3항상의 반환책임에 관한 법리적 근거에 관한 한 기존의 우리 민사법체계 내에서 그 근거를 찾기란 쉽지 않아 보인다. 한편, 수탁자가 취득한 위와 같은 이익을 손해로 추정하는 방법도 생각해 볼 수 있지만,[88] 이러한 태도는 어디까지나 우리 손배배상법상 요구되는 손해의 요건을 충족하고자 하는, 다소 견강부회적인 법기술로 보여진다. 나아가 수탁자가 수령한 비밀커미션 혹은 뇌물을 두고 신탁이 입은 손해로 추정한다는 것도 수긍하기 어려울 것이다. 결국 신탁법 제43조 제3항은 신탁이 입은 손해와 상관없이 그러한 행위자체를 제재하기 위하여 부과한 반환책임으로 파악할 필요가 있다. 즉 반환의 근거는 그러한 행위를 제재하고자 하는데 있지 결과적으로 신탁이 손해를 입은 것에 있지 않다. 다시 말해서 이 반환책임은 우리 사법에서는 다소 드문 일종의 행위불법에 대한 법정배상책임을 인정한 예로 파악할 수 있다.[89]·[90] 그리

86) 민법 제741조; 대법원 2011.7.28. 선고 2009다100418판결. 한편, 영미의 부당이득법은 반드시 부당이득청구권자의 손해를 전제하지 않는다. 영미 부당이득의 자세한 것에 관하여는 이계정, "부당이득에 있어서 이득토출책임의 법리와 그 시사점-반환범위에 있어 손해중심에서 이득중심으로의 전환", **저스티스** 169(2018), 37-87면 참조.

87) 이러한 주장은 일본에서 제기된 적이 있다, 能見善久, **現代信託法**(有斐閣, 2004), 144면.

88) 일본 신탁법 제40조 제3항은 이러한 입장을 취하고 있다. 따라서 우리 신탁법 제43조 제3항은 일본법의 입장과 다르다고 할 수 있다. 하지만, 본문에서도 밝혔듯이, 손해로 추정하는 입장은 수긍하기 어려운 면이 있다.

89) 자본시장법 제172조에서 규정하고 있는 내부자의 단기매매차익 반환책임도 같은

고 그 법리적 근거로는 신임관계에 있어서 수탁자의 개인적 부수이득취득에 관한 유혹을 근절하고자 하는 것에서 찾을 수 있을 것이다. 이러한 행위불법에 근거한다는 것은 사실 기존의 사법영역에서 거부감이 들 수도 있다. 하지만 우리를 포함하여 대륙법하에서 손해배상법은 그 인정범위를 지속적으로 넓혀왔다. 원칙적으로 실제 손해만을 기준으로 손해배상을 인정하였으나 지금은 순수경제적 손해배상도 인정되고, 실제 손해를 넘는 징벌적 손해배상까지도 경우에 따라 가능하게 되었다. 그리고 우리 사법체계 내에도 손해를 전제하지 않고 행위불법을 기초로 하는 배상책임법리가 조용히 스며들어 온 것은 아닌가 조심스럽게 점쳐 본다.

### 3. 제36조의 문제점

제43조 제3항의 반환책임의 근거는 이익취득금지의무위반에 있고 이 의무는 우리 신탁법 제36조가 수탁자의 이익향수금지라는 표제하에 규정하고 있다: "수탁자는 누구의 명의로도 신탁의 이익을 누리지 못한다. 다만, 수탁자가 공동수익자의 1인인 경우에는 그러하지 아니하다." 한편, 본조는 그 본문과 단서가 분리되고 나아가 본문의 내용이 조정될 필요가

---

맥락에서 이해될 수 있을 것이다. 자본시장법 제172조: ① 주권상장법인의 임원(「상법」 제401조의2제1항 각 호의 자를 포함한다. 이하 이 장에서 같다), 직원(직무상 제174조제1항의 미공개중요정보를 알 수 있는 자로서 대통령령으로 정하는 자에 한한다. 이하 이 조에서 같다) 또는 주요주주가 다음 각 호의 어느 하나에 해당하는 금융투자상품(이하 "특정증권등"이라 한다)을 매수(권리 행사의 상대방이 되는 경우로서 매수자의 지위를 가지게 되는 특정증권등의 매도를 포함한다. 이하 이 조에서 같다)한 후 6개월 이내에 매도(권리를 행사할 수 있는 경우로서 매도자의 지위를 가지게 되는 특정증권등의 매수를 포함한다. 이하 이 조에서 같다)하거나 특정증권등을 매도한 후 6개월 이내에 매수하여 이익을 얻은 경우에는 그 법인은 그 임직원 또는 주요주주에게 그 이익(이하 "단기매매차익"이라 한다)을 그 법인에게 반환할 것을 청구할 수 있다. 이 경우 이익의 산정기준·반환절차 등에 관하여 필요한 사항은 대통령령으로 정한다.

90) 행위불법의 언급은 없으나 이를 신탁법상 인정한 특수한 법정책임이라는 견해로, 이연갑, "개정 신탁법상 수탁자의 권한과 의무, 책임"(정순섭·노혁준 편저, 전게서), 320-358면, 특히 343면 참조.

있어 보인다. 우선 이 조문에서는 '신탁의 이익'을 누리지 못한다고 규정되어 있다. 따라서 단순히 신탁재산으로부터의 이익만을 뜻하진 않는다. 앞에서 언급된 신탁사무처리 중 얻은 정보나 기회를 수탁자가 개인적으로 이용하여 취득한 이익, 기타 비밀수수료 혹은 뇌물의 경우도 포함될 것이다. 이들 이익유형을 위 조문에 적용해보면 다음과 같은 결론에 도달한다. 즉, 수탁자는 누구의 명의로도 (1) 신탁사무처리 중 얻은 정보나 기회를 통한 이익 또는 (2) 신탁사무처리 중 제3자로부터 받은 비밀수수료나 뇌물 등의 이익을 누리지 못한다. 다만 수탁자가 공동수익자의 1인인 경우에는 그러하지 아니하다. 하지만 이러한 이익들은 수탁자가 수익자 중의 1인이라고 하여 취득이 허용되는 것은 아니다. 이들 이익을 취득할 수 있는지 여부는 당해 신탁의 위지 및 정함에 따라 결정되는 것이지 당해 수탁자가 수익자 중의 1인이라고 하여 당연히 허용되는 것은 아니다. 나아가 수탁자가 여러 명의 수익자 중의 1인이어야 하는 것은 '수탁자가 유일한 수익자가 될 수 없다'는 원칙을 의미[91]하는 것이지 위와 같은 이익을 취득할 수 있는 허용조건이 될 수는 없다. 요컨대, 신탁법 제36조의 본문과 단서는 분리되어야 한다. 그리고 본문의 내용 또한 수정이 요구된다. 즉, 우선 본 조의 단서를 삭제하고 신탁의 성립과 효력에 관한 장에 "수탁자가 유일한 수익자가 될 경우 당해 신탁은 효력을 발생하지 않는다"라는 별도의 규범을 마련할 것이 요구된다. 본문의 경우에는 "수탁자는 '신탁의 정함 또는 그 취지에 반하는 이익'은 누구의 명의로도 이를 누리지 못한다"라고 수정될 필요가 있다.

---

91) 왜냐하면 수탁자가 유일한 수익자일 경우 결국 스스로 자신의 이익을 위하여 재산을 관리한다는 것과 다르지 않다. 이 경우 자신의 재산을 관리하는 경우와 다르지 않아 신탁을 인정할 실익이 없다. 따라서 수탁자가 유일한 수익자일 경우 신탁은 효력을 발생할 수 없다. 단 우리 자본시장법에서는 이 원칙에 대하여 일정한 예외를 두고 있다: 자본시장법 제111조(수익증권의 매수) 신탁업자는 대통령령으로 정하는 방법에 따라 수익증권을 그 고유재산으로 매수할 수 있다. 이 경우 「신탁법」 제36조를 적용하지 아니한다.

## V. 결　　론

신탁제도는 형태가 있는 듯해 보이면서도 우리 대륙법률가의 기존 법인식세계로부터 교묘히 빠져나가곤 한다. 때로는 계약법, 때로는 물권법, 때로는 법인법 등 경계를 미꾸라지처럼 넘나들며 우리를 괴롭힌다. 신탁제도는 영미실무에서 창안 및 발전시킨 제도이다. 신탁법은 13세기와 14세기경에 영국에서 발전하기 시작하였다. 하지만 그때는 영국의 사법분야(예컨대, 계약법, 물권법, 그리고 법인법 등)의 발전이 매우 부족한 시대였다.[92] 나아가 법학이 19세기 후반에 이르러서야 대학의 정식학문 과목으로 채택되었다는 점을 고려하면 신탁법의 발전이 사실상 19세기까지 법원과 실무연수원[93]의 몫이었음을 말해 준다. 이 부분은 대륙법과 매우 대비된다. 대륙법체계는 과거 로마법시대부터 법학자의 체계적 분석과 정리가 이루어졌다. 더 나아가 중세와 근세에 이르기까지 유럽각국의 법학자는 로마법을 계수하여 지역의 관습법과 접목하여 민사법영역을 체계적으로 분석하고 정리하는데 주력하였다. 한쪽에서는 현실적으로 발생된 사건만을 중심으로 조각조각 관련규범을 쌓아가 그 분야의 퍼즐을 맞추어 갔던 반면에 다른 한쪽에서는 끝없이 개념적 그리고 체계적 정합성을 중시하여 거대한 사법체계의 금자탑을 쌓아 갔다. 따라서 영미와 같은 형식의 법발전 모습 속에서 대륙법과 같은 법리적 그리고 이론적 명확성과 체계성을 항상 기대할 수는 없을 것이다. 신탁법도 예외가 아니다. 영미신탁법 속에는 (비록 결론은 타당하다고 할 순 있어도, 대륙법체계로 무장한 법률가들에게는) 무수히 많은 비이론적이거나 비논리적인 요

---

92) 영국법제사에 대한 탁월한 저술로, John Baker, *Introduction to English Legal History* (5th ed) (OUP, 2019) 참조; 한편, 만일 영국에서 신탁법보다 계약법, 법인법 나아가 완전한 물권법제도까지 나름 정립되었다고 가정할 때 과연 신탁법이 그 후 창설되고 발전되었을지 그리고 그렇게 되었을 경우 신탁법은 또한 어떤 모습으로 형성되었을지 필자는 너무나도 궁금하다－물론 그 답을 영원히 얻을 수는 없겠지만….

93) 현재까지 남은 곳은 4곳인데 모두 런던에 있다. 즉, Middle Temple, Inner Temple, Gray's Inn, 그리고 Lincoln's Inn이다.

소로 가득 차 있다. 나아가 신탁법은 그 법체계적 토양까지 달리하는 영미 고유의 제도인 만큼 대륙법체계에서 이를 법리적으로 무리 없이 계수하기가 대단히 어렵다고 할 수 있다. 그럼에도 불구하고 우리 입법자는 신탁법을 수용하였고 이 분야의 법리적 토대를 어떻게 쌓아 가야 할 것인가는 학계와 실무 법률가들의 몫이 되었다.

이 글은 우리가 영미의 신탁제도를 수용하는 과정에서 이룬 변형적 요소를 중심으로 다루었다. 신탁법의 원형에서 어떤 부분이 그 모습을 우리 체계에 맞게 변경되었는지를 파악하는 것은 신탁법을 더욱 깊이 이해하는 데 있어서 매우 도움이 된다. 한편, 그러한 변용적 요소를 수용함과 동시에 우리의 법발전을 위해 그로 인한 문제점 또한 짚어 보는 것도 나름 의미가 있다고 생각된다. 이 글은 바로 그 변용적 수용의 요소들과 이들이 낳은 법이론적 문제점 중에 세 가지를 다루었다. 즉, 첫째, 신탁행위의 성질과 그 성립 및 발효시기의 문제; 둘째, 신탁재산의 독립성과 수익자의 취소권을 둘러싼 제3자적 대항력과 관련된 문제; 셋째, 마지막으로 이익취득금지위반의 효과와 그 이론적 기초문제. 그리고 이들 문제에 대해 필자는 다음과 같은 가능성을 열어 보았다. 즉, 첫째, 신탁행위는 일원적 단독행위체계로 통합하고 그 성립 및 발효시기는 단독행위 일반원리에 따를 가능성. 둘째, 영미와 달리 우리 물권법체계하에서 수익자는 신탁재산에 대하여 물권을 가진다고 보기 어렵기 때문에 수익자가 수탁자의 개인채권자등보다 우선하는 이유는 신탁재산의 독립성에 있는데 우리 대륙법하에서는 비법인재단, 파산재단, 조합재산, 한정승인상속재산과 같은 맥락에서 이해할 수 있는 가능성 나아가 일정한 사익목적신탁에 한하여 그 존속기한이 설정되어야 한다는 제안과, 나아가 신탁위반처분의 효과는 수익자에게 취소권을 부여하는 것보다는 이를 무효로 파악하는 것이 보다 체계정합적일 수 있다는 가능성. 마지막으로 셋째, 이익취득금지위반의 효과는 채권적이며 이는 우리 사법체계에서 드물게 행위불법에 기초한 법정반환책임으로 변용 수용한 것으로 볼 수 있다는 가능성. 그리고 마지막으로 우리 신탁법 제36조의 개정필요성.

신탁법의 법리적 비교분석은 신탁법 자체의 모호함과 탄력성만큼이나 다양한 결론에 이를 가능성이 많이 열려 있다. 이 글은 선학선생님들께서 촘촘히 그려 놓은 지도 위에서 또 다른 가능성의 길들을 찾아보려 했던 배움의 여정이었다.

[Abstract]

## Trust Law in Korea: Modified Transplant and Some of the Ensuing Doctrinal Issues

Wu, Ying-Chieh*

Private Law in Korea is based on the civil law tradition. It requires clarity in definition and coherence in the system-building. Therefore, a modified transplant is inevitable when importing the common law trusts to this civilian soil. Indeed, the legislation on trust law (i.e., the Trust Act) attempted to make several modifications when it was enacted in 1961 and amended in 2011. That said, the Trust Act has also resulted in some conceptual, systematical, and theoretical problems. Due to the space constraint, this article cannot cover all of them but aims to discuss three of these problems. They are: (1) those concerning the creation of the trust; (2) those pertaining to the third-party effect of the trust and to the doctrine of separate patrimony; (3) those relating to the effect for the breach of the no-profit rule and its doctrinal foundation. These also form the core issues when comparing the common law trust with the civil law trust.

The views adopted in this article are as follows: (1) it is worth considering the option of substituting the contract-based trust regime for the unilateral-intention-based regime, thus regard the trust as created when the settlor's intention to create the trust is manifested; (2) unlike the common law approach, the beneficiary's right cannot be proprietary. The bankruptcy-effect could be explained by the doctrine of separate patrimony and the third-party effect should be achieved by regarding the deal made by the trustee and

---

* Assistant Professor, School of Law, Seoul National University.

the third party as void, rather than by the current means of according a right of rescission to the beneficiary; (3) the effect for the breach of the no-profit rule is personal and it constitutes an exception to the existing compensational mechanism that always requires actual damage to be caused to the aggrieved party. Furthermore, Art.36 of the Trust Act that prescribes the no-profit rule needs amending.

[Key word]

- acts creating the trust
- unilateral-intention-based regime
- separate patrimony
- the no-profit rule
- the beneficiary's right of rescission
- proprietary right
- personal right.

## 참고문헌


곽윤직 편집대표, **민법주해** 제16권(박영사, 1997).

권　철, "프랑스 민법상의 'patrimoine' 개념에 관한 고찰 – 법인격과 재산의 관계에서 본 학설사와 실정법, **민사법학** 63-2(2013).

노혁준, "주식회사와 신탁에 관한 비교 고찰 – 재산분리기능을 중심으로", **증권법연구** 14-2(2013).

법무부, **신탁법개정안해설**(법무부, 2010).

심인숙, "프랑스 제정법상 신탁개념 도입에 관한 소고", **중앙법학** 13-4(2011).

오영걸, "신탁법상 수익자의 취소권 – 패러다임 전환가능성을 위한 소고 –", **안암법학** 38(2012).

오영걸, "의제신탁의 이해", **비교사법** 18-4(2011).

이계정, "부당이득에 있어서 이득토출책임의 법리와 그 시사점 – 반환범위에 있어 손해중심에서 이득중심으로의 전환", **저스티스** 169(2018).

______, "신탁의 수익권의 성질에 관한 연구", **민사법학** 77(2016).

______, **신탁의 기본 법리에 관한 연구 – 본질과 독립재산성**(경인문화사, 2017).

이연갑, "개정 신탁법상 수탁자의 권한과 의무, 책임", **신탁법의 쟁점** 제1권(정순섭 · 노혁준 편저)(서울대학교 금융법센터, 2005).

______, **신탁법상 수익자 보호의 법리**(경인문화사, 2014)

이중기, "법인과 비교한 신탁의 특징 – 공익신탁에의 활용을 중심으로", **서울대학교 법학** 55-2(2014).

______, **신탁법**(삼우사, 2007).

임채웅, **신탁법연구**(박영사, 2009).

______, "신탁행위의 연구", **저스티스** 99(2007).

정순섭, "신탁의 기본구조에 관한 연구", **신탁법의 쟁점** 제1권(정순섭 · 노혁준 편저)(서울대학교 금융법센터, 2005).

최동식, **신탁법**(법문사, 2006).

최수정, "신탁계약의 법적성질", **민사법학** 45-1(2009).

______, **신탁법**(박영사, 2016).

홍유석, **신탁법**(전정판)(법문사, 1999).

能見善久, **現代信託法**(有斐閣, 2004).

山田 昭, **日本立法資料全集 2: 信託法 信託業法**(信山社, 1991).

新井誠, **信託法**(3版)(有斐閣, 2008).

日本法務省民事局参事官, **信託法改正要綱試案 : 補足**說明(東京: 法務省, 2005).

Baker, John, *Introduction to English Legal History* (5th ed.) (OUP, 2019).

Glister, Jamie and Lee, James, *Hanbury & Martin: Modern Equity* (21th ed.) (Sweet & Maxwell, 2018).

Gretton, George L & Steven, Andrew J M, *Property, Trusts and Succession* (2nd ed.) (Bloomsbury, 2013).

Hayton, David J. et al.(eds.), *Principles of European Trusts Law*, Kluwer Law International (1999).

Helmholz, Richard & Zimmermann Reinhard, *Itinera Fiduciae: Trust and Treuhand in Historical Perspective*, Duncker & Humbolt (1998).

Kerridge, Roger, *Parry and Kerridge: The Law of Succession* (12th ed.) (Sweet & Maxwell, 2008).

Langbein, John, "The Contractarian Basis of the law of Trusts", 105 *Yale Law Journal* (1995).

Matthews, Paul, "The French Fiducie: And Now For Something Completely Different?", 21(1) *Trust Law International* (2007).

Pasquel, Roberto Molina, *La propriété dans le trust. Essai de droit comparé*, (Grafica Panamericana, Mexico, 1951), *Revue internationale de droit comparé* (1952).

Valsan, Remus(ed.), *Trusts and Patrimony* (Edinburgh University Press, 2015).

Von Bar, Christian & Clive Eric(eds.), *Principles, Definitions and Model Rules of European Private Law: Draft Common Frame of Reference* (OUP, 2010).

Zimmermann, Reinhard et al.(eds.), *Mixed Legal Systems in Comparative Perspective: Property and Obligations in Scotland and South Africa* (OUP, 2004).

# 民事判例研究會 日誌

## ▣ 月例 研究發表會 ▣

○ 第417回(2019. 1. 21.)

1. 이연갑 교수 : 신탁재산관리인의 선임요건과 지위
2. 유현식 판사 : 이익충돌상황의 해결 및 수익자와 거래안전 보호라는 관점을 반영한 채권자취소권 제도의 운용

지정토론 : 장철익 고법판사, 여하윤 교수

○ 第418回(2019. 2. 18.)

1. 최준규 교수 : 담보신탁을 근거로 한 체육필수시설의 매매와 매수인의 권리·의무 승계
2. 강동훈 판사 : 시효중단을 위한 재소(再訴) 및 새로운 방식의 확인소송에 대한 고찰

지정토론 : 장지용 판사, 정선주 교수

○ 第419回(2019. 3. 18.)

1. 오정후 교수 : 소송탈퇴에 관하여
2. 김재남 판사 : 담보지상권의 효력

지정토론 : 구태회 판사, 이창현 교수

○ 第420回(2019. 4. 22.)

1. 장보은 교수 : 연예인 관련 엔터테인먼트계약의 이해 – 출연계약과 전속매니지먼트계약을 중심으로 –
2. 김기홍 판사 : 전매제한규정에 위반된 이주자택지 수분양권 매매계약의 효력

지정토론 : 이재찬 판사, 김태선 교수

○ 第421回(2019. 5. 20.)

1. 장준혁 교수 : 외국 중재판정 승인집행에 있어서의 국제사법적 논점
2. 나재영 판사 : 재산분할청구권의 양도성

지정토론 : 이혜민 판사, 현소혜 교수

○ 第422回(2019. 6. 17.)

1. 김규화 판사 : 파산절차와 소송수계에 관한 실무상 쟁점
2. 장지웅 판사 : '급여자에 관한 착오'가 있는 경우의 부당이득

지정토론 : 전원열 교수, 김수정 교수

○ 第423回(2019. 7. 22.)

1. 박인환 교수 : 성년후견에 있어서 본인 의사 존중과 임의후견우선의 원칙
2. 강지엽 판사 : 저당권설정청구권의 수반성과 그 실효성

지정토론 : 이지영 판사, 최준규 교수

○ 第424回(2019. 9. 23.)

1. 이계정 교수 : 변호사보수 약정 제한의 근거로서 신의칙과 신인관계—법관의 합리적 재량 행사의 문제를 겸하여—
2. 전재현 판사 : 장기계속공사계약에서 총공사기간이 연장된 경우 총괄계약을 근거로 한 계약금액 조정의 인정 여부

지정토론 : 오홍록 판사, 장보은 교수

○ 第425回(2019. 10. 21.)

1. 권태상 교수 : 종북, 주사파 표현에 의한 명예훼손
2. 고은설 부장판사 : 보조금 관리에 관한 법률 제35조의 처분제한 규정을 위반한 법률행위의 효력

지정토론 : 박지영 고법판사, 최준규 교수

○ 第426回(2019. 11. 18.)

1. 김형두 고법판사 : 특허권 침해 소송에서 특허권의 효력이 심리되고 있는 중에 그와 별개로 제기된 권리범위확인 심판의 확인의 이익 여부

2. 장태영 판사 : 국제인권조약의 효력, 적용, 해석
   지정토론 : 남형두 교수, 이동진 교수

## ▣ 夏季 심포지엄 ▣

○ 第42回(2019. 8. 24.) (서울 서초구 사평대로 108 반포원)

**主題 :「信託法의 諸問題」**

1. 신탁에 대한 몇 가지 오해(이연갑 교수)
   지정토론 : 박진수 부장판사
2. 주식신탁 사례 연구 — 상사신탁 · 민사신탁의 경계를 넘어 신탁법과 회사법의 교차(김태진 교수)
   지정토론 : 심인숙 교수
3. 신탁 재산과 관련하여 발생한 각종의 납세의무는 누가 부담하여야 하는가? — 몇 가지 개별 세목에 관한 검토를 중심으로(윤지현 교수)
   지정토론 : 장철익 고법판사
4. 담보신탁 관련 최근 판례 동향(임기환 부장판사)
   지정토론 : 김형두 부장판사
5. 신탁의 변용적 계수 및 그 법리적 과제들(오영걸 교수)
   지정토론 : 정문경 부장판사

# 民事判例研究會 2019年度 會務日誌

## 1. 月例發表會

□ 2019년에도 하계 심포지엄이 열린 8월과 송년모임이 있었던 12월을 제외한 나머지 달에 빠짐없이 연구발표회를 개최하여 총 20명의 회원들이 그동안 연구한 성과를 발표하였다. 2019년 1월의 제417회 월례발표회부터 11월의 제426회 월례발표회까지의 발표자와 논제는 위의 월례연구발표회 일지에서 밝힌 바와 같다.

## 2. 제42회 夏季 심포지엄

□ 2019년도 하계 심포지엄은 8월 24일 서울 서초구 사평대로 108 소재 반포원에서 '신탁법의 제 문제'라는 주제로 개최되었는데, 78명의 회원과 외부인사 6명 등 총 84명이 참석하여 성황리에 진행되었고 매우 유익한 발표와 토론이 이어졌다. 상세한 일정은 앞의 "부록에 부치는 말"에서 밝힌 바와 같다.

□ 회원이 아니면서도 심포지엄에 참석하여 발표를 맡아 주신 윤지현, 오영걸 교수님, 회원으로서 발표를 맡아 주신 이연갑 교수님, 김태진 교수님, 임기환 부장판사님, 지정토론을 맡아 주신 박진수 부장판사님, 심인숙 교수님, 장철익 고법판사님, 김형두 부장판사님, 정문경 부장판사님과 심포지엄의 원활한 진행을 위하여 도움을 주신 모든 회원님들께 깊이 감사드린다.

## 3. 送年모임

□ 2019년도 송년모임이 12월 13일(금) 서울 서초구 반포동에 있는 쉐라톤 서울 팔래스 강남 호텔 로얄볼룸에서 개최되어 총 58명의 회원과 배

우자들이 참석하였다.

□ 송년모임의 연사로 경인교대 사회과교육과의 김호 교수님을 모시고 '조선의 법전통과 다산 정약용의 흠흠신서'라는 제목의 매우 흥미롭고 유익한 강연을 들었다.

□ 바쁘신 가운데에서도 시간을 내어 강연을 해 주신 김호 교수님께 이 기회를 통해 다시 한 번 감사의 말씀을 드린다.

### 4. 運營委員 선임

□ 2019년 8월 24일 하계 심포지엄 직후 개최된 정기총회에서 김형두, 황진구 부장판사님을 운영위원으로 선임하였다.

### 5. 會員動靜

□ 연구회의 오랜 회원인 손지열 전 대법관님(2019. 3. 5.)과 이주흥 전 서울중앙지방법원장님(2019. 3. 16.)께서 별세하셨다.

□ 윤진수 회장님께서 2019. 7. 30. 제11대 법조윤리협의회 위원장에 선출되셨다.

□ 목영준 전 헌법재판관님께서 2019. 8. 26. 제50회 한국법률문화상을 수상하셨다.

□ 김소영 전 대법관님께서 2019. 8. 27. 청조근정훈장을 수훈하셨다.

□ 윤진수 회장님의 공저인 "법학에서 위험한 생각들"이 2019. 12. 2019 세종 우수학술도서에 선정되었다.

### 6. 2019년도 新入會員

□ 2020년도 신입회원으로는 학계의 오영걸(서울대학교), 신지혜(전북

대학교) 교수님과 법원의 박상한, 장민하, 고석범, 권민영, 도민호, 박인범, 여동근, 이무룡, 최승호, 윤정운, 장윤실 판사님의 신청을 받아 영입하였다.

(幹事 장 지 용)

# 고 손지열 전 대법관, 이주흥 전 원장님을 추모하며

작년 3월에 우리 연구회의 원로회원이신 고 손지열 전 대법관님과 이주흥 전 서울중앙지방법원 원장님이 며칠 간격으로 별세하셨다. 두 분은 사회적으로도 많은 기여를 하셨는데, 아직 많지 않은 나이에 돌아가셔서 연구회 회원들뿐만 아니라 고인들을 아는 많은 사람들을 슬프게 하였다. 여기서 간단히 두 분을 추모하고자 한다.

## Ⅰ. 손 지 열 전 대법관

손 대법관님은 1977년 민사판례연구회가 창립될 때 회원으로 가입하셔서 적극적으로 참여하셨고, 1981년부터 1984년까지는 연구회 간사를 맡으셨다. 특기할 것은 손 대법관님이 "손과 손잡으니 한 손이 되고"로 시작하는 연구회 회가를 작사하셨다는 것이다. 작곡은 고 최병욱 이화여대 교수님이 하셨다. 손 대법관님은 1974년부터 법관으로 근무하셔서 2000년에는 부친인 고 손동욱 전 대법관님의 뒤를 이어 지금까지는 유일한 부자 대법관이 되셨고, 대법원에서 수많은 중요 판례를 남기셨으며, 법원행정처장과 중앙선거관리위원장의 중요한 직책도 수행하셨다. 변호사가 되신 뒤에는 많은 대법원 사건을 맡아서 승소 판결을 이끌어 내시기도 하였다. 학문적으로는 여러 논문을 발표하셨지만, 약관법에 관심이 많으셔서, 민법주해에서 약관법 부분을 집필하기도 하셨다.

대법관님은 법관으로서 가져야 할 마음가짐이 담겨 법조계에 회자되어 온 '어느 법관의 기도문'의 작성자이기도 하다. 그는 부장판사 시절이 기도문을 작성해 책상 위에 붙여 놓고 법정에 들어가기 전이나 어려운 재판을 앞두고 수시로 읽은 것으로 알려져 있다. 기도문은 그의 부인께서 병풍으로 제작해 지난 2014년 법원도서관에 전시한 뒤 기증했는데, 대법관님의 빈소에 이 병풍이 놓여 있어 조문객들의 마음을 울렸다.

## 연 보

○ 성 명 : 손 지 열(孫智烈)

○ 생년월일 : 1947. 6. 23. (2019. 3. 5. 별세)

○ 가족관계 : 처, 2녀

□ 학 력

서울대학교 법과대학 법학사, 1969.

서울대학교 사법대학원 수료, 1970.

□ 경 력

사법시험 9회, 1968.

군법무관, 1971. 3.～1974. 1.

서울민사지방법원 판사, 1974. 2.

서울지방법원 영등포지원 판사, 1977. 2.

장기해외연수(독일), 1978. 5.

대구지방법원 김천지원 판사, 1980. 9.

서울민사지방법원 판사, 1981. 9.

법원행정처 법무담당관, 1981. 11.

대법원 재판연구관, 1984. 9.

부산지방법원 부장판사, 1985. 9.

서울지방법원 의정부지원 부장판사, 1986. 9.

서울민사지방법원 부장판사, 1988. 8.

법원행정처 법정국장, 1988. 8.

서울지방법원 의정부지원장, 1991. 2.

서울고등법원 부장판사, 1992. 8.

대법원 수석재판연구관, 1992. 8.

법원행정처 기획조정실장, 1993. 10.

서울지방법원 형사수석부장, 1997. 2.

서울고등법원 부장판사, 1999. 2.

법원행정처 차장, 1999. 10.

대법관, 2000. 7.～2006. 7.

법원행정처장, 2003. 9.～2005. 10.

중앙선거관리위원회 위원장. 2005. 12.～2006. 10.

김&장 법률사무소 변호사, 2006.～2019.

□ 저서, 논문, 수상 내역

- 민법주해 제3권(총칙3), 박영사, 1992(공저).
- 민법주해 제12권(채권5), 박영사, 1997(공저).

- 기대수익상실손해액의 산정에 있어서 세금을 공제할 것인가, 민사재판의 문제 제1권, 1977.
- 일반거래약관과 예문해석, 민사판례연구 제3권, 1981.
- 이중등기의 효력, 민사판례연구 제5권, 1983.
- 포괄근저당 약관의 해석, 민사판례연구 제6권, 1984.
- 후유장해로 인한 손해배상액의 산정, 민사판례연구 제8권, 1986.
- 민법 제1019조 1항의 고려기간의 기산점, 민사판례연구 제10권, 1988.
- 대표권의 남용, 민사판례연구 제11권, 1989.
- 국가배상에 있어서의 위법성과 인과관계, 민사판례연구 제16권, 1994.
- 사실적 계약관계론, 민사재판의 제문제(상), 1995.
- 손해보상액산정 약관조항에 대한 내용통제, 민사판례연구 제18권, 1996.

외 다수

◆ 청조근정훈장(2006).

## Ⅱ. 이 주 흥 전 법원장

이주흥 법원장님은 사법연수원을 6기로 수료하고 군법무관을 마친 후 1979년 11월 춘천지방법원 판사로 임관하셨다. 이 법원장님은 그 후 2008년 서울중앙지방법원장을 끝으로 법원을 떠나 변호사로 개업하실 때까지 약 30년간 법관으로서 각종의 재판실무에 매진하셨다. 다른 한편 이 법원장님은 법에 대한 학문적 연찬을 게을리하지 않으셨고 특히 독일의 민법학 및 민사실무에 관심이 크셨다. 그 열정은 『해상운송법』과 『실무 손해배상책임법』의 두 저서, 그리고 주옥같은 논문 등으로 결실을 맺었고, 우리 민사판례연구회에서도 많은 판례연구를 발표하셨다. 그리고 이와 같이 공부하는 자세는 후에 예를 들면 재판연구관으로 근무하던 시절에 토지거래허가를 받지 않은 토지매매계약에 관하여 유동적 무효의 법리를 우리 법에 새로 도입하는 밑바탕이 되기도 하였다.

이 법원장님은 아들을 둘 두셨는데, 이들은 모두 아버지의 뒤를 이어 대학에서 법학을 전공하고 현재 변호사로 열심히 성실하게 일하고 있다. 그들이 이 법원장님의 뜻을 잘 받들어 나아가서 훌륭한 법률가로 대성할 것을 믿어 의심치 않는다.

이 법원장님이 돌아가신 후 그 유족들이 이 원장님이 생전에 쓰셨던 글을 모아 "법과 세상을 엮다"라는 책을 내어 연구회 회원들에게 기증하였다.

### 연 보

○ 성　　명 : 이 주 흥(李宙興)

○ 생년월일 : 1952. 6. 17. (2019. 3. 16. 별세)

○ 가족관계 : 처, 2남

□ 학　　력

서울대학교 법과대학 법학사, 1974.

한양대학교 대학원 법학과 수료, 1975.

□ 경　　력

사법시험 16회, 1974.

사법연수원 수료(6기), 1976.

군법무관, 1976.~1979.

춘천지방법원 판사, 1979.

춘천지방법원 영월지원장, 1982.

장기해외연수(독일), 1983.

서울지방법원 의정부지원 및 동부지원, 서울고등법원 판사, 1984.

헌법재판소 파견, 1989.

대법원 재판연구관, 1990.

부산지방법원 부장판사, 1991.

사법연수원 교수, 1993.

법원행정처 송무국장 겸 서울지방법원 부장판사, 1996.

서울지방법원 부장판사, 1998.

대전고등법원 부장판사, 1998.

대법원 선임재판연구관, 2000.

서울고등법원 부장판사, 2002.

법무부 상법개정특별분과위원회 위원, 2004.

대전지방법원장, 2005.

서울중앙지방법원장, 2006.

법무법인 (유)화우 대표변호사, 2008.

연세대학교 법학전문대학원 겸임교수, 2011.

성균관대학교 법학전문대학원 겸임교수, 2011.

헌법재판소 공직자윤리위원회 위원, 2013.

대한변호사협회 사법평가위원회 위원장, 2016.

법무법인 (유)화우 고문변호사, 2016.

중앙대학교 법학전문대학원 겸임교수, 2017.

□ 저서, 논문, 수상 내역

- 해상운송법, 박영사, 1992.
- 실무손해배상책임법, 박영사, 1998.
- 민법주해 제1권(총칙1), 박영사, 1992(공저).
- 민법주해 제12권(채권5), 박영사, 1997(공저).
- 민법주해 제18권(채권11), 박영사, 2005(공저).

- 사용자 책임에서의 업무집행관련성과 외형이론, 민사판례연구 제8권, 1986.
- 대항력 있는 소액임차인의 배당요구 철회와 경락인의 임차보증금반환채무의 인수 여부, 민사판례연구 제10권, 1988.
- 배서의 원인채권불발생확정후의 융통어음 발행인에 대한 어음상 청구, 민사판례연구 제11권, 1989.
- 면책약관 적용배제사유로서의 중과실, 민사판례연구 제12권, 1990.
- 권리능력 없는 사단, 사법논집 제22집, 1991.
- 계약자유의 헌법적 의미, 민사판례연구 제13권, 1991.
- 토지거래허가에 있어서 이른바 유동적 무효에 기한 법률관계, 민사재판의 제문제 제8권, 1994.
- 우선채권의 경매절차상 취급, 민사판례연구 제17권, 1995.
- 퇴직연금 수급대상자인 공무원이 사고로 사망한 경우 일실퇴직연금손해에서 유족연금의 공제 여부, 민사판례연구 제23권, 2001.

외 다수

- 황조근정훈장(2008).

# 民事判例研究會 2021年度 新入會員 募集 案內

우리 연구회에서는 2021년도 신입회원을 모집합니다. 민사법, 상사법, 민사소송법 분야의 판례 및 이론 연구에 높은 관심과 열의가 있으신 법학교수 및 법조인(판사, 검사 및 변호사 포함)으로서 우리 연구회에 가입하여 활동하기를 원하시는 분들께서는 2020. 10. 14.까지 아래 연락처로 문의해 주시기 바랍니다.

– 아　　래 –


주　　소 : 서울 관악구 관악로 1 서울대학교 법과대학 17동 516호<br>(최준규 교수)

이 메 일 : kyu77@snu.ac.kr

전화번호 : (02) 880-9034

팩스번호 : (02) 885-7584

# 民事判例硏究會 定款

(2010. 8. 28. 제정)

## 제1장 총　　칙

제1조(목적) 본회는 판례의 연구를 통하여 민사법에 관한 이론과 실무의 조화로운 발전에 기여하고 회원 상호간의 친목을 도모함을 목적으로 한다.

제2조(명칭) 본회는 「민사판례연구회」라고 한다.

제3조(주소지) 본회는 서울특별시에 그 주소지를 둔다.

제4조(사업) 본회는 제1조의 목적을 달성하기 위하여 다음 사업을 한다.

1. 판례연구 발표회 및 심포지엄의 개최
2. 연구지를 비롯한 도서의 간행
3. 그 밖에 본회의 목적을 달성함에 필요한 사업

## 제2장 회　　원

제5조(회원) 회원은 본회의 목적에 동의하는 다음 각 호에 해당하는 사람으로서 가입신청을 하여 운영위원회의 승인을 얻어야 한다.

1. 민사법의 연구에 관심이 있는 대학교수
2. 민사법의 연구에 관심이 있는 법관, 검사, 변호사, 그 밖에 변호사 자격이 있는 사람

제6조(회원의 권리·의무) ① 회원은 본회의 운영과 관련된 의사결정에 참여하며, 본회의 각종 사업에 참여할 수 있는 권리를 갖는다.

② 회원은 정관 및 총회 결정사항을 준수할 의무를 지며 회비를 납부

하여야 한다.

**제7조(회원의 자격상실)** 다음 각 호의 1에 해당하는 회원은 그 자격을 상실한다.

1. 본인의 탈퇴 신고
2. 회원의 사망
3. 회원의 제명 또는 탈퇴 결정

**제8조(제명 또는 탈퇴 결정)** ① 회원이 본회의 명예를 심각하게 훼손한 때 또는 본회의 목적에 위배되는 행위를 하거나 회원으로서의 의무를 중대하게 위반한 때에는 총회의 의결로 제명할 수 있다. 제명에 관한 총회의 의결은 회원 3/4 이상의 출석과 출석회원 과반수의 찬성으로 한다.

② 회원이 정당한 사유없이 상당한 기간 동안 출석을 하지 아니하는 등 회원으로서 활동할 의사가 없다고 인정되는 경우에는 운영위원회의 의결로 탈퇴를 결정할 수 있다.

## 제 3 장 자산 및 회계

**제9조(자산의 구성)** 본회의 자산은 다음 각 호에 기재한 것으로 구성한다.

1. 회원의 회비
2. 자산으로 생기는 과실
3. 사업에 따른 수입
4. 기타 수입

**제10조(자산의 종류)** ① 본회의 자산은 기본재산과 보통재산으로 구분한다.

② 기본재산은 다음 각 호에 기재한 것으로 하되 이를 처분하거나 담보로 제공할 수 없다. 다만, 부득이한 사유가 있는 때에는 운영위원회의 의결을 거쳐 이를 처분하거나 담보로 제공할 수 있다.

1. 기본재산으로 하기로 지정하여 출연된 재산
2. 운영위원회에서 기본재산으로 하기로 결의한 재산

③ 보통재산은 기본재산 이외의 재산으로 한다.

**제11조(경비지출)** 본회의 경비는 보통재산에서 지출한다.

**제12조(자산의 관리)** 본회의 자산은 운영위원회의 의결에 의하여 운영위원회에서 정한 관리방법에 따라 회장 또는 회장이 지명하는 회원이 관리한다.

**제13조(세입 · 세출 예산)** 본회의 세입·세출예산은 매 회계연도개시 1개월 전까지 운영위원회의 의결을 얻어야 한다. 다만, 부득이한 사정이 있는 경우에 운영위원회의 의결은 새 회계연도 후 첫 회의에서 이를 받을 수 있다.

**제14조(회계연도)** 본회의 회계연도는 매년 1월 1일에 시작하여 12월 31일까지로 한다.

**제15조(회계감사)** 감사는 연 1회 이상 회계감사를 하여야 한다.

**제16조(임원의 보수)** 임원의 보수는 지급하지 아니한다. 다만 실비는 변상할 수 있다.

## 제4장 임 원

**제17조(임원의 인원수 및 자격)** 본회에는 법률상 그 결격사유가 없는 자로서 다음과 같은 임원을 둔다.

1. 회장 1인
2. 운영위원 5인 이상 20인 이내
3. 감사 1인
4. 간사 2인 이내

**제18조(임원의 선임)** ① 회장은 운영위원회에서 선출하며 총회의 인준을 받는다.

② 운영위원은 회장이 추천하여 총회의 인준을 받는다.

③ 감사는 총회에서 선출한다.

④ 간사는 회장이 지명한다.

**제19조(임원의 직무)** ① 회장은 본회의 업무를 통괄하고 본회를 대표한다.

② 회장 유고시에 운영위원 중 연장자가 그 직무를 대행한다.

③ 감사는 본회의 업무 및 회계에 관한 감사를 한다.

④ 간사는 회장의 지시에 따라 본회의 실무를 수행한다.

**제20조(임기)** 회장, 운영위원 및 감사의 임기는 4년으로 하되 연임할 수 있다.

**제21조(명예회장과 고문)** ① 본회의 발전을 위하여 명예회장과 고문을 둘 수 있다.

② 명예회장과 고문은 운영위원회의 추천에 의하여 회장이 추대한다.

## 제5장 총 회

**제22조(총회)** ① 총회는 본회의 최고의결기구로서 회원으로 구성한다.

② 회장은 총회의 의장이 된다.

**제23조(총회의 소집)** ① 총회는 정기총회와 임시총회로 나누되 정기총회는 년 1회 하반기에, 임시총회는 회장 또는 운영위원회가 필요하다고 인정한 경우에 각각 회장이 소집한다.

② 회장은 회의 안건을 명기하여 7일전에 각 회원에게 통지하여야 한다. 이 통지는 본회에 등록된 회원의 전자우편주소로 발송할 수 있다.

**제24조(총회의사 및 의결의 정족수)** 총회는 회원 30인 이상의 출석과 출석회원 과반수로서 의결한다.

**제25조(표결의 위임)** 회원은 다른 회원에게 위임하여 표결할 수 있다. 이 경우 그 위임을 증명하는 서면을 미리 총회에 제출하여야 한다.

**제26조(총회에 부의할 사항)** 총회는 다음에 기재하는 사항을 의결한다.

1. 정관의 제정 및 개정에 관한 사항
2. 임원의 선임과 인준에 관한 사항
3. 세입세출의 예산 및 결산의 승인
4. 기본재산의 처분 · 매도 · 증여 · 기채 · 담보제공 · 임대 · 취득의 승인
5. 본회의 해산
6. 그 밖에 주요사항으로서 운영위원회가 총회에 부의하기로 의결한 사항

## 제 6 장 운영위원회

**제27조(운영위원회의 구성)** ① 운영위원회는 회장과 운영위원으로 구성한다.

② 회장은 운영위원회의 의장이 된다.

**제28조(운영위원회의 권한)** 운영위원회는 다음 각 호의 사항을 심의 의결한다.

1. 회장의 선출
2. 회원의 가입과 탈퇴에 관한 사항
3. 운영계획에 관한 사항
4. 재산의 취득, 관리, 처분에 관한 사항
5. 총회의 소집과 총회에 회부할 의안에 관한 사항
6. 총회가 위임한 사항
7. 그 밖에 회장이 회부한 본회의 운영에 관한 중요사항

**제29조(운영위원회의 소집)** ① 운영위원회는 정기 운영위원회와 임시 운영위원회로 구분하고 회장이 소집한다.

② 정기 운영위원회는 년 1회 이상 개최한다.

③ 임시 운영위원회는 회장이 필요하다고 인정하거나 운영위원 1/3 이상 또는 감사의 요구가 있을 때에 회장이 소집한다.

**제30조(운영위원회 의사 및 의결의 정족수)** 운영위원회는 운영위원 5인 이상의 출석과 출석운영위원 과반수의 찬성으로 의결한다.

## 제 7 장 보 칙

**제31조(정관의 변경)** 본 정관은 총회에서 회원 1/3 이상의 출석과 출석회원 2/3 이상의 동의를 얻어 이를 변경할 수 있다.

**제32조(해산, 잔여재산의 처분)** ① 본회는 민법 제77조 및 제78조의 규정에 의하여 해산한다.

② 총회원 3/4 이상의 출석과 출석회원 2/3 이상의 찬성으로 본회를 해산할 수 있다.

③ 본회가 해산한 때의 잔여재산은 총회의 결의를 거쳐 유사한 목적을 가진 다른 단체에 출연할 수 있다.

제33조(시행세칙의 제정) 본 정관의 시행에 필요한 세칙은 운영위원회의 의결을 거쳐 정한다.

## 부 칙

제1조(시행일) 이 정관은 2010년 8월 28일부터 효력이 발생한다.

제2조(회원 및 임원 등) ① 이 정관의 효력 발생일 당시의 민사판례연구회의 회원은 본회의 회원으로 본다.

② 이 정관의 효력 발생일 당시의 회장은 이 정관에 의하여 선임된 것으로 본다. 그 임기는 본 정관의 규정에 의하되, 정관 효력발생일부터 개시된다.

제3조(기존의 행위에 관한 규정) 이 정관의 효력 발생 이전에 민사판례연구회가 한 활동은 이 정관에 따른 것으로 본다.

# 民事判例研究 간행규정

2005년 12월 27일 제정

**제 1 조(목적)** 이 규정은 민사판례연구회(이하 연구회)가 발간하는 정기학술지인 『민사판례연구』에 게재할 논문의 제출, 심사 및 편집에 관한 사항을 규정함을 목적으로 한다.

**제 2 조(편집위원회)** ① 『민사판례연구』에 게재할 논문의 제출자격, 심사, 편집 등에 관한 사항을 정하기 위하여 본회에 위원장과 4인 이상 10인 이하의 위원들로 구성되는 편집위원회를 둔다.

② 편집위원회의 위원장은 본회의 회장이 겸임하고, 위원은 회장이 운영위원회의 심의를 거쳐 회원 중에서 임명한다. 편집위원장은 편집위원 중 1인을 편집실무간사로 임명한다.

③ 편집위원의 임기는 3년으로 하되, 연임할 수 있다.

**제 3 조(논문의 제출자격)** 논문의 제출은 연구회의 회원인 자에 한하여 할 수 있다. 그러나 편집위원회의 승인을 받은 경우에는 회원이 아닌 자도 논문을 제출할 수 있다.

**제 4 조(논문의 제출기일)** ① 『민사판례연구』에 논문을 게재하고자 하는 자는 발간예정일을 기준으로 2개월 전에 원고 출력본 3부와 디스켓을 편집실무간사에게 제출하여야 한다. 그러나 업무상·시간상의 편의를 위하여 이메일을 이용하여 제출할 수 있다.

② 연구회가 주최 또는 주관한 심포지엄 기타 학술모임에서 발표한 논문을 『민사판례연구』에 게재하는 경우에도 제 1 항에 의한다.

**제 5 조(논문심사)** ① 편집위원회는 『민사판례연구』에 게재하기 위하여 제

출된 논문을 심사하기 위하여 심사위원을 위촉하여야 한다.

② 편집위원회는 심사위원들의 심사결과에 좇아 논문의 수정을 요구하거나, 그 게재를 유보할 수 있다.

③ 논문심사에 관한 자세한 사항은 민사판례연구 게재논문 심사규정에서 따로 정한다.

**제6조(원고분량의 제한)** 논문은 200자 원고지 240매를 초과할 수 없다. 그러나 논문의 성격상 불가피하다고 인정될 경우에는 편집위원회의 승인을 얻어 게재할 수 있다.

**제7조(편집위원회 의결정족수)** 편집위원회는 재적위원 과반수의 출석과 출석위원 과반수의 찬성으로 의결한다.

**제8조(원고작성 기준)** 게재를 위하여 제출하는 원고는 아래와 같은 기준으로 작성한다.

1. 원고는 흔글 워드 프로그램으로 작성하여 제출하여야 한다.
2. 원고표지에는 논문제목(영문제목 병기), 필자의 인적 사항(성명, 영문성명, 소속, 직책) 및 연락처를 기재하여야 한다.
3. 논문의 저자가 2인 이상인 경우에는 주저자와 공동저자를 구분하고 주저자·공동저자의 순서로 표시하여야 한다.
4. 목차순서는 다음과 같이 기재한다.
   ㉠ 로마 숫자 예) Ⅰ.
   ㉡ 아라비아 숫자 예) 1.
   ㉢ 괄호 숫자 예) (1)
   ㉣ 괄호 한글 예) ㈎
   ㉤ 반괄호 숫자 예) 1)
5. 논문의 결론 다음에는 국문 및 국제학술어(영어, 독일어, 프랑스어)로 된 주제어(key word)를 10개 이내 기재하여야 한다.
6. 주제어 다음에는 국제학술어(영어, 독일어, 프랑스어)로 작성된 논문초록을 작성하여야 한다.

**제9조(원고제출 및 게재안내)** ① 게재를 신청하는 원고의 접수 및 그에

관련된 문의에 관한 사항은 편집실무간사가 담당한다.

② 『민사판례연구』에는 다음 호에 게재할 논문의 투고 및 작성기준을 안내한다.

## 부　　칙

이 규정은 2006년 1월 1일부터 시행한다.

# 民事判例研究 게재논문 심사규정

2005년 12월 27일 제정

**제 1 조(목적)** 이 규정은 민사판례연구 간행규정(이하 간행규정) 제5조에 의하여 민사판례연구회가 발간하는 『민사판례연구』에 게재할 논문의 심사절차와 기준 등을 정함을 목적으로 한다.

**제 2 조(논문게재와 편집)** 편집위원회는 제출된 논문에 대한 게재 여부 기타 『민사판례연구』의 편집에 관한 사항을 결정한다.

**제 3 조(논문심사 의뢰)** ① 『민사판례연구』에 게재하기 위하여 제출된 논문의 심사를 위하여 편집위원회는 3인 이상의 심사위원을 위촉하여 의뢰한다.

② 심사위원은 법학교수 또는 법률실무가로 위촉한다. 그러나 편집위원회는 특히 필요한 경우에는 법률 이외의 당해 분야 전문가에게 위촉할 수 있다.

③ 심사를 의뢰하는 논문의 필자에 관한 사항은 심사위원에게 알리지 아니한다.

**제 4 조(심사기준)** 심사위원은 다음 각 호의 심사기준에 따라 제출된 논문을 심사한다.

1. 논문주제의 명확성
2. 구성체제의 적합성
3. 내용의 창의성 및 충실성
4. 각주의 활용성 및 그 인용의 정확성
5. 연구의 기대효과 및 활용성

6. 기타 편집위원회에서 정한 사항

**제 5 조(심사판정)** 심사위원은 대외비공개로 평가의 결과 및 그 이유를 다음과 같이 구분하여 편집실무간사에게 통지한다.

1. 수정이 필요 없을 때: '게재 가(可)'
2. 간단한 수정이 필요할 때: '수정·보완 후 게재 가(可)'
3. 대폭적 수정이 필요할 때: '수정·보완 후 재심사'
4. 게재할 수 없는 사유가 있을 때: '게재 불가(不可)'

**제 6 조(심사결과의 결정)** ① 편집실무간사는 심사위원들의 심사의견을 종합하여 그 결과를 이유와 함께 편집위원회에 보고한다.

② 심사위원 간에 심사의견이 다를 때에는 다수의 의견에 따른다.

③ 심사의견이 셋 이상으로 나뉘는 경우 또는 편집위원장이 심사의 공정성을 우려할 만한 특별한 사정이 있다고 판단하여 부의하는 경우에는 편집위원회에서 따로 정하되, 기제출된 심사의견을 고려한다.

**제 7 조(심사결과의 통보)** ① 편집위원장은 게재 여부에 대한 편집위원회의 결정을 논문제출자에게 통보한다.

② 논문제출자는 편집위원회의 결정에 좇아 수정·보완이 요구된 경우에는 그에 따른 수정·보완을 행하여야 논문을 게재할 수 있다.

## 부 칙

이 회칙은 2006년 1월 1일부터 시행한다.

# 논문의 투고 및 작성기준 안내

1. 제출기일

민사판례연구회의 『민사판례연구』는 매년 1회(2월 말) 발간됩니다. 간행규정 제 4 조에 따라 위 정기 학술지에 논문이나 판례평석(이하 논문이라고 한다)을 게재하고자 하는 자는 발간예정일을 기준으로 2개월 전에 원고 출력본 3부와 디스켓을 간사에게 제출하여야 합니다. 연구회가 주최 또는 주관한 심포지엄 기타 학술모임에서 발표한 논문을 『민사판례연구』에 게재하는 경우에도 마찬가지입니다.

2. 논문심사

『민사판례연구』에 게재하기 위하여 제출된 논문은 간행규정 제5조에 따라 논문의 수정을 요구하거나 게재를 유보할 수 있습니다.

3. 원고분량 제한

논문은 200자 원고지 240매를 한도로 합니다. 다만 논문의 성격상 불가피하다고 인정될 경우에는 편집위원회의 승인을 얻어 게재할 수 있습니다(간행규정 제 6 조 참조).

4. 원고작성 기준

게재할 원고는 아래와 같은 기준으로 작성하여 주십시오.

(1) 원고는 [훈글]워드 프로그램으로 작성하여, 원고표지에는 논문제목(영문제목 병기), 필자의 인적 사항(성명, 영문성명, 소속, 직책, 학위) 및 연락처를 기재하여 주십시오.

(2) 목차순서는 다음과 같이 하여 주십시오.

㉠ 로마 숫자(중앙으로) 예) Ⅰ.

㉡ 아라비아 숫자(2칸 들여쓰기) 예) 1.

㉢ 괄호 숫자(4칸 들여쓰기) 예) (1)

㉣ 괄호 한글(6칸 들여쓰기) 예) ㈎

㉤ 반괄호 숫자 예) 1)

(3) 논문의 저자가 2인 이상인 경우에는 주저자와 공동저자를 구분하고 주저자·공동저자의 순서로 표시하여 주십시오.

(4) 논문의 결론 다음에는 국문 주제어를 10개 이내로 기재하여 주십시오.

(5) 주제어 다음에는 참고문헌목록을 작성하여 주십시오.

(6) 그 다음 국제학술어(영어, 독일어, 프랑스어)로 작성된 논문초록(Abstract)을 작성, 첨부하여 주시고, 이에 이어서 국제학술어(영어, 독일어, 프랑스어)로 된 주제어(key word)를 10개 이내로 기재하여 주십시오.

5. 원고제출처

게재신청 원고의 접수 및 문의에 관한 사항은 실무간사인 김영진 판사에게 하시면 됩니다.

Tel: (02) 3480-6088

e-mail: yjinkim@scourt.go.kr

◇ 2021년 2월경 간행 예정인 민사판례연구 제43권에 투고하고자 하시는 분들은 2020년 11월 30일까지 원고를 제출하여 주십시오.

# 民事判例研究會 編輯委員 名單

(가나다 順)

# 民事判例研究會 會員 名單

(2020. 2. 25. 現在, 256名, 가나다 順)

| 姓 名 | 現 職 | 姓 名 | 現 職 |
|---|---|---|---|
| 姜東郁 | 변호사 | 金炳瑄 | 이화여대 법대 교수 |
| 姜棟勛 | 제주지법 판사 | 金相瑢 | 중앙대 법대 교수 |
| 康承埈 | 서울고법 부장판사 | 金上中 | 고려대 법대 교수 |
| 姜永壽 | 서울고법 수석부장판사 | 金相哲 | 변호사 |
| 姜志曄 | 대전지법 판사 | 金成昱 | 변호사 |
| 姜智雄 | 서울중앙지법 판사 | 金星泰 | 전 연세대 법대 교수 |
| 姜賢俊 | 부산지법 판사 | 金世容 | 수원고법 판사 |
| 高錫範 | 서울중앙지법 판사 | 金昭英 | 전 대법관 |
| 高唯剛 | 대전지법 서산지원 판사 | 金水晶 | 명지대 법대 교수 |
| 高銀設 | 인천지법 부장판사 | 金延美 | 성균관대 법대 교수 |
| 高弘錫 | 서울중앙지법 부장판사 | 金永信 | 명지대 법대 교수 |
| 丘尙燁 | 대검 검찰연구관 | 金煐晋 | 대법원 재판연구관 |
| 具泰會 | 서울고법 고법판사 | 金榮喜 | 연세대 법대 교수 |
| 權光重 | 변호사 | 金龍潭 | 변호사 |
| 權大祐 | 한양대 법대 교수 | 金禹辰 | 사법정책연구원 수석연구위원 |
| 權珉瑩 | 서울중앙지법 판사 | 金雄載 | 부산지법 판사 |
| 權英俊 | 서울대 법대 교수 | 金裕鎭 | 변호사 |
| 權五坤 | 한국법학원장 | 金廷娟 | 인천대 법대 교수 |
| 權 澈 | 성균관대 법대 교수 | 金在男 | 대전지법 천안지원 판사 |
| 權兌相 | 이화여대 법대 교수 | 金志健 | 청주지법 판사 |
| 金敬桓 | 변호사 | 金鎭雨 | 한국외국어대 법대 교수 |
| 金圭和 | 대구지법 상주지원 판사 | 金昌模 | 수원지법 부장판사 |
| 金琪泓 | 의정부지법 고양지원 판사 | 金天秀 | 성균관대 법대 교수 |
| 金度亨 | 변호사 | 金泰均 | 인천지법 부천지원 판사 |
| 金文煥 | 국민대 법대 교수 | 金兌宣 | 서강대 법대 교수 |
| 金旼秀 | 창원지법 마산지원 부장판사 | 金兌珍 | 고려대 법대 교수 |

| 姓 名 | 現 職 | 姓 名 | 現 職 |
|---|---|---|---|
| 金賢錫 | 변호사 | 朴之妍 | 서울고법 고법판사 |
| 金賢眞 | 인하대 법대 교수 | 朴鎭秀 | 대법원 재판연구관 |
| 金炯科 | 서울고법 부장판사 | 朴贊益 | 변호사 |
| 金炯錫 | 서울대 법대 교수 | 朴 徹 | 변호사 |
| 金滉植 | 전 국무총리 | 朴哲弘 | 대전고법 판사 |
| 金孝貞 | 대전지법 천안지원 판사 | 朴海成 | 변호사 |
| 羅載穎 | 부산가정법원 판사 | 方泰慶 | 창원지법 통영지원 부장판사 |
| 羅眞伊 | 대법원 재판연구관 | 裵容浚 | 서울고법 고법판사 |
| 南馨斗 | 연세대 법대 학장 | 白慶一 | 숙명여대 법대 교수 |
| 南孝淳 | 서울대 법대 교수 | 白昌勳 | 변호사 |
| 盧榮保 | 변호사 | 范鐥允 | 수원지법 성남지원 판사 |
| 盧柔慶 | 전주지법 군산지원 부장판사 | 徐 敏 | 전 충남대 법대 교수 |
| 盧在虎 | 광주지법 부장판사 | 徐乙五 | 이화여대 법대 교수 |
| 魯赫俊 | 서울대 법대 교수 | 徐 正 | 변호사 |
| 都旻浩 | 서울북부지법 판사 | 徐靚源 | 대구지법 서부지원 부장판사 |
| 睦榮埈 | 변호사 | 石光現 | 서울대 법대 교수 |
| 睦惠媛 | 서울중앙지법 판사 | 孫哲宇 | 부산고법 고법판사(서울고등 부장판사 직무대리) |
| 文容宣 | 서울고법 부장판사 | 孫台沅 | 부산지법 판사 |
| 文準燮 | 변호사 | 宋德洙 | 이화여대 법대 교수 |
| 閔聖喆 | 서울중앙지법 부장판사 | 宋相現 | 전 ICC 재판소장 |
| 閔日榮 | 변호사 | 宋永福 | 양형위원회 운영지원단장 |
| 朴東奎 | 청주지법 충주지원 판사 | 宋沃烈 | 서울대 법대 교수 |
| 朴庠彦 | 창원지법 부장판사 | 宋宰馹 | 명지대 법대 교수 |
| 朴相漢 | 수원지법 성남지원 판사 | 宋惠政 | 서울고법 고법판사 |
| 朴雪娥 | 서울중앙지법 판사 | 宋鎬煐 | 한양대 법대 교수 |
| 朴秀坤 | 경희대 법대 교수 | 申世熙 | 서울서부지법 판사 |
| 朴仁範 | 서울회생법원 판사 | 申元一 | 춘천지법 속초지원장 |
| 朴仁煥 | 인하대 법대 교수 | 申智慧 | 전북대학교 법대 교수 |
| 朴宰瑩 | 서울고법 고법판사 | 沈承雨 | 사법연수원 교수 |
| 朴在允 | 변호사 | 沈仁淑 | 중앙대 법대 교수 |
| 朴鍾垣 | 서울행정법원 판사 | 沈俊輔 | 서울고등법원 부장판사 |
| 朴俊錫 | 서울대 법대 교수 | 安炳夏 | 강원대 법대 교수 |

| 姓　名 | 現　　職 | 姓　名 | 現　　職 |
|---|---|---|---|
| 安正鎬 | 변호사 | 李東珍 | 서울대 법대 교수 |
| 梁栽豪 | 변호사 | 李茂龍 | 서울회생법원 판사 |
| 梁鎭守 | 서울고법 고법판사 | 李丙儁 | 한국외국어대 법대 교수 |
| 梁彰洙 | 한양대 법대 교수 | 李鳳敏 | 대법원 재판연구관 |
| 嚴東燮 | 서강대 법대 교수 | 李祥敏 | 변호사 |
| 呂東根 | 서울중앙지법 판사 | 李相元 | 변호사 |
| 呂美淑 | 한양대 법대 교수 | 李새롬 | 수원지법 판사 |
| 呂河潤 | 중앙대 법대 교수 | 李宣憙 | 성균관대 법대 교수 |
| 吳大錫 | 부산고법 판사 | 李承揆 | 변호사 |
| 吳英傑 | 서울대 법대 교수 | 李丞鎰 | 수원지법 판사 |
| 吳泳俊 | 대법원 선임재판연구관 | 李承勳 | 대전고법(청주) 판사 |
| 吳姃厚 | 서울대 법대 교수 | 李縯甲 | 연세대 법대 교수 |
| 吳宗根 | 이화여대 법대 교수 | 李載根 | 변호사 |
| 吳興祿 | 인천지법 판사 | 李在敏 | 서울회생법원 판사 |
| 庾炳賢 | 고려대 법대 교수 | 李栽源 | 춘천지법 원주지원 판사 |
| 劉아람 | 법원행정처 차세대전자소송 추진단장 | 李載璨 | 서울고법 고법판사 |
| 柳元奎 | 변호사 | 李在璨 | 서울고법(춘천) 판사 |
| 柳濟瑨 | 법원행정처 사법지원심의관 | 李在赫 | 서울고법 고법판사 |
| 劉玄埴 | 대전지법 홍성지원 판사 | 李政玟 | 서울행정법원 부장판사 |
| 劉亨雄 | 청주지법 충주지원 판사 | 李貞兒 | 청주지법 판사 |
| 劉慧珠 | 대전지법 공주지원 판사 | 李政桓 | 서울고법 고법판사 |
| 尹榮信 | 중앙대 법대 교수 | 李鍾基 | 창원지법 진주지원 부장판사 |
| 尹禎雲 | 서울북부지법 판사 | 李鍾文 | 전주지법 부장판사 |
| 尹智暎 | 대전지법 서산지원 판사 | 李準珩 | 한양대 법대 교수 |
| 尹眞秀 | 서울대 법대 교수 | 李重基 | 홍익대 법대 교수 |
| 李京珉 | 헌법재판소 파견 | 李芝姈 | 대법원 재판연구관 |
| 李啓正 | 서울대 법대 교수 | 李智雄 | 대전지법 공주지원 판사 |
| 李恭炫 | 변호사 | 李鎭萬 | 변호사 |
| 李國鉉 | 대구지법 포항지원 부장판사 | 李彰敏 | 수원가정법원 판사 |
| 李均釜 | 변호사 | 李昌鉉 | 서강대 법대 교수 |
| 李均龍 | 서울고법 부장판사 | 李玹京 | 서울북부지법 판사 |
| 李東明 | 변호사 | 李賢洙 | 변호사 |

| 姓 名 | 現 職 | 姓 名 | 現 職 |
|---|---|---|---|
| 李惠美 | 수원지법 판사 | 鄭煜都 | 대구지법 부장판사 |
| 李慧民 | 수원지법 안양지원 판사 | 鄭載優 | 대전지법 천안지원 판사 |
| 李孝濟 | 변호사 | 鄭晙永 | 서울고법 부장판사 |
| 李興周 | 대전고법 고법판사 | 鄭泰綸 | 이화여대 법대 교수 |
| 林奇桓 | 서울중앙지법 부장판사 | 鄭鉉熹 | 수원지법 성남지원 판사 |
| 林 龍 | 서울대 법대 교수 | 諸哲雄 | 한양대 법대 교수 |
| 林貞允 | 서울중앙지법 판사 | 趙敏惠 | 대전지법 판사 |
| 張德祚 | 서강대 법대 교수 | 趙炳九 | 서울서부지법 부장판사 |
| 張斗英 | 춘천지법 원주지원 판사 | 曺媛卿 | 수원지법 성남지원 부장판사 |
| 張民河 | 대전지법 판사 | 趙恩卿 | 대법원 재판연구관 |
| 張輔恩 | 한국외대 법대 교수 | 趙璘英 | 서울대 임상교수 |
| 張善鍾 | 광주지법 순천지원 판사 | 趙在憲 | 서울고법(춘천) 판사 |
| 張洙榮 | 대법원 재판연구관 | 趙弘植 | 서울대 법대 교수 |
| 張允瑄 | 인천지법 부장판사 | 朱大聖 | 변호사 |
| 張允實 | 서울북부지법 판사 | 朱宣俄 | 서울고법 고법판사 |
| 張埈赫 | 성균관대 법대 교수 | 池宣暻 | 서울행정법원 판사 |
| 張志墉 | 창원지법 통영지원 부장판사 | 池元林 | 고려대 법대 교수 |
| 張智雄 | 청주지법 판사 | 陳賢敏 | 대전고법(청주) 고법판사 |
| 張哲翼 | 서울고법 고법판사 | 車永敏 | 서울중앙지법 부장판사 |
| 張泰永 | 청주지법 판사 | 千景壎 | 서울대 법대 교수 |
| 全甫晟 | 대법원 재판연구관 | 崔文壽 | 대법원 재판연구관 |
| 全元烈 | 서울대 법대 교수 | 崔文僖 | 강원대 법대 교수 |
| 全宰賢 | 전주지법 정읍지원 판사 | 崔俸京 | 서울대 법대 교수 |
| 鄭璟煥 | 청주지법 제천지원 판사 | 崔瑞恩 | 대구지법 부장판사 |
| 鄭肯植 | 서울대 법대 교수 | 崔秀貞 | 서강대 법대 교수 |
| 鄭基相 | 서울중앙지법 판사 | 崔乘豪 | 서울중앙지법 판사 |
| 鄭多周 | 의정부지법 부장판사 | 崔允瑛 | 수원지법 판사 |
| 丁文卿 | 서울고법 고법판사 | 崔竣圭 | 서울대 법대 교수 |
| 鄭炳浩 | 서울시립대 법대 교수 | 韓나라 | 수원지법 판사 |
| 鄭仙珠 | 서울대 법대 교수 | 韓相鎬 | 변호사 |
| 鄭素旻 | 한양대 법대 교수 | 韓愛羅 | 성균관대 법대 교수 |
| 鄭洙眞 | 서울고법 고법판사 | 韓政錫 | 의정부지법 부장판사 |

| 姓 名 | 現 職 | 姓 名 | 現 職 |
|---|---|---|---|
| 咸允植 | 변호사 | 扈帝熏 | 변호사 |
| 許文姬 | 춘천지법 판사 | 洪晙豪 | 변호사 |
| 許 旻 | 대구지법 김천지원 판사 | 洪眞映 | 서울대 법대 교수 |
| 許盛旭 | 서울대 법대 교수 | 黃勇男 | 서울행정법원 판사 |
| 玄昭惠 | 성균관대 법대 교수 | 黃銀圭 | 대법원 재판연구관 |
| 胡文赫 | 서울대 법대 명예교수 | 黃進九 | 서울고법 부장판사 |

民事判例研究〔XLII〕

2020년 2월 20일 초판인쇄
2020년 2월 28일 초판발행

편 자 윤 진 수
발행인 안 종 만·안 상 준
발행처 (株)博 英 社
서울특별시 종로구 새문안로3길 36, 1601
전화 (733) 6771 FAX (736) 4818
등록 1959. 3. 11. 제300-1959-1호(倫)
www.pybook.co.kr e-mail: pys@pybook.co.kr

정 가 69,000원

ISBN 979-11-303-3634-3
978-89-6454-552-2(세트)
ISSN 1225-4894 43